The Long Road

A Life in Search

路漫漫 吾当上下求索

我的人生回忆

The Long Road

A Life in Search

Renzhong Xu

路漫漫 吾当上下求索
我的人生回忆

许仁忠

Conllective Publishing

Copyright © 2026 by Renzhong Xu

All rights reserved.
No part of this book may be reproduced or transmitted
in any form or by any means without written permission
from the copyright owner.

Published in 2026 by Conllective Publishing
3815 River Crossing PKWY, Indianapolis, IN 46240
Distributed Worldwide by Conllective Publishing
ISBN: 978-0-9844997-0-0

Printed in the United States of America
10 9 8 7 6 5 2 1

谨以此书

献给在几十年漫漫人生路途中

与我上下求索

共同学习、工作、和生活的

同学同事朋友和亲人！

I dedicate this book to my classmates,

colleagues, friends, and family,

who over the long decades of life's journey

sought and strove alongside me, and

with whom I learned, worked, and lived.

许仁忠

Renzhong Xu

About This Book

The Long Road: A Life in Search is more than a personal memoir; it is a lens on modern China's most consequential decades. Beginning as a child in an ordinary family, the author moves through seventy years shaped by waves of social change—learning to navigate politics, the economy, and daily life, and ultimately building a career and a home that outstrip modest beginnings.

The book's power lies in its vantage: wide-angle views of policy and society braided with close-up scenes of choice and consequence—how people studied and worked, cared for family, managed money, sought health, and faced uncertainty amid upheaval. Set in a country bearing deep historical burdens while grappling with imported ideologies and market reforms, the narrative is arranged by themes and by decade, beginning in the 1950s. Plainspoken yet reflective, it looks squarely at healthcare, schooling, pensions, and housing; sketches the people and places that mark a life; and becomes, page by page, a mirror of history as lived—an ordinary citizen's steady search for knowledge, responsibility, freedom, and meaning in changing times.

Preface

When I first sat down to write this preface, the memoir had already passed two hundred thousand characters. There is an old saying: *"What is carefully planned may fail, but what comes by chance may flourish."* Judging by how this manuscript came into being, it belongs to the latter—a work that took shape by accident rather than design.

Two years ago, I retired for the second time, stepping down from my last post as Dean of Gingko College of Hospitality Management at Chengdu University of Information Technology. With true leisure at last, the thought occurred to me—idle at first—to write a few pages and look back on the life I had lived. Why a *second* retirement? Because ten years earlier, in September 2009, I had already turned sixty and retired from Southwestern University of Finance and Economics (SWUFE). Yet I continued to teach there on recall appointment, offering two courses—*History of Science and Technology* and *Probability Theory and Mathematical Statistics*—and supervising graduate students. Around that time, my senior schoolmate and friend, Mr. Liang Chenghua, invited me to join the Department of Economics and Management at Sichuan Tianyi College, where he served as chair. Thus began another decade of work in private higher education. I later served as dean at Sichuan Tianyi College, Sichuan Changjiang Vocational College, and finally at Gingko College of Hospitality Management at Chengdu University of Information Technology. Only in September 2019 did I retire once again, this time for good—or so I thought.

The initial idea was simple: to record a few decades of life — mainly my years of study and work. Under the titles "My Life of Learning" and "My Working Life," I revisited my schooling and professional experience. Because these were years I had personally lived through, the writing came easily. The past rose up vivid and detailed, flowing like a river. Before long, these two parts alone — nearly one hundred thousand characters—

were complete. Yet as I wrote, a new thought began to stir: that many aspects of life, beyond study and work, leave traces worth remembering; that many experiences invite reflection. Why not set them down as well? From that thought, the notion of a fuller memoir quietly took shape.

At first, I chose very concrete topics: raising my children, managing our household finances, and the like. But an interesting thing happened. After I finished writing about family and finances, my mind turned to travel. Between early 2015 and the end of 2019, I had traveled to Europe and the United States five times. When I began this memoir in 2020, the COVID-19 pandemic had swept across the world, and international travel had abruptly ceased. The contrast between those journeys and the stillness of the present gave rise to a strong urge to record those experiences abroad. I reconstructed the itineraries in detail—indeed, I cared more about recalling them than I had while traveling. Retracing my routes, I not only revisited memories but also searched online for materials to fill in and enrich the recollections. By the end, the single U.S. trip and four European trips had grown to nearly fifty thousand words, and I discovered unexpected pleasure in the writing itself.

As I continued, my thoughts opened further. I wanted to write not only documentary pages but also reflective ones. Alongside this preface, a table of contents gradually emerged. It includes, for instance, a section titled "Joy Walks with Success; Regret Walks with Lesson," a record of the gains and losses of my work and life; a self-portrait, "Few Grand Ambitions, Going as I Please"; and "Toward Fullness, Self-Knowledge, Confidence, and Clarity," which outlines my life's pursuits. By "not purely documentary," I do not mean abstract speculation. A memoir must remain grounded in lived experience. What I hope to convey, through recollection and reflection over the decades, are certain judgments — above all, an objective understanding of my own subjective self.

Meanwhile, the documentary sections also expanded. I drafted a chapter titled "No Pure Gold, No Perfect Person," to remember my family and friends—portraying them as they truly are, through my own perceptions. I also wrote a brief but deliberately focused account of my illnesses over the years, titled "The Body Speaks the Heart; the Body Is Born of Mind—My Aches and Ailments." Over several decades, I have suffered many bouts of illness, some quite serious. By nature, I tend to avoid doctors; when unwell, I have a habit of delaying visits. Yet, as the years passed, ailments that once seemed grave gradually eased, and some never returned. Writing these pages, I suppose I am, at some subconscious level, saying that even my history of illness may be worth recording — perhaps even worth someone's interest.

There are also, inevitably, pages of observation with a more analytical turn. Under the title "Healthcare, Education, Eldercare, Housing—My Views on People's Livelihood," I explore the question of marketization within China's economic reforms. Broadly speaking, I support the market economy as the main mechanism of growth — I am, after all, one of its beneficiaries. Yet should everything be left to the market? That question deserves careful thought. In my view, the essential matters of livelihood—education, healthcare, eldercare, and housing—are not well suited to full marketization. To understand the challenges, we must first examine the origins and evolution of these issues. The practical consequences of marketizing these vital sectors have already become serious; they merit close attention.

Another subject I wish to address is more delicate, yet I have resolved to treat it as objectively as I can. After all, this is a personal memoir. A few people may read it, but the circle will be small. The section is titled "Universal Values and Social Centralization—My Worldview." In these pages, I hope to set down my thoughts and reflections on this topic with honesty and restraint.

At present, the memoir has a working table of contents, and as I write this preface, it continues to evolve. I have a persistent sense that, as time passes, the range of what I wish to write will continue to grow—just as, at the beginning, I "planted willows without intent," meaning only to record my study and work, and found myself with much more. I take this as a genuine pleasure; and if writing brings pleasure, then it deserves to be pursued.

I have spent many words here tracing how this memoir came into being — though that is not, strictly speaking, the purpose of a preface. What I truly wish to explain is why I am writing this memoir, and how I intend to write it. In some sense, the *why* and the *how* are one and the same; yet they are also distinct questions, and I hope to make both clear here.

As to *why*, one reason is unforgettable: my generation has lived through a history both arduous and rich — worthy of being set down. It is often said that our generation is the Republic's coeval. We have experienced and witnessed all that has unfolded in the more than seventy years since its founding: the first thirty years before reform and opening—our youth—and the forty years after, which carried us from "standing" to "not being confused" to "knowing the mandate of heaven." Such a life deserves to be remembered and recorded.

On this notion of being the Republic's peer, I have an amusing "misstep" of my own. Most of us in the so-called "old three cohorts"—the high school class of 1966—were born in 1947, two years before the Republic. I should have been among them. But owing to a mishap during the transfer of my household registration (*hukou*) when I went "up to the mountains and down to the countryside" as a sent-down youth, my official birth date became September 5, 1949—making me, on paper, exactly the Republic's age. How did this error arise? The truth is impossible to trace. I was sent to several places; the *hukou* was transferred multiple times; and records in those years were handwritten by local police. Somewhere along the way, a "7" became a "9," and I became, officially, a person born in 1949. I paid little attention to it until 1985, when I applied for my ID card and discovered the change. This, incidentally, explains why, as mentioned earlier, I did not retire from SWUFE until 2009.

Having lived these seventy-odd years alongside the Republic, I feel these experiences not only merit a book, but demand one. To record what I have lived through across these decades—and the deep, indelible impressions they have left—there is, in the depths of my heart, a feeling that if I do not write, I will not be at peace; that if I do not write, I will have failed, in some small way, to do justice to the seventy-plus years we have lived and witnessed.

Another motivation is to take stock of my own life. Looking back over more than seventy years, I feel many things. At each stage, I have, for the most part, walked a path I found meaningful. In both process and outcome, the journey has been full and rewarding. It seems only natural to set down those experiences and the understanding they have yielded. Of course, every stage of life has its bumps and disappointments. Yet taken as a whole, I have felt content—self-knowing, self-confident, and clear-minded.

How, then, should I write? The answer is simple: to seek truth from facts, and to speak plainly what is there to say. Record what I have experienced; write down what I have understood. As I look back on these seventy-odd years, I do so with a sense of calm satisfaction and wholeness. From such a state of mind, the recollections will naturally flow—steady, balanced, and substantial. To record the joys is to preserve and share them; to record the hardships is to revisit and reflect on them. That, I believe, is the best way this memoir can be written.

Now, as this preface nears its end, there seems at last to be some good news in a world overshadowed by the pandemic for nearly two years. Reports suggest that the worst may soon be over. If so, that is welcome news indeed. Let us take heart from it—and move forward with renewed vitality.

Renzhong Xu

Chengdu, Sichuan

December 2021

Author Biography

Xu, Renzhong — Professor, Senior Economist, and graduate supervisor. He has served as Executive Dean of Sichuan Tianyi College; Executive Dean of Sichuan Changjiang Vocational College; Dean of Gingko College of Hospitality Management, Chengdu University of Information Technology; Director of the Office of Scientific Research at Southwestern University of Finance and Economics (SWUFE); Editorial Board Member of *Journal of Southwestern University of Finance and Economics (Economic Science)*; Vice Chair and Secretary-General of the Sichuan Association of Quantitative Economics; Executive Council Member of the Sichuan Systems Engineering Society; Executive Council Member of the National Association of Quantitative Economics; and Council Member of the Systems Engineering Society of China. In industry, he has served as Chairman of the Board at Chengdu Yufeng Silk Weaving Co., Ltd. (a Chinese–foreign joint venture), General Manager of Chengdu Huifeng Real Estate Development Co., Ltd., General Manager of Chengdu Hanxing Investment Co., Ltd., and Chief Financial Officer of Chengdu Biochemical Water Treatment Co., Ltd.

Courses taught (graduate and undergraduate): Analysis of Corporate Financial Statements for Valuation; Design and Analysis of Enterprise Financial Management Information Systems; Introductory Accounting; History of Science and Technology; Probability Theory and Mathematical Statistics; Operations Research; Applications of

Fuzzy Mathematics in Economic Management; Mathematical Description of Uncertain Economic Phenomena; Management by Objectives and Goal Programming; Applications of Mathematical Programming in Economic Management; Mathematical Foundations of the Natural Sciences; University Physics; Market Research and Business Forecasting; Logistics Operations Research; Sampling Techniques; Tax Practice; Financial Management; Cost Accounting.

Major research outputs

Projects

1. In June 1984, commissioned by the Monetary Policy Department of the People's Bank of China to conduct the national key project "Calculation of the Necessary Quantity of Money in Circulation." Result published as "A Fuzzy-Mathematics Model for Calculating the Necessary Quantity of Money in Circulation" in *Journal of Financial Research* (No. 12, 1984).

2. In 1987, commissioned by the People's Insurance Company of China (PICC) to study the national key project "An Appropriate Scale for Total Insurance Reserves." Results include the monograph *Theory and Application of Insurance Premium Calculation* (SWUFE Press, 1988) and the article "A Mathematical Model for the Appropriate Scale of Total Insurance Reserves," published in *Economic Science* (No. 6, 1987).

Monographs and textbooks

1. Applications of Fuzzy Mathematics in Economic Management, monograph, SWUFE Press.

2. Theory and Application of Insurance Premium Calculation, monograph, SWUFE Press.

3. Applications of Mathematical Programming in Economic Management, monograph, Sichuan Science & Technology Press.

4. Management by Objectives and Goal Programming, monograph, Sichuan Science & Technology Press.

5. Design and Analysis of Enterprise Financial Management Information Systems, monograph, University of Electronic Science and Technology of China Press (Chengdu).

6. Complete Self-Training in the Stock Market (three-volume set): A Beginner's Essential Guide to Stock Investing; Learning Tape Reading from Scratch; Stock Trading Techniques and Practical Operations, Science Press (Longmen Book House).

7. Editor-in-chief for a nine-volume higher-vocational accounting series (National "12th Five-Year Plan" Selected Textbooks): Introductory Accounting; Introductory Accounting Practicum; Financial Regulations and Accounting Professional Ethics; Elementary Accounting Practice; Commercial Enterprise Accounting Practicum; Industrial Enterprise Accounting Practicum; Tax Practice; Computerized Accounting; Tax Practice (series published by SWUFE Press).

8. Editor-in-chief for the five-volume undergraduate economics series Applied Mathematics for Economic Management, Sichuan Science & Technology Press.

9. Editor-in-chief for the three-volume junior-college economics series Applied Mathematics for Economics, Sichuan Science & Technology Press.

10. Editor-in-chief for the five-volume undergraduate management series Applied Mathematics for Economic Management, Chengdu University of Science and Technology Press.

Selected journal articles

Dozens of papers—including "Research on the Appropriate Scale of Total Insurance Reserves in a Macroeconomic System," "Applications of Fuzzy Linear Programming in Enterprise Management," and "The ABCs of Building Natural-Science Courses in General Education"—have appeared in *Journal of Financial Research*, *Insurance Studies*, *Economic Science*, *Forecasting*, and other journals.

(Author biography cited from Baidu Baike.)

Table of Contents

About This Book i
Preface iii
Author Biography ix
Table of Contents xiii
Preface (Chinese) xix
About the Author (Chinese) xxiii
Table of Contents (Chinese) xxv

Part I Learning from Everyone — My Years of Study 1

    1. Childhood and Primary School 1
    2. Junior High at the "Rogue Kids School" 4
    3. Five Fruitful Years at Chengdu No. 7 Middle School 7
    4. Entering University at Thirty-One 26

Part II Thinking, Doing, and Finding Joy — My Working Life 33

    1. Working as an Educated Youth in the Countryside 33
    2. Lessons in State-Run Commerce 41
    3. Teaching and Research Achievements at University 55
    4. Unexpected Opportunities in the Market Economy 62
    5. New Interests and Challenges at Work 70
    6. Turbulent but Rewarding Years in Private Higher Education 76

Part III Let Them Soar Freely — Raising My Children 11

1. Twin Sons Blessed with Talent 112
2. A Diligent and High-Achieving Daughter 116

Part IV The World's Bustle Is All for Gain — My Financial Life 121

1. Riding the Booming Housing Market 121
2. The Unpredictable Stock Market 125
3. Limited Forays into Currency Trading 127
4. Small Losses in the Automobile Market 128

Part V Learning Beyond Books — My Travels Abroad 131

1. Europe I: Central Europe 131
2. The East and West Coasts of the United States 133
3. Europe II: The United Kingdom 138
4. Europe III: Southwestern Europe 148
5. Europe IV: Central and Eastern Europe 158
6. The Pearl of the Andaman Sea — A Return to Phuket 166
7. "Though Lands Apart, We Share the Same Moon and Breeze" — First Trip to Japan 180
8. Visiting Hong Kong After the Pandemic 193
9. Leisure Days at the Yuerong Villa — Another Stay in Phuket 197

Part VI The Body Reflects the Mind — My Reflections on Health 201

Part VII Joy, Regret and Lesson — Gains and Losses in Work and Life 209

Part VIII Drifting Without Grand Ambition — A Self-Portrait 247

Part IX Understanding, Confidence, and Clarity — My Life's Pursuits 259

Part X The River of Time — Looking Back on Seven Decades 279

1. The Fiery 1950s 279

2.	The 1960s: An Era Defined by Class Struggle	285
3.	The Tumultuous 1970s	296
4.	The 1980s: Decade of Awakening	305
5.	The 1990s: Reform and Opening	313
6.	The 2000s: China's Rise in the Global Economy	321
7.	The 2010s: A Complex and Changing World	329

Part XI Teaching and Learning— Reflections on Education and Science 335

1.	Why Study the History of Science and Technology?	336
2.	The Civilizations of the Ancient World	342
3.	Science and Technology in Ancient Greece and Rome	353
4.	From the Dark Ages to the Technological Heights of Song and Yuan China	370
5.	Humanism and the Birth of the European Scientific Renaissance	376
6.	The Brilliant Evolution of Western Science	381
7.	Science, Freedom, and Openness	424

Part XII Healthcare, Education, and Housing — Reflections on Livelihood 433

1.	Factors Shaping Four Major Social Challenges	434
2.	The Ailing Health-Care System	441
3.	The Precarious State of Education	449
4.	The Fragile System of Elder Care	454
5.	The Hopeless Housing Predicament	459

Part XIII The Endless Learning — My "Universities" of Life 469

1.	First Encounters with University	471
2.	Getting Closer to the Academy	481
3.	Living Next to Universities	490
4.	The "University" of Society	512

5.	Entering the University	520
6.	Becoming Part of the University	529
7.	The Ideal of the "Great Learning"	535
8.	Appreciating the Spirit of Higher Learning	538
9.	Private Universities	547

Part XIV Habits Die Hard — My "Chronicles from the South of the City" 55

1.	The Awakening of Freedom	560
2.	Freedom Unleashed	566
3.	Freedom at Work	585
4.	Freedom in Style	597
5.	Freedom Afloat	611
6.	Freedom in Flight	618
7.	Freedom at Heart	625

Part XV A Sky to Soar and A Sea to Swim — My Educational Philosophy 651

Part XVI Simple Joys of Life — Rice, Oil, Salt, Vinegar, and Tea 665

1.	Recollections and Reflections	665
2.	The Pleasure of Taste	669
3.	Simple Elegance in Dress	674
4.	Peace in My Dwelling	676
5.	Traveling at Ease	686

Part XVII All the Colors of Life — The Everyday Details That Fill My Days 69

1.	A Fateful Encounter with Books	697
2.	Reflecting on Personal Tastes	709
3.	Reflections on China's A-Share Market	714

4. An Elder's Self-Amusement 726

5. The Writing Reflects the Person 736

6. Being a Reliable Person 749

7. An Easygoing Nature 758

8. The Ordeal of COVID-19 765

9. People Gravitate Toward Their Kind 775

10. Journey of the Mind 786

11. Self-Assessment.. 797

Part XVIII Success and Failure — Reflections on the Market Economy 819

1. Forty Years of Market-Economy Development 819

2. Achievements That Cannot Be Denied 831

3. Troubling Realities 832

4. Perhaps the Flaws Were There from the Start 837

5. Misguided Government Thinking 839

6. Losing the Self and the Bottom Line 842

7. Where Do We Go from Here? 846

Postscript (Chinese) 849

Postscript (English) 853

前　言

写这份前言的时候，我的回忆录已经完成了 20 余万字，一句老话说"有心栽花花不开，无心插柳柳成荫"，从撰写回忆录的过程来看，这应是一份"无意之作"吧！

两年前我从最后一个工作单位成都信息工程大学银杏酒店学院院长岗位上二次退休，真正闲下来享受退休生涯，彼时闲来无事，便萌生了写一点文字回忆回忆过往的念头。为什么说是二次退休呢？因为十年前也就是 2009 年九月，我年满 60 按国家相关政策规定从西南财经大学退休，尽管仍被返聘讲授《科学技术史》和《概率论及数理统计》两门课程及带研究生，但其时已被师兄和好友梁成华先生所邀，到他任职系主任的四川天一学院经济管理系任教，从而开始了我在民办高校长达 10 年的再次工作，最终先后在四川天一学院、四川长江职业学院和成都信息工程大学银杏酒店管理学院担任院长，直到 2019 年 9 月才从成都信息工程大学银杏酒店管理学院再次退休。

最初的想法很简单，就是记录一下过往的几十年中，主要是读书学习和工作经历，所以在"我的学习生活"与"我的工作生涯"标题下回忆当年的求学与工作。因为这些都是几十年来的亲历亲为，所以撰写起来也很流畅，往事历历在目，宛如流水似川，很快这两部分近十万字的回忆录即告完成。在这个过程中，逐渐萌发出把回忆录的内容拓展开来，包括人生中方方面面有所留念有所感悟之事，似都可以一记，于是全面的撰写回忆录的念头由此产生。

想要撰写的内容会有哪些呢？最初想到的还是一些很具体的事，比如我的子女教育、我的理财等等。比较有趣的是写完这些很具体的子女教育和理财之后，因为从 2015 年初开始到 2019 年末的这五年中，我先后五次到欧洲和美国旅游，恰逢撰写回忆录时正值 2020 年肆虐全球的新冠肺炎病毒猖獗，世界旅游嘎然停止，使人很有感怀想记录一下这几次欧美国外游。于是便详细回忆和记录了当年旅游的情况，应当说这些回忆比当年实际旅游的时候还更为上心，沿着当年游览的路线不仅回忆，而且去网上查阅相关资料以补充和完善回忆，一次美国游和 4 次欧洲游到最后完成时居然撰写了将近五万字，并且在撰写中感到了一点写作的乐趣。

在这个过程中思路又进一步打开，有了写一些不完全是写实的东西的想法，于是便形成了一个在撰写这份前言时同时产生的回忆录目录，其中包括记录我生活中"得失"的题为"欢乐与成功同在遗憾与教训同行"的内容，有以"胸无大志随意而行"为题的我的人生自描，以"充实自知自信自明"为题的我的人生追求。当然所谓的不完全是写实并非是抽象的思维，因为毕竟是回忆录，所以是想通过几十年人生经历的回忆和思考来表达一些东西，这些东西主要是对一些主观自我的客观评价。

当然写实的回忆内容也在扩充。比如以"金无赤足人无完人"为题记忆的我的家人和朋友，想实实在在的记录家人和朋友们，既包括他们的实在面貌，当然也有我对他们的观感。还想说一下的是还专门写成了一段记录我的身体病痛的文字，题为"体为心声体由心生——我的身体病痛"，特意记录的这段文字主要是几十年中，我也经历了很多次病痛，有的甚至特别严重。因为我这个人比较讳疾避医，有了病痛老是爱拖着，但拖着拖着几十年过去了，好像曾经一些很严重的病痛，似乎也就逐渐减轻了，有的甚至没有再犯了。刻意记录下的这段文字在潜意识中总认为我这个人的身体病痛好像也可以研究一下，当然如果有人感兴趣那是再好不过的了。

当然最终进入我的回忆录的文字中，也确实会有探讨研究性质的观感性内容。比如在以"教育医疗养老住房——我的民生观点"为题的内容中，会谈到我对国内经济体制改革中市场化问题的一些观感。应当说在经济体制改革中，让市场经济作为主体我肯定是支持的，因为我就是市场经济改革中的受益者。但是是不是所有的问题都要市场化？这是一个需要认真探讨和对待的问题，比如教育医疗养老甚至住房这些民生问题显然是不能市场化的。这个问题展开来引申过去，便有了在市场经济体制改革中所产生的弊端如何规避的问题，而要规避这些弊端，首先需要对他们的前世今生来龙去脉进行分析。现在这些民生项目的市场化展现出来的实际后果已经很严重，需要大家重视。

另一个我想记录的内容比较敏感，但我最终还是决定客观的把它表达出来，毕竟就是一份个人的回忆录，虽可能会有人读到，但毕竟范围会很小的。这个我想记录的内容以"普世价值与社会集权——我的世界观念"为题，我想我最终会把个人的关于这个问题的认识和思考记录表述在我的回忆录中。

这份回忆录目前有一个目录了，我也正在撰写前言。但我总是感到，伴随着时间的推移，在回忆写作的过程中，想要撰写的内容肯定还会有所扩大，就像当初无心插柳仅仅是想记录一下我的学习和工作生活，结果时至今日，弄出来了这么多的内容，我想这应当是一件特别有乐趣的事吧，既然有乐趣那就应当去为之。

用了较多的文字在前言中表述这份回忆录的前因后果来龙去脉，应当不是我撰写这份前言的目的与初衷，真正想要表达的是为什么要撰写这份回忆录，以及该怎样撰写这份回忆录。某个意义上来讲，为什么要写和怎样写个人的回忆录其实是同一个问题，当然从表达目的与初衷来讲，是在前言中想要表述清楚的两个不同的问题。

为什么要撰写回忆录的初衷中，很重要的一个甚至是刻骨铭心的因素是我以及我的同龄人，也就是我们这一代人所经所历既坎坷跌宕又丰富精彩确实值得一书。经常说我们这一代人是共和国的同龄人，经历和见证了70多年共和国发生的所有，既有改革开放前三十年，那是我们风华正茂的青年时代，也有改革开放后四十年，那是我们从"而立"到"不惑"再到"知天命"的中年时代，这种特殊的经历确实值得回忆和记录。

讲到共和国的同龄人，我个人还有一段有趣的"误着"。我们老三届高66级的多数都出生在1947年，事实上比共和国年长两岁。我肯定也应该如此，但我的法定年龄却因为当初上山下乡当知青时户口迁徙中的偶然，使我的出生日变成了1949年9月5日，法定年龄使我成了共和国真正的同龄人。这个误着是怎样造成的最终是说不清楚的，因为当年上山下乡时我到过几个地方，户口几经迁徙，当时的户口迁徙都是派出所民警人工手写，不知是在哪一个环节把7写成了9，使我成了1949年生的人了，我一直没有在意户口上是怎么样写的，到1985办理身份证时才发现年龄的这个变动。当然这也解释了这份前言的前边说到的为什么我到2009年9月才从西南财经大学退休的缘由。

既然经历了与共和国同龄的这七十多年，当然是可书可写的，记录下这七十多年来的经历，以及这种经历所带来的极其深刻令人难以忘怀甚至是刻骨铭心的感受，应当不仅是必要的也是必须的，乃至心灵深处有一种如果不写可能难以释怀的感觉，如果不写有一点对不起我们经历过见证过的共和国七十多年历程的感觉。

想要动笔写点什么的另一种初衷是对自己这七十多年人生经历的基本回顾和评价。回顾走过的这人生七十多年，还是颇有感触的，在人生的每一个阶段，相对来讲自己还是走得满意和满足的，无论是从过程还是结果，也是丰富多彩硕果累累的，所以自我感觉还是应该把自己的人生经历与人生感悟记载下来。当然人生的每一个阶段，都有坡坎都有不尽如人意之处，但总体看来还是自知自信自明相对充实的。

怎样撰写这份回忆录？这个问题的回答其实很简单，那就是实事求是有啥说啥，经历了什么就记录什么，有什么感悟就记载什么。上边已经说过，由于自己七十多年的人生经历相对还是满意和满足的充实的，在这种心情和心态下作出的回忆和记录，肯定是积极乐观充实的。把经历过的愉快和高兴记录下来留念与分享，有过的坡坎和跌拓记下来回味与思索，我想这就是怎样撰写这份回忆录的最好答案吧。

这份前言行将完成的时候，被新冠病毒阴霾了近两年的世界似乎传来了一些好消息，这应当是一个好消息，让我们在这个好消息的鼓舞下欣欣向荣的往下走吧！

2021年12月于四川成都

作者简介

许仁忠，教授，高级经济师，研究生导师。曾任四川天一学院执行院长，四川长江职业学院执行院长，成都信息工程大学银杏酒店管理学院院长，西南财经大学科研处处长，《西南财经大学学报（财经科学）》编委，四川省数量经济学会副理事长兼秘书长，四川省系统工程学会常务理事，全国数量经济学会常务理事，全国系统工程学会理事。曾任中外合资成都裕丰丝织品有限公司董事长，成都惠丰房地产开发有限公司总经理，成都汉星投资有限公司总经理，成都生化水处理有限公司财务总监。

在研究生及本科中讲授的课程有：《评估中的企业财务报表分析》、《企业财务管理信息系统的设计与分析》、《基础会计》、《科学技术史》、《概率论与数理统计》、《运筹学》、《模糊数学在经济管理中的应用》、《非确定性经济现象的数学描述》、《目标管理与目标规划》、《数学规划在经济管理中的应用》、《自然科学的数理基础》、《大学物理》、《市场调查与商情预测》、《物流运筹学》、《抽样技术》、《纳税实务》、《财务管理》、《成本会计》。

主要科研成果

课题：

1. 1984 年 6 月接受中国人民银行货币司委托，进行国家重点课题《货币流通必要量的计算》研究，研究成果《货币流通必要量的计算的模糊数学模型》发表在 1984 年《金融研究》十二期；。

2. 1987 年接受中国人民保险总公司委托，进行国家重点课题《保险总准备金的适度规模》研究，研究成果专著《保险费计算的理论与应用》1988 年由西南财经大学出版社出版，论文《保险总准备金适度规模的数学模型》发表在 1987 年《财经科学》第六期。

专著与教材：

1. 《模糊数学在经济管理中的应用》，专著，由西南财经大学出版社出版。

2. 《保险费计算的理论与应用》，专著，由西南财经大学出版社出版。

3. 《数学规划在经济管理中的应用》，专著，由四川科技出版社出版。

4. 《目标管理与目标规划》，专著，由四川科技出版社出版。

5. 《企业财务管理信息系统的设计与分析》，专著，由成都电子科技大学出版社出版。

6. 《股市操练大全》一套三册：《新手炒股入门必读》《从零开始学看盘》《股票买卖技巧与实战操作》，中国科学出版社龙门书局出版。

7. 主编高职高专"十二．五"规划精品教材·会计专业系列一套，已出版 9 册：《基础会计》、《基础会计实训》、《财经法规与会计职业道德》、《初级会计实务》、《商业企业会计实训》、《工业企业会计实训》、《讷税实务》、《会计电算化》、《纳税实务》，由西南财经大学出版社出版。

8. 主编经济学本科《经济管理应用数学》一套五册，由四川科技出版社出版。

9. 主编经济学大专《经济应用数学》一套三册，由四川科技出版社出版。

10. 主编管理学本科《经济管理应用数学》一套五册，由成都科技大学出版社出版。

论文：

《宏观经济系统中的保险总准备金适度规模研究》、《模糊线性规划在企业管理中的应用》、《通识教育中自然科学课程建设之 ABC》等数拾篇论文分别在《金融研究》、《保险研究》、《财经科学》、《预测》等刊物发表。

（作者简介引自百度百科）

目录

About This Book i
Preface iii
Author Biography ix
Table of Contents xiii
前 言 xix
作者简介 xxiii
目 录 xxv

第一篇 三人行 必有吾师焉 我的学习生活 1
第一章 幼年与小学的学习 1
第二章 在"贼娃子学校"读初中 4
第三章 在成都七中的五年多 7
第四章 三十一岁上大学 26

第二篇 吾有所思吾有所为吾有所乐 我的工作生涯 33
第一章 当知识青年也是工作嘛 33
第二章 在国营商业中磨练 41
第三章 西南财大成绩斐然的教学科研 55
第四章 市场经济中的偶然机会 62
第五章 工作中的新兴趣新挑战 70
第六章 波澜跌拓的民办高等院校工作 76

第三篇　愿他们在海阔天空中自由翱翔　我的子女教育 111

第一章　依借天分的双胞男孩 112

第二章　勤奋努力的学霸女儿 116

第四篇　天下熙熙皆为利来　天下攘攘皆为利往　我的理财 121

第一章　收入颇丰的楼市 121

第二章　捉摸不定的股市 125

第三章　涉入不多的汇市 127

第四章　损失不大的车市 128

第五篇　读万卷书不如行万里路　我的海外旅游 131

第一章　欧洲旅游（一）：中欧 131

第二章　美国的东西海岸游 133

第三章　欧洲旅游（二）：英国 138

第三章　欧洲旅游（三）：西南欧 148

第四章　欧洲旅游（四）：中东欧 158

第五章　安达曼海的明珠——再游普吉 166

第六章　"山川异域　风月同天"——首次日本行 180

第七章　"口罩"之后香港行 193

第八章　悦蓉庄中休闲游——再到普吉 197

第六篇　体为心声　体由心生　我的身体健康 201

第七篇　欢乐与成功同在　遗憾与教训同行　我工作与生活中的"得失" 209

第八篇　胸无大志随意而行　我的人生自描 247

第九篇　充实自知自信自明　我的人生追求 259

第十篇　子在川上曰　逝者如斯夫　我所经历的七个年代回眸 279

第一章　炽热狂燥的五十年代 279

  第二章 阶级斗争为纲的六十年代 285

  第三章 跌宕转折的七十年代 296

  第四章 解放思想的八十年代 305

  第五章 改革开放的九十年代 313

  第六章 在世界经济中腾飞的新世纪第一个十年 321

  第七章 复杂多变的新世纪第二个十年 329

第十一篇 教学相长 学在教中 我的教学心得与感悟 335

  第一章 为什么要学习科学技术史？ 336

  第二章 古代世界文明史 342

  第三章 古希腊古罗马的科学技术 353

  第四章 中世纪的黑暗与宋元科技发展的巅峰 370

  第五章 人性解放奠定欧洲科学技术发展的基础 376

  第六章 翡翠多彩的西方自然科学技术发展 381

  第七章 自然科学技术发展与自由及开放 425

第十二篇 医疗教育养老住房的市场化 我的民生观点 433

  第一章 影响四大社会民生问题的各种因素 434

  第二章 病入膏肓的医疗问题 441

  第三章 岌岌可危的教育问题 449

  第四章 病态已见的养老问题 454

  第五章 无可救药的住房问题 459

第十三篇 书山有径 学海无涯 我的"大学" 469

  第一章 大学初识 471

  第二章 接触大学 481

  第三章 毗邻大学 490

第四章　社会"大学" 512

　　第五章　走进大学 520

　　第六章　融入大学 529

　　第七章　"大学"之至 535

　　第八章　领略"大学" 538

　　第九章　民办大学 547

第十四篇　江山易改　秉性难移　我的"城南纪事" 559

　　第一章　萌芽自由 560

　　第二章　自由放飞 566

　　第三章　工作自由 585

　　第四章　自由潇洒 597

　　第五章　游弋自由 611

　　第六章　自由翱翔 618

　　第七章　自由随心 625

第十五篇　海阔凭鱼跃　天空任鸟飞　我的教育观念 651

第十六篇　油盐柴米酱醋茶　我的衣食住行 665

　　第一章　记叙回顾 665

　　第二章　食在味中 670

　　第三章　淡雅衣着 674

　　第四章　居在宁静 676

　　第五章　行有随意 686

第十七篇　赤橙黄绿青蓝紫　我生活中的繁琐小事 697

　　第一章　书的缘分 697

　　第二章　琢磨喜好 709

- 第三章 感悟A股 714
- 第四章 老人自嗨 726
- 第五章 文如其人 736
- 第六章 靠谱做人 749
- 第七章 天性悠悠 758
- 第八章 新冠之虐 765
- 第九章 人以群分 775
- 第十章 心路历程 786
- 第十一章 评价自我 797

第十八篇 成也萧何 败也萧何 我的市场经济面面观 819

- 第一章 四十多年市场经济发展的历程 819
- 第二章 前进与成果不可否认 831
- 第三章 情况与现状让人触目惊心 832
- 第四章 或许是起步的先天不足 837
- 第五章 政府的思维似乎错位 839
- 第六章 自我与底线已不复存在 842
- 第七章 路在何方 846

后记 849

Postscript 853

第一篇
三人行 必有吾师焉
我的学习生活

如果说我这七十多年是过得比较欢愉比较坦途比较有成就感比较感觉良好的话，从幼年开始各个阶段的学习，以及一直坚持的边学边做，也就是现在所说的"终身学习终身教育"是所有这一切的基础和保障。

我把我的学习生活，分为这么几个阶段来记忆：幼年与小学学习；中学学习，刻意的把它分成初中和高中；大学前工作阶段的学习；改变政治经济文化地位的大学学习；在高校任教第一个八年的学习；商海无涯中的学习；退休前十年在高校的再学习；民办高校教学与管理中的学习。

第一章 幼年与小学的学习

小学和幼儿园阶段的学习总的来说是懵懂萌蒙的，特别是小学五年级之前的所有，记忆中似有似无 似多似少似深似浅极不清晰。

我记不清楚自己读过幼稚园没有？我们那个年代似乎没有幼儿园，但记忆中又总是觉得好像有过，总觉得似乎读过，脑海中总有一种在幼稚园学习的印象和感觉。

小学的第一阶段是在城中心的陕西街小学读的，用今天的观点来看，它应该是当时的"重点小学"。记忆中很深刻的是校园，虽然是城中老式的平房建筑，但给人感觉很宽很大，教室很多操场也特别大，操场前边有一个主席台，供各种活动使用，长大甚至成年后，都有数次在梦中"回忆"到那个校园，可见其印象之深。

学业如何没有什么记忆，有一件事是我记忆特别深刻的，这件事至少说明当时在班主任老师的心目中，我是属于好学生乖娃娃之类的！这件事想起来也特别奇怪，大约是小学二年级或三年级吧，班主任潘老师有一天让我去邮局替她寄一封信，为了放心她又让班上一位姓郑的女同学跟着我。邮局在很繁华的东御街，我懵懵懂懂的居然走到东御街上的一家银行中去了，那位姓郑的女同学似乎比我更聪明更醒事了解的事更多，她叫住了我说走错了，她说这是银行，银行和邮局是两回事。说老实话，我之所以走进去，其实是真的不知道银行和邮局是两回事，概念上我是把它们二者混为一体了，所以这位郑姓女同学给我上了银行和邮局不是一家的启蒙课。

这几年幼时的懵懂学习，还要特别提到我的父亲。我的父亲是安徽人，应该家境不差吧，因为他在来四川逃难前在安徽读过书，文化程度应该至少是高小吧，也许还要高一点，抗日战争爆发后，从安徽逃难到了四川。父亲有一定文化对我影响应该是较深的，虽然他从来未曾指导过我的学习，但在幼时让我产生了对文化当然也包括对知识的崇敬和向往。印象很深刻的一件事，是父亲好像在当时解放初期的报纸上发表过小方块文章，很小的一块豆腐干文章，他特意把文章指给我看，看到文章末尾他的署名，一种对文化的崇拜油然而生。

父亲虽然没有对我的学习有过具体的指导，但在某些方面带给我良好学习的习惯却使我受益匪浅。比如阅读书籍，十岁左右时他常带我到市中区的工人文化宫去逛，但实际上在里边是看书，一本当年书名叫《红旗飘飘》的短篇回忆文章书，就是在文化宫反反复复多次阅读的，另外还有一部书名叫《保卫延安》的长篇小说也读了多次。应当说这些阅读对我后来汉语言的学习和提高是很有补益的。再就是每个周末，他会让我到他工作的商店附近的一家叫智育电影院的去看一场电影，这家智育电影院在春熙路一带，好像是现在的王府井的位置，它不放新电影片只放旧片所以票价较低。每周一次的这种观影活动，对我后来眼界的逐步宽阔逐步的认识外部世界也是很有补益的。

亲眼看到母亲的一件事也使我对知识产生无比的崇敬和向往。母亲那时在四川大学消费合作社工作，应是三、四年级吧，我几乎每周末都要从住在城中的光华街，走路到城郊四川大学去，那里除有我工作的母亲之外，还有我的一个兄弟和妹妹。有一次到了四川大学，母亲的同事告诉我可以到哲学楼去找到她，于是我便前往哲学楼去找她。到了哲学楼，母亲在大门口静坐着，好像没有什么事，面前放着两个较大的木盒子，里边盛着一些要出售的点心。后来得知是当年的四川大学研究生招生考试在哲学楼内进行，母亲那种呆坐式的服务使我对高层次教育和文化的敬仰和惧怕油然而生，这种敬仰和惧怕是由母亲的低层次服务与教室内高层次学生的被服务的巨大落差导致的。

还要说到的一件事就是每周由城中的光华街去四川大学，最短的路径是由光华街到状元街再到东丁字街，走到当初的锦江边也就是今天的锦江大桥。坐渡船过锦江就到了华西坝也就是当年的四川医学院，然后再穿过四川音乐学院及成都工学院到四川大学。不过这条最短的路径当年很少走，因为那时锦江上还没有桥，要渡过锦江需要给摆渡人交一分钱的船钱，这对当时的我来讲恐怕是个天文数字，至少是极舍不得。更多的时候是到了锦江边后，就沿着向东的城墙走，走到现在的新南门处后转而向南仍然沿着城墙走到九眼桥，在那里有九眼桥可以跨过锦江到四川大学。城墙就是当年的护城墙，其实城墙下没有路，或者是有路而儿时的我不得而知，都是在城墙上顺着人踏出来的小路前行的。所以最初几次在不熟悉路径的时候是需要辨识方向和探路的，对一个不到十岁左右的孩提，方向的确认似乎难了点，但成功后的喜悦无疑对后来我学习平面几何产生了一种喜好和引导。

对小学学习稍有记忆的是1958年转学到了望江楼小学也叫四川大学附属小学读五年级，这所小学现在叫劳动路小学，好像同时也叫四川大学附属小学。在这所小学中学习了两年，体验中最深刻的是认识了一批高级知识分子的子女以及他们的教授家庭。这一点应该是在我的心灵中有所触动，又使我对知识有了一种懵懂的崇拜和向往！这批四川大学与成都工学院四川音乐学院四川医学院等高校的高级知识分子子女同学，我在日常的接触中，无论是言谈还是做事，都感到她们比我懂得多强得多，特别是在知识方面知道的东西比我多得多。后来到了几个同学的家中去，进入了他们家中的书房，满屋的书架和书籍使我对书籍其实是对知识无比景仰和崇敬！

在四川大学附属小学的这两年，还有一件事也对我学习知识有强烈向往萌动。不知道什么因缘，认识了四川大学图书馆的一位长辈老师，他居然数次带我去了四川大学图书馆的藏书室。一排排的高大的书架耸立在我眼前，使我震惊使我惧怕但更使我向往。

应该说我还是有点读书的天分的，虽然一直自我感觉同那些高级知识分子的子女同学差距很大，比不上他们。但在事实上的学习中，我和他们在学习上的交流很通畅，在有些时候我明显的感觉到，他们对我有所赞许有所赞扬，感觉到他们也很愿意同我进行学习知识上的交流。这批高级知识分子子女的同学，在我们小学毕业后与他们分道扬镳了。三年后，当我进入成都七中读高中时，再次相逢又成为了高中同学。

1958年在共和国历史上，是一个值得书写的年代。经历了1957年的"反右"斗争后，这一年在总路线大跃进人民公社三面红旗的鼓舞下，一切都很亢奋都很热烈都很鼓舞人心！在"超英赶美"的年代中，小学生们也积极参与了大炼钢铁等群众活动。记忆中一个"英雄赶派克"的活报剧在小学生涯中留下了极为深刻的印象！

在四川大学附属小学读书的这两年中，一个意外的学习收获就是接触了厨艺。当年我的母亲是不管我们的，作为"半边天"她很投入工作，几乎是每个月回来一次放下十元钱作为我和我的兄弟的生活费便难见人影，而当年父亲因为一些政治因素被下放到了远在青白江的成都钢铁厂工作。

我的小妹寄托在一位范姓家庭中，我们称为范爸爸的是川大红瓦村食堂的一位炊事员，由于这个原因，我得以经常在红瓦村食堂的厨房内玩耍，从而认识了很多炊事员长辈。除了耳闻目睹他们做饭做菜外，更身体力行的参加到白案师傅做馒头花卷的工作中。供应给大学生吃的馒头花卷，因为数量太多太大，都是头天下午七八点钟开始做的，五六个师傅一直要做到深夜十二点甚至凌晨一两点。我放学晚饭后即加入他们的工作，具体事情是的把他们做好的花卷或者切好的馒头放入大蒸笼内，这种参与让我懂得了馒头是怎样由面粉做成的。当然，这种参与也让我从小就对做菜做饭这种事情有一种兴趣和耐心。

1957年的反右斗争肯定会在幼小的心灵中留下不可磨灭的感觉乃至恐惧，这些感觉与恐惧中，比较深刻的有两件事。一是当时的所谓川大的大右派冯元春，我在57年去川大时曾看见她被批斗的情况，怎么也想象不到一位很年轻的女大学生，居然是极右学生大右派，批斗会的声势和吼声使我有一种莫名的惧怕。再就是我的父亲，在57年的某天夜晚，被人押着回家来取洗涮用品和换洗衣服，朦朦胧胧的说是犯了错误，需要封闭着学习改造，不管怎样父亲这样被押着回家，对一个十岁的孩子还是会产生极度恐惧心的。

就这样，懵懵懂懂的不优秀但也不后进的渡过了小学六年，在困难年代的1960年进入了中学。

第二章 在"贼娃子学校"读初中

我的中学，是在两所学校中度过的。初中是在当时离家很近的成都市二十九中，高中考入了成都七中这所省市的重点学校。

因为家里边也没人指导和指点，小学毕业后就报考了成都二十九中。而小学班上的很多四川大学成都工学院教授子女的那些同学，基本上至少是多数都报考了成都七中。其实成都七中离家也不远，只是当年自己不懂，也无人指点。但在成都二十九中这所当年被戏称为"贼娃子学校"读初中的三年，后来回想起来，也许是我人生启蒙的宿命，特殊的地点和特殊的人物给我上了人生启蒙的重要一门果。

在成都二十九中的这三年初中生活，可以说是极富人生阅历。进入学校就开始遇到了三年自然灾害的年代，成都二十九中从学生的家庭背景来讲，多数都是九眼桥一带的城市平民的子女，所以在饿肚子的年代中，一边学习一边厮混在城市平民子女圈中，目睹了当时很多底层的社会活动与现实。

学业上，也许是小学生涯中的一些刺激和鼓励，产生了某种精神上的爆发，使我一进入初中就名列前茅的成为各科的优等生，当然也许是因为就读的是成都二十九中而不是成都七中。

当时的成都二十九中，有几乎一半的同学不是来学习读书的，是来"混"的。虽说是混，但也得有个考试成绩，记忆中最深刻的是每逢考试的前一天，班上这些同学都会围在我的周围，听我讲述第二天要考试的这一科的知识要点和重点，他们就是凭考前听我讲讲这些，去取得考试成绩的。这种方式，触动和促使我必须把每一科的学业学得更好更精，学到有体会可以跟这些同学讲解的程度，这无疑既是对我的一种挑战，同时更是促进了我的学业，因此我一直很感激这些同学们。

因为这种关系，使我和这些同学在平常的生活中又"混"为了一体，甚至成为莫逆之交，而我自己有一种在江洋大盗群中充当师爷的怪怪的感觉，也是从那个时候起，我体会到了作为"知识分子"被尊敬的味道。与这些同学混在一起做什么呢？有时大家在九眼桥头聚集。困难年代的九眼桥是一个黑市集市，在那里可以买到很多人们在日常生活中想往的东西。比如大块凉拌肉，记忆中是一元钱一块，在几乎没有肉吃的那个年代，那可是美味佳肴！

这些同学聚集在九眼桥做什么呢？他们有一批当时被叫作"贼娃子"小偷朋友，就是与他们年龄相仿但根本没有去学校读书的街坊。这些小偷街坊朋友们就在集市上晃荡，找机会干着偷鸡摸狗也就是摸包包的活计。因为是街坊儿时朋友，十分讲义气和友情，一旦得手便会在集市上用"战利品"买得各种吃食大家分享，包括那种大块凉拌肉。这种好事，我的那些读书同学朋友们是不会忘记我的，我本来是跟着他们到九眼桥头去玩耍的，居然也能分享到当时很罕见的大块凉拌猪肉大快朵颐！

再有一个快乐的事就是"逃课"。这批同学时不时的要拉着我逃离学校，也就是逃课，用他们的话说，你上不上课成绩都会很好的。去的地方除了九眼桥头外，还有川大校园、望江公园等等。这些同学读书不行，但是在这些地方玩耍却很有造诣，玩耍的方式很多且有趣，逃课下来还是比较愉悦的。

初中三年生活中，我遇见了两位很好的导师，她们在我人生的道路上最初的鼓励和锻炼是我后来步入人生坦途极其重要的基础和关键！

一位是班主任赵老师，她几乎是和我们同时到达二十九中的，一位女老师却是从部队上转业而来，担任我们的班主任并讲授政治课。虽说是从部队上转业下来并教政治，但她待我们班上的同学，无论是像我这种成绩好的学生，还是那批混迹在九眼桥的根本不读书的学生，都像慈母般的关怀关心关照，她受到了全班同学的尊重！更重要的是她在课堂上讲授的政治课，绝对不是一种说教，常常讲出了人生中生活的哲理浅显易懂，我的那些不想读书的同学，反而有些喜欢听她的课。因为成绩优秀，她特别喜欢我，到后来我几乎成了她们家庭中的一员，她的先生和两个儿子都和我处得像父子兄弟一样。

初中二年级暑假，赵老师让我要给她做一件事：她当时订阅了很多报纸，她让我把收集的报纸做归类剪辑，选择那些有用的内容分门别类的做成"剪报"，也就是一本本装订好的小册子，她说她需要在备课时翻阅。若干年后，当我自己感到在归纳分析事物上总有一些逻辑思维的优势时，醒悟到了这其实是赵老师最初给我的。与其说她需要剪辑报纸作资料保存是她的一个目的话，还不如说她的另一个目的就是想让我在那个十三四岁的年龄中开始锻炼分析归纳的能力。

赵老师还做了一件对我后来人生经历极为重要的事情，有一次她在九眼桥头碰见了我的母亲，当年我的母亲应当属于那种很忙的管不了儿女之事的"半边天"。偶然的路遇赵老师给我母亲讲了几句话，她跟我母亲说：你要让许仁忠去考成都七中，不要耽搁误了他！如果没有她的这番忠告与警言，我和我的家庭也许不会让我在初中毕业后考虑考入成都七中，并且在1963年9月成为那所重点学校的一员。

另一位是成都二十九中的团委专职干部彭老师，她好像也是在我进入二十九中时调到学校里来的。在政治上作为良师益友由她引导促使我在初中加入了共青团，并成为了学校共青团和学生会的主要干部。想要特别一说的是，当年成都二十九中学校团委学生会编辑的一周一期的黑板报！

说到这个黑板报，就要提起和我初中高中及大学都是同学的洪时明先生。洪时明先生初中就和我同学，也是成都二十九中品学皆优的学生。彭老师交给我和他的一个主要任务，就是要每周出一期黑板报。洪兄写得一手好毛笔字，也擅长排版作画，所以，每周一期的黑板报，是由我负责组织编辑稿件，洪兄来排版书写的。这项任务的完成极大地锻炼了我的逻辑思维以及文字写作编辑的能力，比如，每一期都得有一个主题一个中心，需要我去设计和构思。有了主题和中心，还得组稿，动员实际上是恳求同学们写稿子，而更多的时候，只有我自己操刀动笔。一件很有趣后来成为我同洪兄美谈的一件事是，当年也许是贪玩，也许是真有其他事情，我们时不时要发生在预定的黑板报出版时间稿件还没有着落的情况。黑板报一般是周三的下午2:00要抬出去展示，于是出现了这样的情况：我和洪兄上午头两节课完后即开始逃课，蹲在团委学生会的办公室中赶板报。稿件都没有怎样赶呢？那就是洪兄先在大黑板上划定一些板面区域，他先去弄版面的图画之类的，我即开始构思稿件，因为时间太紧，来不及写成文字，于是就我一边口述，洪兄一边把我口述的内容在黑板上写成文字。记不清有多少次是这样弄出来的黑板报了！

后来我进入成都七中，高一第一学期就被指定为班上的团支部书记，第二学期即被选入七中校团委担任宣传委员。后来得知，当初在从二十九中报考到七中时，彭老师向七中的同行也就是七中的团队专职干部推荐了我。所以，人在一生中会得到很多贵人的指点和帮助，年轻阶段的贵人可遇而不可求，他们对你一生的影响也许会产生不可估量的作用。

第三章 在成都七中的五年多

1963年9月，我迈入了成都七中这所重点中学大门，一呆就是五年多。除了高中阶段的三年外，还有两年多是经历了无产阶级文化大革命。前三年是读书学习，后两年多是涉猎了"十年浩劫"早期阶段，所以关于这五年多的七中生活，我也把它分成前三年和后两年多两个阶段来回忆。

第一节 三年的高中读书学习

老三届中的高66级学生，受到了最优秀最全面的基础教育，而在成都七中得到的高中三年的教育和学习，无疑在我的人生中是一个极其重要极其宝贵的学习阶段。

首先是知识的汲取和积累。数理化中的数学，就分成了立体几何、代数、三角和解析几何几科分别学习，高一的立体几何，高二的三角，高三的解析几何，都学了一年，而代数学了三年。物理和化学也是分别学了三年。语文的学习根本没有现在的所谓考试化或客观题标准答案的导向，重点就是阅读和写作。三年中，我和我的同学们在知识的海洋中尽情畅游，吮吸着其精髓和精华。

再就是能力的培养。在成都七中不仅学习到了知识，更重要的是培养和掌握到了终身自我学习的能力。我在七中三年学习中，在各科先生们的言传身教中，在同学们相互间的讨论交流中，在自我学习的能力上得到了极大的提升。能力的培养不仅是学习能力提升，更多的是社会工作能力的提升。我在进入学校团委担任宣教委员后，负责全校宣传方面的工作，包括参与进行校团委黑板报《青年先锋》的编辑和出版等等。

如果说到成都七中办学特色，这个特色就是自由，自由在七中无时无处不在。学习上，没有上课听不听讲，作业完没有完成的约束和管辖。由于在各科学习上都不错，我在学习上是感到最自由最无拘无束的，完全是在知识的海洋中晃荡。最通常的情况是很少在上课时听老师讲授，而比较离谱的是科目交混，上立体几何课的时候我在写作文，但语文课的时候，又在算一个老是算不清楚的代数题目，基本上是以彼时彼地个人的兴趣行事。这些事情开始我自以为做得很隐秘隐蔽，老师不会知道，其实后来好几位科任老师在私下跟我聊到时，我才知道他们在讲台上对我在课桌上做些什么完全了如指掌。比我年长不到几岁的数学老师谢晋超先生有一次课后直截了当的问我"你今天在课堂上在做啥子？"，我很愕然：谢老师怎么知道我在写作文？因为头天晚上读了毛主席《别了，司徒雷登》的文章，十分兴奋与激动想就另一件事写一篇学习模仿主席文笔的作文！谢先生当时笑眯眯的说："我看你在下边，神态已经完全进入了角色，比我在讲台上讲课更专注更激动！"。后来我在当了老师之后才明白，任何一位合格的老师，他在课堂上讲的都是大多数同学需要听需要讲的东西。所以，在学习上我是充分感悟到了七中的自由是多么的美好多么的令人神往！

学生干部社会工作的自由度也相当大。比如我负责七中的宣传工作，几乎没有人告诉我该做什么怎样做。做什么得自己去考虑去设计去规划，至于怎样做那更是你自己的事了。记得高二上学期，按当时的政治形势，都在展示人们学习毛泽东思想毛主席著作的热况，于是作为团委宣传委员的我，便提出是不是七中也弄一个集中展示同学们学习毛泽东思想的展览室。整项事情仅仅是在团委工作会议上提出并得到赞同，后来具体怎么弄就没有人管了，一间教室布置出来的这个展览室，无论是里边的陈列品，还是其中的文案语言，都是我组织对这项工作感兴趣的同学们完成的，好像当时做什么事也不需要得到什么人或者什么部门的批准。

当年七中有一个传统的黑板报，命名为《青年先锋》，一位同学在寝室里看到另一位同学很精心很认真的在刷他的皮鞋，就写了一篇文章把这件事视为是资产阶级思想和生活作风，稿件投到了《青年先锋》，刊登出去后一时引起轩然大波，马上有同学以"刷皮鞋就是资产阶级思想作风吗？"投稿《青年先锋》，也把它刊登去了。于是，在好几期的《青年先锋》上，分别发表了很多就"什么是资产阶级生活作风"为主题的讨论文章。现在回想起来，这项工作当年做得很自由，没有什么校领导呀老师呀来干预同学们的这种自由讨论。有了这种自由的氛围，事情往往做得比期望的更好！

当然，自由之余也不是没有烦恼的，欢悦总是随时与忧虑相伴相随。从1963年到1966年这几年，国内政治舆论的大环境肯定也影响到七中学子的中学学习生活，我自己也难于脱逃。从1964年初开始，一种"有成分论，不唯成分论，重在政治表现"的舆论在全国提倡与蔓延，其中最主要的是对大中学生这种青年群体的说教。这实际上是以阶级斗争为纲的阶级分析法对青年人特别是青年学生的煎熬和蜕变，这三句话吧，讲得面面俱到，所有的人都在其中。首先是有成分论，所以家庭出身好坏十分关键，然后不唯成分论，既给了家庭出身不好的人以希望，同时又警示家庭出身好的人也不是进了保险箱，最后的重在政治表现，更是说所有的人一切之一切，你的现实表现才是最重要的。于是在这三句话的魔咒之下，几乎所有的青年学生都陷入了一种莫名其妙的忧思般反省与革新之中。

如果说家庭出身好的人因其先天优势而忧患较少一点，或者说家庭出身不好的人因为前景堪忧忧患也少一点的话，那么那种表面上看家庭出身不错，但实际上存在着一种隐性麻烦的人，忧患和煎熬更更多了。若干年后事过窗户打开时，大家才明白，有这种情况的青年其实占着多数。因为他们的父母辈，在解放前国民党统治的二十多年中，即便是出身很好，比如是工人吧，难免在当时的环境下，参加过国民党三青团之类的，或者曾经进到胞哥青红帮混过。又如是革命干部吧，有可能在第一次和第二次国共合作中，做过与国民党共事的荣生。有这种家庭出身背景的青年人，在过这三句话时特别煎熬：家庭出身很好在明处，父母辈有这样那样的问题自己又不是很清楚，但大舆论大环境期望着你能去揭发父母辈的阴暗面，在批判和自我批判中得到新生。

而我就遇到了这种情况：我的父亲的成分是工人，母亲的成分是雇农，应当很好。但很不幸，父亲在57年反右时，因为健言说了一些不合时宜的话，好在因为是工人，没有被划成右派分子，但被内部定了一个工人阶级中的右倾思想。于是，这就成了一个需要我去揭发去批判去提高的问题，当时的人特别是年轻人，对政治上的患得患失是特别严重的，我也跟其他有这种情况的人一样，陷入了一种特殊的忧虑和煎熬之中，这种情况一直充斥了1965年全年和1966年上半年，直到文化大革命开始才得以解脱。

再有的一个烦恼就是当时也很讲究群众路线的说法，凡事无论大小，都要去征求去听取群众的意见，而我就在这种征求群众意见的过程中碰倒了特别滑稽的事，不过后来却成了我的"塞翁失马，安知非福"。那是1964年底，我做了一年多校团委宣传委员后，校方认为我特别适合做七中的学生会主席，有关方面都找我谈了话了，让我由校团委委员去转任学生会主席，我甚至和上届学生会主席都进行了初步的接触。但是按照走群众路线的惯例，校方组织了一次到我们班上征求同学们的群众意见的活动，会议结果大出意外，好像班上同学对我意见很大，使校方颇有点为难而举棋难下。怎么办呢？校方权衡许久，在征求了部分科任老师的意见后，与我进行了交流沟通，当然最后的结果是顺应民意我就不去做下届学生会主席了，象干部能上能下一样，按照几个科任老师的意见，回到班上作了学习委员。刚开始我还多少有点情绪，后来才发现这个学习委员，比校团委委员学生会主席社会工作事情少多了，于是1965年全年和1966年上半年，我得以全身心的投入学业学习之中，使自己在各学科的学业上有了很好的甚至是惊人的积累和发展。事后感叹，这偶发事件真是一桩"塞翁失马，安知非福"的事呵！

所以，当进入到临近高考的1966年四五月间，因为我的学业优秀，关心我的几位科任老师以及交往较多的一些同学，在讨论我的高考目标学校时，把我锁在清华北大北航三所学校之中。我们当年大学的排名是清华北大北航三所学校最优，而在当年的政治环境下，考入北航不仅要有与考入清华北大同样的成绩，还需要政治出身好表现好，因为北航当年是军事院校。在他们的心目中，我是应该报考并会进入这三所学校之一读书的，当然最好是北航，仅管当年的名字很不起眼，叫"北京航空学院"，但受到众多的青年学子和老师家长的青睐。当然有这种愿望和看法的更多是我的科任老师以及与我相交较多的同学，他们除了知道我成绩优秀，更知道我在明面处的家庭出身是工人，而他们不知道的另一面是我的父亲其实是工人阶级中的右倾思想分子。

当年关于我在北大清华北航三所大学中必定考进一所的美谈或笑谈，若干年后还形成了一个"三元会"典故：一次小范围同学聚会上，大家在忆及当年考大学的情况时，说到我当年应当读清华北大北航之一的情况，突发奇想的提出了这个"三元会"概念。为什么叫"三元会"呢？因为我正好有两个儿子一个女儿，谈论此话题时两个儿子一个已进入北大一个已进入北航读书，女儿当年尚小，同学们都笑称许仁忠你再把女儿送进清华，不是圆了您当年清华北大北航三元会之梦吗？当然，事实上的情况是我的女儿没有去清华，而是在22岁时读了两个国外硕士，一个英国卡迪夫大学的，一个西班牙巴塞罗那大学的。

最后也要说到一下成都七中三年读书期间的良师益友。所有的科任老师，比如教语文的白敦仁先生，教解析几何的藏葆华老师，教三角的熊庆来老师，教代数的宋思孔先生，教物理的徐聘能先生，教化学的班主任周德芬老师，都是我在七中学习读书时的良师。之中要特别提到的是教立体几何与代数的谢晋超先生，他应当又是一位我在成都七中读高中时的贵人。关于谢晋超老师教授给我和我的同学们的知识与能力的情况，我用一篇成都七中老三届同学编辑成书的《七中十年》中我所撰写的一篇文章来描述，这篇文章的标题是《谢晋超先生教诲学子二三事》，标题虽然平淡，但却能窥出七中教书育人之风范：

忆谢晋超先生教诲学子二三事

一九六三年九月，我进入成都七中高六六级二班学习。也就是这个时候，谢晋超先生在西南师范学院毕业，由解子光老校长到西师要求，回到成都七中任教。为什么说是回到七中呢？因为谢先生是成都七中高五九级毕业生，毕业后到西南师范大学读数学系的。谢晋超先生回七中后，就在高一的高六六级任教，在我们高六六二班的课程较多。

谢先生在高六六级教授数学课的同时，还组织了一个课外数学兴趣小组，每周有一个下午的课外活动时间，进行约两个小时的数学课外讲授及讨论。现在能记起的有张昭、廖常伟等同学参加，还有一位高六六三班的家也住在工学院的同学，因其对数学的执着与爱好让我记忆极深，只是现在记不起他的名字了，好像姓肖。

谢先生诲人不倦，现在回忆起来，他其实有自己特别独特的育人方法，让学子们受益匪浅。我想，这也许就是成都七中独特的教育风格吧！

《数学小报》

这个课外数学兴趣小组活动初始,谢先生就给我们提出了一个明确的任务:数学兴趣小组在他讲授数学知识及同学们讨论的同时,要办一份《数学小报》,要求大家都积极投稿,定稿后刻版油印出来供年级上同学们参阅。

因为当时谢先生在我们高六六二班任课时间较多,这份《数学小报》班上的张昭同学和我比较自然的成了主要编辑人。每期的稿件都是谢先生先点题,然后大家围绕谢先生点题的思路自由探讨,谢先生也会作一些讲授与引导,有一些较深的心得体会后,拟就稿件题目,在谢先生指导下逐渐形成可刻印的稿件。后来回想起来,这些稿件实际上就是一篇篇的小论文,谢先生实际上是在培养我们今后步入高等学府时写论文的实际能力。

记忆中印象极为深刻的是张昭同学。除了撰写稿件编辑稿件外,她那一手隽秀有力的好字,使她成为我们《数学小报》钢板刻写的主力,几乎所有期的《数学小报》都是张昭刻写的钢板,当然印刷这种的力气活就是我和班上的其他同学来承担了。

因为有在高中时期负责编辑《数学小报》的过程,十多年后我进入成都科技大学(入校时还叫成都工学院)数学系学习,还和当时的物理系力学系的同学一起,在成都科技大学组织和编辑了一份《数理力小报》,受到各方好评。回想起来回头来看,这应该是母校和老师们赋予我们七中学子在高中阶段学习和锻炼的一种能力吧!

张昭的试卷

上边说到了张昭同学一手隽秀的好字,使人又回忆起谢晋超先生数学教学中诲人不倦的另一桩事:那就是谢先生多次感悟表彰的张昭同学的一份满分试卷。这份试卷是高二中期也就是 1965 年 4 月末的一份期中考试数学试卷。七中的数学考试应当难度不小。张昭同学的这份试卷,不仅在于她得了满分,更令人惊讶的是,整份试题答卷无一处修正改动,一手隽秀的钢笔字,尤如是一份印刷体刻在了试卷上,十分工整漂亮。可见张昭同学在两节课的考试中，是如何从容不迫心如止水的思考答题的。

谢先生在之后在多个场合多次的谈到了张昭同学的这份试卷。他说，一个学子在面临考试的时候，能够这样心如止水一样的平静淡泊答题，足以表现出其自知自明自信自省的强大心理素质。心静成这样，还有什么功课学不好，还有什么考试能难住你！

多年后，也就是大约二十多年前吧，我的一个儿子也进入七中就读，我与儿子一起去拜见谢晋超先生时，谢先生谈及到了张昭同学的这份试卷，以及下文将要说到的与我有关的一份历年高考试题答题本。谢先生讲这两份资料他从1965年起保存有三十余年，其间经历了多次家庭搬迁。谢先生戏称这是两份七中数学教学的"文物"！

高考试题答题本

上边说到谢晋超先生曾"文物"般的保留了当年七中数学教学的二份资料，其中有一份是与我有关的《历年高考试题答题本》。

一九六五年六月期末的一天课后，谢晋超先生找到我讲了一件事。他说："许仁忠，再有一年你们就要参加高考了，我需要为你们参加数学高考做准备。你来帮我做件事吧，我这里有一份从解放初建国开始到目前的历年高考试题，你在今年暑假辛苦点，把这些十多年的高考题作一套题解给我，我好为你们参加明年数学高考做准备做参考"。他还特别强调，对每一个题目，要力争做到一题有多个解法。

谢先生给我讲这件事情的时候，语气和语调就像他平常说话一样，平静平淡得很，就像很简单很随意的一件事要我做做一样。但其实，当时我们两人心中都心照不宣的明白，要完成这份历年高考试题，其实对我来讲并非易事，最大的难处在于：试题中约有三分之一的内容，是我们要在即将到来的下一年的高三课程中学习的，而这个暑假这些需要在高三下一年学习的数学内容，我并没有学过，也并不掌握这些知识内容，它其实包含了平面解析几何的全部内容和相当一部分代数的内容，比如复数。但就是在这平平淡淡的师生交流中，我也为不知道为什么明知难处很大，却居然把这个任务接下来了。

于是一九六五年的暑假，为了完成这份试题解，我首先自学了将要在下一年高三学习的平面解析几何和复数等代数内容，然后按谢先生的要求，对建国以来历年历届的高考试题，进行一题多解的试题解答。想要特别说明的是，在建国初期的那几年中，全国的高考还没有统一，都是各大学自己命题，清华的北大的复旦的同济的，各自命题各有难度和特点，这一点确实在当时把我弄得够呛！

还好，经过努力我终于完成了谢先生交代的任务，把建国十多年来历年历届的高考试题，做出了一份试题解，写在一本软抄笔记本上，在高三上学期开学的时候，如释重负的交给了谢先生！

多年之后，特别是我也在大学中学习数学并且后来又在大学中担任数学教师的时候，我才悟出了谢先生当时让我做这份高考试题答卷的育人心思：与其说是让我完成这份历届高考试题答题卷，以便他在为我们准备参加数学高考时备用，还不如说是他要倒逼我一下，让我超前的自学完高三数学的那些内容，以让我在数学学习上有更好的发展，谢先生是在用心良苦的逼我掌握自学的方法。事实上，因为有在七中学习数学时得到了像谢先生这样的一大批老师的学习方法的教诲及知识的传授，我在1978年进入成都科技大学读书时，在学校举行的以初等数学为主要内容的数学竞赛中，以满分获得了第一名。当然，后来我又把谢先生这种超前学习的方法应用于我的两个儿子和一个女儿身上，让他们在学业上也取得了优异的成绩！

这篇约稿要完成的时候，除了是发自内心的感谢七中母校老师们的教诲外，也想说到谢先生讲到的他那两件数学教学"文物"：我是1996年带着儿子去见谢先生的，那时距1965年已有31年，两份资料谢先生保存了三十年之久，其间经历了十年浩劫。1996年年距今又是20多年了，不知谢先生处的那两份资料是否还安在！

说了良师贵人，还要提到同学益友。先说到两位学长校友，他们都是七中高64级的学生，一位叫胡世模，一位叫梁吉。胡世模是我在校团委的前任，也就是上一届校团委的宣教委员，因为校团委社会工作的原因，我与他交往很深。这是一位品学皆优的学长，学业自不用说，除了理科数理化特别优秀外，还写得一手好文章。知识分子子女的家庭使得他教养极好，待人彬彬有礼，举止言谈无处不显现出良好家庭教育的涵养和优雅。作为我的前任，他要跟我交接工作，指导和帮助我逐步熟悉工作，这种工作上的密切接触使我受益匪浅，可以说，后来包括参加工作后，我对事物的思维逻辑与分析方法，待人接物的基本处理方式，习惯于教科书式的处理问题的工作方法，很多都受益于他的言传身教。使人倍感遗憾的是，这样一位方方面面都优秀的学长，在后来高考时却失利于他个人的过分自信，以及1964年过于严苛的政审标准。当年有着数理化强大优势的他，没有去报考北大清华，却执意要去读中国人民大学的新闻系，由于语文考试很难显示出个体的优秀性，加之出生于知识分子家庭这在当年并不受青睐，他居然在1964年高考中落榜了，听说是十多年后，与我们老三届一起参加文革后的首次高考，才有机会进入大学读书。另一位梁吉学长实际上是当时的学校学生会主席，在校方确定了让我担任下届学生会主席后，他也就成了我理论上的前任，所以与他也有不少接触。他学业一般，成绩并不优秀，但却有与当年实际年龄并不相仿的工作能力，无论学校举行什么重大活动，他都会像一位将军一样，指挥着学生会成员和各班班委会成员，把活动办得精彩得让人瞠目结舌，他在各种场合下的工作能力，实在使人惊叹。因为成绩不是特别的优秀，也许家庭出身上也有一些难言之苦，在1964年高考中，他同胡世模学长一样，两人双双落榜，堪称当年七中最使人失望的失意之事。

同学中还有一位堪称是学习中的益友，那就是我班同学张昭。张昭小学在川大附小与我同班，小学毕业后她考上七中读初中，高中我进入七中后与她编在一个班。当年七中一个班40个学生，我们班是男女生混合班，男女生各二十名。学号是按照中考成绩分男女性别编排的，张昭是女生中的21号，我的学号是男生中1号，也就是说张昭与我各是当年中考时我们班上男女生成绩第1名。张昭在学习上可以说是一个神人，她最大的特点是学习上了几乎没有什么瑕疵，特别是考试，总是应对自如成绩优秀。在学习上她极爱与我讨论各种问题，当然她的问题有她的特点，用谢晋超先生的话来说，张昭是循规蹈矩的学生，一般人很难挑剔到她的不足。谢先生说我与她完全不同，我属于叛逆型的极不愿意走寻常路的那类学生。我与张昭在学习的思维方式与实际习惯上有很大的反差，但对学习问题却很讨论得起来，她对各科功课的严谨使人佩服得叹为观止，严谨到有时候提出的一个看起来很小的问题，却可能让我会费相当长时间的周折才能圆满回答。使人遗憾的是，"十年浩劫"使我们都失去了在应该读大学的时候进入大学学习的机会，直到十多年后，她在1977年考入了当年的四川师范学院即现在的四川师范大学读化学，我在1978年考入了当年的成都工学院后来又更名为成都科技大学即现在的四川大学读数学。应该说，这两所学校都不是当年我们读高中时老师与同学们认为我们该读的学校，不过专业还是当年各自心仪的。

益友中还有一位同班同学陈大沛，因为他家在四川大学而我家在成都工学院，作为同是走读生的我们，在放学回家的路上因为逐渐交流甚欢而成为挚友。陈大沛为人忠厚，朴实得很难想象到他是当年极富盛名的四川大学中文系主任的儿子。高中三年以及后来的文化大革命两年多，他始终是我在方方面面信赖的同学和朋友，在很多关键时刻，给予我极大的帮助。有一桩很小但回忆与回味起来使人十分留念和不愿忘怀的事：作为四川大学中文系系主任儿子的他，当年家中给他的零花钱显然比我这个工人的儿子多的多，因为都是走读生，经常可以脱离在其他同学的视线之外，每周总有那么一两天，早上两节课之后的课间操时间，我和他会偷偷溜出学校，到当时的离学校不远的磨子桥去买红糖锅盔吃，当然我的作用就是吃锅盔，我是没有能力支付购买锅盔的钱的，因为我几乎没有零花钱，稍有一点都用在买书上了。陈大沛后来的工作与学业也使人十分遗憾：他有兴趣子承父业学习中文，事实上他在中文学习上也有相当的造诣，但那个时代的命运总是造化弄人，从乡下回城后，他在成都师范经过短期培训后被分配到成都十一中讲授化学，这是他不喜欢的学科。1977 年有了高考的机会，他考入四川师范学院也就是现在的四川师范大学。毕业时很期望能到某所高校任教，但当年的分配政策使他后来只能回成都十一中教化学。所以，我们每个人都会有自己喜欢和感兴趣的事，都希望事能如愿，但能如愿者甚少，使人感怀！

第二节 两年多 "十年浩劫"早期阶段

时间进入到 1966 年上半年，正当我和我的同学们都跨踏满志心怀期望通过高考进入自己心仪的大学时，一场政治风云粉碎了大家的大学美梦。1966 年 6 月 1 日，这一天距当年高考还有一个月多一点的时间，当晚 7:00 中央人民广播电台新闻联播时间里，播放了人民日报评论员文章《欢呼北大的一张大字报》，同时播发了北京大学哲学系党总支书记聂元梓等七人的一篇大字报。就是从这一天起，拉开了全国"造反有理"运动的序幕。于是，全国所有大中专院校与普通中学在第二天起都停课闹革命了，高考也变得遥遥无期，最终被取消。

其实从 1965 年下半年开始，就开始孕育着一种躁动：1965 年 11 月 10 日上海文汇报发表了姚文元的《评新编历史剧海瑞罢官》，在一阵紧锣密鼓进入 1966 年后，五月北京市开始批判邓拓、吴晗、廖沫沙的三家村。所有这些都预示着中国大地将要发生些什么事情，而这件事情，终于在 6 月 1 日晚通过这篇大字报以及相应的人民日报评论员文章展现在全国人民特别是大中学校的师生面前。

本来再有一个多月就将结束自己高中学习生涯的高六六级的中学生们，完全进入了另一种状态之中，没有想到的是，这种状况持续了将近三年。我们在成都七中读了三年高中，由于不能高考升入大学，就又呆在学校度过了"十年浩劫"的初期阶段，时间长达两年多，直到 1969 年 1 月响应毛主席的号召，上山下乡到农村接受贫下中农的再教育。

这两年多大致可以分为这几个阶段：1966 年 6 月初到 8 月下旬的文化大革命初期阶段；从 1966

年9月开始到1967年1月的运动发展阶段；从1967年2月开始到1968年7月的文化大革命深入和反复的阶段；1968年8月到年底的收尾阶段。

1966年6--8月这三个月的运动初期阶段，成都七中也像清华等大学一样，经历了批判修正主义教育路线，反对工作组带歪文化大革命方向等重要事件。我在这个初期阶段的运动中，是积极投入并起了重要作用的。也是那本成都七中老三届编辑的《七中十年》收录了介绍这段时间七中文化大革命初期情况的一篇文章，题目是《成都七中文革初期的几个事件》，也把它辑录在下边：

成都七中文革初期的几个事件

1966年6月初至8月中下旬，成都七中这所四川省成都市的重点中学，也同其他的大学和中学一样，经历了十年浩劫初期阶段的激动、狂热、迷茫与动人心魄的历程。笔者综合了七中各种QQ、微信、聚会以及私下交谈的资料，整理了这篇文字，尽量客观地描述这段七中历史中的几个重要事件。

引发七中辩论的"第一张大字报"

1966年6月初，成都七中也开始了"停课闹革命"。大字报在校园铺天盖地。几乎所有的班级都对老师贴出了大字报。大字报的内容主要有：老师在课堂上宣扬封资修的文化；在学习上歧视工农和革干子女。有的断章取义把老师的只言片语定为"反动言论"，有批判个别老师的穿戴甚至发型等是资产阶级的生活方式，等等。

1966年6月10日上午，成都七中大字报栏中贴出了一份长达近二十页的署名为敢闯、向东、霹雳、烈的大字报，题目为《向推行修正主义教育路线的七中党支部开火》，中心论题是讨论和批判近年来七中的当政者所推行的以苏联凯洛夫教育理论为代表的修正主义教育路线，同时，对运动刚开始几天就有大量的老师被作为牛鬼蛇神或反动权威批判揪斗提出质疑。

这篇大字报产生的历史背景是以敢闯向东霹雳烈为代表一批同学，一直对学校所推行的教育路线有所质疑，对于运动初期七中大批的教师被揪斗，也有所迷茫。6月9日下午，4位同学中的"敢闯"和"烈"进行了一次较长时间的深度交流，共同认为应以大字报的形式表示一下自己的思考和认识。当晚，由敢闯执笔，在高六六级与高六八级部分同学的支持行动下，这篇大字报在6月10日凌晨完成。

一石激起千层浪！这篇大字报引发了成都七中长达半个多月的激烈辩论。这是第一张把矛头指向七中校领导层的大字报。以现在眼光看，大字报还是有些"粗糙"的，特别当时在"左"的思潮的引导下，使用了不少过激的措辞。围绕对大字报的看法，七中校园出现了不同意见，同学们大体分成了"两派"。一派认为不能把大字报的矛头指向学校的党领导。另一派同学是支持大字报观点的。这种争论一直持续到六月下旬。这期间问题相对简单，争论只有一个焦点：七中到底执行的是什么样的教育路线？是不是执行了苏联凯洛夫的修正主义教育路线？当然，也没有人认为七中完全执行的是"无产阶级教育路线"。争论过程中有些人提出，大字报的结论只有少量的事实依据，还需要补充事实。为此，两派同学分别贴出了支持自己观点的大字报，其中以这四位同学为代表的一方，前后在半个月的时间中，写出了五论批判成都七中所推行的修正主义教育路线的大字报。

这篇大字报，虽然署名的只有敢闯、向东、霹雳、烈，但它的作者实际上是以成都七中高66级同学为主的一批学生群体。这批同学中，不少是学业成绩优秀的尖子生，其中很多人都是成都七中校级和各班级的学生干部。比如在大字报上签名的四人中，两位曾任成都七中校团委委员，一位曾任成都七中学生会主席。大字报签名的四人都是学校的优秀学生，都是解子光校长的重点培养对象，他们实际上是七中"教育路线"的"受益"者，以这样的身份来批判七中的修正主义教育路线也令人疑惑，但反过来又增加了批判的分量。

应当说，由这份大字报所引发出来的两类同学的辩论，逐渐形成了后来的两派，也就是持保守观点的一派和持激进观点的一派。随着运动的深入，最后形成了文革初期的保守派红卫兵和造反派红卫兵。

当时的运动形势，尽管同学们还在辩论七中党支部是否执行了修正主义教育路线，但事实上到6月中旬，七中党支部以解子光校长为首的党政领导都事实上被剥夺了领导权，领导七中各方面工作特别是文化大革命的，已经是由李虎巨任组长的工作组。这个工作组就是由1964年就进驻七中的"四清工作组"改换名字为"成都七中文化大革命工作组"。

从某个意义上来讲，这个以工农干部为主的工作组，他们在知识分子集中的学校中做主导，实际工作能力和效果还不如以解子光为代表的成都七中的知识分子干部。所以，随着运动的深入发展，同学们关于以解子光校长为首的七中党支部是否执行和推进了修正主义教育路线的辩论，很快的转化为以李虎臣为代表的工作组能否很好的领导七中文化大革命的思考和质疑，从而在6月下旬，引发了部分同学要求这个工作组撤出成都七中的呼吁和要求。而这部分同学的代表人物，仍然是帖出那份大字报的敢闯、向东、霹雳、烈，到这个时候，支持他们的七中同学，也逐步越来越多了。

"6.24"要求工作组撤离七中的事件

进入6月中下旬，运动逐步深入，同学们的思维也在逐步深化。当时，关于七中党支部推行的什么样的教育路线，似乎工作组同越来越多的同学一样，也持有了一种批判态度，甚至由工作组内部传出，讲他们在"四清"时就对七中党支部推行的教育路线有所质疑和批判。与此同时，揪斗批判老师的风潮愈演愈烈，越来越多的老师被作为牛鬼蛇神、反动权威甚至是资产阶级生活作风被批判揪斗。在这个过程中，以敢闯、向东、霹雳、烈为代表的一大批同学，发现这种批判揪斗老师的风潮，与工作组的导向有关。这些同学们发现，对有些老师的批判，实际上是工作组引导和组织的。比如，当时对谢晋超老师的批判，是由一封谢先生与其表弟的通信引发的，讲是那封信表现出谢先生的反动本质。但是富于思考的敢闯、向东、霹雳、烈等同学在分析中发现，这封所谓的反动信件，实际上是工作组抛出的，因为只有工作组才能掌握这种信件。又如对来自上海市的一位倪世麟老师，揪斗的事由是所谓他用极其恶劣的手段对付他在上海的女朋友，表现出其资产阶级的劣根性。但敢闯、向东、霹雳、烈等同学认为，倪老师在上海的表现，成都的同学们怎么会知道呢？显然是有人在有目的引导，这个引导者可能性最大的就是掌权的工作组。

于是，这样的工作组能不能够领导好七中的运动？七中的运动要走向何方？工作组需不需要撤换？这样的一些问题开始在敢闯、向东、霹雳、烈等一批同学中思考。正在这种背景下，6月24日下午，时任成都市委宣传部部长的肖菊仁到七中了解与调研工作，从而引发了要求撤换李虎臣为代表的七中文化大革命工作组事件，后来被称为"6.24"事件。

当天下午6、7点钟，在学校二教一楼的一间教室里，肖菊仁部长与敢闯等一伙同学展开了对话。教室中约有六七十人，除了肖菊仁部长和他的几个随行人员外，主要是要求撤换七中工作组的同学。肖菊仁部长坐在课桌的椅子上，敢闯等同学或站立或半坐在课桌上，对话内容一个是七中党支部是否执行的修正主义教育路线，对此肖菊仁部长虽未明确表态，但他肯定和表扬了七中同学敢于思想敢于批判的精神和做法。但对对话中同学们要求很强烈另一个问题，也就是学校文革工作组对七中文革指导不力，要求市委宣传部撤换这个工作组的问题，肖菊仁表示了明确的不赞同态度。肖菊仁反复给同学们做工作，强调运动要加强党的领导，而工作组就是加强领导的一种重要形式和措施。作为党的高级干部，肖所说的话虽然很有分量，但也无法真正说服敢闯等五六十个同学。当然，敢闯等同学对肖的一些观点和理由也很难提出有力的反驳，双方都感到有些棘手，僵持的时间很长。一方面，是敢闯等同学要求市委宣传部撤换以李虎臣为代表的七中文化大革命工作组；另一方面，肖菊仁部长反复给同学们做工作，明确表态工作组不能撤换，更不会撤走。整个交流持续了好几个小时，直到25日凌晨。后来得知，在几个小时的交流和僵持中，作为与肖菊仁部长作主要交流的"敢闯"，曾数次离开交流现场，到隔壁教室与当时同学们都公认很有思想很有魄力的"烈"同学交换意见，据此传出了"烈"在幕后，"敢闯"在台前的说法。

当年成都七中中还有一所滑翔学校，是培养空军飞行员的，招收的除了身体符合飞行员的要求外，都是出身好政治可靠的学生。这边会议的交流在进行时，那边传出了有人要抢学校档案室的流言。当时工作组向滑翔学校的学员布置了任务，要防止有人抢学校档案室，要对档案室进行保护，并派了很多人巡逻在"对话"教室周围，防止出现意外。

在交流无果的情况下，25日凌晨，敢闯等同学们与肖菊仁部长达成暂时中止讨论交流的共识，同学们表示再认真思考，特别是认真思考肖菊仁部长的意见；肖菊仁部长也表示把同学们的意见和要求带回市委汇报研究。

"八·一八"阅览室三楼大辩论

"6.24"事件之后，情况逐渐发生了很大的变化。主要是在运动的指导上，沿用历次政治运动特别是57年反右运动的思维和方法，开始出现在学生中抓右派学生及至反革命学生的矛头。这种情况在大学比较典型普遍，因为成都七中是中学，情况还不十分明显，但也有相当的迹象。

一方面，在工作组的导向下，校内出现了一种舆论和流言，把七中党支部是否执行了修正主义教育路线这种偏认识性的纯粹讨论政治化，提升到了是否"反党"的政治高度。更有舆论把"6.24"事件中希望撤换七中工作组的要求，说成是"取消党的领导"。另一方面，同学中两派的分化更加明显，有同学在工作组的授意下，对敢闯、向东、霹雳、烈做分化工作。比如，第一篇大字报是由敢闯执笔写出的，"6.24"事件中敢闯也一直在与肖菊仁当面对峙，但在当时都出现了一种说法，认为是"烈"在幕后指挥，因为"烈"更有思想，更有魄力，或者说更有"野心"。事实上，确实有同学在工作组授意下找到敢闯，希望敢闯能站出来，揭开这些事件的真相，也就是揭露"烈"。

随着时间的推移，敢闯向东霹雳烈四位同学感到压力越来越大，校内外讲他们是右派学生是反党的舆论和流言越来越多，他们自己也逐渐产生了一种惧怕心理。四个年青的中学生，心里的确都有些害怕，年纪轻轻就成了右派反革命学生，怎么办？但他们又觉得，坚信自己是热爱党的，是符合当时党反修的大政策的。所以，尽管有不少同学来劝阻来建言，但四个人还是有自我的底线，没有一个人推诿，更没有互相揭发。七月中旬一次全校同学都参加的抗美援越的大游行，他们四个人被告知不要去参加了，留在学校与滑翔学校的一些同学看守"牛鬼蛇神"。这种特殊待遇和安排，使四个人思想压力更大了，在当时的大环境纷围下，他们四人彼此间的接触交流也基本停止了。

1966年8月初，中共中央召开了八届十一中全会，通过了《中共中央关于无产阶级文化大革命的决定》，即十六条。在阅读了十六条之后，敢闯向东霹雳烈4位同学终于逐渐从惧怕中解脱出来。他们恢复了接触交流，对照着十六条，反省和检查了过去两个月自己的行为，认为是正常的正确的。

他们希望明辨两个问题：一是讨论七中党支部是否执行了修正主义教育路线是不是"反党"？二是要求撤换工作组是不是"取消党的领导"？

就这两个问题，同学们也更进一步地分成了两派，支持敢闯向东霹雳烈的同学慢慢的增多起来。八月十八日，两派同学共同议定，举行一场辩论来讨论这两个问题。辩论在学校主楼的三楼阅览室进行，约有200多同学参加了这场辩论。

辩论就成都七中六月初停课闹革命以来的主要大事情进行了辩论，主要的辩论题目有：七中党支部是否是执行了修正主义教育路线？学校被揪斗的那么多老师都是牛鬼蛇神吗？工作组是否阻碍了群众的斗争热情？写大字报的同学是否是反党反革命？要求撤换工作组是取消党的领导吗？等等。

众人属目的"烈"同学在这次辩论会中走到前台，思路清晰条理分明能说善辩的他展示出学生领袖的风范，在他的引导下，辩论会逐步深入渐入佳境形成高潮！辩论从下午二点开始一直持续到晚上，双方争论不休各持己见，难以得到一个明确统一的结论。晚十时，突然一个同学从楼下跑上来，大声说：今天毛主席在天安门广场接见了北京红卫兵了！这一当时激动人心的大事让大家一片欢呼，辩论会主题迅即转移，在没有任何结论下就结束了。

"八·一八"大辩论后，七中校内形势发生剧烈变化，如疾风暴雨发展迅速。8月20日"红卫兵6234部队"成立，进行了"破四旧立四风"运动。以敢闯向东霹雳烈为代表的一批同学，走出学校与川大、电讯、工院、川医等大学的大学生学长一起走向社会。他们中有的参加了四川大学学生冲击八月二十六日西南局及四川省委在东方红大礼堂召开的大会，有的同电讯的大学生一起，走上街头喊出了"炮轰西南局，火烧省市委"的口号。而北京一批血统论红卫兵带来的"出身论"对联，迅疾将学校同学们置于"红五类"、"黑五类"之争中。九月中旬后，七中开始出现各类造反派组织，四位大字报的签名者很自然地成为七中最老的"造反派"，后来他们中的"烈"与"向东"也成了七中最大的两个互相对立的造反派的最高领导。

本文是笔者综合了七中各种QQ、微信、聚会资料整理而成，目的是为了尽量客观地描述1966年6月初到8月底这段七中历史中的几个重要事件。

1976年10月粉碎"四人帮"后，中央在1981年通过"关于若干历史问题的决议"，指出：一九六六年五月至一九七六年十月的"文化大革命"，使党、国家和人民遭到建国以来最严重的挫折和损失。这场"文化大革命"是毛泽东同志发动和领导的。"文化大革命"的历史，证明毛泽东同志发动"文化大革命"的主要论点既不符合马克思列宁主义，也不符合中国实际。历史已经判明，"文化大革命"是一场由领导者错误发动，被反革命集团利用，给党、国家和各族人民带来严重灾难的内乱。

所以，从"历史决议"的观点看，七中文化大革命初期这几个历史事件，从方向上来看就看完全是错误的！但，这就是我们老三届所经历的"历史"，谨记于此！

文中有4个主要人物：敢闯霹雳向东烈。基于很多原因，那篇文章中用的是当年这4位同学用过的曾用名，我在这里要说明的是，那个"敢闯"就是我。这篇文章已经够长的了，里边把我当年在那近三个月时间所经历的及所作所为都介绍得很清楚，所以这一阶段我就不赘述了，但从另一个角度，还想说说感悟。首先应当确定，当年做的这些事情是荒唐的，也是错误的。当然，做出这些错误的荒唐事与当时的政治思想背景有关，当年就是那样，最后几乎全国人民都卷入了这场运动之中。但另一方面，作为十八九岁的青年学生，能在那样复杂激烈迷茫的环境中，有那样的思维那样的行为，对个人政治敏感度的提升学习，以及实际操作某种事物的能力学习，还是有其积极意义一面的，它其实展示了我和我的同学们的思维能有的深度与广度，展示了我们参与和操作一个事件的活动能力。

到了1966年8月下旬9月初，我基本上离开了七中，参与到了四川大学、成都电讯工程学院等学校的大学生运动之中，也就是投入了"炮轰西南局，火烧省市委"的运动之中。因为这样，一是有幸的避开了当年在中学生中因为北京传来的一副对联"老子英雄儿好汉，老子反动儿混蛋"而引发的极其野蛮极其荒唐的阶级路线大辩论，二是结交了一批大学生学长，从他们那个地方得到了很多学习和成长的机会与引导。1966年9月13日，我与成都电讯工程学院的大学生们一起登上列车奔赴北京，在毛主席第三次接见全国红卫兵的9月15日到达北京，并直接从北京车站奔赴天安门广场接受毛主席的接见。从这一天起到10月上旬，我一直呆在北京，除了再次接受毛主席"十·一"第4次接见红卫兵外，更多的时间是在清华北大北京航空学院北京师范大学北京地质学院等大学观看大字报，结交北京大学生朋友。

应该说确实大学生和中学生是有两个层次的差异的，尽管结交的这些大学生朋友，他们的年龄也比我大不了几岁，但他们的见识他们的思维他们的行为方式都给我提供了极好的学习机会。先说一下在成都电讯工程学院认识的那位大一学长，他其实只比我们高一届，是高65级的进入大学刚一年多点，来自江西省我们都喊他江西老俵，当然也许他年龄实际上比我们还要大点。除了满身都充斥着来自江西山区的那种朴实忠厚的味道外，他对我们这些中学生的关心和照顾真的是无微不至。

当年只是通知全国的大学生，可以免费乘车到北京串连的，而中学生不在此列，但仍有不少的像我这样对事物多少有点敏感和先知先觉的中学生，有各种各样的因缘和理由，在那个特殊年代中认识了这些大学生，并且融入这些大学生的生活和活动之中，因此搭上了去北京的列车。在我们这辆列车上，一共有4位中学生，除了我和七中的另一位男同学外，还有成都四中的两位女同学。因为成都电讯工程学院当年是军事院校，大学生们在车上都穿着军装，所以我们4个中学生格外显眼，很快就被发现了。也正是因为军事院校的严谨性，立刻就有信息传来让我们去见学院的党委书记，同学们也叫他政委。政委是一位很和蔼可亲的老人，去之前老俵就给我们讲了很多，中心的意思就是让我们从容应对不要紧张。整个与政委的交流都是以我为主应答的，感觉效果还好吧，至少老俵的敦敦教诲起了不少的作用。最后政委既宽容又严格的告诉我们，他只能让我们随火车到达北京，但到北京后我们必须离开他的学生，离开他的学院，他告诉我们成都电讯工程学院就是部队，部队有部队的纪律。所以，到北京后我们只好依依不舍地与老俵道别，后来得知，其实在我们见政委之前，政委就先传召了老俵，老俵也如实向政委汇报了我们的情况，这种汇报实际上给我们做了铺垫。

到北京后去的第一个大学是向往已久的北京大学，也许是缘分吧，我在北京大学的大字报棚，结交了北京大学西语系一位大学生学长。在有好几天的时间中，我都与这位西语系的大学生待在一起，感觉很深的是北京的大学生能，北大的大学生更能。这位西语系的大学生学长带着我在北大清华那一片的若干学校中转悠，包括北京钢铁学院北京矿业学院北京农业大学北京地质学院等等。转悠中，他跟我讲了很多很多，既有北京的人文地理知识，也有北京这些大学的来龙去脉。关于北京的文化大革命从六月到国庆前后的历史和现状，他似乎也了解得十分清楚，不仅讲述事实，还给我进行更深度的分析，比如对当时北京存在的三个红卫兵司令部他就讲的特别清楚，与他转悠的那几天真是受益匪浅。在将要分别的时候，他了解到我是跟随成都电讯工程学院的大学生来北京的，于是把我带到北京航空学院，因为成都电讯工程学院的大学生同学们就住在北京航空学院，他把我介绍给了北京航空学院他所认识的大学生。回忆起这些，还是感到我是很幸运的，在年轻的时候，除了能遇到学校的老师那种贵人得到教育帮助外，就是在动荡的环境时间中，也能偶遇到像江西老俵和北大西语系这位大学生学长的友人予以相帮相助，在思想方法和行为模式上给予提携。

1966年10月中旬，从北京大串联回成都后，运动的形势发展很快，无数的造反组织如雨后春笋般诞生，在经历了轰轰烈烈的1967年一月风暴夺权后，来了二月逆流，在四川叫二月镇反。当然很快的就有了反击二月逆流，并且文化大革命也由文斗转入了武斗期，后来的右倾翻案以及反击右倾翻案风，让时间很快的进行到1968年年中。这段历史不是我要回忆和记载的内容，我想要回忆和记载的是当年的一些感悟，以及因为这些感悟使我实际上慢慢的逐渐远离了那场浩劫带来的动乱。

在上边《七中十年》的那篇文章中提到了四个人，除了我之外另外三个人，都自始至终在那场大革命中参与很深，其中有两个人还分别是后来红卫兵造反派分为两派之后的七中的这两派红卫兵组织的负责人。而我却从1967年1月起就与当时已经得势的造反派群众组织渐行渐离，最后在1967年年中几乎彻底脱离了它们，成为了当年称呼的"逍遥派"。后来回过头来看，这也是命中注定的幸运吧！因为在相当长的时间中，这种是红卫兵组织负责人的身份，或多或少长或短或轻或重都给当事人引来了一定的麻烦。

我当时为什么会这样呢？先说1967年1月份我与七中已经得势的红卫兵组织渐行渐离，除了因为个人的一些习性兴趣与爱好不习惯在一个组织中充当头目外，在成都电讯工程学院交往的江西老俵以及在北京大学偶遇的那位西语系大哥，在跟他们的接触中，他们的言谈举止行为，特别是他们不经意间说的这样那样的话语对我产生的影响，使我对这种得势的红卫兵组织以及他们内部外部的争斗产生了淡泊甚至厌倦之心是很重要的一个因素。那两位大学生对当时的运动看得很透彻，其实也深深地在其中参与和努力，但他们内心之处有一种另外的在当时不便明言的一些东西，在我们的日常交流中影响了我，使我也开始像他们一样，有时会站在问题的另一面来思考来分析问题。

到了1967年2月，突然出现的二月逆流使人很不解，但没有用到一两个月，这场逆流又被粉碎，这种急剧性的反反复复，使我对这场文化大革命运动产生了一些疑惑的想法。特别是到了1967年7月武汉事件及武汉事件解决后相关人士回到北京又发生的意想不到的惊人的变故，使我这种疑虑更加加深。当然进入1967年下半年，那种对解放军枪支的明抢暗送，以及两派之间的大规模武斗，使我意识到这些都不是我能接受的，更不是我想要的。于是从1967年年中起，我就逐渐与当时的红卫兵组织脱离了，在社会在家中当起了逍遥派，和1966年6--8月那种积极的参加与投入相比，我完全是判若两人。

多年之后也就是"十年浩劫"结束之后，从后来披露出来的当年所发生的种种事件，解开了我当时的疑惑：毛主席这位最高领袖发动的无产阶级文化大革命，一直存在左右两派斗争，两派都不甘寂寞，随时都在利用最高领袖的讲话或者不讲话的倾向性机会，向对方发起攻击。所以说出现了从1966年末到1968年中这将近两年的反反复复，想要控制局势或者说大致能控制局势的是最高领袖，也正是为了这种控制，最高领袖也不得不在两派的争斗中采取相应的谋略。那么在之中浴血奋斗的最基层的红卫兵也自然在这种左右摇摆和争斗中难以独善其身，成了最基础的棋子和法码，也惹来相当的麻烦甚至付出了深刻的代价。很庆幸我较早的脱身而出，而很多同学身陷其中，有的甚至付出了鲜血和生命的代价。

将近一年的逍遥派，给了我时间和机会，这个机会就是读书。说来也巧，我家隔壁有一位卓叔叔，是当时成都工学院的讲师，大学停课了他也没有事就回老家去了，托我住在他的房间替他守守房子。他的房间中有很多书，其中居然有一本《政治经济学简论》，名字叫简论其实是厚厚的一本，把马克思主义的政治经济学写得很详尽，更主要的是通俗易懂，于是我便开始读这本大部头。

后来的若干年中，因为阅读了这本大部头，给我在方方面面带来的帮助和好处在当时阅读时是意想不到的：十年后，我在金牛区商业局工作，曾两次参加由金牛区委组织的党的基本路线工作队到人民公社工作，读懂的这本大部头，除了让我能从容的用来应付工作外，更让我因为工作结识了当年在金牛区委区政府的主是干部，比如当时的区委副书记后来的区委书记陈佐国、区委财贸部部长杨忠国等。二十年后，我进入西南财经大学任教，在当时还是计划经济的大环境中，一位理工科专业的老师在财经院校做教学科研，不知晓马克思主义的政治经济学困难应是很大的，事实上读懂的这本大部头，对我当年的教学科研起到了极大的指导和促进作用。三十年后，已经进入市场经济的中国，因为是中国特色的市场经济，它实际上在方方面面都有政治经济学的痕迹和影响，而所读的这本大部头，还是对我所有的活动是有所补益的。

在红卫兵小将极不听话的情况下，毛主席在1968年7月派出了工人宣传队，在解放军的支持下进驻到全国大中学校，校园秩序瞬间恢复正常，工人和解放军的纪律性把当时在社会上已蔚然成风的早请示晚汇报及跳忠字舞普及到校园。又比较庆幸的是，仍然是出于不满意象工人宣传队这种老粗来学校指手画脚，从1968年9月到年底，我居然又和一批同学在七中上演了一场与工宣队有理有利有节的柔性游戏活动，这个活动给我带来的一个极富成果的副产品是，我居然因此躲过了使人倍感滑稽的跳忠字舞，事实上在那个滑稽的年代我是真的一次忠字舞都没有跳过。当然，为了约束红卫兵恢复校园秩序，大学进行了毕业分配，所有的大学生都走上了工作岗位，因而也开始领取当时不菲的干部工资。而中学生就没有这么多好运了，1968年12月毛主席发出到农村去接受贫下中农再教育的号召，我们这批被称为"老三届"的6个年级中学生，便离开学校上山下乡当了知识青年，我和我的七中校友们，也就阔别了带给我们丰富青年生活的七中。

行文到此，关于我的学习生活的回忆和写作，在安排上有了些小小的变动。文字的开头，我曾经说想以学习是终身的理念，把参加工作之后的学习，都作为一个一个阶段回忆和记录下来。但现在这个想法有了些改变，因为工作的各个阶段，虽然也贯穿满了学习，但他的主题和中心应该是工作，是工作中的学习，以学习为线条去回忆工作，有点喧宾夺主。所以，关于我的学习生活的内容，我做了以下调整：将不专题写工作中的学习，把工作中的学习放在我的工作那一部分回忆内容中去记录，而我的学习生活，下边将直接进入到大学的学习。

第四章 三十一岁上大学

岁月轮回转，经历了下乡两年工作七年之后，未曾想到上大学的机会居然降临，真应了那句"三十年河东，三十年河西"的老话。1977年，粉碎了"四人帮"后重返中央工作岗位的邓小平，主动要求分管教育科技，老人家的第一板斧，砍在了教育战线上，短短的两三个月时间，决定了在1977年11月恢复高等院校招生考试。搁置了十多年的大学梦，好像又能圆了，大学在向我招手，只是这时我已"三十而立"。

从听到小道消息开始，到最后看到正式的官方通知，我和我的同辈们欣喜若狂的投入了报名考试的准备之中。1977年的高考是分省各自命题，四川省考五科：政治、语文、数学、理化（史地）、外语，不过计录取成绩时，外语不计入在内仅作为参考，只记四科的总成绩。准备考试的过程中，结交了一批考友，大家都叮咛不安的期待着煎熬着，之所以叮咛不安备受煎熬，是因为各有各的情况。有的是初中生，没有上过高中但也想一博，犹如鲤鱼跳龙门一般，而当年高66级的同学却又怕政审等等方面的问题过不了关。结交的考友中，有一位贾姓朋友就是初三学生，因为酷爱理工科在乡下当知青时，自学了一些高中数理化，也是因为酷爱理工科坚持要报理工科院校，显然由此难度不小。另一位考友是我小学和高中的吴姓女同学，虽当年也就读于成都七中但成绩不是很优秀，十多年过去了且已结婚生子，父亲是成都工学院的水利学教授，执意要让她女承父业学水利，我与她的考友关系更多的是我在指导和帮助她复习。

在期盼和不安中，大家终于完成了77年高考。当年高考我总分329，据说进入了全省前30名。当时是考前报名，十多年过去了，也不想同时也不敢再去期望圆北大清华北航的梦了，所以报了离家最近的成都工学院，观念中能读大学就好，当然也有怕政审过不了关的阴影。而成都工学院负责招生的毕老师，是那位吴姓女同学的邻居，两家人关系特好，他一直在提供很多正面的信息，鼓励我努力报考大学，反复跟我讲不要怕政审过不了关。但是1977年执行的高考政审标准是1964年的，极其苛刻充满了阶级和阶级斗争的烙印与鞭苔，我尽管高考成绩总分329分进入了全省前

30 名，但被政审这条硬杠子挡在了录取投档之外，成都工学院参加录取的毕老师根本没有看到我的投档，很不幸我落榜了，仅管早有预感也早有思想准备，但还是很失望很失落。

众人都很惋惜，我更是落寂，天意如此有什么办法呢？不是十多年前就有一副对联说过"老子英雄儿好汉，老子反动儿混蛋"吗！万念俱灰之下唯有放弃大学梦。这时，那位吴姓同学的邻居毕老师，从吴姓同学夫妇处了解到我在七中读书时曾有优异的学业成绩，便来劝我不要灰心，要有信心第二年再考。毕老师当时是成都工学院负责招生分配的学生工作部部长，他应该是我在大学期间遇到的一个贵人。因为如果没有他的几乎是坚决的劝告，我也许会从此放弃参加高考，和大学说再见。因为毕老师在招生圈内，他在 1977 年招生结束后，就到北京参加了教育部的招生录取工作总结会，他在会上得知全国像我这样的高考成绩优异，但却因为政审而落榜的考生不在少数，高层正在总结和反思 1977 年沿用的 1964 年的高考政审标准是否妥当。回成都后他就同吴姓同学夫妇一起找到我，告知了我这些情况，希望和鼓励我 78 年再考，并表示只要有一线机会，他一定会尽力为我争取。

这样，我在 1978 年 7 月第二次参加了高考。考前的报名中，当年可以填报五个自愿，我全部都是填的成都工学院，全部是当年成都工学院为了扩大办学师资力量而特地举办的高校师资班，第一志愿是数学师资班。当时的想法极其简单，如果像毕老师那样思想解放的干部都不能把我招进大学，那其他的学校我就更不敢奢望了。那年高考是五科，物理和化学分开单独考试，总分 500，我考了 400 分，虽然也名列全省前茅，但平均分 80 比我 77 年的平均分 82 要低点。因为据说也是邓小平拍了板，1978 年录取的政审标准采用了 1962 年的标准，而 1962 年由聂荣臻元帅制定的政审标准相对要宽松得多。于是，我以第一自愿被录取到成都工学院的数学师资班，终于能迈进大学的门槛了。

作为插曲，想在这里聊谈一事：近一二十年来，在相当大的范围中曾经流传着一种其实并不准确的说法，说是现在在成都七中教学的老师管理和批评学习不努力特别是上课不认真听讲的学生时，用的一段很经典的批评语言是："不好生学习就只能去考读对门的四川大学"。这句话不是无风不起浪，它有来处但说得不是特别的准确，其实是很不准确。所谓不准确是这些传言有夸大成都七中之意，成都七中确实是四川省最好的中学，但也绝不是学习不努力的差生只能去考去读四川大学，这也太贬低作为 211、985 的四川大学了。这段话的出处就在我当年读七中时的班上，是我们的一位数学老师讲的，当年他在与同学们谈起要努力学习时，曾诙谐的顺手指着七中对门的学校说"不好生读书就只能去考对门的学校"，而对门的学校就是成都工学院，当年它与成都七中隔路相望，以成都工学院当年二类非重点大学的资质，七中的老师讲这样的话还比较客观比较靠谱。后来成都工学院改名为成都科技大学最后又并入四川大学，如把当年戏指成都工学院的话说成是四川大学，那就确有过分抬高成都七中且贬低四川大学的味道了。似乎有点像滑稽版的"一语成谶"，我这个当年众望所瞩要考上北大清华北航的七中学生，居然真的在十多年后考上了对门的大学，当然不是不努力学习，应是时过境迁。此是笑谈和闲谈，不能当真！

进入成都工学院报考的数学师资班，就个人的愿望来讲，就是想毕业后在大学当一位数学老师，所以内心还是很满足的，何况入校不久成都工学院就由原四川省管改为由当时的科学技术部管，成了重点大学并改名为成都科学技术大学，感觉就更好了。何况，当年进入大学时，我已经 31 岁，岁月的碾压以及社会的磨合，已经把我改造得很现实很实际了，当年七中品学皆优时的凌云壮志早已不复存在。

据说当年录取时，因为我当年的数学考得不是特别的好，负责录取数学师资班新生的老师似乎对录取我到数学师资班还有些犹豫，是毕老师多次与那位老师交换意见，告诉了他我在成都七中读书时数学的情况，他才有点勉强的录取了我。所以我说毕老师是我在大学里遇到的又一位贵人，因为没有他的坚持和努力，我会被成都工学院录取，但是不是会录取到数学师资班那就很难说了，而学习数学一直是我多年的期望和归宿。似乎是为了证实毕老师向数学师资班的招生老师所讲的我在成都七中学习数学的情况是真话，进入成都工学院不久，学校举行了一次以初等数学为主要内容的数学竞赛，我以满分的成绩取得了数学竞赛的第一名，是不是数学竞赛的题目不难呢？其实不是，因为取得这次数学竞赛第二名的成绩是 60 分多一点，其他参加竞赛的同学都没有及格。这个竞赛成绩使得数学系老师们十分惊异，毕竟是他们出的数学竞赛题，居然会有学生取得了满分，确实有点始料未及甚至有点难堪，但不管怎样这个满分第一名是出在数学师资班，毕竟是他们的弟子。后来学校的校刊《成都工学院报》把我的数学竞赛的答题进行了全文刊登，并刊发了我写的相应的竞赛分析文章。

先说说大学的功课学习，这是必须要说明的，因为事实上在学习初等数学的时候，我，也许还有一大批数学爱好者学生，都误读了"数学"。当年我们都喜欢初等数学，都从初中数学的学习中享受到了乐趣。进入大学才发现，真正的数学不是我们在中学中学习和想象的数学。好在毕竟是真正的喜欢数学，所以也就很快的完成了从初等数学向高等数学学习的转换，这种转换不仅是方法上的，更多的是思维方式上的。四年中，我们学习的课程涉猎之广泛是进入大学前根本没有想到的。来罗列一下：立体解析几何、数学分析、高等代数，这应该是大学中高等数学最基础的三门课程了，接下来的有复变函数论、实变函数论、泛函分析、近世代数、概率论及数理统计、计算数学、凸分析、图论、拓扑学、运筹学，因为各种原因，在成都科技大学数学系的学习中，还涉及不到更多的数学分支中的那些专业课程。应该说，大学课程的学习再一次激发出我对数学兴趣和热情。

也许是中学的学习奠定了一定的良好基础和较好的学习方法，所以大学 4 年的学习在学业上一直都很优秀。当年成都科技大学每年评三好学生和优秀学生干部时，最顶尖的就是在全校每年评出十位三好标兵，我在大一大二大三连续三年被评为学校的三好标兵，三好标兵首要的条件就是要学业优秀。入校后我先担任班上的班长，一年后成为数学系的学生会主席。当时社会工作上有两件事情是做的相当优秀值得缅怀的。一是如同在成都七中办《数学小报》一样，在成都科技大学我们数学系以及物理系和力学系的同学一起办了份《数理力小报》，是由同学们自我选题独立撰稿写成的一篇篇关于对数学物理学力学上一些问题的思考和讨论，实际上就是一篇篇小论文。这对促进同学们深入钻研学术问题，提升自我思考和分析问题的能力，以及提高论文写作能力是很有补益，由于印出来的小报要发到同学们手中，也积极的活跃了学习专业知识和进行学术研讨的氛围。

二是成都工学院也就是后来的成都科技大学，每年"五·四"各系都要出一期篇幅较大内容较多的墙报，各系的墙报一溜儿的贴在行政楼对面的墙上，那是同学们从宿舍到教学楼上课的必经之路，所以颇有点各系相媲美略争高低的味道。应该说我们数学系的墙报，每年都是办得最好的，除了有美观漂亮的版面外，更重要的是每期都有一份关于介绍数学史上有趣故事的文章，每次墙报贴出去后，在我们数学系墙报前驻足围观阅读的同学是最多的。

大学中的先生们和同学们都很有特点。先生中有几位印象很深刻，在大学中对我的学业发展影响很大。康世焜先生给我们授课三年，前两年讲授数学分析，到第三年讲授实变函数论时，康先生采用了全英文的教学方式，也就是他的讲授和我们的作业都用英语，教材也用英文原版，这对我是个不小的挑战。我的外语的情况很复杂，中学六年学的是俄语，进入大学不开俄语了，中学学俄语的同学都改学日语，我在学了一个学期的日语后，数学系很多老师告诉我，查数学国际文献日语很少多是英语，于是从大一第二学期起，我又改学英语，这样显然我的英语基础很差。好在康先生用英文讲授时，语速特别的慢且讲授的内容都在黑板上板书，而且基本上都是专业词汇，不会参杂其他的内容，所以在听课上居然跟上去了，至于作业因为有英文原版教材和听课笔记，所以用英文完成似乎后来也习惯了，但不管怎样这对我都是一个极大的挑战，但这同时也从一个角度对我极差的英语有所提升。

另一位对我的学习和研究方向有指导和引路的先生是系主任王荫清教授，正是王荫清先生引导我走上了学习和研究模糊数学的道路。模糊数学是 20 世纪 60 年代诞生的一门新的数学分支，当年国内的学者参与研究起步才两三年，王荫清教授便是其中一员。王先生把我引进了学习和研究模糊数学群体之中，给我提供了在当时为数极少的资料，指引我在这一个方向进行学习和研究。在王先生指导下接触到模糊数学已是大学四年级，所以刚入门不久就毕业了，毕业后我分配到了四川财经学院也就是现在的西南财经大学，王先生引导我所学习和研究的模糊数学，后来在西南财经大学的教学和科研中，都取得了相当的教学科研成就。

77、78级的班级是最热闹的。一是年龄相差很大，以我们班上为例，年龄大的就是我这样的老大哥，老三届高六六的都三十一岁了，而年龄最小的应届生只有十五六岁。应届生也应不止十五六岁嘛，那是那两年的考试报名放得很宽，比如说在校生，不管你是高一的，高二的还是高三的，都可以报考都统称他们是应届生，读书早一点的高一只有十五六岁也在情理之中了。二是文化基础差异也很大，像我这种老三届高六六级的，是接受了完整的基础教育的，但当年老三届中有六个年级，从初一到高三都有，都可以报名高考。再就是从71年开始普通高中恢复招生上课后，从73年起到77年也也有三、四届高中毕业生了，当时他们都在农村上山下乡当知青，也就符合条件报名高考了，应该说这几年毕业的高中生，在当年文化大革命那种氛围下，基础教育的程度应该不是很高的。还有就是严格的说实际上是小学生学历的，也就是老三届前一两年的小学生，小学毕业的时候正是文化大革命停课闹革命，后来学校恢复上课了，他们也就上了初中，但基本上是学工学农学军就是不学文化，两三年后也上山下乡了。他们中有些同学读书愿望很强学习的韧性也很强，在乡下也自学了一些文化知识，有一定的基础也参加高考了，我大学班上就有这样的同学，他自我解嘲的说他是由小学直升大学的。这两点差异使得大学的班级就很热闹了，年龄大的有结了婚生了孩子的，年龄小的日常生活甚至还像个娃娃。但这样的班级同学们相处却其乐融融，同学之间的关系十分融洽密切友好。

我是在入大学后在1981年添了一对双胞胎小男孩，当年虽是带薪读书，但工资太低，虽说白天请了两个婆婆帮我带孩子，但有时也会出现婆婆家中有事来不了接孩子，于是有好几次我都是背着孩子，到课堂上听先生授课，这也算是我们78级大学生一种特殊的情况了。还好，几次背着小孩在课堂上听先生授课时，小孩都睡着了没有哭闹。孩子是1981年出生的，到了7月孩子半岁时，四川主要是成都遇到了几十年一遇的大雨洪水，我当时的家就在锦江旁望江公园对面三官堂街，大水漫来整个家都是齐腰深的水，好在家离学校不远，班上的同学们在洪水到来前就帮我把两个孩子都搬到了学校的学生宿舍中，两个孩子在孩提中就享受了一次大学生活。

大学4年总体都过得很顺利平静如意，中间虽有带着小孩读书的忙乱乃至烦恼，但总体看来内心是十分欢愉的，日常生活特别是经济上都很艰苦甚至时有窘迫，但懵懂着毕业后各方面都会有很好的改善，内心也充满了期盼。也许是一种宿命吧，就像我进入大学在录取上有很多周折一样，在毕业分配也就是最终要离开学校的时候，在我的分配上又产生了不大不小的矛盾，动静似乎比入校录取时要大得多，讲是宿命指的是，大学四年中间特别顺利但一来一去进校离校时总有坡坎麻烦不断。

我们毕业时国家处于计划经济状态，毕业是按计划进行分配，一个萝卜一个坑，班上有好多个同学，计划上就有好多个工作岗位。如果按照当年的分配大政策，凡是带薪读书的同学，都是哪来哪去，因此按照政策我确实应该回到我考起大学时的单位成都市金牛区商业局去，如果是认命的话，也不会产生那么多麻烦和周折了。问题在于临近分配的我，想到很辛苦的读了四年大学，而且学了很多高端的数学知识，回到商业局那个单位有什么用处呢？何况当初报考的就是数学师资班，就是想在大学里面当教师，现在让回原来的单位，心中确有些不甘。这是我这边的实际想法，而另一边也就是学校方面，因为我大学四年的学业确实相当优秀，校方对回原单位也颇有惋惜，一种说法是他们辛辛苦苦培养出来一个人才，似乎就这样回原单位去专业极不对口所以也很遗憾，加之学校的干部中有像毕老师那样的贵人替我四处呼吁，所以问题就复杂化起来了。校方特别是管毕业分配的学生工作部提出应该把我留校，让我发挥四年学业优异的作用，未曾想到这个建议犹如一石激起千层浪，在当年我处的数学系引起轩然大波。

后来得知，让我留校工作能够发挥最大作用的就是留在数学系当老师，但基于很多方方面面的现在确实不好一语道破的原因，数学系明确表示不愿意让我留在数学系。这就形成了不大不小的一个矛盾:校方特别是管毕业分配的学生工作部建议我留校在数学系任教，但数学系却不愿意接受。问题后来还扯到了学院党委，党委虽没有明确表态我具体该怎么分配，但管学生工作的王朴安副书记确定的原则是许仁忠的分配一定要慎重，要使他学以致用学以能用。其实我个人虽然不想回原单位，但也并不想留校，我学的是数学专业，毕业的时候已经35岁了，这个年龄在数学上已经出不了什么成就了，所以留在学校数学系并不是我的期望。当时我们班上的分配计划中，有一个四川财经学院教师的指标，我其实瞄中的目标是它，朦胧中感觉到如能分配到四川财经学院，也许对我个人的发展会更好些。

所以，在我的分配问题上最关键的时刻，因为学校党委确定了关于我分配的原则，事关重大具体管分配的数学系党总支找我很深入的交换了一次意见，当然也是属于正常的工作，因为当年的毕业分配是需要和每一个被分配学生谈话的。只是与我的谈话氛围却大不相同，数学系党总支正副书记、数学系正副主任、教师党支部书记约有五六个人集体与我谈话。谈话开始时的气氛是很严肃甚至有点对立的味道，所以谈话开始不久，我便表明我不适合留校自己也不愿意留校，我明确的表示几个留校在数学系任教的名额，给一些表现不错但更年轻的一些同学，对各方面更有好处。同时我也表示，在数学系学习了四年，各级领导和老师们也花心血培养了我，回到我原来那个单位确实很难学以致用，我明确的提出希望我能够分配到四川财经学院。当我表明这个态度之后，谈话的氛围迅速发生了变化，我感到在座的领导和老师们都松了一口气如释重负一般，所以后边的谈话居然成了拉家常，领导和老师们都问了我一些家庭的情况，比如娃娃有多大了，等等。

后来得知我这个表态太关键了，用一句在外交上时髦的话来讲，是在合适的时候合适的地方讲了合适的话。因为我自己提出我到四川财经学院能更好的学以致用学以能用，所以谈话一结束我一离开，在场的都是能决定我们班分配方案的关键人物，马上调整了班上的分配方案，让我去了四川财经学院，并立即把我的分配情况向学校党委作了汇报。这是一个喜大普奔皆大欢喜的结果:

学校党委满意，因为他们培养的一个优秀学生分配到了一个能发挥作用并且自己也满意的单位。数学系也很满意，他们只是不愿意我留在数学系当教师，从某个意义上来讲他们也不愿意我回原单位，我毕竟是他们花心血培养出来的优秀学生。我个人更满意，因为一开始我就没有想过留校对我是最好的，在知道分配计划后我就孜孜以求想到四川财经学院去当教师，那个时候的简单想法是到四川财经学院这样的大学去教数学，我一定会做的特别优秀的。

皆大欢喜之下也有一点小小的遗憾。一是我的贵人毕老师，录取我进入成都工学院他就费了多大的心血和精力，好在我大学四年的表现也没有辜负他的信任与帮助。在分配上他又为我留校力争，甚至把一个学生的分配问题扯到了学校党委那里，但最终是我自己表态不留校了，在这一点上也许我辜负了他的期望。但我也无法，如果我要留校或者说坚持要留校，我觉得也许我会给他惹更大的麻烦，因为据我所知数学系不愿意留我在系上也是很坚定的。再有就是数学系主任王荫清教授，他虽然也参加了与我分配的谈话，但基本上一言未发，因为按高校的体制，系主任管业务管教学，学生管理特别是毕业分配是党总支在管。不过事后我从其他一些渠道得知，王先生曾在一定的场合一定的范围表示对"许仁忠不能留校他自己也不愿意留校"很遗憾，他好像比较含混的说到也许这对各方都不是最好的选择。我明白王先生说这番话有他业务上内在含义很深的思考，事实上我们毕业后，国家也逐步进入到改革开放特别是经济体制改革的深入阶段，因为分配到后来又改为西南财经大学的四川财经学院，我在把应用数学与经济管理的教学科研的结合上也做了不少工作，取得了一定成绩，特别是为当年的四川省数量经济学会的成立和发展做出了一定贡献。我在西南财经大学任教和科研期间，曾多次与母校成都科技大学应用数学系的领导和老师们共同探讨应用数学如何更好地为经济体制上的改革开放服务这些科研与教学问题。

第二篇

吾有所思吾有所为吾有所乐

我的工作生涯

如果把从上山下乡当知识青年的 1968 年 12 月算着工作的起始点，迄今已有 54 年，姑且算作工龄 54 年吧，当然不是法定的，是自己定义的，我的法定工龄应当是从 1968 年 12 月到 2009 年 9 月，共 41 年，中间还有带薪学习可以算工龄的大学读书 4 年。在记忆叙述我的工作生活的时候，我把它分为这么几个阶段：1968 年 12 月到 1971 年 1 月在农村人民公社插队落户当知青的两年工作；1971 年 2 月开始到 1978 年 9 月进入大学学习的近八年在成都市金牛区商业局的工作；1982 年 6 月大学毕业分配到四川财经学院到 1988 年底这 6 年半在西南财经大学的教学科研工作；1989 年初到 2000 年初十年多同时在西南财经大学和民营企业也就是所谓"商海"的工作；2001 年初到 2009 年 9 月退休前在西南财经大学的工作；2009 年 9 月从西南财经大学退休后到 20019 年 9 月近 11 年在民办高等院校的工作；2019 年 8 月到现在的休闲式工作。

第一章 当知识青年也是工作嘛

以知识青年的身份参加工作，也许是我们这一代老三届人特殊的玩笑般的机遇。进入到 1968 年的下半年，一切都很迷芒也很迷离。作为中学红卫兵的老三届学生，人数众多据说有上千万，年龄大一点的 20 出头，小一点的也有十六七岁了，他们该自立该工作了，但是社会有这么多岗位接纳他们吗？而当时由家里供养着的这批小青年，他们中的活跃分子仍在学校中占山为王，似乎很不理解最高统帅这个时候需要他们做的是什么？于是在 1968 年下半年，最高领袖派出的工人宣传队在解放军的支持下浩浩荡荡的开进了校园，当然包括所有的大中学院校。但这时的红卫兵们似乎仍然很不懂事，仍然活在前两年自由自在老子天下第一的世界中。屯在大学中的 5 个年级被称为老五届的大学生，好像要进行毕业工作分配了，走出校园他们就是享受国家待遇的干部，而上千万的老三届中学生们虽然很羡慕这些当年一起战斗的大哥哥大姐姐们，但对自己的前景仍然很迷茫。年轻的他们并不懂得其实这是一个很严峻的社会问题和经济问题，一下子堆积起来的 6 个年级上千万的中学生，在当年的经济状况下，社会其实是没有办法接纳和安顿他们的。尽管迷茫，但他们仍在校园中社会上用他们的方式，顽强地表现着自己的存在。

1968 年 12 月 22 日，《人民日报》在一篇报道的编者按语中传达了毛泽东指示："知识青年到农村去接受贫下中农的再教育，很有必要。要说服城里干部和其他人，把自己初中、高中、大学毕业的子女，送到乡下去，来一个动员。各地农村的同志应当欢迎他们去。"于是，我们终于有了自己的归宿，那就是到农村去，上山下乡接受贫下中农的再教育，这对于嚣张一时的中学红卫兵们很无可奈何。

我的下乡经历特别复杂。当年成都七中被安排下乡的地方是西昌冕宁县，我除了觉得它太远，更主要的是已经很不愿意派别式的一群人二三十个到一个生产队集体生活，于是，我跟着成都一中下乡到了安县。我去的那个生产队应该是离成都最近的，它在与德阳罗江交界的宝林公社最南端。引起后面复杂经历的是，按当时的政策和做法，我和我的同伴把我们从成都市迁移出来的户口迁移证交到了成都一中，然后就按分配来到了生产队。

安县是一个比较大的县份，当时在对成都来的知识青年安置上出了点小问题小麻烦，那就是在安县设置得有一个麻风病区，好像当时把少数知青安排到了麻风区或者至少是与麻风区邻近的公社，于是在短短的一两周时间内，到安县的所有的知识青年在有麻风病人的传言下，顷刻混乱起来，大家到处乱跑自己去找自己的落户点，足足有一个多月才安静安顿下来。这时公社给我们讲你们的户口还没有到公社，还不能按政策给你们派发第一年的商品粮。于是我们赶忙回到成都一中去找户口，结果成都一中管户口的老师告诉我们，他们现在已经没有办法知道同学们去了安县的哪个公社哪个生产队，一切都乱套了，她把我们的户口迁移证退给了我们，让我们自己去处理。

这个时候，我已经在安县那个生产队呆得有将近两个月了，劳动的忙累辛苦生活的单调无聊，使我们这些从城市里面去的青年有一种急迫逃离苦海的欲望，现在拿到了户口迁移证，肯定不愿意再回农村生产队。于是我拿着那张户口迁移证，来到了辖区的街道办事处和派出所，要求把户口上回城市。这显然是不行的，但作为一个解决问题的折中方案，确认我们可以每个月凭这张户口迁移证，到街道所管辖的粮站去领取当月的粮食配给票证，也就是粮票。这样我又在城市里面混了一两个月到 1969 年的四五月间。

老这样混下去也不是办法，当时又有一种传言说要必须下过乡今后才能回城分配工作，于是又急急忙忙的考虑是否再到乡下去插队落户？正好我母亲的娘家是在成都平原的郫县，也就是现在的成都市自来水六厂所在地三道堰，金温江银郫县是很富庶的，儿时也常去玩耍，最后联系到了郫县一家有亲戚的生产队去当知青了。也由于郫县当年根本就没有作为成都市知识青年下乡的地方，所以也没有把我的户口迁移证交到郫县，就这样我以成都市临时居住人口的身份，从 1969 年 6 月起在郫县插队落户约有半年。

接近年底，街道办事处开始清理我们这种持有成都市户籍迁移证但又不能在成都入户的人，仍然是动员我们去插队落户当知青，不过这回提出了一个很好的地方，那就是蒲江县。考虑到要取得一个今后招工回城的身份，我和成都七中的一位同学一起下乡到了蒲江县大塘公社，我们是赶着 1970 年春节前到的生产队，当然办好了安家落户的一些手续和事情后，又回到了成都过年，确实蒲江县离成都很近很方便。我在蒲江县大塘公社很努力的做了一年知青，在 1971 年 2 月被招工回城到成都市金牛区工作。

因为我的母亲娘家是郫县三道堰，有好几个舅舅都在郫县务农，舅母及表兄妹们也很多，所以儿时假期也常去舅舅舅母家玩，因此对乡下农村的情况还不算陌生。比如对粮食作物的大小春二季很早就弄得比较清楚，知道小春是以点麦子栽油菜为主，是从头年的 10 月开始到第 2 年的三四月份，而大春主要是水稻，当然也有玉米红苕之类，是从当年的三四月份开始到八九月份。又如对农村的养殖情况，知道养猪是农村很主要的一项副业，至于鸡鸭鹅兔那是一个辅助。这些农村知识的了解，对我后来下乡当知青后还是很有帮助和补益的，它让我很快的与大塘公社的干部与社员融合在一起。

尽管因为由于儿时到母亲娘家玩耍对农村有所了解，但郫县是四川盆地成都平原最富庶的地方，所以当我真正到了一些比较贫穷的地方落户当知青时，心理上的落差还是特别大的，也感到特别的不适应。记得第一次下乡到安县宝林公社，到生产队时已经是下午三四点钟了，收拾好了不一会儿天就要黑了，没有电灯只有一个小煤油灯确实使人感到很不习惯。安县那个生产队比较穷，丘陵地水田不多，所以粮食主要是红苕和玉米，大米还是比较珍贵的，这种以红苕为主的饮食，对从城里边来的知识青年应当是生活习惯上一个很大的考验，我们得接受与红苕和玉米为主的食物。

劳动上较穷的丘陵地带与儿时玩耍的成都平原郫县差异很大。比如缺水，无论是人畜饮用还是农作物的浇灌都要靠天吃饭，也就是靠每个生产队修的小水库小水塘在夏天蓄的雨水供来年使用。我们到生产队的时候是农闲，说是农闲其实也不闲，需要去维修加固加深生产队那几个小水库小水塘，以便能蓄上充足的水供使用。当时是人民公社化，人们劳动的方式也是我们这些城里边去的人很不理解很不习惯。比如挖地，全生产队的人站成一排，挖不了几锄头大家就停下来，或者杵着锄头休息，更多的是聊一些听着感觉没什么意思的话。当时心里觉得很奇怪，如果今天就是决定要把这块地挖完就收工，那为什么大家不齐心合力一鼓作气把它挖完，然后各自回家去休息呢？当然后来还是有与我们年龄相仿的农村本地青年告诉我们，不能把活路一下子做完了，而且不能花大力去做活路，因为花了大力气做活路肚子饿了要回家吃自己的粮食，所以大家就出工不出力，每天把出工的工分混到就好。那时候很多生产队一年核算下来一天的工分只值几分钱？如果一户人家劳动力少全年的工分值凑不够，分粮食的时候还要"倒找"，就是要倒补给生产队的钱才能领到自己该分配的口粮，当然对知青来讲是不会"倒找"的。

在安县前后大约呆了不到三个月，感觉很深的也觉得挺好玩的就是赶场。赶场日全生产队都不出工，都到集市上去买自己需要的东西，或者是要卖出去的东西。集市很闹热，也许这是知青生活中唯一的乐趣。更感到有趣的是集市上能够买到的很多东西对我们这些从城里来的人来讲还是比较便宜的，比如鸡蛋就觉得质量又好价格又便宜，我们在安县当知青时，除了自己买了不少带回城，城里边一些没有下乡的同学也时常到我们生产队玩耍，同时赶集时买些便宜的农产品回城。

但不管怎样，在安县呆的这两三个月，唯一的感觉就是寂寞和无聊，生活上也觉得很清苦，于是想要逃脱的念头时不时在脑海中产生，有一种尽快脱离苦海的感觉。所以好不容易听说户口迁移证还在成都，立刻马不停蹄的回城，一拿到户口迁移证也就再也不想回去了，期望着能够把户口上回去又成为城市居民。

在郫县当知青的那半年应还不错，因为有前期在安县当知青的感受，所以觉得在郫县就很不错了，何况下乡的地方离成都也很近，几乎半个月就可以回家一次。而且成都平原的农作物栽培种植方式也明显优于安县那些丘陵地带，有都江堰的水供应水源，秧子栽下去后似乎也不需要投入过多的劳力去管理，所以感觉上还是比较好的。至于后来到了蒲江县，实际上是介于郫县与安县之间的一种状况了。蒲江肯定没有安县那么贫穷，它虽然也是丘陵地带，但不缺水，水田多是冬水田，也就是一年到头除了只栽大春一季稻谷外，其余时间田里都关着水，不再栽培其他农作物。在属地上，当时的蒲江县同郫县温江一样归于温江地区行政专署，当然从条件上来看就比郫县温江差远了，它应该是温江地区最贫困的一个县，但它的实际情况也远远的好于安县。

首先是饮食方面，日常肯定是以大米为主，蔬菜副食品方面也很不错。印象很深的一是蒲江县的鸭子，因为每个生产队都关了很多冬水田，所以养鸭子是每个生产队很主要的副业，养的鸭子多了，自然也很便宜，作为城里头来的知青，手中总比当地农民宽裕些，买些鸭子炖着吃烧着吃确也很一饱口福。另外就是它的集市远比安县的集市丰富，我当时下乡的是蒲江县大塘公社，也就是现在的大塘镇，那是成都去雅安石棉西昌国道上的一个集市，十分繁华，即便不是赶场天也可在场镇上的餐饮店买到很好吃的回锅肉京酱肉丝鱼香肉丝之类的小炒肉菜，而且很便宜，当时价格似乎是两角到三角之间一份单炒，味道好分量足，每次去赶场免不了要去大快朵颐一番。

再就是日常劳作也比安县丰富多彩不至于那么单调无聊。我去的那个生产队除种田栽培庄稼之外，还有一个烧窑。这个烧窑是制作什么呢？当然不是制作那些精美的瓷器，而是烧制那些当年在乡村中使用很普遍的土碗土盆等日常生活陶具用品，虽然粗糙但从制作工艺上来讲却是全套的烧制，所以在蒲江这一年中，我又学到了制陶这方面的不少知识。这实际上是一个很有趣的事，第一道工序是制胚，而它很重要的前序工作是制泥，也就是采集当地适用的泥土，加上该有的各种辅料之后，把它制成可以做陶具胚胎的泥土原料。制胚的过程特别好玩，用的是比较大块的那种石轮作转盘，懂技术的生产队的"农民"在石轮上制作土碗土盆的毛胚，主要是大大小小的碗盘碟子，制作好了后放在晾架上阴干。第二道工序是上釉，虽说是粗糙的土碗土盆陶具，但进窑烧制前也要上釉，如果是一些精美的或者是买方特制需要的，上的釉还有简单图案与文字。最后一道工序就是进窑烧制了，把制好的各种陶具土胚送进窑中，点火烧窑。几天后冷却了开窑是全生产队最忙碌快乐的日子，那天凡是有劳力的都要到窑子面前，因为开窑当天要把所有烧制好的土胚陶器送到大塘镇街上去，那里有预约好的商家在收购。这项副业使得我所在的那个生产队农户都比较富裕。只是现在回想起来，当时烧窑所用的都是木材，是一颗颗的树子砍了之后锯成一大截一大截的再劈开用，这也许就是我们国家当年森林资源急剧消灭的原因之一吧！

有一桩趣事想在这里聊聊：我插队的那个生产队中，有一对孤苦的祖孙是生产队的五保户，一个年过六旬的婆婆带着一个只有十四五岁的孙儿。作为生产队的五保户，他们也尽力想多做点事回报大家。一是他们替生产队守公房，当然这也是生产队对她婆孙俩的信任，因为公房中还是有生产队不少财产的，比如公用的粮食。二是在生产队需要集体劳作时给大家煮饭，在煮饭这个事情上，婆孙俩操心不少但事情一直做得不太顺心，主要是煮的饭量多，当年都是做的蹭子饭，是要先把米在锅中煮一下滤起来再到蹭子中去蒸。这之中有一个很重要的技术就是米在锅中煮多久？时间煮少了饭蒸不熟也太硬，时间煮长了太软了蒸上去就称为塌锅了，在蹭子中会弄成趴塌塌的夹生饭，为这事两婆孙没少有烦恼，饭做的不好吃总觉得对不起大家。我当时和他们处得很好，而这桩事因为我有儿时在四川大学红瓦村食堂学到的煮大锅饭的手艺，很轻松的就替他们解决了，方法其实也很简单，就是在大锅中先煮米时把米放在大烧箕中一起放到锅中去煮，火候差不多了连烧箕一起端起来，这样滤出来的米就不会出现太软或者太硬的情况了，因为太软多是因为滤米时花的时间太长造成的。这也算是当知青时一桩趣事吧！

当年在生产队插队落户当知青的时候，我应当是属于那种表现优秀的知识青年。首先是劳动上能够吃苦耐劳不怕脏不怕累，很快就成为了生产队的主要劳动力。蒲江那个地方种大春时有一个习俗，就是要把每家每户猪圈粪坑中的猪粪在栽秧时全部施到田中，粪坑很深有两米多，出粪到最后时需要有人跳下粪坑，在齐腿深的猪粪沉淀中把猪粪铲入粪桶中，这项工作是很脏很累的，农民们都是心照不宣的轮流着干。知识青年可以不去做这件事而成为"照顾对象"，但我当时想来都来农村了命就这样了，该做的就做吧，不要成为别人的照顾对象，因为我很清楚农民们心中想的是什么，于是也在轮到的时候跳下一人多深的粪坑中铲粪了。再就是要关心集体多做为生产队集体有益的事让社员们把你当成集体的一员。当时，我做过的一件事在生产队社员中口碑很好，就是我们生产队处于甘溪水库供水的尾水，在栽秧的那一两个星期中，轮到我们生产队放水时，要派社员沿渠巡查防备有人筑坝截水，这项工作很辛苦，还要冒有时可能打架的危险。那年栽秧时有好几天都是我和生产队另一位牛高马大的汉子，沿渠向上巡查以保障生产队用水，这种行为得到社员们的好评。1970年上半年，全国都在进行清理阶级队伍的运动，有文化的知识青年到了农村，在这种运动中应当发挥作用，我也积极参加了公社和生产大队的清理阶级队伍活动，既做了工作完成了任务，同时也对当时的社会常态有了更深入的了解。

在大塘公社插队一年结识到的友人不少，其中有一位居然是当时大塘公社的郑姓党委书记。认识他先是参加了一次县上的会议，就是大约在1970年7月份召开的蒲江县学习毛泽东思想积极分子大会，这在当年是所有地区所有单位都要召开的会议。记得当时到县上去参加这个大会的大塘公社共有25人，由郑书记带队，其中知识青年就我一个人。当然，应该说我能去参加这样的大会，与当时在生产队的积极表现分不开的。在会议中，参加会议的多数农民代表都不甚言谈，所以会议在小组讨论时经常显现得比较沉闷，这位郑书记在观感上我觉得他应该是读过中专之类的干部，有相当的文化程度，会议讨论中除了他自己多说多讲外，更多的就是鼓励我甚至是点名让我多发言，这样我和他似乎就成了朋友。会议结束后。他让我今后赶场一定到公社找他聊天，于是从此之后的赶场天就成了我最忙碌也最愉快的一天。因为生产队一般都选择这一天向大塘街上送陶具，所以上午就和生产队其他社员一起把陶具送到街上，中午在大塘街上的饮食店里大快朵颐一顿后，就到公社去找邓书记摆龙门阵，当然有时他也带信来让我到公社里去吃午饭，这种时候多半是公社食堂要打牙祭。摆龙门阵的主要话题是已经过去了的前两年文化大革命中北京和成都的情况，其实我一直都很费解，他一个刚解放出来的干部为什么对北京和成都的文化大革命那么感兴趣。当然，在相互聊的过程中，我们之间相互认同感的朋友般的友情在增长，他实际上成为了我在蒲江县当知青时的一位给我极大帮助和支持的贵人。

先说一桩他替我解脱麻烦的事。下乡半年多来，我在各方面的表现都是很好的，无论是生产队大队都把我作为是优秀知识青年向公社汇报。大春收过之后的下半年进入农闲了，一些偶然使情况发生了变化。先是我和同队的另一位也是七中校友的知青，原来是一起住在生产队的公房中的，后来公房另有它用我们两人就分开各自搬倒了一个农户家中。我们那个生产队应是植姓的户头多，那位七中校友搬到了一户植姓人家中去了，而我阴差阳错的搬进了生产队一位姓郑的农户家中，这位郑姓农户成分中农，并且是前任的生产队长，这可能引起了当时的植姓生产队长的一些不满意。这位植姓生产队长年纪较轻，在当时的年代里比较更左一些或者说更积极一些，好像他在给大队汇报时很强调这位郑姓农户的中农成分。当然这还不是主要的，主要的是后来发生了一件事情使我很被动：

当年我们一起下到蒲江县大塘公社十大队的，还有一位杨姓的应是初六八级的低年级同学，他的姐姐是我们七中的同学，于是她的姐姐拜托我照顾下他。也是因为太年轻，同时也是被与他同生产队的另一位高六七级年长知青所误导和设计，他居然把他们生产队一户贫农家庭的狗打杀了，并把狗肉弄到我住的地方好几个知青一起享用。后来这户贫农发现是杨姓知青杀了他的狗，不依不饶的找到大队和公社理论，把事情上升到阶级斗争的高度要求大队和公社解决。事已至此，我知道那位杨姓小兄弟是承担不起这个责任的，我也知道他是被与他同生产队的那位年长知青有意误导和设计了，想起杨姓知青小兄弟姐姐对我的拜托，只有由我出面承担此事解决起来也许要好些。

于是我向大队坦承打狗之事是我组织的由我负责，因为我估计用我这个知识青年积极分子去承担这个责任解决起来麻烦也许会少些。果然，大队后来把事情提到了公社去解决，这时那位贵人郑书记出面了，本来公社有一位专管知青的女副书记，这种事副书记解决就足够了，但一把手郑书记一参加，事情就复杂郑重起来。当然，郑书记站在极其高的高度，把我当众狠狠批评了一顿，但批评之后提出的解决办法却是"高高举起，轻轻放下"，他让我们给那位贫农道歉，并按市价赔偿那只狗。大队和那户贫农对这种处理开始很不满意，还是郑书记让那位分管知青的副书记下去做了很多工作事情才得以平息，当然我也积极进行了配合。事后郑书记单独找到我，说"许仁忠你胆子还大嘛，还敢带头打贫下中农的狗"，说话的语气使我想到他一定知道这条狗其实不是我主谋打的，以我和他交往的情况，他一定知道我不会做这种鸡鸣狗盗之事，他肯定知道这其中我有难言之隐，所以才用这种高高举起轻轻放下的方法帮我解决了这个烦恼之事。

这位书记贵人替我解决的另一种事情，在当时的环境下完全可以说是有恩于我了，那就是他居然在成都市第一批招工人员到大塘公社招工时，真有点破天荒似的推荐了我，让我成了第一批回到成都市的知识青年。为什么说是破天荒呢？1971年春节前成都市金牛区商业局按计划分配到蒲江县大塘公社招收25名知识青年，在公社所推荐的25个名额之中，其余24名都是1969年初就下乡到了蒲江县的，在乡下插队落户已有两年，唯有我一人是1970年初才到公社落户的，满打满算刚好一年。虽然当时招工政策上没有明确的说要下乡两年才能招，但全公社有那么多下乡已满两年的知青，这种情况确实有点打眼。而且全公社十多个大队，其他大队都只是分配计划指标，由大队生产队推荐，25个名额分配到我们生产大队的只有一个名额，而公社没让大队推荐却点名决定推荐我，这自然引起大队的极大意见，加之前不久才出现的打狗事件，使这个事情有点扑朔迷离。

后来知道为了解决这个问题，郑书记专门派出公社管知青的副书记到生产大队，通过反复做工作生产大队才没有提出更多的不同意见，而所有这些当时身在其中的我并不知情。事情的发生对我相当突然，头天下午大队才派人通知了我这个事，第2天一早就和其他24位被推荐的知青一起到蒲江县去做了体检，第3天体检通过后成都市金牛区商业局招工组就与我们办理了招工手续，第4天大家就回到成都参加工作了。这桩在当时社会经济背景下可以说是不得了的一件大事，郑书记居然让我完全蒙在鼓中就这样解决了。我都是已经回到成都后，才由当时还在生产队的其他知青朋友告诉了我全部过程，让我惊愕不止。

后来回想起来，这不仅是一位贵人恩人，而且是一位心胸宽怀的真心朋友，以他半年多来与我的交流的融洽，他稍微有一点私心也应也会把我留在公社做他的龙门阵朋友。他非但没这样做，反而顶着刚替我处理了打狗事件的麻烦，可以说是一手帮我回了城。特别想要说的是，由于成都市金牛区商业局这批在蒲江县招工的知识青年中，我的文化程度最高，他的这番推荐和安排为后来我在成都市金牛区工作奠定了良好的基础。

由于事情来得太突然，也使人太兴奋太高兴，我都是回城后才回想起大约是半个月前，这位贵人在和我聊天中曾经问我，是想今后继续读书还是回城工作，在当时的环境下我不假思索的回答他当然是回城工作好哦。后来得知他当时其实已经知道了成都市金牛区商业局要来蒲江招工的消息，同时当年也传出了要从农村推荐知识青年上大学读书的信息，是他根据我的意愿帮助我回成都参加了工作。所以还是那句话，一个人在年轻时候确实是需要贵人相帮相助的，但贵人可遇而不可求，这也许叫缘分吧！

行文到最后，也想说点感觉和认识上的东西。近年来关于知青生涯，有一种"青春无悔"的说法引起了争论，我无意参加这种争论，但从我这段文字调侃式的小标题"当知青也是工作嘛"可以看出，对当年的知青生涯我认为还是要辩证的看。可以这样说吧，人的一生中如有机会去经历一两年农村插队落户当知青的生活，对个人日后的成长在方方面面都是有所补益的，当然这里面要强调的是时间不要太长且有保障能够回城。

事实上，个人认为我自己当知青的这两年，在对社会人生的认识和感悟上，那是真正的上了一次社会大学。比如对农民这个群体的认识，绝不是我们从书本上或者语言上可以得到的，你在与他们真正接触融合了后，你会发现他们时时处处都在用他们可能的方法保护着自己的利益。但他们同时又很质朴本分，不会越雷池去侵犯和获取他人的利益，你的就是你的，我的就是我的，他们分得很清楚，应了中国那句"损人之心不可有，防人之心不可无"的老话。几千年的自给自足的自然经济造就的这批农民，其实他们特别懂得交换，不仅是产品的交换，更包括思维情感权利和欲望的交换，他们比谁都懂得天下没有免费的午餐。他们其实是一个很知道进退的群体，这种进退不仅包括对大自然的争斗，也包括其他的一些东西。一位伟人曾经说过，认识了农民也就认识了中国，确实如此！

第二章 在国营商业中磨练

1971年2月，我从蒲江县大塘公社被推荐招工，招工的单位是成都市金牛区商业局，它的又一个名字叫成都市金牛区供销合作社。当年的成都市金牛区，不是现在的金牛区，当时成都只有三个区，城区也就是现在的一环路以内区域分成了东城区西城区两个区，郊区都属金牛区，区域应该是现在的一环路到三环路外接近绕城高速一片吧，区域很大一共有20个公社，把东西两个城区环绕在其中。在蒲江招工时只知道是金牛区商业局，回城之后才知道它实际上是替它属下的20个供销合作社招工，也就是说我们最终会被分配20个公社的供销社工作。

通过在簇桥供销社近半个月的培训学习，我最终被分配到了石羊供销社，与我一起去的还有另外三名知青，两位女生一位男生。我们这个4个人的组合比较特别，一是那二位女生后来得知都是干部子女，二是另一名男生和我形成了极大的反差。我是成都市金牛区商业局从蒲江县招工的近百名知青中文化程度最高的，老三届高66级，年龄也最大，而另一名男生应是初一的，并且口舌语言也都比较笨拙。后来得知这是刻意的，有点近水楼台先得月的味道，因为在我们学习培训的半个月中，有一位当时称为李老师的人，他实际上是石羊供销社的副主任，所以在分配的时候特意的把我们4人分到了他所在的石羊供销社。于是，我就开始了我领工资的工作生涯。

从71年开始，我大概在石羊供销社工作了一年多之后，便时不时被金牛区商业局借调去作局里边的临时工。大约到了72年底，就干脆把我长期借调在金牛区商业局了，第2年也就是1973年有了指标之后就把我调到了金牛区商业局。所以，近8年在国营商业中学习锻炼提升的工作经历，我把它分成上下两段来回忆，上半段回忆在石羊供销社的工作情况，下半段回忆在金牛区商业局工作的情况。

第一节 石羊供销社一年多的工作

我在石羊供销社工作了一年多，所从事的工作可以说是丰富多彩。供销社就是一个公社的商业中心，凡是和商业贸易有关的事它都要做，当然主要是农业生产资料的销售、农副产品的收购，以及工业品副食品的供应，等等。我们4人到了石羊供销社后，进行了工作分配，两位干部子女的女生一位被分到了百货店做营业员，另一位被分到了生产资料店做营业员，那位不善言语的男生分到了农副产品收购店下属的屠场，具体说就是学习杀猪，而我没有被分配到具体的那个门店，领导上好像也无意安排我做营业员，让我先熟悉了解一下供销社各方面情况。

很快就进入了三月份，农村中生产队开始从过完春节后的休闲中慢慢热闹起来，主要是准备大春的春耕。当年，无论什么事情都是由人民公社党委的一元化领导下进行的，到了春耕忙起来后，公社就要从场镇上的各部门比如农机站、粮站、卫生院等抽调人员，组成工作组进入到大队去抓革命促生产。供销社作为场镇上最大的机构，免不了要抽调人员去的，正好我在供销社没有固定的工作，也许是刻意安排的吧，就派我去了公社由公社统一安排工作。说是工作组进入大队，其实就是一个人，公社把我分配在公社的石桥大队，名义上就叫驻队公社干部，是代表公社在那里与大队的干部一起管理方方面面的事宜。石羊公社有十多个生产大队，安排我去的石桥大队离场镇最近，出场口就是大队的农田与村庄房舍，应该算是对我刚参加工作的一种照顾吧。

按当时的体制，我就属于公社派出的人员，大队的书记队长会计这三个主要干部，都得按照我从公社开会得到的统一布置进行各项工作。具体做些什么事呢？首先是政治工作，也就是抓革命，71年中心的政治工作是深入清理阶级队伍，在农村中的地富反坏右五类分子都得拿出来批斗一下，以防阶级敌人翻天复辟。同时还要以阶段斗争为纲批判资本主义思想路线，其实也就是要以集体经济为重点，农民各家各户养的家禽家畜不能过量，超过了就要割资本主义尾巴。当然，春耕即将开始，促生产也是一项很重要的工作，要按照上级的部署统一进行生产安排，包括种什么怎样种。既然是驻队的公社干部，各种涉及到政策的事情你都要管。比较搞笑的一件事是我刚到大队的第二天，一对夫妇就哭哭啼啼打打闹闹的找到我，说是要找我办理离婚，尽管我当时才二十多岁也是单身，但还得去处理这种家务事，当然是做调解劝阻他们不要离婚，那时才深切体会到农村中农民家庭的家务事是个理不断拆还乱的麻烦事。

很快进入到5月，公社给了我这个供销社派去的人员一个重要的工作任务，就是到建在三瓦窑当时叫桂溪公社的成都氮肥厂去采购氨水，说是采购氨水，其实就是想尽一切办法去抢氨水。氨水是个什么东西呢？其实就是有铵在其中的水，成都氮肥厂当时主要生产碳酸氢铵，由于生产工艺不高，生产过程中有大量的铵不能提炼为碳酸氢铵而溶于水中成为氨水，在当时应该是含氮量较高的一种肥料。当时计划经济体制下，肥料等生产资料严重供应不足，都是有关部门在计划分配调运，而氨水这种东西由于是液态且工厂是随时产生又随时要清运，所以不可能进入计划分配之中，成都氮肥厂产生的氨水，原则上就是就近的桂溪石羊胜利三个公社在抢购，公社给我的任务就是希望能尽量多的抢到氨水。

这个事情技术性很强，需要各方面配合，一是公社农机站它得派出拖拉机去运氨水，二是要联系好要抢购氨水的生产队，一旦氨水运达必须尽快组织全队力量把拖拉机上的氨水尽快地转运到生产队的氨水池中去。当然从采购上的一个重要的技术窍门是弄清楚成都氮肥厂的氨水池在什么时候必须及时清运腾仓。因为工厂就建在桂溪公社，显然桂溪公社占有地利的优势，而石羊公社和胜利公社也就是现在的琉璃场因为距离较远才有去抢这种说法。这项工作我是尽心尽力努力去做的，也取得较好的效果，公社和买到氨水的生产队对我想尽一切办法抢倒氨水还是很肯定和感谢的，而我个人在完成这项工作任务时也学到了各方面的不少知识，协调事物的能力也得到了极大的提升。

等到大春的秧子全部栽下田，我也从派出到公社临时工作撤回了供销社，这时已是6月中下旬。回到供销社后才知道领导给我安排的工作叫供销社临时文书。为什么叫临时呢？因为这个岗位在供销社任命时还得报区商业局批准，我刚参加工作当然只能是临时文书。这个岗位有点类似于现在的办公室主任，只是只有一个人要负责供销社里里外外的行政事务，是个名副其实的不管部门，凡是供销社没有人管的事情你都得管，其中包括管理供销社的伙食团，也就是大家喊的伙食团团长。

因为供销社是整个场镇上最大的一个机构，所以它的伙食团也较大，不仅供销社的员工在此搭伙，场镇上的很多其他机构比如工商所税务所粮站的员工也多来供销社伙食团吃饭。我在当伙食团长的时候。还是有很多趣事。首先一件事就是伙食团的核算，这个事本来简单，但由于炊事员"么伯"是一位手艺好又上了点年龄的老人，事情就变得比较麻烦起来。比如每个月到月底伙食团的盘点核算，总的平衡点应该是我这边卖出了多少饭菜票，它的金额应该和我手中的现金，以及炊事员库存的物质和他手中收到的饭票相等，那就是不亏不赢，至于略多点或者略少点都应该是正常的。但老么伯他自己以大师傅的习惯也要搞阶段性的核算，比如这个星期他买原材料花了多少钱，到周末他要算这个星期收了好多饭菜票，之间的差距看与他库存的材料是否相符。应该说老么伯这种算法也没有错，但却和我这边每个月底要核算一次产生了一种时间上的交叉乃至混乱，而在那个年代是一定要做到伙食团这种福利事业不赔不赚服务于员工的，所以在核算方式上的这种差异还是给我增加了很多工作上的麻烦，但同时也让我学习到了老师傅的菜品核算方法。

还有一桩趣事是一件皆大希望皆大欢喜的大快朵颐的美事，那就是伙食团的一种特殊的打牙祭的方法。供销社的优势在于自己有杀猪的屠场，为了保证第2天一早场镇居民的猪肉供应，屠场的员工在清晨约三四点钟就要开始杀猪，到八点钟时猪肉就要上架销售，而早上六七点钟屠场的新鲜猪肝和板油也清洗完毕。伙食团中一批头天晚上住在场镇上没有回家的搭火的团员，头天吃晚饭的时候就要给我这个团长"讽"起，让我第二天早上到屠场去提一挂鲜猪网油和两三副鲜猪肝，让老么伯亮手艺炒白油肝片或者鱼香肝片给大家吃，由于一切都是鲜货，加上老么伯的手艺，那个美味就不摆了。而这一顿美味早餐是单独核算，我这边提回来的材料是多少钱，老幺伯报一个调料钱，加起来按人头每人当场兑现交钱。一顿早饭吃的大家美滋滋的，大家都盼望着一个月能多来几次，我当然在可能的情况下也尽量满足大家的口馋的欲望。

供销社文书还有一项很主要的日常工作要做，就是要随时了解供销社各个商店的经营状况，这除了是要让供销社领导了解情况加强管理外，还有一点是因为上级单位比如公社党委及区商业局也经常要来要求汇报，这项日常工作使我学习到了很多商业贸易运营上的知识，为约 20 年后我参加民营企业的经营管理工作打下了基础。

我应该算是生长生活在商业世家吧，父亲解放前就是替丝绸店的老板当店员的，解放后先是在公司合营的棉布店作公方经理，57 年犯错误被定成右倾思想在清白江区成都钢铁厂接受教育后回到成都市贸易公司当营业员。母亲参加工作后，先是在四川大学消费合作社工作，后来归口到成都市百货公司。生活在这种商业世家的环境中，应当耳闻目睹了许多商业贸易的经营管理，诸如"购销调存赚"之类的商业贸易语言是经常在家中听及，但无论是百货公司还是贸易公司与供销合作社的业务相比，它们就显得单调多了，供销社的经营范围经营品种经营方式是应有尽有包罗万象，所以在供销社当文书使我学到了很多商业贸易方面的知识和技能。

因为供销社是面向农村的，首先就要为农业生产服务，所以它有一个农业生产资料店做大到化肥农药小到锄头扁担的农业生产资料组织供应工作，再一个就是农村生产出来的农副产品，除了粮食是由粮站在收购外，其他的都由供销社来收购，所以它有一个农副产品收购店收购生猪及鸡鸭鹅兔等家禽家畜还有鸡鸭鹅蛋，收购的生猪除了少量就地宰杀供应场镇居民外，绝大多数都要按渠道调运到省市的各专业公司。特别要说明的是，农业生产资料的供应和农副产品的收购不仅是商业上的经营，还有一个支农的任务，就是要用一切办法做好为农业生产服务的工作，比如如何指导生产大队和生产队开展多种经营，活跃农副产品生产。当然，供销社在场镇上也有日用百货店和副食品店，给公社的农民和场镇上的居民供应各种生活日用品。在这种包揽各种各样商业贸易活动的供销社做文书工作，使我有机会和有条件广泛的接触和了解各类各样的商业贸易活动，从中学习到了很多知识，也提升了很多做这方面工作的技能。

记忆中很深刻的一件事就是到当年产烟区什邡县去求师拜艺，把什邡种植烟叶的技术请到石羊公社，为公社的大队生产队发展种植烟草的多种经营。我和供销社主任一起跑了多次什邡县，请到了一位种烟的老农到石羊公社来传授种植烟叶技术和经验，最后在石羊公社的一个大队里开辟了一片种植烟叶的试验田。后来我到金牛区商业局临时借调去工作时，正好有成都晚报也在组织商业支农的稿件，听我介绍了石羊供销社帮助石羊公社大队生产队种植烟叶的事就来采访，在这个过程中认识到了成都晚报一位刘姓记者，和他一起写了篇石羊供销社支持石羊公社生产队种植烟叶的新闻报导，我作为报社通讯员与那位刘姓记者一起署名发表在成都晚报上，这是我参加工作后在报纸上发表的第一篇文字较长的文章。因为有这个过程，后来刘姓记者推荐我参加了报社的通讯员培训班，并且前前后后在成都晚报上发表了好几篇石羊供销社商业支农的新闻报道，以及金牛区商业局工作的几十篇新闻报道，打下了在金牛区商业局良好的工作基础。

第二节 在金牛区商业局的工作

1972年底，金牛区商业局要组织一次全区供销系统的文艺汇演，就把我抽调到局里边去临时协助工作。去的时候分配在商业局办公室，因此办公室的有些工作我也在参与，比如办公室编得有一份以金牛区商业局名义上报下发的工作简报，便是我份内的工作之一。这项工作主要是要去了解基层20个供销社的工作状况，发现可以宣传推广的亮点，便写成文字编成工作简报后上报到区委财贸部和市第三商业局，下发给所管辖的20个供销社以及局直属的几个经营部，参与这项工作使我和二十几个基层商业单位建立了很广泛密切的联系。

因为与成都晚报刘姓记者建立了比较好的联系，所以写成的工作简报有时也编辑成新闻报道向成都晚报投稿，应该说这项工作还是很有成效和影响的。因为像金牛区商业局这样的商业单位，在全成都市太多了，如能让金牛区商业局包括其下属供销社的工作情况上成都晚报做新闻报道，这在当时还是不太容易的。这个时候，当年在做逍遥派时所读的那本《政治经济学简论》起到了推进工作的作用，因为在当时的政治环境下，能够刊发的新闻报道稿，有这么一些理论去拔高，不仅增加了在成都晚报上发表的数量，而且发出的稿子也显现出质量和写作者的水平。从1972年底开始到1978年我考入大学的这几年中，前后在成都晚报上也发表了好几十篇新闻报道，有的新闻报道影响还较大。

记得是1974年初四川省供销社在广汉召开了一次推动全省农副产品收购工作的会议，会议前两天局里边突然收到成都市第三商业局也就是成都市供销社的通知，让金牛区商业局也就是金牛区供销社去参加这次会议，并在会议上作介绍我们如何推动农副产品收购工作的发言。一般省里开这种会，像我们这种区供销社是够不了资格去参加的，更不要说还要大会发言，后来得知是省供销社一位领导点名让金牛区供销社去参加会议并作大会发言的。省供销社的领导是如何得知基层的金牛区供销社在农副产品收购上的工作状况呢？原来是在会议即将召开的前几天，我以金牛区商业局通讯员的身份在成都晚报上发表了一篇新闻报道，写的是金牛区供销社如何从两个阶级两条道路两条路线斗争的高度推动农副产品收购，因为这篇报道的质量和水平较高，成都晚报把它发表在第一版上，这位省供销社领导正好看到了，所以点名要金牛区供销社去参加会议并作大会发言。

因为在工作中做出了一些成绩，我在1973年被正式调进了金牛区商业局，分配在商业局办公室工作，主要负责宣传工作及一些行政事务。当年那个政治形势下，宣传工作可以说是重中之重，稍上一点层次的机构和单位都会设有专门的写作班子，为各种会议准备材料，比如金牛区每年二、三月份就要召开一次全区工作会议，总结去年的工作安排今年的工作，而这种会议要准备有一个很重要的工作报告资料，由区委书记在大会上去做报告。相应的金牛区商业局在参加了区委工作会议后，也要在三、四月份召开全区商业工作会议，贯彻区委工作会议精神，总结全区商业系统去年的工作安排今年的工作，这样也要有一个工作报告由局长在大会上去作报告。

我进入金牛区商业局办公室后，担负的工作也包括这些，除了每年要给商业局召开商业工作会议准备工作报告外，还要参加区委区政府的写作班子，区委区政府的工作报告中关于商业的内容也是由我提供基础材料并形成基础文字。其实这种所谓的工作报告，在当时的文风下都是一些典型的八股文，报告的开头总是要讲形势讲政治，要结合当年的中心政治工作把一些该说的话说完了，才能进入正题谈具体的工作事情，就是具体的工作事情也得顺着形势和政治的中心工作这条线走，总结去年的工作得这样，安排今年的工作也得这样，而且文风上也绷得很紧，因为是要"以阶级斗争为纲"嘛。现在回过头来看，做这样的文章是既累也不累，不累是因为天下文章一大抄，该说的套话文件中报纸上都有，抄就是了，说累是因为抄你还得结合本单位的具体情况来抄，所以实际上也很累。

因为当年年轻没有什么家庭负担之类的，所以工作上是做得比较好的，除了商业局比较满意外，慢慢的区委财贸部乃至区委领导，都逐渐知道商业局有我这样一个"秀才"，能够独当一面做很多方面面的事情，特别是文字上的事情。因为我不是共产党员，加之受父亲事情的影响，也不能给我任命一个职务，但事实上我逐渐成了金牛区财贸系统和商业系统中很重要的骨干，私下里无论是领导和群众都很信任我把我当作秘书来看待，特别是当年有一些事情需要人操持和打理，这个人很微妙既要信得过但又不能太显赫，于是这个角色就逐渐成了我。

其实这些事情摆在今天也很简单，就是一些物质的分配，因为金牛区是一个大区，市上在一些紧缺物资的安排也要考虑到它的需求。当时是物质紧缺的时代，比如市五金公司管的高档自行车缝纫机数量很少不可能普遍供应，但每个月总有一点货源过来，都是当时比较好的品牌品种，比如锰钢制作的28圈的永久凤凰自行车，特别是永久凤凰26圈的平跑，多少每个季度都要分配点指标给金牛区。因为指标太少像烫手的山芋似的无人敢接受分配，这项工作后来就不明不白成了我的事情，大约每个季度都是拿到市五金公司的指标后，然后制定一个分配方案后向领导报备一下就分配下去了。为什么不是说汇报批准而是报备呢？是因为这个事情在当年太敏感，好像也没得哪位领导要真正具体的想管这个事，反而是我这个没有任何职务级别的商业局非正式的"秘书"在操持和决定这个事情。当然这个事情真正做起来对我也很难，我必须要协调好各方面的情况，让制定出来的方案不要有太大的矛盾和问题。

再有个就是名牌香烟，比如当年的大前门和春城香烟，市面上很少见几乎没有。我记得是在成都市召开的一次财贸工作会议上，金牛区分管财贸工作的副书记专门找了市委财贸部的领导提到还是希望能每月给金牛区配备一点名牌高档烟，确定了由市糖业烟酒公司负责调配。但金牛区这边由谁衔接呢？最后领导还是决定让小许去吧，于是我又管理了当时市面很紧俏的名牌烟的安排和分配问题。因为有这些原因，我一度被一些不明就里的人把我当做了商业局接班人来看待，以为区委和区委财贸部是在培养我锻炼我。

尽管红卫兵运动因为对大学生进行了分配让中学生下了乡而结束了，但十年浩劫的政治运动和政治斗争并没有结束，1974年上半年开展的批林批孔运动使得金牛区商业财贸系统的问题又复杂起来。从1971年开始的清理阶级队伍和一打三反运动，使得金牛区商业系统当年的一些造反派受到了相当的压制甚至打击，所以1974年批林批孔运动一开始，他们便组织行动起来，几十个人聚集到局里边来说是召开批林批孔大会，其实就是要重新夺权。当时还是有一些和我很要好的区上和局里边的干部提醒我，讲这批人权欲心很强，让我小心不要被他们当作目标被整了，对这些好心人我当然是很感谢的，但我也告诉他们我不是接班人，我不怕也不会被任何人整。

果然，这批造反派的头面人物在开会前就来找我了，我很客气的接待了他们，也推心置腹的和他们交流了，我理解他们的处境和愿望，告诉他们我不在他们追求的漩涡之中。记得当时我笑呵呵的对那几个头目说：当年我在炮轰西南局火烧省市委的时候也许他们还在街头上工人斗学生。批林批孔会议开得很激烈，火药味十足，林彪孔夫子倒没有批判什么，参加会议的区委财贸部区商业局和各个供销社的当权派们，是被批得抬不起头来。我没有回避双方，也就是造反派和当权派，由于我特殊的身份我也不是会议的正式成员，但要为会议提供餐饮茶水等方面的后勤服务。我记得当会议进行到白热化阶段时氛围很紧张，作为干部的当权派们因为有文化大革命前期被批斗的教训和经验，都十分紧张绷紧了弦生怕在会议上说错了话出事情。我因为很超脱，看到那种局面真感到有些可笑，于是决定去帮他们双方缓和下局面，那些人都是烟枪，沉闷的会开久了很疲倦烟瘾也来了，但当年烟是凭票证供应开了几天会大家早就没有烟抽了。但我有烟哦，我拿了几条烟走进会议室笑呵呵的说道，休会休会抽烟抽烟，一人一包免票供应，于是大家哄的一声笑起来，纷纷掏出钱来找我买烟。被批斗的当权派们虽然也想买烟抽，但刚开始时还不敢过来买，于是我又半开玩笑的说，香烟面前人人平等见者有份，于是干部们才敢过来买烟抽了。事后局里边有些干部对我说，小许啊你真胆大，这些场合我们是能躲就躲，你居然还要进去卖烟，说那些话也不怕他们批判你，我也只好不置可否的笑笑。其实我心里很明白，会议上剑拔弩张气氛很紧张，那不过是造舆论过程而已，因为按当年的政治风向已经不可能出现像1967年1月风暴时当权派全部靠边站由造反派全面夺权的情况，舆论造够了下来双方还得继续协商如何协调权利事宜。

政治风向说转就转来得很快，还没有等到来开会的造反派们真正掌握上权利，1974年下半年邓小平第2次复出便掀起了后来被称为右倾翻案风的整顿活动，1975年初在安定团结为纲的旗号下，全面的开始了整顿，一切又恢复了原状。这应该是我在金牛区商业局机关工作几年中经历的一次比较大的政治运动的反复。在1975年的整顿中，不少在74年很跳战的造反派受到了整顿和清理，但金牛区商业系统相对来讲波澜不大相安无事，后来有些造反派私下跟我讲，小许呵幸喜得好你当年在会议上帮我们缓和气氛，不然去年是我们整当权派，今年就又是他们整我们咯。

我这个人吧，也许有一些自我的特殊潜质，在有些方面颇具有双重性。当年我基本上是住在茶店子区商业局机关的，机关中除了领导和办事员外还有三位工人，两位炊事员外加一个烧开水打扫卫生的杂工。在日常中我和这几位工人相交相得极好，晚上下班后一起打长牌，也经常和他们敞开聊天，就像自己也是工人一样。所以，当时局机关中有一位从部队专业下来年龄和我相仿的青年干部说：这个许仁忠真是个怪人，他可以关起门来在局长办公室中同局长们一聊就是半天，不晓得有哪些话要同当权派们说那么久，下楼来他跑到伙食团去又可以和炊事员烧水工一聊又是个把小时，真是奇怪！其实他不知道，我与局长们聊的，是他们很想知道的下边供销社的情况，特别是那些供销社主任们的动向，因为我经常在下面跑，和这些主任们也颇有交情，对情况就比较了解，这些都是局领导们关心的。我跟炊事员聊的却是生活中的琐事，比如炒菜的厨艺与菜品的核算，当然也包括打长牌时在计算上的一些算牌技巧，只要是把自己当成是凡人，那么一个平常人应该跟谁都能聊得起来的。

居于一定位置的干部们，也许确实需要或者说是想同我这样了解情况的人聊天，就像当年在蒲江县大塘公社当知青时那位郑姓书记一样，喜欢与我聊文化大革命。当年金牛区财贸部的部长是一位杨姓南下干部，他就特别喜欢与我聊天，当然后来我才得知，区财贸部当时管着全区财贸系统的干部任免，他找我聊天实际上是从侧面了解基层供销社干部的情况，当然从另一方面来说也表现了他对我的信任和喜欢。商业局是直属财贸部领导和管辖的，当年确实出现过这样的情况，有些工作局长门正儿八经的到财贸部去汇报，杨部长经常是不表态，有些关键性工作财贸部不点头商业局就不好推进，所以有时候局长们就要利用我这个没有正式任命的"秘书"了。比如，商业局想开一个全区商业工作会议，报告打上去了，局长们也去汇报了几次了，但杨部长就是不表态，会议开不成工作也推不开局长们也很着急，于是就想到了我，让我去给杨部长说说。我去找杨部长又不是正式汇报工作，就是聊天，先坐下来天南海北的聊了一大通跟开会无关的事情。因为这种商业工作会议都是由我在组织的，我看情绪和气氛差不多了，就把我组织的那几天商业工作会议的安排情况像摆龙门阵一样跟杨部长说了一下，他也听得很高兴笑眯眯的。这时我就准备告辞了，我心里面明白他已经同意了，我回去就给局长们说我们开吧，果然第2天财贸部的工作人员一大早就把杨部长签字同意开会的批复送到商业局来了。

还有个事情就更可笑了，当年金牛区商业局有五个局长，两位南下干部两位从市级单位到五七干校锻炼后分来的，他们都属于老干部工资收入较高较好。还有一位局长是新提拔起来的，当年有一句话叫"升官不发财，粮食垮下来"，什么意思喃？就是那个年代提拔的干部是不会涨工资的，反而因为你当了干部粮食定量的标准还要降下来，所以那位新提拔的局长工资收入不高，而他的家属又都在农村子女比较多，经济上是比较紧张甚至可以说是困难的。按当年的政策生活有困难的职工可以申请困难补助，所以这位局长也时不时要向组织上申请困难补助，但因为他是局长，他的困难补助得区委财贸部批准才能发放。在当年那个政治环境下，这种批准或多或少都是有些麻烦的，所以也时不时出现报告打上去了不能尽快得到批准的情况。那位副局长性格和脾气也有些怪，一旦出现这种情况他就会把他的情绪反映在工作上，使得局里边其他局长们都很为难。凡是遇到这种情况，好像又用得着我了，我也只能故伎重演到区委财贸部去与杨部长聊天，在聊天中找机会委婉的把这个事说出来，多数情况下也能尽快的拿到杨部长同意的签字。看来与人聊天。也是很重要的一种工作方式，当时我对这种其实有点扭曲的状况还是感到很狐疑的，也很清楚这种扭曲的关系对我个人是有害无益的。我知道也许最终我会"死"于这种扭曲的状况和关系，所以也一直在思索和寻找机会抓紧把必须要办的几件事办了，然后尽快的逃离这种扭曲的状况和关系。

与区委领导特别是与区委财贸部杨部长的密切关系，在 1976 年更达到了一个良好的阶段，这主要得益于 1975 年我参加了由当时的区委副书记后来成为金牛区书记的陈佐国与杨部长带领的一个当时叫基本路线工作队到胜利公社也就是现在的琉璃场工作了一年。1975 年在十年浩劫中应当还是比较关键的一年，这一年实际上是第 2 次复出的邓小平先生试图力挽狂澜拨乱反正的一年。工作队进驻胜利公社总的目标是进行党的基本路线教育，具体的实际上涉及到要解决胜利公社从公社党委到大队党总支生产队党支部很多需要迫切解决的问题。

当时的很重要的工作方式之一就是每个生产队都要有"政治夜校"，组织党的基本路线学习。政治夜校的教员由工作队和公社党委培训，于是由胜利公社党委牵头，组织了一个有近 200 人参加的党的基本路线学习班，每个生产队来一名文化程度较高的青年，每周星期二上午在公社也就是琉璃场镇上由工作队宣讲党的基本路线教育，然后由他们回到生产队去做政治夜校的教员。戏台搭起了，观众也有了，演员特别是主演在哪里？也就是工作队中由谁去向这些政治夜校的教员宣讲党的基本路线。莫名其妙的似乎这项工作又要由我来担任了，但这之中有个障碍，那就是我不是共产党员，而且家庭出身的政治背景还多少有些问题。为了解决这个障碍，也同时解决与此相仿的另一个问题，就是由于工作的需要似乎我也要列席工作队与公社党委的重要会议。因此就这两个问题，作为工作队队长的区委副书记陈佐国还专门把这两项与我相关的工作提请到金牛区党委常委会上进行了汇报讨论，得到了常委会的批准我才名正言顺的成了工作队宣讲党的基本路线的老师，同时列席工作队与公社党委的各种重要会议。

好像是为了不辜负领导的信任和期望，每周半天的为培训生产队政治夜校教员的党的基本路线宣讲取得了极大的成效，那一年时髦的政治理论是讨论经济基础和上层建筑，以及由此涉及到的资产阶级法权，而讲解这些当年我在当逍遥派时所读的《政治经济学简论》起到了极好的基础作用。应该说我是用极其简单通俗的语言，把当年比较深奥的政治理论内容宣讲和灌输到政治夜校教员的头脑和心灵深处去了，并且由他们回到生产队政治夜校去一发挥，基本路线教育运动的声势一下子就起来了。各个生产队大队的群众和干部，都涌发出来极大的积极性，深挖和揭露当时不少工作中的矛盾和问题，用当时一句很时髦的话来讲就是揭阶级斗争的盖子。当时的情况是到工作队找陈书记杨部长来报告揭发公社大队生产队领导班子问题的群众和基层干部络绎不绝，勇气和热情都很高，他们中的多数在开口汇报的时候，都很自然的用一种农民的很朴实的口气说，听了许老师给我们讲的课，回去一对照着大队生产队的实际情况，才发现问题还真不少，期望工作队能派人下去，帮他们解决这些矛盾和问题。当然这种说法让我在陈佐国书记和杨部长心中留下了极好的印象，也让我和他们建立了更加良好和密切的关系。

从74年调到金牛区商业局工作后，因为工作的努力并且富有成效，使我和区委区政府及区财贸部商业局各级领导逐步建立起良好的工作关系。但我家庭政治面貌的状况我自己心中是明白的，所以随时都有一种危机感，希望有机会从这种状况中解脱出来，有一种犹如逃离苦海的感觉。想虽然这样想但事实上很难进行，除了没有机会之外，自我的一些困境也使我要继续在这种环境中周旋下去。什么困境呢？我在家中是老大，下边还有一个兄弟一个妹子，兄弟于1971年底下乡到了什邡县马井公社当知青，由于父亲问题的影响几年过去了招工回城完全没有希望。妹子1974年高中毕业后有二哥下乡几年回不了城的前车之鉴，也不敢让她下乡，便以母亲患癌症需要人照顾为由赖在城中，但因为没有留城免下乡的正式手续，仍属于该下乡的城市青年的范畴。这两个在当时应是天大的问题如果要解决的话，就只有靠我了，我自己也认为这是我作为兄长的责任。结束了1975年一年在胜利公社参加基本路线教育工作队回商业局后，已是1976年，冥冥中一个机会悄然来临。

当年，为了解决阿坝州的牦牛肉运至成都储存的问题，商业部决定在四川省建一个流动冷库，也就是一支以冷冻车冷藏车组成的车队，在每年七八月份阿坝州水草最好牦牛最肥的时候就地宰杀冷冻，然后由冷藏车转到成都。这支由汽车组成的流动冷库需要在成都西边有一个基地，接受这项工作任务的四川省食品公司看中了当时在苏坡桥一个叫任家碾的地方，而这个地方权属关系属于金牛区商业局。于是四川省食品公司和金牛区商业局就这块地的出让问题开始了接触和交流，因为多种原因刚从胜利公社回到金牛区商业局办公室的我成了其中比较主要的一个角色，事实上各方意见的沟通以及向金牛区委财贸部与分管财贸工作的副书记汇报都是由我在负责。

按照商业部的要求，流动冷库必须在 1976 年夏季前建成，所以工作的节奏很紧张，四川省食品公司自身也很积极，因为建这个流动冷库省上批了 100 多人的招工指标，这足以解决省食品公司系统中职工的下乡知青子女的回城就业问题。为了推动这项工作，省食品公司给出了很多优惠条件让金牛区商业局享受，其中包括给出五个在全省农村招收知青到他们流动冷库工作的招工指标。我知道这个信息后立刻敏感的意识到也许兄弟从什邡农村招回城的机会来到了，决定要尽力支持协助四川省食品公司尽快的取得在苏坡桥的那块土地，以此从他们那里得到一个到什邡去招收我兄弟回城的指标。而四川省食品公司为了完成商业部这项工作任务，也特别的急迫和紧张，但一个省公司和一个区商业局级别隔得太远，他们也感到工作推进起来很难。

在工作的推进过程中，四川省食品公司的相关领导发现和意识到我极有可能是推进这件事情成功的关键人物，所以我很自然的给他们提到了我需要一个在什邡招收一名知青回城指标的要求。当时已是 3 月下旬，时间的紧迫使他们很快的答应了我的要求，所以给出的 5 个指标中有一个就是到什邡县的招工指标。当然我也没有辜负他们，在好几个关键的时间节点和事情上充分的发挥了我这个非正式"秘书"的作用。首先是要让区委分管财贸的书记、区委财贸部领导认同或者说是同意向省食品公司转让这块土地，在这一点上我可以说是充分的发挥了这几年我与这些领导建立的良好关系，很快让领导们取得了一致的意见。再就是要让金牛区商业局五位局长也取得一致的意见，同意转让这块土地，没有想到的是在这上边出了意想不到的大问题。

当年按金牛区工作的惯例，商业局五位局长中每年总有两位局长是在区委组织的工作队中到人民公社工作，要让他们聚集在一起开会是有一定难度的。因为五位局长都与我有比较良好的关系，所以我终于安排好了局长们在某周五下午五点到省食品公司一起同对方领导交流此事，因为只有周五下午五点在公社工作的两位局长才方便来参加聚会。省食品公司为了很好的促进此事，还特别组织了晚宴准备谈好之后大家一起庆贺。因为这个事情区委以及财贸部是同意了的，所以大家都以为问题不大，这次聚会也就是一个例行的程序而已，没有想到恰恰在这里出了大问题。

当天到会的五位局长中，那位我上边曾经说到过的经济比较困难的刘姓局长当年在桂溪公社参加区委工作队，他在大家刚坐下来后不久就突然发难，当着四川省食品公司几位领导的面申明他不知道此事的前因后果及过程，因此他不能在彼时彼地就此事表示态度，话毕竟然离开会场拂袖而去，弄得在场的其他几位局长和省食品公司领导都面面相觑十分难堪，原来准备好的晚宴也因此只好取消。怎么办呢？在场的其他几位局长都看着我，说小许只有你去找刘局长聊聊看他到底是什么意思呵，区上都同意了的事情这样卡壳了就麻烦了，省食品公司的领导们也都期望我能尽快的沟通此事。其实，我比他们任何一个人都着急，因为我知道如果这个事情办不好，兄弟从什邡招回成都的招工指标也要泡汤。

刘姓局长此举不仅让与会众人茫然，也确实出我意外。他是局里面排位最后的副局长，我在与他预约周五下午到省食品公司聚会时是把此事的来龙去脉给他汇报了的，并且也给他说了此事区上基本上都定了，只是因为苏坡那块地权益关系在商业局，所以需要我们开个会议表个态。因为他与我关系很好，所以满口答应一定准时前来参会，现在到了会上如此动作，我除了感到意外外，心里面很清楚一定事出有因。不过刘姓局长这种爆发式的突然袭击，在某种意义上反而是帮助了我，正是因为这种尴尬的局面，以及这种尴尬的局面最后得由我去协调并且最终是协调好了，使省食品公司的领导更加明白了我在促进此事上的重要作用。以致后来在招收我的兄弟回成都的时候出现的很多意想不到的困境，省食品公司对我都是投桃报李鼎力相助予以支持的。

当天的聚会不欢而散后，大家都在等待周六周日我与刘姓局长沟通交流的情况和结果，因为其实我内心也很焦急，所以一夜没有睡好，第二天一大早饭都没吃就到刘姓局长家所在的和平公社也就是今天的洞子口场镇去拜访他。不巧的是到了他家才知道他到较远的一个场镇去赶场买猪娃子去了，这种情况一般要下午点才能回来，我只好回到洞子口场镇上赶场消磨时间等他，下午再到他家里去。下午在他家中见到他时，也是因为关系特好加之他是农民出身的干部十分实际也十分直爽，他直截了当给我说了他昨天发飙的缘由，并且要我解决他的问题和要求。是什么问题呢？居然是和我想要解决的问题相同。原来刘姓局长也有一个与他关系比较特殊的人，子女下乡在江油也有几年了，不知道为什么一直也没有招工回城，这个人不知道从什么地方打听到省食品公司给了金牛区五个招工指标，便向他开口提出了要求，也就是为此他昨天才来了那么一通发作。

问题的症结找着了当然需要去协调解决，问题是那五个招工指标，之前因为不知道刘姓局长有这种需求，已经安排分配完毕，其中也包括到什邡去招我兄弟的一个指标。当我回头向其他局长汇报了这个情况后，大家都感到很棘手，我当时分析重新调整指标的分配是不大可能的了，唯一的办法就是向省食品公司再开口要一个江油的指标，这种为难的事情局长们当然按惯例又让我去协调了。由于当时的局面和形势如此，而当年为了建这个流动冷库省食品公司有近百名招收知青的指标，所以当我道明原委后，事情也就得到了解决，当然是增加江油一个指标，而刘姓局长在得到我的消息反馈后十分高兴，居然十分爽快的让我代表他表明了对转让那块土地没有意见的态度。

当事情顺利进行的时候，一个意外又出现了。区商业局打给区委区政府关于转让这块土地的报告需要区委分管财贸工作的副书记签字同意，而某天上午报告送到区委办公室时，才得知当天这位副书记不在区上，而下午他要乘火车到北京去开将近一周的会。省食品公司领导不知道从什么地方得到了这个消息，因为当时流动冷库的建设已经进入了按天计算的倒计时，遇到这种情况他们十分焦急，急忙来人到金牛区找到我，问我有什么办法没有。我当时很明白，唯一的办法就是下午到火车站去找到分管副书记签字，但这种做法多少有点唐突，当我向省食品公司的人讲清这种情况，他们是千恩万求的希望我下午到火车站去找分管书记签字，并且为我安排了一辆车。当我下午在火车站见到分管书记时，他笑呵呵着说小许呵你把工作都做到这里来了，我其实心里也很明白，我是又一次利用了与这位书记关系良好的好处。

土地转让的事尘埃落地后，我赶忙拿着四川省食品公司招收知青的指标，与省食品公司一位干部一起到什邡县去招我兄弟回城。第一站是到什邡县城中的县知青办公室办招工手续，我兄弟是在什邡县马井公社当知青，所以把招工指标拿到县城知青办公室备案后，要由知青办公室把招工指标分配到马井公社。到了什邡县知青办公室后，才知道招工指标分两种，一种叫普招一种叫点招，两者的差别是前者只能由县知青办公室进行分配，后者才能根据招工单位的需要点名到哪个公社去招，好在我们在省食品公司拿到的指标是点招，所以很顺利的把招工指标分到了马井公社。什邡县知青办公室的同志在给我们开到马井公社招工的公函时，比较委婉的说你们这个事情可能还会有麻烦。

果然，到了马井公社联系后，公社管下乡知青的领导很明确的说，你们只有一个指标不能点名招某个人，只能由我们给你们推荐，这时我们才知道事情麻烦了。在与公社管知青的干部沟通后，知道按惯例如果我们有两个指标可以点名一人，另一个招工指标由公社安排。原以为会比较顺利，结果碰到了这么大的麻烦。

遇到这种困境是始料未及的，最终它的解决显现了前期为解决省食品公司那个地块我所做的工作在他们心中的评价。因为与我同行到什邡县以及马井公社的那位四川省食品公司人事处的干部，他把发生的这种突然情况向公司作了汇报，公司决定再增加一个到什邡招工的名额以确保我的兄弟招回成都。这种情况使我深深的感到一个人只要努力去做他应做的事是会有好的回报的，很多事不是一种交易或交换。

带着两个招工名额，我们再次重返什邡县和马井公社，县上办手续自然很顺利，没有想到我们在马井公社居然待了三天，主要原因是那一个由公社分配的名额在平衡决定招谁时实际上是很费周折的。在马井场镇上呆着的三天中，虽很无奈但却在无聊中偶见当时社会一斑。

时至1976年，因为经济的不景气，呆在农村的知识青年有增无减，尽管每年都会有一批知识青年被招工回城，但同时每年从城中又会有更多新的高中毕业生下放到农村插队当知青。于是除了公社在平衡这个指标放到哪个大队招哪个知青回城外，我们这边也戏剧般的受到知青们的青睐和关注。因为传到外边的消息是，我们是四川省食品公司招工干部，因此就有众多的知识青年通过各种关系采取多种方法与我们接近，他们并不知道我们只有两个招工指标，一个是要点招的我兄弟，而另一个指标我们根本做不了主。在当年那种生态环境下，急于回城的知识青年们病急乱投医，把我们当成了他们要努力争取的对象。

三天终于熬过，公社也最终决定了另一个指标招收的人员，我也顺利地把我的兄弟招到了这个新建的四川省食品公司下属的流动冷库，后来我的兄弟在工作分配中主动选择了学开车，当年驾驶员是一份很好的工作，也是他心仪的工作。因为这段招工工作的经历，使我和四川省食品公司人事处的干部们成了朋友，记得当时人事处的一位领导得到了一张缝纫机票，但这张票的指标是普通的缝纫机，她想买的是当时很时髦的蜜蜂牌缝纫机。所以有些事情看起来也很奇怪，这个问题在那么高层的省公司似乎很难解决，但在我这个地方却不太麻烦，因为我管着金牛区每个月的自行车缝纫机的分配，我只需要把她的普通缝纫机票去换成蜜蜂牌缝纫机的票就行了，而票的总数并没有增减变化。做这个事情商业局和财贸部领导们是知道的，良好的关系与各种错综复杂的因素他们都装作好像不知道似的任由我处理。

兄弟的事圆满解决告一段落，我马上紧锣密鼓的开始去操作小妹留城免下农村的事。因为工作的原因，这时我已经与市委财贸部市第三商业局也就是市供销社的不少干部建立了很好的关系。当他们得知我想以母亲患癌症为由为我的妹妹办免下农村手续时，立刻为我提供了相关部门的人脉关系。这个事情要办起来，首先要从成都市百货公司开始，因为我母亲是成都市百货公司的员工，她的子女办免下农村手续得从成都市百货公司知青办公室开始。比较巧的是成都市百货公司管这个事的正好是我的母亲的老同事，加之他这个部门只有上报的权力，所以他就为这个事大开了绿灯，为我的妹子写了留城免下的申请，向上级主管部门做了报告。

接下来就比较麻烦了，第二个关头是成都市第一商业局。当时成都市有三个商业局，第一商业局管用的各类公司比如百货公司五金公司等，第二商业局管吃的公司比如食品公司糖酒公司等，第三商业局也叫市供销社对口管我们这些在农村的基层供销社。我母亲所在的市百货公司归第一商业局管，所以妹子的免下手续得由市第一商业局知青办公室审批。通过市委财贸部和第三商业局朋友的帮忙，联系上了市第一商业局知青办公室的负责人员，初次接触后他表示我母亲和妹子这个情况虽然属于可以申请办理免下的范围，但类似的情况还有不少，很难保证在上局办公会议时被通过。

进一步的交流中知道这位知青办公室的干部正在筹备结婚事宜，正在为办婚礼的烟茶糖酒及猪肉等物资着急，因为当时都是凭票供应，筹集办婚礼需要的一定量的物资是比较困难的。这时我所管理的那些烟茶酒糖便派上了用场，我给他保证了足量的烟糖及半条猪肉的供应，使他下决心把我母亲和妹子的材料准备充分些提交上局办公会，他这边是开了绿灯了。

上会前市委财贸部那位朋友起了很关键的作用，因为最后一道关口就是市委财贸部，他告诉市第一商业局相关人员尽管放心的通过并报上来，市委财贸部这边由他来负责。这句话给了市第一商业局一粒定心丸，使第一商业局不再犹豫而迅速通过并把材料报到了市委财贸部。写起来似乎很简单，其实前前后后也经历了两三个月的煎熬，但不管怎样最后终于拿到了妹子免下农村可留在城市就业的批复。

在当年的那种政治生态环境下，我这个没有一点"官御"的一般干部能办成的这两件事，应当是难以想象的，也不可避免的会给我带来很多后遗症，也就是我在单位的生存空间会越来越狭窄，这是在我办这两件事之前我就想到过的并有所准备。当时确实也是没有办法，如果我不去管，兄弟就只好陷在农村回不了城工作，而妹子也只有作为赖在城中的人员时刻要接受各方面人等的动员催促她下乡。这两件事办完1976年也就过去了，那一年发生了很多事情，包括毛主席在内地几位革命领袖相继逝世，唐山发生了大地震而四川成都也经历了躲地震的煎熬，"四人帮"的覆灭使人依稀看到一点出路和希望，就这样我亦喜亦忧喜忧参半的进入了1977年。

一九七七年又该轮到我去参加区委的工作队了，这一次是到了龙潭公社，依然是区委那位陈佐国副书记带队。完成了家中两件大事的我，已无意再留恋这种环境，其实此时我已经感觉到来自各方面的压力，我需要考虑的是如何尽快的撤退逃离这种环境。三十六计走为上，逃之夭夭是最好的上策，也许是冥冥之中自有天意，小平先生的第三次复出给我们也包括在困境中的我打开了高考之门，在经历了叮咛不安的上半年之后，1977年下半年我便全身心的投入了高考准备，尽管当年因为政审没有进入大学，但在1978年终于迈进了大学的大门，成了一位三十一岁的"三十而立"大学生。

第三章 西南财大成绩斐然的教学科研

1982年6月，经过一场惨烈的毕业分配的角逐之后，我如愿的分到了四川财经学院，也就是今天的西南财经大学。为什么说是惨烈呢？一是过程之悲壮。大学毕业分配时是以数学系官方为一方，而我单枪匹马作为另一方，在计划经济体制下争斗鏖战。发生的一个最大误会就是他们以为我想留在数学系，所以竭尽全力用一切他们认为可以采取的方法来阻止我。其实分配方案一公布我就瞄准了四川财经学院，鏖战前期由于我没有表态不留校，双方的较量十分激烈，同窗4年班上的同学当时都不敢与我往来，可见过程之严峻！二是结果之惨烈。因为在我表态不留校后，数学系即刻依照我的意愿把四川财经学院这个指标给了我，而在之前分配方案是基本上确定了的，系上已经跟很多同学进行了交流沟通，现在因为我占了四川财经学院这个名额，至使班上很多同学的分配方案有较大的调整和变动。当年如愿到了四川财经学院，亦是可喜可悲。

我为什么要想到四川财经学院呢？其实坦白的讲就是想偷懒。如果我留校在成都科技大学，除了要给数学系的学生授课外，至少也是要给那些理工科的学生讲高等数学，教学与科研的工作难度应该较大。而在四川财经学院当数学教师，因为当年财经学院还是文科院校，需要讲授的数学课程是经济数学，从难易度的角度显然要轻松得多，所以我是执意想到四川财经学院任教的。没想到后来的发展变化又应了那句老话，就是"有心栽花花不开，无心插柳柳成荫"，原想到四川财经学院是因其教学起点低可以偷懒。但没有想到改革开放深入后，各类经济问题的数量化研究发展很快，加之西方经济学特别是计量经济学引入国内后，数学在经济管理中的应用成了一个很广泛的热门教学科研方向，这为我在四川财经学院的发展提供了良好的宏观大范围基础和条件。

如果从1982年6月进入四川财经学院，到2009年9月从西南财经大学退休，其间约有二十七八年，从工作的状况上讲大致可以分为三个阶段：从1982年6月进入四川财经学院，到1989年年初约有近八年时间是全力以赴的在西南财经大学进行教学科研。从1989年初到1999年有十年多一点，这期间主要是在市场经济中摸爬滚打，同时也完成西南财经大学的教学工作。从1999年结束在民营企业的工作后到2009年9月退休，这又一个十年是在西南财经大学开辟了一个全新的教学科研历程。所以，在西南财经大学近30年的工作，就按照这三个阶段来逐段回忆吧。

进入四川财经学院，首先想到的是要学习。学什么呢？那就是经济与管理，这是构成四川财经学院专业的主要与核心。当年计划经济体制下，我进入四川财经学院时专业上共有7个系：政治经济系、工业经济系、农业经济系、金融系、财政系、会计系与统计系。我从学院图书馆借阅到了所有这些专业的主要课程教材通读了一遍，其中包括计划经济学、货币信用学、财政与税收、会计学原理、统计学原理，当然少不了政治经济学。应该说在通读这些书籍时，当年当逍遥派所读那本《政治经济学简论》又帮了大忙，因为按当年的计划经济体制，几乎所有专业的各类书籍，都是在马克思主义的政治经济学理论下撰写的，如果没有政治经济学的基础知识，读懂这些书不仅难度比较大，在理解上也很不容易深入。

在读这些各专业的基础课程教材的同时，我也比较大量的浏览了各专业的一些专业书籍，比如工业经济管理、农业经济管理、大中型国有企业管理、中央银行与商业银行、工业会计与商业会计等等。去学习这些经济管理知识的初衷是自己觉得该随乡入俗，既然分配到了一所财经学院，即便是做基础课的数学教师，也应该对财经学院各专业的课程内容有所了解才好。当然，后来在教学特别是在科研上做出的工作和成就是与当初学习阅读这些专业课程知识是紧密相关们，这一点在读这些书时是没有想到的，所以还是那句老话"有心栽花不开，无心插柳成荫"。

尽管已经35岁，但进入四川财经学院的时候按规定我只能是一个助教，于是教研室把我分配给一位老教授吴怀先生做助手，吴怀先生74岁高龄了，但仍在教学第一线授课，学生是会计系82级刚进校的新生，其中包括现任西南财经大学的一位副校长。吴先生的授课可以用精妙绝伦来形容，一节课下来不紧不慢地师生都很欢愉。按惯例先生在课堂上只讲课程内容而不会给学生讲如何做习题,如何做习题这个事情就该我这个助教在习题课上讲了,当然我的工作还包括批改作业。应该说我每次的习题课与吴怀先生配合得还是极好的,同学们反映吴怀先生的内容讲授和我的习题课补充,应是天人合一十分完美,我也因此得到吴怀先生的肯定和好评。这表现在第一学期课程结束后,吴先生向校方提出他已 74 岁高龄应该退休了,而他明确地向校方讲以他对我的观察和了解,我完全可以作为主讲教师为会计 82 级的学生授课,而不必管什么助教职称的,于是从 83 年 2 月起我就作为主讲老师上课了。与吴怀先生这半年一起教学让我与他建立了十分良好的忘年交师生友谊,后来我在西南财经大学的教学科研也得到了他很多支持和帮助。

1983 年的日子应该是过的很愉快的。一是我成了主讲老师潜心于授课之中,一种莫名的欢悦感油然而生,毕竟这是自己喜欢的教师职业工作,而且是在自己喜欢的数学专业讲课。欢悦且放松的心态使我的教学效果特别的好,当然这也受益于吴怀先生为我开了一个很好的头,学生们反映听吴怀先生和我的课是一种享受,这种话由文科学生在学数学时讲出来还是有一定意思的。二是我那一对两岁多的双胞胎儿已能走路四处跑动,我们就住在四川财经学院食堂和学生宿舍的中间,一到吃饭时间同学们在经过我家门口时,总要停下来围着逗他们,特别是女同学更是如此,这为我们的生活增添了很多欢愉的乐趣。三是从三月开始,多种改变家庭经济状况的机会悄然而至。

大学毕业分配到四川财经学院,经济状况肯定比读书时好多了,但因为有一对双胞胎儿子,经济上并不显得宽裕。1983 年是很多在职干部提升学历开始第一年,当年很多在职的干部学历基本上都是高中,干部的知识化需要他们提升到大专或者本科的学历。首先是在四川财经学院内部,主管学院的中国人民银行总行已经决定从 83 年 9 月起,在四川财经学院举办银行系统的干部专修科,为全国银行系统的干部提升学历,其中也包括在四川财经学院工作的一大批年轻干部。但干部专修科还是要经过基本的考试才能进入,于是由学校工会牵头为在校的四五十名年轻干部补习高中的初等数学课程。因为我在会计 82 级的授课效果已经传遍了全校,所以那批年轻干部都要求工会出面聘请我作为他们的老师。于是从 3 月开始我为这些干部讲授初等数学,在某种意义上来讲教授初等数学更是我的长处,所以上课的效果出奇的好,我也在授课中和这批年轻干部建立起良好的友谊。因为这批年轻干部分散在学院的各个部门,也为日后我在学院的教学科研工作的发展提供了不少的方便和支持,而更为实际的是这种讲课是有额外报酬的,这种报酬在当时对于我来讲还是很必须和及时的。

更多更大的改变经济状况的机会出现在 1983 年暑假开始后,那一年为了改变和提升全国数量众多的年轻干部的知识和学历,中央广播电视大学采取电视教学的方法大范围的提升青年干部的学历。进入广播电视大学读书还是有一道门槛,那就是全国成人高考,于是 6 月底暑假一开始我便受聘到四川省商业厅和四川省供销社举办的培训班讲课,这是我第一次在四川财经学院的校外授课。七八两个月初等数学的讲授完成并帮助这批学员考入电视大学后,我从 1983 年 9 月起就开始为这些青年干部做电视听课后的辅导。当年这种辅导是极其重要的，一是学员的文化基础不是很好，二是电视上的授课针对性的效果不强，所以学员们要真正弄懂课程内容，辅导课尤为重要。有在四川财经学院讲授微积分课程的基础和经验，加之个人的探索和积累，使我在为四川省商业厅和四川省供销社这批年轻干部辅导时产生了意想不到的特别好的效果，受到广大学员的欢迎。而对我而言这种授课的收入是彻底的改变了家庭经济状况，因为相比在四川财经学院教学的收入，这种校外授课的收入是相当不菲的，是数倍于在学校讲课收入的。收入的增加很快的强有力的改变了家庭的经济状况，到83年底家里边该有的彩电冰箱都配置上了，而这些东西之前是不敢奢望的，特别是那个当时价格一千多元的松下原装的电冰箱，在当时是很不易买到的，是省五金公司的学生帮我买到并送到家中的。

家庭经济状况有所改变后，我立即把主要精力放到科研上来，而之前在成都科技大学数学系念书时系主任王荫清教授引我入门的模糊数学，在我进行经济管理的定量化研究中起到了极大的作用。我第一篇论文发表在四川财经学院学报上，题目就是《商业企业经济效益的模糊综合评判》，我也以这篇论文参加了全国模糊数学学会在1983年底在广州召开的学会，研究和探讨中我发现，模糊数学是解决很多经济管理实际问题中最好的一种数学工具。为什么这样说呢？我在这里先简单的说一下模糊数学。模糊数学与传统的经典数学最大的差异就是它的模糊性。

经典数学在研究实际应用问题时，是一是一二是二没有半点含糊，它对实际问题的数学描述是要么是要么不是。举一个通俗的例子：研究和数学描述一个人和一间房子的关系，经典数学讨论的是要么这个人在这间房子中，要么这个人在这间房子外，有一种情况它是不研究更不数学描述的，那就是这个人一只脚在这间房子中，另一只脚在这间房子外，也就是说他跨在门槛上。一个人跨在门槛上表现出这个人是不是在房间里这个问题上具有模糊性，他不是明确的或者在房间里或者在房间外，状态是模糊的，这种情况经典数学不好处理也就是说不好对他进行数学描述，而模糊数学恰恰正好处理这种模糊状态的事物。经济管理活动中存在着大量的不确定性，这种不确定性表现为随机性和模糊性，随机性用概率论及数理统计很好处理，而模糊性就得用模糊数学来处理了。所以在发表了第一篇论文后，我在科学研究上的方向就是用模糊数学来处理经济管理活动中的模糊性。

1984年3月《金融研究》这份一级刊物发出征文，对当年的货币发行量征文进行研究讨论，我拟就了一个论文题目《货币流通必要量计算的模糊数学模型》，积极撰写论文准备投稿。研究中构造了一个与货币发行量相关的社会经济指标体系，若干个经济指标都进行了模糊数学描述，并建立了它们与货币发行必要量的模糊数学模型。用当年的这些经济指标数据进行模拟运算后，得到的结论是当年的货币发行量似乎不是很正常。论文投交后很快收到了受邀在七月中旬到河北承德避暑山庄参加全国货币发行必要量研讨会的通知，等我到了会议上时才知道这个研讨会规模及其精致，全国只请了十五位学者参加，人民银行总行货币司司长也参加了会议。原来这是人民银行货币司委托《金融研究》以征文的形式召开的一个会议，主要目的是对当年人民币的货币发行量进行评估，参加会议的十五位学者中，除我是来自西南财经大学的一位名不见经传的年轻助教外，其他的都是国内各高校各研究机构享有盛名的金融专家，其中包括两位一南一北的有名的金融权威。

会议上大家都宣读了自己的论文，除我之外的其他十四位金融专家，都引经据典的论证了当年货币发行量的合理性，众口一词的认为当年货币发行量是妥当的。我在介绍了自己所构造的货币发行量计算的模糊数学模型后，比较委婉的谈到了我的计算结果表明当年货币发行量似乎并不乐观，模型计算的实证结论有货币发行超量之嫌。因为我确实太年轻了加之发言也不适合主流，所以并未引起约会各位学者的重视，大家都在一片乐观的唱好氛围中探讨和论证当年货币发行量的合理性和正确性。

会议结束的两个月后，爆发了建国以来第一次物资抢购风潮，后来确认这确实是当年货币发行超量所致。当年人民银行行长辞职，第二年三月的人民代表大会上政府总理所作《政府工作报告》明确提到货币发行超量是去年金融工作一个重大失误。1984年末，从人民银行总行传出消息到西南财大，讲有一位西南财大的年轻助教在七月底货币发行必要量研讨会上曾用一个数学模型计算到当年货币发行量有超多之嫌。我的这篇《货币发行必要量计算的模糊数学模型》也发表在这年末最后一期《金融研究》上，这是我应用模糊数学研究经济管理问题第一个国家级课题，取得的成果为我在西南财经大学的教学科研发展奠定了良好的基础。

在取得这个用模糊数学研究货币发行必要量计算的国家级科研课题成果后，我把模糊数学更广泛的应用于各类经济管理问题的研究之中。这时进入四川财经学院时普遍阅读的经济管理各专业书籍起到了极大的作用，我用这些学习和掌握到经济管理知识，以模糊数学为工具和手段开始着手编撰《模糊数学在经济管理中的应用》的研究专著。1987年这本专著在西南财经大学出版社出版，这是当年国内少有的几本研究模糊数学的专著，更是唯一的一本用模糊数学研究经济管理问题的专著。

因为有参加1984年货币发行量讨论的经历，1987年6月中国人民保险总公司所属的保险研究所，又来邀请我参加保险总准备金规模的国家级课题研究。我拟就了《保险总准备金的适度规模》论文题目，也用建立相应的模糊数学模型的方法完成了相关研究，提出了一个保险总备金适度规模的上限和下限。这篇论文收入了保险总准备金规模的国家级课题研究的报告中，后来发表在西南财经大学学报《财经科学》上，研究中编撰的另一本专著《保险费计算的理论和应用》也在1989年由西南财经大学出版社出版。

除了将模糊数学应用于经济管理外，我也致力于运筹学特别是数学规划在经济管理中的应用，先后编辑出版了《经济管理中的数学规划最优化方法》、《目标管理与目标规划》等专著，由四川科学技术出版社在 1987 年出版。为了提升经济管理类研究生运用数学手段定量研究经济管理问题的能力，我从 1985 年起先后在西南财经大学研究生中开出《经济管理中非确定性问题的数学描述》、《自然语言的数学描述》及《模糊数学在经济管理中的应用》等课程，这些课程受到了研究生们的欢迎，提升了他们定量研究经济管理问题的能力。

随着经管类研究生招收考试中数学作为必考科目，全国财经院校各专业的数学教学逐步规范化，形成了一个科学的教学体系，课程上主要有微积分、线性代数、概率论及数理统计和线性规划四门，课程教学的规范使教材的编写出版逐渐的提上了日程。从 1986 年起，我先后联络中南财经大学、东北财经大学、北京财贸学院、贵州财经学院、云南财贸学院等高等财经院校，陆续编辑出版了适合财经院校本科和专科不同层次学生使用的教材五套，分别由四川科学技术出版社和成都科技大学出版社出版，这些教材对推动和促进财经院校的数学教学起到了良好的作用。

对经济管理问题的定量化研究，在改革开放深化中已经成为各高等院校、研究机构和政府应用部门日益重要的课题，成立一个横向的联合各方力量定量的研究经济管理问题的机构已经提上日程。因为西南财经大学一位庞姓的副校长长期从事数量经济的研究工作，有关各方特别是全国数量经济学会委托西南财经大学牵头组建四川省数量经济学会，基于很多客观的原因，筹备组建四川省数量经济学会的工作便由我在具体承担和组织了。四川省数量经济学会的主要发起单位高校有西南财经大学和四川大学，研究机构有四川省社科院，政府职能部门有四川省计经委和四川省经济信息预测中心。高校和科研机构比较好协调，政府部门稍麻烦点，比如学会的挂靠单位等问题在政府机构之间也各有各的意见，经过半年多的努力和协调，四川省数量经济学会在 1985 年十月成立，我也担任了这个学会的专职副秘书长。四川省数量经济学会的成立对推动高校科研机构和政府应用部门联合定量研究四川省经济管理问题起到了积极的推进作用。

到了 1988 年，我在西南财经大学所作的科研与教学工作取得了相当的成绩，我们一批 78 级的校友不管是从川财毕业留校的，还是从其他学校分配来的，大家在教学科研上都做出了惊人的不菲成绩。这里特别要说明的是四川财经学院也就是后来的西南财经大学，它与其他的高等院校不同，其他的高等院校都有一批 40--50 岁的中年教师在担当教学与科研的主力，西南财经大学在第一线担当教学与科研主力的基本上是 78 级留校或者是分配而来的 30--40 岁之间的青年教师，当大家在教学和科研上做了大量的工作取得了不菲的成绩时，却发现自己处于一种名不符实的尴尬境地。两三百名青年教师从 82 年开始熬了 5 年，大家才在 1987 年取得了讲师职称资格，按正常的程序大家还要再熬 5 年才有资格晋升高级职称的机会，这一点与大家在西南财经大学教学科研做出的卓越贡献太不相符了，所以破格为这批青年教师评定高级职称的呼声很高。1988 年九月开学后，这个问题被提到了学校党委的议事日程上，学校党委最终决定拿出四个副教授的指标，在这批青年教师中通过打擂破格晋升高级职称，名额虽然太少了但总是看到了一点希望和曙光，所以大家还是积极的参加了这次打擂评定高级职称的活动。

通过各系和广大教职员工的推荐，产生了二十名参加打擂评比的青年教师，我也在这二十名之列。先是大家进行教学科研成果展示，二十名青年教师把自己教学科研的实物成绩在学校集中展示，然后确定一天集中评定。科研成果的实物展示在全校教职员工中引起很大的震动，参观展示的教职员工络绎不绝，群众心中是有杆秤的，他们实际上心目中已经有了哪些青年教师应该是这四位脱颖而出的破格者。因为我的科研成果无论从数量和质量都居于前茅，所以从各方面反馈出我的呼声很高。学校党委为了显示公平和公正，组成了一个约二十人的专家评审组，学校宣布当天评审当天投票当天公布，学校不干预专家投票结果。也许是这个绝对的公平公正，带来了后来有些玩笑式的令人啼笑皆非的结果，按当时公开展示的教学科研成果，我与经济系的后来成为西南财经大学副校长的丁任重老师呼声极高众望所属，但最终的投票结果都给我们两人开了个极大的玩笑。我与他以相同的票数并列第五，无缘在这次只有四个指标的破格晋升高级职称，结果出来后全校教职员工舆论大哗，纷纷表示这个结果没有能够反映出这批青年教师教学科研的实际状况。

原因在什么地方呢？后来有教职工坦言了问题所在，就是在组建这个专家评审组的时候，没有考虑到回避原则，实际上有投票权的专家中有不少与被投票的青年教师有师生弟子的关系，这些因素导致了投票结果出现相当的与学校教职员工在观看了大家的教学科研展示后的舆论评价差异。尽管出现了这种情况，但评比的结果大家还是得接受得认可，何况评定出来的四位青年教师，虽不是舆论所议的青年教师中最优秀者，但他们的教学科研工作也是成绩斐然的。比较有趣的是，就在这次打擂评比晋升高级职称几天后，学校任命了丁任重老师担任经济系副系主任，任命我担任了学校科研处副处长，我们两人成了西南财经大学当时年纪最轻的第一批走上教学科研岗位担任处级职务的78级青年教师。

没有破格晋升高级职称就我而言虽然遗憾但也能坦然面对，何况校方把我和丁任重作这种刻意的工作安排，也算是对个人的一种认同和安慰。当然，不能说没有一点情绪和想法，至少这种偶然出现的不十分公正客观的结果，多少让人产生了一点"此处不留爷，自有爷去处"心态。比较有趣的一种巧合是，就在我们集中打擂评定晋升高级职称的那天，原来成都七中的一位与我交往甚密的同学专程到西南财经大学有事找我，什么事呢？原来他要去他一个大学学弟组建的当时叫集体所有制其实也就是后来的民营企业做顾问。他实际上是要为他的学弟的企业组织一个顾问团，来西南财经大学专程找我，是希望我充当他这个顾问团中的经济顾问。基于友谊以及其他多种因素我答应了他，其他多种因素肯定包括这次副教授的打擂，几乎是在我就任西南财经大学科研处副处长的同时，我也成了他学弟的那个企业的顾问团成员，也就是企业的经济顾问。用1988年时髦的话来讲，那就是"下海"了，至少是半个身子在海中了，这是不是冥冥之中自有天意呢？

第四章 市场经济中的偶然机会

二十世纪的最后十年注定会是国人寻找机会的十年，机会人人都有就看谁的运气好了。机会如同贵人一样可遇而不可求，在某种意义上来讲一个人的一生总是由很多偶然造就和组合的。1988年底四个破格晋升高级职称的意外，使我这个不善从政也就是不能做官的人，被推上了西南财经大学科研处处级岗位，与此同时成都七中一位老友同学专程来拜访请我出任他的一个大学学弟企业的经济顾问，成了他所组建的企业顾问团中的一员。

说起从政或者说是做官，有一个有趣的小插曲。因为历来自由散漫惯了，我一直没有加入过任何党派，在西南财经大学教学科研成绩卓然之时，在共产党组织的启发下也曾递交过入党申请书，但出现的一个偶然使人啼笑皆非。我写的入党申请书递交给所在基层单位的党组织后，组织的领导老康亦是我深交的朋友，不知怎的他把我的入党申请书放迷了或者是弄丢了，对他来讲弄丢他人入党申请书一事绝不能声张和张扬，因为是深交的朋友他告知我此事后，为了维护他我赶忙说就算我没有递交过，我有空时重写一份交给你即可，但后来就一直没有找到机会重写重交。至于众多的民主党派，虽然知道民主党派的组织约束性不强，但自由散漫惯了的我也没有加入任何一个民主党派，当然其中也有一些不便言明的其他理由。1988年年中，学校某一民主党派的负责人带着几位党内老师找到我，很明确的跟我说他们党派分配到了一个省劳动厅第九把手副厅长的位置，这种位置按惯例会有性别年龄学历特别是教学科研成果的要求，他们对号入座一看我无论哪方面都合乎规定的标准，于是建议我加入他们党派以便推荐。但不知怎的无论别人怎样说到好处，但我最终还是稀里糊涂的给别人委婉拒绝了，事后回想起来还真有点狗坐渊莬不识抬举之嫌，可见我这个人骨子里头就不是也不像一个为官之人。

答应成都七中友人为他学弟的公司做经济顾问，除了因为与成都七中那位同学多年深交友谊之宜外，另一个很重要的因素也不能回避，那就是报酬待遇。公司许诺每个月顾问费人民币500元，无需天天到岗坐班，只要能到公司"顾问"工作，公司随时派车来接，这个待遇确实是很诱人了。我当时在财大讲师级别工资收入仅100多元，到科研处作处级干部后另有岗位津贴40元，但需天天上岗坐班，相比之下公司给出的报酬不菲哦，这也是愿为别人做经济顾问极其重要的原因。于是在1988年12月中旬，我与成都七中好友同学一起到了他学弟的公司，以顾问团成员的身份参加了公司工作。

成都七中校友的学弟王总的公司注册在甘孜州康定县，是在甘孜州州委州政府领导和管辖下的一个集体所有制企业，公司虽注册在康定，但其工作的重心却在成都。七中好友同学为公司组建的顾问团共有五人，他任总顾问，另有法律顾问、军事顾问、私人顾问各一人，我任经济顾问，顾问团当时的主要工作就是为公司筹备拟在 1989 年初召开的公司工作大会。会议筹备工作的框架是由公司王总与顾问团主要是总顾问确定的：公司的工作会议拟召开两天半，第一天由王总做《目前形势与我们的任务》的报告，上午报告下午讨论；第二天进行公司章程修改，上午由总顾问作《公司修改章程的报告》，下午讨论；第三天做会议总结与工作安排，因为参加会议的不少成员来自甘孜州康定县，所以只上午开半天会，午餐后方便康定的员工返回。我到公司后便提出由我主持对公司进行全面的清产核资，因为我要替别人做经济顾问，首先要搞清楚我所顾问的公司它的资产负债情况，也就是总资产多少总负债多少净资产多少，公司王总很支持这项工作，立即安排人手配合我进行，我也因为要进行这项工作认识了公司下属很多实体的负责人和职工。

王总的公司在成都有一个经营部和一个食品加工厂，成都经营部做各种商业贸易的生意，木材经营是很主要的一个项目，食品加工厂主要做猪肉及猪杂的分割冷冻销往全国各地，在北京有一个经营川菜的酒楼，在康定有一个建筑公司和一个经营部，建筑公司已经完成了州政府大楼的建筑工程，康定经营部从事一些商业贸易。通过清产核资对公司的资产负债状况有了一个初步的了解，公司成立以来长期负债经营，资产和负债大体持平，只是资产中优质资产所占比例不大，负债主要来自于银行借款。从发展前景看公司应在明确主营业务的基础上有一个经营上的突破，扩大经营规模特别是增加收入，逐步形成和积累自有资产，提升公司的经营活力。

1989 年元旦过后，公司工作会议如期召开。第 1 天公司王总作了《目前形势和我们的任务》工作报告，在分析了国际形势国内形势四川及成都与康定的形势后，提出了我们的任务。王总精彩的报告做了大半天，下午会议结束前有一两个小时公司部门干部与职工们对报告做讨论发言。第 2 天上午会议继续进行，由公司总顾问做了《关于修改公司章程的报告》，对公司章程的修改进行了全面的说明，下午由公司干部和员工继续对王总的工作报告和总顾问的修改章程的报告继续讨论发言。第 3 天上午是对会议进行总结，王总和总顾问分别作了会议总结发言，会议即将结束前一个小时王总宣布由经济顾问也就是我对公司下一步的工作进行安排，我大约讲了半个小时，除了向干部和员工们表明我参加公司工作的初衷和宗旨外，根据我在清产核资中了解到的公司经营状况，对公司下属各实体机构当年的工作提出了一些要求，并强调公司将实施目标管理，我会代表公司在会后与各经营实体具体研究确定今年经营管理指标。

从会议的程序和各个议程所占用的时间看，我当时就懵拢的感觉到，这个公司的实务性还得加强，要用更多的精力更多的时间去研究公司要生存发展所面临的各种经营管理的实际问题，抽象的政治概念不要太多。

会议结束后各经营实体都回到自己单位开展业务工作，公司机关在王总和总顾问的领导下，经常召开会议讨论形势和公司的发展，我实际上逐步参与了公司的日常管理工作。春节过后很快进入三四月份，这时一件比较棘手并使人难堪的事情发生了，主要是不少公司干部和员工对顾问团这两三个月的工作有了意见，他们认为顾问团的各位老师讲政治讲形势很多，但对公司的经营如何发展指导不够，随着时间的推移这种意见越来越多越来越大，最后公司的干部员工向王总提出公司不需要这样的顾问团的要求。这些意见使总顾问和我们这些顾问们十分尴尬，本来大家来是为了公司发展的，结果公司的干部职工不欢迎我们，那我们留在这里有什么用呢？于是经与王总协调，顾问团准备撤离公司也就是事实上解散了。这时戏剧性的一幕出现了，公司干部员工在希望顾问团撤离的同时，都向王总和我表达"许老师不能走"，于是顾问团解散了而我却留在了公司。

王总公司的干部和员工是一个奇妙的在某种意义上来讲是极其优秀的组合，老板王总是川师大中文系优秀学生，本人不善经营但却能聚集起一大批邻居同学同事和朋友大家一起共事，这是一个从某种意义上来讲有特殊性的人物。他应该是有抱负的人，经商不过是他实现某种报负的一种手段，当然这也导致了公司后来不尽如人意的结果。虽结果不尽如人意，但公司却像一所培养和哺育民营企业经营人才的学校，培养了一大批对负债经营颇有体会的人才。王总所聚集的这批同学朋友邻居同事来自不同的环境，他们中有的人本来对经商就有阅历有经验，而更多的人具有这样或者那样的才干，这批人本来可以像水泊梁山好汉一样把公司发展到登峰造极，但遗憾的是他们在这所大学校中学成毕业的时候，几乎都选择了自立门户的道路，这也是导致公司最终无疾而终的原因之一。应该说有相当长的一段时间，我都是和这批人以及这批人所创建的各种各样的公司打交道做朋友，他们的才干能力和渠道也应该算是我所碰倒的民营经济中的偶然机会吧。

很快的进入了1989年底1990年初，这时公司的王总在经营上提出是不是可以关心下房地产？这是我为他的公司做经济顾问以来首次听到他讲的经营项目方面的意见，而且在当时的环境下应该是一条有一定高瞻意义的意见，因为在那个时间点能够看到房地产这个产业的发展潜力的人应该是不多的。既然公司有这个意图，我立即组织人手对房地产业进行调研，看公司有没有机会切入这个产业。

就我个人而言，这应该是我第二次对成都市房地产产生兴趣并身体力行的去研究调查。为什么是第二次呢？大约是1987年下半年，因为校内外授课及教材出版等收入使家庭有了一定的积累，我们那时居住在西南财经大学位于现在的二环路外，而那个时候二环路还没有修建，所以实际上是住在郊区感觉到离城市较远，故而萌生了在市区买房的想法，周末和假期可以到"城里"住住，所以当时也关注了一下成都房产，进行了第一次成都房地产的调查。应当说上世纪80年代中期是国内住房商品化的改革初期，一方面职工住房不再由单位进行分配，并且已经分配给职工租用的住房，也在进行房改即把出租房出售给职工，另一方面也有一些国营的房地产企业在修建商品房出售，但那个时候房地产交易的税费还没有改革，在不鼓励房产这样的固定资产交易的指导思想下，房子的买卖交易的税费要占交易额的 1/4 以上接近 30%，所以房产的流通很不好。

大约是 1987 年底我到当时的提督街工人文化宫去参加过一次商品房销售推荐会，当时能开发新商品房的也就是市区统建办和市区房管局下属的一些国营房地产开发企业。在工人文化宫一块面积约有百个平方的空地上，约十来个国营的房地产开发企业每家面前放了两三张课桌使房产推介会围成一个圈，课桌椅上边一条绳子上挂着用毛笔写作的大纸，上边介绍了所开发房子的情况和价格，到推荐会上去观看的人也不多显得很冷清。房价在今天看来其实很便宜的近乎白菜价，记得在市中区鼓楼街修的房子售价一个平方 1100 元不到，而这是参加推荐会的商品房中售价最高的了，想来它的品质也应该最好。今天看来虽然是白菜价，但在 80 年代却应是价格不菲，所以少有人问津，我是抱着想买的想法去的，但一看价格也就自然而然打退堂鼓了。

到 89 年底 90 年初，当时成都市最先开发的两个小区即青羊小区和玉林小区从 1984 年建成后已有五年，不过那两个小区虽是商品房但个人购买不多，多是单位购有后分配给职工使用，比如西南财大就在青羊小区购有一幢商品房分给教职员工住，而当时正在开发的在西边是抚琴小区和白果林小区。公司组织人手对这两个小区房地产交易的情况进行了调研，房价不高大约在每平方米 800~900 元人民币，但交易还是不活跃，主要原因仍然是交易税费太高，买卖一次近 30%的税费使得交易很不活跃，住房也就不易成为民众投资标的，何况当时大家的收入和积累也不高不多。在调研时就听到有开发商与房产中介说有关方面会出台大幅降低交易税费的政策，以鼓励房地产交易活跃房地产市场，事实上在 90 年下半年房地产交易的税费就有了大幅的降低。房地产交易税费的降低促进了房产的交易，国内的房地产开发也是从那个时候起步的，大批的房地产企业在那个时候应运而生。

随后的发展中公司很多优秀员工都找到了自己创业的机会和项目，好像表示已在公司学成毕业一般纷纷组建自己的公司，他们有经营木材的，有生产成衣的，有生产沙发的，有销售食品的，有做汽油批发零售的，也有做餐饮的。因为都在王总的公司呆过，这些优秀员工自立门户后，既与王总有着密切的良好关系，也同我有紧密的工作联系。这些自己成立了公司的优秀员工，他们都是业务上的好手，都有自己熟悉的生意上的项目，但他们缺乏的有两点，一是公司层面的管理，特别是公司的财务管理，他们不太熟悉，而公司法颁布之后他们不可能像从前做个体户生意那样"包包揣"，他们得面对工商税务的种种管理，同时公司也得有完善的管理才能建立良好的形象。二是资金来源，这些生意好手多数是从做个体户开始的，自己有少量的自有资金，但作为公司靠这点资金运转显然是不行的，他们已经把王总的"负债经营"学得炉火纯青，所以他们要靠借贷扩大自己的经营规模。我与他们在王总公司相处时，他们就知道我这个西南财经大学的教授在这两方面都是好手，所以他们一自立门户之后，分别都来请我去为他们管理财务，而其更重要的真正目的是帮助他们寻求更广泛的资金来源，以便把生意做出更大的规模和更高的层次。

在企业向银行融资也就是贷款这个问题上相当长的一段时间中处于一种我把它戏称为"悖论"的怪状。改革开放的深入使当时已经存在的诸如城市信用合作社、信托公司等非银行金融机构向民营企业开始发放贷款，本来贷款的主体双方一边是金融机构另一边是企业，他们本来应该面对面相互了解相互沟通以实现和完成贷款发放。但在实际的客观中双方的沟通因为双方互相太不了解实际上并不是很通畅，当然主要的因素在金融机构方面，他们实际上对文化层次乃至素质并不太高的民营企业老板心存疑虑，而民营企业的老板们又没能很好地向他们展示自己和自己的企业优秀的一面，所以在相当长的时间中西南财经大学一批教师当然也包括我就成了金融机构和企业相互沟通最好的桥梁和介质。在好几年的时间中，我除了要经营自己的业务外还得替好些个这种企业管理财务，以及同向他们发放贷款的金融机构沟通交流。

1992年小平先生南巡前后改革开放的步伐加大，更多的人力财力物力从体制内流向了市场经济，我也在那个时候挂靠在金牛区外经委成立了自己的公司，因为有在王总的公司调研房地产的经验积累，我的公司第一笔生意是从金牛区房管局购入了一批在化成小区的待开发的商品房一个单元14套期房。后来西南财大另两位出来办公司的老师邀约我一起共事，当时大家涉足的领域都是房地产，在成立了房地产开发公司后，也一起开发了好几个房地产项目，包括在天府广场的《城市中心》。

也就在92年我认识了当年的台湾歌星"青蛙王子"高凌风，高凌风应是在国民党开禁特别是有了"九二共识"后进入大陆较早的台湾艺人，在与他的交往中相互建立了友好的合作关系。后来他在台湾注册的"台湾青蛙王子股份有限公司"成为了我在成都注册的公司的台资合作方，这个公司的主营业务是进行生丝和丝绸的贸易，营业流水达到一年一个亿以上。

尽管那个时候我已经在市场经济比较自由自在的游弋，但不知怎的思想深处对民营企业民营经济并不是完全的看好，对于它的生命力和生存周期总有疑虑。所以我和西南财经大学其他一些下海的老师不同，他们中不少人都从学校辞职全身心的投入了市场经济，而我无论当年怎么忙都没有从西南财经大学离职，该上的课该完成的工作任务我都是一丝不苟认真完成了的，事实上我一直都是西南财经大学的教师，外面的事情从道理和客观上仅仅是兼职而已。这为若干年后当在民营经济的游弋失去吸引力的时候我脱离外界全面回到学校打下了基础，因为作为教师我从来都是完成了西南财经大学的工作任务的。

时至今日我都没有完全想透想明白当初这种选择和做法是否是真正唯一正确的，因为事实上我是存在着很好的条件和机会做出市场经济另一番作为的。当然从现在的现实状况和结果来看，这种选择和决定也许是对的，至少是现实和实际的，如同有成都七中校友开玩笑说"许仁忠是把社会主义和资本主义的优越性都享受了"一样。我最终是从体制内退休的,享受了体制内事业单位的所有待遇,但市场经济的摸爬滚打又使我的所得当然主要是经济收入远不仅于此。更为奇特的是我退休后有整整十年,一直在本质上是民营经济的民办高校担任院长,如果不是我自己实在不想再做下去了,也许我现在都还在工作,而之所以能这样也是两种身份兼之所带来的。一方面我有体制内公办高校的教授和干部的身份,而另一方面我又有市场经济民营企业经营和管理的老板履历。更为重要的不在于这种身份和履历,而是在实际处理管理民办高校的各种各样繁难问题时,我确实是有两方面的经验,一方面是公办院校办学知识与经验的积累,另一方面有民营企业经营和管理的理念与方法。当然从人性的角度上来讲,我是属于那种胸无大志不可能做大事的人,或者说是一个过分现实和实际的不想人生太麻烦的人。

同样的情况也表现在另一个问题上,只是在这个问题上我很坚定的认为,我的选择和做法是正确的,那就是寻求市场经济的机会与孩子也就是子女的教育和培养两者孰重孰轻孰先孰后,在这个问题上我是坚定的选择了后者。事实上当年无论我有多忙,无论有多少市场经济的发展机会摆在我面前,我都始终把子女的培养和成长放在首位。关于子女的教育培养我会在回忆录中的我的子女教育中细说,比较欣慰的是在这里说说结果,因为结果完全证明了我的这种选择是正确的。我有两个儿子一个女儿,他们在中学阶段分别就读于成都七中和成都树德中学,两个儿子分别考上了北京大学和北京航空航天大学,毕业后就业至今方方面面尚好,女儿就读于成都树德中学后出国读书,在不到 22 岁时就获得了英国卡迪夫大学和西班牙巴塞罗那大学两个海外硕士学位,现在在日本东京工作。

我自己所办的公司主营业务是丝绸,也就是生丝和由生丝所织成的白绸。当年丝绸被称作是软黄金,也就是说它的价值极高。从经营的角度来讲,其实没有什么新意,主要是占尽了改革开放初期的天时地利人和。为什么这样说呢?因为进入市场经济后,在上世纪 90 年代一大批小型国有企业或者是真正的集体所有制企业,在失去了计划经济的包产包销支持后,迅速的陷入困境。比如在川北一带,就有一大批生丝缫丝厂与织绸厂陷入困境,因为不能适应市场,大多停工停产,工人们的工资也无着落。另外,财税机制的改革也使川北一大批国有的丝绸公司失去资金来源陷入困境,没有现金向农民采购蚕茧。

于是我的公司运作就很简单了,因为手中握有现金,地方政府为了实现不向农民打白条的承诺,全力的支持配合我在川北以现金收购蚕茧。记得在盐亭县做这项工作时,每次我到盐亭县去都受到地方四大班子一把手的热情接待,分管的副县长还专程到进入盐亭县境的地方迎接我,这一切皆因为我手中握有现金。蚕茧收购到手后,不用投资建厂,就地租用已经停产停工的当地缫丝厂把蚕茧加工为生丝,部分生丝又在当地租用停工停产的织绸厂织成白绸,生丝与白绸运到江浙市场出售。这种租用工厂的方法,没有建厂的投资因而各方面的压力很小,而地方政府官员和工厂厂长对我是千恩万谢，因为租用了这些工厂，租金至少解决了工厂工人的工资。

除了生意业务上的资金周转外，也出现了一个投资选择的问题，因为时不时会有一些资金从周转中沉淀下来，现在回过头来看回报最有收效的是房产投资。当年的房价现在听起来是有些不可思议的，比如在茶店子购买的一套实际上是一幢小洋楼的一套房子，单价1300元一平米，这在当时已是比较偏高的价格了，因为这栋小洋楼只有4层一楼两户共8户。在交大花园购买的八套房子价格是800元人民币一平方米，买下了一层共4套也就30万人民币左右，而且是一套二、一套三的小户型，有三套130~160平米的大户型总价一共也不到40万。这些房子位于现在的2.5环上，当年价格为什么那么便宜呢？是因为购买的时候房子的所在地还是当年的双流县，它虽然已经很靠近成都市城区了，但归属是双流县的土地，所以开发商按双流县的地产行情购买的土地价格比成都市便宜得多，即便后来在石人小区买的两套大户型当时单价也就一千六七百元一平米。应该说当初这些沉淀下来的资金凡是购买了房产的，后来的增值空间都特别的大。进入沪深股市后刚开始也很迷惑，感到操作上难度很大，后来干脆改成不再买进卖出炒作股票，而是致力于打新股，这种打新股赚收益的思路和做法一直维持到现在，收入应当也是颇丰。

如果要做一下投资的比较，当年在购买交大花园房子的同时买了一台原装的本田雅阁2.2轿车，全部费用约43万，比买的那一层楼4套房子几乎多出一半，后来在2007年换车时卖了不到5万，而那一层楼4套房子后来转让时有近二百万，当然当时买这个车不应当说是投资，那是办公司生意上的需要。如果要讲是市场经济中的偶然机会，比较早的涉脚房产投资和打新股应该说是一种既偶然其实也必然的机缘吧。市场经济对民营企业来讲既是良机也是孽缘，在这段时间中我见证了很多一度发展得很好的民营企业稍有不慎便陷入危机不可自拔，当年从"负责经营"大学堂王总公司出来的一批业务好手，创办的公司在度过了鼎盛时期后也几乎一一衰落最后自生自灭，证实了有人为中国民营企业所做的调查中得出的结论："中国民营企业的平均生存期仅有两年"。我自己所办的公司，在营运四五年之后也开始考虑全面撤退，除了经营上的环境已大不如前几年，经营困难越来越多经营利润越来越少外，我对办公司做生意的低层次游戏逐渐失去兴趣和耐心也是很重要的因素。从1997年开始我大概用了两年的时间逐步收缩，清偿清理债权债务最后得以全身而退。

在清偿债权债务中一些相关的人与事还是颇令人感触唏嘘。首先是我自己抱着不可负他人的理念还清了所有的债务，除了是不愿意为今后留下麻烦的想法外，更重要的还是认为做人嘛就应该如此。在催收欠款上还是感到比较欣慰的，与我打交道的比如宜宾的唐姓朋友、盐亭的陈姓朋友、成都的王姓朋友、杭州的李姓朋友都如我一样主动偿还清楚了欠款，有的还是企业即将清算的时候偿还的，他们当时付清账款时的一些话语还是使人感到生意上打交道最重要的还是诚信和信用。当然最终还是有大约一百多万的债权没有清偿回来成了坏账，这个一百多万的数字在当年还是比较大的。

如果要回悟这个十年的感想和体会的话，应当是那样一句话："在游泳中学会游泳"，学习，永无止境的学习是一个人生存的根本。市场经济对几乎所有的刚刚迈进改革开放的中国人都是陌生的，对像我这种体制内的人更是如此，可以讲正是因为学习才能使我能在市场经济的海洋中游弋。比如说到企业管理，这是个很大很全面的概念，但在实际中从何入手呢？市场经济中的中小民营企业，牵一发而动全身的其实是他的财务管理，对内来讲经营收入、营运成本、费用分布及利润核算对企业至关重要，它的核心就是一个财务管理问题；对外来讲工商税务银行等方方面面与企业生存密切相关的外部环境，他们在对企业的了解时无一不关注的是财务，一份财务报表的状况可以决定企业在他们那里的概念。

要做到真正的行之有效的财务管理，不懂得不了解会计账务的处理方法及财务报表的分析是不行的。于是在进入企业前后，我犹如刚从成都科技大学毕业分配到四川财经学院时全面阅读经济管理类专业书籍一样，努力的学习了并最终很熟练的掌握了企业会计实务操作和处理技术，并逐渐使自己成为了这方面的专家。这个过程的重要性不仅在于很好的助力了当时我在市场经济中的游弋，将近 20 年后我在民办高校履职院长时在支撑我做好办学工作时也起到了极其重要的作用。

又如银行或非银行金融机构业务实务，与在学校里边做教学科研所涉及到的内容差距和同异还是比较大的，需要重新审视、了解和学习。学校教科书上边所涉及到的商业银行实务，内容虽然丰富但偏重理论，与实际中的银行或非银行金融机构的实务操作，特别是在涉及到银行和企业的银企关系上，论述和讲授上都很原则很抽象，而实际中的银企关系更要生动鲜活得多，很多东西是教材上描述不了的。而作为企业方的我需要得到银行或非银行金融机构的信贷支持，必须要让银行全方位的了解企业，银企关系才能和谐相互支持，这之中有很多知识是需要我这个财经大学的教授重新学习提高的。

另一个比较深的感悟是通过商业贸易也就是做生意的过程，在与人打交道的过程中深悟到诚信与互惠的重要，通过在市场经济活动中领悟到了二点，其实也是一个人做人做事的原则和底线。首先是诚信，言必行行必果，做得到的事情才点头，做不到的事情莫夸口，更不能有那种真真假假的想法和行为，真做到了这一点其实你在生意中可以尝到很多甜头，减少了很多麻烦与烦恼。至于互惠是能不能打交道乃至交道能否打得长久的关键，你所做的每一单生意，你都得考虑对方的利益多大利益在哪里，对方没有利益的生意千万别做，否则最终一定会自食恶果。应该说通过十年生意悟出的这两点，也成了我做人做事的信条。

生意开始是比较容易的，要想退出或者说结束生意还不是那么简单。我从 1997 年开始实施撤退，前前后后用了两年多的时间才算清清爽爽的退出来了，所谓清清爽爽的标准是自己再也没有需要归还的债务，当然，因为坚守了诚信与互惠债权也基本上收回，1999年底我便回到西南财经大学，再次全身心的投入了大学的教学与科研。

第五章 工作中的新兴趣新挑战

20世纪行将结束的时候，我终于全面结束了市场经济中的所有活动，如释重负般回到了西南财经大学重置教鞭，当然回到了这个词不太准确，因为严格意义上讲，我从来也没有离开过西南财经大学。为什么要放弃"外面的世界很精彩"的市场经济活动，我自己也不太说得清楚，也许是满足了吧，也许是太烦了，要不是已经精彩得很单调了，总之我回到学校再渡教师生涯了。孔圣人曾讲"五十而知天命"，也许天命如此而我又知道了于是顺天行事。

能顺理成章的回到学校，还真得感谢上一个十年坚持不懈的完成了学校的各项工作任务，否则回学校这个资格便没有了。记得回学校不久一次教研室组织的度假村活动中，因为是周末教研室刘老师便邀请了她的丈夫同行，而她的丈夫就是当时的西南财经大学王校长，撇开他的校长身份不说，我与他还真应当算是朋友。我们同时在1982年6月进入西南财经大学，我在科研处做处级干部时，他是校长办公室主任，游玩中他开玩笑的对我说"许仁忠你安逸哈，在外边把钱挣够了又回学校来养老了哈"，我笑呵呵的回答他"校长，学校的各项工作任务我都是完成了的哈"，他也笑呵呵的回答"要不是这样，学校早就把你抹去了"，可见十年的坚持还是有成效有结果的。

工作上碰倒的第一件事情就是要不要点头去接"概率论及数理统计"这门课。其实是否去接这门课已说了很长一段时间了，几年前就曾说过这个问题，但最后无果而终。概率论及数理统计这门课，无论从教与学哪个方面来看难度都比较大，它是经济类报考研究生时数学考试内容之一，约占考题量的30%，从考研的角度来讲这是一门必须学好的课程，当然它在应用上更是十分重要，无论是工程技术还是经济管理都要经常用到它。这门课的教学和学习远比微积分线性代数难多了，所以很容易产生老师和学生在教与学方面的一些问题和矛盾，几年前就因为学生的反应让学院很为难，当时学院管教学的秘书因为对各方面情况比较了解，就曾向学院领导推荐请我去上。她的原话是"我给你们推荐个人去上绝对没得问题"，领导就让她以摆龙门阵的方式来试探下我愿不愿意接这门课，她一开口我赶忙把话题扯开扯远也就是比较委婉的拒绝了。

除了当时我在外面的事情也很多确实太忙外，委婉拒绝的想法还有二点：一是这门课确实难上，比起上微积分和线性代数耗费的精力和时间会很多，我确实有偷懒的想法。二是也不愿意得罪人，这门课有老师在上我去逗能应是出力不讨好还得罪人，这也是我委婉拒绝讲得出口的理由。但学生对教学的反映和意见一直很大，最终学院领导还是要解决这个问题，一方面跟正在上这个课的老师做好了协调工作让他去上其他的课，同时也很正式地与我交换了意见，在这种情况下我也只好接了这门课。

其实从教学的角度上说原来上这门课的老师也是很不错的，问题主要是出在先生和学生的思维习惯不在一条轨道上。上课的先生们都是数学专业出身，所以在思维上习惯于不仅要告诉学生这是什么？还想要让学生弄清楚这是为什么？而财经专业的学生他们在知道是什么后，对为什么并不关心，他们更关心的是做什么？怎样做？这两种不同轨的思维需要在教与学中互相磨合交融，融合得好教学效果就好些，融合得不理想教学中就出现各种各样的矛盾和问题了。而概率论及数理统计这门课在这一点上表现得更典型更突出，因为这门课的抽象思维更深刻更广泛，学生们更希望先生能把很多抽象的东西更具体更实在的讲授给他们。我按照让学生们弄清楚是什么做什么怎样做的原则去讲授这么课，自然也就逐步和学生们的思维同轨了，教学的效果特别是师生的关系较之前边上课老师的情况得到了很大的改善，当然学院领导因为师生的关系的改善也放下了心中的一块石头。

接下来做的第二件事是在研究生中开设定量研究经济管理问题的数学方法课程，进入21世纪的经济管理类研究生，已与十多年前的研究生大相庭径。十多年前的研究生学习一些研究经济管理问题的数学方法课程，更多的是为了提升自己掌握数理方法研究经济管理问题的层次，而实际用这些数学方法去研究解决经济管理问题并不多，因为那个时候对经济管理的研究更多的还是定性的研究，定量研究仅仅是一种点缀。进入21世纪后定量研究经济管理问题已是一个普遍的要求，对经济管理问题如果仅仅作出定性的描述而没有数量上的分析那是算不上研究的，所以这个时候的经济管理的研究生，他们要求学习和掌握更多的定量分析经济管理问题的数学方法就更迫切。我在研究生中开出的数门定量研究经济管理问题的数学方法的课程，都受到同学们的青睐和好评，有不少同学用学习到的研究经济管理问题的数学方法，写出论文发表在各级刊物上，受到各方面好评。

在市场经济中游弋时，有一个问题我一直在思考，总想找个时间把它解决，这个问题就是如何让中小企业的老板与管理高层能很好的很方便的进行企业财务管理，在我的思维概念中我把它叫做财务管理信息系统，在我最终于2004年出版的《企业财务管理信息系统的设计和分析》一书中，我写了一个前言，这个前言既是编撰那本书的初衷，同时也很清晰的说明了我为什么要做这件事？我把这个前言全文录于其下：

前　言

笔者近年来与不少作为投资者或管理人的朋友接触颇多，交往中关于企业管理的话题不少。其中一个话题是，为了管好企业，如何尽快尽好地掌握企业在运转过程传递出来的各类经济活动信息。

何谓尽快？管理者们说就是及时。不少企业管理者们说，如果企业资产稍微上一点规模，要想及时了解一些企业目前方方面面的状况，还真不是一件易事。让企业各方面的人员把情况汇总一下，少则半天一天能弄出一个大概，多则两三天才能弄清全貌也不奇怪。他们时不时的问笔者，能否随时都能及时把自己企业的即时状况弄个清楚明白。

何谓尽好？管理者们说是真正弄懂。不少企业管理者们说，收到自己一份企业的财务报表，横看竖看还真不易从中读懂自己的企业。一位管理者曾拿着财务报表问笔者：这上面的费用与待摊费用是不是都是企业开支的钱？如果是又为啥子分成两类？笔者不认为管理者们所提出来的这类"外行"式的问题仅仅是因为他们对财务会计知识的不足。事实上，从费用管理的角度来讲，他要弄清楚的不是企业产生了费用与待摊费用各多少，他要弄清楚的是企业一共开支了多少钱，这些钱花到什么地方去了，花得是否恰当合理。作为笔者朋友的管理者们也时不时的问笔者，能否及时看到一份能真正读懂自己企业的报表。

于是笔者萌生了为作为中小企业投资者或管理人的朋友们开发企业财务管理信息系统的想法，笔者把这类企业财务管理信息系统称为管理型财务软件。

笔者认为，这种企业财务管理信息系统应有两个优点正好解决朋友们的急需：一是企业经济活动信息传播的即时性和及时性，它可以让企业的投资者或管理人一打开自己的计算机就可以了解到企业当时方方面面的数据信息；二是明白易懂，它可以使企业的投资者或管理人避开过分专业化的财务术语简单方便的读懂自己的企业。

笔者以自己的财务会计理论知识与企业管理的务实经验对中小企业财务管理信息系统进行了系统设计与分析，为一些朋友的企业开发出了这类企业财务管理软件，使用了的管理者朋友都感触颇深，赞慰不已，称解决了掌握企业情况加强企业管理的大问题。

循着这种思路，笔者撰写了这本小册子，既是教学科研工作的一个成果，也是企业管理的一个务实。笔者期望，这本小册子，能给更多的朋友解决企业管理中的实际问题带来方便与快捷，笔者更希望，这份小册子能让更多的智者仁人参加到企业务实的行业中来。

这便是笔者撰写这本小册子的初衷与目的。

  许仁忠   2004 年春节于光华园

当然，这本书的出版算是了却了我在市场经济中游弋时就萌发出来的一个愿望，应该说在 2000 年前后相当长的时间中，这种财务管理信息系统对很多中小企业是十分需要的。书中所谈到的企业财务管理信息系统的设计和分析，是我把自己的专业知识应用于市场经济的实际中后的研究结晶。

在西南财经大学退休前后的五、六年中所做的一件事情，充分展现出我这个人的一些特殊的看起来是有些另类的至少是不太合乎众人习俗的思维和个性，表现出我个人对经历从事那种挑战性工作的兴趣与喜好，以及永无止境学习和追求新知识的终身学习的要求与习惯。这件事情就是我全身心的应该说是很主动积极的参加了西南财经大学从 2006 年开始的极有深度和广度的通识教育改革。

2006 年西南财经大学启动了被后来的实践证明是卓有成效的通识教育改革，通识教育历来各个层级的学校都在提倡都在实践，但西南财经大学此次的通识教育改革有两点尤为引人注目。一是机制的变化，专门在学校内设置了一个通识教育学院，确定从 2006 年秋季起招生入校的本科生均进入这个通识教育学院学习和管理。虽然招生时同学们都有各自的专业，但他们要在通识教育学院学习一年之后才到各个专业学院继续学习，这个机制保证了一年时间的通识教育学习。因为大一这一年的课程教学方案和计划，是由通识教育学院制定的，它保障了大一同学们主要学习的是宽口径的通识教育课程。二是通识教育课程体系课程设计广泛深入，一共有八大系列，其中包括自然科学，对西南财经大学这样以经济管理法律为主体专业的学校，自然科学通识课程的开设是十分必要的。西南财经大学有两个理工科学院，即经济数学学院和经济信息管理学院，这两个学院的老师都是理工科专业的学科背景，但是由于多种多样的原因，多数老师对参与自然科学通识课程意愿并不高，以至到了一师难求的地步，在这种众人都不太想参与的情况下我从一开始就主动积极的参与了通识教育自然科学课程的开设与讲授工作。

最后确定下来要开设的自然科学课程有两门：《科学技术史》和《大学物理》，经过几个月的准备之后，2006 年 9 月这两门课程在大一新生中开出。科学技术史这门课程的讲授对我来讲应该是一次学习和提升的机会，我们学自然科学的对自然科学的各个学科的具体内容应该说不陌生，但更多的是从知识的角度去知晓它了解它掌握它。把这些知识内容融入历史的长河中，从哲学的思维角度更多更深更高的认识它的本质，应是知识更新和深化的极好的条件和机会，所以我一进入这门课程便产生了极大的兴趣。历史的长河中对所有自然科学的发生或发现都渗透着既是必然又是偶然的哲理，说它必然是因为所有自然科学的知识都是历史发展到某个阶段必然要产生和发展的，说他偶然是因为相当多的自然科学知识都是在相关的人与事的机遇中发生发现的。

以我自己的专业学科数学说说。比如我们现在熟知的平面几何就是2000多年的欧几里得几何，欧几里得先生在搭建他的欧式几何公理体系的时候，十分严谨十分严密几乎没有任何瑕疵。但他在描述他的第五公设也就是今天我们所说的平行公理的时候，用了一段十分冗长的叙述性语言，而不是像今天的平行公理"经过直线外一点有一条且只有一条直线与它平行"那样简洁明了。因为欧几里得先生以及他的《几何原本》太优秀，反衬出这个第五公设怎么读怎么看都不与他的优秀匹配，于是这给后人留下了无比广阔的想象空间，无数的数学爱好者怀疑这个第五公设不应当是公理，也许可以证明它是定理。人们想去证明它，而这个证明过程一走就是1000多年，它耗尽了无数人的青春和才华使他们的努力无功而返，没有人能推翻欧几里得先生的公理体系，第五公设只能是公理而不可能退而成为定理。

是不是说这1000多年这无数人的努力就没有成果呢？不是的。历史的长河中人们开始不去怀疑第五公设是公理，转而从哲学从逻辑的另一个角度去思考：如果我们不确认"经过直线外一点有且只有一条直线与它平行"，反过来在"经过直线外一点有两条甚至有无数多条直线与它平行"的基础上来考虑，几何学会有什么结果？当人们去否定欧几里得第五公设的正确性的时候，非欧几里得几何也就应运而生了，从罗巴切夫斯基几何到黎曼几何，欧几里得几何体系外的更多的几何产生了。这是一种必然还是偶然呢？应该说既是必然又是偶然，是必然中的偶然。从哲学思辨的角度看这个问题，因为欧几里得先生应当是比较偶然的用了一段十分冗长的文字描述他的第五公设，导致后人的质疑因而产生了1000多年后的非欧几何必然结果。是不是说如果当年欧几里得先生是用现在的平行公理这样简洁明了的语言去表述第五公设，因此没有引起后人的质疑从而就没有后来的非欧几何的诞生呢？科学的发展告诉我们，非欧几里得几何的产生应当是一个必然，它不通过这样的过程和形式产生，也会通过那样的过程和形式产生。

又如一个很有趣的世界三大猜想的费尔马猜想的故事。费尔马在17世纪就提出了他的那个有名的猜想，有名不仅在于提出的猜想本身，还在于伴随猜想提出所写下的那一段话：大约在1637年左右，法国学者费尔马在阅读丢番图《算术》拉丁文译本时，曾在第11卷第8命题旁写道："将一个立方数分成两个立方数之和，或一个四次幂分成两个四次幂之和，或者一般地将一个高于二次的幂分成两个同次幂之和，这是不可能的。关于此，我确信已发现了一种美妙的证法，可惜这里空白的地方太小，写不下"。费尔马不仅提出了那个有名的猜想，还有神来之笔的那段话，也使从那以后无数的数学爱好者为去寻求那个美妙的证法耗尽了精力和时间，这个证明事实上是在三百多年后的 1995 年由英国数学家鲁·怀尔斯完成。三百多年漫长的历史长河中因为费尔马没有写下证明而他的其它猜想对数学贡献良多，由此激发了许多数学家对去证明这一猜想的兴趣，数学家们的有关工作丰富了数论的内容，涉及许多数学手段推动了数论的发展。那么数论的发展与费尔马在书边偶然留下的那段话似乎有什么必然的联系呢？哲学的思维再一次告诉我们必然中的偶然。

科学技术史这门课的讲授极大的丰富和提升了我的知识面，也让我再一次认识到知识的伟大。这门课在西南财经大学的讲授是卓有成效的，无论是我们授课的先生还是听课的学生，都从这门课中感悟颇深，我在 2009 即将退休的那一年给法学院的大一学生上这门课，师生都融于科学技术的历史长河中吸收其精华颇有所得，期末课程结束的时候全班同学每人都用一页学这门课的感悟集成一本小册子赠送于我。

大学物理这门课开得就不怎么理想和顺利了，用一句简单的话来讲就是老师讲起来难，学生学起来更难，这个难不在于知识的讲授和学习，还在于师生在课堂上很难产生那种激情和交融。问题的症节在哪里呢？课程既然叫大学物理，它显然应不同于中学物理，比如力学中的速度和加速度，显然应该是用高等数学的导数来精准定义的，而不是像中学物理那样含含糊糊。又比如电磁学中的电磁场显然应该用麦克斯韦方程组来描述，而不是像中学物理那样定性的说说而已。但我们在开大学物理这门课时，同学们都刚上大一，大学物理和经济数学几乎是同时开出的，当我们讲授学习到速度和加速度时，同学们的高等数学还没有学到极限，财经院校开的是经济数学，麦克斯韦方程组根本不会学到。于是这就导致了教学中的一个怪圈，用高等数学去讲物理，由于同学们的数学基础不够，还得在课堂上先讲函数的导数，同学们听起来学起来都较难，那就不用高等数学去讲吧，同学们又说这和中学物理有什么差别呢？所以在这种尴尬状态下，大学物理这门课程开了三年也就无疾而终了，当然愿意开这门课的老师明显数量不足也是很重要的一个原因。

但不管怎样，给以人文学科为主的财大的经济管理类学生开科学技术史和大学物理这两门课，对我个人的知识的提升和特殊课程的讲授能力的提升还是很有补益的。特别是科学技术史这门课，增添或提升了我很多关于东西方文明发展的知识和认识，特别是古希腊古罗马的先哲们关于哲学的思考，以及这些思考对于后来近几百年来西方科学技术的发展领先于东方的影响，这种影响是深刻的。从历史的角度古希腊古罗马关于对自然哲学的研究已经渗透到整个欧洲，这是近代科学技术诞生在西方欧洲而不是东方亚洲的一个很主要的原因。当然在十四到十六世纪起源在意大利近而在整个欧洲的文艺复兴运动和起源于德国后也在整个欧洲的宗教改革运动也是近代科学技术诞生在西方欧洲的重要原因之一。而在课程的讲授中与同学们的交流互动也使我再次感受到教与学互融互动的乐趣与甜头，所以到 2009 年 9 月我从西南财经大学办理了退休后，还一直被返聘回去在通识教育学院上了将近三年的科学技术史，直到后来在民办高等院校担任院长后工作太忙才依依不舍的结束了在西南财经大学的愉快的教学工作。

第六章 波澜跌拓的民办高等院校工作

从 2009 年 9 月退休到 2019 年 8 月这十年，因为一些十分偶然的原因使我先后在民办四川天一学院、四川长江职业学院、成都信息工程大学银杏酒店管理学院这三所民办高等院校中担任院长工作，所以这一段经历的叙述也分成三个部分来回忆。

第一节 在四川天一学院的工作

2009 年 9 月我从西南财经大学退休了，其实这年我已经 62 岁，但因为是当知青时多次户口迁移无意中造成的笔误，使我的法定年龄小了两年，我是 1947 年 9 月 5 日出生的，而户籍和身份证上的法定出生日是 1949 年 9 月 5 日。因为在我退休的前几年同在经济信息管理学院里工作的梁成华先生已在早几年退休后到了四川天一学院担任管理系主任，所以他一定要我退休后到他那里去任教，于是从 2009 年 9 月起，我在西南财经大学继续上科学技术史课程的同时，到了民办四川天一学院任教。

有两年左右的时间在民办四川天一学院就是上课，觉得这种休闲的日子很舒适，一周七天有两天在西南财经大学讲科学技术史，又有两天在天一学院上经济管理课程，当然还有三天是退休后在家中赋闲的日子，觉得这种节奏不紧不慢怡然自得。在天一学院上课的地点是在天回镇紧邻植物园，学校有班车接送，上车后从城区到天回山一下车迎面扑来的是清新的郊外空气，感觉特别良好舒适。特别有趣的是一车老师们，大家说说笑笑十分畅快，那两年川陕公路三环到绕城段正在扩建十分拥堵，开车的师傅经常要找寻各种各样的路线从城区奔赴天回，这也是一件趣事。这两年我在天一学院没有固定的课程，民办高校一个显着的特征就是师资缺乏，专职老师很少多是兼职老师，很多课程开学了都还找不到老师，我上的多数是这种开学了还找不到老师的课。天一学院属于专科，学生的基础极差，录取的学生高考成绩在 200 分左右，每周有两天在西南财经大学给高考成绩 600 分左右的重点本科的学生上课，另有两天给这种专科学生上课，反差极大也是一种乐趣。

民办四川天一学院是 1992 年成立在 1994 年得到教育部批准的首批民办高等学校，当年全国只批准了七所，它的创始人是当年红卫兵运动中的成都电讯工程学院的成电东方红的领袖蔡文斌。西南财经大学前前后后有很多老师都参与了这所民办高校的创办和建设，期间也几经转让，西安欧亚教育集团曾入主过，我去的时候天一学院的投资方是新加坡劳诺德教育集团。这种民办高等院校营运上完全自负盈亏，国家是没有经费投入的，营运开支的费用和成本是学费收入以及投资方的投入，这也导致了这种民办高校在办学和管理上极大的矛盾和弊病。

学校的资产是举办方也就是投资方的，学校营运的盈亏也由投资方负责，所以投资方一般都派得有高管在校内担任一定职务，但这些高管多数是经营管理型的，基本上不懂教育更不懂高等教育，他们的工作职责主要是监管学校的资产和管理控制学校里营运成本费用。因此日常教学及行政投资方往往又聘有院长来管理，这些院长多数是来自公办高等院校中的教授。矛盾往往就由此而生了，院长为了教学需要有人事和财务上的权利，但这种权利往往是掌握在投资方的高管手中，而高管需要对投资方老板负责，更多的是要向老板展示他们的才能，于是总是有这样那样的问题发生，这也导致了民办高等院级领导班子极不稳定。院长们多数来自于体制内公办院校，无论从思维习惯工作方式上都很难与投资方这些高管们沟通交流，更难于融合在一起了。教育主管部门对这些问题其实很了解，教育部特别强调民办高等院校的法人治理环境，要求学校的举办方完善法人治理机制，让高等学校独立自主办学，院长应有充分的权力办学，但因为学校是投资方的资产，要落实这个法人治理的环境也很难。

从 2009 年 9 月起，我很悠闲的乐怡自得的在四川天一学院上了两年左右时间的课，那段时间过得真是休闲优雅乐在其中。特别是的这段时间中结识了很多天一学院的老师，他们其实都很优秀，在民办高校这种环境中，努力的认真负责的教书育人。到了 2011 年的上半年，引导我到天一学院上课的梁成华教授打算二次退休了，他当时担任着天一学院的经管系系主任，天一学院将近 8000 学生中，有 4000 多都是这个经管系的学生，老梁比我大几岁，所以想彻底休息了。辞职之前他很认真的问过我愿不愿意担任天一学院经管系的主任，如果愿意他可向学院推荐，说真心话我是从来没有考虑过在这种民办高等院校中去做什么系主任的行政工作的，所以不假思索的推托了，接替他担任经管系主持工作的副系主任的是一位候姓的年轻人。他之前担任经管系的教学科长，真没有想到半年后我居然会同意这位年轻人的要求担任了天一学院经管系主任，并由此开始戏剧性的担任了四川天一学院的院长，从而一发不可收拾的从在天一学院当院长开始在好几个民办高等院校担任了八年多的院长。

这里想特别说说民办高等院校的学生、老师以及员工。民办高校的学生多数都来自经济条件并不特别好的家庭，不少学生来自边远地区的农村，家长们承担着比公办院校高得多的学费，把孩子送到为数不少的民办高校中读书。之所以这样是因为这些学生多数学习成绩不很优秀，高考时成绩不太好考分不高，只能来读这种收费偏高的民办高等院校。这些学生客观的讲学习知识的资质是差一些，特别是学习的良好习惯基本没有养成，所以在大学中的学习困难都比较大。但这些学生有一个最大的优点是质朴纯净，动手的能力特别强，这也是他们能在进行职业教育的这种民办高校中努力学习技术技能的基础和优势。对他们来讲如果是强调学习是要搞清楚"是什么""为什么"困难是比较大的，但要让他们明白和学会"做什么""怎样做"却是他们的优势。另外，这些学生的又一个特点是社会活动能力都比较强，学校里的各种各样的学生活动，他们都会让老师们不太费心的搞得有声有色有模有样，展示他们在这方面的能力，简言之，这是一批可塑性强的青年。

民办高校的老师组成是两个极端，一部分就是像我这样的从公办高校退休的老师，另一部分是30岁左右的年轻老师，他们一般都有硕士研究生的学历，在自己的专业上其实是很优秀的，只是因为公办院校需要博士研究生的学历，他们只好屈居在民办高校中。因为民办高校这种机制，使得这部分年轻老师缺乏归属感，他们对未来比较迷茫，所以他们更多的是强调收入，很多年轻老师都是在某一所民办高校是专职老师，但同时又在其他的民办高校兼职上课。至于民办高校的行政员工可以说是工作中的骨干，一所民办高校主要是靠这种行政员工支撑起来的，其中包括管理学生的辅导员，这些行政员工承担着大量的工作，保持学校的正常运转。

转眼到了2011年的下半年，在我授课的四川天一学院发生了一些变化，这些变化很快的触发成学校比较大的动荡。2011年11月，由华西希望下属的《希望教育集团》经过购买转让成为四川天一学院新的投资者即举办方，按惯例新的投资方派出了它的高管进入了学校，对四川天一学院进行全方位的接管。这是希望教育集团收购的第一所大学，工作中进入学校的希望教育集团的高管们比较缺乏知识分子成堆的高等院校的管理经验，企业的手段和氛围多了一些，从而引发了天一学院教职员工的思想动荡。也正是在这个时候两所建在城区三环路边的高职院校正在招兵买马，所以从2011年底起就陆续有天一学院的教职员工主要是中层干部和教师辞职离开学校。这种情况在2012年春节过完学校开学之后逐渐增多，在3月份达到了一个高潮，除了已经离开了学院的教职员工外，因为多种原因尚未离开学院的教职员工也人心惶惶的在寻找出路。

到了3月中旬，经管系那位候姓的年轻副主任找到我，告诉我他已决定辞职应聘到另一所学校，他表达了希望我来担任经管系主任的愿望，当然也不是他就能决定我能不能去担任这个系主任，他是想征得我的同意之后向学校说许老师可以担任系主任。从他的角度希望我来担任经管系主任的原因有二条：一是学校目前处于多事之秋，特别是教职员工人心混乱，他觉得我来担任系主任有利于稳定老师们的情绪；二是他个人的需要，他急于离开天一学院，怕没有人接手经管系主任不利于他顺利离开学校。当然他个人还有一个不便于在这里说得很明白清楚的理由使他希望我能够担任系主任。基于对年轻人坦诚表白的理解以及对他的支持，我虽然没有明确表示可以来做系主任，但也没有明确的表示拒绝，于是他便积极的向学院汇报了这个情况。

果然第二天学院的院长助理教务处处长就来找了我，表达了学院希望聘请我担任经管系主任的愿望。其实从内心深处来讲，我是不大愿意做这个事的，它不如当老师自由，没有拒绝候姓年轻主任其实是基于一个很复杂的心态，别人很诚心的来找了你，我不愿意让他太失望，所以我也没有答应这位院长助理教务处处长同意出任经管系主任。

最后促使我答应了此事的原因，是哪位教务处长的诚心，这是一位颇有风度很有礼貌的女老师，她像三顾茅庐似的连续几天等候在我上课的教室外，一下课便拉着我与我谈这个事，讲了很多话说了很多事使得我不管心里边不情愿最终还是点头同意了她。后来得知她其实是来替院长打前站的，我一同意她即刻让我与院长见了面，很快就敲定了此事。不过我同意做这个事还是有前提条件的，就是我每周只能到学校两天半的时间用于管理经济管理系，其余时间我自由安排，我提这个要求也不过分，因为据我对经济管理系情况的了解，我觉得我用两天半的时间完全可以把这个系管好。当然学院为了让我同意作系主任，早就准备了一位周姓老师做我的系主任助理，于是我就这样从担任管理经济管理系主任开始了在民办高校长达八年的行政管理工作。

我是4月初担任天一学院经济管理系主任的，以后在几个月的时间内，发生了一系列使人目惊口呆瞠目结舌的戏剧性变化和过程，其原因是天一学院在这几个月中发生了员工大量流失的巨变，大批的老师干部辞职离开学院，使得学院的办学面临着一场人才流失的危机。不夸张的说如果不把这个局面稳住，天一学院将面临有可能无人上课无人上班的局面。为什么会发生这种情况呢？还是前面说到的那种希望教育集团的高管们过于急切的所谓企业化管理导致的。民办高校进行一定程度上的企业化管理本身不是坏事，因为民办高校本身也是民营经济在教育领域中的一种形式，但高等院校毕竟是知识分子集中的地方，双方的磨合是需要时间也需要空间的，操之过急则欲速而不达。不幸的是希望教育集团派来的高管们太心急了，而天一学院的老师们又太紧张了，磨合的不顺所带来的想象空间使得老师们像惊弓之鸟一样纷纷去寻找自己的出路，于是，似乎要人去楼空的局面逐渐出现了。在某种意义上来讲这种情况无论对四川天一学院自身，还是对它的投资者希望教育集团都构成了一种危机，而特别要强调的是，这个时候四川天一学院有着在读的将近8000学生，同学们的学业是不应该贻误的。

我从4月初在四川天一学院经济管理系担任系主任后不久，一位在四川长江职业学院经济管理系担任系主任的刘姓西财校友专程找到我，希望我能到他那个系主持教学工作，什么原因呢？我那位刘姓西财校友虽当初毕业后留校任教，但很快即脱离了教学工作走向了社会，用他的话来讲他对教学工作实在不熟悉，难以管理好这个系的教学工作，他希望我去支持他一下。在这种情况下，我与四川长江职业学院相关各方经过交流，达成了我每周到四川长江职业学院工作两天担任经济管理系的副系主任主持教学工作的意向，正当我们准备签署工作协议的时候，天一学院那边发生了急剧的变化。

首先是天一学院房地产管理系的一位徐姓的女性系主任要离职了，而这位系主任是我在天一生活两年中交往最密切也最投宜的老师，她是四川长江学院挖去筹建建筑工程系的。在四川长江职业学院刚联系到她时，她还犹豫不决的在去不去谈徘徊，毕竟在四川天一学院待了多年，还是有感情和责任心的。因为我们交往很好她来征求我的意见，我告诉她去谈谈无妨嘛，谁知一交流双方就感觉特好，迅速的达成了意向。这里要说到一个情况，就是民办高等院校的招生是很市场化的，哪个专业热就招哪个专业的学生，而那几年除了一直很热的会计专业外，又冒出个工程造价专业十分热门，这两个专业报考的学生最多，所以四川长江职业学院急需像她这样的人才去建设这个专业。她也像当初经济管理系那位候姓的年轻系主任希望我支持一样，希望我能支持她离开四川天一学院，到四川长江职业学院去履职，支持的最强有力的手段就是答应天一学院院方，在她离职后我同意兼任房地产管理系的系主任。

情况发展得很快，伴随着她的迅速离去，我在5月初便以经济管理系主任的身份兼任了天一学院房地产管理系的系主任，而这时离我担任经济管理系系主任的时间刚好才一个月。担任了两个系的系主任是个什么概念呢？当时天一学院约有近8000学生，这两个系的学生数加起来已五千多，也就是说我事实上管理着天一学院在校的将近70%以上的学生。

兼任房地产管理系的系主任还有一段有趣的插曲：当初答应用两天半的时间做管理系主任的时候，学院里他们给我物色了一位周姓的老师担任系主任助理。这次就没有那么好了，没有人替我物色助手，我需要自己找一位系主任助理，其实人选在我心中是早有的，这也是我愿意答应徐姓老师兼任房地产管理系主任极为重要的因素之一。这个人就是我们一起在办公室待了两年左右的一位龚姓女老师，我知道她是完全能够胜任此职的，但别人愿不愿意就不得而知了。在学院有关方面的领导找了我征求意见时，我表示要考虑一下，第二天给以学院答复，

第二天一到学校我庚即去找这位龚姓老师征求意见，但到她办公室她人不在，房地产管理系的教学秘书告诉我龚老师一来就让她来找我，我刚回到经济管理系办公室，正与那位周姓助理聊了几句，龚老师就到我办公室来了。我想这个事情很简单明了，就很直接的告诉她，她们的徐姓主任要离职了，学校希望我去兼任房地产管理系的主任，而我点不点头的前提就是看她愿不愿意担任系主任助理，她愿意我就答应兼任了。本来我想这个事应该让龚老师考虑一下的，但她只略微想了一下就很快的表示同意了。整个交流的过程大约不到两分钟，旁边看着听着的经管系周姓老师都十分惊诧，一是我要兼任房地产管理系主任很突然，二是我与龚老师这么简洁的交流也使她吃惊。于是在当天我就回复了学院有关方面，庚即也就是在五月初便走马上任以经济管理系主

任的身份兼任了房地产管理系的主任。当然在这种情况下，余下的两天时间也要交给天一学院了，因此也不能到四川长江职业学院去兼职了，好在几天前只达成意向共识没有签协议。

但事情发展的迅疾的确使人惊讶，天一学院人心涣散的事态还在扩大，除了离职的老师和教职员工越来越多外，离开学院的干部也逐渐由中层干部波及到院级干部。5月中旬在巳辞职几位院领导的情况下，主管教学的院长助理也就是三顾茅庐般邀请我担任经济管理系主任的那位教务处长也要离职了，高等学校中这个管理教学的一个重要岗位随时都不能空岗的。当时希望教育集团也调整了他们在天一学院的高管人员，派来了一位陶姓女高管代表集团参与天一学院管理，这位我们后来称之为陶校的女高管在之后的将近三年中成了我的朋友和极好的工作搭档。当时在天一学院实际主持人事工作的是三位女性，除了这位陶姓女高管外，还有一位从省教育厅退休后到天一学院兼职的钱姓女副院长，她后来担任了天一学院的党委书记，另外还有一位颇受希望教育集团汪总重视的彭姓女干部，她是由西安欧亚集团派到天一来参加工作的。应该说关于天一学院管理教学的副院长，她们这三位女性似乎都看好我，认为我是天一学院主管教学副院长的最佳人选，也是这三位女性高管特别是那位陶校克服了一些对双方来讲客观存在的技术性障碍，促使我在5月下旬答应了接受天一学院管理教学的副院长的岗位。

这里要说一说我当时为什么要接受这个岗位？做院长这个事我在通报家庭之后，家里的人多数是不赞同的，他们认为这个事太累太麻烦没有必要去承担。我那个在北京大学林毅夫的经管学院取得经济学学士的儿子反对的理由是"做这个事情的收入对老爸您来讲边际效益极低"，但我最终还是接受了。理由有三：首先考虑到的是天一学院在读的近8000学生，我毕竟从教三十余多，对学生是特别关爱的，而当时天一学院的情况是如果没有强有力的措施改变日益恶化的局面，到下一学期也就是9月1号这接近8000的学生将有可能面临没有老师授课的危险局面。其次是当时整个局面于我来讲也很尴尬，我已经是两个最大的系的系主任了，而这两个系的学生占了天一学院学生总数的70%，也就是说我当不当这个管教学的副院长，组织下一学年教学的工作责任还是在我身上。三是当时天一学院尚未离开或者说正准备离开但一直没有找到合适单位的老师们通过多种渠道向我表达了他们希望我能担当这个职务，以便从一个新的角度与投资方沟通协调，找到一个打破天一学院眼前僵局的办法，而他们是与我一起在天一学院给同学们上了两年左右课的老师。

当我还没有开始到岗履行分管教学的副院长工作责任时，当时的天一学院的陶姓院长也辞职离开了学校，这就是说我这个主管教学的副院长事实上将要承担起天一学院更多的工作。而天一学院当时的院级领导班子，除了那位教育厅退休来的钱姓院长外，所有的院级领导都不在岗了，多数是辞职而走，有的是被举办方希望教育集团刻意调走了。不管怎样我既然点头答应了，就得言而有信，于是我在6月初起就任了天一学院分管教学的副院长。作为一名资深的教师，我很明白当时我面临的严峻局面，我必须在6月中下旬前落实下一个学期也就是9月1号开学时所有任课的老师，因为6月份是民办高校的老师们落实自己下一学年任课院校的关键时刻，而当时天一学院专职老师留下的已不多，需要补充特别是需要相当数量的兼职老师。

民办高校的运作是全面的市场化，特别是它的招生，哪些专业热门报考的学生多就大量的招这些专业的学生，当年最热门的是两个专业，一个是会计专业，一个是工程造价专业，天一学院仅这两个专业学生数就就超过了4000名，只要这两个大专业的任课教师解决了，整个学院的任课教师问题也就不麻烦了。这个时候天一学院两位年轻的女教师起到了重要的关键作用，一位是前面已经说到过的在几分钟之内决定担任房地产管理系主任助理的龚老师，另一位是和我几乎前后同时到天一学院任教的一位杨姓老师，这两位老师一位承担了工程造价专业任课老师的组织和培养，另一位承担了会计专业任课老师的组织和培养。为什么说是组织和培养呢？因为当年时间很紧迫，而这两个专业的学生人数特别多，能胜任这两个专业课程的老教师很少，需要招聘新教师予以培养。这里特别要说一下那位组织会计专业教学的杨老师，她当时生了孩子正在度产假，我是没有等到她产假休完就把她从家中拖到学校来上岗了，过程虽不像龚老师上岗时那么富有戏剧性，但也可圈可点让我感悟颇深。

我们是如何解决这两个专业奇缺的师资的呢？除了尽量的寻求和招聘有经验的老教师外，那就是招聘和培养青年新教师，因为这两个专业教师的需求缺口太大，而有经验的老教师很少，所以重点还得摆在招聘和培养青年新教师身上。会计专业的难度稍小些，我充分利用了在西南财经大学的资源，除了参加西南财经大学的研究生双选会外，西南财经大学研究生院和招生就业处联合为四川天一学院召开了经管类特别是会计专业研究生的专场的招聘会。我们在西南财大研二的学生中招到一批在读硕士研究生，让他们在进入研三的九月到四川天一学院做实习教师，并且马上由杨老师组织力量对她们进行教学培训，后来的情况表明这批硕士研究生实习教师上岗后教学效果普遍较好。工程造价专业难度大一些，要想招到研究生学历的新老师几乎是不可能的，因为工程造价的研究生本身就不多，而且到企业就职各方面都比到高校任教好得多，在这种情况下我们只好破格招了一批优秀的本科生，把工作的重点放在对她们的培训上，龚老师身体力行对这批本科生进行了全面的培养，让他们在9月份顺利地走上了教学岗位并取得好的教学效果。

这两个大专业的师资解决了，应该说当时天一学院的总的局面是稳住了，还没有离开天一学院的老师们，都积极参加了九月份下一学期开课的准备工作。我在6月中旬召开了全院的准备9月份任课教师的专题工作会议，要在在6月20号之前按照1万学生的预备规模准备好了9月份下学期开课的所有教师。这项工作现在说起来简单，而在当时难度是很大的，因为当时天一学院的七个系中，系主任们几乎全部辞职离开天一学院了，还能够顶起来工作的都象龚老师杨老师这样的年轻新干部。

这里要顺便说一下希望教育集团，应当说他们内在的积极因素还是很多的，尽管在入主天一学院后高管们有一些操之过急的失误，但集团纠正前期失误的力度很大，对改变天一学院当时面临的被动与窘迫局面行之有效。一是更换了在天一学院的集团高管，新来的那位陶校多次在多个场合申明，天一学院的办学仍然要由天一学院的干部和老师来主持来负责，她到天一学院是做好办学所需要的后勤保障工作的，她不仅这样说也是这样做的。二是出台一些强有力的措施，具体的讲是通过我与集团高层的沟通，他们也认识到了天一学院留不住老师对下一步工作的严峻性，所以同意了我所建议的天一学院老师授课的课时薪酬新标准，除了在不同职称层次上老师的授课课时费都有较大幅度的提高外，特别是对会计和工程造价两个专业的核心课程，在已经提高了的课时薪酬标准上又特殊的增加了每课时 20 元，这样高级职称的老师在天一学院讲授这两个专业核心课程每课时有 140 元的课时薪酬。所以说天一学院在六月中旬稳住了局面是学院的老师干部和集团共同努力的结果，特别是在关键时刻集团高层能改弦易辙及时纠正前期工作的失误这一点也很重要。它使暂时还没有离开天一学院的教职员工感受到新的院级领导是能够与投资举办方进行沟通交流共同制定出对天一学院发展有利的措施的，从而初步稳定了人心，人心思走的局面得到了有效控制。

作为分管教学的副院长主持学院教学工作刚一个月，举办方希望教育集团高层有了让我出任天一学院执行院长的想法，6 月下旬集团高层与我进行了多次沟通，最后达成一致我在 7 月初也就是这一学期行将结束的时候担任了四川天一学院的院长。回顾起来确实有点搞笑，因为一些偶然的原因我在 4 月初就任天一学院经济管理系系主任，一个月后的 5 月初又兼任了另一个大系房地产管理系主任，在一个月后的 6 月初担任了天一学院分管教学工作的副院长，在又一个月后的 7 月初就任了天一学院主持工作的院长，颇有点戏剧性。

虽说有点戏剧性，但我这个院长面临的局面其实是很严峻的：当时天一学院的院级和系处级领导班子已只零破碎干部几乎走空，需要我尽快的健全特别是系处级领导班子以推进工作。而当年的招生由于希望教育集团的强力介入效果很好，到 9 月初在校学生人数可能逼近万人，仅会计和工程造价两个专业的学生就超过了 6000 人，教职员工人力资源的缺乏与工作任务的艰巨形成了极大的反差和矛盾。再有就是天一学院在金堂借用西南交通大学希望学院的新校舍在下一学期初新生将入住，届时会出现金堂龙泉天回三个校区同时运作的局面，所有这些都需要我这个承担了院长工作职责的人全面妥当处理。

学院教职员工薪酬和福利的提升工作难度要大得多，当年的希望教育集团不像现在财大气粗，当时在资金上还是很紧张的，教职员工的日常福利几乎没有，连正常的工作经费用都十分紧张。薪酬方面因为有前期天一学院教职员工流失的动荡，以及学院整体由成都城区搬到金堂，教师的薪酬应当说是借用这两个机会得到相当幅度的提升，但教职员工中另两个群体也就是辅导员和行政人员薪酬的提升还得寻找机会与举办方协商。

辅导员的工资是由两部分组成的，基本工资和带班学生人数，基本工资有一个基本带班人数任务，超过了基本带班人数的超额学生按人数计酬，这就使得辅导员们普遍带班的人数都较多，当然因此在对学生的服务和管理上还是有许多地方需要提升。2013年国庆后发生了一件学生死亡事故，一位彝族同学周末离开学校到龙泉他的高中同学就读的另一所高等学校玩耍，晚上喝酒太多第2天早上发现醉死在床上，这引起了一场轩然大波，学生的家长以学校管理不严为由集合了数十名彝族同胞到学校要求赔偿，经过万般磨难纠缠事件最终得以解决。后来在与希望教育集团高层交流此事的经验教训时，与高层达成共识采取多种方法加强学生的管理和服务，除了制定出一系列的对辅导员的管理措施外，提高辅导员的基本工资也是措施之一，于是借用这次麻烦的意外事件，天一学院辅导员的薪酬得到了一定的提升。最后就是行政人员薪酬的提升了，由于在培养人的理念上有相当的差异，学院举办方的高管人员认为行政人员的招聘很容易，多次沟通后乃不能成功，于是我只能把机会放在尽量给行政员工升职上，通过设立一些行政机构任命干部提升了部分行政工作人员的薪酬待遇，但这也只能解决少数的行政员工，还得等待更好的机会。

随着天一学院办学态势逐渐好转，作为学院管理方的院长与举办方的高管的微妙关系也在逐渐变化。这里要再说一下那位陶校，应该说我们在天一学院工作的将近三年中陶校都是一位不错的高管，尽管她也肩负了要实现举办方投资理念的任务，也时不时和我们管理层面产生这样那样不大不小的问题和矛盾，在学院工作费用开支上经常弄得我们双方关系很紧张。但总的来说她还是一位好大姐，刀子嘴豆腐心，尤为重要的是她一直坚定地支持我们，如果没有她的这种执着的支持，我们管理方是不可能把这三年坚持下来的，所以时至今日我与她仍然是很好的朋友。希望教育集团的汪总也是一位很不错的人，我与他见过多次，基于多种原因交流不深，都是到了行将要离开天一学院的时候，与他的一次推心置腹的谈话奠定了我现在仍然与他保持着的朋友关系。但他的其它很多高管却不敢恭维，所以我在天一学院进行学院管理工作的同时，还不得不经常分出相当大的精力来应付甚至是对付他们，这其实是一些荒唐又有趣的故事。

当年天一学院的投资方因为摊子铺的较大，资金十分紧张，在2012年10月新生进校后，推出了一项贷款信用卡活动，最后出了些问题。当时有一位集团高管被派到天一学院来做分管学生工作的副院长，2012年新生都在金堂校区，他就住在金堂校区管理新生。新生进校不久即全力向3000多名涉世未深的同学推广信用卡贷款，这种信用卡贷款对大学生来讲是违规的，也是侵犯同学们权益的。虽然这是举办方因为资金紧张而不得不为之的一种行为，但推广者应量力而行尊重同学们的自主选择，而在实际中这位副院长并非如此，而是采取了各种很不得体的手段和方法在新生中推广这种信用卡。

这种违背学生自愿侵犯同学权益的做法，被一些同学和他们的家长举报到了媒体和有关方面，2013年上半年成都电视台《今晚800》播放了天一学院违规向大学生发放贷款信用卡的新闻，引起了四川省教育厅的重视，责令天一学院迅速纠正这种错误做法。为了解决好问题四川省教育厅把我这个院长的电话向学生和家长公布，于是有两三个月的时间我都在替那位副院长解决侵犯学生权益的事宜。虽说启动这个事情的责任不在他，但他不遗余力全面启动推进这个事情，最终给天一学院和举办方都带来了损失，这个事件带来的教训后来举办方也进行了认真的总结。

这位惹事的高管还用他的权利为谋取私利打压天一学院老员工，保护天一学院师生员工利益的本能使我时不时与他发生明里暗里的矛盾和冲突。比如，我安排到学生处担任副处长的周老师，曾经在当初我担任经济管理系主任时做我的助理，安排她去就是为了怕学生工作出问题，但周老师在学生处的工作一直受到排挤。更为荒唐的是学生处有一位虞姓女干部，从事学生工作多年，这位副院长为了腾出位置招他的人进天一学院，竟让这位员工辞职离开天一学院。事情后来扯到了我这里，考虑到也不要和这位高管发生正面冲突，我没有坚持让这位女员工留在学生处，而是任命他当了我的秘书，后来还担任了宣传处副处长，我用这种有趣的方法告诉那些高管，天一的员工也不是他们想怎么样就能怎么样的。

说到尽力维护天一学院师生员工的权益，当时也是在那个大环境大背景下颇费一些周章的，有些事情我也会用一些很特殊的使人很意外的方式来处理，如同让那位虞姓女员工在被逼离职时请她做我的秘书。类似的事情还有两位周姓的女干部，在她们工作十分不如意的时候，我破天荒的让她们从行政岗转为教师岗。天一学院行政转教师是极少有的事，行政岗员工都把转教师岗作为自己发展的一种机会，所以让这两位工作不如意的行政干部专为教师，连他们自己都感到很意外，似乎天上掉下来了一个馅饼一般。

还有一件事是员工的福利，高校的教职员工在逢年过节及期末的时候有一些礼品和奖金发放，但新的天一学院的举办方在这方面因为他们的企业习惯几乎没有，奖金和礼品虽然金额不多不大，但完全没有在员工心目中与其他高校相比也形成极大的反差。为了弥补这一点我只好与举办方商量，取得一些在自考证书等创收活动中分成的机会，组织教职员工通过创收来弥补这种没有福利奖金的窘迫，这种努力当年在实际上还是取得了一定的成效，让教职员工也有了些许福利。

通过2013年的努力，应当说以天一学院教职员工为主体的力量最终还是掌控了学院，一方面得益于天一学院院系两级领导班子的迅速建立，另一方面坚持下来的天一学院教职员工在这一年多中也做了大量的令举办方不得不刮目相见的工作，得到各方面的认可。但这种局面的形成最终是要导致与举办方高管的矛盾的，天一学院的举办方起家于中专与技术培训，在它的发展过程中也形成和积累了一批干部，也就是他的高管们，一方面这批高管的资历特别是能力是不能胜任高校管理工作的，但权力的欲望和失落心又使他们时时在觊觎天一学院，更不愿意看到天一学院的教职员工自主办学的局面。

在多次想进入天一掌控学院的行为落空后，这些高管又通过推荐和引进一些具有相应资历的其他学校管理人员进入天一来掌控学院，但这也很不成功。在这样的背景下，他们开始了在举办方高层诋毁天一学院状况的行动。还有一个比较重要的情况是，与天一学院教职员工相对处得较好的那位陶校，无论是从理念上还是从行事方法上乃至性格上都与那批高管弄不好，她事实上是独立特行和那一批高管渐行渐远的。当然我也清楚她也是在利用天一学院这种局面加强她在希望教育集团的地位，但她与那批高官的矛盾以及她与我们较为和谐的相互支持关系，都导致那批高管也要选择诋毁天一学院现状攻击我和我的团队的做法。

应当说在已经过去的一年多中，希望教育集团高层面临着天一学院混乱难以收拾的局面，对这位陶校以及由这位陶校所描述的天一学院状况是相信的信任的，但随着天一学院局面的好转，情况就发生了微妙的转换。逐渐进入顺境的天一学院的这种局面，使我面临的情况更为复杂，2014年三月一年一度的天一学院董事会召开，会议上发生的情况就显示了这种微妙和复杂。会议上当我向董事会报告了天一学院2013年工作后，众多的其他的股东都表示了肯定和赞同，唯有作为最大股东的希望教育集团最高层发表了一个摸棱两可但至少不是一个全面肯定的意见，使得其他股东都有些茫然和不解。而午餐后他找我聊了很长时间，却抛出了一只很秀美的橄榄枝，使我明白了我需要面临一次关键的选择：要么抛弃前一年多的模式也就是通过陶校与他们保持的一种和谐的平衡，也就是说直接由他指挥和掌控；要么仍然坚持这一年多的模式不直接受他指挥与掌控，以求尽量保持天一学院办学的自主性。

在权衡了多方面的利弊及我个人性格和认知上的因素后，我既是义无反顾也是无可奈何的选择了后者，尽管我知道这种选择后患无穷并且时间也不会太长的。果然事后不久从他们高管中的一些朋友传来信息，知道投资方为天一学院的走向和发展进行了一次专题的讨论，除这位朋友外几乎所有的高管都在会议上发泄了对我和我的天一学院管理团队的不满，纷纷要求撤换和改变天一学院的管理团队。在容忍了高管们的发泄后最高层否定了他们的要求，其主要的原因是天一学院将在2014年暑假后整体搬迁到绵竹新校区，在问询了谁能主持和做好这项工作而无人应答之后，关于天一学院管理团队的事宜搁置起来。后来得知最高层对当时以我为首的天一学院的管理团队评价还是很好的，他并不认同那些高管们的说辞，只是提供一个机会让他们发泄发泄而已，当然他自己也能得到某种平衡。

天一学院整体搬迁到绵竹新校区，从2014年3月开始至9月结束全部工作的过程和结果，向天一学院全体教职员工当然更重要的是向外界特别是向投资方希望教育集团展示了自我超乎寻常的素质和能力。学院刚分成两批搬迁到金堂校区，一批是2012年级的新生，一批是2013年9月入驻金堂校区的老生，现在还不到一年，又要筹备和实施再次搬迁到绵竹校区的工作，而这一次应是一次性整体搬迁，既要在2014年8月迎接新生，又要在9月初搬迁在金堂的老生，而此时的老生人数已有8000名。

临近即将实施搬迁的六月底，由于很特殊的经营上的原因，希望教育集团又提出来将已经在和计划在金堂校区就读的成人教育4000多学生也搬迁到绵竹，其中最为棘手的是除去已在金堂校区就读的1000余名老生外，有将近3000名新生在招生的时候是明确告诉了学生和家长就读的地点在金堂。成人教育本来不属于我们管，是希望教育集团自身组织的团队在管理，所以这个搬迁本来与我们无关，但事实上当时的局面是成人教育方面的管理团队既无信心也无能力进行这个搬迁，他们无人来面对这个在他们看来是匪夷所思的工作。但从希望教育集团办学的经营利益来讲这个搬迁必须进行，所以集团最高层委托陶校来同我交换意见，或者直截了当的说就是希望我和我的团队能承担这项工作。

陶校来和我交换意见的时候，尽管表面上我在与她周旋表示不好承担，但事实上我是打算承担的，周旋仅仅是为了提出承担此项工作的条件。最终我同她确定由我和我的团队有条件的承担整个天一学院包括统招和成教约15,000学生的整体搬迁工作，当然这里边也有我与陶校个人近两年工作上相互信任相互支持的情感和默契。我提出的条件是要提升天一学院行政岗员工的工资，分成两步进行，在整体搬迁到绵竹后的2014年9月份首先调升系部主任以及院级领导的收入，然后在绵竹校区工作安定顺利后制定天一学院行政岗员工的工资方案，不晚于在2015年三月春季学期开始时执行。我一直知道要调升天一学院行政岗难度很大，必须要寻找机会找到好的切入口，而这一次承担整体把天一学院由金堂迁入绵竹校区，是极好的也是唯一的一次机会。不管这个整体搬迁工作难度有多大，只要举办方能够同意调整天一学院行政岗教职员工的工资，我会坚定的做下去，何况我是知道我和我的团队是能够把这份工作圆满的完成的。

在整体搬迁的工作安排上，统招1万多学生问题不是很大的，2014级新生估计约3000~4000人，招生时就明确了是在绵竹新校区报到和上学，至于在金堂校区的7000多已升入大二大三的老生，我们的工作团队早在半年前就统一了思想，提早做好了同学们的各方面工作，只是放暑假时把学生用品整理好，学院负责给他们搬到绵竹新校区，他们9月到绵竹新校区报到上课即可。万密一疏让我们没有想到的是，举办方组织的搬运学生用品的外聘的车队，令人难以想象的野蛮搬运不仅把同学们的生活用品弄得十分脏乱，更有不少同学的生活用品在开学时得让同学们自己去认领，使得同学们意见很大。

比较麻烦的是成教的估计约3000多新生，希望教育集团的招生团队在招生时是把在金堂校区上课作为招生优势大力宣传的，报到时却要让他们到绵竹校区就读，工作难度可想而知。而在工作的期望值上，举办方当然既希望能搬到绵竹校区就读，更希望尽量少的学生流失，让所招到的学生都能到绵竹新校区报到上课。为了保证这项工作能顺利的进行，我在与陶校交流时提出这项工作在组织安排和操作上，都由我和我的团队独立自主的进行，举办方的高管们以及他们的人员不要来搅和，因为几年的相处我太了解他们的水平和能力了，他们不来搅和更有利工作的推进。在当时的形势下只要有人能承担这项整体搬迁的工作，举办方什么条件都能答应，何况这是一件在他们看来艰难无比甚至无法实现的工作。

我召开了多次工作会议统一干部们和教职员工的思想，当时很多干部和员工因为心中有怨气，是不愿意承担这项工作的，不少教职员工说让他们自己去搬迁好了。因为我们都知道，一年前成教有将近 1000 学生主办方希望教育集团高层要求从天回校区搬到金堂校区，应该是集团中没有人能承担这项工作，这 1000 多学生就一直在天回校区就读。虽然有怨气，但天一学院的教职员工们是有心胸有魄力有胆识的，思想通了庚即全力以赴的投入整体搬迁的各项准备工作。

工作安排中有一个极大的机构调整就是整体搬迁到绵竹校区后，原有的成人教育学院撤销，学生按专业归口到各系，由各个系进行教学和学生管理。为此各个系赶在 2014 年开课前，在暑假中制定出 2014 级成人教育学生的人才培养方案，结束了以往成人教育没有人才培养方案，行课是走到哪里黑就在哪里歇，有哪些老师上课就上这些老师的课的荒唐局面。而正是这些调整和工作，在后来实际动员成教学生到绵竹校区上课的工作中，让学习规范差一点的成教同学找到了自信和满足，推动和支持了这项搬迁工作的顺利完成。

2014 年 8 月中旬，我和我的团队在金堂校区和绵竹校区两个战场，进行了将近为期五天的成教 2014 级新生在金堂校区报到，继而搬迁到绵竹校区学习和生活的工作，特别是从第一天开始的前三天的紧张工作。从现场的工作状况和后来的工作成果看，把这项工作称作为天一教职员工的一场战斗也不为过，因为 3000 左右的成教学生，招生和录取他们时是通知到金堂校区报到上课的，当家长们把他们的子女送到金堂校区的时候，我们却需要动员和说服他们到绵竹校区上课，工作的艰巨程度可想而之。

我在最后一次的准备工作会议上，把工作分成了三条线：首当其冲的是金堂校区动员说服来报到的学生及他们的家长去绵竹校区上课，至少坐我们预先准备好的大巴车到绵竹校区看一看再作最后决定。这项工作由我们各系承担，龚杨张唐何等各位系主任老师，带着他们的辅导员和专职老师，一位一位同学进行沟通交流，向同学们和家长说明我们为他们在绵竹校区上课和生活所做的在硬件和软件方面的各种准备，工作的底线要求是让每一位同学和他们的家长至少先到绵竹校区去看一看。

其次是绵竹校区的接待工作，由当时已经担任副院长的尹老师全面负责，金堂校区动员和说服工作的艰巨程度，使我和我的团队中的其他干部已无暇顾及绵竹校区的接待情况。我只是告诉尹老师要全面做好接待工作，来了的就要让他们尽量留下选择在绵竹校区上课和生活，尽量不要返回金堂校区。应当说尹老师和她的搭档冯老师不负众望的带领一批教职员工把绵竹校区的接待工作弄的锦上添花式的让不少同学和家长流连忘返。

最后是我个人独当一面坐在金堂校区我的院长办公室，接待意见特别大根本不愿意到绵竹校区去看一看，或者是即便去了绵竹校区因为多种原因又返回了金堂校区的同学和他们的家长，听取他们的意见与他们交流沟通，这其实在本质上是一种拖延和稳定战术。我深知这种群体性活动如果少数意见特别大反应特别强烈的学生和家长，在茫然和狐疑的家长与学生的群体中躁动起来，掌握了群体的话语权乃至支配权，不仅要加深工作的难度甚至有可能造成整个工作的无果而归。所以在工作的安排会上我给各位系主任讲明，如遇到这种情绪特别偏激的同学和家长，就把他们引到我的办公室来，给他们讲由院长亲自给您们解决问题，不要让他们在现场随心所欲的发表各种意见。

感谢三条战线上天一学院教职员工的工作团队当然也包括我自己，大家紧张而有序的相互配合相互支持圆满的完成了把这3000左右的成教学生送到绵竹校区上课和生活的工作。各系系主任和教职员工们的说服动员工作之紧张而艰巨自不用言之，他们得苦口婆心的向学生和家长们讲述绵竹校区的优势，动员他们至少上大巴车到绵竹校区去看一看。绵竹校区的接待工作得保障同学们来到了绵竹校区就不想走了，要让一车一车的犹豫与狐疑的同学和家长们最终确定留在绵竹校区上课和生活。天一学院教职员工们工作的韧性和超强的能力在这项整体搬迁工作中得到了充分的展示，他们用自己的行为向各个方面也是向自己宣告，没有什么艰巨的工作是天一人所不能完成的。

遗憾的是这几天我一直在院长办公室中，面对几十号学生和家长，耐心的与他们聊天而几乎没有时间去看到天一学院教职员工们工作的状况，所以也无法在这里进行具体详尽的描述。但从到我办公室进行交流沟通的学生和家长的口中，我是完全知道了她们工作的艰难程度的。几天中我在院中办公室中天天面对五六十位同学及他们的家长，做的主要工作就是要把他们留在办公室中，我耐心的与他们聊天，听取他们的诉求，劝解他们的怨气，与他们商讨如何解决问题。为了达到不让这部分燥动的学生和家长干扰各系动员和说服更多同学去绵竹校区的目的，我把聊天的节奏刻意的放得特别特别的慢，当然家长和他们的子女们看到我这么个院长都这么有耐心的听取他们的意见和诉求，火气也在逐渐消退，有的也在我的说服动员下去绵竹校区先看看。我的秘书小吴老师也在办公室茶水侍候，到饭点时间便让食堂做好盒饭送过来，家长和同学们与我一起在办公室就餐，饭吃完了大家又在继续慢慢聊。就这样我用我这种特殊的工作方式，伴陪着我的工作团队走过了这几天，完美的实现了把 3000 左右的成教学生由金堂校区整体搬迁到绵竹校区艰巨的工作任务，从工作的角度堪称一项壮观。

2014 年 9 月，全面搬迁到绵竹的四川天一学院在自己的校区隆重开学，统招与成教的学生总数超过了 15,000，比两年多前我就任天一学院院长时翻了一番。到了绵竹办学后。工作中的问题和矛盾逐渐产生和尖锐起来。因为绵竹距成都太远，不可能像当初在金堂校区一样每天开设班车，让教职员工们每天能够回家第 2 天到学校上课上班，这事实上需要教职员工们都住在学校工作，这实际上出现了很多问题。我和少数从公办高校退休的干部和教职工，家中没有更多的负担，从周一到周五住在绵竹的学校工作问题不大，但天一学院已经形成了以 35 岁左右的老师和教职员工为骨干为主体的工作团队，这批人家庭中有很多这样那样的事情，从周一到周五住在绵竹工作确实有相当困难，这慢慢成为我们的工作团队能否在天一学院坚持下来很重要的一个因素。

另一方面，由于我们的工作团队日趋成熟，经历了八月将天一学院整体的从金堂搬迁到绵竹的工作考验后，自主办学的自信心和办学能力都得到加强和提升，原来一直存在着的举办方高管与学校管理团队的矛盾也日趋激烈乃至恶化。这些高管们意识到现在的天一学院已今非昔比，用他们的话来说就是想在天一学院办成一件事没有许院长和他的团队同意和努力是推进不了的，这实际上形成了学院管理层与举办方高管的进一步矛盾，这种情况也逐渐反映到希望教育集团最高层那里，或多或少引起了他的一些疑虑。

恰逢其时由华西希望那边来了一位扬姓的高管到希望教育集团工作，随着希望教育集团业务的扩大，教育这一块分工上由这位杨姓高管负责。在因为资历和能力上举办方高管们不能直接进入天一学院参与管理的情况下，这位杨姓高管开始在民办高校中寻找代理人，在另一位吴姓高管的引荐下，一位后来被天一员工戏称为"耳哥"的某职业院校的副院长进入了他们的视线。这位高校人员一直自视其高颇有怀才不遇之感，与他们一拍即合，杨姓高管与我商量让他到天一学院来做副院长，这本来无可厚非我也很欢迎，但这位老哥却在他原来那个学校大肆宣称他是到天一学院的做院长的。

消息很快的传到了天一学院，引发了我和我的团队开始思考在绵竹离成都那么远的背景下，我们是否有必要在天一学院坚持下去。在举办方高管们的支持下，这位"耳哥"到校后即摆出一副咄咄逼人的状态，引发了一些很不愉快的事件，在这种情况下我们开始考虑是否要撤离天一学院，不必搭理这位后来在天一学院被弄得很狼狈的老哥，最终我和我的一些主要的骨干们在 2014 年 12 月初确定趁这位老哥想做院长的机会离开天一学院。于是我联系了既是朋友也是校友的四川长江职业学院举办方董事长韩谨先生，经过近半个月的洽商，我和我的团队在 2015 年初前后相继离开四川天一学院到了四川长江职业学院。

这里边有一个小的插曲，我联系四川长江职业学院的韩董事长，是为了替我团队中几位主要骨干谋求新的工作岗位以便离开天一学院，这几位骨干在当时已被天一学院的举办方特别是那位陶校戏称为"五朵金花"。从我的角度来看她们确实堪称"花花"，有两层意思：首先是能力超群，前边我已经叙述过她们各自的工作职责和工作范围，可以说她们各自所承担的工作几乎相当于一个小的学院，动辄数千学生或十来个专业，或者是需要协调和管理天一学院1万多学生的教学，令人叹为惊止的是几位30来岁的姑娘能把自己份内的工作做到近乎完美。其次是她们的柔弱，天一学院工作将近三年的架构，外部事物特别是对举办方的协调几乎是我一人在面对，这使得她们缺乏面对一些外部复杂局面的锻炼和经验，还不能达到游刃有余的有进有退有张有弛处理外部环境困扰的程度。我与韩董事长联系时，主要是推荐她们到四川长江职业学院工作，至于我初联系的时候是没有想到我也到四川长江职业学院去的，后来一些偶然的原因使得我最终也阴差阳错的到了四川长江职业学院，这个插曲的详细过程我会在后边写到。

在离开四川天一学院最后的时刻大约是2014年元旦前夕，希望教育集团最高层汪辉伍董事长与我进行了一次推心置腹的交谈，我才彻底明白了他的心思。在天一学院工作几年中，我与他交往不多，仅有的几次中有好几次都是他请我到他家中做客陪我喝酒。老实说与我相比他的酒量太差，所以到他家中做客到最后交流沟通时尽管我十分清醒但他已经微醺，我想我一定在他那里留下了喝酒院长的印象，因为每次从他家离开的时候，他都要让送我回家的驾驶员带上很多酒。特别记得有一次是带了两大桶真资格的德国原装进口啤酒，我还把其中的一桶带到天一学院与中层干部们一起分享，所以我与他的交往尽管到了喝酒朋友的程度，但也仅此而已，相互并不了解，可以说是"我不知他他不知我"。

这一次的交谈使我们相互真正了解了，也使他成为至今我们也交往甚好的朋友。那一次的交谈他明确的谈到了对我特别是对我的团队的看法，除了表达了对我们的肯定之外，还明确的讲他认为我们这支团队是管理天一学院最好的团队。他很明确的说到了那位想来当院长的老哥，他说他绝不是要让那位老哥到天一学院来做院长的，只要我愿意继续担任天一学院的院长带领我的团队继续管理天一学院，他就可以把那位老哥调走离开天一学院。但此时已经为时已晚，这边四川长江职业学院我已经答应韩董事长到四川长江职业学院帮帮忙尽尽朋友之谊，并应允我的团队成员特别是那"五朵金花"中的几位到四川长江职业学院，加之其他的一些考虑，最终我们还是离开了四川天一学院。

还想提及的一件事每每回想起来总有些愧疚至少是遗憾，那天与他推心置腹的交流中，他除了多次提到三年前我接手四川天一学院是受命于危难之中外，还多次提到了近半年前我们整体把四川天一学院由金堂搬迁到绵竹是充分展示了我的魄力和我的团队的能力，表达了希望我的团队特别是我能继续留在四川天一学院至少是希望教育集团的意愿。但因届时我们已应允了到四川长江学院，所以一切均无可挽回，但盛情之下难以一口回绝，只好托词母亲年老需要照顾，我不能留在四川天一学院，但愿意到希望教育集团总部工作。拖到元旦后还专程到他家中告之为尽朋友之谊帮朋友的忙只好与他暂别，此时也算猩猩相惜吧，为表感谢他一直在讲要对我这几年在四川天一学院工作有所表示有所感谢要予以馈赠，并在几个月后叮着那位是我的朋友的陶校落实。

还有两件事表明了他对我的团队的重视：一是对当时尚未离开四川天一学院的尹老师，他反复希望我做好她的工作，千万不要辞职离开四川天一学院。我告诉他尹老师家就在什邡离四川天一学院的绵竹很近，她是否要离开四川天一学院关键还是那位老哥会如何待她。二是希望我去劝说已经离开天一学院的龚老师回到希望教育集团工作，愿到哪个学校可自己选择。他讲这些事情的时候过分高估了我，反复说只要我愿意帮他劝劝，这些金花们是一定会听我的话的，由此足以看得出来他和他所代表的希望教育集团高层对当年四川天一学院的工作团队的肯定和重视。

进入 2015 年上半年，那位老哥在天一学院累累清扫异己，对其人当时的所作所为，我曾与汪总密切微信沟通，那时他坦言十分厌恶这个人在天一学院逼走教职员工的劣行。他明确的告诉我，天一这批年轻干部是我这个院长在那两三年培养的，但培养的成本是他的，是希望教育集团的天一学院平台在我这个院长的努力下才有了这批优秀的年轻干部。后来他的一位与我交好的赵姓高管告诉我，汪总曾当面直言让这位老哥去留住尹老师，如这位老哥留不住而汪去留住了，让他自己爬出天一学院。

行文至此也顺便交代一下那位老哥在天一学院的结局，他一共在天一学院干了大约半年，然后灰溜溜的找到另一个机构就职去了。究其原因一是他确被引荐他到天一学院的希望教育集团杨姓和吴姓高管"烧"了，被他们当枪用了一番，他从到天一学院到最后离开都不知道希望教育集团的最高层并没有启用他做天一学院院长的意思，只是当时我的离开太予匆忙，最高层不得已而为之让他混了半年。二是我说句大话，以他那个层次和本事，想在天一学院接我的班，确实太难为他了。他也太自不量力，我经营天一学院近三年，连举办方高管想插进来，都进来不了，他一个外来之人何能何德能为之。这位老哥也许特别与我有缘，他在天一学院接我的班做了半年多执行院长，居然两年之后又回到四川长江职业学院，又来接当时我这个四川长江职业学院执行院长的班，当然结局也只能是再次自不量力的在长江学院做了半年执行院长后灰溜溜下台，历史再一次轮回，此是后话我会在后边写的。

说到天一学院这个团队，当年确有点"无心插柳"或者说无可奈何之意。当年用希望教育集团汪总的话讲，我是受命于危难之中，面临的是一个几乎所有的中高层院系领导都离职而去的局面。我的潜意识深处，是没有把民办高校的这种院长当成一回事的，本质上它与民营企业老板总是要聘请一位总经理一样没有什么了不起，所以我到天一学院上了两年的课也没有打算去做一个行政职务，觉得上课快乐就好。因此就任后也比较随心所欲，龚老师杨老师两位大系的系主任，是我在天一学院两年教师生涯中同一个办公室的同事，我当时只是观察到她们是有能力做事之人，所以事到临头必然要去找到她们来支撑会计和工程造价这两个大专业。后来的发展说明我的眼光还是比较准确的，一旦她们有了工作的平台，发挥出来的潜能不仅使我这个挖掘者吃惊，也许她们自己也不敢相信，她们从一开始就帮助支撑我在艰难环境中打开局面，一路共同走来在最后又以才干和能力与天一学院的其他同仁们共创天一学院辉煌。

除了正常的天一学院的教学和学生管理工作外，还有一个事也需要一提，就是我们在金堂校区的那一年，按照省教育工委的布置民办高校要进行党的群众路线教育，这是一项要求很高的工作。我是非党人士，而当时担任党委书记的老师已辞职，于是我向各方面推荐了龚老师作代理党委书记主持这项工作，在作为副书记兼纪委书记的杨老师的配合下，将天一学院党的群众路线教育工作有条不紊的有序进行，最终得到省教育工委的好评。

发掘她们从教师走上行政领导岗位，我一直至今都理不清是对是错孰好孰误？个人始终认为在高校当教师是最好的，做行政工作一定烦心事不少，好在杨老师最终离开天一学院后再也没有从政，至于龚老师只好愿她苦中求乐了。对把她们从教师岗位上拖到行政管理岗位上，我始终有一丝歉意，所以这两位姑娘当年在天一学院受到了来自举办方高管的委屈时，我是一反平时尽力与举办方居委周旋的态度，为她们在电话上大发雷霆与那位陶校争吵交涉，吓得那位陶校小妹妹都不知道我是怎么了，在电话上一口一个您老人家为我宽心。

尹老师从前与我没有过多交往，我就任管教学的副院长时她已是教务处副处长，由此有了工作上的交集，她是做行政工作出身的，对教学行政管理工作自是十分谙熟。2012年6月我开始担任天一学院分管教学的副院长时，能在两三个星期内稳定当时天一学院混乱的局面，除了龚老师杨老师在天回校区这边承担了工程造价和会计两个学生人数众多的大专业的各项工作外，在龙泉校区学生人数虽然不太多但专业繁杂，尹老师以及与她成为搭档的冯老师起到了极为重要的支撑作用。工作交往中除了发现她身上思维缜密办事果断的特点外，一直感到她也许可以做更多的事，所以在天一学院的几年中，我一直很放心的让她独立的做了好几件大事，比如金堂校区过渡性教室实训室和办公用房的规划与设置。做这个事情之前还有一段可笑的插曲，当时举办方推荐来了一位熊姓的副院长管教学，来时面临的一项工作就是金堂校区教室实训室的设置，举办方等着要一个方案进行采买购置，这位大男人居然憋了好几天，最后交来的是一份辞职报告，使得在举办方领办这项工作的陶校十分为难，这时我告诉她不急，尹老师是能够完成此事解她急难，后来的事自然是迎刃而解了。更大规模的绵竹校区教室实训室行政用房师生住宿用房的规划和配置，也基本上是尹老师和冯老师通力合作完成的，这之中有一个与举办方希望教育集团负责校区设备的人员协调问题，要协调的人是一位杨姓的所谓高管。他其实最早也是天一员工，如同老天一员工中也有不少人选择愿意成为举办方高管那种人一样成了希望教育集团负责校区物资采购的高管。与这种人打交道甚至比与希望教育集团土生土长的高管打交道更难，尹老师在这个问题上与我配合极好，我们共同尽力为天一学院师生员工争取到了在当时条件下尽量好的学习生活条件。

冯老师与我在工作上的交道稍多一点，当初我到天一学院承担教学工作时，所签的工作协议中除教学外还有两点：一是要在管理系培养一位青年教师，被院方指定的就是比我早到天一学院几个月的杨老师；二是要负责开发一门拟申报教育厅的省级精品课程。因为课程的准备是在教务处的领导下进行的，所以我几乎每周都要去龙泉校区一次，也许是偶然的巧合吧几乎每次去都是冯老师在接待我，那时看到她感觉上除了工作上的干练待人的热情平和外，就是有一种不太说得明白在宁静淡泊中蕴含着潜在的有待发掘东西。冯老师与尹老师一样是从最基础的教务处办事员做起的，所以对民办高职学院教学管理上的种种明里的或者是潜在的政策与惯例都十分熟悉，这在那近三年两度学校搬迁天一学院教学秩序特别需要管理和维护的情况下起到了积极的特殊作用。天一学院那近三年的教学在教学条件特别是教学经费十分棘手的情况下，教学管理特别是正常的教学秩序得以正常进行和维护，她和尹老师的搭档在特别是加强与各系部联系沟通配合是极为重要的保障。

担任了三个系的系主任张老师，请她出来的时候与龚老师杨老师一样，她也是专职老师，所不同的是在做专职老师之前她是天一学院外语系系主任，所以同尹老师冯老师一样行政工作的经验很丰富。虽然三个系的学生总数不多，但分布在十余个专业中教学管理难度应该不小，但张老师游刃有余处理得得心应手。相处三年中感觉她性情欢畅豁达，有着学英语专业的多数老师那种对世事相对开放的性态，2014年9月天一学院搬到绵竹后，在全院的迎新大会上各位系主任都亮相给学生致辞，她在致辞中给了学生们几个希望，其中最后一个是谈一场轰轰烈烈的恋爱，让人看到了她性情中的阳光热烈与明媚，所以后来惊闻她发生意外时倍感惊诧。

当年大家决定离开天一学院时，她也接受了四川长江职业学院的面试，双方感觉很好，但一个偶然出现的插曲使张老师未能前往，她家在成都市区其实是最应该去的，使她未能前往的原因是她听到原四川天一学院一位陶姓院长将去长江学院担任院长。曾经可能有过的一些不愉快使她放弃了到长江学院工作的机会，在面试场所她曾向我求证此事，我也向长江学院韩董事长询问后得到相对肯定的答复。但世事难料陶姓院长到长江学院后并未能履职院长，反而是一些偶然的原因在创始院长吕教授离开之后由我担任了院长，每当忆及此事对这个插曲总有些遗憾和心绪难平，总在无端霞想如当初张老师与我们大家一起离开了天一学院情况会不会好一些。

天一学院的工作团队中还有一位需要一书的唐教授，他是西华大学老师，认识他很偶然，聘请他到天一学院任职就更富有戏剧性。当年我就任天一学院院长后，举办方希望教育集团的高管们曾给我送来一个名单，上面有数十名各公办高校在职或者退休的具有高级职称的老师，希望我能从这个名单中招聘到天一学院需要的老师。这个名单上边多数是中文数学计算机和思想政治专业的老师，与天一学院的现有专业极不对口，但碍于高管们的面子我也就开始与这些老师们相约沟通交流。一天来了一位西华大学的老师，开车送他前来的恰是这位唐教授，所以就和这两位老师都进行了交流，当时唐教授还没有退休，接近退休年龄西华的工作也不太繁忙了。在天一学院这边商务系急需一位主任，当时由一位很年轻的王老师在主持工作，于是专程来应聘的那位老师没有到天一学院来，反而是送他前来的唐教授在我看来是商务系主任极好的人选，除了专业对口外，更重要的是交流中我感觉到唐教授的方方面面正好是当时商务系系主任的不二人选。这也许又是一段"有心栽花花不成，无心插柳柳成荫"的天一学院当年工作团队组成的有趣故事吧。

说到当时商务系在唐教授去之前是一位王姓的女老师在主持工作，当时天一学院的干部与教师流动性确实太大，在我就任分管教学的副院长之前，商务系主任就辞职了，从当时的管理系调了一位黎姓女老师去主持工作。这位黎姓女老师去了不到一个月也要辞职了，这时我正以分管教学的副院长的身份在主持学院的工作，一方面我只好决定由我暂时兼任商务系主任，同时需要给商务系配置一名主持日常工作的干部。当时商务系有两名年青干部，一名冯姓的男老师负责学生管理工作，另一名王姓的女老师负责教学工作，我与两位老师交流后感觉到两位老师都不错，都能担负起主持商务性日常工作的责任，考虑到当时最重要的工作是维持教学的稳定，最终在男老师充分理解的前提下，选择了王姓女老师为系主任助理。应当说天一学院的年轻老师和干部都是很优秀的，从这两位老师身上可见一斑，王老师主持商务系日常工作后，在唐教授去之前一直兢兢业业全力以赴的努力工作，保证了商务系在当年9月教师大量流失的情况下的全员上课。后来学院组建了继续教育处，我任命王老师担任处长，在推进学院职业资格证书和专科学生读本科自考课程上做了大量的工作。

当然老天一学院的干部中各种各样的情况都有，前边曾经讲到那位杨姓的天一老员工，后来到了举办方希望教育集团做管校区物资配置采购的高管，工作交往中觉得他比希教育集团中其他高管更难打交道。有另一位也是杨姓的男教师完全放弃了教师工作，投身于举办方的各种创收活动中。还有两位都是陈姓的干部，也始终选择了与举办方全方位紧密配合，其中一位在希望教育集团中几进几出，颇有难言之隐。不是说选择了与举办方全方位配合就不好，工作配合当然是必要的，只是把自己个人的发展机会和途径作这种选择，难免最终会身不由己颇为尴尬。

有些人的情况也是很出人意外的，艺术系是当年天一学院唯一一个系主任没有辞职的，但那位老师感觉上工作虽然不错，但似乎在方方面面都若即若离，那位老大姐陶校曾仔细调查到她每周都有两三天不在岗位上要求我处理她。当然如同对待所有的天一老师员工一样，我还是想尽办法在提醒她注意的前提下在陶校面前维护她，使得事情得以平稳度过。后来。希望教育集团新收购的另一所以艺术传媒专业为主的学校需要管教学的副院长，陶校在与我交流沟通时我推荐了她，她到了那所学校后工作一直很优秀，而且至今这么多年了仍然在希望教育集团属下工作，应当是接受了或者说是融入了举办方的文化，也是一个很出人意外的事。

当年我在天一学院选择和任命干部的时候，总体的态势确实有些出人意外，因为外边的人不明当时天一学院的就里，对我组建工作团队的思路和做法颇有微辞，其中最主要的是我大幅度提拔与任命年青干部。实际情况确实是这样，将近三年中任命了尹老师担任副院长分管教学，任命了已是代理党委书记的龚老师为副院长，潜意识深处我是认为龚老师是能够培养锻炼为院长的，任命了已是代理党委副书记及纪委书记的情况下的杨老师为院长助理，还任命了何老师为院长助理及冯老师为教务处长，严格的说也确实仓促了一些。当时我做出这些考虑和做法原因有三：一是要给她们提供机会，我想我既然把他们动员出来做行政工作了，既然有这个机会仓促点把她们推倒相当的位置上去，对她们今后发展是会有好处的。二是从工作出发，当年那个工作环境十分艰难，她们是用自己的才干和能力在推动工作，有句话讲在其位谋其政，我把它倒过来就是谋其政就应该在其位，她们工作的客观事实说明无论是谋其政还是在其位她们都是胜任的。三是当时天一学院的管理机制如同所有的民办高校一样都面临着建立健全法人治理环境的问题，为了把除陶校之外的其他举办方高管拒之门外已经耗费了我很多精力和时间，如果这些院系级的位置空着，举办方高管们随时都在窥视机会安插他们的人进来，因此我不得不这样为之把院系各级的位置占满。

如果要回顾和总结一下我在天一学院近三年的院长生涯，可以用六个字来表示：自知自觉自明。何谓自知？就是首先我是知道自己是能胜任这个院长的，其次是我并不去追逐和谋求院长这个位置，最后是我知道自己在这个位置上是呆不长的，简言之是从开始到结束自己都是清醒明白的。何谓自觉？就是在整个三年院长生涯中我都有一种自觉之心，先是面临当年天一学院那种混乱的局面，担心学生没有老师授课，同时又担心一时没有找到去处的老师员工们没有较好的归属，自觉的临危受命接下这个摊子。既而是动员出一大批老师员工来趟天一学院这趟浑水后，又担心她们的归宿与发展而自觉的尽量在院长位置上坚持与举办方高管们周旋斗智斗勇。何谓自明？我和我的团队在当年那种环境和条件下清清楚楚明明白白地让天一学院在三年中有所发展有所提升，同时我们也清清楚楚明明白白向各方展示了自己，特别是我的团队以她们的工作告诉各方面我们是可以办好天一学院的。

第二节 在四川长江职业学院的工作

2015年1月寒假即将到来之际，我到了长江职业学院工作。其实要到长江职业学院工作实属意外，2014年底当我和我的团队决定要离开四川天一学院时，我联系了既是朋友又是校友的四川长江职业学院举办方董事长韩谨先生，前面已经说过，主要是考虑到我的团队要有一个较好的去处，我向四川长江职业学院推荐了她们，当时并没有考虑到我也要到四川长江职业学院工作。面试地点没有在四川长江职业学院，而是在西门一环路边一家宾馆的茶坊中，几位姑娘由四川长江职业学院负责人事工作的董事兼副院长韩虎先生交流面试，我和她们到了宾馆茶坊，发现韩董事长也在，后来得知他是为我而来的。面试进行得很顺利姑娘们很优秀招聘方也很满意，根据大家的具体情况以及长江职业学院工作的需要确定了龚老师和冯老师2015年1月初即到四川长江职业学院报到，杨老师可以稍缓一些在下学期开学后的三四月份到职，张老师因为前面已经说到的陶姓院长那个插曲表示要考虑一下再决定，尹老师因为家在德阳是否要在成都工作需要权衡。这个事顺利圆满解决之后，韩先生与我进行了交流，他开门见山直截了当的说，长江学院员工的招聘他一般是不参与的，他今天来是为了与我沟通，他十分诚挚的邀请我到四川长江职业学院工作。

这使我很意外，我与他联系是为了让当初天一学院工作团队的主要骨干有一个较好的去处与归属，自己还没有考虑到是不是到长江学院工作的，也不知道四川长江职业学院有没有适合自己工作的项目，但韩先生既然提出了这个想法，从朋友和校友之谊我也得认真考虑与回复。因为对长江学院的情况比较了解，首先我关心的是韩董想让我到长江学院做什么？他都那么诚挚坦率，我也就直接问他让我到长江学院做什么事。他对我这个问题的答复十分简单，说是到长江学院专门做一个叫"香港项目"的工作，我进一步向他询问这个"香港项目"具体是什么要做什么事，他的回答更笼统，因为大家是朋友且都在市场经济中混过，他给我说"老许呀，我也不太说得清楚明白，就像我们做生意一样得在过程中找项目找标的搞运作，您来了就明白了"。就这样在他的诚挚邀请下我答应认真考虑一下再给他回复，后来基于很多原因和一些偶然的巧合，我在2015年的中旬到了四川长江职业学院。

这个"香港项目"究竟是个什么东东呢？在韩董那里没有给我详细解答，只好到长江学院去了解了，去之后与韩董一起召开与参加了几个项目会，大至知道是怎么一回事了。这是长江学院特有的一个工作项目，宗旨是促进香港和四川的青年特别是青年学生的交流，韩先生在香港注册了一个机构叫四川之友协会，在香港有关方面的资助下当然他自己也投资组织香港和四川的青年学生往返交流，四川的大学生花费很少的费用大约2000多人民币吧，就可以到香港去进行为期5天的访问，主要是到香港的大学参观与香港师生交流。香港的同学到四川来既有短期的参观学习交流，也有时间较长一些的实习。四川之友协会和四川长江职业学院分别在香港和成都建设有"长江之家"和"香江之家"，供去港和来川的学生住宿。"长江之家"建在香港尖沙咀，可供15个四川学生居住，"香江之家"建在四川长江职业学院，一个单元可供200左右的香港学生居住。

这种川港大学生交流活动开始仅是四川长江职业学院的学生赴港，四川省教育厅在2013年初发文全川所有高校的大学生都可以用四川之友协会和四川长江职业学院搭建的这个平台赴港。2015

年初我到学校的时候，由于2014年10月香港的"占中"，这个川港学生的交流活动处于停止的阶段。另外这个推动川港青年学生交流的极好活动，由于多种原因无论是规模还是影响都不是十分理想，韩董希望我到四川长江职业学院去，就是推动和扩大这个"香港项目"工作。再有就是四川长江职业学院计划在校园内修建一栋"川港青年交流中心"，一方面更好的进行川港青年交流，同时也提升四川长江职业学院办学的规模和条件，这栋高楼的建设因为涉及到规划和国土上的很多原因，以及相当多的具体问题一直未能立项修建，韩董也希望我去突破和推进这项工作。

到长江学院没有多久就放寒假了，三月初学校开学后没几天我就和学院的其他几位领导到教育厅国际合作处参加了一个会议，主题是当时一位魏姓省长计划在当年5月初到香港组织一个宣传四川的活动，教育项目也是内容之一。教育厅国际合作处按四川省港澳办的指示和要求，希望四川长江职业学院提出项目的备用方案，参加会议的有韩董、吕院长、韩院长与我。接受了这个工作任务后，以韩董为主导确定了一个与香港职业训练局进行高等职业教育交流的项目报告给教育厅国际合作处，项目的香港方面由韩董亲自负责，而四川这边特别是与教育厅国际合作处的沟通衔接由我负责，韩董与学院制定了一个省长到港期间与香港职业训练局进行交流洽谈合作的方案报备给省教育厅国际合作处。

省长访港的总体方案是由四川省港澳办也就是四川省外事办在负责，我们制定的方案由教育厅报给了省港澳办，让我们等待消息并积极做好各项准备工作。但此后教育厅国际合作处就一直没有信息传来，询问教育厅国际合作处项目进展情况，她们的回复始终仍然是让我们做好准备听候通知。进入4月份工作就表现得比较棘手了，四川也就是长江学院这边的准备工作倒还没有什么麻烦，一直是有条不紊的在进行，在香港韩董那边就比较困惑了，因为涉及到香港职业训练局的高层要参加与省长交流会见的活动，香港职业训练局需要我们尽快的确定是否要进行以及进行的日期。多次与教育厅国际合作处汇报询问都没有确切的消息，我感觉到这之中可能有一个沟通不畅的问题，就准备找一个合适的机会直接与省港澳办联系，当然按"官场"的规矩这种越级的事一定要处理好，否则会给今后的工作带来困难和麻烦。我很低调的通过一个朋友关系，与港澳办港澳处一位周姓的处级调研员取得了联系，以朋友的朋友这种私人身份与她进行了一次汇报交流。

交流中得知我们报上去的方案在省长访港的总体方案中没有被选中，但这次衔接让我与省港澳办港澳处有了直接的联系渠道，并通过这位周姓处级调研员与省港澳办港澳处其他几位处长和副处长建立了联系。这个事情过后不久我安排了一次韩董与我到省港澳办港澳处汇报四川长江职业学院的"香港项目"工作，这次汇报是首次让省港澳办了解到四川长江职业学院在川港青年交流中已经做了的和准备还要做的工作。

与港澳办的这种直接联系虽有越级之嫌，但长江学院"香港项目"的现状使我不得不考虑要坚持这样做下去，因为这次省长访港事情使我感觉到教育厅国际合作处与省港澳办在沟通上不是很通畅，想要推进长江学院的"香港项目"只有冒越级之嫌沿着省港澳办这条线走一下。在采取了一些方法安抚好时任教育厅国际合作处苏处长后，我坚定地建立了与省港澳办的直接联系，正好当时省港澳办负责省长访港事宜的一位郭姓厅级巡视员要带着朋友给我介绍的那位周姓调研员与另一位副处长赴港为省长访港做准备，我努力的安排了他们在港期间的一次赴韩董在香港尖沙咀的办公室也就是四川之友协会的办公室调研的活动，取得了积极良好的效果。郭巡视员他们返蓉后我积极跟进，再次到省港澳办港澳处汇报，并邀请他们4月15号到四川长江职业学院参加以川港金融实验中心成立为主题的"香港项目"活动，这次活动最终被命名为四川长江职业学院首次《交流合作实践创新》大型会议，成为延续数年至今仍在进行的四川长江职业学院的招牌式活动。

四川长江职业学院首届《交流合作实践创新》活动2015年4月15日举行，这次活动的主题和宗旨是增强川港青年学生交流，其中一个主要的内容就是"川港金融实验中心"的挂牌仪式。川港金融实验中心是由四川师范大学、香港明爱专上学院、华西期货与四川长江职业学院共同组建的，体现了校校合作、校企合作、境内外合作以及高校的实习与企业的实际业务紧密结合。它的最主要特点就是把企业真正的商务活动带进了中心，川港金融实验中心本身就是华西期货成都营业部，香港和四川的学生都可以在这里进行期货交易的实盘操作。这个活动是我到长江学院后设计和组织的以促进川港青年交流为宗旨的第一次活动，所以我特别重视，希望能籍此活动打开长江学院"香港项目"进行多年但效果不是特别显著的局面。除了邀请了西南财经大学四川师范大学等高校领导参加外，省港澳办省教育厅共青团四川省委领导也莅临活动，省港澳办郭巡视员在会上作了主旨发言，充分肯定了四川长江职业学院坚持了多年的川港青年交流活动，会议的成功举行把四川长江职业学院川港青年交流活动推广宣传了出去。我刻意组织的10多家媒体对四川长江职业学院这次活动进行了深度报道，活动以及活动的推广宣传把长江学院的"香港项目"提升到一个新的高度。

与省港澳办的联系迅速发展，6月底由四川长江职业学院和香港四川之友协会组织的近70名香港同学在川一个多月的实习活动即将结束。6月30日四川省港澳办在锦江宾馆为这批同学的实习举行了结业典礼，省委统战部、省教育厅、共青团四川省委的领导都参加了这个活动，活动由四川长江职业学院和香港四川之友协会策划和组织，实际上是又一次对外宣传和推广长江学院开展多年的川港青年交流活动。省港澳办主任慕新海在毕业典礼上做了热情洋溢的长篇发言，这次活动的成功举行把四川长江职业学院开展多年的川港青年交流活动推向了一个阶段性高潮，让更多的党政机关更了解更重视长江学院的"香港项目"工作，把四川长江职业学院在高校中进行的川港青年交流活动推广提升到政府的层面。

在与省港澳办迅速发展联系争取领导的同时，向四川省委统战部积极争取领导的工作也在同步进行。2015年4月，在省委统战部联络处一位张姓处长的联系和指引下，我到省委统战部拜见了主持日常工作的聂常务副部长，向他汇报了我们在川港青年交流上所做的工作。在省委统战部特别是这位聂常务副部长看来，这些工作实际上是对港统战工作的一个组成部分，在韩董回蓉后我和他一起再次去省委统战部拜见了聂常务副部长，表达了要把四川长江职业学院"香港项目"纳入省委统战部的对港统战工作的愿望。聂常务副部长十分支持四川长江职业学院的川港青年交流活动工作，他指出对香港的统战工作很重要的一个环节就是对香港青年的工作。

两次的拜访和汇报中有一个很有趣的插曲，那位聂常务副部长与我第一次见面后，就觉得他曾经在过去的某个工作环节见过并认识我，所以在第二次我与韩总一起去拜访他时，他向我问到了这个问题，我和他共同回忆了双方各自的工作经历，遗憾的是始终没有找到他认为的交集点。4月下旬，聂常务副部长到四川长江职业学院调研，在听取了四川长江职业学院以川港青年交流为中心的"香港项目"工作全面汇报后，给予了极高的肯定和评价，他指出四川长江职业学院坚持数年努力的川港青年交流工作，是政治上的大智慧，表示要把四川长江职业学院的川港青年交流工作纳入到省委统战部对港工作的计划中来，对四川长江职业学院计划修建的"川港青年交流中心"指出省委统战部要积极支持。在5月中旬四川长江职业学院第二届《交流合作发展创新》会议上，聂常务副部长作了热情洋溢的发言，再次表示了对四川长江职业学院川港青年交流活动的肯定和支持。

长江学院的"香港项目"有了省委统战部和省港澳办的领导和支持，提升了一个台阶，社会影响在逐步扩大，但学院的直接主管部门省教育厅国际合作处似乎若即若离给力不大。其实省教育厅方面对长江学院的"香港项目"一直是比较支持的，2013年曾为此专项发文，但进入2015年与执行部门国际合作处的联络经常感到不得要领，当然两年后得知这与当时任处长的一位苏姓女士个人的一些个人情况有关。为了突破这一点，我多次到省人大常委会去拜访上届省教育厅长时任省人大教科文卫委员会主任的涂文涛校友，最后促成了涂文涛主任6月中旬到四川长江职业学院进行了一次调研。涂主任要到长江学院调研，省教育厅分管外事工作的教育工委刘副书记和国际合作处苏姓处长都来陪同调研，这种方式和架构极大的促进了省教育厅对长江学院"香港项目"的领导和支持。涂主任在听取了长江学院以川港青年交流为中心的"香港项目"工作汇报后，在指导性讲话中明确指出，对长江学院"来了就是支持，来了就是态度"，表示了支持四川长江职业学院做好川港青年交流工作的积极态度，这对促进四川省教育厅有关方面特别是国际合作处重视长江学院"香港项目"工作起到了极大地推动和促进作用。

从2015年三月起，在举行了三次《交流合作实践创新》大型活动和省人大、省委统战部、省港澳办几次领导调研后，四川长江职业学院的"香港项目"在内外宣传上提升到一个新的高度，而"香港项目"工作的层次也得到极大提高。很快这一学期就要过去了，7月长江学院开始放暑假，韩董在七月下旬为我安排了一次为期七天的访港活动，在一周的五个工作日中，韩董和他的女儿韩戍博士为我安排了香港十余个高校和教育机构的访问，其中包括中联办科教部、香港职业训练局、香港城市大学专上学院、香港公开大学李嘉诚学院、香港高等科技教育学院、香港明爱学院、香港恒生学院、香港港专等。在港期间韩董韩博士与我就四川长江职业学院与这些大学和教育机构的交流和合作问题进行了广泛的讨论。

在实际参加并运作了四川长江职业学院"香港项目"一个学期和到香港访问后，我个人关于四川长江职业学院"香港项目"工作的认识也逐步有了较为清晰的思考。针对当时四川长江职业学院"香港项目"开展的实际情况和院内教职员工特别是领导层对项目的不同认识，我对下一步四川长江职业学院"香港项目"的发展与走向有了较为清晰的认识和考虑，认为要尽快的统一四川长江职业学院领导与员工的思想。

当时四川长江职业学院领导层中，对以川港青年学生交流为中心的"香港项目"认识上并不统一，董事长韩谨先生是项目的身体力行者，也是项目的积极推崇者，但对长江学院推进"香港项目"与学院发展的关系，学院教职员工包括院系领导在认识上并没有理顺，出现了一种为做"香港项目"而做"香港项目"的无可奈何状态，急需要一个认识上的统一。2014年8月下旬长江学院开学前的一次扩大的中层干部会上，我以汇报访港为由，作了一个约一个小时的发言，在这次汇报发言中，我全面的阐述了"香港项目"在四川长江职业学院办学持续发展中所应该和必须起到的特色作用，强调"香港项目"一定要与四川长江职业学院的教学紧密结合起来。只有这种结合，既能推动和促进四川长江职业学院办学的深入发展，同时也是"香港项目"自身发展的唯一途径。针对当时长江学院教职员工特别是中高层领导的思想认识状况，我结合在香港访问期间与香港高校和教育机构交流洽谈中发掘到的"香港项目"与长江学院办学的切入点，阐述了六个方面的工作方向。

进入新学期，因为与省市委统战部、四川省港澳办、省教育厅等上级机构争取领导和支持的工作进行较好，基础也较牢固，所以四川长江职业学院的以川港青年交流为核心的"香港项目"推进也较顺利，使我有精力和时间着重来考虑如何把"香港项目"与四川长江职业学院的办学发展结合起来的问题。我着重考虑了两个方面，一是宏观面上的四川长江职业学院各系的川港实践教学中心的组建，二是微观上开发和建设一些可供香港学生和四川学生共同学习交流的课程。

2015年下半年，四川长江职业学院先后组建的"川港社会体育实践中心"、"川港通信发展中心"、"川港动漫实践中心"、"川港不动产发展中心"、"川港交通工程实践中心"等有香港高等院校、四川本科院校、川内名企及四川长江职业学院共同组建的教学实践中心相继成立，迈开了"香港项目"与四川长江职业学院教学发展相结合的步子。

如何与香港高校一起开发出可供香港学生和川内学生共同学习交流的课程，在工作的步伐上要缓慢一些，因为要有一些双方的探索了解，逐渐明了双方学生特别是香港学生的需求。2015年11月，我携带着三门课程的设计构思框架，再次访问了香港几所高校，向他们展示四川长江职业学院在开发为香港同学设计的课程上的能力和工作。工作的推进在香港明爱专上学院和港专学院取得了积极的进展和成果，分别与这两个学校确定了各自一门课程川港双方共同开发供港川学生修习，在明爱专上学院确定的是一门金融方面的课程，而在港专学院确定的是一门社会休闲体育方面的课程。这是这项工作有进展的良好的开端，现在的问题是一方面我们回四川积极努力的准备课程，另一方面是等待香港同学来选修他们心仪的功课，这样有了川港两方面共同开发的供香港同学和四川同学共同学习的课程，再加之一直进行得很顺利的川港同学的互访交流，四川长江职业学院的"香港项目"步入了正常有序推进的轨道。

现在要回过头来说说四川长江职业学院的院级领导班子的架构和建设，说到这个问题首先要提到在四川长江职业学院担任了五年院长的吕教授。吕院长从四川长江职业学院建校初期就担任院长，五年来为四川长江职业学院的发展做了大量的工作。到2015年四川长江职业学院准备进行教育部规定的教学评估，这是一项很艰难但又不得不做的工作，2015年是吕院长五年任期的最后一年，我到学校后看得出来，吕院长对四川长江职业学院是很有感情的，他显然也期望能继续为四川长江职业学院服务。只是客观的说，在办学的理念和发展路径上吕院长和韩谨先生没有完全走到一条道上去，韩谨先生十分锺意和看重他的"香港项目"，认为这是四川长江职业学院持续发展的方向和道路，而吕院长作为一位资深的从公办院校出来的院长，或多或少对"香港项目"不是特别的积极和热衷。

韩谨董事长早在2014年就在物色下任院长，他的人选是当年我在四川天一学院的前任后来在四川标榜职业学院就职的陶院长。2015年6月就在吕院长在5月中旬主持接受了教育部专家评审组的教学评估后，陶院长也来到了四川长江职业学院任职常务副院长。使人万万没有想到的是，有着在四川天一学院担任院长多年履历的陶院长，居然在四川长江职业学院颇有点水土不服的味道。

除了与各系处室的中层干部在工作理念和工作方法上时有矛盾外，他与韩谨董事长也明显的让人感到他们沟通不畅，也许这有可能是韩谨董事长在打算聘任他担任四川长江职业学院院长的时候沟通和交流没有达到应有的深度和高度而造成的吧。所以，进入2015年秋季学期，四川长江职业学院面临着一个由谁来担任下任院长的棘手问题。吕院长是不继任了，而新到学院的陶院长，似乎也逐渐淡出韩谨董事长的眼界，基于很多原因韩谨先生开始和我探讨可否由我担任至少一年的院长，我再一次像当年四川天一学院一样，面临着一个不得不考虑是否担任四川长江职业学院院长的问题。伴随着2015年即将过去，吕院长的任期即将到期，这个问题对我和韩谨先生都逐渐变得现实和急迫起来。

2016年1月，利用寒假的时间四川长江职业学院组织了一次规模较大的以院级和中层干部为主的教职员工赴香港培训的活动。在香港的那几天我除了仍然与香港的一些高校和教育机构沟通联系探讨合作的途径和方式外，也与韩谨先生以及他的女儿韩戍博士讨论了是否由我担任四川长江职业学院一年院长的事宜。因为事情已经很紧迫了，寒假一过下学期一开学就面临着需要院长就任并推动各项工作的问题，所以事实上不管我怎样想，也只能答应担任一年的四川长江职业学院院长了。

韩谨先生是一位很性子较急的人，他一定要让我在赴香港培训的四川长江职业学院的干部和教职员工中做一个发言，讲讲四川长江职业学院下一步工作的方向，也算是委婉的向干部们表明下任院长是我。我再一次面临无奈的情况，只好尽力地勉为其难的去做了一个约一个小时的工作发言。当然，2016年春季学期一开始，我也就担任了四川长江职业学院的院长，以这样的方式和结果，结束我2015年在四川长江职业学院的工作，除了使人感到意外外，多少有点赶急的味道，不过对这种应急，似乎我也表现出相当的兴趣。

我个人喜欢做一些有刺激性工作的习惯仍然是那样，对有些有矛盾的事情，总是喜欢去探索去解决，这也许是我的一种秉性吧，2015年在四川长江职业学院发生的一件事情也许能恰如其分的说明这一点。四川长江职业学院在2014年曾经与一位刘姓的做驾校的人合作在学校后边租用的土地上建驾校，由于这块土地在使用属性上只能耕作农作物，不能硬化更不能搞建设，所以在动工不久即被要求长江学院恢复土地原状，于是已经初具规模的驾校只好撤除。由此引发了一场与刘姓合作人的经济纠纷，他要求赔偿在建设驾校上的投入，赔偿本来是应该的，只是他狮子大开口在赔偿金额上矛盾越来越激化。

当时的学院的当事人是董事兼副院长韩虎，刘总多次到学校把韩虎堵在办公室中纠缠，而每到此时下边的人就只能向我告急，我也就只能匆匆前往，用各种方法与刘姓生意人周旋，创造机会让韩虎脱身而由我与他交谈，这种救急的事做了好几回了。矛盾还在逐渐扩大，刘姓生意人的手段也越来越偏激，他先是带着一些人住到学校办公室中，每遇到这种情况都是我出面劝说，后来到2015年8月下旬学生报到时，他又堵在财务室门口影响学生交费，我也只有出面与他交流沟通化解。

最麻烦的一次是8月底学院召开例行的每学期初的教职员工大会时，他扬言要来冲击会议，而那天吕院长要做学院工作安排报告，他的目标就是吕院长作报告时进行干扰，于是我只好告知安保和后勤，如发现他到校第一时间通知我。果然在那天他来了，我只好一个人迎上去，用各种各样的方法和理由与他交流周旋，目的是拖住他以保证吕院长作完报告。这些事情做起来实际上是有一些个人风险的，因为这种生意人会因为经济利益极不好对付，逼急了还会有一些暴力倾向。但不知怎的对这种事情，我总是有一些潜在的兴趣，一方面是韩谨董事长希望我协助韩虎院长妥善的解决这个问题，但另一方面也好像是我个人对这种棘手的问题有一种个人兴趣，使我对这种工作有一种跃跃欲试的冲动。

从 2016 年初起我开始担任四川长江职业学院的院长，与学院董事长韩瑾先生说好了为期一年，从工作的角度没有什么新意，"香港项目"的工作在我看来在 2015 年就做到了相当的程度，2016 年仅仅是量的增加而已。至于办学方面，虽然我对长江职业学院的教学改革有自己的观察有自己的想法，但双方为期一年的约定也使我不可能去推进。常规的办学我已经在四川天一学院经历过了，个人看来也达到了极致不容易提起我的精神，而我感兴趣的扩大四川长江职业学院办学规模的事，似乎韩谨先生兴趣不大，于是这一年从工作的角度来讲是有序进行吧。

四川长江职业学院的工作风格很规范，有人戏称四川长江职业学院是公办的民办院校，所有的相关人与事都十分的遵循规则，这与我一贯的行事风格很不合拍，严格的说是我很不适应它。比如，在"香港项目"推进中，由于工作项目的一些特殊，我直接操作的情况较多，这引起了当时居于中干位置的两位干部异议，很正儿八经的向有关方面反映我的工作程序问题，有关方面也很善意的提醒我注意这一点。其实我心里是不大认同的，民办院校本质上就是民营企业，优势也正好是民营的灵活嘛！

顺利的工作过程使 2016 年过得很快，很快就到了年底，按照我和韩谨先生的约定，他需要物色一位新院长，我和我的前任吕院长，都再次向他推荐了韩虎，但他都没有来讷。使人万万没有想到的是他居然匪夷所思的聘任了那位在 2014 年底气宇轩扬离开四川长江职业学院到四川天一学院接替我当了院长，但只在任上呆了半年就被希望教育集团赶出天一学院的那位耿姓老哥来接替我担任四川长江职业学院院长。说是匪夷所思确实不假，这位耿姓老哥在 2014 年离开长江学院时，所作所为确实是有负于韩谨先生和长江学院的，在外边很不得志的晃荡了两年之后，居然还厚着脸皮回长江学院工作。基于很重要的一些因素，韩谨先生就此事很认真的与我做了交流沟通，我其实没有更多的说什么，因为请谁来当院长是您董事长的权利，至于我怎样想乃至后来会怎么做是我个人自己的事。

2017 年 3 月，那位耿姓老哥到校任职了。历史的重复有时是惊人的相似，两年前的 2015 年初，他到四川天一学院接替我做了院长，大约就是半年左右吧，便灰溜溜的半是被老板希望教育集团汪辉伍先生驱赶半是自己觉得不好呆而离开了四川天一学院。2 年后的 2017 年 3 月，他居然还敢到四川长江职业学院又一次接替我做院长，这一次还没到半年便在 2017 年 8 月也是半被老板韩谨先生半是自己觉得混不下去了而离任院长。两次状况唯一的不同在于上一次他还有点胆气辞职离开四川天一学院，这一次没有这个胆量了，只能委屈的呆在四川长江职业学院保一个饭碗。原因何在？我想应该是生活压力所迫吧。上一次他辞职离开四川天一学院，被西昌职业技术学院的老板聘任院长，但在那个学院呆到两个月也是水土不服被迫辞职了，这一次为了生活他再也没有底气敢离开四川长江职业学院了。

如果说他上一次在四川天一学院只干了半年左右主要是因为老板以及他自己的因素，我仅是起了一点推波助澜的作用，那他这一次在四川长江职业学院不能把这个院长做下去，便主要上是因为我的因素了。这个人实际上是一个绣花大枕头，擅长写文字，经常一大篇一大篇的写出很多文件之类的东西，但实际操作的能力极差。他一到任接替我做了院长，老板韩谨先生关心的"香港项目"除了有一大堆策划报告计划方案等文字材料外，实质性的工作毫无进展更无新意。韩谨先生原指望我帮他一下，但我前面已说过，韩董事长有选择院长的权利我肯定要尊重更不能也不会有什么意见，但我个人对谁来做院长会怎样想以及怎样做是我自己的事。所以我对这位耿姓老哥几乎是不予理睬，而他自己又没有推动工作的本事，那就只好在不到半年的时间内灰溜溜地下台了。看起来好像是我有些心胸狭小气量不大，但以此君从2014年下半年离开长江学院到天一学院开始，到2017年3月回到四川长江职业学院，期间其所作所为实难让人理解更难使人包容，也许是宿命吧，我只能如此，没有办法。在这里就稍说句不太谦虚的话，在我工作过的地方想来接替我，也许是一件不太容易的事吧。

不过客观的说，这位老哥写的很多东西，常常是洋洋洒洒长篇累积，但内容却不敢恭维，特别是一些向上级主管部门请示报告的工作文件，角度又站得很不妥当，有给上级领导指手划脚之嫌，拿着这样的文件去推广，多半是要碰壁吃闭门羹的。这与我一贯的工作方式不相符合，我一般是先到这些部门去沟通交流，对需要做哪些事怎样做达成初步的一致，再回来起草文件报告，所以即便是我愿意帮他老哥的忙也确实帮不了。但这种又臭又长几乎不会有人细看的文件，韩谨董事长却认为不错很想向上推广，这大概也是他聘这位老哥返回四川长江学院的原因吧。这位老哥在长江学院也只作了半年院长，2017年8月，刚从西南财经大学退休的唐旭辉教授来到四川长江职业学院担任院长。很快进入了2018年，春季学期开学不久，一位多年的朋友也是成都信息工程大学银杏酒店管理学院的投资人方功宇先生找到我，邀请我到他的学院去担任院长，我在2018年5月初便离开了四川长江职业学院。

第三节 在成都信息工程大学银杏酒店管理学院的工作

2018年4月底接近五一劳动节的一天，接到了一个朋友的电话，他是银杏酒楼的董事长方功宇先生，三十年前方董第一家银杏酒楼开在滨江路的时候，因为酒楼的财务和税务工作出了些情况需要料理，在朋友的推荐下我被方董请去管酒楼的财务，与他交往颇深。财务出了什么情况呢？是方董在自己"默"酒楼资金进出的时候，感觉有一笔较大的资金不太说得清楚去向，找财务上问又不得要领，于是请我去整顿建设一下他的财务班子，顺便查明这笔资金的去向。我到了银杏酒楼见到酒楼财务室，老实说确实吓了我一跳，一个酒楼居然聘有6名财务人员，当时一位十分漂亮的赵姓姑娘在做财务室负责人。这位漂亮的小赵姑娘是刚从西南航空公司财务处辞职出来应聘到银杏酒楼做财务负责任人的，6位财务人员中除她和原来一位出纳小郭外，其余4位都是她新招聘进来的，她仿照西航那种国营企业财务处的架构，分别让这4位财务人员分工做收入、费用、往来和存货等分账，她自己做核算总账。

人虽多但忽视了民营企业极重要的也是老板最关心的一项工作，就是银行存款与现金的资金进出走向明细，所以当方总觉得他的资金少了一笔较大的数额时，财务室居然不能顺畅的与出纳对账，使得出纳小郭背负了一些不明不白的说法。这位小郭刚从学校毕业不久，是川师大一位教授的女儿，我一去她就很委屈的把她所有账目拿出来，恳请我予以清查，我首先调出了银行的对账单，通过逐笔核对发现进出都很清楚，这时方董也回忆出他在"默"资金的时候记错了一笔，银行存款和现金进出的疑惑解决了。这时那位漂亮的西航来的小赵姑娘也感到自己力不胜任，正好她的男朋友要约她一起创业，她便请求我替她整顿好酒楼的财务班子，以方便她向方董辞职，我解聘了三位多余的财务人员，留下了一位刚从甘孜州提早退休出来的鞠老师做会计，小郭仍然做出纳，建立起了一个民营企业该有的很精干的财务班子。后来得知这位鞠老师还到银杏酒店管理学院做过财务负责人，教职员工都称她为鞠妈妈。为了保证银杏酒楼财务管理有序进行，我在方董那里大约替他管了半年的财务，用今天的话来讲应该算是银杏酒楼的"财务总监"吧。顺便说一下那位西航来的漂亮的小赵姑娘在离开银杏酒楼后，她和她的男朋友自己办公创业，因为创业中有很多问题经常与我联系，我们居然成了很好的朋友。

在为方董管财务的这半年中又发生了一起税务问题。当年做餐饮的纳税制度都执行得很不健全，中小的餐饮摊摊都是以包税的形式向税务机关象征性地交纳一点，更小一点的餐饮就没有纳税的概念了，税务机关人少事多也也管不过来，但银杏酒楼在方董的精心经营下，做成了当年在成都市很有名的品牌海鲜酒楼，对外的影响力使税务局十分重视，派出工作人员到酒楼来稽核税务，恰好来的税务局工作人员是我在西南财经大学的学生，于是我也如实向他们介绍了银杏酒楼正常经营按税法纳税的实际情况。半年后，我看酒楼的财务和税务工作基本上走入正轨，我自己的生意和帮其他朋友的生意都很忙，便与方董告别离开了银杏酒楼，应该算是30年前的一段朋友交往吧。

方董现在找我是为什么呢？原来他所办的成都信息工程大学银杏酒店管理学院出了点情况，当年与他在一起朋友往来的时候他就知道我这个西南财经大学的教授是懂教育的，一见面他就让我到他那所大学去做院长，进一步的攀谈才了解到，其实是遇到了一些麻烦希望我能相助一下。成都信息工程大学银杏酒店管理学院是方董在 2002 年投资的一所独立学院，由他和当时的成都气象学院也就是今天的成都信息工程大学共同举办，十多年的发展使成都信息工程大学银杏酒店管理学院到 2018 年时也有 9000 左右的学生。学院从建办开始到 2018 年 3 月一直由成都大学一位韩姓教授在任院长，方董这边也有很多高管参与，比如前面提到的我留在银杏酒楼做会计的"鞠妈妈"，相当一段时间中在成都信息工程大学银杏酒店管理学院中有相当大的管理权。由于很多原因，一方面那位韩院长还是成都大学的在职教授，时间和精力使他管理学院不是很深，另一方面从方董那边银杏酒楼来的很多高管参与学院管理的兴趣和积极性都很高，所以学院逐渐形成了银杏酒楼来的高管为主的管理格局，这种状况一直持续了数年。到 2017 年下半年，银杏学院的一项工作出了一件比较大的麻烦情况，教育厅加强了管理力度，算是银杏学院办学 10 多年来的一次比较大的震动。

震动产生的直接结果是银杏酒店管理学院中的相当一部分来自高校的院级领导陆续离开了学校，韩院长也在 2018 年 3 月辞职。这样在 2018 年春季学期成都信息工程大学银杏酒店管理学院开学后形成了一种几乎全部是银杏酒店来的高管在管理学院的格局，而这一点无论从哪一方面来讲都不太妥当，省教育厅也加大了监管的力度，多次召集在学校的银杏酒楼的高管到教育厅谈话，用当时主管民办教育的省教育厅发展规划处李志刚处长的话来讲就是这是大学不是酒店，大学是要让懂教育的人来管理的。到 2018 年 4 月底。省教育厅要求改变这种状况的要求越来越严厉，并请方董在五一节过后到省教育厅交流。

在这种背景下方董在五一节前夕与我进行了交流沟通，希望我能尽快到银杏酒店管理学院担任院长，作为多年的朋友我跟方董讲原则上可以，但我需要与四川长江职业学院韩董进行沟通交流后才能决定。五一假期刚过，在开始上班的头一天晚上，方董与我联系希望与我一起第二天到省教育厅去见李志刚处长，那时李志刚处长刚升任教育厅机关党委书记，同时兼任发展规划处处长。我告诉方董因为我当时还在四川长江职业学院履职，这一点李志刚处长是知道的，如我与他同行去见李处长不是特别的方便，也不是特别的好。我向方董详细介绍了教育厅发展规划处及李志刚处长的情况，告诉他发展规划处找民办高校的举办方交流沟通也是很正常的事。

第二天方董去教育厅见了李志刚处长，应当说交流和沟通得十分融洽，但沟通交流完后方董通报给我的情况中，有一条立即让我处于很尴尬和窘迫的状况。就是他在与李志刚处长交流过程中，当李志刚处长告诉他高校应当由懂教育的人来管理时，他立即向李志刚处长说，已经聘任我担任成都信息工程大学银杏酒店管理学院的院长，这在省教育厅、他和我之间造成了一个既成事实。于是我只好尽快的与四川长江职业学院韩谨先生沟通，说明我面临着的情况，好在韩董和方董彼此也认识，所以也很快的达成共识，我在 2018 年 5 月 8 号便到成都信息工程大学银杏酒店管理学院担任了院长，这距方董4月底与我说起这件事开始还不到十天。与前两次在四川天一学院和四川长江职业学院应允担任院长经历的时间相比，确实太快也太匆忙了，在天一学院从答应担任行政工作到做院长，约有三个月时间，在四川长江职业学院，也有一个多月的时间，而在银杏酒店管理学院仅仅不到十天。

到了银杏学院履职后才发现这么多年来由酒店的高管来管理学校所带来的严重后果，学校的行政管理机构很不健全，干部任命的随意性较大。我去的时候担任学院教务处长的是一位工作积极性很强悟性也高的女性年青干部，使人诧异的是她自己述说在银杏酒店管理学院做过很多很多种类的工作，但唯独没有接触过教学。系部的班子也很不健全，多数是聘请的一些还在公办院校任职的教授做系主任，这些系主任不可能全身心投入教学组织和管理工作，各系日常的工作都由办公室主任在全面负责。

有一个院级领导班子每周要开一次例行的院长办公会议，这个班子中除了和我同时去银杏酒店管理学院任副院长的西南财经大学一位教授以及先去了有两个月的电子科技大学的一位教授外，其余四、五人都是投资方派出的酒店高管。每周的院长办公会议讨论的问题繁多，但多是这些高管们提出的本来就是需要他们做好的为学院教学和学生服务的后勤保障问题，我一度想改变这种状况，把院长办公会议恢复成讨论学校持续发展的平台，但收效甚微，因为他们的这些习惯已经形成了多年的积习，改变起来很难，基于工作的急迫性我把主要精力放在了组建各系中层领导班子上。

把主要精力集中在教学系部中层领导班子的建设上，除了因为工作的紧迫外，还有一个更为重要的原因就是这么多年来我在民办高校中工作，逐渐认识到国内民办高校的组织架构，不能走公办院校的路子，而应该像国外私立学校一样"小院级大系部"建设。什么意思呢？就是一所民办高校，不能像国内已经行政化了的公办高校一样，院校领导班子很庞大，在党委书记和校长下边还有很多副书记和副校长，这样做实际上失去了民办高校机制的灵活性。它应该有一个小而精干而且负责任的院校领导班子，它以及学校的教务处学生处后勤处等机构的职能不是管理而是服务，各个系部或者说二级学院才是民办高校的核心和组织。比如香港大学在校长下边只设有教务长及校长助理，不像国内那样还有若干个副校长，我希望在银杏酒店管理学院尝试着建立起这样一个好的架构。所以从到银杏酒店管理学院开始，我就致力于建设各系的中层领导班子，首先在酒店管理系、旅游系、外语系和社会体育系培养提拔了一批年轻教师作为主持工作的副系主任，在艺术系聘请了一位刚从西华大学退休的教授担任专职系主任，通过沟通和交流工商管理系原有的以兼职方法工作的一位成都大学即将退休的教授转成了专职的系主任，对信息工程系与财务管理系也在努力寻求人才，这样到2018年底，银杏酒店管理学院几个系都有了一个较好的工作班子，为银杏酒店管理学院下一步工作的发展打下了一定的基础。

但在院校领导班子的建设上工作确十分困难，一是那四、五位酒店来的高管分别担任有常务副院长副院长院长助理等职务，应该说她们还是很眷恋这份权利的。另外因为没有和方董就学院院级领导班子的建设问题进行过明确的沟通，他其实一直在为银杏酒店管理学院物色副院长，所以院级领导班子的建设成了一个症结，只好勉勉强强的拖着，每周一次的院长办公会议如同鸡肋一般，食之无味，弃之可惜。不过在学校层面的处室建设还是有一些进展，先后成立了国际合作处，继续教育处和发展规划处，任命了一批有能力工作积极性高的老师担任了主持工作的副处长。

还有就是与党委协调让党委正副书记正式参加了院长办公会议。这件事说起来还有点蹊跷和奇怪，我刚去学银杏学院的时候，党委是没有参加院长办公会议的，只有一位副书记列席，无论从哪方面来讲这都是很不妥当和不应该的。至于这是怎么样形成的我不得而知，也不愿意去追溯，只是把它改变了即可，但我想可能也因此引起了举办方高管的不满，因为这种局面的造成显然是由他们在我去之前决定的。

还有一件会引起他们极大意见的事是我成立了发展规划处任命了一位处长，这位处长原来是招就处的处长，多年来除了负责银杏学院的招生工作外，每年三四月份还会被借调到教育厅发展规划处工作一两个月。但不知何故在我去的头一年也就是 2017 年底，被莫名其妙的撤销了招就处处长的职务，改任招就处副处长，这显然也是这些高管所为。类似的事情还陆陆续续发生了不小少。

进入 2019 年春季学期，一个矛盾的问题摆在我的面前：看到银杏学院那种确实不像一个高校更不像一个民办高校的状况，从内心的角度还是想尽力改变一下。一是尽一下与方董的朋友之谊，而更为重要的还是觉得如能把局面改变，对银杏学院的师生员工都是有积极作用的。但我也很明白，这样做下去最终是要和那些志在要捍卫她们权力欲望的高管产生更多更大的矛盾。摆在我面前的有两个选择：沿着自己的思路做下去直至最终矛盾的激化，或者是按照与方董的约定做完一年院长就离开银杏学院。我最终选择了后者，因为在民办高校工作了将近十年，分别在三个学校担任院长，其实也有相当的审美疲劳了，加之那一年我己年过古稀七十二岁了，也想真正休息一下了，于是我在 2019 年秋季学期开始之时按与方董的约定离开了银杏酒店管理学院，结束了长达 10 年在民办高校的工作。

第三篇

愿他们在海阔天空中自由翱翔

我的子女教育

回顾人生，几十年来虽有坎坷叠拓，但托各方面也包括自己的福，应该说这一辈子个人是过得很幸福满足充实的，一位成都七中的高中同学曾经这样说我，"许仁忠把社会主义和资本主义的优越性都享受了"，似乎好像真有点这种味道。但在我个人自己看来，尽管我的生活与工作如意财务自由度也稍大，但真正使我感到欣慰的，是我的子女的教育与成长，这也许是脱不了东方人把子女看得很重的俗吧。

我有三个子女，两个儿子一个女儿，这在我们这种40年代50年代生人当中按当年的政策都只能是一个独生子女显得比较特殊，如何在独生子女年代会有三个子女？声明一下这是完全符合当年的独生子女相关政策的，没有任何违反政策的行为。出现这种情况一是我的两个儿子是一对双胞胎，这是自然现象政策不好干预，按当年的政策叫不奖不罚，既不能作为违反独生子女政策而予以惩罚，也不能享受独生子女政策予以奖励，这对双胞胎取《庄子·逍遥游》中"鲲鹏展翅，击水三千里扶摇九万里"之意取名许鲲许鹏。小女许珂是我再婚所有，其母亲初婚初育，也是复合当年相关政策的，因为许家这一代人中全系男孩，唯一的女孩成了众目属望的宝贝，以珂字的玉石之意取名许珂。

所以说我最感到欣慰的是子女的教育与成长，是因为他们无论在学习上还是在工作中，都很令人满意，特别是在学业上的成就，让人感到欣慰乃至骄傲。学业上三个子女，中学均就读于成都七中与成都树德中学，两个儿子一个就读于北京大学，取得理学和经济学两个学士学位，一个就读毕业于北京航空航天大学，女儿在22岁时就取得了英国卡迪夫大学和西班牙巴塞罗那大学两个海外硕士学位。工作上两个儿子一个先是在成都商报然后在每日经济新闻工作现在海外工作，一个在四川航空公司工作，女儿也在海外工作。

子女们的成长发展主要还是他们自己的努力，当然也与长辈对他们的培养教育有关，我在子女就业和工作上涉及很少，工作是他们自己找的，参加工作后的发展也是他们自己在计划和努力，但对他们的教育我和我的夫人还是很尽力很努力的很负责的，所以就着重说一下对他们的教育吧。

首先想要说明一点的是，关于子女的教育和成长我个人的思路是很随意的，对他们没有一个具体的要他们一定要达到的目标，简单的说是一种自由主义和开放式的子女教育。我很不赞同那种把长辈和家庭的希望都放到子女身上的想法和做法，我认为让子女们自由的自主发展尤为重要，这也许是他们未来成人的关键，所以尽管我和我的夫人很努力很尽力的为他们的学业服务，但在任何事情上都没有为他们设定目标，一个大的愿景是衷心祝愿他们能在广阔天地中自由的翱翔。

第一章　　依借天分的双胞男孩

先说说那一对双胞胎男孩吧，这其实是一对很顽皮的男孩，从小也很贪玩，在西南财经大学幼儿园和省商业厅幼儿园度过幼年之后，他们到了成都市草堂小学读书。草堂小学在今天已经成了成都市的名小学，而在当年在我的眼中看来好像并不咋的，学校占地到不少，一排排显然是修建多年的平房显得比较陈旧，学生们就在这些教室中读书。小男孩特别贪玩，所以除了按时去参加家长座谈会外，也很少管理他们的学业，他们那个年代不像现在的小学家长辅导的责任很大，那个时候最多需要在作业上签字，就是偶然没有签也没有多大的事。两个小男孩一直在凭他们的聪明在读书，成绩虽好但并不是班上的优秀学生。小学毕业后如果按当时摇号的政策，他们进入新二村中学读初中的可能性很大，这个学校该是比较差的一个中学，于是为他们选择了择校，直截了当的说就是交钱上好一些的更好中学，在我们住家生活的西门这一片比较好一点的学校有十八中和二十中，平衡了各方面的条件最终为他们选择了十八中。

进入初中的第一学期他们也是放任性的学习，对他们的管理和要求也不多，因为在我看来初一的课程内容应该还是很一般，处于一种逐渐适应中学基础教育的阶段，先让他们自由发展一下看看再说。应该说他们还是有读书的天分的，虽然调皮贪玩并且读书并不特别努力，但功课还不错，应该是处于班上成绩很好但并不特别优秀的情况。即将进入初一下学期的时候，我感到应该对他们加点劲的时候了，以我对他们初中第一个学期状况的观察，学校内正常的教学作业功课对他们都没有太大的压力，所以我和我的夫人决定在数学和英语上对他们进行超前学习。于是从初一的寒假开始，我们利用今后的学校的寒暑假放假的时间和开学的周末时间，由我们安排他们提前学习数学和英语的功课。

数学超前学习是由我来进行的，其实方法也很简单，就是买到当时初中的数学教材，在寒暑假中提前把下学期要学的数学内容学习了。先是由我给他们讲授下学期将要学习的数学内容，重点是把数学内容讲透讲明白，特别是数学概念以及由这些数学概念引伸出来的数学证明和计算，适当的讲一些习题，着重是数学方法，然后由他们完成习题练习，习题也不必太难，就是把教材上那些简单的习题完成即可。

这种超前学习的优势在于，首先避免了他们对通常由小学进入初中后易于产生的对数学课程的畏难乃至恐惧。其次在于由于先一步掌握了下一步要学习的数学内容的基础知识，所以在学习时无论在深度和广度上都很有补益，也能激发同时也让他们有时间去探讨和练习一些难度稍大一些的数学习题。其实这种方法的补益。是我在成都七中读高中的时候经历过的，当年我的恩师谢晋超先生让我在高二暑假完成一套建国以来的高考题目解，实际上是督促我超前的学习了高三的数学知识，对我的学业提升帮助和促进很大。应该说这种数学的超前学习取得了应有的良好效果，他们在初中阶段的数学学习状况一直很好。

我夫人为他们进行的英语学习十分的正规和专业，是以《新概念英语》为教材，一册一册一课一课按部就班的进行。一般说来男孩子在语言上的天赋那是不如女孩子的，但因为有了这种规范化的学习，他们两人的英语基础应是打得比较好的，从初中初学英语开始到高中以至到大学，他们的英语状况一直都较好，在中考和高考中与数学一样都是增加考分的科目。也许是文科英语老师的教学方法比我这个理科的数学老师的教学方法好，我的直观感觉他们一直在英语学习上都比较自如和随意。在具体的教学中，我夫人居然还有奖励，也就是在一课一课的具体学习过程中，不少环节如果两个男孩哪个优秀些，她居然现场给他们发放奖励，奖金是崭新的一元人民币，我想二个十三四岁尚不十分懂事的小男孩一定觉得上英语课比上我的数学课要愉悦些有趣些。

到了初二学年要完的时候，我觉得还是要对他们的学习目标提点要求，就与他们讨论是否中考去报考四七九省级重点中学，两个男孩居然问我"为什么要读四七九？"，这使我感到十分茫然与无语。但不管怎么样，目标还是这样子定了，所以在进入初三特别是初三的最后一学期，在通过超前学习的方法提前学完初中的数学和英语后，我们便指导两个小男孩提前进入了中考的应试阶段。具体做法是购买了当时市面上出版得很多的中考试题卷，安排他们在每周都要进行1~2套试卷的答题，我们把他们的答题卷批改后予以评奖。应该说这最后半年多的冲刺对他们最后考入七中和树德中学起到了良好的积极的促进作用。两个小男孩顺利参加了中考，分别考入了成都七中和树德中学读高中。

进入高中后，在高一和高二的第一学期，我和我的夫人仍然沿续着初中的方法进行着超前学习。英语仍然是继续学那本《新概念英语》，数学是按照高中教材进行的。因为高中阶段学校的教学已经安排得很紧，所以我们主要是利用寒暑假的时间，两个小男孩也逐步懂事比较配合。因为有这种超前的学习，在进入高三的第一学期中，我们也购买了当时市面上很多的高考试题卷让他们完成，我们批改后也尽量安排时间进行评讲。到了高三下学期，学校的安排已经很紧张了，我们也就停止了课外的一些辅导和学习。我们和他们自己的努力，为他们今后考入名校奠定了基础

1999年两个儿子参加了高考，因为外语和数学这两个增分科目他们的基础较好，所以尽管语文和物理化学状况一般，高考的结果还是比较理想的。一个临场发挥得较好的儿子最后被北京大学录取，当然因为考分不是特别的高，虽进入了北大但专业不很理想，另一个儿子如果当年高考成绩能再增加5~10分是能够上清华的，为了稳妥起见最后报考并被北京航空航天大学录取。使人没有想到的是，他们当年被北京这两所名校录取，居然在我任教的西南财经大学成为一桩全校传闻的美谈。

怎么回事呢？原来这与西南财经大学对教工子女的一桩福利有关。西南财经大学从1978年复校开始对教工子女录取到学校读书一直都有照顾福利，最早的四川财经学院属二类本科院校，也有专科，录取线较低教工子女高考成绩达到专科线即可录取。改为西南财经大学后成了一类本科院校，本科的录取线进入到一类，门槛自然提高了，但上个世纪90年代，西南财经大学还在招专科学生，特别是在绵阳办了一个电子商务学院就是以专科为主的，因此西财教工子女高考只要上了专科线，即可被西南财经大学以电子商务学院的专科成绩录取。这种对教工子女的照顾福利，使得多年来西南财经大学的教工子女在读书上多少缺乏一点艰苦勤奋，不少的教工子女都以专科线为目标，因为上了专科线，即可读西南财经大学这个一本院校。所以多年来西南财经大学教工子女多数都就读西南财经大学，少有考入省外名校的，这是当时西南财经大学教职工子女读大学的基本情况。

我那两个儿子是1999年参加高考的，是能够享受到这种福利照顾的。使人感到匪夷所思的是，上个世纪90年代我的主要精力是在市场经济中摸爬滚打，虽仍坚守在西南财经大学，也就是完成学校规定的工作量而已，平时对学校的各方面信息了解不多。所以当时的我并不知道学校有这种对教工子女的福利性照顾政策，所以一直鞭策和鼓励两个儿子努力读书考上名大学，两个儿子也因为不知道西南财经大学有这种上了专科线即可进入西南财经大学读书的福利，所以中学阶段学习也很努力。好了，现在一对双胞胎一个考入了北京大学，一个考入了北京航空航天大学，这在西南财经大学教工子女考大学的历史上有点破天荒式的放了一个卫星，教职员工们纷纷传言祝贺，一时成为西南财经大学的美谈。如果说有点什么感悟的话，就是有些事也许不知道更好些，很难想象当年如果我和我的两个儿子知道西南财经大学有那种录取的福利照顾，在中学学习上会出现什么情况。

当然进入大学后儿子的学业就不用我操心事实上我也管不住了，他们都很顺利完成了大学的学业，在北京大学读书的那个儿子不仅取得了理学士的学位，还同时取得了经济学学士的学位，两人分别于 2003 年毕业后回成都参加工作。

如果要回头评估一下我们在他们中学学习中的支持与帮助作用，我想应该这样客观的评价吧：一是超前教育还是必须的，也是有益和有实效的，毕竟在中学学习难度较大的数学和英语课程中，超前学习既使他们能更好更自入的进入课程学习，更使他们的课程学习水准的提升是有所补益的。二是具体的讲，我所进行的数学的超前学习，本质上还是一种应试教育的模式，尽管在中考高考中有实效，但从长远的来看补益不大，而我夫人进行的英语，虽说也是一种超前学习，但那种按部就班的以《新概念英语》为范本的学习，已彻底避开了应试教育的束缚和干扰，是真正的提升了他们英语学习的能力，不仅在中考高考中收益很好，更为重要的是为他们今后英语的提升打下了良好坚实的基础。当然，在国内应试教育的大框架下，那种数学的超前学习的方法对应付考试争取好的考分还是行之有效的。

两个儿子大学期间也曾都有机会去海外读硕士，一个在大一就被美国一所大学录取学习计算机，一个在大三被英国一所大学录取去读硕士，但后来都因为签证问题没能如愿。本科毕业前后，也都有继续攻读硕士学位的想法，但最终在 2003 年大学毕业后，一个在成都报业集团找到了工作，另一个也在 2004 年到四川航空公司工作，回过头来看，也许当年先找到工作占住位置还是不错的考虑，因为那几年高等教育发展很快，如果再读三年硕士，三年后学位提升了，但客观实际中的工作岗位也许会更难寻求了。

我一直是很鼓励孩子们的独立性的，所以关于他们的参加工作事宜，我从来都告诫他们这是你们自己的事，我从来也没有产生过该由我去负责给他们找工作的想法，当然事实上我的能力还是很有限的，不可能大包大揽的替他们找到工作。到成都报业集团参加工作的那个儿子，是在毕业前夕成都商报到北京去招聘，他通过自己的应聘面试取得了到成都商报实习的机会，实习期完后也就顺理成章的在成都商报参加了工作。在四川航空公司参加工作的那个儿子，也是自己到四川航空公司应聘的，只是考虑到四川航空公司入职竞争的严酷性，我在他面试时稍稍帮了一下忙。我一直觉得我这种认识和态度是正确的，特别是对男孩子应当有自己的事情自己负责的心态和理念，其实对所有的人来讲，最值得信任和负责的人只能是自己本身。

儿子参加工作后，我认为他们已经成人了，就更少于去涉及他们的工作，更多的是让他们自己发展，我从不干涉。应当说两个孩子的工作及家庭生活还是比较顺利的，工作上发展得不错，收入也相应的与社会发展相匹配，家庭理财也相对可以。各自组建家庭后，现在我也有两个孙女一个孙儿，大孙女目前读初中一年级，孙儿也读小学四年级了，他们都在海外接受教育，最小的一个孙女也就读小学了。

第二章　　勤奋努力的学霸女儿

儿子们的事情就暂时说到这里了，下边谈谈我的小女儿，前面已经说到许家他们这一辈人中除她外都是男孩，所以她从小就成了众望所属的公主式宝贝。在说到具体的事情之前，想先说说个人对中国教育特别是基础教育的观感，作为一个从事了几十年高等教育的人，个人一直觉得中国的教育模式是失败的不可取的。大学中的高等教育本质上是一个知识灌输型的，不是以培养大学生应该有的理念、精神、品质、思维特别是尤为重要的对知识的探索精神为主，而是制定出各类各式众多的课程形成一个课程体系，然后由先生们把这些课程体系中的知识向同学们灌输，产生这种状况的因素很多，大学行政化官僚化无疑是其最重要的原因。我不是说知识的传授不重要，它当然是大学学习一个很重要的环节，但是过分强调让学生明白"是什么？"以及一般层次上的"为什么？"，而不是积极鼓励和引导学生去探索更深层次更深意义上的"为什么？"显然不是办大学进行高等教育的初心和宗旨。

至于基础教育，除掉现有的被世人诟病但已病入膏肓的应试教育外，个人一直认为中国基础教育学制太长，占用和耗费了了青少年大量的时间和精力。形成十二年时间的初等教育也有很多很多因素和原因，但中国象形化的方块汉字以及过分的算数细腻化也是一个难以避免的让中国人不得不面对的因素。特别是六年的小学教育中，孩子们的时间和精力几乎耗尽在认识那 3000 多个汉字及基础的汉语语法上，以及学会整数分数小数的四则运算以及用算数方法去解那些其实用代数中的方程和方程组很容易解决的应用题上，这让人唏嘘不止！有必要花那么多时间吗？

于是，从我女儿开始进入小学学习开始，我就萌发了并且身体力行进行了缩短她的小学学习时间的想法和操作。当然产生这种想法有一个很重要的原因是，如果按照国内的教育体制按部就班的走下去，一个女孩如果要取得硕士学位需要十九年，也就是要到二十六七岁，如果要读博士那就是三十岁了。一个男孩到三十岁取得这些学位也许比较正常，但对一个女孩是不是太长了些喃？结论应该是肯定的。所以我从女儿开始学习起，就和夫人一起为女儿缩短学习时间进行了各种各样的工作。应当说这些工作是卓有成效的。我女儿共用了 4 年时间在小学学习，十岁半就上了初中，初中三年后到成都树德中学上高中，整个中学一共用了 5 个年头，这样她在 17 岁的时候到英国白金汉大学读本科，20 岁本科结业继续在英国卡迪夫大学读了一个硕士，之后在西班牙巴塞罗那大学又读了一个硕士，在不到 22 岁时就取得两个海外硕士学位。

在具体实施上是怎样操作的呢？关键是缩短小学的学制，而其中尤为重要的是缩短那些学习算术的时间。于是从小学一年级开始，我就抛开小学算术教材中那些缓慢的规范的教学内容，直截了当的给女儿讲授并让她学会与练习数的四则运算。

先是整数的加减乘运算，实际上很简单，整数加法的关键是进位，一旦掌握了进位的方法，无论多么大的整数的加法运算都不是问题，相似的减法也不难，就是一个退位的方法，我女儿悟性也很强，几乎是在小学一年级上学期就熟练的掌握了无论多大数的整数的加减法。至于整数的乘法，先是通过练习若干个相同的整数相加，在实际运算中让她很快的理解和接受了整数乘法的意义，了解和领悟到乘法就是若干个（乘数那么多个）相同的数（也就是被乘数）相加的运算，有了这个概念后，那么 10 以内的个位数乘法就是背 99 表了，而对一个 7 岁左右的小女孩讲，背诵九九八十一句口诀应当不是难事。至于多位数整数的乘法，就是 99 表和多位数相加的综合了，只要让她掌握了熟悉了乘法的竖式计算那个刻板的模式，那么整数的乘法运算也就应该算是学会和掌握了，当然需要相当数量的题目练习。所以每天从小学放学后，我都会为她准备几页题目让她练习，我女儿很听话也很自觉，在学习上配合很好，所以在小学一年级期间她就掌握了无论多大的整数的加减乘法运算。

接下来就是整数的除法了，当然要先让她懂得和明白除法是乘法的逆运算，其实直观的讲就是已经知道两个数相乘的乘积和其中的一个数，然后去求另一个数的方法，这个概念在学习数的运算中很重要，但在实际中它并不是那么重要。在实际中关于除法的概念其实很直观，比如 27 除 3 等于 9 这个计算，就是成年人在进行这个计算时想到的应该是 27 个苹果拿给三个人分每个人最后分到了 9 个。81 以内的整数除法是通过 99 表中的乘法口诀来解决的，更大数目的除法运算就要用到竖式计算了。首先是学会和掌握除数是一位数的竖式计算方法，这虽然简单但确是除数是多位数时计算的基础，在掌握了除数是一位数的除法的竖式计算后，进一步掌握除数是多位数的除法竖式计算方法也就顺理成章了，应该是在小学一年级暑假中，女儿就掌握了这些方法，也就是说在上小学二年级时她就学会了整数的加减乘除四则运算，这个结果在正规的小学数学中需要二到三年的时间。

接着应该是分数的四则运算了，当然在这之前要引入分数的概念，由于刚学会和掌握了整数的除法，所以让女儿明白分数就是被除数和除数进行除法运算的运算结果的一种更好的更简洁的表达方式并不难，需要熟悉和掌握的是分数的四则运算。因为相比而言分数的乘法与除法比分数的加法和减法更易于掌握和操作，所以在学习分数的四则运算上，我们是先从分数乘法和除法开始的。因为从方法上来看分数的乘法就是一句话，"分母相乘做分母，分子相乘做分子"，理解和掌握起来都不难，至于除法不过是把其中的一个分数颠倒后变成乘法而已。因为有了学习整数的加减乘除四则运算在题目练习上的基础，女儿在在练习分数的乘法和除法运算时运算的速度之快，有时使我这个出题的先生还跟不上，也就是出的第 1 张练习试题女儿都做完了，我的第 2 张练习试题还没有出出来。至于分数的加法和减法，只要让她掌握了通分的手段其实也不难，当然在学习和掌握分数的通分时也顺便学习和掌握了分数的约分概念与方法，这一些在有大量习题练习的基础上并不难，所以在小学二年级暑假结束的时候，女儿已经完全掌握了分数的四则运算。

至于小数，重要的和关键的不是它的四则运算，而是他的概念和意义。小数是整数除法运算的结果或者说是分数的又一种表达形式，这一个概念理解和接受起来也不难，只是它在直观上的意义和理解比较抽象，很难让一个八九岁的小女孩能理解到它的意义，其实小数的实际意义就是成年人也不一定是很明了的。小数四则运算中的加法减法是和整数相仿的，只要确定了小数点的定位，加减起来和整数一样都不难，乘法也和整数乘法相似，只要掌握了乘积的小数点的确定也就迎刃而解了，至于小数除法没有特别的运算方式，就是一个分数的约分而已，或者是把两个小数相除写成分数后再换算为整数相除，所以女儿在三年级的上学期学习小数的四则运算是很轻松的，至此为止整数分数和小数的四则运算女儿都学习并掌握了。

这时需要考虑如何进行小学数学的应用计算的学习了，这需要下一个决心。基础的简单的数学应用计算在进行整数分数和小数的四则运算中实际上已经同步进行了，当然主要目的不是培养她分析应用问题的能力，而是让她通过这些应用问题去理解整数分数和小数四则运算在实际中的应用意义。至于更高深一些的小学数学应用该不该进行？能不能进行？或者是怎样进行？这些问题需要我做一个取舍和决定。这些小学数学中的所谓更高深一点的应用题目，教授和学习的目的应该是去培养孩子的思维能力和解题技巧，而不是解决这些应用问题本身。因为这些用小学数学方法去解决的应用问题，用更高级一点的数学方法比如代数的方法解决起来是很简单方便的，而对一个八九岁的小女孩或者更广义一点对所有的小学生，去学习和掌握这些解决应用问题的思维和技巧应该是有一定难度的，更重要的是这些思维和技巧也许今后用处并不大。于是经过思考。我决定避开和抛弃这种使孩子会较为困难的小学数学应用解题方法的训练，直接讲授一些基础的简单的代数方法，比如一元一次方程和二元及多元方程组，让女儿去解决那些小学学习中比较烦难的应用问题。于是从三年级下学期开始，到四年级上学期结束。我们的学习都放在这方面，也取得了较好的成果。

到了小学四年级开始的时候，我开始酝酿和考虑能否让女儿提前上初中的问题。因为此时女儿已经熟练掌握了小学数学在四则运算方面的知识，所缺乏的小学数学的其他知识也不多了。另外在我对女儿进行小学数学学习的同时，她妈妈也开始了对她进行英语的启蒙学习，自然也是以那本《新概念英语》为模本。当然语文知识要稍欠缺一些，比如汉语中的语法我们没有系统的让她学习，但汉语在小学中要求学会的 3000 汉字和阅读与写作，我们是以各种方式强调了的，应该说女儿已达到一定的程度。于是我决定探索和践行能不能让女儿在小学四年级完成后上初中，当然首先需要做的是要把小学数学中其他一些必要的内容让女儿学习完，比如比和比例的知识、简单的几何图形周长和面积的计算等，于是我们在小学四年级下学期抓紧进行了这方面知识的学习。在小学四年级结束时，女儿应当说已具有一个小学毕业生该掌握的数学语文知识，并且还有相当的英语基础。

如何让女儿小学四年级完成后就上初中呢？首先要找一所愿意接受她的学校。我把目标定在了四川师范大学附属实验外国语学校，这是一所民办中学，十分巧合的是学校就在我们家附近。当我到这所学校去为我女儿毛遂自荐时，我实在不敢说女儿只是小学四年级，扯了个谎说女儿已经五年级了，因为她个子较高，校方竟然相信了。为了决定是否招收她校方组织了一个考核小组，对女儿的小学知识基础进行了全面的考核，结论是虽不能讲是十分优秀，但小学知识的基础是具备了的，加之这是一所实验外国语学校，学校对我女儿具有一定的英语基础知识很感兴趣也比较重视，于是我女儿破例被这所学校录取了。2007年9月，女儿在10岁半多一点时进入了四川师范大学外国语实验学校读初中，她比同班的同学在年龄上小了2~3岁。

女儿的初中三年学习和生活都很正常，因为年龄较小也受到老师和同学们的关心和爱护，学习成绩也是很好的，特别是基础比较好的英语成绩更为斐然，而英语课程是四川师范大学实验外国语学校的重点。在课外的超前学习上，考虑到她已跳了两级进入中学，所以我们虽有所进行但强度不大，英语仍然是读那本《新概念英语》予以提高，而数学也是根据精力和时间有所补充，而没有象两个哥哥那样系统性的学习。

初中三年学习完成后，2010年女儿顺利的考入了成都树德中学读高中，这年她13岁。进入高中后，女儿在英语方面的优势展示了出来，在班上几乎是长期居于首位，特别受英语老师青睐和关注。基于此，在高中二年级结束的时候，我们与她共同商议确定了出国读书的方向。在进行了一段时间的准备之后，主要是考了一个6.5分的雅思成绩，这个成绩都可以申清读研究生了，女儿在2014年十七岁时到英国读本科，在英国白金汉大学取得本科学士后，2017年9月她继续到英国卡迪夫大学读了第一个海外硕士学位，紧接着在2018年9月到西班牙巴塞罗那大学攻读了第二个硕士学位。

我们本来建议她就在欧洲或者英国发展，但她自己似乎更喜欢日本，2019年6月女儿在她不到22岁时在取得了英国卡迪夫大学和西班牙巴塞罗那大学两个硕士学位后，回到了国内开始学习日语，为到日本发展做准备。女儿在语言学习上显然是有天赋的，经过半年的日语学习，她在2019年12月考取了日语N2证书，取得了可以到日本去发展的基本资格。如果没有2020年这场新冠疫情，按计划她应在2020年4月去日本，这场疫情使她延后了半年多在2020年底去了日本。在日本先是继续学习日语，并在2021年底在日本通过了日语N1证书考试，继而在2022年二季度开始的时候在日本参加了工作。

想要特别说一下的是女儿的独立性，因为是女孩，在我这个父亲的思维深处，总觉得她的很多事都应该是我这个做父亲的事。比如 2019 年六月她回到国内到 2020 年底去日本这段时间中，有不少关于她个人的事，在我的头脑中概念上应该是由我这个做父亲的人的去完成事，不少时候当我在计划何时和怎样去办这些事的时候，女儿自己已经在考虑甚至有些时候已经自己去办了。这一点很使我感到欣慰，不过仔细想来也不奇怪，她十七岁就离开我们独自去了英国，在国外呆了五年，这五年中她自己的哪一样事情在国外不是都得靠自己去考虑去解决吗？

在子女们从小到成年的过程中，我和我的夫人一直在鼓励和放飞他们在自由中翱翔，期盼着他们的羽翼不断丰满刚强，我们所做的一些补遗的事不过是一点助飞而已。我们祝愿他们永远都能在自由的天空自由翱翔！

第四篇

天下熙熙皆为利来
天下攘攘皆为利往

我的理财

国内理财的渠道与方式并不多，就那么几种：楼市、股市、外汇、储蓄，姑且把车市也当作一种理财吧。上世纪70年代就不摆了，记得参加工作后工作了七八年了，到1978年进入大学读书时，手中约有六百多元的储蓄存款，这在当时也算一笔不小的资产了，应当是在当年我工作时有一种特殊的条件使我日常费用开支不多才有的这笔结余。这600多元的储蓄，在大学读书期间有了那一对双胞胎儿子之后，还是比较慷慨的花了300多元买了一台当年比较风靡流行的收录机，目的是能放磁带的音乐让儿子享受，余下的另一半就在读书期间贴补家用了。80年代大学毕业后收入虽有增加但仍很清苦，即便后来出去兼职上课有不菲的收入，但也只能改变家庭生活的状况，不可能有更多的积蓄去理财，何况当时除了银行存款也没有理财的渠道。90年代下海经营了几年，到后来退出商界时应当是有一笔还是比较可以的积蓄，但也不可能特别的多，资产的增长和财富的积累关键还是在那个时候就开始的理财，主要是偶然进入的楼市以及误打误撞进入的股市。

第一章 收入颇丰的楼市

应当讲在理财上最有成就和收获的是楼市，可以说我基本上是踩着了这30年来国内楼市的发展节奏，带来了财富和资产的增长。

购买的第一套房位于金牛区的茶店子，是茶店子西街的一栋四层楼高的小洋房中的一套，购买的价位在当时还是颇高的，记得是每平方 1300 元，而当时那一区域的其他房子价格每平方都在 1000 元以下。这栋房子的品质在当时是比较高的，据说最初是设计给金牛区委八大常委住的，一栋小洋房共有八套，后来时过境迁干部们的住房标准有所调高，建成的这栋小洋房就拿来对外出售了。

我当时是倾其所有积蓄买了这套房，90 年代初开放的程度还不高，所以这套房我还不敢用自己名字买，而是用的我母亲的名字买的。这套房子的实际功用是两个双胞胎儿子后来就读成都十八中，我们在那里住了好几年，方便孩子就近读书。记得这套房子当时购进金额约十三万，我们从这个地方搬走后就一直在出租，租金收入也过得去，最后这套房子在 2013 年左右拆迁，收到了约 150 万拆迁赔付款，加上多年的租金收入，这套房子购入的资产增值约是十二三倍吧。

上世纪 90 年代初小平同志南巡后，改革开放的步伐迈大，成都也在那个时候兴起了一股修建专业市场的热潮，1992 年春节刚过，成都市第一个市场建设在成华区揭开序幕，它是由成华区修建的西部市场，5 万元一套，楼下是一间铺面，楼上是一间可作为办公室的房间，自带卫生间，我也在那个时候买了一套。但市场基本没有开发出来，放在那里断断续续的出租，租金收入也不多，这样拖了 10 多年，到 2010 年左右市场的占地国家要征用了，作为营业用房大约赔付了将近 90 万人民币，也增值大约十六七倍吧。

1992 年五六月份，作为一种经营周转，我购买了金牛区化成小区一个单元共十四套商品房，作为银行贷款的抵押，所以也谈不上是房产投资，最后这些房子都抵押归还了银行，我得到的是贷款资金的周转效应。

到 1994 年中，因为两个儿子即将入读七中和树德中学，于是在石人小区购买了两套住宅，一套是顶楼的跃层，另一套是底楼的家带店。这两套住房有一点房产投资的味道，但当年在生意经营中需要资金，也把它作为抵押向银行贷了款，1997 年儿子读高中后开始入住，住了六七年之后也作为归还银行贷款抵押给了银行。

到了 1995 年，生意上开始沉淀下一些多余资金，这时才开始考虑投资房产，正好那时在武候区二环路外开发了几个称为交大花园的商品房小区，这些小区当时所征用的土地还是双流县，土地成本和配套建设的成本都很低，所以售价也很低，以每平方米 700 元起价。作为投资我先后在交大花园清水河小区、交大花园武侯小区和交大花园广厦小区购买了大大小小的七套商品房，这是 90 年代比较有意识的房产投资，但多少有一些偶然的因素。购入这些房子总计花费了六七十万人民币，由于当时位置太偏僻，所以收房后房子基本没有派出用场，也出租不出去。

几年后进入 2000 年，成都的建设发展很快，双流县的那块飞地也划给了武侯区，周边的配套开始兴建，房子也逐步租出去了，但租金很低。后来我把这些房子改造成为套房内的单间出租，因为房租是押一付一，很受当时刚毕业的很多大学生青睐，每个单间价格虽然较低，但一套房子的收入也颇丰。大约在 2010 年左右八套房子中售出了五套获利不错，这 5 套房子购入价格不到 40 万人民币，卖出时收入约 250 万，增长了六七倍。现在还有两套仍持在手中，购入价 20 多万但现在市场价格已在 200 多万。

进入 2000 年，生意上的事情基本上完全结束了，在西南财大教学之余也得考虑一些资金资产的理财。20 世纪的第一个十年，先后购买了一些房产，包括因为在西南财大上课和女儿读小学初中需要，在西南财经大学光华校区对门清江中路购买了一套 200 多平方的住宅，是顶楼九跃十的跃层，还赠送了一个有 60 平方的大平台，住起来十分宽敞舒适。这套房子购价不到 40 万人民币，住了七八年之后至今一直在出租，租金收入也不错，每年有五六万人民币，这套房子的市值现在应该是在 300 万以上，当然也许是有价无市。

这 10 年中还相继购买了荷花池市场一个 8 平方的营业用房，西二环路边的一间酒店一直包租至今的标准间，以及青羊小区一套西南财经大学房改的住房，还有温江区西南财经大学柳林校区的配套集资商品房二套，均为近百平方的一套三，其中一套在 2020 年出售为 110 万人民币，另一套目前市值也应在 100 万以上。

512 地震后在北门驷马桥附近购买了 6 套标准间公寓，另外两个儿子大学毕业后，为解决他们的住房问题，也分别在 2005 年左右各为他们购买了一套房，姑且也算作是一种理财投资吧，因为这至少开启了他们自身的理财。应该说这段时间买的房子都赶上了 2011 年到 2012 年那一波房价上涨，理财收益应当还可以。

2012 年房地产第一轮调控，主要是限购政策，为了能够购房我与夫人在 2012 年离了一次婚。今天为了有购房资格走离婚这条路走的人是比较多了，但 2012 年那个时候能够走离婚这条路子取得购房资格的还是凤毛麟角很少的，我们也是在实施了离婚购房的全过程后才知道其实它手续简便费用低廉。

那次离婚在取得购房资格之后，购入的几套房子除了赶上了 2015 年那一波房价上涨之外，由于购买的房子地段特好，增值幅度很大。比如在市中心人民公园和宽窄巷子对面买的两套尊城国际住宅，每套近 80 个平方当时价格每平方 7000 元多一点，二套房子总价 110 万。因为尊城国际旁边就是胜西小学，作为学区房的这两套房子，目前价格已近每平方 4 万，两套房子目前市值 600 万左右。另外在西三环外青羊新区购买我们目前住着的一套住房，当时购买价 70 万多一点，这一片区在青羊区政府的着力打造之下，片区商品房增值幅度很大，目前市值应在 250 万以上。

赶在 2015 年调控前，又先后在恒大曹家巷广场买了四套精装房，在绿地悦蓉公馆买了三套清水房。恒大曹家巷广场的四套精装房总面积在 300 多个平方，购入价每平方在 11,000 左右，投入了 300 多万人民币，目前市场价格已翻了一番，单价在每平方 25,000 左右，绿地悦蓉公馆的位置在三环路外龙潭寺比较偏远，当时买入价每平方 7000 多，现在已是一万三四，当然也许是有价无市。

顺便说一下在这 20 多年的购房过程中，夫人也用她的自有资金购入了六七套房产，几套小户型标准间一直出租不错，两套大户型目前增值也很不错。

应当说近三十年是中国房市的发展期，成都房价从上世纪九十年代初的千元左右上升至现在的一万伍以上。不断升高的房价究其原因，宏观的讲是三十多年的改革开放，伴随着经济的发展人民币的发行量倍增，而房市是增发的货币的大蓄水池，不管空置房有多少，但大量的足以造成严重通货膨胀的资金被锁在房产中了。微观的讲是中国人的价值观念，买房买地是几千年来中国社会的习惯，所以中国老百姓也热衷于买房。这些宏观和微观的因素，使得近 30 年来中国的房价不断的被推高。比较幸运的是我在这 30 年房价推高的过程中，基本上踩中了该有的节奏。

往下的情况会怎样呢？在"房住不炒"大政策下，房市的限购限贷限价限售使市场的流动性几近呆滞，惊人的空置房使持有者面临房市泡沫破灭的崩踏危机。不过处于一线城市的成都，房价还没有涨到城市地位的程度，应当说在改策有所放宽时还会有一波涨幅，不过对国内房市要警惕了，已经到了需要考虑适当减持的时候了。

从 2020 年起我开始考虑购置一些海外房产，目前在泰国曼谷已购置四套标准间，还准备在普吉岛购置一点。女儿在 2020 年底去了日本，需要给她购置一间自住房，有可能在近日内买进，日本的房价虽高，但据说租赁市场很好，也在考虑适当购买，作为一种投资理财保值增值手段。

关于国内的房市，尽管我在过去的将近 30 年中是踩中了节拍成为个人财富增值的主要渠道，但时至今日应当说这个市场已很不乐观，泡沫早已形成并且很大，标志有两点：一是大得不能再大的空置率，二是低得不能再低的租售比。如果是完全的市场经济，这个泡沫早就该破裂了，但是国内特殊的市场机制使得各方都不会让这个泡沫破裂，都要尽量的维持它，因为它的破裂的承受之重是无论哪一方面都不能接受的，所以从各个角度降低它的流通程度让房价保持一个不跌微涨的态势是保证这个泡沫不至破裂的关键。但是能保持住吗？当然，由于我所处的成都市的一些极为特殊的情况，还应该相对比较乐观，但从全国的局面看，泡沫破裂应当说是早迟的事，泡沫是由看不见的手制造的，自然也会有看不见的手刺破它，任何力量都是托不住的。

第二章 捉摸不定的股市

我进入股市是比较早的，真正的介入是在 1998 年。在这之前，因为生意上各种事情的烦忙及资金的使用，对股市有所了解，但一直没有真正参与，直到 1998 年才投入资金进入了股市。

刚进入股市是比较茫然的，买了一些股票现在看来情况不错，比如青岛啤酒当时才 5、6 元钱的股价，去年就上冲过了 100 元，我在今年初以 109 元的价格出售了它。但能买它在当时也确实是很偶然的。

由于在股票的买进卖出上心中不是很有数，于是干脆把资金投入专注打新股，这算是为这二十多年的股市参与确定了一个基本的方法基本的思路，这种打新股也是我参与股市后一直处于盈利的保证。

我在股市的盈利主要来自打新股，早年的打新股不像现在需要市值配售，有资金投入就行，后来形式市值配售和资金同时需要，当然目前执行的是只按市值配售，中签后交款即可。应该说在这几个阶段中，无论是资金还是市值相对来讲我还是比较有优势的，所以这么多年来确实也中了不少新股，多数的新股都是在上市后不久就卖掉了的，也有少量的新股持有的时间较长。

在 1998 年那年还有一个特殊的情况，就是那年发行了很多封闭式基金，而这些封闭式资金也是采取象发行新股一样用资金申购，恰好我在那一年进入股市，而当年大家对于这种封闭式基金还重视不够，所以也申购到不少基金，应该有好几十万吧。这批封闭式基金表现良好，上市后不久都盈利颇丰，所以分红也极好，应当说在申购到这些基金的三五年中，他们的分红已经回收了投资。这批基金我基本上是长期持有，现在都转为开放式基金，应当说收益还是很好的。

除了打基金外，这 20 多年打新股的中签数量和获利都很不错，特别是 2012 到 2015 年那一轮需要市值和资金同时都有才能参与打新的时间中，因为我的市值和参与资金都有相当的规模，所以中签较多获利也较高。

对股市的参与上我应当是一种价值投资的态度，这一点很符合主流的投资观念，中央电视经济频道在一个《投资者说》的专栏中为我做过一期节目。我购买的股票持有的时间都较长，因为我在股市的投入资金中，从来都是一种长期资金，没有短期的急迫需要，所以我基本上不是频繁的买进卖出，买进了就坚定持有，等到获利颇丰的时候再出手卖出。粗略的估计，目前我在股市上的市值应该都是这 20 多年来的纯利润了，已不存在着资金投入的回报问题，所以在近年来的 A 股市场票持有和买卖上显得更自由潇洒。

我的股票持有时间一般都比较长，持有 10 年是常事，有不少股票持有在 20 年以上，基金更是如此。也举几个还记得到的例子吧：有一只股票太阳纸业，我大约在 2008 年左右以 19.80 元购入了 1 万股，经历了两次 10 送 10 成了四万股，这支股票持有到 2021 年 2 月才出手，平均卖出售股价 20 元，获利约 60 万。

还有一只基金安久，当年是封闭式基金的时候握了 1 万 5 千股，通过多次扩权后转成开放式基金，现在成了 12.9 万股，到 2021 年 10 月每股市价已是三元以上，总市值已超过 40 万，准备在近日出售。

还有一只股票国金证券，它在重组前叫成百集团，1998 年我以 16 元购入了 6000 股，总成本近 10 万，十年后 2007 年国金证券重组后，股价到 129 元的时候我卖出 1000 股，收回了投资，手中持有的 5000 股经历了三次 10 送 10 后，现在成了四万股，因为这 4 万股是净利润，所有持有的心态极好，虽然现在持有已 20 多年，仍不急于要卖出，慢慢再看看吧。

从某个意义上来讲，A 股市场是我的一个资金蓄水池，常年坚持的打新股使资金有用处并且获利不错，而我的股票卖出的时机是两个，首先是一只股票已经达到了理想得不能在理想的价位，个人觉得应该卖了，再就是房市投资上需要买房子作为一个资金的补充。

A 股市场是一个典型的投机市场，国内参与股市无论是机构还是个人是带着赌博的强烈意愿进入股市的，也正是这种赌博式的短期投资思路使一批又一批的投资人，一轮一轮的被割韭菜。所以个人的观点还是不要在 A 股上博弈，不要想在 A 股上赚钱，尽管我参与股市已有 20 多年并且获利菲浅，但这确实是这 20 多年我一直持有的观点，并且用这种观点劝阻家人和朋友。

近 30 年来的 A 股市场，没有成长性没有投资性，更没有人去培养，至于监管的缺陷乃至背后的黑幕就更不用去说了。所有参与 A 股市场的，无论是机构还是散户，都是抱着赚一笔的理念进入市场的。所以，从 1992 年 A 股市场建立经过 15 年，到 2007 年达到历史高点 6214 点，此后至今又一个 15 年要过去了，6214 店仍然是的历史高峰，这样的市场有投资价值吗？

至于我在 A 股市场上能够获利，那是一个偶然得不能再偶然的偶然事件，而且这种盈利必须要具备某些条件，比如投入的资金没有急用，比如绝不做买进卖出的短线，更为重要的是有条件长期持股。当然心态就更为重要了，也就是你不要指望在股市上能赚钱，不亏就不错了，也许你没有指望着在股市上能赚钱，说不定偶然的机会使你能够赚点，如果你进入时就想着去赚钱，那么多半等待着你的就是亏损了，千万不要去想在股市中赚钱。

还有想说一点的是，如果你真要想去炒股，那么券商呀股评师呀专家呀这一类的人员千万不能太信他们的话，甚至根本不能去相信。我曾在 2012 年受商务印书馆龙门书局所约写了一套三册的

《股市操练三部曲》：第一册"新手学炒股入门"，第二册"从零开始学看盘"，第三册"股票买卖技巧与实战操练"，洋洋晃晃数十万字，但我要告诉你的是这种说教式的传授千万不能太信，书我都写出来了，但我很少买进卖出的炒股，像我这种"专家"的建言敢相信吗？当然我这套书的第三册中着重写到了炒股心态，也可以一看。

第三章 涉入不多的汇市

说是汇市其实名不副实，因为我从来也没有进入过外汇市场，只是涉及到买了一些外币而已，虽然买得不多，但也是理财的一种方式，所以也就要予以一点记载。

说到购买外币，不得不提起一下人民币汇率这几十年来的变化。计划经济时代人民币汇率是一个官方的数字，改革开放以后逐渐向市场化方向靠拢，但严格的说就是时至今日，人民币汇率也没有真正的市场化，计划控制的痕迹还是很深，只不过市场化的味道越来越浓了。早年的人民币汇率一直维持在三元多人民币汇一美元，进入改革开放之后贬值到6元多人民币汇一美元，在经济活跃的上世纪80年代末及90年代，汇率一度贬值到8元到11元人民币汇一美元的地步。进入2000年以来，人民币汇率一直控制在七元多汇一美元，当然2020年情况特殊，至下半年以来一直升值，连续突破7元以下的多个关口，目前在6.5元以下。

我大约是上个世纪90年代中期，因为有一些生意上资金的沉淀，如同购买房子一样购有大约10万美元左右的外币，当时的购入价格其实不低，应在8元多人民币，购入后一直持有至今，购买的基本思想首先是鸡蛋不要放在一个篮子里，当然对人民币能否长期坚挺也有一些疑虑。购入外汇之后的前10多年国内银行美元的存款利率还是比较高的，相当长的时间保持在年化率5~6%左右，从这一点上来讲还是不错的。购入的这10万左右的美元，其中有一半在2010年左右换成了澳元，而在相当一段时间澳元的存款利息也是颇高的。购入这批外币其实也谈不上是什么投资，因为潜意识深处一直存在着怕人民币大幅度贬值，所以买点美元避险，因此这些美元澳元，至今仍然一直持有，目前约有十万多一点澳元六、七万美元吧，估计相当长时间内也不会去动用它了，放在那里总会有一些好处吧。不过作为一种理财，当初购买的这些外币收益也还可以，当然从资金投入的收益上来讲，它不能和楼市和股市相提并论。

如同在考虑购买海外房产一样，目前也有想法在可能的情况下开设海外账户储存点外汇，至少把国家规定的每个居民5万外汇购买和汇出额度用了，肯定境外房产和境外外汇它的增值幅度不会像国内已经过去这二三十年那么大，就算是一种资产多配置的思路吧，鸡蛋不放在一个篮子里肯定是对的。

第四章 损失不大的车市

把车市作为理财显得有些矫情，只是因为这二三十年也确实买了几个车，一种资金的使用，姑且也自讽式的把它算作理财吧，尽管这种"理财"的结局是严重亏损。

用的第一个车是长安面包，文字上写的是用而不是买，是因为这辆车是我刚学会开车的 1991 年买的，购买的资金不是我自己的钱，而是我当时为多家企业提供财务金融服务，作为一种回报有四家公司表示要为我到他们公司工作提供交通方便，各提供 5 万人民币要购买此车，当年长安面包车的市价刚好 5 万。这个钱当时要与不要都很为难，要吧好像有点荒唐，不要吧别人企业是作为一种服务回报也很尴尬。后来我还是决定要了，因为这种财务金融的服务在当年远不是这点价值，要了也许各方面特别是被服务的企业都心安，才更会相信我一定会尽心尽力为他们提供该有的良好服务。

长安面包车用了一年多，在 1991 年底换了一辆原装的本田雅阁 2.0，在那个年代这种车还只能从广东那边走私过来。这辆车严格意义上也是赚了点钱的，缘由当然不是汽车升值，而是我使用了两年之后，我的业务单位三台县一家丝厂老板看上了这辆车，想在地方上风光一下，于是就用当年业务上往来的款项把这辆车抵给了他，当然抵的金额是比购买价高的，仿佛当时购买价是 22 万人民币，抵了将近 30 万人民币。

在 1993 年赶上了一班合资企业购买进口车的末班车，因为当年同金牛区外经委关系良好，我的合资公司也归金牛区外经委管辖，于是争取到了一辆丰田大霸王商务车。当时花了将近 30 万人民币把它提到手，用了将近一年，后来以 37 万的价格把它售给了一位朋友，对我来讲是赚了几万块钱，对他来讲这辆车当时的市价应在 45 万以上，所以他也不亏。

这几辆车好像都赚了点钱，缘由绝不是车增了值，而是其他乱七八糟的原因。后来买的车情况就很惨了，1993 年买了一辆原装的本田雅阁 2.2，这在当时的成都应是民营企业老板们都用的时髦车，也是因为当时在经营公司，生意上的需要让我花了 43 万左右人民币买了这辆车，当然其中的 30 万是当时卖的那辆本田雅阁 2.0 的资金。这辆车买进后使用不多，特别是 97 年开始收缩生意后用得更少，到 2007 年我把这辆车卖出时它也只跑了不到 10 万公里，也只回收了资金 4.7 万，可以说是大幅亏了。如果与楼市做一个同比比较，几乎同一时期用不到 30 万在交大花园清水河小区买的一层楼 4 套房，10 多年后卖出时收入 180 万，而同样差不多时间的这辆车，40 多万投入只回收了 47,000。

最后一辆车是我现在正在使用的尼桑天籁 2.5，价格到不是特别贵花了 23 万多一点，2009 年买入至今已使用 14 年，估计现在要出手它价格应在 3 万以内吧，或许还会更低。

楼市股市汇市车市，作为理财的手段，我的经历是楼市最好，股市也不错，汇市将就，车市就不摆了。如果说有什么感悟，那就是国内理财手段太少，储蓄虽然保本但把钱存在银行无异于是长期贬值和亏损，楼市虽然风光，但时过境迁今后估计也不大会有这么好的机会了，股市基本上是个吃人的地方，没有事最好少去逛耍 当然无论哪种形式的理财心境平淡尤为重要，就好比手中有了仨俩个钱，总得要为它做点什么事吧，去做了就行了，做的时候千万不要指望有多好的回报，这是最重要的。

第五篇

读万卷书不如行万里路

我的海外旅游

说起旅游这个词有些惭愧，甚至觉得有些对不起它，因为对我来讲多数人所具有那种对旅游的兴趣那种深度都是一种奢侈品，我是一个典型的打卡旅游人，应该说比打卡还打卡，我的旅游就是到此一游，所以记录旅游对我来讲会是很乏味的，读它的人会更是乏味。但不管怎样，总是去了一些地方，特别是这个年龄了，赶在新冠肺炎流行之前去了一些地方，还是应该回忆回忆记录记录。

出国旅游去了四次欧洲，当然其中有一次是去的英国，去了一次美国一次日本，还有就是泰国去了几次，在回忆上就按照时间顺序来记叙吧。想要特别说明一下的是，因为是在多次旅游结束后的集中记叙游览，所以在撰写文字时也借鉴了一些网上的文字，特别是我感到对景点描写得极好的地方，在此表示由衷的感谢！

第一章 欧洲旅游（一）：中欧

先后去了四次欧洲，回忆回忆记实记实，留此存照。第一次是 2015 年去的，因为那年刚到四川长江职业学院当院长，工作的原因只好在欧洲最冷的寒假去。这一次应该是印象最深刻的，除了是因为第一次去欧洲外，选择的以意大利罗马为主要目的地也使此行印象深刻，当然寒假欧洲太冷也是不易忘却的因素之一。

为什么选择意大利的罗马作为首次欧洲旅行的主要目的地呢？是因为从2006年起，我在西南财经大学的通识课程教学改革中，承担了《科学技术史》这门课程的课程负责人，负责组织开发和讲授这门课程。课程中关于近代科学史中有一个很重要的内容是讨论由英国科学家李约瑟提出的一个难题："尽管中国古代对人类科技发展做出了很多重要贡献，但为什么科学和工业革命没有在近代的中国发生？"。在探讨这一难题的过程中有一点是各方达成共识的：由意大利开始发生在14世纪到16世纪的一场反映新兴资产阶级要求的欧洲文艺复兴运动是解答这一难题很重要的原因，基于课程教学中的兴趣萌发了到意大利去看看的想法。当然，《科学技术史》课程中关于古罗马征服欧洲的野蛮军事文化，以及它摧毁古希腊璀璨的科学技术文明，也促使我想去游游看看。

第一站是罗马，计划在那里呆三天，因为是典型的打卡旅游者，所以我夫人在安排行程的时候安排了众多的到此一游的景点。记忆中最深刻的有三处，一是斗兽场，无论是外观还是内部建造，都与我在教学中所掌握所讲授的一样，现场的氛围加深了对古罗马文化的认识，观赏之余颇有点庆幸自己的教学讲授与实际状况没有差得太远。但另外的二点感受就匪夷所思了。

先是罗马大教堂，尽管我在教学时对古罗马建筑推崇至盛，但真正进入到罗马大教堂的时候，就完全被建筑的宏伟震撼了。教学讲授的时候无论怎样想象，都无法和眼前的建筑相比拟。教堂之高大，壁面与穹顶之宏伟精美，加之遍布在上边的绘画，完全改写了我对古罗马建筑艺术的印象。

还有就是几乎遍布罗马小街处的石板路，应该确认它就是教学中讲授古罗马战争机器征服欧洲时为了方便战争机械的运输所修建的石板路。但此石板路与我理解想象中的彼石板路大相庭径，因为把古罗马战争机器想象得过于强大，一直以为战争石板路应是一块一块的大石板铺成的，但眼前的石板路却是由一块块10公分见方的小石块铺成，这应该是教学中的一个谬误。

在罗马的几天中游览和看到的还是教堂居多，各式各异的大大小小的教堂在建筑上让人惊诧不已。当然更令人震动的是西方人对宗教的虔诚，进入所有的教堂都会看到西方人静静的做着他们的宗教活动，使人感到这也许是人性的一个方面吧。

从罗马出来坐了约半天的火车到法国和瑞士相邻的一个小镇，这是夫人选择的第二站。火车缓慢的在平原和浅丘中行进，因为是冬天沿看到很多雪景，更看到很多一幢幢乡间别墅的建筑，感受到了中欧平静的乡间中的那种宁静。

夫人选择的那个法国小镇实际上紧临瑞士，我们在这个小镇上住了两天，感受和领略了中欧小镇的风土人情。小镇有一个很大的湖泊，各类建筑围湖而过，湖水清澈明亮，鱼类和鸟禽在湖中共生。由于去的时间很巧，赶上了这个小镇传统的周末跳蚤市场，见到了各式各样的经典的传统手工艺品在市场上的交易。两天的小镇居住特别使人感受到了欧洲和欧洲人的静瑟和淡泊，更让人领略到人为自己而存在的生活。

第一次欧洲之行的第三站是巴黎，最后也是从巴黎回国的。在巴黎的几天中当然是打卡式的去那些该要去的地方，埃菲尔铁塔、卢浮宫、香榭丽舍大街、塞纳河、凯旋门，能去的该去的都去了到此一游。当然游起来也很累，但累也得游，不然怎么叫旅游。相比刚去过的罗马，对巴黎的感觉确实要好些，罗马太过于凝重在那里甚至有沉重的感觉，而在巴黎心境上很放松，见到浪漫的法国人似乎自己也飘飘然了。

首次欧洲之行是在中欧，所到国家不多也就是法国意大利和瑞士，异国风略打卡式观览感觉上还是很不错的，至少觉得欧洲是一个可游的地方，可以多来几次普遍走走。

第二章 美国的东西海岸游

2017年3月底4月上旬，进行了一趟美国东西海岸游。这趟美国之行是我的儿子组织的，他一家4人：儿子、儿媳、孙女和孙儿，我们一家三人：我、我夫人和女儿，另外还有我的侄儿，共9人成行。

从办签证开始就表现出一种可能有的顺利，我们9个人的十年往返签证一次性的就完成了，使人十分高兴。我女儿是由英国读书的地方去美国的，我们一行8个人从成都出发，在北京转国际航班，首站是西海岸的洛杉矶。

到洛杉矶已是凌晨，在与女儿会合后，在机场附近的租车公司取得了儿子所租用的车，一行九人即刻驱车前往美国著名的旅游景点优美胜地国家公园。优美圣地位于美国加州中部，占地面积约3027平方公里，1984年被列为世界自然遗产。驱车前住优美圣地时沿途便领略到优美的景色，雄伟壮观的高山，深不可测的峡谷，苍莽茂密的山林，静谧翠绿的湖泊，飞流直下的瀑布，欢快清澈的小溪，以及种类不同的动物与植物。

我们在优美胜地呆了两天，第一天直奔主要的旅游打卡景点优美胜地河谷。著名的优美胜地瀑布飞流直下确实很壮观，河谷中的水清澈明亮让人流涟忘返，而百年大树让人感受到了森林的古老。当晚住宿在优美胜地一处环境清幽的旅馆，清晨起床后明朗蔚蓝的天空映衬着山峰自是一派壮观。汽车在优美胜地森林国家公园中蜿蜒行进，沿途饱览秀美的景色自是一种视觉的特别享受。

驶离森林公园后直奔旧金山金门大桥，当宏伟壮观的橘红色金门大桥映入眼帘的时，发自内心被这个建筑所震撼。金门大桥下边有很多供游人游览的小公园，可以从不同层次远眺金门大桥，在这里女儿为我拍下了一张个人自认为近年来最好的一张半身像。

从金门大桥出发到了旧金山有名的打卡旅游地九曲花街，据说这是很多电影拍摄的取景地，在直线距离100多米的地带有八个急转弯，形成了一个弯弯拐拐的九曲之地，街并不宽两边种满了鲜花，确有一般美景。在旧金山逛了大半天特别是逛了一个有名的超市后，傍晚到渔人码头看海狮并晚餐，海狮的数量特多不过其特殊的味道并不好闻。

当晚住在城区的一处汽车旅馆，意外使人意想不到的出现了。因为历来有早起的习惯，第二天清晨一大早我就起床到旅馆附近去沿街溜达了，清晨的旧金山街道很清静，人很少店铺也关着门。因为怕识别不了路，就沿着一定的方向行走，也正因为是这样，也许我走入了一些不该去不能去的区域，一路上有不少流浪汉沿街而卧，也见到不少黑人在街头吸烟和晃荡。大约溜达了半个多小时，回到住宿的旅馆，发现旅馆的停车场上有一辆车的后仓玻璃碎了，车窗下落了一地碎玻璃，第一个意念是这辆车被人砸了后窗，正在纳心这是谁的车，马上醒悟过来这就是我们租的车呵，赶忙叫醒大家，清查后发现头天在那个有名超市买的一些装技带包都被人砸破窗后盗去了，砸窗的砖头还在车旁边。

于是先报警，电话报警似乎没有什么效果，于是到住的附近的在我们这边应该叫派出所那个地方是叫警所的地方去报警。警所中的两三位警官似乎对这个事有见惯不惊的态度，他们边聊天边听我们叙述报警事宜，整个过程很简短大概三五分钟吧，也没有让我们写什么材料签字之类的，只是结束的时候一位女警官给了我们一张很小的纸条，上边写着的应是我们报案的报警号。后来知道这个东西很重要，因为去美国旅游，我儿子是买了保险的，被盗抢可以理赔，果然回国后真的在理赔时这个小纸条很重要，理赔的依据就是这张纸条这几个字。

接着是换车，在旅馆附近不远的地方就有所租车那个公司的服务点，虽说稍稍耽搁了一点时间，但也就是一个多小时之后租车公司从另一个地方调来了一辆车子给我们继续使用，尽管为这个事花费了将近半天的时辰，但大家还是比较满意，不，应该说是相当满意的登车继续我们的美国东海岸之游。

对碰上的这个意外事件还是颇有点感触。一是感到旧金山的治安是不太好的，虽然去之前就听说或者是在网上看到治安不太好的警告或忠告，但居然就被我们碰上了，既使人感到匪夷所思又让人颇有感触。二是美国警官办事风格。去报警的那三五分钟刚开始的时候觉得怎么这么水哟，没有笔录也没有让人签字，问了点情况给个小纸条就算结束了。这种事如果是在国内，当事人如果愿意到派出所去的报警的程序一定很复杂很麻烦，但表面上又会使人感觉很负责任。后来仔细想来，其实美国警官这种做法是很实际效率很高的，就是一桩普通的盗窃案，没有人受伤东西也掉得不多，他们不弄那么复杂三五分钟完事应该是高效率的一种反应。特别是他们深知旅游者都是买了保险的，至关重要的问题是给的那张小纸条解决了我们所受损失的赔付问题。

三是保险的赔偿，凭美国警所中警官给的那一张小纸条上边的几个字，美国的保险公司就给予理赔，也足以见得美国的商业化社会运作的顺利和方便。我想这种赔付如放在国内，也许需要提供的各种证据会使你烦心到还不如放弃理赔省事省心为好。当然换车的简捷方便也让人认识和体会到西方那种商业化运作模式的优势。

按照儿子安排的线路，离开旧金山后我们行程中第一个海滩小城圣克鲁斯。圣克鲁斯位于美国加利福尼亚州硅谷附近，是美丽的海滨城市，环境优美民居漂亮，大海一望无际波澜壮阔，是美国冲浪运动的发源地。我们先是到圣克鲁斯一个有名的海滩游玩，当晚就住宿在圣克鲁斯的一个汽车旅馆中。

接下来的几天便都是在海滩游玩，一路沿加州的太平洋公路也就是1号公路南行，见有好玩的海滩便停车游玩。应该说这才是真正见到了海洋，在国内旅行虽说也到过大连烟台三亚等海滨城市，但见到的大海视野总是很局限，而在停车的海滩一眼望去就是无边无际的海洋，就是行车在公路上，一望无际的海洋也经常映入眼帘。使人感触很深的是美国人旅游情怀，沿途在公路上就见到很多房车，多是由轿车或者拖把鞋车拉着行进，到了海滩边见到的可以说是连绵不断的房车停留，应该说这些海滩供房车停留的地方也十分不错，方便游人游览。

沿着加州1号公路向南，除了有辽阔的大洋可沿途观览外，海边也有森林与山峰，我们要穿越这些森林和山峰，奔赴海岸城市圣芭芭拉。森林中陡峭的山峰边公路蜿蜒上下，行车难免有一般危险和担心，还好乘座了9人的越野车在当晚顺利到达圣芭芭拉。

在去圣芭芭拉的路上有一个小镇，那是童话家安徒生的故居，镇上有一幢安徒生博物馆，展品紧密有序地摆放在一幢木质阁楼上，仿佛一个童话世界，博物馆楼下是书店和咖啡馆，环境安静闲适。

进入圣芭芭拉时间尚早，便直奔市区参观它美丽的市容。说它是一座美丽的城市确实名不虚传，城市建筑风格十分统一，红瓦白墙的西班牙建筑十分漂亮。城市的标志性建筑是法院，这座近200年历史的建筑也是圣芭芭拉市政府的办公大楼，是圣芭芭拉最美的建筑之一。法院内除有建筑外还有大量草坪，风景美丽如画，主楼是全市最高建筑可以在顶上俯视城市全景红顶白墙的房子。虽是市政府及法院的办公重地，但却是全开放的，市民和游人均可自由进出，因为风景美丽是不少新人选择拍婚纱照的地方，我们去的时候去的正好赶上一对新人拍婚纱照，众人在羡慕之余也给予祝福。

离开圣芭芭拉后，仍然沿太平洋公路南下，一路仍然饱览海洋美景，时不时在一些海滩驻足游玩，不少海天一线的美景让人留恋难返，海滩上两个孙儿孙女玩得十分开心，其中圣莫妮卡沙滩更是别居一格。圣莫妮卡沙滩是美国东海岸有名的度假胜地，大片的海滩和干净的海水再加上伸入大海的圣莫妮卡码头，十分美妙和壮观，圣莫妮卡码头上有著名的66号公路的终点和著名的阿甘虾餐厅。

傍晚来到了与墨西哥紧邻的加利福尼亚州边陲城市圣地亚哥，在这里住一晚后将去圣地亚哥海洋世界游玩，这也是孙儿孙女们想往的地方，需要在里面游玩一整天。

在去圣地亚哥的路上，观览了中途岛号航空母舰，在圣地亚哥湛蓝色海湾的栈桥边，停泊着美军历史上服役时间最长、现在成为航空母舰博物馆的中途岛号，她与附近的"胜利之吻"塑像，成为了圣地亚哥新城区的地标和打卡点。

到圣地亚哥的主要目的是游他的海洋世界，圣地亚哥海洋世界是世界最富盛名的海洋主题公园之一，公园里有各种精彩的动物表演，游乐设施。最有名的是巨大杀人鲸的表演，驯兽师站在杀人鲸后背上如同在海上冲浪非常精彩。海洋世界确实是名不虚传，非常精彩，园区很大需要一整天慢慢逛。每场动物演出都很精彩，与国内海洋馆不同的是演出具有丰富的教育性，让观看表演的人有现实的体会，虎鲸的精彩表演十分有趣，住在近处会被它们甩的一身水。

西海岸游的最后一站是进入美国刚来时的洛杉矶，来的第一天虽在洛杉矶落足，但只是路过没有游览。游览完圣地亚哥海洋世界后，一行9人就直奔西海岸游的最后一站洛杉矶。时间已是下午稍晚了，安好住宿后便直奔可以俯瞰洛杉矶市容的格里菲斯天文台。

格里菲斯天文台是俯瞰整个洛杉矶城市景观的最佳地点，位置在好莱坞山上，观景平台能看到好莱坞的标志，是洛杉矶旅游的一个必须的打卡地，景色很美。到山顶的时候已接近日落时分，首先看到了日落的全景，让人感受到大自然的壮美，在观景平台上整个洛杉矶城都在眼底，夜晚的洛杉矶城另有一番风味，欣赏洛杉矶的璀璨夜景让人美不胜收。

当晚和第二天晚上住宿在洛杉矶一处家庭民宿中，别有一番风味。这二天的活动是分头进行，我女儿和侄儿两兄妹去了环城影城等地方，儿子一家人去了孙儿孙女喜欢的地方。我与夫人去漫步游览了洛杉矶的街道和商场，其间还不幸随意走入了洛杉矶一条黑人聚集地街道，整个氛围使人紧张，好在大白天也没有什么事发生。

西海岸的旅游即将结束，第二天下午晚一点的时候，在洛杉矶机场附近还了租车，然后直奔机场搭乘美国廉价航空的红眼航班直飞美国东海岸华盛顿。

东海岸计划逗留的时间不多，因为就是纽约华盛顿这几个大城市看看。到达华盛顿的是第二天的凌晨，在机场坐火车进入市区入住酒店后，顾不上休息就直接分头游览，儿子一家按他们的兴趣游览了不少博物馆，住宿的酒店离华盛顿广场不太远，我们当然先是去华盛顿广场这个地方观览。

华盛顿广场是值得前往的地方，国会山坐落在广场的最东端，是座难得一见的巨大的建筑，周边是赫赫有名的美国国家机构，比如联邦最高法院、联邦图书馆、林肯纪念堂、越战纪念碑等等都集中在这里，是美国凝聚力的象征，正对着国会上的华盛顿纪念碑非常壮观，让人感到十分震撼凝重。国会山及华盛顿广场的生态环境很好，松鼠随处可见，去的时候正是樱花盛开的季节，美丽的樱花让人美不胜收。

华盛顿作为美国首都和政治中心，表现出美国那种文化与历史的积淀，美国三权分立的机构国会、白宫和最高法院均在这里。白宫在华盛顿广场北端，门前有一条安静的马路，游客可站在北门口的院栏外照相，没有人来干涉和管理。这个世界最强大的国家总统办公室看起来与一座豪宅差不多，看上去并不宏伟，完全没有高大尚伟光正的感觉，南门前有大片的草坪，是美国总统举办各种国事活动的场所。白宫周围有不少人举着各式各样写有文字的牌子，进行他们的诉说、抗议等活动，也没有人来驱赶和管理。白宫旁的美国联邦财政厅前，有不少黑人小伙子在进行街头表演，也有普通小贩在卖饮料雪糕，游客、街头表演者和小贩混在一起，在美国最高行政官员驻地白宫浪迹，也是另有一番风味，让人真实感受到各人按各人的方式行事的美国式自由和民主。

在酒店休息一晚后，第二天坐美国大巴由华盛顿直奔纽约，这是在美国旅游用到的第三种交通工具，另外两种是租赁汽车和廉价航班。美国东西海岸游的最后两天都是在纽约，频繁的穿梭于各个打卡地。

华盛顿是美国的政治中心，纽约应该是美国的经济中心，美国最重要的金融和商业中心都在纽约，影响着全世界的经济。帝国大厦的巍峨，时代广场的繁华，百老汇的盛况，自由女神像的肃立和中央公园的宁静构成了这座复杂的都市，当然还有许多珍藏丰富的博物馆。都市的繁华在这里展示得淋漓尽致。

曼哈顿区应是主要的一个游览打卡地，那里有华尔街、"911"纪念馆等必去之地，自由女神像也在那附近。有名的华尔街是一条既不宽也不长的街道，林立着各类金融机构，一直被誉为美国金融市场的中心地带，也是世界的金融中心。它是世界上最大的证券交易所纽约证券交易所和纳斯达克的所在地，标志性的公牛青铜雕塑也在这里，街道区域太小而游人太多，特别是青铜金牛前面挤满了拍照和想沾沾牛气的人，不过熙熙攘攘也感受到一副人人都期望发财的喜庆。

"911"纪念馆是纽约世贸中心遗址的一个大坑，到纽约都会去参观的一个地方，他就在曼哈顿华尔街上，观览的每个人都带着沉痛的心情来缅怀灾难的牺牲者，纪念馆壁上刻着所有遇难者的姓名，不少的人在那里祭奠。时过境迁的纽约今天繁华依旧，但历史的教训人们显然还是要铭记的。

因为像十分高大，在曼哈顿区远眺自由岛上的自由女神像十分容易，自由女神象是美利坚民族争取自由民主的象征，是美国重要的历史地理地标，在蓝天白云下的自由女神象格外典雅刚毅丰采迷人。

第五大道是曼哈顿的一条重要的主干道，有帝国大厦、纽约公共图书馆、洛克菲勒中心、圣帕特里克教堂等，著名的中央公园也在此地。中央公园附近有一条"艺术馆大道"，那里有很多艺术馆，例如大都会艺术博物馆惠特尼美术馆等等。在第五大道上，世界上的顶级名牌店汇集在这里，形成了一条高级购物区。

漫步在第五大道上，无意撞见了时任美国总统特朗普在纽约的特朗普大厦。位于曼哈顿第五大道的特朗普大厦，是众多特朗普大厦之一，是特朗普总部所在地。大厦以极尽奢糜的风格，在曼哈顿林立的高楼中特立独行，玻璃幕墙线条清晰棱角硬朗，粉红色和金灿灿的为基调的装饰风格彰显了富态和豪华，使人感受到一份保守和凝重，这大概是的川普风格吧。

接近傍晚的时候去了时代广场。夜晚的时代广场灯光璀璨，游人如织，世界各地的人驻足于此全都是流涟忘返，表现了时代广场的魅力，曼哈顿的魅力，纽约的魅力，美国的魅力。

唐人街是我们一定要去看一看的地方，想领略一下美国的中国风格。唐人街实际是一个大型的华人社区，道路也很宽敞，街边中文标识林立，菜市场和在街沿上摆摊的也很多，在唐人街上可以听到汉语，可以在人行道上看到路人拿着中国特色的袋子，也能够浏览到一些不贵的中国商品。

纽约是我们美国东西海岸之行的最后一站，十余天的美国之行即将结束，我们从纽约直飞北京，然后转机回到了成都。现在手中有的是美国的十年往返签证，在目前的政治格局环境下以及全球新冠疫情格局环境下，还会不会或者说还有没有机会再去美国一游呢？

第三章 欧洲旅游（二）：英国

2018年9月进行的第二次欧洲游，说是欧洲游好像不是特别的确切，实际上是去了英国一游，地域上讲英国应该算是欧洲，不过已经脱欧的英国人从来对传统的欧洲人是不屑的。去英国游一个很重要的原因就是我们的女儿在2018年9月在英国卡迪夫大学取得了她的第一个硕士学位，我们既是旅游，也是去接她回国。

旅游的第一站是英国首都伦敦，夫人选择的住宿点就在英国的著名学府伦敦大学政经学院附近，这里离罗素广场很近，我们第二天一早应到罗素广场去。与我们选择的欧洲旅游团会合，开始我们的英国游之行。

一直误认为这个罗素广场是因著名数学家和哲学家罗素命名的，使我这个学数学的人颇感兴趣。罗素悖论也就是通常所说的"理发师悖论"揭示了数学的第三次危机，是学数学的人所崇景的哲学思维。而现实中的罗素广场不是此罗素而是彼罗素，他是在18世纪末19世纪初以贝德福家族的罗素公爵命名的。

位于大英博物馆与伦敦政经学院中间的罗素广场给人感觉更像是一个很大的小花园，保持着没有翻新的泥泞道路，环绕几排的座椅面向一个巨大的草坪。市中心有这么片绿洲也是一种不错的休闲地方，罗素广场离伦敦大学不远，伦敦大学的几个学院也都是在广场的附近。罗素广场的历史从大树就可以看出，路边整齐的房子是学校的行政办公楼，众多高校让罗素广场充满了学术氛围。

我们选择的是参加了一个英国的环游旅行团，从某种意义上来讲这种环游旅行团对我这种打卡旅行者还是很适合与对路的。旅行社会设计一条环形的旅游线，一般是7天左右，每天要停留在一个固定的城市，在这个城市上车组团和下车退团都可以，费用是每人一天75欧元。费用包括当天的住宿及第二天的早餐，当然更主要是大巴车一天拉着你到设计好的各个旅游景点，而这些旅游景点多数都没有需要再收费。对我这种不想也不会深度游的打卡旅客来讲，应当是一个比较好的旅游方式。我们参加的这个团就是为游览英国设计的，包括有英吉利、爱尔兰和威士等地都要去到，停留的城市有伦敦、曼彻斯特、格拉斯哥等城市。

第一站是参观牛津，当然主要是牛津大学。牛津市和牛津大学完全是溶为一体的，城市就是大学，大学就是城市，彰显出西方教育的开放性。漫步在牛津城，穿梭于牛津大学的各个学院之中，近距离的在大学的图书馆教室实验室博物馆尽情游览与参观。英国牛津大学是一座世界级的顶级高等学府，漫步在这样的名校当中，感觉来到了一座公园，没有围栏的概念，一座座古典的建筑就矗立在校园当中。

牛津大学建于1167年，英语世界中最古老的大学，是世界最顶级的公立研究型大学和高等教育机构之一，有27位英国首相及69位诺贝尔奖得主曾在此学习或工作。大学没有校门和围墙之界，三十多所城堡式学院建筑散落在牛津城内，鹅卵石街道从校园中纵横穿过，古朴庄重文艺典雅。牛津大学38个学院和学校的关系就像美国中央政府与地方政府的关系那样采用联邦制形式，每一所学院都由院长和几位教授管理，他们都是各种学术领域的专家。

大巴车到了牛津城，停车的地方离牛津大学著名的叹息桥不远，首先就远眺了叹息桥，说是远眺是因为这座桥游人是不能上去的，他实际上是牛津大学一所学院新旧两部分的连接桥。叹息桥传说是用来给毕不了业的同学们叹息用的，因为桥对面就是毕业纪念堂，每年牛津大学毕业的人数有限所以不能毕业的同学只能望而叹息，然后从桥下走过了。但实际的情况又是它样，叹息桥正式名称为赫特福德桥，它跨过新学院路连接了赫特福德学院的两个部分，由于此桥形似意大利威尼斯的叹息桥故被称为叹息桥，威尼斯叹息桥是将监狱连接到审讯室，因囚犯在穿越时会"叹气"而得名。

和国内大学不同，牛津没有固定的校门和围墙，大学已经和牛津城融为一体，街道旁分布着典型的英国城堡式建筑高大而古老，踏着鹅卵石沿着街道慢慢穿行在各个学院之间，最值得游的是图书馆和博物馆。虽然每个学院都有自己独立的图书馆，但是最值得一看的还是拉德克里夫图书馆，圆形的屋顶在众多尖顶的建筑里非常显眼，据说只要是牛津大学出版社的书必定要在这个图书馆存入一本，可见地位超然藏书丰富。牛津自然博物馆也很让人惊喜，里面的化石居然可以让游客触摸，各种展品的细节做的都非常完美，布展的形式也活泼有趣，特别适合进行科普的教育。

圣母玛利亚大学教堂也是牛津一绝，欧洲各国教堂无数，著名的教堂特色的教堂更是数不胜数，而这个毗邻牛津大学的圣母玛利亚大学教堂是牛津最大的教堂。周围被牛津大学建筑环绕，教堂外观特征明显，碧绿的草地映衬下哥特式的优雅尖顶被誉为英格兰最美丽的尖顶之一，登上钟楼可以一览牛津城市美景。

牛津科学史博物馆坐落在一座古老建筑中，既面向科学史的研究，也面向西方文化与收藏发展的研究。这个博物馆有三层收藏从古代到20世纪初的上万件文物，几乎包括了科学史的所有方面，天文学仪器如星盘日晷、象限仪的收藏以及早期的数学工具、光学仪器等，与化学、自然哲学和医学相关的装置收藏也有不少。

牛津大学植物馆是牛津大学城中心的一颗绿色的明珠。牛津大学植物园主要的功能是支持大学的教学科研和物种的保存，同时也为家庭绿化进行品种及配置形式的展示，植物园现收集有7000多种不同类型的植物。

牛津大学作为最高学府有精英文化的派头，图书馆里有丰盛的藏书、博物馆里有美轮美奂的藏品，有古老的建筑优秀的人文环境和自然风光，有儒雅强健的学子们开放包容的态度等等。但这些上层的精英文化并不排斥事实上是特别的包容下里巴人，校园里有露宿街头的流浪汉，也有偷盗锁在桥栏边自行车的人，还有在狭窄的街道撞坏路边停放车辆而逃逸的驾驶员。牛津大学和牛津城已经不再是象牙塔尖不见凡尘了，这些与俗世凡人的有机结合，让剑桥学子们接触的是丰沃的各种营养的土壤，也许这才是牛津大学能诞生了众多英国首相和科学家的根基吧。

从牛津城出来后就直奔在伦敦以西180公里的斯特拉特福镇，那里是英国伟大的戏剧家威廉·莎士比亚的诞生地和逝世的地方。他的故居在小镇的亨利街北侧，是一座带阁楼的两层楼房。在充满英式小镇风格的街道上，用心灵体验小镇上的每一缕阳光，体验这里的文学气息，体验莎士比亚的灵感源泉，静怡恬淡的英式乡村小镇风景如画。

距斯特拉特福镇不远就是华威城堡，这是一座中世纪风格古堡，是由征服者威廉于1068年所建。1978年华威城堡被杜莎集团买下后开放为观光景点，并被纳入古代遗址及一级保护建筑。城堡里有很多历史性的陈列，还有很多适合孩子们的活动，也有很多工作人员穿着古装与游客互动，在节日会有特别的活动。

华威城堡气势宏伟，堡内各种藏品丰富，还可以登上城堡远眺美景，公园中各种动物悠然自得的漫步，城堡坐落于断崖边，俯瞰着雅芳河的转弯处，通过故事渲染、每日现场表演，使得城堡充满活力吸引了大批游客，是一段难忘的旅程经历，让游客流连忘返。

当天晚上住在曼彻斯彻，到酒店已经很晚了，第二天一早，大巴车拉着全车的人一大早就去朝圣老特拉福德球场。位于英国曼彻斯特的老特拉福德球场，是英超曼联足球俱乐部的主场，被誉为"梦剧场"。老特拉福德球场兴建于1908年，并于1910年竣工，已经有一百多年的历史了。在这座伟大的球场上诞生了查尔顿、坎通纳、贝克汉姆等熠熠闪光的球星，令人心驰神往。

老特拉福德球场是英国足球的象征，是广大球迷不可错过的足球圣地。球场下是球迷会，里面有售卖曼联队的各式球衣和纪念品，球迷会后是一个展览大厅，这里展览了曼联队的历史，让人兴奋不已。正式的球场非常的现代，面积很大可以容纳10万人现场观看，参观到这样辉煌的球场，也非常值得了。.

离开曼联主场后，直奔第二天的第一个旅游景点英国湖区国家公园。这里有一切自然界能有的美丽风景：湖泊、河谷、山峰、瀑布。湖区由多个湖泊与小镇组成，温德米尔湖是湖区也是英国最大的天然湖泊，湖上共有18座岛屿。连绵起伏的雄伟山峰之间，大大小小的湖泊星罗棋布，宁静惬意的田园风光令人流连忘返。湖区道路也是徒步者的最佳选择，穿行在山林中，真是独特的体验。我们选择了乘船游览，湖水清澈明亮，在阳光里照射下闪闪发光，湖边的小岛岸上林木茂盛，倒映在湖中的树影自是另一番美景。温德米尔镇是湖区中最大的小镇，镇中的各类建筑和布置表现出英国乡间特有的风貌与怡情。

从湖区出来奔向英国有名的逃婚小镇，它的正式地名叫格特纳格林小镇。导游在车上讲之所以是苏格兰有名的逃婚小镇，是由于当年英格兰和苏格兰的结婚年龄不同，英格兰是男22女20，而苏格兰是男20女18，有些英格兰的小青年想要结婚，但是又碍于年龄的限制，所以就会跑来这个边境的小城市举行婚礼了。慢慢的这个小镇就闻名了，每一年在这里举行的婚礼就超过5000场。细思起来，英国的这个"逃婚"与我们中国人所说的逃婚意义完全不同，它不是要从婚姻中跑掉，还是要抓紧时间结婚。小镇并不大，应当说是很小，实际上是公路边一个休息站，10分钟就可以游遍全镇，不过还真看到了着苏格兰服饰的青年人在举行婚礼。

第二天旅程的住宿地是格拉斯哥，第三天就要从这里出发进入苏格兰高地，这是一个常年居住在繁闹喧嚣都市中的人所期盼那种宁静之地，也是到英国旅游一定要去的一个地方。

进入苏格兰高地后，给人的感觉是景色的苍凉粗犷壮美，大多是山丘、峡谷、湖泊地貌。整个高地面积很大差不多是整个苏格兰面积的一大半。比较有名的天空岛、尼斯湖、英国最高峰本尼维斯山、格伦科峡谷都在这一地区。整个行程基本都是在车上观览大自然，有些景点会下车停留让游客们拍照。这里人烟稀少，还没有受到现代文明的污染，高地连绵起伏的山丘与原野充满着野性、浪漫、孤寂、窒息的自然美，似乎在期盼着人们细细去品味。

罗蒙湖是从格拉斯哥到苏格兰北部城市威廉堡的必经之地，是英国苏格兰最大的湖泊，位于苏格兰高地的南部离格拉斯哥27公里，湖水清澈透明，水深处有190米平均也有40米深，湖边有一个很漂亮的小镇，家家户户的门前都种满了鲜花，沿着小镇一直往里走会见到一个大湖也就是罗蒙湖。

从罗蒙湖出来后目的地是威廉堡，其间一定要经过格伦科峡谷。格伦科峡谷是苏格兰著名的景点之一，峡谷地势起伏流淌着几条小河，四季都适合游览，四季的景色都不同，非常的迷人，去威廉堡的路上远眺到三姐妹山，更有一般景致让人心旷不已。

威廉堡是一个宁静安详景色秀美的小镇,作为苏格兰高地之门，自身却并不大，一个广场一条步行街，建筑多为古老建筑，古典精致独具特色，吸引人去细细去品味。本尼维斯山就在威廉堡附近，是英国最高的山峰，山顶终年积雪风景秀美，生态原始环境保持很好，山上的草原上遍是成群的牛羊和谐自然，在山顶还有二战纪念碑，十分的雄伟非常的漂亮。

这一天的最后一个景点就是著名的尼斯湖，尼斯湖位于苏格兰高原的大峡谷中，面积不大湖水却很深，最深的地方有290米左右。尼斯湖终年不冻，两岸陡峭树林茂密，湖的北面有河流与北海相连，远远望去好像一条河流流淌在两岸的崇山峻岭之间，翠绿多彩的山峦倒映在湖水中。尼斯湖的有名更多的是传说中的尼斯湖中有怪兽居住和出现，以致成千上万的游客每年从世界各地来到这里，探索传说中的怪兽，享受尼斯湖的美景。

休息一晚后接下来的行程是爱丁堡。爱丁堡是苏格兰首府，已有近700年的历史，古老街道建筑的典雅风情和浓厚的以苏格兰风笛、格子花纹和威士忌为标志的苏格兰风情让它成为英国最值得一去的城市之一。细碎的石板路，远处的海，呼啸的风，不喧闹不做作，古朴优雅的风景很容易让人一见钟情。

爱丁堡的主要打卡景点是王子街和爱丁堡城堡。王子街把爱丁堡分为新旧二城，北面为新城，南面为旧城，新旧两城之间有一座长条山丘，天然壁垒分明，全长不过一里，许多华丽摩登的商店汇聚在此。古朴曲雅的王子街花园风景如画，花园中屹立着苏格兰著名文学家司各特的纪念塔，在花园的另一块绿地上，伫立着世界上最大最独特的一座苏格兰花钟，王子街公园内不时有穿着传统苏格兰裙的艺人演奏风笛。

爱丁堡城堡是爱丁堡市有象征意义的城堡，在爱丁堡的市中心和市里各处都看得到这座耸立在死火山岩顶上的城堡，在爱丁堡城堡上可以居高俯视爱丁堡市区。远眺爱丁堡就被它宏伟美丽的外表所吸引，沿着斜路和梯级踏上这城堡后更是让人震撼。跨过城堡门前的石桥仿佛走进一座石头城，城堡内的建筑与花岗岩山坡浑然一体，城堡内有建于12世纪初的圣玛格丽特礼拜堂，还有苏格兰国家战争纪念馆与皇宫。

从爱丁堡出来大约两个小时的路程到了阿尼克城堡。沿途风景特别的美,有一段路程是是沿海行进,车上看到的不是礁石也不是沙滩,是大片草坪,一群群白色的羊散漫地吃草,天空的云也是极好看的,一朵朵一片片一层层都极有造型。阿尼克城堡因为拍摄哈利波特闻名,电影哈利波特就是在这里拍摄的,城堡里有国事厅、炮台、塔楼、城墙等,在草坪上坐坐远眺优美的田园景色是理想的游览方式。

下一站是约克市，这是今天行程的最后一站，尽管今天最后要住宿在曼彻斯特，但到曼彻斯特是很晚了，游曼彻斯特是明天的事了。约克市不大，随性地走走让人觉得很舒服，约克虽也是旅游城市，但不像国内的旅游城市那么拥挤，在市里走走还是很不错的。

约克大教堂和约克城墙是游客旅游的两个打卡地。约克大教堂就在市中心，拍照的游人很多，聚集在大教堂门前拍照，进入教堂后会看到长长的走道，漂亮的彩色玻璃窗让人禁不住赞叹，在教堂里走走觉得很舒服。约克大教堂有全世界最大的中世纪彩色玻璃窗，中世纪彩绘玻璃的大半以上都在这里，教堂的玫瑰花窗更是让人叹为观止，非常壮观非常美丽。约克大教堂及周边街道没有苏格兰的喧嚣和热情，更没有英格兰南部的小清新，取而代之的是井井有条的人群和"匀速运动"的车流，仿佛在这里的一切都是平稳的，安静得如大教堂一样的让人宁静。

历史悠久的古城墙堪称英国的长城，约克城以其浓厚的历史人文底蕴和保存完好的历史古迹而被称为英格兰活的历史，而约克的古城墙是这座名城的历史见证者。约克古城墙由古罗马人建造，曾作为防御外敌的屏障，是英国保存最好也是最长的中世纪古城墙，整座城墙以约克大教堂为中心，呈正方形,长约4公里。

在曼彻斯特住宿一晚后，是到英国又一所著名的大学观览，那就是剑桥大学。剑桥大学是全世界最顶尖的大学之一，有近800年历史，科学和工业是剑桥最引以为傲的学术，位于英格兰的剑桥镇，英国许多著名的科学家、文学家、政治家都来自于这所大学。

剑桥大学校园与市区融为一体特别大，共有31个学院，各学院建于不同时期，建筑风格也各不同，但大多保留着中世纪以来的风貌，校舍的门廊墙壁上装饰着古朴庄严的塑像和印章，看起来非常漂亮。比较遗憾的是，每个学院都要单购门票，最有名的学院有国王学院、三一学院、圣约翰学院、皇后学院、彼得学院、基督学院、克莱尔学院。

剑桥是一群牛津的师生创办的。一种说法是因为剑桥优美的环境、古老的文化背景和繁荣的宗教研究，吸引这批牛津师生在此创办了剑桥大学。另一种说法有点八卦，是这批牛津师生因为某种缘由受到了牛津市民的排斥，他们愤而在此创建了剑桥大学。但不管怎样说牛津与剑桥其实是溯源同根的，应是同宗同源吧。不过两校在布局上各有特点差异很大，牛津市因大学而兴城市散落在大学各处，因而学校大城市小，剑桥则是大学散落在城中，因而城市大学校小。和牛津的厚重历史感不同的是，剑桥是个文艺小清新的地方，从街道到建筑扑面而来的都是这个文艺小清新的气息。

一条中文译名叫剑河的河流围绕着整个剑桥大学，可以说如果剑桥大学的大门对于游客关闭了的话，剑河是唯一的有可能进出剑桥大学的交通通道，它围绕着剑桥。搭一艘小船就可以进入剑河了，两岸就是剑桥大学，一侧是教学区，一侧是生活区。整个生态环境可谓优秀，河中有很多悠闲的鸭子和各种水禽，听着船夫讲述每幢建筑的历史，感觉就升华了。

剑河中有一种叫做"撑船"其实也就是平底木船的供游人乘坐，一个来回约半个小时，沿途可以从河上观澜到剑桥大学的很多学院的风貌，景致十分美丽。比较有趣的是撑船人都是剑桥大学的学生，男女都有，你坐在船上游览时，为你撑船的也许就是剑桥大学的一位博士。

剑桥三一学院是牛顿在过的学院，三一学院入口有亨利八世的雕像，宏伟的建筑带给人一种敬畏感，前厅摆着从三一学院毕业的著名毕业生的玉石雕像，包括了牛顿、培根、丁尼生等人。在剑桥三一学院前，一颗不太大的苹果树下总有游人游览不断流涟忘返，所有的导游都给游客们介绍这就是牛顿发现万有引力定律被苹果砸了头的苹果树，游客们也相信这一点而在树前驻留拍照。我在西南财经大学讲授《科学技术史》时，曾给学生讲到苹果砸了牛顿的头使他发现万有引力定律实际上是几百年来的一个谬传，甚至是一个杜撰，相信三一学院的教授们也一定知道绝无此事，但这个苹果的故事总会一代一代的永远的传下去。

剑桥也有一架与牛津名字一样的叹息桥，只是它是架在剑河上，说法上有点大同小异的是每逢考试季害怕考试的学生经过这座桥去往考场时都会发出叹息声，几经传播该桥便因此得名。其实它和牛津叹息桥一样是很漂亮的一座桥，哥特式风格精美复古的雕花都是意大利威尼斯叹息桥的风格，也是因此得名，据称这是维多利亚女王在剑桥最喜爱的一处建筑。

国王学院与皇后学院像三一学院一样在剑桥享有盛名。国王学院是剑桥大学内最有名的学院之一，成立于 1441 年，由当时的英国国王亨利六世设立创建，因而得名"国王"学院。为了显示国王的雄厚财力，学院建立之初就追求宏伟壮观的建筑，而其建筑群中最著名的当属学院的礼拜堂，它耸入云霄的尖塔和恢弘的哥特建筑风格已经成为整个剑桥镇的标志与骄傲。皇后学院坐落在国王学院南侧，学院由 1448 年亨利四世的王后玛格丽特和 1465 年爱德华四世的王后伍德维尔共同捐资建立。王后学院横跨剑河由著名的数学桥连接，剑河西侧的皇后花园花红柳绿，青翠满园，是剑桥最优美的风景之一。

在剑桥游览了一天，晚上返回伦敦，第二天应是参观著名的巨石阵，那个位置离女儿就读的卡迪夫大学最近，我们与她约好在这里相聚。巨石阵离伦敦路程120多公里，大巴上观览一路风景领略了英国乡间风情，成片的绿草地成群的牛羊风光旖旎。车到巨石阵见到了分别一年多的女儿，相聚在一起自是十分高兴。

英格兰巨石阵是英国人心目中最神圣的地方，也是最神秘的史前遗迹，是英国首个联合国世界文化遗产。我这个打卡旅游者历来对这种史前文明的遗迹不感兴趣，主要是对这些史前文明的遗留物不太懂，其实是很不懂。从巨石阵入口到巨石阵要走较长一段路，我就决定不进去看那些石头了，女儿和她妈妈俩人兴趣勃勃的进去了，我就在入口处休息和看看手机，从手机上了解下巨石阵。

史前巨石阵是一个神秘的圆圈，它由垂直的大石构成柱立在英格兰南部。这座伟大的遗迹始建于五千年前，这些著名的石头今天仍然耸立在它们4000多年前所在的地方，以它沧桑的历史宏大的规模神秘的面目吸引数以万计的游客前来参观考察，去感受它的宏伟神秘。

巨石阵游览结束接着我们去了巴斯，巴斯位于英格兰西南部，被誉为英国最美的小城，巴斯英语的意思是"洗澡"，因为巴斯拥有大量天然温泉，称为"泉之城"。古罗马占领期间，罗马人热衷的泡温泉带到巴斯，巴斯至今仍保存着当年开凿的大型古罗马浴场。

古罗马浴场位于巴斯市中心，紧邻巴斯修道院，是巴斯最著名的旅游景点，也是介绍展示古罗马浴场的博物馆。浴场建于公园一世纪，那时英国还在古罗马的版图内，据说是一位因麻风病流放于此的罗马王子因为这里的温泉意外痊愈，他后来成为罗马国王，对这里的温泉念念不忘，派人来研究发现这里富含硫磺等矿物质的温泉对皮肤和神经系统疾病有疗效，于是在此修建了浴场和神殿。后来因为下沉而被湮没，直到18世纪才被发掘重见天日。曾经的古罗马时期的温泉疗养地如今是一个基于遗址上的大型互动博物馆，瞬间把你带回罗马时代人的生活场景中，你可以像两千年前的罗马人一样，走在古老的道上探索古时的房间，古罗马浴场占地规模之大让人不禁赞叹古罗马人民的聪明才智。

巴斯古罗马浴场是古罗马人洗澡的地方，全场用大理石砌成用嵌石铺地，有壁画，有雕像，用具也不寻常。房子高大分两层，通过圆拱门走进去，里面金碧辉煌，与壁画雕像相得益彰。居中是大健身房，有喷泉两座。场子占地六英亩，可容1600人洗浴，分成冷、热、水蒸气三种，各占一所屋子。古罗马人上浴场来，不单是为洗澡，他们可以在这里商量买卖和解讼事等等。它的接待大厅富丽堂皇，现在仍在源源不断的流出天然温泉水，从浴场露台欣赏巴斯修道院及广场又别具特色。

距古罗马浴场不远就是巴斯圣彼得圣保罗修道院教堂，外观呈淡黄色，由典型巴斯石建成，平面成十字形，始建于公元7世纪最后于16世纪建成现在的哥特式建筑，可以容下1200人，十分宏伟。巴斯修道院最醒目的是东面雄伟的彩色玻璃，以56块玻璃的56个情景叙述耶稣生平的种种事迹，包括耶稣诞生到33岁被钉在十字架上其间的许多故事。巴斯修道院是巴斯的标志性建筑，也是巴斯国际音乐节和其他许多重大节日活动的举办场所，。

从圣保罗修道院出来去了闹市区的皇家新月楼。皇家新月楼是气势恢弘的大型古建筑群，建立于1767~1775年，由连为一体的30幢楼组成，采用意大利式装饰，共有114根圆柱。皇家新月楼的道路与房屋都排列成新月弧形，优美的曲线令人陶醉尽显高雅贵族之风范，被誉为英国最高贵的街道与房屋，星月楼前绿草如荫，人在其中心情恬然。

从这些凝重的历史建筑出来，漫步到雅芳河，这是一条流经巴斯市区的河流，把巴斯分隔了新城与老城。周围环境幽雅有许多18世纪乔治王时代的建筑散落在大桥两侧，伫立桥头眺望雅芳河两岸风光，仿佛置身威尼斯水城一般。新城实际上也不新，建于大概200多年前，但至今仍叫新城。雅芳河格外静谧，是巴斯城最美丽的地带，有水则灵，特别是水流在人工环形水坝的作用下，体现出动感和生机。在河边漫步，可以眺望远处的教堂面视近处的廊桥，河流两岸草坪碧绿林木茂盛，在巴斯罗马城市风格的映衬下令人流连忘返。

普尔特尼桥是一座三跨石拱桥，跨越雅芳河，大桥的立面具有乔治王朝的建筑风格。桥上建有完备的房屋建筑，形成了石拱廊桥，不过它并不是真正意义上的廊桥，在桥的另一面还建有两个车道宽的机动车道与人行道。巴斯一天的游览结束后又回到了伦敦，第二天也是也就是行程的最后一天是安排的伦敦市区全天观光。第二天一大早接到了在伦敦上车的游客后，开始了一天的市区游览。第一站是国会大厦和它的标志性建筑大本钟，中国人给大本钟起了一个可爱的外号叫做"大笨钟"。

国会大厦是英国国会（上议院和下议院）的所在地，于1987年被列入世界文化遗产，是哥德复兴式建筑。整个议会大厦占地3万平方米，走廊长度共计3公里，共有1100个房间和100多处楼梯。1834年的一场大火使这座宫殿几乎被毁，只留下了威斯敏斯特大厅，后来又花费了几年时间重建成如今的规模，著名的大本钟就是议会大厦的标志。

大本钟位于伦敦西敏寺北端国会大厦，98米高的钟塔内，每当议会召开会议的时候，大钟上方的灯就会点亮，夜晚大钟在灯光的照耀下，静静地浮在夜空。大本钟有四个钟面，每个钟面各由312块乳白色玻璃镶嵌而成，透过玻璃时针和分针清晰可见。大本钟代表了英国古典文化，是伦敦的标志，也是英国人的骄傲，以伦敦为背景的电影中几乎无一例外会出现大本钟的身影，大巴车走过几个街区都能远眺到它。近看大本钟特别有韵味，老旧的感觉一下子喷薄而出，有一种置身英伦电影的视觉感，周围走过的游客也全都变成了夹着伞，带着软呢帽，低头疾步走过的英国人。

国会大厦不远处是有名的威斯敏斯特教堂，威斯敏斯特教堂又译为"西敏寺"，在英国享有至高无上的地位，是英国王室专属礼拜堂。1066年以来几乎所有王室的重大仪式都在这里举行，包括轰动一时的威廉王子大婚。威斯敏斯特本义是西部修道院的意思，后来此地也因教堂而命名为威斯敏斯特，现在是组成伦敦市中心的两个市级区之一。威斯敏斯特修道院中上帝与科学家比邻而居，国王与文人相携长眠，生与死的边界在这里模糊，世俗与宗教在这里交融，王权与教权在这里碰撞，科学与神学在这里共存，人性与神性在这里同放光辉。

第二站是白金汉宫。白金汉宫自19世纪起便一直作为英国王宫和英国王室的官邸，王宫内外一派富丽堂皇。宫内有典礼厅、音乐厅、宴会厅、画廊等六百余个房间，宫外广场上维多利亚女王像上的金色天使，代表皇室希望能再创造维多利亚时代的辉煌。白金汉宫门口的皇家卫队换岗仪式一向吸引着来自世界各地的游客，在军乐和口令声中，穿着大红军装、戴着熊皮礼帽的卫兵作各种列队表演，并举枪互致敬礼，气派而又花哨。在白金汉宫外，仍有很多各式各样的平民活动，比如摆放姿势的小伙等。

白金汉宫不远就是皇家海德公园，说是皇家公园其实也对公众开放。海德公园是伦敦最大最著名的皇家公园，位于白金汉宫的西侧，公园里树林掩映、河流交错，还有演说者之角、骑马道、黛安娜王妃纪念喷泉等名景，天气晴好时很多伦敦市民会来此休闲，我们也趁兴趣游览了一番，感觉还是很不错的。

第三站是大英博物馆。大英博物馆是世界上最大的博物馆之一，其藏品之丰富，种类之繁多为世界博物馆所罕见。博物馆的镇馆之宝首推埃及厅的罗塞塔石碑，这块记录了同一段文字的三种语言版本的石碑，是世人了解古埃及语言与文化的关键。此外，这里还收藏着众多在北京故宫和台北故宫难以见到的23000余件中华瑰宝，除了最早期的商周时代文物，还包括顾恺之的《女史箴图》、唐伯虎的《西山草堂》等，足以让人大开眼界。博物馆很大分好几层楼，不同地区的物品分别展示，展品是多到眼花缭乱，各个国家的奇珍异宝很多都在这里摆着，足以见得当初大英帝国有多么疯狂。大英博物馆随便走走逛逛，走马观花也要几个小时，细看得花几天。我历来对这种展品式的博物馆因为不懂兴趣不大，走了几个馆后便到中庭休息去了，那里是很大的购物和餐饮区。

最后一站是塔桥。伦敦塔桥是一座悬索桥，横跨泰晤士河，因在伦敦塔附近而得名，是从泰晤士桥口算起的第一座桥，将伦敦南北区连接成整体。伦敦塔桥桥身分为上下两层，上层为宽阔的悬空人行道，行人从桥上通过，可以饱览泰晤士河两岸的美丽风光，当泰晤士河上有万吨船只通过时就可以看到塔桥开启景象，宏伟的景象让人大开眼界。

至此跟团的七天英伦游从伦敦出发也在伦敦结束，之后我们便奔赴威尔士首府卡迪夫市。在卡迪夫住了三晚呆了四天，夫人定了一套离女儿就读的卡迪夫大学不远的民宿，二层楼的房子挺不错的。因为这次女儿已完成硕士学业要和我们一起回国，所以到了卡迪夫的第二天就去了女儿的学校卡迪夫大学，女儿带着我们游览了她的学校，一所很漂亮很安静的大学，看到了大学不少学院的活动。时间正值卡迪夫大学秋季入学，看到了很多同学在办理入学，中国大陆去的学生也不少，然后与女儿一起办好离校手续，带着她的全部行李一起我们回到租用的民宿。

第三天去了卡迪夫海湾，卡迪夫是一个比较休闲的城市，海湾这一片应该是他最商业化的一片区域，这里有一些小小的街道，供游客来采购各种商品，也有一些不错的餐厅。卡迪夫海湾距离卡迪夫城区不是很远，整个港湾既有历史建筑，包括港务大厦的红房子，也有玻璃幕墙面向海湾的市政中心和现代化的综合体。整个海湾有自行车道，餐饮店面向大海非常富有生活化的气息，海湾中偶然可见的帆船更增了活力气息。卡迪夫海湾很漂亮环境很美，海水清澈里面经常有鱼儿游动，海面上有海鸥，站在这里吹海风的感觉是很棒的，

最后一天去浏览了卡迪夫的市区，这确实是一个很安静漂亮的城市。因为这时女儿已得到九月底入读西班牙巴塞罗那大学攻读第二个硕士学位的通知，回国后要抓紧时间到北京西班牙大西馆去面签，我们也就离开了卡迪夫，登上回国的航班结束了这一次英伦旅游。

第三章 欧洲旅游（三）：西南欧

2019年1月下旬与2月上旬，进行了第三次欧洲游，这次的目的地是西南欧，选择在一月去主观上是到西班牙巴塞罗那与女儿一起过春节。客观上来讲是当时我还在成都信息工程大学银杏酒店管理学院担任院长，与第一次欧洲行一样只能选择在寒假假期。不过这一次虽同是冬季，但西南欧的气候十分好，完全感受不到冬季的寒冷，春季的温暖伴随我们度过了这次美好的十分愉快的欧洲行。

说是到西南欧旅游，但我们第一站是到的法国巴黎，所以时隔四年与巴黎再次相见。落脚在法国巴黎是由两方面的因素促成的，一是签证的因素，主要是想寻求时间更长的欧洲签证，二是成都信息工程大学银杏酒店管理学院的工作有点需要。

夫人在办理签证时刻意的选择了在法国申根，因为一直以来，欧盟各国的签证法国大使馆的时间

最长，拿到一年签证时间的可能性很大，果然我们拿到了法国的一年签证，这为 2019 年九月我们进行第四次欧洲旅游做好了签证上的准备，实现了第四次欧洲游也就是中东欧游。

落脚巴黎的另一个原因，是当年法国巴黎一所台湾华裔人办的自资大学与成都信息工程大学银杏酒店管理学院有国际交流合作，他们的院长在 2018 年十月访问了成都信息工程大学银杏酒店管理学院，我与他们洽谈了一些合作项目。双方确定在 2019 年初我到巴黎时把这些合作项目进一步落实，并邀请我参加他们大学这一届的毕业典礼，也算是旅游之余顺道进行一下院长份内的工作吧。

除了在巴黎有这些工作活动外，在我这次西南欧旅游最后几天的行程中，还会有一些与西班牙巴塞罗那几所大学的访问与交流，主要是想建立这些大学和成都信息工程大学银杏酒店管理学院的可能国际合作的联系。

到巴黎是清晨，所以一大早合作的大学就把我接到他们学校，双方进行了热情友好的洽谈，下午在他们的陪同下再次游览了巴黎最著名的几个旅游景点：塞纳河、香榭里大街、凯旋门、凡尔赛宫、埃菲尔铁塔等。晚上参加了这所学校的毕业典礼。

第二天按照夫人的安排。到了法国里昂市，在那里待了两晚三天，游览了这个法国南部城市。里昂有老城和新城，里昂老城加上里昂新城成为法国的第二大城市。里昂老城古时是渔村，历经几世纪的不断发展，现在是一个文化气息浓厚的城市。

里昂老城坐落于索恩河畔，是欧洲面积最大的文艺复兴街区之一，古色古香的古旧街区，一幢幢醒目橙红色调的旧房屋，哥特式、文艺复兴式及古典式的房屋彼此连绵相连让人目不暇接，仿佛穿越般来到了中世纪欧洲。

里昂老城具有象征意义的景观是建在弗尔布爱尔山顶上的白色的圣母教堂。教堂称为圣尼济耶教堂，是一座有着四百多年历史的古老教堂，规模不大，但是从外观来看很精致，它的原址在历史上曾经是一座罗马时代的神庙，外面虽然不大，但是里面还是很宏伟的。教堂外墙的雕刻十分的细腻传神，花纹繁复精美，内部的彩绘玻璃窗颜色鲜艳，每一块都描述着一则圣经里的故事，十分的生动传神，阳光透过玻璃照射进教堂,光怪陆离十分迷幻有一种神秘的感觉。

里昂老城最著名的古街要数缝纫街了，整条街都是古老的非常有特色的建筑，最有名的就是那幢 19 世纪建成的石质五层的建筑，是一道靓丽的风景线。缝纫街是一个很独特的步行区域，在这里能看到很多的里昂的普通的居民区和建筑街道，周围的小商铺也很多的，有许多的精美的艺术品供人观览和出售。

里昂索恩河的河边让人感觉十分的安静，河上有各种不同风格的桥，很多都是步行桥。爱情桥是索恩河上一座非常著名的桥梁，这里的栏杆上绑满着各式各样代表爱情的锁具，他们将象征紧密相连的爱情之锁锁在栏杆上，然后将钥匙丢进湖中代表着永不分离，使这里成了当地著名的景点。爱情桥是连接安纳西湖和老城的桥梁，在这里可以看到清澈见底的湖水及河流两边郁郁葱葱的爬山虎和鲜艳的花朵。

波拿巴桥横跨索恩河，在桥上可以一览索恩河的美丽风光，宝蓝色的河水上偶尔有一对对天鹅游过，远处是层叠的红顶房子，加上蓝天白云和富维耶圣母堂做背景真是美极了。

整条索恩河都十分宁静，我们在闲逛中却发现河边一处露天市场，有点像国内的农贸市场，各种各样的主要是吃的农产品都在这里摆放着出售，看起来十分新鲜，特别是水果十分鲜美。也有一些日常用品在这里出售，近距离观察他们的买卖，感觉到是十分的和谐与开心如意。

里昂市中心的白莱果广场一度被称为皇家广场。同一般中心广场不太一样的是，它的地面全部是由红土铺成，虽然这样并没有使它非常美丽，但却给人留下了深刻的印象。广场的红色调同里昂旧城建筑的红屋顶极为和谐。广场还曾是 19 世纪中期里昂纺织工人暴动的重要舞台。广场上有一座高大的路易十四骑马雕像，是里昂诞生的雕塑家卢蒙的作品。广场周围林立着 19 世纪初建造的楼房，以及花店、咖啡座和餐馆等，是市民的最佳休憩场所。广场东南面坐落着装饰艺术博物馆,藏品种类繁多相当精彩。

我们去白莱果广场是下午接近 4:00 的时候，刚在广场逛了一会儿，猛然发现在广场四周特别是进入广场的路口有很多警察和警车。正在惊讶和讷闷中 4:00 就到了，这时从各个路口涌进来了很多穿着黄背心的法国人，举着旗子拿着标语，原来我们正好赶上了当年在法国闹得很热闹的黄背心运动，虽然很好奇想多看一下外国人怎样表达他们的诉求，但觉得这种场合还是最好不要久留。不过黄背心人群和警察都很正常，我们观看了一会也就离开了。

市中心的又一个广场叫沃土广场，她位于里昂市政厅前，被称作"里昂心脏"，市政厅外部以意大利风格的雕像和圆顶装饰，非常奢华。法兰西的国旗飘扬在市政厅上，市政厅金色的钟在即将落下的夕阳照耀下很是刺眼，一切是那么的古朴典雅。广场的主体被划分成一个个正方形，每个正方形地面中心的小喷泉，都有小水柱喷射出，被水打湿的地面像镜子一样倒映出周围建筑的立面，显得流光溢彩倒影婆娑，如同仙境般美丽。

广场上有座喷泉，喷泉水池上有四匹马被一位女神牵着，这座建于 19 世纪的喷泉出自纽约自由女神的雕塑家巴透第之手，据说这四匹马代表世界文明的四条河，分别是非洲埃及尼罗河、中东伊拉克的幼发拉底河及底格里斯河，亚洲印度的恒河。我在西南财经大学讲授《科学技术史》讲古代文明按国内教材是四大河流文明，除了上边说到的古埃及文明、两河文明和古印度文明外，还有以黄河为代表的古代中国文明。但这位女神牵着的四匹马中没有黄河，看来西方的古代文明

150

史中是没有认同东方的古代中国文明的。

离开里昂便直奔西班牙巴塞罗那，到巴塞罗那已是下午，夫人订的酒店在巴塞罗那闹市区的加泰隆尼亚广场旁的一条步行街附近，因为我们像上次英伦游一样选择了环西欧西班牙和葡萄牙的旅游团，第二天的上车地点就在加泰隆尼亚广场，到酒店时女儿已在那里等候了，和女儿相见自是一番愉快和快乐。

第二天一早便在加泰隆尼亚广场上车参团，这一天车上的行程很远，从巴塞罗那出发有 5 个小时的车程，目的地是西班牙城市瓦伦西亚，大巴沿海岸线前往西班牙第三大城市瓦伦西亚。瓦伦西亚市位于西班牙加泰罗尼亚南，是西班牙瓦伦西亚大区的首府和瓦伦西亚省的省会，被誉为西班牙第一大粮仓。瓦伦西亚东濒大海背靠平原，四季常青气候宜人，像一颗明珠镶嵌在地中海。

主要的参观点是瓦伦西亚大教堂。瓦伦西亚大教堂建于 3 世纪时的清真寺旧址上，在长时间的不断改建和翻修中混合了多种建筑式样：教堂的三个入口就分别是罗马式（正门）、巴洛克式（南侧宫门）和哥特式（北侧使徒门）。大教堂的米格莱特钟楼被誉为瓦伦西亚的象征，钟楼高 197 英尺，呈 8 边形。大教堂融合罗马式、巴洛克式和哥特式风格建成，珍藏有西班牙名画家戈雅两大幅宗教画和意大利雕刻家、金银艺术品制作家塞利尼的金饰品。大教堂内的小教堂藏有一只小巧的玛瑙杯，传说是耶稣在最后的晚餐中使用的圣杯。大教堂内的画很有特色，特别是中央的几幅映入眼帘让人印象深刻，教堂安静但不失庄重，坐在长椅上让人内心十分安宁。

距瓦伦西亚大教堂不远是赛拉诺斯塔，这是一座有着 1000 多年历史的古老城堡，也是瓦伦西亚的古城门。整座城堡保存得非常的完好，堪称是西班牙城堡的典范，两座圆柱形的石塔是它的标志，现在这里是一座历史博物馆。

瓦伦西亚是一座海滨城市，那天的天气也特别好，天空澄蓝得让人惊讶，微风拂面让人心情舒畅。导游讲到瓦伦西亚的马尔瓦洛萨海滩是西班牙最著名的海滩之一，在这里的海岸线非常的绵长，海水清澈沙滩上的沙也很细软。只是海滩不在我们的行程安排之中，只好途中在大巴车上远眺一下领略领略了。

当晚住在阿里坎特，这是西班牙一个简简单单的小城市，没有马德里和巴萨的快节奏，小小的一座城，静静的流淌着千年的历史。这里有漂亮的棕榈树公园，超宽的海滩，以及热闹的夜店，虽然小但是一座充满活力的海边小镇。

第二天的目的地是格拉纳达。格拉纳达是西班牙一个古老的城市，有欧洲味非洲味但更有阿拉伯风味，是阿拉伯人在伊比利亚半岛上的最后一个王国的首都。由于几百年的穆斯林统治，格拉纳达大部分旅游景点仍保留着中世纪的风格面貌和浓浓的阿拉伯风情。

世界遗产委员会在确定格拉纳达为世界遗产时做出的评价是：俯瞰着低处的现代城镇，阿尔罕布拉宫和阿尔巴辛坐落在两个相邻的小山上，一直保持着中世纪格拉纳达地区的风貌。阿尔罕布拉宫和民居区的东面是风景秀美的赫内拉利弗花园，公元13世纪至14世纪统治着西班牙这部分土地的埃米尔们就曾居住在这里。阿尔巴辛住宅区保留着大量摩尔人建筑风格的各式建筑，同时在这些建筑中还可以看到传统的安达卢西亚建筑风格被完美地融入其中。

石榴之城格拉纳达是伊斯兰教徒心中的圣地，也是西班牙的骄傲，它的阿尔罕布拉宫更是世界文化遗产。进入阿尔罕布拉宫三大宫殿，映入眼帘的是一幅幅精美的画卷，屋顶、墙面、地坪、斗拱都呈现着各种伊斯兰风格的几何图形，极具美感。傍边的夏宫种植着各种花草香料，修剪整齐的柏树极具视觉冲击力。漫步在阿尔罕布拉宫的楼道小径，仿佛穿越了七百年历史，时而震撼，时而迷茫，时而感叹，时而思索。

阿尔罕布拉宫堪称园中之城城中之园，名符其实的西班牙双王时代的荣耀之城，对真主阿拉的敬仰萦绕在城之四处。对称系的运用、穹顶的奢华、建筑与园艺的完美结合、威严与神圣的搭配，诺大的宫殿信步而去，浮想联翩。在欧洲国家看到的这种宗教建筑，使人对历史的起承转合产生无限的联想和感悟。

随后的格拉纳达古城的漫步游使人心旷神怡，所谓古城其实就是一个小镇，在信步溜达中来到了格拉纳达大教堂。这是一幢哥特式建筑，带有显着的文艺复兴时期的风格，大教堂由三个巨大的拱形组成，内部的装修华丽，尤其是礼拜堂华丽的装饰十分引人注目。

在格拉纳达住宿一晚后，第二天一早大巴车驶向西班牙第四大城市塞尔维亚。塞尔利亚位于西班牙南部，是安达卢西亚的首府，一座悠闲而安静的文化古城，具有深厚的文化底蕴。《唐吉诃德》写于此地，《卡门》的故事也流传于此，拜伦的《唐璜》也是以塞尔维亚为背景创作，同时著名的"弗拉门戈舞"也发源于此。这里是摄影爱好者的天堂，是《权力游戏》影迷的留恋地。

游览塞尔维亚有六个地点是游览的必去之地，首先就是西班牙广场。西班牙的每个城市都有一个西班牙广场，塞维利亚的这座广场是所有西班牙广场中最美最大最惊艳迷人的。广场是1929年为在此召开的伊比利亚博览会而建造，它是西班牙建筑中新建筑风格的典型代表，是一个巨大的270度大圆弧广场，圆形缺口正对玛利亚路易莎公园。建筑与广场之间隔着一条护城河，河上有数座装饰着绚丽瓷砖的小桥。广场中心上有58个彩瓷壁龛画，代表了西班牙最有名的58座城市的景观和历史，细细品味和抚摸这里的每一块瓷砖，上面雕刻了西班牙这个民族的骄傲和灵魂。

第二个是塞维利亚大教堂。它是与梵蒂冈圣彼得大教堂及伦敦圣保罗大教堂齐名的世界三大教堂之一，建筑内外雕刻十分精美，属于西班牙哥特艺术鼎盛时期的风格，又夹杂着阿拉伯建筑艺术。教堂最著名的莫过于钟楼也就是西拉达塔西拉达塔，这是西班牙几个世纪以来最著名的高层建筑，塔顶可俯瞰整个塞维利亚美景。除了是世界第三大天主教堂外，塞维利亚大教堂还是第一大哥特式教堂建筑，它融合了阿拉伯、哥特、文艺复兴、巴洛克、新古典主义学等各个时期的风格，巨型的八边形石柱、高耸的十字拱顶让人在其内感到自我是那么的渺小，不得不在神的面前俯下身躯安静下来。

哥伦布的棺椁在教堂中最为显眼也最为庄重，足以见得这位葡萄牙人在西班牙的尊重和尊贵。我在西南财经大学讲授《科学技术史》时曾重墨过这位大侠。这位不受葡萄牙待见的葡萄牙人，当年受到西班牙皇后的青睐，为了和葡萄牙争夺航海权，皇后出资支持哥伦布不是向南而是向西航行，因为不仅哥伦布相信地球是圆的，他也让西班牙皇后和国王相信了这一点。

哥伦布的目标是到中国和印度，那是马可波罗描写的遍地黄金的地方。不过使人搞笑和遗憾的是，哥伦布虽然发现了美洲新大陆，但他至死都始终把亚美尼亚当成了中国，尽管他在亚美尼亚没有看到马可波罗笔下的遍地黄金。使哥伦布产生这种误觉的是关于地球直径的计算，他相信了古希腊天文学家波西多留斯的地球直径计算，认为只有28,000公里，比实际中的地球直径少了将近三分之一，不过这个错误也是促使哥伦布敢于向西航行的重要因素。因为按当时的航海技术，如果真知道地球的直径不止28,000公里，是谁也不敢支持这次航行的，包括哥伦布自己。

第三个是塞维利亚王宫。这是欧洲最古老的皇家宫殿，摩尔人留在西班牙的阿拉伯宫殿庭院的经典之作。小而精致，伊斯兰式建筑的大使厅无论是花纹还是颜色都非常华丽，王宫内带水池的中庭有阿拉伯风格的精致浮雕、王宫花园错落有致，长廊、喷泉、鱼塘、热带植物都令人着迷。

第四个是黄金塔。这是塞维利亚黄金时代的标记，现在是海军博物馆，它矗立在瓜达尔基维尔河畔，见证了塞维利亚辉煌的航海史，这里曾经是哥伦布们那些满载着黄金白银从美洲回来的船只的终点。黄金塔是阿拉伯建筑风格，由12个等边的砖塔构成，每一块砖塔代表一个方位，塔的四周涂有金粉好似黄金，因而得名为黄金塔，时间的流逝使黄金已慢慢褪色，但在夕阳的照耀下，还是金光闪闪美妙绝伦。

第五个是斗牛场。在塞维利亚也有西班牙最传统的斗牛场，那就是塞维利亚皇家骑士俱乐部，建筑中最醒目的是富丽堂皇的半圆型拱门和王子门。

最后是圣克鲁落区。漫步塞维利亚最古老的圣克鲁斯区，游走在老城区犹如迷宫式的巷弄，拥拥嚷嚷的市集拐个弯却步入了安静的民宅区，居民们的日常生活维持着悠悠缓缓的步伐。更令人难以忘怀的是地中海国度仿佛有着永恒的蓝天，蓝白小镇中爽朗的晴天微凉的风抚慰着人们。

塞维利亚确实是个一眼就会让人爱上的城市。喜欢建筑的，这里有世界最大的哥特式教堂和穆德哈尔风格古王宫；喜欢历史的，这里是当年哥伦布扬帆出海发现新大陆的起点；喜欢文学的，拜伦的《唐璜》梅里美的《卡门》就发生在这里；喜欢音乐的，莫扎特的《费加罗的婚礼》罗西尼的《塞维利亚理发师》更是传世之作；更何况这里还有最好看的弗拉门戈舞!

西班牙的游览在塞维利亚暂告一个段落，明天将前往葡萄牙游览，目的地是葡萄牙首都里斯本。在塞维利亚住宿一晚后，第二天一早直奔"世界上最值得去的50个地方"之一的罗卡角。罗卡角位于欧洲大陆的最西端，直面大西洋，距离里斯本40公里，一座断崖、一方石碑、一座灯塔，海天一色，海风飒飒，绿草如茵。来自生命本源的心底感受到葡萄牙诗人卡蒙斯的著名诗句："陆止于此，海始于斯"，这句有名的诗句雕刻在面向大西洋而修建的十字碑上。

罗卡角是欧亚大陆的陆路终点，但却是航海的起点，它一边是断崖，悬崖峭壁怪石嶙峋，一边是惊涛骇浪不断拍打悬崖，飞起层层的细浪如纷纷白雪，使人不得不感叹大自然的神奇。站在大航海时代地理大发现象征性的起点和纪念地，静思静观崖下的惊涛拍岸，让人联想到600多年前开拓者劈波斩浪凛然前行的勇气。第一个海上帝国葡萄牙其兴也勃其亡也焉的历程，正如西风巨浪般飘忽不定，也让人悟到没有永久的"日不落帝国"，珍惜当下才是顺应宇宙浩荡之势。

进入里斯本后，首先去了贝伦古塔。贝伦塔位于葡萄牙首都里斯本，耸立在特茹河畔入海口处，建于16世纪初，是当年扼守里斯本门户的军事要塞。贝伦塔为世界文化遗产，是葡萄牙古老建筑之一，它不仅见证了葡萄牙曾经辉煌的历史遗迹，其独特建筑风格和地理位置为里斯本带来了世界各地旅游观光者，是里斯本最上游客镜头的一个风景点。

与贝伦塔毗邻的是航海纪念碑，纪念碑气势不凡是葡萄牙的象征，是为纪念航海家亨利王子逝世500周年而建。外形像展开巨帆的航船，船头站立的是亨利和他的助手达伽玛，徜徉在纪念碑广场，眺望不远处的4.25大桥,令人感叹到葡萄牙人在大航海时代的辉煌。

在贝伦塔和航航海纪念碑的对面是热罗尼莫斯修道院，它始建于1501年，是国王曼努埃尔一世为纪念达伽马绕道非洲好望角到达印度的意义重大的航行而主持修建的，前后耗时近100余年。修道院整个建筑立面雄壮的气势，彰显了昔日葡萄牙无可匹敌的海上霸主地位令人感到震撼。

离开修道院后进入里斯本城区，作为葡萄牙首都里斯本的园林美化工作十分出色，市内有公园花园250多个，草坪绿地面积达1400公顷，道路两旁有松柏、棕榈、菩提、柠檬、橄榄和无花果等树木，城市终年草木长青鲜花盛开，宛如一座妩媚芬芳的大花园。里斯本依山傍水，整个城市分布在7个小山丘上，远远望去色调深浅不一的红瓦顶房屋和浓淡不同的绿色树丛交相辉映，景色十分优美。

导游给了两个小时在里斯本老城区自由游览，在高高低低的台阶路上慢悠悠闲逛，色彩鲜艳的小街小巷很有味道，蓝得透明的天空和萌萌的小火车，各种精致的马赛克路面，使人感觉到里斯本是一个逛起来很舒服的城市，它不是很大但是很耐看耐游。

逛到里斯本最大最繁华的广场里斯本商业广场，它又称为贸易广场或者黑马广场，广场的前面是码头，有很多的海鸥和鸽子，著名的凯旋门外，竖立着葡萄牙历史上的英雄雕像。整个广场非常的宏伟宽阔，体现出葡萄牙昔日的强盛。在广场后面一家著名的百年老店排队品尝到了极享盛名的正宗葡式蛋挞。

晚上在导游的组织下，观看了一场自费的带有晚餐的表演，这是在游程之外的项目，显然也是导游增加收入的一个方式，不过价格还是比较合适的。30欧也就是人民币200多元吧，享受了一餐比较正宗的葡萄牙晚餐，还观看了一场别有风味的西班牙葡萄牙舞蹈表演。

葡萄牙的游览只有在里斯本的一天，第2天就要奔赴西班牙首都马德里，重新游览西班牙的其它城市景点。早上出发后，经过长途的大巴车奔驰，进入西班牙境内，中午稍过一点到达杜丽多古城。在太加斯河及坚固的城墙围绕下，杜丽多记录了西班牙的历史古文化，西班牙全盛时期皆建都于此，漫步在古迹密布的城市，俯瞰亚卡沙尔城堡，参观结构宏伟的大教堂，感受到了西班牙昔日的繁华。

杜丽多古城让人们真正走入曾经辉煌的西班牙皇朝。中世纪时期西班牙主要由4个王国组成、北部的纳瓦尔、东北的阿拉贡、南部的莱昂和中部的卡斯蒂利亚，现在西班牙的国旗是由这4个王国的徽章加上象征格拉纳达的石榴花构造的。杜丽多古城处处是弯弯曲曲的羊肠小道，在城外有条护城河紧紧拥抱着这座流淌着岁月痕迹却依然散发活力的古城，城内有不少西班牙用海外殖民赚回来的财富堆砌出的最华丽的大教堂，精致之处可见于一石一柱。

杜丽多古城的大教堂中，最著名的是杜丽多大教堂，它是当地著名的地标，建于13至15世纪，是西班牙首席红衣大主教的驻地，哥德式风格建造，大堂正面最突出的部分是由3座门构成，这三座称为地狱之门、宽恕之门和审判之门。圣多梅教堂建于14世纪，因收藏了西班牙画家埃尔葛雷柯的名画"奥加兹伯爵的葬礼"而闻名，它的太阳门是典型的阿拉伯风格建筑，门上的装饰图案是在圣多梅教堂建成后的数百年间陆续添上的。

游览了杜丽多古城后，当天在西班牙首都里斯本住宿。第二天一早就奔赴马德里的中心太阳门广场，太阳门广场是名副其实的市中心，市政厅、零公里地界的起点、熊与扬梅的雕像是这个城市的灵魂。从广场到周边的歌剧院、英国工百货、米奎尔市场、国家教堂、马德里皇宫、德波神庙走路都可以到达。这里的一个必看景点就是零公里的地上标志，所谓的西班牙国土的中心，其实这是一块不大不小的小正方形磁砖，安放在太阳门的行人道上。另一个要看的景点就是马德里的市徽熊摘杨梅的雕像。大阳门广场非常热闹，有很多表演者，也是本地人约会集合的地方，当然也有乞丐、街头行为艺术表演者和游行者，而附近有很多餐厅、服装店、百货公司等购物地方。

导游安排了一点时间在太阳门广场附近自由活动,让大家近距离的看看和了解马德里。马德里是西班牙的首都,也是欧洲乃至全球的著名城市,建筑都相当的好看,不管是王宫还是教堂,还是非常多的博物馆。马德里是一个非常有历史底蕴的城市,这里有非常漂亮的建筑,也有很多的历史古迹,也是一个比较开放的城市,适合旅游购物的地方。

最后去了马德里皇宫。马德里皇宫是西班牙国王的正式驻地,国王卡洛斯一世和王室并不居住在这里,而是住在马德里郊外较小的萨尔苏埃拉宫,皇宫的对面是西班牙广场,中央竖立着塞万提斯的纪念碑。王宫气势恢宏、装饰考究,外部的石雕精美,内部的油画逼真,摆放的家具奢华,给人一种享受般的感受。临曼萨纳雷河而建的马德里王宫仅次于法国凡尔赛宫和奥地利美泉宫,是一座融合西班牙传统王室和巴洛克风格的建筑,是世界上保存最完整最精美的宫殿之一。历代居住在此的君王会根据个人喜好对王宫进行布置,也让王宫充满了他们独特的个人风格和时代印记。

离开马德里以后去萨拉格萨,这是西班牙的一个不大城市,到达后直接去了代表城市象征的萨拉格萨主教座堂广场,它又叫皮拉尔广场,这两个名称是因为广场上有两个主教座教堂,一个是皮拉尔圣母圣殿主教座教堂,一个是萨拉格萨耶稣救主主教座教堂。天主教中一个主教座教堂管辖一片非常大的教区,西方一个省级或大区的行政区大都最初是从教区划分而形成的。萨拉格萨这个广场有两座主教座教堂,很大原因是因为它曾经是阿拉贡王国的首都。

站在皮拉尔广场上可以细细地欣赏大教堂那 11 座精美华丽错落有致造型各异的大小圆顶,广场两端一端有一座凯撒大帝铜像,另一端有一座画家戈雅铜像。皮拉尔广场的延伸是大喷泉广场,在由不规则几何图形砌成的大水池中,水池前有一个巨大的地球雕塑,水池后是一幅巨型的形似瀑布的雕塑,细看发现那瀑布上有一条裂口,细细的水流不断的流淌下来,表达了这幅雕塑"断裂的大地倾泻的水流"的寓意,告诫人们要保护环境保护水资源。走出广场就来到了埃布罗河边,埃布罗河是西班牙最长、流量最大和流域面积最广的河流,是西班牙的母亲河,站在河岸旁欣赏建于罗马时期的古老石桥,清风拂面感到十分惬意。

在萨拉格萨住宿一晚后,第二天目的地是我们参加旅游团时的出发地巴塞罗那,我们将在那里结束这次 7 天的西班牙葡萄牙漫游。当然这不是我们这次西南欧游的结束,因为我们的女儿正在巴塞罗那大学攻读她的第二个硕士,我们这次准备陪伴她在欧洲度过中国传统的春节,应该说女儿五年前从 17 岁时赴英国与欧洲读书,都没有和我们一起度过这个中国的传统节日。同时作为成都信息工程大学银杏酒店管理学院的院长,我还要在巴塞罗那进行一些工作,与巴塞罗那大学以及巴塞罗那自治大学洽谈一些双方可能有的合作事宜。

到达巴塞罗那已是下午,我们随大巴车游览了一些旅行团安排的景点,包括哥伦布纪念塔及兰布拉斯大道、巴塞罗那最有代表性的圣家堂教堂、鲁营球场外观、蒙朱伊克山丘上的奥林匹克运动会场等，最后到繁华热闹的加泰隆尼广场。在哥伦布纪念塔，我这个讲授《科学技术史》大学教授再一次感受到作为启动西方资本主义近代发展的三个重要因素之一的环球航海史的震撼，另外两个重要因素分别是发源于意大利的文艺复兴运动和始于德国的宗教改革运动。

再次到了巴塞罗那市内之兰布拉大道，因为我们刚到巴塞罗那时，是住在这条大道边的一家酒店中，所以当时就见识了一下这条大道。兰布拉大道是巴塞罗那最繁盛及最熟闹之地，由加泰隆尼亚广场起始，约2公里的步程，达至哥伦布纪念塔，有食店、花店和各式各样的购物店，热闹非凡，是游览巴塞罗那的必到之地。

接着去了巴塞罗那著名的圣家堂，这是一座全世界最大和最华美的教堂，一百多年前已开始建造，其设计者为西班牙建筑精英名家高迪，其精心之设计，在当年和今日也是技惊四座的，现今后人还继续着这不朽工程，虽然还未正式建成，但观其外表已让人惊叹不已，现已成为游览巴塞罗那绝对不能错过之地。圣家堂大教堂共有三个立面：面向东方的诞生立面，面向西方的受难立面，面向南方还未完工的荣耀立面。荣耀立面将会是三个立面里最大最有纪念意义的一个，象征耶稣升天。

从圣家堂出来后去了巴塞罗那主场诺坎普球场，这是欧洲最大的体育场，见证过巴萨数次登顶欧洲的光辉时刻，更是无数红蓝球迷的朝圣之地。球场、球员更衣室和球队博物馆均对外开放，非比赛日时游客可以参观，近距离接触球场、球员通道、新闻发布会的会议室、解说员导播间等等。球场里的博物馆是真球迷的朝圣地，各种奖杯(梅西的金靴奖等)和宣传让人眼花缭乱，礼品店里的球衣虽然是耐克正品，价格不菲但购买人数依然很多，甚至还有球场草坪的绿草出售。来到这里会被周围的气氛感染，是巴塞罗那不可错过的景点之一。

最后到了蒙朱里克山丘，这里有1992年巴塞罗那夏季奥运会的主会场，主会场位于一个小山坡上，这里可以鸟瞰地中海，风光非常的炫丽，高高竖起的主火炬台非常的显眼，在这里走走仿佛还能感受到昔日比赛时的激烈。

从蒙朱里克山兵回到加泰隆尼广场，我们的跟团游到此结束，但我们的西班牙之行还远没有结束，按计划我们要在巴塞罗那继续旅游到春节后再回国。除了游览之外，还有两件事需要做做，一件事算是工作吧，我已经约好了在巴塞罗那与几所大学及教育机构洽谈，商讨我所服务的成都信息工程大学银杏酒店管理学院与这些大学和教育机构海外合作交流事宜。另一件事是想较为深入详细的了解一下巴塞罗那的房产状况，为下一步购买巴塞罗那房产让家庭当然主要是女儿通过这种投资移民的方式留在欧洲。

这几天中，女儿带着我们游览了巴塞罗那好几处著名的旅游景点，女儿到巴塞罗那虽只有几个月，但对巴塞罗那的情况已很熟悉。我们到巴塞罗那一处观日落的地方，傍晚夕阳缓缓的下落，由询丽多彩的晚霞到太阳隐落，一番美景让人美不胜收。在巴塞罗那市区的一座酒店顶楼，可以由上而下观察到圣教堂的全景，也是别有风味。巴塞罗那是一个美丽的海滨城市，虽是一月份严冬的季节，但巴塞罗那却温暖处如春，使人留恋难返。

这几天我也分别和公立的巴塞罗那大学和私立的巴塞罗那自治大学，以及一所在欧洲与世界各地都有机构的商学院进行了他们可能有的与成都信息工程大学银杏酒店管理学院进行海外教育合作交流的洽谈，特别到巴塞罗那一所有名的语言培训学校进行了参观，详细了解他们为中国学生培训西班牙语的情况，并与他们进行了合作的洽谈。

在游览巴塞罗那市区的过程中，也比较详细的了解了巴塞罗那的房产市场。应该说与国内的一线城市相比，巴塞罗那的房价还是比较便宜的。按西班牙利购房移民的政策，购买50万欧的西班牙房产即可办理西班牙事实上也就是整个欧洲的移民。50万欧也就是约人民币400万左右吧，在国内一线城市只能买一小间房子，在成都这样的准一线城市也只能买100多平米的一套房子吧，而在巴塞罗那，50万欧可以买到两套较大的比较舒适的自住房子，或者可以买到三套较小一点的投资房也就是出租房。

在西班牙度过了2019年春节，这也是近5年来我们和女儿在一起过春节，当然也是我们第一次在国外过春节。不过真到了节日那几天，除了我们自己感觉到这是中国人的节日外，毕竟是在国外，所以几乎没有什么过节的气纷，但不管怎样，我们还是自己很愉快的度过了一个全家团聚的海外春节。春节过后，我们依然取道巴黎很顺利的回国了，结束了这一次时间比较长的欧洲西南欧之行，总的感觉还是很愉快很满意的很充实的。

第四章 欧洲旅游（四）：中东欧

2019年十月，我和夫人一起进行了第四次欧洲旅游，这一次是以东欧为主的中东欧游。首先是到达的是捷克首都布拉格，从这里出发将游览东欧和中欧的好几个国家。上车的地方是布拉格的中央火车站，这本身是位于布拉克市中心的一个打卡旅游景点，等待大巴车的过程中游览了这个车站，确实名不虚传，旅游景点观赏的功能大过了它的车站旅客上下车功能。

上车后大巴车直奔德国德累斯顿，温和的气候和适合的城市建设位置，以及易北河上美丽的巴洛克式建筑，使德累斯顿得到"易北河畔的佛罗伦萨"的美称。

第一个参观的是德累斯顿圣母大教堂。德累斯顿圣母大教堂始建于1726年，采用了圆形拱顶、砂岩拼建等前所未有的建筑方式，是由大师奥尔格·贝尔主持设计修建的，历时17年方才建成。

圣母大教堂高 95 米，规模巨大，精巧华丽，是西方新式教堂建筑的代表作，是这座古老城市的标志性建筑，也是德累斯顿最亮丽的风景，有许多音乐大师和艺术大师在这里留下了他们的足迹。二战末期圣母大教堂在英美空军的轰炸下化为废墟，仅剩下 13 米高的一截残壁，这是战争给德累斯顿人们带来的永远的伤痛。德国统一后，在英美等国家的捐款支持下，德国决定重建圣母大教堂，从 1994 年开始，重建工作耗时 11 年花费 179 亿欧元。重建后的教堂基本按照原样修建，许多遗物都被精心保留下来，并成为教堂建设原料的一部分。2005 年 10 月 30 日，德累斯顿举行了规模盛大的"圣母大教堂重建落成典礼"，包括德国总统、总理和英国王室代表等政要在内的 10 万余人参加了这次盛会。

从圣母大教堂出来后去了茨温格宫，茨温格宫不仅仅在德累斯顿，在全德国也是最引人注目的巴洛克风格的建筑群。历史上这座宫殿是王室举办晚宴的地方，正方形的庭院喷泉密布，有四个入口通向其中，周围的建筑完全被巴洛克式雕塑占满。

茨温格宫是德累斯顿最为恢弘和著名的古建筑，最初建于 1732 年，100 多年后的 19 世纪，曾设计德累斯顿塞帕歌剧院的著名建筑师塞帕又在其北侧增建了意大利文艺复兴式样的部分建筑。这座巴洛克式宫殿重曲线重雕琢重装饰华丽炫目，中间是占地 1 万平米的方形广场，宫殿建筑呈正方形围合一圈，整个宫殿从上到下到处立有精致的石雕，最美的是大喷泉四周的出浴仙女雕像，姿态妖娆神情婉约。

从茨温格宫出来后去了塞帕歌剧院，这又是一幢著名建筑师塞帕设计并以他命名的建筑。1878 年建成的德累斯顿塞帕歌剧院，具有新文艺复兴时期的风格。这是欧洲最华丽的歌剧院之一，不仅高度重视歌剧院外形的完美，也重视演出大厅音响的完美，因此塞帕歌剧院的声学效果饮誉全球。同圣母大教堂一样，在第二次世界大战中这座宏伟的建筑被彻底摧毁，直到 1985 年塞帕歌剧院才重建新生重新开放。

中午在德累斯顿午餐后，下午直奔德国首都柏林，柏林的第一个观览景点是博物馆岛。博物馆岛在柏林市中心，由新博物馆、国家画廊、佩加蒙博物馆、博德博物馆组成。因位于施普雷河的两条河道的汇合处，故有博物馆岛之称。这个小岛街道整洁，绿树成荫空气清新风景优美，岛上的主要建筑基本上都是博物馆，其中以佩加蒙博物馆最为著名。这里展出了许多古巴比伦、埃及、波斯等地文物，佩加蒙是约公元前 200 年间小亚细亚一个王国的首都。在第二次世界大战中，博物馆岛受到极大破坏，战后进行了大规模的重建工作。

在柏林博物馆岛东端是造于 1894 年~1905 年柏林大教堂，它位于菩提树大街上，是威廉二世皇帝时期建造的新教教堂，也是霍亨索伦王朝的纪念碑，很多王室成员都长眠于此。柏林大教堂是一座文艺复兴时期风格的大教堂，突出的三个大圆顶明显的诠释了这一特点，不同于哥特教堂的尖屋顶，它的圆顶将原本很高的教堂从视觉上给人一种圆润丰盈的感觉。从建筑外型上，它仿照罗马的圣彼得大教堂，又有着自己的鲜明特色，教堂的拱顶不仅仅是对罗马圣彼得大教堂的简单模仿，更使教堂的内部显得明亮而宽敞，与教堂冷峻的外表形成鲜明的对比。

从博物馆岛出来去了柏林电视塔，其实也谈不上是去了，因为电视塔是柏林的一座地标建筑，在柏林市中心几乎每个角度都可以看到它的身影，这座高高的电视塔与周边的建筑配合成一个很美的画面。位于亚历山大广场的电视塔塔高 368 米，比巴黎埃菲尔铁塔还高出 45 米，周围装有 60 面不产生折射光线的玻璃窗。建于 1965 年 8 月至 1969 年 10 月，观景台上有咖啡厅，游客可以在此看到整个城市叹为观止的景观。观光厅上方是一个可自行旋转的餐厅，直径为 29 米可供 200 人同时用餐，餐厅自转一周约需一个小时。世界时钟、市政厅、圣母教堂、尼古拉小区和教堂离柏林电视塔都很近。

柏林墙是必去的一个地方，这个全长 100 多公里的高墙现已基本被拆除，在市中心留下了几处当年高墙的基础痕迹。目前留下来的东边画廊是柏林墙目前保存得最长的一段，位于河畔延绵几公里，上面被艺术家画满了涂鸦，而且据说涂鸦还是会定期更换的。这里就像涂鸦艺术家一个集中的展览场地一样，不过其中有一幅重要的涂鸦是不会更换并且被保护起来的，那就是兄弟之吻，这也是东边画廊的标志。

第二天上午继续在拍柏林市区游览，首先是国会大厦。德国国会大厦位于首都柏林市中心地段，大厦是联邦议会的所在地，屋顶的穹形圆顶是最受欢迎的游览圣地。它不断更新的历史映射着自十九世纪以来德国历史的各个侧面，德国统一后历时十二年的重建计划已经改变了德国首都的面貌。

离开国会大厦后去了勃兰登堡门。勃兰登堡门最初是柏林城墙的一道城门，是一座古典复兴建筑，由普鲁士国王腓特烈·威廉二世下令于 1788 年至 1791 年间建造，以纪念普鲁士在七年战争取得的胜利。门上的青铜胜利女神象征着战争胜利，但同时又被称为和平女神，曾被带往巴黎滑铁卢之后回到了柏林，二战时雕像被炸毁，现在的是修复版中去除了象征军国主义的女神权杖中的铁十字架和普鲁士鹰鹫。这扇门在原来的东西柏林靠近东柏林一边，它和柏林墙一起见证了近半个世纪的分离，现在是柏林的标志之一。门前的广场下有卖碱水面包的小摊，还有表演艺人，不远处的街上有供游客搭乘的马车，高大的骏马，铁蹄哒哒走在充满了古典风格建筑的大街上，充满了欧洲风格的美。

最后去了犹太人大屠杀纪念碑群，纪念碑群紧邻德国联邦议院和勃兰登堡门，由 2711 根长短不一的灰色碑柱组成。设计绝妙寓意深刻，置身其间犹如迷宫，远远望去好似波浪。每块石碑都无任何文字标识，是无数亡魂在无声哭诉，材质坚实厚重形如棺材，步入其中，无尽而单调的形状，让人不由得陷入沉思。

上午结束了在柏林的游览，前往法兰克福，到达时已是傍晚，在法兰克福其实没有安排景点游览，只是在法兰克福住宿，第二天一早便要奔赴瑞士的美丽城市苏黎世。

苏黎世是瑞士联邦最大的城市，集奢华典雅秀丽古朴于一身。奢华：闻名遐迩的班霍夫大街聚集着数十个著名银行和金融机构的总部，望着一幢幢厚实庄重的大楼，可以想见其间和之后的大鳄争斗纸醉金迷。典雅：座座著名的教堂或立于蓝天之间，或藏于小巷之中。作为城市的地标建筑让游客为其瑰丽而惊叹，信徒为其圣洁而醉心。

秀丽：利马特河、运河、苏黎世湖这二河一湖成了城区的珍珠和翡翠，伫立水边，望着百帆齐发百鸟嬉戏令人心旷神怡。古朴：以奥古斯丁巷、尼德道尔夫为代表的小巷中有斑驳的路面、绚丽的建筑、多彩的商铺、飘扬的旗帜，在纵横交错的迷宫般的小巷中穿行，疑无路时总会又一村。

先去苏黎士湖，真是漂亮之至，一片静静的湖水，湖边的小镇也非常安详，可以乘船在湖中游玩，湖边有很多天鹅与游客相伴，站在苏黎世的湖边，可以望见远方的群山。苏黎世湖是瑞士著名的冰蚀湖，纯净悠远晴朗的天空，映衬着同样透彻的湖水，阳光温暖波光粼粼。水上的游艇，湖面的天鹅，湖边休闲的人群，湖里嬉戏的孩子溶为一幅美丽的景色，面朝大海，望着广阔的湖面吹着暖风，只是在湖边走一走坐一坐都是一种舒适。

在苏黎世湖和利马特河畔就是苏黎世最醒目的地标双塔楼的苏黎世大教堂,大文豪雨果留下的名言"好一对硕大的胡椒瓶"，看着双塔楼确有点神似。走进教堂，登了近190级台阶，踏上教堂顶部的观景台,环望四周远处的阿尔卑斯山脉巍峨耸立，脚下的利马特河从苏黎世湖缓缓流出，近处鳞次栉比的各色房顶尽收眼底，真是风景这边独好。在闲逛旧城区的行程中，双塔像一座指路的灯塔。在大街小巷穿行时，望一望她就永不迷路。

离开苏黎士湖前去了班霍夫大街，这是一条北起中央火车站南抵苏黎世湖畔、纵贯苏黎世中心城区长达1.4公里的大街，是苏黎世的骄傲和象征。沿街走来或是庄严厚重建筑中的金融财团总部，或是绚丽精巧橱窗后的名牌店铺，或是迎风飘扬旗帜下的古朴小巷，大街上蓝色电车不时驶过，摩肩接踵的游客匆匆完成打卡和购物的任务，一派赏心悦目的繁荣景象。

离开苏黎士后前往卢塞恩，沿途都在卢塞恩湖这个瑞士最美丽的湖也是世界最漂亮的湖边穿行。卢塞恩湖有长39公里、最宽处3公里的湖面，四周是最初组建瑞士联邦的4个州。湖面上碧绿的湖水、洁白的天鹅、五彩的船帆相映成趣，一艘艘游轮载着游客观赏湖光山色。

湖畔旁或是尖尖的教堂顶，或是优雅的建筑群，或是浅草柔茵中密布的葡萄园、或是牧场和农家小屋，或是帆船俱乐部交错着的疗养胜地，或是峭壁巨石默默的享受着湖水的拍打。极目远眺群山环抱中云雾缭绕的山顶露出了些许白雪，郁郁葱葱的山腰覆盖着茂密的衫林，如果世间有天堂那就是卢塞恩湖。

在卢塞恩专程去看了闻名遐迩的狮子纪念碑，这是一座名气位列全球前十名的纪念碑，一座充满悲悯、祈求和平的纪念碑。经过老城区走进小公园的门沿着一段林荫小道，豁然开朗的是一片小池塘和塘边的悬崖，悬崖的中间部位，雕刻着宽10米、高6米的纪念碑，纪念碑上横卧的狮子神情悲壮霸气又催人泪下，雕像既记录了历史又彰显了艺术。

离开卢塞恩时自由游览了卡佩尔廊桥和八面水塔，这是卢塞恩的标志瑞士的名片游客必到访的热门景点。卡佩尔廊桥和八面水塔位于罗伊斯河上，旁边是美丽的卢塞恩湖，卡佩尔桥是一条木结构廊桥，长200多米，是欧洲现存最古老的木桥，八角形水塔位于卡佩尔桥的中央高34米,在长长的木桥上很是显眼。

远眺廊桥水塔美轮美奂，廊桥与水塔和周边尖顶的教堂典雅建筑和身后的蓝天白云与皮尔图斯山，构成了一幅五彩缤纷的美丽画卷。近瞧廊桥水塔古色古香，直立的水塔横卧的廊桥，平静的河水中游弋的天鹅，廊内的彩画廊边的鲜花叙述了一个个古往今来的美丽童话。

当天住在卢塞恩，第二天一早就奔赴欧洲乃至世界最富有的国家列支敦士登。列支敦士登是一个位于欧洲中部的内陆袖珍国家，处于瑞士与奥地利两国之间,国土总面积160.5平方公里，全国总人口约4万人，这是个高度发达的资本主义国家。关税由瑞士管理，邮票是列支敦士登的特色产品，邮票产业是该国的支柱产业。瓦杜兹是列支敦士登首都，位于莱茵河东岸，坐落在群山环抱的盆地中，山上的瓦杜兹城堡建于公元十二世纪，是最古老的皇室家族住宅，也是列支敦士登人引以为豪的地标。

停留在列支敦士登首都瓦杜兹，导游安排的一个小时的游览时间便把这座首都城市逛遍了，虽小但很美，重点是去参观了它的邮票博物馆。列支敦士登以邮票而闻名于世界各地，当然这里也少不了邮票博物馆。博物馆不大但却展示了很多邮政发展的过去和未来，另外还有很多邮票发行的背景和故事十分的精彩好看。这个袖珍小国印制的邮票世界闻名，使爱好集邮的人爱不释手，邮票博物馆陈列的邮票之精之多居世界之首。从1912年列支敦士登发行的第一套邮票开始时，已经历了一个多世纪，其所发行的邮票种类和数量不计其数。在历史上，邮票曾经挽救过列支敦士登的经济危机。那是第二次世界大战后，国王鉴于全国经济萧条，便拿出其珍藏的全部名画，印刷邮票大量发行，意想不到的是这些邮票深受世界各国集邮爱好者的喜爱，国家因此获得大量的外汇收入。

从美丽漂亮的袖珍小国出来后直奔德国巴伐利亚州的首府慕尼黑，直接去了最著名的金牌景点玛利亚广场。玛利亚广场建于1158年，坐落在慕尼黑老城中心，是慕尼黑最大最主要的广场，也是莫尼黑城市的标志，慕尼黑的新、老市政厅都在广场周边。玛利亚广场又有慕尼黑"城市客厅"的美称，也是慕尼黑城市的交通枢纽，更是举行各种政治、文化活动和市民休闲娱乐、集会的重要场所，确实是慕尼黑城市的心脏。

在玛利亚广场上，引人注目的新市政厅是1867--1908年建造的哥特式建筑，布局恢宏装饰华丽，新市政厅中央的钟楼高85米，上有著名的玩偶报时钟，在上午11点与下午5点报时钟的玩偶伴随着音乐出来展现1568年威廉五世婚礼大典的场景与消灭黑死病的场景。

除了著名的新市政厅，近旁还有倍受广大游客和市民欢迎的老市政厅、圣母教堂、老彼得大教堂等热门景点，广场中耸立着圣母金像，玛利亚广场得名于这座建于1638年玛利亚圆柱像。在玛利亚广场四周各色餐馆和商场云集是人们逛吃食、喝啤酒的好去处。每天都有大批来自世界各地的游客来到这个最热门的广场，尽情享受美酒美食，饱览慕尼黑历史悠久的建筑。

当晚住进了德国和奥地利边境处的一座小镇酒店，第二天一早奔赴奥地利的首都维也纳。大巴车直接到了史蒂芬大教堂。走进教堂，马上为其建筑的浩繁和精美所折服，两排哥特式的柱子把教堂的正殿隔成三部分。放眼望去，从圣坛背后唯一的两块玻璃窗射进了一缕缕五彩缤纷的光线，为巴洛克的圣坛增添了一丝神秘的气氛。雕刻华美的大理石柱，恢宏的建筑配上斑斓的玻璃，让人感觉神圣，教堂楼上管风琴巨大的发音管，硕大而华美的吊灯，都让人领略到这个大教堂建筑的精妙和伟大。

接着去了维也纳国会大厦。维也纳国会大厦位于市中心区域，始建于1874年，原为哈布斯堡王朝时期的奥地利国会，1919年后改为奥地利国民议会与奥地利联邦议会所在地。国会大厦用仿古希腊建筑风格建造，著名的阿西娜雕像和她脚下的四河雕像放置于大厦前，门前两个斜坡道上放置了八位古希腊和古罗马历史学家的雕像，这种古希腊和古罗马混合雕像在屋顶和各个角落都可以看到，以代表执政者的历史担当。大厦正面三角檐上雕刻的是身着长袍的弗朗茨一世皇帝和他的国家代表在一起的场景。

接下来是游览霍夫堡宫，这是奥地利哈布斯堡王朝的宫苑，坐落在首都维也纳的市中心。在1918年以前一直由皇室居住，13世纪时它是一座城堡，后来随着哈布斯堡家族权力的扩张和统治地域的扩大，这座城堡被扩建成为了豪华的皇宫。今天，这里是奥地利总统的办公地点，也是一个重要的会展中心，包括众多的艺术品收藏展览，著名的茜茜公主博物馆就位于此。

在维也纳住了一晚之后，第2天的目的地是匈牙利首都布达佩斯，途中安排逛了奥特莱斯，这是整个行程中唯一的一次游览大型商场超市，据说这家奥特莱斯最为有名，所以导游安排了大家去游览。

中午过一点后到达布达佩斯。布达佩斯是匈牙利的首都也是匈牙利最有名的旅游城市,多瑙河从城市中心蜿蜒流过,把城市分为布达和佩斯东西两个部分。布达部分大部分是山,著名的景点如渔人堡、马加什教堂、布达皇宫、布达城堡等都坐落在山上。而佩斯以平地为主,市区部分基本上都在佩斯,著名的布达佩斯国会大厦和一些教堂都位于佩斯城区。在布达和佩斯之间有几座桥梁比如著名的链子桥和伊丽莎白桥。布达佩斯是个风景秀丽古迹众多的城市,整个城市被授予为世界遗产名录。

在布达佩斯乘船游览了多瑙河,应该说这是这次东欧行中最为美好的一次游览。布达佩斯在这里是让人看一眼就不会忘记的,左岸古老右岸繁华,畅游在多瑙河上举目望去,沿岸布达佩斯大部分古迹景色尽收眼底。布达一侧的城堡山、马加什教堂、渔人堡、布达皇宫、自由女神一一展现在眼前,而在佩斯一侧最让人惊叹的便是国会大厦了。多瑙河的优美还在于河上的桥,布达佩斯的桥造型奇异,拥有各自的传奇,沿着多瑙河可以感受自由桥的神秘、伊丽莎白桥的纯洁、塞切尼链桥的古老、链子桥的高贵。

上岸后先去了渔人堡,它位于匈牙利首都布达佩斯布达一侧多瑙河河畔的城堡山,邻近马加什教堂。渔人堡不仅环境优美景色秀丽,而且在渔人堡观景台上,可以看到多瑙河和多瑙河上的多座名桥,以及玛格丽特岛、东面的佩斯、国会大厦,以及盖勒特丘陵的全景,鸟瞰了布达佩斯全城美丽的风光。在渔人山上领略到布达佩斯所融合的奥斯曼与古罗马的建筑风格,具有巴洛克的形式美和新古典的精神象征。

接着去了鱼人岛旁边的马加什教堂。马加什教堂位于布达佩斯多瑙河沿岸的著名建筑渔人堡侧,是一座新哥特式的美丽教堂,蕴含了匈牙利民俗、新艺术风格和土耳其设计等多种色彩,是布达佩斯的象征之一。教堂的内部几乎每一堵墙都是画满了装饰图画,是绝佳的艺术品,整个教堂让人感觉到置身在艺术的殿堂当中,每一处都让人振奋充满设计灵感。

然后去了英雄广场,这是匈牙利首都布达佩斯的中心广场,是一个融合了历史、艺术和政治的所在。整个建筑群壮丽宏伟,象征着几经战争浩劫的匈牙利人民对历史英雄的怀念和对美好前途的向往。具有历史纪念意义的英雄广场,现在已成为国内外游人参观游览的胜地。每当重大节日或外国元首来访时,都要在英雄广场举行盛大的仪式。

广场上也随处可见街头艺人,以音乐类的为主,行为艺术杂耍也有不少。他们或独来独往随意表演,或有板有眼展示自己的作品兼卖CD,自然而然自得其乐自食其力,组成这个城市的一部分,留给游人美好的回忆,丰富着当地人的日常生活。

结束了美丽的城市布达佩斯的游览,第二天又回到了我们的出发地布拉格,布拉格是捷克共和国的首都和最大的城市,它的建筑给人整体上的观感是建筑顶部变化特别丰富并且色彩极为绚丽。

布拉格号称欧洲最美丽的城市之一，也是全球第一个整座城市被指定为世界文化遗产的城市，伏尔塔瓦河流经布拉格，河中的游船上可以尽情享受捷克美食。

进入布拉格首先去游览圣维特大教堂，这是欧洲最美丽的哥德式大教堂之一，圣维特大教堂拥有上千年的历史，是捷克最大的教堂，高耸入天的哥德式建筑融入巴洛克华丽的元素，第一眼就被它从雄伟的外表震撼到。走进教堂内部阳光透过彩绘玻璃挥洒进来，照得各个精致的圣像和雕饰闪闪发亮，富含艺术、宗教、建筑、历史等深厚的底蕴。

圣维特大教堂是历代皇帝举行加冕典礼的场所，有"建筑之宝"的美誉，这里收藏有十四世纪神圣罗马帝国波希米亚国王查理四世的纯金皇冠、金球及令牌，塔顶有文艺复兴式样的大钟，钟楼是俯瞰布拉格市景最美的地方。

从大教堂出来后去了查理大桥，这是布拉格必看景点，白天永远人潮汹涌，五点多过来看日出，随着雾气飘散，桥上的圣人建筑逐渐显露，非常壮观。查理大桥是伏尔塔瓦河上修建的第一座桥梁，距今已有600多年历史，桥的一端有查理四世的全身雕像，两侧是带有巴洛克式浮雕的哥特式门楼，桥两侧石栏杆上有30座雕像，每一座都值得细细品味。桥上尽是街头艺术家，从绘画到雕塑、手工饰品到现场演奏，包罗万象，难怪人潮络绎不绝。伏尔塔瓦河静悄悄地穿过查理大桥，风景真美让人流连忘返。

在登上布拉格城堡前先去了堡中的黄金巷，这是个充满童话色彩的地方，位于布拉格圣乔治教堂与玩具博物馆之间，狭窄曲折的小巷由石板铺砌，两旁色彩缤纷的房舍比邻而立，小巷是古时为王室打造金器的工匠们居住的地方，故得名黄金巷。黄金巷里有宛如童话故事的小巧房舍，是布拉格较具诗情画意的中世纪风格小巷。巷中的22号小房子，据说捷克著名的作家卡夫卡在这里完成了以布拉格城堡为背景的文学作品《城堡》。

最后登上了布拉格城堡，这是世界上最大的古城堡，是捷克王室和历届总统府的所在地，它实际上是一个罗马式、哥特式、巴洛克式、文艺复兴式等各个历史时代风格的建筑群。登上了城堡山的观景台，远眺夕阳下笼罩在金色阳光下的布拉格，伏尔塔瓦河从城中穿过，高高低低的塔尖连成一片。整个城市金碧辉煌格外美丽，拥有众多历史时期各种风格的建筑物顶部变化特别丰富，色彩绚丽夺目像一幅油画，鲜明的色彩感又赋予布拉格童话的味道，不愧为欧洲最美丽的城市。

结束跟团游之前去到了布拉格老城的核心区老城广场，也就是人们常称的布拉格广场，广场周边是泰恩教堂、天文钟等地标建筑，白天人流如织，晚上亮灯后更有韵味。天文钟是最受欢迎的景点，错综复杂的小路也是一步一景。我们在这里结束了为期七天的中东欧组团游，回到了自己另外订的酒店住宿。

因为预定回国的航班是第二天稍晚的时间，所以第二天我们信步在布拉格城区进行漫游，领略布拉格老城历史的回味，在这种回味中结束了这一次也是第四次欧洲游。

面对汹涌而来的新冠肺炎疫情，我很庆幸能在 2020 年前进行了一次美国游四次欧洲旅，年龄和疫情的因素，这种长途的海外旅游还会不会再有也许会成为一个疑问，原计划还准备去一次欧洲，就是去看看北欧国家，看来成行的可能性不大了。如果说还可能有的海外游，也许澳大利亚还会去去，日本和韩国也有机会并在考虑中，当然离中国很近的泰国除在几年前去过清迈之外其他如曼谷普吉岛帕提雅是会去看看的，其他的地方去游览的可能性不大了。

在行将结束欧美海外旅游回忆文字的时候，有一件好像不大也与旅游也关系不多的事情想说一下，就是欧美等国的基础设施建设。从走过的地方来看，欧美国家的基础设施特别是地铁等公共交通设施都显得比较陈旧，与国内比如说成都的地铁建设，客观的说来是差多了。但这是一个表面现象，在具体的观察中我发现欧美国家的地铁设施虽然比较陈旧，但我更欣赏它的简单和人性化，以及欧美人的自觉自律，比如地铁站几乎看不到管理人员，都是人们自觉的购票上车，而国内的地铁站，可能任何一个地铁站都会有数十个人以上的编制人员在进行安检安全保安等方面的服务，比较起来似乎更喜欢那种简捷和方便，除了更人性化之外，其实也省下了很大一笔纳税人所交讷的费用开支。

结束了第四次欧洲游后不久，便在 2019 年底也就是新冠疫情爆发前夕与一个儿子去了一次泰国普吉岛，当然去的主要目的不是旅游而是去看看普吉岛的海外房产，回国不久就面临了严峻的新冠疫情爆发。经历了三年新冠疫情的严厉管控之后，在 2023 年的 4 月再一次去了普吉岛，并在将近十天的普及岛游览中逐天写下了《再游普吉》记叙文章，也把这些文章逐篇收入《读万卷书不如行万里路——我的海外旅游》中吧！

第五章 安达曼海的明珠——再游普吉

第一天：2023.4.10

2023 年 4 月 10 日，时隔新冠疫情肆虐全球的三年多后，我和我的家人踏上了再游普吉这个安达曼海明珠的旅途。印度洋安达曼海现在称为缅甸海，普吉岛位于安达曼海东南部，是泰国境内唯一受封为省级地位的岛屿，环境纯净的普吉岛是泰国一座著名的旅游度假岛。说它是旅游度假岛确实名副其实，普吉岛人口不到 200 万，新冠疫情前的 2018 年进入普吉岛的旅客和游人多达 2,000 万。

我上一次去普吉岛是 2019 年 11 月，当时我刚从最后任职的成都信息工程大学银杏酒店学院二次退休不久，闲来无事也想顺便看看海外房产，便去普吉岛呆了一周多。因为是带着看普吉岛旅游房产的目的去的，所以有好几拨中介带着我看了当时的很多公寓楼盘，到周末的时候，我的一个儿子也到了普吉岛与我一起看房。

普吉岛的地貌是从北到南比较狭长，它的东面临海是山岩为主，旅游的海滩主要在西边，著名的有从北到南的十大海滩，绝大多数的旅游房产都建在西边这些临近海滩的地方，岛上一条主要公路也是从北到南沿着各个海滩走向的。

因为是旅游度假集中地，普吉岛在建的各种旅游房产也很多，能对外国人出售的主要是公寓，大大小小的开发商，大大小小的楼盘几乎沿普吉岛海滩的西海岸紧锣密布，让人看得眼花缭乱。房子多，烂尾的也不少，所以想在普吉岛买房产资金的安全是首要考虑的，如果你摊上一个烂尾楼是够呛的。

记得当时很看好一处刚开盘不久的叫铂金海岸的楼盘，无论哪方面都很令人满意，特别是建成后它由温德姆集团进驻办酒店，价格也很不错，都已经决定要买了，但听到一个侧面的消息说这个楼盘的开发商原先是建筑商，这是它第一次开发房地产，这使我们产生了很大的顾虑，怕开发商实力不足造成烂尾，所以当时也没有下手购入。比较有趣和搞笑的是，时隔两年之后的 2021 年下半年，我最终还是从一个国内的首次购房者中接手了铂金海岸的一间标准间房产，因为那位首次购房者急着用钱，购入的价格是令人相当的满意，当然让我接受这间房产也与当年对它进行过全面考察有关。

那次要离开普吉岛准备回国的最后一天，我们最终还是看好悦榕庄，主要是资金安全的考虑是首要的，从当时看的很多楼盘来看，悦榕庄的房子价格相对较高，考虑到悦榕庄是有名的国际大企业，所购买的楼盘海天苑就建在悦榕庄，一个有名的国际大企业总不会让自己的地盘上出现烂尾楼的，这是我们看好悦榕庄很主要的想法，资金的安全是最重要的。

上一次在普吉岛待了一周多，几乎每天都穿梭于各个楼盘之间看房子谈价格，当然也抽空在几个海滩上领略了一下普吉岛海滩度假胜地的繁华。整个普吉岛西海岸的海滩上随时都是人头攒动人满为患，其中几乎都是到普吉岛度假的外国人，特别是欧洲人，当然中国人也不少，所不同的是欧美人多是到普吉岛较长时间度假，而中国人多是短期的旅游。

三年多之后，再一次踏上了普吉岛旅游之路，这也是新冠疫情之后，我的首次出国旅游，虽然目的地离国内不远，是在被称为中国人特别是四川人的后花园的泰国，但毕竟是一次出境游。这次再游普吉应该是目的较丰富，首先是家庭聚会，我的一个儿子和媳妇及孙儿孙女一家四人已在普吉岛了，我和夫人是从成都出发直飞普吉，而女儿是从日本东京出发，因为东京没有直飞普吉的航班，她是先飞到曼谷，然后转机去普吉。这样我的全家除了一个儿子与媳妇孙女因为要上班上学待在成都外，家庭成员的多数都在普吉能够相聚了，这个机会应该还是难得的。

再就是还想看看普吉的旅游房产。在普吉已呆了一段时间的儿子传递回来的消息说，普吉的外国人能够购买的公寓近一年已经涨了很多，投资的性价比与新冠疫情前比较降低了不少。比如悦蓉庄海天苑最近开盘了第三期，价格已在 600 万泰铢以上了，而三年多前的二期还不到 400 万泰铢。据说公寓价格的疯长与从俄罗斯跑过来的一大批新贵相关，这批有钱的俄罗斯新贵把普吉岛的公寓价格抬起来了。尽管公寓价格已是如此还是准备去看看，特别是对那种修建好了之后要办酒店的公寓，比如对已经买了一套的将由温德姆集团办酒店的铂金海岸还是想关注一下，据说铂金海岸已经在清盘了。

这次还想看的是普吉岛的别墅，儿子传递过来的消息是普吉岛的别墅价格涨幅还不大，除了因为别墅总价较高外，泰国包括普吉岛的法规明确外国人不能买泰国的别墅，如果外国人要购买需要和泰国人合伙组建公司以公司的名义购买，这使得外国人购买别墅的程序就较为复杂了。所以问津普吉岛别墅的外国人还不是特别多，使得别墅的价格相对于公寓来讲还比较温柔，它的性价比和租售比还比较适合一些旅游房产的投资。

因为上次去普吉时间都花在看旅游房产上了，对普吉岛还没有认真旅游一下，所以这次再游普吉的一个很重要的目的就是认真游玩一下，除了 10 个有名的海滩想很好的领略一下外，它的寺庙建筑及码头还有普吉老镇都想很好的逛一下。普吉岛的北边通过一座桥与泰国本土相连，也想通过这座桥进入泰国其他地方看看。还有一个很具体的考察目标，那就是想判断一下普吉岛的气候与环境特别是空气质量是否适合我这种慢阻肺老人较长时间居住，看有没有让普吉岛成为我较长时间居住地的可能。

今天是再游普吉的第一天，四月十日，夫人订的航班是四川航空公司从天府机场出发的直飞普吉的航班，大约需要 4 个小时。新冠疫情刚过，赴泰国普吉旅游的游人不是很多，因而飞普吉的航班也不是很多，这就导致了航班票价相对还是不便宜的，直飞普吉的往返机票在三千六七左右，从总价来讲确实不算贵，但比起新冠疫情前确是成倍的增长了。记得上次去普吉，直飞往返机票还不到 1500，简直是白菜价了，而且航班很多可供选择。当然三千七八这个价格比起前几个月已经比较便宜了，去年底刚开放时成都到普吉往返的机票曾经在万元左右，就是前两个月也是七八千。

航班是从新建的天府国际机场起飞的，这是天府国际机场建成后，我第一次从这里出发乘航班，当然也是第一次到天府国际机场了。看到天府国际机场建筑之富丽堂皇，也确实十分感慨，号称总投资3000个亿的天府国际机场，无论哪一方面都堪称"国内第4城"的国际机场，与欧美那些陈旧甚至略有破烂的老机场相比，确实展现出我们中国发达了发展了。但在兴奋的同时，也有另一种滋味：想到李克强中堂讲我们还有六亿老百姓月收入不到千元，我们虽然是世界第二大经济体，但人均GDP并不高排名还很落后，可以肯定的说这六亿月收入千元以下的国人甚至更多的国人，是无缘也没有愿望来大城市看看像天府机场这类建筑的。所以一个问题也自然油然而生，是不是可以在这些富丽堂皇的建筑上省一些？把钱用在让尚处于贫穷的老百姓逐步富裕的一些方面，当然这是一己之见，不得认真更不一定正确。

但国内民生问题的投入确实让人堪忧，医疗教育养老住房像几座大山一样的把国人捆绑其中，不得自由喘息。我等退休老人，因为几十年来已养成贫贱的消费习惯，退休收入也还可以，所以这些民生问题的压力还不是太大，但如果不幸撞上了一桩大病重病，估计自费治疗那一部费用也够呛。对于40~50岁之间的所谓城市中产阶级，这几大民生问题压在他们头上确实像几座大山一样，这几大民生问题的市场化得让他们承担着相当份额的经济责任和义务，社会保障的脆弱和苍白使他们常年处于压力山大之中，如果能把这些富丽堂皇的基础建设投资适当的减少一些用于几大民生问题之中，岂不是更会让国人实惠些，当然也会更满意一些。如果能实现现在世界上绝大多数国家已经实现的全民免费医疗制度那当然是国人的福祉了。

四个小时左右，到达普吉岛的国际机场，这个国际机场当然不能和成都天府国际机场相比了，说是国际机场其实还是相当简陋，不过成都人口约2,000万，普吉岛人口不到他的1/10，而这个国际机机场疫情前的2018进出人口近2,000万，所以它的建设虽然简陋一些，实际的功用却不小。儿子到机场接到了我们，订的酒店在普吉岛南端老镇附近，从岛北端的机场到酒店，车还是跑了一个多小时，再游普吉的第一天便这样顺利的开始了。

第二天：2023.4.11

今天是到普吉的第2天，昨晚到达酒店已是午夜，在入住登记时感到酒店佛系的纷围很浓，信手拍下几张照片便匆匆入眠。今晨醒来，才发现儿子订的这个临海酒店还真不错，酒店不大但各个服务环节的布局都十分精致和恰到好处，整体的环境纷围就是一个佛系酒店，置身其中真有一种入佛境界："一花一世界,一佛一如来。"酒店临海的餐厅和旁边的游泳池也表现出特有的小巧玲珑风味，让人早餐边吃也看一饱口福美不胜收。

今天上午的活动是由我在泰国的购房中介《瑞森海外》及其泰国的合作伙伴安排的，一是要去看看包括铂金国际在内的二处在售公寓，二是去看一处二手别墅。这里也要替《瑞森海外》宣传一下，它是我在泰国购房的中介，对在四川特别是在成都的想在泰国购房的客户，《瑞森国际》特别大的优势是公司所在地就在成都，谈项目不是在线上，是到公司去面对面交流。

去看的两处公寓都不错，一项属于价廉物美项目，40万到50万人民币之间就可以购到一套面积与品质都不错的公寓。铂金国际应该是我的老相识了，2019年第一次去时就打算购买，虽然在最后是放弃了，但仍在两年后购了一套性价比很不错的标准间。今天去看了在建的我所购买的房子，感觉很不错，开发商又推荐了他们的清盘房，有二套面积在40平的总价人民币90万多一点的房子其实是很不错的。铂金国际的房子今后有温德姆集团建酒店，除有较好的回报外，每年一个月的免费住宿也是很有诱惑力的，只是我这边需要计算资金流水的具体情况才能做出决定。

去看的一套连排别墅，从性价比的角度是没得说的，一套4层的别墅，带游泳池车库面积200多平方，报价泰铢780万，相当于人民币不到160万，比起国内的房价，那就是白菜价。在售的这套别墅是带租约的，租金一个月5万泰铢，合人民币1万元，投资回报率超过7%。只是在泰国买别墅涉及到的法律程序比较麻烦，多种多样的因素促使下决心投资购买还得多做些考虑。

中午从铂金国际出来，项目点穿过马路就是卡马拉海滩，这是我们一行人到普吉岛后游览的第一个海滩，碧蓝的天空映衬着碧绿的海水，海天一线美景映入眼底，让人心旷神怡，大自然的美色让人类融于其中流涟忘返。

明天去开泰国银行账户需要有一张泰国的电话卡，从卡玛拉海滩出来后一行人驱车到普吉岛一家类似于成都的伊藤华洋堂的超级超市吃饭并购买了泰国一张电话卡，没有想到的是泰国电话卡会如此便宜，打电话带流量收短信的套餐一个月资费150泰铢，相当于人民币30元。

儿子黄昏带着我们到只有泰国当地人知道的普吉岛最南端的临大海处去看日落，我们到的时候天气还很好，一轮红灿灿的太阳明亮耀眼的在大海上边缓缓下落，但使人很意外的是在太阳即将落入海中的前15分钟，对面海面上却突然一片朦胧，太阳也很模糊看不清了，儿子讲是海那端下雨了，这确实让人感到很遗憾。

第三天：2023.4.12

今天是到普吉的第三天，夫人和女儿去了皮皮岛，那是一个从普吉岛出发的到另一个岛去旅游的一日游项目，除了可以乘游艇出海外，它具体的还有浮潜看海洋动物的安排。因为活动的强度还是比较大，儿子建议我就不要去了，我自己也认为以我的身体状况承担这种强度比较大的旅游活动既有些勉为其难也是不必要的，于是我就没有去皮皮岛了，何况按照与铂金国际的约定，铂金国际开发商客服经理今天要陪我去开泰国银行账户，这是这一次我普吉岛之行很重要的一项事情。

去皮皮岛很辛苦，一大早 7:00 就要出发。外国人在泰国银行开账户程序和步骤也比较麻烦，我和我的儿子也是 8:00 就从酒店出发了。开泰国银行账户的步骤有三个：（1）下榻酒店出具居住证件；（2）到移民局去开具相应证明；（3）到泰国银行开户。第一件事儿子昨天就在酒店就办好了，今天一大早出发是抓紧时间到移民局去开具证明，铂金国际开发商客服经理估计移民局人会较多，建议我们在九点钟移民局这种国家机构开始办公时就与她汇合，所以我们在接近 9 点的时候到达了移民局。

确实移民局的人比较多，因为到的比较早，开具证明的事情还比较顺利，但也花了将近一个小时，申请和办理程序倒是很公开透明，在递交了相关资料并缴纳了 300 泰铢费用后，我们很顺利的取到了开银行账户需要的移民局证明。最后应该去银行开户了，使人匪夷所思的是，泰国的银行居然是早上 11:00 才开门营业，我们虽然 10:30 就到了银行所在地，但银行大门紧闭，我们只能耐心等待，这个有趣的确实有点难以令人理解的情况让我再一次见识了泰国的佛系风格。

银行所在地就在我们昨天中午吃饭的那个类似于成都伊藤华洋堂的大型超市中，让人开了眼界的是在这里泰国的很多家银行都集中设立了营业点，但都是大门紧闭，还没有到接待客户的时间。11:00 所有银行的门都打开了，进去之后眼前焕然一新，因为它的开放程度是难以想象的，银行的工作人员就坐在一张放有电脑等工作设施的办公桌后，客户就在办公桌的对面与她办业务，这种开放性让人觉得泰国佛系的银行在安全性上一定很自信而没有戒备心理的，而我也通过这次泰国银行账户开户的活动体验了一次泰国的佛性。

很顺利办到了泰国银行开户，这需要感谢铂金国际开发商客户经理的准备工作，她所完成的各项准备使我们的开户很顺利。当然所开的这个银行账户也是开发商工作的需要，因为铂金国际最终是要由温德姆集团来开酒店的，每年 7%的租金温德姆集团和开发商是通过业主所开的这个泰国银行账户支付给业主的，所以开的这个银行账户成了开发商、业主和温德姆集团在经济关系上联系的一个纽带。

中午仍然是同昨天一样在这个超市中吃午饭。这里顺便说一下泰国的物价水平，应该说它与成都比较持平的，有些品种方面比成都更便宜一些。比如有一种三合一套饭，一碗米饭加上卤肥肠卤猪脚卤鸡，半个鸡蛋和一些蔬菜，850 元泰铢一份约合人民币 17 元。肉食的分量之足，让人感到在成都你可能需要 25 元左右也许不一定能买到。

当然这边的海鲜就特别便宜了，昨天晚上我们一行 7 个人去吃了一次大排档海鲜，共花费 5500 元泰铢约合 1100 的人民币，平均每人 150 元人民币，享受到的海鲜就很丰富了，有石斑鱼皮皮虾海蟹与新鲜墨鱼等,应是一饱口福 当然在海鲜的问题上成都和普吉岛是没有可比性的,普吉岛毕竟是海洋中的岛临海很近。昨晚吃的海鲜都是要吃时先到海鲜市场自己选购新鲜的品种,然后到大排档去加工,无论是新鲜海鲜的价格还是大排档的加工费都很合理和便宜。

午饭后又去看了普吉岛南边的两处别墅,感觉都很不错。一处带游泳池的别墅报价380泰铢,合人民币不到80万,应该说性价比是比较好的。另一处是新建成的还没有投入使用,无论是建筑还是占地性价比都比较好。儿子说普吉岛南端主要是当地人居住,外国人很少,所以这些别墅它的租赁受用人不是很多,价格比较便宜也在情理之中。

第四天:2023.4.13

真没有想到我们这次的普吉岛之行,居然"撞"到了泰国的传统节日《宋干节》,也是通俗的特别是外国人都称为的泰国泼水节,这是泰国一年一度最隆重的节日,类似于中国的春节。说是"撞"确实如此,因为我们的泰国之行具体定在什么时间段,肯定不取决于我这个退休人,而是取决于还在上班的夫人与女儿,特别是在日本东京工作的女儿,而女儿最终能有假赴普吉是4.10-16日,所以全家是4月10日分别从成都与东京奔赴普吉,而这段时间中的4.13-15日正好是泰国泼水节。

每年的4月13日是泰国的泼水节,又称"宋干节"。宋干是梵文, 意为"太阳运行到白羊座,即新的太阳年开始"。泼水节共有3天,是泰国一年中最热的时候。泰国泼水节也是全球十大狂欢节之一,节日期间大家会相互泼水,意寓将过去一年不好的事统统洗掉,祈求新的一年好运,焕然一新。今天正好是4月13日的泼水节,我们一出门,便得到泼水节的盛情款待,享受着主要是泰国人当然也包括一些外国人的热情泼水,泼水的场面和意境与我们中国民俗中春节放鞭炮无异。

在享受泼水节的热情泼水中,我们也按原来的计划。先是驱车到普吉岛北端看了一处别墅,谷歌导航给我们指引了一条绿化状况甚好的曲折路,让我们首先领略了普吉岛北瑞茂密的森林绿化,当然也提前感受了一下将要看到的别墅所处的良好自然环境。到达目的地之后,看到了两栋应该说是新建的并基本装修完成的别墅,环境以及修建的品质显然比我们前几天所看到的别墅要好,比较使人惊讶的是这二幢拟出售的别墅,报价分别是390万泰铢和485万泰铢,也就是人民币不到80万和100万,当然让人困扰的仍然是泰国规定不允许外国人购买别墅的法律,它总会带来一些购买环节与程序的顾虑。

看完别墅出来,便开始了从北向南的游览海滩安排,先是到了比较北端的奈扬海滩。总体的说来普吉岛海滩的品质和游人的关注度岛北端比中部和南端要差些，所以奈扬海滩的游人并不多，但这一丝难得的幽静也给人一种全新的感受。

在经过了奈通海滩后来到了我们所购买的悦蓉庄海天苑公寓，有名的班涛海滩就在它旁边。我们在悦蓉庄购买的两套房子，一套已经交付，另一套估计在今年六七月份交付。2019年买的时候还是觉得比较贵的，因为那时泰铢和人民币的汇率出奇的低，低到1:4.3的汇率使价格在不到360万泰铢但折合成人民币之后竟然要80多万。但因为是分期付款，到我们实际付款的时候汇率已经到了1:5左右，所以房价折合成人民币也就只有70多万了，这应该算是一个偶然吧。看了所购买的悦蓉庄海天苑公寓的环境以及修建装修状况，应该说还是相当满意的，在屋顶上拍下了一张远眺的自然景色照片，以及修在屋顶的公寓的配套游泳池的照片。

从悦蓉庄出来后又去看了一处距卡马拉海滩很近的别墅，这幢别墅占地800平方，有一个很大的游泳池，两套别墅房共有8间住房，目前正在以民宿的方式经营。我们去的时候正好碰上了一个大家族的四川老乡近20个人住在那里，据他们讲一天的房租是人民币2600元。这个别墅距我们前天去过的卡马拉海滩很近，也就七八百米步行路程吧，业主报出的出售价格是1500万泰铢也就是人民币300万，核算一下它的租赁价格应该说还是挺不错的。

今天最后的一个安排是班涛海滩游玩并在那里悦蓉庄的一个餐厅中就餐，这是一个晚午餐早晚餐，这是由今天的早餐10:00才吃完所带来的。班涛海滩也许是因为临近有名的国际企业悦蓉庄吧，表现出相当的高品质，流涟在海滩上有一种十分舒服惬意的感觉，使得这个海滩是进入普吉岛后我们所到过的几个海滩中逗留游玩时间最长的海滩。

第五天：2023.4.14

今天是泰国泼水节的第二天，也是我们到普吉岛的第五天，儿子给我们安排了一处他们一家人常去的海滩，它的特点是可以进行自助的浮潜，应该说这个并不拥挤喧哗的可潜浮海滩，也只有当地人或者是在普吉岛居住较久的人才知晓。这个海滩如果在国内，肯定早就被地方政府和投资者大大的商业化了，而在佛系的普吉岛几乎没有商业的味道。海滩岸边有一些损毁的建筑体残迹，据说这是被多年前海啸毁掉的原有的一些商业服务体，我们到海滩的时候正看到一位老外在残墙上涂鸦。儿子与他攀谈了一下，知道他是法国人，常年在夏秋两季欧洲气候好时在法国工作半年，挣到一些收入后在冬春欧洲寒冷季节时便到普吉岛等气候温暖的地方长期度假。他在这里涂雅纯粹是艺术的向往与追求，一种人性的自我自由表现，没有任何商业价值，现场的所见所闻使我们十分感慨东西方人在价值追求观念上的差异。

这个海滩的海水十分清澈，夫人和女儿在儿子指导下下海进行了自由自助的潜浮，我也下海进行了一段时间和距离的游泳，感觉是特别的好。游泳时不怎么样感觉到慢阻肺及综合干燥症所带来的身体劳累感，反而有一种过去数十年喜欢游泳在游泳中得到愉悦的良好感受又回来了，所以下午回到酒店后，我还再一次在酒店的游泳池游泳了一下。

应该说这次到普吉岛来看旅游房产的目标基本上达到了，公寓方面尽管悦蓉庄海天苑的项目特别优质，它也正在开盘销售第3期，但涨得很高的价格使投资回报大幅下降，项目再优秀估计也不可能再问津。到是铂金国际清盘推出的那几套特价房，还比较有意思，不过也不想现在入手，除了资金方面的原因外，铂金国际估计要到明年年中才能交房，也想再等等看看。至于别墅，感觉到投资性价比是不错的，也基本了解到了在泰国购买别墅的一些法律法规，几天的现场看房和情况了解，让人最终明白了如果要购买别墅，得有人常住普吉才是最佳选择。

下午稍晚一点去了普吉老镇，应该说老镇的商业气纷还是比较浓厚的，只是今天是泰国泼水节第二天，习俗上就像我们过春节一样，初一初二很多商店都关店歇业休息一样，这边很多泰国人开的商店在泼水节的第二天也是关着门的。但仅管这样，普吉老镇仍然很繁华热闹，特别是夜幕降低，商业区的繁华尽显眼底，各种各样的商店琳琅满目迎接客人，让我们感受到普吉岛的商业化已经进入到成熟阶段的繁华。

普吉岛的公共交通很少，就是在清迈等地随处可见随时可招手即停的"双排车"在普吉也不多，今天晚上在普吉老镇见到了一辆挂着出租车牌子的双排车，特摄照留念。

第六天：2023.4.15

在普吉岛很多地方都能看到的在岛南端的大佛像，今天会去近距离的拜竭他。这尊大佛就在我所住的酒店所在地普吉查龙镇，早餐后儿子便带着我们驱车前往，大佛在普吉最高的山的山顶上，可以虎瞰普吉全境。普吉大佛是一尊坐佛观音像，面向东边攀牙湾，背靠安达曼海，大佛高45米，比美国自由女神像矮1米，下底莲座直径25米。据说大佛像是以观世音菩萨为基调塑造的，但旁边的济公活佛塑像也表现了佛家的包容，这尊大佛像已开建二十多年，至今仍在建造之中。

在山顶确实能远眺到普吉的很多地方，尽管有些薄雾，但普吉岛的不少市容市貌都尽显眼底，普吉老镇、查龙港口、拉威海滩都清晰可见。从大佛像山顶下来，便去拜竭查龙寺庙，十多年前第一次到泰国去的是清迈，在那里便见到很多寺庙与僧侣，佛堂的圣洁与僧人的虔诚使人很是震撼。今天逛的这个查龙寺庙，是普吉岛上最大的佛教寺院，是全普吉岛29所寺院中最宏伟华丽的佛教寺院，位于普吉岛南部的查龙海湾。查龙寺供奉着108尊金佛的佛堂给人留下的印象颇深，这座宝塔结合了泰国南部、中部和东北部的建筑风格，是泰国第一个收藏金佛这个圣物的地方。

几乎世界上所有国家与地区的教堂或者寺庙，都不像我们国内的庙宇那样极度商业化，查龙寺也是如此，拜佛的香烛都是免费的，有虔诚的僧侣为你服务，佛堂的庄重使你如入佛境。我这个理工科背景再加上从小接受的"反封建反迷信"教育的人，对佛的崇拜与敬畏似乎一直比较淡漠，今天在佛地之中，应该是被佛化了，不，应该是我佛慈悲把我收留了！

晚上去逛了查龙镇的一个夜市，说是夜市其实主要是饮食，泰国人的很多家庭都不自己做饭，这里便是他们晚餐的好去处好场所，至于象我们这种短期旅游的外国人，包括一些长住度假的外国人，这里就更是晚餐的最好地方了。夜市上各类食品琳琅满目品种繁多，你可以尽情享受你的至爱。在夜市上购买的各类食品，可以打包带回家食用，也可在夜市设置的就餐场所就地享受，食品的方方面面包括卫生，是很让人满意的。

第七天： 2023.4.16

女儿的假期今天是最后一天，她要回日本去东京上班了，因为还是要取道曼谷转机去东京，所以儿子一大早便来酒店接她去普吉国际机场了。我和夫人也准备今天换个酒店，现在住的酒店虽然很不错也很满意，但时间长了难免有审美疲劳，我们还要在普吉呆两天，换个环境也许是不错的选择。所以今天上午没有外出，就在酒店中休息休息，准备中午时间退房，不过这个临海的酒店确实是蛮不错的，又去再拍两张照留念一下。

新入住的酒店位置在普吉查龙镇繁华区域，距儿子的住家很近，当然没有前几天所住酒店临海的优美环境，不过客观的说那个有优美的环境临海的酒店，也正是因为临海的原因，使它离查龙镇繁华区域有一定距离，在交通上还不是特别的方便，我们这几天的进进出出，都是儿子开车接送。当然，这也是这个酒店主要的客人是来自欧洲的外国人的原因，我们住店的几天中几乎没有看见亚洲人特别是中国人。欧洲老外很多，他们多是一家人入住酒店，多数时间就窝在酒店休息，不像我们国人天天外出打卡，这大概也是东西方人旅游休假的差异吧，欧洲老外专注于休假，而国人忙于各个景点打卡之中，所以说国人上班工作累，外出旅游就更累，怎一个"累"字了得！

今天因为换酒店，就没有外出景点打卡。这几天逛了一些超市，也了解了一下普吉岛的物价水平，感觉到总体来说它和成都的物价水平差不多。可能是热带气候的原因吧，感觉到可选择的品种和数量不是很丰富，特别是蔬菜，茎块类的蔬菜比如萝卜土豆与成都相比没有什么特别之处，但绿叶类蔬菜就明显的比成都差多了，应该是热带气候对这种绿叶类蔬菜的生长、储存和转运有所影响的原因吧。

但是有些特殊的副食品比如猪排骨和猪蹄，它的价格就比成都便宜多了，我们在超市中看到品质很好的猪肋排，每公斤179泰铢合人民币约36元，也就是18元一市斤，这么好的肋排在成都这个价格是买不到的，价格至少要翻一倍才行吧。品质很好的猪蹄，也是99泰铢一公斤，折合人民币20元钱一公斤，10块钱一市斤的猪蹄在成都是完全不可能买到，价格也应该至少翻一倍以上才行。不知道为什么这两种国人特别是成都人很喜欢的猪肉食品，在泰国普吉岛会这么便宜，而且不仅是便宜，我们现场看到的猪肋排和猪蹄，新鲜度色泽都表现出很好的品质。

今天一天，普吉岛的天空都是阴蒙蒙的，不像前几天阳光明媚蔚蓝天空清澈明亮，儿子说这是泰国雨季即将到来的征兆，泰国的泼水节应该就是旱季结束雨季到来的重要标志，一般说来泼水节后雨季也就来临。来了普吉两次，都没有见到泰国的雨季是什么样子，还是很想见识见识。

第八天： 2023.4.17

早上起床便看到了女儿航班到达东京的信息，她又要开始上班了，让人感到欣慰和惆怅，都说女儿是父亲的小棉袄，也许就是这个味道吧。天色仍然像昨天一样云层很厚灰茫茫的，但被云层挡住的太阳光还是比较强烈，这也许是热带气候的特点吧，即便雨季即将来临，太阳光照仍然很强。今天准备到人很多特别是外国人很多的芭东等地去逛逛，前几天去游览的地方都是儿子刻意选择的人不是太多的地方，今天去领略一下人头攒动热闹非凡的芭东海滩、卡伦海滩与卡塔海滩。

到了芭东还不到中午11点，也许是太早了一点，闹市区人也不太多，有不少门店或者闭门或者在装修，儿子讲整个热闹的芭东似乎还没有完全恢复到疫情之前的状况，我的感觉也是比不上我们上一次来普吉逛芭东的盛况。但街上看到的外国人也是不少的，应该主要是欧洲人，这一片区是欧洲比较富裕的人所爱。于是我们没有在芭东久呆，直接驱车取了卡伦海滩，这是上一次我来普吉没有去过的地方。

到了卡伦海滩，映入眼帘的是一片宽际的海洋，脑海中立即浮现出2016年在美国旅游时西海岸加利福尼亚州1号公路边经常能看到的宽阔的海洋和海滩。在我游过的普吉岛海滩中，这个卡伦海滩是感觉最好的，除了宽阔的海滩连接着宽际的海洋带来视觉上的冲击感外，海滩上沙的细腻也是卡伦海滩一大特点，这应该是普吉岛最适合游玩的海滩，尽管人也很多但因为海滩很宽阔，它反而不像芭东海滩那样拥挤。

卡伦海滩和卡塔海滩很接近，在驱车前往卡塔海滩时，在两个海滩中间的一家十分精致有风情的小咖啡店中，很意外的领略到了意想不到的南国风情。小咖啡馆建在卡伦和卡塔海滩中间一个海边的小山崖上，依山依树建成的喝咖啡休息处远可以眺望一片宽阔的大海，近可以观看卡伦卡塔两个海滩的美景，是一个十分好的休闲处所。小咖啡店的消费也很佛系，除了咖啡和饮料之外，也就是有一些薯条之类的时时制作的点心，价格也不贵，一杯饮料一盒点心那就可以尽情的待在这里休息。用木条和竹筒搭建起的好几处休息场所，除了位置和角度选取得特别好之外，看似简单粗糙修建恰到好处的表现出他想表现的意境，几架秋千和吊床更是增添了咖啡店的精致。茂密的树木林荫让人有一种置身山间老林的感觉，但抬头一望宽阔的大海立刻映入眼帘，真是一副令人难以想象的美妙景象。

这样，不管是走马观花也好还是蜻蜓点水也好，普吉岛十大有名的海滩这次算是都走到了看到了，全部海滩都在岛的西边和南边，岛的东边和北边没有海滩。这些海滩从北到南依次是：迈考海滩、奈扬海滩、奈通海滩、班涛海滩、苏林海滩、卡马拉海滩、芭东海滩、卡伦海滩、卡塔海滩、奈涵海滩和拉威海滩。当然。还去了几处很好玩品质也很好只有本地人和常住普吉岛的人才知道才常去玩的海滩。

晚餐是按照我和孙女的意见吃了普吉岛的肯德基，除了想领略一下普吉岛肯德基的氛围外，也和我很奇怪的饮食爱好有关。我应该是一个资格的成都人，生在成都，长在成都，读书在成都，工作在成都，第一次退休于也在成都的体制内的西南财经大学，在成都参与了十年的体制外民办高校工作后又从民办高校第二次退休，退休后也待在成都躲避新冠疫情，就这么一个地地道道的成都人饮食上却有两个特点：一是不喜欢吃辛辣的特别是干辣的食物，比如吃面我是不喜欢吃成都人喜欢的素椒炸酱面而是喜欢清汤炸酱面，当然仅仅是不喜欢辣而已，不是不能吃，地道的成都人显然是不怕辣的；二就是喜欢吃西式的汉堡，肯特基麦当劳汉堡王的汉堡是我饮食习惯中的一桩至爱，就是待在成都的时间里也是时不时要去光顾品尝。

第九天： 2023.4.18

今天是再游普吉的最后一天，因为中午12点前要退房，上午也就没有出去，在酒店中收拾收拾休息休息。航班是当地时间晚上7:00北京时间晚上8:00的，到成都也是明天凌晨了，所以下午也许还可以在普吉逛逛。但刚才也和夫人一起出酒店在附近溜达了一圈，如儿子所说，他现在居住的这个片区是一个富人和穷人混居的区域，既有富人的豪宅也有穷人简陋的住所，我想这应该是和泰国实施的财产私有法律有关。土地私有化了，在自己的土地上建什么怎样建，除了需要向建设部门报备之外，应该都是土地所有者自己的事了。这使人想起了英国思想家哲学家约翰·洛克早在三百多年前的1690年就在他的著名作品《政府论》指出的"权力不能私有,财产不能公有,否则人类就进入灾难之门。"名言。

此次再游普吉，应该说游览和实务的目的都已达到，游览上走完了普吉十大海滩，逛了普吉老镇，拜谒了查龙寺的神佛和观音大佛像，弥补了上次普吉行中游览较少的不足。对普吉旅游房产的了解进一步深化，对已经购买的三处普吉房产应该是十分满意，但悦蓉庄房价已高，铂金国际的清盘房性价比还不错，至于别墅从资产和投资的角度性价比是很高的，奈何如人不在普吉常住管理上也非易事。至于来之前一直想考察一下普吉气候特别是空气质量是否适合我这个慢阻肺老人长期居住，近十天下来似乎还不能有结论，总说来是不错的，热带海洋性气候海洋性区域以及人口和工业的不多，显然对呼吸系统的缺氧有所帮助和补益，但是不是好到了十分理想的状态，是不是可以选择较长时期居住还需要认真分析。

此次再游普吉之行的一个副产物便是再次激发了我对文字撰写的兴趣。来普吉之前告知我们大学班网管理和编辑的小兄弟校友同学，他还讲老大哥拍些照发给他就行了，对文字撰写的要求不高，我当即告诉他文字写作也许是我的爱好和乐趣之一，我会撰写一些文字与照片一起发给他的。这近十天下来，应该是每天一篇包括今天这一篇共有九篇，每天千余字的撰写也成了我这次再游普吉的一桩乐事，在此也感谢为我在大学班网上编辑文章的同学，感谢各位抽空阅读我文字的朋友。

现在要回成都了，因为慢阻肺身体的原因静养的时间还是较多，所以重拾这几年来撰写回忆录的牙慧也很自然的成了我所考虑和要做的一件事。自从新冠肆虐人类的三年前我开始是撰写《路漫漫 吾将上下而求索》，三年中不知不觉居然完成了近50万字，只是因为有些具体原因，近一年撰写显然放缓了，既然说是放缓了那就说明我其实还在撰写。事实上确实如此，我已经为我的回忆录计划了第十三篇，取名为《书山有径 学海无涯——我的"大学"》，并且已经撰写了不少约2万多字。这里面有两个问题想说一下：一是为什么要写这个第十三篇，二是副标题为什么取名为《我的"大学"》。下边在我的已经撰写完成的这个第十三篇的第一段文章中的这些文字就全面明确的回答了这两个问题：

今天是2022年12月1日，三年前首例新冠病人在武汉被发现，吹哨人李文亮先生曾予以警示，遗憾的是被习惯性忽略了，至此，新冠病毒肆虐了地球和人类三年。世界大家庭大约在一年前因为病毒毒性的弱化而逐步放开，我们在"清零"的工作中又与病毒抗争了一年，到今天传来我们也会逐步放开的消息，看来世界和人类可以和新冠病毒说拜拜了。我大约也是三年前的这个时候开始动笔写自己的回忆录的，三年时间中不知不觉居然完成了近50万字，也算是三年中的一个"成就"吧，已经完成的近50万字回忆录有十二篇，今天准备动笔写第十三篇，我把它的副标题命名为《我的"大学"》，想要记录以《我的"大学"》为副标题的过往回忆的原因有二个，篇幅命名为我的"大学"，也寓意于这二个原因之中。

首先是撰写回忆录的起意和过程。应当说三年前有撰写回忆录的打算并逐步付诸实践时，思绪还是比较随意的，当时因为闲来无事有关方面又提倡老人多留家少外出，于是就有了记录自己几十年学习和工作生活的想法，最初就是觉得该把这几十年来的学习与工作总结记录一下，所以前两个篇章"三人行必有我师也——我的学习生活"、"吾有所思吾有所为吾有所乐——我的工作生涯"虽然也有 10 余万文字，但撰写中更注重的是当年学习和工作的过往经历的记录，所以也留下了一点文笔比较粗糙内容比较紧凑缺乏隽秀之感的遗憾。尽管因为文字的客观真实性较强，也得到读者朋友的一些好评。文字在友人中传播时，正值电视剧《人世间》播放，有朋友和同学谬赞这是"许老师版《人世间》"，还有"白天读许老师回忆录，晚上看《人世间》"之戏说，但笔者自己还是认为回忆录中那些不满意之处仍是一种遗憾，总想在合适的时候用合适的方法弥补一下。

所以在后来的篇章中，便有了"欢乐与成功同在，遗憾与教训同行——我生活中的'得失'"、"胸无大志，随意而行——我的人身自描"、"充实自知自信自明——我的人生追求"以及"子在川上曰，逝者如斯夫——我所经历的七个年代回眸"与"医疗教育养老住房的市场化——我的民生观点"这些补充性内容，它们一方面从内涵上是把我的工作和学习生活内容回忆得更丰富描写得更细腻，另一方面从外延上也是把回忆录的涉及面扩大了一些，借撰写回忆录的机会，展示了一些我想表达的一些其他内容，比如共和国 70 年的历程，比如我的民生观点，等等。

再有就是回忆录撰写的文字难度。回忆录的前几个篇章，包括我的学习和工作生活回忆、我的子女教育和理财、我的海外旅游与身体康健，因为都是一些写实的内容，当年的情况是怎么样就怎么样写，好像文字描写的难度不大，文稿的形成有顺事成篇一气呵成的味道。但愈到后来便感到文字的组织有些难度了，比如对共和国 70 年历程的回忆，对我所看到和观察到的历史事实是如实记录的，但对这 70 年共和国的历程我个人的认识和感悟，在文字表达上就不得不委婉一些了。又如，对一些民生问题的市场化问题，从学者的角度记录和分析它的历史背景和形成过程当然比较坦率，但对造成医疗教育养老住房市场化这些乱象的起因和动机分析就不得不十分含蓄了。一位朋友在读了我那段洋洋好几万字的文稿后，直言不讳的说"政府把这些不该市场化的麻烦事都推给市场了"，友人可以坦言，但我在用文字批评政府的时候，还得要谨慎些尽量委婉含蓄些。

也就是这个原因，使得计划中回忆录的有些篇章至今没有动笔，表现出种种的迟疑和犹豫。小的方面有"金无足赤，人无完人——我的亲人"和"有朋自远方来不亦乐乎——我的友人"这两个篇章，一直犹犹豫豫在如何客观描述亲人和朋友中徘徊，总是担心因为回忆录的客观写实会有所不妥，现实生活中并不是所有的窗户纸都需要捅破的。大的方面那篇"普世价值和社会集权——我的世界观念"便感到很难措词了，能很难想象我会用什么样的文字集中在一个篇章中阐述我的世界观，我肯定不会在自己的回忆录中说言不由衷的客套话乃至假话，但如何用文字表达自己的真知灼见在各种综合复杂的因素下也是一个不得不考虑的问题。

好了，现在有了撰写我的"大学"回忆录篇章的想法并且事实上已经动笔了，这两个问题也似乎可以尽力解决了。在我的"大学"这个篇章中首先会尽一已努力去补充回忆录前几个篇章中一些语言未尽的内容，弥补自己不满意之遗憾，让回忆录的内容更丰富些更充实些更生动些。同时也把一些觉得在文字上不太好组织的内容放在这一个篇章中，分散的而不是集中的回忆这些内容也许文字上好措词些，这样也能把自己对一些问题的认识和感悟予以表达。

因此在这一篇章内容中，会有不少对于我的亲人和朋友的回忆与描述，这些亲人朋友中既有我年轻时给予我极大帮助的"贵人"，也有在不同的历史时期对我的思想和行为有较大影响的"高人"，当然也有所谓的"平常人"，他们都是我觉得值得我回忆和留恋的人。这样在这一些内容撰写中，更多的是当年友情交往的写实，对他们的评价和议论会较少些。而关于现在说得比较广泛的"三观"特别是世界观问题，我的观念也会出现在这个篇章的不同地方，我会尽力通过一些故事性的描述来表达我的观念。

最后要说到的一点是何以把这一篇章的副标题取名为《我的"大学"》，它有客观和主观上的两方面因缘。客观的因缘是我这几十年的人生经历中，绝大多数时间都与大学有关，从尚未入学的幼年起，直到 2019 年从民办高校再次退休，几十年的学习生活与工作都是在大学中度过的，这是客观实际。主观的因缘是在我个人的认识中，"大学"是一个广泛的概念，社会就是一所大学，贵人、高人、亲人与朋友，都是你在这所社会大学的老师，是他们指点和引导你懂得了人生，所以在这一个篇章中，我会记录到这所社会大学中更丰富的内容。

就以这段将要与友人们见面的文字作为此次再游普吉九篇文稿的结束语吧！

第六章 "山川异域　风月同天"——首次日本行

第一天：2024.3.7

今天是 2024 年 3 月 7 日，开启了我的首次日本行的第一天。因为要计划和安排行程，我们定机票的时间较早，二月份的春节还没过完就订了，那个时候成都到东京的直飞航班几乎没有，最后订的是国航东京去大阪回的航班，今天从成都起飞中转北京赴东京，返程的时候是大阪起飞中转南京回成都。到了二月未，四川航空公司推出了从三月一日开始的国际航班安排，从成都到东京和由大阪返成都的往返航班都是直航，搭机的时间也很舒适方便，算是有一点小小的遗憾吧，当然我们如果把行程推迟一点也一定会订上川航的直航机票了。

比较好的由成都经停北京飞东京的航班是安排在成都双流国际机场，从成都天府国际机场启用以来，成都的多数航班都是在天府国际机场起落，所以最近几次我的旅游都是天府国际机场出发的，似乎对双流国际机场有一点久违了的味道，当然进入登机大厅后似乎一切如故，随手拍下几张照片。

航班如期在上午 11:00 到达北京首都国际机场，上次到这个机场是新冠疫情前了，迄今也有数年。飞机在航行和降落过程中居然看到了地面积雪，这对于一个成都人来讲还是有点让人兴奋的。因为行李是直达的，所以在首都机场也不需要取行李再行托运，候机期间在候机厅闲逛时也信手拍了几张照片，还拍了一张自己在首都机场星巴克咖啡厅的照片。

在首都机场还是待了好几个小时，到下午登上了飞东京的航班，机长播音中讲要飞行二小时四十五分钟到东京羽田国际机场。北方的夜晚来得确实早些，起飞不久就看到快要落入云层中的夕阳了，很快夜幕就降临了，正好在飞机上看到日落。

北京时间八点多一点航班在东京羽田国际机场降落，这时已是东京时间九点过，两地时差一个小时。办理好入境手续后出机场就看到来接我们的女儿，心里十分高兴，上次相见是去年八月她回国在成都待了一个星期。

女儿给我们定的酒店离她在东京的住宿地不远，她住的地方是我们 2021 年购置的一室一厅房，在日本叫"1R"，购置的时候带有租约也就是有人租用，到 2022 年这个房间就是我女儿在居住了。酒店距东京羽田国际机场还是有一定路程，我们搭乘轻轨用了三十多分钟时间才到酒店。搭乘轻轨的过程发现了一个与欧美地铁相同的现象，就是每一个轻轨站都没有工作人员，当然也没有对乘客进行安检的设施与人员，同样的他们轻轨的硬件也与欧美一样也是远不如我们的。

第二天：2024.3.8

今天是 2024 年 3 月 8 日，是我的首次日本行的第二天，也是国际妇女节。昨天的文字发出后，即有友人问我文章副标题说是首次日本行是否隐喻着还会有多次日本行呢？计划和安排上确实如此，在往后的日子中我应该会有多次的日本之行。客观上夫人去年为她和我办的五年期日本签证为多次去日本提供了保证，加之日本和中国一衣带水，相距不远应该是比较方便的，当然最主要的是我的小棉袄在东京已经工作几年了，我还是希望能更多的见到她。

一夜熟睡，清晨起来才发现昨夜东京下雪了，仅管积雪正在逐渐融化，但从积雪的多少来看，昨夜的雪还是比较大的。作为一位生活在南方的成都人，没有看到昨夜的大雪还是多少有点遗憾。昨天因为到得较晚，我入睡时间已经很晚，大雪一定是深夜降临的，清晨我醒得较早，降雪的时间应该不是很长，从积雪深度来看这场雪应该是很大的"鹅毛大雪"。

午饭后在女儿的推荐下我们去了一个距吃饭地点不远叫"谷中银座"的地方，这是一个保持着日本传统色彩的地方，有点像我们成都的"宽窄巷子"，但二者的风格迥然相异。宽窄巷子最大的特点就是人多人头攒动，谷中银座这条小街却默默的表现着日本传统文化的静瑟。沿街的一路小店看过去，各个店铺售卖的对象从不同的角度展示着日本传统文化的方方面面，与宽窄巷子有着相当的反差，一种总想留点什么来纪念的念头让我在这里留下一张照片。

就在这条街上，看到了很多小学生去上学，三三俩俩的小伙伴们背着书包结伴而行，没有家长接送，有的小朋友显然是一二年级的低年级学生，当然也有个子稍高些的五六年级学生，还有个子高大的中学生。望着边行走边交谈的充盈着欢快愉悦的学生们，能够感受到他们在学习生活中的无忧无虑，感受到他们成长中的自信。突然想起来日本前几天所发的我的回忆录中《海阔凭鱼跃天空任鸟飞——我的教育观念》中所述及的我们的中小学生在应试教育下的窘境，忽然让人有些惆怅，我在那段回忆录中劝告中国家长们不要在"输在起跑线"这个没有科学性的伪命题下让孩子们书读得太辛苦太疲惫，因为那些应试教育的题目对孩子们的发展益处并不大。但望着这些日本孩子们，让我惆怅的是如果放在民族和国家的大范围中，那条起跑线也许还是有的，这就需要我们去尽快改变应试教育的尴尬局面了。

大半天的闲逛一个很大的感受上就是日本社会运转的有序，这从街道的整洁和人们的相互礼让可见一斑。说到相互礼让，下午我在一个没有红绿灯的小路口因为得到了一辆公交汽车"礼让"而倍感惊诧和惭愧，情况是这样的：小路口没有设有红绿灯，因为路不宽当我过街时看到右侧有一辆公交汽车缓缓开来时便下意识的退回路口，这时那辆公共汽车居然在我面前的路口右侧停下了，车上公交汽车驾驶员打着手势示意我请我先过路口，望着庞然大物般的公交汽车居然在我面前刹住车为我让路让我先过路口，不得不为那位公交汽车驾驶师傅大度的礼让行为感到尊敬，他毕竟开着一辆大车却在为我一人让路。

第三天：2024.3.9

今天是到东京的第三天，3月9日星期六。周末的晴天让天空清彻蔚蓝，这在成都是少有的好天气，还没有出门就习惯性的像在成都一样盘算应该有一处地方去好好享受一下日光沐浴。

在酒店附近的山手线一个轻轨站购买了通程票，760日元约合人民币38元，在今天0-24可以乘这公司的所有轨道交通不计次数，应该说是可从到达东京都内你想去和你能去的地方。东京轻轨山手线是一条环线，与成都的七号线一样环城一周，比成都七号更好的是它可以到达很多繁华地方和旅游打卡点，比如东京站、涩谷街口等。

第一个下轻轨的站是东京站，这是东京的交通枢纽，又称为中央车站，建于1914年的红砖英式建筑，古典的英式建筑与周边的现代化高楼交相映辉，堪称古典与现代的完美结合。中央车站正对着的远方便是日本皇族居住地，在这个地方除了打卡东京车站外，还可以远眺"皇宫"，天气的晴好使得无论近看还是远眺都十分清晰。

在东京车站再上山手线轻轨，直奔涩谷站，在涩谷轻轨车站内，有一个面对涩业街口的拍照打卡点，不少人停留在这里，等待拍摄涩谷街口让人震撼的人潮照片。这条东京涩谷最繁华街口，约有七八条街聚合于此。红灯时众人静候，绿灯一亮人流如炽。人的流动造就了景观网红打卡点！

走出轻轨涩谷站便是繁华的涩谷商业区，走过那条网红打卡街口，便是熙熙攘攘热热闹闹的商业街区，这个时候算是体会到了日本特别是东京人口密度的强度了。昨天在逛"谷中银座"商业街时，我心里还在嘀咕怎么人这么少这么平静，今天算是知晓了东京的人口密集度了。

涩谷轻轨站旁有一个忠义八公犬的铜像，记载着一个感人至深的故事：八公犬1923年出生于日本秋田县大馆市，于1924年被主人上野英三郎带到东京。每天早上，八公都在家门口目送主人上班，傍晚时分再到附近的涩谷站接他回家。一天晚上，上野英三郎在工作时突发心脏病抢救无效去世，并没有像往常一样回到涩谷站。然而，八公依然忠实地在涩谷站前一等就是9年，直到1935年3月8日去世。这个故事后来两度被改编成为电影，1987年改编成电影《忠犬八公物语》，由仲代达矢主演，2009年改编成电影《忠犬八公的故事》，由理查德·基尔主演。不少人都在忠义八公犬铜像旁排队拍照，追思和纪念这位忠义至全的犬类。

游完涩谷后再次上山手线轻轨到了新宿，这是东京市政府的所在地。在东京市政府的双子塔大楼45层顶楼，设有南北两个观览点，免费供市民与游客游览，在顶楼上可以360度全方位的看到整个东京市。参观的人很多，在市政府工作人员指引下大家排队从电梯直上45层进入观览大厅，在这里远瞰整个东市容市貌，晴朗的天空下阳光照射着美丽的城市，让人目不接暇！

在新宿吃了午饭后，在明媚的阳光下沿着市政府大楼所在的街上溜达，突然发现在市政府大楼旁有不少流浪汉的简易行李，有拉杆箱还有小型帐篷，当然也有流浪汉正在用午饭，这使我想起我们从新宿轻轨站出来时，是看到有一处比较宽敞的地方不少人排成几队在静静的等候发放食物，想来其中多数应该是住在这里的流浪汉了。联想起2016年美国游时在纽约市政府办公楼附近也看到有常住的流浪汉，突然觉得发达国家的流浪汉是比较聪明的，他们专门在政府机构旁边驻扎流浪，估计是觉得在政府机关旁边住着要安全些吧。

今天最后一站游览点是上野公园，它紧邻山手线的上野车站，出站后信步走来，发现这里游客很多，日本人和外国人都有，女儿告诉我这么多游客到这里主要是来看熊猫的，熊猫当然是从中国四川成都来的，看来外国人对熊猫是情有独钟的，这使我想起 2019 年 5 月我在接待西班牙巴塞罗那大学酒店管理学院董事付院长时，在专程陪同他去熊猫基地看熊猫时，一个四十多岁的大男人看到熊猫的时候一副孩子般的欣喜若狂的样子令人难以忘怀。

在上野公园居然看到一排樱花树上的樱花正在绽放，虽然数量不多，但却格外让人惊喜，有一种老外看到熊猫的感觉。在上野公园对面是东京博物馆，因为时间太晚已不能进去仔细参观，只能是路过远远的观望了一下。

第四天：2024.3.10

今天是来东京的第四天，2024 年 3 月 10 日星期日。天气仍然相当的好，一片蓝天十分明亮清彻，阳光洒露下来暖洋洋的让人十分惬意，听女儿讲这种蓝天晴朗的天气在东京比较普遍，如果成都的天气也常年是这样就好了。

女儿今天安排我们乘坐东京的公交车，除了今天计划中的旅程公交车更方便些外，更可以让我们体验一下东京的公交车。也是购买的一天的通程票，700 日元也就是约 35 元人民币，今天之内可以乘坐东京市所有公交车还包括一些地铁线路和电车到你要去的地方，这应当是特别便宜和方便的。

昨天游览的多是商业闹市区域，今天要去的地方会偏重文化一些。第一站去的是浅草寺，浅草寺在东京都台东区，是日本现存的具有"江户风格"的民众游乐之地，也是东京都内最古老的寺庙。寺院的大门叫"雷门"，正式名称是"风雷神门"，是日本和浅草地区的象征。因为是阳光明媚的周日，来拜庙的人特别多，除了外国游客外日本人也很多，不少日本人身着隆重的和服，既表现了传统文化在现代日本人中很高的位置，同时也展示了他们对佛发自深处的虔诚。这一点我们好像要差一些，在成都的文殊院昭觉寺中，可能是很不容易看到身着汉服唐装的国人拜佛的。

午餐后先去了早稻田大学，这是一所几乎和公立东京大学同时建立的私立大学，它于 1882 年伴随着"学问要独立"的宣言声诞生， 在创始人大隈重信先生"建立一个和国公立大学相匹敌的高等教育机关"治学理想的指引下，作为日本"私学之雄"的早稻田大学风风雨雨走过了100 多年，大隈重信先生提出的"不屈服于国家强权的自由主义的在野之精神"在 100 多年后的今天，也仍洋溢在早稻田大学校园的每个角落里。与欧美大学相似的是早稻田大学的开放性，社会公交车是能进入校区的，公交车在校区内的站名叫"早大正门"！

从早稻田大学出来，去了国立东京大学，东京大学诞生于 1877 年，初设法学、理学、文学、医学四个学部和一所大学预备学校,是日本第一所国立综合性大学,1897 年易名为"东京帝国大学",二战后的 1947 年 9 月,正式定名为"东京大学"至今。因为是周末,星期天无论是早稻田大学还是东京大学学生都很少,但大学的风范与丰采在这两所学校中都表现得十分严谨。仅管是在 QS 世界大学排名位居世界第 26 位的国立大学,学校的校门"赤门"因年久失修己被关闭,国立大学也许也有经费的困乏吧。

傍晚到来的时候,去了今天最后一个游览点,在那里主要是能看到和拍摄到东京夜景,这是一个位于东京繁华"港区"名叫"麻布台之丘"的地方,在著名的"东京塔"附近,是刚于去年底建成的一个综合体。在它的顶楼也有一个像新宿市政府观景台的地方,晚上也免费对市民与外国游客开放,这上面也可以 360 度全方位拍摄到东京灯火阑珊的夜景,其中"东京塔"一支独秀分外显着。

被称为东京新地标的"麻布台之丘"2023 年底才建成,它有着长达 35 年的拆迁修建史,前后耗时 35 年之久的麻布台之丘改造项目于 1989 启动,2023 年 11 月建成,建设从 2019 年开始仅用了五年,动员 300 余户居民撤迁用了整整三十年!

"麻布台"是东京的一个地名,位置在东京塔与六本木之间的一个高台上,上世纪 1989 年东京都政府和商业地产开发公司与当地居民组成了"麻布台街区再开发委员会",由于日本实行的是土地与财产的绝对私有制,任何一级政府和机构均不能强拆居民住宅侵害居民的利益。当地涉及搬迁的居民共有 300 余户,于是再开发委员会开始一家一家地游说一家一家地商谈,动员他们出让土地,这一个游说拆迁过程长达 30 年之久,直到 2019 年拆迁完成开始动工,耗时包括新冠疫情期的五年时间,建设成了这项日本最大的城市综合体。从成立再开发委员会,到 2023 年 11 月下旬的建成开业,麻布台改造项目前后耗时 35 年,不得不佩服日本人做事的耐心和执着。

第五天:2024.3.11

今天是到东京的第五天,2024 年 3 月 11 日星期一。来了 5 天了,天天都是这样蓝天白云的晴朗天,确实如女儿所说的这样好天气是东京的常态。

上午在酒店附近的一个超市去逛了一下,让人再次感受到了日本人的整洁卫生有序。这个超市主要出售食品,超市中所有出售的商品。不禁让人一眼就看出品质极好,而且在超市中摆放的十分整齐,日本人选购商品似乎也很有序,顺着摆放的去拿一个就行了,不怎么样去刻意的挑选。

价格上肉类应该是比成都高一些,毕竟是东京大都市,但也没有高出很多,如果考虑到品质和制作,应该相差不大,我这里所说的制作是指它的切片切丝等。但蔬菜水果价格就比较贵了 特别是水果，因为今年成都的水果特别多特别便宜，看了一下东京的水果价格应该是成都的两三倍甚至更多，当然我这里说的是苹果橙子香蕉等普通的大路水果，草莓葡萄等精细水果应该二地价格差异不大。

清洁卫生完全是不用摆了，那是特别特别的优秀，任何一条小街都是干净得让人惊讶。特别是街面上没有垃圾桶，女儿说日本人的习惯就是外出产生的垃圾都会带回家中分类后再丢弃。我突然在想大家都这样自觉地维护环境卫生，那它平时打扫路面等街道卫生投资的人力成本应该不大，它肯定不用天天来打扫，定时定点来清理一下就行了，绝不会像我们时时处处都得有环卫工人来打扫，这应该是社会运营成本大幅降低的成功典范。

可能是土地的绝对私有制，东京的住房与我们差异很大，它少有象我们那样广泛存在的小区，住宅都是一小幢一小幢的十分精致。虽然没有我们那种小区中的中庭花园气势庞大的绿化，但也不乏有热爱生活的爱美之人用鲜花把自己的庭院布置得十分漂亮美丽。

偶然看到了日本政治生活的侧面，那就是议员的竞选。前两天曾在游览中偶遇过两次议员的竞选车，应该是比较轻巧简陋的货车吧，一辆是敞篷的一辆是封闭的，车身上贴着竞选议员的头像以及一些简单精练的竞选内容，车上有广播设备，在车身缓慢开动的时候声音较低的广播着一些应该是竞选宣传的内容吧。今天在住宅区内又看到了一些议员的宣传广告，主要是议员的头像，以及他们的党派等等，这些好像叫做"拜票"也就是争取选民的选票。我在想，象他们这样放下身段到社区向民众拜票面对面争取选票，如果当选后选民有需要解决的问题找到他，他应该是会尽可能尽量去反映争取得到解决的，不然他何必去如此讨好选民呢？这个事情看来还是挺有趣的。

午餐后去了千代田区的赤坂，出地铁站不远就到了TBS剧场，在那里看到了很多的哈利波特的追星族，多数是少男少女的年轻人，当然也有成年人和像我们这样的老人，只是很少而已，我们也混迹其中充当了一次追星族。在这里可以购买到哈利波特的一些专利产品，还有一个哈利波特咖啡馆可以购买咖啡饮用，只是购买产品或者购买咖啡都必须需要事先预约。

然后去了有名的日枝神社，日枝神社在日本很多地方都有，位于日本东京都千代田区永田町中的神社是主要的。这里祭祀着江户三大祭之一的山王祭，主祭神为大山咋神，祭神为国常立神、伊奘冉尊和足仲彦尊。关于日本神社的概念我一直是没有太搞得清楚的，它应该是日本文化中很重要的一个角色，应该是日本人认为的尊崇者和保卫者。今天在现场看到的去参拜者大家都肃穆，十分严肃的表情表现了对神的敬畏，可能因为今天是周一，参拜的人不是很多，使我感到很惊讶的是，参拜种有不少是欧洲人，或者是北美人。

东京的五天游览结束了，明天将和女儿一起去大阪，在大阪也有五天的游览时间。东京这五天的游览中，我们去的比较经典传统的游览景点不久，这是因为在我们今后再来日本的安排中，至少会有一次或者两次跟团游，跟团游这种打卡式旅游，一般当地的著名网红旅游景点都会安排在行程中的，这也是我们这次在东京刻意的没有去这是网红景点的原因。

第六天：2024.3.12

今天启程去大阪。东京这边酒店退房的时间与我们国内有点差异，他们要求在正常的情况下上午十点就须退房，国内一般是中午十二点，当然有特殊情况可以交流沟通，我们因此也就比较早的离开了酒店。

今天的天气就没有前几天好了，天空中云层较厚，当然太阳也露不出脸来了，出门后还飘着点小雨，完全没有前几天的那种惬意了，天气是很能影响人的心情的。

今天是要乘坐新干线列车去大阪，上车后突然想起邓先生当年访日乘坐新干线列车时所发出的若有所思的说我们落后了的感慨。1978年10月邓先生访问日本时乘坐新干线列车，在车上体验了列车高速平稳的行驶后，他表示要虚心学习，了解与学习先进技术和管理经验，学习发达国家一切有用的东西。当年的邓先生访日访美等多国，观察思考最终确定了"正确认识中国现代化建设的外部环境，准确判断当今世界的时代特征，科学预见世界格局和全球经济的发展变化的改革开放大政方针"。

两个多小时乘坐新干线列车的过程中，感悟最深的是车上的安静，安静得就象车上没有人似的，只有偶尔车上广播行程时才有一点声音，人们在车上都表现出一种少有的宁静，这与我们国人在国内乘坐交通工具时贯有的大声喧哗形成极大的反差。作为一个几十年的教育工作者，我总在想那种对公共环境卫生的自觉维护与这种公共场合的安静，它是需要一个教育与养成过程的，由此也颇有感触。

东京时间大约下午一点左右到了大阪，一下车夫人和女儿就告诉我，在大阪的左右概念与东京不同，比如东京乘自动电梯是站立在左边，留出右边的通道让有急事赶路的人通过，而大阪这边恰恰相反，乘自动电梯时是站立在右边留出左边的通道让有急事的人赶路。说到社会有序的方面，我们的邻居确实是一个典范，在东京的几天中见到不少日本人排队，就是等红灯过路口的时候，人稍稍多一点就会看到他们很自觉的排成了几列等待通过。

这次女儿在大阪订的是一套民宿，二室一厅位置很好，就在一个地铁站口旁边。我们稍许休息了一下在外出吃了午饭后，便去了离住宿地不远的新世纪本通商业街，有名的通天阁就是它的一个打卡景点。通天阁高300多米，是大阪标志性建筑之一，在上面可以全景观览到整个大阪市，我们没有预定上通天阁的票，只能远眺和在它的附近观澜了一下。

通天阁就在新世纪本通商业街旁，没有上到通天阁的顶楼，我们便尽情地逛了一下商业街。新世纪本通商业街上有很多品牌老店，主要是各种各类饮食，各个老店有都以门面装潢的豪华张扬为傲，大红大紫的装修风格颇有点中国过年的味道。

回去的路上经过了天王寺公园，天王寺动物园和大阪市美术馆也在公园内。公园旁边有一座高楼据说是大阪市最高的楼房。

第七天：2024.3.13

今天是到了日本的第 7 天，到大阪的第 2 天，2024 年 3 月 13 日星期三。出门的时候还是有一些云层遮住了太阳，但天气预报说今天会转成晴天，果然出门不久云层就逐渐散去，天空也明朗起来。

女儿给我们安排了在大阪一日游的地铁公交与部分景点门票的联票，这好像是大阪从去年十月到今年四月底的一个旅游活动，2800 日元约合 140 元人民币，一天内除可乘坐全市地铁和公交汽车外，还包括部分景点的门票。

第一个观览点去了梅田大厦空中庭院，你在那里可以 360 度观看到大阪全城市景。这个空中庭院高的 140 米，中间有一段路途是乘观光电梯，这个观光电梯不同于通常的那种，而是电梯在一些钢结构中运行，颇有一点置身露天的味道，我这个有点恐高症的人虽不说是惊心动魄但还是有点心畏。

午餐后去了大阪城公园，著名的大阪城天守阁是公园的核心。大阪城公园是以当年古大阪城为基础建成的，以天守阁为核心和制高点，在内护城河与外护城河之间和之外予以扩大修建而成，既展示了古大阪城威武雄壮的风采，又增添了现代公园风韵。

大阪城天守阁最初是建于 1496 年的一座庙宇，建成不久后成为石山（大阪）本愿寺发展势头咄咄逼人的大寺院，1580 年被欲一统天下的织田信长攻陷并被毁于一旦。1583 年接掌大权的丰臣秀吉在本愿寺旧址开始建造了一座雄伟霸道的城楼。丰臣秀吉之后的德川家族在 1620 年重建在夏季之战中毁于战火的大阪城，建成之后成为幕府在西日本的统治中心。

天守阁是古大阪城的中心和制高点，建筑和布局与古代中国城堡无异，历史传承也似乎与我们二千年改朝换代相似。睹物思史，日本民族能庆幸的是明治维新的成功让他们走向世界，而我们的戊戌变法胎死腹中令人扼腕叹息。至于城堡文化中古希腊城堡中的内生民主，那只能说是西方人的运气太好了，古希腊城堡民主给他们奠定了人性自由的基础，让现代科学技术文明得以在欧洲发生发展。

从大阪城公园出来后去了道顿堀河，晚霞中乘坐游艇在河中荡漾，两岸建筑与河流交相映辉。道顿堀河旁是繁华商业街区，颇有点南京秦淮河的风韵，河上的游艇观光别具一格，两岸繁华尽收眼底！

今天最后一站是乘坐飞天轮，月色之下。飞天能徐徐旋转中，大阪城夜景尽收眼底，上下360度钟表般的旋转，夜景从不同方位进入眼帘，让人感到变幻莫测，这突然使人感悟到世间万物万事，从不同的角度来观察它，好像它就有不同的内涵和外延，这是否隐含着一个做人做事的至深道理呢？

<h2 style="text-align:center">第八天：2024.3.14</h2>

果然今天的天气很好，又像前几天在东京一样艳阳高照，清澈的蓝天白云让人心旷神怡神气清爽。今天出门很早，因为定了去京都奈良的一日游，上旅游车的地点是昨天晚上游过的道顿堀河上的东京桥。

第一站是京都清水寺，旅游车在高速公路上奔驰了一个多小时，由大阪进入京都后直奔清水寺。停车场到清水寺上坡路旁的小店很多，建筑各异应是日本土地与房产私有所至，至于经营特色多样想来应是市场需求的因素。小店售卖的商品很多，除了有精致的吃食外，更多的是各种装饰品，观看与购买的游客都很多。

清水寺是世界文化遗产，也是京都人气观光景点，始建于公元778年，是京都最古老的寺院，有名的地主神社位于清水寺正殿北侧，是日本结缘祈求恋爱运的神社。使人最为震撼的是建在悬崖上的建筑，看到清水寺中悬空的建筑，突然想起电视剧《笑傲江湖》中衡山的悬空寺，颇有异曲同工的意思！

在清水寺中看到一群西方人身着和服在列队拍照，庄穆的神态表现了西方人对日本传统文化的喜好与尊重。

从清水寺出来去了京都伏见稻荷大社，它位于稻荷山的山麓，这里主要供奉以宇伽之御魂大神为首的诸位稻荷神，是深受京都人爱戴的神社之一，香火最为旺盛。稻荷神就是狐狸神，被认为保佑五谷丰收，衍生为商业繁荣。

今天最后一站的惊喜是在奈良公园，一进入奈良公园，就有活泼可爱的鹿向你跑来，围在你的身边，园内的鹿群与人亲密共处格外引人注目，表现出人与动物的和谐！被赞为可同时看到"鹿和枫叶"的奈良公园中，红叶在常绿树的鲜绿对比之下更显艳丽，公园位于奈良市街的东边，若草山、东大寺、春日大社、国立博物馆等名胜古迹大多在这里。

第九天：2024.3.15

今天的天气是万里晴空，蓝天洁净得连一片一丝的白云都没有，太阳懒懒洒洒的射在身上 让人有心旷神怡的惬意，好天气一定有好心情。

因为明天就要回国，这么多天游得也有些累，原计划今天就在大阪市区内逛逛，稍事修整为明天回国做些准备，早上起来一看到这么晴朗的好天气便改变了主意，决定去大阪的海边游览，选定的地方是大阪泉南市临空公园，怎么海边的公园叫临空公园呢？后来知道大阪的国际机场就在这附近，我们明天回国就要到这个机场来乘机。

一路轻轨上见到的与这么多天在东京大阪所见一样，首先是无论车站还是车辆，建筑上都比我们低几个档次，而更主要的是车站还是列车都没有看到管理人员。当然这些也使他们的营运成本也低，经营肯定是有利润的。我们的地铁建设虽然豪华，管理特别是安检十分严谨，但运行成本也高一直在亏损。当然亏损也在情理之中，建设投资来自银行借款，每年仅借款利息就是一笔极大的财务费用，豪华的建设形成巨额的固定资产，折旧费用又是一笔大的支出，众多的管理人员人工费用也不少。

也是一张地铁公交的通程票辗转几次转车后到了大阪泉南市。从轻轨站出来到海边，途中经过了一个洁静的小镇，这是一个海边的滨海小镇。镇上的民居修建风格各异，各类建筑丰彩一揽眼底。更为惊讶的是在这个小镇上居然又见到了众议员竞选的宣传广告！

到了大阪泉南市海边，海天一际的海景映入眼帘，海水的澄蓝洁净清澈明亮。今天是星期五，周末休假的前一天，所以来滨海公园游玩的人不多，静瑟的海边甚至能听得到海浪拍打岸边石头的声音。

到了日本将近十天，一直没有机会安排去看这个岛国的大海，临回国的今天因为天气太好临时决定去了海边，看到这一片蔚蓝清澈的大海十分兴奋。本来这次的日本首次行就是安排的泛泛的游一游，把深度的旅游留给了今后再来时安排，今天能到海边看到大海，算是给这种泛游增加了一点色彩。

大阪临海的泉南市临空公园对面一幢漂亮的综合体中显示出这座海滨城市的繁华，各类商店销售的商品完全不亚于东京大阪的商场，特别是内中的各种美食琳琅满目美不胜收，我们选择了一家日式火锅，食材的精美自不用说，上桌的所有荤菜与素菜一看色泽就知道是优质食材，只是火锅的口味十分清淡并带有日式的特点，吃的时候想着如果是四川微辣的鸳鸯锅底，那品尝起来味道一定就不摆了。

第十天：2024.3.16

十天的首次日本行今天是最后一天了，天气仍然晴好，这是此次日本行最美好的享受，晴朗的天空明媚的阳光会使人心高气爽十分愉悦。航班是 12:30 由大阪关西国际机场飞南京，我们九点就离开民宿搭乘轻轨奔赴机场。

关西国际机场是世界第一座完全填海造陆的人工岛机场，于 1987 年动工兴建，1994 年 9 月 22 日正式通航。看到的大阪关西国际机场没有我们机场豪华漂亮，跟我们的天府国际场相比根本不在同一个档次，甚至有些觉得太过于简陋，但游客很多特别是外国客人很多使得关西机场增色不少。

关西国际机场有 2 座航站楼，其中 T1 航站楼面积 30.3943 万平方米，T2 航站楼面积 6.7111 万平方米；站坪共设 105 个机位，其中 41 个为近机位；有两条跑道，分别长 3500 米和 4000 米，可满足年旅客吞吐量 3335 万人次的使用需求。这个世界第一个填海建造的机场如此宏大壮观，确实使人叹为观止，特别是修建的时间在上世纪八十年代让人十分感慨，将近四十年前别人就在进行这种建设了，可见我们的差距与落后。当然我们现在的大型建设技术也很不错了，但三十多年过去了，我们在进步发展，别人也不会闲着呵！

在关西机场再次感受日本人的礼貌与客气，这也是我这次首次日本行感触特别深的一点。来之前就听到了关于日本人有涵养礼貌客气的说法，对这一点脑子中本来是有比较深刻的准备的，但真正到了日本接触到他们的时候，不少细节还是使人感到很意外。排队礼让可以说是基本的习惯，比如汽车让行人，还有就是我已经说过的过街口等绿灯的时候，人稍多一点他们就很自觉的排成了几列等候，再就是公共交通上人再多再拥挤，但标明了是礼让席的也就是给老人小孩等的座位，就是空着也不会有人去坐，这可和我们国内有时为了这些座位会发生争吵形成极大的反差。

这些事多不胜举，比如在大阪梅田大厦观景台，大家依次上电梯，西装革履的工作人员小哥，在把客人送进电梯间后，会退后几步站立在电梯门逐渐关上的过程中向客人们深深的鞠一个躬。又如去京东和奈良的一日游旅游车司机，从乘客登上旅游车开始，每到一个景点车停住了客人上下车时他都会逐一向每一位乘客点头问候。我现场的实际感受这些都不是一种所谓职业道德的要求和习惯，而是日本人骨子中那种待人之道的礼貌和客气之使然。

自曝一件尴尬事。在大阪去京东奈良一日游那天，要乘坐一站地铁才能从住宿地到旅游车登车点，因为匆忙在地铁车即将启动的一瞬间我登上了一节地铁车箱，也就是在进车箱的一瞬间晃眼看到车箱门上有女性专用车箱的标志，但这时我想退出已经来不及了，地铁车门已经关闭。我起眼一看全车箱确实全部是女性，我当然显得很尴尬了，不过好像大家也看到我是一个老年男人，也没有什么特别表现。但此时我心里边就嘀咕了，因为时间比较早其实地铁站中乘地铁的人还是很多的，但居然直接留给女性专用的车箱确实没有男性，由此也可以见到日本人的自律和礼貌了。联想到国内的情况，我们当然没有设这种所谓的女性专用车厢，但我想就是设了其实可能也是起不了作用的，到时候不会有人自觉不进入的，当然需不需要设这种车箱是另一个问题。

日本人这种礼貌与客气的程度还是令人比较惊诧的，仔细思来还是与多年的受教育受影响有关。我们这批老年人已年过古稀，应当说关于日本人的德行状态在前三十年还是比较深刻的，日本鬼子凶暴的概念在我们脑海中的痕迹还是比较深的，现在看到的实际情况与留在脑海中映像反差太大，所以有些惊诧。不过原来的映像是上世纪第二次世界大战中日本人的状态，也许在那个年代中的日本人也确实不太好，不然咋会有侵略战争发生，现在又大几十年过去了，人也会在时光流驰中慢慢改变的。

还想再说一下很有感触的是城市街道环境卫生，东京大阪的街道等公共环境地方的卫生状态还是很令人有所感触的。其实说客观话，这些城市公共环境的建设现状与我们相比是较差的，虽不能说是破烂但确比较陈旧，但陈旧归陈旧而卫生状态很好，映入眼帘的是整洁，由此极想探究何以能够这样，这样一个宏观的问题能做到如此程度，应当讲因素是众多的。特别是看到东京这样大人口这样多的城市街道上居然不放垃圾桶，这应当是让人不得不震惊的。应当说不设垃圾桶在公共区域在日本东京这种大城市中取得了成功，但实施的过程中是怎样的确实值得探讨与借鉴，当然这从一个很广义很广泛的角度展示了日本国民的基本素质。

大阪关西国际机场人气还是很旺盛的，特别是在免税店，店中人头攒动十分热闹，登机前购物的人还是不少！大阪起飞的航班2小时45分左右到达中转的南京禄口国际机场，这次中转需要重新托运行李并再行值机领取登机牌，一切处理妥当并在机场候机了一段时间后，登上飞成都的航班顺利到达天府国际机场，此次十天的首次日本行完成。

计划中会是在明年三、四月份再来日本，到时可能会选择一条比较合适的有较多景点的路径作一次跟团游，至于今年的出境旅游计划中可能会在八月份去泰国曼谷与普吉岛，年底也有去澳大利亚的计划，合适的时候也想去香港看看，上一次去香港已是七年前的2017年了。

第七章 "口罩"之后香港行

第一天：2024.5.8

新冠三年之后，我踏上去香港的行程，当然时间已是 2022 年底放开之后的一年多以后了。上一次去香港是新冠来临那一年也就是 2019 年初，当时我在成都信息工程大学银杏酒店管理学院担任院长，酒店的投资方银杏教育集团在香港港交所上市，我去参加了挂牌仪式去了香港，一晃就 5 年多了，当然其中有长达三年的"口罩时期"。

香港这个地方我去的次数比较多，主要是 2015 年到 2017 年这三年去得比较频繁，那段时间我在四川长江职业学院担任院长，四川长江职业学院有一个"香港项目"，主要是组织香港和内地青年学生之间的交流，工作的需要所以去香港的时候较多。去的次数虽多但每次都是来去匆匆，工作安排得很紧，所以也谈不上旅游，真正的旅游还是十多年前与夫人女儿第一次去香港，那一次才是真真正正的旅游。

这次去香港主要是去处理一些事务，计划在香港呆三天。虽然去了香港多次，但我对香港的环境特别是交通并不熟悉，因为每次在香港工作时，都有其它员工在一起带路，如果要说比较熟一点的话，那就是尖沙咀那一片，毕竟是一个老人独行，所以这三天我选择的住宿地点是尖沙咀。航班是昨天晚上的香港航空，到香港国际机场时已是深夜，飞机上乘客并不多，大约还不到一半的上座率，这还是香港航空和海南航空两个航空公司的航班并在一起的乘客。

航班较晚昨天到酒店时已是深夜，早上也起得较早，主要是要到中国银行香港分行营业厅去办一些事，沿途拍下了尖沙咀一组照片发了朋友圈。尖沙咀这一片对我来讲是比较熟悉的，因为当年四川长江职业学院投资人韩董事长的办公室就在尖沙咀，所以我每次来香港工作的时候，为了方便都住在尖沙咀的酒店中，工作之余的一早一晚特别是晚上，就在这一片溜达和逛耍，所以对这一片的道路交通和建筑设施都比较熟悉。尖沙咀的中国银行和汇丰银行的网点都比较多，就近选择了两家抓紧时间去处理要办的事。

在中国银行要办的事还基本顺利，但也花了将近两个小时的时间，这之中有相当一大部分是在营业部柜台上办的。有一个比较深的感觉是同样都是中国银行，但柜台上的服务设施香港就比内地差远了，柜台服务设施都比较简单甚至可以用简陋来形容，内地早已鸟枪换炮，他们好像仍然是处于鸟枪时代。还观察到一个现象是香港的退休老人们和内地的退休老人一样，更多的还是相信存折呀现金呀这种实打实的东西，在营业部的柜台前有不少老人拿着存折排着比较长的队等待存款。服务设施虽然简单但服务态度确实是相当的好，不过在被服务的过程中香港人那种慢性子颇让人领教。

我昨天睡的较晚，今天又起得较早，所以从两个银行出来后，匆匆吃了午饭便回酒店休息，居然睡了近两个小时的好觉，这是近年来很少有的，平时的午眠都是打个盹最多半个小时有时十来分钟。因为银行的事办得比较顺利，午休之后出去溜达了一圈，去看了一下维多利亚海的海景，下午的天气也好起来了，早上还是阴天下午云层就散去了，在维多利亚海边又顺手拍了一组照片发朋友圈，毕竟也有好几年没来香港了，难得有这点兴趣啊。出来溜达还有一个很主要的目的。就是想买一家烘焙店现烤的面包，以往每次来香港时，总是要买来品尝一下，几年没来了自然没有忘记他那个美味，还想买来再一次品尝，遗憾的是这家烘焙店已不在那个地方了，想饱的口福最终没能享用。

有些事情是不能比较的。以前每次来香港，都觉得香港的环境卫生很不错，经常以此贬低内地的公共环境卫生。今年3月份去了日本一趟，在大阪和东京看到那个干净清爽的市容，再拿香港一比就觉得好像差得太远，所以参照物不同得到的观感和结论也不同。但不管怎样，香港的公共环境卫生还是比内地好多了，内地不晓得什么时候才能有良好的公共环境卫生面貌。与公共环境卫生并列的一个问题是市民的自觉性，这一点与日本不相上下，香港的市民自觉排队还是很普遍的，尖沙咀的街道上经常可以看到一列一列一队一队的香港市民在排队等着上公交车，这一点和我们内地一窝蜂似的抢着上车形成鲜明对照。

第二天：2024.5.9

把这几天在香港的文字令名为"'口罩'之后香港行"，一个"行"字表明我这次来香港不是游玩而是办事，不是"香港游"而是"香港行"比较准确的表达了我这次来香港的目的。我把这次香港行程定了三天，是因为担心要办的事情如果不太顺利可能需要的时间会多一些，但我也估计到应该不会有什么不顺利，所以预先与我的老东家当然也是校友和朋友的四川长江职业学院董事长韩谨先生约了今天在尖沙咀他的办公室相见。因为"口罩"的原因，我与韩先生以及当年在四川长江职业学院工作时也很熟悉的他的女儿韩戈博士已有好几年没见面了，所以预先约了他们在今天上午见面聊聊。

因为昨天在汇丰银行香港分行办事时，汇丰银行给我安排了一位客户经理小姐，比较巧的是也姓许算是家门，约了今天上午9:00见面。我原以为与客户经理见面用不了多少时间，结果见面后仍然是香港人很客气但很严谨的工作作风，交流我的信息和具体情况以及投资理财偏好就足足花了一个小时，于是我只好告诉许小姐我因为有其他安排要先行离去，但我仍然很关心和愿意与汇丰银行客户经理的交流，双方约好明天上午银行开始上班后，再具体就我所关心的投资理财事宜进行交流。

到了韩董事长的办公室，他已一如以继按他的工作习惯很早就到了，相见之后大家都十分高兴，因为有好几年没有见面交流了，所以要聊的话题很多，兴致勃勃的一直聊到中午，吃午饭的时候韩博士也从另一处办公室赶来相见。大家在交流中关于香港今年的"英才引进人才"也聊了不少，因为比较特殊的原因，现在香港的"英才计划"入门的门槛确实降低了一些，只要是一些名单中学校的本科生即可申请，看来香港也很重视抢夺人才了。一如昨天见到尖沙咀面貌与几年前没有多大变化一样，今天中午吃饭的地方仍然在韩董事长办公室的二楼，店堂的情况和几年前几乎没有变化。

因为见到了老朋友十分高兴，加之我在香港中国银行和汇丰银行要办的所有事情都在今天完成了，心情的愉悦让我下午去星光大道逛了一圈，如同昨天一样香港今天上午还是阴天，下午云层散去太阳也就出来了，逛了一大圈，拍了一组照片发了朋友圈，心情也特别的好。

第三天：2024.5.10

今天是这次在港的第三天也是最后一天，下午稍晚一点就要回成都了。按昨天与汇丰银行客户经理许小姐之约，上午9点到了银行，与她进行了很多沟通，主要是关于美元和港币的存款及理财，了解到很多汇丰银行储蓄存款和投资理财的项目，感到很有收获。这次来香港在两家银行要办的事应该是完成得很顺利圆满，也见到了有五六年没有见到的老朋友，虽然没有到香港其他地方去逛，旧地重游在尖沙咀、星光大道、维多利亚海也再次见到它们的风采。

因为没有更多的事，午饭后也就慢慢往香港国际机场走。来的那天到香港国际机场是晚上，匆匆忙忙的赶往酒店来不及细看机场。今天时间充裕到机场还比较早，慢慢的观澜了一番，一切都与"口罩"前一样，只是感觉到人少了。以前每次来香港，香港国际机场总是人头攒动十分闹热，今天看到似乎人少了很多，可能"口罩"的影响还没有完全过去吧，包括国人在来香港的也不多。

来香港前曾听说近年因为经济不太景气，香港很多临街商铺都关闭了，但我这次看到商铺经营都很好很热闹，也没有看到有商铺关闭租不出去的情况，也许是我走的地方不宽不多，尖沙咀弥敦道这些繁华地方，不可能有商铺租不出去的情况，可能其他较偏僻地方有这种情况发生吧，前两天下午在这些街道上逛，包括我住地酒店附近的商铺，经营状况都很不错的。

海边城市的气候确实比内陆城市强，在港的这几天早上起来看到是阴天，但中午一到云层就会慢慢散去变成了晴天，兴许是海风把云层吹散了吧，所以多数时候都能看到蓝色的天空令人十分爽快。但有一点还是让人要说两句，就是香港地铁如同欧美一样，地铁站中几乎也看不到管理人员，更没有内地到处可见的安全检查，乘客都是自觉自由的进出，个人觉得还是这种状况好些，内地进入地铁的安全检查很是戒备森严，使人感到严谨了些。香港与内地地铁中这两种不同的状况，不知今后会谁向谁看齐，是香港地铁逐步实行安全检查，还是内地地铁逐步与香港地铁一样。

还有一个情况香港比内地做得好得多，就是公共交通中对老年人的优惠与照顾。到香港那天晚上，虽然已较晚了，但为了乘公共交通方便，就在机场购买了一张八达通卡，购买时只是询问了一下我的年龄，我回答了也没有让我提供证件，就让我购买了一张绿色的八达通卡，售卡的小哥告诉我这是老年八达通卡乘地铁公交有优惠，当时我也没有很在意。这几天中也只用这张卡乘坐了两次公交，也就是以往来香港时乘坐得很熟悉的往返于尖沙咀与香港国际机场的大巴士A21路。今天要回成都了，考虑到这张八达通卡今后再用的可能不大，于是决定仍然在香港国际机场把它退了，退卡时打出了消费清单，我购买时花了100港币，退卡时给我退了70港币，消费的30元港币中，还要扣除退卡费11元港币，那我两次往返国际机场到尖沙咀乘坐A21巴士中的费用仅花费了19元港币，而这两次巴士往返的乘坐费用正常的应为69元港，也就是使用老人绿色八达通卡优惠了50元港币。重点还不在乘车优惠的金额，关键是它办理的便捷，在售卡柜台上报了一下年龄交钱就领卡了，没让你填什么单子提供什么证明。我不知道在成都一位外地老人能否办理老年卡享受优惠，但我们成都老人自己去办老年卡是比较麻烦的，要提交照片填申请表提供身份证明，虽然也能当时领卡，但每年还要凭身份证审核一次，两相比较还是香港的做法便捷方便，真希望内地也能改进一下。

这篇文字是我在香港国际机场候机时写的，写到上边那个段落我觉得完成了，正好飞机起飞，所以准备到成都回家后就刊发出去。结果发生了很搞笑的情况：下午4:16分航班在香港国际机场准时起飞，飞行两小时二十分钟后，航班于6:36分在成都天府国际机场降落，然后一路辗转回家，晚上8:56才到家，也正好耗时两个小时二十分钟。当然这个情况也很正常，飞机飞得快嘛，但不得不说的是天府国际机场修得很宏伟，从出飞机后走到地铁站就耗费了不少时间，当然中间还有卫生检疫出关等手续要办理，好在我轻装简行就背了一个背包，所以没有托运行李没有耗时去等取行李。前段时间看到有些帖子吐槽天府机场离成都市区太远，今天体验了一回还真有点这个味道。不过不管怎样，走在漂亮的天府机场中，一趟香港行办完了该办的事，心情还是很愉悦的。

第八章　悦蓉庄中休闲游——再到普吉

第一天：2024.10.21

时隔一年半，再一次来到普吉岛，这应该是我第三次到普吉了。上一次是去年的 4 月中旬，那个时间正好是泰国的泼水节，算是领略了一下泼水节的欢乐。

这一次来普吉打算进行一次休闲式旅游，也就是没有打算去游览普吉的旅游景点。普吉岛的旅游景点除了南边的老镇和回龙湾及查龙寺等之外，主要是西海岸那十个有名的海滩，这些海滩在去年 4 月来普吉岛旅游时，儿子开着车带着我们已经遍游了一次，所以这一次就打算住在悦蓉庄作一种大家给老年人介绍的休闲旅游，也就是像住家一样的住在悦蓉庄修养修息，主要是看海。

普吉岛悦榕庄坐落于邦涛海滩，这里风景优美，提供丰富的度假体验，酒店环绕着咸水泻湖，提供了一个宁静祥和的环境，被誉为休憩的圣殿。悦蓉集团开发悦蓉庄有一段传奇般的历史，1984 年悦榕集团陆续购置普吉岛邦道湾 550 英亩的废弃锡矿场，这个废弃的锡矿场是多年前当地人零星散乱采矿时形成的，一大片区域有很多挖矿后形成的大坑，因为临近海边雨水与海水到灌成了很多咸水湖，造成环境和生态状况很不好。悦榕集团创始人慧眼识珠，购置下了这一大片废弃的锡矿场土地，他们用了十年的时间在废弃锡矿场土地上进行了大量的工作，主要是恢复它的生态，逐渐将它规划建设成成乐古浪普吉岛综合度假村。2019 年底我第一次到普吉岛，了解和考察了很多在建的楼盘，最后选择购买了悦蓉庄乐古浪的房子。

这次到普吉岛，就是当年购买悦蓉庄房产时，作为购买福刮，悦蓉庄赠送了两个人成都到普吉岛的住返机票报销，以及十万泰铢约合一万人民币的住宿卷和十万泰铢的餐饮购物卷。两人机票住返的报销，我们在去年四月去普吉岛去就享受了，这次去是享受住宿优惠卷，顺便把餐饮福利享受了。

昨天上午十点，我们从成都天府机场起飞，泰国当地时间下午一点到达普吉国际机场，先是乘预定的小车从北到南几乎穿越普吉岛去了南端的潜游中心，取到了儿子存放在那里的一个大行里箱，然后又从普吉岛南端到了约在岛中部的邦涛海滩旁的悦蓉庄酒店集团在普吉岛的悦榕酒店。

我们订的房间是一个一套二的套房，十分宽敞舒服，提供免费早餐，菜品和主食都很丰富，看得出来食材极好，菜肴都十分可口。自助早餐厅紧邻湖畔，环境优雅，早餐时小鸟也来相伴！

早餐后乘悦蓉庄的游艇去了邦涛海滩，一片海天一际的大海映入眼帘，让人心矿神怡。海滩上的沙滩干净细腻，非常宁静，不少游客在海中冲浪和游泳。

第四天：2024.10.24

今天是入住悦榕庄悦樵酒店的第四天，虽然只有几天的时间，已经完全感受到了这种休闲式旅游的乐趣，从内心深处认为这是一种老年人最适合的旅游度假方式。

这几天几乎每天都去了酒店的泳池游泳。仅管游泳是我唯一从小就喜欢也坚持了数十年的运动项目，但因为很特殊的原因，从新冠疫情开始的 2020 年起，我的游泳活动就间断了。这次住在酒店中，临湖的露天游泳池就在住地旁边，十分方便，所以每天都去游泳了。

除了方便外，更主要的也许是游泳促进了深呼吸，本来觉得会有累的感觉，但这种感觉没有发生，在水中肯定有较大的身体活动量，但没有平时慢阻肺那种稍有活动就呼吸急促的情况发生，这是这次到普吉休闲式旅游的一个收获。

当然也每天去了邦涛海滩，因为离酒店太近也太方便，所以除第一天还着装前往外，后来都是穿着游泳装去的，也进入海中享受了一下潮涨潮落的浪头冲击的乐趣。

昨天上午去了普吉岛铂金国际楼盘。上午 10:30 铂金国际楼盘的客户经理到悦樵酒店接到了我们，半个多小时后到了铂金国际在建楼盘的现场。这个楼盘多数房间本已建成，但因为所有的房间都要交与温德姆集团办酒店，温德姆集团对房间的验收很严格，装修完成的很多房间都需要整改，当然这种从严的验收对业主们要求房屋质量特别是装修更好些是一个很大的支持，看了我们购买的房子总体还比较满意。

今天在泰国休闲旅游中还居然交易了一次 A 股，不过不是在那种买进卖出的"炒股"，而是打中的一只新股 301592"六九三八"今日上市，因为价位很理想便卖出了。说到打新股，好象国庆前后我的运气很不错，居然连续中了二只，一只是国庆节前中的叫"上大股份"，这一只是国庆节后中的，能连续中两只新股，应该说确实运气是很不错的了。

第六天：2024.10.26

住进酒店好几天了,有一个比较深的感受是关于旅游度假方式上我们东方人与欧美西方人的差异。我们好像更多的是强调旅游，每到一个地方还是希望能到尽量多的景点去游览，而他们更专注在他们喜欢的一个地方住下来度假。在我们住的酒店中，几乎都是欧美客人，有情侣和年轻夫妻，有四口或五口之家，有的甚至是一家三代住在酒店中过着慢悠悠的度假生活，几乎没有看到亚洲人也包括中国人进行这种休闲式度假。

悦榕庄确实是一个进行休闲度假的极好地方，除了有悦椿、悦樵这些适合居住度假的酒店外，它还有很多优势一定会让客人们特别是欧美旅客络绎不绝流涟忘返。首先是整体的大环境，在没有进入悦榕庄乐古浪区域前，普吉岛的市政建设与设施是不太理想的，显得比较陈旧。但一但进入悦榕庄，眼前就焕然一新，道路及道路两边的绿化，以及各类建筑，都十分令人赏心悦目，犹如进入了一座公园之中。

其实实际情况比公园还强，因为整个区域中首先有大片的湖面，湖面把所有的建筑也就是各个酒店连接在一起，多数酒店都临湖或者临海而建，湖以及湖周边的绿化使整个区域的生态极好。

再就是交通服务极为方便。一个是湖中的免费交通艇，无论是由各个酒店到海边邦涛沙滩上，还是相互由这个酒店到哪个酒店，登上交通艇即可方便的到达，湖中的交通艇从早到晚都穿梭在各个酒店及邦涛海滩之间，使得出行十分便捷。

也可以乘坐免费的交通车穿梭在悦榕庄之中，这种交通车像湖中的游艇一样，从早到晚为要乘坐交通车的客人服务，你随时都可以登上这种交通车去你要去的地方。

当然悦榕庄中的各类服务人员随时都在为你提供服务，让你感到十分方便。比如你要乘坐交通车，走出酒店只要看到任何一个服务人员，你都可以向他提出要求，让他给你招来附近的交通车。

昨天去了我们在悦榕庄购买的房子所在地海天苑，说来也有意思，房子已收了一年多了，但我们还没有进到房间看一下，因为收房后房子一直在出租，有客人住当然不方便。昨天去也只能在外边看看，体验下环境。不过大环境确实不错，临湖且紧邻高尔夫球场，屋顶的游泳池与运动跑道也很不错。

说到房子出租应该是极不错的，确实因为环境很好，回报还是挺高的。今天早上迎来了到普吉岛后的第一场较大的雨，还有点孩提般的欣喜，因为这次去普吉，季节上就是冲着它的雨季去的，想体验一下泰国雨季的味道，给果来了好几天都没遇到下雨，所以下雨了还真有点欣慰惊喜。

第八天：2024.10.28

今天就要离开普吉岛回成都了，八天七夜的悦榕庄休闲度假，给我们带来了愉悦和快乐。这次在悦榕庄虽然只住在悦榄酒店，但我们却去了整个乐古浪度假村的几乎所有酒店的餐厅，品尝到了不少这些酒店的精美佳淆，其中有我最感兴趣和喜好的冰淇淋。

临行前去了悦榕庄乐古浪的售楼部，客服经理给我们推荐了一些在建的新楼盘，我们最后在她的陪同下去看了一处叫《熙湖雅境》的楼盘。这个楼盘修建在乐古浪一个十年规划的生活区域内，是乐古浪相对比较独立的一个生活小区，所谓相对比较独立是这个生活小区内没有酒店。

我们中意的一套房子性价比还是很不错的，将近五十平米的套一优惠下来总价七百多万泰铢，约合人民币一百五十万，单价三万多一点，这个价位的房子在悦榕庄应该是性价比极好的了，与几年前我们所买的海天苑的房子性价比差不多。虽然觉得很不错，但因为各种原因特别是外币支付上的原因，我们也只好很遗憾地放弃了。

这次去普岛选的日子是十月下旬，就是想去看下泰国的雨季，因为上两次去都是在旱季，所以很想领略一下泰国雨季的韵味。结果从十月二十一日星期一到普吉岛，到十月二十五日星期五，五天都没见到下雨，气候象成都的初秋一样。到十月二十六日星期六下了一场雨，但下过后即刻天就晴朗起来，感觉不到雨季的味道。但到了昨天也就是十月二十七日星期天，见识到了泰国的雨季，那大雨是说来就来，天空先是阴暗就像天黑了一样，并且倾刻乌云就翻过来了，然后很快雨就下来了，还确实有点状观。我们还特意去了邦涛海滩，想看一看乌云密布时大海的状态，看到后确实又另有一番景向。

上午十一点约好的小车来到酒店,半个多小时后到了普吉国际机场,我们的航班是下午两点钟的，大约晚上七点到成都天府国际机场,这次八天七夜的让人的心旷神怡的休闲旅游也就此愉悦结束。

第六篇

体为心声 体由心生

我的身体健康

在回忆录中专门辟出一个部分写我的身体健康，应该说还是有一些特殊的理由和原因。我希望通过对我的身体健康这一部分内容的回忆与记录，既能表达对我个人几十年身体状况的描述和记叙，也能回顾和反思我对医疗与身体保护的观感，还有就是对那个争论很大分歧也很大的中医西医表达一定的意见和见解，当然也有一点记载下来可否对后人乃至社会多少有点补益的想法。

先说说关于中医西医的认知吧。应当说我是相信西医的，对中医不能说不相信但是有相当大的保留，我认为从科学的角度看，西医是遵循科学的，而中医确有相去甚远之嫌。当然，客观的说中医中药毕竟是老祖宗几千年探索和积累下来的经验，也不能说完全无用，有些还是对身体健康有所补益的，但它毕竟是经验的积累，就不可避免的要产生一些偶然和特殊，多少缺乏一点科学的元素。比如"双盲试验"西医西药是必须遵循的，因此表现出了相当的科学性，而中药包括相当多的中成药却总是没有甚至回避这种试验。

如果说中医中药对一些特殊的偶然的病与病例会有良好作用与效果，这一点我认为也是事实并不反对，但如果把中医中药提升到那样的重要地步就使人不得不认真思考了。有相当多的国人对中医中药相当推崇，个人认为这最多是一种说法，在实际生活中未必会按这种说法行事的，比如一个人得了重病急病，会去选择中医中药治疗吗？事实上绝大多数甚至几乎是全部人都会在这个关键的时候去选择西医西药的。2020年2月，天津中医药大学的张伯礼教授在武汉进行抗治新冠肺炎时患了急性胆结石，这位中医学的大师与权威是选择到武汉协和医院西医手术治疗的。彼时彼刻张先生还是相信西医的，他不会在那个危急时刻选择用中医中药治疗他的胆结石。所以，个人认为对中医中药的功效做适可而且的评价是可以的，如果夸大到某种程度就不是很妥当了。

先说几个在我这个个体上好像是自愈的病状吧。第一个是我青少年时代常犯的病，那就是胃痛。

记得从上初中开始，胃痛成了我的常发病，在有一两年中，可以说是特别的严重，时不时的发作，痛起来简直是刻骨铭心的，最严重的时候痛得在地下打滚。我的同学们每当看到我的胃痛发作时，都是很紧张但又无能为力，最多的是到药店去帮我买点那时用得很普遍的"胃舒平"吃下去缓解一下。这种胃痛持续了有两三年，后来到了初三以及上了高中，就突然不痛也就是不发作了，五六十年过去了，到现在也再也没有发生过胃疼胃病的事情，确实十分奇怪。当年那么严重的胃痛，它怎么会又突然自己好了呢？因为当年家境不是特别的好，发病时也没有去进行过治疗和检查，所以也不知道当初胃痛是什么原因，只好作为一个病例存疑了。

第二个是椎间盘突出。大约是从上世纪80年代末90年代初，腰痛成了我的又一个常态痛病，大约长则每隔三五个月，短则每隔一两个月，经常在一些偶然因素的刺激下，我的腰就疼痛起来。这种痛是十分剧烈的，就像青少年时期的胃痛一样，痛起来刻骨铭心，表现在身体的体位有发生变化的时候，比如由坐着到站着，或者由站着变为躺着，或者躺着要起来站着与坐着，或者是躺着的时候变化一下侧躺平躺，也就是说身体稍有变化，就痛得难以忍受，当然也得忍着。这种腰痛肯定逼着你要去医院治疗，骨科医生的经验判断是椎间盘突出，片子照出来确实如此，是第四和第五椎间之间的常发性椎间盘突出。治疗也很简单，甚至可以说是粗暴，用骨科医生的说法就是用机械的方法让凸出来的那部分逐渐复位，不要压迫着神经产生剧痛。

具体的治疗方法难以言状，但还是要说说。比较简单温柔的方法是骨科医生在你的背部进行推拿敲打，虽然力度也很大，但比起其他的方法确实是温柔的多了，推拉敲打之后就是红外线灯照射理疗，如果不是特别的严重，弄上一个多星期推拿三五次后，辅以平躺静养，恢复得还是比较快的，只要恢复了也就不痛了。

但有时这种温柔的治疗也会出现效果不好的时候，疼痛缓解不了，这个时候骨科医生就要来点厉害的了。一般是你去治疗的时候，要上来两三位医生，至少是两位，你侧躺着医生们有的拉脚有的搬头，上下方向相反用力的拉扯，也就是想用这种机械的方法让凸出来的椎间盘复位，这种方法是很有效的，多数情况下使用这种方法两三次后，疼痛会很快缓解。

如果这种方法还不行，那骨科医生们就只好上演全武行了。什么意思呢？就是让你俯卧在病床上，他全身踩在你的背上，其实也就是第四第五椎间上，全身的重量加上脚的用力，你在下边躺着感觉到脊椎好像要断了，有时甚至听得见格砸格砸的声音，这应该是的最厉害最到位的一种治疗方法了，一般说来到使用这种方法的时候，疼痛是会缓解的。

这个椎间盘突出的腰痛困扰了我近二十年，严格的说是二十多年，进入新世纪之后有所缓解，也就是发作的频率降低了，以住严重的时候一年要发作七八次，甚至十来次，进入千禧年后虽然也要发作，但一年少多了，一两次而已，至多是两三次。发作频繁疼痛难忍的时候，医生、教科书、朋友也曾推荐过手术方法，但基于后文将要谈到的我对手术治疗的偏见，我还是没有接受这种建议，没有去动手术，就是每次发病之后对症治疗而已。

然后是最近这十多年，这个椎间盘突出好像突然没有了，基本上没有发作过，偶然有一些要发作的先兆，久病成医自己也有经验了，适当的注意好休息也能避免。即便是有时偶尔再次发作，因为发作起来的疼痛不像当初那么刻骨铭心，都是有一两天静养就行了，也没有再到医院去找骨科医生进行那种机械复位的治疗。这是不是该算作是自愈了

第三个病状更是奇怪，说他奇怪是因为我连这个病状叫做什么都说不上来。大约从上世纪90年代中期起，我突然有了一个胸腔剧痛的病状。这个胸腔剧痛的病状，都是在夜晚发生，一般是入睡后，正午夜被痛醒，这种痛它不是那种难以忍受的剧痛，但也是一种撕咧心肺的阵痛，是一种压抑性的冲击波似的使人窒息的阵痛。说它是阵痛，是因为它的疼痛是一波一波的，由开始有点痛到逐渐痛得厉害，然后又逐渐自然缓解，这一波痛完了，下一波又是这样反复，从午夜开始一波一波的要痛上两三个小时，有时甚至是四五个小时。这种在胸腔中的痛，对身体更大的影响是它干扰睡眠，痛的那几个小时中，如果躺着就痛得不可开交，坐在床头上痛得要稍许好些，特别是那种一波一波的刚开始有点痛然后逐渐加剧最后缓解的时候，坐着感觉要好些。

这个夜晚在胸腔中发生的疼痛在上世纪90年代末及新世纪初是很严重和频繁的，有一段时间几乎每夜都要发作。进入千禧年后情况稍许有了些好转，一是疼痛发作的频率在减少，痛的次数越来越少；二是疼痛的强度在逐步减弱，痛的时间也在逐渐缩短，由原来的两三个小时三五个小时缩短成个把小时。

由于个人的一些惰性以及对医疗治疗的一些偏见，这个胸腔疼痛的病状我一直没去医院检查过，所以至今也不知道这个症状是一个医学上叫什么的病症，我自己依稀感觉和判断是胸腔内某些器官的痉挛甚至是扭动。最使人感到离奇的是，这个病大概是在2001年或者2002年的某一天夜晚，本来已经逐渐疼痛缓解的病状，突然在这一天恶性发展起来，更让人感到离奇的是，这次发作之后已经将近20年了，它就再也没有发作过了，当然离奇之处还包括这次发作后的所谓"治疗"情况。

那一天也很巧，家中只有我一人：两个儿子在北京读大学，爱人和小女儿回贵阳她外婆家去了，家中虽有一个保姆，但她住在底楼孩子们的奶奶那套房子里，我们是住在顶楼的。也是到了午夜稍晚一点，大约是两点多钟吧胸腔疼痛开始发作，但这一次的发作是一波比一波强，当我坚持了两三个小时，到接近要天亮时的六点过钟，痛得实在忍受不了了。尽管我从来就不愿意到医院看病，但也忍受不了啰，坚持起床跌跌穿穿的下了楼，到了小区大门外招呼住一辆出租车，告诉他我要到省医院，这个时候我痛得几乎都要昏迷了。

出租车司机看到我那个症状，一路疾驶把我拖向四川省医院急诊门诊部，到门诊部是大约是早上七点钟左右吧，我摸索着还是意识得应该给出租车司机车费，但从口袋里掏钱的动作也不是很利索了，那位出租车司机真是好人，他看到我在车上的那种状况，知道一定是疾病重病，他说算了吧你快进去医病。

进到急诊部，正好是医生护士们在做新的一天交接班准备，或者是他们忙，或者也许是医生护士们对各种病状见惯不惊吧，虽然马上就有护士来把我推进了观察室，但没有医生和护士来给我进行任何的检查与治疗，只是推我进去的护士问了我一下情况，我告诉她胸痛后她也去忙其他事去了。

奇怪的是躺进观察室后，原先几乎是痛得使人昏迷的疼痛居然开始缓解了，我在观察室的病床上躺有十多分钟，也没有医生护士来给我做任何治疗处理。更奇怪的是十多分钟后它突然不痛了，痛一止住我就像一个正常人一样好像什么毛病也没有了。也许是因为没有医生护士来治疗吧，其实更多的是我那种讳疾避医的偏见，我居然从病床上爬起来，从观察室中走出去，然后就自己回家了，没有进行任何治疗。

这算是胸部疼痛最厉害最严重的一次发作吧，厉害或者严重的程度可以用连我这个最不愿意去医院的人，都无可奈何的坚持着朝医院跑来说明来形容吧，所以这确实是最厉害最严重的一次发作。但匪夷所思的是，这一次最厉害最严重的发作后，这种痛似乎就突然嘎然而止，至今已近二十年，这个胸腔疼痛的毛病就再也没有发作过了，也是一种怪事。

第四个是支气管扩张。从记事起，我就有咯血的病症，年幼时贪玩，大热天也在外边耍，跑动多了会突然咳嗽咯血，最初只是认为是天气燥，身体火大引发的咯血，很不重视。同样也是因为家境不是太好的原因，没有把它当成一回事去医院进行检查，常用的处理方法就是用自来水冲冲头部，用冷水拍拍额头，自认为是清凉降温，止住了不咯了就行了。随着时间的推移，每次咯血的量在逐渐增大，都在农村中做了知识青年又回城参加工作了，才开始到医院去看，但也是把它当作一般的毛病，没有特别的重视，更没有做系统的检查，就是开点药吃了就行了，那个年代还不是像现在有很多抗生素，连青霉素都很少有，多数时候都是开一点磺胺消炎和甘草之类的止咳。

这个时候已经是上世纪70年代初，我的父母亲也开始关注我这个咳嗽咯血的毛病了。母亲会几乎每年当季时都弄些枇杷用糖水泡了让我吃，父亲在当时他所工作的地方东郊认识了一个据说是十分对路的中医，让我去就诊了几次，吃了几副中药。当然这些传统的中医中药的治疗与疗养，也许对病情有所缓解，但从根本上来讲是没有决定性的治疗作用的，咳嗽仍然有，血也照常咯。

时间也过得很快，考入大学毕业后分配到了西南财经大学任教，到了上世纪80年代中，我的咯血症状有所恶化，咯血的频率次数增加，每次咯血的周期加长，这应当是由当时的环境所决定的。

1982年毕业分配到当年的四川财经学院后来的西南财经大学后，工作和家庭生活状况强度都有所加强，工作上要有一个新的开端，在教学和科研上投入了很大的精力。虽然读大学时是带薪学习，但两个双胞胎儿子出生后家中已是一贫如洗，经济上的困惑使我不仅在校内要上课，在校外也要兼课挣取外快。各种原因使我的喀血病症日趋严重。

因为当时在西南财经大学教学科研上已崭露头角，校方对我的身体状况甚为关注。一方面在1984年把两个孩子的妈妈借调到西南财经大学，就近照顾我的身体和孩子，以便让我的精力能更多的投入到工作中去，特别是科研工作中去。后来到1985年，学校党委决定突破原来制定的离光华村校区30公里外才能调进学校工作的规定，把孩子的妈妈调入了西南财经大学工作。

另一方面，学校加强了对我的治疗和保护，在学校党委和行政的指示下，学院卫生科也就是现在的校医院把我列为重点就医和保护对象，校内的治疗就不用说了，得到了充分的保障。但当时的医疗水准就是那样，除了长期注射青霉素和服用红霉素消炎外，也没有更多的办法缓解和治疗喀血，而在校外重点联系了四川省医院进行治疗。

到四川省医院一检查，很快确认是左下肺支气管扩张，胸片显示很可能是先天性的。就诊的是关于肺部治疗的两个科室，一个是内科的肺科，一个是外科的胸外科。肺科的廖主任一直建议我进行保守疗法，消炎养肺并辅以各种扩大肺功能的器械和自我的理疗。胸外科的黄主任是一位直率健言十分坦率的医生，他的意见很简单："许老师来我给你动个手术，把扩张了的左下肺切除了，你这个喀血的毛病就彻底解决了"。尽管我内心深处一直很尊重很赞同并同意肺科廖主任的意见，也就是保守疗法，但频繁的喀血促使我不得不考虑按照胸外科黄主任的意见进行手术治疗。

最终手术治疗没有成行，原因有两个：一是做手术前要进行肺部碘油造影，也就是说通过气管把碘油注入肺内然后去拍出一个能明显显示肺部气管和支气管的胸片，以利制作手术方案和方便手术，这一点使我有所顾虑和紧张。而更为重要的是黄主任给我讲述了当年治疗条件下的胸外科手术流程，使我望而却步：因为我要切除的是左下肺，本来从左边开胸更近点，但左边是心脏所在，只能从右边开胸，要剧掉两片肋骨，手和器械才能伸进去，进行切除左下肺的各种手术。

于是手术没有进行，我走入了保守疗法的轨道，那一年我38岁，两个双胞胎儿子四岁，就这样边喀血边工作的把支气管扩张手术拒绝了，开始了长期的肺部保守疗法，其实主要的方法就是长期消炎。当年注射青霉素几乎是天天的功课，辅以口服当时最好的红霉素，就这样拖过了上世纪80年代中期的好几年，我在这几年中，我也在西南财经大学科研上做出了极大的工作成绩，两个关于金融和保险的国家级课题都是在那个时候完成的。

进入90年代喀血的症状有所缓解，发作的频率逐渐减少，喀血的周期也在缩短，但每年也要发作好几次，使人提心吊胆。进入2000年后，情况更有所好转，好像在2000年初的那几年喀血很少了，一年也就一二次并且喀血的量不大时间也不长，记忆中后来就逐渐不喀血，现在也不把担心喀血成为一种心病了。当然把这个例子，作为一个不治而愈的病例还是不妥当的，事实上我这个支气管扩张无论是在当年发作频繁的时候，还是在后来保养的过程中，都是做了很多积极的主动的治疗的。

接下来要说一下我的多年的老毛病了，现在的名称叫慢阻肺，当年就是由支气管炎支气管扩张，慢慢发展成为现在的肺气肿甚至是肺心病的。当年决定由保守方法治疗我的支气管扩张时，通过医生们的讲解和自己查阅相关资料，就明白我这个肺最终的发展趋势和结果就是传统的呼吸系统病的四步曲：由支气管炎到气管炎再到肺气肿最后肺心病，从目前的状况来看，应该至少是已经进入肺气肿阶段，甚至是肺心病的状态了。比较庆幸的是，当年说到这个呼吸系统疾病的四步曲时，众口一词都说到整个发展演化的阶段至多也就是 20 年 30 年，从 1985 年我 38 岁是至今，今年已是 2022 年我也在吃 76 岁的饭了，已经过了三十好几年，症状才开始逐步严重起来，也算是不幸中之万幸吧。

说说症状。比较不好的现象是呼吸越来越被受到阻碍，逐渐越来越不通畅起来，随时都有一种胸闷气紧的情况发生。不要说是爬坡上坎上楼梯感到呼吸很紧力不从心，就是走路前两年是稍走快一点就感到气跟不上呼吸急促，而到了今年只能是很缓慢的缓缓地走路才觉得呼吸是正常的，就是前两年的正常步伐现在走起来都感到呼吸不畅和气紧，这个症状有加重加快发展的趋势，确实无可奈何。

除了这一点外其他的有些情况就有些意外了。比如今年学校体检，上午做了胸部 CT，下午校医院就很紧张的打电话来让我尽快去就诊，说是从胸片上看胸部有很多感染点，应该紧急治疗。但我这边的身体的情况却很奇怪，没有感染发炎的丝毫症状，没有发烧也没有其他的炎症感觉，医生的意见是先输上十天半个月的抗生素再说，显然是从胸片上看感觉到很严重，但因为我自己身体没有其他的炎症感觉和症状，我最终选择的是口服头孢抗生素，吃上一段时间再看情况。

再有一个应该说是稍许乐观或者说也是比较异常的情况是我的咳嗽与祛痰。早年支气管扩张严重时，痰是很浓很粘稠的深绿色，祛痰很不容易，特别是早上要用力剧烈的咳嗽很久，但感觉是那些粘稠浓痰仍很难排出。近年来痰的状态有所变化，变淡变清由深绿色变成淡白色，主要是祛痰排除比较容易，不少时候甚至有一种这些较清较淡的痰要自主排出体外的感觉，由此带来的咳嗽状况也有一些好的变化。

这个慢阻肺的状况就只能如此吧，现在是重视消炎，至少头胞等抗生素要时常服用了，再就是吸氧，目前是每天吸氧好几个小时，从资料上和医嘱看可能还不够。目前就暂时这样吧，期望还能有更多更好的方法在养肺保肺上有所补益。当然如果症状发展到必须住院就医的状况，也还是要尊医嘱进行该有的必要的治疗，只是从目前的状态，好像还不是那么特别紧张，也就很不愿意就医住院了。

谈到个人的身体健康，有一件事还是要说一说，就是因为一些偶然，我曾经有两次比较长期的服用某种药物或保健品，不知道这种服用最后的功效如何？觉得还是应该提提。一是大约从上世纪70年代初起，我大约有三、四年左右或者更多的时间长期服用了维生素C，起因是因为当时自我感觉有一些心跳有点快，伴随着有时胸闷气紧。不知是听医生的建议还是朋友们的道听途说，说是服用维生素C有好处，于是从那个时候起，我就开始每天服用，一天三遍坚持了好几年。个人感觉到还是有好处的，但不知从医学的角度讲是否真的对身体有所补益。当年要买大量的维生素C还是不太容易的，正好那时我在金牛区商业局工作，下边的供销社是有零售卖药的业务的，为我提供了很多方便。

二是上世纪80年代，也是很偶然的原因，接触到一些广告宣传，说是服用破壁灵芝在养身很有好处，正好四川大学有一个校办厂家在生产这种东西，它有一个销售点在交通比较方便的祠堂街人民公园对面购买比较方便，它的跟踪服务也十分积极，所以大概坚持着服用了两三年，自我没有什么感觉，不知道这个东西对身体的保养是否有用。

在文字的开头曾经说到我对中医中药的看法，应该说至少是一种不肯定不赞同的观点，当然本质上至少有不以为然的漠视态度，认为那不是一个值得推荐的东东。有这种看法其实主要是因为认为中医中药缺乏科学性的过程检验和实验，它虽有不少的成功案例，但系统推广推崇似乎还不行，还需要有科学的方法去证实中医中药它的多方面科学性。

这段文字行将结束的时候，也想谈谈西医西药。不用质疑西医西药是有极具严谨的科学性的，它的双盲试验机制确定了这一点。但在具体实施和操作西医西药的治疗中，个人感到还是有一定些弊端的，也许是过犹不及吧，西医在就诊的时候提倡和讲究各种检验化验，这本身是对的，但在进行中总觉得有哪些不是十分妥当。也正因为如此，使我个人在几十年生涯中，当身体不适并且有症状的时候，总是不愿意积极去就医去检查，也知道这种态度是不恰当不对的，但惰性使然也就一直如此了，比如前文提到的那个半夜中胸部疼痛的状况，病症出现了那么长时间，居然一直没有去过医院就医。

说到西药的时候，不得不说一下所谓的过度治疗问题。先要强调一下我对西药不排斥，尽管几十年来我到医院就诊很少，但因为那个支气管扩张久病成医，一直对消炎类药物是十分重视和信任的。从最早的磺胺开始，到阿莫西林，再到现在广泛使用头孢，一直是我的常备药物，身体稍有不适，特别是呼吸系统有所感染，我服用是比较及时和积极的。

但对本质上说，我对西药还是有所顾虑的，虽对各类抗生素药物并不排斥，但也是因为身体状况的需要所致。我始终认为各类西药，在发挥治疗身体某一症状的时候，总会对身体的另一些产生影响和作用，这实际上就会出现一个所谓的过度治疗的问题。医生们在治疗你身体某种病症的时候，他肯定要考虑到如何去根治你的毛病，这本身就是一种科学和严谨的态度，是应该肯定与不容质疑的。但是也就是在这个过程中，会不会产生因为需要用药并且要用到相当程度的药，它对身体又产生一些意想不到或者是意想得到的影响甚至破坏呢？这大概也是我骨子里边比较讳疾避医的重要因素吧。

第七篇

欢乐与成功同在 遗憾与教训同行

我工作与生活中的"得失"

先来解读一下标题，这一段文字将要记忆我数十年人生履历中的"得失"，想要特别说明的是，这里说到的得失应该是一种情感上的比较抽象的得失，而不是通常所说的某个具体事物的具体的得失。正如标题所说的，想要记叙的更多的是在数十年人生努力和游戏中，能够为自己带来欢乐和喜悦的那些人与事，想要在记叙这些令人不能忘怀的给自己带来喜悦的人与事中，再度重温曾经有过的欢乐，当然也会记叙一些让自己取得特别好的经验与教训的憾事，也算重温曾经有过的遗憾。

先说几件在前边回忆我的工作和学习中已经提到过的几件事，虽然好象是一种重复，但记叙的角度不同，这里主要是从情感上来谈谈内心可能有的欢悦与遗憾，当然因为已经记叙过过程了，所以在文字上可能尽量的精炼些。

第一件事是在1976年。我在金牛区商业局工作时，为老弟和妹子办的从乡下招工回城及在成都免下乡事宜。那件事从办理的过程看，始终是在一种焦灼、期望、等待甚至不安中走过来的，但结果最终却使人十分欣慰，从当年的大环境看，让人欣慰之余还有一种沾沾自喜，其实是给自己带来了极大的欢悦。欢悦半是来自老弟和妹子事实上的良好结果，半是对自己游渔般的操作能力和手段的自我欣赏。当年我虽说是金牛区商业局的干部，但无一官半职，严格的说是没有职权的，但我却利用自己那种"什么也管不了但什么也能管"的奇特身份，办成功了当年一个普通家庭难得无法想象的"大事"。

这应该是我用自己的胆识与灵敏，在困难和障碍重重中把个人能力发挥到极致的一件事。当我得知四川省食品公司为办这个流动冷库有100多个招工名额时，立刻意识到把兄弟招工回成都机会来了，胆识和焦灼带来的压力让我很快的成为四川省食品公司流动冷库买地的核心人物。这个"核心"不是官封的，而是在工作进程中各方自觉认同并且依赖的，在一次次出现的困难和障碍中，我都能并且是主动出面去承担去协调去促使问题解决。当问题最终得到解决的时候，确实是值得自己高兴和欢悦的，除了事情的直接结果是兄弟招工回城和妹妹免下农村外，高兴和欢悦更多的是来自对我自身能力的肯定。.

第二件事是我在蒲江当知青时结识了公社的党委书记，凭着交流交谈能力与他成为朋友，这位朋友以他的权力直接把我招工回成都，而当时从我到蒲江县大塘公社插队当知青算起，满打满算也只有一年时间。从1970年初下乡蒲江县大唐公社，到1971年初招工到成都市金牛区供销社，一年之中结识公社党委书记，侃侃而谈聊为朋友至交。这位书记把我招工送回成都的手法在当时确有点"冒天下之大不大韪"，但他"为"了，为得如此潇洒如此坦然，足以见我这个小辈朋友在他心目中的分量。这件事情在感悟感恩这位朋友之余，对自己的交流能力还是有沾沾自喜的高兴和愉悦的。

第三件事要说到个人在文化大革命中的作为。文化大革命初期，以个人的悟性很快地被卷了进去，执笔撰写了成都七中第一份引出波澜的大字报，面对面的与市委宣传部肖菊仁部长对阵要求撤消工作组，走出校门进入社会"炮轰西南局火烧省市委"，成为当年最有资格的老红卫兵。撇开这些事情的政治错误，仅从个人能力的角度在当年还是可圈可点的，20岁的小青年能如此敢想敢为，也是值得欣喜的。更值得个人欣慰的是，在文化大革命的进程中，我能从客观事件中窥视到事物的本质，醒悟到那场大革命不过是一场游戏，因而能迅速的抽身而出，从资格的老红卫兵成了逍遥派，为后来年代的生涯避免很多人生麻烦打下了基础。这些个人的悟性思维与胆识，还是值得自己高兴和欢悦的。

第四件是大学毕业分配到四川财经学院即后来的西南财经大学后，在教学科研上的一番作为。其实这也与大学毕业分配有关，当年就是避开了很多麻烦，选择到了这所财经院校，以自己数学专业的基础，展开了定量研究经济管理的教学科研，应当是一种以己之长补己之短的最好努力。使人感到欣慰和愉悦的，不仅是教学科研的成果为自己在西南财经大学的发展打下基础，更为重要的是自己的选择和努力，而这种选择和努力应是一种审势度力吧。

第五件事是上世纪90年代市场经济的摸爬滚打中，所选择的创造财富方法，不完全是传统的贸易和生产，而是一种经营和投资的行为。这其实是一种高风险的选择，但确是根据我个人特点能更好发挥个人优势的最好方法，当然高风险伴随着高利润也是一种是诱惑，但我选择了，并且十分得体和成功的操作了，取得了该有的所得。这里使人高兴与愉悦的，除了实际的财务收入外，更多的是那游刃于金融机构、企业及各类人物之间的一种悟性一种敏锐，而更多的是一种信任，这种信任是建立在相互的基础上的。

第六件事是进入2000年后，我在西南财经大学主持开设《科学技术史》与《大学物理》两门通适教育课程。应当说那个时候，我已接近退休年龄，方方面面不说是功成名就，至少也是小有斩获吧，功利驱使似乎不用去承担这种新课程。恰恰相反是在学校众多理工科专业教师都不愿承担这种文科院校的理工科通识课程的时候，我饶有兴趣的承担了。首先应该是天性所至，历来我就喜欢做挑战性强的事情，特别是难度较大我自己不熟悉的事，这两门课程特别是《科学技术史》就是如此。其次是喜欢新东西新事物，一件陌生的事情摆在面前，我对它的兴趣往往要大大超过对旧东西旧事物的兴趣，骨子深处我认为老旧事物做起来虽顺手但吸引力不大。

这两门课程的开设，特别是《科学技术史》这门课程，讲授之后于我个人的视野的开拓，以及知识的深度和广度的增长是很有补益的。一是哲学的思维，现代科学就是在从古希腊亚里士多德们开始，到近代笛卡尔罗素们的一批哲学先哲们的哲学思维中开创的发展的。二是对古代东西方文明的了解和比较，对西方文化和科学技术发展的历史脉搏的追踪，拓宽了眼界对世界和历史更加了解有了更深的感悟。所以回过头来看，退休前选择在西南财经大学所讲授的这两门课程，应当是一种慧眼识珠般的欣慰和惊喜吧。

第七件事是在接手四川天一学院十分棘手的工作时，所表现出来的那种临危不乱和胸有成竹。应当说当时面临的局面还是很严重的，教职工队伍在一天天加快崩溃，如不及时以一种力挽狂涛的手段去治理，后果不堪设想。这件事在最终解决的过程中，其实表现出了一种个人敏锐的分析能力，在错综复杂混乱的局面中，理出一条正确的思路，去对症迎刃解决问题，并且在解决问题的过程中也表现出识人和用人的魄力。现在回过头来看，其实当初答应接手那个摊子时，自信心就是满满的，丝毫没有万一做不好的感觉和耽心，这大概是一种自我的天赋素质吧。

第八件事是策划和执行四川天一学院从金堂向绵竹校区的整体搬迁，可以说这件事从一开始我就意识到了它的所有的背景，以及这件事非我们才能全面完成的状况。事情的决定和策划表现出我对自己特别是对自己团队的高度信任，这种信任更多的表现在团队的执行能力上。我们很成功的完成了预料中的所有工作，众人相互默契的配合融为一个整体，使得事情完成的结果是相当的理想，这应当是为我和我的团队最后离开四川天一学院画上了一个完美的句号。而我自己也认识到所具有的那种能力，这种能力的最大特点是去完成常人认为很难完成甚至不能完成的事情，当意识到这一点时是自得和欣喜的。

第九件事是在四川长江职业学院用几个月的时间，把它的"香港项目"推动到一个更高的崭新的层面。当时的四川长江职业学院的"香港项目"急需的是社会的认同，主要是各级政府机构和媒体的认同。而在短期内能打开这个局面，就个人来讲是得益于自己对政府机关和媒体的了解，当然多年来所积累下来的在正确的时间正确的地方做正确的事的经验，对把事情做到甚至连自己都感到惊讶的程度也是基本保障。对这个"香港项目"应该如何与高校的教学与人才培养相结合，以及它应该进行到何种程度才适度，也是个人对某种事物的观察能够洞悉到本质的一种习惯表现吧，游刃有余的做事使人欣慰和平静淡然。

第十件事是在约定的一年到期后选择离开成都信息工程大学银杏酒店管理学院，这在当时也许是一个悖论：我很清楚也许我能更好的帮朋友建立起银杏酒店管理学院最好的最优秀的管理架构，我很明白这个管理架构应是一个什么样的状况？但向朋友说明了这个状况，就意味着我必须面对各方面的阻力去把这个事情完成，而在这个过程中会有来自各方面的很多麻烦。于是我选择了撤退，这应该是进入真正的退休休息前的一种最明智的最合适的也是最理想的完美选择吧。

好了，前面文字中曾经详细叙述过的这十件事情就说到此，他们具体的内容在前面的文字中有很详细的描述。后边想要说到的也许是小事趣事，但这些事确确实实是给我个人带来了欢乐和喜悦。

小时候认路和识别方向是我经常乐于钻研与践行的事情，朦胧中时常确定了一个目标，不太远但也不是很近，依稀知道大方向在何处，但如何行走如何到达却很茫然，这个时候研究它的乐趣就来了。已经记叙过的从我的住家光华街走到九眼桥四川大学，那是研究和摸索行走了好多次，最后才能很准确的走该走的路径到达目的地，当最后把自己心中想的方向和路径完完全全落实的时候，儿时那种乐趣那就不摆了，更主要的是成就感满满的。

还有一条路径也是当年研究和摸索了很久的，就是从现在的老南门，沿着当年还有的城墙而不是路，如何向西走到新西门，也就是现在的青羊宫附近，还有如何向东走到新南门也就是现在的锦江宾馆附近。在分析探索了若干次后，最后终于把方向和路径弄清楚了，不是一般的清楚了，而是明明白白的清楚了，这时那个高兴劲用今天的话来讲，就像是哥伦布发现了新大陆一样有点欣喜若狂。

再就从新南门出发再向东，沿着南河也就是锦江如何走到今天的东门大桥，当年也探索了很久，那一片有府河和南河的交汇点也就是现在的合江亭，还有就是从新南门大桥向东走，先后有安顺桥九眼桥等桥，当年旧城没有改造时路往不像现在这么清晰，也是研究探索了多次才弄明白的，因为府河和南河在那里两江汇合，二条河宽窄大小都差不多，分析和研究起来还是比较费劲的，当最后用行走证实了自己的分析和判断的时候，那种成功了的乐趣油然而生。

一个在儿时始终没有弄明白的疑问是金河的走向。那个时候家住在光华街，读书在陕西街，金河在陕西街附近有座桥，如何从这座桥出发把金河的来龙去脉搞清楚，一直是儿时心中的一个悬而未决的疑问。因为金河较小较窄，很多城中家庭的房子都依河而建，不便行走探索，所以直到最后搬离了那个片区也没有把金河的走向搞清楚，算是儿时的一件憾事吧，这种遗憾当年让我抱憾良久。

读初中时一条涉河的冒险事当年也是一种趣事，每每成功了心中的满足和成就感也是满满的。那时我们家住在三官堂，到成都二十九中上课正规的路线是沿锦江走到九眼桥，然后几乎是一个直角的左转沿着"三九路"到学校，三九路是当年从三瓦窑到九眼桥的一条路，现在已不复存在。当年就是这条三九路让四川大学和成都工学院隔路相望，后来成都工学院亦即成都科学技术大学与四川大学合并后，三九路中相当长的一段现在已是四川大学的校内道路，三九路也为此中断。

从家中沿着这条道路去上学，路程是相当远的，它其实有一条路，可以穿过望江公园和四川大学到成都二十九中，这实际上几乎是走的直角三角形的斜边捷经，当然会很近，不过其中最大的难点是如何渡过锦江。可以花一分钱坐设在现在的空军医院位置靠河处的渡船过河，但这除了要花钱之外，这个渡船实际上已经处于三官堂和九眼桥的中间了，花了钱路径也没有省到多少，当然每年五六月份上学想少走点路还是要坐这条船的。

但到了下半年九月以后直到来年三四月，这时锦江的河水枯水期较浅了，所以那个时候经常冒险从距家不远的河边直接涉水过河，穿过没有围墙的望江公园，进入虽有围墙但设有小门的四川大学，再穿过四川大学就到了成都二十九中，这简直是一条捷径，所以那个时候经常做这件事，既省钱又省时。不过涉河还是多少有点冒险，虽是枯水期但河中水仍然是有的，所以需要找到浅水的位置地点，但这个位置地点是经常在变化着的。所以每当找到一个过河点涉河成功时，那种欢乐和喜悦也确实是一种另类的享受。

儿时还有一桩趣事是游泳。我这个人从小有两个弱点，一是不爱运动，二是生性谨慎胆小，唯独在游泳这个事上远离了这两个弱点。从小所有的运动我就不喜欢，唯独游泳喜欢积极参与，可能是因为当时的四川大学附小就在川大游泳池附近吧，所以从小就在游泳池里浪迹，其他所有的运动项目都很笨拙甚至学不会，唯独游泳似乎很得心应手，技能还颇不错，至少是将就吧。

四川大学附小和川大游泳池都在锦江边上，游过了锦江就是湖心岛，也就是现在的东湖，那个时候的东湖还真是一个很深很大的湖。当年儿时的学伴们在夏天放学后都要邀约着横渡锦江，到东湖去游泳，这桩事还是有点冒险的，我居然能克服胆小谨慎的弱点，与大家同行。

那是一桩使人十分愉悦的事情，先在四川大学游泳池中换好游装，然后到锦江边下水横渡过去，锦江在那一段河水还是很湍急的，也比较深是一个游水的好场合，同学们结伴而行，颇有点中流击水的味道，每每此时愉悦和自豪油然而生。

虽然对游泳那样的喜爱，但始终没有胆子到九眼桥回水湾一游，当年的九眼桥河水湍急，穿过桥后在每个桥墩形成的回水，从上游下水游过九眼桥不远，即可顺着回水游到桥墩上玩耍，这是一个既要有游泳技能又要有胆魄的勾当，每年在此处也有不少游泳高手丧生，我虽许多次产生过下水的欲望，也多有同学相邀，但谨慎胆小的天性总让我望而却步，这应是又一桩憾事吧。

但在九眼桥桥头一个激动人心的场面经常引我驻足，那就是纤夫的逆水拉船过桥。当年锦江中还能行船，其中有不少的大木船是下游的双流等处的农夫到成都收粪便作肥料的。收足一船粪便肥料后船便顺江而下十分便捷，但把船从双流等地驶向成都却只能靠纤夫拉纤，水流不湍急之处一个纤夫即可拉动一条大木船逆流而上，即便河水湍急的地方两个人也足亦。而在九眼桥头因为桥的九个桥墩使河面突然变窄因而河水特别湍急，并且使桥上游和桥下游水面形成了一个有一二尺高的落差，所以九眼桥头的纤夫拉船过桥便成为一个壮观，经常是众多市民在河边岸上桥头围观一艘艘船纤夫拉着过桥。

这是要拉动一艘空船逆流过桥，需要船工和纤夫们齐心合力，往往是几艘船的船工和纤夫合力把一艘艘的船拉过桥。那个场面确实壮观，五六位纤夫拉着一条船，船头上的舵手手持撑船的篙杆，既要用篙杆撑船把握船头方向，还要领头呼唱号子，引领众位纤夫合力拉船。特别是冲破水面落差的那一瞬间，船上的人拉船的人围观的人，众心携力心悬一线，船迎着激浪冲过桥头，众人一片欢呼声雷动，置身其中观看，不得不为劳动之伟大敬佩和欢悦，更为纤夫喝彩与欢呼。

说到劳动，又想起一桩自得之事，那就是读初中和高中时的家中饮食也就是吃饭。读初中时一件得意之作是每年春夏之际采摘南瓜花煮烩面，那时正值三年自然灾害的时期，大家都处于吃不饱的状态，前面说到每年这个时候我会涉水过河穿过四川大学去上学，其实走这条路径的另一个作用就是沿途采择南瓜花，南瓜花有雌雄之分，母花用于结果公花用于授精，我采摘的当然是雄花。南瓜花洗净后沿花瓣撕成一条条的，下锅用油盐炒一下，加水烧开放入擀好的面条面块，一锅美滋滋的烩面令人朵颐大开，食用美味时不禁为白天的劳作而高兴愉悦，自有一种食源于劳作的自豪之感。

读初中时有这种闲暇之心忙于饮食，主要是初中的功课不忙，到成都七中读高中后对学业的自我关注已达到一个自由的境界，但此时还是有一个困扰之事，那就是放学后要做每天晚上的晚饭，当年我的母亲是那种工作至上的女性，她是不管吃饭这些事的，而这餐晚饭不仅是我要吃，还有读小学的老弟要吃，好在当年的饮食要求不高，记得经常做的一种菜肴竟是大葱拌豆瓣。一束大葱切成葱花盛于小碗中，面上放上豆瓣，煎上一小调羹菜油，趁热趁烫浇在豆瓣上，一股香味扑鼻而来，搅拌均匀下饭，美味之至也，也是一桩愉悦乐事，当年确有为如此操作能省出读书时间而高兴自得。

写了很多儿时和读书期间的趣事乐事，虽很琐碎但确确实实是儿时无忧无虑无欲无求之际的高兴和愉悦之事，虽微不足道回味起来似乎其乐无穷，这是一种纯净的愉悦，一种简单的满足，人生如果能够永远如此那便好了。

还是记几桩工作之事吧。首先想起的是上世纪70年代我在成都市金牛区商业局工作时，由于很多特殊的原因凑在一起，使我虽然只是居于商业局办公室中的一个一般干部，但却要料理很多"大事"，其中一桩事，就是筹备召开每年一度的金牛区商业工作会议，后来发展为还要筹备全区财政工作会议。

召开这样的一个会议，有两桩大事必须要办好。一个是秘书组要准备会议工作报告，二是会议的会务。第一桩事说是重点也确是重点说难也难，但本质上并不难。因为当时的大环境就是天下文章一大抄，都是有固有的模板的，在固有的八股文模板下，把具体的工作目标数据要求得体的结合着写进去说行了。这项工作多数时候都是由我在承担，我心里知道不难，但动作上我表现出完成起来很难很麻烦，这样可以为我争取到很多好处，至少是可以争取到更多的自由时间去做自己的事。

第二件事刚接手的时候也觉得很难，但我以自己的敏感很快就搞懂了它内在的一些联系，并且很巧妙的利用当时政策上的一个空白点，既把每次会议的会务办得与会者都很满意，同时自己也从其中谋取到了一点好处。一个会议的会务最核心的是什么呢？在当年就是肉食的标准，说穿了参加会议的人都想在会议上多吃点"油大"，因为当年众人肚子中油水都很少，都想在会议上多吃点肉饱饱口福。

会议一般都是在商业局管辖的茶店子旅馆进行，刚接触此事时茶店子旅馆一位贾姓的伙食团长给我说，按照文件规定可以打报告申请参加会议的人每人每天二两肉。这个人显然是一个很油滑的聪明人，与他在交流的过程中始终没有听他到明白清楚的说了一桩事，但最终确认我搞懂了多弄点肉是有办法的。

因为全区的所有的会议肉和油的配给都是由会议主办单位打报告给商业局，由商业局审批和执行。商业局自己要开的会也是按这个程序，那就是自己给自己打报告自己审批自己执行了。而当年的情况全区各种会议的审批也好执行也好，其实就是我，特殊的原因形成了我这个没有任何职务的办公室工作人员却拥有如此的权力。

于是在那位贾姓伙食团长的配合下，每次商业工作会议和财贸工作会议会务都办得特别的满意，因为那位贾姓伙食团长在配合办理时也参杂了一点自己的私货，我也就睁一只眼睛闭一只眼睛默许了。这样使得他对我特别的殷勤，当然得到的好处就是我的会务他会尽力的把伙食搞得特别的好。还有个情况就是茶店子旅馆从经理到客房和餐厅的工作人员，多数都是在71、72年与我同时从蒲江调回成都工作的知青，严格的说就是我的伙伴，因此在茶店子旅馆召开会议，我是如鱼得水般的分外自由。

这里稍稍说一下当年那个会议肉食标准的配给为什么会出现由金牛区商业局来审批全区各种会议的情况，这个情况其实很错综复杂的。当年的肉食品是定量供应，城镇居民每人每月一斤猪肉，凭票供应。当年成都市共有五个区：东城区、西城区、绕城一圈的金牛区，以及龙泉驿区与远离市区的青白江区。

本来金牛区的场镇居民是可以与市区居民一样，统一由市食品公司组织和负责猪肉供应的，但绕城一圈的情况使上层各方面怕金牛区的肉食供应对城区肉食供应有所冲击和影响。因为金牛区还有 20 个公社农户也要养猪，于是市食品公司在报经上级同意后，让金牛区自给自足。也就是说他们每年给金牛区下达一定的生猪收购任务，完成收购任务之后的生猪由金牛区各个供销社自行宰杀和供应。当年供应给居民的肉票都是分为城区和金牛区两种发放的，二种区域的票证不能交叉使用。这个政策给金牛区留下了很大的自由空间，金牛区商业局的权利应该也就很大了，各种会议的肉食标准也由金牛区自己审批了，这个职能实际上是权力归口于商业局，仍然是不明不白的成了我的工作。

还是回到组织商业工作会议和财务工作会议上来，在今天副食品充足有余的情况下，是很难理解当年的那种情况的，但当年确实是一个众望所属的大事，我自然会因为把这种事情办得特别的圆满而自喜，该有的高兴和愉悦都有了。

上世纪 70 年代我在金牛区商业局工作时，还有一种事情不仅当年很自得，现在回忆起来都还觉得是特别的有意思，这就是当年我在金牛区商业局主办《工作简报》的情况。当年我到金牛区商业局时，局里边已经有了这份《工作简报》，因为诸多的原因办得很一般，一年出不了几期，内容很泛泛，上下都没有什么影响。

我到商业局后，这项工作也就莫名其妙的成了我的日常工作，可能他人认为这是一个累赘吧。我接手后加强了工作，让这份《工作简报》达到了一个月可以发两三期，有时甚至是一周一期，这样一年就有了三四十期了。在《工作简报》的上报下发上，我加强了向上级的汇报，不仅金牛区分管财贸工作的书记及区委财贸部要上报，并且上报到了市委财贸部和市第三商业局，根据各期《工作简报》的内容，同时转发成都市相关的专业公司，比如食品公司、百货公司、五金公司、烟酒公司、日杂公司等等。

更为重要的是由于当年我结识了成都晚报一位刘姓记者，在他的引领下成为成都晚报的通讯员，也在成都晚报上发表了很多通讯员报导，所以这些《工作简报》每期也都抄报成都晚报，这在当年还是很引人注目的一件事。

我在这项工作中，首先履行的是采访的工作职责，当年我几乎每周都有两三天的时间在金牛区商业局所管辖的二十个供销社中转悠，也就是说到供销社去发掘可供报道的工作题材。这项工作也许他人不愿意进行，我倒特别乐于其事，他让我与不少供销社主任成了朋友，也结交了一批基层供销社员工，通过这种朋友与结交，我得到了不少无论在工作上还是个人私事上的很多方便与好处。

采访到新闻题材后，回局上把它写成《工作简报》，形成文字后交由打字印刷室打印。这里还要说到的是，当年基于很多原因，我居然还学习了中文打字机的打印，这其实是一种比较有乐趣的事，也许旁人不太喜欢，但我却很热衷于此，当然他在工作上的一个直接好处是，有时很急的材料包括《工作简报》可以由我撰写后自己打印。因为从形成文字到打印成材料都由我一手完成，当年在金牛区商业局我还曾有全能办事员的称谓。

读大学期间的有件事也值得一提。当年我读的是数学专业，班上同学不多不到30人，我算是最大的老大哥，先后担任过班长、学生会主席。到学习数学专业课时，大家才发现数学太难学了，特别我们当年77、78级是全国高校文化大革命后首批通过高考进入大学学习的，从某个意义上来讲大学也没有做好准备，比如我们好些数学专业课的老师，虽然配备的也是当时学校拿得出手的先生，但毕竟是第一届，所以在教与学上也产生了不少这样那样的问题。

从教的方面，先生们在当年那个大环境下教出好学生的心劲很强，选用的教材都是当年北大等名校使用的教材。但也有老师在教学方法上与同学们不太对路，当然主要是对同学们的情况不太了解。从学的角度，这届学生学习高等数学的基础还是比较差的，像我这种老三届已有十余年没有在学校读书，而年轻一点的同学也许基础比我们老三届更差些。在这种情况下教与学的矛盾不可避免的要产生。

基于老大哥的身份，加之确实也是班长和学生会主席，我责无旁贷的承担起了与任课教师沟通的工作。当时同学们反映最强烈的是有几门课程听课很难，直言之就是不大听得懂，而有的课程因为习题课不很到位，同学们普遍反映完成习题很难，特别是对每门课程的考试，严格的说是真正的有恐惧之心态。

我把这种情况多次与授课的先生们进行沟通，希望在讲授上能通俗化一点，希望能够照顾到同学们的特点在习题课上加强一些，让同学们不要感到专业数学课程太抽象。针对不少同学对一些课程十分茫然的状况，在好多门课程的考试上给授课先生们提出建议，建议改为开卷或小论文形式结业。这些建议得到了先生们的认同，对促进数学专业课程的教与学起到了一些积极的作用，减少甚至避免了一些矛盾。当然这种沟通也并非易事，因为我毕竟也是学生，以学生的一员向先生们做出建议也还是有它的难处的。但不管怎样最终事情还是向着好的方面在发展，我也在工作中感到十分欣慰和愉悦。

上世纪八十年代到西南财经大学参加工作之后的几件事也很使人记忆犹新，第一件事是组建四川省数量经济学会。记得是1985年中吧，当时一位担任西南财经大学副校长的庞姓老师找到我，探寻能否由我出面去协调组建四川省数量经济学会，这位庞姓老师虽然担任西南财经大学副校长，但一直对研究数量经济情有独钟，他在全国数量经济研究领域也有相当的影响与地位，而数量经济也是我研究的专业方向。

此时四川省数量经济学会的筹备也有一两年时间了，但进展不是十分理想，好像几个主体单位的意见不是很一致。全国数量经济学会是委托这位庞姓副校长组建四川省数量经济学会的，所以他对组建学会的事一直十分关心。之前学校统计系也曾有老师跑过此事，但最后是事倍功半成效甚微，我那时在学校刚刚组建的经济信息工程系，庞姓副校长希望我能够接手此事，尽快把四川省数量经济学会筹建起来。

基于很多原因我答应了这件事，接收后发现这个事果然有些麻烦。当时筹建四川省数量经济学会的有这么几个主要的单位：高校有西南财经大学和四川大学，科研单位有四川省社科院，政府部门有省计划经济委员会与省经济信息预测中心。高校和科研单位比较好协调，大家的意见也比较一致，四川大学和省社科院也比较认同西南财经大学，因为无论在川大还是省社科院，经济研究特别是数量经济研究并不占主流，所以他们还是很赞同和支持由西南财经大学出面筹备四川省数量经济学会。

比较麻烦的是那两个政府部门，他们对西南财经大学到没有什么意见，也很认同由西南财经大学出面主持此事，矛盾主要发生在这两个单位的之间，主要的症结是学会成立之后是挂靠在四川省计划经济委员会经济研究所，还是挂靠在四川省经济信息预测中心，双方的主要人员都希望把学会挂靠在自己单位。如果把学会挂靠在西南财经大学，这两个单位也没有什么意见，但庞姓副校长还是反复强调学会最好挂靠在政府部门，因为学会如果要务实，挂靠在政府部门才能得到项目和经费的支持。

于是我把主要精力放在了对这两个省级单位的协调上，其实主要是这两个单位中一位章姓一位漆姓的处级干部身上。这两位干部都是中国人民大学的研究生，年龄和我相仿，都在从事数量经济的实务研究，经过多次交流洽谈协调，最终达成了一致意见：四川省数量经济学会挂靠在省经济信息预测中心，由当时分管四川省经济事务的蒲海清副省长担任理事长，四川省经济信息预测中心主任担任秘书长，两位章姓和漆姓处级干部与我三人担任副秘书长，日常工作摆在西南财经大学，也就是我成了事实上的常务副秘书长。

如此经过近半年的努力大功告成，四川省数量经济学会在1985年年底正式成立，召开了隆重的成立大会暨学术讨论会，我担任学会事实上的常务副秘书长近五年，期间每年都召开了一次四川省数量经济学会年会暨学术研讨会。

事后回想起来，庞姓副校长找到我协调此事应当是有备来的，他其实很知道这两个政府部门之间的矛盾与分歧，他希望我能够做的就是去弥合分歧化解矛盾，也许他当时对学校人手的观察中，认为我更适合于从事此事。事实上确实如此，在协调此事的过程中各方意见的不一致确实使人感到很棘手，但我毕竟在政府部门工作过，对于政府部门的运行机制还是比较了解的，也能恰如其分恰到好处的运用西南财经大学的影响力，所以这个事在拖了近两年后最终还是得体的解决了。从个人的角度这应是一次综合能力的展示吧，所以成功之后还是特别的沾沾自喜，特别的高兴和愉悦。

再有件事就是从86年到88年，我连续组织了好几届从全国各地财经院校来的数学老师到成都参加各种会议，主要是教材编写会。上世纪80年代全国经济院校的数学教学发展很快，因为经济类硕士研究生的升学必考科目之一有数学课，所以各校的经济数学的开设日益规范，逐步形成了以《微积分》、《线性代数》、《线性规划》与《概率论及数理统计》四门课程的经济类数学教学体系，编写适合经济类专业教学的数学教材的需求也应运而生。

1986年暑假，我到大连东北财经大学参加了全国经济院校经济数学的年会，在会上与几所财经院校数学课程教学单位达成共识，大家共同合作编写财经类院校经济数学教材。除了教学的需要外，这个时间全国各财经院校的年龄在40~50岁的数学教师们正处于申请高级职称的高潮中，报批高级职称需要他们至少有编写的教材作为教学和科研的成果，这种需求的急迫性促使我们达成共识在1987年9月新生上课时编写出版一套经济数学教材，从时间上来讲应当是很紧迫的了。

1986年十月，我在成都组织了有全国十多所经济院校四十余名教师参加的教材编写会。当年在计划经济体制下，组织这种会议最大的困难有两个：一是与会人员回家的飞机票与火车票的购买；二是会议的费用如何筹集。第一个问题放在后边我在成都组织全国经济院校经济数学第二次年会叙述，这里先说说第二个问题。

前边曾经谈到过一件事是我在成都市金牛区商业局工作时组织负责全区商业工作会议和财贸工作会议会务的事，当年的会议地址茶店子旅馆我很熟悉，它的经理、管理人员、客房和餐厅的服务人员都是当年同我一起参加工作的下乡知识青年。1986年正是国营商业在计划经济和市场经济双轨制中经营困难的时期，象茶店子旅管这种国营商业一方面失去了计划经济体制下各种会议的收入资源，另一方面多年的国营经济体制带来的工作习惯又使他们面临市场很难开辟新的客源。

于是我把我的会议地址放在了茶店子旅馆，并且从第一次开始先后在这里召开了数次不同规模的会议。因为与茶店子旅馆的所有员工都有十分密切和融洽的关系，这些员工朋友成了我在这里召开各种会议的会务组成员，他们从各个角度为我所组织召开的会议服务。这种基于友谊关系基础上的服务，让所有参加会议的来自全国各地财经院校的与会者们都感到好奇和惊讶，大家是不好想象一位西南财经大学的老师是如何会与旅馆员有这种奇特而和谐融洽的良好关系的。

这一点与会议费用有什么关系呢？也就是我在这里率先启动了后来全面进入市场经济后多数旅馆酒店都广泛使用的"吃床足"方法。要组织出一个高质量的有后劲的会议，除了会议本身的质量外，有几个会务问题要解决好，那就是伙食、旅游与会议礼品。但这些问题要解决好都是需要钱的，不可能收太高的会务费，除了太高各校老师们回去报销会有难度外，参会老师们的感觉也不会好。但是当年的会议差旅费中的住宿费在报销上比较随和方便，于是我与茶店子旅馆那些当年的伙伴们商量好，从住宿费中拨出一部分经费用于伙食、旅游与会议礼品这三项开支。

会议效果相当的好，我事先与教研室的老师们提前准备好《微积分》、《线性代数》、《线性规划》与《概率论及数理统计》四门课程的编写大纲，所以使得会议开得十分顺利，教材编写的分工和为了赶在明年9月使用的这个时间节点出书的工作流程也很快的得到大家的确认。剩下的就是组织大家去旅游了，这四十多位老师多数都是第一次来成都，所以我组织了他们二次旅游，一是去游览青城山都江堰，二是市区内武候祠杜甫草堂等景点游。

会议的伙食也是特别的好，因为有"床足"可吃，再加之成都的物价当年属全国最低，还有就是茶店子旅馆我当年那些厨师伙伴们精心烹饪，会议伙食好得让参加会议的老师们难以想象，他们根本无法想象交的那点会务费会有如此好的伙食享用。更为重要的是临走时赠送给他们的会议礼物记得是那么几大件：一个皮质的可背可拉的旅行箱，一个腌猪头一大块腊肉还有5斤香肠，可以说来自各地的老师们带着极好的口碑回到了家中。

会议在当年能组织的这样，应该是个奇迹了，这之中对我来讲就是各种关系的整合。比如茶店子旅馆，那种全体员工都是我的会务组的成员使参会老师们犹感吃惊，在这些员工一口一口呼喊"小许小许"声中，这些与会者明白了我不仅是西南财经大学的老师，更是这些员工们的朋友。

去旅游的大巴车是由西南财经大学车队提供的，尽管我也付了费用但相对是很合理的，提供的服务也尽善尽美，这实际上是与我多年来同车队队长和员工们的良好关系有关。当然购买返程的车票和机票也是用的西南财经大学的资源，但这种资源不是一种行政式的，而是我个人与当年西南财经大学负责这份工作的具体工作人员的友情再加上必要的激励，这一点我会在后边详细谈到。

当然这套教材在第二年的9月前按时出版了，这是后边要写的另一段故事。第一次会议的成功，让我在后来的几年中几乎每年要在茶店子旅馆举行类似会议，促进当时我积极努力的教学与科研工作。这种会议的组织成功应当是个人各方面能力的一种展示，这种能力既包括教学科研业务上的，也包括会务组织上的，这种多方面的成功必然会带来个人由衷的高兴欣喜与愉悦。

当我在成都茶店子旅馆组织了编写教材的会议之后，1987年暑假我在成都承办了全国经济院校经济数学学会第三届年会，这与我在 1986 年到大连参加全国经济院校经济数学学会的第二届年会有关。全国经济院校经济数学学会在 1986 年在大连市召开了第二届年会，作为西南财经大学的代表，我参加了这次会议，会议中间不少学校的代表都在讨论第三届年会明年在何地召开的问题。

据初步统计和了解，拟参加全国经济院校经济数学学会第三届年会的代表会超过 200 人，这为会议的组织带来了相当的困难，最大的困难是无论哪个学校承担这届年会，都需要解决这 200 多人返家返校的飞机票和火车票，这在当年可以说是一个大难题。所以当会议即将结束的时候，都没有学校明确表示承担下一届年会。这时，曾到成都参加过我所组织的教材编写会的一些学校的代表推荐和建议第三届年会在成都举行，由西南财经大学承办。

在这种背景下，我答应了在 1987 年暑假在成都组织和承办全国经济院校经济数学学会第三届年会。既如此会务的其他事情都好说，这 200 多人的返程机票车票我该如何解决呢？其实当我答应承办这届年会的时候是心中有数的，因为我已经举行过数次这种会议，返程机票和车票的解决我自有渠道和办法。

渠道和办法在哪里呢？当年火车票和飞机票的购买十分困难，像西南财经大学这种规模较大的学校，都设有专职的工作人员为教职员工出差购买飞机票或火车票。西南财经大学负责这项工作的员工，正好与我住在同一栋楼，因为是邻居大家也十分熟悉，我在成都举行的很多次会议，都是由这位邻居协调解决与会代表的返程机票火车票，由他全面支持解决。

当然这之中也要有一些方法，因为当要集中的数量较大的预订机票与车票时，仅是一个学校的力量是不够的，这位邻居朋友需要串联相关的一些高校和科研单位，大家共同解决数量较大的返程票。

当年改革开放进行到了相当的阶段，市场经济的发展也很快，特别是人们的思想解放很快，大家都明白想要把一桩事情办好，仅仅公事公办显然是不行的，需要一些市场化的办法。直言之就是需要有一些人民币做润滑剂，而这一点我从举行第一次教材编写会开始，便同我这位邻居朋友形成了很好的默契，我会向他提供他把这件事办好需要的经费，当然其中也包括对他为我工作支持的感谢。

全国经济院校经济数学学会第二届年会，按照我所办会的会务标准，仍然是在茶店子旅馆全体员工的支持下，1987 年暑假在成都举行。从会务向与会代表组织的旅游，赠送的礼品以及会议的伙食标准看，无疑是十分成功的，我也为此在全国众多高等财经院校数学同仁中获得了极好的口碑，为下一步编写经济院校经济数学教材打下了良好的基础。

要谈到的又一件事是教材的编写与出版。1987 年 9 月我所组织部分财经院校编写的经济数学教材一套三册正式出版，这从 1986 年暑假大家开始议及此事，到当年十月在成都召开教材编写会议，然后抓紧编写审定印刷出版，时间刚好一年。这套教材是专科层次的，三册的书名定为《微积分》、《线性代数与线性规划》、《概率论及数理统计》，教材由四川科学技术出版社正式出版。正是这套教材的编写出版全过程，使我完全搞懂了快速出版教材的程序和路径，为后边编写多套教材打下了基础，并让我把商业化的手段融入了教材编写。

因为第一套教材的出版周期很短，我必须要把各个环节抓紧，其中包括：教材编写大纲的讨论；初稿的按期完成；送审稿的确定；出版社的三审；印刷厂的三校；最后是教材要如期发送到各校保证教学需要。这里边最不好把握的是出版社的三审和印刷厂的三校。因为身体力行的参加了各个环节的具体工作，使我有了很实在的运行操作经验，最后让我把教材出版这项本来是很纯粹的学术工作，变成了一个商业化运作，直言之就是在教材的出版中我这个组织者还盈利了。

从第一套教材编写成功之后，我一共在 1990 年前先后组织编写了数套经济数学教材，包括财经院校公共经济类本科教材一套四册：《微积分》、《线性代数》、《线性规划》、《概率论及数理统计》。财经院校理工科类数学教材一套五册：《高等数学》、《线性代数》、《运筹学》、《概率论及数理统计》等等。分别由四川科学技术出版社、成都科技大学出版社出版。我自己在这段时间中，也撰写有专著《模糊数学在经济管理中的应用》、《保险费计算的理论与应用》、《数学规划在经济管理中的应用》、《目标管理与目标规划》等，由西南财经大学出版社和四川科学技术出版社出版。

第一套教材完全是按正规的出版社程序完成的，书的责任编辑是四川科技出版社一位周姓女编辑，认识她的时候是一位普通的编辑，在我与她的圆满合作的时间中，她一步步升任编辑室主任。按照她的要求，我们准时完成和提交了稿件，她也及时的按程序进行了三审，并于 1987 年初把审定稿交由德阳市罗江印刷厂排版印刷。

因为对教材出版时间的关心，我主动向出版社那位周姓编辑提出我们直接到罗江印刷厂进行三校，她当然很高兴与赞同，这为我今后与她的深度合作打下了基础，因为工作的状况使她对我的信任大大提升。在去罗江印刷厂三校中，结识了李、扬二位厂长，这本书也是罗江印刷厂排版印刷的第一套数学书，排版的工人还不是十分熟练，我们在排版车间与工人们一起改版，也与他们建立了良好的关系。

第一套教材是按照我们包销一定数量，盈亏核算由出版社负责，但我们包销部分有相当的折扣，这个折扣的金额保证了包销数的完成。在罗江印刷厂与两位厂长的交流中，知道印刷厂印书的价格与书的定价有相关的差异，这让我萌发出购买书号自行编辑印刷的想法，因为在与厂长交流过程中已达到相当好的程度，事实我就开始了筹划第二套教材的商业运作。

第一套教材的顺利出版，激发了不少学校的积极性，特别是出现了几所合作基础很好的学校，另外评聘职称的需求也使出版一套财经院校普通经济类本科教材很快的提到议事日程上来。为了保证商业运作的可操作性，我首先与四川科学技术出版社洽谈了购买书号自行编辑印刷事宜，因为有第一套书的良好合作所建立的信任基础，洽谈进行得十分顺利。

1987年国庆节后，拟议中的这套本科教材编写会议在茶店子旅馆召开，茶店子旅馆一如既往的提供了优质的服务。编写会议十分的顺利和成功，大家都按照审定好的编写大纲回校撰写初稿，1988年元旦前后完成的初稿陆续汇集在我这里。首先得完成教材的定稿工作，这项工作确实使我比较辛苦，我还是在春节前完成了教材的定稿。这套书的三审就得由我组织专家完成了，好在成都科技大学王荫清教授和西南财经大学吴怀教授两位恩师提供了大力的支持，完成了三审的教材定稿在春节后提交给了罗江印刷厂。

接下来就是例定的排版印刷工作，一切都进行得很顺利，由于减少了出版社的很多工作环节，所以这套教材发到各个学校的时间比第一套教材早了许多，方便了授课教师的备课，这从一个角度也证明了国营的机制在效率上的弱点。

这套教材是用商业运作的方式出版的，盈亏核算的方法其实很简单，成本只有两项，一是取得书号的管理费，本质上就是向出版社购买书号，二是排版印刷成本，至于其他的三审三校，发生的费用都不大，特别是三校就是我们老师们的劳务，应该是没有费用的。

这套书从经营的角度肯定是有利润的，其中比较关键的是书的定价。原则上出版社有一个按印张计价的标准，但当时书籍发行的市场化已比较普遍，所以出版社在定价上参与意见很少。我们这边教材的定价就是参照当时的消费情况，只要学生能够接受不至于造成大的负担就行了，所以这样下来这套教材最终是盈利了的。

这种商业化运作的程度使我感到很欣喜和高兴，当初发起编写教材更多的是考虑的教学科研，以及与兄弟院校保持良好关系，根本没有想到盈利这一点，无意之中乱打乱撞居然还有经济上的收益，这确实始料未及，让人有些惊喜。

这是大学毕业以来改变家庭经济状况第二次突破。第一次是1983年到1985年，依靠在广播电视大学上辅导课，改变了当时已经很紧张的经济状况，但那种收入也仅仅是使日常生活不太紧张较宽裕而已。这一次以商业运作的方式出版发行教材，实际上开辟了增加家庭收入改变经济状况的又一个渠道。

顺着一个思路，后边出版的几套教材都是以这种方式运作的，特别是在排版印刷方面，经过前二套书的运作，与罗江印刷厂的合作关系已十分密切。为了降低排版印刷成本，我都采取预付款的方法让厂方在纸张淡季购买储存印刷纸，从而使盈利的尽量极大化。这样，编写教材的工作就这样逐渐走上正轨。

今天正好是 2021 年的 6 月 30 日，使我想记叙一段趣事，这段趣事和中国共产党有关，因为明天是中国共产党成立 100 周年的纪念日，所以使我想记叙记叙。什么趣事呢？应是大约 30 多年前吧，基于很多原因，主要是来交谈沟通动员的人太多，我向西南财经大学经济信息管理学院党总支递交了一份入党申请书，也算是要求加入党的组织吧。我这个人身上的多重性很强，从天性的角度我是自由潇洒惯了的，内心深处不大愿意受任何组织的约束。但从现实表现来看，我似乎一直都很正面，与我打过交道的人都认为我应该是共产党员。

那个时候经济信息管理学院的党总支刚成立，书记是学校的一个康姓老资格干部，他在任职院长办公室主任时，与我私交甚好。当年我在西南财经大学的教学科研成就甚是突出，在学校党委看来肯定是属于积极培养发展的对象。说内心话我肯定是很拥护中国共产党的，但要受组织的约束，好像我还没有做好思想准备。

但是入党申请书已经递交上去了，我也只好积极的作加入组织的思想准备了，虽然内心有点不是很情愿。比较使人欣慰的是申请书递上去后，反而没有人找我动员了，大家相安无事的过了一年多。后来那位康姓书记专门找了我，给我说了件匪夷所思的事，才解开了这一年多彼此相安无事这个谜。

原来这位康姓书记，听别人说到过我这个人文笔很好，他作为一个文化程度不是很高的南下干部，还是很想欣赏一下所谓我的文笔，所以他专门把我的入党申请书带回家中去想仔细看看，没有想到家中太乱，他居然把它放迷了找不到。这个事对他作为党的书记来讲还是很严重的，所以他一直不太好向外声张，更不好对我说，仅管我们作为朋友私交甚好。为什么他现在要跟我说这个事了呢？是因为他也再拖不下去了，毕竟这是一件有组织程序的事情，不可能这样马马虎虎的混乱下去。

听了这些我有一种如释重负的感觉，觉得老天的这种安排真好，天底下居然还有这种事情发生。首先作为朋友，我安慰康姓书记没事，这个事就不要往外讲了，我答应有时间的时候重新写一份申请书交给他，以便他能够交差。当然后来因为多种原因，除了因为忙而更多的是我心不在焉没有把这个事当成一个事，最终也没有重新写一份交上去，这个事情就这样稀里糊涂的拖化了。

记叙这段趣事想要表达的是，我虽然十分拥护共产党，但天性又不愿意受约束，所以如果真加入进去，还是很勉强一定不会特别的适应与愉悦。现在天造人和居然出现了这种事情，一定是上天不愿意让我做勉强的事情才发生的吧。所以当年出现了那种情况，我内心还是特别的高兴和愉悦的，至少没有失望和遗憾的心情。

可能有人会问，既然不想加入就不要写申请书嘛，何必自己给自己找事情作茧自缚。但此一时彼一时，当年我的情况是太正面了，这份申请书不交上去好像在很多方面都不太妥当，所以当时也只好很勉强的写了。有一个事实至少可以说明当年的情况，当时西南财经大学的不少民主党派也在找我加入，学校党委了解到这个情况后委派与我关系特别好的庞姓副校长，给我讲建议我即便一时还没有加入共产党，也最好不要去加入民主党派。由此可以看到学校党委在当年还是很重视我的，只是他们不知道我这个天性，对我来讲肯定任何民主党派我也是不愿意去加入的。

接下来要记叙的一件关于做出选择的事情，这个选择是在我"四十而不惑"期间做出的，谈不上因为选择的结果而高兴和愉悦，更多的应该是一种淡泊与宁静吧，一种心如止水的淡泊与宁静。

1988年底，我被西南财经大学党委任命为学校科研处处级干部，比较正式的踏上了仕途之路，几乎是在同时我又被一家有一定规模的民营企业聘为经济顾问。刚开始的时候外边的事确实算是一种兼职吧，就是有时间就去企业，企业随时准备好车辆待命，接送我去企业处理公司经济事务。随着时间的推移和工作的深入，逐渐的在时间上有矛盾了，公司有太多的事情需要我去处理，而我这边因为行政任职需要坐班，时间上不像当高校教师不需要坐班那样可以自由支配。

需要做出一种选择，要么推掉外边公司的事务，要么从处级的行政岗位上抽身而出。这其实不是一个简单的一般的选择，实际上是个人很重要的一个方向性的选择，也就是走仕途之道还是以能创造经济收入的市场化路径规划个人发展。仕途上如果中规中矩的在西南财经大学干下去，发展到做西南财经大学副校长的可能性是有并且还比较大，何况当时就有民主党派来动员我加入以能够推荐任职省上的副厅级干部。

在对自我作了全面分析后，我认为从我的基本素质和天性适是不适合走仕途发展之道的。我这个人不大习惯于在上级领导面前是羊，更不可能在下级面前是狼，也就是说我既不可能在需要的时候俯首听话，也不会在不必要的时候表现出凶狠的天性和习惯，如此基本素质与天性是无法改变的，这是个人的习性。如果违背自己的天性和习惯很勉强的去走仕途，无论哪方面都不会愉快的。

当然还有一个很重要的因素是经济上的。当时在学校做处长，工资与当教师一样100多元没有变化，因为要天天坐班每个月有40元的岗位津贴，而民营企业去聘请我当顾问，兼职的有时间就去，一个月的待遇是500元。我这个人一直是活得比较实际的，没有什么比较抽象的追求，所以经济收入也就成了决定我发展方向一个很重要的因素。

于是我做出了辞去学校行政职务的决定，仍然退回去在西南财经大学做教师，因为高校的教师是不坐班的，只要完成了教学工作量，其余时间都是由自己在支配，可以保证在外边民营企业兼职的工作时间需要，完成企业的工作任务。

做出这个决定其实也不是那么容易的，我自己的想法很简单，怎样想就怎样去做就行了，所以自我并不难，特别是我没有把这个高校的处级当成一回事，所以自我就更不为难了。但外界不是如此，上世纪 80 年代任命一个处级干部还是很严肃认真的，所以几乎是所有的人对我的决定都表示不能理解，来自方方面面善意的交流，也使我做出这个决定花费了较长的时间。

因为我是西南财经大学第一个也是唯一的一个主动辞去处级职务的人，在当时的大环境下，各方面处理也很慎重，学校党委委托庞姓副校长跟我交流多次，在确认了我的决定之后，还特别让我郑重其事的写了辞职申请书，其中核心的内容是要认真表述和强调这是我自己个人的决定。

经过有近两年的时间，我终于在 1990 年辞去了学校这个处级干部的职务，仍然回到教学线作普通教师。后来将近 10 年的发展特别是它的实际结果说明我当年的这个决定无疑是十分正确的，正确之处不仅仅在于我创造和积累了一定的家庭财富实现了财务自由，更为重要的是它让我的心情十分愉悦，并且让我从那个时候起直到现在的三十多年中一直生活在一种欢悦自由适合自己天性的环境之中。

接下来想要记叙的一件事情从政治上来讲有点敏感，但我还是把它记载一下，至少是当时我的客观实际情况，也许是冥冥之中自有天意对我个人的情况做了这种安排吧。从 1988 年末我就走入社会一家民营企业做经济顾问，半年后进入了 1989 年第二季度，这时我的经济顾问工作已经很忙，几无时间顾及他事，也正好在这段时间，出现了一些事件与情况，这就是后来的"6.4"。

从 4 月下旬开始，成都的不少高校就开始躁动，进入 5 月之后逐渐激烈起来，成都的天府广场也有学生在聚集，但主要还是各高校内部学生的情绪比较激烈，西南财经大学也是如此。当时在西南财经大学内有不少学生在校内写大字报，组织校内游行，向教职员工募捐签名争取支持。我作为当时西南财经大学比较有影响的青年教师，自然也是同学们关注和争取的对象，他们多批次的到家中找我，希望我能表明支持他们的态度，捐不捐款不是主要的，只要能表示支持就好。

在那个时候我的经济顾问工作确实太忙，在家中的时间极少，同样也是因为工作忙的原因，我对当时出现的那些事件和情况关注很少。所以他们既找不到我，我也因为对情况不太了解无从表一个什么态，说实话我当时对同学们的诉求都没有特别的搞清楚，所以在同学们找不到我，我也弄不清楚情况的前提下，我既没有表什么态，更没有捐什么款。

事情发展得很快，进入 6 月初之后成都的天府广场那一片成为人群聚集的地方，应该说最初是各高校的同学们，但后来更多的是一些社会青年。当然很快就发展成为社会青年们打砸抢，烧毁汽车最后烧了人民商场，这些事件如同北京天安门广场的"6.4"一样都得到制止，各高校学生们的活动也戛然而止。

后来在一定的范围内，学校还对当时支持学生们活动的一些教职员工进行了清理，找对学生有支持行为的老师谈话，要求说清楚当时的情况。学校不少青年教师多多少少都有点行为。而我啊阴差阳错的因为太忙，居然什么事情都没有做过，连多余的话都没有说一句，所以这些清理和谈话都没有我的事，事后想来这也许确实是老天的安排，让我的工作太忙了，忙到让人基本上是完全的置之事外的。

下边要记载的是上世纪90年代我在市场经济中游弋时的一些趣事，不是生意上的事情，生意上的事情我已经在我的工作中有所记叙，主要是一些我觉得做得比较完美，能够给我带来一些自我愉悦或者心绪平静的事情。

1992年，很偶然的原因是我结识了当时台湾很有名的歌星高凌风，台湾以及东南亚华人圈都称他为"青蛙王子"。高凌风的真名叫葛元诚，他还真在台北注册有一个《青蛙王子有限公司》，这个公司后来成为了我的中外合资公司的台资方，并且有相当长一段时间，我都在替他打理在四川成都的相关工作。

高凌风祖籍就是四川成都人，所以台湾一开禁，他就同当时很有名的一个歌星陈彼得一起来到了成都。严格的说高凌风在成都呆的那段时间，应该是他人生经历中的低潮阶段，他与我是同年生人，1992年已有45岁，作为一个歌星年龄似乎偏大了点，所以当时他在台湾已不像当年当红歌星那样引人注目，他到四川成都来主要还是想寻求一些投资发展有机会，特别是上个世纪80年代末90年代初，港台的歌星在内地还是很受追捧的。

他希望在成都开展他的演艺事业，想在成都建一个他表演的舞台，严格的说应该是一个歌剧院。我陪着他看了成都的很多地方，比如当年东御街的新声剧场，春熙路商圈的锦江剧场等很多地方。最后他看中了东门一环路边的水碾河商场，其实主要的不是他看中了，是因为当时水碾河商场的体制决定了有合资的可能。

接下来高凌风招来了不少台湾人来策划这个事，当然最主要的是找投资人，先后来了两个大老板，一位是刘姓的台湾佳梦地集团老板，另一位是徐姓的台湾的房地产开发老板。最后这个事情因为没有投资人投入无疾而终。来的这两位老板并不看好高凌风想做的事，反而是利用我与高凌风的关系让我给他们做了很多事。

记叙这段事是想说明当年我对有些人有些事有淡泊平静心如止水的心态，在帮高凌风以及他引荐来的一些台湾老板做事的过程中，我没有什么求索，台湾同胞嘛来了大陆人生地不熟，没有报酬的为他们做点事我觉得也是其乐融融。

那位刘姓的台湾佳梦地老板到成都时，正巧参加了成都一个五十六个民族大团结的活动，他后来执意要邀请大陆五十六个民族的歌舞代表，组成一个中华民族代表团访台，在台湾几个大城市表演民族歌舞。为此我还专门跑了北京到文化部去争取，当然因为 92 年时两岸的交流刚解冻不久，这个事的运作难度还是很大的，最终也没有如意成行。

与高凌风交往的记叙似乎很平淡，其实其中也有不少可见人心冷暖或者做人原则的人与事。比如有国家机关台办的工作人员，利用当年两岸刚开始交流，从台湾来大陆的访问者还是有惧怕和戒备之心，对高凌风施加影响和压力，达到其利己的目的。也有从台湾来所谓帮助高凌风发展事业的人员，其实也有不可告人的目的，借用这种机会做利己之事。当然这些也很正常，只是我在侧边看到这些人的种种行为，还是颇有感触。

上世纪 90 年代市场经济的洪流中，还是有好几桩事值得记叙一下。先说一下在川北盐亭县现金收购蚕茧的事吧，今天回过头来看，可以看到当年由计划经济体制向市场经济体制的转换过程中，无论是政府、企业还是养蚕的农民，都经历了一次脱胎换骨的磨难，这种磨难是让人刻骨铭心的。

川北一直是蚕桑财政，计划经济体制下动员农民栽桑养蚕，供销社负责技术指导和现金收购，丝绸公司负责缫丝外销，银行在计划经济体制下提供资金支持。迈向市场经济后，供销社退出了运行，而丝绸公司普遍拿不出现金向农民收购蚕茧，向农民打白条的现象很普遍。而农民养殖的蚕茧是会向有钱的区域流动的，当时每到初夏蚕茧收购季节，便会有蚕茧大战的混乱局面，这是计划经济向市场经济过渡中不可避免的阵痛，当事方政府、企业与农户面对现实大家都很难堪。

这个时候现金为王，谁手中有钱谁就可以充着大爷，我在那个时候就扮演了这种角色。盐亭县是我去了几年的地方，地方政府和丝绸公司对象我这样手握银行汇票的客商，青睐有加待如上宾。每到盐亭，政府要员会在县境边恭迎，正好当年盐亭县委书记是一位杨姓的科大校友，这更加重了我的身份。政府做这个事情目的很简单，只要不向农民打白条，除了可以保障蚕茧不流出外，也是一项上下认可的政绩。

当地的缫丝厂如果收不到蚕茧，便只能停工停产，工人发不出工资是社会的一大隐患，政府和企业负责人都很着急。尽管当年这些国营的缫丝厂国家投入大量资金形成缫丝生产能力，但没有现金收不到蚕茧一切都是空话。这个时候握有现金的我便可在政府的支持下收购大量优质蚕茧，就近租用缫丝厂的设备缫成生丝，或者直接销售生丝，或者再租用绸厂织成白绸销售。

这种局面应是多赢。农民卖蚕茧拿到了现金十分满意，企业因为有了生产原料便可开工生产，工人们的工资也发得出去了，政府在这种事情上梳了个光光头，农民满意企业满意上级更满意，当然我也赚到了该有的利润。这种操作所带来的多赢的局面，应当是使人很欣慰很愉悦，面临各方的感谢又赚了钱，能不高兴吗？

当然这种操作其实是有风险的，不过从当年的实际情况来看，总体我是运作得比较好的。当年除在川北盐亭县外，川南的江安县丝绸公司一位唐姓的经理，我也与他合作过收购蚕茧之事，德阳市什邡县一位陈姓的规模比较大的乡镇企业的老板，我们在收购蚕茧缫生丝上合作也不错。风险只要操作在可控范围之内，该抽身的时候及时抽身，也就能很好的规避了。从这一点上来说，个人的方方面面的优势得到发挥，并且能审时度势明确进退，也是一件赏心悦目的高兴之事。

还有一件比较得意之事是主持了成都市青羊区装潢印刷厂的收购，无论是过程还是结果都是可以书写的。这个成都市青羊区装潢印刷厂是青羊区工业局主管的一个集体所有制企业，早年在计划经济体制中还是蛮不错的，它不是一般的印刷厂，是以印刷商品包装以及商品宣传资料为主的印刷厂，取名为装潢印刷厂足以见得其实力。确实它名不虚传，无论是印刷设备还是人才资源都强于一般的印刷厂。

遗憾的是它也没有逃过上世纪 90 年代经济机制的转换，面对市场这种名为集体所有制其实经营管理体制也是国企模式的工厂显得很无能为力。竞争中丢失了了市场也就停工停产了，厂领导和主管部门青羊区工业局都急于把工厂转让出去，以解决二百多名职工社保的退休金保障问题。为此青羊区工业局还会同青羊区社保局，向省市社保机构争取到了优惠政策，希望用工厂转让的资金收入来解决社保金这笔费用。

当我们决定要收购它时，转让价格的谈判底线在工厂持有方面来讲，就是要保障所有职工的社保金一次性交纳。作为收购方的我们，首先需要去摸清它的家底，资产多少负债多少，以确定其净资产价值，这样我们才能核算收购价格底线，因为我们的收购还是为了有利润。于是，由我带着一支精干的队伍进厂了。

厂方首先给我们提供了最新的财务报表，资产不少负债也很多，负债主要是对客户的往来款，有应付账款也有预收账款，应该说这一点为我们的收购提供了极大的想向与操作空间。资产这一块除了厂房与占地以及印刷机器设备等固定资产和纸张材料等存货外，也有很大数额的应收账款和预付账款，这点有点悬，为我们的收购罩上了阴影。当然报表仅仅是一种数据，需要我们进行实际清产核资，只有实实在在的摸清它的家底才能决定我们是不是要进行收购或者怎样收购。

固定资产和存货清产比较容易，我们很快弄清楚了到它的实际数额，并对它的现有价值进行了预估。比较麻烦的是应收账款或预付账款，好在这种在传统计划经济体制下的集体所有制企业，运行上还是很规范的，它的销售与采购人员很快给我们约来了应收账款和预付账款的当事方，所有来的人我都一个一个交谈，目的也很简单，就是要客观的判断这些往来账款可能收回的数额有多大。

让各方面包括我们自己内部都很惊讶和不解的是，我居然让这些销售人员和采购人员为我约见了应付账款和预收账款的债权方。大家不理解的是债务能躲就躲能跑就跑，为何还要主动约见他们。当时我不好跟大家明说的是，该有的债务是躲不掉跑不了的，我需要见到当事方，在与他们交谈的过程中判断方方面面的情况，以便能够大至确定处理掉这些债务需要多大的成本。

当所有这些前期的工作完成之后，我对整个收购的盈利状况进行了核算。客观的说，从资产负债的分析上看，收购的价值不是很大，除了工厂占地可以开发之外，资产负债相抵几乎没有什么净资产，而不大不小的工厂占地在房地产开发上还是会有规划等方方面面的问题。要想有收购盈利，有两件事要做好才行，一是以最低的成本处理好应付账款和预收账款那些债务，二是让工厂占地有很好的变现途径。

接下来与青羊区工业局与工厂方进行了多次的交流洽谈，谈判的焦点是收购价格，对方的态度其实很明确，保底就是解决全体工人的社保问题，这一点满足了其他都好谈。在认真进行了工作分析后，最后按照这个底线签定了收购协议，我们把盈利的赌注压在了处理好上边两个问题上：争取用低于实际债务额的50%的成本处理好债务问题，同时尽快的寻求土地买家，以便实现土地的变现。

协议签订后收购开始的具体工作很顺利，工厂的员工们虽然心里不愿意觉得很窝囊，但能一次性解决社保基金缴纳问题也是一个无可奈何的选择。所以员工们都来与青羊区社保局签订了一次性缴纳社保基金的合同，我们也替他们把款项支付给了青羊区社保局。接下来我们就是处理资产与债权债务问题了，这个问题在处理起来实际上难度较大。

印刷设备的处理问题是一个最大的症结，因为收购的信息早已传开，也来了不少想购买印刷设备的客户。通过几轮与客户的交流和洽谈，我们最终以一个相对比较满意的价格把印刷设备打包卖给了一个客户，也让他赚点钱再次转让，虽然少收入了一点，但少了一些处理时的烦心。因为印刷设备技术专业性比较强，我们又不懂，这样处置也许更好些。

正当我们专心致志的在处理这些印刷设备时，发生了一件突发事件。什么事情呢？我得到消息时，下边的人告诉我，工厂中来了一两百工人，聚集在一起两个厂房门都被堵了。我急忙赶了过去，原来是已经签了约的员工们，对工厂的转让还是有意见的，不过他们到工厂里来，不是针对我们收购方的，主要是对厂领导有意见，用四川话来说是要来找领导说点斗斗，其实主要是发泄一下心中的怨气。

我们进驻工厂的职工还是有些紧张，一两百工人聚在一起，怕引发一些不测事件，我告诉大家放松些该做什么做什么，我主动到工人群中去找大家聊聊。员工们看我这样更是紧张，生怕老总出些意外，我告诉他们不碍事，聊聊也许更好。果然在与工人们的聊天中，听了他们的倾诉，表示了我们的理解，最后大家居然像朋友一样的无所不谈了，接近中午工人们看工厂原来的领导都不在，最后也慢慢散了。

在处理资产上运气比较好的是，工厂所占的那块土地的转让有下家来看了，是当时成都一家还是比较有点规模的开发商要买进。因为我们也在开发房地产，对这块地的实际开发效果还是看得比较清楚的，所以对这家开发商要买这块地皮多少感到有些意外，因为它面积太小，在规划开发房产上一定不会是那么顺利的。

但是土地很快的成交了，到交付的时候才明白，真正的买家不是这家开发商，而是一个做汽车零售的女老板，那两年做汽车零售赚了不少钱。女老板的同学是这家开发商老板的夫人，在请教该如何投资赚到的钱时，被建议来买这块地皮及地皮上的建筑即厂房。后来的情况说明这显然有点不是特别适合，因为汽车零售商并不擅长房地产开发，这块地皮她拿到在某个意义上来讲是块不易变现更不易获利。因为在土地厂房的交接过程中，我与这位女老板打的交道较多，逐渐也成了朋友。后来我的兄弟在做工程的过程中得到了一辆抵工程款的桑塔纳新车，最后还是拜托这位女老板帮忙寻找买主卖掉的，这在当时还应该算是帮了一个大忙。

接下来是处理那些债权债务了。债权能收的当然尽量去收，当然收起来相当困难，记忆中有两家收得稍许顺当一点，但都是凭借的私人关系。一家是彩虹厂，因为老板刘荣富和诸多员工都是当年成都七中的校友，所以收点款这点面子还是要给的，我去了一两次事情也就顺利的解决了。另一家是成都玩具厂，因为这个厂原来的主办会计现在是我们的员工，她告诉了我们成都玩具厂的银行开户账号，我们通过诉讼查封了他的账号，账上的钱正好够还我们的欠款，所以后来事情也就迎刃而解了。

债务的处理特别麻烦，我们的目标是希望以低于实际负债额的50%的成本来解决这些债务，所以谈起来十分困难。我充分的发挥了我的谈判与交流优势，用了一个多月的时间就基本上解决了这些债务问题，成本比那个50%小了许多。当然也有一家债权人想通过诉讼的手段来解决，我鼓励了他但同时做好了防范准备，最后他官司当然打赢了但执行不了，因为他没有掌握到可以执行偿还债务的资产，成了竹篮打水一场空。

这场收购兼并前后历时两三个月，应该说无论是从过程还是结果上都硕果满满，经济上赚了钱，而更为重要的是展示了个人处理各种复杂问题的能力。我们自己内部就不摆了，相关的很多外部机构的人，比如成都市青羊区工业局的干部、成都市装潢印刷厂的员工，甚至包括涉及诉讼的青羊区法院，都对我以及我所带领的团队在整个收购活动中表现出来的素质、知识及能力都予以了发自内心的点赞。

事情结束之后还发生了一件有趣的事，为了感谢成都市青羊区工业局的干部在支持我们收购装潢印刷厂所做的工作，我们邀请了青羊区工业局全体干部在周末赴花水湾一游。因为事前这些干部们与我们的员工已打成一片，他们在对我的肯定和赞赏之中也有很多好奇，有点把我当作传奇史的人物，很想了解一个大学教授的方方面面。我们的员工居然好事的鼓励他们在当晚的酒宴上与我拼酒，于是惨剧发生了：一群不知底细的青羊区工业局干部频频向我敬酒，以为可以丢翻我，最后的结果是来敬酒的十余人皆被丢翻，我个人当然安然无事。

应该说这场收购兼并活动，对我来讲是自我方方面面能力的一次综合的全面的展示。收购的利益主要不在我这里，因为我不是收购的出资方而是主导的操盘手，所以我只能取得自己的工作报酬。但是使我陶醉的正是这种自我能力的全面与综合的展示，两三个月中发生的各种事件，都在我的操作和处理下有序进行，这些显然是使我感到很欣慰和愉悦的。

还要记叙的一件事是修建与装修工程，个人把它理解成为是使人脱胎换骨进而达到升华的一种境界。我前后装修了十余套房子，也搭建了一些违章建筑，我把它们称为是修建吧。这些装修与修建工程的亲力亲为，使人眼界大开脑洞大开，学习到了很多在书本和课堂上见不到的东西，让人有一种不可自我的修养得到提升的境界。在这个过程中收获的不仅仅是修建与装修的具体成果，更为重要的是学习和掌握到洞察人世的技能技术以及思维与认识。

第一次装修是为了两个孩子的读书搬到茶店子去住，那个房子其实本来就是比较好的，所以也谈不上装修，只是把三个房间铺上了木地板，但不管怎么样算是第一次整治房子的经历吧。看了很多家商铺，最后确定装那种大约长15厘米宽3厘米的小木条一块块拼成的木地板。店家派来了一老一小两个工人，用胶刷了地面之后，便把木条一块一块的拼上去，凝固粘稳后用机器把它爆平，打磨光亮之后刷上油漆便成功了。初次整治自己的住所，看着铺好的木地板平整光亮，还是相当满意的。

比较正式的装修是1996年对石人小区信天商住楼二套清水房的装修，这两套清水房面积共有300多平方，一套在顶层7楼跃8，一套在底楼是个家带店。初次装修白纸一张没有经验，于是还请了个朋友当然也是下级来帮忙，其实是他在主持。那个时候。正规的装修公司还不普遍，他找了个包工头负责，有点包给他的意思，材料是我们自己买。

进入装修后，知道了装修的流程首先是水电，要根据自己水电使用的需要，对原有房子的水电进行改造补充。水电工完成后木工和泥工相继进场，木工是做吊顶、客厅造型等，泥工进行厨房卫生间的墙地砖铺设，我们要做的事是购买材料。于是逛了很多建材市场，木工板面板木条墙砖地砖这些主材看了不少，最终也买回来了，辅材主要是水泥河沙，除了大批量购买外，零星的也在家附近的摊点上喊。

木工的工作做得差不多要完的时候，做乳胶漆墙面的漆工进场了，第一道工序几乎是在泥工在厨房卫生间贴墙地砖的时候进行的，因为乳胶漆的基层要刮两道腻子，第一道腻子刮完要等它干透后再刮第二道，两道腻子刮完漆工就暂时退场了，这时客厅和房间的地面铺设开始了。

这套房子的除了四间房子的地面用的是实木地板外，其他地面都用的花岗石。这两个工序其实不麻烦，都是由供应材料的商家派出工人来施工的，购买材料的时候价格就包括了安装施工费，如果是一般的地砖装修队的工人可以施工，因为是花岗石所以是由商家负责施工。

接近收尾的工作首先是厨房卫生间的吊顶，这个同木地板一样购买时就含了安装费，商家派出工人来安装就行了。接着该是刷乳胶漆了，先是不少工人进行打磨，打磨完工后进行了一次彻底的清场，把所有的垃圾运走并打扫卫生，最后进行了刷乳胶漆的工序。当电工再次回来安装了插板开关后，整套房屋的装修便完工了，安装了空调以及搬进了家具家电就可以入住了。

第一套房子的装修让我积累了不少感性的知识和经验，一个是装修材料的选择和购买，这里面知识很多水也很深，当然最大的经验是要多逛多看多问多比较。另一个是电工木工泥工漆工这些装修工程的前后顺序应该说有经验了，当然也明白了这些工人的手艺如何其实决定了装修的品质高低，至于那个包工头也就是装修管理者所起的作用就是调度和监督工人。

在此之后，还进行了多套房屋的装修。一个是自己所住房屋的装修，因为从第一套装修房搬出来后，家中还换了两个住处，一个是西南财经大学对面的光华园，一个是现在住着的中铁西城东苑，这两套房子都是请的装修公司以半包的形式装修的。第一套房子装修时候所取得的经验，对选择装修公司以及对他们的工作进行监督起到了很积极及时的作用。

再就是两个孩子大学毕业后，为他们各自买了一套房自住，老大的在二环路边双楠，老二的在靠近三环路的地方。这两套房屋都是我来装修的，也是采取选择装修公司用半包的形式装修的，当然这个时候对装修的经验就更多了。

另外还装修了不少出租房，前前后后有10套左右吧。这些房子的装修就没有请装修公司了，主要是这个时候我的装修经验已比较丰富了，完全可以充当包工头的作用。而更为重要的是，因为多套房屋的装修，使我认识了一批电工木工泥工漆工，这些人有的是在已经进行了的装修过程中认识的，有的是在桥头上喊的但通过了做工的检验和淘汰逐步积累的，有了这些工人也就不需要包工头了。

大约是在2005年左右，我开始在所购买的交大花园的六套顶楼房屋的房顶搭建房子。应当说产生这个想法是由两个因素促成的：一是担心屋顶漏水，事实上已经有漏水的迹象了，修了房子就无雨水可漏了；二是搭成出租房增加收入，每套房子都可以增加两三间出租房。同时还把几套大户型改造成一间一间的房屋出租。

当然这种在屋顶上的搭建是违规的属于违章搭建，只是当年管得还不严，是大家都在搭建，法不制众有关方面也就无可奈何了。首先完成的是一套 100 多平米的跃层的房顶的搭建，先用钢结构与彩钢板把屋顶盖起，然后砌半墙及在上边安塑钢窗，最后外墙和地面贴墙地砖，内部做乳胶漆，这样在屋顶上就有了三间可供出租的房子和一个卫生间。

这套房子的跃层两层，分别各改造成有四间住房，这样这套房子可供出租的房间竟达到了十一间。与此同时把另一套也是有 100 多平方但是平层的房间改造成 8 个小间出租。城内青羊小区有一套当年西南财经大学房改时购买的一套套二的房间，也改造成三间住房出租。当年刚毕业的大学生多是 80 后，他们不像现在的 90 后那么挑剔，这种出租房价格便宜，所以是很好租的，房间经常是供不应求住满了的。

改造这些房子都是我自行计划，然后找那些熟悉的工人施工的，我既是设计者也是施工负责人。这之中比较自我欣赏自我得意的是，作为一个知识分子，我居然弄懂了修建装饰装修中的很多工作程序，从设计开始到购买建筑或者装修材料，组织不同工序的工人建造施工，并且把一切进行得井井有条，这些使我内心十分高兴和愉悦。

积累出来的修建装修经验，在搭建交大花园一处有 4 套房子 300 多个平方的屋顶时发挥到了极致。由于那个地方特殊的房屋结构，设计中我是先从修墙开始的，墙修好了在上面用树杆搭顶架，然后在上边订单层彩钢板，房屋建成后仍然是屋内贴地砖，外墙贴墙砖，房间内部做乳胶漆。这样仅这一处 300 多平方的四套房子，加上屋顶一共有 24 间房子出租。

特别要说明的是，在这些修建装修过程中，有一些工序是我指挥工人施工的，有一些工序是我和工人共同完成的。比如搭建那 300 多平米的四套房子的房顶，修建好了墙体基础之后，盖树干钉彩钢板就是我和一位工人共同完成的。还有的工序比如照明线路电工活路就是我自己做的，包括有些房间的卫生间的蹲便器也是我自己安的。做这些泥工电工木工的活路，我内心感到这是一种技艺的学习和升华，发自内心的为能学习到并且能做这些技术工作而感到愉悦。

还是回到本行上来吧，记叙一下在西南财经大学退休前 10 年左右的教学与科研，把它归纳成为二件事，一件是温故，另一件是知新。先来说温故这件事，就是我的高等数学教学，说它是温故，除了这是我的数学专业本行之外，还有就是重操上深度难度较大的课程的旧业，必须要说一下上个世纪 90 年代我上的数学课程。

上个世纪 90 年代我的主要精力和时间，都耗费在市场经济的摸爬滚打之中，在西南财经大学的教学应该是一个点缀。当时学院的数学教研室人多课少，而教师的收入有很大一部分是超课时费，所以无论客观上还是主观上我的课程都不多，一周大概 4 节课吧，完成教学工作量即可。但就是这 4 节课其实执行起来也比较麻烦，我去上的专业一个是经济外语专业一个是经济法专业，纯文科学生让他们学高等数学，无论是学生的学还是教师的教，都是有相当难度的，需要相当的教学方法才行，从这个角度上来说教学的难度还是比较大的，所以才有上边重操上课难度较大的课程旧业的说法。

进入2000年回到经济信息工程学院，就面临着《概率论及数理统计》这门难度较大的课程需要我去承担，这之中的原因和过程比较复杂，我在我的工作回忆中曾有记叙，当我把这门课接下来的时候，确实面临着一个如何发挥我的教学优势把这门课上好的问题。为什么这样说呢？因为从教学的角度，《概率论及数理统计》确实是一门教学难度较大的课，而考虑到学生们考研究生的需要，这门课又必须要上好，因为考研的数学试题中有30%这门课的试题，并且是难度较大拉开学生成绩差距的试题。

我要解决的首要问题是要学生能够轻松的听懂课，为什么这样说呢？因为在我之前的两位老师的教学效果学生都不能适应，都反映课程听不懂，我是在学生们多次呼吁换教师的要求下接手这门课程的。当然，解决这个问题对我并不难，自我大学毕业后到西南财经大学任教以来，最擅长也是学生评价最好的就是把高等数学课程深入浅出的讲授得学生易懂易学，甚至成为经济类学生的一种听课享受。

真正需要我下功夫的是，要结合考研的数学试题把这门课的应试教育上好。经济管理类考研的数学试题包括微积分、线性代数和概率论及数理统计三部分内容。微积分和线性代数学习的难度不大，试题中也基本把难度和重点都处理得较好。概率论及数理统计则不然，考研的试题难度都较大，如果说考生要在数学卷上拉开差距，也就是概率论及数理统计这门课的试题了。

历年的考研数学试题中，都会有一道难度极大的这类试题，我仔细研究了之后发现，这类试题难度其实不在于概率论的知识掌握得如何，而是学生普遍缺乏含参变数的两重积分的计算问题，这实际上是微积分学习中欠下的账。当然也不完全在学生，在微积分的教学中，当进行到重积分计算的教学时，教学学时已很紧张，老师也不可能很深入的介绍，更不用说是这种含有参变数的两重积分的计算了。

但要迈过这个坎，这个欠账一定要补起来，所以在我的教学中，把含参变数的二重积分的计算让学生掌握，成了重点和难点。不过好在决定要考研的同学们，他们的决心和韧力是很坚定的，虽然难而且是一种补课，但同学们都能和我一起坚持过来，学习效果也较好。当然由于教学的难度较大，也苦了同学们中放弃考研的学生了，从纯粹的应用方面来讲，他们是不必把这种含参变数的二重积分计算弄得十分清楚明白的，但这也没有办法。

这门课的教学从我接手到我退休，大约上了七、八届，当然首先是解决了多年来学生吵吵闹闹这门课听不懂学不好的矛盾，多年来这门课的教与学让学院的领导很烦心和为难，解决了大家都好皆大欢喜。其次我自己在讲授这门科的过程中，从某个角度上来讲知识结构和教学方法都有所提升，也给自己带来了相应地愉悦。

所谓知新的事，是我从 2006 年开始接手了西南财经大学通识教育改革中的自然科学系列课程。2006 年西南财经大学启动了一个有相当深度的通识课程教学改革，为了保证这个通识课程教学改革顺利进行，学校成立了一个通识教育学院，2006 年 9 月入校的新生，第一年也就是大一的学习和生活都在这个通识教育学院进行。一年之后也就是大二的时候才按照专业进入到各自报考和录取的专业学院。这个改革是很成功的，从 2006 年开始，一直到至今都是如此，坚持了十余年。

当然通识教育课程的改革的主角还是课程，当时校方设计了八大系列的课程，其中的一个系列就是自然科学系列。基于很多原因，既包括学校中其他的理工科老师不愿意去讲授这类课程的客观原因，也包括我个人的兴趣爱好及天性的主观原因，使我成了自然科学通识教育课程的主角，事实上我成为了后来开出的《科学技术史》与《大学物理》这两门自然科学课的课程负责人。

在研究通识教育自然科学系列课程的时候，开设《科学技术史》意见是很一致的，各方面都认为这是一门对西财学生了解自然科学很好的一门课程。而开设《大学物理》课程，就比较费周折了，提出要开设这门课程的是当时西财经济学院的一位颇有声望的先生，他是在参加一次全国的经济学年会中接触到了并且接受了当时普遍认为物理学与经济学有一种相生相促的学术观点。尽管在讨论中有所疑虑，但我这个课程负责人最后还是表态试试再说吧，我当时的想法是觉得让经济管理的学生了解点物理学知识还是不错的。

这二门课程确定下来的时候已经是 2006 年五六月份，9 月份新生入校就要开课，首先要解决的是教材和教师。《科学技术史》还比较顺利，聘请到了四川大学和省社科院三位先生，加上校内的三位老师，组成了一个课程小组，也选定了教材。《大学物理》就比较麻烦了，教师实在是找不到，最后只能由我与学院的另一位老师承担，那这位老师，也是我做了很多工作之后才应承下来的，教材最后也在众多大学物理教材中选择了一本比较通俗易懂易于经管类学生阅读的。

《科学技术史》确定是全学校所有学生的必修课，因为毕竟有 6 位教师讲授，把学生分成第一学期和第二学期两批分别讲授，也能基本满足师资需求了。《大学物理》是确定开在第一学期的选修课，没有想到的是入学之后的学生选修这门课的同学还比较多，而我们只有两位老师，编班时只好编成 300 人左右的大班，安排在学校最大的阶梯教室中授课。

讲授《科学技术史》与我个人知识和能力的提升是相互益彰的，一方面我的理科背景对讲授这门课程起到恰如其份的好处。另一方面科学技术发展的脉搏，它的哲理它的起因它的史实无疑对我这个理科教师起着知识的良好补充。

前者比如在讲授几何发展史中，从欧几里德几何原本中的第 5 公设，到罗巴切夫斯基的非欧几何，再到球面几何及至黎曼几何，熟悉相关数学知识的我，应当是把近两千年来几何发展的历史脉搏梳理和讲授得让学生引人入胜的。又如在讲授微积分在英国和欧洲大陆几乎是同时诞生的史实时，应当说我对数学和物理知识的极致的熟悉使课程的教学中学生和我都十分进入角色。

后者比如使我从对古代科学技术的了解有了更深的认识，到对古希腊古罗马科学技术的登峰造极，特别是包罗万象的哲学学派对科学技术发展的推动和促进的有了更新的体验。特别是欧洲黑暗的中世纪结束后，源于意大利的文艺复兴运动，起始于德国的宗教改革运动，以及葡萄牙西班牙的环球航海航行，得以使最先进的近代科学技术何以诞生在欧洲有了认识和理解的提升。

《大学物理》这门课程上得比较尴尬甚至可以说是狼狈。因为是确定在新生入校后的第一学期开课，很快就进入到了力学中的运动学和动力学课程，这时同学们数学上还没有学到导数，更没有学到积分，所以在讲授上发生了很大的困难和矛盾，不能用高等数学去定义速度和加速度，使得课程讲授得特别的难受。

更为麻烦的是同学们的感受，没有高等数学的物理学，怎么能叫大学物理呢？本质上就是中学物理嘛！于是同学们的不满意油然而生。当然后来几届我都采取了在讲授速度和加速度前给学生补充导数的知识，这对提升教学层次和质量多少提到了一些积极作用，但本身这门课的总学时就很少，这无疑又要影响到其他物理学知识的讲授。这门课就是在这种尴尬和狼狈中讲授了三、四届后无疾而终。

在我临近退休前接受和讲授的这两门课，对我个人来讲无论哪一方面来讲我都是感到很满意很充实很自知的，它不仅丰富了我的教学生涯，同时也满足了我历来就富有的挑战精神的欲望，而个人在这两门课讲授过程中无疑是愉悦和兴奋的，这确实是我在西南财经大学退休前一段使人可以回忆的愉快生活。

下边要忆及的是我在从西南财经大学退休后的十年左右在民办高校工作中的很多愉快片断了。2009年四、五月份，离我从西南财经大学正式退休没几个月了，当时我住在西南财经大学光华校区对门的一个楼盘叫光华园。一天清晨还不到7:00，我在去买早点的路上碰上了匆匆而行的原来在经济信息工程学院共事的梁成华老师，这是一位老大哥，也是我特别尊敬的朋友。匆忙中他问了我几句话：小许，要退休了吗？退休后想不想来天一学院上课？喜欢上课的我当然回复可以。后来知道这次偶遇真是一个巧合，匆匆而行的梁老师是要抓紧时间赶到成温立交桥头去乘四川天一学院早上7:00接送老师的班车，如果不是因为一大早要买早点，我是不会在路边碰上他的。

梁老师当时已经在四川天一学院担任管理系系主任，这个系有将近4000学生，将近四川天一学院学生总数的60%。民办高校任课的师资在当时还是很缺乏的，特别是一些难度较大的课程，找到合适的任何老师便是梁老师很重要的工作之一。他邀我到四川天一学院上课也有此意，因为在西南财经大学共事时他就知道在课程讲授上我属于万金油老师，乐意接手和讲授各种较为繁难的课程。

于是在他的推荐下，我到四川天一学院做了一次学术讲座，应该算是学校对我的一种考核和综合评定吧。后来与院方签了一个《资深教授聘任合同》，院方给予了我在当时应当是比较高的报酬，与此相对应的工作任务有三项：每周完成6个学时的教学工作量；主持并完成一项省级精品课程的申报；指导一位年轻教师。

从2009年9月起，我便开始在四川天一学院兼职上课了，这个时候虽然我已从西南财经大学退休，但退休并非离职，我一直上着的《概率论及数理统计》课程还没有找到老师接手，我担任课程负责人的《科学技术史》与《大学物理》还需要继续负责，还在过程中的几位硕士研究生还需要完成论文指导。

在四川天一学院的兼职授课是很愉快的，首先是从一大早就开始的学校校车的乘坐中，我授课的地点是在四川天一学院天回校区，就在植物园旁边，清晨7:00会有校车沿途接送老师，这一天的愉快就此开始了。当年从川陕立交到天回镇，正在大规模的改造道路，几乎不能正常通车，开车的师傅会凭他的经验找到一些我们这些老师从来不了解的道路，把我们送到学校，为了赶时间和避免堵车，师傅每天几乎都在变更道路，这实际上成了一桩乐趣。

更为有趣的是，民办高校的老师们都很年轻，朝气蓬勃敢想敢为语言风趣，加之民办高校老师这种并不十分理想和看好的地位和状况，使得在车上有了很多有趣的话题。老师们放所欲言谈笑风生，鞭笞社会和学校的弊病，也包括自我嘲讽，使得每一天的乘车都是一种精神上的放松，甚至是一种语言和心境的享受。

接手的二门课一门简单一门繁难，《基础会计》课程是一门例行的实操课，教授同学们懂得会计基本原理以及认识账簿凭证并不难。而另一门《抽样统计》却十分难上，不是因为课程的内容，而是因为民办高校学生的基础太差，抽样统计涉及到的一些数理基础知识他们完全没有，这带来了这门课教学的麻烦。好在我历来就具有这种把繁难问题简化的能力，所以这门课程也在我尽力的讲授下让学生接受了。

我所在的会计教研室学生人数是较多的，为了帮助年轻老师们的发展，同时也是为了提升四川天一学院会计教学的水平，我与西南财经大学出版社协调好了，让四川天一学院的老师们主编一套《高职十二五会计系列精品教材》。

这套教材计划出版十册，包括《基础会计》、《基础会计实训》、《财经法规和会计职业道德》、《工业企业会计实训》、《商业企业会计实训》、《出纳实务》、《纳税实务》、《初级会计实务》、《经济法》

和《财务人员能力拓展》。第一批《基础会计》、《基础会计实训》等三册在2012年七月出版，赶上了2012级新生的使用，后边几册陆续在2013年春季学期前和秋季学期前出版，保证了教学的使用。

这套教材的出版提升了四川天一学院的会计教学水平，授课的年轻教师们用着自己撰写的教材授课，各方面提升都很多。同学们使用着自己老师编写的教材，对学校和专业的认同感提升了不少。出版这套教材的西南财经大学出版社，因为这套教材的实用性较强，加之其中的《基础会计实训》、《工业企业会计实训》等几册实训教材是当时比较少见的，所以一直把这套书作为重点的教材在对外推广。

有一个比较重要的作用是这批年轻教师当时都要评职称，这批教材作为编写者她们在评职称时都起到了很重要的作用。所以在这之后，特别是我担任了四川天一学院的院长之后，先后还组织天一学院的老师们编写了《秘书实务》、《管理学基础》等教材，既提升了教学质量与水平，又对老师们自我提升起到了积极的良好作用，我自己也因为为年轻人们做了这些好事从内心感到十分愉快，享受到了应有的愉悦。

在四川天一学院担任院长的那几年中，还有一件事是自己觉得做的特别正确的，那就是对青年教师的培养和提拔。在四川天一学院的工作团队中，有好几位都是直接从教师和一般行政人员岗位上培养和提拔起来的，其实这在当时对我还是有些风险，因为我当时临危受命，需要化解的工作局面其实是很艰难的，稍有不慎便有满盘皆输局面崩溃的情况出现。这些来自教师和一般行政人员能担当起如此重任吗？事实证明当年我的选择是正确的，也从一个角度说明了我的观察力和判断力也是很准确的，她们不负众望的脱颖而出，完成了令人难以想象的十分艰巨的工作任务。

当然在这个过程中，我也尽力给予他们极好的回报，薪酬收入只要找着机会我就会向投资方建议给他们提升工资。再就是发挥手中的西南财经大学等高校的教授资源，在她们评定职称上提供尽可能有的方便和帮助。不拘一格的使用人才，尽力的发掘发挥每一个人的潜力和潜质，也使我找到了在培养人才上的更好感觉，看着年轻干部的成长内心当然是十分愉悦和高兴的。

在天一学院当院长时处理的一件事情也想在此一叙，那其实是一件近乎荒唐的不太妥当之事，但对当事者来讲应该是她人生中的一桩大事。2013年9月开学不久，一天上午在我的办公室中怯生生的进来了两个人，这是一对兄妹，妹妹是四川天一学院的学生。他们有什么事来找院长呢？原来这位妹妹是天一学院2012级新生，入学不久即参加征兵到部队当了一年兵，现在复员转业了，按政策大学生参军是保留学籍的，正常情况下她回来读书就行了。

但这对怯生生的兄妹向我讲述了一段难处：他们是阿坝州的藏族，妹妹当兵一年复员后，被当地县上的消防支队原则上录用了，所谓原则上录用了是要求他们在工作两年后提供大专学历文凭。

这事实上是一个为难之事，要取得文凭必须回学校读书，但这也意味着被原则录取的那份工作就丢掉了，两难之下两兄妹冒昧的来找院长，只希望我给他们出一个主意，两全其美地既能工作又能取得文凭。

这时我突然产生一种尽力帮助帮助他们的想法，我觉得在边远的阿坝地区找到一份工作也不容易，这个机会失去了对她也许是一辈子的憾事。但我也知道这个事牵涉面宽，虽然我也考虑出一种方式尽力两全其美，但我还是需要多方了解情况和协调之后再做出决定，我让这两兄妹下午再到办公室来找我。

这显然很出这两兄妹的意外，也许他们鼓足勇气来找院长本身也不抱有什么希望，仅仅出于自己的事自己总得努力一下吧，这从他们见到我把情况说明之后，自己也提不出什么诉求就可以看出来。他们离开办公室后我庚即找到了教务处和系上的相关人士了解情况，其实更主要的是进行说服式的沟通交流。尽管有相当的不妥甚至有点近乎荒唐，但我们还是确定了一种方法，支持这位同学既能保住工作又能学习读书取得大专文凭。

这个方法就是让她在工作中远程学习，每学期开学要来学校报一次道，与这学期所有的课程老师建立联系，沟通远程学习的事。期中要回学校一次参加半期考试并与老师交流学习中的相关问题，当然最为重要的是期末要很正规的回学校参加每门课的结业考试，因为只有这样取得每门课程的合格成绩才能在两年后颁发毕业证。这确实是一个不得已的荒唐办法，唯一的好处是能为这位同学保住工作又能让她读书学习，争取两年后取得文凭。

当下午两兄妹再次来到我的办公室的时候，我告诉了他们这个方法，其实不是简单的告诉他们，而是事实上我已经替他们处理好以后远程学习中的各个环节，是需要他们到教务处和系上去办理相关的一些事。看得出来这两兄妹感到十分意外，就像天上掉下来馅饼一样十分高兴和惊奇，他们也许从来没有想到过会有这么好的结果解决了他们的万难之事。

处理这个有点近乎荒唐其实确实是违规的事情，对我来讲也非偶然，我觉得我就是这种并不循规蹈矩并且乐于助人的一种人。有些事对你来讲也许微不足道是一种小事，而在他人也许就是人生的一道坎，能举手相助为何不为之呢？当然，这这件事能处理得如此圆满，也得益于我当时已经在四川天一学院组建起一个强有力的工作团队，当团队中的各位知道我这个院长想做成这件事时，她们其实是很努力很积极很认真的，这也是在办理了这件事情之后我内心的愉悦之所在吧。当然，为了责任分明，我让学生写了份申请，让教务处在上边写了段请院长决定批复的意见，然后我在上边作了段批复并签字，批复的中心意思这个事是我决定的，请教务处与相关系部执行，这样就由我全部承担了责任。

当年能在四川天一学院形成管理上的这种一统架构，也确实表现出了我在协调各种关系上那种连自己都有些感到吃惊的观察力判断力和实际操作力。当年我接手的四川天一学院人心涣散，能走的教职员工的都走了，一时走不了的在努力的找出路，我首先需要把人心聚集起来。再就是投资方希望教育集团的高管们对收购的第一所高校都虎视眈眈，想进天一学院给老板挣一下表现，让他们进来为所欲为就等于把人心已经涣散的教职员工队伍彻底搞崩溃了，我需要把他们得体的拒之校外而又不激化举办方与学校管理者的矛盾。还有就是管理学生的干部群体中除了已经有投资方派进来的人外，天一的老员工中也有相当一批干部在上下左右的观察形势。

毕竟教学是任何一所高校重中之重的第一大事，所以我以教学为中心组建了各个系部的管理团队，在某个意义上让她们大权在握，因为她们本身就来自于教师队伍，这对于凝聚教职员工的合力起到了极大的作用。能做到这一点，面对权欲心极大的举办方高管们本来是几乎没有可能的，但当年面临着的教师队伍行将崩溃的局面，让这些高管们无人敢承担工作责任，只能看着我这个院长为所欲为。当教职员工们看清楚只有我能够并且愿意代表他们的利益与举办方协调各种事宜时，天一学院教职员工们的团结一致局面便应运而生了。

肯定是不能让举办的高管们想来天一就来的，但也确实不可能吧所有的高管都拒之校外，因为他们都想利用天一这个平台表现一下自我，于是让我看到了可以利用的矛盾和机会。我很顺势的选择了接受那位"陶校"，然后利用她的心态不仅成功的把想进入天一的其他高管们拒之校外，并且顺利的弄走了一些已经进入天一的集团高管，包括一位彭姓一位杜姓的副院长，当然他们位置的空出又为安排能够精诚团结在天一共事的干部提供了机会。

于是差不多用了不到一年的时间，天一学院这种上下一心齐心协力的局面便逐渐形成了，天一的很多事情都能按照我们管理者的意愿去处理了。当然这种意愿也不是绝对的，我们还得时不时兼顾举办方的各种想法和做法，尽管有些想法和做法很荒唐。举办方这时也逐渐感到天一学院正在一天天趋于正常，他们也能来操作一些与他们利益休戚相关的事情，比如当年的整体搬入金堂和整体搬入绵竹，但他们同时也认识到，要想在天一办好这些事，需要和许院长很好的沟通和交流，用他们的话来说就是"只有许院长同意了的事情，在天一才能很好的办下去"。

我的这种观察力判断力和实际操作能力，更多的还是应该和我几十年的工作环境有关。我既在机关单位和公办高校工作过，也在市场经济中混迹过，所以比较能得体的处理民办高校管理者与举办方以及它的高管、管理者与教职员工之间比较微妙的关系，能够协调各方的利益，逐步形成一个良好的多赢的工作局面，这使得我有时有点飘飘然自我陶醉般的自恋。

在天一学院还有一件事是让人既觉得窝囊又让人自得，那就是为员工的福利创收的事。一直以来，所有的高校不管是公办的还是民办的，都有一条俗成的作法，那就是每逢节日都要给教职员工发点实物或者现金的福利，特别是教师节国庆节中秋节因为经常聚在一起更是一个重点。当年的天一学院却很尴尬，我当院长那个时候，举办方希望教育集团确实资金特别紧张，根本没有给教职员工发放这种福利，而一直专注中专教育的举办方，似乎也没有给教职员工节日发福利的习惯。

所以每每节日来临的时候，教职员工眼巴巴的看着毗邻的高校给教师员工发福利了，都期望天一学院能够发一点，而这是不可能的。为了多少能与其他高校相近相似点，我只有拿出自己的伎俩和手段，想办法创收为教职员工发放福利。做什么呢？高职院校最好的手段是培训，当年对外的培训还没有形成什么气候，主要是对学生进行考证和升本的培训。这一点作为重要的增加收入的手段，举办方也是很积极很致力的，但对学生的各种培训还得通过学院的教学来实现，于是我就和他们谈判如何通过对利润的合理分成来调动各方面的积极性，最终达成了一个相对过得去的意向。

为了把这桩能为教职员工发放福利而创收的事情做好，我专门成立了一个成人教育处，其实也就是对校内学生进行升本和考证的培训，选拔了一位很能干的王姓老师担任处长负责这项工作。当然也专门多次召开了系主任会议，把升本和考证的事情让系主任们在做好教学之后作为一项重要工作来抓。王老师和系部主任们也确实不负众望，在大家的积极努力下，升本和考证的工作在天一学院全面开花的开展了起来，这个事情举办方满意，系部和老师们也很满意，因为通过工作毕竟有收入增加，主要是参加培训的课时。

我原来计划一年通过升本和考证创收 60 万，当年天一学院有 300 多员工，争取人均发放福利达到每年 2000 元。但在 2014 年底天一学院搬到绵竹之后，在内外环境的压力下，我和我的团队做出了撤离天一学院到长江学院的决定，所以创收的活动进行了不到两个学期。加之在利润分成的时候举办方也没有完全落实当初的承诺，所以到我们离开的时候，创收的人民币大约能达到人均 600 元的水平，到我离开天一学院到四川长江职业学院后，这笔福利通过实物和现金的手段分发到了当时四川天一学院在岗的员工手中。

这是一桩很有趣的事情，虽然为了向教职员工发放福利还要院长自己亲自去创收显得有点窝囊，但事情的执行过程却又使包括我在内的所有参与者都很自信自得。因为这里面有很多技术性环节，包括如何动员学生来参加升本和考证，如何在教学中提升过关率，如何与外部的培训机构配合相辅相成，这些事做起来还是有一些技术含量的。所以当事情取得成效并且又有了实际的收入的时候，内心还是很愉悦的，窝囊的心情也就一扫而去了。

通过这件事其实还提升了我所培养和提拔的那批天一学院那批年青干部的工作能力，那位担任成人教育处处长的王姓老师，最初对升本和考证的培训还是了解不多的，但实践是最好的学习，她很快的就把升本和各类职业技术证书搞得很清楚，并且发挥她来自系上对教学环节十分了解的优势，与各个系的系主任密切沟通交流，大家共同把这件事情作得十分的完美。她在我们离开天一学院到四川长江职业学院之前，便被四川长江职业学院挖去做升本和职业证书培训的工作。

说到这位王姓老师在天一学院担任我所赋予的如此重要工作之际，当她要离开天一学院时，我很理解并且很支持她，在她的离职报告上很坦然地签了字。其实这种情况在当年我在天一学院担任院长时发生了不少，包括由我招聘进四川天一学院并且进行了培养的教职员工，由我签字离开四川天一学院的不在少数。所以后来我到四川长江职业学院和成都信息工程大学银杏酒店管理学院担任院长时，才发现院里边的不少员工都是由我当年签字离开天一学院到新的工作岗位，结果现在又成了我担任院长的学校中我的员工。

我之所以这样做，还是有自己的信念和底线的。天一学院当年是越搬越远，先是从成都近郊的天回和龙泉搬到金堂，然后又搬到了更远的德阳市绵竹，而员工们生活的环境多数在成都城区，家也安在成都，所以当他们有机会在成都附近找到高校工作时，我肯定是很理解和支持大家的。何况除了学校远之外，天一学院举办方所带来的企业文化也确实很难得到员工们的认同，所以他们要离开天一学院另谋新的工作单位，我就更要理解和支持了。

还有桩在我看来是趣事但可能除我之外的其他人都不以为然的事也来记叙一下，那就是我参与了滴滴的顺风车活动，不是以乘客的身份，而是与驾驶员的身份。之所以要去做滴滴顺风车的驾驶员，一是我乐于参加一些体能性技能性的工作，比如前边已经写到去做装饰装修和建筑房屋，二是总想通过这种有点下里巴人的活动去多接触点社会普通层。

做滴滴顺风车的驾驶员其实很有趣，最有趣之处是他能够接触你在正常场合下不太容易接触到的各种人物，这些人物百事百相，上车即为聊友下车了无牵挂毫无关系，所以聊起来非常有趣。乘客中各类人物皆有，公司白领、大学老师、自由职业者、营销人员，来自四面八方各行各业的乘客让你聊起来会大开眼界。

上车了，基于很多原因乘客们都很放得开，聊起来没有什么顾虑，自己是做什么的，今天乘车去做什么都很乐于跟你俩个聊，有的这个时候是你的乘客，因为他的车今天限号，他说明天他也会去开顺风车，他也认为开滴滴顺风车有趣得很。

也会遇到一些事后仔细想来也很奇怪的乘客，我曾经搭载了一个年青人，一上车他就打开了话匣子，不断地天南海北的说事，特别对道路的行径路线讲得较多，到了行程的后半截，他更是引人入胜的让我甩开导航按他说的路线走，其实他要去的那一个片区道路我也很熟，他打车定的点位根本不该走这条路，当然按他的指引把他送到后我明白了，他要去的那个区域很大，他定的点位在区域的那一边，这样车费可以省一大截，但他实际要去的是区域的这一边，于是便有了前边说到的很有趣的一幕。

还遇到两单逃单客人，两位在车上都与我聊得十分投契，真的不敢想象她们是后来的逃单者。滴滴顺风车的逃单者都应该是有所准备的，也就是说他订车这个手机号是准备抛弃不用了，至少不用来滴滴打车了，这种人可能是心里边有鬼吧，上车来十分主动与你聊天，聊的双方就好像朋友似的，所以后来他逃单了，对我这种并不注意收入的人反而有点遗憾。

也会结识到一些朋友，朋友到什么程度呢？就是他订车时好像特别在搜索你关注你，看你今天开顺风车没有？订到了你看得出来他是很高兴。不仅在平台上要与你寒暄几句，上车之后那种喜形于色像他乡遇老友的心情会溢于言表。当然我也会因此而十分高兴，乘客成为朋友，自然也是令人心情十分高兴的趣事。

这个滴滴顺风车开了有将近一年，是因为滴滴顺风车后来有了年龄的限制，我这个年龄平台就不再接受了，也就是说不能发顺风车单了。我在被动的情况下结束了这项有趣的事，过程中看到了不少世间包罗万象的事态，也听到了各行各业不少趣事，这种日子在我正常的工作中是不可能遇到的。

2019年我从成都信息工程大学银杏酒店学院第二次退休后，应该算是真正休息了，这一年，我72岁了，整整6个花甲年了，确实应该休息了。从那时到现在，三个多年头过去了，其间经历了，不，应该说还在经历着新冠病毒对人类和地球的侵略与捣乱，这段时间中，也有不少事情应该一记。

先说说理财方面的几件事吧，首先是股市。因为退下来休息了，时间也就很充裕了，加之新冠病毒的侵扰又需要多数时间待在家中，所以每天对A股的关注有了时间的保障，至少每天上午是可以认认真真的看盘了。不看不知道，一看才知道，其实过去的十多年，我在民办高校担任院长的事，还真有点"犁了他人的田，荒了自己的地"味道。为什么这样说呢？事实上，我在A股还有几十只股票持有，其中主要是这么多年打新股，中签之后当时没有来得及卖出去的，当然也有一些买入的股票。以前没有仔细分析大盘，更没有仔细分析自己所持有的这些股票，现在认真一看，发现其中不少股票在过去几年中都有不错的表现，但当时因为忙于工作，没有在理想的价位出手。

现在好了，有时间了，可以认真分析一下我所持有股票的情况了，如同我所坚持的一种股市观点一样，就是任何一只股票它总有表现的时候，所以这几年虽然A股大势不怎么好，一直在3000和3500点之间徘徊，但我的不少股票还是表现良好。所以这几年间我也出了不少股票，获利也是菲浅的。比如一只太阳纸业，若干年前我在19.80的价位持有了1万股，多年来没有管它，经历了两个10送10后，成为了4万股，2021年我也在填权后的20元左右迈出了它，获利60多万。这种类似的股票，在这几年有时间看大盘的过程中，还卖出了不少，获利多数都是比较好的，有些甚至是惊人的。有收入了赚钱了当然心里边是很高兴的，心情也十分愉悦。

这几年闲着时也关注了一下海外房产。2019年底在新冠病毒发作之前，去了一次泰国普吉岛，很认真的调查了普吉岛的房产，后来也前前后后在普吉岛购入两套房子。这趟普吉岛地实地考察，对泰国房地产有了较深的了解，正好A股上出了些股票有了些现金收入，后来在泰国曼谷又购进了4个标准间。这几年中，因为有时间，与很多海外房产的中介沟通交流也比较多，逐步对海外房产有了较深的认识和感受。这也算是退休后的一种享受吧，毕竟海外房产在进行这种了解之前还是很陌生的。

说到房产，就是在成都还持有不少，其中有一些曾经租给了那些办民宿的人，因此房间也被他们布置成民宿的样子了。2020年一开始，新冠病毒开始流行，旅游的客人凑然减少，这些租房子来办民宿的也就经营不下去了，他们把房子退给了我。因为受新冠病毒的影响，原来我自己出租的一些房子，情况也不太好。这样到了2020年三四月间，出现了一批包租公司来承揽房间，我也把我的一些房子租给了这些包租公司，其间也发生了不少趣事可以书写书写。

这些包租公司，有一部分来就是骗人的，他们以高于市场价的价格，向房东收到出租房，然后以低于市场价的价格，向一些不谙世事的贪便宜的年轻人出租，然后在合适的时候跑路走人，结果是坑了业主和租客。2020年三四月间，我把好几套办民宿的人退给我的房子，租给了这些公司。其实租给他们的时候，我就知道他们是骗子，但一是受新冠病毒的影响，房子收回来后一直空着也租不出去，二是因为他们出的价格较高，我也想赌一把：我与他们签的是包租一年的合同，内心指望能够收到半年的房租也就相对的满意了，当然能多收点也就是多收几个月的房租就更好了。

租给这些骗子公司的几套房子，在收入上基本上达到了我的预期，也就是收到了半年的房租。因为在出租的时候，我就给这些公司的业务员讲，你们这些公司中间是会跑路的，跑路与你们业务员无关，但你会先得到公司要跑路的信息，到时候尽早的告诉我就行了。果然到了2020年8月份，预料中的情况出现了。

这些公司都是以签一年的合同只需要一次性付9个月的房租即可入住来招揽租客的，上当的租客好也只住了四、五个月公司就跑路了，房东收不到房租，自然要去找租客。当时的情况还是很混乱的，租客四处上访找政府支持但效果也不大，最后的结果是和房东协商，比较妥当和普遍的方法是房东向租客收一半的房租，让他们住到合同期满，这样原则上各自损失一半，似乎大家都能接受。我那几套房子都是按这个方法处理的，比较稳妥的解决了包租公司跑路的问题。

其实包租公司做的这个事，它的内部也是比较混乱的。我包租出去的房子中有一套房子，包租公司拿去后，给我付了4个月的房租，事发的时候他的业务员告诉我，许老师公司跑了，你那房子好像还没有租出去，你自己去把它收回去吧。我过去一看，果然原封没动，我就把房子收回来了。

这些包租公司中，有的还是不是一来就设计好中途跑路的。有一个规模很大的蛋壳公司，公司在美国纽交所上市了，它的网点遍布全国，本来营运还是很正常的。但扩张的规模太快太凶，加之受新冠疫情的影响，资金链断了，也只好和业主与租客终止合同。我有两套原来很破旧的老房子租给了他们，他们进行了装修并配置了家电家具，后来终止合同的时候装修以及配置的家电家具也就归我所有了。这两套房子其实因为太破旧，在包给蛋壳公司之前几乎没有出租了，结果蛋壳公司把它装修好了，配置了家具家电退给了我，因为面貌焕然一新，现在反而租得很好。

当然，这两三年中新冠疫情的影响和干扰还是主流。成都这座城市吧，也许是运气较好，前前后后经历了数次惊扰，但每次似乎都没有形成较大的惊涛，但不管怎样毕竟是一种让人谈虎色变的病毒灾害，所以这两三年还是比较听话的多数时候都在家里边呆着，活动的范围相对较小。写这段文字的时候，成都又开始了新的一轮新冠疫情，这一次好像有点厉害，发现才两三天已经有30多例了，但愿这次成都也能像前几次一样，比较平稳的度过，不要像有些地方发展成为大规模的封城。

因为多数时间在家中呆着，闲着无事的时候便萌生了记录一点我的工作和学习的念头。最初确实是简单的想把这几十年学习和工作的情况回忆记录一下，但没有想到一开了头，觉得可写可记录的事情还挺多的，于是逐渐形成了写回忆录的想法。从2020年上半年开始写，到现在为止已经完成了20多万字的回忆，在撰写的过程中还是感悟和享受了回忆今生往来之事的乐趣。

计划中的回忆录可能有40万字左右，已经完成的这20多万字，应该基本上是写实的，都是自己经历过的事情，写起来应该还是比较顺手的。有同学和朋友谬赞我记性好，其实这不是我的记性好，大家都一样，当你决定要写的时候，你所经历的那些事情，其实也就自然的涌出来了。余下的这10多万字，撰写的难度可能要大点，作为回忆录的一部分，虽然也是写实，但在写实的基础上有了一些议论，比如对自我的评价，比如对同学和朋友的描述，甚至有一些对比如教育医疗养老住房等民生问题的见解与评论，以及关于世界观人生观价值观的讨论，撰写起来自然要麻烦些。

第八篇

胸无大志随意而行

我的人生自描

如果说需要自我的评价一下我的人生，我想用本篇标题的八个字来描述：胸无大志，随意而行。个人认为我一生的经历都是比较随意的，几乎在每一个人生阶段，我都很少有比较明确的人生目标，算是一个胸无大志的人吧。

念小学的时候，虽然很羡慕那些高级知识分子家庭的同学的知识和教养，也时不时耳闻目睹听那些同学谈自己的志向，但我从来没有想过自己未来会怎么样能做什么。进入初中应该说学业上还是很优秀的，但也几乎没有懵懂过自己的未来的发展，连初中毕业应该考入成都七中读高中还是在班主任赵老师的引导和促进下完成的。这段时间经常使自己痴迷的，常常是一些琐事和小事，比如探索如何沿老城墙由华西坝走到九眼桥与四川大学，或是从新南门走到东门大桥，或是如何跨过锦江穿望江公园和四川大学而到成都二十九中。还有就是其实喜好上还是愿意伙同初中同学在九眼桥上晃荡，而对于拉船的纤夫合力把船拉过九眼桥，虽然看了数次但经常仍是恋恋不舍。

上了成都七中高中，虽然因为学习成绩很好受到科任老师们的重视和青睐，也在听同学们议论报考北大清华北航之事，但说真心话，我当时还是很茫然的，至少内心深处没有产生过激动和执着，甚至潜意识深处对去读这些名牌大学的目的性还不是十分的明确。当时应该是特别喜好数学，主要的精力和兴奋点还痴迷在对数学学科的各种探讨上，对一些能引起兴趣的学科探讨问题经常是迷而不返。

参加文化大革命的过程也表现出这种胸无大志凭兴趣而行事的风格。以资历上说我应该算是文化大革命中的资深老造反派老红卫兵了吧：执笔了成都七中所谓的"第一张马列主义大字报"，面对面带领数十名同学与市委宣传部长讨论文化大革命工作组是不是需要撤离学校的问题，是中学生中第一批走上街头和大学生一起"炮轰西南局火烧省市委"，在北京航空学院为成电东方红创始人蔡文斌充当与北航红旗的联络，参与了红卫兵成都部队的组建，当年所领到的红卫兵成都部队的红袖章，编号是 300 号多一点，足以见其资格。但是很遗憾，因为对当年群众组识中人事纷争的不习惯，特别是后来见识到了文化大革命的总指挥伟大领袖的左右漂浮状态，感悟到一种被捉弄的心境，于是就很随意的离开了这场大革命，从一个资深老造反派红卫兵变成了典型的"逍遥派"。

在蒲江县大塘公社下乡的那一年中，很偶然的成为了大塘公社党委书记的朋友，与他的至深关系在他帮我处理"打贫下中农的狗"事件中就可见一斑。比较使人感到很奇怪的事，就是在这种背景下，我当年居然没有向他提出过请他帮我回城的要求，每次聊天都可以天南海北的扯很多事，唯独没有向他说到过我自己的事。还是在他询问了我想读大学还是尽快回城当工人的选择后，让他贵人般的为我安排好招工回城的事，我才像天上掉馅饼一样急匆匆但自然是很高兴的被招工回城参加工作了，足以见得我在人生目标上的迟钝和依兴趣随意而行的不拘。

读大学前在金牛区商业局工作，私交上与区委、区财贸部能决定我发展前途的领导关系甚好，工作上领导们对我也很满意。也使人感到奇怪和意外的是，在长达四、五年的时间中，我居然从来没与他们中哪个人聊过我个人的事情，比如我能不能加入共产党，我能不能被提拔有个一官半职。更使人匪夷所思的是，现在回想起来当年我不仅没有同他们聊过，甚至我自己也很少想到这类事。当时一门心思想的是，如何找到机会把老弟从乡下调回城工作，如何把妹子的免下乡手续办了。

这期间发生过这样一件事：当年和我一起分配到石羊供销社工作的一位陈姓姑娘，我们相处很好，外界当然也包括金牛区那些领导们都以为我们是在谈恋爱耍朋友。我当然知道不是这样的，那位陈姓姑娘是干部子女，家庭出身与我相差甚大，在当年那种讲阶级讲出生讲成分的环境下，与她耍朋友是不可能的。后来这位姑娘想调出石羊供销社到工厂当工人，这在当年她们干部子女中也是一桩司空见惯的常事，调入的单位她家庭都联系和安排好了，关键是这边金牛区放不放人。因为这个事金牛区的领导们都认为不能放她走，大家都很坦率的告诉我，把她留在金牛区，我与她恋爱成功的可能性大，让她调走了，这个事肯定就成不了。在征求我的意见时，我居然是帮她请求同意调离石羊供销社，领导们见此状况，基于我与他们的种种良好关系，最终也就同意她调离了石羊供销社。

读大学期间也是这样。报考时也就只想考入一个大学就好了，根本没有想过是不是要考好一点的大学，所以报考了离家很近的成都工学院，唯一比较坚持和高兴的是选择了自己喜欢的数学专业。毕业分配时，在学校闹得扬扬沸沸，贵人毕老师还为我在管学生的党委副书记面前与数学系党总支副书记争吵到拍桌子，但我最终却自我选择不留校去了四川财经学院。其实这是我的真实想法，也是胸无大志的典型表现，我不想留在学校数学系做比较繁重的教学科研工作，只想到四川财经学院这种文科学校去教经济数学，因为在当时看来这种在文科学校讲授经济数学的工作应当是很轻松的。

在西南财经大学工作的第一个十年，出现的情况也是很令人匪夷所思的，现在说这句匪夷所思的话似乎太轻飘飘了些，当年我其实经历了一个很重要的人生选择。以我毕业后在西南财经大学四、五年的表现和状况，实际上给我编织了一条仕途之路。可能是工作表现太优秀突出了吧，加之我与校系各级各方面的关系也特别好，所以我一直是校方的培养对象。今天回过头来看，当年如果在西南财经大学为官，不出意外我也许会做到西南财经大学的副校长，但后来是我自己放弃了这条仕途之路。

先说入党，尽管有当年系党总支书记老康友人把我的入党申请书放迷弄丢了之笑谈，但那不是问题的重点和关键。如果我十分积极的想要加入组织，补写一份入党申请书应该是很容易的，但这个事居然一直没有做，过程中还一直沾沾自喜，庆幸自己没有被纳入组织。因为我这个人一贯自由散漫惯了，很难接受那种组织的约束，至少主观上潜意识深处还是希望最好不要有人来管我。所以入党这个事情就在基层党总支书记把我的入党申请书弄丢了的趣事之中不知不觉被拖化了。

从政嘛，一度已经被有关方面批准任职西南财经大学的处级干部，但最终还是面对悬殊的收入与待遇上的差异，我选择辞去了处级职务而到民营企业中去担当经济顾问的道路，需要有现实的好的收入是我考虑和选择做什么事的首要。不仅走共产党的仕途是这样，当年西南财经大学的民主党派，希望我加入他们组织就能被推荐成为民主党派的副厅级干部，也被我莫名其妙的婉拒了，核心问题嘛还是宁肯有现实的好的收入，而不愿意去走一种规矩的入官的仕途之路。

自己选择拒绝从政的仕途之路，下海来到了市场经济之中，但是从来没有一个宏伟的发展规划。当年在与很多人的交流中，都谈到了把自己的企业做大做强，似乎这就是他们的人生目标，但我对此却不以为然，至少有点漫不经心。当年无论是与政府官员的关系上，还是与银行等金融机构的关系上，我都有很现成的比所交谈的朋友们好得多的条件和基础，至少我取得政府和金融机构的支持不必象他们那样艰难艰苦。但我最终从来没有想过办一个企业把它做大做强，潜意识深处我认为那是给自己在找麻烦，内心深处还是觉得在大学里边当一位老师是很不错的。所以当年无论再怎么忙，我都坚持回西南财经大学完成一位在职教师工作，到了把市场经济中的生意做得了无兴趣时，最终选择了回到学校在西南财经大学任教当老师的道路。

凡此种种，都能说明我是一个胸无大志的俗人庸人，无论有多好的发展条件和机会，我都始终没有认真思考过如何去发展自己的事业。"事业"这个概念与我太陌生，潜意识深处我觉得好像它与我无关，严格的说，我就是一个农民，一个高级的农民，没有什么人生想法，没有什么目标，更没有什么人生规划，就是一个高档的"二亩土地一头牛，老婆孩子热炕头"的农民罢了。

当然这种胸无大志的人生认识，其实是与自己的处世做事的任意性有关，应该说是在具体事务上我比较强调自我，也就是自己想怎么做就去做吧，不必太受一些道理和人言的约束。也就是说，在某种意义上"能不能做该不该做"我不是很介意的，至少不是把它看得很重要摆在行事的首要地位的。

比如读初中时，在校方和老师同学们看来，我应该是一个品学兼优的好学生了，好学生是不是该有一些必要的应该的行为举止呢？这个问题我很少想过。因为很多原因，我很爱和那批住在九眼桥附近并不认真学习并且成绩也不好的同学打堆，我觉得在他们身上有一种我很想知晓甚至很想学习模仿的东西。所以当时也时不时违反校规，与他们一起逃学在九眼桥望江公园四川大学晃荡，内心深处觉得和他们这样玩耍就是我想要的，是一种可以并且应该享受的乐趣。

在成都七中读高中时，本来学校的学习条件十分好，我完全可以很均衡的发展，籍助于学校优秀的师资良好的环境，为考上北大清华北航做全方位的准备。但事实上不是这样的，我在学科上偏科是很严重的，首先是偏重于喜好和热衷的数学，再有就是语文，其实不是语文是写作。数学上经常会出现为了一道难题，纠缠很多时间耗费很多精力，对其他事物不管不顾的想去解决它完成它，不仅有解决了这种难题后的结果上的喜悦与高兴，更有在解决这种难题的过程中的那种难以言状的执着和兴奋。

至于写作，一是当时特别喜好毛大爷和鲁迅先生的文笔，毛选四卷中类似于"别了，司徒雷登"那类文章，以及鲁迅先生类似于"纪念刘和珍君"那类文章，我是经常阅读，十分欣赏他们的笔锋，自己在作文时也经常模仿。二是逐渐喜欢写篇幅比较长的作文，每次语文课白敦仁先生布置的作文，我在完成时都会把它把发挥成为有点类似于写了一篇短篇小说，耗费的时间和精力虽长虽多，但做起来自我总是津津乐道的。

这种过度的偏科实际上造成了其他学科的一些问题。比如物理和化学，客观上是受到了一些影响的。物理还好点，也许那句"数理不分家"的话有些道理，所以物理这门功课因为我的偏科还不至于影响太多。至于化学，我心里很明白，尽管任课化学的班主任周德芬老师还是把我列为与张昭不相上下的优秀学生，但我自己很明白，化学这个学科我其实是没有把它真正学好的。

还有一个怪怪的东西应该是与习惯和性格有关，我的习性中有一个特别重要的特点或者叫做偏执吧，那就是我不喜欢记忆性的东西，更不愿意去强记什么东西，我特别喜欢逻辑推理的东西。这反映在学习功课上，我特别不愿意去背公式之类的东西，总希望找到什么规律，能避开强记而以推理帮助甚至取代记忆。所以，比如三角学中的那些两角和两角差，以及倍角和半角的那么多三角函数公式，我其实一直都没有背过并且也背不到它，要用的时都是去推理得到，甚至连和差化积积化和差这些三角公司，其实推理的难度要大些，但我仍然没有去强记它。

文化大革命中的随意性表现得更强。现在回过头来看，当年我执笔写成都七中所谓"第一张马列主义大字报"，除了冲动之外，随意也是很重要的一个原因。当年想到了看到了一些问题，习性使我很随意的把它写出来了，当然因为冲动与思考不成熟也带来了很多麻烦。面对面地与市委宣传部部长对峙要驱赶工作组，其实也表现出一种任意的习性，直观的认识就是既然觉得他不行，那就要求撤走他吧。

至于在文化大革命的 1967 年，因为源于发生的两个事件，使我毫不犹豫的从资深老造反派老红卫兵迅速成为逍遥派，其中很大的因素和成分也与这个习性中的随意性有关。这两个事件一是对于年初所发生的"二月逆流"以及它的迅速逆传，二是年中发生的武汉"七·二O"以及事件解决后马上对王力等人的处置。

在成都市金牛区工作的那几年，出现的情况纯粹就是因为我个人的一些喜好和习性了。比如，成为"什么也不能管但什么也管"干部，按当年那个政治环境和氛围，几乎没有人会像我这样去做的，因为要去管理的事实际上是很麻烦的，它完全可能引来一些意想不到的问题。像那种分配紧俏物资自行车缝纫机，管理烟那种高档商品，都是一些极有可能惹火烧身的事，所以，大家才尽力躲开不去惹它，而我在性格深处有一种随意有一种任性，潜意识的激发我去管管这些常人看来很难办的事。

这种随意在有时候也意想不到的会促进一些事情。当年在金牛区工作的时候，从区委到财贸部，我都与一批领导建立了良好的关系，当时的大环境一般民众对于这种领导，要么是去巴结，要么是避而远之。我却不以为然，潜意识深处虽然也很尊敬他们，但我从来也没有指望他们给我办点什么事，所以在与他们打交道时，我是很随意的，主要是工作嘛需要交流汇报，个人从来没有什么诉求。这反而好了，我随意慢慢的他们也随意了，大家都随意了，相互关系其实比刻意要去做而更好了。

读大学有一件事情足以见得当年的随意和任性。大学数学专业的课程学习难度很大，班上相当一批同学特别是一批年龄较小的同学学起来都很困难，面临期末考试时更是紧张。我的学习成绩是很好的，肯定不畏惧这种考试，事实上这种考试更能反衬出我的学业优秀。但我当时硬是出头去与各科任课老师协调，从考试的形式上尽力降低难度，比如开卷呀写小论文呀等等。其实我也知道这种协调会引起班上一部分学习成绩较好的同学有意见，因为考试难度降低了，优劣的程度就显现不出来了，尽管如此，随意与任性的天性还是使我每学期都为这些事情乐此不倦。

比较搞笑的是在西南财经大学我拒绝加入民主党派从而获得副厅级干部提名那件事，可以说把我的随意性和任性表现得淋漓至尽。记得是一天晚上，他们来到了我家中，虽说平时大家都是老师也很熟悉，但别人毕竟是带着民主党派领导人的身份来的，讲的事情又很严肃慎重。而我这个人，因为随意因为任性，居然都没有给别人说让我考虑一下隔两天回复他们，当场就拒绝了。当我看着他们带着茫然和不解的心情离开时，我才醒悟过来也许是我太直白了，这么慎重的事情怎么能这样简单处理呢。

在购置房产上有时也表现出一定的随意性。记得上世纪 90 年代购买的交大花园清水河小区那一层 4 套房子，是头天晚上在电视上开发商打广告，说是第二天开盘。第二天到了现场，现场什么也没有，就是在一片农田中围起了一个圈子，摆放了一些所售房子的介绍广告，除了房价较低，比较吸引人的是它的购房款可以分 4 期支付。这一点促使我一口气就订了四套，总码洋 30 多万，其实当时还在做生意，资金并不是很宽裕，只是这个分 4 期支付，加之随意的心性也就定下来了。

2015 年购买恒大曹家巷广场一层楼四套房子也很奇特。楼盘的选择和确定倒是十分的认真，因为毕竟要耗资 300 多万，我先后看了很多楼盘，最后确定买这个楼盘。只是开盘订购那天就很搞笑了，因为毕竟是买房，这在很多家庭都是一桩大事，当时已在那一轮要限购的前夕，所以楼盘和房子还是很抢手，买一套房开发商限定只能两个人进去选房。我去的时候看见很多人因为不能进去都在外边很焦急的等待。我倒好，计划买 4 套房，因为家里边的其他人那天都要上班，就我一个人晃晃荡荡的就去了，弄的售楼部里售楼小姐都很惊讶，不过这又帮了我的忙。当天房子很抢手，我先选了一层 37 楼的 4 套房，后来发现 38 楼那 4 套房性价比更好些，还是售楼部售房妹妹，手脚麻利的替我揭下了 38 楼那是套房的订签，让我如意的从 37 楼换成了 38 楼。

在民办高校做院长的那十年，因为我骨子深处就认为民办高校本质上就是一个民营企业，所以也从来没把他的院长当成一回事，什么院长哦就是一个管事的总经理而已，所以其间也把个人的随意性表现得淋漓至尽。比如，在四川天一学院提拔那些年轻老师们走向院长处长系主任的岗位，在某个意义上也与个人的随意性有关。当年如果太认真了，必然会瞻前顾后的与主办方协调，结果是我挟"受命于为难之中"的大旗，事急从权嘛，很多事情都是与那位陶校沟通交流一下，就把这些老师们推上去了。

不得不自嗨的是，这种随意而行的行事方式，带给我的更多的是愉快和满足，在这种愉快和满足面前，胸无大志所带来的也许可能有的遗憾自然就悄然无声的沉默了。因为在一辈子的人生中，多数时间多数地点多数事物都能更多的按照自己的意愿去行事，所以无论行事的结果如何，过程至少是很欢愉的，当然多数时候结果也令人满意。因此回过头来看这一生的时候，还是充实和自我肯定的。

随意而行所伴随和带来的就是随遇而安了，而这种随遇而安又因为我的胸无大志时时处处表现得优雅与自得。感悟最深的是，正是这种随意而行随遇而安，使我很平静和随和的放弃或者说是避开了从政的仕途道路，从而使得人生不是单调而是丰富多彩。当年在金牛区工作，其实机会是很多的，我只要稍许用下心，走入仕途应该是不难的。但是如果当年走了仕途，首先会出现一个可能是1977年高考恢复时，估计就不可能去考大学了，另一个可能是即便去读了大学，最后也要回到金牛区为官，人生便会因此还很单调了。比较庆幸的正是这种随意而行，让我当时没有走入仕途。

后来在西南财经大学，那简直是要拜谢这种随意而行了，在还没有加入组织的情况下，其实我已经迈入了组织的处级干部的行列了，而且民主党派又在以推荐副厅级干部招兵买马，如果要沿着仕途走下去的话，似乎是水到渠成了。还好，关键的时刻居然做了世人难以理解的选择，才有了后来在市场经济摸爬滚打一番的经历，这种经历无论是直接效果，还是它的过程，对我后半辈子的影响都是至关重大和深刻的。

当然这种随意而行也不是没有遗憾。当年大学毕业分配时，如果我最终决定了要留校，也是能留下来的，贵人毕老师在数学系坚持不留我的情况下，已经征得各方同意让我先留校在学报工作。但我的随意而行辜负了这位贵人，最终是我自行选择了不留校，而是坚持要分配到四川财经学院。这种随意而行虽然给我带来了好的结果，但对毕老师的一片苦心，我还是感到很遗憾的。

没有在市场经济的摸爬滚打中走得很深刻，并且最终从商场从容而高兴的退出来，应该也是这种随意而行的结果，从某个意义上来讲，这个结果也是至关重要的。很难想象当年如果有事业之心，又得体的运用政府和金融机构的支持，一门心思在市场经济中博斗，最终可能是一个什么样的结果。还好，胸无大志使我没有想做什么，随意而行又使我做不了什么，于是在经历了一番摸爬滚打在有所收获的情况下，我从市场经济中脱身而出，在西南财经大学中再执教鞭去享受教书育人的乐趣。

这种胸无大志随意而行，现在回过头来看是有三个因素造成的。首先是性格，在性情上我是属于那样一种人，就是我很尊重所有与我打交道的人，不管是权贵还是平民，我都很尊重他们。但这种尊重我是平行的，我从来不会傲视他人，但也从来认为自己不低人一等，这大概是与生俱来的我这一辈子做人的性格吧。这种性格让我不会也不愿去麻烦和求助他人，更强调自己做人的愉快，所以也不会去确定比较麻烦甚至难以达到的人生目标，这样胸无大志也就很自然了，随意而行当然也就紧随其后了。

再就是影响，这种影响既包括外界的，也包括内心自我的。老实说，从小到大，从读书到工作，我还真没有对远大目标产生过朦胧感，更不用说崇拜感了。读书的时候。其实各个阶段学习成绩都不错，但就是没有对任何学科的伟大人物产生过敬畏，更不用说去幻想能否做一个学科大家，也就是我们所说的科学家。在学业上我觉得我与学科的知识很近，但与学科的科学家很远，比如我一直对欧几里得几何的哲理和逻辑很佩服很崇拜，但对欧几里得先生，似乎觉得很陌生很遥远。

上世纪90年代下海经商，已经在市场经济的企业中了，但很奇怪，除了有做生意赚钱的感受外，很少有企业家的概念。为什么会这样呢？应该说是外部世界的影响，通过我自我体验和思维的过滤后，留下的都是很实际的东西，要么是学科上的知识，要么是生意上的赚钱，其他的好像就没有。

最后是条件，我这里主要指的是我的生存和生活条件。应当说在我的职业生涯中，我有幸选择和得到了适合我的性格的职业，也就是教师这个自由职业。即便在成都市金牛区商业局工作的那几年中，我也通过自己的努力让我的工作自由度很大。自由度大这种生存和生活条件，让胸无大志随意而行的理念得以滋生，并且在它的温床中让他发展，最终成为我一生行为处事的方式。

从大处说这里牵扯到一个人性解放问题，人性只有解脱那些各式各样可能有的束缚，它自由了人也就潇洒自如了，自然也会很好发展了。我比较有幸的能在人生的各个阶段，尽可能的解脱人性束缚，获得尽可能大的人生自由度，简言之，我的人生还是比较自由的。读书期间，从中学到大学，因为学业比较优秀，我感觉先生们对我管束较少而引导较多，颇有放任我在知识的海阔天空自由翱翔的放飞味道。工作后。大学教师这个不坐班的自由职业，让我的自由度不是一般的大，即便是在金牛区商业局的那几年，因为工作特别的实际状况，加之工作成效也特别好，来管理我日常工作的领导等各类人几乎没有，他们更多的给我提出工作上的期望。

所以说性格、影响和条件三个因素。使我形成了这一辈子胸无大志随意而行的人生方式与格局，而其中最重要的就是自由。没有更多的人来管理你，没有更多的事来约束你，现在回过头来看，真是一个人活着和生存的最大乐趣和幸事。特别忆及当年在成都七中读高中和在成都科技大学读大学，我都不是一个循规蹈矩的被知识灌输者，而是在知识的海阔天空中被放飞的学生，自由的翱翔使我不被约束地吮吸和收获了更多的知识，而这种知识的积累和沉淀又让我受益终生。

其实这种胸无大志随意而行又与人生的自由和欢愉是相辅相成的。正是这种胸无大志，使我彻底的放飞了自己，因为没有既定的大志目标，也就达到了无畏无求的境界，我本身就没有想要做什么，也就不必苛求自己应该怎样，一切随遇而安，当然紧跟其后的就是随意而行了。都能随意而行了，你还不自由和欢愉吗？回过头来看，能够在已经步入仕途之时放弃从政，能够在浩瀚商海中告别经商，不正是因为这种胸无大志而导致的吗？因为胸无大志使我明白为官不是我想要的，当然我也做不好，成为企业家也不是我要的，市场经济的摸爬滚打目的，就是挣点钱。

当然最终我这种胸无大志随意而行，虽然使自己很自由了愉快了，但它对于我来讲是否真的正确，我其实也很茫然，至少不敢完全肯定。但是西南财经大学一位对我比较了解的员工曾经给我有这样一个评价："许仁忠把一个中国男人想要的东西都得到了"，这句话是她当着我的面在一个不大不小的范围内讲出来的。也许是各种局限性使她这句话讲得不是很得体，"中国男人"的概念不很清晰且有点暧昧，当时我只好予以避开的不置可否顾左右而言其他。但如同成都七中另一位同学讲的"许仁忠把社会主义的优越性和资本主义的优越性都享受了"话一样，我虽然不想去事实上也不能也不用去评价这些话的正确与否，但在这些话所讲的基本事实方面我还是认同的。

在自我描述中还想说说我的惰性，这应该是无论是思维上还是行动上我的一个很大的习性。这种惰性，不完全是通常所说的懒惰，当然通常所说的懒惰有一部分意思也在其中，事实上我这个人确实很懒惰，从小就不爱动，由于像个小胖墩众人特别是同学都称我为许胖子，懒惰在我身上的一个显着表现是我特别不爱好体育运动，几乎所有的体育运动的项目我都很差，所以读书期间上体育课是我最大的难事。

但我这里说的惰性，更多的是一种行为方式上的，我不是那种风风火火的急性子人，从某种意义上来讲还是比较沉得住气的，当我遇事或者说是有事时，天性不着急总爱缓缓的等等看看。应该说这种惰性也是造成我胸无大志随意而行的一个条件和基础，古往今来，有成就办大事者总是很注重抓住机会的。而在我这里有时机会就摆在面前，我也知道那是个机会，但惰性使然就是不大愿意去抓住它，其实在潜意识深处心里边觉得"抓住它是好事吗"的想法还占据着很重要的位置。

上世纪八十年代大学毕业后到西南财经大学任教，工作的努力和教学科研成效使我有了很好发展更上一层楼的机会和条件，但事实上究竟在学校中该怎样抓住机会更好发展，其实我一直是漫不经心的，西南财经大学党委当时对我十分重视，但我给外界的感觉是自己并不以为然，除了做好教学科研工作其他的似乎都很淡漠。这其实是一种惰性使然，惰性使我没有很快的进入角色，但也正是因为这样，当市场经济的大潮来临的时候，我没有在西南财经大学陷得太深，从而有了在市场经济中去摸爬滚打一翻的开端。而这个开端是十分重要的，它使我和我的家庭在财务自由上有了机会。

同样的，进入市场经济的大潮后，惰性也使我没有陷得太深，我没有弄出一个最后有可能是自己"将军不下马"的脱不了身的局面，尽管当时我要造就这种其实不少人向往的局面的条件和机会是相当好的。我没有什么大的局面，就是小打小闹的在力所能及的范围内挣了一些钱，改变了经济状况或者说使得在一定程度上一定范围中有了财务自由。这一点也很重要，一方面很难想象一味的在商海中拼斗下去最后可能是一种什么结果，会不会有更多的麻烦和烦心，另一方面局面大了，我肯定也不可能再回到西南财经大学重置教鞭。去从事自己喜欢的职业和工作了。

我这种胸无大志有一个事情足以说明这个惰性在我身上的力量有多大并且影响有多大。1988年四季度起我就开始在市场经济中游弋了，刚开始有点半下海的味道，因为那个时候我还在西南财经大学行政上担负着处级岗位的职务。后来慢慢的益发深入了，在辞去了处级行政职务后最后演变成为主要精力都在市场经济中摸爬滚打，仅仅是在西南财经大学完成一个教师应有的工作量而已。

这种既在商海又在学校的状态持续了十年左右，比较令人奇怪的是，这么长达10年的时间中这种状态一直维持着，我一直在做生意的同时坚持了在西南财经大学的教学工作，没有离开也就是说从西南财经大学辞职。

这种情况是怎么样造成的呢？当然，首要的和主要的还是自己的观念和思维，但这个惰性起到了至关重要的作用。上世纪90年代初期，从体制内辞职下海逐渐形成一个高潮，和我一起从西南财经大学到市场经济做摸爬滚打的老师们不在少数，有的在一开始就辞职离开了西南财经大学，后来能在市场经济中觉自己能站住脚的老师也基本上辞职了。而我在这个过程中始终不以为然，当然始终没有对市场经济中的各种活动产生极大的兴趣是很重要的一个因素，我觉得不过就是为了挣点钱嘛，不是长远之计。这就是这种惰性使然，能拖得下去就拖着走吧，坚持一下也就两方面都顾着了，于是在长达十年的时间中，我居然始终留在西南财经大学，而同时又在市场经济中摸爬滚打。

这种惰性很主要的表现是拖一拖看一看，走走瞧瞧，看事情如何发展，然后根据发展的状况再来决定该怎么办怎么做。应该说我的行事方式中，无论大事小事都有这种拖一拖看一看走走瞧瞧的惰性影响。其实这个惰性之所以在我身上产生，跟我在比较年轻的时候接触到的一个历史典故的影响有关，这个历史典故应该说大家都很熟悉的，那就是"塞翁失马，焉知非福"，只不过我接触到这个故事比较年轻也就十来岁吧，而这个故事对我的影响确实非常深刻，它成为我这种惰性存在的思维基础。

在这种"塞翁失马，焉知非福"信念的支持下，我在做很多事情的时候，一方面很认真努力，力求把它做好，另一方面又总不是很深入的进入角色，有点若即若离的味道。所谓力求把它做好，多数时候是发生在不大看得清楚这个事情做好了对我的利益所在，意识深处想的是做好了再说吧。所谓若即若离，多数的时候是发生在要做的事情似乎很有利益上的诱惑力时候，这个时候想得更多的是不要太投入。

我这种胸无大志随意而行，个人觉得还与我接触人交住朋友有关。尽管我这一辈子，在各个阶段的工作环境下，都与不同的领导建立了良好的关系，比如在大塘公社下乡时的党委书记，在金牛区工作的区委和区财贸部区商业局领导，读大学时管学生的党委和学生工作部领导，在西南财经大学工作时的校级领导，但与他们的交往更多的是一种工作关系，是工作上的一些认同。我虽然与他们处得十分融洽，其实我也知道他们十分喜欢我信任我，但不管是潜意识还是骨子深处，我事实上是与他们隔得比较远的。

这些领导从某种意义上来讲都是我的贵人，他们确实做了很多对我有所帮助有所支持的事，有些事情甚至有些匪夷所思。比如大塘公社那位书记，执着的按照他的方式在我完全不知情之下一手把我送回成都工作。又如金牛区的各级领导，事实上是把我放在很重要的岗位上的，他们其实很知道当年我那种"什么都不能管但什么都在管"情况。还有西南财经大学也给予了我做好教学科研工作极大地有时甚至是力排众议的支持。我从内心深处是很感谢这些领导"朋友"们的，但同时也感到很愧疚，因为在事实上当然也包括在内心深处，我没有把他们当作更深的朋友来交往，也许是我的秉性之至吧。

我在人生的各个阶段，交往很多或者能够很深的人，恰恰是一些在当时当地都很不起眼的平常人，在与他们的交往中我经常能从内心感悟到某种说不大清楚的乐趣，这种乐趣使我感觉到我和他们一样，我也是他们中的一员，比如在读中学时与我交往至深的同学便是如此。我今后会在"有朋自远方来，不亦乐乎——我的友人"那个篇章中专门叙述到他们。在读初中时，喜欢和一批根本不愿意读书的城市平民家庭的同学在九眼桥头厮混，前面的文字中已有叙述。在金牛区工作时，与我作为真正的朋友相交的，是一位擅长面食的白案师傅，当然还包括不少在商业第一线工作的普通员工。在商业局机关工作时，与一位烧开水的目不识丁的门卫师傅及伙食团一位炊事员，虽不能说是交成朋友，但也经常相聊甚欢，让其他干部感到有些奇怪和不解。

在与他们的交往交流中，感受到一种简单的特别纯粹干净的欢乐，感悟到人生其实是比较简单单纯的，不必有一些过多过好的奢求，做人做事只要高兴愉快即可，而这种高兴愉快经常是孕育和蕴含在简单的人生目标中的。你把自己的人生目标弄复杂化了，接踵而来的一定是麻烦和烦恼，高兴和愉快极有可能就在一边沉默了。我想，我这种胸无大志随意而行，它的发生和发展多少与我这种交友习性有关。

在有就是我这个人太过于实际，出生商业世家自己也相当长时间在商业上工作，收入成本费用利润的计算逐渐形成我的一种生活本能。商业环境中充滞着油盐柴米酱醋茶这类小事，大一点的事也就是购销调存赚了，于是有些事情，本来应该朝着更高阶的目标和方向发展，结果经常会被我纳入收入成本费用利润核算轨道，我想历朝历代所讲"仕不经商"也许就是这个道理吧。如果要举点例子的话，比如我居然能把八十年代中编写教材和为此召开的会议弄成一个盈利的事物也许就是一个典型。顺便补充一下，当年在召开各种会议的时候，虽然包括与会者的方方面面都是很满意的，是一个多赢的局面，这个多赢中也包括我这个会议组织者有一定的盈利。试想这种太过实际的操作手法，，所能够引发出来的，除了胸无大志随意而行外，还可能有什么其他更好的东西吗？

第九篇

充实自知自信自明

我的人生追求

这一篇的内容与上一篇的内容似乎有点相近相似，至少是有所交叉，但在我看来两者的内容是有明显的并且是本质的差异的。上一篇回忆的是我的人生自描，它应该是更客观一些，尽管是一种自我描述，但应该是自己对我这一生的客观自我表现作一些实际评说。这一篇要回忆的内容，应该说主观性更强一点，它所要想表达的，是理念上我自己对自己的人生追求做一些主观的刻画。当然也可以把这一篇的内容当作是上一篇内容的某种注释，因为有这种主观上的人生追求，所以在客观上是那种人生表现应该不难理解了。

我用充实自知自信自明这四个词作为这一篇的标题，其实是一目了然的表达了我的人生追求，我希望自己的人生过得充实一些，自知一些，自信一些，自明一些。

把人生尽力尽量过得充实些是领悟到人生很短稍瞬即逝后的认识与行为，其实这个大道理我们每一个人都是清楚明白的，比较庆幸的是我在上一篇写到的我的那种惰性没有影响到我把人生过得充实些。

还是从一些故事说起吧。下边要记叙到的内容比较多记叙时间段也拉得较长，我记叙它除了一方面想说明我是在各种时期不管自我是主动还是被动是积极还是消极，都是如何尽力尽量的把人生过得充实些，当然另一方面它的客观记叙事实上又是在那个特定的历史时期中从某个角度算是一些史实的补充吧。

这段时间要记叙的事是在 1967 年上半年，严格的说是上大半年，从 1967 年初到 1967 年 8 月。在那段时间中，我事实上处于一个人生的彷徨期迷惑期犹豫期，我记叙这一段时间中我的所作所为，想要表达的是即便是在彷徨迷惑犹豫中，但我主观上没有逃避，还是在尽力的做在我看来也许是正确的而在旁人看来至少是不解的一些事，这事实上表现了我希望无论在怎样的情况下都应努力尽量把人生过得充实些。

1967年初，在两报一刊元旦社论的鼓舞下，文化大革命进入了一个高潮，紧接着一月风暴的夺权，又来了揪军内一小撮。这个时候各类人员的分化和重组很频繁和剧烈。应该说当初一大批比较保守的人有所改变其实是很正常和在情理之中的，只是这其中有少数的人不仅脸谱转得极快，而有些时候表现得特别激进。我当初的思维还没有走出老造反派孤芳自赏，所以对他们有些不屑，激进的人总是容易占上风的，所以进入1月下旬后无论客观上还是主观上我都处于一个边缘化的境界，与大家格格不入离得较远。

进入2月份，似乎揪军内一小撮的风声甚嚣尘上，成都七中烈同学也带领一批同学进驻成都军区绝食静坐。其实这个时候我开始有些迷惑不解了，如果说西南局省市委都烂掉了需要揪出来打倒夺权，我当然很积极，但对军队也认为是这样，我一时还不能适应也不太理解，所以烈那批同学们在成都军区绝食静坐我没有参加。

风向变得很快，到了2月中旬，具体的讲是2月17日，遍天盖地的军队散发的传单掀起了四川的"二月镇反"，后来在全国被称为"二月逆流"。当开始抓捕造反派时，我茫然了迷惑了也很不理解了，不就是要斗争一下军内走资本主义的当权派嘛，何以动如此干戈。这也许是我从另一个角度认识那场大革命的开始，这种认识使我开始和这场运动渐行渐离。

尽管如此，人生还是应该过得充实一些的理念驱使着我在从二月下旬到五月中旬这几个月中也做了一些还是有很多人不能理解的事。首先是七毛那批在军区绝食静坐的同学回到学校后，毗邻的7237部队时不时来学校清理一些事情，因为当时他们几个负责人都去军区绝食静坐过，于是在这种情况下7237部队每次过来时，都是我在应对。我告诉7237部队的官兵，一我是红卫兵成都部队的观点，二我没有到成都军区静坐绝食过，有什么问题要了解，尽管找我好了。

这种情况一直维持到4月1日人民日报发表了"坚决支持革命小将"的社论，形势和局面表现出来会有大逆转。第2天以中学生为主体的八·二六派在市区组织了一次游行，由于当时各校的八·二六派一直在被部队清理，游行队伍凌凌乱乱，居然没有什么旗帜呀鼓锣呀壮势。因为我一直在七毛为他们与7237部队周旋，所以还保留下了一套锣鼓可用，当天把它拉出去走在队伍前面，使人很搞笑的是带头以击鼓指挥队伍的人居然是我这个红成观点的人。

进入4月份形势虽然在逐步好转，但仍然错综迷离，部队也没有停止清理工作，只是强度明显的减轻，与部队配合的产业军活动也很频繁。这时七毛想在当时的百货大楼顶楼上建一个广播站，宣传造反派的时政观点，经过商量，还是认为由我带着队去建这个广播站予各方面都比较合适些，于是在市五金公司造反派的支持下，这个广播站在4月中旬开始广播。

当时广播内容中有一个项目是大约在每天晚上 6:00~7:00 之间播北京来电，也就是说把北京传过来的反击"二月逆流"的信息对市民广播。这个广播在市中区影响很大，百货大楼楼下每天都聚集着人群在倾听，特别是每天下午 6:00~8:00 这个阶段，更是人山人海，而每天这个时候的广播都是由我在播出并解读。

因为影响太大，产业军在 4 月中下旬还是比较猖狂的，他们曾两次在半夜三更冲进广播室，抢走了广播器，好在那个时候还仍然很坚持文斗，所以产业军每次来都是抢走广播器材就行了，对广播站的人没有伤害。

进入五月产业军基本上退出市区，132 厂"5.7"枪击事件的发生，我就是从人民南路百货大楼广播站出发去了现场。场面确实很悲壮，造反派的人很多，在开枪前把老产逼进了一幢楼。这时造反派开始冲锋，每一次都有一个小号手吹奏着冲锋曲，冲锋号一响人们便向大楼冲锋，但紧接着枪声就响了，冲锋的人倒在了血泊中。

当然"5.7"枪击事件加速了产业军的崩溃，尽管后来还有一个所谓的"5.19 中和场事件"，但已经不能影响大局的走向。后来出现的问题恰恰就是因为产业军的崩溃引发的，其实在红卫兵造反派遭到镇压的 2、3 月份，红卫兵成都部队和川大 826 两派还是相处甚好共同对敌，但产业军一旦崩溃，两派的纷争又重新开始。

这时有人告诉我在七毛内部已经有人在议论由我掌握百货大楼这个广播站是否合适，因为我是红成的观点红成的人，至此其实我反而很自觉和坦然了，我选择了一个合适的时间，和当时愿意与我一起走的几位同学十分平静的离开了我们工作了一个多月的广播站。

行文至此的时候，我想说的是在这几个月中所做的那些其实有点荒唐的事情，对我来讲已经超过了派别和观点之争，我为在徘徊迷惑犹豫的时间过程中，为能够做这些事情以充实自我的生活还是感到高兴和自得的。

如同头一年 11 月份在"11.13"大会上目睹和经历红成与 826 彻底的分裂一样，这一次也是在人民南路广场，我再次目睹和经历了两派的分裂，那是为"5.7"逝世者举行的追悼大会上。我实在不能理解两派到底为了啥。最终总要走到这一步，在我看来，这就是同室操戈。

两派重新分离后，我不愿也不能再在七毛厮混下去了，因为两派的界限又重新很清楚了。进入 6 月份我们七中班上一位刘姓女同学找到了我，邀约我与她一起到北京去做红卫兵成都部队驻京联络站的工作，与其说我们是受到了红卫兵成都部队的派遣，还不如说更多的是受蔡文斌的委托奔赴北京的。

我们在北京的那段时间，成都和四川的文化大革命运动发展得很快，争斗的焦点就是刘吉挺张西庭的所谓刘张问题。这两位刘张解放出来后一直很明显的支持826派，引发了红卫兵成都部队的极大不满，在忍无可忍的情况下红卫兵成都部队最终提出了"打倒刘吉挺，打倒张西庭"的口号。

当时在北京的联络站共有三人，我和班上那位刘姓女同学，以及成都电讯工程学院成电东方红的一位大学生。当我们得到红卫兵成都部队在成都要提出"打到刘张"的口号时，十分的不安，主要是担心这样发展下去对红卫兵成都部队很不利。

为什么喃？我们联络组当时住在北京航空学院，与北航红旗的沟通很密切。就在6月上旬，北航红旗的韩爱晶还专门安排人与我们交流，告诉了前几天中央文革小组王力与他见面交流的情况。王力与韩爱晶的交流中，重点是谈到了伟大领袖对下一步文化大革命发展的希望，王力明确的给韩爱晶说，伟大领袖最近指示文化大革命已经搞了大半年了，现在需要逐步稳定。王力明确的跟韩爱晶说，现在不要再随便的提出打倒这个打倒那个了，现在需要稳定。所以当我们知道红卫兵成都部队要提出"打倒刘张"的口号时，认为在当前的形势下是很不妥当的，于是我们多次在电话上与成都方面红卫兵成都部队总部汇报沟通，建议他们不要在当前形势下提出"打倒刘张"。因为在电话上沟通的效果很差，后来我们三个人商量了一下，决定专程让我回成都向红成总部的领导们当面汇报沟通。

但一切已经来不及了，成都这边的形势发展很快，在我还在北京回成都的火车上时，"打倒刘张"的口号已经呼喊得如火如荼，我还没有到成都，步行北上到北京告状的红卫兵成都部队的队伍已经到了广汉，所以联络组让我抓紧回成都汇报已经无济于事。我回到成都后，石福全主持了一次红成总部的会议让我汇报了北京的情况，我也表达了联络组的建议。但所有这些已经晚了，已经不是"箭在弦上不得不发"，而是"开弓没有回头箭"了，何况当时在成都的红卫兵成都部队的伙伴们，包括几位头头，并不认同我们的意见，都认为"打倒刘张"是正确的，红卫兵成都部队一定志在必行，也一定能取得胜利。

我后来也就没有再回北京了，红成总部把我安排在对外联络部，工作任务主要是与川内各地市州及专县的红成派联络。具体就是我每天晚上大约8:00左右，到当时在将军衙门内的省委机关的一个部门打长途电话，那个部门是红成派控制的，所以可以在那里打长途电话与各地的红成派联系，我每天在电话上与各地的红成派联系，听他们汇报当地情况，向他们传达总部关于运动发展的意见。

从6月中旬回到成都后，有一个月左右的时间都在从事这项工作。后来，成都七中有红成派同学到总部反映，讲我在"二月镇反"的过程中，曾帮助过826派的七毛做过很多事，怕我是826的奸细。总部的人找我询问和交流，我也坦然的讲确有其事，为了大家方便我离开总部就行了，七月上旬，我便离开了红成总部。

文化大革命很快的发展到武汉"七·二〇"事件，这个事件的突发性以及后来它发生的逆转，使本来在彷徨迷惑中的我顿时醒悟，认识到这场运动不过是一场游戏而已。因为作为英雄的谢富治王力从武汉回到北京，先是受到英雄般的欢迎，没有几天王力便被打倒。这种戏剧般的变化使我认识到，此乃舞台远离为好。

用了较长的篇幅来描写这段往事，想要说明的是，把人生尽力的过得充实一些一直是我的追求，也是我的行事准则。在1967年上半年，我是处于一个彷徨迷惑犹豫阶段的，就是在那种情况下，我仍然去做了不少事，这些事超脱了当年大家都很在意的派别观点，其实对我来讲就是做点事，充实充实自己而已。

其实像这样主动的寻求生活的充实，在我的很多人生阶段都有。上世纪70年代，我在成都市金牛区商业局工作那七、八年，也是一个令人难以忘怀的人生历程。当时的我也许就是有着尽量把人生过得充实些的潜意识，也做了很多在常人看来很难理解甚至是匪夷所思的事。在那个讲究阶级和阶级斗争的年代，我因为家庭中的问题，事实上在人生展望上应该是很悲观的，如果按照当时通常的我们这种情况的青年人的做法，多数应该是少管闲事夹起尾巴做人。但我没有这样，尽管当时人生的方方面面都很没有希望，但我却无事找事一样在金牛区商业系统内为自己找了很多事来做，以至最后成了一名"什么也管不了，什么也在管"的干部，鬼使神差般的做着许多当时很多人躲着的事。

在前边我的工作生涯回忆中，曾经说到当时我管着金牛区高档名牌自行车缝纫机这类紧俏商品的分配安排，其实这个事情落在我头上过程也是特别奇特的。当时在金牛区商业局下边，除了有20个供销社归它管辖外，另外在茶店子街上还有4个商业局直属的经营部，其中有一个叫工业品经营部。由于当年市五金公司能够拨到金牛区的高档名牌自行车缝纫机数量太少，所以根本没有一个规范的拨付程序，就是工业品经理都的采购员到市五金公司进货时，市五金公司就告诉采购员可以开一点这类自行车缝纫机。

这些自行车缝纫机采购回工业品经理部后，因为当时这类物资太紧俏而且到货的数量又太少，对工业品经理部用四川话来讲等于是拿到了一个"碳丸"。当时工业品经理部负责这类五金商品存货和销售的，是一位家就住在茶店子街上的周姓员工，这是一位身材高佻十分漂亮的女人，她的先生在茶店子街上的九四信箱工作，当年那是一个好得不能再好的国企单位。因为漂亮性情又十分随和，大家都很喜欢她，我们这些小年轻都叫她周姐，我也与她也混得很熟悉。

有一天周姐在茶店子街上突然叫到我，给我讲了一件奇怪得令人匪夷所思的事。她给我说，她摊上了一件麻烦事。是什么事呢？原来是近几个月采购已经进了几批高档自行车缝纫机的货，她放在库房里没有办法销售，因为商品太紧俏，她根本不知道按什么原则销售。她去请示工业品经理部的经理，得到的回答居然是让她直接去商业局找局长请示。当时金牛区商业系统的员工，从表面上看都认为我是局长们的秘书，她给我说：小许，我咋敢去找局长嘛？麻烦你给局长说一下行不？

一听到这事，我就知道很麻烦。工业品经理部的经理让她自己去找局长，很明显经理是知道在局长那里是得不到具体指示的，以我的经验，我也知道肯定没有哪位局长愿意出头来解决这件麻烦事。僧多粥少，围着城区一大圈有二十个公社，干部和场镇居民有好几万，农民就有好几十万了，这点自行车缝纫机哪位局长愿意出头安排。因为平时和周姐混得太熟，加之我潜意识深处总有一种没事找事做的意识，于是我答应周姐考虑一下，看到周姐如释重负一样的舒了口气，我知道她是认为我会管这个事了。

我确实准备管这个事了，但怎样管呢？我和局长们的关系确实不错，但我把这个问题汇报给哪位局长，那位局长都会认为是给他出难题了，那个年头政治挂帅的前提下强调阶级和阶级斗争，这些干部都经历过文化大革命，都心有余悸懂得遇事躲着走不要惹麻烦。我最后思量再三，在权衡了各方面的因素之后，决定我来接手这件事，而我采取的方法就是我尽力综合平衡方方面面的需求，力求让每个月的分配方案都精准些平衡些，而对局长们采取"报备"的汇报方法。这个方法实际上是很奏效的，既解决了周姐的难题，局长们也很满意，只是出于对我的关心和爱护，他们一再强调要让我去给区委财贸部汇报一下，其实这一点我在决定我来管这个事情的时候已经考虑到并且已经做了。

还有一件没事找事做的是关于中文打字机的。我在前面的回忆中曾经说到过当年金牛区财贸系统曾称我为全能办事员，其实也就是我不仅能撰写文件文章，而且可以自己在中文打字机上打字。要会在中文打字机上打字，说麻烦它不麻烦，说它不麻烦其实也麻烦。为什么呢？因为我们的象形汉字，使得一个字就是一个字，所以中文打字机的主体是一个大字盘，上边有常用的约2000汉字，不像英文打字机只有26个字母。你要在中文打字机上打字，需要记住至少是熟悉这2000左右的汉字在字盘上的位置，所以说在某个意义上还是比较麻烦的，一个不是专职的打字员何必去记这些呢？

而我就去做这个事了，当然其中也有一些偶然的因素。当年商业局新进了一名小姑娘，刚毕业是按照政策顶替父亲退休进来的。因为新进了一位打字员，所以也就上报申请购买了一台全新的中文打字机。这里边就有一个打字员的所谓技术问题了，其实每一个打字员在自己的打字机字盘的设计上，把自己经常要打的内容所用到的常用字集中在一个很方便的位置，这样打起来就很流畅。新买的一台打字机，字盘上是按照当年政治挂帅和阶级与阶级斗争的需要排的，没有每个行业或者具体单位的需要，打字员要根据自己的行业和单位特点重新调整字盘上的字符。

而那位新进来的小姑娘全然没有行业经验，她根本不知道该怎样对字盘做重新调整，因为商业局的多数文件文字都是由我执笔撰写的，于是这个事情很自然的就落到了我的头上。当然其实我也可以不管这个事，这样就需要那位小姑娘用相当长时间的工作磨练来积累经验了。可能也是受让自己生活充实些的驱使吧，我很主动的按照金牛区商业局通常的行文习惯，对那台新购进的中文打字机的字盘进行了调整，也算是帮了那位小姑娘一下。而对我自己既然打字的字盘都是我排出来的，当然接着就是熟悉字盘上汉字的位置，这样能打字好像也就顺理成章的成了全能办事员。

其实当年在金牛区商业局工作的时候，有一件事情也是属于没事找事做，那时我几乎每个星期都有至少两天的时间到绕城一圈的20个公社的供销社去交流沟通，用时髦一点的话来讲叫新闻采访吧。这件事其实作为区商业局的一个工作人员并不是必须要做的，坐在机关里边也可以吧工作完成，而我当时确很热衷于往下边跑。当年金牛区的供销社都建在附属于人民公社的场镇上，而金牛区商业局在茶店子，近一点的几个供销社有营门口供销社在青羊宫，和平供销社在洞子口，金牛供销社在土桥，其他的就比较远了。当年的交通工具就是骑自行车，到距离适中的几个供销社比如在三瓦窑的桂溪供销社，在石羊场的石羊供销社，在琉璃厂的胜利供销社，骑自行车都需要一个多小时。而到距离稍远一点的如在天回镇的天回供销社，在苏坡桥的苏坡供销社，在簇桥的簇桥供销社，骑车就要将近两个小时了，至于再远一些的在文家场的文家供销社，在龙潭寺的龙潭供销社，以及更远一些的院山供销社、金马供销社，骑车都要两个多小时。仅骑车前往就可见这个事情做起来还是比较麻烦的，但我一如既往的去做了。

上世纪80年代组织很多学校一起编教材的事也很有点使自己生活充实些的味道。其实刚开始组织编教材也就是编辑出版第一套教材的时候，严格的说对我来讲是多余的事。这套教材对很多学校的45岁到55岁的老师们评职称起了很大的作用，但当时我的年龄不在此列，而且即便我要评职称我的科研成果也很多。至于后来从中悟出编写出版教材还可以有点收入纯属偶然，在刚开始的时候是不知道这一点的，所以这是无事找事做。我想这应该是希望自己的人生过得充实些更充实些的驱使吧。

为了更好的实现让人生过得尽量充实些，在做一些事情的时候甚至冲破了一些狭隘的观念。比如进入2000年后，我从市场经济退下来继续在西南财经大学任教，毕竟做大学老师对我是轻车熟路的，所以即便当时接手了教学难度较大的《概率论及数理统计》课程的教学，同时又兴致朴朴的接受了《科学技术史》等西南财经大学通识教育课程，但总的说来完成这些教学工作任务对我还是游刃有余，于是我开始寻求更多的一些事情，来实现我过得尽量充实些的人生目标。

要做的首要事情是对我的女儿的学业进行一个全面的规划。2003年9月，我的女儿开始入读小学，我开始思考如何为她做以缩短中小学学习时间为目标的学习规划。在我的子女教育那一篇中我曾记叙到我一直是认为国内中小学的12年学制太长，按这个学制读到硕士学位至少也是二十六七岁了，男孩子还可以将就，女孩子好像拖得年纪太大了，所以想对女儿的小学学习作一些减少学习时间的工作。

这个事情说起来很简单，其实是比较复杂麻烦的，首先需要考虑好方方面面的因素和可能。我是学理工科的，不可能像童话大王郑渊洁那样很决然的让孩子在家中读书，我必须要把方方面面都思虑周全。国内的小学教育嘛，除掉通识的那一部分外，主要是语文和数学学习需要认真分析。语文的重点是有3000多个汉字需要在小学阶段认识，至于像汉语的语法是不是一定要学习和掌握，尚可研究和讨论，数学主要是整数分数小数的四则运算，而小学数学的应用也有一个是不是需要小学生必须学习和掌握的问题。经过思考和分析，我觉得把小学主要课程的学习时间缩短到4年是有可能的。

当然后来的实际过程和结果。我已经在我的子女教育那一篇中讲过了，我和我的爱人身体力行的与女儿一起，用了4年的时间让她完成了小学主要课程的学习，在她十岁多的时候升入初中，后来再用了5年时间读完中学，在差一点17岁的时候出国留学，花了5年时间在国外读完本科和研究生，在她22岁的时候取得了两个海外硕士学位。

那么小学4年中，我们和女儿一起是如何仅用了4年的时间完成主要课程的学习呢？说实话，如果按照现有的小学教学体系和教材，4年的时间肯定是不够的，但我们进行了比较大胆的改革，也就是对语文和数学的内容进行了取舍。

语文我们强调的是要在认识三千左右汉字的基础上，强化阅读和写作，而对汉语的语法那一部分，比如词汇的名词动词形容词副词等并不强调刻意的去认识和区分，句子的主谓宾定状以及复句中的定语从句宾语从句等也不刻意的去认识和区分。因为学习汉语不是为了弄清楚这些语法关系去应试，而是为了在阅读和写作中能够实际运用。

数学我们舍掉了用小学算术的方法去解决应用问题的学习，在让女儿学习和掌握了数的四则运算后，直接进入了简单的方程与方程组的学习，用代数中的方程和方程组方法去解决用小学算术要解决的那些问题，无论从学习上还是应用上都是事半功倍。因为在数学和语文学习上这样做了，所以用4年的时间掌握小学主要课程的内容也就行了，还要强调的是，基于很多原因，我们让女儿在这4年的小学学习中，就比较系统的以《新概念英语》作教材开始了英语学习并且取得相当好的效果。

这些事现在写回忆录的时候，叙述起来倒是很简单，但实际的思考和操作过程其实是比较复杂和麻烦的，它需要对小学的课程内容和结构全面的分析，并且要考虑到实施的时候的可操作性。所以，对我来讲也有点去找事情做找坡坎爬的味道，不过毕竟是为了子女的培养与教育，所以说也不能讲是去找事情做。当然最后的结果是使人很欣慰的，一方面女儿如愿的缩短了学习时间，另一方面我也在做这件事的时候让人生更加充实，这样的结果都是让人很高兴和愉快的。

要做的第二件事情就是我的房屋的改造。大约在 2005 年左右，我在交大花园买的那些房子，周边的交通逐渐通畅，环境都逐渐繁华起来了，来租房子的人也多了起来。小户型一般很容易的就租出去了，特别是那些单间。但是大户型仍不好租，于是我决定把这些大户型改造成为一个个的单间出租。因为到这个时候，我的房屋建造和装修的经验都比较丰富了，所以这些改造成单间的事，都是我在规划设计，然后指挥那些一直和我有联系的工人来实施。当时改造出来的房子还是比较多的，有两个 100 多平方的大户型，一间在 5 楼改造成有 8 个单间，另一间在顶楼，干脆就把屋顶盖起来，既防了雨水又增加了可出租的房间，改造成了 11 个房间。另外还有 4 套在顶楼的房子，都在屋顶上进行了修建，加上房间的改造，四套房共有 24 间房间。

在这些房间的改造修建中，我不仅充当了设计者和包工头的角色，兴趣使然有一些工种我还饶有兴趣的动手自己去做，比如不少房间的电路铺设，包括灯头和插座安装，我都自己动手去做，当然效率不像电工那么高，但反正当时事情也不多，也不着急着要马上弄好，所以也就慢慢的弄了。另外有些技术含量不高的泥工活，我也经常喜欢自己动手去弄弄。做这些活路的时候，内心还蛮高兴的，甚至有点自豪感，毕竟作为一个知识分子，常理上应该不会对这些工人的活路感兴趣，但奇怪的是好像我作为一个特例，对能够动手去做这些事反而有些兴趣，甚至有时会有特别兴奋的感觉。

这种让人生尽量过得充实些，在我后来到民办高校工作的十年中也几乎时时处处都有所表现。其实从我的全面的客观情况来讲，2009 年从西南财经大学退休后，从某种意义上来讲完全不必要到这些民办高校去工作，更没有必要去担任院长之类的行政职务。当初决定先到民办高校去上课，后来又去当了院长，除掉前面已经叙述过的一些比较错综复杂的原因之外，但也不得不正视想让人生过得充实些也是我从事这些工作很重要的原因之一。我总是不肯太闲着，更不能去过那种悠闲自得的赋闲生活，所以当有好友来邀约我时，或者客观情况比较麻烦的摆在我面前时，我也就恭敬不如从命了，应该说意识深处那种让人生尽量过的充实些的想法总是始终在影响甚至支配着我。

当然如果仅仅是让自己人生充实些，在做这些工作时也可深可浅，但让人生充实的执念，总是经常的让我把很多事情都做到了极致。比如说刚开始上课就上课嘛，但一旦进入教学角色，我就立刻感到组织老师们编写一套自己使用的教材，对各方面都有相当的补益。对学生，他们使用的是自己上课的老师编写的教材，应该说一定会产生对自己学校的自豪感，也会产生对自己老师们的尊敬感，这一点对这种层次很低的民办高职院校的学生树立他们学习的自信心可以说是至关重要的。对老师，大家编写了给自己学生授课的教材，并且又由西南财经大学出版社这样的高端出版社出版，无疑在增加民办高校老师们的自信心，加强他们的归属感安全感也是一碗极好的鸡汤。

所以在四川天一学院和四川长江职业学院，我都组织老师们编写了很多教材，其中效果最好的一套是一个系列教材共有 10 本，高职高专会计专业几乎所有的课程都在这套教材中，受益的老师数量也不少，对这批年轻老师评职称起到了很好的推动作用。但我当时积极推动和参与这个事，更多的是为了使自己的人生更充实些。

再有就是关于这类民办高校，针对学生的低起点以及毕业后走向社会就业的需要，我在任职的几所民办高校，一直在致力的推动学校的职业教育体系的构建，而思考得最多的就是如何让老师和学生都能通俗的理解职业教育的精髓。在思考中着重深入的探讨了我们要给予这种层次较低的民办高校的学生什么学习内容的问题，也就是我们要向学生讲授什么，最终让同学们在学校中学习和掌握到什么。

为了通俗的说明这一点，我多次在不同的场合向老师和同学们当然主要是老师提到有两种教学思路：一个是"是什么？为什么？"，另一个是"做什么？怎样做？"。前者是师生们共同学习，去认识客观事物乃至客观世界是什么，去探索他们为什么是这样；而后者是让师生们共同去学习和掌握一个事物该做什么，以及怎样做。直观的说前者是让同学们学习更多的知识，后者是让同学们掌握更多的技能。我强调在这两种教学思路中，我们这种民办高校只能选择后者。我们当然也愿意让学生们学习更多的知识，但更愿意让他们掌握更多的技能，因为掌握了更多的技能，才是他们今后能立足于社会的根本。应该说在我任职的几所民办高校，我和老师们一起都身体力行的把让同学们掌握更多的毕业后走向社会赖以生存的技能作为主要的学习目标。这种深层次的思考，当然一方面是我作为院长的职责，但从某种意义上来讲，也有我自身希望人生过得充实些的因素。

还有就是民办高校的院系管理架构，我也一直思考得很深入，可能的情况下也身体力行的去实施。其实国内的民办高校，性质上与国外的私立大学是一样的，所以说国外的私立大学的管理架构，应该是我们可以借鉴的，因为国外私立大学经过长时间的发展，他的管理模式应该说相对是比较成功的。比较遗憾的是，因为国内的公办高校早已经行政化官僚化，而国内的情况和国外正好相反，优质的大学都是公办高校，所以国内的民办高校也以公办高校为楷模，在管理架构上是照搬公办院校的，这种情况是不利于民办高校发展的。我做的很多思考，以及一些实际的践行，也不是自己有什么新的思想，就是把国外私立大学的管理模式与国内民办高校的实际情况相结合而已。

从少管闲事的角度出发，我可以不考虑这些，因为民办高校的举办者聘请我去做他们的院长，我只要能完成他们的工作要求并且尽力的维护师生员工利益即可。过多的思考管理模式并尽力的去实施，也许对举办方和他们的高管们实际效果会恰得其反，也许他们并不喜欢我这样想这样做。但我仍然想了做了，因为我得为我自己的存在而生活与工作，我需要让自己的人生更充实些，所以我想做啥肯定是要去做的，该做啥也是由我自己决定不必过多考虑举办方和他的高管门的想法。

关于国内民办高校的管理模式，在我任职院长的这些年中，主要考虑了两个问题。一个是院系两级的管理架构，这一点国外的私立大学比较成熟，根据国内民办高校的实际情况予以借鉴甚至仿效即可。简单的说就是小院级大系部，具体的说就是院级领导班子要精干，不必有太多的院级领导，而系部那一级一定要加强，要让系部以及领导有能力有条件去发展自己的教学。遗憾的是国内的民办高校，都是仿照公办高校，院级领导班子比较充盈，人员也较多，这实际上是不利于学校发展的。

另一个问题就是关于教学的研究与实施以什么样的机制去进行。国内高校从上世纪 50 年代起，就借鉴苏联的经验，实施的是教研室管理体制，所有的教学问题，都是以教研室为基础单位在教研室中进行的，这实际上是弊多利少，特别在民办高校更是无益。教学的研究和实施，应该以课程负责人的管理机制来实行，也就是所有的教学问题，都应该确立一种课程负责人制度，根据课程建设和实施的需要在教师中选择和确定负责人，让老师有职有权的去开发和建设课程。这一点我在四川天一学院实施得比较彻底，撤销了所有的教研室，在系主任负责制的体制下执行课程负责人制度。遗憾的是在我离开天一学院后，又被我的继任者恢复了原来的状态。

在民办高校的十年中，我还认真的思考和践行了民办高校课程体系的设置与建设，也就是民办高校的课程设置和建设应该以什么为标的。传统的做法是以专业建设为目标，围绕着专业去设置基础课、专业基础课与专业课体系，这在一些层次比较高的公办院校也无可厚非，但在民办高校就需要认真思考了。

民办高校的课程体系设置和建设应该以什么为目标呢？我认为应该以技能为目标。也就是说民办高校的学生毕业走入社会后，他们从事的工作需要他们掌握哪些技能，这便是我们教学的目标，我们要根据学生就业后能立足于社会和本职工作的技能需要,让他们学习和掌握这些技能。因此，民办高校的课程体系设置和建设，应该以这些技能为中心和目标，围绕着让学生学习和掌握这些技能去设置课程，去建设以技能为中心的课程体系。我在我任职院长的几所学校，都尽力的力所能及的进行了这种课程体系设置和建设的工作，也相应地取得一定的效果。

让人生尽量过得充实些，一直是我的生活理念，上边能够记录下来的，是一些较大也比较清晰的事件。其实在漫长的人生路途上，充实些再充实些一直是我所执着的，包括日常生活中一些很小的事情，一些可以漫不经心的事情，其实我在对待这些小事情和漫不经心的事情的时候，意识深处其实经常有一种信念在驱使着我：认真努力去做吧，除了这件事情应该去做必须去做外，它也是你生命长河中的一部分，你不想让它更完美些吗？

如果说充实始终是我的人生目标的话，那么自知一直是我在人生旅途中恪守不渝的信条。这里所说的自知，既包括具体的在人生旅途中经历每一件事时对自我的明了，更包括广泛意义下的时时认清自己的本来面目，随时摆正自己的位置关系，有点像哲学三大问题：我是谁？我从哪里来？要到哪里去？

我一直认为自己是个庸人，和众多的平凡人一样，平凡得不能再平凡。所以，从少年起我就很少有宏伟目标和远大理想，平常中几乎想不到这些，能进入我的视野和脑海的，都是一些很具体很零碎的平常事，这种情况一直从青年持续到壮年乃至老年。

不管境况如何，顺境也好逆境也罢，我从来没有抱负过要去做一个科学家，也没有想到过去做一个官僚，更没有想到过去做一个企业家。我觉得这些都离我很遥远，不是我该想的事情，我能够想到的，就是如何尽力去改变自己和家庭的状况，让生活过得让人满意些。

这些实质上又让我活成了一个大明白人，我比谁都知道自己是什么样的人，这应该叫有自知之明吧。这种自知之明因此少有人生奢求，更少有奢望人生的精彩，活得平平淡淡平平常常罢了。而这又让我清清楚楚明明白白的活得很实际很现实，由此带来的更多的是满意，当然因此充实也就接踵而来了。

这种大的自知使我有时候在面临选择的时候十分平静和淡泊，少有瞻前顾后犹豫少决。比如，我知道自己不是一块为官的料，有三点自知：一是我从来不认为上司就一定高明，尽管我尊敬他们但也明白自己也不愿更不会委屈自己随时在他们面前扮作温顺的羔羊，以取得他们的重视和青睐。

二是我也从来不认为下属就一定不行，他们也许可能在日常中会犯这样或者那样的错，但也属平淡与正常，他们和我一样都是平常人，所以我不会也犯不着扮作恶狼一番，装模作样的故作威严以维护自己。

三是因为我活的很实际很现实，所以很难经得住人性贪婪本性的敲打和考验，也许我因为为人处事十分小心谨慎不至于坠入贪腐，但如果如此人为的理性的去克制自己的本性，一定不会使我有欢愉之感，反而会随时处在一种忐忑犹豫的欲罢不能的苦恼之中。

我因为很明白自己这三点本性，所以对于为官的仕途之路是坚决远离了的，当然因此一些可能有的烦恼离我就很远了。这种大的自知，在我在市场经济中摸爬滚打时也让我认识十分清晰，我很清楚自己要的是什么，我不是要那种在我看来是虚无的所谓规模的企业，我实质上就是要挣点钱，实现多方面的财务自由以改良和改善自己和家庭的生活。

当年如果要想做一个所谓的规模企业，其实结局也很难设想，中途夭折会让你一无所有，侥幸成功肯定逃不出中国企业家的原罪，有了财富也难以心安，至少对我是这样，因为我清楚自己的心性。而我现在的情况也许是最令人满意的：有一定的财务自由，但没有官贪，没有原罪，因为离开市场经济时是清理偿还了所有的负债的因此也没有人情上内心的负疚。

大处的自知使我选择了一条适合我行走的人生路径，使人已过古稀的时候回顾人生走过的旅途，还是乐趣居多。这种说教式的行文，多少会令人感到乏味，所以还是讲点故事，记载记载几十年中一些小事中的自知吧。

先说一件无论过程还是结果都有点搞笑使人啼笑皆非的事吧，先说这件事是因为它本身轻快记叙起来会使人轻松愉快吧。什么事呢？就是我在天一学院当院长时，为了创造收入给教职员工发放过节福利，而与当年的老搭档"陶校"关于培训的利润分成的有趣故事。

首先得说一下这位陶校，她是当年四川天一学院的主办方希望教育集团的高管，也是当年与我能合作得很好的一位老大姐。事情起源于要对进入四川天一学院的专科学生进行升本以及职业资格证书的培训，这个培训本身对学生的提升还是有益的，只是我和这位老大姐都对这个事情感兴趣和积极是抱着各自不同的目的。

她那边是为了完成主办方希望教育集团增加收入的工作任务，我这边是为了有点收入好在逢年过节的时候给教职员工发点福利。因为有可以相互兼顾的目标，决定了我可以与她合作，同时也因为各自都抱着多有点收入的目的，这种合作一定是有争斗性的。

因为目标一致，我给她说起由我们负责全面的培训工作，然后与主办方进行利润分成的时候，她很爽快就同意了，当然我也知道这里边有她对我的信任和友谊的因素。接下来比较麻烦的是如何确定收入，也就是学生为了提升要交纳的费用，在这一点上我是与她不同的，我肯定不会赞同收过高的费用，因为我们的学生多数来自于边远地区，家景不是很好也就是说比较穷。

不过这一点还不是矛盾的焦点，因为她也知道费用太高可能参加的学生会少些。真正的讨论焦点是利润的分成。为了方便和有利，我给她提出由学院这边包干培训成本并加以一定的利润分成作为学院的收入，学生交纳的费用中扣除这个包干和一定分成之外都算作是举办方的收益。这位陶校是一个性格爽快干脆的大姐，对这种简单省事的方法她也同意了。

搞笑和滑稽的事发生在对培训成本上估计和确定上，我和她的相互忽悠由此开始。这位陶校做层次较低的职业培训多年，当年几乎遍布全城的五月花计算机学校都是她在管理，这个陶校的名御就是由此而来的，因此在培训成本上她并不陌生，所以在培训成本上的讨论和争执成了我与她交锋的焦点与难点。

但我能忽悠她的是她对高层次也就是大学中的培训成本并不十分清楚，我的优势在于我很清楚明白完成一个培训项目，我们的老师要上多少节课才能达到理想的效果，一节课的课时费应该是多少才比较合适，而这两个概念在我这里是有一个弹性比较大的幅度可供我操作，这是一种自知的本能。

于是我开始"漫天要价"，她也"就地还钱"，毕竟自知使我在数据清楚明白上占据着优势，所以最终的结果应该是她被我忽悠了，我们达成的共识应该说对我还是有利的，至少比我期望得到的要多些。

但她也是一位很精明的并且善于从实际中摸索的人，所以很快她就感觉到吃亏了，于是在一位投资方高管与一位学院院长之间翻脸比翻书还快的情况出现了，尽管这种情况是和谐和友谊的。她数次推翻达成的共识，与我就像菜市场上的买卖一样讨价还价，而我因为自知在开始的时候忽悠了她，所以也就只好适当的退而求其次。当时那种滑稽搞笑的过程实在很难在今天用文字来描写，至少我找不到适当的词语来再现当初。

还有一件事情也很搞笑，它的发生和过程就像一场闹剧似的，当然最终的结果因为自己的自知其实特别的严肃。那是上个世纪 90 年代中叶，因为当年我一直在不少企业和一些金融机构之间做作银企之间的沟通交流已协调工作，当年做这种导致多赢的工作成效使我有相当不错的口碑，于是有人找上门来了。

来的人是通过我不大好推辞的朋友介绍来的，所以一方面我很客气，另一方面他也很豪爽。在他的盛情邀请之下，首先是参观了他的公司办公室，从办公室方方面面的情况来看，他显然是投其所需有备而来的，整体形象颇有点办大事图发展的风范。

参观完了开始交流，因为有朋友介绍，他也没有客套话，开门见山的就是希望我能够帮助他融资，这时我的自知开始起作用了。因为我很知道自己的角色是什么，不过就是在当年那种特殊的环境之下，金融机构需要在我的协助下了解企业，企业也希望我能帮助他们向金融机构展示他们的方方面面的优势，仅此而已，所以我首先需要全面的了解他的全部与重点。

于是我也开门见山的直截了当得问他，融来的资金打算做什么？这是一个既简单又直接的问题，使人啼笑皆非的是，当着朋友的面他居然不能回答，于是我只好更直接问他，是不是现在还没有项目，打算先把资金弄到手之后再说，他十分尴尬的告诉我确实是这样。

既如此，我也知道该结束了，我很明确的告诉他以及作为介绍人的朋友，如果要向金融机构介绍推荐他，首先需要向金融机构说明你的资金用途，对使用资金的项目要做可行性分析。否则我也无法向金融机构的朋友们启口，更不用说要融到资金了，当然这个事情也就无果而终了。

把自信作为自己的人生目标之一，是因为几十年的经历中使我感悟到，只有因为自信，才能努力去做好人生中的每一件事情，才能把自己想做的事善始善终。我自己所执着的自信，不是通常所说的我们每个人都应该有的自信心，而是那种建立对自己自知基础上的对自己所要完成的事情的自信，是一种既知晓自己所要做的事情是什么怎样做，更知晓自己的能力有多大把握做好这件事的自信。

这种自信经常指导着我去不去做一件事，或者把一件事做得有多深？直截了当的说就是去做自己有把握，至少是比较有把握的事。前面回忆文字中曾说到我与台湾歌星高凌风的一段交往，与他交往的那半年左右，正好可以说明我说的这种自信是如何指导着我去努力的正确的做好一件事情的。

这位艺名叫高凌风的台湾歌星，与我是同龄人，其父辈是四川成都人，所以他对成都特别有感情，这也是我为什么要尽力帮他做点事的原因之一。高凌风92年来成都时，已经40多岁了，他不像有些港台歌星，人过中年仍然持续的发红，这也许是鼎盛时期在台湾太红了吧，所以他来成都主要还是想寻找在国内发展的机会。因为当时台湾和大陆刚开放不久，所以他在成都还是很小心翼翼的，最初不晓得是通过什么途径结识了政府台办一位工作人员，我认识他的时候他和这位工作人员已经混的很熟。

我很快发现其间的味道有些不对，那位工作人员除了披着一张公务员的皮之外，其实就是街头上的一个混混。他除了极为夸张的向高凌风介绍国内的情况外，更多的时候几乎是每天晚上都会邀约一批同样也是街头混混的狐朋狗友，让高凌风去各种娱乐餐饮地方办招待。当然这也是当时那种一般的国家工作人员的常态，本来不足为奇，但他的做法确实有些太过分了，激起了我想帮帮这位台湾同龄人的心思。

其实高凌风也看到了这一点，但他在认识我之前也只有依赖于他，加之他是台办的公务员，高凌风多少还有一些谨慎心畏惧心。高凌风到成都来主要是当年他陪陈彼得到成都搞过一次演唱会，特别高的人气特别好的效果使他悟到了成都的文艺商机，他主要是想模仿当年他在台北红极一时的顶峰时刻的情况，在成都寻求一个能为他个人拥有的常态式的开个人演唱会专有舞台。

这个事当年还是很难办的，因为当年改革开放开始不久，对文化艺术领域内的外资引入还没有开放，高凌风就是要在成都办个演唱会，还需要文化部的批复，更不用说拥有自己的专用舞台了。这个情况那位台办的工作人员是清楚的，但他就是忽悠高凌风，把事情吹得天花乱坠，好像他就能包打天下似的。我觉得无论从哪个方面来说，我都应该帮帮他，让他从这种迷误中抽身。

怎样帮他呢？直截了当的说明真相，效果不会很好，太直白会使高凌风产生疑惑，也会使那位混混很难堪。基于对自己各方面的自信，我决定陪着高凌风按那位混混的指引先走走，让高凌风随着时间的过去逐步地有所认识。我代表高凌风向那位工作人员建议去拜访一下四川省文化厅和成都市文化局，因为高凌风在台湾还是有相当的影响，所以这些机关部门听到高凌风要来拜访，都派出了相当级别的官员接待。在交流中，我提示高凌风直接向这些官员表达自己的诉求，因为这种诉求在当年几乎是不可能办成的，所以这些有相当级别的官员在很欢迎高凌风造访的前提下，也如实向他说明了国家当前的政策是文艺领域中还暂不能引进外资的实际情况。

在听到这些更高层次的官员所介绍的国内情况后，高凌风明白了自己相当长的时间内被那位混吃混喝的工作人员忽悠了，也体会到我才是肯真正帮助他的朋友，他逐渐和那位混混疏远，开始与我商量他如何在内地发展的事宜。我能够这样做，其实是基于对自我的自信，这种自信一是对国家在文艺领域内各种宏观政策的了解，二是对事态本身会如何发展有一个基本正确的估计。

后来在相关部门的指导下，我帮助和支持高凌风选择了一条他在内地发展比较合适的方式，那就是参加到当时方兴未艾的电视台引进港台歌星做节目的行列。当然比这种方式更好的是在内地巡回开演唱会，但这种演唱会需要当时还不太多的国内演唱公司做全程策划与运行，当年要到内地来开演唱会的港台歌星太多，高凌风 80 年代在台湾人气很旺，但进入 90 年代之后情况发生了很大变化，愿意为他做风险投资的演唱公司已经很难寻到，参加电视台做各种节目是他比较好的选择。

还有一件让我的自信发挥到极致的事件是我在天一学院做院长时，在 2014 年 8 月把在金堂的 1 万多学生整体搬迁到绵竹校区的事。这件事的工作情况我在前边我的工作生涯回忆中有详细描述，我这里主要是说说自信在这项工作的方方面面中所发挥的极其重要的作用，这些方方面面既包括工作本身，更包括接受工作前的谈判。

这项工作本身难度是极其大的，从某种意义上来讲它几乎是一件不可能完成的事，我敢于接受这项工作并把它圆满完成，依靠的基础就是自信。首先是对自我的自信，我相信自己能够运筹策划出一个完美的一定能成功的工作方案，更相信我能够动员和组织我一手组建起来的天一学院工作团队，按照我的工作方案完成这项工作任务。再就是对我的工作团队的自信，我充分相信这个工作团队一定会把我所计划的整体搬迁工作方案执行得比我的方案更完美更成功。正是在这种自信的基础上，我们圆满的完成了这项工作。

但其实我的自信更发挥作用的，是在接受这项工作任务之前与投资方的谈判。因为我决定接受这项工作，是有自己十分明确的目的，那就是实现对天一学院行政人员工资调整的突破。怎样才能达到这个目的呢？我的自信在这个时候充分发挥了作用，我采取了先退后进的谈判策略：一开始我很坚决的推脱这个事情，让投资方的高层在他们的高管中选择合适的人员来承担这项工作。我这样做的目的是要加深投资方高层对这项工作艰难性的认识，以便我在最后接受工作时提出我要调整行政人员工资的条件。

我敢于这样做，是因为有这样几点自信：首先，以我对举办方那批高管的了解，他们是既没有胆量也没有能力来组织这项工作的，让事情在他们那里去走一圈，看到众多平时夸夸其谈的高管们没有一个人敢出头，投资方高层当然明白了事情的艰难。其次，我十分明白投资方对这件事情的志在必得，这是投资方当时不得不作的事，无论花多大的代价他们都要完成这个事。最后就是我上面已经说到的对我自己和我的工作团队的自信，我和我的团队是有胆魄有能力圆满完成这份工作的。

事情果然在我的预料之中，投资方高层在转了一大圈之后，最后无可奈何的又回到我这里。因为他的所有高管们，不管是出自什么心态，是恶意的想把这个困难之事推给我也好，还是对我和我的工作团队善意的客观评价也好，最终都明确表示，这么大的一个事情，只有依靠许院长和他的工作团队才有可能完成。当然，事已至此，当我顺势地提出我接受这项工作的条件的时候，一切都水到渠成了。

我一直很执着的认为，我所坚持的这种自信，它是建立在对客观事物的理性分析之上的，事实上在几十年的人生生涯中，我所依赖的自信所涉及到的每一件事，都是在对所面临的客观事物作了深入了解客观分析后所形成和产生的。我把自信作为自己的人生追求之一，其实就是想坚持一条做事原则，那就是当我们尝试着想要去做一件事的时候，首先需要对它做全面认识，只有有了这种全面认识，你才会产生一种自信，去决定是否要去做它，以及当你已经决定要做它的时候，你该怎样做。

最后要说到的人生追求是"自明"，我在这里说到的自明，有两个层面的意思：从大处说，我所谓的自明，是明确明白自己在社会生活中的地位，在浩繁世界中自己不过是沧海一粟，没有什么人更没有什么事是离不开自己的。往小处说，还是希望在做每一件事情的时候，都能清清楚楚明明白白，明白自己在做什么，为什么要做，怎样做，结果会怎样。我希望这种自明的理念和人生追求，能很好的指导和帮助自己。

在客观世界和历史场合中，每一个人都是很渺小的，我自己更是微不足道，人生旅途中遇到的每一个人每一件事，都不会离不开自己，直截了当的说就是客观的人与事没你也照样会进行和发展。所以，在明白了这一点后，我的人生便是那样胸无大志了，这对自我来讲是一种解放，对世界和历史来讲我就是一个过客，有什么必要自己给自己规划出各种希望与约束，让自己不得以解放呢？

1992年小平同志南巡后市场经济发展很快，这时我已开始在市场经济中游弋，一桩偶然发生的麻烦事让我与十多年前结识的一位领导重新开始了联系，这位领导就是当时时任金牛区委书记的陈佐国。十多年前的1975年和1977年，我曾两度在陈佐国书记领导的党的基本路线工作队工作，与他建立起较好的友谊关系，不过当年他只是金牛区的区委副书记，一位洁身自好使我十分尊敬的领导。

说到他的洁身自好，有一桩小事可见一斑。1977年我在他带队的基本路线工作队在龙潭公社工作，而龙潭公社就是陈佐国书记的老家。一天在闲聊中我们谈到了当年的农户养猪，他的家庭也象其他的公社社员一样养有生猪，在谈到养猪的饲料时，我告诉他我们供销社要自产酱油，所以时常有酱渣供应是我们供销社员工的一种福利。因为在闲聊中他说到家中养猪还是缺乏像酱渣这样的精饲料，所以我告诉他我可以为他到龙潭供销社开酱渣，看着他以惊诧的眼光望着我，我知道他对这类事情了解甚少。我反复给他解释这就是我们供销社员工的福利不算一回事，基于对我的信任和友谊，他点头让我去帮他开一些，以我对他的了解，他一定是在家中为生猪的精饲料遇到了难处。

使人始料不及的是，当我替他开好酱渣并约好第二天去出货时，他居然告诉我明天他自己来运。毕竟他是当时的区委副书记，并且提升到区委做副书记之前曾任职龙潭公社党委副书记。而第二天又是龙潭寺的逢场天，街上一定熙熙攘攘人来人往，但事已至此，我也只好如此陪着他了。我叙述这件事，想要说明的正好是他的纯正和洁身自好，他是在相信了我告诉他这不是特殊权利的时候，才会很坦然的这样做的。

还是回到正题。说说我1992年遇到了什么麻烦事？当年我所管辖的企业中，有一个冷冻猪肉食品厂建在营门口公社花照大队，这个工厂有一个冷库，由于操作失误泄露了不少的制冷剂也就是氨在外，这在当年应当是重大的环境污染事故 工厂毗邻农户因为受到损失上报了金牛区环境保护局，环保局庚即派员调查处理，责令工厂立即停止生产并要按环保法严厉处罚，因为这个事对企业的经营影响太大，我只好出面找地方政府协调。

我当时已经知道陈佐国是金牛区委书记了，万般无奈下只好直接去找了他，在述说了事情的原委后，他听到我所管辖的这个工厂一年有2000多万的产值，这在当年不是一个小数目。当他知道这2000多万的产值虽然工厂在营门口公社，但产值并没有纳入金牛区上报，立即对我诉说的情况引起了重视，庚即招来了金牛区环保局局长，要她以支持企业为宗旨妥善处理好此事。当时他召见环保局长的一些小细节十分明显的表现出他对我当年与他的友谊和相互信任的关系是十分珍重的。

这件事情的圆满解决再一次开始了我与他的工作关系，不过这一次是在市场经济条件下，他把我作为地方政府招商引资的对象来招睐了。确实因为当年小平同志南巡后，改革开放的步伐更大，我也正准备建立自己经营的公司，于是在他的"钦命"安排下，我在金牛区注册的集体所有制企业挂靠在金牛区外经委下，而我的另一位西财校友的公司挂靠在金牛区乡镇企业局。为什么会有挂靠这种说法呢？因为当时公司法还没有制定颁布，所能建立的企业虽然本质上是私营的，但招牌还是集体所有制，每一个集体所有制企业都要有一个上级主管部门归口来管理。

这实际上开始了我自己的公司的运作，而一开始就受到了金牛区一把手的关注与支持，当年同我一起在金牛区注册的公司，有后来的会展集团的郑鸿和蓝光地产的杨铿，我们应该都算是佐国书记招揽到金牛区的。这时我开始自思自己，我得做一个明白人，我是什么人，我想要什么，首先得自己明白。如果论地方政府关系，我与佐国书记有10多年前就建立的工作信任，西南财经大学的背景又使我与各金融机构特别密切。当年正在进行的府南河改造工程，作为政府资源，佐国书记握有500亩开发用地的权限，项目加上融资似乎一切即将呼之欲出。但恰恰是在这时，我意识到我不是做这些的人，至少我不喜欢做这些，更不愿意接招因为做这些将要引来的麻烦事，既然不喜欢就不是我所想要的，于是在当年我以我的方式，与这些所有可能有的一切渐行渐远。

在四川天一学院当院长时发生的一件事也足以说明自明的重要性。2014年3月四川天一学院召开董事会议，我向董事会提交了天一学院2013年工作报告，应当说2013年是天一学院工作卓有成效的一年，各位董事对学院管理层的工作都予以了充分的肯定，唯独大股东希望教育集团汪董事长并未全面赞同。开始我以为是他谦虚，因为作为大股东，他日常对天一学院联系和管理密切得多，当然后来在与他私下的交流中我明白了，他需要我做出在管理架构上的某种选择。

什么选择呢？按照天一学院当时的架构，希望教育集团行使投资人权利是通过一位我们称之为陶校的老大姐来执行的，但当2013年天一学院的情况发生质和量的好转的时候，投资方的其他高管们对陶校的攻击日渐增多，有人甚至提出是陶控制了天一学院，怂恿汪董事长直接掌控天一学院。汪在与我的私下交流中，实际上提到了由我直接在他的领导下管理天一学院，而不必通过集团的任何高管，我很知道这是汪向我递过来的一束橄榄枝，接受这束橄榄枝对我也许有极大的好处。

这促使我对天一学院、汪董、陶校及我自身进行深入的思考和分析，我需要明白什么样的架构才是对天一学院发展适合的，同时也是我需要的。我十分明白并且尊重汪董执着地发展民办高等教育的事业心，但任职四川天一学院院长近两年来，我也深知对高等学府和高等教育并不十分了解的他，其实时不时会有一些不妥甚至近乎荒唐的想法。在这近两年中通过陶校传达下来的希望教育集团高层对天一学院办学的一些要求，因为不很切合实际被了解情况的陶校"过滤"后，天一学院并没有被要求执行。再有就是我这个人，其实是最不适合与最高层产生那种执行和被执行的密切关系，密切了一切都会僵化，疏远些也许情况会更好，距离产生美嘛！

于是我用我的办法比较委婉的避开了伸过来的这束橄榄枝，当然前提是不能使汪董难堪，我甚至想办法做到了没有让他不高兴。应该说这个决定和作法，无论对于后来天一学院的发展，还是对于我个人进退，都是正确的和至关重要的。我也在处理这个事情的过程中，感悟到了一个人自明的重要性，明白自我以及我所处的环境，会使你选择到一个正确的方向和路径，帮助你走好人生的每一个步伐。

第十篇

子在川上曰 逝者如斯夫

我所经历的七个年代回眸

我的回忆录已经完成了的九篇，行文一直都很流畅，也许是写实的原因吧，将近 30 万字有一气呵成的感觉。按照原来计划下面接着要写的，应该是对我的朋友我的亲人的回忆，但行文至此总有一种犹豫迟疑的感觉，所以迟迟没有动笔。究其原因，是在思维深处有一个如何评价亲人朋友的障碍，一方面希望回忆录真实贴切，自己观察感受到的亲人朋友是怎样的就如实相记，但另一方面又觉得文字上过于坦白直率，好像也不是很妥当。于是有了想把这些内容稍放一放，等思绪理清楚了再说，加之近日在医院就诊时，被告之身体状况不是特别的好，于是有了把回忆录顺序和内容调整一下的想法，这便是今天开始的第十篇的内容，它主要想回忆记载一下我已经经历的从上世纪五十年代开始到本世纪二十年代初的七个十年，我们称十年为一个年代，所以我把这一篇的副标题称为我所经历的七个年代回眸。

第一章 炽热狂燥的五十年代

从我能记事开始，便迎来了共和国的建立和运行，上世纪 50 年代，是一个疾风暴雨炽热狂躁的十年，以各种各样的运动为主线条，节奏转换很快让人有些目不接暇。

解放初期的抗美援朝、清匪反霸、镇压反革命、三反五反等运动，除了抗美援朝外，其它的一些运动印象都很模糊。除了年龄很小的主要原因外，解放初期的运动方式和规模都不是很大，也就是所谓的群众发动不是很广泛，声势也不是特别的大，不像后来的运动群众充分发动，规模和声势都很大。比如清匪反霸、镇压反革命在城市进行得不多不深，三反五反虽在城市中进行，但针对性很强，就是那些有劣行的不法资本家，这些运动在一般的城市平民中涉及到的都不多。

至于抗美援朝在儿时的记忆中极深，除了这本来就是国之大事，宣传的力度极大极深，应该是家喻户晓的，而对于儿时的我来讲，那首"雄赳赳气昂昂跨过鸭绿江"的歌曲，整日都响彻在城市的上空，给人留下极其深刻的印象。

儿时住家就在"皇城坝"边的光华街，所以对"皇城坝"印象极深，那里留下了儿时所有的欢乐。解放初期的成都"皇城坝"，就是北京的"天桥"，一个十分热闹聚集了各类杂耍与小吃售卖之所在，各类上不了大雅之堂的民间艺人在此展示他们的才华，当然也是他们的为生之道，能够与龙抄手赖汤圆钟水饺一相媲美的各类川味小食也在此一展他们的风采。

杂耍中最吸引儿时的我的是魔术，其中有一繁一简的二个节目最为使人驻足。简单的是手玩，也就是一个民间艺人，几乎是空着手走到表演场所，或者是可以随手变出很多对象来，有的甚至是鸽子之类的活物，或者是把一个对象比如说一个鸡蛋随手在身上藏进摸出。繁复的称为变戏法，先是一个身着臃肿的人走到前面，一看就知道他身上藏了不少东西，然后两个配角拉一副黑厚的长毯遮住他，锣鼓一响长毯掀开，表演者就拿出一件一件的东西来，这不奇怪，因为上来时就会知道他身上藏了很多东西，使人十分惊讶的是，到最终表演结束是摆在场地上的东西之多之大令人难以想象，他是怎样把这么多东西藏在身上的呢？

再有就是各种吃食，比如锅盔糖油果子三大炮甜水面三合泥，都是在简陋的摊子上现做现卖，让喜欢了解吃食制作的人大开眼界，而我就是这样的人。当年年纪虽小，但对各种吃食的制作十分喜好，经常在一个吃食小摊面前一站就是很长一段时间。比如打锅盔，当年的才是真正的打锅盔的技术，比较大众化的锅盔是有两种，一是白面锅盔二是红糖锅盔，当然稍高档一点的就有现在称为军屯锅盔的了。军屯锅盔的制作根本不是现在这种油炸出来的，油只有少许让锅魁不粘锅即可，全靠人工在锅上旋转烫烙锅魁，至基本熟时放入炉中烤出色香味，至于白面锅盔的制作关键是要制作成两层，很多时候从中破开夹上大头菜甚至卤肉食用。

当然那时的糖饼摊也与现在不同，现在回想起来他们真的是把它当作艺术品在做的。他不以向路人兜售招徕人购买为目的，他无论是制龙还是画凤，都是一门心思一气呵成。现在这门手艺都被称作糖画了，以我儿时的回忆和现在的观察，应该讲当年皇城坝上的糖饼摊摊才是真正的糖画艺术。

在我 1954 年读小学前，儿时的依恋与记忆都留在了皇城坝上。解放初期那些清匪反霸三反五反的运动，运动的声势与规模都不及后来的运动，加之尚且年幼，所以对这些运动的印象都不很深刻，无忧无虑高高兴兴地在皇城坝上度过了儿时的年华，那真是神仙般的日子。

还有一件事也值得一记，就是每年的五一节特别的是国庆节的大游行。成都的地貌与北京有点相仿，皇城坝上的皇城，也是一个居高临下的楼台，像是一个小小的天安门，在皇城前面的皇城坝，虽说不大，但也可与天安门广场一比。所以成都的每年国庆节五一节，也与北京一样要举行大游行。我的家所在的光华街，是进入皇城坝参加节日庆典大会的一条分支大道，所以从节日的凌晨开始便有游行队伍从家门口走过，在家中 2 楼临街的窗口上观看游行队伍也是当年的一桩乐事。

1953 年抗美援朝结束后，国家的经济建设逐步进入正轨，皇城坝也开始了建设改造。记忆中第一批改造的是现在还存在的四川剧场，以及已经拆除了的百货大楼和新华书店。这三幢建筑虽说不高，但在当年也应该是很高端的建筑了，伴随着儿时在皇城坝的玩耍，也见证了这几栋建筑的落成。

1954 年 9 月我读小学了，对社会的认识和记忆也逐渐产生，记得那一年开始推行粮食等农产品的统购统销，当然主要是粮食，因为这涉及到每家每户的日常生活，所以印象较为深刻。所谓统购统销，就是粮食等农副产品，今后不能像从前一样自由买卖了，产品生产者要把这些东西卖给国家，再由国家配售给市民。这应该是城市中商品粮的开端吧。

从 1953 年开始，一个比较时髦的词汇展示在了民众之中，那就是社会主义改造。这个社会主义改造，它涉及的范围其实是很广泛的，既包括政治思想文化，也包括经济乃至经济生活的方式。因为当年年纪较小，对政治思想文化方面的社会主义改造，感受不多更不深刻。但对经济和经济生活方式的社会主义改造，年纪虽小，但也感同身受。

这在当时提为是三大改造，叫住"对农业、手工业和资本主义工商业的社会主义改造"。首先是从 1953 年开始的对农业的社会主义的改造，刚分到土地的农民，开始了由互助组、初级农业生产合作社到高级农业生产合作社三个改造阶段。因为居住在城中对农村的这个改造应该是虽有耳闻但不甚了解。但从 1954 年开始的手工业的社会主义改造，因为不少手工业者就是我们的邻居街坊，发生的事情就在身边，所以了解多一些，所谓手工业的社会主义改造，就是组建手工业合作社，让个体的手工业者参加到这种合作社中去，我们的很多街坊邻居，他们原来的手工业作坊和门店都是个人所有自主经营，后来也就逐步参加到这种有组织的手工业合作社中去了。

声势比较大的是对资本主义工商业的社会主义改造，这种改造最终发展成为公私合营。这个事情我印象比较深刻，是因为我的父亲原来是在一家绸缎店给老板也就是资本家打工，这家绸缎店最后公私合营了，因为我的父亲业务较熟，也有一定的组织工作能力，后来被选中为这个公私合营棉布店的公方经理，当时这种体制都设有两个经理，一个是公方经理，它应该代表的是国家和工人方面的利益，还有一个私方经理应该代表的是资方。当时这种公私合营的社会主义改造声势还很浩大，每有一个企业公私合营了，都要敲锣打鼓的游行燃放鞭炮予以庆祝。

到了 1956 年，各项社会主义改造顺利的基本完成，这是共和国发展历史上的一个重要里程碑，中国共产党在 1956 年 9 月第八次全国代表大会上确认："社会主义的社会制度在我国已经基本上建立起了"。

尽管有各种各样的运动，但上世纪 50 年代前半叶的无论是国家还是个人的政治经济生活总体的还是比较平静，甚至可以用宁静来形容，所有该发生的事情以他该有的方式和谐的进行着，大家都平静的进行着那些应该发生的事情，并且从思想观念上表现出一种积极的接受。

其实所谓宁静和谐，应该说在当时有一个很明显的标志，那就是对事不对人，对思想而不对个人。怎么讲喃？就是当时进行的所有运动，除了有针对性的镇压反革命、清匪反霸等外，包括三大社会主义改造，都是解决社会主义化事情本身，而不涉及原有的非社会主义化的人的处置，更多的是强调人们的思想上的社会主义改造，而不把个人作为特定的目标进行所谓的改造。简言之，所有的运动在进行中，都没有刻意对人进行好人与坏人的区分，更没有后来的阶级敌人的概念，所有的运动，多是围绕着解决思想认识问题而进行的。毛主席在 1957 年发表的《关于正确处理人民内部矛盾问题》比较代表了当时高层的意图和思想，对运动中相当多甚至几乎是全部的人与事，都是以人民内部矛盾的方式来处理的，极少甚至几乎没有将这些人与事刻意用处理敌我矛盾的方式来解决。

就在毛主席发表了那篇著名的《关于正确处理人民内部矛盾问题》的 1957 夏季，由中国共产党中央发起的号召各方面人士帮助共产党整顿作风的运动发生了一些意想不到的变化。始于帮助共产党整顿作风的活动，逐渐演变成为一场扩大化了的反右斗争运动。因为严重的混淆了敌我矛盾和人民内部矛盾的界限，扩大化了的反右斗争运动，把大量真诚的帮助党整风的人错当成右派分子来斗争，在指导思想上向"左"的方向偏转，认为阶级矛盾和两条路线的斗争是当时中国社会的主要矛盾。

长达一年的反右斗争，对社会的影响和震荡是严重的，波及到社会生活的方方面面。我的父亲作为公私合营企业的公方经理，在帮助党整风的活动中发表了很多不合时宜的言论，于是被列为右倾，好在他自身的成分是工人，又是公私合营商店的公方经理，最终没有被划成右派，但被内部处理成为右倾思想。我记得在 1957 年夏天的一天傍晚，父亲被几个人押着回家取换洗衣服和洗漱用品，后来一直被集中批判，到反右运动结束时，被撤销了公方经理职务，调到刚刚新建的位于青白江的成都钢铁厂劳动。

应当说 1957 年的夏天是人们情绪的一个转折点，从这个时候开始，人们有了自危自保的危机思绪，因为大家已经意识到，讲错了话做错了事是会受到相当的惩罚的，为错话错事所付出的代价是高昂的。我因为在 1958 年秋季学年转入到四川大学附小也就是望江楼小学读书，其时正好反右斗争结束，因为居住在四川大学，也见到了很多被划为右派的知识分子，小学生的认知实在不敢相信所看到的他们是右派分子那种坏人。

1958年夏天反右运动结束后，人们又逐渐进入了一个亢奋但是有序听话的状态。先是那一年的八届二中全会提出了"鼓足干劲，力争上游，多快好省地建设社会主义"的总路线，接着又在八届三中全会上提出了大跃进，大跃进在农村的表现是放高产卫星，而在城市中是大炼钢铁。在有了人民公社这个农村基层组织后，被称为总路线大跃进人民公社的"三面红旗"在中华大地上迎风飘扬了。

大炼钢铁在当时是印象深刻感同身受的。首先是要捐出家中的铁器作为炼钢原料，同时到处去收集废钢废铁，这些都是炼钢需要的材料。印象很深刻的是学校多次组织同学们到锦江对岸的南光机械厂等工厂拣废钢铁。小高炉是当时随处可见的炼钢设施，人们在一片亢奋中熬更守夜的冶炼钢铁，满怀期望的等待着好钢出炉的那一时刻。我至今还记得到我们川大附小也叫望江楼小学第一炉小高炉钢炼成时，一位我们一贯很是尊敬的老师，尽管熬红了眼睛，但仍然兴奋地敲打着炼成的钢块，大声呼喊"这是我们炼出的钢"！

整个1958年都是很亢奋甚至可以说是疯狂的，一方面各行各业特别是农业方面的高产卫星在频频的发射，它撬动着国人的激情，所以大家都很自然的相信我们会在15年内超过英国赶上美国，"超英赶美"不仅深入人心，它也成为当年街头活报剧的主题与精髓，一出"英雄赶派克"街头剧在各处频频表演，表现和展示了当年国人的豪情壮志。

1958年秋收后，大丰收加上人民公社那种初级共产主义的架构，农村出现了吃饭不要钱的公社化食堂，记忆犹新的是望江楼小学曾经组织我们小学生们从城市南边的九眼桥望江楼，整队步行前往西边的茶店子，去参观金牛公社的高产田和公社化食堂。看到农民们在公社食堂中乐呵呵的吃喝，我们真的相信共产主义就在眼前了，当时一句很时髦的口号是"共产主义是天堂，人民公社是桥梁"。

还好庆幸城市中没有出现农村那种吃饭不要钱状况，没有去赶那种共产主义"各尽所能按需分配"的时髦，仍然坚持的是社会主义"各尽所能按劳分配"的原则，这使得城市的后来状况比农村要好些。因为农村中人民公社食堂化这种吃饭不要钱的日子，并没有坚持到多久，在耗费尽了1958年丰收的成果后，人民公社的大食堂逐步进入了"巧妇难为无米之炊"的尴尬境况，不要钱的饭是需要用各种主副食品原料来烹饪的，但到1958年末时，这种主副食品已逐渐没有来处。

1959年的初春是寒意隆隆的，农村中食品短缺的情况已在城市初见端倪。米面等主食和猪肉食油等副食品，已不像统购统销初期那样敞开供应，还是逐步开始限量，并且货源逐步减少，购买起来很艰难。到后来就开始定量供应了，每个城市居民根据自己的工种确定每个月的主食的标准，一般的城市居民是每月28斤，坐机关的干部最少只有26斤，而劳力的工人每个月有30斤，最受到优待的是中学生，粮食定量标准是每个月32斤。

这20多30斤左右的米面主食，在今天看来应该是很高的标准了，我们现在一个人每个月消耗的大米等主食最多是10~15斤，很难想象当年的定量标准会有30斤左右。但即便是这样，大家仍然感到吃不饱，饥饿感随时都有，这是因为猪肉食油等含脂肪的副食品定量太少，猪肉是一个人一个月一斤，菜油是一个人一个月半斤，肚子中的"油大"太少，所以尽管一个人一天有一斤的米饭可吃，但仍然感到比较饿。

最早的粮食定量供应是每户凭户口在指定粮站办购粮证，居民凭购粮证在粮店购买米面等主食。后来开始印制粮票，主要是方便流动购买，而且当时不少的餐饮店逐渐开始购买主食需要付给粮票，所以计划经济体制下那种"凭票供应"开始出现。随着物品的逐渐匮乏，这种票证的范围和内容在扩大，穿的有布票棉花票，吃的除粮票外有肉票油票糖票烟票酒票，名目繁多应有尽有包罗万象，甚至像春节这样的节日供应点黄花木耳之类的也是凭票。也就是说当年要购买到物资，钱不是主要的，重要的是要有票证。

这个由1959年起始的凭票供应，是逐步发展的，到了1960年就基本普遍普及了。有钱无票是买不到日常生活用品的，所以"黑市"就应运而生了，这种"黑市"就是现在的农贸市场，当时大家都称它为"自由市场"。严格的说这种"自由市场"是非法的，所以人们一般把它通俗的称为"黑市"。黑市上能买到的东西是应有尽有的，只是价格十分昂贵，一般工薪阶层的工资在"黑市"上是买不了多少东西的。

那个年代中，我和的兄弟都在长身体的阶段，主副食品的消耗是很大的，所以我们随时都感觉到肚子很饿，随时都在美梦能够饱餐一顿。好在我的母亲在当年还是比较神通广大，她能时不时搞到一点成都罐头厂生产的"清蒸猪肉罐头"，让我和兄弟可以解馋饱餐一顿。那真是神仙般的美食，打开"清蒸猪肉罐头"，放入锅中烧开后加入白菜等蔬菜，那个味道对当年饥肠辘辘的我和兄弟，那简直是不摆了。

说到我那个神通广大的母亲，她应该是当年的一个典型了，因为有"妇女能顶半边天"的领袖指示，新中国的第一个十年涌现出很多巾帼英雄，我的母亲便是其中之一。当时我的母亲在一所叫做"三八门市部"的商店工作，顾名思义。这个门市部的工作人员都是女性，不是顶起了半边天，而是整个天空。母亲这种顶半边天的工作积极性，使她根本不能照顾家庭孩子，她几乎没有回过家，每个月给我10元钱人民币，我得安排和料理这个月自己和我兄弟的生活，而当时我也就是10岁左右，我的兄弟也是4岁左右。当然这样得不到母亲照顾的积极意义是我从小就得到了独立生活的很好的锻炼，不仅每个月得把这10元钱计划安排好养活自己和我的兄弟，而且也学会了很多做家务的事情，其中主要是烹饪。

有一点至今都还不是搞得十分明白的是，尽管当年大家肉体上都在承受着饥饿的折磨，但在思想认识上，用今天的话来讲大家都相当一致的充满"正能量"，也就是说大家对当时很多大是大非问题，都是相当的统一和一致，很难听到见到有人抱怨，该工作的工作，该读书的读书，似乎都不为这种物资供应的匮乏有什么影响或者妨碍。

当然上世纪 50 年代末的这种物质缺乏以及逐渐发展起来的凭票供应，在那个时候还没有到达艰难的顶点，大家刚从 1958 年的"大炼钢铁"和"超英赶美"的激动和亢奋中过来，物质的短缺还没有到达严重不足的顶点，所以在总路线大跃进人民公社三面红旗的指引和鼓舞下，大家都信心满满的期待并且深信着物质的短缺是暂时的，会随着大好形势的发展一天天会好起来的。

50 年代的十年中，在执政党的最高层，还发生过二起后来被称为路线斗争的二大事件，这就是高岗、饶漱石反党联盟和彭德怀反党集团。应该说在上世纪 50 年代中，这种发生在共产党内部后来被称作路线斗争的党内高层政治生活，因为各种各样的原因，中下层特别是下层的老百姓是不知晓的，最多知道某些人的职务调整了，而不像后来刘邓、林彪及江青等"四人帮"出事时是全国老百姓都是家喻户晓的，这也许是上个世纪 50 年代党内高层政治斗争一个特点吧。

说到彭德怀反党集团，今天回过头来看应该是一个很遗憾的事件。1959 年在庐山召开会议时，最初的初衷是要纠正 1958 年左倾，也就是要审视或者说纠正大跃进和人民公社化中的某些左倾盲动错误，遗憾的是会议在中途发生了方向的扭转和变化，由原来的反左变为反对右倾机会主义，除了彭德怀等人成了反党分子外，第一次庐山会议之后所执行的路线方针和政策，就比 1958 年更为左倾，这不得不是一个极大的遗憾，它带来的后果是使经济状况雪上加霜了。

第二章 阶级斗争为纲的六十年代

在物资供应紧张与匮乏初见端倪中，新中国迈入了 1960 年，1959 年的第一次庐山会议，把 1958 年的左倾作为右倾机会主义来批判，当然就使现实中的各种国民经济运行政策和方式更加偏激了。农村中农户的自留地与家禽家畜的数量和规模大幅减少，稍多一点便被当作资本主义的尾巴来割，城市中自由市场的交易更多的被处理成为投机倒把，生产和流通受到极大的限制。这带来的直接后果是各类农业主副产品的产量大幅下降，流通大幅萎缩几近绝迹，城市中通过票证来控制物资供应的"凭证供应"迅速的全面实施了。

恰逢从1959年开始的三年自然灾害应该算是天灾吧，当然还有人祸，当时宣传得比较广泛的是中苏关系交恶引发苏联专家的撤走，当然事实上更为起主要作用的是以反对右倾机会主义为目标的更左倾。60年代的最初几年人们的日子过得是很艰难的，比农村好得多的城市里边的吃着商品粮的人，有着普遍的营养不良状况，当时大家称为水肿病，人们都在为填饱肚子而煎熬。

我的家当时已经从四川大学搬到锦江旁的三官堂居住，肚子饿是当时的主基调，总得有些法子填饱肚子才行，我已经回忆过当时我从三官堂渡涉锦江穿望江公园和四川大学到成都二十九中读书时，沿途采摘雄南瓜花作为晚餐的"美味佳肴"食用。因为三官堂在当时已是城郊，住所住的门前便有空闲的土地可以开垦，于是我和我的邻居们都把它挖出来种瓜种菜，过上了南泥湾开荒种地自给自足改善伙食的日子。记得当时除了种有四季豆豇豆及茄子海椒冬瓜丝瓜等蔬菜外，还有玉米以及能够爬上房的南瓜，享用着劳作之后的果实并且填饱了肚子，也是不亦乐乎。

当年住在锦江旁边，有一点是很值得称道的，那就是我们喝的是锦江中清澈的水，足以见到当年生态环境没有遭到破坏时自然环境之优美，那个时候的三官堂甚至连街道都不能被称为，所以没有安装自来水，我们的食用水都是到锦江中去担，虽不敢说那个水就十分卫生，但用它来煮饭食用也是那一片居民饮用水的必然选择，现在回想起来，从锦江中担回的水确实是清澈明亮的。遗憾的是还没有迈出60年代，锦江中的水后来也就一年不如一年，河水逐渐浑浊肮脏不能食用了，当然城市建设的发展，使住在三官堂的我们也用上了自来水，当然不像现在是入户，而是10多个家庭共享。

60年代初的那两年的困难年代，农村的情况就比较严重了，因为没有商品量的保障，农村中缺粮的情况很普遍，饥饿使人死亡的事也发生得较多。我的母亲的娘家是在被称为银郫县的三道堰，就是今天成都自来水六厂所在地，那是一块富庶的地方，但就是在这一块地方，吃饱饭也是一个比较大的问题。

我舅舅的家中因为子女较多粮食也不够吃，粮食既然不够吃为什么要生那么多子女呢？这又是一个怪圈式的悖论了。因为按当年生产队分配自产粮食的制度，主要的也就是大部分的粮食是按照人口进行基本口粮的分配，所以子女多分配到的基本口粮也比子女少的家庭多，这就导致了农户家庭尽量生小孩以多分配基本口粮，但生产队的总人口多了，每个人口的基本口粮也就减少了，这又导致了粮食的不够吃。我的舅舅生有10个小孩，也就是说我有10个表兄弟姐妹，其中的最后一个我们称作老十的，由于多种原因进食不好，最后是被饿死的。

这还是在富庶的成都平原上，那些自然条件很差的边远地区，比如一直就很贫困的山区，情况就很严重了。多个因素导致了这些地区农民口粮的严重匮乏，一是三年自然灾害，靠天吃饭的中国农业遇到天灾是无法抵抗的，加之1958年人民公社食堂化那种吃饭不要钱所带来的造成一批懒汉的恶果，以及在生产队农民种什么粮食怎样种的瞎指挥，使得农村粮食大幅度减产，在交了农业税的公粮之后已所剩不多，吃饭成了那几年农村中的大问题，有不少农民在饥饿中失掉了生命。

当年在农村农业生产上的一些政策倾向使得粮食和各种农副产品锐减，因为过分强调集体经济，农民的自留地很少，允许饲养的家禽家畜也很少。而集体经济的粮食种植，一方面来自上面的各种各样不符合客观实际的瞎指挥，比如过度密植以及强制种双季稻等，另一方面在分配上让农民们意识到上交国家的公粮之后剩下的已不多了，缺乏积极性自主性使得集体经济的粮食种植减产的幅度很大，在天灾严重的地方，几乎是颗粒无收。

能够让农民有一点积极性的自留地种植与家禽家畜的饲养，数量都限制得很少，有的地方由于基层干部过度的极左行为甚至禁种禁养，比如收回自留地以及没收家禽家畜。农民是没有商品量供应的，他们得靠生产队分配的口粮和自留地中生产的粮食生存，这使得进入60年代的农村，饥饿和生存的形势一度十分严峻，不少地方的人口大量减员。

城市里面因为有商品量的基本保障，情况要稍好一些。但因为从根本上切断了农村中农民种植自留地和饲养家禽家畜的可能，加之在左倾的思维下禁止农贸自由市场的交易，即便有农民种植和养殖些农副产品，想要进入城市进行交易都被当成投机到把来打击，这使得城市里面的副食品供应日见匮乏，除了国家定量供应的那点猪肉和食油外，几乎不能够买到任何其他的副食品。

都说我们40后50后是饿过饭的一代，这个说法不假，尽管当时每个月还是有30斤左右的粮食供应给每一个人，但在三年自然灾害的那几年，就是城市里面的人也终日感到饥饿，随时都在饥肠辘辘的时候做着饱餐一顿美味"油大"的美梦。我们的父辈作为成年人尚好，而我们这些40后50后当时正是长身体的时候，饿饭的感受是让人难以忘怀的。

记得当时物资匮乏到了连蔬菜都要按人头凭发放的登记册子购买，这种蔬菜购买册子是街道上和居民小组为了平衡供应制作的，所以也不是很正规，但你要到蔬菜摊点上买菜，必须要出示这种册子说明你是有资格买菜的，买了菜还要在册子上予以登记。即便有册子并不能保证你肯定能买到，因为确实僧多粥少，买菜就像打架一样还得靠气力。我至今还记得我在初中班上那些长在九眼桥上晃荡的同学是怎样帮我抢菜的。

尽管农贸自由市场被禁止，但能够交易的"黑市"总会以它该有的方式存在，当年的九眼桥头和九眼桥洞下，便是这种"黑市"能够藏匿和存在的地方。我在回忆初中读书的时候曾经描述过当年我如何和班上的同学们混迹于此地，今天仔细想来，除其他一些原因之外，腹中空虚也是我愿意充当这些同学的"账房先生"和"教师爷"很重要的因由。

好在进入60年代之后，我的母亲不再充当那种"半边天"的拼命三郎角色，她也和我及我的兄弟日常生活在一起，那个时候我的父亲因为 1957 年的右倾思想问题还被发配在青白江成都钢铁厂劳动，直到 1962 年执行"调整充实巩固提高"政策成都钢铁厂下马，才得以回到成都和我们生活在一起。

我的母亲毕竟是有相当活动能力的人，所以虽然是肚子很饿，靠着母亲一些关系和办法，我和我的兄弟似乎也能时不时的打点牙祭。再就是我的那些舅舅们毕竟处在富庶的成都平原郫县，离省城近使得他们的自留地和家禽家畜的饲养都相对要宽松一些，母亲能够弄到一些像火柴乃至当年很时髦的解放鞋，作为一种交换也能时不时的交换回一些农副产品。

就这样，我们度过了虽说艰难但还不至于窘迫的三年自然灾害困难时期，当迈入 1963 年的时候，由于 1962 年初召开的 7000 人大会调整了相当多的农业政策，食品等物质的供应无论是从国家的层面还是从自由交易的层面，都有了很好的改进，也就是在这一年的 9 月，我进入成都七中读高中，开始了对我来讲是漫漫人生途中至关重要的三年学习生活。

前面曾经回忆到 1962 年的 7000 人大会调整了农业政策，使得三年自然灾害后 1963 年食品物资供应，有了很大的改善。7000 人大会是怎么回事呢？在我的记忆中，1962 年的某一天，我所就读的成都二十九中召开了一次全校教职员工大会，大家集中在操场上听学校党支部的书记传达了一个很重要的中央精神，那就是要从现在起，对国民经济实行"调整巩固充实提高"的政策，这实际上是当年 7000 人大会后对国民经济发展一个很大的纠偏的调整。

1962 年 1 月 11 日至 2 月 7 日，中国共产党党中央在北京召开扩大的有七千人参加的中央工作会议，史称"七千人大会"，会议目的是进一步总结"大跃进"以来的经验教训，统一认识，增强团结，动员全党更坚决地执行调整方针，为战胜困难而奋斗。这是一个对大跃进以来一系列左倾急躁的工作方针进行调整纠偏的会议，会议制定的"调整巩固充实提高"方针对当时国民经济的顺利发展起到了极为重要的作用。

7000 人大会后，各行各业都按照这个实事求是的新政策新方针进行了全方位的调整巩固充实提高工作。我在我们 78621 大学班网上，曾经发过一篇当年按 7000 人大会的精神所制定的 1962 年高考政审标准的文章，题目为《七七、七八级两年高考的政治审查》，把它辑录于下，说明当时各行各业都在贯彻执行的 7000 人大会精神在教育方面的一些情况：

七七、七八级两年高考的政治审查

邓小平先生在 1977 年复出后，很重的一板斧砍在了他所主持的教育工作上，那就是大学恢复高考招生。邓公在 1977 高考中曾经坚决的砍掉了当时的教育部负责人提出的高考十六字方针中"领导批准"这四个关键字，足以见当时邓公对民情国情的深刻了解。

但当年在十年动乱中教育是积重难返，乃有极左的思潮影响着1977年高考，其中在1977年高考所采用的政审标准上，负责高考组织工作的教育部很自然的把1964年高考的政审标准作为了1977年的高考政审标准，这使得当年很多高考分数较高甚至很高的考生因为政审无法迈进大学之门，笔者就是其中之一。

这个情况很快的被高层所察觉，所以在时隔半年后举行的1978年高考时，高层刻意的采用了1962年高考的政审标准，才使得很多在1977年落榜的高分考生，在1978年再次参加高考后才得有问津大学。

两年之差，这两个政审标准为何有如此大的差异呢？这与当年的情况有关。1957年反右运动之前，大学的录取虽然也讲政治，但阶级与阶级斗争的痕迹不是很深，基本上都是各大学在自主的根据高考的学科成绩在招生。在1957年之后，讲阶级和阶级斗争的呼声愈紧愈急，高校和科研单位中的"反白专拔白旗"的运动如火如荼深入展开，在这种历史背景下所制定出来的高考升学政审标准，使1962年前好几届高考不少成绩优秀的考生不能问津大学。1962年1月召开的"七千人大会"本质上是一个纠偏的会议，会议的精神反应到科教上就是由当时主持科学教育工作的聂荣臻元帅主持制定了1962年高考政审标准。应当说1962年高考政审标准是政治审查进入高考招生后最为宽松的一个政审标准，当年它让很多学业优秀的高中毕业生迈入大学的校门。但是好事多磨，这个标准只执行了一年便受到了本不该有的责难甚至批评，1963年虽然沿用了这个标准，但在当时的政治氛围下作了很多调整。

就在"七千人大会"纠偏还不到一年，在1962年底召开的八届十中全会上，提出了"阶级斗争要天天讲，月月讲，年年讲"，著名的"千万不要忘记阶级斗争"口号被提出来了，各行各业都在大讲阶级和阶级斗争，反应到科学教育战线上，聂荣臻元帅所制定的1962年高考政审标准被批判。1964年在全面推翻了1962年的政审标准后新制定的1964年高考政审标准，精准的执行了"千万不要忘记阶级斗争"精神，体现了"阶级斗争要天天讲，月月讲，年年讲"风范。

当然，1977 年的高考执行了这个 1964 年高考政审标准，那就使得很多考生难逃厄运了。好在以邓公为代表的高层及时觉察到了这个问题，在 1978 年的高考政审中刻意的执行了 1962 年聂荣臻元帅制定的高考政审标准，才得以使不少 1977 年因政审而没能迈进大学的高考成绩优秀的考生在 1978 年迈进了高校的大门。

文章说到了 7000 人大会召开不到一年，在 1962 年底召开的八届十中全会上政治风向就发生了很大的变化，但不管怎样 1962 年初的这个 7000 人大会所制定的"调整巩固充实提高"方针对扭转和改变当时国民经济的困境是起到很很重要的积极促进作用的。首先是在农村，让生产队和生产大队在粮食种植和各种多种经营上有更多的自主性权力，农户在自留地种植以及允许甚至鼓励农户多养家禽家属的政策也有了很大的调整，这对于尽快改变城乡主副食品的供应起到了十分积极良好的作用，到 1962 年底和进入 1963 年后，城乡人民都能基本上吃得饱饭了，不再受饿饭的困扰。在物资交流上，允许城乡农民和居民在自由市场上自主交易，打击投机倒把也界定了该有的政策界限。

在城市中，各种供应也逐渐好起来，1963 年，为了满足城市居民的需要，当时的食品工厂还制作了"高级点心"在商店中出售，我母亲所在的"三八门市部"就有专柜供应这种点心，因为售卖的这种点心都是酥皮的，所以在售卖之后装点心的木盒中会有很多酥皮，那是既富有糖份又很油腻以面粉为主的食品，商店职工是可以较低的价格买到的，这个东西不管是直接食用还是用开水冲调食用，都是色香味极佳的美味，那个年代能吃到这么好的食品，也得亏了我母亲在那个顶了全部天的"三八门市部"工作。

我进入成都七中读高中的 1963 年，政治风向发生了很大的变化。就在 7000 人会议召开半年多一点时间后，1962 年 9 月 24 日中国共产党在北京举行了八届十中全会。毛泽东主席在会上作了关于阶级、形势、矛盾和党内团结问题的讲话，提出阶级斗争必须年年讲、月月讲、天天讲，毛主席的这个观点在此之后的 10 多年中，从"千万不要忘记阶级斗争"到"以阶级斗争为纲"，最后发展成为无产阶级专政下继续革命的理论。

这样，进入 60 年代后，50 年代那种平静和谐的社会主义改造，被打上了阶级和阶级斗争的烙印，比如对知识分子，50 年代是强调对知识分子的资产阶级和小资产阶级思想的改造，而进入 60 年代后，更多的是讲知识分子多数是属于资产阶级范畴的，需要接受和加强改造，脱胎换骨成为无产阶级知识分子。

既然要讲阶级讲斗争，就得有对象和目标，很快地富反坏右五类分子的概念出来了。农村中首先是地主和富农成为斗争的对象，而在城市中除了反革命分子和坏分子之外，大量被斗争群体是右派分子。1957年被划分为右派分子的人，处置的方法不外这几种：有罪行的进了劳改农场，相当数量的被发配到边远地方的农村接受监督改造，当然也有留在原单位接受改造的，无论是那种情况，都是当年阶级斗争的目标和对象。

随着执政年代的持久，执政党干部队伍中的腐化分子开始发生和发展，为了解决这些问题最终引发了从1964年开始的四清运动。我就读高中的成都七中，在1964年和1965年相继有二次召开全校广播大会，由学校党支部书记兼校长宣传和解读中共中央关于四清运动的前后两个十条和最终的二十三条。

相比农村中进行比较激烈的四清运动，城市里边的四清运动似乎要平和些，比如成都七中当时也进驻有四清工作组，但声势和动作似乎都不是很大。农村中四清运动进行得比较激烈，是因为相当一批生产队生产大队的基层干部，即便没有成为腐化分子，因为他们手握权力，鱼肉社员贪占便宜也是司空见惯之事，而轰轰烈烈的四清运动就是要解决这些问题。

因为要讲阶级斗争，阶级出生也就是阶级成分便被突出来了，这成了压在青年人特别是青年学生身上的巨石，至少是思想上的枷锁。当年的成都七中也像所有的学校一样，学生们依家庭出身与阶段成分自然的形成了几类：出生好的红五类，出身不好的黑五类，以及夹在中间的麻五类，麻五类中不少是知识分子子女。

为了让青年特别是青年学生接受教育和改造，当年有一个提法十分普及："有成分论，不唯成分论，重在政治表现"，这应该是阶级斗争要年年讲月月讲天天讲在青年学生中的一个痕迹和表现吧。好在成都七中毕竟是一所优秀的省级重点中学，尽管学子们出生于不同的家庭，有着不同的家庭出身与成分，但在接受自然科学和社会科学知识的教育上还是很"有教无类"一视同仁的，大家都在这所优秀的重点中学中吮吸着知识的精髓，让学生们感到有压力的是对各自的前程和发展的思虑。

我的情况比较复杂，仅就家庭成分我是工人出身，似乎很不错，在1957年反右斗争时父亲讲的那些错话被内定为工人中的右倾思想，正是因为是内定，又没有宣布什么，我们做子女的也不知情。于是问题来了，有关方面总希望我自己把这个问题讲出来并有该有的认识与批判，但我自己并不知道实际的具体情况自然也就无从谈起。

这里就要说到恩师谢晋超先生了，在那几年与他相处的日子中，除了在他那里得到数学学科知识方方面面的提升外，使我格外感恩的是谢先生从不与我讨论那个让人烦心的问题，更为重要的是他以他的行为潜移默化地告诉我，许仁忠你就一门心思的认真学习功课吧，这才是最重要的，那些父亲的事情其实不是一个值得忧心的事情，这句话谢先生从来没有对我讲过，但我又心知肚明的知道他已经无数次地给我讲清楚了。

而另一位也是很欣赏我的学业的科任老师就不是这样了，他所讲授的学科我学习得也很优秀，对他也很佩服和尊敬，学习他所讲授的学科如同学习谢晋超先生讲授的数学一样让我也受益匪浅。但不同的是，这位先生三天两头地找我谈话，以他惜才的师长身份，循循善诱的给我讲了很多道理，我也明白他希望我能在父亲的事情上有所态度，但我确实对情况不了解，所以他期望的事情我也无从谈起，这实际上成了他与我之间的一条抹不去的阴影。

当然值得庆幸的是我确实在那几年高中学习中放开了所有的顾虑和忧心，全部心思和精力都放在了学习各个学科的知识上去了，在成都七中接受的那几年十分全面的基础教育，各个学科特别是数学和语文所吮吸到的知识精髓，无疑对于我后来几十年的人生起伏与发展都起着至关重要的影响和作用。

从1963年进入成都七中开始，因为与高64、高65两个年级的很多学长联系和往来密切，我参加了这两个年级在当年高考中的服务工作，当然也近距离的了解到了这两年高考中发生的很多情况，应该说在这两年的高考中阶级和阶级斗争的烙印还是很深刻的。这两个年级的录取都执行了在八届十中全会强调阶级斗争后所制定的政审标准，应该说这个政审标准是过分苛严了一些，我所知道这两个年级中很多品学皆优的学长，他们高考的成绩实际上是很不错的，但最后在严苛的政审标准面前，因为家庭出身和成份问题几乎悉数没有被录取，阶级的烙印像一条坎一样，横在了想要上进的青年学生面前。

阶级斗争的严峻性，除了国内以"地富反坏右"为主体的阶级敌人，以及执政党干部队伍中的腐化分子和基本上纳入资产阶级范畴的知识分子需要改造脱胎换骨成无产阶级知识分子外，还有一个就是来自外部的敌人。各方面一直在告诉我们，一贯的敌人美帝国主义，除了仍然对我们进行封锁包围外，再就是支持逃窜到台湾的国民党反动派骚扰大陆沿海，做反攻大陆的白日美梦。

进入1963年，国际阶级和阶级斗争的范畴中，反对以苏联为首的修正主义日益尖锐。早在50年代末60年代初，因为中苏两党在很多问题上的分歧，苏联方面就把党的分歧扩大到国家关系层面，他们悍然走了援华的专家，加重了三年自然灾害期间国民经济发展的严重损失。

1963年，苏联方面发表了一封《给苏联各级党组织和全体共产党员的公开信》，公开化了中苏两党的分歧，中国共产党从1963年9月至1964年7月，以《人民日报》和《红旗》编辑部的名义，相继发表9篇评论苏共中央公开信的文章，我们刚进入成都七中读高中，就接触到了这种严峻的国际斗争，使我们感悟到了阶级和阶级斗争是客观存在的，阶级和阶级斗争不仅国内有，国际上世界范畴内阶级斗争也很严峻。

国内严峻的阶级斗争事态还在进一步的发展，1965年11月上海《文汇报》发表了署名为姚文元的长篇文章《评新编历史剧海瑞罢官》，其紧锣密鼓上下呼应的状态让人的心弦绷得更紧，进入

1966年4月，北京的《北京日报》掀开了对邓拓吴晗廖沫沙三家村的批判，使人感到中国大地上将要发生一些大事情。果然，到了1966年6月1日晚上，中央人民广播电台播送了北京大学聂元梓等人的一篇大字报，第2天人民日报在刊出这篇大字报的同时，发表了评论员文章《欢呼北大的一张大字报》，十年浩劫拉开了它的序幕。

受到损害最大的应该就是我们高六六级的高三中学生，我们已经接受完了优质的基础教育，正跨踏满志的期盼着迈入高等学府，但是一场大革命使这一切都成为子无虚有的泡影，高考先是被推迟后来就被取消了，大学的门向我们关闭了。多年后的我们才明白，这是我们青年时期一次最大的政治经济文化全面损失。为什么这样说呢？与比我们长一岁高一级的高65级相比，一年只差带来的是天壤之别：政治上他们在大学毕业分配后成了国家干部，而我们却是下乡知识青年或者城市无业者；经济上他们能享受相当于五级工的行政22级工资收入，而我们在靠爹娘养活多年之后，后来即便被招工回城工资也就是一个二级工；至于文化上那就不摆了，你能想象一个大学生和一个中学生的差别吗？

这些都是后来才逐渐悟懂的事情，而当年的我们确是满腔热诚义无反顾的投入了那场大革命，应该说几乎是所有的青年学生都信进去了，都以为那是一场真正的革命，在深信不疑的革命教义面前，大家都争先恐后的冲锋陷阵，当然同时享受着长达两三年的红卫兵的殊荣，在经历了多次反反复复的斗争之后，直到1968年秋夏，当浩浩荡荡的产业工人大军在解放军的支持护卫下迈进校园接管了学校，当工宣队和军宣队成了学生们的直接领导的时候，大家才明白其实我们什么也不是，不过是一介书读得并不多的学生而已。

当然浩劫年代发生的种种事态也使大家在思考。比如在疾风暴雨般的1月风暴夺权之后，会很快出现在四川被称为"二月镇反"的"二月逆流"，戏剧般的转换经常让人目不接暇，被抓的造反派和被压制的红卫兵还没有清醒过来，不到两个月时间"二月逆流"又被粉碎，天下又是革命造反者的天下了。有些事就像川剧的"变脸"一样搞笑，比如发生了武汉"七·二〇"事件，革命造反者们所崇拜的谢富治王力被英雄般的迎接回了北京，但没有几天英雄的王力即被宣布因为其鼓吹"就军内一小撮"被打倒。当年不到20岁的小青年们，应该不懂得这就是政治，他们的热情和虔诚正好是政治所需要的。

严格的说，始于1966年"五·一六通知"的无产阶级就文化大革命，在60年代下半叶经历了疾风暴雨般的斗争，从初期的在学校批判各大中学校党组织领导、驱赶挑动群众斗群众的文化大革命工作组，到红卫兵走上社会"炮轰西南局火烧省市委"，当工人队伍中的造反派发动起来后，1967年初的"一月风暴"的夺权，便是顺理成章的了。遗憾的是，革命造反派队伍迅速的分成了两大派，他们之间的争斗比当年共同与保皇派战斗有过之而无不及，两派之间的争斗，由文斗发展到武斗，而最后是同室操戈枪炮相向，在这个过程中虔诚而激进的大中学生们义无反顾的投入进去，不仅付出了自己的青春年华，有的甚至为此付出了包括生命在内的高昂代价。

我还是比较庆幸的，尽管我从 1966 年 6 月初起十分积极的成了成都七中有代表性的造反派，但几个月后，半是醒悟到一点事态半是迷茫和犹豫，使我脱离了这支"造反有理"的队伍，破天荒的从一个激进的红卫兵成为典型的"逍遥派"，它不仅使我在当年付出的虔诚和代价比我不少同龄人要少得多，更是在后来的人生路途上因为这种逍遥的平淡为我减少了不少本来可能有的麻烦，至于为什么会是这样？当时我其实也不是悟得很清楚，现在把它归咎于天命吧，天命如此！

进入 1968 年末，逐渐悟懂了世事的当年不可一世和张狂的中学生红卫兵们，在入驻学校的工宣队和军宣队的管理下，一边跳着"忠字舞"，一边开始了所谓"复课闹革命"，老师们都被作为资产阶级知识分子靠边站了，所以也无课可复。其实这时已经二十出头的或者接近 20 岁但仍然被父母供养着的中学生们，因为彼时己无革命可闹，大家也就不约而同的先先后后考虑和担心着自己的前程问题，至少是从 1963 年 9 月算起，更远一点的应该是从 1960 年 9 月算起，同学们已经靠父母供养着在成都七中浪迹了 5 年甚至更多的时间，下一步该怎么办？大家好像都很茫然。

这个时候伟大领袖的最高指示"知识青年到农村去，接受贫下中农再教育，很有必要。要说服城里干部和其他人，把自己初中、高中、大学毕业的子女送到乡下去，来一个动员。各地农村的同志应当欢迎他们去。"给我们指明了方向，一贯听毛主席话的红卫兵们，立刻打点行李，按照领袖的指示浩浩荡荡的奔赴农村，去接受贫下中农的再教育。今天回过头来看，当年让 6 个年级的中学生下乡也是无奈之举，据说六个年级有上千万的学生，而当时的社会经济状况，是根本没有办法提供这么多的工作的岗位让同学们就业，这实质上是一个经济问题，也是一个社会问题。

但不管怎么样说，折腾了几年之久的中学生终于有一个归宿了，其实农村真是一个大课堂，在哪里你可以学到很多东西，其中主要是近距离的接近农民，伟大领袖曾经说过，了解了中国农民，你就了解了中国社会。到 1969 年上半年，除了极少数以各种各样的理由留在城市的学生外，绝大多数中学生们都奔赴到了各自心仪和选中的农村，成了人民公社的一员，在那里开始了知识青年新的生活，这种生活中的主要内容，就是按伟大领袖指示的接受贫下中农再教育。

当然比我们大几岁的大学红卫兵们就比中学生们幸福多了，不管他们最后被分配去了什么地方，但他们按照国家干部的待遇，是能够拿到相当于五级工的国家行政 22 级工资了，而当时我们的父辈们，绝大多数还拿着三级工的工资，只有少数的人能够拿到四级工的工资，我的那个工作十分积极和拼命的母亲当年就拿的四级工工资，当然父辈中也有不走运的，只拿到二级工的工资。红卫兵们安顿好了，学校安静了，社会生活逐步走入正轨，工厂和商店逐步以生产和服务为主了，恢复了它们该有的功能。

曾经分裂成为两派甚至多派的革命造反派们，也逐渐抛弃前嫌携手团结起来了，到1968年9月，全国（除台湾省外）29个省、市、自治区革命委员会宣告成立，这既是无产阶级文化大革命一个极其重大的阶段性成果，在某个意义上也宣布了那种狂热的乃至有些混乱的疾风暴雨般的战斗局面的结束。全国（除台湾省外）29个省、市、自治区革命委员会的成立，在当时被称为"全国山河一片红"，邮政部原定于1968年11月25日发行一套一枚版的纪念邮票，就被取名为全国山河一片红，但在1968年11月24日，因发现票面中的中国地图绘制不准确而被停止发行。

当然这个全国三红一片红的过程是很复杂和漫长的，第一个组建革命委员会的是1967年1月31日成立的黑龙江省红色造反者革命委员会，到最后一个1968年9月5日成立的新疆维吾尔自治区革命委员会，前后经历了将近两年的时间。在这个漫长的两年中，有着各种运动的反复，更有着惨烈的枪炮之战，两派的纷争是很多省市长期斗争不能成立革命委员会的原因，四川省就是这样，走过了一年多漫长的二派分裂和斗争，直到1968年春天中央召开了315会议后，才于1968年5月31日成立了四川省革命委员会。

1969年4月1日，中国共产党第九次全国代表大会在北京举行，这距1956年举行的第八次全国代表大会已经13年。九大进行了三项议程：林彪代表中国共产党中央委员会作政治报告；修改中国共产党章程；选举党的中央委员会。林彪向大会作了《在中国共产党第九次全国代表大会上的报告》，鼓吹"无产阶级专政下继续革命的理论"，强调这是毛泽东思想的最新发展，《报告》讲"文化大革命"是"社会主义社会两个阶级、两条道路、两条路线长期尖锐斗争的必然结果"，第一次把以阶级斗争为中心的错误指导思想，正式规定为"我党在整个社会主义历史阶段的基本路线"。

九大所确定的政治路线，为上个世纪60年代那个阶级斗争的年代划上了圆满的肯定的句号，正是在阶级斗争要年年讲，月月讲，天天讲的指导下，整个60年代充满了阶级斗争，包括从1966年开始的让国民经济发展付出了极大代价的文化大革命。亿万国人在"与天奋斗其乐无穷，与地奋斗其乐无穷，与人奋斗其乐无穷"指示的指引下，以10年的人生代价，从不同的角度，以不同的方式牢记"千万不要忘记阶级斗争"的教诲，时时处处以实际行动践行着"以阶级斗争为纲"。

党的九大胜利召开的时候，曾经为无产阶级文化大革命有着卓越功绩的中学红卫兵们，已经深处和遍布全国广阔的农村天地，一方面思考着如何接受贫下中农的再教育，同时也在思考自己的生计与未来。农村的闭塞落后使这些已经逐渐成人的学生们不得不担心自己的未来，可以说他们中的每一个人都曾经问过自己，我需要或者应该在这里呆一辈子吗？这个特别实际的问题让每一个知识青年茫然和不安。

当然还有一个实际问题也使大家很茫然，就是我们在农村这个广阔天地中要向农民们学习些什么，贫下中农能够给予我们的再教育是什么。这个问题在领袖的指示中好像是必然的毫无疑问的，但到了实际中，大家很难找到想象中的贫下中农的该有形象，看到的和想象的反差太大了，大到难以使人自圆其说自我解释。当然中国农民的天性淳朴，还是给这一批从城市里边来到农村的青年人带来十分美好的自然憧景。

我已经在我的知青经历中细说过我的下乡生涯，整个1969年我都是这一种下乡还是不下乡的犹豫和踌躇中度过的，所以讲真的，对九大这种盛事，当年还真没有密切关注过，手中捏着一份上不了户籍的户口迁移证，徘徊和游离在城市的边缘，一门心思考虑的是如何把户口上回去重做城市居民。当这种期望最终破灭了的时候，又仿佛恍惚听见和看见了要从农村知识青年中招工回城的希望，于是在1969年末，也就是六十年代结束的时候，拿着自己那一纸户口迁移证，去了蒲江县大塘公社插队落户。

上世纪60年代，是我们这一批老三届中学生珍贵的青春时代，我们从10多岁走到20多岁，在阶级斗争的洗礼中，我们的青春年华在慢慢逝去，我们的青春理想在慢慢模糊。从最初的天之骄子到最后去接受小农经济的传统中国农民的教育与洗礼，使得这一代曾经讨论过"青春无悔"问题的老三届很认真的问过自己：阶级斗争真的是这么必要吗？

第三章 跌宕转折的七十年代

如果把上世纪60年代称作是激烈阶级斗争的年代的话，上世纪70年代就可以称作是跌宕转折的神奇年代了，各种各样让人意想不到的事件在这个年代中频频发生，很多事件的发生转折度让人瞠目。政治的经济的文化的思想的各台大戏在这个年代中轮番上演，争先恐后的展示着它们自身的面目，不管是主角还是配角，都展现与表现得淋漓至尽让人有些目不接暇。

进入70年代，阶级斗争为纲仍然是主线条，一系列运动伴随着时光的逝去不断涌现。进入70年代，在继续进行1968年开始的"清理阶级队伍运动"，又掀起了"一打三反"运动，"一打三反"运动是1970年初开展的打击现行反革命破坏活动、反对贪污盗窃、投机倒把、铺张浪费的运动，这涉及到基层的很多人，包括一般百姓与基层干部。一打主要是解决政治上的问题，是打击那些反党反社会主义的现行反革命，而三反就涉及到很多普通人士了，因为这是解决经济问题，涉及到的贪污盗窃投机倒把乃至铺张浪费，在概念和界限上其实是很模糊的，极容易把很多人卷进来。

我的父亲因为从1957年被划为工人阶级队伍中的右倾分子后，便逐渐成为老运动员，历次政治运动开始之初总是把老运动员们作为开场锣鼓暖场，所以一开始他就成了运动的对象，因为长年从事的是商业贸易的经济工作，"常在河边站哪能不湿鞋"的老话注定是他必须要有一些经济问题，当然也确实有一些，虽然很小但总是问题，这时我的父亲已经有了1957年的惨痛教训，已经十分谨慎小心，所以即便成为了"一打三反"的运动对象，但好像过关也不是太难，说清楚了问题也就解决了。

我是在蒲江县大塘公社十大队参加的这场运动，作为有文化有觉悟的知识青年，自然应该好像也是这场运动推动方的生力军，在农忙还没有到来之际被抽调出来参加"一打三反"工作，其实就是做一些对运动对象的审问员记录员的工作。农村中解决这类问题的情况有时确实有些搞笑，有些事情甚至有些莫名其妙毫无人性，当年我就在大队参加了一项在大队书记一班掌权者看来必须要弄清楚的事情。

这是个什么事情呢？当年我们这个十大队纵深很长，有一些生产队就在大塘镇边，大概是一位农村年轻姑娘跟着一个老裁缝在大塘镇学做衣裳，但不知怎的后来未婚怀孕生子了，对一个未婚姑娘来讲本来这就是一桩难堪之事，稍有人性一点也就了不了之吧，但当年的运动不是如此，她被作为阶级斗争新动向被列为了一打三反运动的清查范畴。当时的情况是她要面对一群男人，被要求讲清楚孩子的父亲是谁？过程怎样？这种使人匪夷所思的混账事情，便借着抓紧一打三反运动的幌子粉墨登场了，让人恶心。好在农村中总有春耕夏种的忙时，所以这种荒唐的打着阶级斗争的幌子的运动随着农忙也就迅速的结束了。

1970年的我过得还是比较欢愉的，那一年我国第一颗人造卫星上天，带着东方红的乐曲使人真想听听从太空传递回来的这首颂扬伟人的歌声。因为成为了学习毛泽东著作的积极分子，在参加一次县上的学习毛泽东著作积极分子大会后与大塘公社党委书记兼革委会主任成为莫逆好友，常言说"君子之交淡如水"，这位郑书记在我完全不知晓的情况下，一手操作让我在实际下乡时间还不到一年就被招工回城，成了成都市金牛区商业局下属的石羊供销社一名员工，让我真正成了一名领工资养活自己的人。

回城参加工作时已经进入1971年，这一年发生了几件在人们意科之外让人感到无比惊讶的事情。一件是国际上中美关系的大事，1971年7月9日到7月12日，美国总统尼克松的特使美国总统国家安全事务助理基辛格博士秘密访问了中国，在中国的48小时中基辛格与周恩来总理会谈了17个小时，会谈涉及了当时国际上几乎所有的重大问题，也包括中美关系问题，这在当年无论是对于中美还是对于世界各国，都是震惊世界的大事件。美国代表团访问中国，对中国人来讲也是无比惊讶，不少的人还转不过弯，因为从建国初抗美援朝战争以来，我们接触到接受到的信息都是美帝国主义是我们的头号主要的人，现在我们要与他们谈事情了，这使很多国人都需要在思想和认识上转一个弯。

当然不管怎样，大家还是觉得这是一件好事，因为在这之前中苏交恶我已经数年，在1969年还发生了珍宝岛战争兵戎相见的情况，外界的压力使国人还是感到能够交一些新朋友也许是很好的选择。当年公布这一消息时，我正在金牛区商业局下属最大的龙潭供销社参加商业工作会议，所以会议上基辛格博士访问中国的事成了主题，当时人民日报等主流媒体没有过多的报道，参考消息上有不少消息，会议中间小组讨论时都是由我在给大家读参考消息上关于基辛格访问中国报道。

1971年下半年发生的另一件事情更使中国人民震惊了，那就是9月13日被党的九大新党章确定的毛主席的接班人林彪，在乘机出逃中飞机失事坠落在蒙古温都尔汗。事情虽然发生在9月，但基本上是一个多月后才逐渐有消息传出，到年底才有正式的中央文件传达此事。比起基辛格访问中国，国人对林彪叛逃就更难以理解和接受了，后来经过将近一年的批判林彪反党集团的罪行，大家才明白林彪是潜伏在毛主席身边的阶级敌人。

在揭露和批判林彪反党集团的斗争中，国人也就了解到了发生在1970年第2次庐山会议上的重大事件。1970年8月23日至9月6日在江西庐山举行了中国共产党第九届中央委员会第二次全体会议，会议原定议程是讨论修改宪法、国民经济计划和战备等问题，为即将召开的四届全国人大做准备。但是，林彪、陈伯达等人为争夺权力进行的宗派活动，打乱了会议的进程。8月31日，毛泽东《我的一点意见》发表后，会议转向对陈伯达的集中揭发批判。会上中央宣布对陈伯达进行审查。1971年9月13日林彪的叛逃堕机，与1970年召开的庐山会议密切相关。

尽管感到十分惊讶，但国人最后还是很沉静的接受了这一事实，今天回过头来看，林彪事件的发生使当年大家产生了很多疑问，更使人们对有关方面的公信力发生动摇，大家至少要想倒几个很关键的问题：林彪作为已经被党章确定为接班人的人为什么要叛逃？他是一贯的反党反毛主席吗？如果是这样为什么会选定他作为接班人？当然，这些问题在当年的氛围下，是不便也不能公开讨论的，仅仅是一种思考与疑问。

回城之后才感悟到城市中的"阶级斗争为纲"已被发挥到极致，这种极致表现为几乎所有有目的的人都会拾起这根牙慧，用它去砸人。比如单位上的一些当年的造反派，都在清理阶级队伍和一打三反运动中被理抹整顿。这些单位上的造反派不像我们红卫兵，他们当年的造反其实与单位上的恩恩怨怨有着千丝万缕的联系，文化大革命中他们以造反的面目用打击走资本主义当权派的名义收拾和整治了单位上的领导，现在单位上的这些领导又像还乡团一样回来成为当权派，他们已经不是走资派了，又官复原职成了掌权派了，这时该他们扬眉吐气了，他们在各种运动的名目下，追查这些造反派们当年在文化大革命中的各种劣行，有的人甚至被作为"三种人"被清理和整顿。

但风水总是轮流转的，在经过两三年的压制之后，造反派们迎来了他们1974年的翻身机会，由上而下的"批林批孔"运动本质上就是要对这些反攻文化大革命的还乡团进行反击。我工作所在的金牛区商业局，也经历了造反派们以"批林批孔"为名集中起来开会找商业局当权派讨要说法，实际上就是要求分享权力，尽管会议的场面很难看，但一厢情愿的事情总是弄不好的，复出的邓小平在1975年开始的全面整顿，让他们的美梦破碎，还差点受到进一步的理抹。因为我当年的身份比较特殊，所以在与这些造反派交流时，总是很善意的提醒他们，形势的变化是很快很复杂的，做事最好多留点余地。

1975年，邓小平根据毛泽东提出的"安定团结"、"把国民经济搞上去"的指示，开始全面整顿。全面整顿分几个步骤，包括：工业整顿，农业、科技、文教整顿，军队整顿，落实干部政策，以及制裁动乱分子，使得1975年各项工作特别是国民经济发展呈现出一片欣欣向荣的景象。也就是在这一年，结成"四人帮"的江青张春桥等人也把毛主席提出的无产专政下继续革命的理论发挥到极致，4月1日，张春桥发表《论对资产阶级的全面专政》长篇文章，以讨论资产阶级法权为名，鼓吹在"一切领域""在革命发展的一切阶段"实行"无产阶级对资产阶级的全面专政"的理论。但不管怎样，邓小平在1975年展开和推动的全面整顿还是卓有成效的，这让人们看到了一点希望。

这一年我作为区委工作队的成员参加了胜利公社也就是今天的琉璃场镇的党的基本路线教育，作为工作队和公社党委设立的基层政治夜校教员的培训老师，我要为全公社近200政治夜校教员讲授政治形势，这客观上从某种意义上来讲还是比较难煞人的。一方面，要坚决贯彻邓小平的全面整顿的方针，争取创造众望所嘱的大好形势局面，但另一方面对发表在人民日报上张春桥那种大块头文章，也得要宣讲，于是我一方面讲着经济基础和上层建筑的辩证关系，讲着资产阶级法权，另一方面又得讲要安定团结，把国民经济搞上去。所以，巧妇难为无米之炊是困难的，但米太多太杂了会使你更难！

在错综复杂的政治斗争中，70年代以很艰难的步履沉重的迈入1976年，1976年注定是复杂多变的，那一年发生了很多惊心动魄让人铭刻在心的事件。年初的1月8日，周恩来总理病逝，这位以鞠躬尽瘁颇得国人尊敬与拥戴的国家领导人，在那个微妙的1976初年离去，为这一年国内政治局势的发展与走向带来很多变数，发生在这一年清明的"四·五"天安门事件便是以悼念周恩来总理为契机的。

因为1975年邓小平的全面整顿，无论是对人对事最终都不可避免的剑指文化大革命，仅管整顿带来了国民经济向好发展的大好形势，带来了国人的人心归属与期望，但就在周思来总理逝世前后，一场反击右倾翻案风的运动在全国掀起，"翻案不得人心"斗争口号在中国大地上震荡，邓小平的地位让人们再次担忧,他还能这样干下去吗?

我在这一年初便回到金牛区商业局机关工作,机关的日常工作似乎离阶级斗争远了些,春天刚过完,便有了四川省食品公司要购买商牛区商业局在西门苏坡桥任家碾土地的消息,意识到这是让我已在乡下呆了六年的兄弟招工回城的机会后,我便一门心思的把时间与精力都投入到这件事上,以至于连反击右倾翻案风这等大事都顾及不多,只是在为这一年的商业工作会议准备工作报告时按惯例把反击右倾翻案风的那段八股文字录入报告,也就是这样才让我多了解到了一些这方面的信息。

那段时间,也有基层供销社的一些造反派跃跃欲试的想到商业局机关召开反击右倾翻案风的会议,因为在 1974 年"批林批孔"开会时我已与他们交往较熟,他们中的有些人还成了我的朋友,于是也来找我聊天,把他们的想法跟我说一下。这次我就直截了当的给他们泼冷水了,我委婉地告诉他们,高层的反复会长期存在说来就来,处在基层就不要当枪和炮了,把自己的稀饭吹冷,相安无事应该是最好的选择。因为有了 1974 年那次反复的经验教训,他们最后还是听取了我的建议,没有来商业局生事。

进入 4 月初,因为传统的清明节要到了,从 3 月下旬起北京天安门广场,特别是人民英雄纪念碑附近,便有祭祀花圈与祭文出现,北京的市民开始了自发祭祀周总理的活动,声势与规模随着清明节的即将到来越来越大,祭文的内容与措词也越来越尖锐,最终北京市有关方面进行了清场,这一事件被称为"四·五事件"或"天安门事件"。当年在成都春熙路和盐市口,也有类似的情况发生,只不过规模较小,影响也不是太大。

"天安门事件"一个直接结果是邓小平再一次被打到,在 1966 年 4 月 7 日晚公布的中共中央两个决议中,第一个决议的内容是:根据伟大领袖毛主席提议,中央政治局一致通过,华国锋任中共中央第一副主席、国务院总理。第二个决议的内容是:中央政治局讨论了发生在天安门广场的反革命事件和邓小平最近的表现,认为邓小平问题的性质已经变为对抗性的矛盾。根据伟大领袖毛主席的提议,政治局一致通过,撤销邓小平党内外一切职务,保留党籍,以观后效。正在进行着的开展得如火如荼的反击右倾翻案风运动,在天安门事件后特别很清楚明白的表达为"批邓反击右倾翻案风"。

进入夏天,成都的氛围突然有些紧张起来了,是什么事呢?原来从各个方面传出一些消息,讲四川西部有可能发生大地震,因为一直是有各种各样的小道消息在广泛传播,而权威部门一直没有公开信息发布,于是情况就更为混乱,大家都纷纷搬出家,在空旷之地搭建了一些简陋的居住点,以躲避地震。就是在这一片忙乱氛围中,1976 年 7 月 6 日,老一辈无产阶级革命家朱德委员长在北京因病逝世,这是继周恩来总理 1 月 9 日逝世后的 1976 年第二位逝世的国家领导人。

成都的混乱还在继续，传闻中的四川西部地区的地震始终没有降临，在一片焦灼和不安情绪中，人们最后见到的是唐山地震，1976年7月28日3时42分53.8秒，在河北省唐山市发生了强度里氏7.8级地震，震中烈度11度持续约23秒的地震造成242769人死亡，164851人重伤，是位列20世纪世界地震史死亡人数第二，仅次于海原地震。发生在唐山的地震，无论它的震级还是伤亡人数都让人们感到震惊，从反击右倾翻案风开始，到"四·五天安门事件"的发生，半年内两位国家领导人相继逝世，1976年上大半年国内的政治局势也很紧张与混乱，人们在流言传播中把唐山地震视为不祥的征兆。

因为在唐山已经发生了震度很大的地震，加之政府和国家有关权威部门也出面向人们解释和宣传在成都平原上发生大地震的可能是很小的，于是成都逐渐恢复平静，人们也前前后后回到家中居住，正常的生活和工作秩序重新开始，我所工作的金牛区商业局也在人们恢复了平静之心后，开始了正常的工作运转。

1966年9月9日，一个异常的不平常的日子，大约从上午10:00左右开始，就有中央人民广播电台频频的播送将在下午4:00发布重要消息的广播，让人们预感到这一天将要发生特别重大的事件。下午4:00中央人民广播电台向全世界播放了一个悲痛的消息：1976年9月9日零时10分，中国共产党中央委员会主席、中国共产党中央军事委员会主席、中国人民政治协商会议全国委员会名誉主席毛泽东在北京逝世，享年83岁。伟大领袖的逝世，让国人震惊，更让国人悲痛！

掌舵国家的伟人离开了他的国家离开了他的人民，而他的国家与人民，因为他的逝世在倍感悲痛之余，也在茫然的思考着未来，国家将走向何方？悲痛和茫然之际，从北京传来一个让全国人民振奋的喜讯：1976年10月6日，以华国锋为主席的党中央，一举粉碎了江青张春桥王洪文姚文元"四人帮"。喜讯传来，举国上下欢呼庆祝，人们奔走相告，庆贺这一作恶于国家与人民的反党帮派的溃灭。

人们期待着政治生活会有大的变化，但很快就发现尽管"四人帮"被粉碎了，但一直持续着的政治风向并没有太大的变化，党和国家大的治理方针仍然是"千万不要忘记阶级斗争"，无产阶级专政下的继续革命理论仍然被在实践着。1966年的最后几个月，人们一直在思考国家的发展路线会不会有大的调整和改变，人们期盼着改变，但最后得到的是失望。在1966年的最后几个月中，一种"两个凡是"的说法在不同的场合流传和宣扬，这个"两个凡是"最后在翻过年的1967年2月7日《人民日报》、《红旗》杂志、《解放军报》社论《学好文件抓住纲》中被明确的提出："凡是毛主席作出的决策，我们都坚决维护，凡是毛主席的指示，我们都始终不渝地遵循"。

复杂多变的1976年终于过去了，我在这一年中一如既往的在金牛区机关从事着该有的文字工作，使人倍感欣慰的是，我在这一年终于抓住机会，办成了把我的兄弟从呆了6年的农村调回成都工作这件大事，也完成了让妹子办理留在成都市免下乡当知青的手续，尽管为办成这两桩大事，我已经筋疲力尽，也知道个人后边的路在单位上已经很难走下去了，但我毫不后悔，能完成这两件当年的大事，对我来讲是一个兄长应尽的责任，谁让我们在"千万不要忘记阶级斗争"的年代中有一个不尽如人意的家庭呢？

带着"两个凡是"的疑问与茫然，人们迈入了 1977 年，这一年发生的好几个关键事件，大至国家小于个人，都是至关重要的。1977 年 2 月 7 日《人民日报》、《红旗》杂志《解放军报》社论《学好文件抓住纲》中提出的"凡是毛主席作出的决策，我们都坚决维护，凡是毛主席的指示，我们都始终不渝地遵循"，把传闻了近半年的当年高层治国方略明朗化公开化了，也是这两句话，引发了人们的思考与探索。

从简单的常识和常理看，这两句话是不妥当的。一个人不管他是领袖还是平民，不管他是伟人还是庸人，不可能一生中讲的每一句话做的每一件事，作出的每一个决定和指示都是正确的，因为世上没有不出错的人，这是常识也是常理。毛主席是人不是神，不可能一生中作出的所有决策所有指示，都是没有不妥之处的，"两个凡是"是把事情绝对化了，毛主席自己是从来没有讲过他所做出的任何决定和指示都是正确的，事实上他在不少的时候不少的地方都讲过，只要是人就会出错。

进入 1977 年后，我又按金牛区的惯例参加了陈佐国副书记带队的工作队，到龙潭公社进行党的基本路线教育工作，按照当时的政治背景，是需要我照旧像 1975 年在胜利公社一样，向大队生产队的政治夜校教员宣讲这个"两个凡是"，如果真是这样我一定很为难也不情愿，不过这种为难和不情愿的事情最后说没有发生，因为在 1977 年公社下边的大队生产队都没有再设政治夜校，当然也就没有政治夜校的教员来听我宣讲了。所以，我有些时候还是很感慨上天总是比较眷顾我的。

"四人帮"粉碎后，举国上下邓小平复出的呼声很高，这其中有很大的原因是大家看到了 1975 年的全面整顿中，邓小平的决心和魄力给大家带来了希望。进入 1977 年，这种呼声益发高涨，所以从政治的角度看，年初的两报一刊社论明确"两个凡是"也非偶然，大家记忆犹新的是时隔还不到一年的"四·五天安门事件"后，中共中央作出的两个决定，都是伟大领袖毛主席提议的，如果要按"两个凡是"办，邓小平是不能复出的。作为一位政治家，邓小平一直都是坚决反对"两个凡是"的，指出这不是马克思主义也不是毛泽东思想，他以自己为例说如果要按"两个凡是"，他就不能平反，更不能复出。

事情发展到 1977 年年中，在华国锋主持召开党的十届三中全会上，1977 年 7 月 17 日全会一致通过《关于恢复邓小平同志职务的决议》，决定恢复邓小平的中共中央委员、中央政治局委员、常委、中共中央副主席、中共中央军委副主席、国务院副总理、中国人民解放军总参谋长的职务。这个决定为党和国家带来了希望，也给国人带来了希望。就说像我这样的在 77、78 年迈进高等学府的大学生，如果没有邓小平的复出，那是根本不可想象的，邓小平复出的第一件大事，就是恢复了高考。

有人曾经戏称恢复高考让尚在农村做知识青年，还是已经回城当了工人的"老三届"考进高等学府读大学，是一举改变了"老三届"的政治经济文化地位。仔细想来这不是戏称，客观实际情况就是如此：政治上考入高等学府大学毕业就是国家干部，国家干部的政治地位是知识青年或者是工人不能比拟的；经济上大学毕业后的工资收入是行政 22 级，相当于工人 5 级工，而那个时候即便已经招工回城当工人的工资也仅是二级工，更不用说尚在农村的知识青年了；文化上那是最现实的，"老三届"知识文化程度最高的高 66 级，已经是接受了全面的基础初等教育，而在大学里边能够接受到的是高等教育。回顾过往的一生，我确实无比庆幸自己能在 1978 年 9 月通过考试进入大学，尽管在此之前有因为政审过严而在 1977 年高分但没有被录取的遗憾。

尽管在邓小平复出后，很多类似于恢复高考制度的具体问题解决了，甚至比恢复高考制度更难的很多具体问题也解决了，但"两个凡是"作为一种治国方略的存在，不仅限制着国家的发展向好的方向变革，也让人们在实际的具体问题解决中经常感到疑虑和困惑，甚至有一种严重的危机感。事实上，在"两个凡是"的指引下，"千万不要忘记阶级斗争"仍然是治国大纲，无产阶级专政下继续革命的理论仍然在被发展被实践，它使人们经常要想起毛主席曾经的"无产阶级文化大革命每七、八年还要来一次"的预言。

于是，必须要直面"两个凡是"是否是错误的这个问题了。从 1977 年下半年开始，由讨论"两个凡是"所引起的检验真理的标准的讨论逐步深入深化，从而引发出"实践是检验真理的唯一标准"的大辩论，这场大辩论在 1978 年达到高潮。1978 年 5 月 11 日，《光明日报》发表本报特约评论员文章《实践是检验真理的唯一标准》，文章指出检验真理的标准只能是社会实践，任何理论都要不断接受实践的检验，这从根本理论上对"两个凡是"给予否定。这篇文章引发了一场关于真理标准问题的大讨论，这场讨论冲破了"两个凡是"的严重束缚，推动了全国性的思想解放运动。

当年我是十分关注这场大辩论的，我很懵懂感觉到这场大辩论似乎与我个人的命运有关连，我希望"两个凡是"能被否定。这种懵懂的感觉是有直接的触发因素的，这是因为我参加了 1977 年的高考，高分而因为政审问题没有被录取，失望之际因为被贵人毕老师告知 1978 年的政审标准放宽的可能性很大，而思想解放是政审标准能否改变的关键，所以懵懂中感觉到个人的命运与这场大辩论有关。这场大辩论以"两个凡是"被否定的圆满结果结束，而我也在再次参加 1978 年高考后顺利进入高等学府。

思想的解放让1978年迈出了坚实的一大步："改正"了55万名"右派"，对划为"中右分子"和"反社会主义分子"的31.5万人及其亲属也落实了政策；为"土改"以来的"四类分子"(地主、富农、反革命分子、坏分子)一律摘掉帽子，其子女不再视为地主富农等家庭出身；为全国71万名小商、小贩、小手工业者等恢复"劳动者"身份，不再视为资产阶级工商业者；为资本家发还被查抄的存款，归还被占用的私房，工商业者在政治上与干部、工人一视同仁；对"文革"中以"反革命罪"判处死刑的10402人组织复查，发现冤杀错杀的予以改判和平反。所有这些等于直接否定了"以阶级斗争为纲"。

伴随着这些接踵而来的喜讯，我也在1978年9月迈进了大学的校门，进入大学两个月后，迎来了十一届三中全会的召开。1978年12月18日-22日，中国共产党第十一届中央委员会第三次全体会议在北京举行，全会冲破长期"左"的错误和严重束缚，彻底否定"两个凡是"的错误方针，高度评价关于真理标准讨论，重新确立了党的实事求是的思想路线。全会停止使用"以阶级斗争为纲"的口号，决定将全党的工作重点和全国人民的注意力转移到社会主义现代化建设上，提出了改革开放的任务。

将近30年的"以阶级斗争为纲"终于要寿终正寝了，它带给了亿万中国老百姓难以言状的苦痛，以社会主义现代化建设作为工作重点，一个历史的转折点到来了。我从这个时候开始，度过了4年的大学学习生活，"在阶级斗争年年讲，月月讲天天讲"的折腾下走过了30年，31岁迈进大学的我特别珍惜这种接受高等教育的生活，期望着能真正学习更多的科学文化知识，成为一个能为国家做贡献的人。

十一届三中全会后，很快就进入了70年代最后一年。1979年一开年，就迎来了中美建交的喜讯，由1972年尼克松总统访华中美相互隔绝的局面被打破后，双方经历了几年的磨难，1978年在邓小平亲自主持谈判下，中美两国于1979年1月1日正式建交，结束了两国长达30年之久的不正常状态。一个月后，1979年1月28日至2月4日，邓小平以中国副总理的身份访美，陪同出访的中国社会科学院副院长兼美国研究所所长李慎之在飞机上问邓小平："我们为什么要这么重视同美国的关系？"邓小平回答说："回头看看这几十年来，凡是和美国搞好关系的国家，都富起来了。"

邓小平访美一结束返国，1979年2月17日，遵照中央军委命令中国边防部队对侵犯中国领土的越南军队进行自卫还击作战，一个月后的3月16日在完成作战任务全部撤回国内，中国军队的自卫反击战胜利的胜利，打击了敢于挑衅中国的国际上一切反华势力，捍卫了国家的领土完整和主权。伴随着中美建交和对越自卫反击战的胜利，历史的车轮滚进了改革开放的八十年代。

第四章 解放思想的八十年代

有人说，在我们老三届伴随走过的新中国 70 年中，充满改革开放朝气的八十年代是最令人难忘的十年，也是感到最自由放松的十年。解放思想是这十年的主基调，在冲破了 30 年的思想束缚后，人们以自己难以想象的宽度深度和力度在思想解放的大道上狂奔。其实，经过了三十年思想禁锢的人们，他们首先需要解放的是自己的思想，在解放了自我的思想中的那个禁锢与束缚之后，才谈得上对外部世界的思想解放。

但不管怎样，这个让人思想自由开放的八十年代终于迈进来了，回过头看，应该感谢七十年代末那个"两个凡是"的提出，让人的思想禁锢达到了极至，所以当"两个凡是"被否定之后，人们的思想解放随之也达到了一个高点。当人们的思想得到解放之后，很多从前根本不敢想不敢做的事情，象雨后春笋般的涌现出来了。

思想一经解放改革就接踵而来，与人们日常生活关联最为密切的经济改革来得最快。农村中土地联产承包到户了，工厂中不同层次承包责任制出现了，与此伴随的是物质产品的极大丰富，人们日常生活极为需要的农副产品和轻工业品像奇迹般地涌现出来了。而在城市中，令人惊讶和耳目一新的"万元户"的出现，标志着一种新的价值观念出现，第一批万元户不是出现在工人中农民中机关公职人员中，而是出现在那种做小生意小买卖小经营的社会闲散从业人员中。

八十年代初，在我的住家附近，一位邻居因为家中的孩子就业不顺，没有分配到工作的孩子在父母的支持下在青羊宫租赁了一间门面房卖抄手，因为距省人民医院很近，来小店吃抄手的人络绎不绝，生意不是一般化的好，他们自己保守的说，月入 1000 是没有问题的，这样不到一年，原本在家待业吃闲饭的青年人，成了邻居中的"万元户"。万元在今天已不是什么大数字，而在当年是不可想象的，当年很多人一个月的工资就是 30 元多一点，由此可见当年的万元户确实是真正的富翁呵。

富起来了一小批人不是主格调，浪漫灿烂的是更多的人在思想解放的年代享受着他们的美好时光。八十年代那是一个告别物资短缺的年代，那是一个告别知识短缺的年代，那是一个告别精神短缺的年代，那是一个告别思想短缺的年代。那时的中国正处于改革开放初期，万事万物都散发出蓬勃的活力。也许是被禁锢的太久了，物极必反使各种各样东西都来登台表演一番，大街上既播放着邓丽君的歌声，也响彻着老一辈的怀旧音乐，既有西装招摇过世，也有中山服庄严登场，一个万新的世界展现在人们的眼前。

80 年代的头两年，我大学一毕业分配到四川财经学院，当年那个地方还应该算是资格的农村，至少叫郊区吧。住在那里虽有远离城市之感，但也感到现代化城市在思想解放中百花齐放的气息和氛围。六、七十年代物资短缺之苦确实是告别了，记忆犹新的是四川财经学院的食堂，做出来的回锅肉、鱼香肉丝等美味那是价廉物美，让人尽情享受。值得一提的是当年的四川财经学院，整个校园种满了栀子花，栀子花盛开的时候满园香味，让人美不胜收，美食加花香应该是神仙过的日子了。

思想的解放必然带来对文化和知识的追求，读书提高学历成了八十年代初很时髦的追求，从刚毕业的中学生到年近30的成年人，都在通过各种渠道学习知识提升学历，四川财经学院也应当时中国人民银行总行的要求为全国银行干部举办大专学历的干部专修科，我在给这些来自全国银行系统的干部的上课过程中，也结识了一大批金融界的青年干部，学生加朋友的双重身份也使我今后受益匪浅。当然更为普遍的是1983年中央人民广播电视大学使一大批在职的干部通过这种远程学习的方法，增长了知识提升了学历，我在给四川省商业供销系统做电大班的辅导工作中，既改变了家庭经济窘迫的状况，又结识了一大批商业供销系统的干部。

八十年代进行的经济体制改革有两个核心的问题，一个是让那些应该或者说可能脱离计划的东西尽可能的尽快从计划中抽身出来，特别是轻工业主要是日常用品生产中的一些问题，诸如生产什么产品、原材料从哪里来、产品销往何处，都不再由计划部门决定，而是由工厂根据市场自己去决定，这个问题的解决似乎难度还不是特别的大，因为思想的解放，使得80年代人们对日常生活的追求品位提高了，消费自然也增长了扩大了，有了市场轻工业脱离计划经济转向市场也就比较容易了。

另一个问题就比较麻烦了，那就是价格的放开。计划经济一个最大的弊端就是扭曲了价格的关系，价格不是由市场决定的，而是由计划决定的，所以当年的价格体系中确有很多奇葩的东西，在今天看来荒唐得可笑。比如大米的价格，各种原因一直控制在一角几一斤，这种靠工农业产品剪刀差维持的价格，完全背离了价值规律，某个意义上来讲是对农业和农民的掠夺。至于靠财政补贴维持着的能源低价格，比如四分钱一吨的自来水，也让计划经济自身苦不堪言。但是这个扭曲的价格体系维持了几十年，谁也不敢轻易的放开，但大家都已经认识到，价格应该由市场来决定，但放开后会是什么局面，影响和责任的重大，使得价格体系的改革迟迟迈不开步子。

虽然有难有易，但是经济体制改革终于迈开了步子，取得了相当的其实是可观的成就，它的具体表现就是老百姓的日子越来越过得宽裕了。原来凭票供应的很多主副食品及相当多的日用轻工业品，机制一旦放开物资也就涌现出来了，票证也就逐渐告别了人们成为历史文物。仅这一点就可以说明，当时追求思想解放的人们，其实首先自身就需要思想解放，否则他也不能适应客观实际，比如象肉蛋、油糖、烟酒这种日常消费品，产品像潮水般涌进市场的时候，连购买者自身也是出其意外的惊讶：这些东西怎么会这么多呢？当年为什么没有呢？在计划经济机制下生活了多年，习惯了物质匮乏的思想，显然也需要彻底的解放一下，把思维从计划转向市场。

当然经济体制改革中也不是没有困境的，80年代初生产与流通领域使得货币量的需求大增，为了适应生产和交流的需要，增发货币显然是必要的，但增发到什么程度是适宜的呢？这个金融领域中的新问题也在考验着人们的智慧。1984年夏天我在应邀参加的一个只有15人的货币必要量研讨会中，曾经做过一次当年货币发行多了一点的发言，但是没有引起各方面的重视，两个月后的国庆节前后，爆发了新中国也是经济体制改革以来第一次全国性的抢购风，让人们认识到了金融这个影响和调节市场最佳手段的重要性。

经济体制改革使我这个专业是理科数学转而研究数量经济的财经院校老师有了一个最好的活动舞台，1982年我毕业到了四川财经学院也就是今天的西南财经大学后，在数量经济和企业管理所进行的科研取得了相当的成果，现在回过头来看，那是各种因素一个综合的结果：数学专业的技术、西南财经大学的平台、进入四川财经学院后对国内经济管理学课程的学习、以及出身商业世家和自己在国营商业数年工作对生产和流通领域的熟悉。所有的这些因素的综合，出现一些比较合乎客观实际的科研成果也就不奇怪了。

思想的解放使得从事业务和技术的人逐渐更想使自己从事工作更单纯更技术更专业，所以他们不太喜欢一些与技术和业务不相关或者说相关不大的因素的干扰，说具体点就是对促进技术和业务发展没有什么关系或者关系不大的人与事，最好远离一些。客观的说，这种想法很自然，既然你对我帮助不大甚至没有帮助，那就别来烦我，别一天到黑对我想要专注的事情指手划脚评头评还。记得当年教研室中一位年纪比我长五六岁的老师，就曾在每周星期二下午都要进行的教研室聚会上，明确的提出我们这种聚会应该只研究业务问题，也就是教学和科研的问题，其他的问题比如政治学习，他直言请少来。

这位学长教师是当年四川大学的老五届，四川大学四清运动中虽然没有公开的整学生，但因为当年他是白专的典型吧，其实后来他是被划成右倾学生的，他也因此受到了毕业不予分配的不公平待遇，按当年的说法，他是属于应该改造的资产阶级知识分子之列的。时隔不到十年，我想当他讲这些话的时候，应该他自己也感到惊讶，思想解放的力量就是这样使人们去想他不敢想的事，去做他不敢做的事。

这位学长老师希望少一些政治学习多一些业务研究，实际上代表着当年很大一批人的倾向性思维，从个人的角度看，这种想法与诉求到也不是什么特别大的事，但把这种思想倾向放到一个比较大的范围中来，问题似乎就比较严峻了。事实上当年在企业中，已经出现了党政分离的情况了，也就是在以生产与经营为主要工作任务的企业中，厂长经理们基于市场竟争的激烈，希望在经营管理上有更多更大的权力，而不要事无巨细大小都按原有的机制由企业党委或党委会讨论决定。

这里需要说一下当年这个时间节点的前后，企业管理的机制和模式，建国以来特别是通过60、70年代的洗礼后，当时企业管理应该说党委书记是一把手，厂长经理是在党委书记的领导下进行管理工作的，规模一般的企业都是党委书记说了算，稍大一点的企业就是在党委会上讨论企业的各类问题，包括生产经营问题，厂长经理在某个意义上就是一个执行环节。让企业进入市场后，情况发生了很大的变化，要适应市场在市场竞争中取得先机，厂长经理们要求扩大权利的诉求也就很自然和正常了。

事实上到了80年代的中期，很多企业都实行了党政分离，也就是党委退出了经营管理的范畴，生产经营的事情由业务上的厂长经理们自己决定，党委在企业中主要是做好思想政治工作，支持厂长经理们把经营管理的事情做好。应该说这种管理机制的调整，从当年的实际效果看，还是对企业经营生产有积极效果的。但是这个事情有一个度的问题，掌握不好就会涉及到一个特别敏感的问题，那就是党的领导的问题。

这个问题的本质和根本实际上是一个政治体制改革的问题，经济体制改革的纵深发展，必然要触及到政治体制改革这个令各方面都十分敏感的问题，其实因为企业是以生产经营这种经济活动为主的，党委原来的权威性领导退一步似乎影响也不会很大，事实上80年代的很多企业的党委都退出了生产经营范畴，把生产经营管理的事由厂长经理们全权领导。但如果把这个问题往更大更宽更深的层面上讲，就是一个政治体制改革的问题了，这个问题在上世纪80年代。应该说一直是一个犹犹豫豫反反复复的问题。

关于思想政治方面的原则，在七十年代末也就是1979年"西单墙事件"前后时，改革开放的总设计师邓小平先生就这个问题明确的有个指示，那就是"坚持四项基本原则"：１９７９年３月３０日，邓小平代表中共中央在北京召开的理论工作务虚会上作了题为《坚持四项基本原则》的讲话，小平在讲话中明确的提出了在进行社会主义现代化建设中要"坚持四项基本原则"，就是"必须坚持社会主义道路；必须坚持无产阶级专政；必须坚持共产党的领导；必须坚持马列主义、毛泽东思想。"

八十年代的政治体制改革也进行过很多探讨和尝试，但这个问题举足轻重，与经济体制改革相比较进展并不很顺利，它受到来自各方面的影响和干扰。1986年，胡耀邦任党的总书记时，对政治体制改革进行了不少推进，包括在企业中党委放权让厂长经理自主经营和生产，实际上是得到上层认可的，本质上也是政治体制改革的一小部分内容。但是，政治体制改革的推进受到了来自各方面的干扰，从1986年10月开始，在北京合肥上海等地发生学生上街游行示威的学潮，引起各方面关注。1987年１月１２日中共中央、国务院决定改组中国科技大学领导班子，中国科技大学原副校长方励之被开除党籍并撤职，13日中国作家协会理事王若望被开除党籍，23日中国作家协会副主席刘宾雁被开除党籍，各方面开始批判他们"鼓吹资产阶级自由化"的言论。

1987年1月10日至15日，在党中央一级召集了党的生活会，会上胡耀邦向中央政治局提出辞去中央总书记的要求。1月16日，中共中央政治局扩大会议在北京举行。会议决定：接受胡耀邦辞去党中央总书记职务的请求，推选赵紫阳代理党中央总书记。继续保留胡耀邦的中央政治局委员、中央政治局常务委员职务。会议强调：全党要继续执行中共十一届三中全会以来党的路线、方针和各项内外政策，继续坚持四项基本原则，反对资产阶级自由化，继续坚持以经济建设为中心，集中力量发展社会生产力，继续实行全面改革、对外开放、对内搞活经济的政策。

在八十年代中叶紧锣密鼓的推进经济体制改革，探索政治体制改革的那段时间，我在西南财经大学任教，也许是财经大学的缘由吧，西南财经大学对经济体制改革的科学研究是十分重视的，相比政治体制改革，身处财经大学的老师们在科学研究上更专注经济体制改革一些。我也是如此，继1984年参与了国家科研项目《货币流通必要量的计算》后，1987年又受中国人民保险总公司的邀请，完成了中国人民保险总公司保险研究所主持的国家科研项目中的《保险总准备金适度规模》子项目研究。

八十年代中，中国的社会生活中还有一道亮丽的风景线，那就是中国体育健儿在国际大赛中崭露头角，特别是中国女排。1984年7月28日至8月12日，第23届奥运会在美国洛杉矶举行，中国派出了300多人的代表团，全面登上奥林匹克舞台，共获得15金8银9铜，金牌数列第四位，成为世界体坛的一支重要力量。1984年8月8日，中国女排3:0战胜东道主美国女排，夺得奥运会冠军，首获世界大赛三连冠。

从1981年开始到1986年，中国女子排球队在世界杯、世界锦标赛和奥运会上，五次连续夺得世界冠军，成为世界排球史上第一支连续5次夺冠的队伍。取得了辉煌的世界大赛五连冠。1981年中国女排在日本举行的第三届世界杯赛上，经过7轮28场激烈的比赛，以7战全胜的成绩首次夺得世界杯赛冠军。第二年也就是1982年，中国女排在世界锦标赛再次夺冠。1984年的奥运会的夺冠，实现了中国女排在三大赛中连续夺冠的三连冠。之后在1985年的世界杯赛与1986年的世界锦标赛中又蝉联冠军，实现了八十年代中国女排在世界大赛上的五连冠。

有句话叫无巧不成书，1984年中国女排在洛杉矶奥运会上夺取冠军实现三连冠，回国后他们第一站的训练和短暂休息选在了河北承德避暑山庄，而中国女排在河北承德避暑山庄逗留的那段时间中，我也正在河北承德避暑山庄。我在那里做什么呢？是参加了中国人民银行总行组织的一个关于当年货币发行量的研讨会，讨论1984年货币发行是否正常，我在前边的回忆中曾经记叙到我在会上发表了当年货币发行超多的观点，比较遗憾的是没有引起重视，两个月之后爆发的全国第一次抢购风证明当年的货币确实超发了。所谓比较巧的是，我们那个会议是在河北避暑山庄举行的，那个时候女排也在那里。

我们和她们同住在一个宾馆，一日三餐也在同一个餐厅，所以我就突然萌发了一个想法，想请女排的队员们在我为参加那个会议所撰写的论文上签名留念，这个事情在操作上还有点小故事，因为请女排队员在我的论文上签字毕竟有点唐突，于是有一天我在自助餐厅里取菜时，正好碰见女排的张蓉芳也在取菜，于是我故意用四川话与她搭讪，还真应了那一句"它乡见故人"分外亲切的话，张蓉芳听见我的四川话，也就与我聊了起来，于是我趁机再告诉她我是在这里参加一个学术研讨会，想请她和她的队友们在我论文上签字留念，张蓉芳不仅自己高兴的签了，还招呼其他一些女排队员都来签了。

前面的回忆中曾经提到，八十年代的经济体制改革中，比较艰难的是价格体系的改革。计划经济体制下，整个价格体系是不健全不科学的，由计划所确定的价格有的甚至是扭曲的，这样的价格体系是不可能放到市场经济中去的，价格体系的改革必须要进行下去，否则谈何由计划经济向市场经济过渡呢？八十年代的最后几年，价格体系改革一直是经济体制改革的瓶颈，怎么样逐步把价格放开，最终实现价格体系由市场来决定，一直是当年经济体制改革中的攻坚战。

1988年出现的建国以来第二次抢购风，为价格体系改革蒙上了阴影。1988年新春伊始，各种涨价的小道消息便在坊间流传，民众的消费心理受到挑战开始发生了波动。3月份国家即将对一些主要农副产品零售价格进行调整的消息传出，部分地区主要是大城市的民众出于对涨价的担忧，开始抢购各类商品当然主要是日常生活用品，引发了1988年第1轮抢购风。5月国家决定放开四种主要副食品的零售价格，证实了此前坊间的流言，民众的神经再次被触动，抢购之风又起。7月28日，国家决定对13种名烟名酒放开市场价格，当天全国各大城市就出现了抢购名烟名酒的风潮，8月初有小道消息盛传，从9月1日起，各种商品将全面涨价，抢购风潮再起。8月19日清晨，中央人民广播电台播发了"价格闯关"的消息，当天就出现抢购狂潮，这一次抢购风潮波及面非常广，抢购风不仅发生在大城市，而且迅速席卷全国中小城市和部分乡村地区。价格体系的改革才刚起步，就遇上了脆弱到如此的消费心理和消费行为，确实使问题很难了。

突如其来的全国性抢购风潮，使社会的经济秩序陷入混乱，严峻的形势引起了国际国内的普遍关注，导致了民众的严重不安，也影响了社会的安定和广大民众对改革的信心。如何应对这一局面成为决策层面前的大事。高层的决心是坚定的，邓小平在9月听取了价格改革和抢购风潮的汇报后说："价格没有理顺，就谈不上经济改革的真正成功。我们准备用若干年时间把价格初步理顺，最终达到面向世界市场。"

1988年9月26日-30日召开的十三届三中全会，为深化改革扫清道路，原则通过了《关于价格、工资改革的初步方案》和《中共中央关于加强和改进企业思想政治工作的通知》两个重要文件。会议同时确定：治理整顿最迫切的任务是确保1989年物价上涨的幅度明显低于1988年，并把这一点作为1989年一切工作的中心，因此会议原则通过的《关于价格、工资改革的初步方案》不急于马上推行，而是建议国务院在今后五年或较长的时间内，根据严格控制物价上涨的要求，逐步地稳妥地加以组织实施。

治理的效果是明显的，从十三届三中全会到1989年底，中共中央、国务院接连发出四十个条例、决定、通知，治理整顿经济秩序，史称"四十道金牌"，控制住了从1988年初开始的抢购风潮。但这从另一个方面也说明，价格体系改革任重而道远，中国老百姓的消费心理过于敏感消费行为近似荒唐，使经济体制改革中必须要过的价格体系改革这一关步履艰难，各方面如履薄冰，不得不小心谨慎而为之。

八十年代的最后一年发生了很多迷雾一般而结果让人遗憾的事情。1989年春夏之交，一方面高层也在考虑逐步启动为了适应经济体制改革而必须进行的政治体制改革，在十三届三中全会上通过的《中共中央关于加强和改进企业思想政治工作的通知》，实际上触及到了政治体制改革中的一些问题，另一方面。也出现了一些不利于推进政治体制改革的偏激情绪和行动，这就是后来被定性为"反党反社会主义动乱"的"六·四"事件。

1989年4月15日，胡耀邦在北京逝世，终年73岁。4月22日，胡耀邦追悼大会在北京人民大会堂中央大厅隆重举行，中共中央政治局委员、国家主席杨尚昆主持追悼会，中共中央总书记赵紫阳致悼词，邓小平等党和国家领导同志以及各界人士、干部群众四千多人出席了追悼会。

胡耀邦逝世后，广大人民群众以各种形式表达自己的哀思，在悼念活动期间也出现了有反对共产党的领导和社会主义制度内容的大小字报，北京和其他一些大城市出现了较大规模的以游行为主要形式的学潮。5月13日下午，北京市高校数百名学生到天安门广场进行绝食，从5月15日开始至5月19日，爆发了大规模的声援学生绝食请愿的群众游行，进而发展成为由北京学生发起的占据天安门广场的事件。6月4日凌晨4时半，戒严部队开始对天安门广场实行清场，广场上的学生开始撤离，至5时半整个清场过程结束。

1989年6月23～24日十三届四中全会在北京举行。全会审议并通过了李鹏代表中共中央政治局提出的《关于赵紫阳同志在反党反社会主义的动乱中所犯错误的报告》。会议认为，赵紫阳在关系党和国家生死存亡的关键时刻犯了支持动乱和分裂党的错误，对动乱的形成和发展负有不可推卸的责任，其错误的性质和造成的后果是极为严重的。全会决定，撤销他的中央委员会总书记、中共中央政治局常务委员会委员、中共中央政治局委员、中央委员会委员和中共中央军事委员会第一副主席的职务。

国际社会对"六·四"事件采取了制裁的态势，比如由1986年7月10日中国政府正式提出恢复中国在关税及贸易总协定中缔约方地位的申请后，中国开始了与关贸总协定缔约国的双边谈判。1989年5月，中美第五轮复关问题双边磋商取得进展，谈判有望在1989年底结束。1989年春夏之交发生北京政治风波后，以美国为首的西方国家对中国实施制裁，终止了中国加入世界关贸总协定的谈判。

当年在成都也发生了各高校学生到人民南路广场聚集的事件，但很快的演变成为社会青年聚集闹事，最终烧毁了人民商场。我从1988年底，半下海式的一边在西南财经大学工作，另一边在当时的一家民营企业担当经济顾问，到1989年四五月份，我在这家民营企业承担的经济管理工作也十分繁忙，加之在西南财经大学内除教学科研外还担任着西南财经大学科研处处级干部的职务，所有这些竟然使我无暇顾及学校学生们发生的这些活动，都到了事件结束后，有关方面在调查清理教师参与支持学生活动的情况时，才知道学校内部发生的学潮情况还是很严重的。

应该看到，中国的政治体制改革确实举步维艰，一方面它自身就有很多在思想上认识上还需要提升的各种问题，但另一方面激进的要求尽快尽深的推开政治体制改革的干扰也很严重，来自左右两个方面的这些问题，使得政治体制改革进展缓慢。"六·四"件之后，因为多种原因，政治体制改革几乎停滞下来了，甚至在经济体制改革上的步伐都有所放缓，在有些问题上甚至倒退了，直到邓小平先生在九十年代初南巡并发表讲话之后，经济体制改革才又恢复到积极推进的状况。

我在八十年代最后两年中，因为一些很偶然的情况发生，使我一直徘徊在体制的边沿上，一方面我仍然是西南财经大学的公职人员，但另一方面又在社会上的民营企业兼职，这两年在当年被称为九十年代初下海潮的前奏，我这两年的状况正好对体制内外都有所认识和体会，这使得我最后虽然也在市场经济中摸爬滚打，但并没有选择离开体制内，还是坚持在西南财经大学任教的同时，参与市场经济的各种活动，包括最后创办自己的公司，进行实现财务自由的各种市场行为。

八十年代是一个思想解放的年代，冲破了将近30年的思想禁锢，人们以难以想象的方式解放着自己的思想，以充分的想象力表现了对各种社会活动的理解，这种理解从根本上来讲，就是要改革开放，八十年代的思想解放让大家充分认识到，只有进行改革开放，国家才能强大，人民才能富裕，这为九十年代大规模的改革开放奠定了思想基础，使国家和人民在九十年代中推进改革开放中有了长足的发展。

第五章 改革开放的九十年代

八十年代最后一年发生的"六·四"事件，不仅直接影响了政治体制改革的进程，基于很多可以理解的原因，也使一直进展比较好的经济体制改革受到干扰，有些领域的改革停滞不前甚至后退了。始于八十年代末的东欧巨变也对中国的改革产生影响，在这种背景下我们迈进了以改革开放为主色彩主基调的九十年代。

我从1988年底开始，便在市场经济中摸索，主要是为一些民营企业做经营和财务管理工作，工作中是明显的感觉到改革的步伐在放慢，特别是民营企业不要说是发展，不少的民营企业实际上面临的是如何在困难的经济环境下生存下去的严峻问题。

已经过去的新中国的40年的历程告诉我们，向市场经济过渡的经济体制改革必须要坚持下去，中国经济的发展才有出路。1992年初，中国改革的总设计师邓小平先生进行了南巡并发表了他的南巡讲话，掀起了改革开放的新高潮。

邓先生的讲话谈到了"姓社还是姓资"、"市场还是计划"等一系列当时在思想认识上还比较僵化的问题，再一次解放了人们的思想，思想的解放使改革开放迈出了一个大步伐，也让九十年代成为了一个改革开放的年代。

从1992年开始，在中国招商引资优惠政策的吸引下，大批外资涌入中国，首先到来的是港澳台资金，我在那一年接待了台湾著名歌星高凌风，他实际上就是在一批台湾商人的嘱托下，先来到大陆来了解投资环境的，特别是像四川这样比较内地的西部地区的投资环境。

因为小平南巡讲话更进一步的解放了思想，使得在体制内的大量的工作人员能够以"留职停薪"的方式下海到市场经济中来，所以1992年起在市场逐渐活跃起来的情况下，一大批民营企业应运而生。那一年我已经在西南财经大学辞去了处级行政岗位，以不需要坐班的高校教师的身份，既在西南财经大学教学，也创办了自己的公司开始在市场经济中游弋。

从1992年蓬勃兴起的经济发展势头很猛，使得在进入1993年后，通货膨胀的情况明显出现，为了稳定金融秩序，从1993年8月开始，中国人民银行通知各商业银行开展保值储蓄业务，用这种强有力的手段保持人民币币值的稳定，从而保持了金融环境稳定，持续了好几年的保值储蓄，对当时经济的发展起到了积极的作用。

小平南巡讲话进一步解放了思想，再一次掀起改革开放的新高潮。这一次的思想解放，其中一个很主要的内容就是认同并且鼓励老百姓们可以以多种形式持有私人资产，而持有私人资产并且受法律保护是几乎所有市场经济国家所恪守的信条，那就是"私有财产神圣不可侵犯"。中国九十年代比较有代表性的支持与鼓励老百姓持有私人资产的是房地产市场和股市的兴起。

九十年代开始，房地产逐步成为中国经济发展的龙头产业，出现这种情况正是因为进一步解放了思想的中国经济改革跨进了认同私有财产并给予法律支持和保护的深水区，1990年前后出现的大幅度降低房产交易税费的政策调整，让房产的交易流通通畅起来，这是房地产市场迅速形成的主要因素，当然国家住房制度的改革也对这个市场的发展起到了推波助澜的作用。

九十年代中国房地产的发展速度是惊人的，以成都为例，九十年代前成都的商品房开发都在一环路以内或一环路边，从最早的棕北小区青羊小区到后来的抚琴小区都在一环路以内，玉林小区与双楠小区也在一环路旁。进入九十年代特别是1992年后，商品房开发的势头很猛，成都西边的白果林小区化成小区石人小区，很迅速的把房子建到了二环路边，尽管当时二环路才开始修建。

我当时有幸进入了市场经济搏击，为后来的财务自由争取到机会打下了基础，我所创办的公司有所盈利有所积累后，也把一些富余资金投向了房地产，整个九十年代我所购买的房子，最后留下来持有进入到20世纪的都有相当的盈利和增值，这种盈利和增值不是简单的翻翻，而是呈四五倍的增长。

中国的房地产是个奇异的怪物，计划经济下几乎没有商品房的概念，住房改革之前人们的住房都是单位上分配，这个时候中国的房地产产业几乎是个空白。进入九十年代之后，房改使得商品房的市场不仅有了而且突然很大了，于是房地产这个产业就一哄而起，九十年代这个产业的特点是多而小，企业很多规模都不大，一般一个项目就是一个房地产开发公司。

因为这些房地产企业的规模都很小，所以在经营中。都追求一个资金流通快回笼快，因此房价相对偏低。整个九十年代的商品房的价格，都在2000元一平方米以内，多是1500元一平方左右。无论是哪一方面，包括开发商、购房者及政府与金融机构，都没有想到九十年代过完之后，房价会以令人瞠目结舌的速度上涨，所以在九十年代购买了房产并且能够持有的便是赢家了。

我当时是半是明白半是无奈，从1992年开始，到1998年，先后购买了20多套商品房，其中约有不到三分之二的房子是作为当时生意上的融资手段购入的，后来在九十年代末我退出商海回到西南财经大学重执教鞭时，这不到三分二的房子都作为清偿手段归还给了金融机构，但也持有大约10套左右的房子进入21世纪，这部分资产成为我后来能够在一定程度一定范围上实现财务自由的基础。

从这一点上来说，我应当是属于那种小心谨慎并且没有赌博心态的人。因为当时更多的生意人都一门心思把各种各样的资金，包括自有的借贷的都投入了企业的营运之中，当然做好了企业就做大做强了，但这是少数，更多的是很多企业在市场经济的拼搏中无疾而终，企业终止时当年投入的资金都成为企业清算时的资产摆在那里，其实是一堆没有多大价值的破烂。

但我当时没有这样，除了维持正常的经营需要的资金为外，有时候有一些沉淀资金当然主要是经营利润，如上边所说我是半是明白半是无奈把它投入了房产和股市，当然也买了一些高档车。这种资产摆布按时髦的话来讲就是"鸡蛋不要放在一个篮子里"，当时稀里糊涂的这样做了，后来中国房地产无论是产业还是价格都高速增长的时候，才知道这种歪打正着弄对了。

所以如果要总结自己在九十年代在市场经济摸爬滚打的收效结果，重要的还不是当时赚了一些钱，重要的是我没有把这些赚到的钱作为后来人们常说到的某人某人的"第一桶金"，去把企业做强做大。当时经营中确实也赚了钱，但最重要的是把这些赚的钱摆在了从今天的角度看是最该摆在的地方。

九十年代另一个引人瞩目的是股市，1990 年底，沪深二市的证券交易所相继开始营业，上海证券交易所于 1990 年 12 月 19 日开业，深圳证券交易所于 1991 年 7 月 3 日开业。由于多种原因，两个交易所开业时乃至开业后相当一段时间，上市的股票并不多,开业当天上交所有 8 只 A 股上市，史称老八股，深交所有 5 只 A 股上市，史称老五股，之后在相当长的时间内，两家公司上市的 A 股并不多。

因为能够在沪深股市上挂牌交易的上市公司并不多，但当时的股份制企业还是比较多的，于是在全国很多地方都有场外交易的场所，在成都就形成了当年有名的红庙子股票交易市场。我当年的公司办公地址在蜀都大厦，所以很近距离的见证了红庙子股票交易市场的兴起和搬迁。在红庙子市场交易股票，就像在菜市场买菜一样，一手交钱一手交货十分有趣。

最鼎盛时，整个红庙子街交通被阻止了，遍街都是手持股份公司纸质股票的卖股者与持币的买股者，买卖双方面对面的讲价还价，谈妥了就一手交票，一手交钱。当时股票的价格波动也很快，有人戏称他在红庙子街的这一头买了某家公司的股票，穿过整条街走到街的另一头时，刚买到的股票已经涨了，他顺势就卖了，叫做走过一条街，赚了一笔钱。

在红庙子街上买到的股票，要分为两种情况，有一类后来确实在沪深股市上了市，你在红庙子买到的股票理论上也就是原始股了，上市后它的价格一般都会有大幅度的提升，所以这类股票是最翘的。还有一类是最终上不了沪深股市的，你买到后就成了那家公司的股东。那么这里就有一个分析判断的问题，需要去判断哪些公司的股票下一步最可能在沪深股市上市。

我当年手中就曾经持有大约 15,000 股在红庙子市场上被称作"小长江"的债券，他实际上是四川省信托投资公司发行的债券，这 15,000 股小长江债卷，最初就是我的公司的一位员工在红庙子市场上买的，后来几经辗转转让最后到我手中成了长期持有。这支债券后来是以封闭式基金的面目上了深圳股市的，上市时它的名称叫"基金安久"，我持有的 15,000 股在上市前的确权中扩股成为了 50,900 股。

这个"基金安久"一直在我手中长期持有，当年封闭式基金的每年分红是相当丰盛的，至少当年所分红的金额早已超过了它的成本投入。我一直持有它到由封闭式基金转为开放式基金，"封转开"确权时它称作"华安策略优选基金"，确权时扩股为 123000 股，我一直持有它至今，2021 年 10 月它的每股价格曾达到三元多。

因为红庙子市场的场外交易在管理上几乎是放任自流的，所以后来也出了一些问题，加之红庙子街在市区繁华地带，也不能长期被阻塞交通，所以后来由政府出面，把它迁移到白马市街的城北体育馆内，因为是由红庙子迁到白马寺，当时大家戏称为"红迁白"，在城北体育馆的交易政府加强了管理，加之这种场外股票交易自然的兴衰过程，当年鼎盛一时的红庙子场外股票交易市场也就逐渐的清淡下来了。

我比较正式的进入沪深股市，应该也是 90 年代的最后几年了，那个时候我所办的公司在逐渐的收缩，无论是个人精力上还是资金上都有一些富余，于是也去沪深股市上去小试了一下牛刀。不试不知道，一试才知道牛刀不在自己手中，自己手中根本没有刀，中国股市的投机性使得沪深股市十分诡异，熊长牛短是它常有的态势，在实际操盘中是很难操作的，当然九十年代最后一年也就是 1999 年那一波"5·19"行情还是很鼓舞人的，"5·19"行情实际上是沪深股市的第一次井喷。

不过最终我在沪深股市上也应当称作赢家，这到不是我买进卖出的炒股，而是坚定的打新股，参与股票买进卖出的操作不多，即便买进了一些股票，也几乎是长期持有，所以最终还是获利颇丰。在股市中我的感受是绝不做短线，中线都不做，应当有价值投资的观念去投资股票。我这个理念还是得到了多方面的认同，2017 年中央电视台经济 2 频道"投资者说"专栏曾为我做过一个专题片，播出时间有将近 20 分钟，中心就是讲价值投资的。我的很多在股市上晃荡的体会，也在商务印书馆请我撰写并最后由它旗下《龙门书局》正式出版的《股市三部曲》中的第三部中有全面总结。

上边说到了中央电视台经济频道给我做了 20 分钟左右的《投资者说》专栏节目播出，以及商务印书馆特约我撰写的《股市三部曲》，那是货真价实的，这两样东西你在百度上去输入我的名字都搜索得到。但我想要说的不是这点，我想要说的是炒股最不能听的就是专家的话，我都上中央电视台讲股市投资了，也出了洋洋晃晃七八十万字的《炒股三部曲》专著，也在股市上赚了钱，我应该算是一个专家了吧，但恰恰像我这样的专家给你讲的股市投资，无论是理念还是操作方法千万不能听进去更不能信，我能给你的忠告一是千万不要迈进股市，二是即便按奈不住进去了，那就按自己的感觉去操作，千万不要听像我这样的专家的话，这样即便是输了亏损了心里边也坦然舒服。

现在回过头去看九十年代的房地产市场，它其实的市场机制是健全的。首先是政府，当时政府的财政还没有"经营城市"的概念，所以也不是土地财政，税收充盈是来自于改革开放中蓬勃发展的实体经济的。我记得当年市政府的主要政绩目标是府南河改造，为了推动这个改造，五个城区各自都握有一二环路之间的 500 亩土地用于招商引资改造府南河，我在 1992 年就是这样被时任书记的陈佐国招商进金牛区办企业的。

其次是开发商，一个项目就是一个房地产开发公司的小规模经营，如果是要进行旧城改造，那得自己进行拆迁，如果是一二环路之间的新区建设，那得自己面对农户的青苗赔偿，自有资金一般把这两项工作做了就差不多了，房屋的建设还得靠银行贷款与建筑商垫资，所以也没有囤积土地靠土地升值盈利的概念，更没有这个能力，也是在很正常的修建商品房，尽快开发尽快建设尽快销售出去以保障资金链和盈利的正常。

房屋的购买者当时确实都是刚需，至多是改善型的刚需，没有现在把房屋当做投资这个主要投资手段的概念，买一套房主要是自己居住，即便要投资也是一些小户型，目标主要是租赁出去收房租作为收益，那个时候不大容易想象得到后来房价会长得如此凶猛，所以很多的人没有把投资房产作为理财的主要手段。至于我阴差阳错的买了那么 10 套左右的房子作为投资，我已经说过了也许那是半是明白半是无奈。

而金融机构在房地产市场上的运作，当时还没有按揭购房的方式，或者至少是按揭购房并不普及和普遍，所以银行在房地产上的信贷主要还是开发商把土地拿来做抵押，贷款的对象是开发商而不是购房人，这也决定了当时银行在推动房地产开发中所起的杠杆作用不会很大。

政府、开发商、银行和购房者，大家都很正常的在房地产市场中形成了协调的商品房开发销售和买卖关系，因此它的泡沫很小甚至几乎没有，基本上是一个很正常的房地产市场，如果后来的发展一直是这样，那就非常好了，遗憾的是后来的情况完全发生了想象不到的变化，最终形成了十分令人担忧的房地产泡沫。

九十年代的改革开放中，最终还是扭扭捏捏的认同了国人持有私人资产是正常的事，这在思想解放上是迈开了很大的一步，回顾一下历史就可以知道这个进步有多大：曾经被当做五类分子的地主富农，就是因为他们在解放前三年持有的土地和房产达到了一定的数量，所以被划成了地主富农，享受了将近 30 年的无产阶级专政，从有私人资产就是资本主义，到资本主义也有无产阶级社会主义也有有产阶级，到最终鼓励人们持有房产股票等私人资产，这当然应该是思想解放上很大的一个飞跃。

比较遗憾的是，国内的资产持有方式太少，严格说来就只有房产和股票二类。A股市场是个捉摸不定的地方，他只有投机性没有成长性，有谁见过像A股市场在30多年中绝大时候都是熊市，牛市只有爆发性的几次并且每次爆发的时间都很短，而它的指数可以长时期的在一个箱体内徘徊，九十年代在1000~2000中徘徊长达十年，进入2000年后它也会长期蹲在3000~3500点，一蹲就是将近20年，中间只有很短暂的二次箱体突破后的上冲，一次是2007年的6000多点，一次次2015年的5000多点，这两次单边上升突破的时间都很短，你还没有反应过来清醒过来，它已经掉头下行了。这些注定了A股市场上的股票，不能成为私人资产持有的方式。

至于房市，我已经说过在九十年代，它是很正常的，它的发生发展以及它的运作模式，都是一个极其正常的房地产市场。但后来的发展就面目全非了，就2000年之后它成了又一个怪物，这一点我会在后边回忆进入2000年的两个十年年代中说到。变味了的中国房市，已经成为怪物的房产，它也许最终也不可能成为国人拥有私有财产的一条正常良好的途径与方式。股市那样，房市这样，国人持有私人资产的通道其实是很窄很窄的，从这一点实际意义来说，鼓励和支持国人持有私人资产也许很难落到实处。

九十年代中推动着整个市场经济的宏观面向好，市场经济是活跃的，逐步甩脱了计划束缚的经济体制发挥着它市场的活力，但这也是有阵痛有代价的，在这十年中"下岗工人"是一个令人扼腕而叹不堪回首的概念，尽管有刘欢那首"从头再来"鼓舞人心的美好歌曲，但现实比歌曲更苍白更难堪，从头再来不是一句话，更不是一句歌词，他需要有条件有基础有机会有平台更要有胆魄。

在形成大规模的下岗潮之前，首先是一批中小企业，其中绝大多数是打着集体所有制企业旗号但实际上是按照全民所有制运作的企业。他们最早也在计划经济中占据一个位置，所以产品销路和原料来源甚至包括资金都不太难，脱离计划经济后，吃惯了体制大锅饭的这类企业完全不能适应市场，迅速的产品没有销路了，材料没有来源了，资金短缺了，停工停产是必然的。从这些企业中出来的职工，一部分可以被蓬勃发展的民营企业所吸纳，特别是他的市场销售营销人员，其他的特别是生产第一线的员工，就只有在家待业了。

我曾经主持兼并了一个名字叫《成都市装潢印刷厂》的集体所有制企业，在兼并的过程中与它的很多职工交流中，知道他们的情况实际很糟，他们的诉求也很低，实际上也只能得到那样很低的结果，也就是我们这种出资兼并的企业，能以为他们一次性买断工龄的名义，在政府为他们在社会保险中争取到的优惠中，由我们一次性的给他们交完15年的社保，然后不管当时是什么年龄，就只能坐等退休领社保退休工资了。相聊中问到他们以后怎么办？他们其实也很茫然。比较巧的是，若干年之后他们中一位姓罗的很健谈的员工，居然到了我们西南财经大学开由光华校区到柳林校区的校车，见到能有这种情况，我当年这个兼并主持者还是感到有些欣慰的。

其实你千方不要以为是我们出资金趁这些企业之难落井下石，恰恰相反，是我们帮了他们。因为这种企业几十年的计划经济体制，使他一点也不明白市场是何物，当市场经济汹涌而来的时候，淘汰是它的必然命运和结果，事实上它已经被淘汰了。我们去兼并它，至少可以提供200多员工购买一次性社保的资金，保证了他们退休之后有退休工资可领，因为凭企业当时的状况，工资都发不出来还谈什么交社保。所以像这种集体所有制小企业，他是千真万确希望我们去兼并他的，就在这个工厂附近有一个《成都水表厂》，在我们兼并了装潢印刷厂后，厂领导和职工代表多次找到我，希望能如法炮制兼并他们厂。

好在成都是一个休闲的城市，生活成本和费用不高，只要不奢求高标准，在这个休闲城市中还是可以生活生存的，"喝点小酒酒，打点小麻将"是当年很多下岗成都市民日常生活的一种常态和必然选择，某个角度上来讲也还是蛮不错的。当然这些企业中做销售的人员往往是容易找到出路的，我后来的企业中就曾经招了两个副总经理，都是这种集体所有制的丝绸工厂中的销售人员，因为他们多年做销售工作还是有很多人脉，只要改变他们的计划观念让他们学会如何在市场中去运作这些人脉，他们在企业中发挥的作用是相当大的，当然他们在我的企业中的待遇就比他们在原来工厂高多了。

比较大型的一些国营企业，刚开始脱离计划经济体制时，似乎还不是太难，表面上看起来还挺风光，因为多年来国家投入的固定资产以及储备的技术人员，使这些企业转产适应市场有一定的竞争能力，但是有了市场并不一定你就稳操胜券，管理机制和思维的僵化以及行政人员的臃肿，使得它的生产经营成本太高，难以在市场竞争中坚持下来，所以也很快的逐渐被淘汰，这时大规模的下岗潮来到了。很多企业最终都是采取一次性买断工龄的办法，让为国家工作了几十年的工人们下岗了。到今天，九十年代那批下岗工人都到了退休年龄领着社保的退休工资了，但当年那种上有老下有小的境况一定还是使他们很窘迫的，很多事情都得有代价，下岗工人可能就是一种代价吧。八十年代的经济体制改革中，把放开价格称作"价格闯关"，足以见得当年价格市场化这个坎必须要过，媳妇再丑总要见公婆，价格不能放开，也就不能叫市场经济，但这个坎八十年代并没有迈过，反而是进入到九十年代才逐渐解决了。同样的，九十年代的这种下岗潮，也是经济体制改革的一种必然，永远保留着这种铁饭碗，也不能称作市场经济了，当初下岗工人们一定很难很难，但这个坎也必须要过，而且当年也确实迈过来了，尽管后遗症是现在这批下岗工人年龄到退休了才解决的。让我们向他们致敬吧！

与下岗浪潮相辅相成的，是当年民营企业的蓬勃发展，从小平同志南巡讲话后，1994年公司法颁布，结束了以往办企业明明是私营的羊肉但必须挂上集体所有制的狗头，并且必须有一个政府机关做主管部门才能注册成立的情况，按照公司法自然人也能注册公司了，这样大量的民营企业涌现了出来，这批民营企业在国企的下岗潮中，一方面吸收着国营企业的人才，但另一方面也确实为一些下岗人员增添了一些就业机会，我当年在自己办的公司和替朋友管理的公司中，就有大量的下岗工人再就业，尽管达不到刘欢先生"从头再来"悠扬歌声的高度和深度，但毕竟在下岗后有了一份新工作。

这种能够筹集到资金让职工一次性买断工龄的全民所有制或者集体所有制企业，在当年应该还是景况较好的，也就是说他还有一些优质资产，能够吸收到资金解决职工的社保一次性支付，比如我所主持兼并的《成都装潢印刷厂》。一些境况更差的企业就麻烦了，员工下岗了，既没有资金一次性买断工龄，每个月能够发放的职工工资实际上也就是生活费金额也是每况愈下，经常是过着等米下锅的日子。我当年所办的经营丝绸的公司，为我加工生产丝绸的体制内工厂，200多员工每个月按最低标准约需要 10 万元发放工资，工厂的领导每个月都眼巴巴的等着我结算这个月的丝绸加工费，以便给职工发放工资，这也算是那几年我在市场经济的摸爬滚打中对困境中的这种企业的一点帮助吧。

所以九十年代这批蓬勃发展的民营企业，其实包括我的企业在内的绝大多数企业，最终因为多种原因，都是短暂的经营几年之后便不复存在，除了少数像我这样有一定盈利和积累而主动退出来的外，更多的还是因为这样那样的各种原因导致经营失败而企业解体。但不管怎样，这批民营企业在当年下岗潮中，还是为相当数量的下岗工人提供了为数不少的工作岗位，这应该是他们对社会的一种贡献吧。

说到蓬勃发展的民营企业生存周期总是相对不长，其中有一个很重要的原因是，几乎绝大多数甚至是所有的民营企业都是靠内需做市场，中国人口虽然众多，但真正有消费能力的人并不多，所以仅靠内需赖以生存的企业，最终市场这块蛋糕总做不大，所以这类企业总是随时在诞生，但也同时随时在消失。整个九十年代，我们还没能够用融入到世界经济中去，但比较庆幸的是，以邓小平先生为代表的最高层，一直都在为让中国经济融入世界寻找机会，这个机会就是加入世界贸易组识，它的名字叫关贸总协定。入世的谈判十分艰难，但经过 90 年代一代人的努力，在进入 21 世纪之际，加入世界贸易组织的目标终于实现了，他为中国经济的发展也就是融入世界经济提供了契机。

改革开放的九十年代，能在年代末加入世界贸易组识，应该说为它立意的改革开放画上了一个圆满的句号，这既是九十年代改革开放一个良好的结果，也是进入新世纪的一个极富想象力的开端，中国经济将在融入世界经济的前提下起飞，这个起飞将向世人展示中国经济在世界经济与大家庭中，会以惊人的创造力告诉世界：我们来了。

第六章 在世界经济中腾飞的新世纪第一个十年

上世纪 90 年代行将结束的时候，也就是 1999 年 11 月 15 日中华人民共和国和美利坚合众国双方签署了《中美关于中国加入世界贸易组织的双边协议》，这是行将结束的 20 世纪送给中国一份最好的新年礼物，它标志着中国加入世贸组织最大的障碍也就是与美国的双边谈判与协议经过漫长的十多年历程终于完成，这事实上使中国迈进了世界经济大家庭。半年后，2000 年 5 月 19 日，中国与欧盟达成双边协议，在最后与墨西哥达成协议后，2001 年 11 月 10 日，在多哈举行的世贸组织第四次部长级会议上审议并批准了中国加入世贸组织。中国正式迈进了世界经济贸易大家庭，作为世界经济大家庭的一员，中国在二十一世纪新的一个年代中展开了他腾飞的双翅。

虽然有二十世纪九十年代强劲的改革开放，但因为我们和世界经济大家庭始终还隔着一个门，所以九十年代的改革开放，力度和效果都受到一定的局限和影响。因为没有加入世界经济大家庭，所以我们不能让所有的行业向海外招商引资，这让以吸引外资为主要目标的对外开放受到了很多限制。同样因为没有在世界经济大家庭中进行广泛贸易，以内需为主的经济结构始终使经济体制改革迈不开大步子。加入世界贸易组织让这些都不是障碍了，所以进入 21 世纪后的第一个十年中，在上世纪 90 年代中就已经游刃有余的改革开放，迈出了让人惊诧不已的腾飞步伐。

首先是汹涌而来的各种外贸生产或者加工单，让中国人口红利有了机会，入世后没有几年世界工厂就基本上名副其实了，发达国家不愿意或者不屑于生产的人口密集型产品，尽数被我们揽入囊中，"made in china"成了世界产品的世贸招牌,用这个十年的开初和结尾两年比较，在很多国家开初那一年是能看到中国制造的产品是个惊讶，结尾那一年是在某国不能看到中国制造的产品才是惊讶。贸易顺差使我们的外汇储备惊人的增长，中央和地方政府的税收所带来的财政收入也在惊人的增长，老百姓特别是参加外贸产品生产的迈向城镇化的农民工收入更在惊人的增长。

外资进入中国投资的速度，因为关贸总协定的签订，无论是我们开放的门槛降低，还是历来对我们有歧见的发达国家投资人，都争先恐后的涌入中国，想先手占领中国这块大市场。因为上世纪九十年代我曾经申办了好几个中外合资企业和外商投资企业，包括我自己的中外合资企业，所以同省市外经委的联系较密切，也结识了好几位外经委的朋友，在与他们的交流中，得知进入二十一世纪之后，才是真正的外商投资中国的高潮来了，他们说他们都忙得不亦乐乎，并且直言他们现在接手的申报中外合资企业和外商投独资企业，才是真正的大手笔外商投资，我当年申报的那几个与现在他们办理的相比简直是小渣渣。

外商投资的飞速增长，以及进出口顺差的逐年增大，使得外汇储备大幅度增长，这里也就出现了一个不大不小的问题，不管是外商投资也好还是贸易顺差也好，外汇进入中国境内后都要兑换成人民币使用，这就使得人民币发行的增量也有大幅的提高，从某个意义上来讲，进入流通环节的人民币多了，它实际上刺激了内需消费，刺激了国内经济的发展，价格改革开放逐步深入价格体系在完全放开后市场的机制也基本形成，也刺激着国内经济的发展。这是货币增发的积极的一面。它也有消极的一面，就是带来了通货膨胀。好在经过90年代的改革开放后，老百姓的消费观念也逐步市场化，消费心理和行为逐步成熟，所以虽有通货膨胀，但市场总体还是很稳定。

增发的人民币到哪里去了呢？那就是房地产市场。进入21世纪后，上世纪九十年代比较平稳正常的房地产市场有了刺激性的发展。房改的逐步完成，国人已经有了私有房产的概念，老祖宗留下来的买房买地的观念很快在现代国人中变成了一种投资理念，加之银行对按揭购房的全方位大规模的推进，于是商品房开始成了国人投资的目标，尽管这个过程比较缓慢，刚开始有投资房地产理念的人还不多，但盈利效应使得越来越多的人关注它，房产在逐步脱离居住的属性成了赚钱的工具。这种投资理念以及买卖房屋的赚钱效应，使得进入2000年之后的房价有了一个阶梯式的提高。

整个21世纪的第一个十年，房地产开发与交易都很活跃，成都的房地产开发发展很快，二环路以内的土地几乎开发完毕，正在迈过二环路向三环路靠拢，房价也由上世纪90年代的2000元以内翻了一翻以上，房地产业正在逐步产生泡沫。在政府有了经营城市的观念后，尽管还没有形成后来的土地财政的情况，但这种观念势必会逐渐催生着房地产泡沫的增大，银行的信贷投入因为政策化的按揭购房以及这种方式本身金融机构风险很小，对房地产信贷资金投入的增大也在使房地产泡沫被吹大。

我在这几年中，把九十年代购置的一些房产进行了置换，由老小区房置换成为电梯房，加之股市和其他的一些收入和盈利，也购买了一批房子，由于这个时候已经没有在市场经济中摸爬滚打了，时间和精力都比较充盈，加上一些政策性的原因，比如西南财经大学给员工到温江工作配置的商品房，所以这一个阶段我购买的房子价格还是很好的，如果考虑到购买这笔房子的主力资金是卖了上世纪90年代的一些房子的升值与盈利，所购买的这些房子真正的成本是较低的。

经济的发展也推动着股市的上涨，进入2000年后，股市逐步摆脱在1500点到2000点的箱体徘徊，逐步有所突破，最终在2007年年中上涨到A股市场从建立到今天三十年来的历史最高点，那就是2007年10月16日的6124点。同样也是因为精力和时间比较充裕，我在进入2000年后到这个历史高点的这段时间中，参与股市打新股当然也有少量的买进卖出，使得在股市上也有相当盈利，这个阶段段中所购买的一些房子，它的一部分资金就是这种在股市上的利润。

融入世界经济大家庭的各种积极的效应在不断的涌现和展示，国家层面外汇储备增长了，财政税收增长了，国家经济实力的增加使国家基础设施的建设飞跃发展，我们的城市建设虽然在设计理念和建设上还有所争论，但城市建设面貌的改观确实是个不争的事实，我们的很多基础设施，包括机场车站等交通枢纽、高速公路及各类公共设施的建设发展得很快，建设的成果也可以和欧美发达国家的城市建设相媲美，在具体的建设上，确实在很多方面超过了他们。

老百姓的层面，首先是收入增长了，不仅薪酬在增长，还有各种各样的其他的收入在增长，收入增长的一个很明显的标志就是在这十年的后期，家用轿车进入了我们不少家庭，倒过去10年，拥有私家轿车是绝大多数老百姓想都不敢想的事，当年把开轿车的人称作老板，事实上说明了只能有相当收入的人才能拥有轿车。老百姓收入的增长还表现在旅游上，出国旅游逐步普及到一般的工薪阶层，在巴黎伦敦纽约东京这些大城市中中国人的身影越来越多，逐步富裕起来的中国人正在改变着他们的消费观。

入世加入世界经济大家庭使我们的国门真正打开了，他让我们的国人尝到了改革开放的甜头，也坚定了各方面坚持改革开放的信心。当年入世谈判前后，曾经有一种对民族工业的担心，这确实是一个问题，但后来的事实告诉我们，外资不是洪水猛兽，民族工业的发展关键还在自身，很多事实说明了这一点。比如，汽车生产工业就是一个失败的典型，当年入世谈判中，曾经为我们的国产汽车工业争取到好几年的缓冲期，但行业没有利用好这个缓冲期，最终的结果大家是一目了然 除象吉利汽车等少数民营企业外，绝大多数实力雄厚的国有汽车企业，在拼搏中失去了竞争力，只能引入国外汽车品牌才能生存，使汽车市场成了外资品牌的展示地。

但也有成功的例子，且不说当年雄霸中国市场的松下东芝等家电国外品牌的节节败退，市场的大面积丢失使他们最终几乎撤出了中国，败在了国产品牌脚下。更令人瞩目的是二十一世纪第一个十年的手机，当年风靡一时的摩托罗拉爱立信等，不是最后也不敌国产品牌手机，逐步退出了中国市场。所以，当年惊呼狼来了，如果你不把自己视为羊，而坚信自己是虎并且真有虎的实力，会害怕那只狼吗？

这一个十年是国人分享我们加入世界经济大家庭后财富增长的十年，我在这一个年代初，彻底结束了上世纪90年代在市场经济中的所有活动，如释重负般的回到西南财经大学从事我所喜欢的教学与科研，说是如释重负真的不假，市场经济中那些生产与贸易，在中国这个市场经济规则不健全而国人又缺乏遵守规则习惯的环境下，做起来真的兴趣不大，它其实单调乏味得很，除了有收入利润能挣点钱外，就再也找不到能吸引人的地方了，所以当我能彻底结束所有的商业活动的时候，真的是如释重负了。

我在回忆这一个十年的工作的时候，讲到我着重做了两件事：一件是按照学院领导的重嘱与要求，接受并且努力上好了一直师生教学关系沸沸扬扬的《概率论及数理统计》这门课；另外就是参加了从2006年开始的西南财经大学通识教育改革，作为课程负责人承担了《科学技术史》和《大学物理》两门自然科学课程。当年承担这两门课程的主持人的时候，愿意出来做这个事的老师其实很少，西南财经大学其实也有不少理工科专业教师，为什么都不愿意上这两门课呢？后来在交流中明白，这两门课在西南财经大学说起来是通识教育课程十分重要，但实际中它对于提升学术水平呀科研水平呀，在评聘职称的时候还是很吃亏的，所以需要一步步往上走的年轻老师们不愿意承担这两门课程也就容易理解的了。

使人意想不到的是，我在学校中担负着对我来讲不算是特别艰巨的这几门课程的教学科研，但从宏观上却与国人们一起享受到了加入世界经济大家庭后的好处，这一点我在上边已经说到了，一方面是房地产作为投资的购置，另一方面是A股市场在这十年中上扬并走到了历史最高点，使我在股市中也有相当利润。所以有些事情很怪异，上世纪九十年代。我在市场经济中做商业贸易，给国家是上交了不少税收，也解决了不少下岗工人的就业，个人虽有收入与利润，但所耗和所得似乎并不匹配，特别是所耗精力和时间不少。现在回到学校，从事自己熟悉和愉快的教学科研工作，同时还能享受加入世界大家庭以后社会经济发展所带来的种种红利，确实使人不亦乐乎。

加入世界经济大家庭使中国经济的市场化得到了长足的促进和发展，这十年的市场化的进程是上世纪90年代不能比拟的，更不用说上世纪80年代了。但是，在经济市场化的过程中，一些问题也发生了，这就是在国民经济体系中一些不该市场化或者说绝不能市场化的东西，在一些"专家"的鼓噪下也被市场化了，这带来相当恶劣的后果。是些什么不该市场化或者说绝不能市场化的东西呢？那就是社会民生中的医疗、教育、养老乃至住房，这些事关民生的问题，除住房以外医疗教育养老在世界上绝大多数国家特别是发达的市场经济国家都没有被市场化，都是作为一种社会福利由政府在承担。

早在上一个世纪90年代后期，就有一批"专家学者"以国家实施住房改革和公费医疗改革为矛头，提出了在医疗教育养老和住房全面市场化，他们把其粉饰为产业化，在鼓吹这几个领域都要全面产业化的幌子下，执意要把这几个领域推向市场。进入二十一世纪，借我们加入世贸组织进入世界经济大家庭后各行各业市场化步伐加快的东风，在各方面各种利益的驱使下，终于如愿把这几个本不应市场化的领域推向了市场，实现了他们所谓的"产业化""市场化"，为整个国民经济的发展和社会安定和谐带来严重的后果。

关于医疗教育养老和住房这四大民生问题市场化的研究与讨论，在我的回忆录中计划有专门的一个篇章来叙述，在那里我会更多的以一个学者研究这四大民生问题市场化的身份，探讨这四大民生问题市场化的形成基础、形成过程以及它们的后果与解决方法，在这里我着重以这四大民生问题市场化所带来的弊端，除了强调这四大民生问题不能市场化外，更多的是对这四大民生问题的市场化是在进入21世纪后形成的表示遗憾，我们加入世界经济大家庭，该市场化的我们市场化了，当然也有该市场化没有市场化的，尤为遗憾的是我们把不该市场化的也市场化了。

医疗的市场化所带来的恶劣后果和弊端是最为显见的，在这一个十年的医疗市场化中，大批以盈利为目标的社会资本进入了这个领域，他们以追逐利润为目标的运作方式，最直接的恶果就是加重了国家医保与病人个体的医疗负担，过度检查过度治疗可以说是这些资本所营运的医院的通病，这除了增加病人和家属经济负担之外，更为重要的是对本来有病的病人增加了生理和心理负担。医疗市场化的恶果还不仅仅在这些社会资本的医院中，就是公立医院机制上它已经不是由国家财政负担的医疗机构了，它需要适应市场以市场化的手段营运医院，由此带来的问题也是相当多的了。

有"专家"曾经乐观的预估医疗市场化后，医疗的成本会降低，治疗的手段会先进而简化，但实际的运作结果恰恰和他们的预估相反，医疗的成本不仅没有降低，反而疯狂的增长，增长的幅度让国家医保和个人难以承受。治疗的手段并没有简化，反而日趋繁琐，君不见一个普通的感冒住院后居然被要求做各种各样高端的医疗器械检查，且不说这种普通的感冒是不是需要住院。更为恶劣的是医疗费用的增长在国家医保难以承受时，医保又出台了一些限制性措施以减轻负担，这除了直接加重了病人及家属的经济负担外，更为重要的是使国家医保与老百姓越来越疏远乃至对立。可以说医疗的市场化已经进行到这样的深度，它几乎让所有的医院都在按市场的手段营运了，似乎有点无药可救了。

教育至少高等教育要稍好一点，仅管没有象医疗一样成为市场化的重灾区，但市场化的恶果还是严重的，特别是初等教育和学前教育。说教育领域比医疗领域要好一些，主要是高等教育还保持着公办大学的优势和品质，简单的说公办大学还没有被甩向社会，还是由国家财政承担着生均费用和其他教育投入，所以公办大学虽然也有不少市场化运作的痕迹，但市场化在公办院校至少没有成为主流。公办院校没有被彻底的市场化，并不说明高等教育就没有受灾于市场化，在教育产业化的鼓噪下，大量的仍然是以盈利为目标的社会资本也进入到了高等教育的领域中，使得高等教育也几乎半个市场化了。

进入高等教育领域的各类社会资本，他们所办的大学我们称之为民办高校，你千万不要把国内这种民办高校，与国外发达国家的私立学校相提并论，国外的优质大学诸如哈佛剑桥牛津等均是私立大学，而国内的民办高校尽管也是私立的，但它们的办学品质却远远低于公办大学。使人感到担心的是这种以盈利为目标的民办大学，正以惊人的速度发展着，无论是学校数量还是在校学生，几乎要占领高等教育的半壁江山。关于这些民办大学在办学上的弊端，因为我曾经在长达十年中在三个民办高校担任院长，所以在我的工作生涯回忆录篇章中，曾有较为详细的描写，这里就不赘述了。

教育市场化的重灾区在基础教育与学前教育，与医疗领域一样，在基础教育和学前教育领域，市场化已成为主流。除了各种社会资本所创建的中小学和幼儿园，以其恶劣的手法但确是按市场规律运作后，他们已占了基础教育和学前教育的大半壁江山，而公办中小学和幼儿园因为来自国家财政的支持比高等教育要弱得多，所以公办中小学和幼儿园也不得不进入市场按市场的规律运行，他们就像很多公立医院一样，不得不按市场的模式与方法，在市场中营运自己。

至于养老，现在好像弊端还不十分明显，其实这仅仅是一个表象，养老的市场化在某个意义上来讲，不亚于教育的市场化，和医疗的市场化也有一比，至于他的弊端还不是很明显，是因为这个市场还不够大，简单的说就是因为中华民族的传统文化，使得现在相当多的老人，还是采用的居家养老的方式，还没有大面积大量的进入社会养老，所以尽管养老的市场化情况也很严重，但它显现出来的恶果和弊端，确实不能和教育市场化比拟，更不用说和医疗市场化相比了，但事实上养老的市场化弊端也是严重的。

住房是一个特殊的问题，它和已经成为中国经济支柱的房地产业有着千丝万缕的联系，按目前的状况，住房的市场化已成定局，似乎已经没有改变的余地和可能，所以似乎再说住房市场化的弊端有点说多余的话的味道，因此具体的分析就此打住吧，我只想强调一下自己的观点：那就是住房也是不能市场化的。

在兴高采烈的谈到 21 世纪中国迈入世界经济大家庭带来民富国强欣欣向荣的美好憧憬时，说到这些令人遗憾的被错误的市场化的民生问题，确实使人有些难过，但这些毕竟是问题的过度市场化我们确实不能回避，媳妇再丑总得见公婆，自己挑开盖头坦然面对，也许对问题的解决会更好些。

二十一世纪第一个十年中国经济的长足发展，除了得益于因为加入世界贸易组织中国进入世界经济大家庭外，还有一个更为重要也许是最重要的原因，就是在那一个十年中，最高层顺应民心坚定的执行了"不折腾"国家治理方略。2012 年 11 月 8 日党的十八大上，担任了十年总书记即将卸任的胡锦涛在政治报告中告诫广大党员干部要"不动摇，不懈怠，不折腾"，这是胡锦涛总书记十年中坚持的治国方针与策略。其实早在 2008 年 12 月，胡锦涛在纪念中共十一届三中全会召开 30 周年大会上首次提出"三不"："不动摇、不懈怠、不折腾，坚定不移地推进改革开放，坚定不移地走中国特色社会主义道路"，在 2009 年"七·一"讲话中又重申了这一点。

这个坚持了十年的"不动摇、不懈怠、不折腾"的治国方略，恰逢我们签署了加入世界经济大家庭的关贸总协定，进入世界贸易组织的中国，在外部条件良好内部又安定下，经济怎么能不腾飞呢？改革开放在这样的条件下，当然是一帆风顺万马奔腾，国家富强了老百姓富裕了，日子过得一天比一天好了，中国迎来了结束前30年混乱开始改革开放后最好的十年，国顺民安是这十年最好的写照，在这样繁荣昌盛的日子里，我们迎来了北京2008年世界奥林匹克运动会。

第29届夏季奥林匹克运动会，又称2008年北京奥运会，2008年8月8日晚上8时整在中国首都北京开幕。2008年北京奥运会共有参赛国家及地区204个，参赛运动员11438人，设28个大项、302小项，共有60000多名运动员、教练员和官员参加。2008北京奥运会有80多位全球政要参加开幕式，20多位政要参加闭幕式，其中包括54位国家元首、16位政府首脑、9位王室代表、1位地区负责人和4位总统夫人。北京奥运会成了一次奥运赛场外的"外交盛会"，也成为中国现代外交史上的一个新的里程碑，更是中国人民最为骄傲的一次盛会。

与第29届夏季奥抹匹克运动会接踵而来的是第41届世界博览会，第41届世界博览会于2010年5月1日至10月31日期间在中国上海市举行，192个国家和50个国际组织参加上海世博会，如同中国第一次举办奥运会一样，这也是中国第一次举办世界博览会，上海博览会的盛况再一次全球宣告，中国已经加入世界大家庭了，全球化也是中国努力的目标。21世纪第一个十年即将落幕时举办的这两个全球盛会向世界宣告，中国和中国人民会走向世界，为全球化尽自己应该尽的力，能够尽这份力的最坚实保证是我们已经思绪清楚的明白要"不折腾"了。

人虽然立志"不折腾"了，而大自然却宁静不下来，21世纪的第一个十年的中国，也发生了好几起大自然疯狂肆虐人类的突发事件。2003年初，一场起源于2002年底广东佛山的非典型肺炎突然在中国爆发，逐渐扩散至东南亚乃至全球，直至2003年中期疫情才被逐渐消灭，截止2003年8月16日，中国内地累计报告非典型肺炎临床诊断病例5327例，治愈出院4959例，死亡349人，中国香港1755例死亡300人，中国台湾665例死亡180人；加拿大251例死亡41人，新加坡238例死亡33人，越南63例死亡5人，一场瘟疫侵扰着人类，中国首当其冲。

中国政府采取了强有力的措施救治病人阻止传染。2003年4月17日政治局常务委员会召开会议之后，充分认识到了非典型肺炎的严重程度和潜在威胁，开始全力以赴应对，采取了包括人事任免在内的各种必要的紧急措施。中央宣布撤销北京市市长孟学农和卫生部部长张文康的党内职务，提名王岐山担任北京市代理市长，高强任卫生部党组书记，国务院副总理吴仪兼任卫生部部长，举国上下以多种措施强力应对非典型肺炎。

措施是严格严厉的。当年我在西南财经大学任教，为防止扩散曾一度暂行停课，学校专门辟出黄楼1栋楼，作为外地出差返校师生的隔离点，凡是从外地特别是从省外回四川回学校的，均先行到黄楼隔离。现在回忆起来当年的管控措施虽然严厉，但极富科学性，所有的防治措施都有条不紊的进行，人们的自觉性也很高，西南财大的师生员工包括家属，都秩序井然的投入了防控非典型肺炎的工作。

非典型肺炎来得凶猛消失得也很快，进入到 2003 年夏天，非典病毒突然消失了，后来的研究中有一种说法是非典病毒在高温中不能生存，所以到了夏天气温上来了，它也就自生自灭销声匿迹了。到 2004 年 6 月 24 日，世界卫生组织（WHO）宣布解除对北京的旅游禁令，表明中国内地抗击"非典"取得了决定性胜利。一场突如其来的冠状病毒对人类肺部进行侵蚀严重危及人类生命健康的非典，在中国政府和中国人民齐心协力的抵御之下终于被战胜，人类在保卫自己的征途中又增加了一道光辉。

另一件突发事件是震撼人心的，也是使人沉痛的，那就是发生在 2008 年 5 月 12 号下午 2 点 28 分的四川"5·12"大地震。5·12 汶川地震的震级为 8.0 级，地震波及大半个中国以及亚洲多个国家和地区，中国国内北至内蒙古，东至上海，西至西藏，南至中国香港、中国台湾等地区均有震感，中国之外的泰国、越南、菲律宾和日本等国也有震感。汶川地震严重破坏地区约 50 万平方千米，极重灾区 10 个县（市），截至 2008 年 9 月 25 日，5·12 汶川地震共计造成 69227 人遇难、17923 人失踪、374643 人不同程度受伤、1993.03 万人失去住所，受灾总人口达 4625.6 万人，5.12 汶川地震造成直接经济损失 8451.4 亿元。5·12 汶川地震是中华人民共和国成立以来破坏性最强、波及范围最广、灾害损失最重、救灾难度最大的一次地震。

发生地震当天，我正在所购置的一处房子和几位工人在一起施工，这处房子在 7 楼，我们是在哪里的屋顶搭建一些阳光房。下午 2:28，我突然感觉到脚站不稳身体晃动很厉害，因为我们的搭建需要电焊，所以我第一直观感觉是工人们的操作上出了什么问题，出于安全的意识我赶忙四顾左右，发现工人们并没有操作，他们也像我一样拿着工具站在屋顶不断的晃动，这时我突然意识到是地震了，赶忙往远处一看发现对门的房子在摇晃。当年的地震有两波，第一波大概持续了将近二十秒就停下来了，我正想组织工人们赶紧下楼，这时第二波又开始了，第二波的震动更大些持续的时间更长一些，我当时的直观感觉是房子要垮了，因为它是在巨烈的晃动。在紧张和不安中，第二波震动停止了，工人们想下楼，这时我稍许冷静一些了，我想房子如果要垮，在屋顶也许安全些，从 7 楼跑到地面还是需要一些时间，这时又发生像刚才那样的又一波震动那就更危险了，所以我招呼着工人们呆在屋顶，约有 10 多分钟之后感觉到很平静了才快速的跑下楼。

因为我在另一个小区的屋顶上也有这种搭建的房屋，两个地方离得不是很远，所以我专程去看了另一处的搭建房子的情况，当然不敢上楼去看，从楼下远远的看来，屋顶所搭建的那些房子仍然很坚固的屹立着，我才放下了一颗悬着的心。回到位于西南财经大学光华校区北大门对面我所居住的楼盘光华园，这幢电梯公寓共有 9 层，所以也不敢上楼回家去，这时在小区旁边的地面上已经聚集了很多人，也已经看到城区一辆一辆的救护车疾驶着向西边奔去，后来知道那是去救人的。接下来的几天都不敢回家，因为余震不断，而是跑到西南财经大学校区的空地上呆了好几天。

在进入世界经济大家庭后，到 2008 年我们也同世界各国一起经历了那一年的全球金融危机，当年叫住"次贷危机"。已经加入世界经济大家庭的中国，同这个大家庭的所有成员一起，承担起了一个大国的责任。我们向世人展示，大家已经同舟共济了，就一定要齐心合力，共同的抵御金融危机给世界经济带来的影响，中国在世界金融危机面前负责任的态度，让世界刮目相看，全球化也表现出世界经济大家庭共抗危机的信心和能力。

第七章 复杂多变的新世纪第二个十年

在融入世界经济大家庭努力的同全球家庭成员共同应对 2008 年世界金融危机的时候，我们迈入了新世纪第二个十年，无论从哪一个方面哪一个角度来讲，21 世纪的二十年代都是一个复杂多变的年代。国际形势多变，国内形势多变，政治形势多变，经济形势多变，乃至军事形势也多变，复杂多变的二十年代，也给我们带来了一个精彩缤纷世界舞台，让各种各样的角色像川剧变脸似在这个舞台上尽情的展示自己。

先说一桩不尽如人意的事吧，尽管在这件事上我个人似乎是有所收益的，但从宏观面上来看我仍然认为他是一件不尽如人意的事，这件事就是进入二十年代之后的中国楼市的价格疯涨与飙升。一线城市北京上海深圳广州就不说了，我仍然以成都房市在这十年中的变化来描述这个不尽如人意。

前边曾经叙述到成都房市在上世纪九十年代各方面包括价格都是很正常的，就是进入 2000 年之后的上一个十年，虽然有了一些不太好的迹象但也不很异常，进入二十年代后，在各方面的推动下，五、六年便将成都房价成番的推涨，其中尤以 2012 年和 2015 年两次爆发性上涨表现突出，当然由于成都近些年城市地位提升很快，所以还不好说成都房价成都房市已是泡沫满身，但房价的这种涨法还是不太正常的，所以我说它是不尽如人意。

进入二十年代，成都房价便强劲上扬，造成这种情况有多方面的原因。首先是政府方面，在"经营城市"的思维与理念下，政府逐步包揽了城市房地产开发土地的拆迁或者青苗赔付，所有地块无论是旧城改造还是三环路内外的规划小区，都由政府从规划开始拆迁到三通一平，然后挂牌竞拍。这实际上催生了"土地财政"的逐步形成，所竞拍的房地产开发地块修些什么该怎样修配套如何都是规划好了的。土地拍卖的价格，在其他因素的呼应和推动下一路走高，这实际上最终决定了房价，因为竞拍成功的土地，最终都会产生一个楼面价，所谓楼面价是指每修建一个平方的商品房需要支付的土地竞拍的成本，所以某个意义上来讲楼面价就决定了未来修建的商品房销售价格。

其次是开发商，这个时候的开发商已经不是上一个世纪那种小开发商了，小开发商早已自生自灭，现在都是或者是国企或者是上市公司的大开发商。土地竞拍中参与竞拍的各路房地产开发大V们，有意无意或明或暗在推高土地竞拍的楼面价，除了高楼面价提升了有利于今后所开发楼盘的品质当然最终是销售价格外，从宏观上来看这个时候的各类大开发商们，他们手中或多或少都会有一些前些年持有的待开发土地，现在正在拍卖的地块的楼面价提高了，对他们当初以较低价格取得的地块所开发出来的房产的销售价格的提高，显然是一个可比的参照物和标准。站在开发商后面的银行等金融机构，从风险控制的角度上来讲，显然是支持土地竞拍中楼面价的提升的。

至于购房者，除了真正的首次购房的刚需以外，这个时候有不少的购房者已经把房产作为投资的工具和手段了，他们所持有的早年以不是太高价格购买的房产是希望价格能上涨的，这也是当初投资房产的目的。同样也是宏观上的效应，这些不是刚需的购房者，一方面虽然也希望能以较低的价格买到新的房子，但意识深处还是希望房价能涨上去，这样他们已经持有的房产便升值赚钱了。

这样一个比较奇怪的现象便出现了：政府能拿出来竞拍的土地好像并不十分充裕，僧多粥少。使得土地行情一路走高，可开发地块成了稀缺和紧俏之物，当然土地竞拍价格便一路推高了。开发商那边能够拿出来销售的商品房似乎也不充裕，吝售捂盘的情况经常发生，这个时候的开发商已经不像上世纪90年代那批小开发商一样急于卖房回笼资金，他们期盼着房价一个理想的销售价位。面对着数量不多的楼盘和商品房，购房者的队伍越来越庞大，除了伴随着城市化而进入城市的首次购房的刚需外，赚钱效应已使更多的人加入购房投资的队伍。这种怪现象的最终结果就是房价飙升了，2012年那一轮房价上涨使成都房价轻松的站在一平米万元以上，而2015年那一波上涨使得成都房价急速的向一平米二万靠拢，五、六年的时间房价便涨成这样，难道不是不尽如人意吗？

在这个房价上涨的过程中，政府的宏观调控职能从来也没有缺位过，对房地产开发和销售的调控政策随时都在出台，奇怪的是房价在调控中却是越调越高越调越涨，人们戏称每一次调控政策的出台都是一剂房价上扬的助推剂。不能说调控政策是不严厉的，在2012年和2015年两轮房价飙升中，政府有关部门最终都出台了严厉的限购政策，也就是限制人们购买房屋的资格，但最终仍然无济于事，2015年那一轮房价的上涨，是最后出台了严格的限购限价限贷组合拳调控后才竭制住房价的疯涨。

我已经说过了因为成都的城市地位近年来的大幅提升，所以我们还不能说成都的房市房价泡沫化了，但从宏观的全局的角度看，国内的房地产业确实已经泡沫很大了，有两个指标可以说明这种泡沫的存在，一是商品房的空置率，一是房屋的租售比。房屋的空置率不用有关部门去统计，夜晚的时候起眼一看便知，事实上现在离中心城区稍远一点的地方，房屋的空置率是很大的。至于租售比，那已经很脱离房屋购买的投入与成本了，2019年上半年我国50个重点城市的租售比为1：592，远低于国际合理租售比1：200到1：300的区间水平。这两个指标足以说明宏观上我国房地产已经泡沫满身了。

在成都的这两轮房价上涨中，我似乎都踩中了节奏，应该算是运气比较好吧。进入2010年后，就一直感觉到房价上涨的节奏在加快，我也一直在为购置一点投资房在作资金上的准备。到了2011年房价的上涨在加速，为了抑制房价过度涨价，政府出台了限购政策，按照这个政策我的家庭当时没有了购房资格。在细读了这个限购政策后，发现可以通过离婚的方式让我们夫妻双方中的一个人成为无房户，这样按当年的政策就可以购买两套房。当年通过离婚的方式取得购房资格的情况很少，我们算是吃螃蟹吧。

进入实际操作环节后，才发现其实手续极为简便。先是到民政局的婚姻登记处办理离婚，婚姻登记处有格式化的离婚协议，要点是把子女抚养与财产分割写清楚，我把家庭持有的所有房产，都分割我夫人名下，然后办了正式的离婚手续，费用是9元钱的离婚证书工本费。拿着这个离婚证和离婚协议，到成都市产权监理处去登记转移财产，手续也是出奇的简便，填写了产权鉴定所提供的格式化申请书之后，按照离婚协议离书上的财产分割，把所有的家庭房产都登记转移在我夫人的名下，这个环节居然没有一分钱的税费，只是后来取新的房产证的时候交了每份80元的工本费，这时再去查我名下的房产，我已经成了名副其实的上无片瓦下无立锥之地的无房户。

离婚后我赶紧抓紧购房，首先是买了两套市中区人民公园附近的一个楼盘的两套房子，一套用我的名字购置，占了我可以购两套房的资格中的一套，另一套房用我母亲的名字购的，她当时按政策还有一套购房资格，当时的购买价格是每平方米7000元。后来房子在2014年交付之后才知道，这幢紧邻胜利西路小学的楼盘，对口正读的就是胜西小学，而胜西小学是青羊区的榜上有名小学，所以买的这套房，实际上成了胜西小学的学区房，房价近年来一直在上涨，目前的挂牌价在每平米3万多。

余下的另一套购房资格，购买了我现在住家的青羊新城的一个楼盘的商品房，2012年购买的时候青羊新城刚开始开发，价格在每平米8000多一点。随后的这10年，青羊区致力打造这片青羊新城，新型小区的各项配套设施都已完成建设，青羊区政务中心也迁入这个青羊新城，已形成一个成熟小区，现在房屋的挂牌价在2万多。

在记叙我在2015年那一波房价上涨中购房的情况时，要有点笔墨稍稍说一下那一年前后的股市，因为在那一次我的购房资金中，有相当一部分来源于股市。A股市场在2007年达到历史高点

6124点后，便一直单边下跌，长期在3000点左右的箱体中徘徊，到了2015年好像它的又一次春天来到了，这一年的6月A股市场爬高到了它的历史次高点，在6月12日达到5178点。

说到A股，我们管理层的管理水平真不敢恭维，但有一点是可以确定的，为了维护A股市场的正常运作，他们是阐精力竭尽心力的，经管管理的客观效果差得令人匪夷所思。进入21世纪的20年代，管理层似乎也看到了中国股市只有投机性没有投资性的弊端，很多监管措施都放在鼓励长期持股长线投资上。比如打新股，先是2012年前后规定申购新股必须要有市值和资金的条件，也就是说你能够申购新股的数量，除了在一个账户上有申购资金外，还得有相应的持股市值，到了2016年前后，干脆调整成为按市值配售，这些措施都是为了鼓励长期持股长线投资。

我在这两次改变了打新股政策的新股申购中，收益是比较好的，因为我的股票持有理念是长期投资，所以长期稳定的市值数量是不少的，因而在以市值为申购新股的标准时，我这边是占有先机的。这样，从2012年开始到2015年我在股市上的收益也是相当不错，在2015年6月股市达到它的历史次高点前后，我从股市中也收益了相当数量的资金，这些资金在那一年前后也投入到房市中去了。

说到A股市场监管方面监管水平，还有一个所谓的"熔断机制"笑话。2015年12月4日，上交所、深交所、中金所正式发布指数熔断相关规定，熔断基准指数为沪深300指数，采用5%和7%两档阈值，于2016年1月1日起正式实施，据说这是监管层学习发达国家的经验煞费心思的制定出来的。A股市场在1月4日和1月7日分别发生了两次熔断，在一定程度上助推了股市的下跌，1月7日，证监会决定暂停实施熔断机制，这个中国股市的熔断机制从诞生到结束仅仅只有7天，仅从这一点便可以看到我们的监管层是自己对自己开了一个天大的开玩笑。

还是回到房市上来吧。2012年那一轮限购政策，让成都的房地产市场冷清了一段时间，基于很多原因，政府在适当的时候取消了限购恢复了原有的购房资格，这样房市又逐渐火了起来，房价就在这一波逐渐火起来的行情中，又飙升了一个台阶，在向每平方米2万靠拢。估计到这种局面如果太火了，是会有新的限购政策出台的，于是我在2015年那轮调控出现前的2014年，在恒大曹家巷广场买了四套精装房，当时的购买价格每平米没有到11000元。进入2015年，成都房价出现了急剧上升的情况，于是政府在2015年再次出台了更为严厉调控政策，这一次是限购限价限贷三管齐下，赶在这个严厉的三限政策实施之前，我在绿地悦蓉公馆又买了三套清水房，在保利拉斐云邸买了一套精装房。

即便有这种严厉的三限政策，成都房价还是惯性的上升了相当一段时间，到达了一个相当的位置才停止上涨，我在政策出台实施前赶着买的几套房都有相当涨幅。到现在，恒大曹家巷广场的精装房价格翻了一番，价格在每平方23000左右，绿地悦蓉公馆的清水房价格也由购买时的每平米

7000多涨到了现在的一万四五，只有保利拉斐云邸的精装房因为离中心城区较远,涨幅只有50%。当然，由于现在限购政策虽有所松动但还没有完全放开，所以交易不旺应该是有价无市的状况。

房市在21世纪20年代出现的这种房价飙升的情况，虽然不是好事但也无可奈何，它是由方方面面错综复杂的因素造成的，有关方面看到这种状况也无可奈何，好在后来提出了"房住不炒"的方针政策，二十年代后几年的房价上涨才有所收敛和竭制，否则将一发不可收拾。但是十多年的歧形发展，己使房地产成为国民经济一个支柱产业，上下左右牵扯甚广，包括银行等金融机构也深陷其中，后边的路是怎样走真的还不好说。

经济的其它领域在二十年代也有较大的变化，比如说对外贸易吧，前十年兴旺的出口贸易使我们多年顺差外汇储备有惊人增长，时间长了老外有意见了，特别是2016年美国换了商人出身的特朗普作总统，几十年的生意经使他特别在意这个贸贸逆差，因此他除了同奥巴马一样采取了在各方面竭制中国的政策外，特别开打了贸易战，铢锱必争的商人本性使他上台不久便在关税上开打，不可开交的一直打到他下台。关税贸易战其实是一个两败俱伤的东西，从奥巴马第2任就开始的对中国体制等问题的歧见，加上特朗普这个商人总统的利益观，所以他即便"杀敌一千，自损八百"也要打下去。

客观的讲，贸易战确实给我们带来了不少麻烦，加之进入20年代后，劳动力成本增长很快，我们的劳动力红利已优势不多，所以我们的外贸出口还是受到了很大影响的，外贸出口的减少促使我们要更加努力的开发内需，但历史的经验告诉我们，还是要在全球化的世界经济大家庭中，大家共同富裕才是正道。但这不是一个巴掌就拍得响的事，在对我们的歧见上，美国民主共和两党认识是高度的一致，方方面面对我们的不待见似乎还在发展，所以这还真是一道解不出来的题，一把打不开的锁。

我从2009年到四川天一学院，至2019从成都信息工程大学银杏酒店管理学院二次退休，10年来一直在包括四川长江职业学院在内的三所民办高校教学和担任院长，特别是2015年初到四川长江职业学院后，重点负责推进"香港项目"工作，因为工作的原因对香港的情况比较了解，香港从2014年的占中开始就一直不太安宁，这实际上牵一发而动全局，对方方面面的影响还是比较大的，特别是对如何更好的贯彻"一国两制，港人治港"方针，保持香港的持续繁荣，也是一个比较大的问题。

从2015年开始，我先后5次出国旅游，去了美国一次，主要是东西两个海岸的旅游，去了欧洲4次，除了北欧之外，中欧、西南欧、东欧以及英国各一次，对欧美这些发达国家有了一些直观的感触。客观的讲，在基础设施的建设方面。我们确实是后起之秀，以最普及最普通的交通工具地铁为例，应该说我们的建设是很不错的，当然欧美的地铁建设历史悠久也是它的独到之处，但我们的建设更新颖更令人耳目一新也是有目共睹的。也要看到我们与发达国家还有差距，在人文关怀上人性尊重上我们也有不少需努力的地方。

这个二十年代还有一个现象特别突出，就是在这个十年中似乎国人对许多问题的认识或认知分歧在增大，比起上世纪八、九十年代和二十一世纪第一个十年，人们在认识客观世界中的人与事的分歧似乎要更多些更大些更深些，好像不少问题都容易引起国人的讨论、争执。比如别人美国选总统，是选特朗普还是拜登，这好像应该是别人美国人的事情，但国人似乎也很感兴趣，特别是在知识分子中，依不同见解烔然分成了两大派，争论激烈的程度不亚于文革中造反派中的两派的争斗。其他的很多问题也是如此，同样一个人同样一件事，在认知上就会产生两个极端形成对立的二派，讨论甚至争吵不休，这应该是这十年的一个显着特点吧，这个特点表明国人现在更愿意思考了。

二十年代行将结束的时候，人类遭遇到新冠病毒的侵扰，突如其来的病毒在 2019 年末开始，以其特有的方式扩散，极大的影响了包括中国在内的世界经济秩序，打乱了人们正常的生活节奏，迫使人们以本来不该有的生活方式生活。我在这个时候刚好从工作中真正退休，遭遇的这个新冠病毒也打乱了我原来对退休生活的设想和安排，按照各方面对老年人的期望和要求，就是最好多待在家中少外出游荡，这种长时间呆在家中的生活使我有了一个副产物，那就是这部回忆录的写成，从动笔至今，已完成 30 多万字的文字，我想我还会继续写下去，让自己的生活更厚实更有意义！

第十一篇

教学相长 学在教中

我的教学心得与感悟

回忆录的这个篇章，是在与大学同窗也是好友的王黄二位校友的交流聊天中促成的。两位好友一直希望我们的班网，有一个介绍科学技术基础乃至启蒙知识系列文章的板块供读者观览，他们知道我在西南财经大学退休前的最后十年教学中，曾讲授过《科学技术史》这门课，所以希望我能写出文章让这个板块起个头。议了相当长一段时间，我却一直没有动笔，不是因为文章撰写有难度，上了多年的这门课，写点科学技术史的科普文章应该是不难的，没有动笔的原因是我有些顾虑。我在西南财经大学上这门课，在当时有方方面面的偶然原因，有外在的也有自我的，从专业的角度讲，我是半路出家的，我的专业是理工科，但并非科学技术史，这就是我迟迟没有动笔的原因。

说到当年我其实是主动去承担讲授《科学技术史》这门课的，外部原因是西南财经大学当时虽有众多的理工科老师，但作为通识教育课程老师们都不太感兴趣，因为这里面有一个科研成果评价影响职称评定问题，中青年教师多不愿意问津。至于我已年近退休，兴趣的爱好使我对新鲜事物特别感兴趣，特别是对一些有挑战难度的新鲜事物更是如此，所以我在学中教教中学的指导思想下去承担了这门课程，当时还有另一门课程《大学物理》。我担任了这两门课程的课程负责人，其实《科学技术史》我们6个人的课程小组中，几乎其他5人都是科学技术史专业的专家，特别是从四川大学和省社科院聘请的几位先生，为什么我成了课题组负责人呢？一是因为6个人中有4个人都是校外聘请老师，按当时学校规定是由校内专职教师任课题组负责人，而校内的另一位老师担任繁重的行政工作，所以这个课题组的负责人。也就莫名其妙的理所当然的成了我。

我是抱着在学习中教学，在教学中学习的理念承担这门课程的，当然还有就是对这门课程的兴趣，所以当我决定要撰写两位同窗议及的科普文章时，也决定把它作为回忆录的一个篇章，并且给它取了一个"教学相长学在教中——我的教学心得与感悟"篇章名，这个名字意味着有可能这个篇章的回忆录，不仅包括科学技术史的教学回忆，也有可能有我所上过的其他课程的相关回忆。当然促使我要动笔的还有一个十分偶然并且使我也很疑惑的原因，那就是今年上半年我居然收到了两份教育部学位评估中心发来的希望我评审两篇科学技术史硕士论文的邀请信。

教育部学位评审中心是教育部下属一个机构，专为一些自己没有能力评审硕士论文的高校邀请论文评审专家，同时履行教育部下达的抽查全国各高校硕士论文评审工作的职能。多年来我一直受邀为这个机构评审其他高校的论文，这些论文的专业一直都是"数量经济学"，这确实是我的专业。但不知怎的今年春节后竟然收到两份邀请我评审科学技术史硕士论文的邀请信，这使我感到很诧异也很疑惑，教育部是怎么知道我涉猎过科学技术史了，我现在只能怀疑大数据的强捏了。不过收到的这两封邀请信，到还成了我决定动笔写一下科学技术史科普文章的推动剂。

计划中要写的科学技术史科普文章初步决定有六个内容：（一）为什么要学习科学技术史；（二）古代世界文明史，主要是四大河流文明史；（三）2000多年前几乎发生在同时的西方古希腊古罗马科学技术与东方孔孟庄墨等的诸子百家之鸣以及印度文明的比较与分析，特别是它对后来2000多年东西方科学技术发展的影响；（四）西方中世纪时期东西方主要是中国与欧洲大陆科学技术文明的比较；（五）欧洲冲破中世纪黑暗的从意大利开始的文艺复兴运动，始于德国的宗教改革运动，以及以葡萄牙西班牙为代表的环球航海。它们奠定了西方人性解放及科学技术发展的基础；（六）从十六世纪开始的翡翠多彩的在西方的自然科学技术发展;(七)自然科学技术发展与自由及宗教。

第一章 为什么要学习科学技术史？

在自然科学发展的浩瀚历史过程中,有无数精彩的甚至是匪夷所思的历史故事，无论是从哲学思想上，还是在思维方式中，都带给了我们难以忘怀的震惊启示。

我们来看一些简单思维方式的有趣问题，讨论一下高等数学与初等数学的差异。高等数学与初等数学的差异有些什么呢？当然很多，其中有一个很重要的差异是：高等数学是在无限的范畴内讨论问题的，初等数学是在有限的范围内讨论问题的。这实际上是有限范畴和无限范畴的差异。

有限范畴与无限范畴的本质差异什么呢？ 有限范畴与无限范畴的本质差异是部分与整体的关系不同。在有限范畴中，部分在元素数量上是不可能等于整体的。例如有限集合 A={1,2,3,4,5}，它的一个真子集即它的一个部分 B={1,3,5}在元素数量上是不可能相等的，整体 A 有五个元素，部分 B 只有三个元素。在有限范畴内，不可能出现整体的元素数目和它的部分的元素数目相等的情况。

而无限范畴内则不同了，在无限范畴内，部分和整体在构成他们元素的数量上是可以相等的。

我们来看一些实际的例子：一长一短的两条直线，比如一个直角三角形的斜边和一条直角边，我们说这两条一长一短的直线上的点是一样多的。你相信吗？如果相信，你能证明它吗。结论是肯定的，一组平行于一条直角边的平行线让斜边上的点和直角边上的点是"一一对应"的，所以二条边上的点一样多，谁也不多一个，谁也不少一个。我们知道直角三角形的斜边是比直角边长的，所以直角边可以看作是斜边的一个部分，这说明了在无限范畴内构成整体和部分的元素可以是一样多的。

一个周长为 1 的圆，它上面的点和整个实数轴上的点是一样多的。你相信吗？如果相信，你能证明它吗。结论也是肯定的，把这个圆在直角坐标系上在原点与 X 实数轴相切，一条条从圆与 Y 轴交点出发并与圆相交的直线使圆上的点和 X 实数轴上的点"一一对应"，所以也是谁也不多一个，谁也不少一个。这个圆的周长是 1，我们也可以把它看成是闭区间[0, 1]，于是我们证明了闭区间[0, 1]上的点和整条实数轴上的点是一样多的。闭区间[0, 1]是整条实数轴的一个部分，这实际上又证明了，整体和部分在构成他们的元素上，比如说点，是可以一样多的。

边长为 1 的单位正方形 ABCD 内的点的个数，与单位线段 AB 上的点是一样多的。我们这样来证明它：正方形 ABCD 中任意一个点 G 的坐标为(x,y)=(0.13579   ,0.2468   )，它对应着一个确定的小数 z=0.1234567890...，而 Z 这个点一定在线段 AB 上，反过来线段 AB 上的任一点，一定可以用一个小数来表示，用同样的规则可使它对应单位正方形中的一个确定的点。这样正方形 ABCD 与他的一个边 AB 上的点建立了一一对应的关系，因此它们点的个数是一样多的。

这些例子都充分地说明，在无限范畴内部份与整体在数量上是可以相等的。这样的例子还有很多，事实上，空间直角坐标系与坐标平面以及实数轴上的点的个数是相等的，都等于闭区间[0, 1]上点的个数。更广义的讲，那就是整个浩瀚宇宙中的点的个数，与闭区间[0, 1]上的点是一样多的。

我们用有趣的故事来说明无限范畴中整体与部份的一一对应。这就是所谓的希尔伯特(Hilbert)大酒店：希尔伯特先生开设了这样一个特殊的酒店，我们称它为《希尔伯特大酒店》：这个酒店有无穷多个房间，自数数是这些房间的号码。

第一天，来了一个有自然数那么多人的代表团，一人一间，《希尔伯特大酒店》住满了。第二天，又来了一个旅客要求入住，并且也要一人一间。怎么办呢？酒店经理想到了如下办法得以解决：让住 1 号房间的客人住到 2 号房间去，住 2 号房间的客人到 3 号房间去，...，住 n 号房间的客人住到 n+1 号房间里去，…。这样，1 号房间空出来了供新到的客人住。

第三天，又来了一个有自然数那么多人的代表团，也要求一人一间入住《希尔伯特大酒店》，这时酒店经理没辙了，便去请教希尔伯特先生的女儿。希尔伯特先生的女儿给他想了个方法，经理照此办理，又把这个有自然数那么多人的代表团一人一间的安排进了酒店。希尔伯特先生的女儿给经理的办法是：让原来住在 1 号房间的客人住到 2 号房间去，住在 2 号房间的客人住到 4 号房间去，住在 3 号房间的客人住到 6 号房间去，…，以此类推，住在 n 号房间的客人住到 2n 号房间去，…。这样，原先的客人都住到 2，4，6，…，2n，…等偶数号房间去了，而 1，3，5，…，2n+1，…等奇数号房间正好供新到的有自然数那么多人的代表团一人一间住入《希尔伯特大酒店》。

第四天，来的客人更多了：是来了自然数那么多个代表团，而每个代表团都有自然数那么多客人，也要求一人一间入住《希尔伯特大酒店》。经理赶忙去找希尔伯特先生的女儿想办法，但希尔伯特先生的女儿也没辙了，只好去求教希尔伯特先生。希尔伯特先生给经理列了如下的一张表，让他按表中所列顺序的方法一个一个地把全部客人一人一间的按排住进《希尔伯特大酒店》：

这个表中每一个坐标表示这"自然数那么多个代表团，而每个代表团都有自然数那么多客人"中的一位客人，并且这些团的全部客人都在这个表中有他的位置。这个表是向右向下无限扩展的，表的第一行表示序号为一的那个代表代表团中的每一位客人，比如(1,1)表示这个代表团中序号为 1 的客人，以此类推。在表上用一根折线把这个表中的所有坐标都串上去了，这样所有的客人在折线上都有顺序了，可依这个顺序把他们一人一间的安排到希尔伯特酒店入住，实现了所有客人的要求。

这实际上是希尔伯特先生在 100 多年前所讲述的一个故事。希尔伯特先生是上一个世纪最伟大的数学家，他在上一世纪初 1900 年 8 月 6 日召开的第二次国际数学家大会上所作的演说中所提出的《二十三个数学问题》是数学发展史上的一个重要里程碑，对 20 世纪的数学发展起了巨大的推动作用。希尔伯特先生的这个故事，就是为了说明无穷范畴中整体与部份的重要性质的。

这个故事说明了什么呢？它说明了正偶数集、自然数集与正有理数集这三个无穷集合的一个重要性质：这三个集合中，正偶数集是自然数系的子集，而自然数集是正有理数集的子集，但这三个集合的元素的个数是相等的。这恰好说明了，在无限范畴内，部份与整体的元素数目是可以相等的。

进一步的讨论可以确定：自然数集与有理数集，仅管自然数集是有理数集的子集，但二者中的数是一样多的，即：自然数与有理数是一样多的，有多少个自然数，就有多少个有理数。这再一次说明，在无限范畴内，部份与整体在数量上是可以相等的。

上边这些内容，说到了一个自然科学的哲学思辨基础问题，哲学是自然科学的基础和出发点，我们现在所说的物理学，在相当长的历史时期内，是被称为自然哲学的。牛顿的巨著《自然哲学的数学基础》，讲的就是物理学中牛顿力学的微积分数学基础，在牛顿那个时代物理学就是被称为自然哲学的。而要追溯起自然科学的哲学基础，那就得从科学技术历史中古希腊一批先哲们对自然世界的讨论说起，而其中最有代表性的是古希腊的哲学家亚里士多德，以及他的老师柏拉图和柏拉图的老师苏格拉底。

我们再来看一些有趣的科学技术发展历程中的故事。说到概率论大家一定会认为这门应用性极为广这的数学分枝应该产生在一个重要的历史背景中，但深究起来却有些荒唐和好笑，用今天"正能量"的话来说，它似乎有点持身不正出生不好，概率论其实是发源于关于赌博的事端中。公元1494年，一名意大利教师帕奇欧里出版了一本关于计算问题的教科书，提到了它他所遇到的一个赌金分配问题：两个赌徒约定一场赌博需要胜16局才算赢，当进行到甲胜15局，乙胜12局的时候，因故比赛中止，此时甲乙二人应如何分配赌金才合理。半个世纪之后，意大利数学家卡当对这个问题进行了更深入的讨论。又过了一百年，数学家帕斯卡尔受赌徒梅累所请，再次研究了这种赌金分配问题。后来，费尔马与惠更斯也参加了讨论，惠更斯更于1657年出版了一本叫《论赌博中的计算》的专著，这本书至今被公认为是概率论的第一部著述。

帕奇欧里是这样分配赌金的：因为甲己胜了15局，乙也胜了12局，因此应按15：12=5：4的比例分配赌金，即甲得赌金的5/9，乙得赌金的4/9。多数的人对这一分配方法难以理解与接受，认为这种分配原则不够公平合理。卡当提出的赌金分配方法是按照(1+2+3+4)：1=10：1的比例分配赌金。他认为，不应从已完成的比赛结果来决定赌金分配，而应由剩下的比赛次数来决定赌金分配。这个思维是概率思想的极好开端，但人们至今也不明白，卡当是如何考虑到这种10：1的分配比例的。赌徒梅累提出并由帕斯卡尔、费尔马、惠更斯等数学家肯定的赌金分配方法是15：1，即甲分得赌金的15/16，乙分得赌金的1/16。在《论赌博中的计算》一书中，对这种赌金分配方法的思想进行了深入地讨论。这种讨论对概率论的发展起到了十分积极的推动作用。

海王星被称笔尖下发现的行星，当年天文学家用牛顿万有引力定律已经成功预测了"金木水火土"在宇宙中的正确位置，可是用同样的方法来计算天王星的位置，却老是和观测结果稍有不符。天王星的运行轨道不准确符合逻辑的结论是，在天王星以外，可能有一颗未知的行星对天王星施加着他们没有考虑到的引力吸引。英国剑桥大学一位27岁的数学系学生亚当斯开始利用课余时间解决这个问题。1845年9月，他终于计算出了那颗未知行星应有的位置，如果那颗行星那样运行的话，就能说明天王星轨道不准确的原因。可是，他把他的计算资料送到了英国天文台后，他的努力并未引起当时英国天文学家们的兴趣。在同一时期，另有一位法国的年轻天文学家勒威耶也在独立地研究这个问题，他在亚当斯之后半年完成研究工作，得出了与亚当斯相同的结果。勒威耶非常幸运，他找到德国天文学家伽勒帮助检查他所指出的那片天区是否有一颗未知的行星。伽勒于1846年9月23日夜晚开始搜寻，他和他的助手迪阿雷斯特仅用了一个小时就找到了一颗星象图上没有标记的八等星。当这一结果向全世界发布后，英国天文学家才想到了亚当斯的材料，谦虚的勒威耶就要把第一个发现海王星的功劳给亚当斯，但亚当斯也不接受，认为第一个找到海王星的应该是勒威耶。后来人们认为海王星是他们两个找到的。

我们来看一个费尔马和他的大定理的故事，费尔马大定理被称作数学的"会下金蛋的鸡"。当费尔马在1665年去世的时候，他已经是欧洲最著名的数学家了，今天他被称为数论之父，但是在他那个时代，出于他在数论方面的工作是革命性的和超时代的，以致他的同时代人很少知道这一点，他的出名是因为他的其它贡献，其中包括解析几何，他与笛卡儿一起，分别独立地发明了解析几何，他是微积分的先导之一，又与帕斯卡一起奠定了概率论的基础。费尔马作为数学家而著名，有两件事使人惊奇：第一，他是法学家，一生都在做法官和议员，数学只是他的业余爱好；第二，他生前从来没有发表过一篇作品，他的著作是在他死后他的儿子萨缪尔把他的文章、信件以及对丢番图《算术》一书的批注等整理后发表的。

西兰德于1575年翻译出版了丢番图的《算术》的拉丁文译本，这是欧洲最早的译本。法国人巴歇利用西兰德的译稿，于1621年出版了第一个拉丁文版本，并附有拉丁文的译文和注释，正是这个版本使费尔马走上了建立近代数论之路。他在这个本子上作了许多批注，其中包括费尔马大定理。费尔马的儿子萨缪尔将全部批注插入正文，于1670年重新出版。费尔马在读《算术》时，在有不定方程那页的边上，写出了具有历史意义的一段文字："但一个立方数不能分拆为两个立方数，一个四次方数不能分拆为两个四次方数．一般说来，除平方之外，任何次幂都不能分拆为两个同次幂．我发现了一个真正奇妙的证明，但书上的空白太小写不下"。

这就是说，费尔马已声称他证明了这一事实：不存在正整数x,y,z，使x的n次方加y的n次方等于z的n次方，其中n＞2，这个命题称为费尔马大定理或费尔马最后定理。费尔马是否证明了这一定理呢？看来他像成千上万的后人一样，自以为证出来了，而实际上证错了。自费尔马之后，许多数学家花费巨大的劳动去解决这一问题，经过350多年的努力，这问题终于由英国数学家维尔斯解决，他的108页的论文《模曲线与费尔马大定理》于1995年5月在当代最有权威的数学杂志普林斯顿的《数学年刊》上发表。1996年3月，维尔斯因此荣获沃尔夫奖，1998年维尔斯又荣获菲尔兹特别奖，时年45岁，迄今为止，他是唯一获此奖的40岁以上的数学家。

如果我们说美洲新大陆的发现是与哥伦布的一个错误相关，甚至是这个错误导致了美洲新大陆，大家也许不太相信，但历史的事实确实如此，是哥伦布的一个错误使发现新大陆成为现实。怎样讲呢？由于哥伦布是相信希腊哲学家波塞东尼奥对地球大小的估计的，所以他错误的认为亚洲在欧洲西面 4800 公里处。但是如果哥伦布知道和相信埃拉托色尼对地球大小的估计，那么亚洲在欧洲西边约 19300 公里处。如果他相信后者，哥伦布也许永远也不会梦想航海前往，就是他敢去也决不会得到任何财力上的资助。但是，在哥伦布错误的推算结果中是欧洲西边 4800 公里处真的有大陆，这个错误导至发现美洲新大陆。

1451 年哥伦布出生在热那亚的一个工人家庭，是信奉基督教的犹太人后裔，长大后当上了舰长，是一名技术娴熟的航海家。他确信西起大西洋是可以找到一条通往东亚的切实可行的航海路线的，他坚决要把这种设想变成现实。哥伦布年轻时就是地圆说的信奉者，他十分推崇曾在热那亚坐过监狱的马可·波罗，立志要做一个航海家。哥伦布自幼热爱航海冒险，他读过《马可·波罗游记》，十分想往印度和中国，当时地圆说已经很盛行，哥伦布也深信不疑。他先后向葡萄牙、西班牙、英国、法国等国国王请求资助，以实现他向西航行到达东方国家的计划，都遭到拒绝。哥伦布为实现自己的计划，到处游说了十几年，直到 1492 年，西班牙王后慧眼识英雄，她说服了国王，甚至要拿出自己的私房钱资助哥伦布，使哥伦布的计划才得以实施。

1492 年 8 月 3 日，哥伦布受西班牙国王派遣，带着给印度君主和中国皇帝的国书，率领三艘百十来吨的帆船，从西班牙巴罗斯港杨帆出大西洋，直向正西航去。从 9 月 9 日起，即从不见陆地的第一天起，哥伦布开始隐瞒真实航速和航程，少报已走过的路程，以预防船员因航程过长离开陆地过远而惊慌。9 月 13 日，水手们发现罗盘磁针向西偏移，哥伦布以自己惯有的镇定和聪明才智处理了这个意外情况。他先是说因北极星移动所致，而非磁针失灵，后来他还通过试验进一步"得到核实"了这一点，天大亮时再向北走，发现罗盘正常了。哥伦布的解释和有效处置安定了大家的情绪，恢复了大家对他本人的信任。

但长期的不见陆地，终于使船员们发生了恐慌和暴乱，他们要迫使哥伦布立即返航回欧州，哥伦布以他的镇定和聪明才智与船员们达成妥协，再向西走三天，如仍不见陆地即刻返航，这一天是 1492 年 10 月 10 日。第三天的清晨，也就是 1492 年 10 月 12 日，天亮的时候在航桅最高处的船员惊呼"陆地！陆地！"，这一天是世界历史上重要的一天，直到现在，洪都拉斯、巴西、厄瓜多尔、委内瑞拉、智利、哥伦比亚、巴拉圭、哥斯达黎加、巴哈马、美国等十几个国家把这一天或这一天前后定为美洲发现日——哥伦布日予以纪念，西班牙则定其为国庆节，予以庆祝。这天上午，哥伦布一行经过 30 多天不见陆地、不靠岸的航行，终于抵达和登上了西半球的第一块陆地。

1492 年 10 月 12 日哥伦布到达巴哈马群岛中的一个小岛。他以为到达了梦寐以求的印度。他进一步航行到了古巴，他以为到了日本。他又到了海地，在那里建筑了第一个殖民据点。以后 10 年间哥伦布又三次出航，至死他都认为到达了印度，但始终没有找到传说中的黄金产地。而那个时候葡萄牙人真的已经到达了印度，葡萄牙人是沿着非洲西海岸航行到非洲最南端，绕过好望角，在进入并穿过印度洋后到达印度的。

在哥伦布向西航行发现美洲新大陆后将近30年后，1519年9月航海家麦哲伦率领一支200多人的探险船队，分乘5艘帆船从西班牙出发，向西南穿越大西洋，绕过南美大陆南端的海峡，进入太平洋。一路上船员们历尽千辛万苦，还有不少人病死在途中。1521年3月，船队到达菲律宾，麦哲伦因介入岛上部族纠纷，被当地居民杀死。最后，船队只剩下1艘帆船和10多名船员，他们向西穿过印度洋，绕过非洲南端的好望角，终于在1522年9月回到原出发地西班牙。历时三年麦哲伦船队首次完成了绕地球一周的航行，证明了地球是圆的学说。

我们讲述了这些在科学技术发展的历史长河中的故事，不少故事情节十分离奇甚至荒唐，表现出相当的偶然性。这些偶然性与科学技术发展的必然性是紧密关联的，偶然发生在必然之中，必然是偶然的肯定结果。我们可以肯定的说，在科学技术发展的绵长过程中，各种各样的历史事件各种各样的历史人物，他们不以这样的形式鸣锣登场，也会以那样的形式粉饰上台，而伟大的科学与技术，便在这各种历史事件各种历史人物的表演中一步步前进了发展了，成为今天社会发展的中流砥柱。

因此，我们有必要回顾历史，有必要去探讨和研究在科学技术向前发展的历史长河中，这些历史事件和历史人物是在怎样的历史背景之下，看起来偶然其实是必然的在发生发展着，推动着科学技术从古代世界文明的萌芽开始，历经约2000年前的东西方思辨的百花齐放，走过近代科学技术的发端与发展，一步步将人类文明去引入与推向巅峰。

第二章 古代世界文明史

古代的世界文明史主要是河流科学技术文明史。河流文明的科学技术大约在公元前4000年前后诞生，随着农业的发展，在世界的几个大河流域产生了人类最早的文明，它包括尼罗河流域、两河流域、印度河流域和黄河流域。

第一节 两河流域的古巴比伦文明

"两河文明"又被称为古巴比伦文明，被称为是"天堂"美索不达米亚，古希腊语"美索"意为"中间"或"两者之间"，"不达米亚"表示"河"，美索不达米亚就是"两河之间的地方"，是亚洲西部的一块沃野。这两条河就是幼发拉底河和底格里斯河，位于今天的伊拉克境内，古希腊人称这里为"美索不达米亚"，我们习惯称"两河流域"。

古巴比伦的历史延绵了近 4000 年。公元前 4300—2371，苏美尔人在这里建立了城市国家，公元前 2371—2191，闪族的阿卡德人在这里建立了阿卡德王国，公元前 2113—2006，库提人在这里建立了乌尔第三王朝，公元前 1894—1595，闪族阿摩利人在这里建立了古巴比伦王国，从公元前 1650 在被赫梯人洗劫开始不断衰亡，公元前 746—612 建立亚述帝国，公元前 626—539 伽勒威人建立新巴比伦王国，公元前 539 年，被波斯征服。

古巴比伦的天文学历史悠久，在古埃及创立历法的同时，古代苏美尔人也制定出了自己的历法，他们的历法是阴历，知道 19 年 7 闰的法则，$(19 \times 12 + 7) \times 29.53 \approx 19 \times 365.25$。除历法外，古巴比伦人在天象观测方面的成就格外突出，在两河流域出土的泥板上有大量的天文观测记录：记录日、月食发生的时间和位置，年的长度为 $12+22/60+8/3600$ 个月，月的定义是从新月出现到下次新月出现之间的间隔，黄道十二宫的全部名称在公元前 419 年的一份文件中首次出现。

古巴比伦的星占学十分发达，认为天体都是神，它们能够影响甚至主宰人间的事情，对行星的观测和对天象的预测都是出于对自己命运进行预测的考虑，古巴比伦观天者经常被认为是星占学家。古巴比伦人对自然的各个方面的不寻常事件保持着警惕，当他们发现不寻常事件时，他们将其解释为一个征兆，这不是将要发生的灾祸的原因，而是对国王和民众的一个警告，灾祸则有可能通过举行适当的仪式而得到避免。对征兆的解释被编成了法典，在一系列约 70 个表中，包含了 7000 个征兆。

这些星占征兆的集合，从公元前 900 年前开始就已经获得了权威地位，实际上被认为是诸神向国王传递的讯息，包括愉悦或不满。星占征兆集合对凶兆持续了七个世纪的记录，显示出这些凶兆重复出现如此频繁，以至于星占学家们在宇宙秩序中认出了规则，于是太阳、月亮和诸行星运行的周期逐渐被识别和确定了。

除天文学外，古巴比伦人在数学方面也成就斐然。如果说古埃及的几何学较为突出的话，古巴比伦则在算术和代数方面成就较大。古巴比伦人发明了数的记法，采用 60 进制和 10 进制并用，他们编制有数表来应用，古巴比伦人首创把圆周分成 360°，在巴比伦人的碑石中发现过乘法表、平方表和立方表。在公元前 2000 年左右，古巴比伦国王的赦令中规定了长度、重量和容量的标准，譬如对长度，规定 1 腕 = 30 指，1 竿 = 12 腕，1 绳 = 120 腕，1 里 = 180 绳。显然，常识性的知识和工艺知识的规范化和标准化是实用科学起源的可靠基础。

现存的巴比伦楔形泥版文书大都是关于经济问题的，涉及钱币兑换、商品交换、利税计算、粮食分配、遗产划分等等。挖运河修堤坝以及其他水利工程都需要用到计算，谷仓和房屋的容积以及田地面积的计算，使他们接触了初步的几何学知识。在巴比伦人有关土地测量的基本公式和数量关系中可以找到几何学的开端。

除天文学和数学外，古巴比伦人的医学也有一定发展，不过总体上不及古埃及。迄今所见涉及医学的泥板书有800多块，从中看出当时所用药物有150多种。古巴比伦人知道了很多疾病，如不同种类的发热、中风和瘟疫，一些泥板书上还描述了眼、耳、皮肤和心脏的疾病，以及风湿和性病。古巴比伦医学是宗教巫师的特权，他们向天神负责，普通医生对他们所做的手术成功与否负责。

《汉谟拉比法典》是刻在一根高2.25米，上周长1.65米，底部周长1.90米的黑色玄武岩柱上的，共3500行，正文有282条内容，用阿卡德语写成。它是世界上最古老最完整的法典，是汉谟拉比为了向神明显示自己的功绩而纂集的。汉谟拉比法典第215条规定如果医生做一项较大的手术或治疗眼病时，他应能收到10枚银币，如果病人是一个自由人，他应付5枚银币，如果是个奴隶，他的主人应代付2枚银币。如果病人因为手术死亡或失明，那么医生的双手就会被砍掉。

两河流域的建筑、冶金及交通技术方面比较突出，建于公元前7世纪的巴比伦城是两河流域建筑技术的顶峰，巴比伦城城墙有两重，以泥砖砌成，其中外墙最宽处有7.1米，城的正门是伊丝塔尔门高12米，进门是南北向的大街，街道以石或砖铺筑，两侧均装饰有彩釉动物浮雕，动物横向排列，南宫东北角有世界七大奇观之一的空中花园，城中有神庙多处，城中心是马尔杜克神神庙和塔庙。城东有母神宁玛赫庙和女战神伊丝塔尔庙。

空中花园最令人称奇的地方是供水系统，因为巴比伦雨水不多，而空中花园的遗址远离幼发拉底河，所以研究人员认为空中花园应有不少输水设备，奴隶不停地推动连着齿轮的把手，把地下水运到最高一层的储水池，再经人工河流返回地面。另一个难题是在保养方面，因为一般的建筑物，要长年抵受河水的侵蚀而不塌下是不可能的，由于美索不达米亚平原没有太多石块，因此研究人员相信空中花园所用的砖块是与别不同，它们被加入了芦苇、沥青及瓦，更有文献指石块被加入了一层铅，以防止河水渗入地基。

巴比伦通天塔有一座实心的主塔，高约201米，共有8层，外面有螺旋形通道，绕塔而上直达塔顶，并在半途设有座位可供歇脚，巴比伦空中花园是世界7大奇观之一，可惜已经湮没在滚滚黄沙之中了。

公元前3000年两河流域已进入青铜时代，这是因为平原石材缺乏，所以青铜技术得以发展，公元前12世纪，铁器已在两河流域普遍使用，亚述帝国把铁技术和军事技术很好的结合了起来。比如铁剑、金属盾牌、头盔和胸甲组成的战袍，投石机、坑道技术、架桥技术、用皮囊渡水的战术，使亚述轻易地征服了手持青铜战斧的埃及法老军队。并且随着亚述帝国军事力量的膨胀，巴比伦的文化也传遍整个西亚和埃及。

世界上最早的轮车出现在两河流域。公元前 4000 年用木材和石料制成轮子，主要用于制陶工作。后来不断改进，公元前 3300 年，轮动原理用于运输工具上，出现了世界上第一辆四轮车，后来由于青铜技术的高度发展，又把轮子用于战车上，还发展了号称"古代坦克"的攻城机。

第二节 尼罗河流域的古埃及文明

埃及地处非洲的东北部，是亚、非、欧的一个交会之地，而且在古代的交通条件下，也是一块可以避开外族侵扰的农业文明生长土地，尼罗河流域的古埃及文明是在相对孤立的状态下形成的。

公元前 4000 年古埃及建立了奴隶制国家，公元前 3100 年形成统一的国家，其中公元前 3100——2686 是早期王朝，公元前 2686——2182 是古王国，公元前 2182——2040 是第一中间期，公元前 2133——1786 是中王国，公元前 1786——1570 是第二中间期，公元前 1570——1085 是新王国，公元前 1069——332 是后王朝时期，公元前 332——305 被马其顿征服。

古埃及的天文学带有他们鲜明的地方特色。尼罗河是埃及人的生命源泉，每年当天狼星和太阳一起从东方升起时，尼罗河就开始泛滥，于是古埃及人就把这一天定为一年的开始，人类最早的太阳历埃及人在公元前 2780 年就开始采用。

每当天狼星和太阳共同升起的那一天（公历 7 月），尼罗河就开始泛滥，这是一年的开始。1 年分 3 季：泛滥季节、播种季节和收获季节。3 季共 12 个月，每月 30 天，每年 360 天，再加上年终的 5 天节日。因为没有设置闰年，这种历法比地球实际绕太阳运行一周要少 1/4 天，每 4 年就落后 1 天。因为埃及人没有每隔四年闰一天，历法的岁首慢慢落后于季节，经过 1460 年后，岁首和季节的对应关系又恢复如初，这个周期叫做索特周期，因为埃及人称天狼星为索特。

古埃及人还发明了水钟及日晷来计时，日晷是以太阳的倒影来计时的一种工具，这两种计时器，都把每天分为 24 小时。古埃及人了解许多星座，如天鹅座、牧夫座、仙后座、猎户座、天蝎座、白羊座以及昴星团等。

在早期王国以前，埃及人就发明了图形文字，经过长时期的演变形成了由字母、音符和词组组成的复合象形文字体系。象形文字多刻于金字塔、方尖碑、庙宇墙壁等一些神圣的地方，后来为了书写又发展出了简略的象形文字，称为僧侣体。古埃及盛产纸草，这是一种植物，将其茎杆部切成长条后压平晒干，可以用作书写。纸草长时间干燥会裂成碎片，所以很少有保存下来的，不过还是有少数用僧伯体写作的纸草文书流存至今。有了文字和书写工具，就有了文化的延续和发展。

古埃及人的宇宙观认为宇宙是一个长方形的盒子，略凹的大地是盒底，天是盒盖，大地的四个角上有四座大山将天撑起，大地周围是宇宙之河，尼罗河从宇宙之河的南方作为主流流经大地中央，太阳神乘船每天在宇宙之河上经过一次，这就是日出和日落。

古埃及人在数学上相当高的成就。他们用数学来管理国家和教会的事务，确定付给劳役者的报酬，求谷仓的容积和田地的面积，征收按土地面积算出的地税，计算建筑物所需的砖数，计算酿造一定量啤酒所需的谷物数量等等。

古埃及人在数学上的成就记载在纸草书上，一批纸草书保存在莫斯科，叫做莫斯科纸草书，另一批保存在大英博物馆，因其作者叫阿默士所以叫阿默士纸草书，阿默士纸草书一开头写着："获知一切奥秘的指南"。从这些纸草书中可以知道古埃及人的算术、几何及代数等数学知识。

两批纸草书中都含有数学问题和解答，阿默士纸草书中有 85 题，莫斯科纸草书中有 25 题，这些问题很可能是被作为一些典型问题和典型解法的示范例子而记载下来的。两批纸草文书的撰写年代在公元前 1700 左右，但其中所含的数学知识是埃及人早在公元前 3500 年就已经知道。

埃及人的数字符号系统不如巴比伦人的先进，但在三角形、矩形和不规则四边形面积和体积的计算方面发明了比巴比伦人更好的公式。相对说来，古埃及人在几何学方面的成就更为突出，由于尼罗河水泛滥时冲毁了原有耕地的界限，水退后人们又要重新丈量和划定土地以及建筑神庙和金字塔的需要，他们在三角形矩形和不规则四边形面积和体积的计算方面发明了比巴比伦人有更好的公式。古埃及人能计算矩形、三角形、梯形和圆形的面积，使用 π= 3.16 的圆周率，会简单的四则运算，会求圆锥体的体积。建造神庙把天文学与数学结合，使得一年里某几天的阳光能照射到庙宇里。

古埃及医学较为发达。主要通过三种纸草书获得了解。The Edwin Smith Papyrus 纸草书写于前 1700 年左右，但其中主要知识形成于前 2640 年，1862 年美国人 Edwin Smith 在开罗购得，后捐献给纽约历史学会收藏，17 页正面共 377 行，5 页反面共 92 行，为第二长的医学纸草书。The Ebers Papyrus 共 110 页，年代为公元前 1534，Ebers Papyrus 被称为古埃及医学大全，记载了 700 种药剂，涉及腹部疾病、肺病、痢疾、咽炎、眼病、皮肤病、伤科、血管神经、妇科、儿科等等。Kahun Gynecological Papyrus 发现于 1889 年，该纸草的年代确定为公元前 1825，该纸草现由伦敦学院大学收藏。

自然现象的周而复始让埃及人认为人死后可以复生，在这种来世观的支配下，将尸体制成木乃伊之风在埃及盛行。在制作木乃伊的过程中埃及人积累了很多生理解剖学的知识，熟知人体某些器官的形状、位置和功能。古埃及医学技术分门别类，出现专科医生，配置药物的技术远近闻名，他们的药物来自植物＋动物＋矿物。

古埃及在建筑及造船等手工业技术方面有较大成就，在建筑技术尤为突出。古埃及保留下来的建筑遗迹较多，最为人们熟知的建筑是金字塔，另一惊人的建筑是神庙。此外，古埃及的造船技术也十分发达，相比之下古埃及的农业、冶金技术较为落后。

最大的胡夫金字塔修建于公元前2600年，高146米，底边各长230多米，误差极小，正对东南西北方向，塔的倾角约为52℃，造塔共享了230万块磨制过的大石，每块平均重2.5吨，最大的约30吨。在塔身北侧离地面13米高处有一个用4块巨石砌成的"人"字形入口，使塔身巨大压力均匀地分散开，体现4000多年前古埃及人对几何学和力学的理解和应用。卡尔纳克神庙是现存所知世界上最大的神庙，建筑时间跨度超过2000年，主殿占地约5000平方米，有134根圆柱，中间的12根高21米，直径达3.6米。开花状的柱头上可站100人，上雕象形文字和图形，表达法老对阿盟神风神的敬意。尽管金字塔内非常潮湿，但放在里面的尸体并没有腐烂，刮胡子的刀片放在金字塔模型内，不变钝，反而会更锋利，金字塔模型成了治疗许多疾病的医疗器械和灵丹妙药。

古埃及的造船技术也十分发达，由于最方便的河道就是尼罗河，出于日常生活的需要，埃及人在前王朝时期就会造船。据记载，第四王朝法老曾建造了一艘长达172英尺的船，到新王国时期，埃及人已能制造载重650吨以上的船了。

古埃及农业技术的长期停滞，由于尼罗河谷十分良好的农业条件，在几千年中农具没有多大改进，直到新王国时期才把犁头的形状稍微改变一下，用牲口踩穗脱粒的方法一直残存到5世纪。古埃及铜铁技术姗姗来迟，由于优越的自然农业条件，不需要更先进的农具，金属矿藏相对贫乏和石技术的极端发展，古埃及直到中王国才进入青铜时代，新王国青铜技术才得以普及。

第三节 印度河流域的古代印度文明

大约在公元前3000年左右，达罗毗荼人就创造了自己的文化——哈拉巴文化。至19世纪沦为殖民地，古印度在4000多年的历程中创造了比古埃及、古两河流域更高更文明的科学和技术。

古印度位于今天的南亚次大陆，俗称印度次大陆，它位于亚洲的南部，北枕喜马拉雅山，南接印度洋，东临孟加拉国湾，西濒阿拉伯海，北广南狭。这里三面环海，一面靠山，有着天然的封闭地理环境。境内地形复杂，地理条件极为悬殊。西北部的印度河发源于冈底斯山以西，流入阿拉伯海，中北部的恒河发源于喜马拉雅山南坡，流入孟加拉国湾。印度河和恒河所形成的冲积平原，土壤肥沃，气候湿润，是世界最古老文明的发源地之一。

直到殖民地时期，印度从来没有形成过高度统一的中央集权制国家，而是大小王国林立。由于印度次大陆本身就是世界三大人种，即尼格罗种、蒙古利亚种和高加索种，是黑种人、黄种人和白种人的交汇处，素有"人种博物馆"之称。印度从来没有统一的语言，各民族和各部落使用自己的语言。目前大约有2000种语言，其中55种有自己的文字和文学，19种完善语言被定为印度的官方语言。

印度还存在根深蒂固的种姓制度，全部印度人被分为四个等级的种姓，等级从高到低是：婆罗门、刹帝力、吠舍和首陀罗。婆罗门即僧侣，从事文化教育和祭祀活动，刹帝力即武士，从事行政管理和打仗，吠舍即平民，经营商业贸易，首陀罗是所谓贱民，从事农业及各种手工业劳动，种姓世袭而且不同种姓之间不得通婚。

印度是一个神秘的国度，到处笼罩看宗教气氛，处处有神庙，村村有神池，印度人信奉的宗教极多，同一宗教还有许多教派，在印度婆罗门教即印度教最为流行，而发源于此地的佛教却不太流行。信仰印度教的人占绝大多数为85%，其次为穆斯林、基督教、佛教、犹太教、拜火教、耆那教等，所有不同宗教和谐相处。整个印度次大陆遍布无数漂亮的庙宇、雄伟的教堂、宏大的清真寺、香火旺盛的佛教寺庙、犹太教堂和拜火教寺院。

古代印度人不注意记述自己的历史，他们喜欢讲神话故事，后世历史学家只得从神话故事中发掘考证印度的古代历史。印度文化主要是一种宗教文化，它推崇来世轻视今生，强调人生的无常和空虚，主张清心寡欲，反对执着追求，这种心态无疑不利于科学的发展。

印度是天文学产生很早的国家。公元前7世纪之前他们就把一年定为12个月，360天，也有置闰的方法。公元1世纪后，印度陆续出现了一批天文历法著作，最著名的是《太阳悉檀多》，公元元前6世纪开始到公元1世纪七百多年成书的《太阳悉檀多》，是古印度最著名的天文历法著作。该书讲述了时间的测量、分至点、日月食、行星运动和观察测量仪器等许多问题，还包含许多数学内容。古印度虽然在历法方面做了许多工作，但不太重视天文观测，因而总体成就不大。

古代印度人认为宇宙像一只大锅盖在大地上，大地中央是须弥山支撑着天空，日月均绕须弥山转动，日绕行一周即为一昼夜，大地由四只大象驮着，四只大象则站立在一只浮在水上的龟背上。

相比天文学，古印度的数学成就突出，在世界数学史上占有重要地位。"零"和数码是古印度人对世界的两项伟大贡献，现今算术通用的10进制"阿拉伯记数法"，特别是其中零的符号，是古印度人于公元6世纪发明的，至9世纪以后经阿拉伯人传到欧洲。负数的概念和运算方法最早是由数学家梵藏在公元628年提出的。

古印度数学在代数和三角方面都达到了很高的水平，《准绳经》是现存古印度最早的数学著作，这是一部讲述祭坛修筑的书，大约成于公元前5至前4世纪，其中包含有一些几何学方面的知识。

这部书表明，他们那时已经知道了勾股定理，并使用圆周率 π 为 3.09。古印度人在天文计算的时候已经运用了三角形，公元 499 年成书的《圣使集》中有关数学的内容共有 66 条，包括了算术运算、乘方、开方以及一些代数学、几何学和三角学的规则。圣使还研究了两个无理数相加的问题，得到正确的公式，在三角学方面他又引进了正矢函数，他算出的 π 为 3.1416。

梵藏约于公元 628 年写成了《梵明满悉檀多》，对许多数学问题进行了深入的探讨，梵藏是古印度最早引进负数概念的人，他还提出负数的运算方法。梵藏对零作为一个数已有所认识，但他却错误地认为零除零还是等于零的结论。

大约在公元 760 年，一位印度人到达巴格达，将印度天文学著作《西德罕塔》献给哈里发曼苏尔，曼苏尔令人将其译成阿拉伯文，从此使印度数字及其计算方法被介绍到阿拉伯国家。

这种数字比罗马数字有很大的优越性，在欧洲很快普及，由于是阿拉伯人带来的，欧洲人一直称之为"阿拉伯数字"，而阿拉伯人自己的数字，被称为"阿拉伯人数字"，二者有些关系，因都来源于印度数字。

古印度的医学在世界上独树一帜，形成了较完整的医学理论。古印度人很重视医学，哈拉巴文化遗址中发现浴室、下水道系统等，表明 4000 年前的古印度人已具有相当的卫生和医学知识。古印度的医学集中体现在《阿柔吠陀》和《妙闻集》两大古典医著中。

大约成书于公元前 1 世纪的《阿柔吠陀》是古印度最早的一部医学著作，用水、地、火、风、空"五大"元素学说解释人的生理和病理，载有内科、外科、儿科等许多疾病的治疗方法，也记载了许多药物。古印度的名医妙闻和罗迦不但医术高明而且都有著作传世，前者外科手术达到了相当高的水平，后者进一步阐发了古印度的医学理论，对病因、病理作了深入研究，提出了一套诊断和治疗的方法。妙闻音译名是苏斯拉他，妙闻是中国古代的译名。他的外科手术独到，并精心设计了各种外科器械，著作收在《妙闻集》中。《妙闻集》反映了古代印度外科学的发达程度，书中记有鼻成形术、白内障摘除术、膀胱截石术、腹腔穿刺术、环钻术、排脓术和割痔术等各种外科手术，记有切除、切开、割破、穿刺、探测、挤压、缝合等基本手术操作，记载了从准备工具到正式手术的具体程序；记录了各科外科器械，一般是铁制品，分钝器和锐器两大类，分别包括十字钳、镊子、类撬锁器、管状器、探条和刀、剪、锯、尖针、斧、钩等，还记述了外科人员的培训方法，《妙闻集》是一部外科学百科全书。

早在哈拉巴文化时期（公元前 2500 年），古印度的冶金技术就达到了相当高的水平。古印度最早种植棉花，是棉纺织技术的发源地。出于贸易的需要，古印度的造船业也较发达。古印度人最早使用烧砖建造房屋。公元前 2500 多年的哈拉巴文化时期农业生产已有相当的水平，使用青铜器农具，种植多种作物。雅利安人入主印度后重新重视发展农业生产，公元前 6 世纪以后由于铁器使用，古印度农业生产技术水平更有较大提高。古印度人在公元前 4 世纪已能炼钢，新德里至今尚存一根 5 世纪时铸造的铁柱，高 7.25 米，重约 6.5 吨，几乎完全没有锈蚀。古印度的铜铸佛像很多，工艺精美。这些都反映出古印度的冶金技术水平。

由于最早种植棉花，古印度也成了棉纺织的发源地。公元前 2 世纪古印度的棉纺织技术已有相当的水平，产品远销国外。古印度人在世界上最早发明烧制建筑用的砖块。从哈拉巴文化遗址发现当时的城市已有很多两三层楼房和 1800 多平方米的公共大浴室，城内有平直相交的道路网，还有完整的供水和排水系统。三四千年前就能建设如此规模的城市，当属世界之最。

第四节 黄河流域的古代中国文明

在 4000 年的漫长岁月尤其是秦汉以来宋元近千年的领先发展过程中，中国科学技术取得了一系列辉煌成就，形成了以农、医、天、算为代表的实用科学体系和以四大发明为标志，以陶瓷、丝织、冶金、建筑为代表的实用技术体系，对世界文明产生了深远的影响。

中国是历史悠久的农业文明古国，被公认为农业起源中心之一，中国农业技术和农学理论之发达，在世界上首屈一指。中国古代农学著作多达 600 种，数量堪称世界第一，中国种植粟的历史十分悠久，中国是世界上最早种植水稻的国家，7000 年前在浙江河姆渡中国人就开始了水稻种植，中国是世界公认的大豆原产地，中国也是麻、茶叶、柑橘、葫芦等的原产地，中国养猪、羊、鸡的历史 7000 年，养马、牛、犬的历史 5000 年。

医学在中国有悠久的历史。中国形成了具有鲜明民族特色的医药体系。 中国古代医药学著作近 8000 种，居古代各学科之首，《黄帝内经》和《伤寒杂病论》是中国医学理论的两部奠基性著作。《黄帝内经》包括《素问》、《灵枢》两部分，18 卷 162 篇，主要论述人体解剖、生理、病理、病因、诊断等基础理论，兼述针灸、经络和卫生保健。中医特点是辨证施治，阴阳、表里、虚实、寒热，头痛医脚表明中医很早就认识到"人是一个整体"。

天文学是中国古代最重要的学科之一。中国古代天文学独具特色，自成体系，在天文观测、历法制定以及天文仪器制造方面都取得了突出成就。世界上最早的恒星表就是中国的《甘石星经》，《甘石星经》是世界上最早的天文学著作，在长期观测天象的基础上,战国时期楚人甘德、魏人石申各写出一部天文学著作，后人把这两部著作合起来，称为《甘石星经》。书里记录了 800 个恒星的名字,其中 121 个恒星的位置已经测定,这是世界最早的恒星表。书里还记录了木、火星、土星、金、水等五大行星的运行情况,发现了它们的出没规律。 中国观测天空的仪器有浑仪、浑象、圭表，观象台等。

数学是中国古代最发达的学科之一，现存典籍达 1900 多种，公元前一世纪的《周髀算经》是我国最早的数学著作，公元一世纪成书的《九章算术》是中国数学体系形成的标志。《周髀算经》是算经的十书之一，约成书于公元前 1 世纪，原名《周髀》，它是我国最古老的天文学著作，主要阐明当时的盖天说和四分历法，唐初规定它为国子监明算科的教材之一，故改名《周髀算经》。

《周髀算经》在数学上的主要成就是介绍了勾股定理及其在测量上的应用。原书没有对勾股定理进行证明，其证明是三国时东吴人赵爽在《周髀注》一书的《勾股圆方图注》中给出的。书中有"矩"的用途介绍，矩是一种量直角画矩形的工具，有勾股定理及其在测量上的应用，相似直角三角形对应边成比例定理等数学内容。在《周髀算经》中还有开平方的问题，等差级数的问题，使用了相当繁复的分数算法和开平方法，以及应用于古代的"四分历"计算的相当复杂的分数运算.还有相当繁杂的数字计算和勾股定理的应用。

《九章算术》是我国第一部最重要的数学专著，标志着中国数学体系的形成，《九章算术》的内容涉及方田、粟米、衰分、少广、商功、均输、盈不足、方程、勾股。《九章算术》是中国古代数学专著，是算经十书中最重要的一种，内容十分丰富，系统总结了战国秦汉时期的数学成就。《九章算术》在数学上还有其独到的成就，不仅最早提到分数问题，也首先记录了盈不足等问题，"方程"章还在世界数学史上首次阐述了负数及其加减运算法则。《九章算术》经多次增补，成书时间已不可考，但据估算最迟在公元一世纪已有了现传本，《九章算术》没有作者，它是一本综合性的历史著作。

《九章算术》的内容十分丰富，全书采用问题集的形式，收有 246 个与生产、生活实践有联系的应用问题，其中每道题有问（题目）、答（答案）、术（解题的步骤），有的是一题一术，有的是多题一术或一题多术。这些问题共有九章，九章的主要内容分别是：第一章"方田"，田亩面积计算；第二章"粟米"，谷物粮食的按比例折换；第三章"衰分"，比例分配问题；第四章"少广"，已知面积、体积，求其一边长和径长等；第五章"商功"，土石工程、体积计算；第六章"均输"，合理摊派赋税；第七章"盈不足"，即双设法问题；第八章"方程"，一次方程组问题；第九章"勾股"，利用勾股定理求解的各种问题。

《九章算术》中的数学成就是多方面的，在算术方面的主要成有分数运算、比例问题和"盈不足"算法，《九章算术》是世界上最早系统叙述了分数运算的著作，在第二、三、六章中有许多比例问题，在世界上也是比较早的。"盈不足"算法需要给出两次假设，是一项创造，中世纪欧洲称它为"双设法"，有人认为它是由中国经中世纪阿拉伯国家传去的。在几何方面，主要是面积、体积计算。在代数方面，主要有一次方程组解法、平方、立方、一般二次方程解法等。"方程"一章还在世界数学史上首次引入了负数及其加减法运算法则。

作为一部世界科学名著，《九章算术》在隋唐时期就已传入朝鲜、日本。现在它已被译成日、俄、德、英、法等多种文字。《九章算术》是几代人共同劳动的结晶，它的出现标志着中国古代数学体系的形成，后世的数学家大都是从《九章算术》开始学习和研究数学知识的。唐宋两代都由国家明令规定为教科书，1084年由当时的北宋朝廷进行刊刻，这是世界上最早的印刷本数学书，《九章算术》是中国为数学发展做出了杰出贡献。

古代中国的科学技术成就在四大发明：造纸术、印刷术、火药、指南针与四大技术：陶瓷、丝织、冶金、建筑上表现十分明显。四大发明在人类文明史上的重要地位，是中国成为文明古国的标志之一。考古发现表明西汉时期已有纸存在，东汉和帝元兴元年，蔡伦在总结前人制造丝织品经验的基础上，发明了用树皮、破渔网、破布、麻头等作为原料，制造成了适合书写的植物纤维纸，才使纸成为人们普遍使用的书写材料，被称为"蔡侯纸"。

印刷开始于隋朝的雕版印刷，经宋仁宗时的毕升发展、完善，产生了活字印刷，并由蒙古人传至了欧洲，所以后人称毕升为印刷术的始祖。中国的印刷术是人类近代文明的先导，为知识的广泛传播、交流创造了条件。

雕版印刷是用刀在一块块木板上雕刻成凸出来的反写字，然后再上墨，印到纸上。每印一种新书，木板就得从头雕起，速度很慢。如果刻版出了差错，又要重新刻起，劳作之辛苦，可想而知。北宋刻字工人毕升在公元1004年至1048年间，用质细且带有粘性的胶泥，做成一个个四方形的长柱体，在上面刻上反写的单字，一个字一个印，放在土窑里用火烧硬形成活字，将字依文章内容排好，放在一个个铁框上做成印版，在火上加热压平就可以印刷了，印刷结束后把活字取下下次还可再用，这种改进之后的印刷术叫做活板印刷术。

火药是用硝石、硫磺和木炭这三种物质混和制成的，而当时人们都把这三种东西作为治病的药物，所以取名"火药"，意思是"着火的药"。

指南针是用以判别方位的一种简单仪器。前身是司南。主要组成部分是一根装在轴上可以自由转动的磁针，磁针在地磁场作用下能保持在磁子午线的切线方向上。磁针的北极指向地理的南极，利用这一性能可以辨别方向。常用于航海、大地测量、旅行及军事等方面。指南针的始祖大约出现在战国时期，它是用天然磁石制成的，样子像一把汤勺，圆底，可以放在平滑的"地盘"上并保持平衡，且可以自由旋转，当它静止的时候，勺柄就会指向南方。

第三章 古希腊古罗马的科学技术

在这一部分内容中，我们除了主要介绍在科学技术史之中占有重要位置的古希腊古罗马科学技术外，还要进行 2000 多年前几乎发生在同时的西方古希腊哲学思想与东方孔孟庄墨诸子百家之鸣以及印度文明的比较与分析，特别是它对后来 2000 多年东西方科学技术发展的影响。我们把它分为三个部分，第一部分介绍古希腊的哲学思想和科学技术发展，第二部分介绍古罗马的科学技术发展，第三部分介绍主要是中国当然也包括印度在哲学思辨上的特点及三者的比较，以及他们对后来科学技术发展的影响。

第一节 古希腊的科学技术

公元前 800 年左右，在希腊半岛本土，爱琴海东岸的爱奥尼亚地区，南部的克里特岛等地出现古希腊文明。和四大文明古国不同的是，古希腊境内多山海岸线长，这种开放性特点，为古希腊接触和吸收周边地区的文明精华创造了条件。公元前一世纪古希腊被古罗马帝国吞并，在古罗马时期，一方面古希腊的科学余辉仍在闪射着光芒，一些重要的科学思想得以继续发展并系统化，另一方面罗马帝国的统治者为满足自身的需要，使得各种工程技术获得了广泛的发展。

从今天的主流文化看，古希腊人的贡献和影响是其他古代文明难以企及的，古希腊人的伟大贡献在于他们创造了西方科学和哲学的伟大传统。恩格斯说："在希腊哲学的多种多样的形式中，差不多可以找到以后各种观点的胚胎、萌芽。因此，如果理论自然科学想要追溯自己今天的一般原理发展的历史，它也不得不回到希腊人那里去。"爱因斯坦说："西方科学是以两个伟大的成就为基础，那就是希腊哲学发明的形式逻辑体系，以及通过实验发现有可能找出的因果关系。在我看来，中国圣哲没有走这两步……"。

古希腊科学产生在如下诸多条件之中，首先是自然条件。古希腊境内多山海岸线长，虽然农业难以成为古希腊的经济支柱，但古希腊的手工业、海上渔业、航海业和商业却较发达。这种地理、经济的开放性特点，为古希腊接触和吸收周边地区的文明精华创造了条件，并造就了古希腊民族敢于冒险、思想开放、重视自然、追求理性、崇尚知识、智慧的风尚。

再就是社会条件。经过几百年演变，古希腊有些城邦选择了民主政体,其中最具代表性的是雅典。这种奴隶民主制不仅为知识阶层提供了闲暇，而且还提供了自由与平等，造就了希腊几百年的百花齐放百家争鸣的局面。这些无疑为具有强烈求知欲的希腊人力图对整个世界作出理性的解释提供了良好的社会环境，使古希腊的科学技术带有明显的理性色彩，其科学技术水平也达到了奴隶社会的高峰。

最重要的条件是对知识本身的渴望和对真理的探求。希腊文化中最为可贵的是对知识的渴望和对真理的不懈追求，这一点并不是人类历史上其他民族都具有的。亚里士多德说，哲学和科学的发展需要三个必不可少的条件：好奇、闲暇和自由。幸运的是，这三个条件希腊人全部具备了。

公元前六世纪前后，希腊出现了最早的哲学——自然哲学，这也是最早系统的理论化的科学的开始。古希腊自然哲学在人类历史上第一次形成了独具特色的理性自然观，把自然看作是一个独立于人的对象而加以整体地对待，把自然界看作是有规律且可以认识的对象，力图用哲学的概念和语言把握自然界。古希腊的自然哲学有很多流派：

米利都学派。米利都是小亚西亚的希腊殖民地爱奥尼亚诸城市之一。米利都学派主要代表人物是泰勒斯（约前624—547）、阿那克西曼德（约前611—547）、阿那克西米尼（约前550—475）泰勒斯是第一位哲学家和科学家，他认为世界的本原是水，"万物本源于水"，泰勒斯的这句话是人类第一次用理性的方式去寻求万物的统一本质，体现了理性思维的特点。

阿那克西曼德是古希腊哲学家中绘制世界上第一张全球地图的人。他是古希腊科学创始人泰勒斯的学生。主张万物本原是"无定形"。他认为一切事物都有开端，而"无定形"没有开端，世界从它产生，又复归于它。

阿那克西米尼是阿那克西曼德的学生。出生于中亚的莱普沙克斯。他继承了前两位米利都学派哲学家的传统，也是该学派最后一位哲学家。他主张"气"是万物的始基，万物通过聚散从气中变化而来。他认为"气"是万物的本原，这个"气"像阿那克西曼德的"无限"一样，同时又与泰勒斯的"水"相同，是具有定质的一种物质，是无限的永恒的运动变化的，其运动形式有稀散和凝聚两种。"气"通过稀释和凝聚的过程产生万物，稀释时气变成火，凝聚时气依次变成风、云、水、土和石头。由于气的稀散化和凝聚化产生了世界万物，世界万物也可转化为气。气包围着整个世界，它是活泼的，无限地扩散于空间一切，其他的东西都是由这些东西组成。

由毕达哥拉斯(约前570—497)创立的毕达哥拉斯学派在学术上的成就主要在数学和天文学方面。传说毕达哥拉斯发现了 2:1 、3:2 、4:3 这几个数字比率跟最和谐的音程八度音、五度音和四度音一致。但毕达哥拉斯学派最伟大的贡献还不是数学和天文学方面的那些具体的成就，而是对"数"的高度重视，他们认为万物皆数，数是万物的本原。他们还率先提出了"宇宙和谐"的观念。

辩证法的奠基人赫拉克利特是古希腊哲学爱非斯派的创始人。赫拉克利特生于爱非斯一个贵族家庭。他本来应该继承王位，但是他将王位让给了他的兄弟，自己跑到女神阿尔迪美斯庙附近隐居起来。赫拉克利特主张万物源于火，他认为万物的本原是火，说宇宙是永恒的活火，他的基本出发点是，这个有秩序的宇宙既不是神也不是人所创造的。宇宙本身是它自己的创造者，宇宙的秩序都是由它自身的逻辑所规定的，这是赫拉克利特学说的本质，它是米利都学派的朴素唯物论思想的继承和深入的发展。"世界过去、现在和将来永远是一团永恒的活火，按照一定的分寸燃烧，按照一定的分寸熄灭。"

赫拉克利特有一句名言"人不能两次走进同一条河流"，这句名言的意思是说，河里的水是不断流动的，你这次踏进河，水流走了，你下次踏进河时，又流来的是新水。河水川流不息，所以你不能踏进同一条河流，显然，这句名言是有其特定意义的，并不是指这条河与那条河之间的区别。赫拉克利特主张"万物皆动""万物皆流"，这使他成为当时具有朴素辩证法思想的"流动派"的卓越代表。"太阳每天都是新的。人不能两次踏入同一条河流。"也是赫拉克利特的名言。

德谟克利特（前 460 年—前 370 年或前 356 年）来自古希腊爱琴海北部海岸的自然派哲学家，是经验的自然科学家和第一个百科全书式的学者，古代唯物思想的重要代表。他是"原子论"的创始者，由原子论入手，他建立了认识论。原子论是希腊科学和哲学中最为接近近代科学理论的成就。

原子论认为，原子是构成万物的基本粒子，虚空为原子提供运动的场所 原子和虚空作为存在和非存在，都是构造自然万物的本原。原子是不可分割、不可穿透的，所有原子性质一致，只有量的差别，不同原子造成各种事物，人的灵魂也是原子所构成。

古希腊的数学有辉煌的成就，但是在数学史上希腊数学家究竟从巴比伦和埃及文明接受了多少数学知识，是一个可专门深入讨论的问题。然而希腊人处理数学的方法，在定义和公理基础上的抽象逻辑体系，是希腊精神对数学发展的完全独创的贡献。在柏拉图主义的影响下，数学和从前产生它的实际需要之间的联系完全割断了。

古希腊数学的主要代表人物有泰勒斯、毕达哥拉斯，以及代表古希腊几何学集大成者欧几里德（公元前 330-260）和代表古希腊几何学的最高峰的阿基米得（公元前 287-212）与阿波罗尼乌斯（公无前 262-190）。

泰勒斯首先把埃及的几何学变成一种抽象研究的对象，在他那里直线变得没有任何厚度并且绝对平直，发明了从公理、定理求证结果的演绎方法。发现一些具体的几何定理，圆的任何一条直径把圆分成两等分，对顶角相等，等腰三角形的两底角相等。他通过比较金字塔的影子和一根已知长度的影子来确定金字塔的高度。

毕达哥拉斯发现了以他的名字命名的毕达哥拉斯定律：直角三角形三边 a、b、c, c 为斜边，则：

$a^2 + b^2 = c^2$，在中国它叫勾股定理。毕达哥拉斯提出了三大作图题：(1)作一个正方形使其与给定的圆面积相等，(2)给定立方体的一边，求作另一立方体之边，使后者体积两倍于前者体积，(3)用规尺三等分任意角。三大作图问题自提出之时起，历经二千余年，最终被证明不可能只用直尺、圆规求解。1837年旺策尔首先证明了倍立方和三等分任意角不可能只用尺规作图，1882年林德曼证明了π的超越性，从而确立了尺规化圆为方的不可能。

欧几里德是古希腊几何学集大成者，约公元前300年，欧几里德提出了对数学作系统阐述的权威性形式，此后许多世纪，这种形式被公认为是数学方法的典范。他的集大成之作《几何原本》(13卷)至今还是几何学的权威著作。

阿基米得使古希腊几何学达到最高峰，传记作家普鲁塔克这样评论阿基米得的著作：在整个几何学上不可能找到更困难更错综复杂的问题，也不可能找到更简单更清晰的解说。阿基米得的著作有：《论平面图形的平衡I，II》、《求抛物线的面积》、《论球和圆柱I，II》、《论螺线》、《论锥体和球体》、《论浮体I，II》、《圆的度量》、《数沙者》。阿基米得的贡献有"穷竭法"求面积和体积、计算圆周率、证明杠杆原理、给出多种平面和立体、图形的重心、浮力定律。

阿波罗尼乌斯着有《圆锥曲线论》(8卷)。他创立的圆锥曲线理论所达到的水平一直到十七世纪还没有人超过。他还把某些数学方法引入天文学，由此产生了球面天文学。

古希腊天文学的主要代表人物有欧多克斯（公元前408-355）构建了第一个以地球为中心的宇宙几何模型，阿利斯塔克（公元前310-230）是太阳中心说的萌芽，喜帕克斯（公元前190-120）是古希腊最伟大的天文学家。

欧多克斯构建了第一个以地球为中心的宇宙几何模型，柏拉图主义要求用匀速圆周运动来描述天体的运动，这为数理天文学的发展开辟了道路。欧多克斯在柏拉图的原则指导下提出了天体的同心球理论。他一共设置了27个同心球，恒星一个，五颗行星每颗四个，太阳和月亮各占三个。

阿利斯塔克是太阳中心说的萌芽者，测算太阳、月亮对地球距离的比例及大小比例，提出太阳中心的思想，他计算太阳到地球的距离大于地球到月球距离的18倍，但小于20倍，太阳与月球的直径比大于18小于20，太阳与地球的直径之比大于19:3小于43:6。

古希腊最伟大的天文学家是喜帕克斯（前190—前120），他抛弃同心球观念，提出"偏心圆"概念，发现了"岁差"，他测算月地距离及月球大小和编制星表，喜帕克斯的研究方法很接近现代的研究方法。

阿波罗尼乌斯的发明被喜帕恰斯用来描述天文现象，使希腊天文学走上了一条康庄大道。帕恰斯在构建日月和行星运动几何模型时采用了巴比伦几个世纪以来保存的观测数据。喜帕克斯的太阳运动模型很好地解决了四季长度不等与匀速圆周运动之间的矛盾，喜帕克斯的另一项重要发现就是春分点的退行即岁差现象。

古希腊物理学的主要代表人物有，使物理学成为一门界限分明的学科的亚里士多德，古希腊最伟大的物理学家阿基米得。

亚里士多德使物理学成为一门界限分明的学科，最早研究物理学现象的是亚里士多德，他的《物理学》是世界上最早的物理专著，主要研究了力学问题。

阿基米得是古希腊最伟大的物理学家，他使古希腊力学发展的高峰，着有世界上最早的光学著作，在科学史上最早把观察、实验同数学方法融为一体，体现了"真正的时代精神"。阿基米得的力学，字义是指对机械的研究，后来慢慢演变为对运动着的物体作数学研究。

阿基米得的名言，给我一个支点，我将推动地球。从阿基米得的著作中还能找到理论力学的萌芽，他从预设的一些公理出发，从数学上证明了杠杆原理——力与力臂成反比。阿基米得发现的浮力定律开创了流体静力学，传说发现浮力定律与检验国王王冠黄金纯度有关，在《论浮动物体》一书中他从假定的定义和公理基础上推导出了浮力定律。

希腊人已经熟悉五种最重要的简单机械：杠杆、滑轮、卷扬机、楔子和螺旋，后来又增加了嵌齿轮。他们用这些简单机械和机械组合来制造省力的装置。他们还明白，任何一个省力的机械装置要相应加长该力作用的距离，这些使古希腊的技术达到了一个巅峰。

阿基米得死于凶残愚昧的古罗马士兵刀下。公元前212年，古罗马军队入侵叙拉古，阿基米得被罗马士兵杀死，终年七十五岁。据说罗马士兵闯入阿基米得住宅时，看见这位老人在钻研图纸，并对士兵们说："离我的图表远一点！"

古希腊的生物学是由亚里士多德开创和主持的，亚里士多德第一个把生物学置于广泛观察基础上，被誉为"动物学之父"，亚里士多德的研究方法与近代生物学非常接近。亚里斯多德的论着遍及各个领域，在今天看来，包含合理成分最多的是他在生物学方面的论述。他给生命所下的定义是：能够自我营养并独立生长和衰败的力量。

亚里士多德的动物学分成三个部分：（1）关于动物的记录，讨论动物生命的一般现象；（2）论动物的各部分，讨论动物的器官及其机能，是解剖学和普通生理学；（3）论动物的生殖，属于生殖和胚胎学。亚里斯多德关于动物的有些记述,直到近几百年才又被重新认识到，比如他认识到鲸鱼是胎生的，他描写了鸡胚胎的形成，观察了心脏在蛋壳中的跳动。

在普通胚胎学方面，他的见解也标志着一个重大进步。早先的见解认为父亲才是唯一真正的亲体，母亲只不过给胎儿提供一个处所和营养而已。这种信念流传甚广，并成为古代和现代世界父系风俗的主要根据。亚里斯多德认识到母体对生殖也有贡献。在动物分类问题上较早的对分原则把动物划分为互成对比的两类，亚里斯多德反对这个原则。他认识到在分类中要利用尽可能多的可供区分的特征，用这个原则，他制成了一个分类表，比以往任何分类表都接近于现代分类系统。

古希腊的医学主要代表人物有阿尔克芒（约前500年）、希波克拉底（前460—377）、希罗费罗斯（约前300）、埃拉西斯特拉托（约前300—260）、阿尔克芒（约前500年）。

毕达哥拉斯派的阿尔克芒可能是古希腊最早研究人体解剖的人。据说他发现了视觉神经，认识到大脑是感觉和思维的器官。他将人体比作一个小宇宙，是大宇宙的缩影。这种想法在欧洲一直流行到中世纪末。

希波克拉底被誉为"西方医学之父"，着有全集59篇，集古希腊医学之大成。他的著作描述了许多内外科疾病和治疗方法，其中对癫痫、腮腺炎、败血症、热病等记载有相当高的水平。希波克拉底受自然哲学的影响，构建了理性的医学理论，该派的理论和医术走在了现代以前任何时代的见解前面。

希罗费罗斯（约前300年）是希波克拉底时代以来最伟大的医生，第一个公开进行人体解剖的医学家。希罗费罗斯是第一个区别动脉和静脉的人。他对神经、眼睛、肝脏和其他器官都有很好的描述。

埃拉西斯特拉托（约前300—前260）是第一个把生理学作为独立学科来研究的人，提出"二灵气说"。

古希腊时期的技术不是特别发达，特别是与后来的古罗马技术相比较更是如此。古希腊的农业不很发达，手工业却得到较大发展，不少行业的技术达到较高水平，其中最突出的是冶金、建筑、机械制造及造船技术，不过与科学比起来，古希腊时期的技术相对落后。

古希腊的冶金技术是从西亚传入的，但发展很快。古希腊在前5世纪已能制造排水量达250吨的商用大帆船和桨帆并用的战舰。机械制造上希腊工程师们制成了一些向高地提水的机械，如提水轮、阿基米得螺旋提水器等。希腊的大型建筑主要是神庙，神庙殿堂通常是长方形、周围环以柱廊、它显得庄严、肃穆，在和谐的比例中显示出一种自然的生命的美。

第二节 古罗马的科学技术

罗马人征服了希腊人，却没能继承和发扬希腊人的科学文化。古罗马人在科学方面成就不大，但在实用技术方面有很大进展。

古罗马国家建立在意大利半岛，亚平宁山脉从西北到东南、西南纵贯半岛之上。位于地中海中部三面环海的半岛，海岸平直，沿岸岛屿较少，缺乏良港。意大利境内土壤肥沃，气候良好，雨水充足，有利于农业的发展。农作物有大麦小麦等，园艺作物主要有橄榄和葡萄，半岛南部河口沼泽地区水草茂盛，适于畜牧业发展。

约公元前2000年,意大利人的祖先印欧部落从东北方多瑙河和克尔巴阡山周围，越过阿尔卑斯山进入意大利，创造了意大利的青铜文化。公元前10世纪末意大利进入铁器时代，出现了著名的微兰诺瓦文化。约公元前8世纪伊达拉里亚人进入意大利，伊达拉利亚文明对后来罗马文化的发展产生过深远的影响。公元前8世纪至公元前6世纪，希腊人来到南希腊和西西里岛进行殖民统治，建立了许多殖民城市，希腊人的政治制度和先进的文化，也对意大利产生了重大影响。

古罗马国家是以罗马城为基础发展起来的，据公元前一世纪的罗马作家瓦罗推算，罗马建城的年代为公元前734年至公元前753年，古罗马人便予以这个年代来纪年，但是历史学家都不以这一说法为信史。罗马城自公元前1000年代初就有居民，这些居民中主要的一支便是拉丁人。据说最初有一个拉丁部落占据巴拉丁山丘，后来拉丁姆平原上出现了七个山丘部落，即巴拉丁、卡皮托林、阿芬丁、奎利那盟、维米纳里、埃斯奎林和凯里乌，七个山丘部落联合起来逐渐形成了以此为中心的罗马城，这种联合实质上是原始村社的联合，历史上称为"七丘联盟"。

罗马人建城后逐渐强盛。公元前3世纪时，他们控制了约5万平方公里的土地,公元前2世纪时，罗马人控制了地中海和北海，公元前1世纪到公元1世纪，他们建立了庞大的帝国。古罗马的历史一般划分为三个时期：王政时代、共和国时代、帝国时代，西罗马帝国于476年正式灭亡了。

罗马人建立起了一个政治上、军事上空前强盛的帝国，经济繁荣、技术先进。但罗马人太讲究实际，他们重技术而轻科学、重政治而轻艺术、重国家而轻个性，这种罗马性格不合适培育在希腊本土萌发的科学幼芽。古希腊的自由民可以有思索的闲暇，罗马的奴隶主虽然也有闲暇，但是他们把闲暇用在消耗从新征服土地上掠夺来的巨额财富，观看角斗表演，他们驱使着一群比他们自己的知识程度还要高的奴隶。

当然，罗马人中间也并不是没有可与希腊天才比肩的科学家和技术家。我们可以看到有自然哲学家卢克莱修、博物学家普林尼、建筑学家维特鲁维奥、农业学家瓦罗和医学家盖伦等。但与古希腊群星璀璨、百家争鸣的局面相比，毕竟大大逊色。

古罗马的科学的代表人物有：卢克莱修（约前99—前55）、普林尼（公元23—79）、托勒密（约90—168）、盖伦（129—199）。

卢克莱修（约前99—前55）是古罗马哲学家。他阐述并发展了伊壁鸠鲁的哲学观点，认为物质的存在是永恒的，提出了"无物能由无中生，无物能归于无"的唯物主义观点，反对神创论，认为宇宙是无限的，有其自然发展的过程，人们只要懂得了自然现象发生的真正原因，宗教偏见便可消失。他承认世界的可知性，认为感觉是事物流射出来的影像作用于人的感官的结果，是一切认识的基础和来源，驳斥了怀疑论。他认为幸福在于摆脱对神和死亡的恐惧，得到精神的安宁和心情的恬静。

卢克莱修著有《物性论》，他继承和发展了古希腊的原子论，认为自然界是由惟一真实的物质——原子所构成，原子既不能创造也不能消灭。他认为人的命运不是由天命来决定，而是可以由自己的意识来支配。卢克莱修对宗教进行了猛烈抨击，此外他的社会契约的思想也在当时有很大的影响。

普林尼（公元23—79）编著有《自然史》，内容基本上是经验知识的罗列，没有什么创造性见解，但他是古代罗马的百科全书式的作家。普林尼在综合研究方面取得了较高的成就，他的《自然史》所含内容十分丰富，是一部包括天文、地理、农业、手工业、医药卫生、交通运输、语言文字、物理化学、绘画雕刻、矿物、冶金等方面知识的百科全书，是研究古代罗马科学史的重要文献。

《自然史》对古代自然知识百科全书式的总结十分全面，内容涉及天文地理动物植物医学等科目。普林尼以古代世界近五百位作者的两千多本著作为基础，分34707个条目汇编，范围极为广博。但是他在复述前人的观点时缺乏批判性，各种观点无论正确或荒谬，一律得到反映。特别是谈到动物和人类时，许多神话鬼怪故事夹杂其中。

普林尼的基本哲学观点是人类中心论，这一哲学立场贯穿在他的《自然史》中，得到了日益兴盛的基督教的认同，从而大大有助于著作的流传。无论如何，《自然史》出自一位对大自然充满好奇心的人之手，诱使人们保持对大自然的新奇感，这种对自然的好奇和关注的态度，是自然科学得以发展的内在动力。

托勒密（约90—168）完善了"地心说"，他著有古代天文学的百科全书——《天文学大全》也就是有名的《至大论》）。如果要数那些书对世界历史产生了巨大影响，《至大论》毫无疑问就是其中一本，直到十六世纪，天文学家的思想实际上还一直受这本书的支配。

为了解释某些行星的逆行及其运动周期中亮度明显变化的现象，托勒密采用了本轮—均轮结构：行星在一个较小的圆周(本轮)上作匀速运动，它的圆心在一个较大的圆周(均轮)上绕地球运转。如果行星的速率在本轮上比在均轮上快，从地球上就会观察到表观的逆行运动。由于逆行只当行星在本轮的内侧时才发生，这时它离地球最近，所以显得最亮。托勒密这个不反映宇宙实际结构的数学图景，却较为完满的解释了当时观测到的行星运动情况，并取得了航海上的实用价值，从而被人们广为信奉。

托勒密的天体模型能够流行千年，是有它的优点和历史原因的。它的几个主要特点有，绕着某一中心的匀角速运动，符合当时占主导思想的柏拉图的假设，也适合于亚里士多德的物理学易于被接受。用几种圆周轨道不同的组合预言了行星的运动位置，与实际相差很小，相比以前的体系有所改进，还能解释行星的亮度变化。地球不动的说法，对当时人们的生活是令人安慰的假设，也符合基督教信仰。

在当时的历史条件下，托勒密提出的行星体系学说，是具有进步意义的。首先，它肯定了大地是一个悬空着的没有支柱的球体。其次，从恒星天体上区分出行星和日月是离我们较近的一群天体，这是把太阳系从众星中识别出来的关键性一步。

托勒密本人声称他的体系并不具有物理的真实性，而只是一个计算天体位置的数学方案。至于后来教会利用和维护地心说，那是托勒密死后这一千多年的事情了。教会之所以维护地心说，只是想歪曲它以证明教义中描绘的天堂人间地狱的图象，如果编纂教义时流行着别的什么学说，说不定教会也会加以利用的。所以，托勒密的宇宙学说同宗教本来并没有什么必然的联系。

除了在天文学方面的造诣，托勒密在地理学上也做出了出色的成就。他认为地理学的研究对象应为整个地球，主要研究其形状、大小、经纬度的测定以及地图投影的方法等。他制造了测量经纬度用的类似浑天仪的仪器（星盘）和后来驰名欧洲的角距测量仪。

盖伦（129—199）集古代医学之大成，对古希腊医学作了系统化整理，对后世影响最大的是"三灵气说"。

盖伦生于小亚细亚爱琴海边一个建筑师家庭，早年跟随当地柏拉图学派的学者学习，十七岁时跟随一位精通解剖学的医生学习医学知识，是古罗马时期最著名最有影响的医学大师，被认为是仅次于希波克拉底的第二个医学权威。盖伦是最著名的医生和解剖学家，一生专心致力于医疗实践解剖研究，罗马人统治时期严禁人体解剖，盖伦通过解剖动物来了解人体，用以写作和各类学术活动。他一生写了131部著作，其中《论解剖过程》、《论身体各部器官功能》两书阐述了他自己在人体解剖生理上的许多发现。

古罗马人在科学方面没有什么太多太大建树，但在技术上却有很有突出的成就，主要表现在建筑技术、农业技术及手工业技术方面。建筑技术的主要表现在道路建筑、引水道建筑和公共设施上。

罗马文化深深打上征服者的烙印，它的发展深受征服扩张的影响。古罗马的公路极其发达，仅就高卢一省的公路就长达13000英里。在偏远地区的不列颠，也有长达5000英里的公路。公路多用石块铺砌，中间略作凸状，宽度测量精确，这种四通八达的公路系统都是为军事目的而修建的。

在建筑方面最能体现罗马人技术水平的是大量公共设施建筑的修建。标志性建筑有：大角斗场（建于公元 70-82 年），潘提翁神庙（公元 120-124 年）等，经历近两千年的风雨，如今仍让人们遥想罗马帝国的鼎盛时期。

罗马建筑艺术最突出的功绩是券拱构造的发明。每当建筑功能有新的发展而要求更广阔的空间时，首先遇到的就是屋顶及其承受结构的矛盾。券拱技术的产生取缔了内部支撑墙柱，这不仅使罗马建筑摆脱了古希腊建筑要顺应地势、利用山坡的被动局面，而且获得了灵活的内部空间。

由此，罗马建筑的典型布局方式、空间组合、艺术形式等获得了新生命，罗马人的建筑在结构上优于希腊。罗马人用砖石砌成圆拱、圆锥体之屋顶和半圆形之圆屋顶，并能以石头或混凝土所造的坚固屋脊上建立几个宽大间架。他们精良的泥和三合土，也使他们以砖或石砌成很好的建筑，罗马人很善于砌成厚的城墙。

古罗马人在建筑学理论方面也达到了一个很高的水平。维特鲁维奥是罗马著名建筑师，着有《建筑学》10 卷，涉及建筑的一般理论、设计原理、建筑师的教育以及建筑施工和施工设备等多方面的问题，是现存最早的建筑学著作。这是一部建筑学论著，其中详细叙述有关的物理学知识和技术知识，他已经了解声音是空气的振动，并且对建筑音乐学作了说明，是关于建筑音乐学的已知的最早的说明。他在他的建筑学理论里写到，建筑的比例应该参照人体的比例，因为人体是最和谐最完美的。

农业技术中老加图的《农业志》阐述了管理奴隶制农业的一些基本原则，瓦罗的《论农业》论述了大田作物、畜牧业和宅旁经济(家禽、野鸟、龟、蜂)，科路麦拉的《农业论》对当时罗马农业的衰落和如何改善衰落的意大利农业经济提出了自己的见解。

加图是古代罗马共和时代的一位声名赫的人物。他不仅是一位以保守派著称的刚强有力的政治家，还是一位极富辩才谈吐幽默的演说家，博学多闻的历史家，拉丁文学的奠基人，而尤其是一位亲身从事农业管理的农学家。他所著的《农业志》是罗马历史上第一部农书，也是幸存于世的加图著作中最完整的一部。《农业志》之可宝贵处，在于其内容不仅涉及农业技术和农事管理，而且涉及农业生产关系特别是土地所有制、奴隶制关系和阶级关系等各个方面。因此，从《农业志》看罗马的农业，虽是"管中窥豹"但可见一斑。

瓦罗是罗马时代的政治家著名学者，出生于萨宾地区的一个小乡村，曾任大法官。公元前 47 年奉命建造第一个国家图书馆，公元前 43 年被安冬尼剥夺公民权，但未被判处死刑，公元前 30 年内战结束，他获释后致力于学术研究。他是罗马最博学的人之一，精通语言学、历史学、诗歌、农学、数学等，78 岁时已写出了 490 多篇论文和专著。他力图掌握全部希腊文化并用罗马的精神加以改造，现存的《论农业》是他的代表作。

手工业技术方面在罗马帝国时期就出现了很多手工业中心，在冶金、制陶、纺织、玻璃制造等行业的技术水平都高于古希腊，其中包括水磨的广泛使用。

已发现的古罗马技术发明，其高水平令人难以置信。古罗马的发明并没有随着罗马帝国而崩溃，尽管几千年过去了，罗马人的杰作仍然可以在日常生活中看到。罗马人是早期环境工程的大师，例如利用水为工厂生产能源。与此同时，他们能够通过使用轮作和"食物、饲料、休耕"系统来最大限度地提高作物产量，将农场分成这三个分配区域，确保总有作物可供采摘。

供暖是古罗马七大技术之一，罗马人发明了预烧系统——一种有效分配热量的初级方法，他们的供暖有交互式的系统功能。

古罗马是世界上最早建造下水道系统的，这些地下下水道于公元前 500 年左右开始建造，由巨大的石刻隧道组成。在现代世界中，下水道的主要功能是将不卫生的废物带离城市地区，然而在罗马它们的主要作用是清除可能淹没街道的多余水。有一些家庭直接把室内管道连接到地下排水系统，也有一些只是将污水倾倒到街道上，但街道随后被清洗以将废物转移到下水道中。污水通过隧道网络，直到它到达罗马的主要河流台伯河。

城市的网格布局是古罗马人用来划分和测量土地的方式之一，随着罗马帝国统治下的许多城镇得到扩展和重建，罗马人非常擅长将裸露的土地建成城市。今天的网格设计可能看起来很简单，但在罗马人大规模生产道路网格之前，建筑物和城市建设只能被迫依据自然的地形和地址建设。大城镇的概念也被罗马人引入了许多国家。他们纵横交错的街道布局创造了交易的中心广场。古罗马修建了超过 9,000 公里的道路来运输和扩张帝国。

研究发现，古罗马人制造的混凝土实际上比我们的现代材料更坚固，罗马人在 2000 年前建造的一些海堤仍然完好无损，但现在有关古罗马混凝土制作的工艺已经丢失。为了揭开罗马人的建筑秘密，科学家们研究了古代海洋混凝土的矿物成分，他们发现使用了石灰和火山岩的混合物。他们把砂浆放置在海水中，水分子使石灰水化，石灰与灰烬发生化学反应，将它们粘合在一起，这形成了强钙铝硅酸盐水合物，即使在水下的结构也很坚固。例如，罗马人使用火山岩和火山灰建造罗马斗兽场的精湛技术，至今仍是建筑奇迹。

尽管罗马人不是第一个留下书面记录的人，但他们可能是一个使用装订书籍代替卷轴的人。这种书籍被称为抄本，使用蜡片装订，而不是今天的纸。他们利用锋利的笔在蜡片上刻下文字，装订之后可以折叠存放，这比石刻记录和卷轴方便太多了，也更容易存放。后来，蜡片被更轻薄的动物皮所取代。

罗马人发明了许多外科工具并传播了外科手术知识。古罗马发明的外科手术工具包括骨钻和镊子。

骨钻用于去除病变骨骼，外观与今天的开瓶器相似，镊子是罗马时代最常见的手术工具之一，它们被用来从身体上去除小的骨头碎片。在古罗马文献中，甚至还有最早使用注射器的记录，不仅如此，古罗马时代的一条法律规定，如果妇女在分娩时死亡，则必须将孩子从她的身体中切除，这也导致了剖宫产的产生。

第三节 东西方两个思想中心的百花齐放

几乎是在古希腊亚里士多德先哲们思辨自然哲学的同时，在东方主要是中国以孔子为代表的诸家百子百家争鸣也形成一个思想中心，当然也包括印度的先哲们的思考，但相比之下东方的思想中心还是主要在中国的孔孟墨庄等的百花齐放。东西方两个思想中心相辉映，展示了世界科学技术发展过程中的辉煌。

东方中国的诸子百家，是先秦时期对各个学术派别的总称，据《汉书·艺文志》的记载，数得上名字的一共有189家，4324篇著作。其后的《隋书·经籍志》《四库全书总目》等书则记载"诸子百家"实有上千家，但流传较广、影响较大、最为著名的不过几十家而已，归纳而言只有12家被发展成学派。诸子百家之流传中最为广泛的是儒家、法家、道家、墨家、阴阳家、名家、杂家、农家、小说家、纵横家、兵家、医家。在春秋战国时期，各种思想学术流派的成就与同期古希腊文明相辉映，以孔子、老子、墨子为代表的三大哲学体系，形成了百家争鸣的繁荣局面。

诸子百家中最为有名的是春秋战国七子及十二流派，七子有：(1) 孔子，春秋人，著作有《诗》《书》《礼》《乐》《易》《春秋》六经。主要思想为有教无类、"德治"、"仁"。(2) 孟子，战国人，著作有《孟子》。主要思想为"仁政"、"性善"、"民贵君轻"。(3) 荀子，战国人，著作有《荀子》。主要思想为"性恶"、朴素唯物主义。(4) 老子，春秋人，著作有《道德经》。主要思想为"无为"，辩证思想——"祸兮，福之所倚；福兮，祸之所伏"。(5) 庄子，战国人，著作有《庄子》，又名《南华经》，最著名的篇章是《逍遥游》和《齐物论》。主要思想为"天人合一"、"清静无为"。(6) 韩非子，战国人，著作有：《韩非子》。主要思想为提倡法制，实行君主专制。(7) 墨子，战国人，著作有《墨子》。主要思想为兼爱、非攻、尚贤、节用。

十二大流派的代表人物及主要思想：

儒家，代表人物孔子、孟子、荀子。儒家以孔子为代表主张"德治"和"仁政"，主张以礼治国，呼吁恢复"周礼"。孟子的思想主要是"民贵君轻"、"性善论"，而荀子则是对立的"性恶论"思想，荀子之所以提出人性本恶，也是战国时期社会矛盾更加尖锐的表现。

道家，代表人物老子、庄子、列子。道家又主要分为老庄派、黄老派。老庄派追求桃花源和至德之世，主张无为自化清静自正，黄老道家追求大一统，主张因俗简礼、宽刑简政，依道生法，依法治国。两者都主张无为而治。

法家，代表人物韩非子。主张以法治国，"不别亲疏，不殊贵贱，一断于法"，故称之为法家。春秋时期，管仲、子产是法家的先驱。战国初期，李悝、商鞅、申不害、慎到等开创了法家学派。至战国末期，韩非综合商鞅的"法"、慎到的"势"和申不害的"术"，故成法家思想学说的代表人物。

墨家，代表人物墨子。以"兼相爱，交相利"作为学说的基础，主张"非攻"，反对一切侵略战争。墨家在立场上是和儒家对立的一派，在先秦时期，墨家与儒家齐名，并称为"孔墨显学"。

名家，代表人物惠施、公孙龙。因从事论辩名（名称、概念）实（事实、实在）为主要学术活动而被后人称为名家。

阴阳家，代表人物邹衍。因提倡阴阳五行学说，并用它解释社会人事而得名。阴阳学说认为阴阳是事物本身具有的正反两种对立和转化的力量，可用以说明事物发展变化的规律。

纵横家，代表人物苏秦、张仪，创始人鬼谷子。纵横家是战国时期以纵横捭阖之策游说诸侯，从事政治、外交活动的谋士。后来汉武帝时期的主父偃也是纵横家的代表，他向汉武帝提出了"大一统"的政治主张。

杂家，代表人物吕不韦。杂家是战国末期的综合学派，因"兼儒墨、合名法"，"于百家之道无吕不韦不贯综"（《汉书. 艺文志》及颜师古注)而得名。秦相吕不韦聚集门客编着的《吕氏春秋》，是一部典型的杂家著作集。

农家，代表人物许行。此派出自上古管理农业生产的官吏，他们认为农业是衣食之本，应放在一切工作的首位，因注重农业生产而得名。

小说家，无代表人物，全系采集民间传说议论，借以考察民情风俗。《汉书·艺文志》云："小说家者流，盖出于稗官。街谈巷语，道听途说者之所造也。"小说家者代表平民社会之四方风俗，然亦因其之小道，而不为世人所重，终致弗灭。

兵家，代表人物春秋末有孙武、司马穰苴，战国有孙膑、吴起、尉缭、魏无忌、白起等。兵家是中国古代对战略家与军事家的通称，又特指先秦对战略与战争研究的派别。兵家的重要著作有《孙子兵法》、《吴子》、《孙膑兵法》、《司马法》、《六韬》、《三略》和《尉缭子》等。

医家，代表人物扁鹊。医家泛指所有从医的人。

我们着重介绍一下十二流派七子中的孔孟庄墨。孔子（公元前551年-公元前479年4月11日），名丘字仲尼，春秋时期鲁国陬邑（今山东省曲阜市）人，祖籍宋国栗邑（今河南省夏邑县），中国古代伟大的思想家、政治家、教育家，儒家学派创始人、"大成至圣先师"。孔子开创私人讲学之风，倡导仁义礼智信，有弟子三千，其中贤人七十二。曾带领部分弟子周游列国十四年，晚年修订六经（《诗》《书》《礼》《乐》《易》《春秋》）。去世后，其弟子及再传弟子把孔子及其弟子的言行语录和思想记录下来，整理编成《论语》，该书被奉为儒家经典。孔子是当时社会上最博学者之一，其思想对中国和世界都有深远的影响。

孔子创立了以仁为核心的道德学说，他自己也是一个很善良的人，富有同情心，乐于助人，待人真诚、宽厚。"己所不欲，勿施于人"、"君子成人之美，不成人之恶"、"躬自厚而薄责于人"等等都是他的做人准则。"吾十有五而志于学，三十而立，四十而不惑，五十而知天命，六十而耳顺，七十而从心所欲，不逾矩。"是孔子对自己一生各阶段的总结。孔子的仁说，体现了人道精神，孔子的礼说，则体现了礼制精神，即现代意义上的秩序和制度。人道主义这是人类永恒的主题，对于任何社会任何时代任何一个政府都是适用的，而秩序和制度社会则是建立人类文明社会的基本要求。孔子的这种人道主义和秩序精神是中国古代社会政治思想的精华。

孔子的最高政治理想是建立"天下为公"的大同社会，"大同"社会的基本特点是大道畅行，"天下为公"，因而能"选贤与能，讲信修睦"，"人不独亲其亲，不独子其子，使老有所终，壮有所用，幼有所长，矜寡孤独废疾者皆有所养"。在大同的世界里，天下的人不止以自己的家人为亲，不止以自己的父母儿女为爱，而是相互敬爱，爱天下所有的人，使老有所终，壮有所用，孩子们都能获得温暖与关怀，孤独的人与残疾者都有所依靠，男人各自有自己的事情，女人有满意的归宿。阴谋欺诈不兴，盗窃祸乱不起，路不拾遗，夜不闭户，人人讲信修睦，选贤举能。这是一幅理想化的传说中的尧舜时代的原始社会景象，也是孔子憧憬的最高理想社会。

孔子的经济思想最主要的是重义轻利，"见利思义"的义利观与"富民"思想，这也是儒家经济思想的主要内容，对后世有较大的影响。孔子所谓"义"，是一种社会道德规范，"利"指人们对物质利益的谋求 在"义""利"两者的关系上，孔子把"义"摆在首要地位。他说："见利思义。"要求人们在物质利益的面前，首先应该考虑怎样符合"义"。他认为"义然后取"，即只有符合"义"，然后才能获取，孔子甚至在《论语·子罕》中主张"罕言利"，即要少说"利"，但并非不要"利"。

孟子（约公元前372年—公元前289年），名轲，字子舆，邹国（今山东邹城东南）人，战国时期哲学家、思想家、教育家，是孔子之后荀子之前的儒家学派的代表人物，与孔子并称"孔孟"。孟子宣扬"仁政"，最早提出"民贵君轻"思想，被韩愈列为先秦儒家继承孔子"道统"的人物。孟子的言论著作收录于《孟子》一书，其中"鱼我所欲也"、"得道多助，失道寡助"、"寡人之于国也"和"生于忧患死于安乐"等在中国学界影响很大。

孟子的主要思想就是仁、义、善。在人性方面，主张性善论，以为人生来就具备仁、义、礼、智四种品德。人可以通过内省去保持和扩充它，否则将会丧失这些善的品质，因而他要求人们重视内省的作用。在社会政治观点方面，孟子突出仁政王道的理论，仁政就是对人民"省刑罚，薄税敛"，他从历史经验总结出"暴其民甚，则以身弑国亡"，又说三代得天下都因为仁，由于不仁而失天下。强调发展农业体恤民众关注民生，他在《寡人之于国也》中说："七十者衣帛食肉，黎民不饥不寒，然而不王者，未之有也。"他又提出民贵君轻的主张，认为君主必须重视人民，"诸侯之宝三，土地、人民、政事"。君主如有大过，臣下则谏之，如谏而不听可以易其位，至于像桀、纣一样的暴君，臣民可以起来诛灭之。他反对实行霸道，即用兼并战争去征服别的国家，而应该行仁政，争取民心的归附，以不战而服，也即他所说的"仁者无敌"，实行王道就可以无敌于天下。在价值观方面，他强调舍身取义，"生，亦我所欲也；义，亦我所欲也。二者不可得兼，舍生而取义者也。"强调要以"礼义"来约束自己的一言一行，不能为优越的物质条件而放弃礼义，"万钟则不辨礼义而受之，万钟于我何加焉！"

墨子（公元前476或480年—公元前390或420年），名翟，春秋末期战国初期宋国人，曾担任宋国大夫，中国古代思想家、教育家、科学家、军事家，墨家学派创始人和主要代表人物。

墨子是墨家学说的创立者，提出了"兼爱""非攻""尚贤""尚同""天志""明鬼""非命""非乐""节葬""节用"等观点，以兼爱为核心，以节用、尚贤为支点，创立了以几何学、物理学、光学为突出成就的一整套科学理论。墨家在先秦时期影响很大，与儒家并称"显学"，战国时期的百家争鸣，有"非儒即墨"之称。

墨子在政治上提出了"兼爱""非攻""尚贤""尚同""节用""节葬""非乐"等主张。他认为，要根据不同国家的不同情况，有针对性地选择十大主张中最适合的方案。如"国家昏乱"就选用"尚贤""尚同"，国家贫弱就选用"节用""节葬"等等。"兼以易别"是他的社会政治思想的核心，"非攻"是其具体行动纲领 他认为只要大家"兼相爱，交相利"，社会上就没有强凌弱、贵傲贱、智诈愚和各国之间互相攻伐的现象了。他对统治者发动战争带来的祸害以及平常礼俗上的奢侈逸乐，都进行了尖锐的揭露和批判。在用人原则上，墨子主张任人唯贤，反对任人唯亲，主张"官无常贵，而民无终贱"。他还主张从天子、诸侯国君到各级正长，都要"选择天下之贤可者"来充当，而人民与天子国君，则都要服从天志。

墨子哲学思想的主要贡献是在认识论方面。他以"耳目之实"的直接感觉经验为认识的唯一来源，他认为判断事物的有与无，不能凭个人的臆想，而要以大家所看到的和所听到的为依据。墨子认为，人的知识来源可分为三个方面，即闻知、说知和亲知。墨子是中国古代逻辑思想体系的重要开拓者之一，墨辩和因明学、古希腊逻辑学并称世界三大逻辑学。他比较自觉地大量地运用了逻辑推论的方法，以建立或论证自己的政治伦理思想。墨子在中国逻辑史上第一次提出了辩、类、故等逻辑概念，并要求将辩作为一种专门知识来学习。

庄子（约公元前369年—约公元前286年），名周，战国中期思想家、哲学家、文学家，道家学派代表人物，与老子并称"老庄"。庄子因崇尚自由而不应楚威王之聘，仅担任过宋国地方的漆园吏，史称"漆园傲吏"，被誉为地方官吏之楷模，他最早提出的"内圣外王"思想对儒家影响深远。他洞悉易理，指出"《易》以道阴阳"，其"三籁"思想与《易经》三才之道相合。其文想象丰富奇特，语言运用自如，灵活多变，能把微妙难言的哲理写得引人入胜，被称为"文学的哲学，哲学的文学"。其作品收录于《庄子》一书，代表作有《逍遥游》《齐物论》《养生主》等。

"道"是庄子超越哲学的核心，"心斋"与"坐忘"是达到超越的理想手段，"逍遥游"是生命自由的最佳境界，"万物齐一"是追求生命自由的必然世界观。庄子认为只有以通达的精神超越现实世界，才能获得无限的自由和心灵的宁静。庄子认为，真正的自由是"无待"的，它不依赖于任何条件，无待就是通过"心斋"与"坐忘"来实现。庄子和儒墨有一点很大的不同，儒家墨家推崇圣人，而庄子则反对推崇圣贤。庄子在《齐物论》中提出了"万物齐一"的认识原则，主张人应突破自我形躯的局限而对万物加以整体性把握。庄子思想中一个重要组成部分，就是相对论认识。庄子的自然原则是和相对主义联系在一起的，庄子认为事物总是相对而又相生的，也就是说任何事物都具有既互相对立，又互相依赖的正反两个方面。

也几乎是在古希腊先哲与中国诸子百家同时，古代印度在其辉煌灿烂的文明中，"哲学"也是一颗耀眼的明珠，很多思想即使是现在的学者也不得不为之赞叹。基于吠陀思想的哲学理论称为正统派，共有六个学派，分别是正理论、胜论、数论、瑜伽、弥漫差和吠檀多，被称为"六派哲学"。佛教、耆那教和顺世派则被称为非正统派。

正理论在公元1世纪由哲学家乔达摩提出，他本人称为印度逻辑学之父，正理论原意为"正确的推理"后来引申为"逻辑研究"，是印度的逻辑学。正理论与胜论是分析型哲学，辩论是该学科的特征。利用逻辑学方法来认识事物，通过对时间、空间、原因、意识、灵魂以及经验等的分析，来构成自己的宇宙观。正理论认为人的行为制造"果"，但是在神的控制之下，灵魂是真实的永存的，宇宙是永恒的不变的原子构成的。痛苦的根源是错误的认知，因为错误的认知，产生了"好与恶"，又从"好与恶"产生出"业"，于是人要承受轮回之苦。学习正理论的目的就是去除错误的认知，从而获得解脱。

胜论是哲学家迦那陀于公元前2世纪提出。他的"原子论"相当有名，胜论与正理论的基本理论一致，是正理论的补充，正理论强调逻辑，胜论强调分析，通过列举其特质来阐述某种存在的事物。胜论和正理论都强调世界是原子构成的，包括地、水、火、风、空、时间、空间、意识和灵魂，而原子是由业力决定的。痛苦的根源是无知，认识到真我就可以获得解脱。

数论，音译为僧伽论，是六派哲学中最早的主张"心物二元"，创立者是公元前500年的迦毗罗大师，数论派哲学包括二十五谛，包含"因中有果论"、三德说、三分法量论和解脱观等等。数论哲学不相信神灵，认为世界是真我和原质组成的，世界万物源自原质，由于无知错把真我和原质混为一谈，认清真我自会解脱。

瑜伽早在5000多年前就已经产生，《梨俱吠陀》中也出现了瑜伽一词，意思是架在两头牛脖子上的轭。公元前2世纪或者稍后，东印度一位婆罗门帕坦加利《瑜伽经》列出8个阶段：禁制、劝制、坐法、调息、制感、执持、禅定、三昧。有人把瑜伽当作数论的一个分支，因为瑜伽全盘接受了数论，但瑜伽主张"心物一元"。可以说瑜伽讲修行实践是"行门"，数论讲哲学理论是"理门"。瑜伽的目的是将真我从原质中解放出来，方法就是瑜伽修行，即"通过控制意识的波动，将个体灵魂与宇宙灵魂相结合"。

弥漫差是一种解释吠陀的哲学体系。在弥漫差哲学眼里，神并不重要，重要的是承认吠陀的权威性。弥漫差不是否定神，而是忽略神，认为只要遵守吠陀道义，无条件履行自己的职责就能解脱。弥漫差哲学不相信解脱，相信天堂的存在，通过业力可以抵达天堂。

吠檀多哲学虽然是六派哲学中的最后一位，但应该排在第一。吠檀多哲学又叫后弥漫差，与奥义书的教义一致。吠檀多的意思就是吠陀的终结，内容包括很多吠陀的最后的部分，而这些内容就是奥义书的内容。吠檀多认为世界是"梵"的体现，通过学习吠檀多哲学，可以获得最终解脱。吠檀多分一元论、有条件一元论和二元论，区别在于个体灵魂与宇宙灵魂的关系。

2000多年前东西方交相辉映的两个思想中心，都有着非常璀璨的辉煌，给世界文明的发展做出不朽的贡献。客观的说交相辉映的这两个思想中心在当时其实也有着极大的反差，这种反差形成的差距实际上对后来的中西方科学技术的发展有着至关重要的影响，这种影响既是方向上的也是方法上的。

反差首先是研究目标上的。西方古希腊以亚里士多德为代表的先哲们，他们执着的以客观世界为研究目标，自然世界中的一切是他们关注的对象。古希腊的先哲们对人们自身除身体病痛康健外并没有特别大的兴趣，他们关心大自然的客观现象与运行规律更多于关心人自身的行为与律己，更没有对"神"研究的概念与兴趣。在东方的中国和印度，圣人们研究的主要目标更多的不是客观世界的大自然，是主观世界的自我或者是由自我衍生出来的"神"，以孔子为代表的中国圣人们，对人自身的行为以及相应的律人律己乃至治人与治于人，都有很深的研究造诣。而印度先哲们研究的问题，更多的是围绕着"神"的。这种以客观世界或者主观自我为研究对象的反差，实际上给后来东西方科学技术发展，带来了研究方向上的差距，这种差距的影响是十分深刻的。

更大的反差在研究方法上。逻辑推理和演绎在相当早的时候就已经被古希腊的先哲们采用并且作为研究客观世界的主要手段，以至在2000多年前就有了推理严密的欧几里德《几何原本》。东方的中国和印度，尽管也有一些注重逻辑的学派，但最终研究的方法还是以经验总结为主，少有或者几乎没有逻辑推理和演绎。这种研究方法上的反差以及反差带来的差距，无疑也在后来东西方科学技术的发展上有着十分深刻的影响，这种影响对后来东西方科学技术发展的差距产生是很严重的。

可以说，2000多年前交相辉映的两个思想文化中心，尽管都有着共同的辉煌和各自的精彩，但也就是在那个时候，导致后来东西方科学技术发展差距的因素也在不知不觉中被不经意的悄然埋下了。这应该是李约瑟难题"尽管中国古代对人类科技发展做出了很多重要贡献，但为什么科学和工业革命没有在近代的中国发生？"在2000多年前就已经产生的一个因素，尽管产生这个难题的因素还有很多。

第四章 中世纪的黑暗与宋元科技发展的巅峰

古罗马帝国灭亡后，欧洲进入了中世纪的至暗时代，而与此同时东方中国，始于隋唐五代的宋元科技发展达到了一个巅峰，与黑暗中世纪欧洲的科学技术停滞不前甚至倒退的状况形成鲜明的对比。

欧洲中世纪黑暗时代，应该是我们人类社会最黑暗的一个时期。历史学家将欧洲中世纪黑暗时代，划归入公元476~1453年这个历史时段里，在这个长达近一千年的时期里，不知发生了多少令人发指让人作呕的黑恶事件。这一千多年，暗无天日冷风凄雨残酷迫害囊括了整个欧洲大地。

这个时期的欧洲没有一个强有力的政权来统治，封建割据带来频繁的战争，还有天主教对人民思想的禁锢，造成科技和生产力发展停滞，人民生活在毫无希望的痛苦中。所以中世纪或者中世纪早期在欧美普遍被称作"黑暗时代"，传统上认为这个时期是"无知和迷信的时代"，"宗教的言论置于个人经验和理性活动之上"，所以文艺复兴时期的学者也把这个时期看作是文明衰落的时期。

自西罗马帝国灭亡后，西欧和拜占庭帝国基本上处于教会的统治之下，各国的君主虽然是国家的统治者，但是他的王权需要得到教会的认可才能有效。在中世纪的欧洲，名义上是王权和教权分治，实际上教会几乎掌控欧洲的一切，无知和迷信统治了欧洲，在中世纪的欧洲，教会用圣经教义禁锢人民的思想。普通民众甚至贵族除了接受宗教的洗脑，接触不到其他任何学说，更谈不上接受文化教育。当时的欧洲人从出生到死亡，他的一切几乎都由教会控制，所以人们对教会非常的迷信。整个欧洲除了高层的传教士能认字外，甚至有些君主都是文盲，可以说是全民无知。

极端黑暗的政治使处于教权和王权双重统治下的欧洲人，思想上受到宗教的控制，肉体上遭受王权的剥削，老百姓的生产劳作除了要向国家交税，还要养活教会。教会和世俗政权为了抢夺劳动人民的财富，用尽各种花样和手段，将普通人积攒的一点点金币和粮食搜刮干净。在教会和王权的盘剥之下，欧洲人被搞得是民不聊生。

争夺权力的战争从未间断，罗马帝国灭亡之后，西欧建立了许多民族国家，如：法兰克、西哥特、撒克逊、高卢、伦巴德、奥多亚克、勃艮第等国家。因为种族矛盾，他们之间相互征伐不断，老百姓苦不堪言。而此时的教会在国家战争中，不想办法带来和平，却介入其中煽风点火。因此欧洲爆发的许多战争，都是打着教会的旗号进行的宗教战争。

迫害异教徒在中世纪的欧洲盛行，王权从属于教权。教会和政权互相勾结，打压反抗势力，尤其是对违背宗教思想的异教徒，进行残酷的迫害。教会为严格控制科学思想的传播，中世纪晚期欧洲很多的科学家如布鲁诺、希柏提亚等都被极端宗教分子活活烧死，许多的科技书籍都被付之一炬。

在欧洲大陆流行的瘟疫十分猖獗，由于宗教限制科学研究，导致欧洲科技落后，医学极不发达。当瘟疫爆发，流行病来临之时，欧洲人在喊着上帝保佑的痛苦声中，纷纷倒地死亡。540年~590年查士丁尼瘟疫导致四分之一的东罗马人死亡；1346年到1350年的鼠疫导致欧洲约2500万人死亡。欧洲百姓生活在一种暗无天日，毫无希望的生活里。

中世纪的欧洲，神权压倒王权，教会掌控了一切，神学成为唯一的学说。欧洲在蒙昧和黑暗中无序的前行，几乎成为被世界遗忘的地域，满大街都是脏乱差，甚至当街泼粪。在生活方式中也有许多落后的表现，比如由于水资源的缺乏人们很少洗澡，进食过程中往往餐具混用，对于寄生虫怪异的信仰等等，这些都导致了当时欧洲生活的卫生条件十分差劲，人们时常会受到疾病的困扰，无法逃脱死亡的恐惧。

中世纪欧洲的一个比较普遍的陋习是平民家庭里，所有家庭成员都是睡在一张床上的，不但孩子会和父母睡在一起，甚至还包括了客人、家畜等。中世纪西欧普通农民极其贫困，房子不分房间，由石墙、泥地和茅草屋顶组成。房子里最重要的家具就是床，通常只有一张，床还是需要代代相传的重要资产。

欧洲中世纪时期有着森严的等级制度。欧洲中世纪的百姓没有尊严可言，等级制度从上到下依次为教会，国王，大封建主，小封建主，农民。整个社会毫无公平可言，贵族可以随意摆布下层平民，教会为了积累财富，公然买卖神职，只要有钱你就可以在教会中当上神职人员，从而可以为所欲为。就在这样的环境下，人人都可以用天主教的名义去给任何一个人扣上异端的帽子并且把他整死。中世纪还为了避免民智开化，烧毁了古希腊古罗马的所有历史文献，导致西方文化断层，严重影响西方社会进步。

中世纪的欧洲，城镇十分稀少，大部分地区只能看见森林和田野。有人烟的地方，除了一些庄园农奴居住茅草房外，就是那些坐落在险要地带的城堡。这些城堡实际上就是当地的政权中心，领主和骑士就是这些城堡的主人，领主多是骑士出身，未接受教育。再加上当时教会践踏、摧残古代希腊和罗马文化遗产，只知宣扬神学，束缚人们的思想，以致整个社会长期陷入愚昧和迷信的状态，部分史家称之为"黑暗时代"。

领主强迫工匠和农奴建造坚固的城堡，农奴们采运石料砌起城墙，往往要花费十几年时间，才能在墙内建塔楼、殿堂、宫室和监狱，另外还得在城堡四周挖出深沟。在连接城堡大门的地方，燎沟尤其要挖得更宽更深，从城外进入大门没有固定式桥梁，只有木板做成的吊桥，在大门和内堡之间有深且曲折的过道，就夹在城堡的高墙之间，墙上有箭琛，士兵可由上往下监视通过过道的行人，城墙上每隔几十步就设有一座塔楼。城堡实际上就是领主、骑士们保护自己的堡垒。

欧洲封建骑士的上下级关系，是一种私人的主从关系，骑士只效忠于直属的领主。所以除了直属国王的宫廷骑士，大多数骑士则分别属于各地诸侯和公爵。也有不少骑士自立门户，形成许多"独立王国"。这些诸侯、公爵和独立的骑士，名义上虽然有服从国王的义务，但国王并不能控制他们的地盘和部属，所以"中央政权"也只是个名目而已。

最大的黑暗在对科学与科学家的迫害。提出"日心说"的著名天文学家哥白尼，被宗教以'妄议罪'的罪名残酷迫害致死；坚持哥白尼"日心说"学识的布鲁偌，被投进了监狱，最终也被活活烧死。希柏提亚是著名的女数学家。也以'妄议罪'遭受剐刑而死，死时她被剥得一丝不挂，拖至教堂，被一群野蛮而无人性的狂徒，用尖利的蚝壳，将她的肉由骨上剥削下来，手脚砍下，抛掷于火焰之中。科学家帕利西因说化石是动物的遗体，而非'造物主的游戏'，即被诬为'妄议罪'，被宗教裁判所判处死刑。塞尔维特在《基督教信仰的复兴》一书中，提出了血液循环的科学见解，也被以'妄议罪'罪名，将他架在火堆上，用烈火烧烤，两个多小时候后，被活活烧死。比利时生物学家维萨留斯，因出版解剖学著作《人体结构》，被宗教逼着去圣地耶路撒冷去作忏悔，在回来的途中，被残害致死。而在长达近千年的黑暗时代里，因'妄议罪'和'传播异端邪说罪'被处决的普通平民，更是难以计算。

这是一场人类的大劫难，而酝酿生发这场大劫难的，仅仅是哪个愚弄众生的宗教，他们妄想用神权摒弃一切科学与思想的真知灼见，以达到他们控制愚民的目的。但是，人类思想是无法禁锢的，文艺复兴高扬着人类人性的光辉，让人类在自身的认知上，有了一个大的飞跃。人类初步脱离了低级愚昧的认知，逐步踏上了健康科学的发展道路，争科学、争人权、争民主、争自由的呼声，也在后来席卷了欧洲大地。这场于十三世纪末叶开始萌动的人类思想大解放运动，彻底让欧洲中世纪的那个黑暗时代在欧洲历史里寿终正寝了。回顾欧洲中世纪那个黑暗时代，我们认识到，在我们人类历史的发展之初，人类自身认知上的局限，使得人性的光辉黯淡，使得我们人类的那些黑恶势力，很容易趁势借此为非作歹嚣张跋扈狠毒凶残。

在欧洲中世纪黑暗时代的这千年左右的时间中，东方中国的科学技术发展迅速，在宋元的时候达到了巅峰，科学技术的发展带来了文明的进步，比肩中世纪欧洲黑暗时代，东方文明辉煌的科学技术成果无异起到了引领世界科学技术发展的先锋作用。

火药从北宋开始就广泛的应用于各方面，特别是军事方面。北宋初年，曾用以制作火箭火球等，后来又出现带爆炸性的霹雳炮。南宋时期更出现铁火炮、突火枪、火铳等新式武器，这些武器威力巨大，被广泛使用在对蒙战争中。《武经总要》是仁宗时期官方编修的一部详细的军事理论与军事技术的巨著，其中就有大量的火器介绍与火药的配制方法。后来在蒙古人西征时，火药又被传到西方。

活字印刷在宋朝发展很快，使古代中国历史上科技进步最快，胶泥活字印刷术诞生于宋朝，一直到 1440 年德国谷登堡的铅字活字印刷术出现和印刷术开始在欧洲传播以后，世界各地居民的识字率才开始攀升。

指南针在宋代发展也很快，北宋初期人们发现了人工磁化法，用天然磁石摩擦钢针，制出指南针。人们学会把指南针固定在方位盘里，制出了罗盘针。当时的罗盘还是水罗盘，即将磁针横贯着灯芯浮在水面，水罗盘在南宋时已得到普遍使用，旱罗盘中国在明朝嘉靖年间也出现并使用。

天文学与历法在宋朝也取得了极大的成就，历法在北宋一共更改了十九次，是中国历史上历法改革非常频繁的时代。元世祖先后在上都、大都、登封等处兴建天文台与回回司天台，设立了远达极北与南海的 27 处天文观测站，在测定黄道和恒星观测方面取得了远超前代的突出成就。元朝有名的天文学家有郭守敬、王恂、耶律楚材、扎马鲁丁等人。耶律楚材曾编订有《西征庚午元历》，1267 年扎马鲁丁撰进《万年历》，郭守敬等人修改历法，以近世截元法主持编订了《授时历》。

传统数学在宋朝取得很大成就与进步，贾宪、秦九韶和杨辉都是出众的数学家，著名的成果有"杨辉三角形"等，数学著作则有《数书九章》和《杨辉算法》。元朝数学涌现出了一批杰出数学家及其著作。如李冶及其《测圆海镜》、《益古演段》，朱世杰及其《算学启蒙》、《四元玉鉴》。李冶提出的天元术（即立方程的方法）及朱世杰提出的四元术（即多元高次联立方程的解法），是具有世界性影响的新成就，算盘在元代也初具规模。

宋朝是中国历代当中陶瓷艺术的鼎盛时期，其形制优美，高雅凝重，不但超越前人成就，即使后人仿制也少能匹敌。宋瓷经学者研究归纳，以定、汝、官、哥、钧五大名窑最为出名，海上丝瓷之路的便利，使中国瓷器开始畅销到世界各地。

宋代的大炮使人类战争史进入到热兵器时代，炮身铁铸造，射生铁铸造的球型爆炸炮弹，1126年，金人围攻汴京，李纲在守城时曾用霹雳炮击退金兵。

钻探深井技术在宋元得到很好的发展，卓筒井是直立粗大的竹筒以吸卤的盐井，发明于北宋庆历年间(公元1041年-1048年)，比西方早800多年。其口径仅有竹筒大小，然而能打井深达数十丈，被称为"中国古代第五大发明"、"世界石油钻井之父"，科技界对卓筒井有一个很形象的比喻："没有卓筒井，就没有海湾战争"。

宋代的战船已普遍采用水密舱壁技术，提高了不沉性。可以保护船只避免进水而沉没，至今仍是船舶设计中重要的结构形式。南海一号的发现，证明了中国是最早发明水密舱壁这项技术的国家。

复闸形式的运河船闸在984年淮南转运使乔维岳负责治理淮河创建，二斗门是复闸形式的运河船闸，从而提高了河运能力后来影响世界。

记载宋元时期中国科学技术发展的有两部著名的著作，一部叫《梦溪笔谈》，另一部是《天工开物》。《梦溪笔谈》是北宋科学家政治家沈括（1031年—1095年）所撰，是一部涉及古代中国自然科学、工艺技术及社会历史现象的综合性著作。沈括在晚年用笔记文学体裁写成<梦溪笔谈>二十六卷，再加上<补笔谈>三卷和<续笔谈>，共列有条文六百零九条，遍及天文、数学、物理、化学、地学、生物以及冶金、机械、营造、造纸技术等各个方面，内容十分广泛丰富，是中国科学史的重要著作。<梦溪笔谈>中所记述的许多科学成就均达到了当时世界的最高水平。

沈括自身在科技方面就颇有造诣，在数学领域沈括创立了隙积学和会圆术两种数学方法，而这两种方法发展到今天，则分别是等差数列和由弦求弧，沈括因此被称为"中国算学的模范人物"。在天文领域，沈括改进了测量天体方位的浑仪和测定时刻的漏壶，制造了测日影的圭表，创制了十二气历，参照节气定月，其科学程度不输现行的公历。地理学方面，沈括首先推出华北平原过去曾是海滨，乃是由河水冲积而成的说法，他关于"流水侵蚀作用"形成山体的观点，更是比西方早了700年。物理学方面，沈括发现了磁偏角现象，比西方早了400多年，光学中的小孔成像，滤光应用，声学中的应弦共振现象、空穴效应，沈括都提出了想要的理论解释。化学方面，沈括曾率先采用胆水炼铜、用石油制墨的技术。最厉害的是，当时的沈括已经发现了石油的重要性，他曾断言"此物必大行于世"。

因为沈括本人具有很高的科学素养，因而《梦溪笔谈》所记述的科技知识基本上反映了北宋的科学发展水平和他自己的研究心得。早在19世纪中期，日本就排印了这部名著，20世纪，法、德、英、美、意等国家都有学者、汉学家对《梦溪笔谈》进行系统而又深入的研究。英国科学史家李约瑟评价《梦溪笔谈》为"中国科学史上的坐标"。

《天工开物》由明代著名科学家宋应星初刊于1637年，共三卷十八篇，全书收录了农业、手工业，诸如机械、砖瓦、陶瓷、硫磺、烛、纸、兵器、火药、纺织、染色、制盐、采煤、榨油等生产技术。作者在书中强调人类要和自然相协调、人力要与自然力相配合，是中国科技史料中保留最为丰富的一部著作，它更多地着眼于手工业，反映了中国明代末年出现资本主义萌芽时期的生产力状况。

全书分为上中下三卷18篇，并附有123幅插图，描绘了130多项生产技术和工具的名称、形状、工序。全书分为《乃粒》（谷物）、《乃服》（纺织）、《彰施》（染色）、《粹精》（谷物加工）、《作咸》（制盐）、《甘嗜》（食糖）、《膏液》（食油）、《陶埏》（陶瓷）、《冶铸》、《舟车》、《锤锻》、《燔石》（煤石烧制）、《杀青》（造纸）、《五金》、《佳兵》（兵器）、《丹青》（矿物颜料）、《曲糵》（酒曲）和《珠玉》等篇。

《天工开物》全书详细叙述了各种农作物和手工业原料的种类、产地、生产技术和工艺装备，以及一些生产组织经验。上卷记载了谷物豆麻的栽培和加工方法，蚕丝棉苎的纺织和染色技术，以及制盐、制糖工艺。中卷内容包括砖瓦、陶瓷的制作，车船的建造，金属的铸锻，煤炭、石灰、硫磺、白矾的开采和烧制，以及榨油、造纸方法等。下卷记述金属矿物的开采和冶炼，兵器的制造，颜料、酒曲的生产，以及珠玉的采集加工等。

《天工开物》中分散体现了中国古代物理知识，如在提水工具（筒车、水滩、风车）、船舵、灌钢、泥型铸釜、失蜡铸造、排除煤矿瓦斯方法、盐井中的吸卤器（唧筒）、熔融、提取法等中都有许多力学、热学等物理知识。在《五金》篇中，明确指出，锌是一种新金属，并且首次记载了它的冶炼方法。《天工开物》中记录了农民培育水稻、大麦新品种的事例，研究了土壤、气候、栽培方法对作物品种变化的影响，又注意到不同品种蚕蛾杂交引起变异的情况，说明通过人为的努力，可以改变动植物的品种特性，得出了"土脉历时代而异，种性随水土而分"的科学见解。

中国宋元时代的科学技术发展与欧洲中世纪黑暗形成鲜明的对比，达到巅峰的古代中国科学技术创造了自己的辉煌之后，在进入近代的明末清初后嘎然停止，而此时西方科学技术冲破中世纪黑暗之后得以迅猛发展。这使得英国著名科学史专家李约瑟明确的提出了他的难题"尽管中国古代对人类科技发展做出了很多重要贡献，但为什么科学和工业革命没有在近代的中国发生？"，这是需要我们认真探讨的问题。

第五章 人性解放奠定欧洲科学技术发展的基础

欧洲在经历了千年的中世纪黑暗后,在十三世纪到十六世纪,从意大利开始的文艺复兴运动,始于德国的宗教改革运动,以及以葡萄牙西班牙为代表的环球航海,冲破了欧洲中世纪黑暗,奠定了西方人性解放及科学技术发展的基础,人性解放带来了科学技术的蓬勃发展,近代科学技术和工业革命在欧洲兴起了。

近代与中世纪的分割普遍认为是文艺复兴运动,源自意大利的文艺复兴运动传遍了整个西方,文艺复兴横跨了从13世纪到16世纪的四个世纪。享有中世纪最后一位诗人、新时代第一位诗人美誉的学者但丁,在1265年降临于世,又在1321年与世长辞。这意味着文艺复兴最晚在公元14世纪初就已经在意大利破壳而出,各个学者包括但丁、彼特拉克、薄伽丘、马基雅维利、达芬奇、米开朗琪罗、拉斐尔等的出现使这个时候的西欧,逐渐走出了被教廷压抑统治的黑暗时代。

文艺复兴运动是指发生在14世纪到16世纪的一场反映新兴资产阶级要求的欧洲思想文化运动。"文艺复兴"的概念在14-16世纪时已被意大利的人文主义作家和学者所使用,当时的人们认为,文艺在希腊、罗马古典时代曾高度繁荣,但在中世纪"黑暗时代"却衰败湮没,直到14世纪后才获得"再生"与"复兴",因此称为"文艺复兴"。文艺复兴最先在意大利各城邦兴起,以后扩展到西欧各国,于16世纪达到顶峰,带来一段科学与艺术革命时期,揭开了近代欧洲历史的序幕,被认为是中古时代和近代的分界。文艺复兴是西欧近代发生的三大思想解放运动之一。

文艺复兴的主要意义有如下三点:首先是使人与神分割开来,导致西方以神为本主义开始向以人为本主义慢慢转移。其次,文艺复兴并不只是体现在文艺上,它影响扩展蔓延至整个社会的各个方面,尤其促进了商业和经济在西欧的繁荣发展。第三,这一时期真正出现了近代意义上的科学思维,教育也由此迎来大发展时期。

文艺复兴发源于意大利有很多因素,主要是资本主义萌芽最早出现在意大利。意大利当时尚未统一,战争频繁,经济上出现一种特有的"繁荣",城市共和国工商业发达,有雄厚的财力,文学、艺术发展的物质条件好。城市富裕使得一些学者和艺术家来此定居的人变多,城市文化环境好,一些艺术家学者可以安心创造。有了这些条件,于是文艺复兴在意大利出现了并随着时间的推移逐步扩散到其他欧洲国家。

文艺复兴时期的意大利社会,虽说底层人民的生活并未过多改善,但是上流社会普遍流行对希腊古典著作和艺术的研究和鉴赏,而拜占庭学者的讲学更成为一种潮流。古希腊古罗马的资料和艺术品大多保存在拜占庭,拜占庭这种潮流式的讲学,使意大利开始的文艺复兴有了一个良好的开端。像米开朗其罗和达芬奇这类艺术家的生平，发现他们大多都跟意大利有不解之缘，而他们能够充分发挥自己的艺术才能也有意大利对艺术家包容的因素，这也是文艺复兴时期的一个社会现象，意大利的曙光使整个社会风貌开始转变。

意大利是人文主义文学的发源地，但丁、彼特拉克、薄伽丘是文艺复兴的先驱者，被称为"文艺复兴三颗巨星"，也称为"文坛三杰"（文艺复兴前三杰）。14～16世纪意大利文艺复兴时期绘画艺术臻于成熟，其代表画家又被誉为"美术三杰"（文艺复兴后三杰），他们分别是列奥纳多·达·芬奇、米开朗基罗和拉斐尔。

但丁·阿利吉耶里（1265年－1321年9月14日），现代意大利语的奠基者，欧洲文艺复兴时代的开拓人物之一，以长诗《神曲》留名后世。恩格斯说："封建的中世纪的终结和现代资本主义纪元的开端，是以一位大人物为标志的，这位人物就是意大利人但丁，他是中世纪的最后一位诗人，同时又是新时代的最初一位诗人"。

但丁的作品很多，有爱情诗歌《新生》、哲学诗歌《宴会》、抒情诗《诗句集》、长诗《神曲》、拉丁文文章《俗语论》、政论文《王国论》、拉丁文诗歌《牧歌》。但丁的作品基本上是以意大利托斯卡纳方言写作的，对形成现代意大利语言以托斯卡纳方言为基础起了相当大的作用。因为除了拉丁语作品外，古代意大利作品只有但丁是最早使用活的语言写作，他的作品对意大利文学语言的形成起了相当大作用，所以也是对文艺复兴运动起了先行者的作用。

弗兰齐斯科·彼特拉克（1304年7月20日—1374年7月19日），意大利学者、诗人，文艺复兴第一个人文主义者，被誉为"文艺复兴之父"。早期资产阶级的艺术和道德观的建立与他是分不开的，他以其十四行诗著称于世，为欧洲抒情诗的发展开辟了道路，后世人尊他为"诗圣"。他与但丁、薄伽丘齐名，文学史上称他们为"三颗巨星"。

乔万尼·薄伽丘（1313年6月16日—1375年12月21日），意大利文艺复兴运动代表、人文主义作家、诗人，其代表作有《十日谈》《菲洛科罗》《苔塞伊达》。1338年，取材自《特洛伊传奇》的叙事长诗《菲洛斯特拉托》面世，1340年，取材自《埃涅阿斯纪》的诗作《苔塞伊达》面世。1350年，薄伽丘和诗人彼特拉克相识，1353年，完成《十日谈》。

列奥纳多·达·芬奇（1452年4月15日—1519年5月2日），意大利文艺复兴时期画家、自然科学家、工程师。达·芬奇思想深邃，学识渊博，擅长绘画、雕刻、发明、建筑，通晓数学、生物学、物理学、天文学、地质学等学科，是人类历史上少见的全才，现代学者称他为"文艺复兴时期最完美的代表"。达·芬奇最大的成就是绘画，他的杰作《蒙娜丽莎》和《最后的晚餐》等作品，体现了他精湛的艺术造诣，其艺术实践和科学探精神对后代产生了重大而深远的影响。

米开朗基罗·博那罗蒂1475年3月6日出身于意大利佛罗伦斯柏里斯镇,是意大利文艺复兴时期伟大的绘画家、雕塑家、建筑师和诗人,文艺复兴时期雕塑艺术最高峰的代表。他一生追求艺术的完美,坚持自己的艺术思路,他的作品以人物"健美"着称,即使女性的身体也描画得肌肉健壮。他的雕刻作品"大卫像"举世闻名,最著名的绘画作品是梵蒂冈西斯廷礼拜堂的《创世纪》天顶画和壁画《最后的审判》。他于1564年在罗马去世,他的风格影响了几乎三个世纪的艺术家。

拉斐尔(公元1483-1520年)是杰出的画家和建筑师,画风形式清新,构图简约,温柔圆润的呈现出新柏拉图式的理想人类视觉作品,他以绘制圣母子系列和在梵蒂冈留下的大型壁画而出名。尽管他37岁便英年早逝,效率卓著的创作让他留下了大量作品,巨幅壁画中最著名是现存于梵蒂冈博物馆的——雅典学院,人物众多,图案相互交织互锁,构图复杂而平衡,透着雄伟而宁静和谐的气氛。

文艺复兴运动冲破了封建制度和宗教神学思想对人类的束缚,促进了人们思想的解放,推动了欧洲文化思想领域的繁荣,为欧洲资本主义社会的产生奠定了思想文化基础。文艺复兴是历史上第一次资产阶级思想解放运动,它推动了世界文化的发展,促进人民的觉醒,开启现代化征程,为资本主义的发展做了必要的思想文化准备,也为资产阶级革命做了思想动员和准备。文艺复兴运动作为一场弘扬新兴资产阶级文化的思想解放运动,在传播过程中为早期的资本主义萌芽发展奠定了深厚基础,也同时为早期的资产阶级积累了原始财富。

文艺复兴为宗教改革打下思想基础,使思想得到极大解放的欧洲人从德国开始继而在整个欧洲掀起了一场宗教改革运动。16世纪基督教自上而下的宗教改革运动,是指1517年马丁·路德提出《九十五条论纲》,到1648年《威斯特伐利亚和约》的出台为止的欧洲宗教改革运动。这场运动奠定了新教基础,同时也瓦解了天主教会所主导的政教体系,打破了天主教的精神束缚,为西欧资本主义发展和多元化的现代社会奠定基础,宗教改革的代表人有马丁·路德、约翰·加尔文、约翰·卫斯理等。

宗教改革运动的掀起有它历史的必然。14～15世纪,资本主义生产关系在欧洲封建社会内部生长和发展起来,但天主教会对欧洲尤其是德意志的压榨,严重束缚着资本主义经济的发展,促使欧洲宗教改革运动发生。古希腊古罗马文明之后,处于基督教精神枷锁下的欧洲,虽然经历了约1000年之久的中世纪黑暗,但文艺复兴中以人为中心的思想极大地冲击了天主教会的精神独裁,极大地解放了人们的思想,创造了欧洲宗教改革运动发生的思想条件。以天主教会为精神支柱的封建势力相互勾结,使力量微弱的资产阶级反封建的政治斗争不得不借助于宗教神学的方式进行,这是欧洲宗教改革运动发生的必然形势。教会到德意志兜售免罪券的活动,最终点燃了宗教改革的导火线。

宗教改革发端于德国。1517年利奥十世派台彻尔去德国兜售赎罪券，这一年10月31日，马丁·路德在威登堡教堂门前贴出反对销售赎罪券的《九十五条论纲》，从而揭开了宗教改革的序幕。1520年利奥十世发布《斥马丁·路德谕》，限路德于60天内改变立场。路德公开烧毁教皇通谕，并相继发表《关于教会特权制的改革致德意志基督教贵族公开信》等3篇文章，阐明其神学见解和政治纲领。1521年德皇查理五世召路德到沃尔姆斯帝国议会受审。因路德拒绝放弃其主张，查理五世乃发布《沃尔姆斯敕令》，判路德为异端。

1529年查理五世在斯拜尔召开帝国议会，重申《沃尔姆斯敕令》，企图根绝宗教改革运动，恢复天主教势力。支持马丁·路德派的诸侯群起抗议，由路德和梅兰希顿等人共同起草的《奥格斯堡信纲》被议会拒绝，查理五世限令路德派在一年内放弃其信条，否则将以武力讨伐。为抵抗教皇和德皇的镇压，德国北部、中部、南部的新教诸侯组成施马加登联盟，天主教诸侯也结成纽伦堡联盟与之相抗衡。1552年路德派诸侯在法国支持下，打败查理五世，1555年双方缔结《奥格斯堡和约》。这一合约的签署标志着路德宗教的正式确立，它基本上依照领地教会的原则，即"教随王定"。

宗教改革运动是一场自上而下的改革运动，在欧洲历史上占有极其重要的地位，不仅使得新教得以确立，同时也瓦解了在罗马帝国统治时期就以基督教为主体的教会体系。与天主教会强调对人们实行思想上的控制不同，这场运动倡导思想解放，因此为西欧资本主义的发展和多元化现代社会的出现奠定了基础。宗教改革实质就是资产阶级的社会政治运动，宗教改革沉重打击了欧洲统治的支柱天主教会，极大地解放了人们的思想，为欧洲资本主义的发展扫清了道路，为欧洲走向现代社会创造了条件。

促进欧洲科学技术发展的又一个推动力是从西班牙葡萄牙发端的环球航行，它包含两项很重要的内容：一是哥伦布从西班牙出发向西航行最后发现美洲新大陆；二是葡萄牙麦哲伦率领的团队所进行的环球航行以及达伽玛的大洋航行。

15世纪到17世纪，欧洲的船队出现在世界各处的海洋上，寻找着新的贸易路线和贸易伙伴，以发展欧洲新生的资本主义。公元十四、五世纪，以西班牙和葡萄牙为首的西欧国家相继开始研究远洋航海的可行性，从国王到大臣无一不对此痴狂。到了16世纪，随着商品经济的发展，西欧社会中的资本主义生产关系逐渐确立，传统和世俗的文化得到发展，封建王权得到加强，基督教教会的文化和政治垄断地位受到挑战，新兴的现代的西方开始崛起。随着西方的崛起，西方人骨子里崇尚冒险和个人英雄主义的传统也复活了。加之在与东方诸国的贸易中，由于波斯人和阿拉伯人从中盘剥，欧洲一直处于逆差地位，黄金大量外流直接影响了欧洲商人的利益，商人和新兴资产阶级急欲直接与东方国家进行贸易。于是在对冒险生涯的强烈期盼和对黄金的极度渴望之下，欧洲人尤其是西欧人甘冒生命危险，开始尝试由海上打通通往东方的新航路。

1451年哥伦布出生在热那亚的工人家庭，是信奉基督教的犹太人后裔，长大后当上了舰长。哥伦布年轻时就是地圆说的信奉者，他十分推崇曾在热那亚坐过监狱的马可·波罗，立志要做一个航海家。当时，地圆说已经很盛行，哥伦布也深信不疑。他先后向葡萄牙、西班牙、英国、法国等国国王请求资助，以实现他向西航行到达东方国家的计划，都遭拒绝。一方面，地圆说的理论尚不十分完备，许多人不相信，把哥伦布看成江湖骗子。另一方面，当时西方国家对东方物质财富需求除传统的丝绸、瓷器、茶叶外，还有亚洲的高利润的香料贸易。这些商品主要经传统的海、陆联运商路运输，经营这些商品的既得利益集团也极力反对哥伦布开辟新航路的计划。

哥伦布为实现自己的计划，到处游说了十几年。开始的时候西班牙女王伊莎贝拉也同样拒绝了他，但她却指定了一个皇家委员会考虑哥伦布的计划，并同时决定将哥伦布纳入皇家供奉。直到6年后也就是1492年才发了批文。伊莎贝拉一世说服了共治国王费迪南德二世，甚至要拿出自己的私房钱资助哥伦布，才使哥伦布的计划得以实施。

1492年8月3日，哥伦布受女王伊莎贝拉一世派遣，带着给印度君主和中国皇帝的国书，率领三艘百十来吨的帆船，从西班牙巴罗斯港扬帆出大西洋，直向正西航去。经七十昼夜的艰苦航行。10月12日凌晨，终于发现了陆地，也就是属于中美洲加勒比海中的巴哈马群岛，他为它命名为圣萨尔瓦多，圣萨尔瓦多是救世主的意思，哥伦布之后又登上了美洲的许多海岸，直到1506年逝世，他一直认为他到达的是印度。

麦哲伦环球航行是世界航海史上的一大成就。葡萄牙航海探险家麦哲伦率领的探险船队于1519年9月200多人分乘5艘帆船从西班牙出发，向西南穿越大西洋，绕过南美大陆南端的海峡，进入太平洋。一路上船员们历尽千辛万苦，还有不少人病死在途中。1521年3月，船队到达菲律宾，麦哲伦因介入岛上部族纠纷，被当地居民杀死。最后，船队只剩下1艘帆船和10多名船员，他们向西穿过印度洋，绕过非洲南端的好望角，终于在1522年9月回到原出发地西班牙，麦哲伦船队首次完成了绕地球一周的航行。

麦哲伦环球航行是世界航海史上的一大成就，不仅开辟了新航线，还通过他的探险船队进行的探险航行证明了地球是圆的，地球是个圆球，世界各地的海洋是连成一体的。为此，麦哲伦被称为"第一个拥抱地球的人"。

达伽马出生于葡萄牙的一个贵族家庭，他的父亲是一位出色的航海探险家，曾经受命于国王的排遣从事开辟通往亚洲海路的探险活动，但这项活动还没有取得成就父亲就去世了。达伽马从小就受过航海训练，这为他之后的出海打下基础。1492年的时候，哥伦布发现新大陆的消息在整个欧洲都传遍了，葡萄牙王室就下定决心要加快探索通往印度的海上活动。1497年7月8日，达伽马奉命找寻印度，他带领多名水手开启了航海之旅。达伽马的航海路线是从欧洲出发，中间绕过好望角，然后到达印度，达伽马到达印度后建立了贸易站点。这次航行有利于欧亚贸易的发展，使得欧亚贸易在海洋上有一条全新的路线，同时也将非洲和亚洲连接在一起，欧洲与亚洲也更加接近。

从14世纪到16世纪发生在欧洲的文艺复兴运动、宗教改革运动和航海探险，极大的推动了欧洲冲破中世纪黑暗，解放思想弘扬人性，使欧洲科学技术的发展有了良好的人文基础，从16世纪开始，科学技术在欧洲便蓬蓬勃勃的开启了他的发展之路。

第六章 翡翠多彩的西方自然科学技术发展

进入16世纪，有了天赋人权理念的欧洲人，在冲破中世纪的黑暗之后，吸收和借鉴古希腊科学文明的精华，开创了自然科学发展翡翠多彩的发展局面。数学物理学天文学化学地理学等各个学科在人类的创造力下有了惊人的发展，科学的发展推动了技术进而引发了欧洲工业革命。

这一部分的内容较多，我们把它分成五个部分来叙述：第一部分叙述科学革命的兴起与科学研究方法的确立；第二部分叙述17世纪的欧洲科学技术；第三部分叙述18世纪的欧洲科学技术和第一次工业革命；第四部分叙述19世纪的欧洲科学技术和第二次工业革命；第五部份叙述20世纪以来的科学技术。

第一节 科学革命的兴起与科学研究方法的确立

16世纪欧洲科学技术发展是始于一场科技革命的，这场科技革命发生在中世纪的晚期和近代早期，科技革命的开端是从天文学开始的，哥白尼提出的"太阳中心说"掀起了这场科技革命，发起了对宗教愚昧的挑战。

"大阳中心说"是针对被维护了千年之久的"地球中心说"也就是地心说的，地心说是由古罗马的托勒密建立的，因为地球中心说合符教义的宗旨，千余年来一直受到教庭的支持与维护。地心说的主要观点是：地球是球体，地球是静止不动的处于宇宙的中心，所有日月星辰都围绕地球转。

地心说得以成为天体结构理论，千余年来长期为世人所接受，有如下几个原因，首先是星体绕着某一中心的匀角速运动，符合当时占主导思想的柏拉图的假设，也适合于亚里士多德的物理学，易于被人们接受。再就是用几种圆周轨道不同的组合解释、预言了行星的运动位置，解释了行星的亮度变化，与实际相差很小，相比以前的体系有所改进。最为重要的是地球不动的说法，对当时人们的生活是令人安慰的假设，也符合基督教信仰。

但客观事实是地球真不是中心，天体运行越来越多的观察结果使地心说的矛盾越来越多，但教义与教庭从神权的角度总是维护这一谬误。于是天文学得以称为欧洲科学革命的焦点，首当其冲的以太阳中心说为核心的天文学发展向守旧势力吹响了科学革命的号角，他的代表人物有哥白尼、布鲁诺、伽利略和开普勒。这一科学革命也付出了沉重的代价，布鲁诺为此付出了宝贵的生命。

尼古拉·哥白尼，波兰人，热衷于对日月星辰研究，结合前人的研究成果，写成了著名的《天体运行论》。提出了颠覆当时世界观的"太阳中心论"，认为太阳才是宇宙的中心，地球只不过是围绕太阳运转，同时还提出了地球自转的学说。"太阳中心说"虽然在我们现在看来也是不正确甚至是荒谬的，但是对于在当时认为地球是宇宙的中心来说，哥白尼的这一学说无疑是人类天文学史上的一大进步。但是却被教皇视为异端，宣布《天体运行论》为禁书，对哥白尼等支持他的学者进行迫害。

继承哥白尼学说的是意大利人布鲁诺。进一步提出太阳也不是宇宙的中心，太阳只是宇宙中的一个天体系统，而且宇宙空间是无限的。他的学说完全推翻了被天主教奉为经典的"地球中心说"，布鲁诺触及天主教底线，在 1600 年被活活烧死在罗马。

意大利的天文学家伽利略继承并发展哥白尼的学说，同时制成了第一架天文望远镜，出版了《星际使者》一书，但是也受到了天主教的迫害，在 1633 年被罗马异端裁判所判处终身监禁。《关于托勒密和哥白尼两大世界体系的对话》是伽利略撰写的一部天文学著作，于 1632 年在意大利出版，书中全面系统地讨论了哥白尼日心说和托勒密地心说的各种分歧，用许多新发现和力学研究新成果论证了哥白尼体系的正确和托勒密体系的谬误。

德国的开普勒发现了行星三大定律。椭圆定律：所有行星绕太阳的轨道都是椭圆，太阳在椭圆的一个焦点上。面积定律：行星和太阳的连线在相等的时间间隔内扫过的面积相等。调和定律：所有行星绕太阳一周的时间的平方与它们轨道半长轴的立方成比例。开普勒提出行星运动三大定律，为日心说打下更坚实的科学基础，用数学证明了日心说的正确性，也奠定了太阳中心说的科学基础。

除了天文学外，近代生理学革命也向教廷的世俗偏见发起了挑战，从维萨里到塞尔维特最后到哈维 1628 年出版了《心血运动论》，提出了血液在人体内不断大循环的理论。哈维的贡献是划时代的，标志着新的生命科学的开始，是发端于 16 世纪的科学革命的一个重要组成部分。哈维因为他的出色的心血系统的研究，使得他成为与哥白尼、伽利略、牛顿等人齐名的科学革命的巨匠。他的《心血运动论》一书也像《天体运行论》、《关于托勒密和哥白尼两大体系的对话》、《自然哲学的数学原理》等著作一样，成为科学革命时期以及整个科学史上极为重要的文献。

几乎是在天文学吹响欧洲科学革命号角的同时，科学研究的方法论也有了长足的发展，实验科学传统的建立，对促进近代自然科学的诞生起到了十分关键的促进作用。在这一个过程中，首先是罗吉尔·培根，继而是伽利略、开普勒和笛卡尔，最后是吉尔伯特与弗兰西斯·培根，包括牛顿在内的一大批科学家为实验科学传统的建立做出了不懈的努力，创造了奠定近代自然科学诞生的科学方法论的不朽功勋。

罗吉尔·培根生活在中世纪，他和一批经院哲学的反叛者对实验科学的身体力行的倡导促进了欧洲一个短时期实验风气的形成。罗吉尔·培根的主要观点是，首先，任何科学知识都以个别事物为对象，以经验为基础，真正的学者应该靠实验来弄懂自然科学，实验乃"科学之王"。其次，一切科学的目的都是为了增强人类对自然界的支配以便造福于全人类。另外，罗吉尔·培根认为数学是学习科学的工具，是其他科学的基础。

在强调数学对研究自然的方法论价值方面起到重要历史作用的是伽利略、开普勒和笛卡儿。伽利略在《实验者》一书中精确地阐述了数学在自然科学中的作用。他说，自然界这本宏大的书是用数学语言写成的，它的印刷符号是三角形、圆形及其他几何图形，没有这些图形，人类就连其中一个词也不可能读懂，而只能在一片混沌中徘徊。开普勒与伽利略不同，他继承了毕达哥拉斯的神秘主义倾向，他认为"实在世界是一个完全由定量特征组成的世界"，在这一信念的激励下，终于在1609年和1619年先后提出了他的行星运动三定律。笛卡儿作为17世纪伟大的数学家和哲学家，不是把数学仅仅视为一门特殊知识，而是把它当作一种科学规范和普遍方法，这也是他致力于数学研究的主要目的之一。

对近代实验科学传统的形成产生过重要影响的另一个人物是吉尔伯特，吉尔伯特特别强调实践经验，强调通过实验直接研究自然，强调知识来源于经验而不是直觉或推测。他批评当时的学者"不亲自做调查研究，得不到任何实际经验的支持"，讽刺盲目迷信书本和权威的人是白痴、咬文嚼字者、诡辩家和庸人。他指出，我们的哲学应该从我们勤奋地加以观察的事物中成长起来，只有付诸"可靠的实验"即明显地感觉得到的实验才能使科学得以繁荣昌盛。吉尔伯特以自己特别的号召力以及他在磁、电现象研究方面的巨大成功表明他是近代实验科学传统的重要奠基人之一。

弗兰西斯·培根深感经院哲学不能增进人类对自然的知识和支配自然的能力。他对他之前的地理大发现和各种实用发明给以很高评价，认为它们"改变了全世界的整个面貌和事态"。他崇尚科学，是因为它所导致的发明可以成为造福人类的强大工具。他的名言"知识就是力量"明显地表达了他的影响深远的工具主义的科学观。

弗·培根的经验论哲学对实验科学传统的形成与发展具有不容忽视的作用,他的学说主要内容有,强调科学实验对扩大科学认识的经验基础。他认为,要从经验中导出公理,首先"必须准备一部充足、完善的自然和实验的历史,这是一切的基础"。他批评亚里士多德及后来经院哲学的演绎法,他认为亚里士多德的三段论不能给人以新的知识,而经院哲学家则是忽视经验重视教条,像蜘蛛从自身抽丝结网一样只凭个人臆想作出判断,因此也不会获得真正的知识。他主张,为了在自然研究中揭示自然界的真正奥秘,必须从自己头脑中消除种种偏见和倾向,特别是要摆脱亚里士多德等权威带给人们的先入之见。

牛顿也是一位实验科学大师,他宣称致力于用数学方法来探讨各种哲学问题,他发明了微积分,为经典力学建立了一套类似《几何原本》的公理化体系。他同时也继承了培根注重实验和归纳的传统,主张探求自然事物的准确方法是从现象或从实验出发,推导出某个命题,然后通过归纳法做出普遍的结论。

第二节 17世纪的欧洲科学技术

在天文学和生理学向宗教世袭偏见发起挑战一步步取得胜利的同时,在有了优秀的实验科学传统的科学研究和发展方法之后,从16世纪开始欧洲的科学技术迅猛的发展,首当其冲的是是经典力学,紧随其后的是数学和物理学,以及化学和生物学。如果说天文学是近代科学革命的切入点,那么物理学是近代科学的核心领域,而近代的各种力学理论和实验又是触发物理学革命的关键。

从开普勒把地上的力学扩展到天上开始,伽利略、笛卡尔、惠更斯、牛顿等大师们在以各自的方式对物理学的进步做出了贡献,参与这场物理学革命的这些大师们,从理论到实践,为近代科学奠定了一个全新的传统。经典力学即牛顿力学由牛顿最后总结完成。经典力学理论主要内容是:

牛顿第一定律:一切物体没有受外力作用时,总保持匀速直线状态或静止状态,直到有外力迫使它改变这种状态为止。牛顿第二定律:物体的加速度与所受外力成正比,与物体的质量成反比,加速度的方向与外力的方向相同。公式:$F(合)=ma$。牛顿第三定律:两个物体之间的作用力与反作用力大小相等,方向相反,并且在同一条直线上。万有引力定律:自然界中任何两个物体都相互吸引,引力的大小与物体(质点)的质量乘积成正比,与它们之间距离的平方正反比。

力学是物理学中发展较早的一个分支。古希腊著名的哲学家亚里士多德曾对"力和运动"提出过许多观点,他的著作一度被当作古代世界学术的百科全书,在西方有着极大的影响,以致他的很多错误观点在长达2000年的岁月中被大多数人所接受。在牛顿以前,天文学是最显赫的学科。

但是为什么行星一定按照一定规律围绕太阳运行？天文学家无法圆满解释这个问题。万有引力的发现说明，天上星体运动和地面上物体运动都受到同样的规律——力学规律的支配。

早在牛顿发现万有引力定律以前，已经有许多科学家严肃认真的考虑过这个问题。比如开普勒就认识到，要维持行星沿椭圆轨道运动必定有一种力在起作用，他认为这种力类似磁力，就像磁石吸铁一样。惠更斯从研究摆的运动中发现，保持物体沿圆周轨道运动需要一种向心力。胡克等人认为是引力，并且试图推导引力和距离的关系。1664 年，胡克发现彗星靠近太阳时轨道弯曲是因为太阳引力作用的结果；1673 年，惠更斯推导出向心力定律；1679 年，胡克和哈雷从向心力定律和开普勒第三定律，推导出维持行星运动的万有引力和距离的平方成反比。

16 世纪以后，人们开始通过科学实验，对力学现象进行准确的研究。许多物理学家、天文学家如哥白尼、布鲁诺、伽利略、开普勒等，做了很多艰巨的工作，力学逐渐摆脱传统观念的束缚，有了很大的进展。开普勒是第一位要求用因果关系来诠释星体运动的科学家，他从第谷·布拉赫对火星的天文观测资料里发现了火星公转的轨道是椭圆形的。差不多同时，伽利略用抽象的数学定律来解释质点运动，传说他曾经做过一个著名的实验：从比萨斜塔扔下两个不同质量的球来试验它们是否同时落地。虽然这传说很可能不实，但他确实做过斜面上滚球的数量实验，他的加速运动论显然是由这些结果推导出的，而且成为了经典力学上的基石。

牛顿高明的地方就在于他解决了胡克等人没有能够解决的数学论证问题。牛顿在前人研究和实践的基础上，经过长期的实验观测、数学计算和深入思考，提出了力学三大定律和万有引力定律，把天体力学和地球上物体的力学统一起来，建立了系统的经典力学理论。1679 年，胡克曾经写信问牛顿，能不能根据向心力定律和引力同距离的平方成反比的定律，来证明行星沿椭圆轨道运动，牛顿没有回答这个问题。1685 年，哈雷登门拜访牛顿时，牛顿已经发现了万有引力定律：两个物体之间有引力，引力和距离的平方成反比，和两个物体质量的乘积成正比。当时已经有了地球半径、日地距离等精确的数据可以供计算使用，牛顿向哈雷证明地球的引力是使月亮围绕地球运动的向心力，也证明了在太阳引力作用下，行星运动符合开普勒运动三定律。

1686 年底，在哈雷的敦促下，牛顿写成划时代的伟大著作《自然哲学的数学原理》一书。皇家学会经费不足，出不了这本书，后来靠了哈雷的资助，这部科学史上最伟大的著作之一才能够在 1687 年出版。牛顿在这部书中，从力学的基本概念(质量、动量、惯性、力)和基本定律(运动三定律)出发，运用他所发明的微积分这一锐利的数学工具，不但从数学上论证了万有引力定律，而且把经典力学确立为完整而严密的体系，把天体力学和地面上的物体力学统一起来，实现了物理学史上第一次大的综合。

牛顿在说到自己的研究成果时，曾经说到"如果说我比别人看得更远些，那是因为我站在巨人肩上的缘故。"，对于自己的重大发现他说"我不知道世人怎样看我，但我自己以为我不过像一个在海边玩耍的孩子，不时为发现比寻常更为美丽的贝壳而沾沾自喜。"

牛顿在经典力学上最大的贡献是通过奠定力学自身的公理基础把力学确立为一门独立科学，阐明了如何把力学应用到自然科学各个领域，通过使力学与理论天文学相联系确立了地上和天上物理学的明确综合。牛顿在力学上的成就，使经典力学成为了一个完整的理论体系，标志着经典力学的成熟。

关于牛顿发现万有引力定律，几百年来一直流传着一个美好"苹果的故事"，说是因为牛顿在苹果树下思考问题时，苹果树上掉下的苹果砸在了牛顿头上，牛顿由此思索到苹果从树上掉下来，为什么不朝天上飞去而是要朝地落下砸在我的头上？由此牛顿发现了万有引力定律。这个神话般的故事流传了几百年，大家都相信这是一个真实的故事，其实这很有可能是后人杜撰出来的，去查证牛顿的所有信件等往来文献，从来没有此事的记载。不过因为事情不是特别的大，所以以讹传讹也无关紧要。特别有趣的事，牛津大学三一学院还剎有介事的在大门的空地上有一颗苹果树，所有的导游都向游客介绍，这就是当年掉下苹果砸在牛顿头上的那颗苹果树。

一句老话"数理不分家"说的是数学和物理学本来应该就是一家，事实上确实如此，牛顿的经典力学，是完全奠定在数学的基础上的，经典力学推动和促进了数学的发展，微积分也就应运而生了，牛顿那部巨著《自然哲学的数学原理》，与其说它是一部物理学巨著，还不如说他是一部数学巨著，在那部巨著中，牛顿发明了微积分，他用微积分的数学原理，全面的正确的恰如其分的诠释了他的牛顿三大定律和万有引力定律。

16、17 世纪的欧洲，封建社会开始解体，代之而起的资本主义社会，生产力大大解放。资本主义工场手工业的繁荣和向机器生产的过渡，促使技术科学和数学急速发展。例如在航海方面，为了确定船只的位置，要求更加精密的天文观测。军事方面，弹道学成为研究的中心课题。运河的开凿、堤坝的修筑，行星的椭圆轨道理论等等，也都需要很多复杂的计算。古希腊以来的初等数学，已渐渐不能满足当时的需要了。

意大利科学家伽利略主张自然科学研究必须进行系统的观察与实验，充分利用数学工具去探索大自然的奥秘，这些观点对科学(特别是物理和数学)的发展有巨大的影响。17 世纪初，初等数学的主要科目(算术、代数、几何、三角)已基本形成，但数学的发展正是方兴未艾，它以加速的步伐迈入数学史的下一个阶段：变量数学时期。这一时期和前一时期(常称为初等数学时期)的区别在于前一时期主要是用静止的方法研究客观世界的个别要素，而这一时期是用运动的观点探索事物变化和发展的过程。

变量数学以解析几何的建立为起点，接着是微积分学的勃兴。这一时期还出现了概率论和射影几何等新的领域。但似乎都被微积分的强大光辉掩盖了。分析学以汹涌澎湃之势向前发展，内容的丰富，应用之广泛，使人目不暇接。解析几何的产生，一般以笛卡儿《几何学》的出版为标志，它和解析几何教科书有很大的差距，其中甚至看不到"笛卡儿坐标系"。但可贵的是它引入了革命性的思想，为开辟数学的新园地作出了贡献。《几何学》的主要功绩，可以归结为三点：把过去对立着的两个研究对象"形"和"数"统一起来，引入了变量，用代数方法去解决古典的几何问题。

法国数学家费尔马也分享着解析几何创立的荣誉，他的发现在时间上可能早于笛卡儿，不过发表很晚。他是一个业余数学家，在数论、概率论、光学等方面均有重要贡献。他已得到微积分的要旨，曾提出求函数极大极小的方法。他建立了很多数论定理，其中"费马大定理"最有名。费尔马对概率论也有兴趣，当然也包括帕斯卡尔、惠更斯等数学家，数学家们去思考的概率问题是来自赌博者的请求，费尔马、帕斯卡、惠更斯是概率论的早期创立者。

有了解析几何，特别是那个笛卡尔坐标系，变量也就堂而皇之的进入了数学，微积分也就应运而生了。微积分的发明来自于两个途径，一个是英国的牛顿在研究物体的运动时，在描述物体运动的速度和加速度的时候发现和发明了导数，以及在求变速运动的物体的运动路程的时候，发现和发明了积分。另一个是德国的莱布尼茨，他是一个典型的数学家，他在研究出现的切线斜率时发现和发明了导数，在求曲边梯形面积时发现和发明了积分。几乎是在同一时期两位科学家所研究出来的微积分，因为信息交流不是特别的通畅，还引发了一些有趣的数学家之间的争论。

17世纪是一个创作丰富的时期，而最辉煌的成就是微积分的发明。它的出现是整个数学史也是整个人类历史的一件大事。它从生产技术和理论科学的需要中产生，同时又回过头来深刻地影响着生产技术和自然科学的发展。不过17世纪的微积分应该说是比较粗糙的，从数学逻辑的严密上来看连他的发明者牛顿和莱布尼茨对很多问题都感到困惑 但它确实使17世纪的数学迈了一大步，这一大步更多的表现在应用上。

历史上关于微积分的成果归属和优先权问题，曾在数学界引起了一场长时间的大争论。1687年以前，牛顿没有发表过微积分方面的任何工作，虽然他从1665年到1687年把结果通知了他的朋友。特别地，1669年他把他的短文《分析学》给了他的老师巴罗，后者把它送给了John Collins。莱布尼茨于1672年访问巴黎，1673年访问伦敦，并和一些与牛顿工作的人通信。然而，他直到1684年才发表微积分的著作。于是就发生莱布尼茨是否知道牛顿工作详情的问题，他被指责为剽窃者。但是，在这两个人死了很久以后，调查证明：虽然牛顿工作的大部分是在莱布尼兹之前做的，但是，莱布尼兹是微积分主要思想的独立发明人。

这场争吵的重要性不在于谁胜谁负的问题，而是使数学家分成两派。一派是英国数学家，捍卫牛顿；另一派是欧洲大陆数学家，尤其是伯努利兄弟，支持莱布尼茨，两派相互对立甚至敌对。其结果是，使得英国和欧洲大陆的数学家停止了思想交换。因为牛顿在关于微积分的主要工作和第一部出版物，即《自然哲学的数学原理》中使用了几何方法。所以在牛顿死后的一百多年里，英国人继续以几何为主要工具。而大陆的数学家继续莱布尼兹的分析法，使它发展并得到改善。这些事情的影响非常巨大，它不仅使英国的数学家落后在后面，而且使数学损失了一些最有才能的人应该可以作出的贡献。

17世纪数学除了微积分外，还有其他很多的发展。首先是产生了几个影响很大的新领域，如解析几何、微积分、概率论、射影几何等。每一个领域都使古希腊人的成就相形见绌。其次是代数化的趋势，希腊数学的主体是几何学，代数的问题往往也要用几何方法去论证。17世纪的代数学比几何学占有更重要的位置，它冲破希腊人的框框，进一步向符号代数转化，几何问题常常反过来用代数方法去解决。再就是出现了大量新概念，如无理数、虚数、瞬时变化率、导数、积分等等，这些新概念都不是经验事实的直接反映，而是由数学理论进一步抽象所产生。最后是数学和其他自然科学的联系更加紧密，实验科学(从伽利略开始)的兴起，促进数学的发展，而数学的成果又渗透到其他科学部门中去，许多数学家，如牛顿、莱布尼茨、笛卡儿、费尔马等，本身也都是天文学家、物理学家或哲学家。

17世纪的物理学除了经典力学外，其他也有很多发现和发展，比如热学上提出了热质说，仅管热质说是一种错误和受局限的科学理论，但用来解释热的物理现象似乎也有道理。热质说理论认为热是一种称为"热质"的物质，热质是一种无质量的气体，物体吸收热质后温度会升高，热质会由温度高的物体流到温度低的物体。另外在电磁学上，有了"电"的概念、库仑定律、高斯定律、伏打电池相继被发现。光学上光的折射、衍射现象、白光、微粒说、波动说等也被发现和提出。

除了数学和物理学外，化学和生物学在17世纪也有重大发展，化学主要是提出了"燃素说"，仅管"燃素说"是一个错误的理论，但它的提出却让化学从古代炼丹术中脱离出来，成为了一个独立的学科。

原始人类为了生存，在与自然界的种种灾难进行抗争中，发现和利用了火，由野蛮进入文明，同时也就开始了用化学方法认识和改造天然物质。从远古到公元前1500年，人类学会在熊熊的烈火中由黏土制出陶器、由矿石烧出金属，学会从谷物酿造出酒、给丝麻等织物染上颜色，这些都是在实践经验的直接启发下经过长期摸索而来的最早的化学工艺，但还没有形成化学知识，只是化学的萌芽时期。

公元前4世纪或更早，中国提出了阴阳五行学说，认为万物是由金、木、水、火、土五种基本物质组合而成的，而五行则是由阴阳二气相互作用而成的。公元前4世纪，希腊也提出了与五行学说类似的火、风、土、水四元素说和古代原子论。这些朴素的元素思想，是物质结构及其变化理论的萌芽。后来在中国出现了炼丹术，到了公元前2世纪的秦汉时代，炼丹术已颇为盛行，大致在公元7世纪传到阿拉伯国家，与古希腊哲学相融合而形成阿拉伯炼金术，阿拉伯炼金术于中世纪传入欧洲，形成欧洲炼金术。炼丹术与炼金术使化学成为了它的工具和附属。

约从公元前1500年到公元1650年，化学被炼丹术、炼金术所控制。为求得长生不老的仙丹或象征富贵的黄金，炼丹家和炼金术士们开始了最早的化学实验，总结炼丹术的书籍也相继出现。虽然炼丹家、炼金术士们都以失败而告终，但他们在炼制长生不老药的过程中，在探索"点石成金"的方法中实现了物质间用人工方法进行的相互转变，积累了许多物质发生化学变化的条件和现象，为化学的发展积累了丰富的实践经验。当时出现的"化学"一词，其含义便是"炼金术"。但随着炼丹术、炼金术的衰落，人们更多地看到它荒唐的一面，化学方法转而在医药和冶金方面得到正当发挥，中、外药物学和冶金学的发展为化学成为一门科学准备了丰富的素材。

大约从1650年开始了近代化学的孕育时期，随着冶金工业和实验室经验的积累，人们总结感性知识，进行化学变化的理论研究，使化学成为自然科学的一个分支。这一阶段开始的标志是英国化学家波义耳为化学元素指明科学的概念，然后化学又借燃素说从炼金术中解放出来。燃素说认为可燃物能够燃烧是因为它含有燃素，燃烧过程是可燃物中燃素放出的过程，尽管这个理论是错误的，但它把大量的化学事实统一在一个概念之下，解释了许多化学现象。在燃素说流行的一百多年间，化学家为解释各种现象，做了大量的实验，发现多种气体的存在，积累了更多关于物质转化的新知识。燃素说认为化学反应是一种物质转移到另一种物质的过程,化学反应中物质守恒,这些观点奠定了近代化学思维的基础。

17世纪生物学最大的成果是胡克发现细胞，1665年，胡克出版了他的著名的《显微图象》一书，书中记载了大量的实验观察结果，有云母的图像、化石的成因，有软木的结构和一些植物细胞中的物质，其中最重要的就是他对生物细胞的观察和记载。胡克是在对软木的显微观察中发现生物细胞的，他把观察到的软木组织中的小室命名为"细胞"。胡克还观察了植物活体的细胞，并作了形象的描述："在这几种植物里，当它们仍然是绿色的时候，我已用我的显微镜十分清晰地发现了充满了汁液的小室或孔，并且发现其中的汁液在逐渐地渗出。"，细胞的发现是生物学一个极其重要的一个成果。

第三节 18世纪的欧洲科学技术与第一次工业革命

18世纪的欧洲科学，显得比较平静，与它一前一后两个世纪比较起来，他确实十分平静，甚至有些平淡。它没有17世纪牛顿经典力学与微积分问世那种让世人惊讶的科学发现，也没有19世纪科学的各个学科像雨后春笋般的涌现出足以让世人瞠目的辉煌。发生这种情况最根本的原因，应该是上一个世纪以牛顿为代表的科学家们，创立了以经典力学为代表的自然哲学的数学框架，使得18世纪整整100年，在牛顿等一大批上一世纪科学家们显著科学的成果的阴影之下，难以发挥出他们本来应该有的辉煌。

但这绝不能说18世纪就没有伟大的科学家和伟大的科学成果，事实上，无论在数学物理学天文学化学生物学等方面，都涌现出一大批优秀的科学家，创造出本质上并不亚于牛顿莱布尼茨等上一世纪科学家的科学成果。这之中包括欧拉、拉格朗日、伯努利、库伦、富兰克林等，他们的工作不仅继承和发展了17世纪以经典力学为代表的科学成果，更重要的是他们弥补和完善了17世纪科学成果。

进入18世纪后的数学家们所做的工作中，很大一部分都是在完善17世纪牛顿和莱布尼兹所发明的极其辉煌的微积分。这种工作最终构成了数学分析这一极其重要的学科，形成了被称之为"分析"的广大领域，与代数、几何并列为数学的三大学科，在18世纪其繁荣程度远远超过了代数与几何。让微积分成为数学分析，尽管它的很多更优秀的成果最终在19世纪才得到了精致的发展，但让微积分从比较粗糙的数学工具成为数学分析一门学科是在18世纪开启的。

微分几何形成为独立的学科主要是在18世纪。伯努利兄弟以及欧拉、拉格朗日等在确定平面曲线曲率、拐点、渐伸线、渐屈线、测地线及曲线簇包络等方面做出许多贡献。蒙日自1771年起发表的一系列工作，则使微分几何在18世纪的发展臻于高峰。对综合几何的兴趣直到18世纪末才被重新唤起，这主要归功于蒙日的《画法几何学》。蒙日指出画法几何只是投影几何的一个方面，这促进了更一般的投影几何学与几何变换理论的发展。

18世纪代数学为下一世纪的革命性发展开辟了道路。1799年，高斯发表了关于代数基本定理的研究，他给出了该定理的第一个严格证明。高于四次的代数方程用根式求解之不可能，也已被拉格朗日等人认识，拉格朗日在《方程的代数求解》一文中讨论了这个问题，虽未能作出严格证明，但却考察了根的有理函数及根的置换对它们的影响。

将概率论建立在坚固的数学原理基础上的是拉普拉斯。从1771年起，拉普拉斯发表了一系列重要著述，对古典概率论作出了强有力的数学综合，叙述并证明了许多重要定理。拉普拉斯等人的著作还讨论了概率论对人口统计、保险事业、度量衡、天文学甚至某些法律问题的应用。概率论在18世纪已远不再是只与赌博问题相联系的学科了。

社会政治对18世纪数学发展的影响十分深刻，18世纪数学研究活动中心的转移到法国，明显地与资产阶级革命中心的转移现象相吻合，在启蒙思想熏陶下的法国学派自觉地接过了发展牛顿自然科学理论的任务。法国大革命提供的社会变革影响数学事业的发展，当时最优秀的数学家，几乎都被革命政权吸收到度量衡改革、教育改革、军事工程建设等活动中去，他们在新成立的巴黎综合工科学校与巴黎高等师范学校中发挥着作用。拉格朗日、拉普拉斯、蒙日、勒让德等均受聘出任那里的数学教授，蒙日还是综合工科学校的积极创建者并兼校长。他们的任职，使这两所学校特别是综合工科学校成为新一代数学家的摇篮。

18世纪的物理学与17世纪同19世纪相比，确实显得平淡和逊色一些，它没有17世纪牛顿创建经典力学的辉煌，也不能同19世纪发现电磁反应的惊人功勋相比。究其原因，应该是17世纪牛顿所创建的经典力学太过伟大，使得18世纪的物理学一直在完善和应用经典力学，新的建树需有但不多。活在牛顿"阴影"下的十八世纪，只能在牛顿建立的体系下做一些"修补"工作，这是一种历史的必然。

但十八世纪并非没有伟大的物理学家，以欧拉、拉格朗日、丹尼尔 伯努利和拉普拉斯为代表的一大批天才式的数学、物理学家不停涌现。十八世纪物理学的成果是分析力学，通过欧拉、拉格朗日、伯努利及拉普拉斯等人的工作，具有较完备数学基础的分析力学被建立起来，但这只是牛顿力学的一种变体和延伸，其重要意义囿于时代无法完整体现出来。牛顿力学占据着物理学研究的主体地位，物理学的发展步入了缓慢和平庸的时代，但分析力学建立起了比物理更具有普适性的数学体系，从而为物理学留下了另一种优秀的研究方法，这正是十八世纪物理学最重要的意义。

库仑是法国工程师和物理学家，十八世纪最伟大的物理学家之一，他用扭秤测量静电力和磁力，导出著名的库仑定律。库仑定律使电磁学的研究从定性进入定量阶段，是电磁学史上一块重要的里程碑。1773年法国科学院悬赏征求改进船用指南针的方案，库仑在研究静磁力中，把磁针的支托改为用头发丝或蚕丝悬挂，以消除摩擦引起的误差，从而获得1777年法国科学院的头等奖。他进而研究了金属丝的扭力，于1784年提出了金属丝的扭力定律，同年他设计出一种新型测力仪器扭秤，利用扭秤他在1785年根据实验得出了电学中的基本定律库仑定律。1788年，他把同样的结果推广到两个磁极之间的相互作用，这项成果意义重大，它标志着电学和磁学研究从定性进入了定量研究。

18世纪的化学最显着和重要的成果是氧化学说取代了燃素学。燃烧问题一直是化学研究的核心问题，在燃烧的过程中有火焰迸出，而燃烧后的木柴质量会变轻，于是推测在燃烧的过程中有东西离开了燃烧物，人们又推测这种东西应该是非常容易燃烧的物质，于是有了燃素说的基本想法。燃素理论最早可以追溯到化学家贝歇尔，1669年，他发表了《地下物理学》一书，提出在有机物燃烧过程中，其所包含的油状土会很快逸出。贝歇尔的学生斯塔尔深受原子论的影响，在原子论的基础上他建立了燃素的元素概念，将贝歇尔的油状土称之为燃素。用燃素理论能够解释当时的很多化学现象，斯塔尔还提出，金属生锈和木材燃烧是同一类化学过程，都是失去燃素的过程。

英国化学家普利斯特发现"失燃素空气"也就是氧气对于颠覆燃素论起到了至关重要的作用，研究燃素的还有另一个人——拉瓦锡。拉瓦锡从1772年开始研究燃烧问题，他的方法非常简单，就是在物质燃烧前后进行称重。后来，普利斯特列访问巴黎，拉瓦锡得到了"脱燃素空气"的信息，第二年，拉瓦锡重做了普利斯特列的实验，明确得出了燃烧是与空气中的某种成分相化合的结论。拉瓦锡于1789年出版了化学史上划时代的著作《化学纲要》，他详尽地说明了以氧化理论为核心的新燃烧理论，推翻了燃素说。他还在书中阐述了化学反应过程中的物质守恒思想，并将化学反应过程写成了一个代数式，从此化学进入了一个新纪元，所以后来有人将拉瓦锡人称作"近代化学之父"。

亨利·卡文迪许应该是18世纪相当伟大的科学家，他是英国重要的实验和理论化学家和物理学家，他以发现氢或他称之为的"易燃空气"而闻名，他还证明了水是一种由氧和氢组成的化合物，他也是第一个利用牛顿的引力理论测量地球平均密度的科学家。卡文迪许虽为贵族，生活却相当简朴终身未娶，他的一生都在实验室和图书馆中度过，在化学、热学、电学方面进行过许多实验探索。但由于他对荣誉看得很轻，所以对于发表实验结果以及得到发现优先权却很少关心，致使其许多成果一直未被公开发表。直到19世纪中叶，人们才从他的手稿中发现了一些极其珍贵的资料，证实他对科学发展做出了巨大贡献。

18世纪的地质学主要是水成论和火成论之争。17世纪时，英国有个医学教授叫伍德沃德非常喜欢收集化石，他收藏了大量化石标本，保存在剑桥大学，他认为这些化石是以前生物的遗迹。他在1695年出版的《地球自然历史初探》一书中解释说：诺亚大洪水淹死了大部分生物，死亡的生物被冲到泥沙中埋藏后，就形成了化石，这是最早的"水成论"。18世纪，人们普遍接受伍德沃德的"水成论"观点。

"水成论"尽管流行，但也时常受到质疑，甚至是针锋相对的争论。法国奥弗涅地区的玄武岩就被德马雷解释为火成的。他在那里进行了详细的研究，发现一些熔岩流和火山口相连。1765年，他向法国科学院提交了一篇论文，构建了熔岩流的形成历史，并附上了详细的地质图，用实际资料反对盖特尔的玄武岩"水成"说。最早明确提出"火成论"的学者是意大利的安东尼奥·莫罗，莫罗于1740年发表《论在山里发现的海洋生物》一文中，认为地球内部温度很高，所有的岩石都来源于火山喷发的物质。

既有钱又有闲的赫顿在苏格兰高地的地质考察中看到了各种结晶岩石，一些花岗岩脉穿插进片岩中，像是熔岩冷却的结果，而不是在水中结晶的，这使赫顿对维尔纳的"水成论"产生了怀疑。赫顿1788年发表的《地球的理论》指出，地球内部是一个火热的燃料库，当岩浆冲破岩层到达地表时，会形成火山，如果在向上运动中停止，就会形成大大小小的山脉隆起，火山喷发出来的熔岩固化后成结晶岩。由此，赫顿成为"火成论"的领军人物。

为判断"水成论"和"火成论"的正确性，苏格兰地质学家詹姆士·霍尔在1790～1812年间进行了一系列实验。他从维苏威火山和埃特纳火山弄来熔岩，放在炼铁炉里熔化。当熔融的岩浆慢慢冷却后，就变成像玄武岩那样的结晶岩。他把石灰石放在封闭容器中加热，果然像赫顿所说，冷却后形成了大理石。霍尔的实验结果有力地支持了"火成论"。

第一次工业革命是18世纪60年代从英国发起的技术革命，最终确立了资产阶级对世界的统治地位，是技术发展史上的一次巨大革命，它开创了以机器代替手工劳动的时代，这不仅是一次技术改革，更是一场深刻的社会变革。第一次工业革命是以工作机的诞生开始的，以蒸汽机作为动力机被广泛使用为标志，第一次工业革命使工厂制代替了手工工场，用机器代替了手工劳动，工业革命使依附于落后生产方式的自耕农阶级消失了，工业资产阶级和工业无产阶级形成和壮大起来。第一次工业革命大大密切加强了世界各地之间的联系，改变了世界的面貌，率先完成了工业革命的英国，很快成为世界霸主。

17世纪和18世纪的科学发展推动了技术革命，18世纪中叶从英国开始，世界范围内陆续开展了第一次工业革命。第一次技术革命的发生不是偶然的，它是近代资本主义和科学技术发展的必然产物。产生它的因素和条件有：资产阶级革命废除了封建制度，这是一个重要的前提；早期资本主义工业提供了必要的物质技术条件；资本主义自由竞争提供了强大动力；而科学对技术发展的促进作用是一个关键。工业革命首先出现于工厂手工业最为发达的棉纺织业。

1733年机械师凯伊发明了"飞梭"，大大提高了织布的速度，纺纱顿时供不应求。1765年织工哈格里夫斯发明了"珍妮纺纱机"，"珍妮纺纱机"的出现首先在棉纺织业引发了发明机器进行技术革新的连锁反应，揭开了工业革命的序幕。从此，在棉纺织业中出现了螺机、水力织布机等先进机器。不久，在采煤、冶金等许多任务业部门，也都陆续有了机器生产。随着机器生产越来越多，原有的动力如畜力、水力和风力等已经无法满足需要。第一次工业革命有三个阶段，起点是纺织机械的革新，而蒸汽机的发明和广泛应用是它的重要标志，用机器制造机器让第一次技术革命达到顶点，其中蒸汽机的发明和广泛使用是重中之重。

1690年法国的巴本设计了第一台活塞式蒸汽机，1698年英国的塞维利发明了第一部能用于生产的蒸汽机——蒸汽泵，它被称为"矿工之友"，1712年英国纽可门发明"大气机"，1756年布莱克、欧文提出比热潜热的概念，1772年斯米顿对发动机进行了理论研究，这些都是在瓦特开始研究蒸汽机之前的工作。

1763年瓦特开始研究纽可门机，1763年瓦特应邀修理格拉斯哥大学的一具纽可门式蒸汽机。他成功地使之工作起来了，但是他对所产生的蒸汽量之大和工作汽缸尺寸之小，感到吃惊。瓦特同格拉斯哥大学约瑟夫·布莱克一起讨论了蒸汽性质问题，思索如何提高蒸汽机的工作效率，布莱克是潜热的发现者。

据说在一次星期天的散步中，瓦特突然悟到了纽可门式的蒸汽机效率低下的结症所在：为了冷凝蒸汽和形成真空，纽可门式蒸汽机的工作汽缸必须冷却到水的沸点以下，一个冲程过后，又再次冲满蒸汽时，因为汽缸已经冷却，就需要大量的蒸汽来加热汽缸，而这些蒸汽是白白浪费掉的。钻研两年之后，瓦特终于想出了一个解决办法。采用一个能将蒸汽引入的第二室，叫做冷凝室，冷凝室持续保持冷却，工作汽缸一直保持高热。据此造出的一具实验模型工作十分良好，1769年瓦特制造出高效率的蒸汽机.

1782年瓦特获得双动和1/2冲程应用两项专利，1784年发明旋转运动——应用齿轮，1784年瓦特获得旋转式蒸汽机的专利，并于同年建立了第一座以蒸汽为动力的纺纱厂，1788年发明了离心调速器。瓦特采用了另外几项独创性的改进，比如让蒸汽在活塞两边交替进入和冷凝，这样就可以在两个方向交替驱动活塞，1774年瓦特与人合伙，开始制造蒸汽机供应市场。

1781年瓦特又发明了一些附加装置，巧妙地使活塞的往返运动转变为轮子的旋转运动。这样蒸汽机的动力可以大大灵活地被用于各种目的。到1790年瓦特的蒸汽机完全取代了老式的纽可门蒸汽机。瓦特的蒸汽机如此优越，以致人们几乎遗忘了纽可门蒸汽机的存在，瓦特开始被看作是蒸汽机的发明人。

随着工业生产中机器生产逐渐取代手工操作，传统的手工业无法适应机器生产的需要，为了更好地进行生产管理提高效率，资本家开始建造工房，安置机器雇佣工人集中生产，这样一种新型的生产组织形式工厂出现了。工厂成为工业化生产的最主要组织形式，发挥着日益重要的作用。机器生产的发展，促进了交通运输事业的革新，为了快捷便利地运送货物原料，人们想方设法地改造交通工具。

1840年前后，英国的大机器生产基本上取代了传统的工厂手工业，工业革命基本完成。英国成为世界上第一个工业国家。18世纪末，工业革命逐渐从英国向西欧大陆和北美传播，后来又扩展到世界其他地区，法国是最早受到工业革命的影响国家之一。18世纪末到19世纪初，法国一些纺织业已经开始使用机器和蒸汽动力，其他工业部门也逐渐效仿。19世纪起法国工业革命的进程加快，到19世纪中期法国工业革命基本上已经完成，成为当时仅次于英国的工业国家。

几乎与法国同时，美国也开始了工业革命。美国发展工业革命的条件得天独厚，国内资源丰富市场广阔，国际环境优越，少受战争之害，大量外国移民涌入，提供了廉价的劳动力，还带了先进的生产技术和先进生产经验。美国工业革命迅速发展，涌现出许多的发明成果，如砸棉机、缝纫机、拖拉机和轮船等，特别是采用和推广机器零件的标准化生产方式，大大促进了机器制造业的发展，19世纪中期，美国完成了工业革命。

19世纪早期，德意志一些地区开始了工业革命，德意志的纺织业、冶金、采煤、农业化学和铁路运输等部门虽然有一定程度的发展，但是四分五裂的政治局面严重阻碍了德意志工业革命的发展进程。19世纪中期前后，工业革命在西欧和北美轰轰烈烈地进行的同时，也在向世界其他地区不断扩展，俄国、日本等国家也陆续开始了工业革命

18世纪从英国发起的技术革命从生产领域产生变革，需要提供动力支持，蒸汽机的改良推动了机器的普及以及大工厂制的建立，从而推动了交通运输领域的革新，开创了以机器代替手工劳动的时代。这不仅是一次技术改革，更是一场深刻的社会变革，推动了经济领域、政治领域、思想领域、世界市场等诸多方面的变革。

第一次工业革命极大地提高了生产力，巩固了资产阶级在各国的统治地位。随着资产阶级力量的日益壮大，他们希望进一步加强自身的经济和政治地位，要求进一步解除封建压迫，实行自由经营、自由竞争和自由贸易。第一次工业革命引起了社会的重大变革，使社会日益分裂成为两大对抗阶级即工业资产阶级和无产阶级。

关于第一次工业革命，恩格斯说："分工、水力，特别是蒸汽动力的利用，机器的应用，这就是18世纪中叶起工业用来摇撼旧世界基础的三个伟大的杠杆"。第一次技术革命的实质是机器生产代替手工劳动、机器大工业代替工场手工业，瓦特发明的蒸汽机，形成了以蒸汽动力技术为核心的技术体系，实现了工业生产从手工业到机械化的转变。第一次技术革命使社会劳动生产率的迅速提高，产业结构的变革，导致了纺织业、采矿业、冶金业、机械制造业以及交通运输业等新兴产业的崛起。

第一次技术革命使生产社会化程度的提高，为资本主义生产方式最终战胜封建主义生产方式奠定了技术基础，加速了资本的积累和集中，社会分裂使工人阶级与资产阶级的矛盾和斗争日益尖锐。第一次技术革命引发的工业革命，为科学的发展和运用开辟了广阔的道路。"科学因素第一次被有意识地和广泛地加以发展、应用，并体现在生活中，其规模是以往时代根本想象"，这是马克思对第一次工业革命的评价。

第四节 19世纪的欧洲科学技术与第二次工业革命

19世纪欧洲的科学技术有了惊人的发展，取得了让人目不暇接的璀璨多彩成果。数学物理学化学生物学无论哪一个学科，都有了跨越式的飞跃发展，其中物理学中电磁感应的发现以及由此带来

的技术改革尤为令人瞩目，他直接引发了第二次工业革命。现代科学的基础学科，几乎都是在19世纪奠定的。

19世纪的数学不再受限于它的对象及方法，呈现出一种前所未有的多样性，开始成为一门独立的有着自己对象和理论体系的科学，同时为20世纪数学的发展奠定了基础，19世纪是数学创造精神和严格精神高度发扬的时代。

高斯1801年《算术研究》一书的问世，开创了数论研究的新纪元，明确了数论研究的方向，数论开始发展成一门系统的学科。分析方法的引进，形成了解析数论，狄利克雷是第一个用解析方法解决数论大问题的数学家，他在1837年用狄利克雷级数证明了每一个算术序列中包含无穷多个素数。狄利克雷的工作开辟了近代解析数论的研究领域，他在1863年撰写了一部《数论讲义》，这是继高斯《算术研究》之后数论史上的又一经典著作。

由高斯在19世纪初所开创的代数数论的研究，到19世纪晚期已成为内容丰富的现代数学分支。1844年，库默尔在研究费马大定理时提出了理想数理论，戴德金引进一种代数数类代替库默尔的理想数，重建了代数数域中的惟一因子分解定理，创立了理想论。克罗内克则另辟蹊径，得到相似的概念，创立了有理函数域论，引进在域上添加代数量生成扩域的方法。

非欧几何学的产生，打破了传统欧几里得几何学的一统天下，古希腊欧氏几何被认为是客观物质空间唯一正确的理想模型，欧氏几何中平行公设引起历代数学家的关注，困扰了数学界千百年，终于高斯、罗巴切夫斯基和鲍耶几乎同时各自独立地解决公设疑问。黎曼提出了黎曼式的非欧几何，发展了高斯的曲面论，创立了内蕴几何学，以流形为研究对象，由此几何学由图形的研究转变为对空间的研究，而且空间不再局限于三维空间，而是任意维的高维几何学的发展。黎曼明确区别了几何对象的拓扑性质及度量性质，还把解析几何学转变为代数几何学，使得几何学研究的对象迅速增多，形成了多种多样的学科。

19世纪的几何学能够得到如此令人震撼的璀璨多彩的结果，如同数论的很多成果是与费尔马不经意的写在书边上的一段神来之语一样，也是与欧几里德先生《几何原本》中第五公设的奇特叙述相关。它再一次向人们展示了好奇和疑问会催生出许多意想不到的事情，也会带来很多意想不到的结果。

在欧几里德的《几何原本》中，几乎所有的定义公理定理叙述都十分严谨，唯独第五公设也就是我们今天所说的平行公理，它没有像今天这样的表述得简洁明了："经过直线外一点可以作并且并且只能作一条直线与它平行"，如果当年欧几里德先生是这样叙述第五公设的，后来的事情和结果也许未必有这么多。

但欧几里德先生在严谨的《几何原本》中叙述第五公设时，用了一段十分冗长让人感到与整个《几何原本》的文字风格大相径庭的语言："如果一条线段与两条直线相交，在某一侧的内角和小于两直角和，那么这两条直线在不断延伸后，会在内角和小于两直角和的一侧相交"。这种叙述使后来读到它的人很容易并且几乎都产生了一个疑问：它是一个公理吗？他会不会或者应不应该是一个定理。

于是在后来的将近 2000 年的时间中，成千上万的数学家和数学爱好者在质疑第五公设的合理性时，都在探索能不能把它从公理降为定理，也就是说试图想用其它的公理及相应的定义与定理去证明它。它耗费了无数的数学家和数学爱好者的精力和时间，但都很遗憾的让他们无功而返，没有人能够证明它，在整个《几何原本》的体系中，第五公设都只能是一个公理，而不能是一个定理。

这种长时间和大量的无功而返，让研究它的人很自然的产生了一个问题：既然第五公设只能是一个公理，那么我们在承认它是公理的同时，改变一下它的描述又会有怎样的结果呢？比如，我们确定"经过直线外一点存在着二条、二条以上甚至无数多条直线与它平行"，又会产生什么样的结果？也就是说会产生什么样的几何体系呢？有了这样的思路，非欧几里德几何便自然应运而生了。

在 18 世纪数学分析已发展为有着丰富内容和广泛应用的一门学科，但它没有形成逻辑严密的理论体系，甚至最基本的概念如函数、导数、微分、积分、极限、连续性等都还未给出严密的定义。19 世纪分析的严格化始于高斯、波尔查诺、柯西、阿贝尔和狄利克雷的工作，后由外尔斯特拉斯做了进一步发展。

分析的严格化促进了实数理论逻辑基础的建立。1872 年，外尔斯特拉斯、康托尔、戴德金等数学家在确认有理数存在的前提下，通过不同途径给无理数以精确定义。经过不少数学家的努力，最终由意大利数学家佩亚诺于 1881 年建立了自然数的公理体系，并由此从逻辑上严格定义了有理数理论，分析基础的严格化得到了理想的完美的实现。

19 世纪代数学最突出的成果是阿贝尔于 1824 — 1826 年间证明的"五次及五次以上的一般方程没有根式解"。1830 年，皮科克的《代数学》问世，书中对代数运算的基本法则进行了探索性研究，为代数结构观点的形成及代数公理化研究做出尝试。代数学最重要的思想来自数学史上的传奇人物伽罗瓦，他在 1829 — 1832 年间，提出了"群"的概念，并用群的方法解决了代数方程的可解性问题，引起了代数思维观念的转变。

19 世纪末期，随着分析严格化的完成，数学家们开始对数学基础进行深入的探讨。康托尔在探讨实数定义的同时，从 1874 年起发表一系列有关无穷集合的文章，开创了基础性的数学分支——集合论。康托尔把无穷集作为研究对象，通过一一对应，区分无穷集的大小，定义了集合基数，引进序型、序数以及一些属于拓扑学的基本概念，他提出了著名的连续统假设。康托尔的工作影响十分深远，但早期遭到包括克罗内克在内的一些著名数学家的激烈反对。到19世纪末，阿达马等证实了康托尔的理论在分析学中的重要应用，才使集合理论得到转机，并成为20世纪数学研究的一个基础。

随着佩亚诺关于自然数公理体系和帕施关于射影几何公理体系的建立，在19世纪末出现了数学公理化运动的热潮。最著名的是希尔伯特于1899年在《几何基础》中阐述的欧几里得几何的公理系统。他考虑了公理系统的独立性、兼容性和完备性，并证明了欧氏几何的兼容性可以归结为算术的兼容性。数学家们在为各数学分支建立公理体系的同时，通过完善所论体系的公理来探索新体系新问题。

在数学走完19世纪的时候，数学家们是豪情满怀的，在19世纪末，领头的庞加莱、希尔伯特等人对数学的前途充满信心。1900年，希尔伯特在第二届国际数学家大会上作了题为《数学问题》的报告，提出了当时数学前沿尚未解决的23个问题，成为迎接20世纪挑战的宣言书。当然兴高采烈的数学家们谁也没有想到，进入20世纪后第三次数学危机会那样凶猛的动撼着整个数学乃至整个自然科学的基础。

19世纪的物理学在它的各个领域，包括力学、热学、电学、光学等各方面，都有惊人的科学发现和技术发展，辉煌的科学成果开创了物理学在19世纪的惊人发展，也揭开了第二次工业革命的序幕。首先是电磁感应，它直接带来了电气革命，使欧洲和全世界的工业发展出现了一个崭新的局面。

奥斯特"电流使小磁针偏转"确认电流可以产生磁也就是"电流效应"，那么磁是否能产生电流呢？法拉第坚信磁能生电，因为他相信自然力是统一的。任何一种物理关系即因果关系，都应存在它的反作用即对称性，自然界应该是和谐统一的。

美国科学家克拉顿首先进行了实验。为了避免做实验时磁棒对电流表的干扰，他特意把电流表放到隔壁的房间里，然后在使磁棒插入或拔出线圈之后，一次次的跑到隔壁的房间观察是否有电流的产生，但是都失败了。实验的设计是失败的原因，因为磁生电是瞬时的，到另一个房间去看电流计的时候，瞬时产生的电流已不存在。克拉顿的实验失败了，但是法拉第依然坚信"磁能生电"，前后经过10年之久"电流效应"的逆效应"磁生电"现象终于被发现了，法拉第认识到"磁生电"是一种在变化和运动过程中才能出现的效应。

这个发现后来被称为电磁感应定律也叫法拉第电磁感应定律，电磁感应现象是因磁通量变化产生感应电动势的现象。例如，闭合电路的一部分导体在磁场里做切割磁感线的运动时，导体中就会产生电流，产生的电流称为感应电流，产生的电动势称为感应电动势。只要穿过闭合电路的磁通量发生变化，闭合电路中就有电流产生，这种现象称为电磁感应现象，所产生的电流称为感应电流。

电磁感应现象是电磁学中最重大的发现之一，它揭示了电、磁现象之间的相互联系，对麦克斯韦电磁场理论的建立具有重大意义。法拉第电磁感应定律的重要意义在于，一方面依据电磁感应的原理，人们制造出了发电机，电能的大规模生产和远距离输送成为可能；另一方面，电磁感应现象在电工技术、电子技术以及电磁测量等方面都有广泛的应用，人类社会从此迈进了电气化时代。由法拉第电磁感应定律因电路及磁场的相对运动所造成的电动势，是发电机背后的根本现象。当永久性磁铁相对于一导电体运动时，就会产生电动势，电流就会产生并因此产生电能，把机械运动的能量转变成电能。

机械能能转换为电能，也能转换为热能，电能和热能转化为机械能也很普遍，这使19世纪的物理学家们开始关注能量的转换，最终能量守恒定律被发现："能量既不会消灭，也不会创生，它只会从一种形式转化为其他形式，或者从一个物体转移到另一个物体，而在转化和转移的过程中，能量的总量保持不变。这个规律叫作能量守恒定律。"

能量是物质运动转换的量度，简称"能"，能量是表征物理系统做功的本领的量度。能量以多种不同的形式存在，按照物质的不同运动形式分类，能量可分为机械能、化学能、内能、电能、辐射能、核能。这些不同形式的能量之间可以通过物理效应或化学反应而相互转化，各种场也具有能量。能量守恒定律是自然界普遍的基本定律之一，它也可以表述为：一个系统的总能量的改变只能等于传入或者传出该系统的能量的多少。总能量为系统的机械能、内能及除机械能和内能以外的任何形式能量的总和。如果一个系统处于孤立环境，即不可能有能量传入或传出系统，能量守恒定律表述为："孤立系统的总能量保持不变。"

热力学第一定律是热现象领域内的能量守恒和转化定律，反映了不同形式的能量在传递与转换过程中守恒，它被表述为：物体内能的增加等于物体吸收的热量和对物体所作的功的总和，即热量可以从一个物体传递到另一个物体，也可以与机械能或其他能量互相转换，但是在转换过程中，能量的总值保持不变。"第一类永动机是不可能造成的"是热力学第一定律的另一种表述方式，在第一定律确立前，曾有许多人幻想制造一种不消耗能量但可以作功的机器，称为第一类永动机，热力学第一定律终结了这种愚昧的行为。

19世纪物理学的巅峰是麦克斯韦的电磁场理论，麦克斯韦全面地总结了电磁学研究的全部成果，建立了完整的电磁场理论体系。以麦克斯韦方程组为核心的电磁理论，是经典物理学最引以自豪的成就之一。麦克斯韦的电磁场理论指出，变化的磁场可以激发涡旋电场，变化的电场可以激发涡旋磁场，电场和磁场不是彼此孤立的，它们相互联系、相互激发组成一个统一的电磁场。麦克斯韦继承并发展了法拉第思想，采用严格的数学形式，将电磁场的基本定律归结为 4 个微分方程，人们称之为麦克斯韦方程组。

麦克斯韦对这组方程进行了分析，预见到电磁波的存在，他断定电磁波的传播速度为与光速接近的有限值，并且认为光也是某种频率的电磁波。1887 年，海因里希·鲁道夫·赫兹用实验方法产生和检测到了电磁波，证实了麦克斯韦的预见。1905～1915 年间，爱因斯坦的相对论进一步论证了时间、空间、质量、能量和运动之间的关系，说明电磁场就是物质的一种形式，麦克斯韦的学说得到了公认。

19 世纪的化学成果是相当斐然的，首先是道尔顿的原子理论。原子理论是英国科学家道尔顿在十九世纪初提出来的，道尔顿原子论认为，物质世界的最小单位是原子，原子是单一的，独立的，不可被分割的，在化学变化中保持着稳定的状态，同类原子的属性也是一致的。道尔顿原子理论，是人类第一次依据科学实验的证据，成系统的阐述了微观物质世界，是人类对认识物质世界的一次深刻的，具有飞跃性的成就。道尔顿的原子理论指出，物质是由具有一定质量的原子构成的；元素是由同一种类的原子构成的；化合物是由构成该化合物成分的元素的原子结合而成的"复杂原子"构成的；原子是化学作用的最小单位，它在化学变化中不会改变。

1803 年 9 月，道尔顿利用当时已掌握的一些分析数据，计算出了第一批原子量。1803 年 10 月 21 日，在曼彻斯特的"文学和哲学学会"上，道尔顿第一次阐述了他关于原子论以及原子量计算的见解，并公布了他的第一张包含有 21 个数据的原子量表。在这份报告中道尔顿已经概括了科学原子论的以下三个要点：元素（单质）的最终粒子称为简单原子，它们极其微小，是看不见的，是既不能创造，也不能毁灭和不可再分割的。它们在一切化学反应中保持其本性不变，同一种元素的原子，其形状、质量和各种性质都是相同的，不同元素的原子在形状、质量和各种性质上则各不相同。每一种元素以其原子的质量为最基本的特征，不同元素的原子以简单整数比相结合，形成化学中的化合现象。化合物原子称为复杂原子，复杂原子的质量为所含各种元素原子质量的总和，同一化合物的复杂原子，其组成、形状、质量和性质必然相同。

元素周期表的编制是 19 世纪化学的又一重大成果。俄国科学家门捷列夫发现并归纳出元素周期律，依照原子量制作出世界上第一张元素周期表，并据以预见了一些尚未发现的元素。他的名著《化学原理》被国际化学界公认为标准著作，前后重版八次，影响了一代又一代的化学家。门捷列夫对化学这一学科发展最大贡献在于发现了化学元素周期律，他在批判地继承前人工作的基础上，对大量实验事实进行了订正、分析和概括，总结出这样一条规律：元素以及由它所形成的单质和化合物的性质随着原子量的递增而呈周期性的变化。他根据元素周期律编制了第一个元素周期表，把已经发现的 63 种元素全部列入表里，从而初步完成了使元素系统化的任务。他还在表中留下空位，预言了类似硼、铝、硅的未知元素的性质，并指出当时测定的某些元素原子量的数值有错误。

门捷列夫在发现周期律及制作周期表的过程中，除了不顾当时公认的原子量而改排了某些元素的位置外，并且考虑到周期表中合理的位置，修订了其他一些元素的原子量，而且预言了一些元素的存在。在 1869 年的元素周期表中，门捷列夫为 4 种尚未被发现的元素留下空位。1871 年他又发表论文《元素的自然体系和运用它指明某些元素的性质》，对一些元素例如类铝、类硼和类硅的存在和性质以及它们的原子量做了详尽的预言。这样的空位共留下 6 个，门捷列夫的这些推断为后来的化学实验所证实。

有机化学是 19 世纪化学的又一重大研究成果，19 世纪的有机化学被称为经典有机化学。有机化学又称为碳化合物的化学，是研究有机化合物的组成、结构、性质、制备方法与应用的科学。"有机化学"这一名词于 1806 年首次由"有机化学之父"贝采里乌斯提出的，当时是作为"无机化学"的对立物而命名的。由于科学条件限制，19 世纪初有机化学研究的对象只能是从天然动植物有机体中提取的有机物。因而许多化学家都认为，在生物体内由于存在所谓"生命力"，才能产生有机化合物，而在实验室里是不能由无机化合物合成的。

1824 年，德国化学家维勒从氰经水解制得草酸，1828 年他无意中用加热的方法又使氰酸铵转化为尿素。氰和氰酸铵都是无机化合物，而草酸和尿素都是有机化合物。维勒的实验结果给予"生命力"学说第一次冲击，此后，乙酸等有机化合物相继由碳、氢等元素合成，生命力学说才逐渐被人们抛弃。

1858 年，德国化学家凯库勒和英国化学家库珀等提出价键的概念，并第一次用短划"—"表示"键"。他们认为有机化合物分子是由其组成的原子通过键结合而成的 由于在所有已知的化合物中，一个氢原子只能与一个别的元素的原子结合，氢就选作价的单位。一种元素的价数就是能够与这种元素的一个原子结合的氢原子的个数，凯库勒还提出在一个分子中碳原子之间可以互相结合这一重要的概念。有机化合物在结构测定以及反应和分类方面都取得很大进展，但价键只是化学家从实践经验得出的一种概念，价键的本质尚未解决，但它为 20 世纪初解决这个问题奠定了基础。

19 世纪的生物学有相当高度的发展，其中著名的是达尔文的进化学与孟德尔的遗传学说，以及细胞学说。达尔文主张生物界物种的进化及变异是以天择的进化作为其基本假设，以性别选择和生禀特质的遗传思想来作辅助。1859 年，达尔文的《物种起源》的出版，震动了整个学术界和宗教界，强烈地冲击了《圣经》的创世论。达尔文的《物种起源》提出生物进化论学说，对宗教"神造论"和林奈与居维叶的"物种不变论"发起一场革命,由于进化论违反《圣经》里的创世论,所以自问世以来,一直是宗教争论的焦点。

在达尔文之前有拉马克的用进废退论,拉马克在活力论的影响下,认为生物进化有一个既定的路线和方向而不论外界环境如何变化。后人把拉马克对生物进化的看法称为拉马克学说或拉马克主义,其主要观点是:物种是可变的,物种是由变异的个体组成的群体;在自然界的生物中存在着由简单到复杂的一系列等级,生物本身存在着一种内在的"意志力量"驱动着生物由低的等级向较高的等级发展变化;生物对环境有巨大的适应能力,环境的变化会引起生物的变化,环境的多样化是生物多化的根本原因;环境的改变会引起动物习性的改变,习性的改变会使某些器官经常使用而得到发展,另一些器官不使用而退化;在环境影响下所发生的定向变异,即后天获得的性状,能够遗传,如果环境朝一定的方向改变,由于器官的用废退和获得性遗传,微小的变异逐渐积累,终于使生物发生了进化。

达尔文在1859年出版的《物种起源》一书中系统地阐述了他的进化学说。达尔文自己把《物种起源》称为"一部长篇争辩",它论证了两个问题:第一,物种是可变的,生物是进化的,进化论从此取代神创论,成为生物学研究的基石。第二,自然选择是生物进化的动力。生物都有繁殖过盛的倾向,而生存空间和食物是有限的,生物必须"为生存而斗争"。在同一种群中的个体存在着变异,那些具有能适应环境的有利变异的个体将存活下来,并繁殖后代,不具有有利变异的个体就被淘汰。如果自然条件的变化是有方向的,经过长期的自然选择,微小的变异就得到积累而成为显著的变异,由此可能导致亚种和新种的形成。

由孟德尔建立的经典遗传学是孟德尔根据豌豆杂交实验的结果提出的遗传学中最基本的定律。19世纪50-60年代,奥地利牧师、业余科学家孟德尔在捷克的一所修道院里,对于豌豆观察研究了8年,从而发现了生物遗传的规律。后来,人们尊称他为"遗传学之父",但是,他的这一发现并不能被当时的人所理解,直到20世纪,人们才能理解他的发现的意义。根据豌豆各种各样的生长变化,孟德尔向人们展示了什么是遗传的显性定律、分离定律和独立分配定律。

显性法则是孟德尔将高茎种子培育成的植株的花朵上,授以矮茎种子培育成的植株的花粉,在矮茎植株的花朵上授受以高茎植株的花粉,但两者培育出来的下一代都是高茎品种,这就是显性法则。孟德尔将这批高茎品种的种子再进行培植,第二年收获的植株中,高矮茎均有出现,高茎:矮茎两者比例约为3:1。除了对豌豆茎高以外,还根据豌豆种子的表皮是光滑还是含有皱纹等几种不同的特征指标进行了实验,结果比例也为3:1,这就是分离定律。孟德尔将豌豆高矮茎,有无皱纹等包含多项特征的种子杂交,发现种子各自的特点的遗传方式没有相互影响,每一项特征都符合显性原则以及分离定律,这被称为独立分配定律。

细胞学说指出，细胞是1838~1839年间由德国植物学家施莱登和动物学家施旺最早提出，直到1858年，德国科学家魏尔肖提出细胞通过分裂产生新细胞的观点才较完善。它是关于生物有机体组成的学说，细胞学说论证了整个生物界在结构上的统一性，以及在进化上的共同起源。

细胞学说的内容包括：细胞是一个有机体，一切动植物都是由细胞发育而来，并由细胞和细胞产物所构成；所有细胞在结构和组成上基本相似；新细胞是由已存在的细胞分裂而来；生物的疾病是因为其细胞机能失常；细胞是生物体结构和功能的基本单位；生物体是通过细胞的活动来反映其功能的；细胞是一个相对独立的单位，既有它自己的生命，又对与其他细胞共同组成的整体生命起作用。

细胞学说的意义在于：揭示了动物和植物的统一性，从而阐明了生物界的统一性。揭示了生物间存在着一定的亲缘关系，阐明了现代生物的细胞都是远古生物细胞的后代，小小的细胞内部，凝聚着数十亿年基因的继承和改变。使人们意识到植物界和动物界有着共同的结构基础，从而在思想观念上打破了在植物学和动物学之间横亘已久的壁垒，也促使积累已久的解剖学、生理学、胚胎学等学科获得了共同的基础，这些学科的融通和统一催生了生物学的问世。标志着生物学研究进入细胞水平——细胞是生命活动的基本单位，极大地促进了生物学的研究过程，细胞分裂产生新细胞的结论不仅解释了个体发育，也为后来达尔文生物进化论、自然选择学说的确立奠定了基础。

19世纪地质学的重要成果是地质演化理论。到了19世纪，岩石学、地层学和古生物学皆取得了重大突破，当时的地质学家和博物学家基本上都承认，化石是一度存在过的生物遗骸，是地质和生物过程结合的产物。英国的地层学之父史密斯还进一步发现，地层及其所含化石呈现出有规律的迭置，因此，即使相隔很远的地层，也可以根据所含化石来确定其上下关系和生成的地质年代，史密斯的外甥菲利普斯根据这一原理将岩层进行了划分，建立了岩层划分的基本框架。

标志近代地质学演化理论体系化的，是英国地质学家赖尔在1830~1833年间出版的《地质学原理》一书，这部书的副标题是"以现在还在起作用的原因试释地球表面上以前的变化"。书中吸收了同时代诸多地质学家特别是赫顿的思想，总结了大量的地质学知识，考究了地壳升降、火山、洪水、冰川等地质作用，系统阐述了地质均变论的概念。他认为，一个地区的火山岩往往是多期形成的，每一期内往往又是多次喷发和溢流的火山物质造成岩石，考虑到时间长、次数多的因素，每次火山爆发并不都是很强烈的。他还认为，散布在沉积岩地层中的无数同类化石，意味着同一物种曾经继续了许多世代，与其同时生成的地层不会是短期内形成的，这清楚地表明，地质形成是一个长期的演化过程。

19世纪科学技术的发展，特别是电磁感应的发现，催生了第二次工业革命。19世纪中期，欧洲国家和美国、日本的资产阶级革命或改革的完成促进了经济的发展，第二次工业革命也从19世纪60年代后期开始。第二次工业革命极大地推动了社会生产力的发展，对人类社会的经济、政治、文化、军事，科技和生产力产生了深远的影响，资本主义生产的社会化大大加强，随着资本主义经济的发展，自然科学研究取得重大进展。与第一次工业革命英国一枝独秀不同，第二次工业革命是遍地开花，它不仅在英国国内广泛开展，并且还在欧洲其他国家也广泛传播，极大地促进了全球经济的发展。

科学技术的突出发展主要表现在四个方面，即电力的广泛应用、内燃机和新交通工具的创制、新通讯手段的发明和化学工业的建立。控制论创始人维纳提出的概念是第二次工业革命典型特征为自动化。

第二次工业革命使电器得到广泛应用，1866年德国人西门子制成了发电机，到70年代实际可用的发电机问世，电器开始用于代替机器，成为补充和取代以蒸汽机为动力的新能源。随后，电灯、电车、电影放映机相继问世，使得人类迅速地进入了电气时代。第二次工业革命更加注重理论方面的发展，在自然科学研究方面更是取得了重大进展，由此受到启发而产生的各种新技术也层出不穷，被广泛应用于各种生产领域，使得经济的再一步发展。

随着对电能需求的显着增加和用电区域的扩大，直流电机显示出成本昂贵常出事故等问题，从19世纪80年代起，人们又投入了对交流电的研究，交流电具有通过变压器任意变化电压的长处。1885年意大利科学家法拉里提出的旋转磁场原理，对交流电机的发展有重要的意义。80年代末90年代初，人们创制出三相异步电动机，这种型式的电动机至今仍在使用。1891年以后，经济可靠的三相制交流电得以推广，电力工业的发展进入新阶段。

科学技术应用于工业生产的另一项重大成就是内燃机的创新和使用。19世纪七八十年代，以煤气和汽油为燃料的内燃机相继诞生，70年代柴油机创制成功，内燃机的发明解决了交通工具的发动机问题。80年代德国人卡尔·弗里特立奇·本茨等人成功地制造出由内燃机驱动的汽车，内燃汽车、远洋轮船、飞机等也得到了迅速发展。内燃机的发明，推动了石油开采业的发展和石油化工工业的生产，1870年，全世界生产大约八十万吨石油，而1900年的年生产量猛增到了二千万吨石油。

科学技术的进步也带动了电讯事业的发展。19世纪70年代，美国人贝尔发明了电话，90年代意大利人马可尼试验无线电报取得了成功，为迅速传递信息提供了方便。十九世纪电报的诞生标志着一个新的通信时代的到来，电报大大加快了消息的流通，是工业社会的其中一项重要发明，世界各国的经济、政治和文化联系进一步加强。

化学工业是这一时期新出现的工业部门，从80年代起，人们开始从煤炭中提炼氨、苯、人造燃料等化学产品，塑料、绝缘物质、人造纤维、无烟火药也相继发明并投入了生产和使用。高分子材料天然橡胶受热发粘，受冷变硬，1839 年美国 C.固特异用硫磺及橡胶助剂加热天然橡胶，使其交联成弹性体，应用于轮胎及其他橡胶制品，用途甚广，这是高分子化工的萌芽时期。1869 年，美国 J.W.海厄特用樟脑增塑硝酸纤维素制成赛璐珞塑料，很有使用价值。1891 年 H.B.夏尔多内在法国贝桑松建成第一个硝酸纤维素人造丝厂。1909 年，美国 L.H.贝克兰制成酚醛树脂俗称电木粉，为第一个热固性树脂，广泛用于电器绝缘材料。

第二次工业革命同第一次工业革命相比，具有以下三个特点：第一，在第一次工业革命时期，许多技术发明都来源于工匠的实践经验，科学和技术尚未真正结合；而在第二次工业革命期间，自然科学的新发展，开始同工业生产紧密地结合起来，在科学地推动生产力发展方面发挥了更为重要的作用，它与技术的结合使第二次工业革命取得了巨大的成果。第二，第一次工业革命首先发生在英国，重要的新机器和新生产方法主要是在英国发明的，其他国家工业革命发展相对缓慢；而第二次工业革命几乎同时发生在几个先进的资本主义国家，新的技术和发明超出了一国的范围，其规模更加广泛，发展也比较迅速。第三，第二次工业革命开始时，有些主要资本主义国家如日本尚未完成第一次工业革命，对它们来说，两次工业革命是交叉进行的。它们既可以吸收第一次工业革命的技术成果，又可以直接利用第二次工业革命的新技术，这些国家的经济发展速度也比较快。

第二次工业革命极大地推动了生产力的发展要求，对人类社会的经济、政治、文化、军事、科技和生产力产生了深远的影响。第二次工业革命促进生产力飞跃发展，使社会面貌发生翻天覆地的变化，形成西方先进东方落后的局面，资本主义逐步确立起对世界的统治。第二次工业革命，使得资本主义经济、文化、政治、军事等各个方面发展不平衡，帝国主义争夺市场经济和争夺世界霸权的斗争更加激烈。第二次工业革命，促进了世界殖民体系的形成，使得资本主义世界体系的最终确立，世界逐渐成为一个整体。第二次工业革命进一步增强了人们的生产能力，交通更加便利快捷，改变了人们的生活方式，扩大了人们的活动范围，加强了人与人之间的交流。

第二次工业革命影响对社会各方面的影响是巨大的。经济方面，生产力迅猛提高，促进了资本主义经济的迅速发展；生产关系上垄断与垄断组织形成，主要资本主义国家进入帝国主义阶段；经济结构上重工业有长足发展逐步占主导；工业布局形成西欧和北美两大工业地带；世界经济格局上英国丧失了世界工厂的地位，美德实力超过英法，资本主义世界市场最终形成。能源结构多元化，由人、畜、风、水、煤向电、石油转移。

政治方面，政治制度上各工业革命国家形成比较健全的以代议制民主、政党政治和公民自由为特征的资本主义政治模式；促进了工人运动和社会主义运动的新发展；对外政策上列强加紧对外侵略扩张，瓜分世界，殖民体系最终形成；促进了新型的民族解放运动的发展；国际关系上资本主义世界体系最终形成。

思想文化方面，垄断主义观念逐渐形成，竞争意识和参与意识增强。生活方式方面，改善了日常生活，尤其在衣和行方面，思想观念有大的改观。环境方面，汽车的出现促进石油的大规模使用，使大气中氮氧化合物，碳氢化合物的浓度增加，进而产生光化学烟雾等大气污染问题。

第二次工业革命对世界的影响也十分巨大，世界各地联系更加密切，加强了世界各地之间商业信息的交流，国际分工日益明显，以欧美资本主义列强为主导的资本主义世界体系最终建立起来。

第五节 20世纪以来的科学技术

进入20世纪，科学与技术以令人难以想象的情况和状态飞跃式发展，各个学科都有新思想新发现，并且很快的转化成为应用技术进入实用领域。因为内容太多太丰富，我们也只能在这里作一个简单的基础的介绍，严格的说当需要写这些文字的时候，笔者是明显的感觉到力不从心有点勉为其难，其实也是知识的欠缺。

首先来看看数学。从19世纪末20世纪初康托尔的"集合论"被逐渐的认为是数学的基础后，数学在集合论基础上有了全方位的迅猛发展。在"集合论"的基础上发展出来测度和积分理论，其中特别是勒贝格创造了他的积分理论，对后来的实函数论发展有着决定性的影响，并应用于调和分析、微分方程以及后来的泛函分析等学科。勒贝格积分在十几年之内有着各种各样的推广，特别是拉东积分统一了斯蒂尔杰斯积分和勒贝格积分，对于后来积分几何学乃至x射线成像理论都有重要的应用。儒瓦发明了总体化过程，对于不可求和的导数证明微分和积分的互递性，从而得出了最一般的积分概念。

概率论虽然有300的年的历史，但到20世纪初概率的计算也没有很严格的基础，当时只有一些古典概率的基本概念以及大数定律和中心极限定理的原始格式，到20世纪20代，建立了大数定律与中心极限定理成立的充分必要条件。对于概率的数学基础，一直到波莱尔有意识地把概率论建立在测度论的基础上，建立了可数集的概率论，填补了古典概率以及几何概率之间的空白，概率论才有了可靠的数学基础。1933年，柯尔莫哥洛夫把概率论公理化，概率论才正式成为一门独立学科。

20世纪20年代到40年代，是概率论的英雄时代。在这个时期形成了莱维为代表的法国学派，柯尔莫哥洛夫、辛钦等人为代表的苏联学派，以及稍后的美国学派。这个时期研究了独立随机变随机过程，随机过程的最典型的例子是布朗运动，在爱因斯坦于1905年的物理解释基础上，维纳首先从数学上建立布朗运动的理论模型，其后列维从马尔科夫过程观点研究布朗运动，提出假定未来与过去无关这种强马尔科夫性质。后来发现马尔科夫过程的转移概率满足微分积分方程。

作为概率论的应用是数理统计，20世纪初皮尔逊构成相关性的理论，他引进了X分布，开辟了参数检验理论。后来，戈塞特开辟小样本检验方法，这些都是建立在古典概率的基础上的。20世纪20年代，费希尔一系列的理论与实践活动促进了数理统计的极大发展，他主要的贡献是假设检验和实验设计，他还发展了方差分析方法的研究。后来在概率论公理化的基础上，奈曼等人奠定了统计假设检验的基础。

常微分方程到20世纪，主要是沿着庞加莱所开创的定性理论与李亚普诺夫所开创的稳定性理论继续发展，1912年，庞加莱对狭义三体问题证明存在无穷多周期解，但其中的一个关键的拓扑定理，他生前并未得到证明，他去世不到半年之后，由伯克霍夫加以证明。其后，他继续用拓扑方法研究回归问题，他的工作在1927年出版的《动力系统》一书中，他的极小极大方法后来被莫尔斯于1925年推广成为著名的莫尔斯理论，1934年，他的理论总结在《大范围变分法》一书中。

20世纪初，函数逼近论正式发展成为一门新学科，它后来通过泛函分析与最优化理论联系在一起。发散级数的求和理论也与数论应用结合在一起。傅里叶级数收敛性的研究也取得惊人结果，一方面存在L1中函数的傅里叶级数几乎处处发散，一方面1966—1967年证明Lp(p>1)中函数的傅里叶级数几乎处处收敛。

20世纪，几何学有了重新的分化和重组。1906年开始把埃尔朗根纲领同微分几何学结合起来，产生了射影微分几何学，其后又产生了仿射微分几何学。由于黎曼几何学和张量分析的技术被爱因斯坦用在广义相对论上，促进了微分几何学的飞跃发展。特别是1917年，列维-奇维塔引进了平行移动的概念，1918年，外尔引进了仿射联络的概念，其后，嘉当系统地发展了联络理论，他的工具是活动标架法。同时在相对论的刺激下，出现了一系列一般空间的几何学的研究，如芬斯勒空间。另一个经典问题是普拉扎回题，在20世纪30年代得到解决后，到20世纪60年代又由偏微分方程及微分几何学的进步而得到新的振兴。20世纪前期的代数几何学主要是意大利学派关于代数曲面的研究，1935年，扎里斯基把它总结在《代数曲面》一书中。

20世纪数学上最完美的成就是类域论的完成，希尔伯特在19世纪末总结了代数数论的成就，创建了类域论的系统,并提出一系列猜想。这一系列猜想在20世纪最初30年中得到了完美的证明。另一方面，亨塞尔引进了p进域，开创了局部域理论。同时，作为全局域，除了代数数域之外，还有基域为有限域的单变量代数函数域，从而使代数数论的内容更加丰富。局部与全局的关系表现在很多方面，最简单的情形是闵可夫斯基、哈塞的二次型定理——哈塞原理。

20世纪的数学发展的一大特点是把一维推广到了高维，这在不同的领域存在着不同程度的困难，例如，多复变函数论在20世纪初，就发现即使是两个变量的复变函数，也同单复变函数有许多差异，尤其是相当于单复变函数中的单位圆或上半平面在多变量情形下是极其复杂多样的。最简单的情形是嘉当在 1935 年分类的有界对称域，但后来发现非对称的有界奇性域可以是不可数无穷那么多，这说明多复变函数论的困难。另外一个发展是嘉当等关于正则域的刻画，而后来的发展，势必靠新兴的代数拓扑学、抽象代数学、微分几何学与偏微分方程理论的发展才行。

20 世纪的数学十分重视非确定性的研究，除了概率论与数理统计这种讨论随机性的数学分枝外，在 20 世纪 60 年代还诞生了讨论研究事物模糊性的模糊数学。传统的经典数学是研究和处理确定性事物的，它所研究的事物，要么 A 要么非 A。但在客观世界中，却大量存在着很多非确定性事物，这些非确定性事物，不是要么 A 要么非 A，而是经常处于 A 与非 A 之间，举个直观的简单例子：研究一个人吃午饭了没有？经典数学要么研究这个人吃了午饭的状况，要么研究这个没有吃午饭的状况，如果这个人正在吃午饭，经典数学研究就困难了，这种情况数学描述与处理方法最好是模糊数学。

模糊数学采用一个隶属函数，用来描述和处理那些经常处于 A 与非 A 之间的模糊状态的事物。而在客观实际中，大量的事物都是处于一种模糊状态的，这种处于模糊状态的事物对它进行数学描述和数学处理，传统的经典数学是无能为力的，20 世纪 60 年代应运而生的模糊数学，正好是解决这类模糊问题的数学手段和工具。概率论和数理统计是对那种具有随机性的非确定性事物进行数学描述和处理，而模糊数学是对那种具有模糊性的非确定性事物进行数学描述和处理。

有了模糊数学和概率论与数理统计，数学研究对家的领域由确定性事物迈向了非确定性事物，这使得能进行数学描述和处理的范围极大的扩展了。在客观世界中，确定性往往是相对的，非确定性才是绝对的，客观事物中更多的是具有随机性和模糊性这两种非确定性的事物，所以有了模糊数学和概率论及数理统计这两个数学分枝，数学所能够解决问题的范围就更加充裕了。

20 世纪的数学使人最为惊诧和震撼的是第三次数学危机，这个危机动撼了数学乃至整个自然科学的基础。经典数学以其精确性和完美的抽象思维，实现了自身作为自然科学的基础的使命。美中不足的是，它自身也有其称为"悖论"的矛盾以及不能尽善尽美地刻划和描述客观世界的缺陷。历史上三次数学危机对数学这一自然科学的基础提出了严峻挑战，造就了基础的震撼。

第一次数学危机是数学史上的一次重要事件，发生于大约公元前 400 年左右的古希腊时期，自根号二的发现起，到公元前 370 年左右，以无理数的定义出现为结束标志。这次危机的出现冲击了一直以来在西方数学界占据主导地位的毕达哥拉斯学派，同时标志着西方世界关于无理数的研究的开始。

第一次数学危机是无理数的出现。古希腊毕达哥拉斯学派的宇宙理念是"万物皆数"，宇宙万物都是由自然数派生出来的，一生二、二生三、三生万物，世间万物都能用自然数也就是整数来表示。日常生活中不仅要计算单个的对象，还要度量各种量，例如长度、重量和时间，为了满足这些简单的度量需要，就要用到分数，如果定义有理数为两个整数的商，那么由于有理数系包括所有的整数和分数，所以对于进行实际量度是足够的。

在古希腊的数学家看来，与有理数对应的点充满了数轴，因此，当发现在数轴上存在不与任何有理数对应的一些点时，在当时人们的心理引起了极大的震惊。它是在公元前 5 世纪或 6 世纪的某一时期由毕达哥拉斯学派的成员首先获得的，这是数学史上的一个里程碑，毕达哥拉斯学派发现，没有任何有理数与数轴上的这样一点相对应：表示边长为1的正方形的对角线长OP的P点后来，又发现数轴上还存在许多点也不对应于任何有理数。

无理数与不可公度量的发现在毕达哥拉斯学派内部引起了极大的震动，首先这是对毕达哥拉斯哲学思想的核心即"万物皆依赖于整数"的致命一击，"万物皆数"破灭了。既然像根号 2 这样的无理数不能写成两个整数之比，那么它究竟怎样依赖于整数呢?数学的大部分内容必须抛弃，因为它们的证明失效了。数学基础的严重危机爆发了，这个"逻辑上的丑闻"是如此可怕，以致毕达哥拉斯学派对此严守秘密，据说米太旁登的希帕苏斯把这个秘密泄露了出去，结果被抛进大海，还有一种说法是将他逐出学派，并为他立了一个墓碑，说他已经死了.

这个"逻辑上的丑闻"是数学基础的第一次危机，既不容易也不能很快地被消除。大约在公元前370 年，才华横溢的希腊数学家欧多克索斯以及柏拉图和毕达哥拉斯的学生阿契塔给出两个比相等的定义，从而巧妙地消除了这一"丑闻"。他们给出的定义与所涉及的量与是否可公度无关，其实这也是自然的，因为两个线段的比本来与第三个线段无关。当然从理论上彻底克服这一危机还有待于现代实数理论的建立，在实数理论中，无理数可以定义为有理数的极限，这样又恢复了毕达哥拉斯的"万物皆依赖于整数"的思想。

第一次数学危机表明，几何学的某些真理与算术无关，几何量不能完全由整数及其比来表示，反之，数却可以由几何量表示出来。整数的尊崇地位受到挑战，古希腊的数学观点受到极大的冲击。于是，几何学开始在希腊数学中占有特殊地位，同时也反映出直觉和经验不一定靠得住，而推理证明才是可靠的。从此希腊人开始从"自明的"公理出发，经过演绎推理，并由此建立几何学体系，欧几里德几何就是一个典范。这是数学思想上的一次革命，是第一次数学危机的自然产物。

第二次数学危机发生在微积分诞生之后的数学空前的繁荣时期。18 世纪被称为数学史上的英雄世纪，这个时期的数学家们在几乎没有逻辑支持的前提下，勇于开拓并征服了众多的科学领域。他们把微积分应用于天文学、力学、光学、热学等各个领域，并获得了丰硕的成果。在数学本身他们又发展了微分方程的理论，无穷级数的理论，大大地扩展了数学研究的范围。也就是在这时，第二次数学危机发生了。

18 世纪的数学家们知道他们的微积分概念是不清楚的，证明也不充分，但他们却自信他们的结果是正确的。为什么会是这样呢？一个原因是有许多结果为经验和观测所证实，其中最突出的是天文学的预言，如哈雷彗星的再度出现。另一个原因是，那时的数学家确信，上帝数学化地设计了世界，而他们正在发现和揭示这种设计，这种信仰支撑着他们的精神和勇气，而丰硕的科学成果则养育着他们的心智，成为他们追求的精神食粮.

虽然在牛顿和莱布尼茨创立微积分之后的大约一百年中，很少注意到从逻辑上加强这门学科的基础，但绝不是对薄弱的基础没有人批评。一些数学家进行过长期的争论，并且，两位创立者本人对此学科的基本概念也不满意。无穷小量究竟是不是零？两种答案都会导致矛盾。牛顿对它曾作过三种不同解释: 1669 年说它是一种常量；1671 年又说它是一个趋于零的变量；1676 年它被"两个正在消逝的量的最终比"所代替。但是，他始终无法解决上述矛盾。莱布尼兹曾试图用和无穷小量成比例的有限量的差分来代替无穷小量，但是他也没有找到从有限量过渡到无穷小量的桥梁。

对有缺陷的基础最强有力的批评来自一位非数学家，这就是著名的唯心主义哲学家贝克莱主教，他坚持：微积分的发展包含了偷换假设的逻辑错误，偷换假设的错误是明显的。在论证的前一部分假定 0 是非零的，而在论证的后一部分，它又被取为零。贝克莱说；"在我们假定增量消失时，理所当然，也得假设它的大小、表达式以及其他，由于他的存在而随之而来的一切也随之消失"，他还说"总之，不论怎样看，牛顿的流数算法是不合逻辑的"这就是历史上著名的《贝克莱悖论》。

为了对当时分析中出现的谬误有所了解，我们再看看大数学家欧拉在他使用分析推理时出现的一些悖论。17 世纪和 18 世纪的数学家们对无穷级数不大理解，以致在分析这个领域内出现了许多悖论。比如考虑级数

$$S=1+1-1+1-1+\cdots\cdots$$

如果把级数以一种方法分组，我们有

$$S=(1-1)+(1-1)+\cdots\cdots=0$$

如果按另一种方法分组，我们有

$$S=1-(1-1)-(1-1)-\cdots\cdots=1$$

于是 1=0，这是很荒谬的，因为由此可以得到 0=1=2=3=4=……，即是说"全体自然数相等"。L.G.格兰迪说，因为 0 和 1 是等可能的，所以这个级数的和应为平均数 1／2，即

$$S=1+1-1+1-1+\cdots\cdots=1/2。$$

这个值也能用纯形式的方法得到，事实上,

$$S=1-(1-1+1-1+1-\ldots)=1-S$$

由此有 2S＝1，或 S＝1／2。

因此在 18 世纪结束之际，微积分和建立在微积分基础上的分析的其它分支的逻辑处于一种完全混乱的状态之中。事实上，可以说微积分在基础方面的状况比 17 世纪更差。数学巨匠，尤其是欧拉和拉格朗日给出了不正确的逻辑基础。因为他们是权威，所以他们的错误就被其他数学家不加批判地接受了，甚至作了进一步的发展。

自从贝克莱对牛顿所阐述的"无穷小"提出质疑之后，整个数学的大厦就面临了第二次数学危机。即将进入 19 世纪时，数学陷入更加矛盾的境地。虽然它在描述和预测物理现象方面所取得的成就远远超出人们的预料，但是大量的数学结构没有逻辑基础，因此不能保证数学是正确无误的。

直到 19 世纪初，法国数学家柯西成功地表达出了正确的极限概念，提出了一系列关于极限的定理来证明微积分的合理性。后来德国数学家魏尔斯特斯拉以 ε-δ 语言，系统建立了数学分析的严谨基础，他指出无穷小不是一个确定的数，而是反映变元或函数的一种状态，无穷小也不是零，但它的极限是零。魏尔斯特拉斯的工作基本上完成了分析的算术化，加上实数理论、集合论的建立，从而把无穷小量从形而上学的束缚中解放出来。这使数学走向了理性，微积分走向了理论，第二次数学危机基本解决。

微积分的发现把无限引入了数学，同时也引出了第二次数学危机。到 19 世纪末，分析的严格化问题得到了解决，柯西建立了严格的极限理论，魏尔斯特拉斯引进了 ε-δ 语言，戴德金、康托尔等又将实数理论严密化。分析有了可靠的基础和完整的体系。第二次数学危机终于过去了。这样 1900 年在巴黎举行的第二次国际数学家大会上，庞加莱高兴地指出："我们最终达到了绝对的严密吗？在数学发展前进的每一阶段，我们的前人都坚信他们达到了这一点。如果他们被蒙蔽了，我们是不是也像他们一样被蒙蔽了？……如果我们不厌其烦地严格的话，就会发现只有三段论或归结为纯粹的直觉是不可能欺骗我们的。今天我们可以宣称，完全的严格性已经达到了！"

那时绝大多数数学家具有和庞加莱相同的看法，他们为数学所达到的严密性而欢欣鼓舞。但实际上，暴风雨正在酝酿，屋外云涛翻滚，山雨欲来，数学史上的一场新的危机正在降临。当时，还是有一些数学家已经清醒地认识到，数学基础中的漏洞并没有完全堵住，在这次会议上希尔伯特提出了他认为是数学发展中最重要的 23 个问题。

希尔伯特的第一个问题就是康托尔的连续统基数问题，这引出了 1963 年美国数学家科恩的重要工作。在第二问题中他提了兼容性这个至关重要的问题。这两个问题都涉及到数学的基础是否稳固。可惜，许多数学家都没有意识到这个问题。即使是希尔伯特也没有预见到这个问题将会在怎样的广度和深度上席卷数学基础。

到 19 世纪末，康托尔集合论已经得到数学家们的承认，集合论成功地被应用到了其他它的数学分支。集合论是数学的基础，由于集合论的使用，数学似乎已经达到了"绝对的严格"。但是，正当大家兴高采烈地庆贺数学的绝对严格时，数学王国的大地爆发了另一次强烈的地震。

数学基础的第三次危机是由 1897 年的突然冲击而出现的。这次危机是由于在康托尔的一般集合论的边缘发现的悖论造成的。因为那么多数学分支都建立在集合论的基础上。所以集合论中悖论的发现自然引起了对数学的整个基本结构的有效性的怀疑。英国数学家罗素于 1902 年发现了一个悖论，它除了集合概念本身外不需要别的概念。

第三次数学危机产生于十九世纪末和二十世纪初，当时正是数学空前兴旺发达的时期。首先是逻辑的数学化，促使了数理逻辑这门学科诞生。十九世纪七十年代康托尔创立的集合论是现代数学的基础，也是产生危机的直接来源。十九世纪末，戴德金及皮亚诺对算术及实数理论进行公理化，推动了公理化运动。而公理化运动的最大成就则是希尔伯特在 1899 年对于初等几何的公理化。

在描述罗素悖论之前,我们注意下面的事实：一个集合或者是它本身的成员，或者不是它本身的成员。例如，抽象概念的集合本身是抽象概念，但是所有人的集合不是一个人，又如，所有集合的集合本身是一个集合，但是，所有星的集合不是一个星。

我们以 M 表示是它们本身的成员的所有集合的集合。而以 N 表示不是它们本身成员的所有集合的集合。现在我们问：集合 N 是否是它本身的成员？如果 N 是他本身的成员，则 N 是 M 的成员，而不是 N 的成员，于是 N 不是它本身的成员。另一方面如果 N 不是它本身的成员，则 N 是 N 的成员而不是 M 的成员，于是 N 是它本身的成员。悖论在于，无论是那一种情况，我们都得到矛盾。

罗素悖论曾以多种形式通俗化。这些形式中最著名的是罗素在 1929 年给出的，称为理发师悖论：某村的一个理发师宣牢，他给村里所有不给自己刮脸人刮脸。于是出现这样的困境：理发师是否给自己刮脸呢？如果他给自己刮脸，那他就违背了自己的原则；如果他不给自己刮脸，那他就应该为自己刮脸。

这种通俗化的悖论还有很多，例如机器人悖论：某工厂有很多机器人。有一个专门修理机器人的机器人，叫做 X。X 按规定只修理那些不会修理自己的机器人。那么，X 给不给自己修理呢？又如图书目录悖论：图书目录本身也是书，所以它可能把自己也列入书中作为一条目录，也可能不列入自己。现在要求把那些不列入自己的目录编成一本目录，那么，它该不该把自己列入呢?如果它不列入自己，按要求它应当列入自己。如果列入自己，按要求又不该列入自己了。这些悖论说说有趣，好像与数学没有多大关系，但把面目一变，成了下面的罗素悖论就大不一样了：

罗素构造了一个集合 S：S 由一切不属于自身的集合所组成。然后罗素问：S 是否属于 S 呢？根据排中律，一个元素或者属于某个集合，或者不属于某个集合。因此，对于一个给定集合，问是否属于它自己是有意义的。但对这个看似合理的问题的回答却会陷入两难境地。如果 S 属于 S，根据 S 的定义，S 就不属于 S；反之，如果 S 不属于 S，同样根据定义，S 就属于 S。无论如何都是矛盾的。罗素悖论的更精确简单的表述是：如果存在一个集合 $A=\{X| X\notin A\}$，那么 $X\in A$ 是否成立？如果它成立，那么 $X\in A$，不满足 A 的特征性质，如果它不成立，A 就满足了特征性质。

罗素悖论的特点是只用到"集合"、"元素"、"属于"这些最基本的概念，符合康托尔所主张的用描述集合元素性质的方法来定义集合的原则，从如此基本的概念出发竟推出了矛盾，这表明在集合论中存在着大漏洞。而集合论是数学的基础，所有的数学体系都是建立在集合论基础上的，在基础出现了如此大的漏洞，确实让人不寒而栗，第三次数学危机就这样简单平淡的产生了。

罗素的悖论给当时正为了微积分的严格基础被建立而欢欣鼓舞的数学家们泼了一盆冷水。一向认为推理严密、结论永远正确的数学，竟在自己最基础的部分推出了矛盾！而推出矛盾的推理方法如此简单明了，正是数学家惯用的方法。数学方法的可靠性又何从说起呢？罗素的悖论在数学中引起了真正的麻烦。罗素将他的悖论写信告诉了数理逻辑的先驱弗雷格，而弗雷格正好完成他的关于算术基础的二卷巨著。弗雷格接到信后，在其著作的末尾伤心地写到："一个科学家遇到的最不愉快的事莫过于，当他的工作完成时基础崩塌了。当本书的印刷快要完成时，罗素先生的信就使我陷入这样的境地。"。

对于第三次数学危机，有人认为只是数学基础的危机，与数学无关，这种看法是片面的。确实问题仅涉及数理逻辑和集合论，但它牵涉到无穷集合，而现代数学如果脱离无穷集合就可以说寸步难行。因为如果只考虑有限集合或至多是可数的集合，那绝大部分数学将不复存在。而且就是有限数学，它的内容中也有许多问题要涉及无穷的方法，比如解决数论中的许多问题都要用解析方法，第三次数学危机是一次深刻的数学危机。

第三次数学危机使数学家们意识到，应当建立某种公理系统来对集合论作出必要的规定，以排除"罗素悖论"和其它悖论。于是数学家们便忙碌起来。不久就出现了好几种公理系统。康托尔的集合论论产生悖论的原因之一是，康托尔的集合论中有"一切集合的集合"的概念。为了不产生悖论，策梅洛在 1908 年提出一种公理系统。这种公理系统由弗兰克尔在 1921 年加以改进，形成了目前公认的彼此无矛盾的公理系统，简称 ZF 公理系统。但是，第三次数学危机从整体看来还没有解决到令人满意的程度。

承认无穷集合，承认无穷基数，就好像一切灾难都出来了，这就是第三次数学危机的实质。尽管悖论可以消除，矛盾可以解决，然而数学的确定性却在逐渐丧失。现代公理集合论的公理，难说孰真孰假，可是又不能把它们都消除掉，它们跟整个数学是血肉相连的。所以，第三次危机表面上解决了，实质上更深刻地以其它形式延续着。集合论中悖论的发现自然地引起了对数学的整个基本结构的有效性的怀疑。

20世纪是物理学的世纪，物理学在20世纪取得了突破性的进展，改变了世界以及人们对世界的认识。19世纪末，经典物理学已经有了相当的发展，几个主要部门——力学、热力学和统计物理学、电磁学以及光学已经建立了完整的理论体系，在应用上也取得了巨大成果。这时物理学家普遍认为，物理学已经发展到顶，伟大的发现不会再有了，以后的任务无非是在细节上作些补充和修正，使常数测得更精确而已。然而，客观事实确打破了物理学家的乐观。

实验陆续发现一系列经典物理学难以解释的事实，把人们的注意力引向更深广的求知世界，从1895年伦琴发现X射线，到1905年爱因斯坦创建狭义相对论，具有重大意义的物理实验发现相继出现：1896年贝克勒尔发现放射性，塞曼发现磁场使光谱分裂，1897年汤姆生发现电子，1898年卢瑟福发现α、β射线，居里夫妇发现放射性元素钋和镭，1899至1900年卢梅尔和鲁本斯等人发现热辐射能量分布曲线偏离维恩分布律，1900年维拉德发现γ射线，1901年考夫曼发现电子的质量随速度增加， 1902年勒纳发现光电效应基本规律，1902年理查德森发现热电子发射规律，1903年卢瑟福和索迪发现放射性元素蜕变规律……，这一系列发现引致的物理学革命，集中在19、20世纪之交不是偶然的，是生产和技术发展的必然产物，有其深刻的社会背景和历史根源。

X射线、放射性和电子的发现，是世纪之交物理学的三大实验发现，它们都直接或间接地与阴极射线的研究有关。19世纪是电的世纪，发电机、变压器和高压输电线路在生产中应用，然而，漏电和放电损耗非常严重，成为亟待解决的问题。电气照明也吸引了许多科学家的注意。这些问题都涉及低压气体放电现象。于是，人们竞相研究与低压气体放电现象有关的问题，从中发现了阴极射线，并且引起一场旷日持久的科学争论。主张以太说的多数是德国人，主张微粒说的多数是英国人，双方激烈争论持续近20年。这一争论促使人们做了许多实验和理论研究，引出了一系列重大成果。

德国维尔茨堡大学的伦琴教授1895年11月8日在研究阴极射线的过程中发现了x射线。 1895年底，他发表了题名《一种新射线(初步通信)》的论文。伦琴在这篇论文中还描述了x射线的一些性质，如直线传播、不产生干涉现象、在磁场中不受偏转等等，他猜测x射线可能是以太中的纵振动。伦琴宣布x射线发现之后不久，很快就被医学界广泛利用，成为透视人体、检查伤病的有力工具，后来又发展到用于金属探伤，对工业技术也有一定的促进作用。更重要的，这一热潮吸引了许多科学家研究 x 射线和阴极射线，从而导致了放射性、电子以及 α、β 射线的发现，为原子科学的发展奠定了基础。

伦琴发现 X 射线后，贝克勒尔开始试验荧光物质会不会辐射出一种看不见却能穿透厚纸使底片感光的射线。他试来试去，终于找到了一种物质具有预期效果. 这种物质就是铀盐。贝克勒尔拿两张厚黑纸，把感光底片包起来，包得那样严实，即使放在太阳底下晒一天，也不会使底片感光。然后，他把铀盐放在黑纸包好的底片上，又让太阳晒几小时，就大不一样，底片显示了黑影。为了证实是射线在起作用，他特意在黑纸包和铀盐间夹一层玻璃，再放到太阳下晒。如果是由于某种化学作用或热效应，隔一层玻璃就应该排除，可是仍然出现了黑影。又过了几天，贝克勒尔正准备进一步探讨这种新现象，巴黎却连日天阴，无法晒太阳，他只好把所有器材包括包好的底片和铀盐都搁在同一抽屉里。出于职业上的某种灵感，贝克勒尔想看看即使不经太阳照晒，底片会不会也有变黑的现象。他把底片洗了出来，底片上的黑影十分明显，他仔细检查了现场，肯定这些黑影是铀盐作用的结果。

他继续试验，终于确证这是铀元素自身发出的一种射线。他把这种射线称为铀辐射。铀辐射不同于 X 射线，两者虽然都有很强的穿透力，但产生的机理不同。他在法国科学院报告说：铀辐射乃是原子自身的一种作用，只要有铀这种元素存在，就不断有这种辐射产生。后来的研究表明，天然放射性的射线由 α、β、γ 射线组成，它们都来自原子内部，并且任何一个放射性过程都伴随着元素的蜕变。贝克勒尔发现放射性是人类第一次接触到核现象，居里夫妇的工作深化了贝克勒尔发现的影响，居里夫人证实了贝克勒尔关于铀盐辐射的强度与化合物中铀的含量成正比的结论。

对阴极射线是以太的波动还是带电粒子流的争论给出正确答案的，是英国剑桥大学卡文迪什实验室教授汤姆生，他从 1890 年起，一直带领自己的学生研究阴极射线。他认为带电微粒说更符合实际，决心用实验进行周密考察，找出确凿证据。汤姆生根据大量实验事实做出判断：不论是阴极射线、β 射线还是光电流，都是电子组成的；不论是由于强电场的电离、正离子的轰击、紫外光的照射、金属受灼热还是放射性物质的自发辐射，都发射出同样的带电粒子——电子。 这种带电粒子比原子小千倍，电子是原子的组成部分，是物质的更基本的单元。这是一个非常重要的结论，原子不可分的传统观念从此彻底破灭了。

相对论是 20 世纪自然科学最伟大的成就之一，对物理学、天文学乃至哲学思想都有深远影响。创建这一理论的是年仅 26 岁的理论物理学家爱因斯坦。1905 年头几个月，爱因斯坦一连发表了四篇重要论文，分别在辐射理论、分子动理论和力学与电动力学的基础理论三个不同的领域提出了新的见解。其中《论动体的电动力学》一文具有划时代的意义，首次提出崭新的时间空间理论，解决了光速的不变性与速度合成法则之间的矛盾以及电磁理论中的不对称等难题。爱因斯坦把这个理论称为相对性理论，即狭义相对论。

迈克耳逊—莫雷实验往往被人们看成是爱因斯坦相对论的先导。这个实验试图测量地球相对于"以太"的漂移速度，却得到零结果，成为笼罩在19世纪经典物理学上空的乌云。19世纪人们从不同途径测定地球相对于"以太"的漂移速度，都毫无例外地无功而返，因而促使人们对以太和绝对坐标系的存在产生怀疑。19世纪后半叶，光速的精确测定为光速的不变性提供了实验依据，这也是相对论的重要支柱。电磁理论为光速的不变性提供了理论依据。1865年麦克斯韦在《电磁场的动力学理论》一文中，从波动方程得出了电磁波的传播速度，并且证明电磁波的传播速度只取决于传播介质的性质。

洛伦兹提出的时空变换方程在形式上与后来爱因斯坦的狭义相对论几乎完全相同，但是没有跳出绝对时空观的框架。他已经走到了狭义相对论的边缘，却没有能够创立狭义相对论。英国物理学家拉摩也是相对论的先驱，他以1895年发现在外磁场中转动的电子的进动闻名于世，1898年完成《以太和物质》一文，文中不仅包含精确的变换方程，而且还推出费兹杰惹—洛伦兹长度收缩公式。法国科学家彭加勒在1895年就对用长度收缩假说解释以太漂移的零结果表示不同看法，1902年，他在《科学的假设》一书中，对牛顿的绝对时空提出质疑。1904年彭加勒提出"相对性原理"已非常接近狭义相对论的实质，但是在最关键的地方，他却声明"还没有任何东西证明(旧原理)不会胜出"。

20世纪初大量的实验和理论研究，为狭义相对论的创建准备了必要的条件，正如后来爱因斯坦在一封信中所说："洛伦兹已经注意到，为了分析麦克斯韦方程，那些后来以他的名字而闻名的变换是重要的；彭加勒在有关方面甚至更深入钻研了一步"。但是经典理论尚无法摆脱绝对时空观的束缚，历史的重任只能由具有独立批判精神的爱因斯坦来承担。

爱因斯坦是犹太人，1902年6月到1909年生活非常困难的爱因斯坦在朋友的帮助下到瑞士专利局当了技术员，工作之余他挤出所有可以挤的时间去研究他的物理学问题。经过长期的坚韧不拔的研究思考，1905年爱因斯坦的科学创造历程发生了根本性飞跃，实现了三个突破：光量子论、创立狭义相对论、提出测定布朗运动的方案。创立狭义相对论的30页论文《论动体的电动力学》于1905年发表在德国《物理学年鉴》上。同年还在该杂志上发表《物体的惯性同它所包含的能量有关吗？》，对相对论作了重要补充。

根据"以太"探测实验，爱因斯坦提出光的传播速度并不依赖于光源本身运动的速度，不管光源是静止还是高速运动，光的速度始终是30万公里/秒，这与伽利略经典的相对运动原理根本不同。爱因斯坦经过深思熟虑，提出建立狭义相对论的两条基本原理：第一条是相对性原理，指出物理学定律在所有惯性系中的描述形式是相同的，所有的惯性系是等价的，不存在特殊的惯性系。第二条是光速不变原理，在所有惯性系内，真空中的光速具有相同的定值。从这两个前提出发得出如下结论：

运动物体在运动方向上长度收缩；运动着的钟表变慢；光速是自然事物运动速度的极限；"同时"是相对的，在一个惯性系中同时发生的两个事件，在另一个惯性系看来就不一定是同时的；当物质运动速度比光速小很多时，相对论力学就自然过渡到牛顿力学，相对论力学更具普遍性；物质的能量等于其惯性质量乘以光速的平方。

从古至今，人们都认为空间就是容器里面的虚空，时间跟流水一样不停地流逝，它们之间没有任何关系，而从狭义相对论的角度来看，时间、空间、物质并不是相互独立存在的，而是紧紧地联系在一起。离开了物质或者时间来谈空间是没有意义的，同样地离开了空间或物质来谈时间也是没有意义的。比如说，如果你坐上高速运动的宇宙飞船，飞行10年后回到地球，也许你会发现地球上已经过了20年，或者你去测量高速运动的物体，你会发现它比静止的同样物体小了。

正当全世界为狭义相对论的诞生而震动、惊讶、争论时，爱因斯坦已对自己的理论感到不满了，因为他看到了自己理论的缺陷。首先，作为"相对论"基础的惯性系现在无法定义了，牛顿定义的惯性系是指相对于"绝对时空"静止或做匀速直线运动的参考系、可是相对论否认绝对空间的存在，那么这一定义就不适用了。相对论是研究惯性系之间关系的理论，"惯性系"是其核心概念，但这个"核心"却无法定义。其次，万有引力定律写不成相对论的形式。几经努力他终于认识到，相对论容纳不了万有引力定律。当时已知的自然力只有万有引力和电磁力两种，有一种就放不进相对论的框架。

爱因斯坦认为狭义相对论还有许多问题没有解决：为什么惯性坐标系在物理学中比其他坐标系更为优越？为什么惯性质量随能量变化？为什么一切物体在引力场中下落都具有同样的加速度？刚刚经受住考验的狭义相对论，为什么一用到引力场中就遇到了矛盾？他坚信自然界的和谐和统一，认为要么对惯性坐标系为什么会特别优越作出解释，要么放弃惯性坐标系的特殊优越地位。1907年他认识到："在狭义相对论的框子里，是不可能有令人满意的引力理论的。"

1907年，爱因斯坦发表第一篇有关广义相对论的论文《关于相对论原理和由此得出的结论》，首次提出等价原理(等效原理)的假设："引力场同参照系的相当的加速度在物理上完全等价"。文中还提出广义相对性原理："迄今为止，我们只把相对论原理，即认为自然规律同参照系的状态无关这一假设应用于非加速参照系。是否可以设想，相对性运动原理对于相互作加速运动的参照系也依然成立？"。跟狭义相对论的两条看似矛盾的基本公设一样，广义相对论的两条基本原理也存在一定的矛盾。正如他在《自述》中说的："其主要原因在于：要使人们从坐标必须具有直接度规意义这一观念中解放出来，可不是那么容易。" 所谓直接度规，指的是坐标差等于可量度的长度或时间。这是又一条自古以来的传统观念，现在必须用柔性度规来代替直接度规，也就是要把洛伦兹变换推广为非线性变换。

爱因斯坦研究广义相对论，经历了一个比建立狭义相对论还更漫长的探索道路，主要困难是缺乏合适的数学工具。1913年，他与格罗斯曼合作建立了引力的度规场理论，发表《广义相对论和引力论》，系统论述广义相对论的物理原理和数学方法，引入黎曼张量，把平直空间的张量运算推广到弯曲的黎曼空间。1915年，爱因斯坦连续发表了几篇有关广义相对论的论文，其中《用广义相对论解释水星近日点运动》第一次用广义相对论计算出水星的剩余进动，并且声明："在本文中我找到了这种最彻底和最完全的相对论的一个重要证明。" 1916年，爱因斯坦发表《广义相对论的基础》，对广义相对论的研究作了全面总结。

爱因斯坦的广义相对论提出了轨道进动、引力红移、光线偏折三项可检验的预见。广义相对论算出的行星轨道不需要其他行星的影响，自己就会"进动"，对水星轨道而言，观测值和理论值正好相符。引力红移是指在地球上看大质量的天体,它的光谱会向红端移动.依据广义相对论，时空弯曲的地方钟表走得慢。太阳表面的钟表比地球上的走得慢。我们当然不可能造一个钟表送到太阳上去，爱因斯坦建议可以将太阳表面的氢原子看作"原子钟"，观测其光谱线与地球上氢原子钟的谱线相比较，太阳钟变慢意味着氢原子谱线会向红端移动，后来的观测证实了这一预言。

光线的偏折是指出于太阳造成的时空弯曲，遥远恒星的光通过太阳附近时会发生偏折,弯向太阳。1919年5月29日,在英国天文学家爱丁顿的倡议下，英国派出了两支远征队，一支到非洲西部的普林西比，一支到南美的索布腊尔，他们带回的照片证明，星光的确在太阳附近发生了偏折，其偏折度与爱因斯坦的预测极为接近。深湛的物理思想，高深的黎曼几何张量分析，神奇的实验验证，使得广义相对论一下子就被科学界接受了。不但是在科学界．甚至在普通人眼里，爱因斯坦成了一个神话般的人物。

量子力学是20世纪物理学的伟大发展。量子力学的建立是沿着两种途径完成的，一是玻尔-海森伯途径，建立了矩阵力学；另一条是爱因斯坦-德布罗意-薛定谔路线，建立了波动力学，它们殊途同归彼此等价。波动力学和矩阵力学几乎同时出现，其数学形式完全不同，但同样有效。1926年3月证明了波动力学和矩阵力学是完全等价的，此后统称为量子力学。20世纪40年代，美国物理学家费曼提出了量子力学的另一种理论形式，即路径积分。薛定谔波动力学是量子力学的微分形式；海森伯矩阵力学是量子力学的代数形式；费曼路径积分是量子力学的积分形式，它们彼此等价，从物理思想上来说费曼路径积分甚至更深刻。在路径积分中，量子力学与经典力学的密切关系展现得格外清楚。

在有关量子力学的物理思想和哲学意义上，出现了激烈的世纪之争，一方以哥本哈根学派的统帅玻尔为代表，一方以爱因斯坦为代表，双方都为量子学说的诞生和飞速成长做出过杰出贡献。哥本哈根学派阐述量子力学的物理意义和哲学思想是波函数的统计诠释，其理论支柱是玻尔的互补性原理和海森伯测不准关系，后来渐渐被多数科学家所接受，因此被称为量子力学的正统诠释。量子力学的正统诠释将不确定性引入了自然科学，经典的严格因果律或说因果决定论在微观世界中不再成立，因此量子力学和经典力学规律存在着本质差异。爱因斯坦不赞成波函数的几率诠释，薛定谔也极其反对"概率波"观点。

1927 年第五次索尔维会议之后，以玻尔和海森伯为代表的哥本哈根诠释成为量子力学的正统诠释，以爱因斯坦和薛定谔为代表的另一方并没有放弃自己的立场，他们对正统诠释提出了很尖锐的批评。这场论争自 20 世纪 20 年代开始，持续了几十年，直至双方的主帅爱因斯坦和玻尔去世，甚至直到今天都没有完结，堪称世纪之争。

20 世纪中叶，系统论控制论信息论"三论"蓬勃兴起。二十世纪四十年代末，随着科技的发展，各个科学研究领域的分支日益细化，各学科之间相互渗透的现象越来越明显。在这种趋势下，系统论、控制论、信息论这三门边缘学科应运而生，"三论"对科学技术和思维的发展起到了巨大的推动作用，为现代多门新学科的出现奠定了坚实的基础。"三论"中，系统论提出系统概念并揭示其一般规律，控制论研究系统演变过程中的规律性，信息论则研究控制的实现过程。因此，信息论是控制论的基础，二者共同成为系统论的研究方法。

系统论是研究系统的结构、特点、行为、动态、原则、规律以及系统间的联系，并对其功能进行数学描述的新兴学科。系统论的基本思想是把研究和处理的对象看作一个整体系统来对待。系统论的主要任务就是以系统为对象，从整体出发来研究系统整体和组成系统整体各要素的相互关系，从本质上说明其结构、功能、行为和动态，以把握系统整体，达到整体最优化的目标。

美籍奥地利人理论生物学家贝塔朗菲被认为是系统论的创立人，他在 1932 年发表"抗体系统论"中提出了系统论的思想，在 1937 年提出了一般系统论原理，奠定了这门科学的理论基础。他的论文《关于一般系统论》到 1945 年才公开发表，他的理论到 1948 年在美国再次讲授"一般系统论"时，才得到学术界的重视。确立系统论科学学术地位的是 1968 年贝塔朗菲发表的专著《一般系统理论基础、发展和应用》，这本书被认为是这门学科的代表作，书中把系统定义为：由若干要素以一定结构形式联结构成的具有某种功能的有机整体。在这个定义中包括了系统、要素、结构、功能四个概念，表明了要素与要素、要素与系统、系统与环境三方面的关系。

系统论认为，开放性、自组织性、复杂性、整体性、关联性、等级结构性、动态平衡性、时序性等是所有系统的共同的基本特征。系统论的核心思想是系统的整体观念，任何系统都是一个有机的整体，它不是各个部分的机械组合，系统的整体功能是各要素在孤立状态下所没有的性质。亚里斯多德的"整体大于部分之和"的名言正好说明了系统的整体性，那种认为要素性能好整体性能一定好的机械论观点是系统论不认同的。

系统论的基本思想方法是把所研究和处理的对象当作一个系统，分析系统的结构和功能，研究系统、要素、环境三者的相互关系和变动的规律性，对系统进行优化。系统论不仅在于认识系统的特点和规律，更重要地还在于利用这些特点和规律去控制、管理、改造或创造系统，使它的存在与发展合乎人的目的需要。研究系统的目的在于调整系统结构，协调各要素关系，使系统达到优化目标。

系统论反映了现代科学发展的趋势，反映了现代社会化大生产的特点，反映了现代社会生活的复杂性，所以它的理论和方法能够得到广泛地应用。系统论不仅为现代科学的发展提供了理论和方法，而且也为解决现代社会中的政治、经济、军事、科学、文化等等方面的各种复杂问题提供了方法论的基础，系统观念已经渗透到每个领域。

控制论的建立是20世纪的伟大科学成就之一，现代社会的许多新概念和新技术几乎都与控制论有着密切关系。控制论的应用范围覆盖了工程、生物、经济、社会、人口等领域，成为研究各类系统中共同的控制规律的一门科学。1948年维纳的奠基性著作《控制论》出版，成为控制论诞生的一个标志。这本书的副标题为"关于在动物和机器中控制与通信的科学"，这为控制论在当时研究现状下提供了一个科学的定义。

控制论是从一般意义上研究信息提取、信息传播、信息处理、信息存储和信息利用等问题，控制论是从信息和控制两个方面研究系统，涉及4个方面：（1）确定输入输出变量。控制系统为达到一定的目的，需要以某种方式从外界提取必要的信息，再按一定法则进行处理，产生新的信息反作用于外界。（2）根据系统的输入输出变量找出它们之间存在的函数关系。通过引入仅与系统有关的状态变量而用两组方程来描述系统即建立系统模型。一组称为转移方程又称状态方程，用以描述系统的演变规律；一组称为作用方程又称输出方程，用以描述系统与外界的作用。（3）抽象后的系统模型可用于一般性研究并确定系统的类别和特性。（4）引入无偏性、最小方差、输入输出函数的自相关函数和相关分析等概念，从每个个别样本函数来获取所需的信息，建立时间序列的预测和滤波理论，非线性随机理论不但是控制论的数学基础，而且是处理一切大规模复杂系统的重要工具。

控制论的跨学科性质通过信息和反馈建立了工程技术与生命科学和社会科学之间的联系，不仅可使一个科学领域中已经发展得比较成熟的概念和方法直接用于另一个科学领域，而且提供了采用类比的方法特别是功能类比的方法产生新设计思想和新控制方法的可能性。生物控制论与工程控制论、经济控制论和社会控制论之间就存在着类比的关系，自适应、自学习、自组织等系统通过与生物系统的类比研究可提供解决某些实际问题的途径。

信息论是一门用数理统计方法来研究信息的度量、传递和变换规律的科学。它主要是研究通讯和控制系统中普遍存在着信息传递的共同规律以及研究最佳解决信息的产生、度量、变换、储存和传递等问题的基础理论。香农被称为是"信息论之父"，1948年克劳德·香农发表的论文"通信的数学理论"是首次在通讯过程建立了数学模型的论文，这篇论文和1949年发表的另一篇论文一起奠定了现代信息论的基础。

信息理论包含了研究通信、信息熵、数据压缩与传输、加密解密技术等，信息论的研究范围极为广阔，可分成三种不同类型：狭义信息论是应用数理统计方法来研究信息处理和信息传递的科学，它研究存在于通讯和控制系统中普遍存在着的信息传递的共同规律，以及如何提高各信息传输系统的有效性和可靠性。一般信息论研究通讯问题，包括噪声理论、信号滤波与预测、调制与信息处理等。广义信息论除包括狭义信息论和一般信息论的问题外，还包括所有与信息有关的领域，如心理学、语言学、神经心理学、语义学等。

20世纪70年代，由于数字计算机的广泛应用，如何更有效地利用和处理信息，人们越来越认识到信息的重要性，认识到信息可以作为与材料和能源一样的资源充分利用和共享，信息的概念和方法已广泛渗透到各个科学领域，成为人类各种活动中所碰到的信息问题的基础理论，推动了许多新兴学科进一步发展。人们把早先建立的有关信息的规律与理论广泛应用于物理学、化学、生物学等学科中去，一门研究信息的产生、获取、变换、传输、存储、处理、显示、识别和利用的信息科学正在形成。

信息科学是人们在信息论、电子学、计算机科学、人工智能、系统工程学、自动化技术等多学科基础上发展起来的一门边缘性新学科。它研究信息的性质，研究机器、生物和人类关于各种信息的获取、变换、传输、处理、利用和控制的一般规律，设计和研制各种信息机器和控制设备，实现操作自动化，以便尽可能地把人脑从自然力的束缚下解放出来，提高人类认识世界和改造世界的能力。随着信息科学的不断发展。信息论的研究已与很多近代科学密切相关，如通信、雷达、声纳、导航、遥测、遥控、遥感、计算机、信息处理技术、物理学、生物学、仿生学等。

信息论与控制论虽然都是系统论的研究方法与工具，但两者有着基本区别：控制论用抽象的方式揭示包括生命系统、工程系统、经济系统和社会系统等在内的一切控制系统的信息传输和信息处理的特性和规律，研究用不同的控制方式达到不同控制目的可能性和途径，它不涉及具体信号的传输和处理。信息论则研究信息的测度理论和方法，并在此基础上研究与实际系统中信息的有效传输和有效处理的相关方法和技术问题，如编码、译码、滤波、信道容量和传输速率等。

20世纪中叶的系统论、控制论与信息论在当时统称为"三论"，它们为20世纪科学技术和社会经济发展做出了卓越的贡献。进入20世纪下半叶，又有一系列新的理论诞生，主要是耗散结构论、协同论、突变论，系统科学把它们合称为"新三论"，而把系统论、控制论和信息论合称为"老三论"。20世纪下半叶蓬勃兴起的"新三论"包括耗散结构论、协同论、突变论，是二十世纪七十年代以来陆续确立并获得极快进展的三门系统理论的分支学科，是系统科学领域中年少有为的成员。

20世纪70年代，比利时物理学家普利高津提出了耗散结构学说，耗散结构的概念是相对于平衡结构的概念提出来的。它提出一个远离平衡态的开放系统，在外界条件发生变化达到一定阈值时，量变可能引起质变，系统通过不断地与外界交换能量与物质，就可能从原来的无序状态转变为一种时间、空间或功能的有序状态。

长期以来，人们只研究平衡系统的有序稳定结构，并认为倘若系统原先是处于一种混乱无序的非平衡状态时，是不能在非平衡状态下呈现出一种稳定有序结构的。普利高津等人提出：一个远离平衡的开放系统，在外界条件变化达到某一特定阈值时，量变可能引起质变，系统通过不断与外界交换能量与物质，就可能从原来的无序状态转变为一种时间、空间或功能的有序状态，这种远离平衡态的、稳定的、有序的结构称之为"耗散结构"。这种学说回答了开放系统如何从无序走向有序的问题。

耗散结构是在远离平衡区的非线性系统中所产生的一种稳定化的自组织结构。在一个非平衡系统内有许多变化着的因素，它们相互联系、相互制约，并决定着系统的可能状态和可能的演变方向。一个典型的耗散结构的形成与维持至少需要具备三个基本条件：一是系统必须是开放系统，孤立系统和封闭系统都不可能产生耗散结构；二是系统必须处于远离平衡的非线性区，在平衡区或近平衡区都不可能从一种有序走向另一更为高级的有序；三是系统中必须有某些非线性动力学过程，如正负反馈机制等，正是这种非线性相互作用使得系统内各要素之间产生协同动作和相干效应，从而使得系统从杂乱无章变为井然有序。

耗散结构理论运用数学中的概率论和随机过程论分析复杂系统，考察系统内的涨落，认为耗散结构形成的机制是由于系统内涨落的放大。系统在某个特定的阈值以下，涨落引起的效应由于平均而减弱和消失，因而不能形成新的有序结构。只是在达到阈值以后，涨落被放大才产生宏观效应，因而出现新的有序结构。这实质上对应于一个宏观量级的涨落，并且由于和外界交换能量或物质而得到稳定。

协同论是研究不同事物共同特征及其协同机理的新兴学科，是近几十年来获得发展并被广泛应用的综合性学科，它着重探讨各种系统从无序变为有序时的相似性。协同学的创立者，是联邦德国斯图加特大学教授、著名物理学家哈肯，1971年他提出协同的概念，1976年系统地论述了协同理论，发表了《协同学导论》，还著有《高等协同学》等等。

协同论认为，千差万别的系统，尽管其属性不同，但在整个环境中，各个系统间存在着相互影响而又相互合作的关系。协同论研究事物从旧结构转变为新结构的共同规律，它的主要特点是通过类比对从无序到有序的现象建立了一整套数学模型和处理方案，并推广到广泛的领域。它基于"很多子系统的合作受相同原理支配而与子系统特性无关"的原理，设想在跨学科领域内，考察其类似性以探求其规律。

协同论指出，大量子系统组成的系统，在一定条件下，由于子系统相互作用和协作，这种系统的研究内容可以概括地认为是研究各种系统的发展演变，探讨其转变所遵守的共同规律。应用协同论方法，可以把已经取得的研究成果，类比拓宽于其它学科，为探索未知领域提供有效的手段，还可以用于找出影响系统变化的控制因素，进而发挥系统内子系统间的协同作用，实现复杂系统的从无序到有序。

协同论指出，一方面，对于一种模型，随着参数、边界条件的不同以及涨落的作用，所得到的图样可能很不相同；但另一方面，对于一些很不相同的系统，却可以产生相同的图样。由此可以得出一个结论：形态发生过程的不同模型可以导致相同的图样。在每一种情况下，都可能存在生成同样图样的一大类模型。

协同论把它的研究领域扩展到许多学科，并且试图对似乎完全不同的学科之间增进"相互了解"和"相互促进"，无疑，协同论就成为软科学研究的重要工具和方法。协同论具有广阔的应用范围，它在物理学、化学、生物学、天文学、经济学、社会学以及管理科学等许多方面都取得了重要的应用成果。

协同论是研究不同事物共同特征及其协同机理的新兴学科，是近十几年来获得发展并被广泛应用的综合性学科，它着重探讨各种系统从无序变为有序时的相似性。协同论的创始人哈肯说过，他把这个学科称为"协同学"，一方面是由于我们所研究的对象是许多子系统的联合作用，以产生宏观尺度上结构和功能；另一方面，它又是由许多不同的学科进行合作，来发现自组织系统的一般原理。

突变论是研究自然界和人类社会中连续渐变如何引起突变或飞跃，并力求以统一的数学模型来描述预测和控制这些突变或飞跃的一门学科。突变论把人们关于质变的经验总结成数学模型，表明质变既可通过飞跃的方式，也可通过渐变的方式来实现。突变论认为，在一定情况下，只要改变控制条件，一个飞跃过程可以转化为渐变，而一个渐变过程又可转化为飞跃。突变论认为事物结构的稳定性是突变论的基础，事物的不同质态从根本上说就是一些具有稳定性的状态，这就是为什么有的事物不变，有的渐变，有的则突变的内在原因。在严格控制条件的情况下，如果质变经历的中间过渡状态是不稳定的，它就是一个飞跃过程；如果中间状态是稳定的，它就是一个渐变过程。

突变论的创始人是法国数学家雷内托姆，他于 1972 年发表的《结构稳定性和形态发生学》一书阐述了突变理论，荣获国际数学界的最高奖菲尔兹奖章。突变论的出现引起各方面的重视，被称之为"是牛顿和莱布尼茨发明微积分三百年以来数学上最大的革命"。雷内托姆指出，在自然界和人类社会活动中，除了渐变的和连续光滑的变化现象外，还存在着大量突然变化和跃迁现象，突变论方法正是试图用数学方程描述这种过程。突变论的研究内容简单地说，是研究从一种稳定组态跃迁到另一种稳定组态的现象和规律。

突变理论是用形象的数学模型来描述连续性行动突然中断导致质变的过程，这一理论与混沌理论相关，尽管它们是两个完全独立的理论，但现在突变理论被普遍视作混沌理论的一部分。突变理论是一门数学理论，它的核心思想有助于人们理解系统变化和系统中断：如果系统处于休止状态，它就会趋于获得一种理想的稳定状态，如果系统受到外界变化力量作用，系统起初将试图通过反作用来吸收外界压力。如果可能的话，系统随之将恢复原先的理想状态，如果变化力量过于强大，突变就会发生，系统随之进入另一种新的稳定状态，在这一过程中，系统不可能通过连续性的方式回到原来的稳定状态。

新三论作为系统理论中新兴的综合性学科，除了在自然科学以及应用开发上有其特殊的功能和作用外，特别在社会科学和人文科学方面有其独到的见解和作用，被广泛的用于社会经济生活的方方面面。从微观上来讲，企业管理中无论它的客观状况还是实际的管理，新三轮的理论方法无所不在，一个管理系统内部，人、组织、环境等各子系统内部以及他们之间相互协调配合，共同围绕目标齐心协力地运作，那么就能产生 1+1>2 的协同效应。反之，如果一个管理系统内部相互掣肘、离散、冲突或摩擦，就会造成整个管理系统内耗增加，系统内各子系统难以发挥其应有的功能，致使整个系统陷于一种混乱无序的状态。

从宏观上来讲，新三论的观念和理论告诉我们改革开放是中国发展的唯一正确道路，改革开放使中国能够融入世界大家庭。如果闭关锁国就一定会缺乏与世界环境进行物质、能量和信息的交流，处于孤立或封闭状态。在这种封闭状态下，无论系统初始状态如何，最终其内部的任何有序结构都将被破坏，呈现出一片"死寂"的景象。因此，系统只有与外界通过不断的物质、信息和能量交流，才能维持其生命，使系统向有序化方向发展，这也是我们为什么必须坚持改革开放之路的根本道理。

第七章 自然科学技术发展与自由及开放

自然科学技术的发展与社会各种因素紧密关联，政治经济文化思想等方方面面的环境与条件，影响着自然科学技术的发展。在这一部分内容中，我们将着重讨论两个问题，一个是前面我们曾经提到过的英国著名科学史专家李约瑟先生提出的"李约瑟难题"："尽管中国古代对人类科技发展做出了很多重要贡献，但为什么科学和工业革命没有在近代的中国发生？"。另一个问题是为什么说人性自由及思想开放对促进自然科学技术发展是必须具备的不可缺少的基本条件？

关于李约瑟问题，我们在前边曾略有涉及，在对比东西方科学技术发展的差异时，曾提到东西方哲学在研究对象和研究方法上，差异使西方较东方先行了一步。当然，要回答"尽管中国古代对人类科技发展做出了很多重要贡献，但为什么科学和工业革命没有在近代的中国发生？"这样严肃的问题，它涉及到的因素会是众多的方方面面的。

从社会政治和制度上来讲，二千多年的封建制度对中国科技发展的束缚是深刻的。中国古代科技在发展中曾受过三次大的冲击，形成了两个脱离。第一次冲击是秦始皇焚书坑儒，禁百家言。它的真正影响在于开了一个极坏的先例，表示君权凌驾于一切之上，知识分子地位明显降低了。第二次冲击是汉武帝接受董仲舒建议"罢黜百家，独尊儒术"，从此在思想界确立了儒学的一家统治。第三次冲击是自隋大业三年(公元607年)创立科举制造成的。

专制制度不仅造成哲学思想的贫乏和知识分子人格的异化，还严重摧残了商品生产，阻碍了资本主义的发展。自汉武帝以来，中国历代五朝实行"重农抑商"的政策，重要的工业如盐、铁、矿山概由官办，或由朝廷设官予以控制。对外贸易也是如此，如对于西北少数民族实行"以茶易马"的政策，商人在社会中地位极其低下，"仕不经商"便是典型的表现。

由于专制主义独裁统治的不断强化，知识分子的地位降低依附性加强，进行科学研究的积极性和可能性减小。儒学在思想领域里的独家统治造成了哲学的贫困和理论思维的贫乏，科学技术不能从哲学那里取得方法论的有力武器。科举制度造成科学技术与知识分子相脱离与教育相脱离，科技队伍不能形成科学研究后继无人，封建王朝重农抑商政策对工商业的摧残都是阻碍中国科技发展的原因。

亚细亚生产方式对中国科学技术发展的制约是致命的。近代科学革命在西方是随着资本主义生产方式的兴起而发生的，中国在历史上不经历资本主义，所以也就不会产生近代科学革命。然而如果仔细思考各国科学技术发展的过程，还会看到除了封建制度的束缚以外，中国古代思维方式也注定不可能产生近代科学。中国是一个大陆国家，自古以来就是以农业为生，在农业国里，土地是最基本的资源，因此在整个中国历史中，社会、经济思想和政策中心始终是围绕土地的分配和使用而展开的。无论是和平时期还是战争时期，农业都是国家的经济命脉。

农业既是根本农民也就具有高尚的社会地位，在中国古代社会阶层被分为四等，士、农、工、商。农是第二层次的社会职业，而商人是最下等的社会职业，士是最上等的社会职业，他们虽然不耕种土地，但却占有土地，他们的命运也系于农业。农民依靠土地为生，而土地不能移动．中国的家族制度就是这样发展起来的。家族制度以血缘为纽带联结其成员，形成世界上最复杂组织最完善的社会制度。

国家也是在家族制度的基础上发展起来的。传统社会中最基本的五种人际关系：君臣、父子、兄弟、夫妇、朋友，其中三种与家族有关，其余两种虽不是家族关系，但也可以按家族来理解。农民还要时时与自然打交道，因此他们赞美自然崇拜自然热爱自然，农民的生活方式是顺乎自然，他们赞美自然谴责人为不思变化，也无从想象变化。所以中国古代虽有不少发明创造，但它们不是受到鼓励、而是受到压制的。

西方文明的发源地古希腊是一个海洋国家，它的地理环境不适宜发展农业，这使古希腊人具有从事商业贸易的便利，所以这个社会中主要的社会职业是商人。与农业不同的是，从事商业活动要在市场中进行，因此古希腊的社会组织形式不是以家族的共同利益为基础，而是以城市的共同利益为基础，希腊人就是围绕着城市而组织其社会的。古希腊的自然哲学在其发展过程中，产生了数论和原子论的思想，这是近代科学得以产生的基本前提，也是中国古代文化中欠缺的。

古希腊人靠商业活动维持其社会的繁荣，而商人要打交道的首先是用于商业账目的抽象数字，这样的数字就是推论时所用的概念。有了数的概念才能进行逻辑推理，概念本身的抽象和严谨又使经由概念推理得到的知识具有普遍性和可靠性。与中国不同,西方民族的血缘社会很早就解体了，因此个人主义成了西方人处理个人与社会关系的思想基础，社会是由每一个个人所组成的，这种观念投射到人与自然的关系中，就形成了原子论的思想——每一个个人就是社会中的一个原子。

原子论的自然观提供了一种把自然界看成是有层次的，可以通过分析解剖进行研究的认识对象的思维方法，相对于中国古代道家的元气论，原子论更有利于近代科学的产生。近代科学的产生除了需要思想条件以外，更重要的是需要物质条件，即社会对科学技术的要求。在中国自给自足的亚细亚生产方式下，农民生产的产品主要是供自己使用，缺乏改进生产技术，提高产品质量的原动力。历代王朝"重农抑商"政策的实施，工商业难以发展，没有工商业的依托，新技术新产品难以得到推广，创新思想难以扩散，科技成果得不到广泛应用，科学技术也就难以发展起来。

而在西方海洋文明环境下，工商业是维系国家繁荣的主要产业，商人有较多的机会接触不同的民族，感受各种文化的熏陶，他们追求新奇惯于变化，而且为了货物畅销，必须鼓励改进工艺以降低成本，提高产品质量以提高售价，不断开发新产品去赢得市场，以获得更多的财富。近代资本主义的发展，对科学技术产生了前所未有的广泛需求．这是近代科学技术革命得以在西方产生的根本原因。

中国古代科技研究方法的局限性使科学技术不能蓬勃发展。中国古代科技的主流是实用科技，科学领域的主要成就在历算、中医和地理三科较为集中，但天文学止于历法，数学偏重于运算技巧，医学讲究望、闻、问、切的经验。技术领域的主要成就在陶瓷、建筑和纺织行业中较为突出，造纸、指南针、火药和印刷术是推动世界文明发展的巨大贡献。 但是中国古代在自然哲学和原理、定律表现的理论性自然知识方而远不及古希腊。

与西方科技的发展相比，中国古代科技重技术轻科学、重文用轻逻辑、重继承轻创新。在对自然界的基本看法上，中国古代的有机自然观强调天人合一，物我一体．反映在认识过程中就是强调主体与客体的同一性。中国这种以整体性运动性为特征的非对象性思维，通过直觉"领悟"从整体上把握事物，这种非对象性的思维方式，中国人面对大自然时没有西方人的惊异之情，也没有战胜大自然的豪情，只有对它的欣赏崇拜和体验。

而在西方很早就产生了人与自然的分离，人从绝对旁观者来看待宇宙的思想，在这种思维中，大自然成为一个可以进行分析研究的实体。古希腊自然哲学认为宇宙本身由原子等更基本的实体组成，服从统一的运动规律，其思维方式的特点次于重视认识事物的结构，在此基础上认识事物的变化发展规律，在对宇宙本原的探索中发展出近代科学。

从研究方法看，中国古代科学所注重的是事物之间的联系及运动，对事物进行直接地把握。中国古代哲学不重视物质结构，思维元素所代表的意义具有可变性模糊性抽象性，即所谓的"象"，而不是西方意义上的概念，具有明确的内涵和外延，这使得其理论体系必然不是确定客观的，也不是重实证的。 中国古代出于对科学方法缺乏深人探讨，所以研究方法比较单调。中国古代科学理论体系的形成不是依靠逻辑推理，而是通过直觉领悟来形成。反观西方则明显不同，西方的科学方法种类之多、更迭之频繁令人目不暇接，这与中国古代的单一性形成了鲜明对照。

在研究近代科学技术何以发生在欧洲时，我们要注意到自然科学技术在欧洲发展的几百年中，科学技术的中心在欧洲也是几次迁移。近代第一个科学技术的中心意大利，从15世纪下半叶到17世纪初，资本主义生产关系首先在意大利萌生并得到迅速发展，文艺复兴运动也首先在意大利兴起，为意大利近代科学技术的产生和发展奠定了基础。这时的意大利是当之无愧的世界科技中心，吸引着欧洲各地的知识分子前来学习深造，并把先进思想和文化的种子播撒到欧洲各地。16世纪以后欧洲的经济、政治、文化等发生了很大的变化，由于新航线的开通，贸易中心已经从地中海沿岸移向大西洋沿岸，意大利外贸经济急剧下降。又由于战争的破坏、意大利的国土四分五裂，经济广江遭到破坏，政治上受西班牙控制，意大利的文化和科学技术受到严重摧残，科技人员流落他乡，意大利失去科学技术中心继续存在发展的条件。

正当欧洲大陆各国内外交困、连年战争造成科学技术发展不景气的时候，英国却于1650年一跃而发展为世界科学技术的中心。17世纪中叶英国发生了资产阶级革命，资产阶级政治统治的确立为资本主义生产方式的发展扫清了道路，这是英国科学技术得以兴起的根本原因。科学技术作为资产阶级的宠儿，备受鼓励和提倡，英国政府采取了奖励科技发展的政策，首先是引进技术广招人才。英国政府规定每个外国来的熟练工人必须为英国培养几个学徒作为在英国定居的条件，同时英国还从德国请来工匠传授技艺，并广泛收集各国的科学技术资料，鼓励造船业吸收外国先进技术，国家决定给造船工业以财政补贴，并欢迎外国工匠、航海家和学者到英国工作，并给予优厚的待遇和更多的关照。

其次是兴办教育创立学会。英国特别重视科学教育事业和对科学技术人才的培养奖励，大力兴办技术学院，完备大学教育体系。早在12—13世纪英国就建立了牛津大学和剑桥大学。到17世纪中叶，这些大学除了数学又陆续开设了物理学、植物学、天文学科学讲座，培养了一批科技人才。在英国产业革命中，由地方企业家发起组织了一些科学社团，这些团体把企业主、工程师和科学家联合起来共同研究解决工业革命中出现的一些问题，这些科学团体对产业革命时期英国科学技术的发展有着重要影响。英国的科学技术在这些有利的社会环境下迅速发展起来。

再就是注重科研奖励发明。英国政府积极支持科研活动，奖励发明创造，给予科学家和发明家以极高的荣誉和社会地位。例如牛顿就因其卓越的科学成就而在1688年成为英国国会议员，1703年被选为英国皇家学会会长，1705年被安妮女王封为爵士，是得到这个荣誉的第一位科学家，逝世后还以有功于国家的伟人，葬于威斯特敏斯特教堂。为了鼓励技术发明，英国很早就有了专利法，瓦特是近代技术发明中最有影响的人物，他改进发明的蒸汽机就曾获得过专利。由于他的贡献，1785年被选为英国皇家学会的会员，1806年还被授予格拉斯哥大学法学博士，1814年获法兰西科学院外国院士，为了纪念他，1832年在格拉斯哥市乔治广场建立了他的铜像。

但整个说来，这个时期英国的科学教育制度还远远没有确立，英国科研的衰败不仅在于缺乏充分经费支持，也在于思想的保守。直到1830年，英国剑桥大学等院校还坚持采用17世纪牛顿那套笨拙的微积分记号体系，而顽固拒绝莱布尼兹发明的并由法国数学家作了很好改进的记号体系。从社会原因上看，科学研究工作既缺乏国家支持也没有成为社会职业，科学研究工作更没有得到有意识的组织，这些原因导致英国科技发展从18世纪下半叶趋于缓侵，先是被法国后来被德国赶超。直到19世纪50年代初，英国国会才批准了改革牛津和剑桥两校的法案，接着在德国大学改革和科学实验室蓬勃发展的刺激下英国又采取了其他革新措施，使科学工作重新恢复活力，逐渐实现了制度化。

法国几乎与英国同时开始了工业化进程。法国在技术创新方面、资金运用方面和工业化模式上都最大限度地借鉴了英国的经验，并且有所创新，这就使法国从18世纪后半叶到19世纪前期成为继英国之后的近代科学中心。法国之所以能够超过英国而成为近代科学中心，首先要归功于思想启蒙运动和"百科全书派"的哲学思潮为科学勃兴所做的理论准备。他们中的代表人物伏尔泰、孟德斯鸠、狄德罗、卢梭等高举科学和民主的大旗，点燃了资产阶级革命的烈火..法国大革命后，资产阶级政府采取的一系列措施扶持科学技术事业，包括对科学家委以重任，使各项事业纳入依靠科技进步的轨道，一大批科学家被任命为革命政府的重要成员，如数学家蒙日担任过海军部长，数学家拉扎尔·卡诺担任过陆军部长，化学家克鲁阿担任过火药局长和教育部长。

还有就是强化科研组织，发展科学教育。科学的职业化使科学在社会中获得重要地位，也是法国在科学建制方面的一项创举，巴黎科学院的院士成了真正的职业科学家，享有丰厚的薪金和待遇，初步确立了一些制度，如科学教授职位、某些科学系科的设置等。法国以国家的力量兴办科学和教育，在中央集权制度下，整个教育和科学体系都掌握在政府手里，这一做法受到知识分子和科学家的普遍拥护，因为他们看到，严格的国家控制是防止教会势力卷土重来的好办法。革命政权从1794年起即着手改革旧的科学机构，并且新建了一些科学教育机构。

再就是大力引进技术推行拿来主义。为了迅速赶超英国，法国派出许多留学生出国深造，引进吸收外国的先进科学技术成果，同时注意引进机器，大量招聘外国技工。法国政府为了大量引进，还运用国家的力量来奖励机器入口和资助来法开业的英国人，为他们开业办厂矿提供有利的条件，以优厚的条件招聘熟练的技术工人，充实和提高国内各个工业部门的技术水平。

1830午以后，法国由于政局的动荡多变及其他社会原因，作为科学中心的地位开始丧失，法国科学出现了相对停滞的局面。而这时的德国科学后来居上，出现了科学技术革命的高潮，涌现出一批世界著名的科学家。1875年前后世界科学中心转移到德国。德国自然哲学在社会政治领域里主张"国家主义"，要求强化国家的权威，在公共事物领域实行政府管制，这一主张十分符合当时德国当局的立场。在这种理念指导下．德国政府动员国家资源支持科学技术和教育的发展，并采取了一系列发展科学和教育的制度和措施。

一是大力实行教育体制创新。1870年左右，德国科学研究和科学人才培训已取得卓越成就，德国的科学和教育中心分散在许多大小城镇，如萨克森弗莱堡的矿业学院、波恩大学、莱比锡大学、慕尼黑大学、梅德堡大学、图宾根大学等。德国的实验室和研究所都由政府资助，德国科学与教育模式超过法、英和其他国家，被公认为19世纪最优越的制度。在教育体制改革方面的另一项重大创新就是重点发展大学实验室。这种新型的实验室，远非英、法两国那种简陋的私人实验室可以相比。从科学制度化和组织化方面来看，尽管实验室不是一种有计划的发展的结果，但却比自19世纪初期以来其他任何改革都更具有意义。

二是结合生产实践进行科学研究。德国为了深人持久地进行自主科学研究，根据生产发展的需要陆续建立了各种研究所。科学研究走在生产前面，科研、生产紧密结合是德国科学技术发展的一大特点。由于实施科技先导的战略，到1895年德国科学技术在短短几十年时间内，就以惊人的速度赶上并超过了世界先进水平，实现了世界科学技术中心由法国向德国的转移。

三是有选择地引进国外先进科技。为迅速缩短差距迎头赶上，德国采取抓住主要成果最新成果有选择地引进的办法。德国在向外国学习时不墨守成规生搬硬套，而是既有继承又有发展，吸收最好的适用的成果，促进本国的科研和生产，同时又根据本国的特点，建立自己的生产体系和管理体制，最大限度地发挥科学技术的效能。

科学技术的发展与政治经济文化思想等各方面的因素密切相关，在某种意义上来讲，人性自由和思想开放是自然科学技术能够积极发展的关键因素。那么人性"自由"是什么呢？它不是简单意义上的人身自由，而是人精神层面的思想自由。关于自由，康德有句名言，"自由不是你想做什么就做什么，自由是你不想做什么就不做什么"。自由、开放、公平、竞争，制度上有了对这些要素正确的保障，人性自由所激发的活力才能在科学技术的产生和发展上开花结果。

开放的空间是人性自由的前提，也是自然科学技术得以发生和发展的条件。历史上的动乱年代总会绽放人性自由的火花，并点燃思想解放的烈火，像中国历史上的春秋战国魏晋南北朝以及晚清民国，世界历史上上的古希腊罗马、古印度就是如此。古希腊、古罗马、古印度及中国诸子百家争鸣的时代，被德国哲学家雅斯贝尔斯称为人类文明史上的"轴心时代"，在哲学、文学、艺术等方面所创造出来的斐人成就，几乎奠定了后来文明的基础，也是科学技术蓬勃发展百花齐放的基础。动乱年代客观上造就了思想自由的环境，思想的自由是创新的源泉，科学的研究是为了探寻真理，思想上的自由才能有创新的动力与灵感。

科学发展与人性自由始终相互为伴。历史上古希腊众多的哲学家，他们自由自在无拘无束天马行空般的在浩瀚宇宙和自我思想中遨游，不受任何政治的经济的思想的文化的约束，更没有什么东西能束缚他们的思想，于是各种各样的宇宙观方法论涌现出来了。就是在古代中国春秋战国时期诸子百家游历各国，没有什么国界地域乃至制度约定制约他们，所以也就有了百花齐放的百家争鸣，如果不是汉代董仲舒提出"罢黜百家，独尊儒术"治国思想，而汉武帝时又开始强力推行，也许古代中国的诸子百花齐放百家争鸣能持续下去，给中国带来开放的思想，从而促进科学的发展。

从16世纪到19世纪欧洲四大科学技术中心的转移来看，每一次科学技术中心的产生都与这个国家资产阶级革命带来的人性解放与人性自由相关，而每一个科学技术中心的衰落和被转移，都是与这个国家的倒退和专制相关。从意大利到英国再到法国最后到德国都是如此无一例外。资产阶级革命带来的人性解放和人性自由，开拓了科学技术的发展，解脱了思想束缚的欧洲人，一方面吮吸着古希腊人自然哲学思想的精髓，开创着欧洲长达400年的科学技术发展璀璨多彩的局面。

进入20世纪，一方面美国成为一个新的科技中心，同时欧洲各国以及东亚的日本乃至南亚的印度，包括经济上繁荣昌盛的四小龙，他们的科学技术的发展无一不和民主自由的体制相关。美国自不必说，以民主和自由建国的宗旨使得人性自由在那里得到了充分的解放，表面上的杂乱不能掩盖其人性自由的精髓，所有科学技术的成果在人性自由的基础上潮水般的涌现出来，令人目不接暇眼花缭乱。日本印度以及包括中国台湾中国香港新加坡和韩国在内的四小龙，经济的繁荣是建立在科学技术发展基础上的，而科学技术的发展与他们在20世纪下半叶相继摆脱专制的束缚有了人性的开放自由后紧密相关。

科学的研究和发展与人的思想解放一脉相连，而人的思想解放最重要的就是人性自由。很难想象如果一直守着托勒密的受着中世纪教庭支持的地球中心论，没有思想的解放人性的自由，后来的牛顿们能否开创经典力学以及微积分的科学发现。在获得思想解放人性自由的道路上，哥白尼布鲁诺伽利略们付出了极大的代价，有了哥白尼的太阳中心说以及由此带来的人性自由与思想解放，才有了16、17世纪科学技术的发展。

科学研究在某种意义上来讲是以个人为中心的活动，尽管集体的支持也起着积极的推动作用。很难想象进行科学研究的人，没有或者缺少人性自由，他们能解放和开拓思想，冲破这样或者那样的旧理论旧思想的束缚，在科学研究上会有所发现有所创新。比如2000多年来的欧几里德几何，经过直线外一点有且仅有一条直线与它平行是谁也推翻不了的平行公理，但是如果一直守着它不放受它束缚被它捆绑，不敢去设想经过直线外一点有两条甚至无数多数条直线与它平行，那么非欧几里得几何能够诞生吗？当我们放弃了平行公理，思想会像脱缰的野马一般，于是像黎曼几何那样的众多的非欧几何便脱颖而出了。

如果始终有一种理论和学说在告诉你这个不能想那个不能做，那么本该奔腾的人性自由便被锁住了。人的思维范围始终囿于一个固定的框架之下，这个框架告诉你唯有他是本真，能想的所有事只能在这个框架下思考，能做的所有事都必须在这个框架下进行。于是所有的怀疑乃至叛逆都没有了，真是这样也许我们现在的科学还在"天圆地方"的陈腐观念下爬行，"诺亚方舟"是我们不能逾越边界。

人性自由能够达到的最佳境界是思想开放，思想一旦开放，万马齐喑的局面瞬间荡然无存，有的便是人的想象力创造力。思想得不到开放，始终守住一条固有的信条不放，无疑不会有好的科学研究成果出现，连一个让你惊讶一下的过程都不会有。在人性自由基础上的思想开放，能让你去想你从来不敢想的事，更能让你去做你从来不敢做的事，人们都敢去想从不敢想的事，都敢去做从不敢做的事，科学的发现还能没有吗？所有的科学研究成果一定会像喷泉式的涌现出来的。

思想的开放有一个重要的途径是交流，科学不能没有交流，更不能闭关锁国。历史上有一个趣事，看起来微不足道，实质上它影响甚重，当年牛顿和莱布尼茨同时发明了微积分，因为微积分的发明权之争，使得英国和欧洲大陆的数学家们"鸡犬声相闻，老死不相往来"，遗憾的是英国的数学家们因为对莱布尼兹的不屑，拒绝使用我们今天仍在使用的由莱布尼兹所创造发明的微积分符号，使得英国的数学在17、18世纪因为缺乏与欧洲大陆数学家们的交流而不得不落后了一大截。

我们强调了科学技术的发展与人性自由和思想开放紧密相连，当然人性自由和思想开放远不止我们已经谈到的这一点，它实际有极其复杂的政治的经济的文化的思想的背景，也有各种复杂的因素在鼓励或者制约着它们。深入的研究和讨论这些背景和因素，对于更好的解放人性自由实现思想开放，更好的促进科学技术的发展无疑是十分重要并且也是十分必要的，我们希望更多的人能关心这一点。

第十二篇

医疗教育养老住房的市场化

我的民生观点

这一部分回忆录中，将要忆及和讨论医疗教育养老住房四大社会民生问题的市场化。首先想要说明的有二点，一是把它作为回忆录的内容来写，是因为作为一个过来人，我是亲历和目睹了这三十多年来这四大民生问题的市场化的过程的，应该是我的人生中一段经历和一个感悟吧，所以把它作为回忆录来忆及和讨论。二是作为一个学者，特别是西南财经大学的教授，关于这四大社会民生问题的回忆和感悟，更多的是偏向于一种学术的讨论，我希望能从社会学经济学政治学的角度，从政治经济文化乃至历史各方面去探讨这四大社会民生问题的市场化是如何产生发展的。

需要明确的是，个人的观点一直是反对这些民生领域的所谓市场化的，市场经济的机制很好需要在中国建设，但这并不意味着所有的问题都必须由市场机制来解决，比如医疗教育养老住房这四大民生问题是一个社会福利问题，不能通过市场机制来解决，这是我的基本的观点

这一篇的文字将分为五个部分：（一）影响四大社会民生问题的各种因素；（二）病入膏肓的医疗问题；（三）岌岌可危的教育问题；（四）病态已见的养老问题；（五）无可救药的住房问题。其中第一个问题想要讨论的内容涉及到方方面面，既有经济上的市场化产业化机制，也有政治上的政策引导和管理方式，还有文化上的传统观念和人文积习，以及千百年来中国百姓的习惯和习俗。

第一章 影响四大社会民生问题的各种因素

目前中国社会医疗教育养老住房这四大民生问题所形成的市场化状况，是由这三十多年中各种各样错综复杂的因素造就与促成的，尽管这些因素也有主次之分轻重之分。所以在这一段文字中，我把凡是能影响到造成这四大社会民生问题的各种因素，都做一个泛泛的罗列和讨论，至于这些因素在医疗教育养老住房市场化中各自起到的影响和作用，会在后边的四个问题中具体讨论。

首先是所谓的市场化问题。其实市场化这个提法并不严谨也不科学，准确的应该讲市场经济，什么叫市场经济喃？这实际上是一个很深刻和广泛的学术问题，几百年来各种各样的市场经济学说和流派，充斥在市场这个舞台上展示出他们的风采或者说本来面目。在百度上搜索到的"市场经济"是这样定义的：市场经济（Market Economy）是指通过市场配置社会资源的经济形式。而与之相对的"计划经济"百度上是这样定义的：计划经济是对生产、资源分配以及产品消费事先进行计划的经济体制。

新中国成立以来，仿照前苏联的体制，实行了30多年的计划经济，指令性的计划经济体制，违背经济规律扭曲了客观经济关系，加之30多年的"以阶级斗争为纲"，使得中国经济在上世纪70年代末几乎面临崩溃的局面。好在邓小平先生在最关键的时间迈出了关键的一步，1978年11月召开的十一届三中全会，确定了结束"阶级斗争为纲"，把国家的工作重点转移到经济建设上来的政治路线与方针。但经济建设怎样搞？这是一个需要"摸着石头过河"的问题。

好在邓先生是实务派，在"不管黑猫白猫逮得到耗子就是好猫"的理念下，中国开始了对市场经济的探索，那就是进入上世纪80年代之后的经济体制改革，经济体制改革就是要由计划经济向市场经济过渡，或者说最终要抛弃计划经济实行市场经济，整个上世纪80年代都在这种探索和实际操作，它的过程是艰难曲折的，我在前边的回忆录《第十篇 子在川上曰 逝者如斯夫——我的七个年代回眸》中从个人的观察与感悟角度曾有过一些记叙。经济体制的转换阵痛和代价必然有的，好在在这一个十年中，我们终于坚定的脱离了计划经济的轨道，逐步向市场经济靠拢。

80年代末出现的意外，让经济体制改革放慢了步伐，甚至有停滞和倒退的迹象。仍然是邓先生，以88岁的高龄进行了看起来是漫不经心实际上是刻意的南巡，讲了一系列解放思想的话，再一次明确改革开放必须推进下去，终于扭转乾坤让国家再次回到改革开放的正确轨道上来。关于市场经济是姓社还是姓资，这个当时让很多人迷惑的问题，邓先生的回答十分简洁："计划经济不等于社会主义，资本主义也有计划；市场经济不等于资本主义，社会主义也有市场"。真正的市场经济，应该说是从那个时候起才在改革开放的轨道上踏踏实实的迈开了飞跃的步子。

市场经济在中国实现它的主导作用应该是在上世纪90年代。整个90年代计划的概念在淡薄和削弱，越来越多的经济概念和内容脱离了计划，逐渐以市场为主导，其中极为重要的是价格，越来越多的工农业产品在它们走向市场成为商品的时候，已经不由计划来定价了，而是由价值规律由市场来定价，计划经济逐步让位于市场经济，这是上世纪90年代改革开放一个重大的成果。1998年原国家计划委员会更名为国家发展计划委员会，特别是2003年改组更名为国家发展和改革委员会，是计划经济逐步让位于市场经济的一个重要标志。因为有了上世纪90年代这种以市场经济为主导的经济体制改革，我们在进入新世纪的时候，加入了世界贸易组织，进入了世界经济大家庭，才有了新世纪经济的腾飞。

就我个人而言，是充分享受到市场经济的益处的，除了和所有的国人一样，分享了经济体制改革步入市场经济后的种种红利外，并且在上个世纪90年代一方面在西南财经大学教学科研，同时也创办了自己的公司在市场经济中摸爬滚打，也赢得了商海中的盈利，实现了初步的财务自由。当然中国的市场经济也有它自己独特之处，我在上世纪末最终退出商海潜心回到西南财经大学任教，也是对这种特点有所认识和感悟之后，结合自己的天性和财务需求作出的决定和安排。

迈向市场经济这一步，是中国经济体制改革极为关键的内容，也是中国经济体制改革有所成功有所成就的重要标志。但是，从计划经济躯壳中脱颖而出的中国市场经济，不可避免的留有计划经济痕迹，上世纪80年代的由计划经济向市场经济的过渡，保留了相当长时间的双轨制，由于诸多的原因，进入90年代以市场为主导后这种双轨制几乎一直存在，即便是进入新世纪后计划经济的痕迹仍然随处可见，这是市场经济的中国特色，所以它也不是完全的市场经济。

双轨制为什么会长期存在，它有着其深刻的因素，在计划经济体制中我们的政府官员权力是很大的，因为一切都要按计划执行，所以从编制计划发布计划执行计划，都是有政府官员发出指令来实施的，应该说对这种权利，我们的官员们还是很眷恋的，如果没有高层坚定的改革开放决心，没有计划经济那些弊病，我们的政府官员是不愿意改变经济体制放弃这种权利的。所以从对权力的眷恋上来讲，技术的角度上凡是能够保存下来的计划经济色彩，在相当长的时间内都是会被眷恋权力的官员们保留住的，这也是人性的人之常情可以理解，所以双轨制也就长期存在了。

当然还有一种情况就比较复杂了，在我们的官员队伍中，不乏也有贪腐分子，他们其实在窥视制度的空子，去实现和满足他们贪腐的欲望。而市场经济和计划经济这两种体制，有着各自的特点，在绝对的计划经济或者完全市场经济中，贪腐可能钻到的空子要少得多小得多。绝对的计划经济，贪腐到的"东西"几乎不能"变现"，水至清则无鱼嘛，这里说到的"变现"有点黑社会"洗钱"的意思。在完全的市场经济中，明明白白的市场规则使得水清至底贪腐的路径很难，特别是完全的市场经济中官员们的权利并不大。只有两种体制混存也就是双轨制才使贪腐分子如鱼似水，计划使得贪腐分子们有相当的权利实现贪婪的欲望，而市场又使他们的贪腐成果易于"变现"。

　　当然客观的讲，在经济体制改革的过程中双轨制存在了相当的时间，也有其合理的因素。毕竟一个体制的转换不是小事，经过脱胎换骨的变革，所以难免会有这样或者那样的问题和难处，比如在上世纪80年代迈向市场经济的改革中，让价格不由计划决定而由市场决定在当时被困难的称为"价格闯关"，事实上上世纪80年代是没有实现真正的价格改革的，尽管当时为了这个改革做了大量的工作，1984和1988年两次抢购风潮，说明了在计划经济向市场经济转变的过程中，民众的消费心理都会影响到改革的进程，为此小平先生说"要摸着石头过河"才行。

上世纪80和90年代让计划经济向市场经济过渡并逐步被市场经济所取代，也是政府财政收支的需求，大包干式的计划经济不仅违背价值规律扭曲了产品的价格，也让财政背上了苦不堪言的包袱。比如当年4分钱一吨的自来水，差额完全是由国家财政在补贴，其实当时城市里边几乎所有主副食品包括蔬菜的供应，要实现平价的供应价格，都是由财政做出巨额补贴了的。从想甩掉这些包袱的角度，政府对于向市场经济的过渡和转换是有积极性的，这样财政可以甩掉很多沉重的包袱，这其实也是当年计划经济向市场经济过渡比较顺利的一个重要原因。

说到计划经济的弊端，当年我曾经历过这样一段趣事：应该是上世纪70年代中叶吧，当时我在金牛区商业局工作，与成都市委财贸部的工作联系很密切，管辖着全市财贸工作的市委财贸部，每年在初夏的五六月份都有一项很重要的工作，那就是替龙泉区的水蜜桃进行销售推广，因为当年龙泉驿区发展经济作物水蜜桃，是按照政府的计划指令进行的，当后来水蜜桃进入丰产期，指令龙泉驿区种植水蜜桃的政府当然有责任解决水蜜桃的销路问题，这个工作就由市委财贸部来承担了，因为水蜜桃成熟期很短很快，所以这项工作的推广细节还是挺有趣甚至是搞笑的。

当然从财政甩包袱的角度，政府对于计划经济向市场经济的过渡是有积极性的，但这也是相对的，包袱当然想甩掉，但权力不能放弃。计划就是一种指令，而指令下就包含着很多权利，这也是政府工作人员不愿意放弃的。所以就形成了计划经济向市场经济过渡的一个怪现象：凡是政府认为是包袱的东西，是迫不及待的想甩向市场；而代表着权力的那些东西，计划仍然很坚挺市场休想取代。正是这种怪诞的思想和做法，到最后就出现了不少怪现象，那就是需要市场的就市场化了，当然这并不意味着该市场化的都市场化了，而同时有一些根本不能市场化的东西，也作为包袱被市场化了，这之中也就包括我们要讨论的医疗教育养老住房这四大民生问题。

中国的市场经济一直被认为不是完全的市场经济，世界大家庭也一直不认同中国是一个完全的市场经济国家。在相当多的领域行政干预乃至指令还是很严重的，这些干预和指令虽然不以计划的名义出现了，但它总有各种各样的名目来推行，让这种行政干预和指令似乎很合法合理。究其根源这还是一种权力的寻租，要让公权力放弃他们对市场的干预，我们还任重而道远，还有很多很多的事需要我们努力去做去完成，而现在我们看到的这种公权力，因为多种多样的原因还在逐步的扩大。

接着要说到的是中国知识分子这个群体，中国知识分子虽然也做了不少为国为民的良好工作 但从为改革开放提供理论和依据的知识分子队伍整体的状况是不尽如人意的，几十年来由于多种多样的因素，使得知识分子中能认真做学问客观讲实话的人已经是凤毛麟角了，知识分子的整体状况是堪忧的。在我们的知识分子队伍中，有为数不少的专家学者，他们不是在认真客观的研究理论和实务问题，而是在根据为政者提出的或者是需要提出的各种行政行为寻求理论上的依据，这是一个很不好的风气。

我在1984年曾经参加过中国人民银行总行货币司委托金融研究所组织的一个当年货币发行量规模是否正常的研讨会，会议只有15人参加，除我之外都是当年国内金融界的翘首，在那个会上我是听见所有的知识分子大V都在人云亦云的引经据典的肯定当年货币发行量是正常的，只有我这个学习自然科学的青年助教，依据我构造的数学模型进行计算后提出了货币发行量可能超多的不同见解，也许是当年人很年轻不解学界的风情吧。这个研讨会结束后不到两个月，便爆发了国内首次抢购风，究其根源事实上是当年货币发行超量引发的，使人不解的是那么多专家为什么当时都要肯定货币发行量正常呢？

因为知识分子队伍的这种状况，使得不少的事情就错综复杂起来了，领导想要做的事情总可以找到各种各样的理论依据去证明它是正确的，会有很多自称为专家的学者，为各种领导想实行的行政措施找到各种各样合法合理的理由，而且这些理由是可以引经据典的从先哲或者圣人的著述中顺理成章的找到。这使人想起了在1978年展开的那场大讨论，那场关于真理检验标准的讨论，得到的结论是"实践是检验真理的唯一标准"，真理是客观存在的，不来自哪位领导乃至哪位伟人。

中国知识分子特别是从事软科学研究的知识分子大致可以分为几种情况，一种是有严谨的科学态度的，他们的很多真知灼见都是来自客观的研究和分析，从不看领导的眼色和脸面行事，讲科学讲事实讲道理讲真话，现在这种让人敬佩的知识分子已经越来越少了，并且他们的话语权极少且小。再有一种是从科学研究的角度与让人敬佩的上边这种知识分子一样，但基于很多因素他们基本保持沉默，更不愿公开讲述和表明自己的观点。第三种人数较多，随大流人云亦云，既然主流如此那就顺流而行，表现出一种无为和无奈。第四种极善察言观色，主要的精力和本事都在观察和揣摩领导的意图，然后按照领导的意思去进行自己的所谓科学研究，他们中绝大多数确实认为自己所做的事情就是自己的本意和初心，这部分人在实际工作中话语权是比较大的。最后一类就是做假事说假话心口不一的人，他们明明知道自己所讲所作所为十分虚假，但却经常去主动为之，扮演着卑鄙虚伪的角色，把所谓领导的意图表演得淋漓尽致，他们人数虽不多但能量却很大，。

我这种说法似乎有点过分贬低中国知识分子的味道，我自己也是中国知识分子队伍中的一员，自我反省和鞭笞也感到惭愧和形秽，几十年来中国知识分子都是处于风口浪尖之中，共和国前30年是被改造的对象，改革开放后虽然知识分子的地位和形象都有了很大的提升，但客观的现实状况使这支队伍确实让人不敢肯定和恭维。因为知识分子的总体状况如此，使得很多问题都比较难鉴真伪了，比如我们讨论的医疗教育养老住房四大问题，它们的市场化其实最初就是由一些专家学者引经据典的提出来的，中国知识分子整体的这种状况不能不说是使人很遗憾的。

东方传统文化中家庭观念是比较深刻的，这里要说到的有几个观念问题。一是关于财产的积累，用今天的话来讲就是资产投资，买房买地是几千年来中国的传统，但凡有了一点积累，都用来买房子或者买地了，所以在中国人的观念深处，房子和地不仅仅是自己用来住自己用来耕作，更主要的是他可以出租出去供他人住供他人耕作，而土地和房屋的持有者就是收租金了，地租和房租就是他们的收入，2000多年来的中国社会，买地买房是中国人发财之后梦寐以求的目标，也就是让自己成为地主或者房东。

买房买地中不乏有一些有趣其实是很悲凉的故事，由巩俐和葛优主演的电影"活着"讲的就是接近解放的前几年，因为地主的儿子热衷赌博卖掉了祖上留下来的房子，最后一无所有一辆手拉车就是他的全部家当。那另一户靠辛勤劳作积累下钱财接手买了这位地主儿子败掉的房产，从普通农民变成了有房户。解放了，按照阶级成分的划分政策，是以解放前三年的资产状况来划分的，于是地主的儿子也就是那个败家子成了贫农，是共和国的依靠对象，还有那个靠劳动积累了财富买了房的人成了地主，最终在革命浪潮中成了阶级斗争的对象被枪毙。

另一个观念是关于对子女的期盼。传统的中国人都把子女的发展作为自己人生的重要期盼，子女发展得好自己脸上有光，社会各界人士也是这样看你的，国人在对子女的期盼中付出了很大的代价，他们宁肯舍弃自己的正常生活，也要支持子女能够很好的发展，为了子女的发展不惜付出自己的一切。改革开放以来这种以子女为重的观念在子女教育培养上有着充分的表现，有些匪夷所思的情况发生正是因为家长们过分的看重了子女的教育，所谓"不要输在起跑线上"影响着成千上万的中国家长。

中国的家长中有很多是属于这种情况的，他们自己因为这样或者那样的原因错过了接受良好教育的机会，自己的发展因为教育程度不高不够受到一定的影响，他们把这种影响扩大了，把接受教育作为人生发展中唯一的重要因素。也正是因为自己没有得到很良好的教育，所以他们把所有的希望都寄托在子女身上，不计成本不计代价不顾一切的要为子女提供良好的教育机会，以便他们今后在人生竞争中稳操胜券。

中国教育的宗旨和目标一直存在较大的问题，定位的错乱导致了一系列的问题，"一分定终身"决定了中国应试教育的模式，这种错误的模式无论对哪一方面来讲都是有害无益的。考上一所好学校是所有家长和学生梦寐以求的，而要上一所好学校的前提是中考和高考的分数，为了这个分数，首先是教育的宗旨背离了开发智力的基本目标，填鸭式的知识灌输扼杀了青年学生的活力，特别是中小学生，在他们正该认识世界的时候却被绑在了分数的战车上，疲惫不堪的数年奔波劳累。使得他们无暇也无精力去关心他们该关心的事情，当然更不可能主动的去提升自我的能力。

教育的这种状况让学校学生和家长都处于一种十分紧张的状况，学校办学的目标就是提高升学率，只要升学率上去了，在众人眼中这就是一所优质学校。要成为一所优质学校，除了要有优秀的教师之外，优秀的学生来源其实也很关键，所以寻求优质的小学生初中生一直是所有基础教育学校学生为了取得进入优质学校的门票。优质学校必须要取得中考和高考的优异成绩，这里边分数是关键，所以我们的教育几乎都成了应试教育。

关于中国的基础教育想在这里赘言几句。中国的基础教育个人一直认为学制太长，12年的中小学更多的是一种知识的灌输，少有思维的提升与能力的提高，就是灌输的知识中，也有一些片面甚至不妥的内容。比如长达六年的小学教育，撇开其他的内容不说就其知识的架构来讲，语文主要是两三千汉字的认识当然也包括阅读和写作，数学就是数包括整数小数分数的四则运算，这些内容耗费了孩子们六年的时间。至于中学学习的内容当然丰富得多了，但有些该有的内容一直缺位，比如学数学知识很多考点也很多，但逻辑学却没有，也就是说我们的中学生几乎没有接受到系统的逻辑思维教育，这不得不说是一个很遗憾的事。

学校的紧张是提高升学率和寻求优质的学生，那学生和家长们紧张什么呢？那就是名校难求名校难进。学生们因为尚年轻也不是择校的主要角色情况还好些，家长们特别是笃信并进入那种"不能输在起跑线上"状态的家长，那就不是一般化的紧张了，在关键的时刻可以用疯狂来形容，家长们的紧张或者说疯狂营造了一种适合教育市场化的氛围，起着一种推波助澜的作用。

还有一个就是养老问题。赡养老人是中国传统的道德准则，深刻的家庭观念以及家庭结构使"养儿防老"的观念根深蒂固，中国老人中绝大多数都是居家养老的思想根源皆源于此，尽管近年来由于社会经济生活的一些变革，社会养老有所发展但仍没有成为养老的主流，早些年老人去养老院一度被诟病，似乎是家中子女不孝或者是有其他问题才使老人们住进养老院，近年来这种观念有所改变，进入养老院的老人逐渐在增多，这是一个积极的变化。

老年人的养老究竟是一个家庭问题还是社会问题，这是需要探讨的。中国的传统观念使得养老成为了老人自己和家庭的事，很少有人认为养老是社会的责任，这是一种本末倒置。宏观上看现在的老人在他们的过往中，对社会是做了巨大贡献的，社会需要回报他们，当他们需要赡养的时候，赡养的主体不应该是他们自己和家属，而应该是老人们曾经做过巨大贡献的社会。

随着年龄的增长，很多老人都把自己的老年生活放在了一个夕阳西下的位置上，潜意识深处认为人老了就成了家庭和社会的累赘，因此对自己的养老生活有一种得过且过的错误观念，他们少有去回顾自己曾经对社会做出的巨大贡献，更少有对社会提出保障自己养老生活质量的要求。传统的道德观念让他们认为养老是自己和家庭的事，出于少给家庭和亲人增加麻烦的想法，他们的养老生活不是追求高质量的，这是因为他们没有认识到养老是一种社会责任而造成的。

还有一个要提及一下的问题是，国人在看病求医用药上的理念。医疗应该是一种科学吧，从上世纪五四运动国人开始接触到"赛先生"到今天也不过百余年，所以对科学的认识和理解。还有许多盲区，反映在求医用药上就有很多盲目性了。比如，身体有点状况有一些感冒之类的一些小病，不少人还是把它看得很严重，少有人相信可以进行自我的身体调节让感冒之类的小病自愈，广泛使用抗生素广泛输液是国人常有的选择。

如果病情稍许重一点，也许是中国医疗机制平台自身有些原因吧，国人一般都只相信名医院大医院，这也导致了医疗资源使用上的不平衡。对重病的恐慌好像是一个比较普遍的现象，患上了一些治疗难度较大的病乃至所谓的"绝症"，无论是病人个体还是相关的亲朋群体都有点"谈虎色变"，能坦然处之因势利导积极治疗的不多。

在中医西医中药西药的分歧和争论也表现出国人在求医用药上一种困惑和矛盾。我在前面的回忆录中曾经专门谈到过个人对中医西医中药西药的看法，我虽然倾向于认为西医西药更为科学一些，但对中医中药也不是一概排斥，我主要是对中医中药为什么不进行"双盲试验"感到困惑和不解。其实中医中药也是有相当的科学性的，特别是对因人而异的对症下药中医中药有它独到之处，只是它的成功个案虽有不少但普遍性不强，是一种科学普及性不够的表现。现在关于中西医的争论有极端的表现，相信西医西药的人几乎是完全排斥中医中药，认为它不是科学，而笃信中医中药的对西医西药的排斥也很强，很多人认为西医西药对个体的针对性治疗不是很强。

应该说其实有不少的国人还是相信中医中药的，特别是对人体的调节上不少人还是倾向于中医药的，但究其本质上说，相信西医西药的人还是占了多数，这从像华西医院省医院及几个市立医院经常是人满为患一床难求便可以得到了解，重病大病患者还是绝大多数都靠西医治疗的，曾经传为笑谈的是天津中医药大学中医专家张伯礼教授，2019年在武汉参加抗击新冠疫情时患了急性胆囊炎，他没有采取中医治疗，还是到武汉协和医院用西医的手术摘除了胆囊。

另外就是传统的中医药医院，像成都中医药大学附属医院，它的科室设置还是按照西医的分类进行的也可见一斑，这使得中医中药有点被边缘化的味道，一个中医院的分科是按照西医的科目进行的，在某种程度上说明了中医难以进入医疗的主流这个使人很困惑的事实。

个人认为中医中药在某些环节某些个体还是有它独到之处，特别是对一些身体机能的调节治疗，以及一些像感冒之类的传染性强但症状并不严重的病症，中医中药的预防和治疗还是很有效的，在求医用药的过程中似乎不要一概排斥为好。西医有西医的优势，中医有中医的特点，不管是中医西医，都得因人而治，要根据不同人的不同情况，去进行正确的选择积极治疗。

第二章 病入膏肓的医疗问题

在几大民生问题中，医疗问题是最为严重的，当初良好的医疗改革愿望，被一个市场化弄得面目全非，除了资本满载而归外，所有当事各方都是伤痕累累受伤严重。进行医疗改革的愿望既是良好的更是美好的，因为改革的对象是计划经济体制下满受诟病的公费医疗报销制度，所以有必要对公费医疗作为一个回顾。

作为计划经济的产物，医疗改革前几十年我们一直实行医疗的公费报销制度，这个制度虽然有它一定的积极面，但它的负面效应更为严重。首先是因为覆盖面不大而带来的不公平，公费医疗仅仅是对有公职的人员执行的，不仅占人口多数的农民没有，就是城市中吃商品粮没有工作的人也没有，这使得公费医疗的覆盖面相当低，能够享受到公费医疗的人并不多，这是一个层面上的不公平。

再有一个不公平就是能够享受公费医疗报销的人群之中，相互也有较大的差异，比如企业和事业单位的差异就很大，事业单位包括行政单位是由国家财政拨款运转的，所以它的医疗报销也是由国家财政承担的。企业的情况就不同了，企业是自负盈亏的，它的公费医疗报销实际上是企业运转的成本，两者的差异是显而易见的，这主要表现在报销的范围和难度上，就是通常戏称的"屁股决定福利"。

医疗的公费报销制度自身也有不少问题，随着人们逐渐对身体健康和疾病的关注，医疗资源包括药品的浪费也在日益加重，更为重要的是公费报销的负担逐渐超出了能够承受的范围，特别是对企业单位，如果企业生产经营的效果不十分理想，承担员工的医疗公费报销还是有相当的难度的，它或者使企业不堪重负压力过大，或者是公费医疗报销成为一句兑现起来很难的空话。

除了公费报销制度这些内在的自身的问题外，财政和企业对这种公费医疗报销制度能否很好地坚持下去也有了疑虑，因为报销的实际需求逐渐超过了财政和企业能够承受的范围，在心理上也形成较大的压力。职工在公费医疗报销制度下的就医也产生了一些不好的现象，这种现象主要是造成了大量医药资源的浪费，当年不少的家庭家中就像一个小药库似的，因为药品是公费免费报销的，不少的人在医院中开了很多药来储存，这也促使有关方面在考虑如何对公费医疗报销制度进行合适的改革。

在这种背景下，对原有的计划经济体制下的公费医疗报销制度进行改革呼声极大势在必行，国家希望通过医疗制度的改革改变因为差异而带来的不公平现象，更希望医疗改革能改变和克服医疗资源不堪重负和浪费的情况，应当说这种初心是良好的，愿望也是美好的。于是在上世纪末即将进入新世纪的时候，国家顺应形势推出了医疗体制改革的方案，这个方案是通过在江苏和江西的"二江"即镇江与九江的试点的产物。

1998年国务院颁布了《关于建立城镇职工基本医疗保险制度的决定》，要求在全国普遍建立统一的城镇职工基本医疗保险制度，这是中国医疗保障制度改革历史上的重要里程碑，后来相继推出的城乡居民基本医疗保险和新型农村合作医疗两项制度，这几个医疗保险制度对于逐步建立国人的医疗保障体系无疑是积极的，这种要建立全民医疗保障体制的初心和本心应该是要被肯定的，如果坚持这个初心和本心，我们的全民医疗保障体系无疑会逐步的建立和完善起来。

使人感到遗憾的是，在推出这些医疗保障体制的同时，我们选择了医疗市场化的道路，让医疗全面走向了市场，不得不说这是一个很不明智乃至错误的举措。出台建立城镇职工基本医疗保险制度的初衷与指导思想是"政府主导和市场机制结合"，这本无可厚非是完全正确的，问题是需要结合的"市场机制"是什么？也就是这里的"市场"该怎样理解和实施，在这一点上，当初很多提倡和推行医疗市场化产业化的专家学者误读了国外市场经济国家的一些医疗制度。

现在世界上实行全民医疗保障的国家和地区很多，他们也确实实施的是"市场机制"，但是绝大多数国家和地区的"市场机制"不是医疗的全面市场化产业化，是"市场"有各种医疗手段供患者根据自己的情况选择，而其前提是保障基本人群的全民免费医疗，至于高端的医疗市场上，有条件有需要的人可以根据自己的情况去作市场选择。这是一个完善的健全的全方位的主要是提供给病人选择的市场机制，而不是像我们现在这样的让社会资本以盈利为目的进入医疗领域。

我们的医疗市场化是什么情况呢？它有两个基本特点。一是让社会资本大举进入了医疗行业，在医疗市场化产业化的鼓噪下，大批以盈利为目的的民营医院得以产生和发展，不能去指责和为难这些社会资本和民营医院，因为资本的本质就是逐利的，社会资本投向医疗这个领域，目标一直很明确就是要盈利，因此对由这些社会资本创立和发展的民营医院，不能站在道德制高点上去让别人不去盈利，既然是盈利的民营医院，就不可能指望他有公益的福利，民营医院是为赚钱而来的，它不是颁发福利的施主。

以盈利为目标的民营医院，它的所有的一切运作都是为了盈利，所以各种各样医疗中的不良现象出现了。过度检查过度治疗已是很一般的现象了，至于那些更为恶劣的行为，我就不想在这里细述了，我想作为社会的人，我们大家已经耳闻目睹了很多很多了。民营医院是按照民营企业的运行规律和规则在运作的，民营企业的基本管理方式就是盈利目标的分解，也就是业绩和利润挂钩，这使得医护人员们逐渐在各种不良乃至恶劣的医疗行为中逐渐深陷，成为这种不良和恶劣行为的参与者和推波助澜者。也不应过分的指责我们这些医务工作人员，人性是经不起考验和检测的，既然有那样的制度，必然会引导和指引相关人员。按照制度所希望的路径朝目标努力。

现在这批民营医院数量众多，已经占领了了医疗行业的大半壁江山，尤其是在各个专科治疗领域，现在已经很少有公办的专科医院了。现实的情况其实是很严峻的，以成都为例除了像华西医院省医院中医药大学附属医院以及几个市医院仍然很坚挺的成为医疗主流外，其余的公办医院都逐步在与民营医院的角逐中处于劣势，更不用说本来应该成为基本医疗保险制度的社区医院了。这当然也导致了华西医大那几个大医院常年的人满为患，始终都在满负荷运转，因为患者得不到该有的分流。

比较庆幸的是医疗领域中的全面市场化，还没有出现我后边将要谈到的教育领域的市场化基础教育中社会资本的民办中学挤兑甚至挤垮公办中学的情况，尽管在整个市场化的过程中，社会资本的民办医院也采取过民办中学相似的手段和方法，有和民办中学相似的过程，但最终还是没有出现让他们占据主流地位的情况，这也许是医疗领域较之于教育领域它的技术性更强一些吧，这使得我们很多公办医院的医护人员没有出现潮水般的从公办医院涌向民办医院的情况，这确实是需要庆幸的。

还有一个值得庆幸的是人们对民办医院的认同度还是比较低的，多年的现实情况告诉人们，民营医有些人有些事不能信不敢信，这一点也有点与教育领域中基础教育的市场化不同，现在优质的民办中学学生和家长的认同度是极高的，都蜂蛹的希望在这些民办中学取得一席之位，而民办医院似乎还没有出现这种情况，它们不是在质的方面占优势，而是在量的方面占据着优势，当然他们的营运手段，比如宣传呀主动与患者联系沟通呀，在这些方面它们有着比公办医院厉害得多的手段和方法。

这种情况的发生是我们错误的把医疗的市场机制理解成了全面的市场开放，让社会资本全面进入医疗领域任其自由竞争，这样民营医院就泛滥了，无序的恶性市场竞争使民营医院的质量并不高，高额的治疗费用并没有提供相应的医疗服务，更没有产生真正能提供高端医疗服务的优质医院，不仅使医疗领域的正常机制被破坏，民营医院自身也没有得到社会的认同，口碑其实很不好。

两个基本特点的另一个，是让市场化的手段和方法全面的进入了公立医院。现在的公立医院，它的营运与管理模式是完全市场化了的，所有的医护人员都被绑在了市场化的机制中。且不说一直被诟病的药品采购和使用中的猫腻，就是通常的诊断检查处方上市场的痕迹都是很深很深的，其核心的目标仍然是利润。公办医院走到这一步其实也很无可奈何，因为它几乎已经与财政供给脱钩，医院的生存和福利靠的就是市场性的经营，在这种情况下，你能让医院的管理者和医护人员如何处之。我已经说过了，人性是经不起考验的，只要是人他就会有欲望，而这种欲望在市场经济中往往是个无底深涯。

在一些很有名气的公立医院，比如成都的华西医院省医院等，尽管也是按照市场化的经营和管理模式在运作，但品牌的效应使得它们不愁病人，一床难求使得这些公共医院在运作手段上不用像民营医院和一些经营困难的公立医院那样使人不堪入目，事实上它们也用不着去采取那些令人不齿的手法。但对一些在与私立医院较量中逐渐败退经营状况不好的公立医院，从某种意义某个角度上来讲也就不得不采取私立医院相似的运作手法和手段了，这是一个很令人遗憾的局面，当然这种局面既很悲凉也让当事各方包括病人与医院都不得不处于一个十分尴尬的地位。

医疗的全面市场化这两个特点给初衷良好的基本医疗保险制度蒙上了阴影，使得基本医疗保险制度在实施中也遇到了不少麻烦和困难。因为医疗机构的市场化，无论是公办的还是民办的医院，就其营运的本质来讲，都有一个收入成本费用利润的核算问题，已经市场化了的医疗机构要追逐它的利益最大化，就不得不背离治病救人的宗旨，于是各种花样各种手法就在医院和患者之间展开了，治疗诊断的过度检查是一个普遍的问题，至于过度治疗也是明里暗里花样百出，这给病人同时也给社会医疗保障机构带来了很大的经济负担，因为病人在医院里付费，是分为社保机构报销和自费两部分的。

给病人个人带来的经济负担我就不在这里赘述了，凡是有就医经历的人特别是有重大疾病或者是慢性疾病自费药较多的人，对此是会有深刻体会的。医疗机构市场化这种追逐利润的经营目标，也给社会保障机构的医疗费报销带来很大的麻烦，它实际上形成了双方的一种博弈关系，医院为了追求收入和利润会提高治疗费用，高额的需要社会保障机构报销的治疗费用使社保机构感到很麻烦不堪重负，为了使总体的由社会医疗保障机构承担的费用保持在一个合理的水平，社会医疗保障机构不得不出台很多限制性措施，来约束医疗机构的种种不规范甚至不正常的治疗行为，这些限制性措施是否都具有合理性和科学性，是否对病人的治疗都是积极有效的，就不用我在这里多言了。

社会保障机构与医疗机构特别是私营医院的博弈情况有时甚至是难以想象的，有时听到看到感觉很是匪夷所思。本世纪初，我的母亲迈入了古稀之年，最初一直在家中居家养老，后来她年轻时的工作伙伴们来邀约她一起去医院养老，我听到此事之后觉得很奇怪，医院又不是养老院，如何养老呢？后来到医院去看她的时候，才知道是医院利用当时社会保障机构医疗费用报销不健全的漏洞，让采用口口相传的方法，让老人们互相邀约到医院住院，本质上就是养老式的生活，医院承担住宿饮食和治疗所有的费用，老人个人无需交费，而老人在医院养老这些费用，就是医院以治病为由向社会保障机构报销的。

记忆中我的母亲和她的伙伴们曾经辗转于多个医院，当然都是一些民营的私立医院，前后有好几年的时间。后来社会保障机构在察觉到这种情况后，先是出台了一个在一个病房病床只能治疗多少天的政策来约束这种情况，但医院很快就有了对策，老人可以由这一个楼层科室的病房转到另一个楼层另一个科室的病房，病历上治疗的科目也发生改变，仍然向社会保障机构报销，面对这种几乎就是骗保的情况，社会保障机构最终还是想办法从制度的完善上终结了这种情况。公立医院没有走到这一步，但一些经营困难的公立医院，也仿造私立医院这种方法，有一些类似的增加治疗收入的方法。

这种双方的博弈其实有很多时候涉及到病人这一方，具体表现就是社会保险机构能报销的药品是有所规定有所限制的，很多重大疾病或者慢性疾病病人往往要使用效果较好但需要自费的药物，这无疑增加了病人的负担，特别是对经济状况经济基础不是特别好的病人，为了治病需要比较长期服用的自费药品，也给病人带来除了疾病的生理病痛外，更带来了额外的心理上的精神负担。在这种背景下医患关系我们即便不用紧张这个词来表达，至少也是处在一种信任度不够的状态吧。

这种医疗的全面市场化是怎样产生和形成的呢？始作俑者应当是我们一批专家学者。一直以来，就有一批专家学者在鼓吹医疗领域的市场化，更多的时候他们把医疗市场化美名为医疗产业化，他们认为只要医疗市场化产业化了，原来的计划经济体制下的公费医疗的弊病便会自然的被克服和消失，他们把医疗的市场化产业化美化到了无以复加的地步，这应该是上个世纪90年代的事了。而此时，处于经济体制改革大潮中的无论是国家财政还是企业，正在为计划经济体制下公费医疗报销倍感头痛，有专家学者们开出的这种"改革"药方，自然会感觉良好了，何况当初建立"国家主导和市场机制结合"的社会医疗保障制度的初衷是良好的，谁也没有想到后来会走到医疗全面市场化的地步。

中国的病人对疾病治疗的思维当然也包括实际治疗行为在某种意义上也起到一些推波助澜的作用，对病人来讲当然这很悲凉也很无奈。因为多种多样的因素，病人包括他们的家属在对疾病的诊断和治疗上，也许是宏观上医患关系双方的不信任，都很追求到大医院好医院名医院治疗，诊断治疗上也尽其自我的经济能力追求高水平的治疗，在用药上更是如此，这事实上为医疗机构推行他们的市场化产业化提供了一个市场平台，病人及其家属们都有这种高端的要求，医疗机构当然要满足这些要求，提供良好的高水平当然也是高收入的医疗，放在这个过程中也就顺理成章的完成了医院市场化的目标。

经过 20 多年的发展，目前医疗体制确实已经实现全面的市场化产业化，发展之深入广泛让人感到已经不可逆转了，它不仅已经形成一个制度上的模式，更形成了一个思维上的定势，让人感到医疗就是如此就该如此。这让人不得不感慨市场这个东西在中国的特殊性，它像具有鬼斧神差之力似的，落在哪个领域就把那个领域的市场机制演绎得尽善尽美，不仅参与这个市场的各方都在他们的市场定位中扮演好了自身的角色，并且深入到各自的思想之中让人感到这种局面不可改变，我们现在事实上就处于这种被动和难堪的状态，它使医疗治病的相关各方都十分尴尬。

出现这种其实各方面都很被动和难堪的局面，是当初提倡和鼓噪医疗产业化的专家学者们混淆了一个基本的概念，那就是医疗的市场机制不是全面的市场化，他们提倡市场经济是对的，但他们不明白并不是所有的领域都需要通过市场的手段来解决问题，比如医疗教育养老住房这些民生问题是不能用市场的手段来解决的，他们当初的混淆和错误导致了后来医疗领域全面市场化的种种后果。医疗的社会保障是需要市场机制来支撑，但绝不是全面市场化，更不是把包括市场竞争在内的市场手段全面的使用在医疗领域中，成熟国家的全民免费医疗，它们的市场机制支撑是提供不同层次的供病人选择的医院，而且前提是保障最广泛人群的最基础的医疗。

这种医疗的市场化产业化它带来了什么呢？那就是现在社会上普遍存在的"求医难，治病难"。毋庸讳言，这种"求医难，治病难"已经成为一个严峻的社会民生问题，需要我们严肃的去面对，去认真探讨和研究如何改变这种局面，让治病求医不再成为民众的一个难题。因为医疗领域的市场化产业化已经发展到这种全面深入的地步，要真正解决这个问题是一个很庞大的系统工程，它涉及到社会的方方面面。

目前一种意见和呼声是政府应当实行免费医疗的全民保障制度，财政拿出钱来让国人治病不再花钱，尽数由财政兜底，这种意见显然是一个基本的和基础的解决问题的方式，如同目前世界上绝大多数国家和地区都已经实行全民免费医疗一样，在中国也实现全民免费医疗。个人认为这种意见和呼声无疑是正确的，也是解决"求医难治病难"这个社会民生问题的基本出发点，以我们国家目前的财力，仅仅以实现全民免费医疗为目标，应该是没有问题的。但问题的重点和难度不仅在于此，更为重要的是面对已经市场化产业化的医疗机制如何去解决和处理比财政拿出钱来实现全民免费医疗更为棘手的问题，让我们的医疗机制脱离市场化的轨道，回到正常的状态中来。

有哪些问题需要去解决和处理呢？当然首先是能否决定由国家对全民免费医疗承担所有的费用，这是一个基础和出发点，先有了这一点其他的问题才能排上日程去看能不能逐步解决。当然这个问题的解决其实也并非易事，全民免费医疗已经讨论了多年，民众的呼声也很高，这么多年迟迟未能做出决定妥善解决，显然也有它内在的方方面面的矛盾和问题需要解决，它涉及到国家治理的方方面面，牵一发而动全身也不是那么轻易说解决就能解决的，但个人总是相信这个问题的解决是个早迟的时间问题，因为无论是从全球范围看没有实施全民免费医疗的国家和地区已为数不多了，还是从国内民众要求实现国家全民免费医疗的呼声看是日益紧迫，所以这是个迟早要解决的问题。

实施全民免费医疗得有一个医疗机构良好的基础，那就是公平有序的以"治病救人"的宗旨为病人提供良好的医疗服务的医疗机构体系，而这一点是目前已经市场化产业化的现有的医疗体系难以承受的，简言之，就是现在病入膏肓的市场化了的医疗体系，必须要进行根本的改造，同时赋予相应的其他措施，打造出适合全民免费的医疗机构体系。这里边首当其冲的是数量庞大的民营医院何去何从？仿造国外把他们都打造成为高收费高服务的优质私立医院是不现实的，国内民众的经济状况是用不了这么多高品质的私立医院的，如何改造这些民营医院实际上是一个严肃的现实问题，只有处理好了这个问题，才谈得上正常的公平有序的能作为全民免费医疗基础的医疗体系的建立。

曾经设想过由国家财政出钱全面收购这些民营医院，把它们改造成为公立医院，这显然既不现实也没有这个必要，数量众多的各门各类民营医院，当初是为了盈利由社会资本打造的，市场这只看不见的手指挥着他们无序竞争，形成了目前良莠不齐的局面，让国家财政拿出钱来收购显然是不妥当的也没有可操作的条件，更重要的是全面免费医疗需要的与之适应的医疗体系平台对它们不是悉数都需要的，它们中有一小部分可以打造成为为全民免费医疗服务的医疗机构成员，但更多的是需要彻底改造甚至淘汰。当然这个问题说难也难说易也易，当初这些民营医院就是社会资本按照市场运作的模式和规则无序建立的，那么最简单的处理方法还是遵循市场规律吧。

关于民营医院的改造，通过市场机制的运作和淘汰，最终会留下两种类型的医院，一种是数量不多的高端医院，鼓励社会资本把这类医院打造成真正能适应主要人群需求的私立医院，政策和法规上可以允许他们有利润，但必须明码实价不能暗箱操作，让高端病人明明白白的进行医疗消费，也让医院赚他们该赚的钱，这有点"周瑜打黄盖"的味道，一个愿打一个愿挨，只要事情是明白的推行起来也许并不难，毕竟在现有的中国消费群体中，有需求有能力进行高端消费的人还是不少的。

另一类可能数量会大一点，就是要引导社会资本有回报社会的理念和精神,放弃过高的利润追求，在微利下建成类似于社区公立医院那种层次的医院，成为全民免费医疗保障制度的最广泛人群的基础治疗保障。他们的微利也要建筑在严加管理的基础上，其实核心就是公开透明，有了公开透明的管理制度，再加上病人有选择医院的市场自由，最终这种医院的投资者和管理人会明白，这种建立在微利基础上的运作，才是他们的生存和发展之道，当然要做到这一点，教育引导和管理的工作是非常必要的。

真正比较麻烦的是公立医院，要适应全民免费医疗，它们需要有一番脱胎换骨的改造。公立医院虽然姓"公"，但多年来已经完全像民营医院一样，是按照市场化运作的模式在经营和管理的，如果仍然让他们在现有模式下运作，那么全民免费医疗将不能正常的实施，甚至有可能走入一个失败的死胡同中去。需要对公立医院进行方方面面的重新建设，包括医疗宗旨和理念，包括运作的管理模式，当然更为重要的是公立医院中工作人员的收入和福利，这些问题的妥善解决不是那么简单的，但它又必须解决，否则实施全民免费医疗就是一个空中楼阁，没有良好的医疗机制平台做基础随时都可能崩塌。

公办医院的这种情况确实有点积重难返的味道，也许改造起来确实难度很大，但从另一个角度看应该还是很有希望的，这个希望就是我们的长江后浪。中国医科大学的建设从来就有一个很好的基础，人才的培养是层出不穷的，随着时间的推移一代一代的新的医务工作者，会在新的职业理念和价值追求中展示出让人面目一新的姿态，当然当正常的医疗体系得以建成的时候，他们的工作应该受到社会的尊重，也一定会取得社会应当赋予他们的该有的一切，包括收入和福利。

再有一个就是民众的治疗观念需要进行良好的引导，患病后应尊重医嘱根据病情在不同的渠道就医，而不能盲目的一窝蜂似的涌入公办大医院，而这一点以国人现有的情况来看，需要做的工作还有很多难度也不小。比如实行全民免费医疗后，多数的病都应该在社区医院就医，这除了要在医疗体制平台中建设好一大批社区医院并让它们提供良好的服务外，还必须让病人明白，一般的病都应该在社区医院进行治疗，而社区提供的服务是能够满足病人治疗一般疾病的需求的，这一点实施的难度其实不小，特别是对儿科病人难度更大，君不见只要小孩一生病家长们就像发了疯似的焦灼燥动状况吗？所以对病人及其家属进行全面的医疗指导乃至基础治疗知识的普及任重而道远。

这之中也有一个正常正确的发挥中医药作用的问题，现在关于中医药是雷声大雨点小说得多做得少，上层似乎很强调要提倡中医药，民众在一般的议论中似乎对中医药也很推崇，在实际中中医药是被边缘化了的，著名的大医院多数都是西医，少量的中医药大学附属医院其实也是按照西医的方法在诊断治病，中医药不过是个点缀，只有在一些售卖中药的门店中，才看得到有很多专业的中医师在座堂就诊，这种情况还是应该尽力的去改变，路径就是应该让中医药尽量的科学化，西医西药所坚持的"双盲实验"还是应该引入中医中药，不要老被人曲解中医中药没有科学性。

尽管医疗的市场化已病入膏肓，但作为首要的民生问题还是需要认真解决，需要有坚定的决心和落实的措施，用真金白银去解决这些早就该解决的问题，因为医疗这个民生问题本身就是一个社会责任，社会应当有担当解决这个问题。否则，作为世界第二大经济体，作为一个泱泱大国，在全球没有实现全民免费医疗的国家和地区已经为数极少时，我们还跻身于其中，还让民众在医疗市场化的恶果下彷徨和不知所终，是对不起我们自己的，与大国的称谓也名不符实。我们希望医疗这个民生问题能够尽早进快的得到了圆满解决，让民众不再受"求医治病难"的困扰，我们相信随着时代和社会的进步，医疗这个重大民生问题一定会得到良好的关注和解决。

第三章 岌岌可危的教育问题

教育领域的市场化，从现状看来似乎比医疗领域要好些，除了学前教育和基础教育影响比较严重外，高等教育虽然也有影响但还不至于特别难堪。其实教育领域鼓吹和宣传市场化，比医疗领略的宣传和鼓吹要早得多力度也大得多，大概因为是教育领域从市场化的角度来看技术性要强一些难度要大些，加之教育领域的教师队伍对市场化还是有所疑虑有所抵制，至少没有全方位的配合，所以雷声大雨点小想要市场化产生的效果远比医疗领域差，这也许算是一种幸事吧。

但实际的情况还是很严重的，学前教育和中小学基础教育是市场化的重灾区。学前教育的市场化从某种意义上来讲实属无奈，因为公办的幼儿园数量确实太少，完全不能满足学龄前儿童的入园要求，要让财政拿出更多的钱来举办幼儿园也不现实，加之幼儿园的规模一般都不会太大，进入的门槛较低，适合于各种社会资金介入，所以相当长的时间来以来，由社会资本兴办的民办幼儿园，很早就占据了学前教育的大半壁江山。好在这些民办幼儿园除了收费高外，从服务上来讲还是不错的，也正是因为这种不错的服务，才能得到幼儿家长们的认同。当然这种收费高也不是小问题，特别是一些高端的幼儿园，歧高的费用也使大多数家长难以接受而被拒之门外。

由于发展的不均衡，较之前几年一些民办幼儿园也出了一些匪夷所思的虐待儿童的情况，教育部曾经下文要求所有的民办幼儿园都转为公办，因为这涉及到很多实际问题，所以民办幼儿园转公办的要求其实一直没有被落实，其中最主要的原因是财政拿不出那么多钱来去收购民办幼儿园，所以这也就成了一纸空文。当然现在至少是没有允许再继续新建民办的幼儿园了，还是鼓励国家拿出更多的钱去兴建公办幼儿园，这也许是学前教育中一桩良好的事，也是改变学前教育中民办幼儿园占据多数的机会，这表明有关方面已经看到学前教育中的问题了。

中小学基础教育的情况就比较严重了，很多年前社会资本就开始涉猎基础教育，投资兴办民办中小学。小学的情况是稍好些，除了多年来国家兴办的公办小学无论在数量上还是品牌上都占据着优势外，小升初不需要经过考试也使社会资本新建的小学缺乏迅速占领市场的手段和比较标的，所以情况还不至于特别严重，只是与学龄前教育的幼儿园一样，一些高端的所谓"贵族学校"歧高的收费和比较别致甚至另类的教育模式与方法，也在小学教学中引起了一些争论，从某个意义上来讲这应是对正常的小学教育的一种影响和干扰。

中学的基础教育，因为有中考和高考这两个竞争门槛，使得社会资本介入基础教育占据市场有了机会，中考和高考这两桩"分数面前人人平等"的试金石让办学的水平有了鉴别的手段，所以社会资本的渗入也就是基础教育的市场化便一步步形成。现在的情况是除了一些声望特别高的公办普通高中比如成都的479外，绝大多数公办中学都在与民办中学的拼搏和竞争中逐渐落伍，基础教育的市场逐渐被社会资本所占领，也就是中学教育的市场化基本形成，在这个过程中，社会资本所兴办的中学采取了市场竞争的多种手段和方法，使得民办中学迅速展示出在中考和高考中的优势。

在相当多的地方，都曾出现过社会资本兴办的中学，在刚开始营运的时候，是不计成本的高薪招聘公办中学优秀教师，更是用免学费以及高额奖学金的方法挖尖子学生到学校就读，采用一切可能采用的方法，拔苗助长般地培养出一届高考中考成绩优异的学生，一鸣惊人般的让世人对它另眼看待，学校也因此进入学生与家长的视野，得到学生和家长的认同打开了生源来路，招生规模迅速扩大，在有了一定的规模后，收费等也随之提高，让不少公办中学望尘莫及自叹弗如。

从表面上看，社会资本介入基础教育兴办中学似乎也没有什么大的弊病，不去深究还是认为它的教学效果和成果是不错的，似乎也不能责难，但实际上它内在的一些问题明显的表现出这种市场化所带来的后果。早期是教师队伍的趋利流动导致了公办学校教师队伍的不稳定，后来的用给予奖励的方法吸收优秀学生也造成了中小学毕业生的一些困惑和混乱，也就是说市场竞争的手段使得基础教育领域原有的正常秩序被打乱，从而使得我们希望基础教育能回归到正常轨道上的努力受到干扰。

基础教育偏离正常轨道主要有两方面，一是应试教育，二是社会培训。当然不能说这两个问题是因为社会资本介入和基础教育形成市场化产生的，产生这些问题是我们的基础教育多年来在指导思想和实施措施上自身出了问题，但基础教育最终出现的全面市场化，对这两方面的问题起到了极大的推波助澜作用，使得我们的基础教育想要解决这两个问题的难度增大。

其实从培养学生的角度来讲，民办中学更注重的是所谓尖子生的培养，对进入学校的大多数学生重视的程度远比公办学校差，这些尖子学生在民办学校中得到很多特殊的学习支撑和帮助，目标就是让他们在中考和高考中进入能够提升宣传的名次，让社会从这些尖子学生的高考中考分数上认同学校，目的也是为了更好的招生。如果比较公办学校和民办学校大量的普通学生的中考高考成绩，实际上两类学校的差距并不大，不少于公办学校还领先于民办学校，按孔夫子"有教无类"的思想，过分重视尖子生进行拔尖并不是很妥当的，是有背教育的宗旨和规律的。

比较庆幸的是我们的公办中学没有形成像公办医院那样,全面的执行了市场化的办学思维和模式,公办学校无论在招生收费办学上都没有按市场规则和手段运作,这应当是教育和医疗这两个领域市场化很大的一个差异吧。公办中学这种没有随波逐流卷入市场化运作模式的坚定,保持了基础教育中一块纯净的良土,也让我们看到了基础教育的希望,这也是最终我们最优秀的基础教育仍然是公办中学的原因之一。

基础教育有这样社会资本逐渐渗入并占据市场的市场化,产生的过程很漫长也很复杂。其实国家教育主管部门一直有社会资本不能介入义务教育的规定,按照这个规定社会资本是不能办初中和小学的,但不知何故这种违反国家规定的民办初中和小学一直在举办也一直在运行,这其中的猫腻应该是很多的,时髦的说法应该是钻政策的空子吧。近年来一直在讲要把高中教育也纳入义务教育,那么严格的讲社会资本也就不能介入基础教育了,但现有的民办中小学占据半壁江山的情况如何进行改变,也许又会像学前教育的幼儿园一样不能落实成为一纸空文。

不得不直言我们的学生家长的执着焦急乃至疯狂,对基础教育中推行市场化起到了推波助澜的作用,中国的家长在关心子女的读书问题特别上心特别焦虑,一批又一批的家长们每当自己子女要进入中小学时,在选择学校上表现出一种特殊的关切,为了让孩子读上一个心仪的学校,家长们是不顾一切的,也是不计成本的,市场化就是需要这种不计成本的疯狂的家长。其实孩子在哪种学校读书才合适,要根据孩子的具体情况来确定,很勉强的让孩子到不适合于自己的学校就读,实际上是取不到良好学习效果的,这一点很多一直处于焦虑状态中的家长是不明白的。

家长们这种不计成本的疯狂择校,形成了民办中学的一种卖方市场,为基础教育的市场化提供了很好的平台,既然社会需求那么大,民办学校自然在可能的方方面面包括收费上入校门槛上招生方式上都采用了很强烈的市场化运作手段,使得基础教育的市场化被全面推进到了极致。因为竞争的手段和基础不同,除了一些有名的公办学校外,一般的公办中学是竞争不过这些民办中学的,全面市场化的基础教育让民办中学成为了主流,话语权的增大使得基础教育中民办中学逐渐掌控了市场,使得基础教育的全面市场化走到了今天这样的程度。

学前教育和基础教育的情况如此,高等教育也不容乐观,尽管从主流上看公办高校在高等教育中仍然起着主导的作用,但从90年代开始的20多年的时间中,由社会资本开办的民办高校,在数量上几乎占据了高等教育的半壁江山,无论是高校的数目还是在校的学生数,它都几乎和公办高校平分秋色。因为社会资本举办高等学校就是为了盈利,所以他的办学模式实际上就是一个民营企业,收入成本费用利润是它运作的关键和核心,因而国内的民办高校始终不像国外的私立大学一样成为品牌名校,客观的说国内民办高校作为高等教育市场化的恶果比学前教育和基础教育更严重。

首先是对学生，进入民办高校的学生交纳着比公办高校高出一两倍的高昂的学费，但并没有享受到相应的该有的与学费相匹配的高等教育，恰恰相反，因为国家对民办高校的学生没有公办高校那样的生均财政补贴，民办高校的投资方和管理者在考虑教学成本和营运利润的时候市场化的痕迹是很重的，很多该有的教学投入得到保障的系数并不高，使得教学达不到应有的效果。因为收入是民办高校运作和投资者利润的基础，所以除了学费高昂之外，很多民办高校还有名目繁多的二次甚至多次收费。

其次是教师，民办高校的教师本质上来讲就是民营企业的一个员工，他们是按照民营企业的标准享受着比公办高校低的薪酬和各项社会保障，也不容易得到公办高校经常有的进修等提升自我的机会，所以他们的归属感和稳定性是较低的，从而也影响到他们的工作目标，相比于公办高校的教师，他们更多的把自己定位为教书挣钱，在多个学校上更多的课是民办高校教师比较普遍的情况，这当然对潜心教育多少有点影响。更为重要的是民办高校的教师长期处于这种状况，他们的心态其实会通过多种渠道影响到学生，这种不太好的影响，有些时候实际上是很深刻和严峻的。

正是因为这些原因，民办高校的教师结构是不能适应高等教育发展需要的。因为教学投入的不够以及教师的状况，民办高校的教师队伍呈现出明显的数量不足，专职老师只占教师的一部分，更多的是兼职老师，大量聘任兼职教师一个很重要的原因就是成本较低，只需要支付课时费而不需要购买社会保险五险一金等。民办高校的教师队伍中部分是从公办高校退休下来的教师，再就是青年教师，中年的骨干教师十分缺乏。青年教师各方面情况远低于公办教师，现在国内公办教师都具有博士学历，民办院校仅有硕士学历即可。

国内民办高校无论是社会定位还是自我定位，都处于高等教育的低端，仅管学校数和在校学生数较高，但办学的质量一直没有突出的表现，大多数的民办高校都是在社会资本投资教育领域赚取利润的轨道上运行，这应该是教育领域市场化最恶劣的结果，也是需要改变教育市场化状况最充足的理由。

民办高校特别是民办高职还有一个比较大的问题，就是把学生以实习为名安排给用人单位使用，学校向用人单位收取费用,通俗的被称为"卖学生"。这种情况在早些年企业招工难时比较严重，近年来通过教育主管部门的监管有所收敛。这种情况是严重违背学生权益的，所谓的实习仅仅是一个幌子，同学们到了工厂实际上是生产线上的顶岗工人，而得到的实习报酬是很少的。

比较庆幸的是国内起着主导作用的公办高校，由于多种多样的原因，没有像公立医院那样陷入市场化运作的模式，尽管有一些市场化的痕迹，但影响不是很大，公办高校的主流地位使得国内高等教育市场化的影响,不像基础教育和学前教育那要严重，公办高校现在也有一些市场化的东西，因为有财政拨款和生均拨款的支持，这些市场化的迹象没有在公办高校产生严重的影响。

作为一个教育工作者，我在公办院校工作了几十年，退休后有十年都在民办高校担任院长，民办高校它有很深刻的结构性毛病，这种毛病其实教育主管部门知晓的，也在尽力的想改变这种情况但收效甚微。国内民办高校主要的问题是产权关系不明晰，学校的法人地位没有得到真正的保障，尽管教育主管部门希望它其实也有法规规定民办高校应该是一个自主办学的独立法人机构，但在执行过程中很难得到该有的支持和保障。

民办院校聘任的院校长，在办学的过程中自主性和独立性都不是很强，至少不可能行驶独立自主办学的权利，真正在民办高校起着决定性作用的，是投资方派驻在民办高校的高管，因为学校运作的目标是为了盈利，所以在学费收入办学投入上，更多的还是这些高管直接对投资方负责，院校长们能够发挥最大的作用主要是教学的行政管理，因为民办高校最大的成本和费用是员工也就是教师的薪酬与福利，在这一方面最有发言权的往往还不是院校长，而是那些住在学校里面的投资方的高管。

教育主管部门也与国家其他行政部门出台了想要改变这种状况的法规，主要是民办高校的所谓"分类管理"，也就是民办高校分为两类，一类是盈利性的一类是非盈利性的。新举办的民办高校必须是非营利性的，已在运行之中的民办高校在规定的时间选择是办成盈利性还是非盈利性的学校。盈利性高校按照民营企业的方式进行管理，非盈利性高校必须健全学校的独立法人机制，由院校长自主办学自主管理。

这些设想看起来也很不错，但在实施中却有不少的问题。比如，即便是新建的非盈利性高校，还是选择了非盈利性办学的原有高校，如何从制度上保证这种民办高校的独立自主办学权利其实十分模糊和含混，因为不能从体制上真正界定高校资产的归属，所以要想让民办高校成为真正的法人机构实现自主办学还任重而道远，在实际的操作中其实还处于一种混沌的状态。

至于选择了举办成营利性学校的民办高校，那就完全成了一个民营企业，行政主管部门宽松的民营企业的管理方式，使得这类营利性民办高校它的种种行为，包括学生收费、教学投入等方面监管的力度就更为松弛，学校的盈利也合法化了，唯一的监管手段就是需要缴纳企业所得税，至于管理方案中所设计的比如土地划拨等制约手段，能够起到的实际作用并不大。

其实从大的管理体制就决定了民办高校这种市场化运作机制与公办高校的差异，国家的教育法规规定：公办院校执行的是党委领导下的校长负责制，而民办院校实行的是董事会领导下的校长负责制。这种差异从本质上来讲是十分严峻的，它从最大的也是最基础的方面规范了民办高校市场化的运作机制，有一种使人无可奈何的感觉。

所以，个人认为这种修修补补似的加强民办高校管理的方法，听起来很不错执行起来难度却很大，效果也不会太好，除非在管理方案中有更坚定更有力的政策与措施，这种政策和措施必须要抓住如何才能让高等学校不成为赚钱盈利平台的核心和关键，这之中比较关键的是招生指标的分配，既然招生指标是一种计划中的事，那就应该发挥计划的积极作用，不盲目的被教育领域市场化所利用。

高等教育中这种社会资本兴办的民办高校形成的市场化，改变起来还是有相当难度，他比学前教育和基础教育的改变更难。要想彻底克服和解决民办高校在办学中的很多弊病，曾经有人建议国家拿一笔钱出来，把这些民办高校收购了转为公办院校，提出这种建议的人也包括笔者自己。但这显然是一种很不切实际的憧想，目前国内民办高校的规模已经发展到几乎占据了高等教育的半壁江山，这么庞大的数量让财政出钱收购显然是不可能的，只能是一种理想化的一厢情愿的设想。

比较实际的还是加强管理，已经形成法规的对民办高校的"分类管理"，从架构设想上还是不错的，社会资本如果坚持投资赚钱的理念和思路，那你就干脆彻底的完全的市场，走盈利办学的路子，而愿意并且能够放弃盈利赚钱目标的，就去办非营利学校，两类学校采取不同的管理方法，这个思路的架构是不错的。现在需要完善的是具体的监管措施，对举办非营利性高校不走市场化路子的，从各方面予以大力支持，而对那种盈利性高校，监管措施的关键就是让他们真正回到了完全市场化的路径和轨道上去。

当然随着我国人口状况的变化，需要进入高等教育学习的青年人数在逐年减少，因为民办高校办学的质量并不高，加之它们的收费普遍比公办高校高，所以随着时间的推移，招生难应该是这些民办高校会面临的，既然当初是因为教育领域市场化让它们得以产生，也许市场化也是它们最终可能的归宿。

第四章 病态已见的养老问题

因为现在国内居家养老仍然是主流，基于很多因素老人们都选择的居家养老，特别是 70 岁以下的老人多数都是居家养老，就是到了 80 岁的老人居家养老的也不少。出现这种情况主要是中国传统的家庭观念和道德观念，使得老人们认为居家养老才是正常的归宿，当然也有其他原因比如经济因素。应该说中国传统的家庭观念和道德观念对人们的绑架还是很深刻的，意识深处老人自身和家庭亲属都认为养老是自己的事，特别是子女有对老人赡养的责任，我虽然不认为老人和子女有这种认识与行为有什么不妥，中国传统的道德观念还是需要弘扬，但对于众多的老人和家庭不能认识到养老是一个社会责任问题感到遗憾，我们需要强调社会对老人的养老是有责任的。

因为居家养老是主流，所以养老所谓市场化问题表现得还不是那么突出，客观中也不像医疗和教育一样显现了市场化的很多弊病和矛盾，但是需要指出的是，养老的市场化问题不仅已经开始，其实也已经到相当程度的深度了，养老市场化弊端和矛盾也是比较很严重的了，至少如我的标题一样，它已病态已见，从某种程度某个意义上来讲，这种病态已见所隐含着的问题随着时间的推移，随着越来越多的老人从居家养老改变为社会养老，这种社会养老的市场化所带来的种种问题便会逐渐突出起来，我们希望各方面能重视这一点，不要再形成医疗和教育市场化那种想要解决问题但又很难的状态。

养老市场的现状与教育领域的学前教育相仿，也就是公立的养老院数量是比较少的，之所以供求矛盾不突出，是因为幼儿进行学前教育都必须要选择上幼儿园，老人的数量虽然也可以和幼儿相比，但众多的老人并不是都必须要进行养老院养老，多数老人选择了居家养老，所以公办养老院数量很少的矛盾并不突出，但客观的事实是，公办的养老院确实数量是很少的，是不能满足老人们进行社会养老需求的。在这种背景下，与医疗教育领域相仿，以盈利为宗旨的社会资本早就迈入养老领域，开始了他们的养老市场化产业化，把养老做一个盈利的市场点竞争去拼搏。

如同社会资本举办的民办幼儿园比较多一样，社会资本举办的养老机构也比较多，从数量的角度远远的把公办养老院抛在后面，事实上因为现在公办养老院数量不多很难进入，选择在养老院养老的老人们进入这些民办的养老院的人数是比较多的。我的母亲今年94岁高龄了，从她80岁起也就开始了在养老院养老，因为老人比较固执也比较挑剔，她始终坚持一个原则就是不愿意我们子女为她出钱养老，坚持要在自己退休工资收入允许的范围下选择合适的养老院，因此从10多年前开始，我便常年奔波于各种类型的养老院中，为她选择适合她养老的养老机构，所以对各式各样的养老机构特别是对这些民办的养老院的基本情况还是比较了解的。

先说说公办养老院，数量不多的公办养老院主要分为两种类型，一种是由民政局主管的养老机构，比如成都市第几福利院等等，它的营运主要还是财政拨款，辅以老人在养老院中的交纳的养老费用。另一种类型是一些大的国营系统比如铁路局，它下边也有一些叫疗养院的养老机构，这些养老机构主要是对自己系统的老人服务，也对外接受老人入院养老。公办养老院在管理和服务上还是比较规范的，收费上也是按照国家批准的标准，所以相对老人在公办养老院养老的费用要低些，服务虽说不上是尽善尽美，但多年公办的思维特别是它早年接受的员工都来自比较正规的渠道，所以服务理念还是比较正规的，这也是公办养老院一直受到青睐的很重要的原因。公办养老院总的床位较少，要想进入公办养老院难度还是比较大的，多数是排班，也有靠关系进去的。

民办的养老院情况就比较复杂了，有服务与收费都高端的也有一般的。比较高端的养老院一般都是一些大型企业集团投资新办的，无论是硬件的设施设备还是软件的服务质量，应该都是相当令人满意的，有些特别高端的甚至提供的是酒店式服务，在这样条件的养老机构中养老应当说还是很惬意的，当然收费也特别高，有的甚至高到令人咋舌的地步，没有相当的经济条件，是不可能考虑这样的养老机构的。这种高端的养老机构中有一些是与房地产开发与销售联系在一起的，老人购买了它的养老公寓房，可以按协议分期付款，就可以进养老机构.来享受这种高端的服务。

更多的社会资金建办的养老院还是普通水平的，建办一个普通养老院的门槛还是较低的，所以这种养老院数量还是比较多，在有的地区甚至有全面开花的味道。普通水平的民办养老院也有一些层次的差别，主要表现在收费和服务上。好一点的养老院硬件设施都不错，服务也很好，特别是他的服务人员有一定的层次，主要是表现在受教育的程度上以及年龄上，如果是让老人自己的退休收入来支付养老费用而不需要子女及亲人赞助，那么这种好一点的养老院应该是从事业单位退休的老人为主的，入住的老人有一定的文化程度，所以这一类养老院日常进行各类文化活动都比较多。

数量比较多的还是那些中低端的民办养老院，这些养老院收费虽然比公立养老院高，也比较适合更多的老人养老，特别是从企业单位退休的老人退休金不是很高，比较适合在这类民办养老院中养老。这类民办养老院更多的是把老人的吃与住作为服务项目，所聘请的服务人员虽然也有相当高的照顾好老人的理念，但总体来讲文化素质较低，主要的精力都是放在让老人吃好住好，文化性的活动少有进行，好像入住这类养老院的老人多数也文化程度不高，对各种文化活动兴趣也不大。

近年来因为比较重视社会养老工作，所以还有一种比较小型的建立在社区之中的民办养老院，这种养老院有点民办公助的味道，民政部门和社区主要提供养老医院的场所，估计这些场所是免费提供给举办方的，目的还是尽量的降低老人入院的养老费用，这类养老院的老人都不多，一般就是10多20个老人，有四五个从社会上招聘的人员进行老人吃住的养老服务，因为费用不是特别的高，所以还是比较受欢迎。

还有一些经营状况不是特别好的医疗机构，也提供养老服务，它主要是针对那种确实有这样那样疾病的一些老人养老，因为是医疗机构办的，所以在老人疾病的治疗上比普通的养老院要好一些，普通的养老院至多能够设一个医生或者护士，而这种医疗机构办的养老院能够全方位的提供老人所需要的疾病治疗，这种医疗机构办的养老院一般都和医保有比较密切的联系，也得到医保同意老人在住养老院的时候产生的治疗疾病的费用医疗保险可以按相关规定进行报销。

也有一些养老条件特别差的民办养老院，有一些养老院硬件条件很差，有的一间房中住了六七个老人甚至有10多个老人的，也没有独立的卫生间，老远就会有一种很不好的味道。这种条件很差的养老院估计主要是提供给那些没有正常收入的老人的，因为毕竟是民办的，他要维持基本的运转还要赚钱，所以条件虽差但养老费用也不是很低很低，只是相对比那些条件好的养老院便宜得多。

因为现在居家养老的老人占了多数，进养老院进行社会养老的老人数量不多，从市场的角度还是一个买方市场，也就是要进养老院的老人和家属们去选择养老机构，总体的说来这些养老机构来养老的老人不是很充足，经常是有房间和床位空着的，这也给老人和家属们提供了一个根据自己需要和情况进行选择的机会。观察起来，众多的民办养老院虽然是市场机制在运作，但并没有太多的市场竞争，当然更谈不上不正当的竞争手段了，养老院都很正常的尽量把自己的事情做好，等待老人们选择入住。所以从这个角度来说，养老的市场化程度还不是很高很激烈。

市场化程度不高不激烈并不意味着养老的市场化倾向没有问题，从未雨绸缪的角度看，其实现在养老的市场化已经暴露出一些问题，至少有一些迹象需要引起我们的高度重视，及早的做好养老这个民生问题工作，要警惕和避免像医疗和教育领域的市场化已经出现较大问题的时候，才来进行修补和改造的工作。目前养老领域的市场化已经显示出他的一些毛病，要趁这些毛病还没有扩大化的时候，提早做好各方面的工作，不要让养老领域又成为一个市场化产业化的实验场所甚至重灾区。

首先需要树立的是老人养老是一种社会责任和担当的理念和观点，这涉及到当事的各方各面，首先是老人自己，再有就是家人和亲属，当然需要承担责任和担当的相关方面更应有这种理念。对老人和亲属而讲，不要笼统的被传统的道德观念所绑架，中国传统的道德观念也就是尊重老人爱护老人是必须推崇和坚持的，但这绝不意味着把老人养老视着自己的责任，大家都应该明确老人养老是一个社会民生问题，不是老人自己和亲属的事，这与中国传统的道德观念是两回事，这一点认识和理念特别需要承担社会养老责任和担当的相关各方树立，有了这一个认识和理念才能把老人养老的事情真正做好。

目前社会养老虽有市场化的倾向，但因为进养老院的老人不是太多，所以这个市场机制还是个买方市场，主要是老人和亲属们在选择养老院，当然这里说的是民办养老院，公立养老院是一床难求的。因为是买方市场，所以在价格啊服务啊等方面，情况还比较正常，还没有出现医疗和教育领域那种消费者面对收费和服务无可奈何的情况，也就是说整体的养老的市场机制还是还没有太离谱。这种比较正常的不是太离谱的局面给我们防范养老领域市场化提供了一个很好的机会。

要做的事情里边首先还是要拿出钱来，大力兴建和发展公办养老院，要在明确养老是一种社会责任和担当的前提下，国家财政应该重视这一块投入，要有计划有步骤保障资金投入去兴建相当数量的养老院，让公办养老院成为社会养老的主流，让进行社会养老的老人进入公办养老院不是一桩难事，这是让养老领域不至于在今后进入全面市场化的前提，有了相当数量的公办养老院这个主流,才会有正常的市场机制产生,这个正常的市场机制会支撑着社会养老在正常的轨道上运行。

在拿钱出来兴建相当数量的公办养老院让之成为社会养老的主流,在某种意义上来讲它的难度比医疗和教育要大得多。医疗和教育这两大民生领域,因为一直的需求就很大,所以无论在计划经济体制时期,还是在改革开放后市场经济体制时期,国家对这两个领域的投入一直是比较大的,现在好的医院好的大学仍然是公办医院公办大学,就是因为这几十年来国家的投入,几十年逐渐的投入形成了公办医院和公办大学良好的基础,无论是在基础建设和设施上,还是医生和教师这种技术人才的积累上,都显现出相应的公办医院与公办大学的对民办医院和民办大学绝对的压倒性的优势。

而因为几十年来我们的社会养老需求一直不多,国家在公办养老院的建设上投入明显的少于医疗和教育,我们已步入老龄化社会,社会养老的需求会逐渐增多,所以说从时间上还是很紧迫的,好像是一笔几十年的欠账似的,要在比较短的时间内拿出一大笔钱来兴建公办养老院,让公办养老院成为社会养老的主流,应该说无论从哪一方面来看都是有相当困难的,但是有困难还是得解决,还得下决心拿出钱来,承担起老人养老的社会责任,我们希望也相信这个事情会妥善解决好的。

与此同时,要引导和规范好社会资本进入养老领域,不要像医疗和教育领域一样任其自由发展,要有配套的政策导向让社会资本有序进入养老领域,要让想进入养老领域的社会资本明白,盈利不应该是他们的主要目标,社会资本作为社会的一个组成部分,他们也应该有老人养老的社会责任,也应该有社会的担当。当然不是说不让他们赚钱,但不能用各种市场竞争的手段把养老领域的市场机制弄得面目全非。要让社会资本兴建民办养老院时,选择和确定好自己的定位,少量的可以举办高端的民办养老院,提供高端的服务当然也收取高昂的费用让有这种需要和条件的老人们选择,还有更多的民办养老院应当和作为主流的公办养老院一起,在微利的前提下提供老人养老的服务。

对社会资本想要进入养老领域的这种政策引导和管理十分必要,要吸取社会资本在进入医疗教育领域时缺乏必要的政策引导和管理的经验教训,让社会资本理性的有序的进入养老领域,还是那句话市场机制不是全面的市场化,提倡在民生问题上有市场机制,但绝不是全面的市场化。目前在医疗和教育领域因为全面市场化引发出来的问题和矛盾已经有极重难返的味道了,希望在养老领域建立有序的市场机制的时候,未雨绸缪做好各方面的工作,让想进入养老领域的社会资本认清和明确自己的定位,在建立养老领域的市场机制中,发挥正常的良好的作用,不要像目前医疗教育领域那样因为全面市场化产生很多副作用,以至现在想要调整难度都很大。

家庭在中国传统文化中始终都处于一个很重要的位置,中国人家庭观念的深刻使得选择居家养老的老人们数量是比较多的，养老机构服务的现状也使老人和他们的亲人对在养老院养老不是特别的放心，基于这种居家养老的老人数量还是不少，在养老政策上还是应该考虑到这种情况。所以，在拿出钱来承担老人们养老的社会责任的时候，除了上边说到的，要抓紧时间兴建更多的公办养老院外，也有一笔资金考虑到如何支持老人们居家养老这种情况。其实出钱支持老人们居家养老在国外的经验很多，比如日本就做得相当的好可以借鉴，这样既适应了老人们选择居家养老的习惯，也在一定程度上减轻了老人们进养城老院养老时，养老院数量不足的压力。

支持老人们居家养老的政策措施其实很多，比如老人到达一定的年龄如果选择居家养老，就由民众出钱处理对老人居家养老的家中的安全设施进行改造，以防止老人在居家养老的时出现安全问题。再就是由民政出钱给老人配置居家养老的上门钟点服务人员，定时定点的对老人进行养老服务。还有就是一日三餐建立相应的老人餐饮制作的，定时定点的给老人上门送餐。这些方法都是可以采用的，目的就是适应和支持老人们选择了居家养老之后如何给予积极的服务。

其实民政上现在已经有了一些虽然少但确在试验和实施的支持老人们居家养老的办法，有些方面作得还很不错，但不得不看到工作的力度还不够，还差得很远，仅仅处于一种小范围小规模的摸索试行阶段，希望有关方面能够总结这方面的经验，逐步扩大支持老人们居家养老的各项扶持工作，踏踏实实的努力把这方面的工作做到一个更高的起点更大的规模，为老人们多办一些实事好事。

人口的老龄化是一个趋势，我国实际上已经很迅速的进入了老龄化社会，养老问题逐渐会成为一个十分重要的民生问题，趁现在养老领域的市场化还没有走上不规范不妥当的路子，抓住机会做好养老高潮到来之前的各项工作。这之中关键是一个经济问题也就是钱的问题，我们相信只要认识和明确到养老是一个社会责任和担当的问题，我们是应该并且可能拿得出充足的资金来解决养老问题的，不要像医疗领城和教育领域一样，去提倡什么全面市场化，指望让市场化去解决养老问题，重蹈医疗领域和教育领导的覆辙，走到养老全面市场化的路上去。

第五章 无可救药的住房问题

这个时候来说住房这个民生问题的市场化，显得有些滑稽和无奈，所有的事情都以木已成舟，"大家"都已经在这条船上风雨同舟了，这里的"大家"是非常广义的概念，除了有社会民众外，也包括政府、金融机构、房地产开发商等等。因为这些滑稽和无奈，我把这一段的小标题用"无可救药"来表示，其实不是无可救药，是因为已经没有必要再救了，住房的市场化已经把"大家"

都绑在一起了，确实是一个无可奈何之事，虽然现状和结果是无可奈何之事，但研究研究讨论讨论还是应该有点意思的。

"住房"这个概念现在其实都很不准确了，现在通用的习惯的说法是"商品房"，住房已经成了商品房，这是铁板钉钉的事情了，仅这一个说法便可以看出和知晓住房的市场化程度有多深。有一组数据大家可以关注一下，由此可以从大数据上了解到住房市场化的基本情况，这些数据首先是人均住房面积，当然这个人均中的"人"概念上有几种说法，往大的说那就是全国人民的人均住房面积，往小的说是城镇居民人均住房面积，感兴趣的还可以去分门别类的了解一线城市和准一线城市居民人均住房面积。这些数据应该是相当大的了，大得足以说明房子已经摆脱了居住的属性，成了实实在在的商品，由此可见住房的市场化程度已经深刻到了何种地步。

第二个数据是空置房面积，目前全国空置房面积有多少？这个数据如果能够精确的统计出来，一定是相当惊人的。当然统计这个数据工作难度还是比较大的，因为空置房的界定从概念上来讲不是很明白和准确，即便是有准确的概念，统计工作的操作和实施是会有相当困难的，虽然精准的空置房数据难以真正取得，但住建部应该有一个抽样调查的数据，这些数据一定能够反映出来住房的商品化已经到了什么程度，当然由此也能判断出住房的市场化已经进行到了什么程度。当然还有一个最直接的办法就是夜晚到各个小区去观察亮灯的密度，他可以给你一个直接的感受和认识。

第三个数据是国际上普遍采用的判断房地产市场状况的租售比，也就是房子的每月租金与房子的购买价值之比，通常人们用这个数据来判断租房还是买房哪个更划算更应该采取。当然不同的地区不同的城市租售比是不同的，不过一个不争的事实是目前在全国无论哪一个城市，这个租售比一定高得令人砸舌，这一点不用去统计数据，每一个参与到住房市场化的人都会现实的感受到这个统计数据的状况，得出的结论显然应该是买房不如租房，但住房的全面市场化仍然使得人们乐此不疲的踊跃买房。

中国住房的市场化从上世纪80年代开始，迄今已经有30多个年头，30多年来住房的市场化让"大家"在它所指引的道路上狂奔，最终发展到目前这种无可救药的状态。这30多年是怎么走过来的呢？也就是住房的市场化是怎样产生和发展的呢？这需要回顾早年特别是计划经济体制时的住房分配制度，住房的市场化就是由当年的住房分配制度的改革起步和开始的，如同医疗领域的市场化是从当年的医疗公费报销制度的改革起步和开始的一样，因为要改革住房分配制度，住房便逐渐货币化商品化最后走到市场化。

源于计划经济体制的住房分配制度，城镇职工当然也包括他们的家属住房都是由单位分配的，这个单位既包括事业也包括企业，同公费医疗报销一样，在住房分配上事业单位的职工比企业单位的职工要优越得多。这种参加工作就由单位负责分配住房的制度，伴随着各种单位职工人数的增长，便逐渐显现出僧多粥少的窘迫，事业单位还好矛盾不太突出，企业单位本身就是靠企业的经营积累来修建职工用房的，职工用房的数量与企业的经营状况紧密相关，经营状况不太好的企业在住房分配上就显得很捉襟见肘了。

当年的住房建设某个意义上来讲确实是一桩大工程，对任何一个单位来讲，要修建一幢或是多幢职工用房都不是一件小事情，除了先要列出计划向有关部门报批外，资金的来源和筹措是一个大问题。事业单位的建房资金是由财政划拨的，虽然少去了自我筹措的麻烦，但等待时间从列入计划到实际划拨到位还是一个漫长的过程，对期盼有房可住的职工来讲，这个漫长的过程是很令人很煎熬的，但不管怎么样的等米下锅，总比需要自己去找米下锅要好得多，毕竟事业单位是吃皇粮的嘛。

企业单位就要艰难得多了，因为它的建房资金需要自我筹措，这得要看企业的经营状况与效益，如果经营效益不好积累不多，修建职工用房就像空中楼阁一样很难落实，职工们就只好一年一年的期盼着等待着。当然企业单位也要看单位的情况，大中型的国有企业修建职工住房的机会显然比小企业特别是集体所有制企业多得多，这实际上也造成了同样是为国家工作的职工，但因为所在单位的差异，在住房分配上也有极大的差异，而在当年分配住房可是一桩最大的职工福利。

其实就是事业单位，住房的分配还是很紧张的，毕竟住房不是小白菜，建造和分配都不是很容易的，事业单位虽然比企业单位好一些，但僧多粥少的情况也仍然存在，这就要看你在什么样的单位了，还是那句"屁股决定福利"的老话。我在 1982 年大学毕业后分配到当时的四川财经学院今天的西南财经大学工作，便经历了一段很有特色的住房分配，1982 年的高等学校，住房其实是特别紧张的，虽然是事业单位，但住房的建造赶不上教职员工数量的增长，但我所在的四川财经学院却是另一种状况。

当时四川财经学院已划归中国人民银行总行管理，总行为了改善教师的住房，调拨了很多资金为学校修建教工宿舍，我入校不到半年，便面临着一次住房分配。当时修建的房屋也许是因为人民银行总行财大气粗的原因吧，拨付的资金较多房屋也修得较多，而当年的四川财经学院又有一个特殊的情况，就是他的教职员工人数并不多，因为在文化大革命中学校停办期间，它的相当多的教职员工已经离开了学校，当年教学的主体就是我们 77、78 的一批刚毕业的青年教师。面对修建起来的那么多教工住房，大家很是兴奋的都以为有新房可住了，但坊间突然传出一种说法，说是这批七七、七八级的年轻教师毕业后工作还不到一年就要分配新房，资历好像不够，横向和其他高等院校比较也不易平衡，所以一度有房子空着也不分给年轻教师居住的说法。

不管这个坊间说法是否为真，瞬间便激怒了这批青年教师，当时的四川财经学院离了这批青年教师确实不行，因为教学的骨干就是这批青年教师，青年教师的反应方式也很奇特，既然话语是从坊间传出的，大家也在坊间留话讲如不给我们分房子我们就不上课了，本质上就是要罢课了不过是在坊间说的。有关方面听到这个青年教师要不上课的传言，立马出面澄清说从来没有不给老师们分房子的计划，于是各方面都高高兴兴的进入了如何分配这批新建的教职工用房事宜中去了，我在这次分配住房中，按资历分到了一套所谓的小一套二，面积60多个平方，这在当时真是个意外惊喜。

因为当时成都各个高校教工用房其实是紧张得很，我搬进新居后，正好成都科技大学我的几位老师来四川财经学院办事，顺道来看了我，看到我毕业刚半年才是一名青年助教居然住到了这样的新居感到惊诧不已，他们说在我的母校按当年的房源情况，只有教授才能分配得到这样的房子，他们纷纷感叹四川财经学院的福利真好，人民银行财大气粗有的是钱，拨款修了这么多新房子。更惊喜的事情还在后边，这个所谓小一套二的新房子住了不到一年，又一批教工用房竣工了，再次进行的住房分配中，我又分到了一套所谓的大一套二房子，面积要多几个平方，于是又第二次乔迁新居，好在那个时候搬进新房子也不像现在要装修，真如果是装修了，那又再搬新房子就麻烦了。

还是说到正题上来，计划经济体制下这种住房分配制度，随着单位员工的增加。便逐渐显现出它的矛盾和问题，直截了当的简单说就是单位的建房速度赶不上员工的需求，越来越多的单位不能实现给员工提供住房的情况，这种计划经济体制下的住房分配制度已经走到必须要改革的时候了。上世纪80年代是计划经济破冰向市场经济过渡的时代，所以这时提出了住房分配制度改革的思想和方案，它的核心内容就是把住房的实物分配改革为货币补贴，职工的单位不再承担向员工分配住房的责任，而是改为向职工发放住房补贴，以货币补贴的形式解决职工住房问题。当然与之配套的就还有一个已经分配给员工居住的住房改革，简单的讲就是把原来分配给员工的房子卖给员工，这应该是商品房的最初概念吧，尽管这个概念当时还比较含混，从产权界定的角度它确实也不是今天的商品房。

同样也是我所在的四川财经学院，当年已改名为西南财经大学就曾为住房改革发生过一桩趣事，住房改革在西南财经大学是搞了两次。当年的西南财经大学，对住房改革制度还是很积极的，在很多单位还在疑虑和彷徨的时候，他率先在较早的时候就迈出了将住房出售给教职员工的改革步伐。记得当年一切方案都弄好了，买房的教职员工已经把购房款都交给学校财务了，这时从北京中国人民银行总行发来了一句话，这些房子是我们总行拨款给你们修的，你们怎么招呼都不打一个就把房子给我们卖了呢？于是交了的购房款又被退了回来，第一次住房改革就这样流产了，都又过了一年多，在各方面的沟通交涉下，才再次启动住房改革，这一次算是真正的改革成功了。

住房分配制度的改革实际开辟了商品房的窗口，因为实行住房的货币补贴后，单位员工的住房问题就不由单位分配解决了，而是由市场解决，也就是说职工需要购买商品房居住，所以说住房分配制度的改革直接推动了房地产开发和销售市场。大规模的住房分配制度改革是在上世纪90年代逐步完成的，也就是在上世纪90年代初，国家也确定了要发展房地产事业的政策，比较显着的政策导向是大幅度减少了商品房流通的税费，原来交易一套商品房国家需要收纳购房款的30~40%的税费，后来降在5%以下了，这对于促进商品房的流通至关重大，因为房产只有流通起来了市场才能形成。

我在前面的回忆录中，曾经在多处回顾到了从上世纪90年代开始到现在的中国房地产产业的发展历程，在那里我曾经强调，上世纪90年代的房地产开发应该是极为正常的，它就是在住房分配制度改革的推动下，产生了自住房的需求，各方面包括政府银行开发商都有政策出政策有钱出钱有力出力为城镇居民购买自住商品房做工作，也就是开发商品房出售，商品房的价格也在一个比较合理的区间之内。当年政府没有土地财政的概念和行为，银行也没有开始对购房者按揭购房贷款，开发商的房产开发利润被市场"这只看不见的手"控制在一个合理的区间之内，而购房者确实是为了解决自己的住房需求而买房。

如果我们的房地产产业是一直沿着上世纪90年代的思维与路径前行的话，它的情况应该就是比较正常合理的了：政府和房地产开发企业开发修建商品房是为了解决房改之后实行货币化住房补助后需要购房的职工，银行向房地产企业发放贷款是为了支持和帮助为解决职工住房而修建商品房提供周转流动资金，购房者是为了解决自己对住房的需求用货币化的住房补贴和自有资金购置商品房。这个模式和全球那些完全自由经济国家是相仿的，发达国家居民的住房都是私人自有的，但无论是商品房的修建者还是购买者，以及这两者之间的诸如银行等机构，大家的初衷和目的都很一致，那就是解决家庭的住房问题。按照这一个思路和模式走下去，我们的经济结构中的产业模式是不会形成后来那样的房地产一枝独大，成为国民经济发展中各方面的一种依赖。

从上世纪90年代末开始到本世纪第一个10年，情况开始逐渐发生变化。首先是政府从经营城市的角度有了土地财政的思路和考虑，银行也开始对买房者进行按揭贷款，大量的住房需求中还是有一时没有能力购房而租房的，这为手中有一些富裕资金的人购买商品房用于出租提供了机会和平台，房地产投资的理念开始产生，还有开发商的开发思路也在改革创新，开发的房屋不再是满足首次刚需，而是比较高大尚的至少是满足改善刚需来设计开发商品房，这样开发商的利润空间会拓展一些，所有这些为房地产开发市场的形成都起到了积极的推进作用。但应该说尽管这些情况已经出现，但当年房地产市场的房产价值还没有过分的背离市场规律，还是比较有序的在一个可以接受的区间。

但这种微妙的变化已经昭示着一种风险与危机，因为各方面的想法都在朝着如何通过商品房这个市场化手段谋取自己的利益，这有可能让房地产业脱离当初的初衷，让住房全面市场化以满足方方面面希望通过商品房的流通得到自己期盼的收入和盈利。如果这个时候我们能够加以妥当的引导和控制，情况也许也不会象后来那样麻烦，遗憾的是在市场经济的大潮中，我们非但没有加以引导和约束，也许是出于需要经济飞跃发展的需要，一系列鼓励住房全面市场化的政策与措施使得房地产业迅速的成为一个支柱产业。

比较麻烦的是从本世纪第一个十年的后半叶到进入本世纪第二个十年后，房地产开发事业发生了剧烈的变化，变化的主要标志是商品房作为私人的房产已经成为城镇居民投资的主要手段，也就是这个时候炒房赚钱逐渐扩大规模形成了一定的气候。炒房能够赚钱一定应该有商品房的利润空间，而这个利润空间就是房价的即时上涨和预期上涨，商品房的价格也就是在这段时间中出现了飞涨，不断高涨的商品房价格让人们对投资商品房的意愿和行动也随之高涨，房地产业也在这种背景下发展成为国民经济中一个支柱产业。客观的说这个阶段房价的这种飞涨已经严重背离了市场价值规律，开发的商品房并不是围绕着供求和需要在流通，而是为了各方的收入和盈利，种种迹象表明这种商品房价格的飞涨有着人为积极推动的明显因素。

这些因素有哪些呢？首先是政府，这个时候政府经营城市的理念已经完善，不少的城市已经形成"土地财政"，依靠城市的土地收入来建设和发展城市。城市房地产开发的土地都是由政府组织拍卖的，各方面各种实际的和心理的因素都在推高土地的拍卖价，使得房地产开发的"楼面价"不断推升，相关各方都从"楼面价"的涨升中获取自己的利益，而政府最大的收益就是得到了建设和经营城市充裕的资金。当然银行也在推高房价，至少对商品房价格的涨升保持一种乐见其成的态度，开发商自不用说他们的利润就隐含在房价的涨升上。而多数购房者这个时候已经不是只有一套刚需住房的情况了，涨升的房价使他们持有的商品房已经产生投资盈利并且期望这种盈利还会更大。

到了这种阶段，住房问题已经不是一个简单的市场化概念了，房地产市场捆绑着各方利益，也绑架着各方风险，让"大家"在这个市场的机制中风雨同舟，当然从经济学的角度，它还牵扯着吸引外资、外贸顺差、外汇储备、货币增发、通货膨胀、经济发展等等一系列经济概念和行为，这些概念和行为在某个意义上来讲最终居然都集聚在房地产投资上，很多事情的发生和发展从某个意义上来讲是实属无可奈何，大家都有一种走着走着不知不觉就走到了这种状况的感觉，或者说当初谁也没有想到会走到这一步。

进入新世纪，我们在上世纪90年代深化改革开放取得积极成效的基础上，加入了世界贸易组织，进入了世界经济大家庭，全球化给中国人民带来了福音，最大的表现就是就业机会增多了收入大幅度的增长了，直接了当的说就是老百姓手中的钱多了。这个钱多了由很多因素形成，首先是国内的经济发展了，当然国内经济的发展很大程度上是因为加入了世界经济大家庭，出口这驾马车使生产和贸易飞速发展，改革开放使得外资投资大幅度增长，进入中国的外商投资企业使用的是中国的劳动力和白领管理者，这让大家享受到了改革开放的红利钱包逐渐鼓起来了。

进入世界经济大家庭也带来了一些不得不面对的问题。比如出口的大幅增长赢得了大额度的贸易顺差，我们的外汇储备在几何级数般的增长，再就是改革引来了大量的外商投资，这些投资者拿着境外的外币真金白银进入中国，按照我们的货币政策和外汇管理制度，他们投入的外币需要换成人民币在境内使用，这样贸易顺差和外商投资所产生的境外进来的外币真金白银，都需要人民银行用人民币去兑换，外币成了我们的外汇储备，人民币供外商投资企业和国内出口企业使用，这实质上使得我们的人民币不得不大幅度的增发，也就是流通中的人民币增多了。

增发的人民币通过很多渠道成为老百姓的收入进入了老百姓的腰包，得有一个很好的消化渠道，否则通货膨胀就会接踵而来了。从纯粹消费的角度中国人还真不是行家，进入世界经济大家庭国人所享受到的红利使收入大幅增长，这些钱得有一个蓄水池般的东西让它沉淀下来，不然流动的货币最终是会造成通货膨胀的。正好这个时期房地产开发有了长足的发展，传统的买地置房的东方文化观念支配着人们的行为，使得钱包鼓起来了的国人都把目光聚焦在购置房产上了，商品房成了香馍馍，争先购房成为国人投资的主渠道。尽管最近几来年在"房住不炒"的理念和政策下有多次房地产调控，除掉最后这一次外以前多次的调控都收效甚微，商品房房价就这样一路绝尘的涨起来了。

增发的充裕的人民币需要有很好的出口，这不外投资和消费二个渠道。消费对国人来讲因为多种多样的原因特是消费理念的原因不太容易成为人民币的出口，何况国人的消费渠道和途径也就是屈指可数的那些，这是很难消化老百姓手中人民币的。投资呢？国人投资的渠道确实太少，当然也有不少握有人民币的国人在创新创业直接投资，但这毕竟不能成为一种消化老百姓手中人民币的主要手段。间接的手段应该就是股市了，但20多年来A股市场的状况确实不敢恭维，只有投机性没有成长性的A股市场，使得这个本来应该是众多国人可以投资的渠道却无人敢问津无人愿问津。在不断高涨的房价面前，众多的国人选择了房产投资这个渠道。

房地产业蓬勃发展了。首先是在经营城市理念下的商品房开发土地的拍卖，土地财政的甜头使得政府对此乐而不疲，土地拍卖有了大量的资金，城市的建设便可积极开展，一路推高的"楼面价"是商品房价格高企不下的基础。一直在盈利和风险中小心谨慎的银行，把对居民购买商品房的按揭贷款看着是最稳当风险最小的，所以他们一直扮演着以资金支持购房者购房从而支持房地产业发展的角色。房地产开发商自不用说，只有不断高涨和高企的房价才是他们利润最大的保障，作为商品房的开发者和首次销售者，他们用一切的手段包装着自己开发的商品房，坚持不懈的推高着房价。至于购房者，自然时刻关注的是自己手中握有的房产它的价格涨势。

好了，现在大家都在房地产这个产业上了：政府的"土地财政"以及由此而来的经营城市；银行的按揭贷款；房地产开发商的经营利润；再就是购房的国人以及他们对投资收益的期望。在这种情况下还有必要去研究讨论如何在住房这个民生问题上避开市场化这个话题吗？住房已经不是国人简单的民生问题，它已经演变成为国人的投资问题，让人情何以堪。你想改变这种状况吗？看看相关各方谁能承受这种改变之重，事实上深陷其中的任何一方都是承受不起改变房地产现有状况让住房问题走出市场化的。

政府不行，没有了土地拍卖的收入，建设美好城市就成为一句空话，而更重要的是在政绩的引导和驱使下，各级政府官员早已提前预支了很多预期收入，赤字财政使负债累累的政府是不能割裂"土地财政的"。银行也不行，按揭贷款使得银行贷款的抵押物就是商品房，对银行来讲，还本付息才是正途，断供收回的商品房对银行来讲是实实在在的不良资产。开发商也不行，它得活下去，它得依赖房地产市场的繁荣昌盛才有收入与利润。购房者更不行，购买的房产是自己多年的收入和积蓄，投资的期望和实际盈利都在房地产市场的欣欣向荣中，如此看来，各方的利益能让住房问题走出市场化吗？

当然还有一个更为重要的经济结构问题，那就是这 20 多年来国民经济的发展对房地产业的依赖性已经很强了，房地产的产业链不论是上游还是下游已经很庞大了，既涉及到国民经济发展的持续性，也有庞大的从业人员的收入问题，有一点一荣俱荣一损俱损的味道了，很难想象如果房地产业的发展达不到一定的需求，由此牵引出来的多个产业的发展会出现什么情况，房地产业的产业链上有着庞大的就业队伍，如果发展不能持续，也很难想象这支庞大的就业队伍能何去何从。房地产业现在已经成了我们国民经济的支柱了，这个庞大的产业支柱该如何维持它的持续发展，是一个既很认真又很严峻的问题。

说它认真，是我们确实需要认真研究认真对待认真处理，绝对不能草率行事，更不能随意而行。近年来在"房住不炒"政策指导下，房价一直维持在 2015 年左右那一波涨价后的价位上，既没能让它再疯狂上涨，也没能让它疾速下跌，就是一个高层的政治导向，不能因为房价长得太高了出现了泡沫就打压房地产业，房地产业还要维持在一个相应的水准上，让它持续的稳妥的有序的发展。需要认真研究房地产业在发展中出现的各种问题，认真的去对待和解决这些问题，认真的把这些问题处理好。

说它严峻，是房地产业所表现出来的问题确实很严重。商品房房价居高，空置率与租售比都说明房地产业的泡沫已经很严重了。其实在房地产业内部，还有一个对广大购房者来讲不是很了解也不是特别关心的问题，那就是房地产企业的资产负债率。众多的房地产企业虽然没有出现资不抵债的情况，但资产负债率使企业的流动性极差，房地产业的资产主要表现在土地和房屋上，这些资产的变现率不高，而高额的负债使得企业的经营风险日趋严重，如果一旦资金链断裂，后果不堪设想。所以说整个房地产业所面临的形势确实十分严峻，需要我们去认真观察认真对待认真解决。

讨论到这个程度，其实一切问题都很明朗了，讲住房问题的市场化其实已经没有什么实际意义了，要想去解决它改变它更没有实际意义，也没有这个必要，因为如果一旦真的把它解决了，让住房回归它的本来居住属性，那现在的局面怎么收拾呢？这个局面可不是一个小问题，要收拾这个局面会带来无论哪一方面都不能承受之重。所以最好的办法就是让他维持现状，当然首要的问题是不能让泡沫破，同时我们还得有高度的政治经济智慧，让房地产业在这种局面下不仅要支撑下去还得要得体的妥当的持续发展，因为只有持续发展才是维持现状不至于让泡沫破裂的最好的方式。

我在本段文字的一开始就说了，住房的市场化尽管在这二三十年中已经客观形成，但他的客观状况牵涉面之广，让人感到无可救药，不是无药可救是不能去救，深陷在其中的"大家"只能齐心协力的同舟共济，风雨同舟的走好当前实际上很艰难的路，让"大家"在业已市场化的住房问题上相安无事，共同摆渡到彼岸。

* * * * * * *

关于医疗教育养老住房四大民生问题讨论，在结束文字的时候想要总结的是，住房市场化问题木已成舟且牵涉各方，就只好任其自由发展乐见其好吧，至于医疗教育和养老这些问题的市场化，还是希望能够切实的改变和解决，尽管问题涉及到的方方面面很多，但最核心最基础的是，社会和政府要拿出钱来，承担起该有的社会责任，解决这些领域的市场化问题，实现真正意义上的全民福利，当然首当其冲最为关切的是全民免费医疗，我们相信这些问题是一定能够很好的解决的。

第十三篇

书山有径 学海无涯

我的"大学"

今天是 2022 年 12 月 1 日，三年前首例新冠病人在武汉被发现，吹哨人李文亮先生曾予以警示，遗憾的是被习惯性忽略了，至此，新冠病毒肆虐了地球和人类三年，世界大家庭大约在一年前因为病毒毒性的弱化而逐步放开，我们在"清零"的工作中又与病毒抗争了一年，到今天传来我们也会逐步放开的消息，看来世界和人类可以和新冠病毒说拜拜了。我大约也是三年前的这个时候开始动笔写自己的回忆录的，三年时间中不知不觉居然完成了近 50 万字，也算是三年中的一个"成就"吧，已经完成的近 50 万字回忆录有十二篇，今天准备动笔写第十三篇，我把它的副标题命名为《我的"大学"》，想要记录以我的"大学"为副标题的过往回忆的原因有二个，篇名命名为我的"大学"，也寓意于这二个原因之中。

首先是撰写回忆录的起意和过程。应当说三年前有撰写回忆录的打算并逐步付诸实践时，思绪还是比较随意的，当时因为闲来无事有关方面又提倡老人多留家少外出，于是就有了记录自己几十年学习和工作生活的想法，最初就是觉得该把这几十年来的学习与工作总结记录一下，所以前两个篇章"三人行必有我师焉——我的学习生活"、"吾有所思吾有所为吾有所乐——我的工作生涯"虽然也有 10 余万文字，但撰写中更注重的是当年学习和工作的过往经历的写实与记录，所以也留下了一点文笔比较粗糙内容比较紧凑缺乏隽秀之感的遗憾。尽管因为文字的客观真实性较强，也得到读者朋友的一些好评，文字在友人中传播时，正值电视剧《人世间》播放，有朋友和同学谬赞这是"许老师版《人世间》"，还有"白天读许老师回忆录，晚上看《人世间》"之说，但笔者自己还是认为回忆录中那些不满意之处仍是一种遗憾，总想在合适的时候用合适的方法弥补一下。

所以在后来的篇章中，便有了"欢乐与成功同在，遗憾与教训同行——我生活中的'得失'"、"胸无大志，随意而行——我的人身自描"、"充实自知自信自明——我的人生追求"以及"子在川上曰，逝者如斯夫——我所经历的七个年代回眸"与"医疗教育养老住房的市场化——我的民生观点"这些补充性内容，它们一方面从内涵上是把我的工作和学习生活内容回忆得更丰富描写得更细腻，另一方面从外延上也是把回忆录的涉及面扩大了一些，借撰写回忆录的机会，展示了一些我想表达的一些其他内容，比如共和国70年的历程，比如我的民生观点，等等。

再有就是回忆录撰写的文字难度。回忆录的前几个篇章，包括我的学习和工作生活回忆、我的子女教育和理财、我的海外旅游与身体康健，因为都是一些写实的内容，当年的情况是怎么样就怎么样写，好像文字描写的难度不大，文稿的形成有顺事成篇一气呵成的味道。但愈到后来便感到文字的组织有些难度了，比如对共和国70年历程的回忆，对我所看到和观察到的历史事实是如实记录的，但对这70年共和国的历程我个人的认识和感悟，在文字表达上就不得不委婉一些了。又如对一些民生问题的市场化，从学者的角度记录和分析它的历史背景和形成过程当然比较坦率，但对造成医疗教育养老住房市场化这些乱象的起因和动机分析就不得不十分含蓄了，一位朋友在读了我那段洋洋好几万字的文稿后，直言不讳的说"政府把这些不该市场化的麻烦事都推给市场了"，友人可以坦言，但我在用文字批评政府的时候，还得要谨慎些尽量委婉含蓄些。

也就是这个原因，使得计划中回忆录的有些篇章至今没有动笔，表现出种种的迟疑和犹豫。小的方面有"金无足赤，人无完人——我的亲人"和"有朋自远方来不亦乐乎——我的友人"这两个篇章，一直犹犹豫豫在如何客观描述亲人和朋友中徘徊，总是担心因为回忆录的客观写实会有所不妥，现实生活中并不是所有的窗户纸都需要捅破的。大的方面那篇"普世价值和社会集权——我的世界观念"便感到很难措词了，能很难想象我会用什么样的文字集中在一个篇章中阐述我的世界观，我肯定不会在自己的回忆录中说言不由衷的客套话乃至假话，但如何用文字表达自己的真知灼见在各种综合复杂的因素下也是一个不得不考虑的问题。

好了，现在有了撰写我的"大学"回忆录篇章的想法并且事实上已经动笔了，这两个问题也似乎可以尽力解决了。在我的"大学"这个篇章中首先会尽一己努力去补充回忆录前几个篇章中一些言未尽的内容，弥补自己不满意之遗憾，让回忆录的内容更丰富些更充实些更生动些。同时也把一些觉得在文字上不太好组织的内容放在这一个篇章中，分散的而不是集中的回忆这些内容也许文字上好措词些，这样也能把自己对一些问题的认识和感悟予以表达。

因此在这一篇章内容中，会有不少对于我的亲人和朋友的回忆与描述，这些亲人朋友中既有我年轻时给予我极大帮助的"贵人"，也有在不同的历史时期对我的思想和行为有较大影响的"高人"，当然也有所谓的"平常人"，他们都是我觉得值得我回忆和留恋的人。这样在这一些内容撰写中，更多的是当年友情交往的写实，对他们的评价和议论会较少些。而关于现在说得比较广泛的"三观"特别是世界观问题，我的观念也会出现在这个篇章的不同地方，我会尽力的通过一些故事性的描述来表达我的观念。

最后要说到的一点是何以把这一篇章的副标题取名为《我的"大学"》，它有客观和主观上的两方面因缘。客观的因缘是我这几十年的人生经历中，绝大多数时间都与大学有关，从尚未入学的幼年起，直到 2019 年从民办高校再次退休，几十年的学习生活与工作都是在大学中度过的，这是客观实际。主观的因缘是在我个人的认知中，"大学"是一个广泛的概念，社会就是一所大学，贵人、高人、亲人与朋友，都是你在这所社会大学的老师，是他们指点和引导你懂得了人生，所以在这一个篇章中，我会记录到这所社会大学中更丰富的内容。

第一章 大学初识

儿时小哥哥小姐姐们给了我大学的启蒙

最早与大学相关的记忆应该是解放不久的 50 年代上半叶吧，当年应该就是四五岁到七八岁，我曾经多次随我的母亲到位于十二街的四川音乐学院旁的一位"资本家"家中做客。这家人姓罗，安徽人是我父亲同乡，主人是后来被称作"资本家"的一位面善慈祥的长者，他有两子一女年龄比我大 3~10 岁，能吸引孩提般的我总是期望到他们家中去做客的正是这三位哥哥姐姐。

我们那时住家在城中的光华街，作为城市平民我母亲在那里自己生产拖把自产自销，每次要去罗家做客时，作为一般劳动者的母亲都要梳妆打扮一番，穿上平时基本不穿的旗袍，叫上一辆黄包车前往，由此可见母亲对于到罗家做客的珍重。罗先生的家是四川音乐学院旁一个很大的别墅或者叫院落吧，除了那栋两层的小洋楼外，有相当大一片土地种了很多果树，这个院落与四川音乐学院紧邻，有一道小门可以直接进入到学校，这是我认识大学的开始。

后来得知罗先生是我父亲做学徒和店员的丝绸店的老板，我的外婆曾在这个院落中为罗家做过佣人，当时称作"老妈子"，因为这个原因，我母亲早年就经常到罗家玩耍，因为年龄相差不大，那三位我觉得应称住哥哥姐姐的称我的母亲为"惠姐"，因为我母亲名叫张惠兰，这好像辈分有些乱了，主要是我的母亲 18 岁就生了我，从年龄上她也比那三位哥哥姐姐大不了多少。后来便是这位罗家长者介绍其实是作主让我的母亲嫁给了抗战期间从安徽逃难到四川的我的父亲，也许是因为这个原因我母亲每年总有几次到罗家做客。

我印象中的罗家长者完全没有后来被称作"资本家"的概念，他肯定是一位知识分子，一副慈祥善良的面容让人觉得可亲可近，因为当年年龄太小对他的专业竟毫无所知。那三位哥哥姐姐更一直是我所崇拜的楷模，家庭的教养使他们温文尔雅举止得体，每次我去时他们都会带着我这个小孩在他们很大的院落中游玩，有时也穿过小门到四川音乐学院看看，在那里他们会给我讲述音乐学院是干什么的，还会进入到琴房去看大学生们弹钢琴拉小提琴，这应该是他们对我认识大学的启蒙吧。

应该说在我十岁之前的少年阶段，到罗家做客还是我很期盼的，每一次去都会从罗家长者和那三位哥哥姐姐们处得到多方面的教育和启示，更多的是接触和认识到了他们的那个世界，一个有文化有教养有友谊有善良的所在。罗家长者和三兄妹每年也会到我家做客一两次，一般是每年五一劳动节和国庆节，因为我家位于光华街的房子二楼上可以看到庆祝节日的游行队伍经过。

罗家显然是很富裕的，那个院落有半个足球场那么大，年幼的我跟着哥哥姐姐们在那里像野马般的奔跑，院落中主要是各种各样的果树琳琅满目。我第一次见到留声机也是在罗家，那是一个手摇式的机械留声机，当罗家小姐姐放上唱片摇动手柄把磁针放上去时，美妙悦耳的音乐便出来了，多年之后我都还在好奇那声音是从那个盒子中的什么地方出来的。家境虽然富有，但无论从罗家长者还是几位哥哥姐姐身上，一点也感觉不出骄奢，他们平和得让我这个城市平民的子女与他们亲密无间。

三位哥哥姐姐言谈举止行为处事表现出传统知识分子那种良好的家庭教养，特别是他们的知识，他们尽管只比我大几岁，但却让人感到好像是知道和懂得的东西很多，四川音乐学院就是我通过他们的讲解认识的第一所大学，在他们的带领下多次在四川音乐学院的游玩，除了讲授音乐学院的大学生学习外，顺便也给我讲到了例如四川大学这样的学科较多规模较大的大学，在他们的讲解介绍下我初步懂得了大学是何物。

也许是缘分吧，那三位哥哥姐姐后来与我也颇有交集，年长的哥哥后来考起北京钢铁学院，毕业之后分配到我后来生活和读书的成都工学院工作，那位只比我大两三岁的小哥哥后来是成都七中高64级的学长，而那位颇有艺术天才的小姐姐考入了就在音专对门的四川川剧学校。这样我们与罗家的交往从上世纪50年代延续到了60、70年代。但从上世纪50年代后半叶起，罗家的情况便随着国内政治局势的变化有了令人难以想象也很遗憾的改变。

先是公私合营，听说他们的很多工厂商店接受社会主义改造了，后来也许是因为罗家的资产较多，他们被当作大资本家来对待了，好在没有"不法"二字。那个院落从公私合营的1956年之后我们就再也没有去过。他们全家人包括我所喜欢的三位哥哥姐姐都变得十分小心谨慎，我们两家虽然还是有交往，但似乎也好像隔着一点什么东西一样，变得分外客气了。那个给我在少年时代留下美好印象的大院落，后来因为一些偶然的因素我还刻意的去了两次。

一次应该是文化大革命十年浩劫中的1968年吧，我在成都七中的一位比较熟悉的同学也是朋友让我到他家中去玩，去了才知道就是那个院落，仅管院落的整体状况变化不大，但那座小小洋楼却是已由很多户人家在居住，我的同学朋友便是其中一户。再有一次大约是 2000 年左右吧，我到四川音乐学院旁边的那条乐器一条街为我的女儿选购钢琴，也再次到了这所院落的门外，只是不知何故当时已不能入内，只是隔着大门看了一看，旧地重游让人感慨不已。

罗家是我少年时代认识的有钱人，也就是后来所说的资本家，与他们的交往给我留下了深刻的印象，这个印象肯定是良好的美妙的。多年之后，当我在接受阶级和阶级斗争教育时，听到教育者讲解资本家剥削压榨欺辱穷人时，脑海中总要浮现出当年罗家的境况，很难把罗家与讲授中的资本家联系起来，特别是与几位哥哥姐姐的友谊使我实在不能把他们特别是他们的父亲也就是罗家长者当作万恶的资本家和资本家子女，他们身上我不是看到的有钱人，感受到的是知识分子的睿智博学聪慧与善良的美德。

后来在读那本对我有很大影响的《政治经济学简论》时，读到了劳动创造价值，读到了资本家剥削工人阶级的剩余价值，读到了资本的罪恶，但实际中很多事情却很难理解。比如我的父亲，抗战时从安徽与他的姐姐也就是我的姑姑逃难到了四川，入川不久后姐姐即撒手人寰，罗家长者收留了孤苦伶仃的他，让他在店铺上做学徒谋得生活，最后还将我的母亲说合于他，这之中人与人的实际关系是很难用一种理论或者学说来解释的。

几乎是与罗家三兄妹交往的同时，在光华街邻居一位大哥哥也给我留下深刻的印象，至今我都还记得起他的姓名，他姓宋名字叫宋良友，大概比我大七八岁，在光华街的街面上，他家与我紧邻，我母亲自产一些拖帕在临街的铺面上销售，他们家也做一些类似的手工业产品自产自销。这位良友大哥哥于我来讲不仅是良友更多的像师长一般，他应该是我接受到科技知识的第一位社会大学的老师，是他让我认识到了宇宙的浩瀚。

这位良友大哥哥对我这个小兄弟十分的友好，他在看到我喂的小白兔因为没有吃的而采摘街边的槐树叶喂养时，会带着我从南大街走过老南门大桥到大概是今天桨洗街的位置去采摘野菜野草，那个地方当年还是农田。他看到我们这些小娃娃当年喜欢收集糖果的包装纸，特别是把冠生园的高级糖果包装纸视为珍品，他知道北门火车站会有过往的旅客有这些高级糖果，会带着我自己花两分钱坐公共汽车去北门火车站，而我因为年龄小个子不高而享受免票。

但是真正让我觉得他是我的"大学"老师的，是有一天下午他给我讲了宇宙特别是太阳。我记得那确实是一个阳光灿烂的日子，我和他就坐在家门口的街沿上，听他给我讲述宇宙。对一个只有七八岁的孩童来讲，宇宙似乎太浩瀚太大了，似懂非懂的我没有明白宇宙是什么，但他关于太阳的一段描述却给我留下了深刻甚至有些恐怖和担心的印象，他给我讲太阳那是一个燃烧的火球，他特别强调总有一天这个火球会燃烧至尽，这时我们地球上就只有黑夜没有白天了，没有明白宇宙科学的我，对太阳将要燃烧至尽十分担心，在以那开始的少年的多年时间中，这个太阳要燃尽的担心一直是我的梦魇。

让我真正近距离认识和了解大学是从 1956 年开始的，那一年我的母亲参加了工作，开始了她能顶半边天的工作生涯。我母亲参加工作的单位叫四川大学消费合作社，位置就在当年四川大学的女生院旁，严格的说这是一个性质比较微妙的商业单位，它既不是当年的国营商店，也不是当年还有的私营商店，它与遍布全国农村的供销合作社有着曲工同异之处，其实就是出自同一个模板。我的母亲被招聘时，刚怀上我的小妹，多年之后让她比较自豪和高兴之处是，她被招工时没有向有关方面说她怀孕了，因为按当时招工的情况，怀孕的妇女是不会被招工的。

用一点篇幅来说说当年城市里边的消费合作社与农村里的供销合作社。比较巧的是 10 多年后我从农村知识青年上山下乡被招工回城的单位成都市金牛区商业局，它的另一个名称就是成都市金牛区供销合作社。好像最近几年在市场经济中已经淡出多年的供销社在逐步的重出江湖，有舆论认为这是让计划经济重新发挥作用的迹象先兆。其实最早的供销合作社和消费合作社并不是在国民经济中占主导地位的，它们并不是国营企业，而是一种类似于股份制的集体企业，只是后来城市里边的消费合作社让国营商业整编了，在农村中的供销合作社成了农村一枝独大的国营商业。

供销合作社以及和它同枝的消费合作社，都不是老祖宗留给我们的，而是一种地地道道的舶来品，我们不把历史扯远了，就说说新中国成立之后供销合作社和消费合作社的发展吧。这两种商业机制在解放初期就有了，在农村发展得更早些，伴随着农业合作化的运动，中国农村的供销合作社便遍地开花了，它逐步主宰了农村的供销。当初基层的供销合作社确是一个农民持有"股份"的集体企业，我 1971 年被招工到成都市金牛区石羊供销社工作时，便曾经看到当地的老农民手持入社证书来询问分红派息之事。尽管它是集体所有制企业，但在计划经济时期一直主宰着农村的商业贸易供销，1958 年开始伴随着农村的农业生产合作社转为人民公社后，供销社也逐步转变成为国营的商业，城市里的消费合作社也是与它相仿的。

我母亲 1956 年上半年被招聘到四川大学消费合作社工作，从那个时候开始我便开始出入于四川大学，算是近距离的观察大学了，特别是母亲在下半年生下我的小妹后，把我小妹和只有三岁的兄弟托付给四川大学一位我们后来称为范爸爸的炊事员家中，由一位我们称为林妈妈的家庭主妇管理，这样我就几乎每周都会在周末到四川大学去看望我的母亲以及两个弟妹了。

当时范家住在培根路的四川大学十四宿舍，那是川大很大的一个教职员工宿舍之一，周末一般我是先到十四宿舍看看兄弟和妹妹，然后再进入川大去看望我的母亲，这样我就成了四川大学一个每周必到的客人，每周都会在它庞大的校园中晃荡了。这样的每周必到的日子持续了一年多，直到 1958 年的新学期开学之时，我才由城中的陕西街小学转学到了当时称之为望江楼小学的川大附小，住家也由城中的光华街迁到了川大十四宿舍与范家毗邻。

从1956年上半年到1958年下半年这将近两年的时间中，我是每周都要到四川大学去一次的，这成了我的必修课。首先是如何去，我在我的学习生活回忆录篇章中曾经比较详细的描述了我是如何步行到四川大学的，不仅是孜孜不倦更是乐此不疲。每次去都会在老九眼桥头上逗留有时甚至流连忘返，当年的九眼桥头除了我已经回忆过的下游双流县运粪的大船由纤夫拉着闯过九眼桥的惊迫人心的精彩场面外，还有一个精彩的场面就是在桥上钓鱼和看钓鱼的人群。

说是把钓鱼人说成人群虽然过分了点，但确实在桥上钓鱼的人是很多的，在向着望江楼一侧的桥边基本上几十个人排成一溜，他们钓鱼的渔具都是一样的，在当时看来也是很高级的只有高手才能使用的钓鱼竿，这种鱼竿被称为"甩杆"或者"车杆"，鱼线很长并且鱼竿上有一个可以转动的轮子。而更奇特的是在九眼桥头钓鱼是不用鱼饵的，也没有平常在静水中钓鱼的浮漂，钓鱼竿上钓鱼线入水端上鱼钩比较大并且不止一枚有好几枚，约者完全是凭着手感来判断鱼上钩没有，有一句四川俚语叫"铲白杆"，其事实背景就是这种场景的钓鱼。

钓鱼的场面是很壮观的，首先是围观者众，像我这样看钓鱼的人远远多于钓者，很多的人是看完一艘粪船拉过九眼桥头后，因为下一艘粪船的拉动会有一段较长的时间间隙，这段间隙时间就来看钓鱼了。更为让人激动人心的是钓鱼者钓到大鱼后的精彩镜头，这种"铲白杆"式的钓鱼，上钩的也就是钓到的都是大鱼，被称为大黄辣丁也就是大鲢鱼，这种大链鱼喜欢在九眼桥头的回水沱聚集，那里是它们愿者上钩的所在，当约者凭手感知道鱼已上钩时，接下来的时间场面就很壮观了，钓者操作着"车杆"上的小轮，像放风筝似的时而放线时而收线，与水中的鱼搏击，当大鱼被拉上来时，人群会爆发出欢呼声，那是自由人性的真情表露。

我对九眼桥头这些精彩活动的场面只要到了桥头必然会去参与，它与儿时在皇城坝的游逛有所不同，皇城坝那里是静静的看着民间艺人的表演或者小吃制作者的操作，那是一种静瑟的乐趣，而九眼桥头的纤夫拉船或者钓者垂钓活动，那是旁观者一种心灵和情感的参与，人们与纤夫或者钓者仿佛融为一体，发至内心乃至灵魂全身心的为他们呐喊，为他们的成功欢呼，这是一种心灵震动的乐趣，这种乐趣让人感受到了重在参与。

在每周一次去四川大学的那将近两年中，我象旅游般的游历了老四川大学这所高等学府全校，印象深刻的首先是教学大楼与图书馆，它的很多教学大楼都是按专业命名的，比如哲学楼外文楼数学楼等等，图书馆建筑对我这个小孩子来讲有一种"宏伟"之感。因为每次都是周末去的，我没能见到大学生们上课的情况，那种潮水般的从各个学生宿舍涌向教学楼的壮观是1958年我的家搬迁到川大十四宿舍之后才看到的。

老四川大学自然景致上印象较深的是图书馆前面的荷花池，以及荷花池前边由四川大学当年的正校门到荷花池的一排林荫道。荷花池中有一个小岛，当年居然有一艘小船载人登岛，林荫道两旁栽着梧桐树，这也是使一条宽近20米的大道形成林荫的原因，林荫道最壮观的时候是在傍晚，那个时间成千上万的麻雀像是归巢似的都聚集在梧桐树上，叽叽喳喳的鸟鸣声让人陶醉于其中。

在大学日常生活上对学生宿舍感觉比较模糊，但对教工宿舍以及两处教工食堂却很印象深刻。一处是绿阳村，这是老四川大学比较典雅别致的教工宿舍，我后来转学到望江楼小学也就是川大附小后班上的很多同学家就住在这里，它旁边的教工食堂也就被称为绿阳村食堂。再就是紧邻培根路川大后校门的铮园，它的建筑是1栋栋的小别墅让人觉得特别别致，它旁边的食堂很大，称作是红瓦村食堂，这里既有教工食堂也有更大的学生食堂。

那将近两年每周一次的川大之行中，有一桩事也是我特别有兴趣的，那就是和住在川大十四宿舍的一群比我年长几岁的哥哥姐姐们到川大锦江旁的正校门旁与红瓦村食堂之间的一片"森林"中打柴火。那个时候住在川大十四宿舍的教职员工做饭不像现在有天然气或者后来六七十年代的蜂火煤，而是使用的柴火灶，也就是说是用树枝等做燃料，这就有了让10多岁的孩子们到川大校区那片茂密的树林中打柴的需要。说是打柴并不是真正的要去砍树，而是用一些长的竹竿端头绑着粗铁丝做的钩子，把大树上边被风吹断的树枝勾下来就行了，这种活动对于在城中居住的我还是很感兴趣的。

这里边就有一位我称为范姐姐的大姐了，说是大姐她其实只比我年长一岁，但多年来我一直把她当作大姐姐尊重，她其实也是我们成都七中高65级的一位位校友，高中三年是成都七中高65级二班的团支部书记。在那群到川大校园打柴火的伙伴中，几乎都是男孩子，女孩子只有她一个，这也是我从小就对她十分敬重的原因之一。一个女孩子怎么会伙着一群男孩子做打柴火这种总的说来还是比较顽劣的事呢？这与范爸爸一家的家庭状况有关。

范爸爸是川北蓬溪人，应该是解放前就到所谓的"成都府"工作了，是红瓦村食堂的一位炊事员。范爸爸到成都工作后，就把林妈妈和范姐姐带到了成都一起生活，后来得知这位林妈妈不是范姐姐的亲妈，按传统封建社会的说法和称呼应该叫"小娘"吧，范妈妈的亲生母亲也就是范家的"大妈"留在了蓬溪老家没上成都。林妈妈虽然也很爱不是自己亲生女儿的范姐姐，但家中只有这么一个孩子，在范姐姐的自告奋勇下也就任她与一群男孩一起打柴火了。

多年来我对范家这个十分费解的问题一直感到很迷惑，当然这本质上应该是对封建婚姻制度的经济基础的迷惑。范爸爸肯定在老家是有一妻一妾的了，范姐姐的母亲是他的妻子，而林妈妈应该是他的小妾，使人不能明白的是，从范爸爸上"成都府"在四川大学做炊事员工作情况看，显然他在老家的家境不会太好，更不会像张艺谋大导演《大红灯笼高高挂》中的老爷一样经济财务富有而拥有好几个妻妾，他应该是旧中国一个比较一般的人家，为什么一般的人家也会有这样一妻一妾的情况呢？应该说封建的婚姻制度还是使人很困惑的，这种情况的出现可能也应该从那个时候的文化来讨论吧。

话有些说远了，还是来说说多年来我一直十分敬重的范姐姐吧。在我搬到川大十四宿舍之前，我那位只有三、四岁的兄弟和刚出生的小妹是范家在带着他们，这之中林妈妈一人是忙不过来的，范姐姐要做很多事情，不是仅仅伙着一群男孩去打柴，她得帮着林妈妈照顾我那一对弟妹，后来我搬到四川大学后兄弟才跟着我一起生活了。在我的眼中范姐姐忙活了很多家务活，但她在学校的各方面都很突出，学习成绩良好，学生工作也很优秀，在成都七中高中三年一直是班上的团支部书记，参加1965年高考最后考上了西南农业学院。

范姐姐考上西南农业学院的过程极富戏剧性。60年代特别是63~66年这几届的高中毕业生，都有一个党的号召叫"一颗红心两种准备"。什么意思呢？就是怀揣一颗红心参加高考，考上大学自然不错，落榜了就要去上山下乡了，这是最早的下乡知识青年，是考验那个时代的青年对党是否忠诚的重要尺度。范姐姐作为高六五级二班的团支部书记，早就表态考不上大学一定要下乡，这自然在家中引起轩然大波，特别是那位林妈妈坚决反对，她的理由和说法是"你下乡了别人会说是我这个小娘对你不好"。

包括我在内的一大批关心和敬重范姐姐的人，对她高考的情况都十分关注，1965年的全国高考题十分难，范姐姐读高中时成绩不是特别的好，这种难度较大的考题对她是不利的，高考录取通知书在陆陆续续的到达成都七中，之中一直没有范姐姐的，她已经做好了下乡的各种准备，在家中更是与林妈妈为此事剑拔弩张，我们大家也感到十分遗憾，就在大家基本上都已经失望的时候，在最后几天中范姐姐收到了西南农业学院的录取通知书，这让我们一大批十分关心她的人松了一口气，家中的争吵也烟消云散。

范姐姐在我的印象中是一位十分善解人意的大姐，她待人和蔼可亲使人很愿意与她亲近，而让人感到最珍贵的是她的纯净，这种纯净不仅是外在的更多是心灵的，几十年过去了到现在回悟起她当年的很多细节，使人领悟到陈佩斯曾经说到的"我是一个干净的人"的真正含义。她当年无论做什么事情，都是就事论事责无旁贷的认真努力做好，在做事情的时候好像从来没有考虑到事情与自己的关系。

记忆中使人最有感悟的是1966年12月，我和成都七中的几位同学大串连到了重庆，专程到北碚西南农业学院去看她，没有想到一进校门还没有等到我们去找她，就看见她正在学校的接待站给来西南农业学院串连的同学们讲解重庆及西农的文化大革命，作为观点是保守派的范姐姐，显然是按照党组织的布置在完成她的工作，而那个时候她的组织的领导也许已经被批斗得体无完肤了。

范姐姐从西南农业学院毕业后，也分配在成都市金牛区工作，在茶店子的金牛区委农工部，这样让我也就和她有很多接触机会，我每次到区委财贸部去办事时，都会到区委农工部她那里去聊上两句，与其说是有具体的事情要聊，还不如说是在当年那种压抑得使人窒息的大环境中，到她那里去得到一些宁静。

范姐姐后来与家也在川大也是我们成都七中校友的高 64 级的蒋哥哥结了婚，蒋哥哥学习成绩优异，1964 年考上了哈尔滨军事工程大学，我记得我参加 1978 年高考时，为了能完成高考题目中的高等数学选择题而专程向蒋哥哥请教过某个微分方程的求解。比较巧合的是这位蒋哥哥的兄弟是我们高 66 级的蒋明元校友，作为兄弟的蒋明元前前后后发生了那么多事情，我想他这位一向心灵纯洁的嫂嫂一定在事情的前因后果上有她自己的定力和判断的。

在每周一次到四川大学报到的将近两年中，我比较近距离的接触到了四川大学的"反右运动"，斗争性的运动是很剧烈的，给我这个十岁孩子提留下了较为深刻其实是有点恐怖的印象，加之也正好是在那期间我的父亲也因为乱说话被定成了右倾思想分子，所以对那场"反右斗争"留下了恐怖与惧怕的阴影。在四川大学见到了很多被定为右派分子的高级知识分子，他们都是畏畏缩缩的少言少语，做作有关方面分配给他们的主要是打扫卫生方面的工作，从那个时候起找对后来几乎长达 20 年的"整人"的运动，便有了一个发自内心的疑惑：这些人真的是坏人吗？好像从直接的观察来看他们不像是坏人。

"反右运动"中一个很重要的概念就是反党反社会主义，这个概念在实际执行和操作中被大大的扩大化了。在很多基层单位，党的领导和干部成了党的化身，对党的领导和干部有意见被上升为反党。另外就是右派分子是有指标的，一直盛传当年四川大学还差一个右派分子才能完成指标，谢校长在与西南地区土皇帝李井泉讨论谁应是这最后一个右派分子时，对土皇帝提出的四川大学中划为最后一个右派分子的诸多人选百般进行保护，最后自己被土皇帝定为了那个四川大学的最后一个右派分子。

多年之后才明白，共和国前 30 年中 1957 年的"反右运动"，应该是 30 年中数十场运动的一个很重要的分水岭，在那之前尽管也有很多各种各样的运动，比如对农业手工业和资本主义工商业的社会主义改造以及对资产阶级小资产阶级知识分子的改造，更多的都是涉及到具体的事情或者是跟这些事情有关的人的思想，很少涉及到把这些人当作敌对分子来整治，就像前面讲到的罗家长者虽然成为了资产阶级，但人本身并没有怎么样被整治。"反右运动"后人们便逐渐习惯于"整人"和"被整"，特别是后来"千万不要忘记阶级斗争"成为治国之纲后，整人的事件在运动中就层出不穷了。

五七年的"反右运动"同时也是思想认识上一个很重要的分水岭。在那之前绝大多数的人们是很虔诚的发自内心的接受着各种教育或者改造。比如公私合营，资本家们把他们的工厂和商店拿出来合营时，因为一直有各种各样的理论在教育着他们，所以尽管从经济利益上他们也许有异样的感觉，但从事情的情理上似乎认为这是顺理成章的。又如对知识分子的思想改造，因为一直有让他们要成为无产阶级知识分子的说教，所以知识分子们的自我改造还是比较认真自觉的。而之所以是这样是因为在五七年之前的各种运动中，解决的都是人们的思想认识问题，还没有把人当作坏人甚至敌人来斗争处理，这让大家在理论的说教下觉得去认真和努力提高认识还是必要的。

但"反右运动"把数以万计的人作为坏人或者敌人来斗争来处置，这让更多的人感到迷惑和茫然，因为即便这些右派分子说了错话做了错事，但在大家的意识中他们不是坏人更不是敌人，这种把他们当作坏人或者敌人的处置方式绝大多数人从内心深处是难以接受的，以前一直存在着的那种认真接受教育改造的感悟逐渐荡然无存。客观事实的严峻性使人们的心理发生急剧的变化，首先是自保，越来越多的人习惯于言不由衷的讲假话，当然逐渐有人完全改变了自我，加入了"整人"的队伍，虽然很多的人是在"整人"之后又"被整"。

1958年夏天，我搬到了四川大学的十四宿舍，搬到川大很重要的原因是我的父亲在1957年所犯下的右倾思想的错误导致他被下放到新建在青白江的成都钢铁厂工作，这样我一个人住在城中光华街也就不太很合适不方便了，加之弟弟妹妹也都在川大十四宿舍范爸爸家中，所以我也就搬到川大十四宿舍去了，从此开始了几乎长达20年的在四川大学、成都工学院、四川医学院、四川师范学院这些高等学府的居家生活，在大学的校园中领悟着大学的文化与真谛。

9月1号我新转入的望江楼小学开学了，从在培根路的川大十四宿舍到劳动路的望江路小学，有两条路可走，一条是沿着当时的九三公路。也就是九眼桥到三瓦窑的路，望江楼小学就在九三公路旁，另一条就是穿过川大校园从川大校区到达望江路小学，因为很多原因多数时候我选择的都是穿过川大校区到学校去，这样我首先见识到了大学学府中大学生们潮水般的从宿舍与食堂涌向教室的壮观，感受到大学生们追求知识的纷围。

1958年是大跃进的年代，那一年掀起了全民炼钢的运动，所以在穿过川大校园的一路上，会看到很多小高炉土高炉，这些小高炉土高炉彻夜的忙碌着，为当年能实现炼钢1080万吨的目标作着贡献。在经过1957年"反右运动"后，这也许是人们能够把自己的所有，包括自己的思想和肉体全身心的倾注到当年那个狂热的激情中去的一种选择与解脱吧，仅管这种选择与解脱对不少的人来讲或者是言不由衷或者是无可奈何的。

对大学的认识除了在四川大学看到的图书馆教学大楼以及学生们从学生宿舍涌向教室的洪流般的景象外，还有一个很重要的渠道就是班上的同学以及他们的家庭。望江路小学的学生中相当一部分都是当年四川大学和成都工学院的教职员工子女，我转学去的小学班上起码有十多位这样的同学，他们的父辈多是四川大学与成都工学院的高级知识分子，在与他们以及他们家庭的接触中，使我对大学有了更深的认识。

我能够接触到同学长辈的机会不多，但就是这些不多的接触中，对这些高级知识分子长辈在感觉上就像当年对罗家长辈的认知一样，慈祥面善是他们的共同特征。小学生年龄都比较小知识也不多，不懂也感受不到这些高级知识分子的睿智和学识，但有一点印象是很深刻的，就是几乎所有这些同学的家中都有一个书房，装满书籍的好几个大书柜会让人对知识以及这些书籍主人的学识产生一种莫名的崇敬。

望江楼小学在锦江旁，也与四川大学游泳池毗邻，这让我这个不喜欢体育运动的小胖墩有了体育活动中唯一的一项爱好，那就是游泳。不喜欢体育活动甚至惧怕体育课中的体育项目的我，居然在望江楼小学读书的两年中很快的学会了并且喜欢上了游泳，在天气适合游泳的日子里我要么是泡在川大游泳池中，要么就是和同学们一起游过锦江，到河对面河心岛的东湖游泳，这是我对体育活动唯一的乐趣，它伴陪了我几十年，成为我唯一的一项体育锻炼项目。

1958年是一个狂热激情的年份，人们在总路线大跃进人民公社三面红旗的感召下，满腔热忱的投入了各种活动，除了大炼钢铁外，当年总路线提出的要在15年内赶上美国超过英国的"超英赶美"是很激动人心的，作为小学生的我应该是出于知识的浅薄对这个"超英赶美"是很虔诚的，因为根本不知道美国英国的情况，对世界的不了解使我对这一口号深信不疑，我接触到的人们要么跟我一样，要么就是他们知道但就是不说，所以大家都表现出一种狂热的激情，多年之后在逐步知晓了世界才知道当年的狂热激情是多么的荒唐。再有就是到金牛坝的金牛公社金牛大队看万斤高产田，看到密密麻麻的水稻人在上边跳跃，也感到很激动，也是因为对农作物生长的完全不懂不了解，对这种放卫星似的吹嘘也是深信不疑的，在参观到农民在人民公社食堂中的享受各种美食的壮观后，更是深信"共产主义是天堂，人民公社是桥梁"啰。

在望江小学读小学的那两年，结识了一位也是住在川大十四宿舍的大哥哥，他给了我集邮的启蒙知识。结识他应该是很偶然的，因为他确实是名副其实的大哥哥，年龄至少大我一轮以上，他家里边的人比较多，他是一个人独居在川大十四宿舍进大门后旁边的一个不大不小的房间中。他是个集邮爱好者，认识他之后他像上课一样的给我讲了很多邮票的知识，向我展示了他集邮的成果，在当年一枚邮票发行的当日，他还带着我到春熙路那一片的成都市邮政总局手把手的教我如何取得邮票的"首日封"。认识了他让我有了很多邮票以及集邮的知识，当然我也一度产生了自己加入集邮队伍的欲望，当然这仅仅是一种欲望而已，因为他告诉我集邮还是一种比较耗费资金的活动，在我当年的家庭状况是不可能有这些资金的，但是十一二岁就有了这些邮票和集邮的知识还是使我感到很欣慰。

我母亲在这两年的时间中，已经不是在四川大学消费合作社工作，在"女人能顶半边天"的鼓舞下她成了工作的积极分子，流动在四川大学成都工学院四川师范学院四川医学院等几个高校的消费合作社工作，因为太繁忙是无暇顾及我和我的兄弟的，几乎是每个月发工资时回家来给我丢下10元人民币，我得用这10元人民币安排好我和我的兄弟日常生活，那时我10岁多一点，兄弟才4岁多，好在那个时候都是在四川大学食堂里面吃饭，不需要自己煮饭。刚开始的时候因为缺乏计划性，10元钱花得很快，到月底的时候就有些紧张了，不过后来也就慢慢学会了要有计划，要有一个月生活的通盘安排，也就能把一个月我和我兄弟的生活安排的比较妥当了。后来回想起来，这种没有办法的被迫式的10岁就当家的生活历程，也许对我后来几十年的工作和生活都是有所补益的。

也就是从这段时间开始，我逐渐对厨艺其实也就是煮饭有了兴趣更开始习作，导致这种情况发生的因素有两个，一个是由于范爸爸在四川大学红瓦村食堂工作的原因，所以那两年我在红瓦村食堂与炊事员们厮混得很熟，有不少机会近距离看他们做菜，逐渐产生了兴趣。一道菜在吃的时候你感觉不出什么，其实要做出这道菜是有很多程序的，操作上有很多门道，就像儿时喜欢在皇城坝看那些做小吃的师傅打锅盔做三大炮一样，我也喜欢近距离看这些炊事员师傅如何炒出一道菜，时不时还要向他们问一下我没有看懂的问题。

第二章 接触大学

川大附小和共和路中学旁的大学

从10岁开始就对厨艺有所关注有所喜欢除了是因为范爸爸在红瓦村食堂工作的近水楼台先得月之外，还有一个重要的因素与我父亲当然也包括我的母亲有关。先说说我的母亲吧，这是一位十分能干的女人，1956年她参加工作之前，这位雇农的女儿上得厅堂下得厨房，是一位标准的贤妻良母，并且有自食其力的能力。也许是她的父亲也就是我的外祖父过世得早吧，她从小跟着我的外祖母也就是她的母亲在大户人家中厮混，学到了不少江浙皖的东西，特别是做菜。我的母亲虽然娘家是典型的四川人，但川菜却不是她的拿手，她能做出一手精緻的口味清淡的江南菜，比如把四川的大青椒掏空放入调配好的口味绝佳的肉馅，先放在油锅中略炸成型，然后在熬好的高汤中慢火煨熟，这道菜吃起来味道简直是不摆了。再就是在冬天的钢炭火盆上，她能支起一套能炖能烤的炊具，在上边烹饪制作各种精美可口的食品。说她是贤妻良母一点也不过分，她除了能在我们住家的光华街街面上销售自己制作的拖帕弥补家用外，每天都会烹饪出可口的饭菜让我送到人民商场当时我父亲工作的地方。

比较遗憾的是 1956 年她参加革命工作后，用她自己的话来讲就是有组织了，整个人的性态就发生了相当大的几乎是翻天覆地的转变，她由一位典型的贤妻良母变成了革命队伍中的"半边天"。自她参加工作之后，家务这些事情她是一点都不屑于了，一心扑在工作上，所以当我住在川大十四宿舍时，很被动的虽年龄仅有 10 岁还得带着一个 4 岁的小兄弟自我生活。这时我的父亲因为 1957 年犯了右倾思想的错误，已经被下放到青白江区新建的成都钢铁厂工作，但他每周还是要回家一次，吃一餐好的饮食是他回家很重要的奢望。我父亲虽然是安徽人，但家乡马鞍山市距江苏的南京以及浙江很近，也许家境败没前还是将就吧，他应该是个典型的"吃货"，遗憾的是他会吃但一点也不会做，这成了我从 10 岁起开始对厨艺感兴趣很重要的另一个因素，总得有一个人做做饭菜吧，看着家中只有我们父子三人，他吃着我烹饪的饭菜津津有味，我这个做儿子的还是感到有点欣慰。

继续聊聊我的母亲，最大的感悟就是教育与环境可以彻底改变一个人。前面已经说过，我母亲在 1956 年参加革命工作前，是一个尽善尽美的家庭妇女，相夫教子是她人生的宗旨和目标，1956 年他参加工作后应该是她人生的转折点，从那之后她像完全变了一个人似的，丈夫和孩子脱离了她的视野，家庭的观念在她心目中不仅是淡漠了应该是消逝了，她一心扑在工作上，一个月仅回家一两次，主要是给我带来生活费，至于我们两个不到 10 岁的小男孩怎样生存和生活，可能她想的是让我们自生自长吧，不过这样也好，穷人的孩子早当家，后来的几十年中我自己能取得一点成就，多少还是与这种从小就独立得早相关的。我母亲的主要工作是采购，这其实是一项难度很大的工作，但她一直完成得很好。当年包括后来的几十年人生经历中，"组织"这个概念是深入了她的脑海的，"我们是有组织可以依靠的"是她几十年来经常念叨的口头禅。我一直在想，她弄明白了这个"组织"的概念是什么没有？因为有这个观念，她一直在家庭生活中表现得很强势，家庭对于他来讲没有依靠和依赖的概念，因为她有组织。产生这个观念一定是教育和环境影响的结果，因为她原来在家庭妇女的生涯中，应该是没有组织这个概念的，参加了工作肯定有人就向她做了教诲：我们现在是有组织了，组织是可以依靠和依赖的，我们的生老病死组织也会管到底的，显然她对此也是信得很深乃至深信不疑的。

这种状况一直持续了四年左右，到 1960 年国民经济经济发生困难时她有了一些变化，对工作不再像曾经有过那样的上心了，具体的表现是回家的次数多了，后来也就基本上住在家中与我们生活在一起了。原因嘛后来得知大概有两个，一是她要求加入共产党，但好像一直并不顺利，她最终也没有成为共产党员，二是好像工作中的职务升迁呀似乎经常与她擦肩而过不甚如意。其实她是一个个性很强的人，像她这种个性很强的人，无论是要加入组织还是职务升迁，都会受到一种潜意识的影响，传统的选拔人的标准是不大喜欢像她这种个性比较强又比较爱说话的人的。

不过因为工作的刻苦耐劳，她在薪酬待遇上还是蛮不错的，当年她在比较早的时候就成了 4 级工，拿到了当年工人中的顶级工资，我的父亲是在她已经拿了若干年四级工工资之后才有这个待遇的，这也是我的母亲瞧不起我父亲的一个很根本的原因。母亲另一个很显着的特点就是她的人际关系特别好，在她工作过的四川大学成都工学院四川医学院四川师范学院等大专院校中，总有一批教授、老师和干部与他有特别良好的关系。

"组织"这个概念在她的头脑和心目中一直是根深蒂固的，"我们是有组织可以依靠的，生老病死组织是要管我们的"一直是她的信念，只是进入90年代后，国营商业的不景气以及她的退休金在社保支付后，特别是后来她的工作单位百货公司事实上已无暇顾及她们这些老职工后，她才逐渐明白这个组织还是有点虚无缥缈的。

关于母亲的回忆文字写到这里，正好适逢我们经过三年的"社会面清零"的严格管控后，突然全面放开了，一两个星期内大量的人都"阳"了，我的母亲也不例外。她所在的养老院很快出现阳性病例，刚开始养老院还想进行局部的隔离，但马上发现传染的速度快得难以想象，不少老人被感染了，我母亲也在其中。我们把她送到四川省第五人民医院，在好不容易挤入一床难求的医院做了肺部CT之后被告知2/3"白肺"，这就等于宣告了死刑，医院也下了几次病危通知书。

但我的母亲终于顽强的活下来了，经过两个多月的住院治疗，至少她不会因为这次新冠感染而撒手人寰了，这对我们全家当然是一个值得庆幸的好消息，不管怎样，我们还是很希望老人健在的。人虽然还健在，但已经不能恢复到新冠感染前的状况，在感染前母亲的身体还是比较硬朗的，生活基本上能够自理，能自己吃饭自己大小便，平时虽长坐在轮椅上也是为了方便与舒服，她想行走的时候还是可以扶着轮椅自我行走的。但是一场新冠使她再也从病床上爬不起来了，生活基本不能自理，吃饭是鼻饲推进去的，大小便也不能自主进行，得靠护工日夜照顾才行了，医院和医生说能捡回一条命就很不错了，很多老人都在这场新冠中离开人世了，医院和医生告诫我们母亲可能会终身躺在病床上了，当然还好她还有意识，还能认出我们这些做子女的。

在欢悦母亲战胜病魔的同时，从经济的角度一个新的问题产生了，那就是母亲终于突破了"她是有组织的"经济概念，当然从人伦的角度这个概念早就被突破了。母亲一直是独立性很强的，在她退休之后的几十年中，无论是居家养老还是住养老院，她都坚持不用我们子女的钱，这一点在这次新冠感染之前她做到了，她的日常生活费用都在她的工资能够支付的范围之内，即便最近几年养老院的费用调高了，她的积蓄也能弥补。但现在不行了，她生活已不能自理，一个日夜护理的护工大约需要7000多元人民币，加上租用一个标准间以及日常生活费用，她每个月养老的成本应在11,000元人民币左右，而现在她的退休工资收入满打满算，应该是4500元左右，缺口6000元是需要我和我的兄弟来承担的。母亲终于在经济上从"我们是有组织可以依靠的"上解脱了。其实从人文关怀的角度，从上世纪末以来，母亲的组织成都市百货公司基本上名存实亡，几乎没有人来问经过当年为它的发展做出了很多贡献的退休老人了，老人们的"组织"很早就缺席和缺位了。

还是回到当年我母亲的回忆上来，其实在我母亲的身上有着很多事实上对我们这些子女，特别是对我这个长子影响极大的优点。比如，做一件事或者说完成一件事的持之有恒与坚韧，母亲从来对她要做或者说她想要做的事情，极少出现中途放弃的情况，不管事情有多难，她都会坚持的做出她想要的结果。应该说母亲的这一优点对我的影响是很深刻的，我的几十年的学习工作和生活，都有母亲这种对人生持之以恒和坚韧的痕迹，它鼓励和支持了我像母亲那样对待人生，也就是说始终信念"生命不息努力不止"，我这一辈子人生路途上的一些成就，也与能够继承母亲这种持之以恒与坚韧的信念和精神密切相关。

再就是母亲身上那种时不时会以各种方式表现出来的狡猾，这种狡猾首先表现在对事情的审时度势上，母亲在很多时候都表现出来她很知道哪些事情该不该做？该在什么时间和什么地方做？这使得她想要做的事情往往因为有了这种狡猾而获得成功甚至事半功倍。应该说母亲的这种狡猾我学到了不少，使我在成年步入社会之后无论在哪种环境条件下，不管是被动还是主动去完成一些事情时，都能去较好的判断事物的来龙去脉和可能的未来走向，从而尽量把这些事情做好，这也许是母亲间接的对我一种教诲和教育吧。

当然任何一个人都不能尽善尽美，前边我用了相当的篇幅来描述母亲和她的"组织"，其实这里面我始终有一个疑问：就是她参加工作的当年，究竟是些什么人采用了什么方法让母亲一夜之间就坚信了她是有组织的，这个组织是可以依靠和信赖的。也许作为一个雇农的女儿和文化程度不高的普通劳动妇女，母亲易于接受和相信这种鼓噪和宣传，还有一个很重要的原因就是解放初期政府的公信力是很高的，它的工作人员讲的很多话老百姓是易于相信的。

我虽然不能把母亲这种虔诚的相信"组织"看着是一种缺点或者不足，但我却要庆幸自己始终没有继承到她在这方面的基因。我在后来的工作生涯中，曾经有各种各样的"组织"包括共产党和民主党派来向我宣传，但我始终对各类"组织"有一种距离产生美的感觉和认识，与这些组织保持着若即若离的关系，自行选择了一条"白丁"道路与自由度较高的职业。我想如果在这方面我也学到了母亲积极向"组织"靠拢的思想和行为，那我后来的发展道路和结果未必就会像现在这样感到满意和自由了。

母亲现在已经基本丧失了思维的意识，她已经记不清楚当年的很多人与事了，这一点确实值得庆幸。如果她对当年她的"组织"仍有很多千丝万缕的记忆的话，那么她目前躺在病床上无论是经济还是人文上已经得不到她的"组织"的关照和爱护一定会使她很失望和难过的，庆幸她已经遗忘了这些，使得她现在的晚年生活还能过得无忧无虑心无旁骛。

也说说我的父亲，在我十岁搬到四川大学十四宿舍去之前，我一直和我父亲相处，特别是1956年母亲参加工作后，有将近三年的时间，都是我们父子两人住在城里边光华街，在我的感觉中慈祥善良是对父亲最深的回忆。父亲应该有一定的文化程度，至少是高小吧甚至有可能是初中一二年级，也就是这点文化以及他爱讲话的习性，使他这一生都因为1957年反右斗争中的错误成了倒霉蛋，成了共和国前30年的老运动员。五七年反右前父亲的状况还是很不错的，他所在的那一个棉布店公私合营后，他成了公方经理，这在当时是需要有一定权力的共产党或者政府机构派出的，是代表公方也就是国家方面与工人方面利益的，这也许得益于他对棉布店业务的熟悉，而更多的是他那点文化。

成也萧何败也萧何，他最后出事就在那点文化上，1957年的反右斗争最初是共产党鼓励大家大鸣大放给共产党提意见，我父亲那点文化和他爱讲话的习惯使他在很多场合讲了很多不合时宜的话，这些话本质上其实就是当年划右派分子的话，他是完全有资格被划成右派分子的，但他的出生和成分救了他，他毕竟是一个工人，当年似乎还没有听说在工人中划右派分子的，于是他被有关方面内定为右倾思想，也就是没有被带上右派分子的帽子，但在处置上与对右派分子一样，首先是被集中居住进行批判，批判到一定阶段后撤除了他的公方经理职务，并很快被下放到1958年初在成都市青白江区建立的成都钢铁厂工作，其实也就是一种变相的劳动改造惩罚。

从此厄运就再也离不开他了，将近20年中父亲都是共和国各类频繁的政治或者经济运动中的初始对象，为什么讲是初始对象呢？因为这些运动开始的时候似乎要斗争的对象总还不是十分明确，也是像我父亲这种问题是很明显的所谓右倾思想便会首当其冲的成为运动初期的批判对象，好在父亲的那点文化以及他那种健谈的习性似乎也帮了他，他总是在各种运动一开始的时候，就努力的认错也就是自我批判，文化和表达能力使他没有尝到各类运动过多的苦头，总能很侥幸的比较快的度过这种初始对象的阶段。

但是父亲的那点文化对我还是有所补益的，有好几年的时间他在让我阅读上似乎是下意识的做了很多引导和努力，印象很深刻的是每到周末他总要陪我到市中心顺城街的工人文化宫去，选择一个僻静的地方他看报纸我读书籍，这也许是文化人才可能有的一些习惯，使我从很小起就养成了比较好的看书的习惯。另一件事也许也只可能是文化人才才会注重，那就是他每一周都会给我几分钱让我在当时专放旧电影的春熙路的《智育电影院》去看一部旧电影，这在某个意义上各种各样的旧电影也让我开拓了视野，当然说他是文化人其实是不恰当的，不过他在共和国建国初期的当年那点文化还是有相当特殊的。

父亲落难之后尽管在各方面对我都有相当的影响，但从内心深处来讲我其实一直很关心他，希望他能尽量过得稍好一些，特别是后来母亲参加工作之后，与他日益疏远并且从内心歧视他，使我在各种可能的情况下都尽量努力给予他尽量的理解和关心，包括前面讲到的刚十来岁的我就开始学习厨艺以能够做出一餐饭让他每周回来的时候有点享受。现在回想起来，父亲所受的那些磨难其实并没有当年被划为右派分子的那些高级知识分子严重和艰难，这也许也是值得庆幸之处吧。

我的小学是在两所学校中完成的，初小也就是小学四年级之前的四年是在市中区的陕西街小学读的，这是一所几乎就在当年的皇城坝现在的天府广场旁边的一所小学，闹市区的繁华使我常年溜涟在皇城坝以及横穿皇城坝的金河里游玩，所以记忆中关于这 4 年的学习生活几乎是一个空白，除了喜欢我的班主任潘老师我还有点印象外，其他的都荡然无存了，至于班主任潘老师为什么喜欢我，我其实也不太明白，也许是我比较听话吧。

高小我转学到了望江楼小学，它的另一个名称叫川大附小，当然这不是它的正式名字，仅仅是因为它毗邻四川大学而学生中四川大学的教工子女又较多而已。望江楼小学两年的五六年级的高小给我留下了很多难以忘记的记忆，当然其中最主要的是一批同学。在望江楼小学的学习生活也许是因为小学学习知识性东西不多，现在回想起来可供回忆书写的似乎也很平淡，但学校所组织的很多社会活动却在我的脑海中留下了比较深刻的印象。比如学校组织我们到在城西的茶店子金牛公社去参观人民公社大食堂和万斤高产田，记忆中印象就特别深刻，首先是从城东的学校排着队伍步行到城西的茶店子，这对于一个小学生来讲无疑会有着难以忘记的记忆，再就是参观的人民公社大食堂中农民伯伯们兴高采烈的吃饭场景也难以使人忘怀，当然不暗世事更不会明就里的小学生看到密密麻麻的水稻在万斤田中的盛况，除了惊喜之外还会有什么呢？另外就是学校组织的让同学们好几次为了给学校的炼钢小高炉找原料而到锦江对面的几个工厂去收集废钢废铁活动也让人难以忘怀。

在望江学楼小学这两年中个人感到有较大成就感的是学会了游泳，这是因为四川大学游泳池就在望江楼小学旁边。我历来不喜欢体育运动，可能是因为从小就体态较胖，从小学到高中同学们都称呼我为"许胖子"，较胖所导致的懒惰怕动使我远离体育运动甚至有点惧怕它，而在望江楼小学这两年中学会了游泳成了我唯一喜欢的体育运动，因为学会了好几种游泳的姿势，让我多少找回了一点在体育活动中的自信心和成就感。

当然在望江楼小学那两年中感到收获最大的是结识了一批四川大学和成都工学院高级知识分子子女的同学，在与他们的交往和交流中，帮助我逐步认识和感受到了"大学"。在我们乙班，记忆中家在川大和工学院的同学就有不少，男生有袁平张峡严敬张应平等同学女生有陆文荃熊凤初高肃昭梁虹刘志明等同学，在同班小学同学中当年就交往比较密切后来在成都七中及之后又有很多交集的是张昭和吴伯贤两位同学，当年在班上座位安排上我与张峡同桌，而张昭和吴伯贤正好在我与张峡课桌的一前一后，这使得我与这几位川大工学院的教授子女交往和交流是比较密切和方便的。

张昭与我应该是学友，是真正的读书和学习意义上的挚友，在望江楼小学的两年学习生活似乎比较平淡没有太多的记忆，张昭在望江楼小学毕业后就考入了成都七中，而我进了那所被我戏称为"贼娃子学校"的成都二十九中，三年后我高中也考入了成都七中，正好与张昭分在同一个班上，就是高六六级二班。当年成都七中的学号排序是按照中考成绩进行的，我们高662共有40位同学，男女合班男生女生各20名，我的学号是男生第1名当然排在全班的1号，而张昭的学号是女生20名的第1名但在全班是21号，这说明也许当年我与张昭中考进入成都七中的成绩是不错的。我会在回忆录进入到成都七中三年高中学习阶段时较为详细的忆及与记录我与张昭同学的学习挚友趣事。

吴伯贤与我的交往更多更深一些，小学虽然我们同班，但后来中学初中她在成都七中而我在成都二十九中，高中虽都在成都七中但也不在一个班上。我与吴伯贤的交往在成都七中读高中的时候更多的是学生社会工作的交往，她是校学生会的文娱委员，而我是校团委的宣传委员，这使得我们在学生社会工作上有不少的交往和交流。与吴伯贤更多的交往是在1969年成都七中的学习生活结束后，在后来相当长的时间中包括1978年高考前她在成都毛笔厂工作时我与她都过往密切，与她的家人比如她的父母、两位弟弟一位妹妹及丈夫唐旭东先生都有比较密切的往来。在我的印象中吴伯贤是一位具有先知先觉敏感性的女性，我会在我的回忆录某个合适的时间段用较多的文字来回忆和记录与她及她的家人的交往。

在望江楼小学我们这个年级一共有三个班，除了我所在的乙班有上边谈到的很多川大工学院的高级知识分子子女同学外，其他的两个班也就是甲班和丙班也有不少这类同学，比如杜懋陆胡令张红霞王元清等，其中甲班的陈大沛在读高中时成了我的同班同学，也成了我们多年来一直能相互理解相互帮助相互关注相互支持的挚友，我和陈大沛如同与吴伯贤一样与他的家庭成员都有较多的往来，他的父亲是川大中文系的系主任，母亲是一位极善良关心他人的妇女，他的哥哥和妹妹我们都很熟悉，我也会在回忆录一个合适的地方用比较多的文字来记录这些交往。

在望江楼小学的这两年过得很快，很快到了1960年9月，大家都分别选择了初中就读，我班上的很多同学都选择了成都七中，而我因为没有人管，更没有人指导和点拨，懵懵懂懂的进入了距四川大学十四宿舍很近的成都二十九中读书，但进入成都二十九中不久，我们就举家搬到了三官堂街居住。因为有从1957年反右运动开始的各种各样的折腾，比如总路线大跃进人民公社三面红旗，在有了1958年的"热闹"与"辉煌"后，国民经济很迅速的进入了低潮，众所周知的困难年代从1960年开始了。

粮食开始定量供应，猪肉和菜油等"油大"副食品也定量供应并且量很少，饥饿感一直困扰着城镇居民，饥肠辘辘的学生们也无法静下来读书，人们整天都为填饱肚子努力的想着各种办法。城市中的情况还是要好点，有商品粮定时供应，除了有不少人得了水肿病之外，生命的维系和坚持还不用太操心，但农村的情况就十分糟糕了。1958年公社化大食堂耗尽了农民的积累，一刀切的瞎指挥导致农业生产一塌糊涂，靠自己种粮食活命的农民生存就很糟糕了，有不少农民在饥饿中失去了自己的生命。

我在成都二十九中读书的这三年中，我的那种人或者说人性的多面性至少是两面性得到了很好的展示。一方面，我是属于好娃娃好学生，学习成绩出类拔萃的好，刚满15岁就加入了共青团，学校的社会工作也完成得很好，受到学校方面与班主任和科任老师的青睐。另一方面，我又与家在九眼桥附近的一批城市贫民家庭的同学十分交好，因为多种多样的原因这批同学在读书上不甚努力，有的甚至就是来学校混的，但他们身上那种质朴的天然本性，使我觉得和他们在一起厮混十分有趣，所以我也时不时与他们混在一起逃学逃课，我是从内心觉得他们很受我喜欢。

这些同学中的许多人我至今都记忆犹新，李广武杨能炎张兆武王昭伦谢伯昭曾昭信吴明霞钟国平等，他们伴随着我度过了13岁到16岁的青少年时期，给我带来了困难年代饥肠辘辘时少有的一些欢乐。这批同学中有不少成了共和国历史上的第一代知青，他们在1963年7月初中毕业后没有考上普高或者中专，在当时的宣传下他们成了上山下乡知识青年，在1963年底和1964年初分别去到了农村。应当说这之中的很多人与事欺骗性还是比较大的，几年后我见到这些上山下乡的同学，他们告诉了我一个让人哭笑不得的笑话：到了乡下来到为他们准备的安置房，里边彩壳热水瓶等在当时还比较高级的生活用品摆得琳琅满目，让他们很是满意，没有想到到了晚上陪他们来的县上和公社的干部走了之后，各家各户纷纷到了他们安置房中，告诉这些生活用品都是他们的，当然也就只好让这些农民伯伯取走了。

之所以能和这批城市贫民家庭的同学相处甚是融洽欢乐，与我们当时的班主任赵老师有关。我已经说过了赵老师是我遇到的第一位贵人，她对我那种启蒙式指导式的教育和引导，让我终身受益。赵老师是一位军人，在我们入学的1960年9月，她也转业到了成都二十九中，担任我们班的班主任并讲授政治课。今天回过头来看，很难想象当年的革命军人有如此宽大的情怀。赵老师是一位孔圣人"有教无类"论的身体力行者，我们班上的同学无论是川大工学院的高级知识分子子女，还是九眼桥一带的城市平民子女，她都一视同仁按照孔圣人有教无类的教育观念履行做一个教育者的职责，这也是我能和那批城市平民同学相处甚欢的一个很重要的原因。

我曾经伴陪着赵老师对住在九眼桥一带的那些城市平民子女的同学进行家访，整个从九眼桥到安顺桥的河的两边都有赵老师辛勤进行家访的足迹，在她看来这些城市贫民子女同学在学校里边无论是表现还是学业状况都受着家庭环境的影响，这些城市平民同学的家长对孩子们的学业普遍都不重视，每天都为全家一口饱饭而忙忙碌碌，家庭的经济和生活状况对这些同学在学校中静心学习影响很大，所以她要一家一家的进行家庭拜访，苦口婆心的向家长们讲述让孩子们读好书的重要性，询问家庭经济和生活状况，在力所能及的范围内尽量给予支持与帮助。伴随赵老师的这些家庭拜访，也拉近了我和这些同学及他们家长的关系，三年初中阶段只要有时间我都会到这些同学的家中玩耍，很近距离的观察到同学们的家庭生活。

说赵老师是孔圣人"有教无类"的身体力行者，最具体的表现是她对班上的同学都一视同仁的像慈母般的对待，班上无论哪类同学，成绩好的听话的，成绩差的调皮的，在三年她慈母般的关怀之下都有所成长和进步，三年的学习生活使同学们在她母亲般的胸怀中，在她那种不是说教的教诲中受益匪浅。到初三毕业时同学们都根据各自特别是各家庭的情况有较好的归宿，相当一批成绩较好能读普高的同学考取了中专，不读普高而选择读中专在当年是妥当得体的选择，我们这一代人在很多家庭中都是老大，下边还有很多弟弟妹妹需要读书，从经济的角度讲读中专不仅不要学费，学校还包食宿，三年毕业后即可分配工作开始有工资收入，如果选择读普高，还要面临着当年金字塔式的大学升学考试。读普高的同学不多，除了我考入成都七中外，其他就读十二中、十六中也很不错。比较遗憾的是选择了63年底64年初上山下乡的几位同学，更比较遗憾的是他们这种选择多少与慈母般的赵老师有点连系，至少是赵老师慈母般的关怀让我们班上的同学都成了听话的小绵羊，使得这些同学对当年的宣传深信不疑成了第一批知识青年。

其实这也怪不得赵老师，当年整体的情况就是如此，大家都在虔诚的接受着一种教育，严格的说是一种说教，声音只有一个，没有讨论更没有质疑，现在看来这实际上是一种宣传，自上而下告诉我们是什么该怎么做？而几乎是所有的人们都深信不疑应该按照这种说法去做，当然也许也有极少数质疑的声音，但这种声音淹没在信任和听话的潮流中，是不会被人们所重视的。这种教育或者说是说教的力量是可怕的，它使人想起我的母亲在参加工作短短的几天中便被彻底改变了面貌，前后判若两人，彻彻底底的接受了一种观念。

我们这个初中班，在初中毕业三年之后便面临着浩劫般的文化大革命，这时赵老师慈母般的"有教无类"教诲便表现出来极大的凝聚力。一是对赵老师的眷恋，班上无论在毕业时走上了哪条道路的同学，包括上山下乡的那几位同学，在毕业后的三年读书期间以及三年之后长达十年的浩劫中，大家都无法忘怀初中三年赵老师那种一视同仁的教育，更无法忘怀这位好师长好母亲，回母校看望赵老师及其赵老师一家人，很多年来一直是我们初中班同学的宿愿。二是班上同学那种兄弟姊妹般的友情一直延续了多年，这种友情帮我们度过了进入改革开放的80年代之前那十多年让人迷惑惆怅的岁月。

读初中时结识了一位友人，那就是我的同学洪时明先生，他在后来的二十余年与我高中同学于成都七中，大学同学于成都科技大学，相同的知识分子归宿使我们成为了朋友。当年在成都二十九中，洪时明与我都应该是品学兼优的学生，严格的说学业上他比我更努力更扎实，初中同学的三年中他不与我同班但我们相交甚密，其中很重要的一点是我和他担负着为学生会每周要编辑出版一期黑板报的社会工作。洪时明在绘画特别是安排宣传版面上极有天赋特别是写得一手好字，学校每周三要出版的黑板报便是我们两人每周都要做的社会工作，分工嘛是由我组织稿件他来制作，在这项社会工作中我们认识并开始相交。

多年的相交中，我对洪时明感受最深的是他的淡泊与宁静，这种淡泊与宁静恰恰是我这个思维经常在跳动的人极为缺乏的。我觉得他始终都沉浸在做好自己该做的事之中，很少表现出一种欲望的激情和冲动，这使他在与人相交上表现出相当的亲和力，我和他的这种友谊也许就是建立在这种亲和力上的。后来我们都一样成了大学的教授，都在治学和学术研究，但严格的说他才是真正的知识分子，尽管我也在我的专业领域上有相当的成就，但与他相比治学和研究的差距可以用望尘莫及来形容，不是表现在成果上，而是表现在基本的科学态度上，对科学而言他是真正的学者，而我仅仅是一介过客而已。

一句老话说"数理不分家"，我和他同时就读于成都科技大学时，我读数学系他读物理系，当年我们曾在学校共同编辑过《数理力小报》，因而也常在一起讨论数学或者物理问题。给我印象特别深的是，他所接触到和考虑到的所有的物理问题，他都很强调并且也很明白这个物理问题的数学描述，在一起讨论的过程中，我感觉到他对科学问题的严谨性是一丝不苟的，应该说在讨论某一物理问题的数学描述时，我这个数学专业的学子应该更审慎些，但恰恰相反，更多的时候是我在已经认为这个物理问题的数学描述差不多已经解决了的时候，质疑往往由他那里发生，而这种质疑导致了更深层次的讨论。

第三章 毗邻大学

与众多大学毗邻的成都七中

在饥肠辘辘的辗转和对未来的朦胧中，困难年代的三年初中学习生活似乎也过得很快，在经济形势逐渐好转的 1963 年 6 月，我们通过中考结束了初中学习，按照班主任赵老师给我母亲的提醒，我报考了成都七中如愿录取，迈入了这所四川省最有名的重点中学，开始了几乎长达六年的高中学习生活。进入七中首先见到了很多熟悉的小学同学，比如小学同班的张昭同学，这次我和她同时分在了高 66 级 2 班，同在高 66.2 班的小学同学还有在小学中就给我印象很深刻的陈大沛同学，小学他与我同校不同班，当然小学同班的女同学比如吴伯贤刘志明熊凤雏陆文荃是在全是女生的高 66.6 女生班，这个女生班中还有一位也是望江楼小学的校友但在小学时与我并不熟悉的周光熔同学，当然也结识了更多的来自成都各个初级中学的同学，包括后来成为密切朋友的高 66.1 班的刘仁清同学，大家都叫他"老马"。

在成都七中之所以度过了将近六年，是因为除了 1963 年 9 月到 1966 年 6 月的三年高中学习外，还有从 1966 年 6 月开始的无产阶级文化大革命那场浩劫，因为运动我们被滞留在成都七中，直到 1969 年初上山下乡接受贫下中农再教育到农村当知识青年才离开了学校。应该说在成都七中的前一个读高中的三年中，当年的青年学子们面临和接受着两种本质上不在同一个轨道上的教育，对我们老三届中的高 66 级而言，我们享受了可以说是新中国成立以来不仅包括文化大革命前 17 年甚至包括到今为止的所有共和国时光最优质的基础教育，但同时又接受了 1966 年 6 月文化大革命开始之前好几年的"山雨欲来风满楼"的政治教育，这个政治教育是以"千万不要忘记阶级斗争"为主线条的，其中关于青年学生的说教让人备受煎熬。

先回忆点让人愉快的事吧，那就是当年我们如何接受并吮吸新中国最优质的基础教育。我们高六六级这三年的高中，所接受各个学科的知识体系是最为全面和完毕的。以数学为例，我们当年学习的初等数学的教材，不是像现在笼统的称为一个数学，而是分学科被称为代数、三角、立体几何与解析几何的。代数学了三年，立体几何是在高一学的，三角是在高二学的，高三学的是解析几何。这种按初等数学的分支而设计的课程以及所编辑的教材，除了能够更系统的掌握各个学科的基础知识外，更为重要的是在这种学习中我们学到了逻辑学。

不知道是什么原因和过程，新中国建国以后逻辑学在基础教学中便逐渐被淡化并最终消失了，曾经有过的专门设置的逻辑学课程没有了，而逻辑学是一门至关重要的思维学科，对于各类自然科学和人文科学的学习有着至关重要的方法论作用。而当年我们在高中阶段学习到的那种以学科来设置的课程与教材，却让我们从另一个角度接触和学习到了逻辑学。比如立体几何，在首先帮助我们建立空间概念的同时，便从几个基本定义和公理出发，演绎出了整个立体几何的体系，这实际上是逻辑学的思维方法，当年教材的编写方式和先生教学的方法，潜移默化的把逻辑学的思维方法融会贯通于其中，让我们这一届学子学习到了逻辑学这个重要的学科知识。

我们在成都七中接受了良好的基础初等教育，大家都期盼着高中毕业后能考入心仪的大学，虽然还在是初等基础教育的阶段，但大家都已经产生了朦胧的专业的喜好与选择。成都七中学子有良好的基础教育的表现是十多年后恢复高考，在 1977 与 1978 年这两年高考中，凡是有意报考大学的成都七中的老三届同学，特别是高 66 级同学，几乎都是比较轻松的参加了高考并被录取到大学之中，时隔十多年之后对所学的初等基础教育知识仍没有被完全忘掉，便是我们这一届老三届有着最好的基础教育基础的证明。

我在成都七中三年的读书生活中，结识了很多良师益友，他们对我当年的学习生活，以至后来若干年后我的个人发展，都有着极其重要的影响和帮助。首先说一位我所崇拜的偶像派人物吧，他便是成都七中高六四六班的胡世模学长，认识胡世模学长最初是因为学校的社会工作，我进入成都七中后，先是担任了高六六级二班团支部书记一个学期，接着便被选为了成都七中团委会委员，分工负责宣传工作，而向我接交工作的前任便是胡世模学长，按当时的惯例和要求，他不仅要向我接交团委宣教委员的社会工作，还需要对我进行传帮带，这使我有了很好的机会和时间与他接触。

这位知识分子子女的学长是我的第一位偶像，交流中除了感觉到他的知识很渊博外，吐谈和待人接物的温文尔雅风度也让人崇拜，我从内心深处一直向他学习并以他为楷模，也就是想成为他那样的人。胡世模学长的学科知识很全面，自然科学的数理化他学的是绝对的优秀，但对人文科学的文学与新闻学，他也表现出相当的造诣。当我得知他参加 1964 年高考要报考中国人民大学的新闻学专业时，其他的同学都惊诧于他数理化极好为什么要去报考一个文科专业，而我一点也不感到奇怪，因为在我与他的交往中他思路清晰，对文学和新闻学有一种特殊的爱好。我在撰写和发表我的回忆录时，还是有朋友比较奇怪的问我，你一个学数学的理科生为何对文字如此喜好，写的 50 余万字的回忆录还比较有可读性，回想起来原因是多种多样的，但几十年前胡世模学长对我的影响也是很重要的原因之一。

胡世模学长喜欢文字到了酷爱的地步，我在与他接交成都七中团委宣教委员的工作时，他很明确的给我讲到了他为什么要做宣传工作，一个很重要的原因就是喜欢文字，他认为用文字表达自己的思维和语言是一种享受，他更认为文字能使自己的思维和语言更成熟更完美。尽管我自己也有一种原生的对文字的酷爱和喜好，但胡世模学长对我讲授的这些东西无疑对我起到了积极的良好的引导作用。

前边说到了缺失了的逻辑学，偶像般的胡世模学长给我最深刻的感觉和印象，就是他清晰的逻辑思维，我 1963 年 9 月进入成都七中，胡世模学长 1964 年 7 月离开七中，我们不到一年的交往中我可以说是时时刻刻都体验到他对所有事物的逻辑性，无论是学业上课程的学习，还是工作上团委宣教委员的工作，他在与找交流时都表现出极好的逻辑思维修养。他没有说教般的向我讲过逻辑学的"三段论推理"以及同一律排中律矛盾律三大定律，但在具体事务的讨论交流中，我几乎是时时处处都感觉到他在向我讲授那些逻辑学的哲理。

使人感到十分吃惊和遗憾的是，胡世模学长在 1964 年的高考中居然落榜了，与他同时落榜的还有他的同班同学学校的学生会主席梁吉，这也是一位对我来讲虽然谈不上是偶像也是很崇拜的人物，学校曾经在 1964 年四、五月都打算让我九月份到校学生会去接替他的工作，也是因为工作的交接使我和他有了相当的接触和了解，他的大刀阔斧的工作方式和工作效果使我十分敬佩。这两位学长的高考落榜对大家来讲都是一个意外，今天看来 1964 年高考的严苛的政审标准对他们显然是不利的。

说我们老三届高六六级接受了最良好的基础教育，不仅在于当年良好的学科知识结构和教材，更重要的是有一大批优秀教师在教育和教诲我们。在成都七中学习的三年中，我们的老师真的是一支名师队伍，我所在的班级语文是由白敦仁先生讲授的，我今天能在文字撰写上有一定的基础和成绩，多是来自于这位名师的指导。除了物理的徐聘能老师和化学的也是我们班主任的周德芬老师外，因为酷爱和喜欢数学的原因，对几位数学老师印象特别深刻，包括讲授代数的蒋南翔先生，讲授三角的熊庆来先生，讲授解析几何的藏葆华老师，而对我后来学业有很大指导和帮助的是谢晋超先生。

谢晋超先生是与我们同时到成都七中的，也就是 1963 年 9 月，他是成都七中 59 级高中毕业生，四年后大学毕业回到成都七中任教，我们高六六二班高一的立体几何与高二高三代数课是谢先生讲授的。我在前边忆及胡世模学长在日常的具体事务的交流沟通中给我潜移默化的传授了逻辑学的基本哲理，但真正让我重视逻辑学认真学习它并在这一辈子中受益匪浅的引导人是谢先生。记得刚上高一时，一次立体几何的课间，我与谢先生交流到了立体几何的学习，当时学习上我体会最深的就是空间概念或者说空间想象力的建立，这是谢先生在课堂上一直给我们反复强调的，他很强调一定要把教科书平面书页上的各种几何图形建立起立体感，要有丰富的空间想象力，所以我在学习上也体会颇深。但当我向谢先生讲到空间想象力这个问题的时候，他却给我说了几句后来对我影响很深的话：学习几何更重要的是领悟逻辑思维的重要性，有机会最好学点逻辑学。谢先生的简言片语引起了我对逻辑学的兴趣，我去找到了一本逻辑学的书开始读它。

我在总结影响自己人生稍有一点成就的因素时，青年时代曾经读过的两本书十分重要，一本是文化大革命中当逍遥派时邻居卓老师家中的一本《简明政治经济学》，另一本就是在谢先生指引下，去读的那本逻辑学了，好像名字也叫《简明逻辑学》，因为新中国建立以来逻辑学已逐渐退出了舞台，找到那本书还是不太容易的。《简明政治经济学》对我的实际帮助是功利性的，我在 1982 年大学毕业分配到当年的四川财经学院今天的西南财经大学时，当年计划经济体制下的经济学和管理学的基础就是政治经济学，年轻时候精读的这本书对我很快能融入西南财经大学经济管理的各个学科帮助是很大的。由于即便是改革开放后我们的市场经济也并非是真正的完全的市场经济，我们的市场经济计划的影响和烙印还是很深的，不是西方那种利市场经济，所以游弋在这种特殊的具有中国特点的市场经济中，读到的那些政治经济学原理在实际中还是颇有作用的。

而《简明逻辑学》对我从思维方法上是一种基础的启蒙，因为在读它的过程中有不是明白的地方要去请教谢先生，于是谢先生开始指导我读这本书，当然不是很具体的指导，是他给了我一个很好的方向：那就是结合着学习几何学课程去读逻辑学。无论是平面几何还是立体几何，都是从几个基本的定义和几条基本的公理出发，逻辑上演绎推导出整个几何学，使人不得不佩服2000多年前的欧几里德先生会有如此严密的逻辑学功力写出那部旷世巨作《几何原本》，由此引申开来深得逻辑学精髓的西方在自然科学方面远远领先于我们当然也是顺理成章的事了。

自己在回忆这走过来的几十年中所践行所完成的很多事情时，深切的感到合理的逻辑思维方法对把很多事情做好做完美是起着很大的作用的。世间的人与事，都会按照合乎逻辑的原则运行，如果你与他相向而行用合乎逻辑的办法去处理它解决它，自然会事半功倍己。所以对于现在我们的教育体系中缺乏逻辑学的学习作为一个教学工作者是感到很遗憾的，我们不应该简单的给学生们传授那些只零破碎的所谓"知识"，我们更应该在一个良好的逻辑体系中让学生们学到的各种知识有所融会贯通。

话有点扯远了，还是回到谢先生这边来。因为很多原因，我与谢先生的接触和交流日益增多，一是数学课程的学习经常向他请教，二是他组织了一个数学课外学习小组，大约有高六六级他所讲课的班上的近十位同学吧，每周他给我们另外上两个多小时的课。而他具体布置给我和同班的张昭同学的事，是去编辑发行一份后来被命名为《数学小报》的油印刊物，这使得我与他的接触交流就更多了。

坦率的讲，以当初读高中时涉世不深的我在与谢先生的接触中对他的观感，应该说还是很肤浅的，但开初时有一点是很明确的，就是我认为谢先生是一位纯粹的知识分子，而且用当年的话来讲他就是一个只埋头读书的典型人物，一心做学问搞教学，对业务之外的事情似乎不甚关心。当年在与他的接触交流之中，除了数学还是数学，好像没有其他更多的东西了，其实从1963年到1966年阶级和阶级斗争的弦已经绷得很紧了，业务已经不可能脱离政治而与政治割裂开来，但在与谢先生的交往中，他就是用科任老师的身份只与我们谈业务不涉及政治，这对于一个刚从师范大学毕业分配到成都七中这种优质学校中任教的青年教师是难能可贵并且是很不容易的。

当年在成都七中读书时，我父亲那个工人阶级中右倾思想的问题给我带来很大的困惑，如果是正式的戴了右派分子的帽子，一切也就简单了，但没有，没有任何有关方面向我们讲过父亲问题的性质是什么，只是朦胧的说起是工人阶级讲错了话，这就使我很难自处了，我自己都不明白父亲到底是什么问题，又如何去批判甚至划清界限。好在成都七中良好的学习氛围帮助了我，特别是一大批科任老师，好像他们只是只管功课不问其他的，只要你努力学习成绩好就是优秀学生，而与我交往甚密的谢先生便是其中的代表。在与谢先生的很多交往交流中，总是感到他在潜移默化的告诉我，认真读书吧其他的不用多管多想，在谢先生和其他很多科任老师们的这种关心和帮助下，我得以在成都七中很宽心的努力学习了三年，吮吸了当年良好的基础教育知识。

可以很肯定的说，当年如果没有谢先生以及其他一大批科任老师们那种"有教无类"的诲人不倦与孜孜以求的育人精神，年轻的我是很难走出父亲那个所谓政治问题的阴影的，因为来自其他方面的敦促都希望我能够明确和正视这个连我自己都不知道是什么问题的问题，这种悖论式的矛盾开初给我带来的阴影是很严重的，但在谢先生们的支持和鼓励下，我走出来了，因为谢先生用他的行为特别是眼神告诉我：那些事都不是事，努力学好知识才是你当前最重要的事。

谢先生诲人是有它独特的方法的，我在前面忆及的谢先生在让我学立体几何的时候学点逻辑学，听从了他的教诲的我，因为读了那本《简明逻辑学》而终身受益匪浅。他在我们高二将要完成的1965年六月交给我的建国以来1950年到1965年高考试题让我在暑假中完成一份最好有多解的题解，理由是他在下年要为高三学子们准备高考，这使得我不得不在高二的暑期首先是抓紧自学完成高三的包括解析几何及复数等部分代数内容，然后尽力完成这份题解，多年之后当我有所感悟时我才明白，他是逼我取得自学的方法，这是一个人终身学习的最优秀的唯一方法。

我开始一直以为谢先生就是那种不问政治的业务拔尖人物，直到文化大革命初期，学校文化大革命工作组抛出了他与其表弟的一封信，并因此把他作为反党反社会主义分子揪斗出来，我才知道谢先生在政治上其实是很敏感敏锐的，他在与他表弟的那封信中就当时中国共产党与意大利共产党总书记陶里亚缔关于国际共产主义运动分歧讨论的见解，便足以见得他对政治并不陌生，并且有自己独特的正确的认识与思维。当年谢先生被关押在行政楼时，我曾奉有关方面命令去看守了他一个晚上，关押的地方就是他跟我们数学小组讲授课程的地方，两人四目相对其实更困惑的是我，我不知道如何面对这一个眼前被称作牛鬼蛇神的良师益友，好在运动的形势发展很快，很快被打成牛鬼蛇神的一大批老师包括谢先生也就被解放了，当然我也得到了心灵深处的解脱。

与谢先生的交流因为我的一个儿子在1996年考入成都七中读高中得到了延展，当年成都七中录取了我儿子后，我曾带着儿子专程到成都七中谢先生的家中去拜访他，那个时候谢先生已经成为成都市乃至四川省初等数学教学的"舵爷式"人物，除了继续他在线下的也就是面对面的初等数学讲授外，谢先生开始致力于成都网校的开发与建设。谢先生诲人不倦的精神转移到了老三届学生的子女身上，当年成都七中有一个入学的分班考试，主要是选拔一些学生进理科实验班，笔试时谢先生还专程到考场看了我儿子的作题情况，并通报我讲儿子的情况还不错。当然我的儿子也没有辜负先生们的教诲，他后来参加全国奥林匹克数学竞赛获得了二等奖，并在毕业后考取了北京大学修了理学士和经济学学士两个学位。

谢先生是我年轻的时候遇见的第二位贵人，第一位贵人是我初中的班主任赵泽书老师，谢先生在我就读成都七中高中时，除了和其他同学一样有立体几何和代数的"传道授业解惑"，更为重要的是他给了我学习乃至人生的很重要的两把钥匙，一是给了我自学的理念和方法，二是引导我入门了逻辑学。谢先生当年的指点让我终身受益，特别是通过学习几何而领会到的逻辑思维方法，让我在几十年来的工作中有路可寻有径可走，客观事物都是按一定的逻辑在运行着的，有了良好的逻辑思维方法，无论是学习知识还是工作实践都会取得你意想不到的成果。能在中学阶段年轻的时候遇到这两位指点人生道路的贵人，应该是我的福分、缘分和宿命，贵人的指点和引路让人终身受益难以忘怀。

现在回忆起当年成都七中的学习生活，总结出有两个特点：一是学习的自由度，二是科任老师的专业性。关于在成都七中学习的自由度，我曾经在《我的学习生涯》那个篇章中作过较为详细的描述，这里想主要谈谈我们科任老师的专业性。应该说几乎所有的七中科任老师，都有一个共同的特点，就好像他们活在世外桃源中不知有晋，也就是除了他们所教授的专业课程知识外，对其他的世事好像都不甚关心，这在当年已经很强调阶级和阶级斗争的大背景下是十分难能可贵的，真不知道老师们是本身就是这样的不问世事，还是难得糊涂的装聋作哑，也许两者都兼而有之吧。这带给学生们的真是一个福分，本来在当年的大的政治氛围下，同学们已经在学科学习之外经受了很多纷扰，不少同学已经感到这样那样的思想压力，好在科任老师们的这种只教业务的单纯性，使得大家能够在学科学习上轻松些愉悦些，所以说这是先生的弟子们的一个福分。

在这种良好的学科学习氛围下，七中学子们在吮吸知识的前提下自由的成长和发展，大家在学科学习中无拘无束的自由交流，也结识了不少学习上的朋友，我在望江楼小学的同班同学张昭，在我高中考入七中之后分在了同一个班，共同的学习目标与努力使我们成了很好的朋友或者叫学友，应该说谢晋超先生组织的课外学习小组以及让我们编辑的《数学小报》是我与张昭同学相识相交很好的桥梁。张昭同学有一手好的书法，而《数学小报》最终面世的形式是油印刊物，这需要先在钢板上刻写蜡纸，这项工作当年几乎都是张昭同学承担的，她那一手好字让《数学小报》增色不少。因为要编辑《数学小报》以及在谢先生组织的数学课外学习小组上学习，我和张昭同学经常就数学上很多问题进行讨论，讨论中我发现张超同学思维十分严谨，数学本身就是一门刻板严谨的学科，肯定是需要严谨的态度去对待它，而这方面张昭同学就比我强多了。这说来好像还有些反常，我是一开始就喜欢和酷爱数学的，我喜欢这种纯思维性的学科，而对那些带有一定的实践性的学科比如化学与物理，不是十分的钟情。而当年在班上大家都知道张昭同学酷爱的是化学，实验性很强的化学是很强调动手能力的，照理说我这个酷爱数学的学生应该比喜欢化学的张昭同学在思维上更严谨些，但恰恰相反，用谢晋超先生的话来讲，我是一个思维上联想和跳跃幅度很大的学生，思维的严谨性张昭更强些。

张昭同学这种严谨性不仅表现在思维上，也表现在考试中。应该说当年班上理科数理化的多次考试中，张昭同学是经常取得满分的，似乎无论怎样的考题她都会一丝不苟的完美作答，在这方面我就差远了，题目虽然会做，也会浮想联翩的考虑得很深很远，但总是丢三落四留下很多纰漏。我在1996年带着我的儿子去拜访谢晋超先生时，他告诉我和我的儿子在他那里有两份保存了30多年的教学"文物"，一份是我为谢先生所做的建国以来的高考试题解笔记本，另一份就是张昭同学当年一份满分考试试卷，重点不是满分，而是那份试卷像是一份印刷体似的，张昭同学把它书写得十分规范，没有丝毫的涂改痕迹。张昭同学77年考入了四川师范大学学习化学专业后，大学考试的状况仍然如此，与他大学同班的也是我们成都七中的同学曾经问我，张昭考试历来都是如此吗？

在成都七中欢快的三年学习生活中，除了结识像张昭吴伯贤这样的本年级同学外，因为我有相当长时间从事团委宣教委员工作，也结识了一批高年级同学，除了上边已经忆及过的高六四级的胡世模学长外，高65级的陈博文同学也因为诸多原因成为我至好的朋友。陈博文是当年成都七中校学生会的学习部长，学习成绩优异，我从与很多科任老师的言谈中得知陈博文在学习学科知识上的习惯或者说风格与我极为相似，思绪敏捷善于拓展但不甚严谨。因为学生社会工作的原因，我从高一进入成都七中开始就认识了他并与他交往，天性上他是那种爽快藏不住话直言直语的人，所以与他交朋友很容易，我们的交流既有学生社会工作方面的，也有具体的关于数理化知识的学习上的，快言快语的他经常有很多尖锐的思绪和问题向我提出，不少的问题会使人很意外，用今天的话来讲似乎他很"另类"，但它确实是我喜欢交往的一位学长，与他的每一次交流都会使人感受到颇有收益。

从1964年下半年起，特别是进入1965年后，陈博文学长的情绪突然变得不稳定起来，与他的交流中让人经常有一种担心，言谈中感觉到他似乎在自我放弃，学习成绩优秀的他经常向我谈到关于当年的热门话题也就是知识青年上山下乡，虽然有高六四级胡世模学长的高考意外落榜，但我深信成绩优异的陈博文是应该考得上大学的。1965年高考招生结束后，陈博文没有考上大学，后来得知是政治审查也就是通常所说的"政审"把他划入了"该生不宜录取"的范畴，落榜也就很自然了。多年之后我见到他，谈到当年的情况他很坦然的告诉我，他早就知道他与大学是无缘的，他是从1964年严苛的高考"政审"所带来的现实的录取状况，感觉和分析到这一点的，所以他从1964年下半年开始就比较颓废了，真是造化弄人呵。

前边曾经说到1963到1966年这三年在成都七中的学习生活具有一种双重性，一方面成都七中良好的学习氛围让我们身心愉快的游弋在知识的大海洋中吮吸着新中国建立以来最优质的基础教育，但另一方面紧锣密鼓的以"千万不要忘记阶级斗争"为主旋律的政治运动也给我们这些青年学子带来纷扰和困惑。当年在学习科学技术知识的同时，我们还得接受着各种各样的以政治为中心的教育，这种教育的基本出发点就是阶级和阶级斗争，方方面面的多种多样各种形式的教育要求我们"千万不要忘记阶级和阶级斗争"。

在这些教育中，比较令人烦心的是那个要你联系个人实际的阶级出身和阶级成分问题。当年成都七中的中学生们的家庭阶级成分还是比较多元化的，有革命干部和革命军人家庭出身的，有知识分子家庭出身的，有工人贫下中农家庭出生的，也有地富反坏右五类分子家庭出生的。家庭出身本身就是一个荒谬的命题，任何一个人都不可能选择自己的家庭出身，而当年出生于一个什么样的家庭似乎成了一个很重要的问题。有关方面也认同家庭出身不由个人选择这个基本事实和情况，于是有了一种"有成分论，不唯成分论，重在政治表现"的说教，这在当年是压在众多青年学子身上的一座大山似的思想负担，特别是对那些家庭出身不好的同学来讲，这种负担就更严重和沉重了。

当然，与后来文化大革命中出现的"血统论"相比，这种说教还是相当温柔的了，它好像毕竟还是给出了一条出路，是一剂教育性的引导性的药物，比起那个"老子英雄儿好汉，老子反动儿混蛋"似乎易于让人接受。但从本质上来讲，这两个东西是同出一辙的，都是源于"千万不要忘记阶级和阶级斗争"那个基本理论的，只是披上了不同的马甲而已，从某个意义上来讲，对人的折磨前者比后者更甚，后者已经堵死了出路，那就破罐子破摔罢了，而前者抛出和指引了一条路，让你经过磨难之后脱胎换骨向它靠拢。当年的成都七中，在这个问题上给予学子们的磨难也不亚于其他学校，我们在自由愉悦的学习学科知识的同时，又不得不接受这种说教的洗礼，这种说教让人相信似乎真的通过这种洗心革面的改造可以成为革命队伍中的一员。

高中三年的学习很快的进入了最后一年，但进入 1965 年的下半年无论从哪一方面来讲，情况已经发生了很大的变化，大家都处于一场意想不到的大革命的前夜，尽管是意想不到，但紧锣密鼓的大形势还是使学子们逐渐脱离了所喜欢的轨道。特别是进入 1966 年我们高中学习的最后一学期，逐渐的让人感到我们这批高 66 级高中毕业生的未来有点琢磨不定了，如果一切正常，我们是应该准备参加 1966 年高考，但动荡的政治形势使人十分烦躁，各种各样对文艺界教育界知识范畴的批判，让人觉得我们所接受的不是无产阶级的教育，而是修正主义资产阶级的教育，这种教育还能继续下去吗？直言之，我们还有可能参加高考读大学吗？在这种叮咛不安的煎熬中度过几个月后，1966 年 6 月我们迎来了无产阶级文化大革命那场浩劫，应该说在这之前的几年中所酝酿的那种"千万不要忘记阶级斗争"氛围在这个时候发挥了充分的作用，几乎是所有的中国人都以一种难以想象的激情投入了这场运动，当然大家投入时都没有想到这会是一场给国人带来灾难的浩劫。

讲到灾难，我们高六六级学生首当其冲的是失去了迈入大学接受高等教育的机会，高考先是被推迟然后被取消，在"停课闹革命"的喧嚣中，成都七中的学子们也投入了那场革命，在有关方面的误导下，学生们首先把枪口对准了自己的老师。6月最初的几天，被当作牛鬼蛇神被揪斗被关押的几乎都是我们的老师，一种盲目的冲动让学生们把本质上实际上是对很多社会问题的不满，发泄到了自己的老师身上。中老年教师自不用说，他们都在解放前或多或少的在国民党政权管理下工作过，这些信息被抛了出来不胫而走引起学生的激愤，青年教师没有历史问题仍不能幸免，谢晋超先生被关入牛棚，起因就是他与表弟的一封通信，信中谈到了他对中国共产党与意大利共产党关于国际共产主义运动分歧的见解，这封信一被抛出来，谢先生便遭到了没顶之灾，给我们上政治课的另一位从上海来的青年教师倪老师，被传出恶劣对待女朋友的劣行，很快以道德败坏为罪名被揪斗被关押。最为让人感到遗憾的是，就在成都七中的校园中发生了学生殴打自己的老师的情况，教生物学的傅勤钟老师在青天白日下被自己的学生围殴。

将近10天的狂热把整个七中校园弄的乌烟瘴气，一个基本的事实是几乎我们所有的老师要么成了牛鬼蛇神，要么也有这样那样的重大问题，这显然很不合乎逻辑更不正常。这种既不符合逻辑。也不正常现象，引起了一部分学生的思考，这其中既包括我也包括与我在读书期间就交往密切的刘仁清同学。刘仁清同学在高六六级一班，与我们高六六级二班隔离一个走廊相邻，进入成都七中的第一学期，他担任高六六级一班的团支部书记，而我担任着高六六级二班的团支部书记，高一的第二学期我和他同时被选入成都七中团委会，他是团委组织委员，我是团委宣教委员，这种学生社会工作的状况使我与他有了比较密切的联系，读书的几年中我们便经常在一起交流对很多问题包括一些社会问题的看法，对很多问题的理解和见识不少时候我们都有比较一致的观感和认识，正是这种对很多问题认识上的一致，使我和他成了多年的朋友交往甚密。

说是交往甚密的朋友，其实在内心深处我对他的方方面面是很敬佩的，思维上他思想敏捷深邃切中问题要害，言谈中他语言犀利经常一语中的。所以我们在交流时，在更多的时候是我在聆听他的认识和见解，而这些认识和见解往往是我从内心深处赞同的。进入1966年6月。因为事实上已经停课了，加之学校的运动形式局面又如此的混乱复杂，我和刘仁清同学沟通交流就比较频繁了，因为在之前的交流中我们有一个共识，那就是当前的教育体系和教育机制是否妥当是否需要变革甚至革命，相当长的时间中这个疑问一直在我们心中，所以当我们面对学校那么多老师被作为牛鬼蛇神揪斗出来时，便感觉到问题不是那么简单的了，需要认真的全面的客观的分析和研究。

应该说当年的我还是比较偏激的，严格的说"左"的思维很严重，当然当年的政治氛围也是那样，中央人民广播电台1966年6月1日晚播出的北京大学聂元梓的大字报与《人民日报》第2天"欢呼北大的一张大字报"的评论员文章，都剑指北京大学党委陆平等人舍车保帅把北大老师们打成牛鬼蛇神，于是便联想到成都七中是否也会是这样的，加之当初老师们的很多材料被抛出渠道也很蹊跷，谢晋超先生与表弟的信件倪世林老师在上海的私人生活情况这些本来比较隐秘的材料被公之于众，确实让人有所怀疑。六月上旬的一天下午，我与刘仁清同学交流了对这些事情的看法，疑虑是共同的，加之之前一直就有的对成都七中是否执行了无产阶级教育路线的问题，使得我们对当时成都七中的领导者的疑虑更大了。在有了比较一致的意见后，当天晚上我执笔完成了成都七中第一张把斗争矛头指向掌握权力的当权派的大字报，这篇大字报由我与刘仁清及其他另外两位同学签名贴出后，在成都七中引起轩然大波，同学们以赞同还是反对这份大字报的观点分成了两派，发生了激烈的讨论与辩论。

应该说当时的这篇大字报，对一大批被作为牛鬼蛇神关进牛棚的老师们是一种解脱，因为这篇大字报出来后成都七中文化大革命运动所讨论的话题，逐渐由老师们"是否有资产阶级作风"、"是否歧视工农革干子女"，转移到"成都七中党支部是否执行了修正主义教育教育路线"，"是否阻碍了成都七中无产阶级文化大革命发展"这些问题上来了。客观的说，当时被左倾思想笼罩的我们特别是执笔写出这份大字报的我，在事实与论据还不十分充分的情况下就得出结论，显然是盲目和冲动了一些，支持我们的同学虽然有不少，但更多的同学是反对我们这种观点的。讨论和辩论持续了将近半个月，议题的中心和重点也在不断的变化，有同学把问题的讨论升级了，把一个"成都七中党支部是否执行了修正主义教育路线"的是非讨论问题，上升到"是否反对党的领导"的高度去分析这篇大字报以及我们是否是反党。

在这半个月中，一方面是同学们激烈的辩论，另一方面运动的领导也在悄然发生变化，成都七中党支部似乎从无产阶级文化大革命领导舞台上悄然退台了，而由原来的四清工作组改名为文化大革命工作组来具体领导。应该说这个新的领导者当时更不能适应汹涌澎湃的群众运动热潮，在运动的引导方面显得手足无措茫然无方，这很快引起了已经被"左"的思潮鼓动起来的青年学生的不满，很快成都七中无产阶级文化大革命就有了新的问题，那就是要不要工作组的领导，一部分同学提出要工作组撤出成都七中的要求，而代表人物仍然是写出第一篇大字报的刘仁清与我等4位同学。由于同学们要求文化大革命工作组撤出成都七中比较强烈呼声较高，1966年6月24日傍晚，由市委宣传部肖菊仁部长带领的几位上级领导来到成都七中与我们面对面的沟通和交流，中心的议题是文化大革命工作组需不需要能不能够撤出成都七中。

这场讨论持续的时间很长，从24日傍晚开始直到25日凌晨，与肖菊仁部长面对面对话的是我与约三四十位同学，我们提出了一个直观的要求，就是请工作组撤出成都七中，同学们自己领导自己自己组织自己进行文化大革命，而肖菊仁部长一直回避正面回答能不能够撤出成都七中这个问题，而反复在工作组需不需要撤出成都七中与我们进行讨论。应该说当时我们的问题和要求虽然提出了，但事实和理由并不十分充分，面对肖部长这种相当级别的干部，我这个小青年还是感到十分的力不从心。那天晚上刘仁清同学没有出面直接与肖部长对话，但在与肖部长长达四五个小时的沟通与交流中，我曾好几次离开现场，到一直在现场外边观察和听取讨论情况的刘仁清同学交换意见，严格的说是把我感到力不从心的问题向他请教。

四五个小时的讨论把双方都弄得很筋疲力尽，所以到 25 日凌晨，市委宣传部来的干部中有同志提出我们暂时休会，让肖部长回市委宣传部研究之后，再对同学们作出工作组要不要撤出成都七中的答复。因为这个结局是我在离开会场与刘仁清同学交换意见时就估计到这是最有可能出现的情况，应该说也是合情合理的，不可能要求要肖部长现场表态工作组即刻撤出成都七中，肯定需要回去研究，所以作为同学方的代表我也同意了这个建议。没有想到的是，睡了一个囫囵觉的我们在 6 月 25 日下午，便听到同学们中在传递一个消息，说是头天晚上的与肖部长的沟通与交流是我们这部分同学要"取消党的领导"，这种说法把头天晚上本来与肖部长比较正常的沟通交流说成了我们这部分同学要在成都七中赶走文化大革命工作组。

接下来的一个多星期情况变化得很快也更错综复杂，尽管有不少同学支持，但也有越来越多的同学批评和指责我们要工作组撤出成都七中是错误的。比较要命的是，年轻并不成熟的我们似乎自己也觉得在哪个地方错了，至少在哪个地方是不妥当的，所以我们开始退却了，一个明显的表现是我们几位同学特别是我与刘仁清的沟通和交流逐渐少了起来，当然，对有些同学指责我们取消党的领导我们是坚决予以否认的。这时有同学粉墨登场劝阻我们承认错误，更有甚者有同学找到我，明确的给我说错误的根源不在于我，而在于刘仁清同学，他们要求我揭发和指正是刘仁清同学在幕后组织和指挥了这场活动。我当时也似乎感觉到自己错了，但这个错也是自己自觉自愿发生的，尽管其中有很多与刘仁清同学的沟通和交流，见解与看法也一致，但自己的过错就是自己的错误，也应该自己承担错误的责任。

让我们感到十分严峻的是 1966 年 7 月一次在人民南路广场举行的四川省与成都市支持援越抗美的游行集会中，我们 4 位同学被通知留在学校看守牛棚中的牛鬼蛇神，其实这是变相的取缔了我们参加同学们游行集会援越抗美的权利，这时我们才知道问题严重了，我们确实有可能被作为反党反社会主义的右派学生来对待了。整个 1966 年 7 月和 8 月上旬日子过得十分压抑，我个人而言当时是觉得自己错了，但绝不认为自己是反党反社会主义，绝不认为写第一张大字报和 6 月 24 日与肖部长的对话是"取消党的领导"、"反对党的领导"，在这种迷茫孤独自责自悔中度过了那 40 来天。比较感到难能可贵的是，我们在大字报上签字的 4 位同学，没有相互指责相互推卸责任，都在自己的认知范围内作自我批评，努力提升自己以改正错误。

1966 年 8 月中旬发表的中共中央文化大革命十六条使我们得到了解脱，读了十六条的我们意识到自己至少不是右派学生，于是我们几位同学特别是我和刘仁清同学又恢复了联系和接触，我们至少认为应该为自己洗清反党右派学生的不实，支持我们的同学也开始重新聚集，大家都要求重新审视发生在 6 月份的一些重大事件，于是在 8 月 18 日在行政楼的 3 楼阅览室进行了一次已经基本上分成两派的同学的大辩论。这一次辩论刘仁清同学出面了，我们这一方的辩论主角实际是他，将近 200 名左右的同学参加了这次辩论会，中心议题就是我们在 6 月份的行为是不是取消党的领导是不是反对党的领导。辩论十分激烈，两派同学各据一辞，因为对事实的认知以及理念上的差异，辩论过程虽然激烈但难有一致的结果，直到后来有同学上三楼来告诉大家中央人民广播电台新闻联播播发了毛主席在北京天安门广场接见红卫兵的重大消息后才得以结束。

进入8月下旬，运动的形式发展很快，从北京南下的两股红卫兵串联队伍，搅动了成都的大中学校，促进了成都文化大革命的纵深发展。一支主要在中学，他们带来了血统论的"老子英雄儿好汉老子反动儿混蛋"的对联，在中学校园中掀起了一场近乎腥风血雨的阶级出身和阶级成分的辩论与斗争，昔日的同学像阶级敌人般的怒目相对甚至动手殴打。比较庆幸的是我因为8月18日大辩论后便迅速的离开成都七中融入了成都大学生"炮轰西南局火烧省市委"的社会运动中，有幸避开了这种同学之间的手脚相残，当然也没有能够见识到当年令人心寒的场面。

到成都大专院校的北京来的另一只红卫兵，带来的是"怀疑一切"的理念和"造反有理"的行动，鼓励和鼓动成都红卫兵走向社会走向街头向西南局省市委开火，我和其他几位成都七中的同学在8月下旬和9月上旬的十几天中是到当年的成都电讯工程学院参加运动，并最终在9月13号搭乘成都电讯工程学院大学生上北京串联的专列奔赴北京，并在9月15日赶上了毛主席在天安门广场第二次接见红卫兵。

北京南下串联的红卫兵，带着截然不同的观点把成都大学和中学搅得风云突变。中学比较麻烦，在8月18号毛主席第一次在天安门接见红卫兵后，各个中学都迅速的成立了官办红卫兵，在成都七中叫红卫兵6234部队。这些中学新成立的官办红卫兵，很迅速的与带着那副血统论对联的北京红卫兵融为一体，在中学中展开了学生中的阶级路线辩论与斗争。在大学中带着"怀疑一切"和"造反有理"的南下红卫兵特别的活跃，他们和各校的激进的大学生一起掀起了了一系列的"炮轰西南局火烧省市委"的大规模行动，比如8月26号，以四川大学为主的大学生在东方红礼堂冲击了西南局召开的批斗大会等。在成都市的街头，大学生们上街宣传"炮轰西南局，火烧省市委"时，也发生了街头工人及市民与学生激烈辩论，形成了一度被称为"工人斗学生"的局面。

从8月18日成都七中行政楼三楼阅览室大辩论后，我就离开了学校主要参加了成都电讯工程学院一系列"炮轰西南局火烧省市委"的活动，前后约有20天，因为当时的情况比较激烈复杂，所以基本上是住在成都电讯工程学院很少回家。大约在9月10日左右，我回家后家里人告诉我一位成都七中我的同班同学让我尽快的到他家中去一下，他有紧要的事情需要和我联系，这位同学便是从读书开始到后来几十年中我的至交好友陈大沛。陈大沛小学与我就同校，虽不同班但因为我是很惧怕体育活动的小胖墩，而陈大沛各项体育活动都身手矫健让我十分钦佩，记得第一次认识陈大沛是在望江楼小学的操场上，他正在那个操场上跳木马，我根本不敢去跳也跳不过的那个木马对他来讲简直是小菜一碟，轻松一跳便矫健越过让我钦佩不已。

在成都七中读高中时我与他同班，因为他家住在四川大学我家住在成都工学院，距成都七中都比较近，我们就成为了走读生，这使我和他有了更多的近距离聊天交流的机会，每天下午放学后我基本上都要和他结伴而行回家，这时便是我们聊天吹牛的时候了。平时陈大沛给人的感觉是言语较少，大庭广众下他很少讲话，所以很多同学对他的感觉和印象是他寡言少语不善交流，实际的情况根本不是这样，他实际上是一个语言很丰富并且很犀利的人，对各种各样的问题也很有见解，每天下午我和他一走出成都七中校门，他的话匣子就打开了，对一天的所见所闻发表见解有时甚至有滔滔不绝的味道，特别使人震惊的是，他这个时候讲的话经常是切中要害的，尤为使人惊讶的是他能很幽默的用不多的言语对一些事情一语中的。

当然在当年那个大环境下，能够敞开的进行交流需要一个很重要的基础，那就是相互之间的信任，比较庆幸的是我和陈大沛之间取得这种至关重要的信任并没有用到太久的时间，同行由学校回家的日子没有过了多久，我们的信任便建立了很快便畅所欲言了。除了这种基础的信任外，我们之间对当时的很多问题经常有比较一致的看法和观感也是我们交流比较通畅的重要原因，除了学校和班上发生的一些不大不小的事情外，对当年一些比较敏感的问题我们的认识与体验也较为一致，比如当年比较强调的阶级出身问题，在大众广庭之下肯定是不敢非议说它不妥的，但在只有他与我两个人时，也能用一些特殊的言辞表达出我们共同的一些不同见解，当然这种见解不是直言不讳的，而在描述这些比较敏感的问题的见解时，陈大沛那种机敏与睿智便会用他那幽默而犀利的语言表达出来。

我与陈大沛高中走读了三年，相互之间信任和关心的友谊在增长，所以当我 1966 年六月闯下那场有点弥天的大祸时，他对我更为关心，应该说 1966 年 7 月初到 8 月中旬的四五十天郁闷中我能比较平静的度过，陈大沛对我不减的友谊是很重要的因素之一，在有的同学对我们不理解甚至指责批评之时，陈大沛仍然像平时一样的与我往来，每天下午我们仍然是结伴而行从学校回家，而那个时候已经有同学开始疏远我们了。到了 8 月份我们得到解脱时，他似乎也特别高兴，更令人惊讶的是他对当时文化大革命形势的见解和看法与我是惊人的一致，所以他对 8 月下旬到 9 月上旬这 20 多天我在成都七中"外边"的晃荡是关注的支持的。这天他让我的家人告诉我一定要去他家中找他。我就知道他那边一定有重要情况要告诉我，于是我很急匆匆的到四川大学绿阳村他家中去找他，看他有什么事情要告诉我。

虽然比较晚了，我到他家中时他家中人基本都在，他母亲她哥哥与妹妹都在，气氛好像是都在等着我似的，陈大沛看到我的第一句话就是"许胖子你不能回学校了，回去一定会被诬起"。原来当时成都七中校内的情况已经很严峻了，一方面血统论的那副对联统治了舆论，同学之间的批斗加剧甚至发生了打人的情况，当时一度留在学校的我们4位大字报签名同学中的另两位同学在成都七中成了被围攻的对象，如果我这个时候回学校，境况一定很被动，所以陈大沛告诫我绝不能在这个时候回学校了。不回学校到哪里去了呢？当时陈大沛他们几兄妹似乎早已商量好了，众口同声的告诉我"去北京"，他们甚至为我做好了去北京的准备，一些人民币和全国粮票，更难能可贵的是在当时那种情况下，陈大沛和他的家人们居然为我准备了一支红卫兵袖套，因为在当时戴在手臂上的一支红卫兵袖套，便是一张标明身份并且因此可以四处通行的标帜。

正好当时成都电讯工程学院的全校大学生，要在9月13日乘坐一辆专利去北京，这是按照当时中央的安排，全国所有的大学生都到北京去串联一次，于是在成都电讯工程学院一些大学生的支持下，带着陈大沛和家人替我准备的钱粮与红卫兵袖套，我和其他的几位中学生混上了成都电讯工程学院奔赴北京的专利，向北京奔驰而去。其实向北京走，也是陈大沛的家人了解到北京的情况后给我出的主意，因为从他们得到的消息北京的文化大革命发展比成都要超前一些，我们这种被当做右派学生被整的情况，在当时的北京早已成为历史，所以他们建议我朝北京跑。应该说陈大沛和他的家人们给我的建议真是一剂宽心药，其实离开成都到北京的路上，由于方方面面情况不明朗，我的内心还是很压抑的，个人的命运何去何从好像还是个未知数，到了北京走到北京那些大专院校一下子豁然开朗了，原来我在成都担心自己命运的事完全不是一个事，这里是另外一片天地另外一片氛围，并且这种解放学生氛围很快的就成为了全国的榜样，全国各地对学生的打击也迅速的消失了。

在北京待了将近一个月后回到成都，成都文化大革命的形势已经发生很大的变化，中学中那个血统论的势力在逐渐溃退，越来越多的人认识到那副对联的反动性，官办的红卫兵在逐步的瓦解，这时全国的大中学校红卫兵的大串联已蔚然成风，于是我和陈大沛以及其他的几位同学，先是乘车奔赴了北京、南京、上海、广州、柳州、贵阳、重庆等地进行了串联，随后又在川内沿着眉山彭山乐山峨眉进行了步行串联，，最后回到成都再次投入了成都七中及四川省成都市的文化大革命。陈大沛虽然对很多政治活动并不感兴趣，但对我要做的事情他从来都是支持的，比如在1967年2月镇反之后，成都七中八·二六派的"七毛"在人民南路广场的百货大楼顶楼上建立了一个当时很有影响的广播站，每天定时定点的播放来自北京的粉碎"二月逆流"的消息，其实这个广播站最初的建立和后来的工作陈大沛都参加了，最初的选点和器材准备，还得到了陈大沛在五金公司工作的哥哥的大力支持，那个时候五金公司就在百货大楼的旁边。1968年底1969年初。我们都下到了农村当了知识青年，陈大沛跟随学校去了西昌冕宁，而我在成都附近的一些专县诸如安县、郫县、蒲江等地辗转，到70年代初我们都分别被招工回城回了成都，我到了成都市金牛区商业局工作，陈大沛被分到了成都十一中教书，我与他的往来在大家工作的几年中都十分密切，直到1977年高考恢复时，他与我分别在1978年考入了四川师范学院和成都工学院，都分别读上了自己爱好的专业中文和数学。

在奔赴北京以及在北京串联的日子中，有两位大学生给予了我极大的帮助支持和指导。一位是成都电讯工程学院的大学生，因为是江西人我们都叫他老表，认识老表是由家在成都电讯工程学院的成都七中同学刘彩芬介绍的，我从 8 月 18 号行政楼三楼大辩论离开成都七中后，便认识了同是校友的刘彩芬同学，因为刘彩芬家在成都电讯工程学院，我和其他几位成都七中同学很快的便到了成都电讯工程学院参加文化大革命，与我们具体联系的便是这位江西老表。江西老表其实只比我大一岁，他是高六五级的学生，1965 年 9 月才迈入成都电讯工程学院读大学，刚上了一年的课便遇上了文化大革命，我们在成都电讯工程学院的那些日子中，一直是老表在带领着我们。

不知道是什么原因，老表与"成电东方红"的创始人之一蔡文斌很熟，好像他们应该是一个专业一个系的，所以我也很快的就认识了蔡文斌，并且一度在与成都电讯工程学院的大学生一起住在北京航空学院时，充当了蔡文斌与"北航红旗"的小联络员，那个阶段蔡文斌等人正在筹建"成电东方红"。我和其他几位同学最终能在 1966 年 9 月 13 号登上成都电讯工程学院大学生奔赴北京的专列，与老表的庇护和支持分不开的，从 9 月 10 号左右陈大沛及其家人告诫我不能再回成都七中并指引我上北京时，我便带着他们给我的钱粮和红卫兵袖套来到成都电讯工程学院，我告诉了老表我在学校里艰难处境，告诉了有朋友让我上北京去串联，老表对此十分理解，他让我和其他几位同学做好准备，与他们一起乘专列上北京，这是作为仅比我大一岁的大学生老表表现出来的极大的胆识和谋略。

后来我才知道，这对于老表还是有很大的风险的，因为当年成都电讯工程学院与北京航空学院一样是军事院校，管理上是军事化的，这一点便会给老表增加很多压力和不便。但老表最终让我们一共 4 位中学生登上了成都电讯工程学院去北京的专列，上车不久便受到了成都电讯工程学院党委书记他们称之为"政委"的一位老干部理抹，因为老表在这之前做了很多工作，也在我们的努力应对之下，我们最终在接受了"政委"一到北京便离开成都电讯工程学院的要求后，被那位党委书记同意让我们随专列一直到达北京。回顾在成都电讯工程学院的多日生活以及登上列车与大学生们一同奔赴北京都是老表在安排在组织，心地善良的老表是我在当年思想压力极大的时候帮助我从困境中解脱出来的大哥和朋友。

由于北京和成都两地的文化大革命氛围完全不同，我们一到北京之后心中的顾虑和担忧庚即烟消云散，思想负担和压力一扫而空：原来在成都的那些使人困惑和为难的事情根本不是一回事。刚到北京的时候，为了兑现对成都电讯工程学院党委书记的承诺，我们几位中学生住进了西单商场接待点，心情的迫切让我第二天便去了北京大学看大字报，就在北京大学我又有幸遇见了另外一位大学生，这是一位比我年长两三岁的北京大学西语系学生，我们是在北京大学的大字报棚前面结识的，因为结识的时候已临近中午，他就让我同他一起回寝室，吃完午后之后很详细的跟他聊了一阵，他得知我主要是想了解北京文化大革命特别是红卫兵运动的情况后，便告诉我他准备用两三天的时间带我到北京各大专院校逛逛。

从第二天开始他便带着我遍历了清华大学、北京师范大学、北京航空学院、北京地质学院等几个北京市红卫兵第三司令部的发起学校去看大字报和了解这些学校文化大革命的动态和情况，后来几天又相继去了北京钢铁学院、北京矿业学院、北京林业学院和北京农业大学等学校。在游览这些学校的过程中他详细的给我介绍了北京红卫兵运动的由来和发展。他告诉我当时红卫兵在北京有三个司令部，都设在北京天安门旁，分别被大家称作红一司、红二司和红三司，红一司应该是由毛主席最早在天安门城楼上接见的那批红卫兵组成的，他们成立最早，成员主要是各个学校中特别是中学中的干部子女居多，与中央各部委及北京市的关系也比较密切，北京市最早的破四旧活动就是由他们主导开展的。红二司主要是由北京各个大学的红卫兵组成，这批大学生在文化大革命中起到了比较积极的批判资本主义道路以及走资本主义道路的当权派的作用。红三司是最后组建的，由比较激进的大学红卫兵组成，这些大学红卫兵在运动初期都受到了资产阶级反动路线的打击与迫害，他们与中央文革的关系比较密切，我们第一天去看的那五个大学的被称作红卫兵"五大领袖"的是这个司令部的管理者和领导人。

几天中这位大哥哥大学生带我游历了很多大学，看了很多大字报，了解到很多大学的文化大革命和红卫兵运动情况，因为有了他的讲解与指导我对北京的红卫兵运动了解很快也比较深入，十分感谢能在北京遇到这样一个学西语的大哥哥大学生。当他了解到我是和成都电讯工程学院的大学生一起到北京来时，他最后把我送到了北京航空学院，并帮我找到了老表，我也由西单商场搬到北京航空学院去了。

还是回到当年文化大革命的回忆上来。以血统论对联"老子英雄儿好汉老子反动儿混蛋"为宗旨的所谓老红卫兵运动，来势汹涌溃败的也很迅速，与他们联动一体的官办的成都七中红卫兵6234部队在疾风暴雨般的"革命无罪造反有理"群众运动洪流中，随着支持他们的文化大革命工作组管理学校的权力消失很快便解体了，几乎是在瞬间成都七中诞生了很多革命造反派群众组织，其中成立的比较早并且规模较大有相当影响的是"成都七中毛泽东主义战斗团"，也就是后来的"七毛"。"七毛"虽然最后是由资深的签名成都七中第一张把矛头指向当权派的大字报的四位同学中的二位在领导和管理，但最初的建立却不是这二位资深的老造反派，他是由成都七中高三5班的一位秦姓同学创建的，而几位资深老造反派最初成立的群众组织是《东方红公社》，这基本上是模仿当时北京地质学院资深的造反派组织而命名。成都七中《东方红公社》虽然有几位老造反派作创立者和骨干，但组织的规模和发展并不迅速，所以后来也就很自然与"七毛"合并了。

这时社会上的群众运动发展得如火如荼，大学生们"炮轰西南局火烧省市委"以排山倒海之势走上街头，在经历了短暂的工人斗学生一幕后，很快的便得到社会各界的支持。国庆节后去北京串联的成都各个大学的大学生回来了，多数大学以毛主席接见红卫兵的日子成立了造反派组织，比如"成大八·三一"、"川医九·一五"、"工院十·一战团"，四川大学则以8月26号冲击东方红大礼堂组建了"川大八·二六"，成都电讯工程学院在北京串联时是住在北京航空学院的，本来是想仿北京航空学院成立一个叫做红旗的红卫兵组织，但无奈在这之前成都电讯工程学院已有一个比较偏向保守的群众组织取名了"红旗兵团"，所以后来他们组建的造反派组织叫"成电东方红"，成都地质学院组建的造反派红卫兵组织与北京地质学院相一致为"成地东方红"。社会上的群众运动急需各个大中学校的造反派红卫兵起先锋桥梁作用，这促进了各个大中学校尽快组建一个统一的红卫兵组织。

1966年10月上中旬成都各大专院校和部分中学的红卫兵组织召开了多次联席筹备会议，最终确定成立"红卫兵成都部队"，我因为在北京串联时就与成都电讯工程学院的大学生一起住在北京航空学院，回成都后也一直与成电东方红的大学生在一起，所以自始至终参加了这些联席筹备会议，联席筹备会议确定各个学校的红卫兵组织就叫相应的支队，比如红卫兵成都部队电讯支队、川大支队、工院支队、川医支队等，中学红卫兵也相应叫红卫兵成都四中支队、七中支队等。红卫兵成都部队一成立，便挑起了成都地区文化大革命的重要责任，他们发挥了先锋和桥梁的作用，发动和组织了工人和市民积极参加"炮轰西南局火烧省市委"的运动，为成都地区乃至四川的文化大革命做出了重大贡献。

在"怀疑一切"和"造反有理"思维指导下，红卫兵成都部队从成立一开始内部的分歧就开始酝酿，并且随着文化大革命的深入与造反派逐渐占了上风而扩大，就是在一个学校的红卫兵内部分歧也是经常存在并且经常争斗的。1966年11月13日红卫兵成都部队在人民南路广场举行批斗西南局省市委走资派大会，红卫兵川大支队也就是"川大八·二六"中的一部分更为偏激的人冲击并且最终搅散了这个批斗大会，这样红卫兵成都部队内部两派的争斗便被摆上了光天化日的桌面之上。"11.13"大会之后，不仅"川大八·二六"以及红卫兵成都部队川大支队开始逐渐脱离红卫兵成都部队，就是在"川大八·二六"内部，又有一只最后取名为"11.13战斗队"异军突起，他们不仅指责红卫兵成都部队太右了，也指责"川大八·二六"也很右，自诩为左派的这支"11·13战斗队"，一直被成都地区的造反派门看着是极左。

两派的纷争逐渐扩大到整个社会上，比如两派分别有了自己的工人阶级后盾队伍，支持"川大八·二六"的叫成都工人革命造反兵团，而支持红卫兵成都部队的主要是由东郊的产业工人所组成的红卫东。这种分歧也迅速的扩大到各个学校，各个学校都有了两派的成员或者分支机构，在成都七中最早签署斗争矛头指向当权派第一张大字报的四位同学，观点也发生了分歧，刘仁清与他们班上的另一位同学。赞同"川大八·二六"的观点，我与后来成为红卫兵成都部队七中支队负责人的龙向东同学赞同红卫兵成都部队的观点。到了 1966 年十二月末，这种分歧公开化了，"七毛"整体的成为了八二六派在七中的代表，而当时红卫兵成都部队七中支队还没有正规活动，于是我只好又回到了成都电讯工程学院，与成电东方红的大学生们一起进行文化大革命。

整个 12 月份两派的争斗主要是在舆论上的，我与一批成电东方红的大学生住进了四川省文联，工作是每天与八二六派争夺位于红星路上的《四川日报》与位于庆云南街的《成都晚报》。现在回想起来当时确实是很戏剧性的，好在这种戏剧性它是有序的，当时的《四川日报》与《成都晚报》都已被造反派夺权，这两个报纸的内部也都分成了红成和 826 两大派，于是奇怪的事情出现了，当年的那段时间，每天的《四川日报》与《成都晚报》发行到社会上的都是两份，一份是红成派编辑印刷发行的，另一份是八二六派编辑印刷发行的，观点自然迥然不同。报社特别是印刷机械只有一个，这种情况是怎么出现的呢？那就是轮流占领，轮流编辑印刷发行，这之中也许有一种心照不宣的默契。

我们当时住在四川省文联，有一个编辑班子在组织第二天的报纸内容，同时设计今天占据报社的方法。我记得当时每天下午 4:00 左右，红卫兵成都部队各个支队就有很多成员聚集在红星路和庆云南街那一片，时间一到学生们便锋涌攻入报社，报社里边的红成派也做内应，把报社中的 826 的学生赶出去，因为这一天 826 派的报纸已经印刷完毕并且运出了报社，所以几乎没有更多的冲突 826 的人也就退出了报社。我们一进入报社，便在报社红成派员工的支持和帮助下，迅速的启动报纸印刷编辑发行机制抓紧制作红成派第二天要发行的报纸，而大量的学生便在报社周围组成一道人墙，保护报社里边的人抓紧时间编辑印刷报纸。到第 2 天凌晨 4:00 左右，我们的报纸也基本印刷完了并运出了报社发行，这时 826 派的人开始在报社周围聚集并向报社攻击，我们因为报纸已经印刷发行完毕，也不与他们发生冲突就退出了报社，有较长的一段时间周而复始天天如此，我当时的具体工作就是在报纸的排版和印刷上做编辑和工人们的桥梁，尽力让两者之间现无障碍的畅通。

进入 1967 年 1 月。整个大江南北向走资本主义道路当权派夺权的一月风暴开始了，造反派们在忙于夺权的同时，一个新的斗争矛头开始酝酿和执行，那就是由北京红卫兵带来的新信息：揪军内一小撮走资本路道的当权派。在这个问题上八二六派显得要激进些，一个很重要的表现是在 1967 年的 2 月上旬八二六派的红卫兵进入了成都军区，并在那里开始了静坐绝食，"七毛"有不少同学参加了这个活动。风云转换得很快也很突然，2 月 17 日成都上空出现了铺天盖地空投的传单，直接宣传揪军队一小撮冲击成都军区是反革命行动，整个形势逆转直下，各个学校的红卫兵都只好退回到自己学校中去，部队也开始了行动，有的地方以"镇压反革命"为名开始抓捕人当然主要是社会上的工人和市民，对学生还是网开一面的，但时不时有部队的军人光临，对红卫兵成都部队派的学生还比较客气，但对比较偏激的八二六派的学生为难的味道与就很多了。

"七毛"退回七中后，因为各种历史和现实的关系，我与刘仁清刘正富一起回到了七中，在"二月镇反"的口号下，七中毗邻的空指7237部队就不断的派人到"七毛"来理麻揪军内一小撮的各种事态与情况，特别是要了解去成都军区静坐绝食的情况。我因为是红成观点特别是没有去成都军区静坐示威，为了方便些特别是不要出偶然的纰漏，每次7237部队的官兵来时，都是由我出面应对，我告诉部队的解放军我没有去过成都军区静坐绝食，当前是我在负责"七毛"事务，让他们有什么事尽管找我。从2月17日开始到3月底，形势一天比一天严峻，八二六派在各个学校的组织机构的旗帜锣鼓广播等宣传器材都被军方没收，成都七中"七毛"的情况稍好一点，没有被没收东西。

几乎又是一个难过的40多天，似乎又有学生在等待反革命学生的罪名降临，好不容易到了4月1日，《人民日报》发表了"坚决支持革命小将"的社论，形势又迅速的明朗和好转起来。整个1967年的4月份形势都是错综复杂的，在"二月镇反"中嚣张一时的保守派组织产业军，仍在成都市区顽抗，部队虽然退出了文化大革命运动，但明里暗里仍然支持着他们。这时我和刘仁清商量，在城区弄一个广播站，宣传粉碎"二月逆流"与"二月镇反"，同时扩大对"七毛"的宣传。于是我带着几个"七毛"的同学奔赴人民南路的百货大楼，其中也包括前面谈到的与我同班的好友陈大沛同学，在陈大沛在百货公司旁边五金公司工作的哥哥支持和帮助下，我们迅速的在面对人民南路广场的百货大楼的最高点建立起一个广播站。因为这个广播站位置特别好，广播的内容主要是当时大家都很关心的北京粉碎"二月逆流"的综合消息，很受市民欢迎也引起了产业军的恐惧，产业军曾夜袭广播站抢走了我们的广播器材。

随着形势的纵深发展，造反派的力量和声势一天天在恢复和增长，随着5月7日发生在132厂的枪击事件，产业军迅即土崩瓦解，城区又逐渐的被造反派所控制。应该说4月份逐渐出现的这种造反派的大好形势，是红成和八二六两大派不计前嫌合作对接的结果，令人感到遗憾的是造反派逐渐控制了局势，两派的分歧又重新被提起并逐步明朗化。这时"七毛"内部有人提出由我这个红成派的人掌握着百货大楼影响很大的广播站是不妥当的，为了不使好友刘仁清等同学为难，我主动表示退出这个广播站，记得走的那一天刘仁清还急匆匆的赶到广播站挽留我，但两派的重新分裂已成大势，我也和陈大沛同学等离开了工作了一个多月的百货大楼广播站。

其实我离开百货大楼广播站，并不是简单的完全是为了二大派纷争，在我的心目和观念中，两大派分歧是兄弟之争，如同我与刘仁清同学虽属不同观点，但始终是至交与朋友。离开百货大楼的广播站也不仅仅是为了与"七毛"中对我主持广播站工作有意见的一些同学赌气，其实从观点的客观存在他们的意见是正确的，两派大规模分裂在即，我一个红成派的人掌握着八二六派在市区很有影响的广播站也确有不妥之处。那最根本的是为了什么呢？最根本的原因是通过从 2 月 17 号开始的"二月镇反"，到 4 月 1 号"坚决支持革命小将"的人民日报社论，直至 5 月份形势的急剧逆转造反派再度掌权，这种戏剧般的变化给我带来了一些疑惑，总感到这种反反复复走马灯时的变化，其内在总是有原因不会那么简单的，我想去思考和探索它的原因，解除心中挥之不走困惑，简单的讲就是想做一个明白人，而不愿意不明就里的成为一场戏的角色甚至棋子。

从百货大楼广播站出来后，我有了一段时间的宁静，当然伴随的还有淡泊，我这个老造反派突然从纷争的两派中超脱出来了，没有哪一派的具体事务与我有关，用当时时髦的话说我成了"逍遥派"。人可以空闲下来，思维是停不下来的，从 2 月 17 日开始的这几个月的风风雨雨，表面现象似乎很清楚，无产阶级革命路线支持的造反派从 1 月开始经历了夺权、被镇压、被平反到再掌权的螺旋过程，这几个月中我很忙碌但有时候闲暇之余也总在想这是为什么。后来得到的信息是被称作"二月逆流"的怀仁堂事件，一批资深军人包括老帅们上演了一台大闹怀仁堂，谭震林将军激动之下喊出了"老毛我跟了你几十年了，现在不跟了"的语言，其实这背后隐藏着整个局面应该还是毛主席掌控着的，从"二月逆流"被迅速粉碎还是表明毛主席控制局势力量的强大，但反复最终还是出现了，这让人不得不思考这是为什么。

当然，以当时能够了解到的情况以及年轻人的思维和判断，是不可能有一个比较合乎逻辑比较客观的结论的，困惑和迷茫也只好暂时留在脑中。但当时我至少已经有了一点感觉，就是不要太尽力的让自己在这场运动中陷得太深，好在有两个很重要的原因支撑了我这个想法，一是对于两大派的分歧与纷争，我没有兴趣去参加这种兄弟之争，心里边想着歇歇也好，二是自己的情况是当时我似乎哪边都靠不上边，"七毛"是八二六观点的，两派纷争一起我自然不能久留，至于红卫兵七中支队也就是"红毛七"从成立开始我就几乎没有介入过什么具体事务，因为家就住在工学院距成都七中不远，于是我就在家中真的当上了"逍遥派"，就像三年七中高中一样的成了走读生，时不时隔三差五的到学校中逛逛，逍遥派的身份使我与两派的同学都能聊聊。

六月份我和同班的一位刘姓女同学受蔡文彬之托，以红卫兵成都部队驻京联络员的身份前往北京，与一位早就在北京的成电东方红的大学生会合后组成了红卫兵成都部队北京联络站，同 1966 年 9 月那次到北京一样，我们仍然住在北京航空学院和北航红旗保持着紧密的联系。几乎就是在这个时候成都的文化大革命运动发生了急剧的变化，返川不久的刘结挺张西庭两夫妇因为明显的偏向 826 派激怒了红卫兵成都部队，让红卫兵成都部队的小将和支持他们的工人阶级组织红卫东呼出了"打倒刘结挺打倒张西庭"的口号。

而就是在这个时机北航红旗的人告诉我们，最近中央文革小组的王力到北航与韩爱晶会谈时，说毛主席现在希望文化大革命逐渐平静下来，特别强调现在不要再去喊打倒这个打倒那个了。联想到成都的局势，我们联络站多次与成都红成总部沟通无效后，三个人决定派我从北京返回成都当面汇报，要向总部强调刘结挺张西庭是中央成立的四川省革命委员会筹备组的成员，不要轻易的呼出打倒他们的口号。但所有这些努力都无济于事，开弓没有回头箭，当我还在从北京返成都的火车上时，从成都步行上北京请愿告状的红卫兵成都部队的队伍已经到了广汉。

虽然我回到成都在设在西南民族学院的红成总部向石福全武陵江等人做了汇报，但也仅是个形式而不起作用。我留在了西南民族学院红成总部工作了约半个月，红卫兵成都部队七中支队也就是"红毛七"有人向红成总部反映我在四五月份曾为826派工作过，似乎不适宜在总部工作。历史有时候惊人的相似和重复，几个月前因为"七毛"中有人反映我是红成派，为了不使刘仁清等朋友为难我主动离开了百货大楼广播站，现在"红毛七"又有人反映我有826派嫌疑，也为了使总部的人不要为难，我再次选择了主动离开，再次回到家中当上了"逍遥派"。

其实主动选择离开也与上次的离开相仿，是那个我想探索的问题一直在困扰着我。这次在北京，听到北航红旗转达的王力讲主席希望文化大革命逐渐平静下来，但全国客观的事实是因为各省都有两大派的纷争，事实上文化大革命比1966年下半年更如火如荼更激烈，都是造反派的两大派在各地都有斗争，整个全国的文化大革命看来不可能像毛主席所想的那样逐渐平静下来。于是问题就来了，作为最高统帅的毛主席他是在如何掌控这场运动的喃，难道他没有力量让文化大革命逐渐平静下来吗，或者是他根本还不想这场大革命平静下来。所以离开红成总部回家当逍遥派对我思考这些问题也是一种较好的选择。

当时运动的形式还算正常，也就是比较文明，始终提倡和坚持十六条中明确的"要文斗，不要武斗"，所以两派相处对还是比较和谐。我已经在前面回忆过，我在替我给邻居卓老师守家的时候在他的书架上翻到了一本《简明政治经济学》，逍遥派的日子，使我有时间来读读这本书，读这本书的时候是绝没有想到，二、三十年之后所读的这本书对我的工作会有那样意想不到的支持与帮助。因为有了这本书的基础，使我粗通了一些政治经济学的基本观点和理论，1982年我大学毕业后分配到了四川财经学院也就是今天的西南财经大学，上世纪80年代财经院校的经济管理教学与科研都是围绕着计划经济的，任何一科具体的部门经济，不管是工业经济农业经济财政税收会计统计因为要为计划经济服务，其基础都是计划经济学与更基础的政治经济学，所以60年代当逍遥派时读的这本《简明政治经济学》对我在西南财经大学进行教学科研起到了很好的帮助作用。就是后来90年代逐渐进入了市场经济，但因为我们的市场经济不是真正的完全的市场经济，双轨制的痕迹还是很深的，所以读的这本《简明政治经济学》对我90年代下海的一些工作还是有所帮助的。

但是文化大革命还在激烈的深入发展，七月份出现了一个"文攻武卫"的口号，我一听到这个口号就很纳闷，既然是文攻，那又何来武卫，攻击你的人都是讲道理讲文化的，你用得着用武装把自己包裹起来防备吗。我预感到在这个口号之下，武斗会升级，果然，从七八月份开始先是钢枪棍棒武装自己，接着到了九十月份那就是公开的向解放军部队抢枪了。升级为武斗的文化大革命使在第一线的红卫兵和造反派们蒙受着风险和损失，在成都七中有"八·一O"和"1.20"的损伤，更有文汉生黄尚培同学失去宝贵的年轻生命，以及相当多的同学的受伤。

使我疑虑加深真正有所介意并决心做彻底的逍遥派是发生在武汉的"七,·二O"事件以及紧跟其后的中央文革小组王力被打倒，反反复复的戏剧般的情节让人有所疑虑有所怀疑，这到底是怎么回事，为什么像王力这样的中央文革小组的成员，几天前在武汉被保守派围攻，离开武汉回到北京时受到了英雄般的欢迎，但顷刻宣布被打倒。王力、关锋、戚本禹作为资深的造反派红卫兵大家都很熟悉和了解，他们是中央文革小组的少壮派，在粉碎资产阶级反动路线的斗争中有不可磨灭的功劳和作用，现在他们中的王力被打倒了，使人很不理解甚至有些莫名其妙，潜意识中有一种不祥的想法，那就是也许王力的作用发挥到头了。不管怎样想思绪是很烦乱的，加之两三个月中就两次被人误会，"七毛"中有人说我是红成的人，而"红毛七"中又有人说找与八二六派的"七毛"过往甚密，使人心灰意冷突然萌生出一种奇怪的念头，眼前所做的一切也就是参加文化大革命运动也许不是我想要的，换句话说我想要的东西不是它。

于是我回家逍遥了，从1967年的九十月份逍遥到第二年的二月份，也就是1968年春中央"三·一五"指示前才回到学校与"红毛七"的同学待在一起。几个月后，当浩浩荡荡的工人阶级大军与解放军一起组成工宣队军宣队接管了各个大中学校，这时我才算是彻底明白了，作为红卫兵我们曾经风光过，但也仅仅是风光风光而已，千万别把自己当成一棵葱，有你无你其实是无关紧要的，毛主席不是早就说过"地球离开了任何人它仍然是要旋转的"吗？当然最终的归宿其实本质上是个经济问题和社会问题，老三届六个年级数以千万计的中学生，在当年国民经济行将崩溃的时候。谁也没有能力在城镇中解决他们的就业，唯一能解决这个社会问题和经济问题的办法就是响应毛主席的号召："知识青年到农村去接受贫下中农的再教育"，于是在1969年初当年红卫兵们变身为需要接受再教育的青年知识分子去到了农村，我也从那个时候开始了自己的知识青年生涯。

第四章 社会"大学"

农村与城市都是无所不在的身边"大学"

我的知识青年生涯有点错综复杂甚至颇有点戏剧性：先是依随成都一中去到了安县宝林公社，呆了两个月后知道户口还放在成都一中没有被迁往安县，于是回城拿到那份户口迁移证便想赖在成都不再下乡，但户口始终上不回去，混了半年多中间又曾经到郫县去当了两三个月的知青，最后万般无奈的在1970年初春节前去了蒲江县大唐公社，因为那个时候已经在盛传今后城市里面的就业是从下乡知识青年中招收。

赶在1970年春节前到了生产队，匆匆忙忙安顿下来之后便回成都过年了，过完年回到生产队参加了个把月农闲的"一打三反运动"，春耕开始后便积极参加了生产队的各种劳动，在大春作物水稻栽插完毕后的7月，认识了大唐公社党委书记兼革委会主任的郑书记，他是把我从农村送回城市的一位贵人，严格的说应该是一位恩人，几十年过去了，不仅当年我没有弄明白郑书记为什么有点冒天下之大不韪很强硬的让我招工回成都，就是后来几十年中偶有想及此事也还不是很明其中就里，潜意识深处有时要为这件事找点理由时，自己认为最合理的解释就是郑书记觉得我这个小知识分子不应埋没在农村。

初识郑书记是1970年7月，蒲江县在县上开了一个全县学习毛主席著作积极分子大会，大唐公社25个代表中我是唯一的知识青年代表，据说当时是公社点名让我去的，后来得知所谓公社点名就是郑书记的点名。四五天的学习毛主席著作的会开得既紧张又乏味，我因为背负着郑书记会前给我的嘱托要我在小组讨论时多发言以免会议冷场，所以只好很积极的踊跃发言，但其他农民大伯大妈因为不善言语很少讲话，于是小组讨论就成了郑书记与我的双簧：他讲了我讲，我讲了他讲，不然会议就要冷场。因为会议上还是有很多空闲时间的，郑书记单独约着我在晚上休会的时候去了蒲江县的很多地方边聊边逛，几天下来好像我们就成了交流甚畅的朋友。会议散了之后他让我赶场天上大唐镇时一定要到公社去找他聊天，如果遇到公社那天打牙祭，他会提前让人带信给我让我到公社去吃午饭，于是从那之后我和这位贵人也是恩人就几乎每周都要见面聊天一次了。

我从来没有正面问过他的过往来历，这在干部刚刚得到解放不久的1970年应该还是个忌讳，但交流中有两点是可以肯定的，一是他是知识分子干部，至于学历怎样不得而知；二是他文化大革命前是县上某个局的一把手，五·七干校毕业后安排到大唐公社作书记兼革委会主任。我们聊天的话题比较宽泛，北京成都蒲江的风土人情，当年文化大革命激烈斗争的情况等等。在他替我用很高明的领导手段处理了一度使我和我的知青队友很被动的"打狗事件"后，我和他都心有灵犀的成了无话不说的朋友。我不知道他后来的仕途升迁状况如何，但当时我至少知道他的心灵还是比较黯淡落寂的，也许经历过文化大革命被整过的干部当年都是如此吧。

虽然到1970年下半年已经有招收知识青年回城工作读书的消息，但我居然从来没有和他说过我个人在这方面的诉求和愿望，我觉得他既然把我当朋友我也就不能使他为难，只是有一天闲谈中，他突然主动的问我：如果有回城读书和工作的机会，你愿意选择哪一个，当时下乡知识青年那种落泊的情况和想回城的急迫心情，我不假思索的告诉他当然是先工作，因为当时的情况虽然也有大学似乎要招生的消息但仍然使人感到不现实太遥远。我从70年春节前也就是年初到大唐公社，满打满算还不到一年，而当时几乎更多的知识青年下乡已快两年，所以对尽快招工回城我是不敢奢望的。没想到71年初的某一天，突然大队通知我第二天去县医院参加知青招工体检，十分诧异的我第二天便急匆匆的赶到县上，在见到了成都市金牛区商业局的招工人员后，才知道我被大唐公社推荐成了25名被招工知识青年中的一员。因为招工单位的任务很急，我们在体检后便迅速的回到生产队处理各项离队事务，几天后便乘招工单位的大客车回到了成都。

尽管不明就理，但我心知肚明的知道所有这一切一定是郑书记安排的，事后得到的消息确实如此，因为我下乡还不到一年，虽然没有明文规定招工要下乡多久，但众目睽睽下要推荐我招工回成都还是有相当阻力的，无论是公社分管知青的副主任还是生产大队都有些意见，何况前不久才处理了我们大队几个知青打贫下中农狗的事件，但郑书记行使了他一把手的铁腕，快刀斩乱麻似的迅速处理了我的招工推荐问题。使人感到遗憾的是，因为呆在县上的成都市金牛区商业局的招工人员心情迫切的急于回成都，几天中忙乱的我竟无法也抽不出时间去郑书记道个别，当然那个时候他与我一样都很心知肚明，还是最好不要见面的好，更令人感到遗憾的是由于多种原因，我后来与郑书记因为一些偶然的因素失掉了联系。

我应该是当年的知识青年中第一批回到城市里的，当年那个氛围下，困在农村的知识青年对回城是归心似箭但又无可奈何，郑书记如此包办的把我送回了城有了一份工作，所以我说他不仅是我青年时代的一位贵人，也是一位恩人。从蒲江县招工回城后到至今，五十多年过去了，几十年中我的情况也发生了很多变化，但这位贵人和恩人的音容我始终不能忘怀，他的胸怀他的睿智他的魄力让我终身难忘。郑书记也是我所认识的第一位国家干部，在这之前认识的对我有极大帮助的贵人都是老师，在这之后我还与很多"干部"打过交道交过朋友，在与郑书记这样第一位国家干部交友的过程中，我感悟最深的是干部首先是人，然后才是他的干部身份，你在与他们交往的过程中，只要把他作为人来交往，与他们的朋友关系是一定能够建立起来的。

招工到成都市金牛区商业局后，集中学习和培训了10多天，后来我和另外三位回城知青被分配到了离城较近的石羊供销社。在石羊供销社呆的一年多时间中，在当年农村中供销社这个庞大机制中，我学习到了很多计划经济体制下国营商业的运作知识。虽然我的父母亲都是在国营商业中工作，但他们涉及到的业务面比较窄，比如我的母亲是百货公司的，涉及到的商品主要是日用百货品，而供销社则不同，它包罗万象内容繁多机构复杂，既有工业品副食品的销售，也有农业生产资料的制作和供应，更有除粮食之外的各种各样农副产品的收购，所以后来在进入90年代我下海后经常用到的很多商业知识，更多的是在供销社工作那几年学习到的。

在石羊供销社工作的那一年多，还让我了解和懂得了当年的人民公社的一些运行机制，当年我们被分配到石羊供销社时，正值春耕开始的季节，我便被安排到石羊人民公社工作了两三个月，当年的人民公社是政社合一的，它既是一个庞大的生产机构，也是一个政府的权力机构，在那里工作的两三个月中，认识了一位被称作秘书的罗姓公社干部，大家都叫他罗秘书，与他虽然说不上是交成了什么朋友，但客观上从他身上学到了不少后来在各种各样工作中都派上用场的东西。

这位罗秘书真是一位奇人，后来得知称他为罗秘书是因为他的行政职务确实是石羊人民公社秘书，但除此之外他没有任何行政职务，甚至不是共产党员。奇就奇在他一介没有任何行政职务的非党人士，居然料理着石羊人民公社相当多的事务，除了当年的头等大事也就是阶级和阶级斗争他不管之外，好几万人口的一个公社，不少事务最后都是他在料理，经常在公社里边听到的是要问一件事情如何做怎么办时，众口一词都说要去问问罗秘书，连公社党委书记都经常这样说这样做。说他是奇人，一个很重要的点是他好像确有呼风唤雨的本事和能量，公社或者是下面的生产大队生产队遇到一些紧急问题时，都是他临危不乱的在安然处理，处理的手段和处理的结果都是十分得体的，以他解决各种各样问题的状况来看，他似乎就是公社的权力中心，但同样奇的也是你在他身上没有一丝丝一点点权力的迹象，他好像永远都在就事论事的解决实际问题。我被抽调到石羊人民公社工作时，他就是我的领导和顶头上司，在与他近两个月的接触中，潜移默化的在他身上学到了很多东西，他应该是社会这所大学中第一次教我工作方法的老师。

从 1972 年初起我便到了金牛区商业局工作，先是借调了一年多，后来便以工代干转成了金牛区商业局的正式干部，具体的工作岗位是金牛区商业局办公室，到 1978 年 9 月我考入成都工学院读大学，我在这里工作了七年多。之所以仅在基层的石羊供销社工作了一年多年便被调到了金牛区商业局，我这个老三届高 66 级的学历特别是在成都七中读书时所锻炼出来的文字能力起到了至关重大的作用，真正的高三毕业生学历与能力，在当时的金牛区商业局包括整个金牛区都是很引人注目的，所以我在金牛区商业局的七年多中，事实上成了金牛区商业系统乃至财贸系统的秀才。

几年的秀才生涯其实是无奈和无聊的，潜意识深处家中有些事情我必须在也只能在这里完成，使得即便是无聊与无奈，我还得费尽心思的在这里起到恰如其分的作用，好在最终家中的事也修成正果，在文化大革命行将结束的 1966 年，我终于虽然是很费劲但也是比较顺利的把在乡下呆了五六年的兄弟调回了成都工作，还让赖在成都没有下乡的妹妹合法的办了免下乡手续。当然这种秀才生涯也让我近距离观察到当年政治上"以阶级斗争为纲"和经济上的计划经济机制的毛病和弊端。

计划经济机制在当年可以说已经在特殊的政治氛围中被发挥到极致，这个机制已经很成熟了，成熟到无论哪个方面的人们都知道与自己相关的经济行为都要受到计划的约束，所以人们基本没有把事情做好的愿望和动力，一切都有计划按计划执行就行了，当然由此带来的后果是经济状况一天不如一天，每况愈下的生产力让物资一天比一天匮乏，人们生活中的绝大多数物资都要凭票定量供应，票证本身就是一种计划，票证发到老百姓手中后商业部门就得竭尽全力的组织商品保证票证要供应商品的兑现，这在当时实际上是很吃力很困难的一件事。我在前边我的工作生涯中很详细记录的两件事从不同的侧面反映出整体的经济状况已经被计划经济带到歧路和尽头的事实。

一件事情是当年所谓的三大件自行车缝纫机的供应，一个有几十万人口的金牛区，每个季度分配到来的自行车和缝纫机数量之少让人震惊，少到什么程度呢？少到没有任何一个领导敢去接手这些自行车缝纫机的分配，谁去过问谁去问津那就是惹火烧身，所以这件事情居然最后是由我这个没有任何职务的商业局办公室一般工作人员来承担和解决的。还有一件事情就是区委区政府因为工作还是需要一些高档烟，这个在今天看来十分简单的问题在当年还得让区委分管财贸的副书记在成都市财贸工作会议上提出才能得到解决，更为奇怪的是问题解决了由哪个渠道负责去办仍然是个烫手的山芋，最后又不得不落在我的头上。这些小事都足以见到当年物质的匮乏已经到了何等的状况。

其实经济上的计划经济弊端在当时并不引人注目，毕竟当年那不是头等大事，当年的头等大事是抓"千万不要忘记阶级斗争"政治挂帅，这种头等大事其实就是"整人"和"被整"的反复，这种反复从上而下一直到基层，我在金牛区商业局工作的几年中，就目睹了从1972到1973年的清理阶级队伍，到1974年的批林批孔，然后1975年"以安定团结为纲"的整顿，最后是1976年的反击右倾翻案风，每一次的反复本质上就是权力的分配和争夺，表现出来的是整人和被整。这种政治上的反反复复让人无暇去过问经济发展，所以到1966年国民经济到了行将崩溃的地步。

将近30年愈演愈烈的政治运动，使人性不断的溃败，具体的表现是能够坚持自我的人越来越少，更多的人是在言不由衷的说假话做假事，我当年每年必做的一项工作就是如此。那是项什么工作呢？那就是每年三四月份金牛区商业局要召开的全区商业工作会议，会议的第一天由局领导作去年工作总结和今年工作安排的报告，这份报告从工作分工的角度是由我起草的。我是怎么完成这份报告的呢？首先是天下文章一大抄，有很大一个块头文字不少并且要摆在报告之首的是当年的政治运动，不管文字有多少这部分是很好办的，首先有各级党委的红头文件，再就是红旗杂志人民日报，上面都有详细描述照抄下来就行了，当然得不痛不痒的结合一下实际。接着是去年工作总结，既然是商业工作会议当然是要讲经济状况了，不管当年的实际情况如何，让商业局的计划财务股把去年各种经济指标执行情况给我拟出一份详细情况，我总可以避实就虚避重就轻的找出一大堆有的是同比有的是环比的数据，来说明去年的工作状况也就是去年的经济形势不是小好而是大好。试想这样的工作中，哪里还有半点自我，我已经不是我，不过是报告中的一个标点符号而已。

如果一个社会发展到构成这个社会的成员们，或者没有自己的思想和思维，或者即便有自己的思想和思维但仍然群体的习惯于说假话做假事，自己的所思所想或者是因为外部的原因不能讲，或者是因为自我的原因不想讲，讲出去的都是些言不由衷的套话假话，从宏观上看这个社会还会有希望吗？还能够向前发展吗？但当年的情况确实普遍如此，大家都每天嘴里说着自己心里边不想说的话，手里做着自己心里边不想做的事，但却正儿八经的在不同的岗位上工作着，政治上有运动，经济上有计划，至于个人就在运动中运动，计划中计划吧。

这种人生应当是乏味的，但无聊和无奈之中也有朋友，当年在金牛区商业局工作的那几年中，我就曾结交过两位朋友，一位是金牛区商业系统内部的，一位是金牛区商业系统外部的。内部的这个朋友叫曾长明，他其实是和我同批从蒲江县招工回来的知识青年，集中培训学习完毕后分配在比较偏远的三圣供销社工作，1972年金牛区商业局按区政府的要求办起了茶店子旅馆，主要的工作是接待金牛区各项会议，商业局让每个供销社推荐一名优秀员工到茶店子旅馆工作。曾长明的天性实际上是那种比较顽皮甚至比较调皮的职工，他肯定不会是优秀员工，但体制的弊病使三圣供销社的领导把他推荐给了局里边，本质上是甩掉一个难管的刺头员工，他于是到了在茶店子旅馆，先是从事楼层服务员工作，后来拜师学习了白案后就到食堂中去从事白案工作了。因为当年要组织各种会议我经常在茶店子旅馆，各种原因使我和他成了朋友。

我和他成为朋友外界其实一度很是惊奇，好像我们差距太大，当时外界始终认为我是商业局的局长秘书，是未来的局长接班人，而曾长明一介白案师傅，文化程度初一也不高，怎么会成为我的朋友呢？但事实是我确实和曾长明成了至交和朋友。使我和曾长明成为朋友最至关重要的一点，是在交流和交往中他最后明白并且认同了我是一个与世无争与世无求的人，他相信我当年那样引人注目的在金牛区商业局工作实际上是一种暂时的权宜，而他的人生目标和价值观念也是如此，用当时他自己的话来说人活着只要快乐就行，这种共同的人生观念使我们能够毫无隐瞒的畅所欲言。在我这一方面，与曾长明交为朋友一个很重要的原因就是他不假，在我的面前不装扮任何假象。

从表面上看曾长明似乎寡言少语甚至不善表达，他其实内心思维还是很丰富，因为我的原因他后来与当时金牛区商业局的一把手张局长也混得较熟，连张局长后来都说这个曾长明其实是有思想并且很会讲话的。我在金牛区商业局工作的几年中，因为内内外外的很多原因，其实还是很郁闷的，甚至有的时候比较人为的压抑，应该说曾长明在这几年中作为我的朋友，在倾听我的心声排解我的纷扰方面给了我极大的支持和帮助。与曾长明的交往及结成朋友，说明一个人在社会上人世间展示自己真实的一面才是重要的，我与曾长明就是这样的，我们各自展现在对方面前的就是自己的本来面目，没有伪装没有乔装打扮，怎样想就怎样说怎样做，自然朋友的友谊基础就很坚实了。

当年认识和结交的一个金牛区商业局系统外的朋友是成都晚报的一位刘姓记者，认识这位记者的过程也很有趣，我当年因为一些偶然的原因一天到位于庆云南街的成都晚报去办点事，那个事情本身不难，但因为涉及到一些内内外外的因素，我在成都晚报被踢皮球似的几个来回后，偶遇了这位刘姓记者，后来的交往知道他是一个热心肠的人，不然当天他也不会来管我这个闲事了，这也许是一种缘分吧。他听我简单的说了几句我要办的事情，于是就像指点迷津似的直接把我带到了应该解决这个问题的地方，可能是因为有他陪同吧加之问题本身也不难，所以事情很快就办好了。在感谢他的时候我给他说了我工作的单位，没有想到巧就巧在他那两天正好接到编辑部的任务，要采访一篇似乎与我工作环境比较接近的新闻，于是简单的道谢和道别变成了我和他的交谈，最后的结果是约好让我在我的工作环境内陪同他第二天去进行采访，这个事情对我来讲就是十分简单和方便的了，能有这种机会对他进行直接的感谢我认为是太好了，更没有想到的是这成了我在当年的一个工作机会，并且因为这个事情最终和这位刘姓记者成了朋友。

他要采访的题材是当时安排的各行各业支持农业的新闻，政府机关工业企业他都进行了采访并积累了相应的素材，虽然是作为点缀还是应该有点商业支持农业的内容，他正苦于在市区中去了几个商业部门似乎与农村都隔得较远，碰到我这个金牛区商业局也叫金牛区供销社的干部，这种事情就是小菜一碟了。第二天我与他约好在石羊供销社碰面，推荐和选择石羊供销社除了那里确实有很多支持农业生产的可供采访的题材外，我对石羊供销社与石羊公社比较熟是很重要的原因。我的人头熟确实在他的采访中起到了很好的作用，为了让新闻报道有一定的深度，他还要去采访一下大队生产队社员对供销社的反映，因为我曾被石羊公社借调去驻队，对大队生产队的干部都很熟，所以当天我直接把他带到了他想去的地方，很圆满的完成了他的采访。

他后来在完成这篇新闻稿的时候，本来是作为点缀的商业部门支持农业生产反而因为他采访的素材深度和广度都很好，于是这篇新闻稿里商业支持农业的内容反而喧宾夺主成了主要内容，当年各行各业支持农业是很重要很广泛的一个题材，他这篇新闻报道在报社中方方面面都得到了肯定和好评。因为我在金牛区商业局也是分工文字工作的，他看我有一些基础，便投桃报李让我参加了成都晚报当年举办的一个通讯员培训班，培训完之后我就成了成都晚报的通讯员，这对我的工作应该是一个特别好的支持和帮助，当年那个政治氛围下，能上党报进行宣传是很多单位梦寐以求的重大好事。事实上从那以后我就以成都晚报通讯员的名义投稿了，每次送去的新闻稿刊发的几率都比较高，所以在相当一段时间金牛区商业局以及下属的一些供销社各种新闻报道见诸成都晚报的数量明增多，这让各方面对我的工作刮目相看当然也相应提高了我在工作单位中的地位。

因为有这些过程我和他的私交便逐渐密切起来了，交流中明显的感到他是一位心直口快这眼睛中藏不住沙子的人，这样的人在当年特别是在宣传口是极少的可以说是凤毛麟角，当然他这种有点嫉恶如仇的天性会影响到他个人的一些生活的，认识他的时候他应该有40多岁了，居然没有婚配没有孩子，都是我认识他有一段时间之后他才有了自己的家庭后来增添了一个小宝宝。有了家庭和孩子之后，他日常生活上对物质的需求当然也会增加，在当年什么东西都凭票供应的情况下，我在金牛区商业局物资分配上的一些权力自然会对他有些帮助，所以我也逐渐的与他的家庭熟悉起来。工作上他一直对我的支持很大，甚至后来金牛区商业局要召开商业工作会议，我邀请他采访，他不仅来采访，并且两三天的驻在会上，这对我的工作无疑是很大的支持。

其实我与他后来相交甚深，很重要的原因也是我们都是朋友相交坦然以本来面目相对，就像我跟我的同学陈大沛及同事曾长明相交的基础就是真诚一样，没有伪装没有假象更没有虚伪，他在报社我在商业局各自有些什么喜怒哀乐的事情，对方就是最好的发泄对象，不仅在工作上包括在日常生活中遇到的一些烦心事我们都能相互宽心和排解，比如他的家庭生活，比如当年我已经二十好几了仍然没有恋爱和女朋友，我们双方都毫无隐瞒的把内中的应该是比较隐密的情况毫无保留的让对方知晓，当然得到的回报那就是真正朋友的理解支持和帮助。

我与这位刘姓记者的友谊和工作上的相互支持一直维系到1978年我考入成都工学院读大学，因为我在四年的繁忙读书中结了婚并且有了一对双胞胎儿子，学习和生活的烦忙使我和他的联系逐渐减少，到我毕业分到四川财经学院任教后，也许是职业的差异吧，当然更多的是当年我确实方方面面都紧张，既要教学搞科研，家庭两个双胞胎儿子需要的费用也不少，忙碌中随着交往的日益减少我们的这种朋友关系也在淡薄，但对他在那几年与我的方方面面的交往还是使人难以忘怀的。

1976年是沉闷得使人窒息的一年，这种沉闷也许昭示着有些事情已经走到头了，情况要发生变化了。在这之前的1975年4月1日，一直想取代当年在"以安定团结为纲"下进行国民经济整顿的邓小平的张春桥，在人民日报上发表了长文《论对资产阶级的全面专政》，把文化大革命将近十年的浩劫，从理论上推向了一个高峰，这就是无产阶级专政下的继续革命，这种继续革命是持久的，"每隔七八年就要来一次"。其实在文化大革命的最后几年，方方面面的形势已经很严峻了，多年的政治上没完没了的运动折腾，已经使济状况十分恶劣，整个国民经济面临着崩溃的局面，主要表现在各种主副食品和轻工业产品的匮乏，凭票供应已经是一个普遍的现象，而且商业部门在为兑现和保证这些票证供应上已经尽显疲态。

进入1976年，先是周恩来总理1月9日的逝世，为纪奠周总理的逝世爆发了"四·五"天安门运动，最终引发了二次出山的邓小平先生被全面解职并再次落难。7月6日朱德委员长逝世后，各地的地震传闻不断，四川成都也在疯传西部有大地震，让人没有想到的死了数十万人的地震发生在华北平原的唐山，后来四川也发生了传闻和预料中的地震。在人们人心惶惶的时候，9月9日伟大领袖毛主席离开了中国人民，全国人民陷入悲痛之中，10月6日一直兴风作恶多端的"四人帮"被粉碎，天终于要亮了，黑暗即将过去。

第五章 走进大学

在大学读书学习中认识大学

将近三十年的从"以阶级斗争为纲"到"无产阶级专政下的继续革命"，各种层出不穷的政治运动以及各式各样的说教，不是一个简单的把"四人帮"抓起来就能解决的。人们在经历了粉碎四人帮两三个月的欣喜之后，发现大的趋势大的情况并没有发生多大的根本性的变化，仍然是坚持"以阶级斗争为纲"，仍然是坚持"无产阶级专政下的继续革命"，并且因为毛主席已经逝世了，就出现了"两个凡是"："凡是毛主席作出的决策，我们都坚决维护，凡是毛主席的指示，我们都始终不渝地遵循"，再次复出的邓小平先生曾经很风趣的说，"如果这两个凡是要坚持，我就不能出来工作了"，还好在邓先生复出的事情上没有贯彻"两个凡是"，邓先生第三次出来工作了，并且自告奋勇的主抓科技与教育，这是我们77、78级的福音。

1977年年中，传来了要尽快恢复高考的消息，消息很快成为事实，决定在1977年11月恢复中断了十多年的高考，这是我们老三届的福音，也是全国高中生或者是有高中文化水平的人的福音，消息传来开始我就全身心的投入了报考大学的准备工作，在这之中也结识了不少"考友"。

当年的大学报考资格幅度很宽，没有年龄的要求，具有高中学历或者同等学历的人均可报考，事实上除了我们老三届是主体之外，正在乡下当知青的74、75、76级高中毕业生，以及当年在校的从高一到高三的学生均可报考，于是就有了这种情况出现：考场里边，事实上今后进入大学后既有三十一、二岁的老三届高66级学生，也有只有十五六岁的应届高中生，大家同堂应试，同窗读书，好一派孜孜求学的美好景象。

恢复高考的消息一传来，青年学子们欣喜若狂奔走相告，这是经历了文化革命浩劫之后这一代年轻人能够改变自己境况的极好的机会，一位同学曾经给我说"考上了大学是一举改变了政治经济文化地位"，事实上确实如此。当年的众多青年学子，除了还有很多在乡下继续作接受贫下中农再教育的知识青年外，即便已经招工回城的，情况都很一般般，多数都是在企业中当工人，成都七中下到冕宁的知青被成都师范招了一批人回来，短期培训后被分到了成都市很多中学教书，能够当中学老师似乎情况还算是稍微好一点的了，这次如果能够迈进大学的校门，政治上天之骄子毕业后是人民干部，经济上大学毕业之后应该是行政 22 级的工资相当于五级工，而当年大家都是二级工，再有文化上嘛那就不说了，大学毕业生在当年还是精英教育出来的凤毛麟角，于是大家都积极的准备考试了。

说到"考友"，首先是都是七中校友的高 66 级 5 班的李兴仁，以及七中校友贾秀兰的"先生"当然当时叫"男朋友"的一位也是姓贾的老三届初六六级毕业生。我们三位皆为考友，主要是地缘上的原因，我当时在金牛区商业局工作其实也多数时候住在金牛区商业局，金牛区商业局在茶店子，李兴仁家在营门口街上，是我去茶店子的必经之路，至于贾秀兰和他的男朋友贾先生，都在金牛区区医院工作，金牛区区医院也在茶店子，于是我们三人成了考友，贾秀兰当年没有参加高考，但对我们的备考是十分关注的，几乎和我们是融为一体的。其实在准备高考前我们几个人就往来比较多，当然恢复高考从小道消息开始到最后正式公布，使得我们几个人的联系就更加密切频繁。李兴仁和我都是成都七中的高六六级学生，准备参加考试应在情理之中并且难度也不是十分的大，这里要说到贾秀兰的那位男朋友贾先生，真是一位不折不饶不达目的不罢休的令人十分佩服的人物。

为什么呢？因为一开始这位贾先生就确定了一定要参加理工科考试并且报考理工科大学，而他的很正规的学历是初三，高考所需要的数理化知识应该说对他来讲是个空白，当我听到他的这个决定的时候是十分惊诧的，交流之后知道是因为他特别酷爱数理化，其实从当知青开始和参加工作之后，他都自学了一些高中的数理化课程，正是这种自学使他更加爱数理化，但以他这种基础报理工科考试应该是难度比较大的，但从一开始说到这个问题他就特别的坚定和执着，作为女朋友的贾秀兰也十分支持，这样我们从一开始就成了积极应试的"考友"。其实在准备复习的过程中，消息的传递也是我们交流的主要内容，在正式公布高考报名考试之前，各种各样的小道消息层出不穷，扰动着人们的心思，当然后来正式公布了消息，大家也就宁静多了。

1977 年我是高分落榜了，4 门课程我总分 329 但没有被录取，当年高考没有公布分数，我这个成绩是后来通过也是我们成都七中当年的一位老师，她当年在成都市招办工作替我查到的。没有被录取的原因自然是政治审查，我没有通过当年的政治审查，档案根本没有送到我所报考的成都工学院招生组去，1977 年所使用的 1964 年严苛的高考政审标准让我失去了迈入大学里的机会。那个 1964 年的高考政审标准我在前边的回忆录第十篇《子在川上曰 逝者如斯乎——我的七个"年代"回眸》中的第二章"阶级斗争为纲的六十年代"中摘录了一篇文字比较详细的说过，这篇文字是我应我们大学班网 78621.org.cn 的邀请所写的文章。读完它能了解到了从 1962 年到 1964 年当年的政审，当然 1977 年使用了 1964 年的政审标准，我被落榜也是顺理成章的事了。比较令人高兴的是两位考友都如愿以偿，特别是那位贾先生参加了当年的理工科考试，取得的成绩足以保证他被成都中医药学院即今天的成都中医药大学录取，之所以报考了医学院校，是当年似乎有一个规定，带薪读书报考大学要归口，比如中小学教师要报考师范学院，贾先生在金牛区医院工作，还是报考成都中医药学院比较合乎规定。

尽管我对我的落榜思想上是早有所准备的，但真成了事实还是很失落和惆怅，心灰意散的我那段时间有点惶惶不可终日，这句话好像讲得过分了一点，但至少心情是十分的失望和难过。这时，我在成都七中的同学吴伯贤来鼓励我了，其实不是一种简单的言语上的安慰，她的鼓励实际上是很实质性的，甚至有相当的官方背景，这就要引出我后边要比较详细的说到我的又一位贵人毕老师。当年吴伯贤同学与这位毕老师是邻居，其实不仅是邻居他们也是好友，所以我的事情一开始毕老师就全部知道，我当时报考的学校就是成都工学院，第一志愿是它，其实所有的志愿都是它，毕老师是成都工学院招生组的负责人，他在录取场的时候就没有看到我的由省招办发给大学的考生档案，他知道我的考分是肯定远远的超过了成都工学院的调档线和录取线的，没有见到我的档案显然是政审被卡住了。吴伯贤给我带来的消息是不要灰心不要失望第二年再考，因为他从毕老师那边得到了比较准确的消息，1977年像我这样的高分落榜的考生还不是少数，原因都是因为政审被卡下来的，毕老师说高层已经注意到这个问题，正在研究1978年的招生是不是改变政审标准。

这边毕老师这位贵人是怎样帮助我恢复信心考上大学的暂时放一下后边再说，这个地方要用比较多的篇幅说说吴伯贤同学，不过也要说到1978年考上大学以及1982年大学毕业分配之后我与吴伯贤的很多交往。我与吴伯贤是小学同学，作为成都工学院高级知识分子子女的她，在小学中给我留下的印象就很深刻。我高中考上成都七中后，她从成都七中初中毕业也考入了七中高中，只是我们不同班，她在高66.6女生班，我在高66.2男女合班。

高中读书三年中与吴伯贤的接触主要是学生社会工作，她当时是校学生会的文艺委员，我是校团委的宣传委员，口径上应该是比较"同行"吧。与吴伯贤的第一次工作接触是1964年"五·四"之前的一天，她在那天上午找到了我，说是当天下午两节课完了之后校学生会文娱部为"五四青年节"准备的一台文艺演出要进行彩排，她来邀请我去观看彩排，去看看彩排倒没有什么，她说的一番话倒把我吓了一跳，她说要我在观看中对这台晚会节目进行审查。我试着很恭敬的问她"审查"这个事是不是可以商量一下协调一下不要由我来进行，我确实有些资历不够特别是感到力不从心，她虽然是笑眯眯的回答却让我十分明白"审查"是必须的了，她说历来晚会节目都由校学生会负责组织，但审查是由校团委进行的，历来如此。这个历来如此让我明白我肯定是要去履行审查的任务了，我是校团委的宣教委员，我不去谁去喃？恭敬不如从命嘛。三年读书期间，我与吴伯贤主要是就是这种工作上的交往。

但是这种工作上的交往，也让我们双方都感觉到在很多问题的认识和理解上，我们的观念还是比较一致的，比如从 1965 年下半年开始的那种紧锣密鼓的政治喧哗，我们当时都共同的感觉到，会有什么大事情要发生。到了 1966 年 6 月初停课闹革命了，我和她以及高 66.6 与她同班的周光熔同学和高 68.1 的部分同学，往来和交流就密切起来。成都七中第一份把斗争矛头指向领导者的大字报，就是在 6 月 10 日左右的一天下午我与刘仁清交换了意见后，就与她们进行了沟通，告诉她们需要起草和制作一份大字报。几乎是弄了整整一夜，我起草和修改大字报的内容，在基本定稿之后她们几位同学负责抄成大字报，所以在凌晨的时候我就抱着一大堆大字报去了学校，大家浏览了一下大字报的内容，最后由刘仁清和我以及其他两位同学作为代表签署了这份大字报并把它粘贴了出去，可以说没有吴伯贤周光熔他们的支持和努力，这份大字报是不可能一夜之间就完成的。整个文化大革命中我与她们的关系是比较密切的，除了一如既往的支持我的想法和行为外，她们一直是我在处理很多具体事务的时候的有力帮手，可以说当时的不少事情在我处理的时候表现出比较高的效率，其中有一半都是她们的努力和付出。

文化大革命结束了，我们都按照不同的渠道各自下乡当了知识青年，后来又陆续被招工回成都，我到了成都市金牛区商业局工作，吴伯贤到了成都毛笔社工作，严格的说这是一个街办手工业企业，这在当时的经济背景下也是无可奈何之事。吴伯贤的才干使她很快在那个街办企业取得了相当于技术厂长的位置，在技术上率领着这个街办企业往前走，只做毛笔是没有办法生存下去的，吴伯贤试着想让这个毛笔社生产圆珠笔，但当时的技术瓶颈是笔尖上的圆珠球，这是需要从国外进口的产品，吴伯贤想攻克这个技术或者找到一个替代品，她在查找国外资料后得知这个圆柱球能全方位的转动是应用了数学上的一个原理，为此她还曾经找到我专门讨论这个问题。

这段时间中我与吴伯贤交往比较密切，也因此认识了她的家人并成了她家庭的常客，他的父亲是成都工学院水利系的教授，母亲是家庭妇女但十分的善良和关心他人，因为常到他们家中去，她的两个弟弟和一个妹妹我也与他们比较熟，后来成为她先生的唐旭东是成都工学院老五届大学生，因为诸多的原因我与唐先生也往来相当密切。当年在她的家中我们众人有一个共同的话题就是议论当时的时政，这个在当年相当敏感的话题因为她家庭的特殊性成了我们能够畅所欲言的港湾，林彪事件爆发前以及四人帮垮台前我曾在他们家中讲过一些我对一些问题的看法，特别是事情的可能走向，有些居然被言中。

当恢复高考的消息传来时，第一个鼓励我参加高考的人就是吴伯贤，她认为我不去读大学太可惜了，但政审的阴影一直笼罩着我使我信心不足，正好他当时和成都工学院学生工作部的毕部长是邻居，于是他向毕老师推荐了我，详细的介绍了我在成都七中的学业状况。吴伯贤和他的家人们都满怀期望的等待着我能如愿的考入成都工学院，但很遗憾我虽然考分很高但却落榜了，吴伯贤没有参加 77 年的考试，除了那个在技术上靠她生存的毛笔社坚决的挽留外，她自己对考试的信心不足也是很重要的原因，而那个时候她正好怀上了第二胎，诸多的原因使她没有参加77年高考。我77年高考落榜后，她和毕老师都坚定的鼓励我七八年再考，基于很多原因吴伯贤也准备参加七八年的高考，在大家的鼓励下，我也振作精神准备再战。

因为吴伯贤在成都七中读书时学业状况不是特别的优秀，所以她担心考不上而没有参加77年的高考，在看到77年的高考题后她觉得自己通过努力还是行的，于是决定在七八年报考，我也表示可以帮助她复习要考的数理化及政治课程。在各方面的努力和支持下，当然主要是七八级的高考政审标准有了很大的改变，它采取了1962年比较宽松的由聂云臻元帅制定的政审标准，这样我和吴伯贤都在1978年考入了成都工学院，她考入了她父亲任教的水利系，而我进了心仪的数学师资班也就是后来的应用数学系。大学四年吴伯贤、我以及在78年同时考进成都工学院物理系的我们的七中校友洪时明先生成了大学学习的密友。大学毕业后，吴伯贤和洪时明都留在成都科技大学当了教师，而我这似乎也该留校的优秀学生，却因为培养我的数学系坚决的拒绝让我留在数学系当教师，结果让我幸运的如愿以偿分配去了我一直心仪的四川财经学院，也就是今天的西南财经大学。

大学毕业后整个80年代我们都在各自的岗位上匆匆行走，相互的联系不是很多，但我知道吴伯贤在80年代和他的丈夫唐旭东先生几乎游遍了欧洲，很深入的了解到当时欧洲方方面面发展的情况，使得吴伯贤确定了一定要移民出去的愿望，应该说她是我们老三届高66级中很早就有移民意识的先知先觉者，后来她和她的女儿儿子都顺利的移民到了加拿大。进入90年代，我下海从事民营经济的商业活动，吴伯贤一直与我有密切的联系，她的一位兄弟以及女儿都在我的公司工作过，而她在国外也时不时给我传递过来西方先进的科学技术以及商业模式，比较遗憾的是由于我久居国内对一些超前的东西很难认识到位，应该说也失掉了很多机会。

几十年来在与吴伯贤的接触中，我首先感触最深的是她对事物的敏感性，这种敏感经常导致她有很多有时看来是很大胆甚至不现实的想法，但更多的是如果她这种想法大家都努力去做了，事情出现的最终结果往往就是她预料的。记得在上世纪90年代中叶，她从加拿大打了很多电话给我，向我讲述互联网以及在互联网上她觉得可能做的很多事情，她实际上希望我能够涉猎一下，所以才不远万里打着长途电话来给我进行这些科普，遗憾的是90年代虽然我已经下海经商，但从事的仍然是传统的商业贸易，对她讲述的互联网上能做的事情在思维上始终跟不上，事实上在当时是错过了很多发展的机会的。吴伯贤给我另一个感触是她做事情的执着和坚韧，如果一个事情她认定了她会执着的做下去，不管这个事情有多难，而更多的是不管有多难的事情，在她的那种坚韧性的努力下，总是能见到成效的。在我几十年的学习和工作生涯中，能有这样一位朋友相知相助，在很多时候都给予我极大的支持和帮助，我个人是感到十分荣幸的。

在记叙了几十年的同学和朋友吴伯贤后，还是回到前面的话题上来，那就是我 1977 年高考落榜之后，如何在 1978 年再次努力考上了成都工学院，也就是后来的成都科技大学，当然现在是三校合一的四川大学，这之中要记叙到我在青年时代遇到的又一位贵人，他就是前面提到的毕老师。

我参加 1977 年高考高分落榜后，十分失落和失望，心情惆怅不知所措，其实当时除了能不能考上大学这个事情本身就很重要，还有一个小插曲是我因为在 1966 年办成了兄弟招工回成都和妹妹免下乡手续的事情后，因为这两个事情在当时的历史背景下太大了太引人注目了，我事实上已经引起了我的单位成都市金牛区商业局很多人的不满，来自方方面面的虽使人意外但同时也确实在情理之中的压力，使我在金牛区商业局生存的空间日益狭小，严格的说是有点呆不下去了，需要我尽快的换一个环境，而能考上大学是最好的环境和途径。正在这种心意纷乱的时候，吴伯贤和她的家人们给了我很大的鼓励和支持，带来了来自于她的邻居毕老师处的很多好消息，她们告诉我毕老师说 1978 年的政审标准一定会改变，这是毕老师在北京参加国家教委组织的 1977 年高考招生录取工作总结会议上得到的十分确凿的消息。

在这种情况下我鼓起信心在 1978 年再次参加了高考，信心就来自于吴伯贤她们所传递过来的毕老师带来的支持和帮助，毕老师说他深信 1978 年我会通过政审，让我放心大胆的参加考试，1978 年高考 5 门课程我一共考了 400 分，平均分比 1977 年略低两分，那一年是高考成绩公布后填志愿，我一共填了 7 个志愿。都是成都工学院举办的师资班，当然第一志愿是数学师资班。毕老师从我报名开始到参加考试到成绩公布后填写志愿，给予了全程的关注，他说他这一次一定要尽全力从省招办中得到我的档案，让成都工学院能录取我，当然因为改变了政审标准我没有被政审所卡住，档案顺利的投到了成都工学院，但在是否录取我到数学师资班产生了一些小插曲，因为当年我的数学单科成绩不是特别的好，数学系去招生的老师不太愿意录取我到数学师资班，毕老师苦口婆心的向他讲述了我在成都七中数学学习的高材生情况，最终我得愿以偿的被数学师资班录取。毕老师在录取我进入大学上。花费了很多精力，所以我说他是我在青年时代遇到的又一位贵人，还是那句话贵人可遇而不可求，我为在青年时代能够遇上像毕老师这样的贵人感到欣慰。

其实我说毕老师是我在青年时代遇到的一位贵人，远不只是录取我进入成都工学院这件事，我一进入成都工学院，就受到党委学生工作部的关注，作为部长的毕老师在业务学习学生社会工作等方面都很关心我的情况，当然我也积极努力的在成都工学院学习，其中有一个很重要的因素就是不辜负毕老师的期望。1978 年 12 月成都工学院举办了一次数学竞赛，七七级是以高等数学为主，七八级是以初等数学为主，我在那次竞赛中以满分 100 分的成绩取得了全校第一名，题目其实是很难的，及格者只有两名，除了我这个第一名是满分外，另一位及格者也就是第二名成绩刚刚及格，参加数学竞赛的几百名同学绝大多数都没有及格，当然这个满分的成绩让数学系的老师们十分惊讶也有点尴尬，不过好在我也是数学系的学生一切也就顺理成章了，我当时觉得至少没有辜负毕老师在录取我时向数学系的老师的大力推荐，让数学系的老师也了解到毕老师向他们所说的确实是我在成都七中学习初等数学的实际情况。

我在成都科技大学 4 年的学习中 其实还有一个让人很窘迫的问题，那就是我的经济状况。我和我的爱人两人都是二级工，一个月工资收入 70 多元，一对双胞胎白天各请了一位婆婆照顾，婆婆们已经很体谅我的情况了，带娃娃还包括一日三餐一个月仅收我 20 元人民币，两个娃娃就花掉了 40 元钱，余下的 30 元多一点，要安排我们的生活确实有些困难。更为麻烦的是如果两位婆婆中有哪一位哪天偶然有点事不能来接娃娃，那一天对我就是很难堪的了，曾经发生过数次我背着孩子到课堂上听先生讲课的情况，当然这在当时的成都科技大学也传为一段佳话，老师们都为 77，78 级同学有如此刻苦学习的精神而感叹。如果我不是带薪学习，是完全可以享受学生的助学金补助的，当年国家的政策是对带薪学习的学生不能申请助学金补助。毕老师了解到这个情况后，向学校党委作了汇报，在党委的支持和同意一下，他协调了学校好几个部门让我为这些部门以灵活工作的形式争取到一些收入，这在当时确有聊补无米之炊的味道。

所有这些，都是毕老师这个贵人对我的支持和帮助，我当然是铭记在心的，但是从他那个方面来讲，他又把这些事看成是他作为学生工作部部长的正常工作，关心一个学生特别是很有发展潜力的学生学好科学知识那是是他学生工作部份内的工作，当然严格的说呢也确实如此。毕老师作为贵人为我做的又一件事，是在毕业分配的时候仗义执言，毕老师始终认为像我这样学业优秀的学生应该留校为学校服务，他其实还没有给我交换意见就开始了与各方面的沟通，没有想到最反对我留校的是培养我成才的数学系，数学系对外表态许仁忠留校可以但数学系不留他，为此毕老师和数学系管学生的副书记把我的分配问题扯到了学校党委那里，他们两人争吵得甚至在学校党委副书记面前拍桌子，学校党委没有对我的具体分配表态，但强调我的分配一定要慎重对待学以致用。当然这个问题的最终解决结果，使我真的从内心感到有点对不起我的贵人其实也是恩人的毕老师，因为从班上的分配计划一下来我就希望到四川财经学院去，我知道留校不是我的最好出路，特别是数学系又如此坚决的反对，在他们双方扯得剑拔弩张的时候，我在一个合适的时候一个合适的地点讲了一番比较合适的话，表明了我不想留校的态度，但希望学校分配我去四川财经学院。这种解决方法数学系当然是没有意见的，当即满足了我去四川财经学院的愿望，而我唯一感到对不起的是一直关心我鼓励我支持我的贵人毕老师。

文字记叙到这里，我自己就感到有些混乱了，因为记载了毕老师和吴伯贤，我与他们的交往时间的跨度都比较长，所以时间上显得有点乱了，其实我们这个时候应该记载的是 1978 年，从个人来讲那一年我参加了第二次高考并顺利进入大学，其实从整个大的国家形势来讲，1978 年也是十分重要和关键的一年。前面已经说到四人帮粉碎后，出现了两个凡是，这两个凡是要坚持的是什么呢？那不外乎是两条：一条是千万不要忘记阶级和阶级斗争，另一条是无产阶级专政下继续革命。国家如果继续沿着这两条坚持走下去，实质上就是十年浩劫的继续，在那个时候我们的国民经济已经到了行将崩溃的边缘了，是需要拨乱反正了。1978年5月《光明日报》刊登了一篇"实践是检验真理的唯一标准"，吹响了反对两个凡是的号角，其实需要直白的事很简单：伟人再伟大他也是人，说过的话做过的事也不一定全是正确的，只要是人就不会是绝对的永远正确，需要确定正确性的是实践，真理是用实践来检验的，两个凡是显然是不正确的。在有了实践是检验真理的唯一标准理念后，1978年的形势发展得很快，年底召开了十一届三中全会，全会决定停止使用"以阶级斗争为纲"的口号，决定将全党的工作重点和全国人民的注意力转移到社会主义现代化建设上，提出了改革开放的任务。

国际上，1978年12月16日中美双方发表公告确定在1979年1月1日建立外交关系，1979年1月28日到2月5日，邓小平访问了美国，就是在这次访问美国的回国途中，邓先生讲下了那段特别实际的话："回头看看这几十年来，凡是和美国搞好关系的国家，都富起来了！"，展示了一个伟大政治家的风采，更为中国指明了未来发展的方向和道路。

八十年代的最初几年，我是在紧张繁忙但又充满着欢乐与希望的读书生涯中度过的。说是紧张繁忙真是一点也不假，进入大学的时候我已经三十一岁，不久便结了婚并生下了一对双胞胎儿子，一方面有大学功课的学习，同时还要料理照顾孩子的家务，由于经济收入的窘迫，也请不起全天候的保姆来照顾孩子，只能花掉家庭全部收入的60%请了两个婆婆白天带孩子，这样我才能分身去学校读书。紧张繁忙到什么程度呢？清晨一大早就得起床，抓紧给孩子洗漱后请两位婆婆接走，来不及清洗孩子的衣服尿布等便匆匆赶往学校，下午放学后回到家里，得抓紧做好晚饭，吃过晚饭后不久两位婆婆便把孩子送回来了。好在当时住的是平房大杂院，邻居就有七八家，两个小男孩很是可爱，邻居们晚饭后都来抱着孩子玩耍，这时才有空把早上没有来得及处理的孩子的衣服和尿布等洗刷出来，邻居们把孩子送回来后得哄着他们睡觉，只有当他们睡着后我才能进入学习状态。

尽管很紧张繁忙，但却应了那句话，累并快乐着，日子过的很繁忙很累，但内心却很充实十分快乐。快乐的出发点是对未来的期望，每当憧憬到大学毕业后可能有的新生活时，快乐便油然而生，当然大学班上的学习生活也让人经常与快乐同行。当年的大学班上，同学们年龄差异很大，像我这样老三届高66级的进入大学都三十一二岁了，而正在读高中的同学考进来时年龄很小，最小的只有十五六岁，与无忧无虑的他们在一起还能使人不快乐吗？都说77、78级是读书最优秀的两届，其实在我看来更优秀的是我们的老师，在经历了十年浩劫的磨难和"赋闲"后，我们的先生们更想把他们掌握的知识传授给学生们，更想他们的弟子尽早尽快成才。大学四年中给我们讲授课程的先生不少，其中给我们授课时间最长也最受学生们尊敬和喜欢的是给我们上分析课程的康世焜先生。

康先生从大一起就给我们上数学分析，这一上就是两年，数学分析课程结束后他又接着给我们讲授实变函数论，所以大学四年康先生就给我们相处了三年。康先生和蔼可亲是那种易于接近的师长，同学们都很尊敬他但更喜欢他，待人上和蔼可亲但教学上却是十分严谨严格，到大三上实变函数论时，更是采用的全程英语教学，教材是国外英语原版的，课堂讲授他用英语，我们的作业完成也用英语，这种全程英语教学从一个侧面反映出康先生学识的渊博扎实。因为是班上年龄最大的学生，加之又负责着数学系学生会的工作，而我也曾一度住家在成都工学院，诸多原因使我与康先生交往甚密，有点那个忘年交朋友的味道。康先生对专业十分的执着，对函数论课程十分专注，这种专注应该成了一种酷爱，这从他的儿子后来也成了我们的学弟并且子承父业专攻函数论可以看到。

说到的这个学弟他叫康波，我毕业后分配到了四川财经学院就是现在的西南财经大学，康波毕业后也到了西南财经大学，这时康先生专程到西南财经大学找到我，直截了当的给我说，康波来西南财大就是一个过渡，需要有两年的时间复习功课考实变函数论方向的研究生，让我要多给他点时间准备研究生考试。当时我已经在负责教研室的工作，这点权利还是有的，既然是康先生开诚布公的说到了，我就照办就是了：康波在西南财大待了两年，工作岗位是给我当助教，没有安排他上课，这样他就有充分的时间复习功课准备考研究生了，我也算圆满的完成了康先生的嘱托尽了学生之谊。

在成都科技大学读书的四年中，除了在各方面都很关心我的毕老师是我大学期间的一位贵人外，数学系主任王荫清教授是我读大学期间的另一位贵人，如果说毕老师是在我的入学和毕业分配上给予了极大的支持和帮助外，那王先生主要是在学术方向上给我的指点让我终身受益。作为系主任的王先生特别忙，所以我和他交流的机会并不多，个子高大的王先生性情豪爽，快言快语让人觉得沟通和交流都很流畅。尽管交流的机会不多，但王先生一直对我很关注，有机会就给我进行业务上的指点，我和他的交流基本上都是学习和知识上的，所以对他的印象和观点他就是一个学究，而我就是喜欢和这样的人打交道，就像当年在成都七中与谢晋超先生一样。当然说他是学究也并非是不食人间烟火，他其实对我的生活方面也还是很关心的，因为他也有一对双胞胎，他自然知道我带着一对双胞胎读书的艰难，所以当年毕业老师与各方面协调让我以临时打工的形式取得一些日常生活补贴时，他是十分支持并也给了相应的帮助和协调。

大约是大四的上学期末吧，有一天王先生突然找到我，还费了比较多的时间与我说到了《模糊数学》这个新颖的数学分枝，让我关注一下，并且给了我一些模糊数学的资料。其实模糊数学这个数学分支，是上世纪60年代才诞生的，王先生让我关注时的生命周期还不到20年,进入中国的时期就更短，只有短短的几年。于是按照王先生的指点，我首先用他给我的资料入了门。这个入门对我后来的发展可以说是至关重要，因为模糊数学它就是研究那些传统的经典数学不好进行数学描述的客观世界中的模糊现象，经济管理中各种各样的不确定性模糊现象就太多了，所以当我大学毕业分配到四川财经学院后，入了模糊数学门的我在这方面可以说掌握了一门能很好研究和处理经济管理中模糊性现象的工具和利刃。

我在四川财经学院学报上发表的第一篇论文是1983年，论文题目就叫《商业企业经济效益的模糊综合评判方法》，同年到广州去参加了全国模糊数学学会第二次年会，因为模糊数学终究是一门理工科学科，参加会议的人多是理工科的，用它来研究经济问题的人更是凤毛麟角，而在西南财经大学的我用模糊数学来研究国内经济管理中的模糊现象，对各类经济管理中的模糊现象进行数学描述和处理，取得了相当的成果。我在1984年七月参加的由人民银行总行货币司和金融研究所在河北承德避暑山庄召开的对当年货币发行的研讨会，提交的论文是《货币流通必要量计算的模糊数学模型》，这篇论文后来在全国性一类刊物《金融研究》上发表。1987年接受中国人民保险总公司委托进行的国家重点课题《保险总准备金的适度规模》研究，用模糊数学方法提出了一个保险总准备的适度上限和下限，论文《保险总准备金适度规模的数学模型》发表在1987年《财经科学》第六期。多年的研究成果最终在1987年由西南财经大学出版社出版了《模糊数学在经济管理中的应用》这本专著。

我大学毕业分配到西南财经大学后，王先生也给予了我很多工作上的支持，1986年到1989年我主编出版了多套《经济管理数学》教材，都是由西南财经大学的教授吴怀先生和成都科技大学教授王荫清先生主审的。我后来受西南财经大学副校长庞浩教授委托具体组织"四川省数量经济学会"时，王先生也给予了很大的支持和帮助。还是那句话，一个人年轻时候的贵人可遇而不可求，我能在成都科技大学读书时得到毕老师和王先生二位贵人的关心和指点是一种缘分，他们对我的支持和帮助使我终身受益，让人终生难以忘怀。

第六章 融入大学

在高等学府教书育人中认识大学

我在1982年6月份配到了四川财经学院，首先的感触是经济上的窘迫和压力有所缓解，其实是有了很大的改变，一个月之间工资就升了三级，原来的二级工成为行政22级也就是相当于五级工，可以让人稍稍松一口气了。到四川财经学院不久，学校工会聘请我去给它组织的提升职工文化程度的数学学习班上课，虽然聘请时工会的干部一再委婉的表示因为是给校内干部上课酬金不会太高，以我当时的经济状况和需求，知足常乐使我对课时费也是相当的满意了，特别是由此结识了学校内一大批在职的青年干部，让我在四川财经学院的方方面面得到了很多方便和帮助。而尤为重要的是我有了我所喜欢的新的职业，那就是高等学校教师，那是浸润在大学多年所观察和认识到的我最心仪的一个职业，也最适合我既不愿管人更不愿被人管的心性，那是一个自由度很高的职业，主要特点是无需坐班，更令人感到惊喜的是我一进入四川财经学院，便得我的又一位贵人的指导和帮助，他就是四川财经学院的数学教授吴怀先生。

刚到四川财经学院的工作，是分配给教研室唯一的教授吴怀先生做助教，学生是会计系1982学生，那一年吴怀先生已经年高74岁，仍在第一线给学生讲述经济数学，吴先生虽然年事已高，但思维清晰表达流畅，他讲的课学生都十分喜欢听。我的工作除了批改学生作业外，主要是给学生上习题课，应该说当年作为助教我所讲授的习题课与吴怀教授的课堂讲授配合得恰到好处，学生反应也很好。吴怀先生在第一学期课程即将完成的时候，向学校提出了退休的要求，他向校领导说他已经74岁高龄了，一直坚持在教学第一线是因为缺乏上课的老师，他说他其实早就该休息了，他向学校和教研室推荐了由我来接替他做会计1982级的主讲老师，他说以他的观察和向同学们的了解，我是完全可以胜任主讲教师工作的，在这种情况下，我只做了半年的助教便提前转成了主讲教师。说吴怀先生是我的贵人这件不太大的事当然也是其中之一，更为重要的是他在得知我在四川财经学院学报《财经科学》上发表了关于模糊数学在商业管理上的应用论文后，便带我到他的大学同学四川大学数学教授蒲保明先生的家中拜访了蒲先生。

蒲保明先生是我国著名数学家，曾任四川大学数学系主任和数学研究所所长，我们去拜访他的时候蒲先生是全国模糊数学学会理事长，吴先生向蒲教授引见了我，向蒲先生介绍了我的情况，他给蒲教授讲在经济数学教学上他是我的导师，他希望蒲先生作为我在模糊数学研究上的导师，良好的同学关系当然蒲教授是一口答应了，并且把他的弟子后来的四川大学校长刘应明教授介绍给我认识，这为我后来在模糊数学在经济管理上的应用研究上的发展起到了极好的帮助。后来我在主编数套《经济数学》教材时，吴怀先生以近80岁的高龄担任了这些教材的主审，为教材的出版增色不少，我在西南财经大学的教学和科研，在很多方面都得到他的指导和支持，让我得以在西南财经大学的教学科研上有了不少相应的发展和成果。

20世纪80年代是让人快乐和欢愉的。先交代下小我也就是我个人的愉悦：分配到了四川财经学院不到两年的时间经济上就有了彻底的改观，特别是1983年为省商业厅省供销社办的电大班做数学辅导老师后，家庭的经济状况应该说是相当好了。教学上教学效果得到学生好评，并主编了数套经济数学教材，科研上相继发表了数篇论文后，接受和完成了两个国家级项目，一个是货币必要量的研究，一个是保险总准备金的适度规模。经济宽裕了工作上又有了成就，自然是快乐和欢愉了啰。

当年更让人高兴和欢愉的是人们思想的解放，刚刚冲破思想禁锢的人们，无拘无束的思维着他们所想思维的事情，也讲着他们想讲的话，做着他们想做的事。也是在80年代中，经济体制改革不得不提到日程上来，很重要的原因是计划经济已经走到尽头，计划经济的机制作为上层建筑不仅束缚了甚至扼杀了经济的发展，如果不是十一届三中全会后首先在农村中打破计划经济框架实行包产到户让几亿农民解决了吃饭问题并保证了城市商品粮的供应，经济将会停滞甚至崩溃，数亿人的吃饭都是问题，所以经济体制改革势在必行。

因为有农村联产承包制成功的经验，城市中的中小型企业特别是工厂也走上了承包的道路，当年盛传的"一包就灵"确实见效，继农村中各类供应城市的主副食品逐渐丰富起来后，很多轻工业产品也慢慢多起来了。其实道理十分简单，因为承包机制给了劳动者也就是承包人看得见摸得着得得到的实际利益，他们发挥出来的积极性让产品质量提高了数量增多了，计划经济的很重要的一个特征就是凭票证供应正在逐步的退出经济舞台。

但经济体制改革不是一个简单的"承包"问题，多年计划经济造成的桎梏最核心的是扭曲了的价格关系，将近三十年来价格不是由市场的供求关系决定的，而是由计划决定的，要想理顺经济关系让经济机制逐步走上市场化，价格放不放开如何放开怎样放开是个关键，它其实也是经济体制改革的瓶颈。80年代国人虽然生活得很自由愉快，但价格始终没有被放开，它在1984和1988年出现的两次抢购风潮中夭折与无疾而终，其实夭折与无疾而终这两个词都不准确，因为价格放开的改革方案一直在研究中讨论中并没有面市，说它是胎死腹中也许还更准确一点。

但不管怎么样80年代是让国人十分幸福愉快自由高兴的年代，各类主副食品和轻工业产品不再匮乏，更为重要的是填饱了肚子的国人精神上的各种追求似乎也得到了满足。我的文字肯定描述不好当年那个思想解放的年代，我想向大家推荐去拜读一下记叙当年的好文字好文章，这些文字和文章确实把当年描述得十分精彩。

80年代我都是在西南财经大学度过的，校内校外也结交了很多朋友，不少朋友都是我在社会大学中的老师，除了前面记叙的我在西南财大的贵人吴怀教授外，也再回忆记录一些友人吧，他们中有老师、有领导还有校外的工厂厂长。先说一位老师吧，他叫杨成纲，当年西南财经大学经济系老师也是我的邻居，想要记叙的实际上是与他的一面之缘，多年之后我与他谈起这个一面之缘时，他显得很茫然和平淡，说明此事在他的经历中是小事一桩，而这一面之缘对我来讲确实十分重要，他实际上给我上了西方经济学极好的一堂导论课。

应该是1984年暑假，我到北京转车去河北承德参加人民银行货币司与金融研究所召开的学术会议，乘坐的是特快列车卧铺，那个时候即便是特快列车去北京也需要30多个小时，头天晚上上车也要第3天的凌晨才能到北京，中间有一个整白天是在列车上，就是在这趟列车上邂逅了杨成纲老师，实际上是他在经过我的卧铺车厢时看见了我，于是我们就在那个白天在列车上做了很深入的交流。

说是交流其实是杨老师在给我上西方经济学的导论，我那时到四川财经学院不久，因为在文化大革命中当逍遥派时读了那本《简明政治经济学》，而当年四川财经学院各个专业的课程都是围绕着计划经济设置的，它的基础课是计划经济学，而更基础一点的就是政治经济学，我读的那本书对我在四川财经学院进行教学和科研起到了极大的帮助和支持作用，也就是在那个时候西方的一些经济学观点和方法逐渐的被引入国内学界，我首先接触到的是计量经济学，对西方经济学虽有些耳闻却了解不深，杨老师在西方经济学上显然已进行了相当的学习和研究，他是位十分健谈的人，所以那一天在列车上几乎都是他在给我讲西方经济学，特别是凯恩斯主义。

看得出来杨老师对凯恩斯主义是十分的信仰和推崇的，对我这个西方经济学的门外汉，他几乎是从启蒙开始给我讲述了凯恩斯主义，他首先给我介绍了凯恩斯在1936完成的著作《就业、利息和货币通论》，然后给我详细讲解了凯恩斯主义的经济理论，这个理论主张国家采用扩张性的经济政策，通过增加需求促进经济增长，具体的做法是扩大政府开支，实行赤字财政，刺激消费从而刺激经济维持繁荣。杨老师特别形象的给我讲到了他所理解的凯恩斯主义的经济运行模式，他用自己的语言说消费刺激起来了，需求增加了就会刺激生产发展，生产发展了就业的岗位就会增多薪酬也会上涨，人们手中有了更多的货币，必然会再次扩大和刺激消费，这就形成了一个经济运行的良性循环，杨老师认为这是他所接触到的最好的经济理论和经济运行模式，当然，与此同时杨老师也给我介绍了一些经济学的其他流派。

杨老师那一天在列车上对我讲授的西方经济学的这些基本的观念和知识，对我后来在西南财经大学的教学和科研有很大的支持和帮助作用，因为伴随着80年代经济体制改革中计划经济的逐步退出，特别是进入90年代后市场经济逐步取代计划经济，西南财经大学各个专业的课程方向已经发生很大的变化，计划经济学被市场经济学所取代，而新颖的西方经济学也同传统的政治经济学一起作为了经济管理专业的基础。从这个角度上来讲，1984年暑假在赴北京的列车上杨成纲老师那几乎一整天与我的交谈，对于我后来学习和关注市场经济的基本理论和方法也就是西方经济学起到了很积极和良好的促进作用。社会大学的老师是无所不在的，与杨成纲老师在列车上的一面之缘让他成为我当之无愧的老师，让我在西南财经大学日后的教学科研以及后来的下海经济事务得到很大的补益。

说到社会大学的老师，当年在西南财经大学校外还认识了一位李姓的工厂厂长，他是第一位教我如何运用资金的效益降低成本增加收益的老师，他就是德阳市罗江印刷厂的李厂长。从1986年开始，我就开始主编各类经济数学教材，因为数学教材在当年活字排版的条件下是有一定难度的，所以罗江印刷厂成了我出版教材的定点厂，刚开始是由出版教材的比如四川科学技术出版社、成都科技大学出版社把教材发到罗江印刷厂印刷，我们作者为了抓紧时间到罗江印刷厂去三校，一来二去就与工厂的李厂长成了朋友。后来我开始自己在出版社购买书号出版各类教材，这样印刷发行的成本都是自己在承担了，自然期望有最低的成本最好的利润，在与李厂长的交流中，他跟我讲到了一个其实很简单的基本事实，就是印刷的成本中很大的一块是纸张，纸张的价格在每年都有旺季和淡季的差异，这种差异还是比较大的，他告诉我如果能给他预付一笔印刷费，让他提前在淡季的时候购买纸张，那他跟我报出的印张价格会是特别优惠的，在经过深入的交流和仔细的研究之后，我为第二年暑假要印刷的教材预付了五万元的费用，厂家也给了我极好的结算价格，运作下来按这个方法操作的那一批书所获取到的利润是很可观的。

这位李厂长让我这个大学教书先生首次近距离接近了市场，特别是市场材料的价格，同时间接的告诉了我资金运作很重要的一些方法和手段，他没有向我进行任何课堂上的说教，他只是用实际中经济管理的运作方法，从过程和结果的角度让我最终明白了很多客观经济活动的道理，这对于后来在80年代末期和90年代初我为一些民营公司管理企业，特别是1992年小平同志南巡之后我自己办了公司，这些早些年从李厂长那个地方学到的一些经营管理经验和方法，对于替别人管理公司和自己经营公司都起到了很积极的促进作用，所以说社会这所大学中，能够教给你真正有用的知识对老师还是大有其在的。

还想记叙的一位友人其实令我十分忐忑，一直徘徊要不要写，因为他的身份是一位领导，是在西南财经大学担任了二十多年副校长的庞皓教授，我最终还是决定动笔了，因为我回忆了与庞皓先生的交往过程，其实一开始我和他有较多交往的时候，他就已经是西南财经大学的副校长了，但当年的很多交往中更多的是学术和工作上的事情，很少涉及到他这个领导的身份，我想既然是这样那不如就以本来面目记叙一下我与他作为学术和工作上的朋友的交往吧。

虽然进入四川财经学院时就认识了庞皓先生，但最初几年我们几乎没有什么交往，从1985年经济信息系成立后，他兼了我们的系主任才开始有点往来。大约是1985年上半年的一天吧，他突然找到我问我能不能够其实是问愿不愿意去负责组建一下四川省数量经济学会，我点头了，因为这是一个学术组织机构我自然也感兴趣，于是我用了半年左右的时间奔走于四川大学、四川省社科院特别是两个政府部门四川省计划经济委员会经济研究所与四川省经济信息预测中心，在重点协调好这两个政府部门其实也主要就是负责这两个部门的二位人大研究生同学的意见后，四川省数量经济学会在1985年底成立了。对这个事庞浩教授对我评价颇高，因为在这之前也曾有老师进行过这个事情，耗费了很多时间和精力但最终没有成功，至于我呢主要是应用了一下我曾经在行政机关部门工作了七八年的经验和积累而已。

四川省数量经济学会成立之后，我与庞先生的交往开始密切起来，其实也主要是工作上的事，而更为重要的是我们对数量经济学都有浓厚的兴趣，都希望在这个平台上能真正做一些对数量经济学科发展有促进作用的事。具体工作是学会每年要召开一次年会，庞先生极怕它变成行政例会，我自然也是这个观点，所以每年的年会对我这个当时的学会执行副秘书长工作要求和压力就大了，以学术研究为主的信念使我们的几届年会都开得比较理想和成功。因为交往比较多了，学校就有了一些传言，说我和庞先生关系特殊私交甚好，特别是我那两个双胞胎孩子的母亲为了照顾生病的我被调入西南财经大学后，这种流言就更多了，其实在孩子的母亲调入西南财经大学这个事上，庞皓教授作为校领导从来没有表示过意见，是当时的党委副书记甘本佑教授在很多场所大声疾呼，最终人事部门才突破了当时西南财经大学调入员工的一些规定，把孩子的母亲调进了西南财经大学。

其实在我与庞皓教授的交往中，他就是个学者，与他交流中当然也难免会涉及到一些行政事务他往往比较平淡，但话题只要一进入数量经济这个学术领域，他的精神就来了，比如关于计量经济学模型，可能在他的心目中我是学数学的也许对模型中的某些地方会有自己比较好的见解，所以我和他曾多次谈到计量经济模型，其实我对计量经济模型了解是不深入的，我更多的是用模糊数学方法处理经济管理问题。个人认为他走上从政的道路也许对他不是最好的吧，当年他和那个最后身陷囹圄的前副省长李达昌一起因为在科研上成果突出，当年又很强调提拔优秀知识分子，两人于是被选中提干，李大昌去了校外做厅级干部最后官至四川省副省长，而他留在校内做了副校长，据说最后也有意请他做正校长，在征求他意见时他委婉的推脱了，但我认为以他的气质和喜好而论，他也许更适合做教授做学者做教学做研究吧。

在学术上与他产生共鸣之处是 1988 年我到科研处担任了处级干部之后，应该说当年我与他一起做成了一桩对西南财经大学教师有所补益的一桩事，那就是让西南财经大学学术专著出版基金落在了实处。西南财经大学学术专著出版基金是由西南财经大学出版社提供的，当年出版社还没有和学校完全分开脱钩，学校决定了出版社每年利润的相当份额要资助教师出版学术专著，当年庞浩副校长分管科研，这个虽然原则定了但还要有具体的操作办法和执行程序，这个事最终落到科研处和我的头上了，我们当年制定了一个很好的学术专著出版基金资助教师出版学术专著的办法，效果还不错。在制定办法和执行的过程中，我感觉到庞皓教授他对这种事情的关注比对那些纯粹的行政事务要强烈的多，而且我感觉到他自己是身心投入的，所以我说他应该是一个学者而不是校长。

当然要说我与庞先生只有学问之交而没有人性情谊之交也是不妥的，做学问之人也不是不食人间烟火，我和庞浩教授在私交上还是颇有点心有灵犀一点通的。当年我曾经组织全国财经院校数学教师到成都召开过好几次会议，有学术研究的也有教材编辑的，每次会议的闭幕仪式都要请庞校长来参加，应该说一个学校的校长还是很忙的，像我们这种专业面很狭窄的会议，去请校领导参加还是比较困难的，应该是基于个人方方面面的一些情谊吧，他每次都抽出时间参加了我们这边会议的闭幕式，给予了我工作上很大的支持和帮助。当然，当年我要从西南财经大学科研处辞掉处级干部的职务时，党委还是很审慎的，基于我和他的私交甚好，党委还专门委托他与我进行了深度的沟通和交流。但不管怎样，以我在交往中对他的观察和了解，他似乎还是做一个教授做一个学者更合适些，而且以我的感受做一名学者也许也是他自己的意愿和期望吧。

第七章"大学"之至

市场与市场经济是一所宏伟的"大学"

在推进经济体制改革的呼声中，八十年代过去了，但改革的步伐和效果好像都不大，严格的说除了因为"承包"调动了生产者劳动者的积极性，使得一度十分匮乏的主副食品和轻工业品的供应迅速好转，国人甩掉了票证，只要有钱就能买到自己需要的日常生活用品，但除此之外其他方面的进展并不大，那个计划经济的桎梏价格，在整个80年代仍然是由计划制定而没有由市场所取代，所以国人的生活状况改善了，精神面貌精神需求也得到很大的满足，但改革却还没有真正的迈开步子，无论是国家还是老百姓都还谈不上富裕起来了，憧憬中的市场经济机制离建立好像还很遥远，而其中的关键是理顺价格，要让价格脱离计划，价格应该由市场来决定。进入九十年代特别是1992年小平南巡后，市场好像得到突然的激发一样很活跃起来，这之中金融逐步进入市场机制起到了推波助澜的作用，取得了信贷支持的中小企业在市场中有点自由游弋的味道了，在这种背景下价格被逐渐的放开，虽然引发了1993年开始的通货膨胀，但在人民银行采取的"保值储蓄"措施下，价格的放开并没有引起多大的波澜，至少没有形成八十年代那种抢购风潮，经济体制改革迈开了比较大的步伐。

价格放开之后一个很现实的紧迫问题就是让企业如何走入市场融入市场，市场经济的原材料供应和产品销售乃至生产资金的支持都是由市场来调控的，以前一切按计划执行的老路终止了，企业的生存与市场息息相关，有了市场你就有了一切。应该说九十年代在一定的阵痛和代价之下，这个问题虽然难度很大但最终还是以各种方式得到了解决，当然代价也是惨烈的，他让一代人做了史无前例的"下岗工人"，而这一代人恰好就是我们从40年代末到60年代初出生的人，我们无数次的为国家的发展做出了贡献与牺牲。但不管怎样市场的机制总算初步建立起来了，经济活动不再是计划支配而是市场在调节了。

我作为体制内事业单位的高等学校教师，这种由计划到市场的变革对我影响本身不大，加之一些偶然的机会又让我顺应市场的活跃投入了市场经济，当年在杨成纲校友指点下学习到西方经济学特别是市场经济学的一些知识在这个时候起到了他该有的作用，所以总体状况还是不错的。由于我比较谨慎的一直保留了体制内西南财经大学教师的身份，只是在完成了教师工作任务后才在市场经济中游弋一下，于是我成了某些校友喻为的"既享受了社会主义的优越性又享受了资本主义优越性"的状况，当然我个人对自己的这种选择是十分满意的。

一个在八十年代始终困难重重没有得到很好解决的市场机制建立问题，在九十年代就这样被迎刃而解了，个人认为这绝不是一种偶然，虽然两个年代有各自很强烈的政治经济背景，但人心所望人心所至应该是出现这种状况的根本，经过八十年代那种成效不大的经济体制改革的磨难，国人逐渐认识到没有改革是没有出路的，计划经济的老路已经不能再走下去了，只有齐心合力的建立起市场经济的运行机制，大家才能逐步富裕起来，共识使国人趁着九十年代良好的政治经济形势，克服各种各样事实上也存在着的困难，让市场经济的模式得以初步建立，尽管这还不是真正意义上的市场经济。

除了在改革上来了一大步外，九十年代在开放上势头也不错，应该说九十年代初甚至包括整个九十年代，开放所引进的外商投资其实主要是以港澳台同胞为主的，第一批进入中国大陆投资的是台湾香港澳门的中国人，虽然投资的规模不是很大，但给国人带来了外商独资企业和中外合资企业的概念，一个很明显的标志就是当时的汽车牌照与普通国人的汽车牌照是明显不同的，这不是一个简单的标志问题，它事实上在向国人宣告境外投资者来国内投资了，血浓于水的同胞之情使港澳台同胞很快就理解和相信了我们的改革开放政策，他们毫不犹豫的迈出了向大陆投资的第一步。

整个九十年代我过的是相当于愉悦的，这其实也是工作和生活紧张所致，充实的生活节奏让人身心愉快，这是问题的一方面，其实问题的另一方面也是很严峻的，就是当年我面临着好几桩需要做出抉择的事。首先是体制内外的问题，也就是说我是要选择全身投入市场经济中，还是仅仅是摸着石头过河试试而已进而浅尝辄止，当时在市场经济大环境中我面临着比较好的发展机遇，具体的说就是政府部门和金融机构的支持，当年所面临的良好局面足以让我把事业做大做强，无论在与政府官员的关系上面，还是在要取得资金支持的金融人士的关系上面，我都有很多优越的条件，给人的感觉应该是全身心的投入市场经济为好，但事实上我没有脱离体制内，在工作是很紧张的情况下我仍然坚持了完成西南财经大学教师的工作任务，从而保持住了体制内事业单位高校教师的身份，后来的事情发展和结果说明当年这个选择无疑是正确的。

再就是工作繁忙和子女教育的关系抉策问题，当年在市场经济游弋时，也是我的两个儿子学业最为关键的中学阶段，在这个问题上我似乎是十分的清醒明白，始终都是把子女教育摆在第一位的，没有因为既要在市场经济中拼搏又要保持自己的公职人员身份所带来的工作繁忙便把子女教育疏忽了，事实上在他们中学的几年中，我和我的夫人身体力行的操刀上阵为他们学习数学和英语进行超前教育，应该说最后的效果是良好的，儿子们在 1999 年一个考上了北京大学，另一个考上了北京航天航空大学，这为他们后来的发展奠定了良好的基础，我们也为自己这种明智的选择感到自慰和高兴。

进入 21 世纪一桩最大的事情就是经过多年的谈判，中国加入了世界贸易组织，这带来了 20 多年中国经济的真正繁荣，应该说中国经济真正的飞跃发展是与加入了世界贸易组织融入了国际经济大家庭息息相关。如果说 20 世纪最后两个十年我们开始了经济体制改革，由计划经济迈入了市场经济，但当时能够解决的仅仅是十几亿人口的温饱问题，离国富民强还有很大的距离，国家的真正强大人民的真正富裕是在进入 21 世纪后加入世界经济大家庭后的两个十年中逐步迈开步子的。

加入世界贸易组织也就是融入世界经济大家庭后改革开放的力度大大增强，这表现在两个方面，一是我们的出口产品成倍增长，我们成了世界大工厂，出口激增让外贸带来了大量的外汇储备，国家的实力因为有钱增强了，与此同时世界大工厂使就业当然也就是收入也大幅增长，老百姓也逐渐富裕起来了。二是大量的外资因为我们开放力度的加强被引进了国内，海外大企业纷纷到中国来投资建厂办企业，这为国家带来了大量的外汇储备，因为按照我们的外汇管理制度，外商投资的外汇以及他们在中国国内生产产品的出口所换回来的外汇，进入中国后都要结汇成人民币，当然外商投资工厂也为中国的老百姓带来了更多的就业机会和更高的收入。

当年加入世界贸易组织最关键的是与美国的谈判，上一个世纪末与美国谈判的成功使我们得以顺利的加入世界经济大家庭，让我们赢得了 21 世纪前两个十年的经济发展，这个客观事实印证了邓小平先生在上个世纪即将进入改革开放的后两个十年之际讲的一段至理名言："凡是和美国搞好关系的国家，都富起来了。"，一位高瞻远瞩的政治家值得我们永远怀念，他的至理名言需要我们坚持。

现在有一种忽视我们入世加入世界经济大家庭后得到迅速发展机会的看法，认为进入 21 世纪后前两个十年的发展与这二十年的全球化无关，这种无知和无视现实的观点不敢苟同。回顾共和国七十年来的经济状况，前三十年就不用说了，计划经济特别是政治运动的折腾使得国民经济几近崩溃，数亿人的温饱得不到解决，改革开放前二十年虽然解决了国人的温饱问题，但距国富民强差距还很大。正是新千年的前二十年，我们融入了世界经济大家庭，在经济全球化中有了自己的一杯羹，国家才逐渐富强起来了，老百姓的钱包也逐渐鼓起来了，事实证明只有开放式的经济才是正途。

40多年前邓先生就强调了与美国搞好关系的重要性，我们与美国无论意识形态价值观念还是社会制度都不同，但这不应该影响到我们和美国建立良好的关系，我们需要一个良好的国际环境，在融入世界经济大家庭中闷声发大财。其实纵观美国，他好像充当着世界警察的角色，但有一点是可以基本肯定的，就是他对别国的领土没有奢望，从来没有想过把别人的领土摄为己有，其实有不少国家和地区比如与美国毗邻的墨西哥，是哭着喊着想要加入美国，但美国的一贯态度是坚决拒绝。美国的这种基本的状态，决定了他与我们不应该有根本利益的冲突，他既然不想占领你的领土你还有什么可担忧的呢？所以我们应该按照小平先生指引的与美国搞好关系的方向，在与美国搞好关系的基础上逐步富裕起来。恰恰与我们毗邻的其他国家，近两三百年来已经掠夺了我们很多国土，以他的野心只要今后还有机会还会掠夺我们的国土，对这种经常觊觎别人国土的邻居，我们倒要小心一点为好，警惕些总不是坏事。

还有一种谬论是我们人口众多是最大的市场，应该肥水不外流，不要让别人来赚了我们的钱，这实际上就是一个闭关锁国的论调，这种论调在近200多年的历史中已经被证明是错误的，他让中国和国人沦入万劫不复。且不说满清百余年内的闭关锁国所带来的恶果，就是新中国建立的前三十年中，以及我们确定要改革开放的上一个世纪后二十年中，没有融入世界经济大家庭时国民经济发展总是很艰难很困惑。加入世界贸易组织这二十年来国民经济的飞速发展，以强劲有力的事实说明了只有开放再开放才能让中国经济得到长足的发展。

第八章 领略"大学"

新千年中见识"大学"的五彩缤纷

新千年的第一个十年，我已经全身心的回到西南财经大学执掌教鞭，为了结束上一个世纪九十年代下海经商的生意，我足足用了将近三年的时间，这之中主要是处理与外部的债权债务，应该说处理的结果是很良好很令人满意的。首先是债务，本着足额清偿完所有的负债的原则，我用现金偿还了所有的债务，特别是银行借款，这样做的目的很简单，我已经决定全身心的回到西南财经大学做教授，我就不愿意还存在外部没有清偿的债务来打搅我的教授生活的清静。至于债权最终处理的结果相对还是令人满意的，说明在几年的生意交往中，我所结交的合作伙伴还是不错的，当然也有将近百万的债权成了坏账，也就是说收不回来了，收不回来的具体情况在某种意义上来讲还是情有所源的，这部分坏账在几年的经营所获盈利中所占的份额还是相对合适的，也就是说无论是在心理上还是事实上都是我能够接受的。

回头来看看新千年的第一个十年做了哪些可以值得回忆的事呢？剔掉常规性的比较琐碎的事情外，觉得有四桩事情可以值得记叙一下。第一桩事情是我在接手西南财经大学通识课程《科学技术史》后在教学和科研上的一些感悟。当年在西南财经大学通识教育改革中，我以接近退休的年龄去接手自然科学系列通识课程的开发与教学，与其说是当年在客观上学校愿意承担这类课程的老师几乎没有，还不如说是我自己的一些天性促使我比较主动的去接受了这类课程，而在《科学技术史》课程的开发和教学上最后个人所收获到的很多果实，正好说明了我这种喜欢新事物喜欢挑战性工作的天性，它最终是会使人在方方面面得到很多意想不到的收获的。

《科学技术史》在教学和科研中，始终有一个问题成为它的重点和核心，这就是所谓的李约瑟之问："尽管中国古代对人类科技发展做出了很多重要贡献，但为什么科学和工业革命没有在近代的中国发生？"。在没有接触到《科学技术史》的教学和科研之前，这好像对很多人来讲不是一个必须思考的问题，仅仅是一个客观存在的事实，那就是近代科学技术的发生和发展以及工业革命都发生在西方欧洲，至于它为什么会发生在西方欧洲而不是东方亚洲特别是中国多数人是很少去思考它的，但如果要把它作为一门课程来讲授，这个问题就必须面对了。

从历史的角度，回答李约瑟之问有两个很重要的时间阶段。一个是在大约西方科学和工业革命发生的两千年前，当时的东西方都有一个璀璨的文明中心，一个是古希腊一个是古代中国，这两个东西方文明中心在当时都出现了很多圣人先哲，比方说古希腊哲学三杰苏格拉底柏拉图和亚里士多德，古代中国的孔子庄子墨子孟子等。差距在那个时候就开始了，古希腊的哲学家们思考和研究的对象是客观世界是大自然，他们在探讨大自然的构成，在探索客观世界的规律，这种探讨和探索最终必将形成富有逻辑哲理的思想和思维方法，欧几里德那部《几何原本》便充分的展示了古希腊先哲们丰采。而中国的圣人们雕琢的对象是人，他们在研究人的伦理道德以及人应该被这种伦理道德制约的行为方式，自白的说就是治人与治于人一整套理论，四书五经中充滞着大量的关于人的种种说教。

差距从这个时候就开始了，这是一个是研究物还是研究人的差距。古希腊圣贤们专注于对外部大自然客观世界的观察与研究，以及这种观察与研究必须要形成的逻辑思维方法，对物质世界的研究扩大了以古希腊人为代表的西方人们的眼界，丰富多彩瞬息万变的大自然物质世界让西方人树立起了观察客观世界发现客观世界运行规律的理念和行为方式。而专注于对人自身研究的东方圣人们，提出了很多旨在束缚人们的思想和行为的纲常，这些纲常也就是所谓的规矩让东方人越来越善于制约自己，越来越尽力的把自己改造为"人"。这两种截然不同的研究问题的起点和方法，无疑对后来东西方科学技术的发展起到了至关重要的推动或者制约作用，使得两者在科学革命上的差距越来越大。

如果说二千多年前东西方先哲圣人们在研究对象上的差异对后来科学和工业革命发生在西方有一定或者说相当的影响的话，那么始于13世纪末开始贯穿14到16世纪的文艺复兴运动，以及16世纪的宗教改革运动和15到17世纪的大航海时代，对于科学和工业革命发生在西方是至关重要的，所有这一切解放了西方人的思想，让他们得以在古希腊先哲者们所倡导的科学研究方法指导下，让科学与工业革命在西方欧洲率先发生和发展。

文艺复兴是反映新兴资产阶级要求的欧洲思想文化运动，揭开了近代欧洲历史的序幕，是西欧近代三大思想解放运动之一。文艺复兴从意大利开始，到16世纪一直传播到欧洲其他地区，在艺术、建筑、哲学、文学、音乐、科学技术、政治、宗教等方面都得到了体现，文艺复兴的核心思想是人文主义，以"人性"反对"神性"，用"人权"反对"神权"，不满教会对精神世界的控制，要求以人为中心，而不是以神为中心，歌颂人的智慧和力量，赞美人性的完美与崇高，反对宗教的专横统治和封建等级制度，主张个性解放和平等自由，提倡发扬人的个性，要求现世幸福和人间欢乐，提倡科学文化知识。所以人文主义的理念，其重点是"人"，是"人"的本能的发挥，是"人"追求真、善、美的动力。

欧洲16世纪基督教自上而下的宗教改革运动，是1517年马丁·路德提出《九十五条论纲》，到1648年《威斯特伐利亚和约》的出台为止的欧洲宗教改革运动。运动奠定了新教基础，也瓦解了天主教会所主导的政教体系，打破了天主教的精神束缚，为西欧资本主义发展和多元化的现代社会奠定基础，宗教改革运动是新兴资产阶级反对宗教组织对社会发展的阻碍而发动的一场大规模的社会政治文化运动。

大航海时代中两个典型的事件是哥伦布发现美洲新大陆和麦哲伦的环球航行，当然还有在这些之前的迪亚士航行至非洲大陆最南端发现好望角为达伽玛开辟通往印度的新航线奠定基础。大航海时代所带来的地理大发现对全世界尤其是欧洲产生了前所未有的巨大影响，它让地中海沿岸的经济活动进入了数千年来最活跃的时期，也让西方欧洲人抢到了科学技术和工业革命发展的先机。

欧洲在文艺复兴这些运动之前古希腊璀璨的文明之后，也经历了千余年的中世纪黑暗，文艺复兴宗教改革大航海时代冲破了中世纪的黑暗，给欧洲带来了科学和工业革命的曙光。而东方中国在孔墨庄孟等诸子百家之后，2000年来在农耕文化的基础上，反反复复的都是朝代的更迭，这种王朝的更迭没有变革甚至连改良都没有，一朝一朝的封建王朝都是在建立发展衰败灭亡中更叠，没有新锐没有进取只有重复。这就致命了，当西方欧洲完成了各项人文主义的变革和革命后，解放了思想和人性束缚的西方人在古希腊先哲们留下的科学研究方法引领下，迈开大步朝科学和工业技术狂奔，而东方主要是中国只能在王朝的反复更迭中望尘莫及。

前面说的新千年的第一个十年有四桩事情想要想要记叙，想记叙的第二桩事情是通过对我女儿基础教育学习的变革和实践，既让女儿取得了很直接的学习成果，又让我关于中国教育的理念和认识在实践中得到了表现。关于目前国内现行的从基础教育到高等教育的机制和方法，尽管我是一个从事了几十年教育生涯的教师，但客观的现状使我不得不对它持一种否定的态度。我这里姑且不谈中国教育的基本理念，就是从具体的知识体系和教育方法，我也很难认同，特别是基础教育，比如小学六年的学习，我一直认为它时间太长，从知识结构的方面来讲应该四年就够了，至多五年吧。

小学教育中，除了一些综合性的学习外，重点是语文和数学，汉语言不是我的专业更不是我的长处，虽然我不敢妄议它，但有一点认识和体会还是应该讲的，就是我认为语文主要是阅读和写作，培养起学生阅读和写作的能力即可，至于词汇句子等很多语法知识，比如词汇的名词动词形容词副词以及它在句子中的主语谓语定语宾语状语等等，以及句子的宾语从句状语从句等等，我虽不敢说它是多余的，但至少让中小学生耗费很多的精力与时间专注和纠缠于弄清楚这些语法关系有必要吗？汉语言是我们的母语，难道你用语言或者文字在表达你的意思的时候，还需要分清楚你讲的词汇是什么词，他在你讲的一句话中句子成分是什么，以及你说的这句话是什么样的从句吗？我这些恐怕有点打胡乱说之嫌，但我至少认为不必要为这些汉语言的语法问题耗费孩子们过多的精力和时间。

至于数学，我可以坦言是我们自己把自己弄麻烦了，所谓自己把自己弄麻烦了是该有的没有，不该有的却很多。该有的是什么呢？那就是通过数学的教育和学习，让学生逐步树立起好的逻辑思维习惯，而逻辑思维这个东西，且不要说我们现行的小学数学教学和教材，就是现行的中学数学教学与教材，带给学生的都是一些只零破碎的知识的堆砌，没有逻辑思维更没有逻辑学。撇开逻辑思维教育不讲，我们就说小学的具体的数学知识，其实它的核心内容就是数的四则运算，从整数的加减乘除到分数的加减乘除最后是小数的加减乘除，当然这之中还有一个整数分数和小数的意义问题，但这不是重点和难点，就这些数的四则运算再加上其他一些比例呀图形的周长和面积呀，需要用得了六年的时间吗？是不是有点自我折腾给自己找麻烦的味道。

所以我想试一试这种状况能否改变，不用六年的时间少用一些时间比如只用四年能不能够完成小学这些基础教育的主要目标，实现小学基础教育的这些功能。这种试一试最后在我女儿的基础教育学习中得到了实现，我女儿只用四年的时间就完成了小学学习，这使得她还没有满22岁时，就获得了英国卡迪夫大学和西班牙巴塞罗那大学两个硕士学位。这说明了我对中国教育特别是基础教育的那种观点也许是正确的，其实正不正确并不重要，我一介小人物一个高校老师，人微言轻说对了说错了都无关紧要，重要的是我女儿的基础教育的实践过程，说明把基础教育的学制缩短还是可行的可操作的，这毕竟是一桩成功的案例嘛，当然它也具有一定的特殊性。说一句开玩笑的话，如果让我去当教育部长，我要做的第一桩事就是缩短小学的学制，四年就够了。当然这是笑语不能当真的，真要当真我事实上会跑得比谁都快的。

要记叙的第三桩事是这十年中我对教育医疗养老住房这几大民生问题的市场化过程的观察和分析，严格的说是对这些民生问题产业化市场化的批评。因为有上个世纪九十年代市场经济架构的基本完成，加之入世加入世界经济大家庭之后，在经济全球化的浪潮中，我们在二十一世纪第一个十年的经济得到了长足的飞跃发展，这就使人产生了一个误觉，就是市场化是一剂仙丹妙药，用到什么地方都好，这是一个错误的认识。且不说我们的市场经济其实不是像西方那样完全的市场经济，就是很多西方国家也没有把一些民生福利问题推向市场，该由社会和国家承担的民生福利问题没有市场化，特别是医疗和养老。

我们的情况如何呢？可以说进入新千年后，我们是大踏步的把这些民生问题都市场化了，以至目前匪夷所思的局面让方方面面都感到难以面对。先说说住房这个问题吧，西方市场经济中住房确实是市场化了的，住房都是私人资产，都是在市场中购买或者租赁，但西方发达国家的房地产市场历来发展都很平稳，没有价格上的大涨大落起复，简单的讲就是价格的平稳没有让住房成为投资理财的手段，而西方人也不像我们中国人有买房买地的文化基础，即便是出现房地产市场异常比如像日本上个世纪 90 年代的房价高涨，市场也会并且也能承受泡沫破裂的创伤。但我们中国不同，短短的十多年中房价便涨得十分离谱，它给国人传出的信息就是房产是最好的投资理财工具和手段，在几千年买房买地的东方文化的趋使下，中国的房地产成了支柱产业，到现在确实是骑虎难下了。

其实住房的正常市场化是应该的也是可以的，重要的是要掌握好一个度。当年作为住房分配制度的一种改革也就是所谓的房改，应该说大方向还是正确的，因为当时国家与企业都已经没有能力来承受与满足职工住房分配的需求了，但是在房改所刺激起来的个人对住房购买需求增长的过程中，房地产逐步成了国民经济的支柱产业，特别是住房的实际需求转化为商品房投资理财后，这个产业便开始歧形和异化了。其实早期的房地产市场化还是比较正常的比较妥当的，基本上是按照市场经济的规律在进行投资特别是价格的确定，但是在逐步的产业化也就是说有了一定的垄断之后，情况就发生了变化，而政府在经营城市的口号下实行土地的统一拍卖政策，无疑对房价的高涨负有不可推卸的责任，看一看在土地拍卖中不断推高的楼面价便可以知晓为什么房价一涨再涨直到目前不可收拾的状况。

现在的情况确实很难堪，房价高企影响到国民经济的方方面面，这些估且不谈，现在比较重要的问题是往下怎么办？房价如此之高带来的各种负面效应都不易得到解决，当然不能让它再疯涨上去了，但让它跌下来却又是方方面面不能承受之重：政府的土地财政政策难以为继；银行的按揭难以维持正常；开发商的利润特别是资金链面临困境；而为数众多的老百姓把房产作为投资让希望成为美梦。那么就维持现状吧，这是一个理想的状态但却不实际，有价无市的房地产交易买卖是不可能长期维持下去的。今天来说这些似乎好像都有些晚了，希望当初鼓吹住房市场化的专家和政府官员能提出良策来解决如此窘境，否则往后住房市场化可能产生的恶果是难以避免的。

住房的市场化是个众多因素形成之事，这是一个该给众人打板子的事情，开发商有责任银行有责任政府有责任，其实老百姓民众也有责任，房子买来自己住就行了，偏要向老祖宗学习置房买地弄得现在是遍地钢筋水泥，大家都苦不堪言但恶果必须自己吞下去。尽管都有责任都要挨扳子，应该坦言的是主要责任还是在政府，除了引导和管理上的不到位之外，政府所津津乐道的土地财政是高房价的罪魁祸首，政府在让住房走入市场化不归之路上有着不可推卸的责任。

如果说住房市场化是一个无可奈何的话，那么最令人难以面对的是医疗的市场化，受到医疗市场化磨难的是人数众多的基层民众。医疗这个问题本身就不该有市场化，这是一个社会和国家该要承担的问题，纵观全球现在已经只有为数不多的一些国家和地区不是全民免费医疗了，而我们就是其中之一，而且我们的医疗市场化因为中国一些特殊的情况和环境表现得特别夸张和恶劣。

医疗本身是治病救人的，但现在无论哪种体制的医院，悬壶济世治病救人的理念早已抛在脑后，利益也就是利润是医院运行的根本，民营医院自不用说，公办医院也好不了多少，各种各样的过度治疗过度检查好像意在谋财而不至于害命因此尚让人们不得不被动接受，其实严格的说过度治疗过度检查也是在害命，只是不那么直接罢了。但是现在医院普遍存在的不交钱就终止治疗让病人病情恶化乃至死去的情况就让人情何以堪了。出现这种情况是把医疗这个不该市场化的民生问题推给了市场，一个本身该由社会承担的民生问题偏要推给市场，任其在资本的操作下恶性的随意发展，以至出现了今天几乎不可收拾的至少是难以收拾的局面。

在这个问题上，必须指出那些提出各种各样莫名其妙医改方案的"专家"们难疚其责，但政府把自己该承担的事推给市场无疑是自己职能的极大缺位。如果说当年进行公费医疗报销制度改革时有政府财政和企业经营难以承受之重，因此尚可理解为这是不得已而为之，因为当时的财政收支和企业经营都有很大的困难，但在我们已经成为世界第二大经济体的今天，我们的国家已经很强大富裕了，这个全民免费医疗的问题就应该提到日程上来研究和解决了，很多经济发展并不比我们好经济状况也并不比我们强的国家和地区都推行全民免费医疗了，我们作为大国强国在这一点上是不应该落后的。

养老是社会作为对劳动者贡献的回报肯定是一种社会责任，社会应当全面的承担所有劳动者的养老问题，但实际的情况是当老人到了一定的年龄后，养老的责任至少是在由各方面分担，而其中老人的亲人承担了相当的份额。产生这种情况是因为现阶段老人到一定年龄后，他的养老费用远远的超过了他们的退休金，也就是说现在养老的市场价格已经远远的超过了老人退休工资的收入，而必须由他们的亲人补贴和承担。这种情况一方面是不合理的，是把社会应当承担的责任推给了老人的亲属，另一方面对老人自身来讲，因为养老费用缺口方方面面的因素，使得老人的养老在质量上还是参差不齐的，很多老人因为费用的原因得不到他应该有的养老服务。

产生这个问题似乎很正常也很自然，没有人刻意的去进行什么养老市场化的操作，去养老院养老似乎有一点市场化的痕迹，居家养老好像就特别正常特别自然了，老人的退休收入就只有那么多，不足部分由家人来承担似乎也在情理之中，何况东方文化历来有孝道之说。随着中国老龄化社会的逐步到来，这个问题会逐渐日益普遍化尖锐化，从根本上的道理来讲，老人的养老问题确实不该由亲属来弥补费用缺口，老人为社会贡献了一辈子，理所当然应该在需要养老时得到社会的返哺与回馈，老人们应该得到社会给予的高质量的养老服务，而这一点似乎在客观实际中还没有提到议事日程上来，在养老市场化中让人觉得老人的亲属们承担老人养老费用的缺口也是天经地义的了。如同医疗民生问题一样，我们已经是世界第二大经济体了已经很富裕了，能不能尽快的把这个问题提到日程上去让老人们得到他们应该得到的养老服务呢？

最后说说教育这个涉及面最广的问题。表面上似乎教育的市场化让老百姓承担的直接费用并不多，小学初中属于九年义务教育制是免费的，最近频频在说高中也要纳入义务教育免费，至于大学特别是公办大学好像学费也不高，当然民办高校的学费确实高了不少，但在教育市场化的背后，便凸显把教育推向市场的恶果了。先说基础教育，教育的市场化基础教育是重灾区，资本的力量改变了基础教育的格局，在恶性竞争乃至一些不正常手段操作下，优质基础教育资源逐步被社会资本所掌控，由于政策上在九年免费义务制教育外又允许收取择校费，于是局面便大乱了，你说费用太高吧还一个学位难求，疯狂的家长特别是自身受教育程度较低的家长是不愿意让子女输在所谓的起跑线上的，于是基础教育的费用便激增了，除了学校收取的高学费和各种名目繁多的杂费外，由于机制的不正常使得校外培训等还得让家长们大掏腰包。成都的情况算是不错的了，还有不少像四七九的公办中学及泡桐树龙江路实小等公办小学站在优质学校的前列，但这些公办学校也多多少少受到了市场运作的影响。所以基础教育是疯狂了的家长们大量花钱的阶段。

花钱其实不是主要的问题，花就花了吧，何况家长们是花的心甘情愿的，问题是这种市场化的基础教育催生出所多本不应有的问题，这些问题带给我们小学生孩子们无异于是一种为难甚至折磨。比如现在小学数学中有一种奥运竞赛题目，要想解答这种题目要用很特殊的技巧和方法，这些技巧和方法都是通过培训得到的。问题是这类题目如果把数学手段上升一个层级，比如不是用算术的方法而是用代数的方法解决起来其实是很容易的，一个可以用代数方法轻松解决的问题非要让小学生们用算术的方法通过技巧去解决，我这个数学专业的大学教授实在有些难以理解，如果在这些技巧的培训中让小学生孩子们有某种分析归纳乃至逻辑思维能力的提高那也不错，但是我了解到的情况是孩子们所需要掌握的就是那些比较繁难的技巧,是不是会对孩子的综合能力有所提高那就不得而知了。

高等教育的市场化所带来的负面效应要稍好些,因为目前我们国内的教育机制还是公办大学占优势,优质的好学校都是公办大学,民办高校基本上处于远差于公办高校的地位。但这之中也有一个问题至少是一个社会不公平问题,那就是品质并不十分优秀的民办高校,却普遍收着比公办高校高出很多的学费,不少学校还有很多隐形的杂费,同学们花着家长支付的远高于公办高校的学杂费,却并没有享受着应有的优质的高等教育,这种情况应该是很普遍的,它甚至受到某些制度隐蔽的支持,比如民办高校的学费可以申请物价部门调高,一旦获得批准它实际上是合法的了,因为国内的民办高校都没有公办高校那种学生的财政生均补贴,所以从情理上看似乎民办高校收取比公办高校高的学费也是合情合理的了。

国内学校无论是大学还是中小学,与多数发达国家特别是欧美国家有很大的差异,欧美发达国家有大量的大学和中小学是公办的,进入这些学校的学生都是免费享受全民教育,当然从品质上来讲欧美发达国家的公办学校不是最优秀的,但它保障着全体公民接受免费教育的权益,至于有条件的人要去读品质很高的私立学校,那就请自便自己花费高额的费用去读吧,当然国外的优质私立学校特别是私立大学也有丰厚的奖学金助学金支持和帮助不能自己支付高额学费的学子就读。我们的情况是优质的公立大学确实费用不高,但数量上远不能满足希望读公办高校学生的要求,不少学生只好花费高额费用去读民办高校,中等教育也大致如此,优质的公办学校费用低廉但不能满足需求,私立学校一般教学品质都比较好但收费较高。至于小学倒还是公办学校占据着优势,但教学品质的差异使得一些优质小学产生出一个学位以及相关的学区房问题。

应该说产生这些问题,它的根源还在于一方面国家财政对教育的投入还不够,还不足以让优质的公办大中学校满足社会的需求,另一方面教育的产业化市场化又使以谋利为宗旨的社会资本占据着相当一大块教育的市场,而教育的监督和管理部门既缺乏对这种社会资本投入教育的良性引导,更缺乏对这种社会资本建办民办学校的有效管理和监督,这些由教育市场化所带来的弊端是需要认真解决的时候了。

想要记叙的第四桩事应该是我充满留恋之情并且十分喜欢的事,那就是在新千年的第一个十年中,我在房屋装修上学习和掌握了很多知识并且身体力行的参加了操作。我第一套房子的装修是在1997年,因为那个时候什么都不懂,是公司一个比较内行的员工为我牵头,因为他比较内行就没有找装修公司,直接找了一个他熟悉的包工头进行装修,应该说装修的质量和性价比相对来讲我还是比较满意的,虽然是员工在牵头,但我也自始至终全程参与,多少懂了一些房屋装修的一些程序和方法。

进入新世纪后，我在2002年装修了第二套房子，这套房子在西南财经大学光华校区北大门的对门，主要是为了我在西南财经大学上课更方便些。这套房子的装修就是由我自己在管理了，也没有找装修公司，找了个很熟悉的包工头，由他在各个工序中安排工人来施工，装修材料由我自己购买。2003年两个孩子大学毕业后也分别给他们购买了住房，这两套房子里装修也是我在进行和管理的，当然后来不少出租房虽然是简装，但从装修程序来讲是一致的，所以前前后后我可能装修了十余套房子，有点"专家"的味道了。

比较精彩的是后来开始搭建群租房，时间大约在2005年左右，因为在交大花园买的一些房子，有的户型太大根本不好出租，即便是户型较小的在当年那个环境下刚毕业的大学生对单间的需求还是更大些，于是我开始在这些房间中进行搭建，一是把大房子切割和装修成若干个单间，二是比较小一点的房子也把厅隔出来作为单间出租，当年交大花园房子买的时候开发商是把屋顶卖给了买顶楼的业主的，那个时候对屋顶违建管理上还不十分到位，所以在几套顶楼的房子顶上也进行了搭建和装修。

这个时候我已经很熟悉装修的各种程序了，因为前前后后装修了十多套房子，手中也有一大批技术相当不错的木工泥工漆工水电工朋友，所以这个时候也就没有再委托包工头了，其实这种零碎的房子搭建与装修包工头也不愿意承揽。这些房子的搭建与装修，都是我自己在安排施工，按照已经很熟悉了的工序，自己组织各种技术工人来施工，应该说这个过程还是很享受的，至少对我来讲我认为在作教学科研的教授脑力劳动的同时，做一些这些跨度比较大的看起来比较粗糙的事情，极大的反差使人感到有不少的乐趣，切割和搭建成单间的房子大概弄了好几十间，当年毕业的大学生出来找房子也不挑剔，只要价格便宜能住就行，不像现在的大学生租房要租精致的好的但同时对价格也很挑剔。

更使人感到有乐趣的是，因为我在组织和管理工人们在各个工序上施工的时候，其实闲暇时间是比较多的，工人们忙于做手头的活路，我在一旁有时是静静的观察，其实也是一种学习。因为工人们对我这个大学先生还是很感兴趣，也很愿意和我聊天，所以往往是他们边做活路，我边和他们摆龙门阵，在交流的过程中其实也更精细的了解到了各种技术工种的更多的细节，包括把一个工序做好的"秘密"。有一些不需要更多技术看起来很粗糙的工作，我还很乐于自己动手，比如安装卫生间的蹲便器，说起来看起来挺复杂，但我观察了几次并给施工工人打了几次下手后，其实自己也就会安装了，那些搭建的房子有时一时找不到泥工来安蹲便器，我自己也动手弄了好几套，这种更体力的劳动让高级知识分子的我更能体悟到另一种乐趣。

回过头来看一生过得最愉快和惬意的应该就是这一个十年，改革开放前的那三十年就不说了，上世纪80年代虽然思想解放心情愉悦，但那个十年处于奋斗的阶段的我还是比较紧张的，90年代下海经商说真心话还不敢恭维那些毫无章法的中国商业游戏规则，所以兴趣嗦然自然少有乐趣。而新世纪的这个十年，所做的事情比如《科学技术史》教学科研、女儿基础教育实践印证个人教育理念、社会民生问题的观察分析乃至房屋修建装饰的操作都是自己喜欢做并且愿意做的事，做自己喜欢做的事情自然是很愉悦的，因为有九十年代下海经商的基础在相当大的范围内有了财务自由，而更为重要的是高校教师自由职业的特点。使得管我的人和我要管的人都甚少，这种人生的放松和自由自然会给人带来该有的人生乐趣和愉悦。

这个十年中也有很多人与事让人很有留念也记叙一些。首先想说说我们那个西南财经大学《科学技术史》课程组，那是一个令人十分愉悦和留恋的集体，课题组大约有五六个人吧，其中有一半多也就是三四位是从四川大学和省社会科学院请来的外聘教授和学者，校内的两三位也是教学科研上颇有成就的教授，这一群高级知识分子聚在一起，就使得方方面面当然也包括教学十分有趣和有水平有质量了。因为课题组不能由外校老师担任负责人，校内的其他一两位教授都还担负着很繁重的行政工作，所以这个课题组的负责人便只好由我来承担了。面对一群教授并且绝大多数都是科学技术史专业的专家，教学的组织和研究自然十分轻松。当年作为对通识教育的重视和支持，学校对通识教育的每一个课程每年都有一笔教学科研拨款，于是我的工作重点是如何把这笔钱用好。在我们课题组的活动中，最使人愉快的就是大概每学期都会有由我组织安排的一两次聚会了，当然这也是教授们很重要的一两次教学研究活动。也许是一种巧合当然也不排除是一种必然哈，几位讲授科学技术史的教授先生们，当然也包括我居然都酷爱饮酒并且酒量颇好，这是不是中国的酒文化在科学技术史研究中占有一定的份量我是不得而知的，每一次的聚会都在痛快淋漓的品酒高潮中，把课程的教学研究无论是内容还是讲授都发挥到教授们应该有的极致水平。

第九章　民办大学

别具风格的中国私立高校

从西南财经大学体制内退休后的十年，我基本上是在民办高等院校中继续工作，这个期间也结识了不少朋友，有不少朋友已在从前的回忆录中记叙过，下边再来记叙几位吧。首先想要记叙的是我在四川天一学院担任院长时结识的一位投资方希望教育集团的高管陶校，这是一位很不错的大姐，当然称她为大姐我是以当年四川天一学院教职员工的口吻，其实对于我来讲年龄上她应该算作一个小妹。我历来对民办高校中这种投资方的高管是比较排斥的，因为他们中多数人都是成事不足败事有余，但这位陶校可以说一开始就成为了我的朋友，我们都称呼她为陶校，其实在希望教育集团内部大家都称她为陶总，称她为陶校是她确实曾经是校长，那个曾经遍布全城的五月花计算机专修学校当年的校长就是她，我们与她认识的时候她也是这样做自我介绍的，所以我们就一直称他为陶校。

说她是朋友吧，其实在和她相处的几年中打打闹闹跌跌撞撞是经常的事，我们的友谊实际上也是在争斗中增长。刚认识她的时候是四川天一学院打算聘我作管教学的副院长，当年四川天一学院动荡的局面使得这个管教学的副院长事实上就是主持工作的院长，在沟通交流的过程中自然要谈到薪酬待遇问题，我开出的薪酬待遇虽然在我看来是合理的，但确实超出了当时投资方希望教育集团的标准，而这个矛盾最后是由陶校出面解决的，她用她的一些方法解决和弥补了这个差距，使得薪酬待遇不至于成为我就任管教学的副院长的障碍，所以一开始认识她便见证了一下她的魄力和智慧。当然因为当时四川天一学院面临的局面确实是太麻烦了，我做了这个管教学的副院长还不满一个月，便急匆匆的就任了四川天一学院的院长，那个时候已经是2012年6月，面临着需要稳定教职工保证9月份开学有老师给学生们上课，当然这项工作在我大刀阔斧解决了之后，希望教育集团高层也充分肯定了陶校在让我出来主持四川天一学院工作上所做的方方面面的努力。

因为得到了希望教育集团高层的肯定，陶校就成了希望教育集团在四川天一学院负责任的高管，我是院长她是投资方高管，共同面临着四川天一学院当时比较严峻的局面，我们两个人在争斗中的友谊便在严峻的局面下开始了。首先要说的是我们两人各自都有自己的心思，她需要加强她在希望教育集团众多高管中的地位，也就是要取得希望教育集团高层的信任，要做到这一点她需要得到我这个院长的认同，而我为了维护四川天一学院教职员的利益，在我发现这位陶校是可以合作的伙伴的时候，为了排斥其他的投资方高管插手四川天一学院，也想把她作为挡箭牌，这种心照不宣的目的让我和她虽然时有争吵但合作和友谊是总基调。应该说在当年四川天一学院工作环境十分困难的情况下，我得以作为学院院长主持四川天一学院三年的工作，中间经历了两次学校的整体搬迁，学院的工作能够逐步稳定局面向前推进，这位陶校的支持和帮助是至关重要的，至少她帮我挡住了投资方其他的高管拼命想挤进学校来的企图。

工作中的合作虽有争吵有时争吵甚至很激烈，但这仅仅是她站在投资方高管的角度上一种合乎情理的行为，以我与她的接触和观察，她实际上是一位心地很善良的大姐。当年四川天一学院曾经有一位员工患了癌症，出自对员工的关心和爱护我希望不要因为生病来减少这位员工的收入，因为生病了更需要资金，但学院有学院的人事制度，于是我干脆以人道主义关怀与支持的理由与她商量，不要因为员工生病了就以病假扣发工资，我当然知道这种要求有点过分，至少是不符合学院的人事管理制度的，没有想到我一开口向她说到人道主义关怀与支持的时候，她居然很爽快的答应了，有了她这个投资方高管和我这个院长的共同意见，这位员工的工资按照正常情况发放了，我由此也观察到这位陶校实际上心地特别善良。

说起工作中合作的争吵，还有几桩争吵或争斗值得一记。有一件事是我在电话上两次向她发飙，起因是我从教师岗位上动员出来主持建筑工程系和会计系工作的两位老师，受到了投资方在学校中的其他高管的挑衅，事实摆在那个地方确实是投资方高管不对，当然事情也不是大得不得了，两位姑娘领导的度量以我的了解也知道她们也肯定能容忍，只是情急之下情绪难以控制到我面前来发泄一下，本来我可以劝慰一下把事情平息，但我立刻打电话给陶校电话上向她发飙，把投资方其他高管的作为夸张化了，并上升到是投资方高管和学院管理层矛盾的高度，弄得这位大姐在电话上不断的向我道歉，一口一个您老人家注意身体不要发怒，她一定会处理好这个事情。虽然我是故意打电话向她发飙，但我也知道她其实也希望我这样发飙，这样有利于她在投资方高层面前将其他高管洗刷一下以加强她在天一学院的地位，这种事现在回想起来还是特别有趣的。

这是明争，其实还有暗斗。我在天一学院提拔了一位王姓的老师做成人教育处的处长，提拔的时候与陶校商量时她也是完全赞同的，到了任命之后的第一个月造工资册时，人事处的负责人找到我，含含糊糊的让我明白了好像是陶校不同意按正处待遇给这位王姓老师发工资。了解到这个情况之后，我就知道这是这位大姐的一个手段了，其实她对这位王姓老师的工作评价很好很高，她含含糊糊向人事处负责人表达的这个工资如何处理的态度，实际上是以此在探索和摸清我对天一教职员工福利态度的底线，看我维护天一教职员工的决心有多大，于是我也像她一样对这位王姓老师的工资含含糊糊，但至少让人事处负责人是知道我的意见是要调的。这样我就和陶校展开了拉锯战，但我手中还有致命的一招，就是全院教职员工工资发放的时候最终需要我签字，人事处负责人来试探和询问了我几次，我也知道这一定是陶校让她来试探和询问的，也就装糊涂一直避而不答就是不签字，到了要发工资那一天陶校憋不住了，只好让人事处负责人把那位王姓老师的工资按正处待遇上了工资册送到我面前，我才签字让当月工资正常发放。

陶校还有一个特点就是平易近人，易于和我的员工也就是四川天一学院的老师们搞好关系，其实她和员工们搞好关系了，对推动天一学院的工作是有积极性的，这也表现出她具有相当的亲和力，很多时候很多问题很多地方都因为她也和员工关系很好能够了解到学校的情况，使得我和她的合作能够更好的推进，相比当年投资方的其他高管，陶校真的是一位不错的搭档和朋友。我相信她也是把我当朋友对待的，2015年初我离开四川天一学院院长岗位的时候，投资方希望教育集团的高层表示作为感谢我在四川天一学院最困难的时候任职三年院长的工作努力与成就，要赠予我一笔资金表示感谢，高层这样讲了落到实处其实还是有这样那样的诸多问题，半年多都过去了这个事情也没有落实。这时陶校介入了，当然也是希望教育集团高层让她介入的，她用她一贯的大刀阔斧的作风，很快的把这个问题落在了实处，在整个过程中我是明显的感到她是认为她在替朋友解决问题的。在四川天一学院担任院长的时间，一晃就十年了，但与陶校的这份友情和友谊让我始终难以忘怀。

对四川天一学院我曾经做过很多教职员工的回忆，包括由陶校给我命名的我的"五朵金花"，在这里还想记一位老师，她就是当年我在四川天一学院担任院长时的院长秘书。这位吴姓的老师担任院长秘书纯属偶然，当然也应该看作是一份缘分。这位英语专业的硕士研究生当年毕业后来四川天一学院应聘工作，因为英语教师的岗位没有空缺，她便表示可以应聘担任辅导员，在与建筑工程系系主任当然也是党委书记兼副院长的龚老师交流后，快言快语的龚老师说，吴老师呀你这个样子担任我们民办高职高专的辅导员未必胜任，我看你去给我们许院长当秘书还合适，于是把她推荐给了我，无论是人事部门的考核还是我的面试都比较满意，当时因为我的工作压力很大工作事情太多，陶校一直在敦促我招个秘书，只是一时没有找到合适的人选，既然吴老师让各方面都觉得合适，她也就上岗担任我的院长秘书了。

刚开始觉得小吴老师很严肃，结果上任后才发现她的亲和能力很强，她和学校各个部门的很多领导和老师很快就建立了良好的随时可以联系的关系，这在作为秘书协助我的工作上有很大的帮助。因为当年我确实太忙，四川天一学院积重难返的问题太多，每天的时间挤得满满的与各方面的约谈交流都需要事先安排，而且工作途中还会有很多意外的预料不到的情况发生，她这种与各部门的良好关系在安排我与相关人员见面交谈上起到了意想不到的良好作用，比较善于判断事物进展的小吴老师，会在我还在进行与这位人员的交流过程中，观察判断估计还会有多少时间就能结束，然后根据她了解到其他希望与我见面交流的人员的问题的轻重缓急，预先通知这位人员前来等候，这样节省了不少大家的工作时间，后来我了解到学院各部门对小吴老师这种恰到好处的安排是十分满意的，我这个当院长的也觉得十分不错，对她的工作也很满意。

小吴老师的工作方式有点不紧不慢的味道，这很适合她作为院长秘书的身份和处境，记得当年我接手了投资方一个很棘手的任务，就是把他们原来广泛宣传在金堂读书的招收到的3000多成人教育学生，要更改地点到绵竹去读书，这个任务当时太艰巨了，投资方高管中没有任何人敢承担，这个事本身和我们学历教育的院方无关，按当时的分工我这个院长是管学历教育的，成人教育是由投资方高管自己在管。在投资方高管没有人敢接受这个任务的情况下，投资方高层找到了陶校与她商量，因为这个决定对投资方希望教育集团来讲是一个比较大的举措与布置因而势在必行，陶校的回答很简单，她说这个事只有许院长能操作，她需要和我交流沟通。基于很多原因，当然也包括与陶校的工作友谊和友情，我答应了承担这份工作，但工作的难度确实太大，三五天的时间中要把3000多学生动员到绵竹去报到读书确实不是一桩容易的事，但我答应了就必须要操作这是我一贯的工作作风与习惯。工作我做了全面的安排，三五天之内有3000学生报道加上送他们来的家长估计会超过万人，这种群体性工作最怕的就是群体舆论的导向出现问题，绵羊效应会决定事情的成败。因此我在工作安排中，把有一项工作留给了自己，就是告诉各个系在接待前线的领导和老师们，如果发现接待现场有那种情绪比较偏激的学生和家长，就不要让他们在现场进行群体性发挥，引导他们到院长办公室来，说院长会亲自给他解决问题。这样从报道的第一天起，我的办公室中就始终坐着三、四十位学生和家长，我和他们进行交流和沟通，其实我的最终目的是把这些情绪偏激的学生和家长稳在院长办公室中，不让他们在现场带偏了群体情绪，争取时间让第一线的各系领导和老师动员学生去绵竹，有足足三四天的日子我都是这样在院长办公室中度过的。小吴老师作为我的秘书，在这件事情上与我配合的天衣无缝，她态度谦和的笑眯眯的接待着每一位来院长办公室的学生和家长，安排座位泡茶送水并时不时讲上几句稳定学生和家长情绪的话，配合着我把学生和家长稳定在我的办公室中，到了饭点的时候，她会安排食堂送盒饭来，让学生和家长们与我边吃边谈，他所做的所有事情都恰到好处，学生和家长们从这个秘书的待人接物上也窥视到我这个院长一定是很好沟通交流的，这样我和小吴老师让一大批进来时情绪激动的学生和家长，在院长办公室中逐渐情绪平静下来，有的接受了我们的劝告绵竹看看，有的执意要在金堂读书的就一直在办公室与我泡磨菇，想让我答应他们在金堂读书，没有发生又返回各系接待现场去发挥偏激情绪的情况，让各个系尽量在比较好的环境和氛围中动员学生去绵竹。

小吴老师给我担任秘书半年之后，外语系有了一位英语老师的位置，虽然她在秘书的岗位上工作做的方方面面让我都很满意，但毕竟做一位专职教师是她的愿望，于是我还是让她从行政上转岗去了教学，当然有一个前提条件是没有课的时间她仍然来院长办公室给我充当秘书。小吴老师对学业上的发展很执着，她跟我讲她一心还是想去读英语专业的博士生，尽管我觉得一个女孩子为了读学位耗费很多时间和精力，慢慢地把年龄也拖大了，从我这个角度看似乎不太值得，在表达了我的看法之后我还是很支持她的，因为英语专业的读博入学的门槛还是比较高的，她也报考了好几次，最后终于如愿以偿在上海外国语大学作了一位有名的博导的学生。

在给我担当秘书的那一年多中，她和我的工作都比较繁忙和紧张，因为当时天一学院的学生分别在金堂和绵竹两个校区之中，我就需要在这两个校区中奔波，因为面临的工作问题实在太多，特别是你在这个校区时。还得考虑到另一个校区可能发生的情况和问题，在这一方面小吴老师可以说充分发挥了她的能力和长处，她会事先通过她和各部门良好的关系了解到学院的情况，比较妥当的安排好让我处理问题的时间，使得我即便在这一个校区工作也能处理另一个校区发生的情况和问题，这种配合默契的工作关系对当时面临一大堆问题的四川天一学院工作的推进起到了很积极的作用。

还想记叙的一位在四川天一学院结识的朋友实际上是投资方希望教育集团的汪辉武总裁，是不是要记叙他一下我其实也很犹豫和忐忑，如同在记叙西南财经大学那位朋友庞皓教授一样。最终决定还是要记叙一下的原因，是因为我回顾了与汪总的交往过程后，发现其实从工作的角度我和他交往并不多，关于四川天一学院的日常工作多数时候是陶校那位大姐在他和我之间沟通，我和汪总的交流某个意义上来讲确实朋友的成分更多一些。与汪总的第一次见面是 2012 年五月在四川天一学院天回校区，那时学院已经面临和处于很严峻的局面，那就是教职员工大量的离职，他需要一位能挽救这种局面的人来主持四川天一学院的工作，见面的情况应该是很平淡的，但至少是双方都互相认同了对方，达成了由我来承担主持四川天一学院工作以解决学院当时所面临着的窘迫局面。

见面之后我在四川天一学院进行了一个月很紧张的工作，应当说解决了当时学院所面临的比较混乱的局面，至少下一学期到9月1号时给学生上课的老师们我做好了全面的准备和安排，而这一点很基础的东西应该是当时四川天一学院面临的极大的问题与困难，很快就有希望教育集团的高管把这个情况汇报给了汪总，我从侧面听到汪总很感慨的说：许院长临危受命帮了我的大忙，所以在2012年9月开学后不久，汪总就邀请我到他家中去做客，这是我与他的第二次见面，不是到公司里面去交流工作，而是到家中去做客，也足以说明他对与我的关系是定位在朋友的层面上的，我当然也很喜欢这种定位。

那天晚上其实主要就是喝酒，在喝酒这个问题上历来我就经常孤独求败，可能是因为家庭基因的原因吧，客观的讲我的酒量确实比较大，曾经创造过几次把那些围攻我想丢翻我的一群人丢翻的记录，他那天可能也是舍命陪君子吧，一上手我就知道他的酒量不会很好，但他确实在尽量的陪着我一杯一杯的喝，我也为能有这样的朋友感到很欣慰。酒喝得很尽兴之后，好像还是应该谈一点工作，但他已经不胜酒力，虽然还能很清醒的与我交流但也表现出一些酒后常易出现的问题，有一点他是表达得很清楚的，就是他反复的对我表示感谢，多次说到了那句受命于危难之中的话。第二次见面我肯定给他留下了一个喝酒院长的印象，最后他让驾驶员送我回家时我才知道，他特意让驾驶员给我带了很多酒，除了有五粮液的年份酒外，还有两桶原装的十分精致的德国啤酒。

这次见面虽然交流得不多，但我完全感受到他很看重我和我在四川天一学院的工作的，当然四川天一学院是希望教育集团接手的第一所高校，学院的状况和发展如何也关系着希望教育集团后边的发展。尽管交流的不多，但我深深的感到汪总的为人其实是很侠义爽直的，在和我的交谈中。我始终没有感觉到他作为投资方高层那种居高临下的味道，我始终觉得他是以一种朋友的身份在和我交流，比较有趣的是他问了我当年的年龄，我告诉他我刚满65，然后他就很高兴地给我讲许院长你还可以再支持我十年，听到这话时我心里想，以我这个人的心性，这一项工作上能够坚持工作三年就很不错的了，这方面我是一个喜新厌旧的人，工作进行到一定的阶段和层次我就会认为对我没有多大吸引力了，激情的逐渐减弱会让我去寻求新的刺激点。

这种以朋友身份邀请我到他家中去喝酒，记忆中大概有三次，我不知道这是不是汪总的工作方法，就是每次基本上没有谈工作，除了喝酒之外就是聊天，我的感觉总体是很轻松，至少没有一个院长去见投资方老总的压力。当然很正规的工作交往也有几次，但都不是我与他两个人面对面的单独谈工作，有两次是每年的3月份，我需要向董事会汇报四川天一学院的工作，所以在2013年3月和2014年3月有两次这样的活动，参加者除了汪总这种大股东外，还有其他一些股东成员。另外两次是华西希望召开的年终工作考评，其实华西希望要考评的是希望教育集团也就是汪总的工作，但他都让我去作陪，也许他觉得华西希望的陈育新总裁会有什么关于四川天一学院的工作情况要问我，但事实上陈总从来没有问过天一学院的具体工作，不过两次考评会我感觉到陈育新总裁对汪总的评价是比较高的，会议上一口一个辉伍辉伍让人感觉到很亲切。

当然也不是说汪总就完全不过问四川天一学院的具体工作，他也过问过几次并亲自出面解决问题其实是对我的工作的支持。一次是2012年9月开学不久，我当时就任院长也就只有几个月，当时希望教育集团有一位也应该说是高管吧，她其实是四川天一学院的员工还担任着院级领导的一定职务，只不过希望教育集团入主天一学院后她与投资方特别是与汪总关系很密切，因为这个人对高校的具体工作的运作比较陌生，而当时工作太紧张太繁忙，我也疏于与她的沟通与交流，因为性格的原因她就在学院几个会议场合表现出对我不满的情绪，这在陶校看来当时是极需要支持我工作的时候，汪总了解到这个情况之后，尽管从私交上他与这位老师有比较密切的关系，但从工作出发，他还是毅然决然的把这位老师调离了四川天一学院。

还有一次是他立排众议支持我在四川天一学院的工作。因为当年四川天一学院的具体工作太过复杂，而想插手四川天一学院的投资方的高管又太多，所以我采取了一些比较果断的手段把这些高管们拒之于四川天一学院之外。当然这种做法引起了他们的不满，于是在2014年上半年，在投资方内部召开了一个有比较多的高管参加的会议，会议上众多的高管发泄了对我的意见和不满，汪总很有耐心的听取了他们的意见，甚至有点鼓励他们发泄的味道，高管们其实也不是仅仅是发泄而已，他们的直接目的是希望把我调离四川天一学院。汪总可以听任他们发牢骚，但在这个很实质的问题上，他当时只是表了这么一个很简单的态：再隔几个月四川天一学院就要面临着由金堂整体搬迁绵竹的工作，其中包括要把3000多成教学生动员到绵竹去报到上课，他只是问了一下谁能够承担这项工作。这个简单的表态很快的就平息了高管们的情绪，当然让这些高管发泄一下积压已久的情绪也许也是作为高层的汪总的工作方法吧。

与汪总的这种朋友之谊，在我已经决定要离开四川天一学院到四川长江职业学院之际发展到了顶峰。当时在希望教育集团高层一位杨性领导的运作下，弄了一位耿姓的院级领导到天一学院来，来的时候是说是给我当副院长，但人来了之后方方面面的舆论便传言他是来接替我当院长的，加之当时绵竹确实离成都太远，我们整个工作团队都有了想离开的想法，于是便顺水推舟的在2015年1月决定了到四川长江职业学院。当汪总得知这个消息的时候做了两件事，一是专程到绵竹来为我召开了一个送行餐会，对我在四川天一学院将近三年的工作作出了很高的评价，特别是再次提起当初的受命于危难之中的情况和他的感谢。二是单独与我交流了一次，十分明确的告诉我他绝没有让那位耿姓人员来四川天一学院取代我的意思，很明确的说这是他下边的一些人的他一时难以控制的做法，他明确的跟我说如果我愿意继续留在四川天一学院，他就把那位耿姓人员调走。我当时要离开四川天一学院的理由是母亲年岁已高需要照顾，汪总表示十分理解于是又提出让我到希望教育集团总部任职的方案，这样既能工作又能照顾母亲。

这次诚挚的交谈让我后来十分抱歉甚至有一种负疚的感觉，因为与他见面时我已经答应了四川长江职业学院投资方韩总到四川长江职业学院工作，一切都无可挽回了。面对汪总十分诚挚的挽留，我实在不能在当时明确的告诉他我这边的实际情况，只好答应他我考虑一下，当然最终还是要面对的，当我最终告知他我已决定到四川长江职业学院去时，确实有一种对不起他的感觉，面对客观汪总也只好接受了这个状况，临别之际还表示一定要赠与我一笔在四川天一学院工作的感谢费，这笔费用的支付在当时因为投资方一些高管的干扰和阻碍迟迟没有得到兑现，时隔半年之后他还特别让陶校出面解决了这个问题。

后来发生的一些事情也挺有意思，我离开四川天一学院的时候正值期末，也是春节即将到来之际，按惯例学院要召开教职员工大会也就是团拜会总结当年工作，这个会议本来是由我来主持的，当然那位耿姓人员也会参加，我自己的想法是在会议上给员工们做一个道别，并且想利用这个机会很妥当的把那位耿姓继任院长推荐给员工，我其实希望能创造一个和谐的氛围能够让他日后对天一学院的教职员工好一些。没有想到这位耿姓继任者居然小肚鸡肠的通过那位杨姓领导向汪总建议我就不要来主持这个团拜会了，汪总在无可奈何之际与我进行了沟通，他一方面同意了他们的请求，但同时告诉我由此他观察出来这位耿姓继任院长估计不能胜任四川天一学院院长的工作，他得立即着手安排寻求新的院长。果然这位耿姓继任院长只在天一学院呆了半年就灰溜溜的辞职走了。

既然已经说到了耿姓继任院长和那位扬性领导的小肚鸡肠，那就再多说几句。就在我离开四川天一学院的第2个月，当天一学院要发放上一个月工资时，这两位居然用一些莫须有的口实想拖住不发，我先是直接与这位杨姓领导联系，他支支吾吾的说不出个所以然，于是我直接把这个情况告诉了汪总，汪总听后只是在电话上淡淡的告诉我他会去解决的，后来得知他勃然大怒的责令四川天一学院立即给前任院长发放该有的工资，在我和汪总通话不到一个小时后我就收到了该发放的工资。

后来的情况就逼得我不得不再次与汪总联系了，因为耿姓继任院长在天一学院工作的那半年中，不断的排挤和打压我所培养出来的一些很优秀的教职员工，在不可忍耐的情况下我与汪总进行了沟通，沟通中才知道汪总其实通过其他渠道早就发现了这个问题，作为一个投资方老总他其实清醒得很，他很明确的跟我说：许院长，人是您培养的，但培养这些员工的平台是他的，培养的成本也是投资方支付的，他说这位耿姓院长真是一个成事不足败事有余的家伙，他明确的说得让他尽快离开天一学院了。

最近几年汪总的事业一直发展的很顺利，希望教育集团在香港股市上市，融得了好几十亿的资金，旗下的高校也越来越多。如果讲一句好像不是很科学的话，我在与汪总接触的过程中一直就感觉到他有一副兴旺发达的面相，面相这种说法也许不科学，但有一点是可以肯定的，就是汪总在待人上始终有一颗包容的心，始终有一种对他人关爱和敬重之心，对为他做了一些事情的人始终有一种感恩之心，这也许就是他的成功之道吧。

还想简单的说一个人，他就是希望教育集团的刘彦峰，认识他的时候他很年轻，是我2012年6月任职四川天一学院院长后投资方希望教育集团给我派来的驾驶员。小刘作为驾驶员工作肯定是特别称职的，当时经常要跑建设中的金堂校区，都是他在开车接送我，在车上的攀谈使我知道，他其实还担任着希望教育集团后勤管理方面的其他一些工作，比如在金堂校区开始时没有教职工宿舍，是他在校区周围的民房中租赁房子作为老师们的临时住宿，应该说他把这项工作是完成的比较好的。特别是后来他又负责了学校的教材征订工作，刚开始时他在这方面完全没有工作经验，但他很勤奋很努力边工作边学习，很快的熟悉了向书商征订各类教材的工作。在他作为我的专职驾驶员的一年多中，我们相处得甚是融洽算是一对忘年交朋友吧，当然他也说我教给了他很多东西包括教材征订工作，至今对于与这个年轻人相处的日子我还是很怀念的。

这十年在民办高校工作中，应该说工作的成就感还是相当好的，我所在的几个学校当时都面临着对我来讲还是具有挑战性的工作，这使我很有兴趣也易于产生激情去努力做好它，这也许是我的天性所在吧。工作中有些成就，现在回过头来看得益于我在过去的几十年中经历了比较复杂也有较大跳跃和反差的工作环境。我既在体制内的国营商业和西南财经大学工作了将近40年，对体制内的一些运作特别是高等教育有相当的体会和认识，并且具有一定深度和厚度的工作积累，这是一方面。另一方面我也在市场经济中游弋过，对市场经济中民营企业的运作机制也相当熟悉，因为自己也当过老板所以对市场经济中投资人的各种状况和行为也能充分的理解，也知道投资人的压力或难处，这样当我对本质上是民营经济的民办高等院校进行经营与管理的时候，既能尽力的和投资方进行沟通，同时也能从高等教育的基本规律出发保持学校正常的教学秩序，维护师生员工的基本权益，在做好了几所学校的管理工作的同时，我个人也得到了十年民办高校工作的成就感。

其实在成就感中还有很重要的一点，就是这十年我在民办高校中认识有很多老师交了很多朋友，特别是在用人方面我一直致力于培养和提拔青年教师和青年员工，让这些年轻人能够得到很好的自我发展。其实从工作轻松一点作眼，我本来可以利用我在公办高等院校很好的人力资源条件，聘请公办院校的教授先生们参与我所在的民办高校的办学，但我最终选择和采取的方法还是从这些民办院校的年轻老师和年轻员工中选拔干部，给她们提供一个能很好发展的桥梁和机会。当今天有机会看到这些当年还很年轻的老师和员工在不同的学校不同的岗位上发展得很好时，我内心也有一种由衷的欣慰。

当几年前我从成都信息工程大学银杏酒店管理学院二次退休的时候，回顾这十年我在民办高校的工作历程，还是有一种悄然的自豪和欣喜。从公办院校西南财经大学退休时，因为户口出生年月的错误我实际上已经工作到62岁，到从民办高校二次退休时已经72岁，能有这样比较长的工作经历，虽然从老年人的身体上休息上似乎有些不妥，但从另一方面来看这十年的民办高校工作却使我从体制内退休后生活更加充实。这十年工作的复杂性艰巨性也符合我喜欢挑战性工作的天性，让我感到身心十分愉快，特别是在十年工作中结识了一大批朋友，在与这些朋友的交往中让我感受到了人性的真善美。

在这一个十年中，微信和微信群成了人们交流的很重要也是很主要的一个手段，这种方便交流的手段一方面在起着积极的作用加强人们相互之间的沟通和交流，但另一方面好像人们之间意见的分歧也因为这种交流的通畅日益明显和尖锐起来，只要现实中出现一个热点问题，大家在微信上就会表现出自己的观点和看法，而这些观点和看法经常是泾渭分明，反映出人们不同的三观。当然有些问题还是容易取得比较一致的意见，比如说对一些社会民生问题，医疗呀教育呀养老呀住房呀能不能完全市场化产业化，大家的意见分析还不是很大，多数国人还是认为目前这些社会民生福利问题过分市场化是不太妥当的。但对有些问题，人们的见解和认识往往就很矛盾乃至对立了，比如与美国的关系问题，这几年一直是一个焦点。

关于与美国的关系，目前有二种比较尖锐对立的观点，一种是坚决的反美，认为美国亡我之心不死，现在我们无论在哪方面都相当有实力了，就是要反击美国对我们的这种挑衅，另一种观点认为还是和为贵，还是应该和美国搞好关系，在世界大家庭中共同发展。个人认为后一种观点是比较正确的，且不说早在40多年前改革开放的总设计师邓小平先生就曾经很明确的阐释了为什么要和美国搞好关系，他说"回头看看这几十年来，凡是和美国搞好关系的国家都富起来了。"，从我们国家真正能够富强起来的客观情况看，我们也是在上一个世纪末与美国协调好经济关系加入了世贸之后才富裕起来的，事实证明只有融入世界经济大家庭才有我们国家和国人的强大和富裕。

当然这十年中情况也发展的比较错综复杂，以美国为代表的西方似乎在很多问题上与我们的分歧越来越大，所以脱钩的说法似乎占据了主流的舆论。个人认为脱钩绝不是一个好主意好方法，经济的全球化国际化应该是一个主流，千万不要因为自己有点富裕有点强大了就想脱离世界大家庭，加入世界贸易组织20多年来的客观情况告诉我们，确实应该按照邓先生在40多年前讲的，要在与美国搞好关系融入世界经济大家庭中富裕起来，自我的单打独斗肯定是不行的。有那种天不怕地不怕的人认为我们有十多亿消费人口，自身就是一个大市场，这种看法其实是错误的也经不起实践的检验。改革开放前的前三十年，我们不是把自己封闭起来独立自主自力更生的吗，实际的情况怎么样呢，我们实际上在贫穷的道路上越走越远。其实就是改革开放的前20年，因为没有融入世界经济大家庭，我们强大富裕起来的步伐还是很缓慢的，这一点凡是经历了这些时间过程的人应该是很清醒明白的，直言之就是不改革开放是没有出路的。

当然实际的情况也比较复杂，好像客观上美国同我们的分歧也很大，好像他所代表和统领的西方似乎也在与我们脱钩，但是个人认为还是要坚持邓小平先生当年所确定的基本国策为好。与美国的关系实际上牵涉到对美国的认识，我认为有一个基本的事实是第二次世界大战以来，美国没有表现出来想要占领别人领土的欲望，相反对一些哭着喊着想要加入美国的国家和地区比如墨西哥是坚决拒之门外的。美国这种不去占领和掠夺别国领土的基本出发点，就决定了我们是可以和他搞好关系的，就有了和美国搞好关系的基础，只要能够搞好关系我们还是要尽力的和他搞好关系，在世界经济大家庭中共同发展。

而对有些国家比如北方那只熊恐怕要小心一点，那只熊从来就有扩张自己领土的欲望和习惯，事实上他已经侵占了我们很多国土，江山易改本性难移只要有机会他一定会扩张自己的领土窥视和觊觎南方我们这个大国的领土的。不要看这只熊好像近年来与美国为代表的西方关系很紧张，其实一旦缓和起来他更有融入西方的条件和机会，政治上他本身就是民选国家体制上是宪政，经济上他其实比我们更市场经济化更接近完全的市场经济，文化上他一直宣扬自己是西方欧洲文化与欧美是同根同源，就是宗教信仰他的东正教与天主教及新教同属基督教三大流派，对这只从来就在觊觎别国领土的熊真的要小心一点，特别要警惕它一旦融入西方后对我们的威胁。

应该正视的客观现实是，我们同西方在意识形态特别是价值观上还是有相当差异的，东西方文化也有很多差异，这些差异确实让我们同美国搞好关系有一定的困难和障碍。政治上我们是社会主义国家，经济上我们确实还不是完全的自由的市场经济，但这些都不是要影响我们和美国搞好关系的理由，正如习总书记说的"中美两国关系好，不仅对两国和两国人民有利，对世界也有利。我们有一千条理由把中美关系搞好，没有一条理由把中美关系搞坏。"，所以我们要排除一切的困难和障碍，致力于搞好同美国的关系，至于分歧就暂时搁一搁放一放，希望在时间的流逝中我们同美国的分歧会越来越小。不管怎样我们都要牢记40多年前邓先生为我们开辟美中友好关系时的至理名言，邓先生当时说的是在他讲话之前的几十年中，凡是和美国搞好关系的国家都富裕了，邓先生讲了这番话之后的几十年中，我们之所以能够富裕强大起来，正是实践了邓先生政治家的高瞻远瞩，与美国搞好关系加入世界经济大学家庭才使我们富裕了，所以确实"我们有一千条理由把中美关系搞好，没有一条理由把中美关系搞坏"，希望这一点能够坚持下去，让国家与国人都越来越富裕。

第十四篇

江山易改 秉性难移

我的"城南纪事"

回忆录的这一篇想要记载的内容是这一辈子的学习、工作和生活中一些印象深刻难以忘却的事，既包括令人沾沾自喜乃至忘形的得意之事，也包括令人沮丧乃至叹息的唏嘘之事，当然也有虽然平淡但自己认为该记叙一下的有趣之事。年过古稀，六个花甲的七十余载中，与众多的同学朋友同事一样，经历了很多事件，从某个意义上来讲，人的一生就是由这许多事件以及与在上一篇中记载过的很多人的交往所构成的，所以能把这一生中所经历的自己觉得应该记载下来的事情做记叙回忆，既是一桩快乐的事，也是我写这部回忆录的初衷。

先来破一下题。这一章的标题定为"江山易改，秉性难移"取自明朝冯梦龙《醒世恒言》，在那本书的第三十五卷中冯先生讲"江山易改禀性难移"，他用了一个"禀"字，后来被演化成民间中很通俗的成语"江山易改本性难移"，主要强调的是人先天所有的习性的天赋性和遗传性，我这里更愿意用"秉"这个字，除了认同习性的先天性外，还有点想强调习性形成的后天因素。至于副标题中的"城南纪事"源于中国台湾女作家林海音的长篇小说《城南旧事》，我把它改为"城南记事"是想强调一下我写回忆录的初衷与写作时的明媚愉悦的心境心态。

从内容上来看，这一篇与上一篇《书山有径学海无涯——我的"大学"》各有各的侧重点。正好形成一种相互呼应，上一篇更多的记叙的是人，这一篇主要记叙的是事。虽然是分别记叙七十多年中认识的人和经历的事，其实也想通过记叙这些人与事，表达出自己想表达的意思，上一篇通过我的"大学"的记叙，或多或少表现了我对外部世界的一种认识和认知，这一篇想通过"城南记事"的记叙更多的表现一下个人自我的方方面面。所以你在这一篇中，会看到无论是"令人沾沾自喜乃至忘形的得意之事"，还是"令人沮丧乃至叹息的唏嘘之事"，都是"成也萧何，败也萧何"源于我自我不羁自由开放的秉性,我也想通过这一篇对往事的记叙,梳理和总结一下自己的天性和对外部世界人与事的认识与处理习惯,简言之,就是让自己比较系统的认识一下自己。

第一章 萌芽自由

自由的思萌孕育在儿时与少年的欢乐中

上小学前的儿时,让我特别留涟的是在皇城坝和金河的游玩嘻戏,因为住家就在皇城坝和金河附近的光华街,这两个地方可以说是伴随着我长大的常去之处。皇城坝的区域其实并不是紧邻皇城的,它的北端距皇城还有一段距离,应该就是今天天府广场的北端吧,南端并不是止于今天天府广场的南端,而是跨过了东御街街西御街直到今天的陕西街和染坊街。很多人把皇城坝比喻为北京的天桥,现今的影视剧中北京天桥的热闹场面很多,不过那些是艺术化了的场面,真正的皇城垻或者北京天桥吧,真实的场面不会那么"豪华"。皇城垻中的主体是两部分,一部分是各类各样的吃食制作与售卖,另一部分就是各类表演的艺人。四川的小吃基本上这里都能找到,锅盔糖油果子三大炮油茶三盒泥汤圆饺子抄手应有尽有,吸引我在这里流涟的不仅是吃食的美味,更是它们的制作工艺和程序,孩提的我就是在这里明白了各种四川小吃是如何制作出来的,其中最让我入迷的是锅盔的打制。

传统的民间的锅盔打制,绝不是我们今天所看到的那种制作方法,今天的制作方法是不配称为锅盔的,它就是一个油煎或者油炸的面团。经典的锅盔打制用油是很少的,它从揉面到打制到烘烤有近十道工序,伴随这些工序的始终有擀面棒在案桌上的敲打声,这应该是它被称作为是"打锅盔"原因。近十道工序可分为几段,一是生锅盔的制作,各类不同的锅盔在制作中都有它的技术和技巧,比如最简单最便宜的白面锅盔,在制作生锅盔时主要的技巧和技术是要让它在烤熟后有两层,方便食者在两层中夹入凉拌大头菜或者卤猪头肉及其它卤制品食用,把制作红糖锅盔技术是否到家的检测标准是烘烤成就后绝不能让它漏糖。至于今天被称作军屯锅魁的,生锅盔制作工艺最为复杂,它除了要保障猪肉或者牛肉均匀的渗入面团中外,更为重要的是要让烤熟后的锅盔食用时有很多一层一层的层次。生锅盔制作好后,是先在烤炉上边的平锅上烙制,制作者会不停的用手让锅盔在平锅上转动让它逐渐成形,差不多的时候便将它们放入炉中烘烤,烘烤的时候还要多次将炉中的锅盔反复翻面,让它各个部位都能均匀地得到烘烤。

皇城垻中的各类艺人应该是各种技艺都有,但规模和服饰都没有影视剧中表现出来的那么浩大和繁华,多是一些个人或是两三人的表演与展示。说唱类的有金钱板双簧清音竹琴,也有不少的二胡与笛子独奏表演，他们兼带着售卖相应乐器，而更多的是武术杂耍杂技戏法魔术猴戏，这里也是围观群众最多的，艺人们的表演也是很尽力的。表演到一定时候需要收钱了，一般是艺人中的女性或小辈捧着一面锣绕场一圈，围观者把钱放入锣中，应该说气氛还是很和谐的，对我们这种小孩艺人好像根本没有打算收钱，而围观的成年人似乎都很自觉与情愿的把钱币投入锣，使人感觉到解放初期那种很淳朴的人际关系。有一个小细节产生的问题后来一直在我脑中盘旋多年，就是表演猴戏除了表演的主角是猴子外，最后也是猴子顶着铜锣绕场一周让观众投币，无论表演和收钱猴子都表现得刹是可爱，但我始终不明白人总是用一根绳拴着它，我的问题是：是它本身就很听话，还是因为有那根绳拴着它才听话。

除了皇城坝儿时常去嘻玩的地方便是金河，说是金河实际上是金河在皇城坝两边的那一段，也就是今天的陕西街到染房街那一段。常去玩耍的金河这一段，河面并不宽，大约有四、五米，河岸两边临河都是民居，河水也不深，大大小小的孩子们都光着脚在水中玩耍，河水特别的清澈，小鱼小虾在河中游动都清澈可见。经常去玩的河段是今天的人民公园旁的半边桥到今天的百货大楼旁的卧龙桥一段，这一段间有好几座桥，桥头都有石砌的阶梯可以直接下到河道，可能是因为在城市中心的闹市区吧，常年在这里游玩戏水的孩子甚至大人还不少。读小学前的两三年，我基本上都是在皇城坝和金河中晃荡玩耍，度过了现在回想起来十分留恋的无忧无虑的童年。

也就是在度过这无忧无虑欢乐童年的几年间，孩提的我目睹和见证了解放初期城市建设的"盛况"，那就是把皇城坝改造成人民南路和修建了当时极有名气的百货大楼、新华书店及四川剧场。其实当年的皇城坝并不大，不宽也不长远没有今天的天府广场那种长宽，把它改造成为人民南路是1951年的事，那一年我四岁，从哪个时候起到读小学前，我见证了最早的人民南路的形成。最早的人民南路从规划建设开始便是今天的宽度，只是长度并不长只到了今天的红照壁光华街，而光华街就是我儿时住家的地方。为了建成这一条宽敞的人民南路，拆除了当时在皇城坝两边的明远楼正街、东街、西街、贡院街以及三桥北街、南街、西街，修建了从皇城洞口到红照壁街光华街的长约800米的宽敞道路。道路形成后开始修建当时应该是成都市的地标性建筑，那就是三层高的成都市百货大楼和4层高的成都市新华书店以及四川剧场，这三栋大楼都在新建人民南路两侧，百货大楼在东御街与人民南路交汇处，新华书店在西街街与百货大楼交汇处，四川剧场几乎邻近红照壁街。

新修建的人民南路虽然宽敞，但几乎没有汽车往来，据说当年成都的所有汽车也不过二十多辆，所以宽敞的人民南路沿习了皇城坝的历史，在相当长的一段时间是一个更大的"皇城坝"。百货大楼新华书店四川剧场建成后，以百货大楼为中心逐渐形成了当年仅次于春熙路的又一个繁华区，因为有新华书店和四川剧场的存在，这个新的繁华区域的文化氛围更浓厚些。整个宽敞的人民南路也就是更大的一个皇城坝，除了来往的行人外，更多的是当年要有稍有一点较好收入的人乘坐的人力车，人们通俗的称呼它为"黄包车"。因为人民南路比较宽敞，所以当年每逢五一和国庆，从清晨开始便有集会游行的队伍从两侧的各条道路比如红照壁街光华街梨花街陕西街东街街西御街往人民南路聚集，最后在这里聚会后走向城市各方游行，这两个节日也是儿时的我最为欢乐的两天，从清晨开始直到下午都可以在家中的楼上看到络绎不断的游行队伍从门前经过。

成都百货大楼建成后，它与几乎是同时建成的成都人民商场让东街街逐渐繁华起来，逐步形成了与春熙路商区毗邻的盐市口商区。人民商场建成后，我的父亲就在其中的一个棉布店上班，我每天中午都会从光华街家中出发，到人民商城去给父亲送午饭。1953和1954这两年应该是城市最宁静最和谐的两年，朝鲜战争结束了，没有了前两年抗美援朝的激动旋律，而最终在1956年实现的城市工商业的社会主义改造还没有起步，那两年的社会主义改造主要是在朝合作化努力的农村。我的家庭也是异常的和谐，母亲在光华街的店面上自产自销拖把，同时展示着她从罗家学会的江浙厨艺，我的兄弟也在1953年接近年末的时候出生了，一家人在城市里享受着其乐融融的生活宁静，淡泊而平静的生活有让人期望最好时间永远就停留在这个位置的美好愿望。

儿时最想往的到罗家去玩和欢迎罗家兄妹到我家中做客也主要是在这两年，在脑海中印象最为深刻的是第一次到罗家去的时候，罗家的哥哥姐姐带我逛四川音乐学院的情况，我见识到"大学"也是从此时这里开始的，当年的场景和状况，加上大约是1956年下半年我到四川大学哲学楼当年川大的研究生入学考试场地见到母亲的场景和状况，使我从一开始便对"大学"有一种神圣而高贵的认识，这种即便不是错误的也是片面的认识，直到1958年9月我进入望江楼小学读书见识了常意义下的大学才得到改变。那次逛四川音乐学院，看到的学生并不多，当年大学特别是四川音乐学院这样的大学的精英教育可能大学生本身也不多吧。

游玩参观首先是从钢琴教室开始的，与其说是教室还不如说它是小房间，一栋两层的小楼沿着走廊两边有很多小教室，每个教室中都有一台钢琴，大学生们就在房中练琴，偶然有老师走进教室进行指导。无论是学生还是老师对我们这种参观游玩者有一种浑然不知的感觉，他们专注于他们的教与学，似乎我们并不存在，当然进楼之前罗家小哥哥小姐姐便教育我不要弄出响声，在走廊上静静的聆听和远远的观看。小提琴教室和钢琴教室就有很大的差异了，虽然它也是不是很大的一间间的，但在每一个教室中不像是钢琴教室中那样一台琴一个学生，每间教室中总有三五个甚至七八个学生在集体演奏，而在小提琴教室这栋楼的周围有不少的大学生在独自拉琴练习。

最令人心旷神怡的是在小礼堂，我们去的那天正好有好几组乐队在准备演出，既有西洋的管弦乐队，也有中式的民族乐队，罗家小姐姐带着我在这里流涟了许久，这也是我第一次见到乐队的演奏，听到从舞台上传来的真正由乐器中发出的音乐声。多年之后，在我1960年到1963年读初中的三年中，每年的六一儿童节成都二十九中的团队专职干部彭老师都会给我一张在四川音乐学院举行的庆祝节日的音乐会入场券，音乐会就是在这个礼堂中进行的，每当此时儿时第一次在这个小礼堂中的情景总会浮现在我的脑际。

那两年宁静淡泊的社会生活所带来的人际关系的和谐在罗家被得到充分的展示，我已经描述过罗家那位后来被称作资本家的长者，他肯定是一位知识分子，永远面带微笑的慈祥面孔让人觉得他一定学识渊博。现在回想起来，他一定受过高等教育，他所有的言谈与举止都很难与被称为资本家联系起来，因为后来青少年时期在接受教育时被告知资本家不仅在经济上剥削工人，在日常中也经常是待人很刻薄凶神恶刹的。罗家三位小哥哥小姐姐也许是接受了传统的家庭教育吧，待人十分有礼貌，这是我儿时十分想去罗家的主要原因，他们带着我玩耍，在玩耍中给我打开了大学的知识之门。当年罗家人际关系的和谐更表现在他们与家中佣人的关系上，我的母亲应该是当年他们家佣人之女，但几位哥哥姐姐一口一个称我母亲为惠姐，厨房中有一个煮饭的女厨师姓刘，他们也很礼貌的称呼她为刘妈，佣人们和他们处得像一家人似的，给我留下了极深的印象，我想我后来在处理人际关系中，思维深处总有一种人皆平等的潜意识，应该说与儿时看到的罗家这种和谐平等友爱的纷围有很大的关系。

可以说那两年是我过得很快乐的日子，但这个宁静很快的被打破了，伴随着1955年的来临，城市里边开始了对手工业和资本主义工商业的改造，社会开始喧哗起来。到1956年大规模的公私合营拉开了帷幕，我父亲所在的商店也公私合营了，罗家的很多资产应该也是公私合营了吧，最使人不解的是他们一家人好像发生了很大的变化，与我们家的往来也基本上停止了，好像主要是他们有点躲着我们。更为重要的是我母亲在1956年上半年参加了工作，没有多长的时间她几乎是变了一个人，经常的口头禅是她有组织了，参加工作前她是典型的贤妻良母，不仅相夫教子做得很好，还能做点自产自销拖帕的手工生意贴补家用，参加工作后她很快的成为了当年所宣传的"半边天"，相信在她的意识深处就是认为自己可以顶半边天。

伴随着1956年的过去，我父亲在1957年的反右运动中也出事了，父亲本来还是混得不错的，棉布店公私合营后他曾担任公方经理，有点文化加上爱讲话使他在反右运动中讲了一些当年不该讲的话，如果不是因为他本身是工人，肯定就被划为右派分子了，最后被定为右倾思想被撤销公方经理职务并在1958年上半年下放到青白江的成都钢铁厂劳动。母亲参加工作父亲犯了错误使我的家庭结构发生了很大的变化，1956年下半年母亲生下我的小妹，因为她参加工作的地方是四川大学消费合作社，于是我三岁的兄弟我刚出生的小妹，便在四川大学托付给一家范姓的炊事员家庭照管，这样我从1956年下半年起，几乎每个星期天都要从城中光华街出发到四川大学去看我的母亲和弟妹，这让我再次近距离的看到"大学"。

从1956年下半年开始到1958年上半年，这将近两年的时间其实过得很乏味和无趣，虽说每个星期天都要去一次四川大学，但其实并没有看到大学的真正面貌，除了因为是周末星期天去大学生们都没有上课之外，没有人像当年罗家小哥哥小姐姐带着我看四川音乐学院一样有人引导有人讲解也是很重要的原因。这两年中使我兴奋的是每次路过九眼桥时都要去看的船夫拉船过桥和桥头的白竿钓鱼，这两项激动人心的事我在前边的回忆录中多处做过比较详细的描述。到了1958年9月，我转学到了望江楼小学，住家也由城中光华街搬到了培根路四川大学十四宿舍，这时才使我开始能够真正的认识大学。

1958年是使人很亢奋的一年，除了有每个单位都在炼钢的小高炉外，更有总路线大跃进人民公社三面红旗的宣传，那个在15年内超过英国赶上美国的目标虽然是口号但也很使人激动与憧憬。但亢奋是不可能持久的，很快的从1959年的下半年进入到了1960年，物资供应特别是主副食品供应的匮乏使人很明显的感觉到严冬来了，从1960年开始的三年自然灾害期间，最大的感受就是吃不饱饭饥肠辘辘，其实当年作为中学生每个月供应的商品粮定量也较高，有32斤平均每天有一斤多，但总是感到随时都很饥饿，主要是当时的副食品供应太少，一个月一斤肉半斤油使人们的肚皮中没有多少"油大"。那几年随着母亲工作地点的变化，我们也由四川大学十四宿舍搬到了三官堂街居住。

好在饥饿的年代过去的也很快，到1963年9月我进入成都七中读高中时，尽管国家的供应仍然是凭票购买仍然是那些定量，但从其他渠道能够买到的主副食品在改善我们生活上起到了很大的作用，加之进入成都七中再次见到了我在望江楼小学就很敬佩的不少小学同学，心情的愉悦使得学习生活似乎又逐渐丰富多彩起来。我已经在前边的回忆录中比较详细的记叙了文化大革命前三年在成都七中高中学习的二重性：一方面我们在成都七中非常优秀的老师们的指点下，吮吸着最全面最优质的基础教育精华；另一方面也当年大的政治形势下，接受着这三年所谓阶级和阶级斗争教育的煎熬。

我的童年和少年是在新中国建立之后的第一个是十年中度过的，应该讲总体是很愉悦和自由的，特别是这个十年中1956年前的那些年，除了儿时晃荡在皇城坝和金河所带来的惬意，更多的是在与罗家的交往中罗家三位小哥哥小姐姐带我认识的世界。这个世界既包括具体的，比如他们带我认识和了解了大学，使我在这一辈子与大学结下的不解之缘中，从年幼的时候便开始知晓了大学为何物。而更为重要的是，在与罗家小哥哥小姐姐们交往的过程中，他们让我对抽象的世界有了一个朦胧的感觉，这个感觉就是人皆平等且需自由。当年无论从贫富差距上来讲还是从知识教养上来讲，罗家小哥哥小姐姐与我的差距都很大，但他们那种真诚与热情给我传递了一个很重要的信息，那就是对于人来讲差距不是主要的，人与人之间应该有的就是我与罗家小哥哥小姐姐那种平等和相互尊重，以及每个人都应该享有的自由。到现在迈过古稀之年来回忆这一辈子所行所为的时候，才发现从儿时就开始萌发的人皆平等且需自由的观念，其实支配了我的一生。

童年时代的欢悦还与二十世纪 50 年代的人际关系有关，尽管新中国建立之后，也有了各式各样的运动，但在 1957 年反右之前的各类运动，整人也就是把人作为斗争对象还不明显，各类运动多是以教育为主，就是教育你要改造思想，跟上社会主义的步伐。即便在 1957 年出现了那种疾风暴雨般的反右斗争运动，有几十万人其中特别是知识分子被作为斗争的对象而被整，但来得快去得也快半年多的时间一晃而过。进入狂热的 1958 年后，便有了热烈而激动人心的总路线大跃进人民公社三面红旗运动，高产卫星超英赶美大炼钢铁让大家都处于一种亢奋之中，处在这样的环境之中由于不明事理自然会有一种虽然是盲目的但却真正是来自内心的一种欢愉，直到 1960 年末出现三年困难时期的饥饿时，人们才从兴奋中冷静下来，欢愉也就戛然而止了。

尽管总体是愉悦的，但二十世纪 50 年代后半叶特别是最后的两三年也萌发了一些人生阴影，少年的我观察人生虽然并不深刻，但也感触到了一些。比如从 57 年反右后，人们似乎不大爱讲话了，准确的说是人们不大爱讲真话了，五七年反右斗争那场运动告诉了人们"祸从口出"。因为当时被划为右派分子的，绝大多数都是知识分子，他们在反右斗争拉开帷幕之前，积极响应帮助党整风的号召，讲了很多似乎当时不应该讲的话，被当作了斗争的对象成了右派分子，好像一切都是因为爱讲话引发的，所以告诫了后人少讲话不要讲真话。

我的家庭也发生了很大的变化，父亲因为爱讲话被划为了右倾思想被下放劳动，母亲因为参加了工作就认为自己有组织有依靠了，对家庭不是很关心了，这些变化使我的家庭有些支零破碎的状况，人不多就五个人，但却分在四处少有团聚。好在我于 1958 年 9 月转学到了望江楼小学，并搬到了四川大学员工二十四宿舍住家，新的学校中结识了一批家在四川大学成都工学院的同学，其中有不少是这些大学的高级知识分子子女，与他们在一起方方面面都有所升华。特别是搬到四川大学居住后，才真正近距离的接触和了解到大学，这种接触和了解使我在后来的一辈子中都与大学结下了不解之缘。

50 年代后半叶特别是那场反右斗争运动带给国人的心理阴暗面其实是很严重的，它很深很深的影响了国人的人际关系，人与人之间好像都带起了一个面罩不大容易看得清楚对方了。在我的少年心理中，最使人不解和遗憾的是，自从公私合营开始之后，罗家包括三位小哥哥小姐姐与我们的关系就开始疏远起来，其实主要是他们在躲着我们，似乎有很多难言之隐。再就是后来搬到四川大学居住后，见到了不少被划为右派分子的知识分子，他们其实原来是很被人尊敬的专家学者，一夜之间就成为了人民公敌般的狗屎堆，而更使人遗憾的是似乎大家都认为他们是坏人，其中有不少人在当年那个政治环境下应该是发自内心的认为就是这样。

让人百感交集的 50 年代走完后，迎来的是吃不饱肚子的三年困难时期。尽管是饥肠辘辘的三年，毕竟是生活在城市，中学生定量偏高的商品粮保障，加上相当能干的母亲时不时能弄点回来的"油大"，辅以瓜菜包括南瓜花的充填，肚子还能勉强填饱。而这三年其他方面相对就比较好了，在成都二十九中读初中的三年，学业优秀同时结识了一批也很优秀的同学，家里边也逐步恢复正常，父亲结束了在青白江成都钢铁厂的劳动改造，回到了成都在国营的贸易公司正常工作，母亲所在的消费合作社也成了国营的百货公司，更为重要的是母亲结束了"半边天"的奋斗，逐渐回归家庭。

在成都二十九中上初中的三年，三年中每年的六月一日，我都是在四川音乐学院度过的，是在那里观看一年一度的庆祝六一儿童节音乐会，可能算是一种工作表扬或者奖励吧，每年的六一儿童节，学校团队干部彭老师都要给我一张去四川音乐学院听音乐的入场券，让我去享受少年时代的音乐乐趣。我这个人自己对音乐完全不行，既不会唱歌更不会玩乐器，但对欣赏音乐却情有独钟，也许是儿时受罗家小姐姐带我去四川音乐学院看大学生练琴的影响，所以对音乐特别喜欢，当然是喜欢听音乐。其实说到音乐包括歌曲，在我们这个国家的大环境中，特别的表现出了它的时代的烙印，每个特殊的年代都有好像能特别表现它的音乐或者歌曲，现在退休了年老了，每当听到那些音乐，脑际中就会出现当年不同年代的情景，甚至会浮想联翩的回忆起当年的彼人彼事。

困难年代的三年是人际关系很平静的三年，尽管其间也有这样那样的运动，估计大家都是饥肠辘辘的，也提不起精神来整人，大家全力以赴的是尽量填饱肚子。当年稍有点条件的家庭，都会种瓜种菜，其中种南瓜是最普遍的，相比其他蔬菜瓜果，好像南瓜是最为实在的，对于充填肚子的功效最为明显，因为种南瓜的人多，而且不太择地方，任何一个边角上都可以，这样当年我从成都三官堂涉水过了锦江在穿过四川大学到成都二十九中时，沿途有遍地的南瓜，开花结果季节我会沿路采摘雄的南瓜花，回家把它撕碎后洗干净，放点油盐炒一下加水煮成汤，再加入面粉揉成的面块，一个南瓜烩面便做成了，不仅充饥那味道嘛就不摆了。

困难的三年似乎过得也很快，很快的进入了 1963 年，因为一些政策的纠偏，比如在七千人大会后对农村农民也就是人民公社社员自留地的栽种和家庭副业的管辖有所放松，集市贸易也允许交易，各种各样的主副食品开始逐渐多了起来，仅管很贵但只要有钱还是能买到一些了，大家的生活逐渐恢复正常，我也在那一年的 9 月考入了成都七中读高中。

第二章 自由放飞

成都七中和农村广阔天地放飞着自由

进入成都七中读高中对我来讲也就是告别了少年进入了青年，读高中的三年中感觉在思想上有很多变化，而其中最明显的是幼年和少年时代所萌生的那种人皆平等且需自由的思想有所发展和发挥，具体表现为既不想被人管，也不想去管别人，更不希望人们之间有更多的相互约束，期望着大家都有一种平等自由的生活环境。我的这种希望自由自在不被约束想法，在成都七中知识的学习过程中得到了支持乃至纵容，因为各科的学习成绩比较优秀，所以各科的先生们对我的管束也就是具体的学习要求不多，更多的是一些比较高层次的教诲主要是思维的指导。三年的高中学习生活中我有一种天马行空的感觉，实际上是达到了一种自我自由的境界，这对于我在后来几十年中做出很多重要的人生选择十分重要，所以确实要很感谢当年那些科任老师们。

高中的三年也是1963年到1966年是后来的文化大革命十年浩劫的酝酿期，在这三年中是逐步受到了一种左的思潮的教育与熏陶。从1963年底开始明确的提出"千万不要忘记阶级和阶级斗争"后，在社会主义和资本主义、无产阶级和资产阶级两条道路两个阶级的被教育中，国人的思想被极大的教化和驯服，我自然也毫不例外的身在其中，具体的表现是思维越来越偏激左倾，凡事都不由自主的朝两个阶级两条道路的斗争的方向上去想，所以当疾风暴雨的文化大革命到来时，便毫不犹豫的带着满腔的左倾思潮投入了进去。

成都七中高中三年的学习生活是过得十分充实愉快的，除了吮吸到最好的基础教育学科知识外，更为重要的是在德高望众的先生们身体力行的引导下，掌握到了不少在学科知识之外的东西，比如自学的能力和逻辑思维方法等等。而更为深入心底的是对自由的领略与期盼，三年的学习生活中，也许是先生们纵容般的默许，我充分体验到了自由的做人做事的乐趣，更是乐在其中的在知识海洋中自由游弋。这个享受的过程让我认识到，只有自由才可能创造出优秀的果实，青年时期的这一认识事实上确立了我这一生中在人生机遇选择上总是把自由放在首位，而事实上我所走过来的一辈子中，也确实实现了方方面面的相对自由。

其实，也正是有了这种相对的自由，我才能在这一生有一定的成就，有一定的所得，我自己很清楚明白，如果没有这种相对的自由，而是被过分的约束和束缚，过分的在他人和他方的管辖之下，所有的这些都是不能取得的。能有这些相对的自由，除了自我的观念就是很追求自由外，也得益于我选择了一个自由度相对较高的职业，那就是高等学校的教师。当然，为了追求和得到这种相对的自由，我也用我可能采取的方法进行了努力，比如在上世纪70年代上半叶，我在成都市金牛区商业局这种机关工作，在当年的政治形势下以及机关工作作风的要求，应该说管理和约束还是比较多比较严的，但我用超乎常人的工作方式和工作结果，使人们乃至整个组织都认为对我的管理和约束是多余的，从而获得了相对的工作自由。

时间很快的进入1965年下半年，这是我们高中三年的最后一年，我们将要参加1966年的高考，去圆各自的大学梦。也就是从 1965 年的下半年起，在"千万不要忘记阶级和阶级斗争"中孕育了好几年的斗争风潮，开始紧锣密鼓的明面化了。11 月 10 日，上海《文汇报》发表姚文元的《评新编历史剧〈海瑞罢官〉》，拉开了一场斗争和运动的序幕，半年多的时间中各种各样批判文艺界教育界等文化领域的斗争相继掀开，庞大的舆论宣传告诉所有的人，建国 17 年来的教育文艺文化等走的是资本主义道路，执行的是修正主义路线。对这种宣传和引导，我与多数国人一样都是深信不疑的，一直坚定的认为应该对这种道路和路线进行深刻批判。

当年我对这种宣传和引导因为一个偶然的特殊原因是特别关注的，因而对它的过程和内容也就特别了解。这个偶然的特殊原因是什么呢？就是我这个人在学习学科知识的时候，有一个应该是多数人都没有的奇怪的习惯，就是我在看书做习题特别是做数学题目的时候，不喜欢安静而喜欢喧哗，我喜欢听着收音机播放的音乐和报道，一边听一边看书做习题，恰恰是更多的时候完成题目的灵感会在这种喧闹的环境中突然出现。正是因为这个原因，尽管已经临近高考，但我在学习中恰好不是"两耳不闻窗外事"，家中正好当时新购置了一台效果比较好的电子管收音机，我对当时中央人民广播电台所播放的关于文化领域批判修正主义路线各种内容，在学习功课的时候却又听得很仔细，这使我深深的接受了当时宣传和引导的全面否定建国 17 年来文化领域工作的观念，陷入了一种十分左倾的情绪之中。

在这半年多的时间中，我成了一个矛盾体，思维和行为几乎不在一个轨道上。一方面因为我的学习成绩特别优秀，在 1965 高考题目特别是数学高考题目特别难的背景下，各科科任老师的先生们都在鼓励和嘱托我一定要考出一个好成绩，他们说高考题目越难对优等生是个优势，我自我也在期冀挑战的情绪中感觉在各科学习上达到了一种自由的境界，这种自由的境界一定会出好成绩的。另一方面，在接受了对建国 17 年来文化领域特别是教育领域没有执行无产阶级革命路线的宣传和引导下，产生了一种自我疑问自我怀疑，我时不时发自内心的问自己，你接受的是无产阶级文化教育吗？其实在这半年中，由于受到的宣传和引导很深，思想深处总是隐隐的感到会有大事要发生，曾经朦朦胧胧的怀疑过 1966 年的高考能否如期举行，当然这种冥冥而生的念头是一闪而过的。

真没有想到这种一闪而过的念头，在 1966 年 6 月我们即将面临高考的时候一语成谶，由 1966 年"五·一六通知"掀起并在 6 月 1 日以中央人民广播电台广播北京大学一张马列主义大字报揭开序幕的无产阶级文化大革命，粉碎了我们的大学梦，这场浩劫让我和我的同辈人在十多年后已经"三十而立"时才跨入大学门。说实在话对当年停止高考我一点都不感到意外，一切都在顺理成章之中：既然已经说到了 17 年是修正主义教育路线在主导，停止这一路线的高考这个环节又有什么可奇怪的呢？而对于已经轰轰烈烈掀开的无产阶级文化大革命，我似乎有些躁动，一方面头脑中已经被当时的很多宣传和引导所主宰了，已经认定有一条修正主义路线需要我们去批判，需要我们去树立和捍卫无产阶级革命路线。另一方面，青少年时间代所形成的对自由的响住和追求，在当年那个合适的氛围中得到了岐形发挥，自由演变成了无政府主义。

躁动和进入角色还有一个戏剧性的因素，那就是我对文字的喜好，特别是对鲁迅和毛泽东文笔的一种欣赏。当年在成都七中我的数理化特别是数学学业优秀，这是很多先生和同学们都予以认同的，但我个人对文字的喜好却鲜为人知，其实在进入高二下学期和高三后，我对毛泽东和鲁迅的文章产生了一种浓厚的兴趣，严格的说这种兴趣不是对文章的内容，而是对鲁迅和毛泽东文章的文笔。对鲁迅文字的喜好有很大一部分来至于我们的语文老师白敦仁先生，他在给我们讲授语文时，很提倡我们去背诵大家的佳作，比如鲁迅先生的《纪念刘和珍君》这样的大块头长文。先生都要求我们去背诵，至于《从百草园到三味书屋》这样的短文便更不在话下了。至于对毛泽东文字的崇拜，那是从当年提倡学习毛泽东选集开始的，像《湖南农民运动考察报告》和《别了，司徒雷登》这些文章，让喜欢文字的我百读不厌。而在那个疯狂的年代里，相当多的文章文笔都颇有这些味道使人躁动。

从1966年6月开始到1968年底，有一段被称作红卫兵运动的历史。在某些特定的环境下，红卫兵运动几乎成了那场文化大革命浩劫的代名词，这是因为在这两年多的时间中，红卫兵作为一个特定的历史阶段有着其发生发展落寂结束的过程，这个过程正是那一代青年人人生观世界观形成的时间，他们被作为冲锋陷阵的先锋完成了该完成的事，发挥了该发挥的作用并且发挥到极致，然后走向自己应该去到的归宿。

严格的红卫兵运动时间应该从1966年8月18日领袖在天安门广场第一次接见红卫兵算起，到1968年7月27日领袖指示工人毛泽东思想宣传队进驻清华大学等大专院校为止。实际的红卫兵运动向前应该追溯到1966年6月1日全国大中学校停课闹革命开始，向后应该推移至1968年底1969年初全国中学生响应领袖的号召上山下乡，接受贫下中农在教育为止。我作为当年一个高66级的高中学生，比较深度的参与了这场红卫兵运动，运动的洗礼使我脱胎换骨，也更加深刻的认识到了人生与社会，对整个红卫兵运动的由来和发展，还是有所认识和体会的。

其实红卫兵运动无论对外的作用还是内部的组成还是比较复杂的，最早的活动可以追溯的1966年6月初，在那个时间各个学校没有正式的红卫兵组织，但无论是清华北大还是一些中学，都有各种各样的学生运动，它大体从1966年6月初开始，到1966年8月18日领秀第一次接见红卫兵。在这两个多月的时间中，学生运动经历了这么几个阶段：先是一种初期的盲动，学生们的大字报铺天盖地的指向了学校的老师们，把他们视为牛鬼蛇神来横扫。很快就有学生中的先知先觉者意识到这种盲动的问题，他们率先把斗争的矛头指向了各个学校的党委领导。在当时的政治背景和同学们的冲击下，各校党委退出了舞台，粉墨登场的是上级派来的文化大革命工作组，这种不适应运动发展的工作组又很快的被学生运动中的佼佼者批评，发生了驱赶工作组出学校运动，学生们的这一系列活动都发生在 1906 年 6 月。驱赶工作组的活动被视为是取消党的领导，各个学校的身体力行者被视为右派学生反党而被清查理抹，直到 8 月上旬公布了无产阶级文化大革命十六条才得以解脱。

1966 年 8 月 18 日，领袖在天安门城楼接见了红卫兵，红卫兵运动便轰轰烈烈的发生了。最早成立的红卫兵实际上是保守派红卫兵，他们应该是各地党委组织成立的，他们成立后做的主要的事情就是破四旧，其中也包括抄牛鬼学生的家。在无产阶级文化大革命十六条的指引下，前一个多月受到压制乃至迫害的有着先知先觉的学生组织了造反派红卫兵，这支队伍很快的走向了社会，向工人和市民宣传"怀疑一切"和"造反有理"，发动他们造各地权利者的反。这两只红卫兵队伍走的完全是相反的道，保守派红卫兵在极力的宣传了和身体力行了血统论的"老子英雄儿好汉，老子英雄儿混蛋"并因此走上疯狂的巅峰后便迅速的土崩瓦解，而造反派红卫兵迅速壮大，最后与造反派工人阶级和市民组织一起在 1967 年 1 月开始成功的进行了一月风暴夺权。比较遗憾的是在这个壮大和夺权的过程中，造反派红卫兵以及支持他们的造反派工人阶级组织因为观点的不同分成了两大派。两大派的争斗持续了将近两年，其间也有保守派在 1967 年 2 月的"二月逆流"背景下的反扑，以及 1968 年春的"右倾翻案风"，当然争斗的形式也大大升级由文斗变成了武斗也就是枪炮相加。领袖本以为 1967 年一月风暴夺权成功资产阶级司令部瓦解后，运动会逐渐平静下来社会逐渐趋于安定。但事与愿违"树欲静而风不止"，红卫兵们因为自视其高认为自己就是天之骄子，于是让他们清醒过来的方法就是在解放军的支持下工人毛泽东思想宣传队浩浩荡荡的开进了大中学校校园，让红卫兵们认识到其实自己什么也不是。伴随着中学红卫兵的上山下乡和大学红卫兵的毕业分配，红卫兵运动在完成它的历史使命后也就寿终正寝了。

作为四川省最优秀的中学成都七中红卫兵运动，走过了全国模式的红卫兵运动的全过程，特别是 1966 年 6 月到 8 月的运动初期三个月，在这个过程中有着极其偏激情绪实际上是左倾思潮的我，在这个阶段中扮演了十分重要的角色。1966 年 6 月 1 日停课闹革命后，已经隐隐感到高考无望的我似乎并无太大的遗憾，和当时众多的同学一起满腔热忱的投入了这场运动，在经历了把老师们视为牛鬼蛇神的疯狂的一个星期后，我和一些同学们认为事情有点不对劲了，这么多当年对我们谆谆教诲的老师都是牛鬼蛇神吗？都该被批判斗争吗？同学中有一位我很尊敬的当作学长后来成为多年好友的刘仁清，在那段时间中我们频繁的交流着感受、认识和意见，在很多问题上达成了一致的观点，并且有了应该表示一下这种观点的愿望。大约是在 1966 年 6 月 10 日左右，我在与刘仁清同学交换意见后，执笔写下了一份长达 20 多页的大字报，把斗争的矛头指向了当时领导成都七中文化大革命运动的党支部，观点有二：一是这么多老师被作为牛鬼蛇神抛出来批斗是"弃兵保帅"；二是批判成都七中党支部多年来执行了一条修正主义教育路线。

第二个观点显然是很浮躁的，表现出我以及我的同学们偏激乃至左倾的情绪，且不说成都七中是否执行了修正主义教育路线，但至少我们提出这一个结论的论据是不充分的，我们以自己的先知先觉进入了当时的政治斗争环境，"怀疑一切"的理念与行为让青年人的偏激得到充分的发挥。这篇大字报引发了成都七中将近十天的学生大辩论，同学们也因此分成了支持还是反对的两派。当同学们的辩论还在进行中时，情况却在悄然发生变化，成都七中党支部从领导文化大革命的位置上退了下去，取而代之的是一个文化大革命工作组，这个工作组似乎比较支持我们把斗争矛头指向成都七中掌权派的观点。一直处在运动最前沿的我们，似乎也是那种先知先觉让我们觉得这个工作组是运动深入发展的绊脚石，我和刘仁清等一批同学更加关注工作组的动向，不满意的情绪在滋长，最后演变成为想赶走工作组想要自己领导自己的愿望与行动。

就我个人来讲，当时这种愿望和行动应当说是在一种特殊的环境和条件下"追求自由"的一种表现，当时的舆论大环境已经出现了让革命小将在运动中自己管理自己自己领导自己的导向，而这最符合我一直期望的不想被人管也不想管别人的潜意识，所以要冲破文化大革命工作组对自我约束的欲望一直主宰着我的思维和行动，于是我很自然的成为了驱赶工作组中坚的积极分子。1966年6月24日下午市委宣传部的肖继仁部长来到成都七中指导文化大革命，我率领几十个同学与他和他的干部队伍展开了一场"文化大革命工作组是否需要留在成都七中"讨论。讨论很热烈也很激烈，双方谁也说不服对方，讨论的时间持续很长有五六个小时，在这五六个小时之中，我多次离开讨论现场与后来闻讯赶来的刘仁清同学分析讨论现场的发展趋势和可能结果，最后在6月25日凌晨的时候，按照我与刘仁清同学分析中预期可能出现的情况，我们同肖菊仁部长一行结束了讨论，请他们把同学们的要求回市委去研究，作为讨论会主角的我自然成为肖菊仁部长的关注对象，为日后差一点被划为右派学生"取消党的领导"埋下祸根。

那一天长达五六个小时的讨论也充分表现了我注重自我追求和自由的倾向，长达五六个小时的讨论在学生这一方是以我为主角的，讨论的问题实际上很广泛，从某个意义上来讲也很有意思。如果不是这样平心静气的广泛的有意思的讨论，仅就中心问题"工作组要不要撤出成都七中"进行讨论，那么长达五六个小时的会议就肯定是我们学生对市委领导的一种纠缠了。实际的情况并不是这样，在当天的讨论中肖菊仁部长对我的发言很感兴趣，他事实上是在与我们讨论如果工作组撤走了你们怎么办？正是他的这种兴趣才使会议进行了五六个小时。而我在当天的主题发言中，充分的发挥了我希望同学们自主管理的自由主义倾向，也就是潜意识中的"追求自由"得到了充分的发挥。

当肖菊仁部长问到我，如果工作组撤走了你们怎么办时，我居然在会议上给他也是给同学们提出了一个让同学们自主管理自己领导自己的方案。这个方案包含自主管理宗旨、它的组织架构、管理实施细则、甚至还有监督程序与机构，我利用这个机会让自己对所渴望的自主与自由有了充分的想象和思维。因为这些问题的提出和讨论之前没有能够与同学们交流，是自己的一种思考和思维，当我在会议上提出这些主张时，不仅肖菊仁部长饶有兴趣的与我讨论，听到具体讨论内容之后的同学们也越来越多，由最初的二、三十个同学因为有络绎不断的加入的同学最后达到了七、八十人，一间教室挤不了，门外的走廊上也站满了同学。我想那一次应该是我的"追求自由"欲望萌芽得到了一次最大的发挥吧，当然后来这也给我带来更麻烦的问题，当指责我们是"取消党的领导"时，被有关方面和对立面加上了有纲领有组织的形容词。如果后来真成了右派学生，这个罪名应该是不轻的，好在在大的方面刘仁清同学替我分担了相当的东西，事后有人说这种细节许仁忠是弄不出来的，他应该是在刘仁清的授意和指引下在前台扮演冲锋的角色。

我确实一直都不明白那天晚上肖菊仁部长是出自于哪种思想和心态和我们对话长达五六个小时，我这边自有我这边的状况，一方面有要求把工作组撤出成都七中的具体诉求，同时也让我的"追求自由"思维可以像脱缰的野马一样奔驰一下。他是为了什么呀？作为相当一级的领导干部，他是可以不理睬我们的，至少不会和我们讨论五六个小时，这个问题一直萦绕了我多年。世界确实也很小，多年之后当我已经在西南财经大学工作时，肖菊仁部长的女儿居然成了我的同事，而他的女婿又是我小学和初中同学的兄弟也是我高中不同年级的校友，应该说相互关系很熟悉也很密切。事情已经过去多年，但那个疑问仍然在我脑海中，我当时是很想通过这种熟悉密切的关系，与当时已经退休了的肖部长建立一种联系，共同回味一下当年是什么因缘让我们能对话五六个小时，当然这只是一种想法而已最终并没有实现。

6月24日之后，形势急转直下变化很快。宏观上是主持日常工作的中央领导提出了后来被称为资产阶级反动路线的压制学生的方针，微观上6.24会议后我们与肖菊仁部长的对话被定性为"取消党的领导"。铺天盖地的舆论向我们袭来，整个6月下旬到8月上旬的将近四十天中，我们承受着极大的压力，一直在台前十分活跃的我，在某些特殊的情况下压力更大，一直到8月中旬开始，有了无产阶级文化大革命十六条，我们才得以解脱。

十六条给予了早期的敢于革命造反的学生极大的肯定与支持，它提到了一大批本来不出名的革命小将成了勇敢的闯将，提到了真理有时掌握在少数人手里，还提倡让同学们自己管理自己自己起来闹革命。因为有上级的指示，学校中的文化大革命工作组迅速的退出了领导地位，退出之前他们按照惯有的方法组织了一些同学建立自己管理自己自己领导自己的一个机构，仿佛记得叫什么筹委会之类的。比较搞笑的是，这个存在时间不长的所谓筹委会，所提出的工作思路和所建立的管理机构，几乎是6月24日我们与肖菊仁部长对话时，我当时侃侃而谈让工作组撤出去我们自己管理自己讲话的翻版与重现，而在已经过去的将近四十天中，我的发言中的这些意见被认为是有纲领有组织的"取消党的领导"，让人感到时过境迁此一时彼一时也。

因为文化大革命工作组已经事实上退出了学校的领导，而我们又有要求明确6月份发生的第一张大字报，以及6.24赶走工作组是否是"取消党的领导"的诉求，经过几天的联络和准备，8月18号下午开始在成都七中行政楼三楼阅览室召开了一场辩论会。辩论会的一方是以我们四个在第一份大字报上签名同学为代表的学生，另一方是以筹委会为代表的另一部分学生，辩论会的规模较大，能容纳200多人的三楼阅览室挤满了人座无虚席。这应该是1966年6月1日停课闹革命以来规模极大的一次辩论会，也开创了成都七中大规模辩论会的先例，尽管在后来的文化大革命文斗阶段中，类似的辩论会很多，但这场辩论会因为众望所嘱引发了成都七中同学们的高度关心。

在这场辩论会上，刘仁清同学出场了并成为我们这一方的首辩，展示到了他作为学生领袖的风采。过去的两个多月中，学校无论哪一个层面都在传言我与刘仁清的关系，不少的说法都认为我的很多所作所为都是刘仁清在背后，甚至把他视为是一切事件的主谋，这种观点既不正确也不客观，曲解了我和刘仁清的正常关系。我与刘仁清应当是志同道合的朋友，经常都有的见解的一致使我们惺惺相惜，共同的话题和语境使我们能长时间的交流和畅谈。当然从我这方面来讲，无论是从思维还是表达上，我都十分敬佩和敬重刘仁清同学，他的能力和见解经常让我折服。但如果说前四十天的活动我是台前他是幕后这是不正确的，这里没有台前幕后的问题，只是一些事件的偶然和巧合而已，比如第一份大字报由我执笔并制定，大字报的框架出自于我但内容确是头天下午我与刘仁清充分交流的结果，只是我身边有一批像吴伯贤一样的同学能连夜制作而已。又如6.24会议，也不是刘仁清要刻意的避开，因为会议一开始就是我在挑头，他得到消息赶来时讨论已进行到一定的程度和深度，作为一种配合上的默契他就一直在教室外静观事态的发展。

辩论会应该是一个讨论问题的形式，但想要在辩论会上得到一致的结果显然是不可能的，观点对立的两拨同学思维的基点和理念不同，各自又掌握和依据自己看到的那部分事实，确实是很难得出该有的结果的。当年的那个情况就像现在的微信群一样，各自的观点不同就各为一群，观点不同在一个群中多数都是不长久的，要不了多久就会吵得不可开交，然后分开各自建群，宁可"鸡犬声相闻"但"老死不相往来"。当年在三楼阅览室的那层大辩论，虽持续有七八个小时，但双方各执一辞难有一致，唯一能让人满意的是同学们的风采在辩论会上得到了展示，因为那一天领袖在天安门广场第一次接见了红卫兵，在有同学带来中央人民广播电台新闻联播中广博了这个消息后，辩论会在一遍共同的欢呼声中得虽没有结果但也正常的结束。

应该说刘仁清在辩论会上展示了他与身俱来的思维和口才的风采，思路清晰的他以其特有的雄才大辩得到同学们的喝采。我在辩论会上发言不是很多，但也有有趣和出彩之处，比如在谈及自己管理自己时，我问筹委会的同学：当初6.24我们提出那些自己管理自己的宗旨机构方法时被认为是"取消党的领导"，但现在你们筹委会的机构和工作方法，不就是当初我们提出的那一套吗？你们这个又该算出什么呢？一问既出惹得在场同学包括支持筹委会的同学都哄堂大笑，让筹委会的负责同学十分尴尬难以自言。

运动的形势发展很快，因为北京的红卫兵南下串联，使得成都的红卫兵运动伴随着北京红卫兵带来的理念和思维，朝着各自不同的路径上迈进，其中有一副由北京保守派红卫兵带来的血统论对联，在成都各个中学掀起了一场腥风黑浪。这副"老子英雄儿好汉，老子反动儿混蛋"与8月下旬各个中学组建的官办红卫兵一拍即合，挑动和激发出同样也是保守派红卫兵们的阶级感情和革命激情，他们把斗争的矛头指向了出身不好的同学，甚至拳脚和皮带鞭子相加，给各个中学带来了一片黑色恐怖。我因为情况比较特殊，在8月18号三楼阅览室大辩论后便离开了成都七中融入了社会的红卫兵运动，没有能够经历和看见后来听其他同学讲起的那种令人难以想象到的情况。

说起避开了那场疯狂的血统论阶级路线大辩论，其实我在文化大革命中还避开了另外一件也是几乎人人都要参与的事情，那就是到1968年下半年工人毛泽东思想宣传队进驻学校后，在全国范围内掀起了跳忠字舞向毛主席表忠心的活动，说来也令人难以相信，我居然也是因为一个偶然的原因没有被卷入这场荒唐的活动，我是一次忠字舞都没有跳过。回想起这两个几乎是中学生们都参与了的活动我居然都避开了，说是一种偶然因素其实也并不偶然，它与我喜欢自由自在不受约束的想往和追求自由相关，因为追求自我的自由，所谓的偶然因素也就必然出现了。

第一次避开了血统论的阶级路线辩论，是我在8月18号三楼阅览室大辩论后，便迅速的离开了成都七中同学们的群体，跑到成都电讯工程学院与一批大学生一起，走上了街头动员工人和市民"炮轰西南局，火烧省市委"，内心深处是认为与其在学校中无休无止的去争论我们在6月份所作所为是否正确，让那些事实上已经过去的细节问题来束缚自己，还不如放开些让自己主动些自由些去做自己想做和喜欢做的事。而当时社会的整体状况中能够吸引我的就是和大学中的那些大哥哥们一起走上街头，面对当时还很保守的在进行工人斗学生的市民们进行"怀疑一切，造反有理"的宣传和鼓动，在那样的活动中自我要愉悦些，这种愉悦是由个人的身心得到了一种自由和开放带来的。

至于第二次逃脱了跳忠字舞，更是一次追求自由的必然。1968年下半年，工人毛泽东思想宣传队进驻学校后，便要求学生们复课闹革命，老师们已经几年没有教书了，有什么课可以复呢。而对那些文化程度本身不高的工宣队中的工人们，我有一种发自内心的对他们的不屑，更不愿意在他们的管理下进行日审活动。于是我和刘仁清以及其他的一批同学一起，无端的找了一些可以摆到桌面上来的理由，各自脱离了正在复课闹革命和跳忠字舞的班级，聚集成一个怪异的小团体在那些找出来的理由下与工宣队纠缠，其实也就是发泄一下对文化程度不高的工宣队的工人们让他们来"工人阶级领导一切"的不满，也正好可以让自己不受约束和管理的自由自在的生活，而这个希望自由自在的行为，正好使我们当然也包括我躲避开了跳忠字舞。

1966年最后几个月的无产阶级文化大革命运动形势发展很快，保守的由官方组织的红卫兵组织很迅速的土崩瓦解，造反派红卫兵的组织如雨后春笋一般应运而生。在成都七中官办的6234红卫兵和筹委会瓦解后，成立了很多造反派组织，其中成都七中毛泽东主义战斗团是成立得较早规模也较大的一个。也是因为我的那种独行独往的自由主义倾向，让我在参与和组建造反派红卫兵组织上有了些困惑，因为多种原因主要是我在十月上旬才从北京返回成都，我和刘仁清等几位在运动初期有着写第一张大字报及驱赶工作组造反行为的老造反派，组建的取名为《东方红公社》的红卫兵组织不仅组建得较晚，规模不大人数也不多，主要是运动初期和我们关系密切的一些同学。这个时候在我个人的思维和意念中，那种不愿意被人管也不愿意管人的所谓自由倾向，给我在参与红卫兵组织的活动中带来了很多困惑，因此也让我在与这些组织的关系上有了麻烦。

那个阶段的文化大革命运动形式，都是以众多的造反派群众组织的形式出现的，要么你是某个组织的成员，要么你就是游兵散勇。如果我能以某个造反派组织的普通成员出现，对我也许是个好事，因为这样既可以不用去组织他人，受他人的管束也会放松些，但我那些背负着的文化大革命初期的光环使我不可能是一个普通成员，众望所瞩下大家都以为我应该有比较好的作为，这给我带来的不是愉悦而是困惑。于是我开始躲避，与学校中的造反派组织若即若离，正好九、十月份混得很熟的成都电信工程学院的大学生们正在组建红卫兵成都部队，于是我就干脆又去和这些大学生大哥哥们厮混在一起去了，投入了组建红卫兵成都部队的工作中去。

红卫兵成都部队成立不久就面临着内部分歧的扩大，最终导至四川大学的红卫兵成都部队四川大学支队独立了出去，形成了一个"川大八·二六"派。我回到成都七中后，我和刘仁清等同学组建的《东方红公社》规模依然不大人数仍然很少，而这时成都七中毛泽东主义战斗兵团发展很快。在造反派红卫兵两派的纷争中，这个后来被称为"七毛"的红卫兵组织中多数同学倾向"八·二六"观点，运动的深入发展中有人提出了"七毛"与"东方红公社"合并的建议。这个取双方所长的建议得到多数人的赞同，当刘仁清来与我交换意见时，我没有表示更多的看法，因为在我的意识深处，合并了人就更多了事也会更多，在一个人数众多的组织中很难有不为人管或不去管人情况存在，所以我没有表示更多的意见，其实意识深处是觉得这好像与我关系不是特别的大，这个时候我不愿意被任何形式的"组织"所约束和捆绑的理念和认识得到了提升。

两派观点的分歧再加剧，最终在各个单位都形成了红卫兵成都部队和川大826对立两派的群众组织，在成都七中"七毛"也很自然的成为了826派的组织。这种情况让我面临一个很尴尬的局面，我是被同学们公认为是成都七中老造反派的，但最终我赞同的是红卫兵成都部队的观点，而当时的成都七中还没有正式成立红卫兵成都部队的组织，于是我成了"七毛"中持红卫兵成都部队观点的特殊人，好在当时刘仁清已经成了事实上的"七毛"负责人，我与他的友谊使得我这种特殊身份在"七毛"中也不好有人大动干戈的提出异议。

那段时间中作为持红成观点的"七毛"成员其实也不大好相处，毕竟持有的观点是相悖的，于是我又再次回到成都电信工程学院与那批大学生一起活动，当时从事的主要工作就是驻扎在四川省文联天天和826派争夺《四川日报》与《成都晚报》的发行。一月风暴夺权后川大826派走上了抓军内一小撮的路子，刘仁清也带领一批"七毛"的同学进驻到成都军区绝食静坐。很快"二月逆流"来了，在四川更形象的被称为"二月镇反"，军队出面抓反革命使得运动突然十分冷清，大家都回到了各自的单位，而部队也逐个单位进行清理，清理成都七中的是隔壁空军指挥部的7237部队，被清理的对象当然是"七毛"，要清理清楚的事件是到成都军区绝食静坐。

我这时也回到了学校，当然也很自然的作为"七毛"的成员和大家在一起。因为我的老造反派身份以及持有的红卫兵成都部队的观点，使我当时成为了一个很特殊的人物：其实我并不是"七毛"负责人，但每次7237部队来了解放军官兵时，出面应付的却是我。记得当时常来的是空军指挥部一位姓李的参谋，初次与他见面时我就表明了我的身份，刻意的强调了我是红卫兵成都部队观点，并且没有去成都军区静坐绝食，现在"七毛"是由我在管理，有什么事请他多与我联系交流。这使得他在后来的一个多月中与我的沟通交流十分通畅，结果也很理想，事实上"七毛"并没有受到更多的清理，我们只是向部队官兵提供了在成都军区静坐绝食的情况和过程。当年其他一些单位826派的被清理是比较严重的，不少单位和学校826派组织被部队收缴了所有的运动材料和工具，比如旗帜和宣传器材等，而"七毛"的这些物资基本上被保存下来了。

我在这一次代表"七毛"应对部队官兵的活动，第一次有了没有任何实际的职务但却能负责处理很多事情的体验，应该说这个过程是使人很愉悦的，有一种乐在其中的感觉。我认识和体会到其实不必披着某种外衣比如"领导"或"负责人"才能完成某件事情，你完全可以在一个特定的环境中以一种看起来似乎不担干系的身份，去完成和处理好一件其实十分重要的事情。体验中我感受最深的就是在这个特定的环境中要取得一种平衡，这种平衡就是在你身边的各种人物的信任，这种信任可以使得各方面甚至是对立的方面都认同你处置事物的方法和结果。当年的情况就是如此，7237部队的官兵相信通过与我的交流沟通就能解决他们希望解决的"七毛"的问题，而"七毛"中的其他同学也相信我能够对付好7237部队，有了这种信任事情也就好办多了。

其实能出现这种比较特殊的局面，我最终是把它归结于因为我是一个自由人，我的自由观念是导致我能够在这种特殊局面中成为特殊人物的关键。其实在"七毛"作为持有红卫兵成都部队观点的成员就表现出我的相当的自由主义倾向，刘仁清赞同揪军内一小撮的观点并身体力行的带着一批"七毛"成员进驻成都军区静坐绝食，是专门来和我交流过意见的，于情于理无论是作为他的朋友还是"七毛"的成员，我都应该支持他，但最终我坚持自己的自由度没有和大家一起去成都军区，这为后来与7237部队的周旋提供了很大的余地，如果当时没有那种对自我也就是自由的坚持也许我也就去了成都军区即便是不很情愿。后来再与7237部队官兵的多次交流中，我其实是很有底气的，不是仅仅因为是我没有去成都军区静坐绝食，也不仅仅是因为我是红卫兵成都部队的观点，这种底气更深入的是来源于我的自由身，我其实什么都不是什么都没有，我就是自由自在的一个人，你能奈我其何？

另外就是在那段时间中与部队打交道处理一些事务，居然很莫名其妙的时不时有一些激情和快感，若干年后当我在工作中经常比较喜欢去做有挑战性和有激情的事时，我才悟出这是当年年轻的时候有些过往经历给我留下了深刻的印象和感悟。事实上刚接触这件事情时，情况还是比较严峻和复杂的，部队官兵是带着"镇压反革命"的理念和任务来的，当时的局面是"七毛"中只有我的情况比较超脱，迎上前去面对有一种舍我其谁的味道。

与 7237 部队官兵接触后，感到沟通和交流很有必要，其中也有不少的方法和技巧，比如我很坦然不回避问题所在，告知他们想了解的事情我们确实做了，但应该是一个认识问题，最多是一个错误，也就是把地方上揪走资本主义当权派的事扩展到军队中去了。我与那个李参谋交流比较深，摆谈中我给他讲到了半年多前成都七中发生的许多事情，也曾经经历过被当成右派学生被指责"取消党的领导"，作为刚刚成年的中学生，我们确实是在运动中学会运动游泳中学会游泳，有错误是难免的只要改了就好。沟通中我觉得李参谋还是逐步理解我们了，这使后来的相互关系和问题的处理对我们双方来讲都不是那么特别棘手了，而我在这个事情的处理过程以及实际出的结果中，感受到了一些去面对去处理一些比较难办的事情给个人带来的某种挑战性激情。

形势的发展确实是变幻莫测的，1967 年 4 月 1 日，人民日报发表了《坚决支持革命小将》的社论，事实上宣布了"二月逆流"被粉碎，四川的"二月镇反"当然也很快的烟消云散。第二天成都市 826 派的中学红卫兵们举行了一次环城大游戏，因为几乎所有的 826 派红卫兵在"二月镇反"都被清理收缴了宣传器材，所以只有走在游行队伍最前面的"七毛"队伍才有旗帜和锣鼓，而在队伍最前面击鼓者竟然是我这个持红卫兵成都部队观点的人员。当然也正是随着形势的好转，在"七毛"内部也有人对我仍然在代表"七毛"处理外部事务提出异议，认为这不太合适，我自己当然也很自觉的退出了好像已经不太需要我的这个位置。

好在当时虽然造反派开始翻身了，但军方支持的产业军保守派势力仍然很大，所以造反派的两派纷争在强敌面前几乎没有表露出来，于是我与刘仁清商量由我带"七毛"的几个人到市中区百货大楼顶楼面向广场的位置建一个广播站，这实际上是在产业军控制的市中区插上一把刀。能在这个最好位置建立造反派的广播站，得力于我的好友陈大沛同学，他的哥哥就在百货大楼旁边的五金公司工作，建广播站的广播器材也是由他哥哥所在的五金公司提供的。我们一行五六个人用了不到一个星期的时间，就把这个广播站搞得风生水起，每天广播站下边的广场上或坐或站挤满了人聆听我们的广播，特别是每天几个重要时间点的"北京来电"广播，这个广播中传达了北京粉碎"二月逆流"的进展消息。像通了产业军心窝子里面一刀一样，我们这个广播站受到产业军的记恨两次被抢，好在那个时候文斗的氛围很强，产业军也只抢广播器材而对人没有伤害，而器材被抢走马上就有广场上的热心听众给我们送来予以补充。

我在这个广播站里工作的很愉悦，也有关系很密切的同学和朋友来询问我往后有什么打算？其实他们知道随着造反派形势的好转，"七毛"内部有了一些权力纷争的迹象，而成都七中红卫兵成都部队的分支机构也在紧锣密鼓准备之中。他们问我许胖子你就打算在这里这样弄下去而不去关心一下这些事吗？其实他们不知道，从我的内心来讲我在这个广播站工作得很愉快，没有人来管也不需要我去管太多的人，这正好符合我追求人性自由的天性，真的是乐在其中，甚至有一种"乐不思蜀"的自我满足。

在百货大楼广播站一个多月的工作中，我再一次体会和感悟的去做一件自己喜欢做的事情的乐趣和愉悦。我们广播站的人不多，就那么五六个人，一位技术很好的初中同学负责管理和维护广播器材，其他的人都各司其职，大家都明白自己该在什么时间上广播，以及广播什么内容，无需有人去进行专门的安排与指点，而我自己的工作是在每天上午 10:00~12:00 晚上 6:00~8:00 去播送"北京来电"。应该说这不是一个简单的把得到的"北京来电"播出去就行了，在一条消息播送时我都会插入一些恰如其分的语言，这些语言恰如其分的渲染和扩大了播送的来自北京的消息的影响，面对楼下广场上数以千计的人群，看到他们在静静的收听我的广播，我充分的感觉到了做一件自己所喜欢的事情的乐趣和愉悦。

其实像这样去做自己所喜欢的事情对我来讲已经不是第一次了，前一年发生的很多事情有不少让我体会和感悟到做自己所喜欢事情的充实和满足。比如撰写和制作成都七中第一张把矛头指向掌权者的大字报，等我头天下午和刘仁清交换完意见后，回到家中已经很晚了，经常在一起聚的家在川大工学院的几位同学，大家分工有序各司其职用了几个小时制作出了二十几页的大字报，作为文稿的撰写人，虽然很紧张很辛苦但却充分领略到了完成这桩我所喜欢的事情的乐趣。又如6.24与肖菊仁部长的对话中，虽然在场的同学由最初的二、三十人到最后的六、七十人，但会场讨论的氛围却很好，至少当时肖菊仁部长在与我们的交流中感觉不错，不然以他那样一级的官员不会和我们这群小年青讨论了五六个小时，作为对话的主角，我也是感悟到了完成一件自己所喜欢事情内心的自信和自觉。

虽然是乐在其中但也不是久呆之地，在132厂"5.7"产业军开枪之前，造反派的两大派都放下了相互的分歧比较默契的共同对外，所以百货大楼这个广播站本质上还谈不上造反派内部的派别，我在其中工作的十分顺利和自由。"5.7"之后，产业军迅速的土崩瓦解，造反派中两派的分歧与纷争在共同的大敌瞬间不存在的情况下又战火重启，这个广播站毕竟是826派的"七毛"的，好像我这个红成派观点的人在里边工作也不是很合适，而"七毛"中也确实有人对我主持百货大楼这个影响力很大的广播站提出异议，为了不使刘仁清等朋友为难，我主动的提出离开这个广播站，尽管刘仁清专程从成都七中赶到百货大楼来挽留我，但我还是坦然的与其他几位在这个广播站工作了一个多月的几位同学离开了。

离开之后又做什么呢？尽管在这之前当初作为成都七中老造反派红卫兵四个代表人物之一的龙向东，以及其他几位关系特别好的成都七中红成派校友都来向我邀约一起去筹建红卫兵成都部队七中支队，但因为这时我心中已经对文化大革命产生了一些困惑需要静心思考，同时对重回那种被人管和去管人的有可能放弃自我自由有些抗拒，加之对那种毫无意义的两派纷争实在没有兴趣，于是我婉言的拒绝了这些邀请，抽身跳出运动的漩涡，用了差不多一、二个星期的时间静心思索一些问题。

在当时的历史背景下，所谓的困惑也仅仅是一些疑点而已，主要是对运动的形势在两三个月中这种反反复复的左右摇摆感到有些不明就理，或者说是潜意识深处不大愿意糊糊涂涂的做事，希望尽量做一个明白人。而在这一个思考的过程中，我的那种人皆平等且需自由的认识与理念很强烈很清晰的有所提升，个人那种不愿意别人管也不愿意管别人的自由主义倾向更加清晰的成为了行动与行为指南，而其中比较标配的表现是强调要尽力做自己喜欢做有乐趣的事，而不要勉强自己因为外部环境的干涉与诱惑来违背自己的心愿去做那些自己心里面其实并不想做的事。这个阶段的这种思考后来对我这一生在处理若干事情和问题的时候起到了极其重要的作用，事实上也为我这一生能在方方面面取得相对自我比较满意和充实的成就起到了更至关重要的作用。

两派的分歧在日趋扩大，争斗也更加剧烈，这一切都使我很烦躁，我始终认为这种兄弟之争是没有多大意思的，但更多的人热衷于此也是无可奈何之事。接下来的日子主要是受蔡文彬的委托，与同班的刘传玉同学一起奔赴北京，与在北京航空学院的另一位成都电信工程学院的大学生组成了红卫兵成都部队驻京联络站，主要任务是了解北京文化大革命的动态和趋势。尽管我们做了很大的努力劝阻在成都的红卫兵成都部队不要提出"打到刘结庭打到张西挺"口号，甚至在两地电话沟通无效的情况下，派我回成都当面向红卫兵成都部队总部汇报，但最终也无济于事。之后我在红卫兵成都部队总部工作了一个月左右，主要的工作是每天晚上到将军衙门的省委组织部打电话与全川的红成派进行联络，这项工作因为后来有红卫兵成都部队七中支队也就是"红毛七"同学到总部去反映我曾经在"二月镇反"中和之后支持过826派，为避嫌当然也是我对两派纷争的不感兴趣我就主动的离开了红卫兵成都部队总部。

很快进入7月下旬，在武汉爆发了"7.20"事件，这件事情的过程以及在这之后王力关锋戚本禹被突然打倒使我对一直在思考中的问题有了较为清晰的认识，思想深处逐渐感到这项文化大革命运动好像是一场闹剧而已。特别是从 1966 年 6 月就开始冲锋陷阵的革命小将也就是后来的红卫兵，不过是这场闹剧中的一个角色而已，我心中暗自有了不要在这场闹剧中太进入角色去做自己不想做的事的想法。当然那个时候其实也隐隐约约感到红卫兵在当时看来似乎很风光，但他其实不过是领袖用来冲锋陷阵的卒子而已，最终的结局也许比王力关锋戚本禹好不了多少，于是我开始比较正式的在家中做起逍遥派了。

当时红卫兵成都部队七中支队也就是"红毛七"也住在我家所在地成都工学院内，所以也时不时去和至好的朋友和同学相会，后来就发生了在我看来是比较令人震惊的"8.10"事件，因为这是成都七中两派同学第一次武力相交。事发当时我还在家中，有同学向我通报了这一情况，我庚即赶往成都七中，到的时候行政楼三楼的火已经烧起来了，看到"七毛"的有些同学吊着窗帘从楼上往下跳，也有不少同学因此受伤。其实当天武力攻打成都七中与"红毛七"没有任何关系，那是红卫兵成都工学院支队也就是工院"十·一战团"的一次行动，当然攻打行为的结果是导致"七毛"撤出了成都七中，"红毛七"也因此顺势回到了学校。

其实事发时我急匆匆的赶到成都七中，内心深处是真怕都是同学的两派校友发生冲突，哪个时候我们在一年前写出第一张大字报的四个老造反派中，刘仁清和龙向东已经分别是两派的负责人，我以为以我的身份和与他们两人的交情可以尽量的缓和冲突。但我在现场一看，便知道一切无可挽回，误会和憎恨已经产生，我只见到了龙向东，他赤红着眼睛根本没有理睬我对他的劝解之言，在现场大声吼叫，当然事后他告诉我，他是怕已经发生误会的"七毛"同学伤害到"红毛七"成员所以当时特别的紧张。看到现场从三楼阅览室跳下的"七毛"同学，他们不少受了或重或轻的伤，但都是眼中满是惊恐和怨恨，这时我从内心明白，一切不该有的都已经开始了，同室操戈已不可避免。

七中"8.10".事件后两派的争斗愈加剧烈，在这前后出现了一个十分奇怪的口号叫"文攻武卫"，第一次听到时我就十分奇怪，既叫文攻又何须武卫，我预感到更大规模的武斗会发生会升级，果然装备由棍棒钢杆换成了长枪短枪。伴随着武斗的升级红卫兵们遭遇的悲惨事件不断发生，直至有同学付出了生命的高昂代价。退出成都七中后"七毛"住进了市中区省教育厅，在一次不幸的市区遭遇战中，高六六五班的文汉生校友不幸遇难，这是一位英俊高大的同学，他的离开给同学们带来极大的悲愤，之后不久高六六四班的黄尚培校友也在两派的恶斗中失去了年轻的生命，他们是成都七中校友中为那场革命付出的最高的代价。当听到这些消息时，我内心确实十分悲痛和惋惜，痛惜年轻的生命过早逝去，惋惜红卫兵们为这场闹剧付出如此之高的代价。于是我彻底的沉默了，窝在家中当起了完全的逍遥派，除了买菜做饭不断的提高自己的烹饪手艺外，便是潜心的去阅读了那部隔壁邻居卓老师书架上的《简明政治经济学》。

我希望毫无意义的两派纷争尽快结束，我实在也不能明白大家同室操戈是为了啥，但树略静而风不止，在两派红卫兵都付出了包括生命在内的巨大损失后，增添的是相互间更多的误会乃至仇恨，两派的恶斗愈演愈烈，直到度过了 1968 年春季的"反击右倾翻案风"才稍有平静。这个时候，我们这一批后来被称为"老三届"的中学红卫兵，年纪大的已二十一、二，最小的也有十六、七岁了，大家还被家中父母供养保持和享受着当年红卫兵的不可一世，大家真的以为自己是天下的主人国家和社会舍我其谁。但这个美梦总得会被打破，先是 1968 年 7 月由领袖派出的工人毛泽东思想宣传队迈着"工人阶级领导一切"的步伐进驻到了全国所有的大中学校，红卫兵们退下了不可一世的神光，回到教室里边开始复课闹革命，当然那个时候先生们都被作为资产阶级知识分子被批判了，无人上课就是来上了也肯定不知道该讲些啥，于是大家聚在一起也就是唱唱革命歌曲跳跳忠字舞。

这批总数约有 1000 多万的"老三届"中学生，伴随着年龄的增长最终总得有个归宿呵，当然都是后来我们才明白，这在当时国民经济濒临破产的边缘背景下，已经是一个极大的社会经济问题：国家和社会是没有条件更没有能力解决这 1000 多万中学生的就业的。好在中学生们从小就是听领袖的话的，领袖在 1968 年底发出了号召，倡导知识青年到农村去接受贫下中农再教育。应该说当年的中学生们仍然是意气风发的上山下乡的，一是他们中的绝大多数人都不了解农村，更不了解要向他们提供教育的贫下中农也就是农民的情况，他们还认识和体会不到在农村自食其力的困难和艰辛。二是他们还带着红卫兵天之骄子的余威，他们还相信世界归根结底是我们的，不是说与天奋斗其乐无穷与人奋斗其乐不无穷的嘛。当然到了农村看到农村以及农民的本来面目后，大家才如梦初醒返城之心油然而生，长达六七年的源源不断的知识青年上山下乡直到国家走上了改革之路后才得以终结，在这个过程中产生了无数返城的故事。

我在前边的回忆中很详细的忆及了我从 1969 初到 1971 年初很辗转复杂的下乡历程，呆得最长的地方是蒲江县大唐公社，我在那里做了一年的知青，也是在那里结识了我进入社会后遇到的第一位贵人。说到这个贵人，有一桩事情还是想比较详细的记叙一下，就是我在大唐公社当知青时，与同一大队邻生产队的其他知青朋友发生的一桩"打狗"事件，这个事情我在前面的回忆中曾经说到过，但过程不是十分的详细，这件事情的发生和最后的处理过程特别是在这个事件过程中我个人自己的思想活动，对事件本身是起着十分重要的作用的，它与我个人多方面性格习俗紧密相关，特别是个人的担当和胆识。

这件事情的中心是我们两个生产队的四个知识青年打杀了一条农民的狗并把它作为美味佳肴烹饪来享用了，这在当地习俗上引起了一场渲然大波。这条狗是我毗邻生产队一家贫下中农社员的，打狗的主要人物是一位杨性的知青小兄弟，当年他的年龄最多有十六七岁，这位小兄弟的姐姐是我们成都七中的一位校友，临下乡时她多次叮咛和嘱托让我照顾一下他的兄弟。用今天的话来说应该说这位小兄弟的情商还是有点不大不小的问题，比如说他要打的这只狗和这只狗的主人，其实平时和他处得相当不错甚至可以说是有相当感情，但不知何故他出于什么因缘突发奇想要打杀这只狗让大家享用一下美味佳肴。

他准备要打这只狗时确实来跟我们几位知青说了一下，我当时听到了不是很在意，以我的习惯思维以为这位小兄弟也不过是说说而已，但似乎与这位小兄弟同一个生产队的另一位知青同学比较支持和鼓励，我自己虽然没有明确的表示态度但有不置可否的味道。我当时不很在意是因为我觉得这位小兄弟不会真的去打这条狗，因为他与狗以及狗的主人处得还是有相当感情的，再就是以他一己之力去打一条成年的壮狗我认为也不太可能，所以我对他的说法不置可否很不在意，没有明确的去阻止他做这件不该做的事。使人万万没有想到的事，他居然在说了这个打狗计划的一两天后的一个下午来到我的住处，背着一只背篼，与他同行的有他同一个生产队的知青队友，一见面我在那位知青队友的表述中知道了狗是这位小兄弟打的，他们已经通知了与我同生产队的另一位知青队友来分享狗肉的美味。

我这时知道这位小兄弟闯祸了，但事已至此没有办法挽回。这里要说到一下我和我的同生产队知青队友的住宿情况。我们刚到生产队时是住在一起的，生产队把我们安置在一处公房之中，大概是在大春作物也就是水稻收割之后，公房需要做其他用处，我和我的知青队友便分别住到了两个农户家中，我选择的这家在当还是有点阴差阳错，不是贫下中农而是一位中农，当然也因此家境较好独立的宅院比较大，我也住在一个相对比较宽敞的房间中，这也许是这位小兄弟最后选择要到我这里来烹饪那只狗的原因。我们知青四人表面上看起来都很愉悦的在炖狗肉，但除了那位小兄弟之外其他三人肯定都各有心事，因为另外两位同学也是高六七级的，年龄也不小了应该比较成熟，肯定知道这件事情的后果和严重性。特别是我是处于一种极度的矛盾之中，因为我心知肚明知道这件事不会这么简单结束的，它会给我们带来很大的麻烦，想到这位小兄弟姐姐对我的嘱托，我十分懊悔没有听到他有打狗的想法和准备时坚决的去阻止他，但狗已经打杀了并在烹饪了，现在需要我尽快的作出决定如何把打狗事件的麻烦尽量减轻。

我这时首先想到的是如何把大事化小，这个事情是个麻烦事是必然和肯定的了，最终它一定会扯在光天化日之下让我们当然从道理上讲应该是让这位小兄弟承担犯了一个错误的责任，当然肯定会有由此引起的赔偿。我接着想到的也许得由我来承担这次打狗事件的主要责任了，这除了考虑到这位小兄弟的姐姐对我的嘱托外，更多的我是想到也许我来揽过和承担主要责任，把事件争取尽量的大事化小得到尽量好的处理结果的可能性要比由哪位小兄弟去承担大得多，因为在上上下下的众人眼中，那位小兄弟就是一个少不更事的"混人"，而我是在当时情况下得到上上下下各方面认同的表现优秀的知识青年，特别是我和公社的党委郑书记有着比较密切和良好的关系。这时我想到了一个如何让众人相信是我主谋打杀了这只狗的问题，这其实是是一个比较复杂并且并不简单的问题，因为在众人的心目中我这个表现优秀的知识青年做这种事情几乎是不可能的，它需要有一个比较妥当和恰如其份的说法，而当时立刻想到的是现在被打狗的狗肉正在我的房间中进行烹饪。

还没有把一切考虑的很清楚，该来的事情就来了，当有了狗肉飘香的味道时，狗的主人寻来了，他们敲开了我的家门，来了一个捉贼捉赃，现场把我们挡获指证我们打杀了他们的狗，并且把打狗事件上升到打了贫下中农的狗的阶级路线的高度。突发的情急使我的思路一下子开了窍，我立刻故作惊讶的说是你们家的狗啊，我们以为是一只野狗，今天天气有点冷，就把他打了想饱一下口福驱一下寒，并且立即表示对不起，我们一定按市价赔偿。因为那位小兄弟也在场，这种说法没有得到这户贫下中农的认同，他们认定是那位小兄弟带头打了他们的狗，不依不饶的通过生产大队把问题汇报到了公社。

其实这个问题被汇报到公社，并不完全是狗被打了的农户的意思，之中参杂了我很多技术性的考虑，从某个意义上来讲是我有意把这个问题引导到公社这个层面去解决的。因为这个问题发生的当事各方都在同一个生产大队，如果真要想解决问题的话，在生产大队也可以解决不一定非要到公社，而我当时在潜意识深处有两点考虑，一是在大队这个层面解决，不管问题最终的解决结果如何，在生产大队影响应该是比较大的，这对于我们在这个大队的知识青年特别是我们几个人应该不是特别有利，二是在潜意识深处我觉得既然是我出面把主要责任承担下来了，到公社这个层面去解决问题也许更好些，因为我毕竟是在公社挂了名的表现优秀的知识青年。所以当大队出面调解这个事情的时候，我始终坚持开初的说法不改口，就是打错了狗以为是野狗，另外就是按市价赔偿，这使得农户很不满意，于是由他们提出向公社汇报在公社去解决。

到了公社开始解决问题的情况就让我感到我引导到公社来解决这个思路是对头的，因为公社本身有一位专管知青的副主任，她的另一个身份是公社妇女主任，这种不大不小的问题按惯例在她这里就应该可以解决了。站在她的办公室中问题都还没有讲清楚，就传来消息说公社党委郑书记要亲自召开会议解决这个问题，这时我感到有戏了，事情有可能向着良好的方面转化。因为在打狗事件发生的 11 月份之前，从 7 月份开始我与郑书记在参加县上的学习毛主席著作积极分子大会上认识后，几个月来交往很多情况很好，他对我是很了解也是很肯定的，应该说我们之间有一段不太能说的很清楚明白的友情。妇女主任听说郑书记要亲自开会解决这个问题，赶忙组织一帮人到了公社的小会议室，然后她亲自去请党委郑书记来参加会议。

妇女主任主持了会议，当然是被打了狗的贫下中农首先讲了过程和诉求，其实也就是向郑书记告了我们的状，农民嘛在表诉中肯定是缺乏重点的，比如我们一直说的以为是野狗打错了的话，他也在告状中向公社领导讲了。郑书记听完了农户的汇报，居然没有打算让我们申诉一下，我也心照不宣的沉默不语等待他的批评。果然郑书记一开口，批评的调子就定的很高，他说毛主席让你们来接受贫下中农的再教育，你们居然把贫下中农的狗打了，不管你们是有意的还是认错了狗，但客观上打的就是贫下中农的狗，这就是错了是大大的错了，错了就要认错就要改正，你们仅仅在这里认错是不够的，还要回到狗主人所在的生产队去道歉，这样才能解除贫下中农对你们的误会，至于赔偿嘛仅按市价是不行的，别人又不是把狗打了挑到市场上来卖，至于赔多少你们自己考虑吧。

郑书记这般高调的批评，让被打了狗的农户心中十分满意，他们认为自己的委屈终于在公社得到声张了，这时郑书记让我表态如何办？我首先表示这个事情是我们做错了，郑书记批评得对批评得好，有助于我们提高思想认识，不管是不是当做野狗打错了，打了贫下中农的狗就是不对，这里先在公社再次表示道歉，今天晚上回到生产队后就请大队书记主持生产队会议，我们在生产队会议上批评检讨道歉。再就是赔偿问题上，我主动提出按市场价的两倍予以赔偿，如果贫下中农没有意见，我们现在在公社就当着郑书记的面赔偿。我的这个表态使在座的人包括郑书记和农户都很满意，农户满意与当时当地的一个习俗有关，当时那个地方的农民养狗也同养其他的家庭家属一样，都是从年初养到年底天冷了就要打杀了到市场上去卖狗肉，现在听到我愿意两倍市场价格赔偿，当然很高兴也从心里边原谅了我们。

这样这件来势汹汹的打贫下中农事件，就在郑书记高调批评中得到了妥善的解决。其实郑书记一定知道这个狗不是我主导打的，以他对我的了解，他肯定不会认为我是偷鸡摸狗的人，所以事后的下个星期的赶场天我到公社去时，他见到我的第一句话就是很调侃的说，许仁忠你好大胆居然敢带头打贫下中农的狗，我一听就知道他肯定晓得这条狗不是我主导打的，我要这样承担责任肯定另有隐情。

这件事情是我离开学校走向社会后所遭遇到的事实上比较麻烦但最终却由我主动承担和解决了的一件事，在事件解决过程中我的思维和我的行为有了提升，为日后我在工作中碰到更多问题需要解决的时候提供了良好的基础，它让我尝试了如何在困难的情况下敢于面对敢于主动的去解决问题的过程，事实上对我后几十年工作中遇到的很多问题是有所帮助和补益的。其实当年这个打狗事件，我也可以不去承担责任的，不过就是那个小兄弟的姐姐对我有一些嘱托，事情是小兄弟自己闯下的祸我不去主动承担，他的姐姐肯定也不会因此责怪于我，但在当时错综复杂的情况下，多方面的综合因素让我选择了去主动担当，并且在担当过程中也不是一味的蛮干，而是比较有理有利有节的利用各方面的因素，以该有的机智和胆略比较得体的解决了这个问题。这种对事情要有担当要有胆魄要有谋略但最重要的是要有自信，对我从那个时候开始的融入社会生活后如何面对现实，肯定是有很深刻的启发和指导意义的。

第三章 工作自由

勤勉与能力让自己工作自由

在蒲江县大唐公社待了一年后，在那位贵人郑书记的帮助下我被成都市金牛区供销社招工，回到成都是 1971 年 2 月。在集中培训了半个月后，我被分配到石羊供销社做了供销社的文书，这个职位相当于现在的办公室主任。在这个岗位上做了一年之后，1973 年上半年我先是被借调到金牛区商业局工作，后来便正式调到了金牛区商业局，在金牛区办公室工作，没有任何职务就是一个普通的工作人员。但就是在那几年中，我却做出了好些现在回想起来还是颇有些意思的事情，这些事情至少表现出来我当时的一些自我思想意识，因为当时所做的这些事情无论是于公还是于私，以我自己个人的情况来讲，还是有些匪夷所思的，没有一点自我担当和相应的能力，在那个奇怪的年代中能够把这些事情做成是几乎不可能的。

最初是由结交人开始的，这个时候从小就有一点的那种人皆平等意识在我的实际工作中得到了发挥，我在结交人上是没有方向性的，因为潜意识中有人皆平等的观念，所以无论我和任何人打交道，双方都有一种不卑不亢的味道，就是人与人之间的沟通与交往，没有当年常有的那种极不正常的扭曲。我结识的人中在金牛区这个范围内有高层的领导，包括商业局的几位局长财贸部的几位部长以及区委两三位书记，另外就是金牛区商业局下属的 20 多个供销社和经营部的领导和相当一部分员工，其中也包括在商业局工作的两位烧开水和煮饭的工人。从内心讲我和这些差别很大的人打交道的时候，内心深处没有什么身份地位职务的概念，我就是觉得这是人与人之间在打交道，大家都是平等的，如果要说到地位和职务我自己就是最差的，但我没有因此而产生的自卑心理，对自己的言谈和行为应该是很充实和自信的，因为我不觉得我比你差什么，当然我也不比你强多少，大家都是一个普通的人。更重要的是在和这诸等的人打交道的过程中，我个人没有什么特别的诉求，就像当年在蒲江县大唐公社与郑书记那位贵人打交道一样，就是像朋友一样的坦率的聊天。

当年我和金牛区那些局长部长和书记们打交道时，确实后来也建立起良好的相互信任相互尊重的关系，在我的感觉中这些人都比较喜欢与我聊天，有时候聊的话题有点漫无边际。但是在聊的过程中我感觉到了这些领导干部的某种"空虚"，事实上他们的思虑是很多的，反而没有我这个普通干部活得坦然坦白，所以当我坦然坦白的以相互信任相互尊重的心态和他们聊天时，一切就敞开了，也许在某个味道上对他们自己都看不太清楚的"空虚"有所弥补。因为有这种坦然聊天的基础，反而在需要他们作出决定的工作上表现出信任和方便，当年他们这些上下级之间即便是工作也好像有些事情不大好沟通，反而我这个二不挂五的一般干部，在协助他们沟通工作上的一些事情的时候起到了意想不到的恰如其分的作用。当然当时我也知道他们对我的这个小年轻在真诚和信任之外也有利用的味道，比如他们后来会利用我和成都市市委财贸部及第三商业局的机构与人员有比较密切和良好的关系让我去疏通金牛区与市上的财贸商业工作的一些事。但我在做这些的时候，其实内心是很坦然的，他们就像委托朋友一样的让我去跑跑去沟通交流一下提一些诉求，目的还是想让金牛区的财贸商业工作多得到一些市里边的支持和帮助，这些事情能做就去做一点，对我又没有什么妨碍我又何必想那么多呢。

上面说到了我和成都市委财贸部和成都市第三商业局一些机构和干部的比较密切和良好的关系，从某个意义上来讲这种关系的建立，既是一种必然也是一种偶然。说必然是因为我一直生活在成都市区，相当多的时间都是在四川大学成都工学院这样的大学度过的，相比于金牛区商业局这个比较封闭的机构中的其他干部，我对外的开放性要强得多，这是我能和成都市委财贸部和第三商业局有关方面建立良好关系的一种必然。说到偶然，能够认识成都市委财贸部以及第三商业局的干部，是参加了一次成都市委财贸部召开的工作会议的偶然，会议的偶然使我认识了上级的这些干部。

在说到这次偶然的会议之前，说一下这两个其实很重要的上级机构，成都市委财贸部是主管全成都市的所有的经济机构和部门的党的机关，管着全成都市包括商业财政银行财政等方方面面的机构人员。至于第三商业局是因为当时成都市有三个商业局，第一商业局管用的东西比如百货五金日杂等公司以及相应的业务，第二商业局管着吃的东西比如食品烟酒餐饮等公司和相应的业务，而第三商业局它的又一个名称叫成都市供销社，管着遍布在农村中的成都市郊区的所有的供销社以及各项业务，是我们金牛区商业局也叫金牛区供销社的顶头上司。我大概是 1974 年四五月份参加了一个由市委财贸部组织召开的"龙泉驿区水蜜桃销售工作会议"，在这个会议上认识了两位干部，一位是市委财政部的姓权，另一位是成都市第三商业局的姓周，这两位干部后来在 1976 年帮我把我妹子办好免下农村的手续起到了至关重要的作用。

至于那个"龙泉驿区水蜜桃销售工作会议"咋听起来好像有点怪怪的，这个工作会议，他的主题好像太狭窄了些太具体了些，特别是这个工作会议是由党的成都市委财贸部组织举办的，就使人更觉得奇怪了，而且这样的会议是每年都要举行一次。这是怎么回事呢？这多少要说道一下当年的计划经济，多少也能反映出一点计划经济的特点。当年在计划经济的架构下，几乎所有的生产销售也就是所有的经济活动，都是要编制计划按计划指定性执行，而大概是在文化大革命行将结束的 60 年代末，成都市编制了让龙泉驿区发展以水蜜桃栽培生产为主的发展经济作物计划，市委财贸部是主导执行这个计划的领导机构，当然成都市第三商业局是身体力行的执行者。几年后水蜜桃开始挂果了，品质还相当不错，但一个很尴尬的问题出现了，水蜜桃这种这当时还是比较高档的水果，成熟的时候能够储藏的时间很短，加之因为是比较高档的水果当时成都市普通的市民消费不多，这就有一个如何按计划把让生产队种的水蜜桃销售出去的问题，肯定没有哪一个商业部门敢去包销收购，于是作为一项政治任务，市委财贸部每年都要在四五月份召开"龙泉驿区水蜜桃销售工作会议"，把农村人民公社生产的这些品质不错的水蜜桃通过各种渠道其实也就是动员广大干部和市民多吃多买点以推进销售。

这个事例说明了计划经济他也有自己的一些优点，比如让农民种植生产了水蜜桃，计划经济的机制就会要求按计划完成销售，人民公社的生产队是没有后顾之忧的，这确实是计划经济的一个优点，所以近年来还是有不少想回到计划经济老路上的声音。但计划经济在我们共和国前30年中已经被证明是一条走不通的死路，它的一些所谓的优点与给经济发展带来的弊病相比是小得多。计划经济首先的弊病是他事实上不可能很好的平衡供给与需求，编制出来的计划经济供给与需求都是死的数字，而现实中的供给与需求是在不断的变化着的，其实需求和供给的平衡不能保持还不是主要的，主要的是计划经济让产品或者说是商品的价格被严重扭曲，产品或者商品的价格不是由需求和生产成本来确定，而是由计划确定，这就使得问题特别大了。合乎客观实际的产品或者商品的价格是应该由市场来决定的，是由市场需求和产品或者商品生产的成本核算所确定，它实际上是在不断变化波动着的，不断的被亚当·斯密《国富论》中的"那只看不见的手"所引导和操纵。计划经济的所谓的一些优点，远远的被这些违背价值规律弊病所淹没，我们所经历过的共和国前30年那种完全的计划经济曾经把我们带到了国民经济行将崩溃的边缘。

当然市场经济也不是说不要计划，所以就有了当代西方发达国家所倡导和实行的市场经济的理论和实践。市场经济主张国家对私人企业尽可能少干预，实行自由经济、自由贸易、强调个人自由，市场经济模式的特点是私人经济占绝对主导国有经济比重小；私人资本集中程度高垄断性强；市场自发调节作用很大，国家干预少；劳动力市场的自由开放程度高流动性大。我们从上世纪80年代以来逐渐由计划经济向市场经济过渡，取得了很大的改革成果，特别是在相当大的范围内实现了由市场确定价格，当然也在相当大的范围内改变了生产由计划确定。但我们这些改革并不十分彻底，在很多领域计划的痕迹还是很重的，我们实际上是一种市场和计划并行的机制，就以价格为例，饱受民众诟病的"两桶油"的定价机制本质上还是计划的，这应该是我们这种市场经济的特色吧。

这种市场和计划并行的机制带来了很多问题，其他的不说，就说说腐败这个事吧，从某个意义上来讲我们可以称着是制度性腐败，因为现行的经济体制的双轨性，是腐败得以大规模大面积发生的最好的滋生土壤。著名经济学家许小年曾经讲到：完全的计划经济无法变现，完全的市场经济无法寻租，而半管制半市场经济，则可以寻租变现，这个描述极其生动形象的刻画了我们这种双轨制是产生制度性贪腐最好的基础。君不见现在的贪腐数额大得使人咋舌，没有市场经济这个幌子和面纱，如此巨大的社会财富是不可能有这些贪污者个人掠入的，而让他们明目张胆在光天化日下取得这些财富是计划的权力和寻租。当然这仅仅是从经济的角度来探讨贪腐产生的因素，从政治上文化上乃至从人性上，贪腐得以这么严重的发生是有着他各方面广泛的基础和因素的。

好像话头有点扯远了，本来还想顺着市场经济和计划经济来说说政治机制，还是后边找机会再说吧，我们还是回到前面的话题上来，前边是说到了我和当年金牛区从商业局到财贸部到区委一些领导相处时的一些观感，在当年那个政治背景下这些领导在相当大的范围内被称作为"当权派"，当然最忌讳和害怕的是加上几个字的定语，也就是"走资本主义道路的当权派"，这可是当年那场浩劫也就是文化大革命的斗争矛头对象。当年商业局一共有五位局长，我与他们绝大多数都相处得很不错，首先是一把手张局长，他还兼任着区委财贸部的副部长，这是一个很不错的南下干部，一口到底是山西话还是陕西话使人与他对话时有一种愉悦的感觉，他的夫人是地道的四川人，满口纯正的成都话也让人感到交流起来十分通畅，她有个很重要的职务就是金牛区卫生局的局长，这为当时的很多事情都带来了不少方便。因为一些很特殊的原因，我后来成了他们家庭比较常去的人，至少周末需要到他们家中去一次，要帮他买些肉带去包饺子，当然顺便也就在他们家中吃午饭了，有相当长的一段日子都是这样，不过这位一把手可能是因为只抓大事吧，对局里边的具体业务工作他几乎不过问，所以从工作的角度我与他联系较少。

另外还有两位局长本来是市上的干部，从五·七干校回来之后被分配到了金牛区，毕竟是市上的干部文化程度和待人接物以及涵养方面都和我很合得来，特别是二把手对业务工作很上心，所以我和他的联系是比较多的，顺便说一下好像他的一位孩子是我们成都七中的校友。另一位是一位很忠厚的长者，当年年龄就比较大了，可能也接近退休年龄了，这两位局长和我的关系都处得相当密切并且也很坦率，他们需要我做的事，无论是工作还是私事都是直言相告，这使我感到很愉悦和满意。还有一位用他自己的话来讲是排龙尾巴的局长是从金牛区本地刚提拔出来上来的干部，他经常调侃自己的一句话就是"升官不发财，粮食垮下来"，农民出身家也在农村表现出一种质朴的风格，他跟我沟通更是直接，比方说他的困难补助被财贸部部压着没有批下来，他会直截了当的喊：小许你去给我看一下嘛。相比之下一直是在金牛区商业局工作的也是一位南下干部的女性局长与我的关系好像要稍许疏远些，当然我也明白比较疏远一些是她与商业局中很多老办事员关系特别密切有关，因为在当时的背景下这些老职工对我还是有些误解，所以我也充分理解她的一切。

至于当年打交道的区委和区委财贸部的"当权派"也就是领导，他们和商业局一把手一样都是南下干部，当年在他们那个位置上的人应该都是18集团军南下的解放四川后转业为地方干部的。财贸部包括那位兼任的商业局局长在内有三位部长，一把手部长就像我在蒲江县大唐公社下乡时的贵人也是聊天朋友郑书记一样特别喜欢与我聊天，我每次去财贸部在他的办公室中他的办公桌对面坐着一聊经常是一两个小时，当然聊天的主要讲话对象是我，但他会时不时插语甚至提出一些问题开启我聊天的话头。我对他总体的感觉是一位慈祥的老头，因为我在与他一两个小时的聊天对话中他总是笑眯眯的，我后来向其他的人特别是他的下属也就是财贸部工作人员说起我对他的观感时，这些人都说那是你的感觉，部长其实是很严肃也很严厉的，因为聊天聊得很多就特别的熟悉了，我后来也成了他家中的常客，时不时到他家中去串门。另一位部长看起来好像是文化人至少肯定文化程度要高些，我与他虽然交流不是很多，但我觉得他待人其实特别的好也特别的恰如其分，没有一种因为交流不多产生的陌生感。

与区委的几位书记交往不多，比较熟悉的是分管财贸的书记，当然也是一位南下干部，我个人觉得与他们的交往我比较随意，当然主要是工作上的，应该说书记们对我的感觉还是比较好的，这从1975年我到胜利公社参加党的基本路线工作队工作，因为我不是党员但需要列席公社党委会议同时还要做胜利公社政治夜校教员，在情况提交到区委常委会议上讨论时，各位书记和常委们都一致对我的情况和我的工作给予了肯定和支持，同意我这个非党人士做这些工作上可以看得出来。特别是1976年为了支持和协调四川省食品公司购买商业局在苏坡桥任家碾的一块地，我在当时很紧急的情况下赶到成都火车北站找当时主管财贸工作的书记在报告上签字时，他笑呵呵的以他惯有的风格给我开玩笑，说"小许啊你把工作都做到这里来了"。

在这里说到了这批干部，在当时的政治环境下，很多人都会觉得与"当权派"也就是领导打交道比较麻烦，而我却处理的很坦然，这之中最重要的因素是我没有诉求，同时潜意识中的人皆平等且需自由在支配着我的思维和行为。诉求上以我当时的情况既不可能入党更不可能提干，当然自我对自由的渴求也不想入党和提干，反而没有了这些可能形成关系障碍的一些东西，我与他们的相处就变得十分的随和与坦然了，也正是我的这种随和和坦然又增加了他们对我的信任感和亲切感，人际关系上反而很简单了。至于意识深处的人皆平等且需自由的理念，使我下意识的在与他们打交道时有一种不卑不亢的自尊与自信，我认为他们虽然是领导但从人性的角度大家都应该是平等的人，我尊重他们但不必把这种尊重刻意的加上很多世俗的色彩，我何必因为他们是领导去约束自己企盼自由的天性呢？其实反而是这样，这些领导还觉得小许是可以信赖的，也是可以打交道的。

同这些在金牛区那个范围内比较高层的领导们所建立的这种良好关系，让我得到的益处是我的工作自由度就很高了，几乎没有人来管我，更没有人来给我安排工作，我都是自己自主的根据工作的需要自己在安排自己。想要说明的一点不是因为和领导的关系好就没有人想来管我敢来管我，其实更主要的是我自己给自己安排的各项工作，无论它完成的力度还是实际效果，都达到并远远超过了在当年那个环境下一个办公室普通工作人员的工作要求，也就是上上下下的人都觉得我的工作是不需要人去安排去管理的。这种自由度大的工作状况既是在我很渴望和追求自由的纷围中产生的，又反过来推动了我对能自由自在生活和工作的企盼和希望。

当年一周六天的工作时间我大致是这样分配的，用两天甚至更多的时间在商业局所管理的下边二十多个基层供销社和经理部转悠，主要是了解这些基层商业单位工作的状况，发掘和总结他们工作中可供宣传的成就。当然也有一个附带的好处是人性使然，就是我到这些基层供销社去的时候，供销社的主任们都很欢迎我并且与我关系也很好，这些供销社都距离金牛区商业局机关所在地茶店子较远，一般去一个供销社就应该是一天的时间，中午的时候供销社的主任们会和我一起吃一顿饭，这顿饭在当年物资供应很紧张的时候"油大"还是很不错的，也不需要我花费用，因为无论从职务还是年龄上来讲他们都是领导是长者，这也为我当年在商业局工作时工资不高的情况下省下了一笔日常费用。

再就是几乎每周都需要安排一天的时间与上边谈到的各个层次的领导们聊天，当然在聊天的背后实际上也是有工作需要做有目的需要达到的，比如到财贸部去或者是取得对商业局某项工作的批准，或者是通报一下当时必须要向领导汇报的工作，甚至有的时候就是为商业局那排龙尾巴的一位局长催一下他的生活补助。还有两天的时间是需要我在机关里边呆下来形成一些文字上的东西，大的方面有商业局召开商业工作会议时局长要去做的报告，它包括去年工作总结和今年工作安排，小的方面是商业局长期有一个《工作简报》需要编辑和印发。所有的这些工作都是我自己在安排在完成，这个过程对我来讲是一个充分享受人性自由的乐趣，同时它的过程和结果也让我享受到了做自己喜欢做的事情的满足与充实。

当然还有一个偶然的情况让我成了金牛区有名的"全能办事员"，就是我所从事的办公室的文字工作，不仅文案由我撰写，在很多时候，文稿的打印也由我一并完成。是个什么样的偶然呢？是因为当年商业局被批准购买了一台新的中文打字机，说起这个中文打字机在现代人中已经是个陌生的历史，在当代青年中更是一个古董，而在当年它确实是文字信息传递不可缺少的设备，对它做一点专门的文字记载吧，也算是对历史留下一点记忆和留恋。

简单的讲打字机就是一个机械的活字印刷，它是一个字一个字的把文稿内容打在一张蜡纸上，然后在油印机上用滚筒和油墨印成纸张上的文字。就是这种活字打字机也表现出东西方文化的一些差异，英文打字机结构简便很好使用也易于掌握，因为它的字盘上只需要 26 个英文字母以及一些简单的比如标点符号等。而我们的中文打字机则笨拙得多了，因为我们的文字是象形字，常用的汉字有两三千个，所以它的字盘相当笨重庞大，大约有 2000 多个字钉在上面，打字员需要熟悉和记忆这些汉字在键盘上的位置。因为有比较大的数量，工作难度就比使用英文打字机难多了，为了方便熟悉与记忆，对字盘上字钉的排列组合十分重要，打字员得根据自己的工作环境和自己的工作特点把常用的汉字字钉组合好放在方便的位置上，所以字盘的文字排列也是打字员工作中很重要的一个部分。想多说的一句话是仅就中文和英文打字机的比较来看，文字的特点使得别人要方便一些，英文打字机一般都是便携式的，撰稿人一般也就顺便边写边打印了，而中文打字机不行，一般都有专门的打字员在从事打印工作，所以当年很多单位上都设有打字员和打字室。

其实偶然并不是新购置了一台打字机，而是与此同时商业局调进了一位新的打字员，这是一位刚从中学校毕业的小姑娘，来到单位上之后却怯生生的，当年的环境背景下文化程度也不高是个初中毕业生吧，打字对她也是一项新工作，不仅谈不上熟悉甚至要从头学习，自然使工作有点跟不上节奏。我这边有些文字工作时间性还是比较强，比如要发的《工作简报》有点新闻报道的意思，过了时间节点发文的意义就要小得多了，在这种情况下，也算是帮助下那位小姑娘的工作，新购买的打字机的字盘是由我为主在上面排列字钉，当最终完成字盘上字钉的排列工作后，我自己才发现其实我已经能胜任打字员的工作了，因为只要熟悉了和记忆上了字盘上的汉字字钉位置，打字的其他技术就比较简单了。

于是在这种情况下，有时候因为工作的需要，我就时不时的充当了打字员的角色，从文章内容的采访开始，到文案文字的撰写，最后是打字印刷形成文稿，这一条龙的工作都是我一个人完成的，所以被称为了"全能办事员"。刚开始打印文案的时候还是比较被动的，材料要得急好像也没有办法只有自己动手，搞了一段时间后慢慢也发现了打字员工作的某些乐趣并且逐渐喜欢上了它，至少它与其他工作形成了工作形式上的一种调节，所以说从某种意义上来讲，当年去做打字这种份外的工作也可以算出是做自己喜欢的事吧.。

在金牛区商业局工作了大约有五年多吧，中间有不少事情真还有些回忆记叙的意义，至少这些事情对我个人这种情况来讲发生和发展几乎都有点匪夷所思。事实上正是因为我个人在人生价值观上很崇尚平等与自由，也就是那句人皆平等且需自由的话，再加上自己比较喜欢去做有点风险有点刺激的事，在做事的过程中又比较追求做自己喜欢的事，那些现在回过头来看有些匪夷所思的事才发生了。这些事情中有不少我在回忆录的前边曾经记叙到过，至少是曾经提到过，当然当时的回忆是从其他的侧面来记叙的，也挑几件有趣的事情从自己个人人性使然的角度来回忆回忆记叙记叙。

先说一件在 1974 年批林批孔中发生的一件事情吧，那时我到金牛区商业局才一年多，因为各种表层上的原因，当年的金牛区财贸系统和商业系统的职工们，都把我这个既非共产党员又没有一官半职的办公室一般工作人员，视作是商业局的局长秘书，而更多的都认为我是被培养中的局长接班人。批林批孔运动一起，下边基层供销社的原来的造反派们便蠢蠢欲动了，在经过一段时间的串联和准备之后，他们杀向了茶店子金牛区商业局，要在局里边召开批林批孔大会，也就是要清算这几年来对造反派的迫害，要把他们曾经夺取过后来在这几年受到迫害后又逐渐丧失了的权利重新要回来。

消息传来局里边人心沸腾，激动和沮丧的心情都有，但对局里面几个当权派也就是局长就比较紧张了，因为造反派们杀来的斗争矛头就是指向他们的。局里边不少于干部，特别是比较关心我的几位大姐都比较担心我，怕我被搅进这趟浑水里头去受到打击，其中特别有一个也是在办公室做工作人员的大姐，年龄比我大不了几岁，记忆中她跟我曾经讲过她先生在成都体育学院工作，她原来是保和供销社的副主任，文化大革命中吃尽了苦头，曾经很屈辱的被迫从保和场镇一条很长的街上很多当权派被群体的从街的这一头爬到那一头，以表示认错和赎罪。文化大革命结束她被解放后，发誓不再担任任何领导职务，她也本来可以官复原职仍然去做保和供销社的副主任，但她宁可到商业局来做一个普通的办公室工作人员也不愿担任任何职务，她特别担心我是以她了解到的情况，我在这次批林批孔运动中一定会受到打压冲击乃至折磨，她甚至劝我早一点跑了算了，躲一躲避开这个风头。

我虽然很感谢这些关心，但内心深处却很平静和淡然，我不大相信会有那么严重的情况发生，甚至认为我自会有办法避开那些所谓斗争的锋芒，因为以我的实际情况来讲，我知道自己既不是商业局的局长秘书，更不是被培养的商业局局长接班人。跑是很荒唐的也是没有必要的，一句老话说的"是福不是祸是祸躲不掉"，更重要的是以我喜欢做有刺激性的事的天性，我还想近距离去看看这些造反派们会如何动作。而更重要的是以当时大的形势和商业局具体的情况来看，我相信这些造反派会在会议召开之前也就是风暴掀起之前来找我沟通交流的，这是他们为了自己的目的所需要的。果然，在会议召开前几天这些基层供销社的造反派们派出了他们的代表，其实也就是他们这群造反派的头目或者头面人物来找我交流。

交流的气氛其实是特别的好，后来我才知道他们其实是很重视我这个人的，在来找我交流之前他们还专程去了解了我的情况，而之所以交流的氛围特别好，是他们从一些地方了解到我曾经是成都七中的老造反派红卫兵，用后来交流中他们自我解嘲的话说，当年我在"炮轰西南局火烧省市委"时，他们还在市区街头"工人斗学生"充当保皇派，还没有想到当年做红卫兵的那点风光在这个时候还能起点调节气氛的作用。我其实很知道他们想的是什么，他们其实关心的是我到底是不是被培养的局长接班人，因为这个位置也是他们志在必得的。所以我在与他们的交流中，十分坦然的告诉他们无论从金牛区商业局的客观实际情况，还是我个人的主观意愿与喜好，我当时不是也永远会不是局长的接班人，我笑呵呵的告诉他们，这个情况你们信不信就是你们自己的事了，我告诉他们，他们要到商业局来谋的事，与我丝毫没有关系，我就是一个局外人。

从后来情况的发展看，他们是信了这一点了，因为在他们批林批孔会议上的所作所为，涉及到了很多人也涉及到了很多事，但唯独没有涉及到我。当然涉及到的很多事很多人，也与那几年的政治形势有关，从1969年下半年开始，几年中经历了清理阶级队伍与一打三反等运动，这些造反派们都是被整的对象，当然他们自己也有不少能够被当权派整的过错。他们在被整的过程中逐渐失去了文化大革命中夺到的权利，现在是杀回来清理那些整他们的人，清算那些被整的事，其实终极目的是想重新夺回权利。会议连续开了好几天，当权派都低着头接受造反派们的批评或者批判，因为当年的政治大气氛就是如此，但也是1974年那种政治大形势，使得问题的最终解决，不可能像1967年一月风暴夺权那样疾风骤雨，所以会议虽然开得很激烈，在与会者想要达到的目的却始终提不到桌面上来。

会议那几天我虽然不是会议的成员，但一直在会场上，这是局里面的其他干部们很担心同时也很奇怪，觉得我为什么不离远一点。其实他们不知道，一方面为各种各样的会议做好服务本身就是我的日常工作，这个会议既然是在商业局开的我肯定该做好相应的服务。另一方面就是自己的坦然和好奇了，我真的很想近距离的观察一下这些造反派们他们在会议上的表现与平时我所看到的有些什么不同。在会议的进行中我觉得多数人都比较一般，恰好是那个来与我交流的他们的头目我还有些另眼相看，这个人其实年龄比我大不了几岁，是当时一个财政学校毕业的中专生，在下边一个供销社做主办会计，如果文化大革命提早几年他也许也就是红卫兵了，可能也就是中专生的文化程度吧，使他在方方面面都表现出来某种我觉得应该有的状况。

几天的会议开得很冗长也很沉闷，大家都很疲乏似乎都需要一种解脱，这时我那种喜欢去做挑战性工作或者说喜欢去做有乐趣的工作的天性发作了，我决定帮他们缓和一下气氛，潜意识深处也是想替那些造反派们留条路，不要今天把问题弄得太严重太僵了没有了退路，谁知道往后是什么情况呢。怎么缓和呢？因为大家都很疲倦，带来的凭票供应的烟也抽完了，我决定去给大家卖烟。当年烟是凭票供应的，烟票用完了就没有烟了，但我手中有啊，我管理着金牛区特供烟啊，于是我拿着几条烟进了会议室，从库房拿烟的时候管烟的小妹还问我拿什么牌子的，我说比较好的大前门等就算了，拿点春城吧，当我拿着烟走进会议室的时候，刚才还很激烈但因此也很沉闷的会议一下子热闹了起来，不管是造反派还是当权派，都被烟瘾憋久了，不过当前权派还有些怯生生的不敢过来买，我立即笑呵呵的说"香烟面前人人平等！要抽的都过来买"，众人立刻哄堂大笑起来，会议的气氛也好像得到了缓和。

事后那些为我捏了一把汗的商业局干部说，小许啊你胆子真大，这种事我们躲都躲不及你还要进去卖烟，他们不知道我就是比较喜欢在这种氛围下做点有挑战性的自己比较喜欢的事。其实在整个会议的过程中，我都是知道不会有我的什么麻烦事的，通过卖烟让大家缓和下气氛，也许对今后大家如何相处会有好处，当然我自己也在过程中享受到了去做有挑战性工作的乐趣。其实商业局的干部们不知道，除了卖烟还有个用餐的事情我也是做了准备和安排的，当然在当时的状况下我很明白已经没有任何的局长来管会务这些事，他们一个个肯定内心深处都想的是小许你自己看着办吧。所以用不用餐这个事情我没有给局长们说，但在会议召开前我与造反派们沟通了，我明确的告诉他们按惯例我可以给他们组织会议用餐，但要不要会议用餐请他们自己考虑和决定，后来他们反馈回来的信息是基于多种考虑就不用会议用餐了。

因为这一拨造反派中的不少人在来商业局开批林批孔大会之前我与他们都或多或少有些交往，有些人交往还比较深，所以私下里我还是给他们打个招呼，会议上说话做事不要太绝，文化大革命已经搞了七八年了，其实经常是反反复复的，此一时彼一时。说话做事还是给自己留点退路为好，不少人都还是听取了我的建言，所以开了几天会大家就事论事的说了不少问题，话讲完了心里边似乎也发泄够了，会议也就无疾而终了，至于参与者个人的目的达到没有，那就只有各人根据各人的情况去想了。

在这个事情参与经历过程中还是颇有些体会和感悟的，这些体会和感悟应该说是方方面面的，还是在这里抒发一下。个人自己这一方面首先的问题是我为什么会在这个事情中抱如此的不去躲避反而参与的态度？这可能和个人的人生价值观念与人生态度人生喜好相关。正常情况下如果事情与自己有点关系并且也许会有点麻烦的话，至少应该回避一下，但我没有避开，反而是饶有兴趣的去关注，这应该与我对有挑战性或者说有刺激的事总是比较有兴趣相关。我的观念中对这类也许会有点麻烦的事，总是有一种想去刺激一下面对一下的好奇，总是想置身其中去看看它到底是怎样一回事，或者是可能会发展成什么样的事，所以也就义无反顾的去面对了。

当然能够这样去做也不是仅仅是有好奇心，更不是有勇无谋，这之中也有胆魄与谋略，其实本质上是一种对事态走向的判断。事情刚被提起刚要发生时，对它可能有的情况和走向，我其实有一个基本的判断，就是当年已经不可能像1966与1967年夺权时那种把所有当权者"打翻在地并踏上一只脚"那么混乱与粗鲁。造反派们这时想要重新掌权，需要审时度势在已有的架构下寻找一个平衡，因此他们对我这个后边来的"局外人"一定会是比较谨慎的，我一直觉得他们在开会前会来找我，当然事实上果然是来找我交流了。

最后还有一点就是老话说的"光脚的不怕穿鞋的"，尽管外界把我在商业局的情况说得很神，但我自己很明白其实我什么也不是，我就是一个打着光脚的普通工作人员，就算最后他们想要对我怎么样，又能够怎么样呢？其实不管他们怎么样了，对我都是没有过大的伤害的，至少对我没有我不能接受的损失，因为我从来就没有什么需要自己捍卫的东西，又何来损失呢？有了这种基本的底线认识，其实该做什么事以及怎样做。也就很简单了。

从另一方面来看，感觉到社会确实比学校复杂得多，当年在学校中做红卫兵时，无论是哪样的行动都是比较单纯的，几乎没有个人的恩怨与得失在里边。但在参与他们这次会议的过程中，才发现除了所谓的造反派当权派这种运动所造成的纠割外，与会的所有人他们几乎都有着在单位上的历史上的恩恩怨怨，这种个人恩怨再加上权力得失使得他们表现得也很错综复杂：有时似乎很疯狂，完全像胡汉三式的"老子今天回来了"，但有时又表现出来很委婉甚至忍让，希望能和他们斗争的对立面达成某种妥协其实也就是交换。

接下来要回忆的是一桩其实是很有趣的乐事，说它有趣不仅仅是结果，更多的是它的过程，这个事就是当年物资很紧缺的情况下我却管理着一些很紧俏的商品，主要是两大类，一类是当年所谓的"三大件"中的高档自行车和缝纫机，另一类是当时市面上很少见的高档烟。有趣的第一个问题是这么紧俏的商品为什么是我在管？我仅仅是商业局办公室的一个普通干部，没有职务更没有权利。这个问题的回答很有趣，那就是这些物资没有人管，严格的说是没有人愿意管，像是一个烫手的山芋，谁也不愿意在手中捏着。这些当年物资中的珍稀品，市里边有关部门调配给金牛区的数量少得出奇，大概他们以为金牛区几十万人口都是农民吧，农民是不会购买和使用这些高档商品的，但实际上金牛区有二十几个场镇，城镇上的吃商品粮的城市居民好几万，而同时作为一级政府它实际上有很多机关有很多干部。

因为数量少如何分配就是一个大难题，谁接着了就等于是摊上了一堆矛盾甚至是一件祸事，所以这些紧俏商品从市里边调配过来后便一直找不到主管他的领导。紧俏商品是到局里边直属的工业品经理部五金组的，具体的是我在前面的回忆录中曾经说过是一位十分漂亮的周姓大姐在管理，当她也向工业品经理部的董姓经理请示如何处置分配时，经理让她直接找商业局领导汇报。这位董姓经理我很熟悉也很了解她，在当年的政治形势下她是一位典型的油滑人，她比谁都知道当时的商业局局长们绝不会有哪一位领导愿意出面来招揽此事的，或者兴许她也曾向关系较好甚至特殊的局长说过一下，反正她肯定是知道由她把这个问题提交到商业局去对她不是一件好事情，所以她极其荒唐的让周姐直接找局长汇报。

当年这个工业品经理部的五金组业务很宽，同时还负责做全金牛区普通自行车的售卖，所以它有一个自行车的组装点和储存处，而这个组装点和储存部就在我们商业局办公楼的底层。当时我虽然各方面工作做得很好但其实闲暇时间还是比较多的，所以也经常到他们自行车组装点和储存处去玩耍，与他们那里包括周姐在内的三位员工都混得很熟。周姐不仅自己十分漂亮，她还有一位英俊的先生在位于茶店子街上的九四信箱工作，是一位典型的上海人讲话轻言细语很有韵味，周姐虽然是成都人可能是受先生的影响吧，两夫妇都表现出十分的性情随和待人很好，她先生因为要接周姐上下班也常到这个地方，因此与我们大家都处的极好极为融洽，大家都很喜欢他们夫妇俩。因为这些紧俏的自行车缝纫机压在周姐那个地方时间有些长了数量也在日益增多，也许她一定是很着急的，所以有一天她突然向我开口说道，小许你帮我给局长说一下这些自行车缝纫机咋个整嘛？刚听到这个问话时我很咋然的望着她一时没有反应过来，看着她的表情似乎对我寄予巨大的希望，她的眼神似乎在说大家不是都说你是局长秘书的嘛，于是虽然我没有同意但同时也没有拒绝，这个事就好像是有点受人所托成了我的事了，当然事后我才知道这个主意其实是有高人给他出的。

明知道去向局长汇报肯定是得不到结果解决不了问题的，所以我也没有打算去惊扰任何一位局长，思来想去要使问题得到真正的解决还是我自己来处理吧，哪个时候已经有人开玩笑的称我为商业局的不管部长，我想既然是不管部长那就是没得人管的事情也许就该我来管吧。当然这绝不是我鲁莽或者逞能，其实我是审时度势的思考过的，既然没有哪位领导肯出面管这个事情，也许由我出面来解决这个最终总得要解决的问题是一个最好的选择，因为对他们来讲由我来处理这个棘手的问题，他们会因为信任些更放心些。

如果说接手这些高档自行车缝纫机的分配过程有趣的话，那最后接手高档烟的分配就不仅是有趣甚至是有些戏剧性了，那是在一次由金牛区委分管财贸工作的副书记带队参加市委财贸工作会议上发生的，要说明一下不是我去参加了市委财贸工作会，我是作为秘书工作人员作服务而在会议上的。当年这些会议一般都住在宾馆中，晚上大家都没有回家都在会议上，会议中一天晚餐后主管财贸工作的那位副书记突然到房间中叫上我与他一起去一个地方，当时房间中人还比较多，包括商业局的局长和区委财贸部的部长们。这位副书记是一位个子高大的北方大汉，整天脸上都挂着让人觉得十分和蔼包容的笑容，在当年的氛围下应该是一位和四川本地干部相处得很融洽的南下干部。他带我去的地方是成都市糖业烟酒公司参加会议的领导的住宿房间，我们进房间的时候房间中有好几个人，除了有成都市糖业烟酒公司的领导外，还有成都市第二商业局的领导，坐下之后才知道这是一个简单的碰头会，主要是落实市委管财贸的副书记安排的工作任务，就是要市糖业烟酒公司与金牛区洽商调配一些高档紧缺烟给金牛区的数量和渠道。

原来是在今天上午的大会上，金牛区主管财贸工作的副书记向成都市委主管财贸的副书记汇报了从工作出发金牛区还是有一些高档紧俏烟的需要，这个碰头会就是按照市委主管财贸的副书记的指示由成都市第二商业局安排的。具体的工作方案市糖业烟酒公司早就有所准备了，数量上特别是品种上的方案市糖油烟酒公司提出了他们的意见，主要是来征求金牛区的意见，在当年的政治经济纷纷围下这也没有过多的讨论就确定了。需要沟通和明确的是下一步的衔接渠道，市上的干部们看到金牛区分管财贸的副书记带着我进入房间时，就已经明白衔接渠道应该是我了，所以也就直截了当的告诉我，会议结束之后直接到市糖业烟酒公司找谁谁谁就行了，而这个谁谁谁当时也在那个房间中了。

使人迷茫和失望的十年动乱终于过去，国家的发展似乎看到了一点希望，而我个人更是在绝望中有了新的生机，1978年在经历了两次高考后我迈进了成都工学院的大门，这所大学当年在成都七中读高中时被我的老师誉为"不好生读书就去考对门子的学校"，作为当年成都七中高材生的我，是在31岁时才历经磨难迈进了他的大门，对如此得来的大学梦当然是十分珍惜。大学中的学习生活应该是按部就班的，对我来讲唯一的特点是我在读书期间添了一对双胞胎儿子，他们伴随着我读完了学习高等数学的大学。

第四章 自由潇洒

大学学生的潇洒与高等学校教师的自由

大学的学习生活虽然是按部就班的好像没有什么特别的东西，但在平静和平淡之中也不乏有不少趣事可以记叙，先说一件当年成都工学院，也就是后来的成都科技大学在我们入学不久后举办的一次数学竞赛吧，我参加这场竞赛的过程和结果再一次说明成都七中充满自由的学习风气对一个人的发展以及他能否取得一定的成就有着至关重要的关系。因为 1978 级大学生的高考是在当年的 2 月份，时间的紧迫使得我们进入大学的时候已经接近国庆，进入大学不久学校组织了一场数学竞赛，因为进入高等学府学习才一个多月，这次数学竞赛的题目是以初等数学为主的，除了有一个题目是高等数学内容做一个象征性外，其他的都是初等数学的内容。竞赛以班级进行报名，每个班可以选拔 5 位同学参加竞赛，以 5 位同学竞赛试卷的成绩总分进行班级排名，而这 5 名同学同时又以个人身份参赛，依每个人的竞赛成绩进行个人排名。

因为我们班是数学师资班，自然对竞赛的呼声很高，好像不取得点名次似乎有点说不过去，所以班上选拔这 5 位同学很慎重，刚开始确定的参赛五人中没有我，出于很多原因我也没有报名，都是到了临近竞赛的那个星期，一个偶然原因让我参加了竞赛，竞赛的最后结果让班上同学大呼侥幸，因为我们班的总成绩虽然名列全校第一取得了冠军，但总成绩中的比重主要是我的竞赛分数，其他几位同学因为各种各样的因素竞赛成绩都不太理想，如果没有我这个竞赛的满分成绩去凑数，我们班的总分成绩就要名落孙山了，这对于我们一个专攻数学的数学师资班来讲还是比较难堪的，所以当时班上就有同学惊叹幸好老许去参加了。

数学竞赛是在 12 月初的一个周末进行的，那天天很冷，我揣着两个打点滴用的灌满开水的吊水瓶急匆匆的从家中奔赴学校，进入考场的时候竞赛几乎马上就要开始了。竞赛的时间是两个半小时，试卷发下来之后我先整体浏览了一下，感觉试题的难度还是比较大，几乎涉猎了初等数学从平面几何立体几何到解析几何当然也包括代数与三角的各个领域。浏览中虽然感觉到题目难度比较大分量也比较重但有一种似曾相识的熟悉感觉，这个感觉在我答题的过程中充分的表现出来，分量比较大的题目我几乎是一气呵成的，完成所有题目的时间大概用了一个半小时。因为在一个半小时的时间中我都是在紧张的完成题目，沉静思考的时间几乎没有，所以在答完试卷后我环顾了一下左右，发现考场中的同学们多数都在停笔思考，由此也可以见得题目的难度，我大概用了半个小时把答题仔细的审核检查了一遍，按照我当年在成都七中养成的学习习惯，这个检查不是逐题去看已完成的题目是否正确，而是几乎重新做了一遍，重做的时候能用其他解法的尽量用其他解法，以核对答卷是否正确。竞赛进行到两个多小时大约还余有 20 多分钟的时候，我觉得我这份答卷对我自己来讲已经尽力了并且也相对比较有把握，于是就交卷了。

当然后来竞赛成绩公布了之后，无论是全校参加竞赛同学们的整体状况还是我个人的状况都很令人惊诧。因为竞赛题目的难度较大，参加竞赛的数百名同学中，成绩在 60 分及格线以上的只有两位同学，其他的同学都没有达到 60 分，而这两位竞赛成绩及格的同学，一位是力学师资班的同学，他的竞赛成绩刚好是 60 多分，而另一位就是我，我的竞赛成绩是满分 100 分。竞赛成绩公布之后引起各方面的关注，首先是学校校报，在征得各方面同意后《成都工学院》校报全文刊登了我的数学竞赛试题答卷，并约请我写了一篇主要是对每题目进行浅释的文章在校报上发表，因为竞赛的题目和答题较多，这一期的校报全部都是我的这些内容，校报还专门写了一个编者按，在强调了我是满分成绩完成数学竞赛试卷试题后，特别抒发了一下对当代 77、78 级同学寄予厚望的情感。

引起关注的除了有同学们外还有学校的老师们，特别是数学系的老师们，因为这场数学竞赛是他们组织的，试题也是由他们命的，现在居然有学生做出了满分的答卷这是他们始料不及的，从某个狭小的意义上来讲甚至有点尴尬。好在同学们整体答卷的状况还是说明他们的命题还是合适和得体的，数百名学生中只有两位及格，说明试题的难度还是偏高的，当时数学系的老师们在私下说，如果命题再难一点局面就会很糟糕不太好看了。当然，这次数学竞赛中毕竟我们数学师资班取得了全校班级排名冠军，而我这个数学系的学生也是个人排名第一，这个结果多少还是令他们感到比较欣慰，毕竟他们的弟子们成绩不错，良师出高徒嘛。

竞赛过后回过头来看，我最有感悟的还是我的初等教育母校成都七中那种特殊的培养人才理念和方法，我在前边的回忆录中曾经很明确的说到，成都七中教育学生的最大特点就是给予学生最大的学习自由，这是我当年在成都七中受教时最大的体会与感悟。写这段文字的时候，正好看到了一则关于成都七中 2022 年参加数学物理化学生物信息学五大学科全国竞赛，以人获得金牌总数学校的优异成绩名列全国中学第二，个人认为有众多学子取得顶尖的优异成绩，他应该也是与其中开放自由的学习风气有关，我个人有当年那场数学竞赛中的满分成绩，本质上也得益于成都七中多年来所特有的自由的学习氛围与特点。事实上，不仅是学生读书学习，任何能够做出优异成绩的人才，只会在高度开放和自由的环境中才能产生，人性的解放可以使每一个人创造出会使自己都感到惊异的成绩。

接下来要记叙的一件事是在成都科技大学读书的几年中，我们数理力学系在学校一年一度的壁报展示的工作情况和成就，当年成都科技大学在每年的五四前后，都有一个由各个系所办的大型壁报展示活动，展示的地点是当年行政楼对面的一排学校围墙，那是同学们由学生宿舍到教室上课时的必由之路。我们数学物理力学三个系所办的壁报，历年来都是最受同学们关注的，也得到不少老师和同学们的肯定和赞扬，每当各系的壁报集中贴出时，驻足在我们系壁报前面观赏阅读的老师和同学们最多，大家都为我们系的壁报有着耐读的观赏性可读性点赞。

当年的壁报主要的编辑制作人员有我们班的王赤物理班的洪时明与我，以及还有一位比我们誉为数学班诗人的与我是同龄人的杨兄，他虽然不参加具体的编辑制作工作，但却是我们每期壁报头版长诗的作者。我们系的壁报引起师生关注与好评的看点有三个，首先是版面整体风格，我们系的壁报每期都有一个整体版面的设计，无论是图面内容还是色调都十分引人注目，无论远近一眼望去都有一种令人赏心悦目的美好感受，特别是整体色调，因为在壁报上还要书写内容，所以都是采用的绿兰浅色做背景，这种冷调的色彩在五四前后夏季到来的时候，会给观众和读者一种美好的感受，让人诗情画意般的走进我们的壁报中去享受阅读的乐趣。

再就是内容的安排，我们系的壁报在内容安排上有两个特点，这是壁报能够吸引住大家驻足观览的很重要的原因。一个是每期都有一篇抒情长诗，都是由我们班的那位诗人原创，我虽不懂诗更对"诗言志"少有感悟，但我每每读到我那位同龄人的大作时，气势磅礴的诗文常把我引入一种让人浮想联翩的意境，有时甚至会产生一种天马行空的感觉。说起杨兄的诗作，几乎每年壁报制作前都有焦急等稿的状况出现，因为壁报的内容是以我为主在编辑，所以每到这个时刻最为着急的就是我，但往往此时那位杨兄却好像巍然不动很沉得出气，当然后来我也逐渐懂得诗的创作是要灵感的，因为有好几次都是在临近壁报该贴出去的日子时，他的大作才一鸣惊人的送给我们，他的同寝室的小弟弟们告诉我们，这是老大哥刚才才一气呵成的。

能让人驻足细读的另一个内容是我们的每期壁报独有一篇介绍和讲述数学物理力学特别是数学发展历史上的文章，这些历史故事对于工科院校中必须要学数学物理力学这些基础课的同学们显然是很感兴趣的。比如我们介绍的微积分的两个同时代发明者牛顿和莱布尼茨，他们相爱相杀的从不同的角度发明了微积分，但相互功利的猜测却使两位大师"鸡犬声相闻老死不相往来"，乃至使欧洲的科学家特别数学家们分道扬镳成为二派，生动委婉的历史故事让正在学习微积分的同学们十分感触若有所悟。又如级数的收敛与发散，我们从高斯等若干著名数学大师发现级数运算中的荒谬结果讲起，介绍了前辈数学家们如何发现和定义了级数的收敛性和发散性这两个极其重要的概念。每期的这份文章都是由我执笔撰写编辑的，为此我阅读了很多介绍数学家和数学家们的历史故事的文献资料，使人意想不到的是 20 多年后，当我在西南财经大学讲授《科学技术史》时，当年的阅读和写作多少起到了一定的作用。

在我大学求学的四年间，国际国内形势发生了很大的变化，从某种意义上来讲，应该是天翻地覆的变化。国内的政治形势，在我入学的 1978 年末。召开了十一届三中全会，全会停止使用"以阶级斗争为纲"的口号，决定将全党的工作重点和全国人民的注意力转移到社会主义现代化建设上，提出了改革开放的任务，这是一个划时代的扭转方向的变化，进行了将近30年的"以阶级斗争为纲"的各种整人与斗争的运动被结束了，人们将全力以赴的为改善自己的生活而努力而奋斗。事实上从那个时候开始，经济上逐渐开始搞活，社会上有了首批的"万元户"，比较搞笑和令人吃惊的是这些万元户多数来自于当年没有正当工作的人，其中有不少是刑满释放后需要在社会上谋求生路的人，这好像从另类的角度说明想要有点成就首先得有自由心与自由身，自由是创造奇迹的阶梯。

作为一个一辈子从事教育工作的大学教授，想在这里题外的说几句教育的宗旨和目的的话。教育是什么？教育就是张扬人性，是发掘和培养人们去追求自由的本性。比较遗憾的是我们的教育在这一点上好像做的不是很妥当，无论是青少年的初等教育还是成年后的高等教育，我们在传授知识的同时并没有时时去发掘和张扬人们追求自由的本性，反而是有着背道而驰的做法。我们从来就有一种"不以规矩不得已成方圆"的说教，几乎是从小就教育人要守规矩，规矩当然是要遵守的，关键是要你遵守的规矩是什么？如来佛给孙悟空的规矩是按玉皇的安排老实做一个弼马温，如有逾越就用五指山压住你，显然在这种状态下是产生不了牛顿或爱因斯坦，更不会有比尔盖茨乔布斯马斯克。所以我们需要认真反思我们的教育，特别是反思从幼儿就开始的学前教育和初等教育，我们特别特别需要的是从儿童开始就去培养勇于创新敢于创新精神，千万千万不要在教育的任何阶段去束缚人类崇尚自由追求自由的天性。

大学这四年国际形势发生的变化就更大，最突出的是中美关系有了实质性的突破，中华人民共和国和美利坚合众国在1979年1月1日起正式建立了外交关系，这对于我们国家发展来讲是一个极其重要的里程碑。中美建交后的当月末，也就是1979年1月28日邓小平先生率领代表团访问美国，那一天是中国最隆重的节日春节的大年初一，邓小平访问美国一共9天，也就是在这9天的访美途中，邓先生讲下了那一段十分精辟的话："回头看看这几十年来，凡是和美国搞好关系的国家，都富起来了！"。这段话开辟了我们和美国搞好关系实现经济发展的新纪元，几十年来我们在与美国建立和发展良好关系中经济得到了长足的发展，所以习总书记近年反复强调"我们有一千条理由把中美关系搞好，没有一条理由把中美关系搞坏"。这是政治家们的高瞻远瞩，纵观中国改革开放40多年中国的经济发展历程，历史雄辩的证明了与美国搞好关系的重要性，我们需要在和美国搞好关系的道路上做更多的工作和努力。

改革开放40多年来，我们经济有飞速发展的实际上是在进入新世记后，也就是我们在上个世纪末最终与美国协调好关系，完成了与美国让他们同意我们加入世界贸易组织的谈判，在2001年加入了世界贸易组织。改革开放的第一个十年也就是上世纪80年代，我们基本上是在由计划经济转向市场经济过程中摸石头过河，虽有相当成效但很关键的放开价格这一关还是没有迈过，进入90年代后我们加大了开放的力度，但因为没有融入世界经济大家庭，改革的成效虽然很大但并不十分理想。进入新世纪后，因为加入了世界贸易组织逐步融入了世界经济大家庭，我们的经济在全球化的过程中有了飞跃的发展，取得了良好的成效，这之中与美国搞好关系最终加入世界贸易组织是十分重要和关键的。

邓小平访问美国回来不久，我们就在1979年2月17日开始了对越南的自卫反击战，这应当是对越南的一次教训。从今天的情况看来，越南人接受教训总结经验确实做得很好，他们向我们学习进行改革开放，特别是注重改善与美国的关系，在与美国建立良好关系的前提下，近年来越南的经济发展速度很快，他们几乎是在复制我们经济发展的经验和模式，只是步伐之大之快之坚定让世人吃惊。他们现在已经和美国建立了战略伙伴发展关系，在这个背景下他们融入世界经济大家庭的步伐会越来越快越来越大，也许到哪一天他们的成就和经验会是我们需要学习的东西，这一点确实让人始料不及。上一个世纪60年代70年代越南和美国像世仇一样血战了十余年，现在他们居然能够放下一切与美国搞好关系，仅就这一点就值得我们认真思索和努力学习了。

大学四年中我自己的生活也发生了很大的变化，主要是在大三的时候我添了一对双胞胎儿子，喜悦之余是颇有窘迫，精力和时间上的困难还可以自我克服，经济上的难处确实使人困惑，当年我是带薪读书，行政25级的工资相当于工人二级，一个月36元的工资加上孩子母亲也是二级工工资收入，加起来仅七十元出头方方面面都很难顾及，好在我在金牛区商业局工作7年因为当时工作环境较好还有点积蓄，记得进入大学时好像有600元人民币存款，这在当时对我来讲应该算是一笔巨资了，能有这笔积蓄也颇不容易，一个月工资收入30多元平均每年还是有将近100元的积蓄这在当年应是相当不错的了，这笔钱帮助我度过了大学四年拖家带口难关，好不容易熬到大学毕业在经历了一场有点戏剧性的毕业分配到四川财经学院工作时，我几乎已经是一贫如洗了。

好在当年的大学精英教育使得毕业后工资大增，我由行政25级的36元的月工资，一下子连升三级被调为行政22级月工资53元，这真是天上掉下来一个馅饼，工资收入一下子几乎增长了一半。当年毕业分配时执意要选择到四川财经学院，我是有自己深思熟虑的：首先是需要尽快的参加工作改变家庭的经济状况，带着两个嗷嗷待哺的双胞胎儿子经济压力确实很大，经济精力和时间都不允许我当年在大学本科毕业后再去考读硕士研究生，当然外语不强的短板也让我对考研望而止步。再就是工作的喜好乐趣，也许从小就对大学独有情缘吧，我一直对做一名高等学校的教师情有独钟十分想望，高等学校教师不坐班的自由使我十分渴望，所以在毕业分配时我也尽自己最大的努力如愿的分配到了四川财经学院。不想留校而到四川财经学院做数学教师有一个很重要的原因就是不想工作压力太大，大学毕业时我已年过35岁，这个年龄在数学研究发展上不太会有成绩的，而到四川财经学院去享受经济数学工作应该是比较轻松的。

实际的情况也确实如此，分配到四川财经学院之后教学工作十分轻松，让我有充裕的时间和精力照顾两个不到两岁的儿子，高等学校教师不坐班的自由使我有充沛的时间去做自己喜欢的事，特别是通过努力让两个不满两岁的孩子进了四川财经学院幼儿园后，闲暇的时间就更多了，于是我开始认真的考虑如何适应在四川财经学院的教学与科研，确定的基本思路是首先要学习，也就是要了解和掌握四川财经学院各个经济管理专业的专业知识，于是我把精力和时间投向了四川财经学院图书馆。

在近距离走近四川财经学院图书馆时，首先是思维的浮想联翩，包括儿时读小学的，青年时代读中学的，30多岁后读大学的。儿时读小学时曾经因为偶然的因素结识了四川大学一位长辈，他在四川大学图书馆工作并且应该有一定的地位，他带着少不更事的我像刘姥姥逛大观园一样去看了四川大学图书馆的馆藏图书，那是开了我的眼界并由此让我产生了对知识的敬畏和崇拜。在成都七中读中学时因为渴望阅读到数理化各科参考书，求书无门又无钱购书的我，经常是周末流涟在春熙路的新华书店开架售书的书架旁，站着看书一呆就是半天。上大学后在成都科技大学图书馆中，因为传统的工科院校理科数学的书籍确实不多，于是成了四川省图书馆的常客，但当年的借书证一次只能借一本书，为了满足阅读的需要我几乎每周都要去光顾它。图书和图书馆留给我的记忆太深刻了，所以踏进四川财经学院图书馆时有一种似曾相识的感觉。

四川财经学院在办学历史上曾经有过成都大学和四川科技学院的历程，这两个学校都是综合类的和理工科类的，当然它的主要历史还是从光华大学到四川财经学院，也正是因为这样四川财经学院图书馆的藏书是不少的。因为四川财经学院的校区在文化大革命中被四川省委党校占取了一半，高等学校恢复招生后绝大多数学校都要回了自己在文化大革命中被占取的校区，但四川财经学院被占的校区情况比较特殊，所以当我分配到四川财经学院之后它的校区仍然很小，虽然相关各方比如当年已经主管它的中国人民银行和四川省委省政府都承诺其实也正在实施扩建新校园的工作，但新建的图书馆还没有列入工作日程，所以很多藏书都不能在图书馆中展示，只不过我所需要阅读的图书陈列出来的到是很多。

我要阅读的图书就是当时四川财经学院正在举办的七个系的相关专业书籍，当年计划经济体制下最重要的两门基础课是《政治经济学》和《计划经济学》，政治经济学我没有去找书来看，因为在文化大革命浩劫十年中我曾经精读了隔壁邻居卓老师家中那本《简明政治经济学》，并且以它的内容为基础在1975年还在胜利公社的基本路线工作队中给政治夜校教员讲过课，所以计划经济学成了我要重点阅读的基础书籍。其他要阅读学习的是那七个系各个专业的书籍，有《货币银行学》、《会计学原理》、《统计学原理》、《财政学》等专业基础课书籍与《工业经济管理》、《农业经济管理》、《中央银行和商业银行》、《工业会计》等专业课书籍。初读这些书时好像读起来十分轻松，甚至有以理工科专业的角度和视觉觉得这些书好像没有什么读头，当然深入读下去特别是要联系实际时，才感悟到作为社会科学这些学科确实也是科学，当然阅读学习和掌握它比起理工科专业特别是我读了四年的数学专业难度还是要小一些，其实不是小一些应该是小得多，这使得我在不到一年的时间中便阅读了不少财经书籍。

在图书馆找书读的过程中，还结识了两位大姐朋友，也正是他们的支持和帮助才使我能够在图书馆中很自由的游刃有余的寻找自己所要读的书。一位鲁大姐后来成了我们基础部以及新组建的经济信息管理系教学秘书，其实认识她不仅是她在图书馆作为四川财经学院的职工，她也参加了学院工会为青年干部组织的初等数学培训，正是这个参加过培训的师生之谊使她对我大开方便之门，她当时正负责着图书馆图书借阅，于是在她的默许下我经常进入图书馆在陈列图书的书架上挑选我要读的书。因为这些学习培训和图书馆图书借阅的交往，使我和她成了很好的朋友，后来她在成了基础部和经济信息管理系的教学秘书后，在协调教学工作中也对我支持很大。另一位大姐是后来西南财经大学校长的夫人，毕业于四川大学物理系，调到四川财经学院来时本来是希望做教师，因为当时很复杂的原因没能如愿，只好到图书馆做了图书管理员，当然后来经济信息管理系成立后经过一番努力也包括我的支持，她成了我们一个教研室的同事，这个事情在后边的回忆录中可能要谈到，这也是一位心地十分好的大姐，她和鲁大姐一样对我在图书馆借阅图书方面给予了极大的方便和支持帮助。

那半年多的日子过得确实很惬意，我充分享受到了作为一名大学教师因为不用坐班而在时间和空间上的自由，其实自由不仅是时间和空间上的更包括精神层面上的，因为除了教学工作外几乎没有人来管你彼时彼地你在做什么，更没有人在此时此地要求你该做些什么，这种自由情况如同我在考入大学读书前在金牛区商业局工作一样，只不过那个时候我是靠自己的工作努力和成绩让各方面认为不必来管理我，而这时候好像高等学校的教师的工作方式本身就应该是这样自由自在的。这种多方面的自由对我这个很渴望自由并且已经习惯了在自由宽松环境中生活和工作的人来讲确实太重要了，而更为重要的是在这种自由的氛围中，我可以把我要学习的经济管理类各专业知识的事情做到很极致的完美。

事实上确实如此，当年通过学习补充到的经济管理类各种知识，让我在四川财经学院的教学科研中有了本钱和自信。比如教学，当年在四川财经学院我在学生们的口碑中是相当好的，这除了得益于我能够把对经济管理类学生感到比较繁难的高等数学用极其简捷通俗的方法讲授外，也得益于我在给经济管理类专业学生上课的时候，因为对他们所要学习的专业课知识并不陌生，在课程讲授的时候便能尽量的结合他们的专业知识使人易于理解。当年我给一个专业的学生讲数学时，因为一些偶然的原因这个班级的其他课程讲授有一些这样或者那样的问题，所以一度班上的同学讲我们一周的课程就是盼着许老师能够来给我们上两次课，听许老师的课是一种乐趣和享受，在经济管理类学生中对讲授数学课程的老师有这样的评价与期盼还是很不容易的。更为有趣的是在 1983 年青羊区人民代表的选举中，公布结果的时候我居然有 100 多选票，我又不是提名的候选人这些选票从何而来呢，后来得知是我上课的两个班的同学们，应用了选民可以自主提名的选举制度，让我成为了候选人并且有 100 多张选票，同学们提名和选举我的理由很简单，就是喜欢听我讲的课。

当然补充的这些经济管理类知识对我科研上的作用更大了，我在 1983 年初就在四川财经学院学报上发表了一篇文章，内容就是用模糊数学来综合评价企业经济效益的，其中很重要的企业经济效益评判的指标体系，在构造它们并作出相应的定性定量分析的时候，我所阅读和学习的那些经济管理知识起到了十分重要的基础作用。也正是因为很重点的学习了《货币银行学》，使我在 1984 年暑假通过投稿应征参加了中国人民银行货币司和金融研究所在河北承德避暑山庄召开的全国只选拔 15 位学者参加的当年货币发行量研讨会，我在会上做了引人瞩目的学术报告，所撰写的论文发表在当年一级刊物《金融研究》上。后来在参加国家级课题《保险总准备金研究》也是也用自己所学习的保险学知识，撰写了论文《保险总准备金的适度规模》发表，并撰写了《保险费计算的理论和应用》专著。

分配到四川财经学院做高校教师后，我的工资收入连升了三级，由原来的每月 36 元调到每月 53 元，这对于改善家庭经济状况显然十分及时和重要，但我毕竟是有一对双胞胎儿子的父亲，增加的这些工资收入虽然很及时很必要但仍然不能解决经济上的困难，在开支上经常出现捉襟见肘的情况，所以在提升自己的知识面和进行教学科研的同时，我仍然面临着要增加收入改善家庭生活状况的问题。进入四川财经学院不久，我就开始应学校工会的聘请给学校一大批需要提升文化水平的青年干部补课，补的是初等数学，这是我的长处所以教起来得心应手。尽管因为是给校内职工上课课时费不是很高，但只要有收入对于我来讲就十分及时和重要。给这批青年员工上课持续的时间还比较长，因为后来他们又面临着一个需要通过考试进入中国人民银行让学院组织的全国金融系统的干部专修科读大专。除了有经济收入外给这批干部上课还让我结识了一大批学院的青年干部，他们分布在学校的各个部门，对于我日后在四川财经学院的方方面面都有很好的支持和补益。

1983 年是我的家庭生活改善很大的一年，那一年我的经济收入有了大幅度的增长，主要是在那一年有很多只有中学学历的各机关各部门的青年干部要进入中央广播电视大学读大专文凭，他们先是要通过一场成人高等教育入学考试，这里边初等数学是重点和难点。中央广播电视大学开课后，高等数学的学习又成了新的重点和难点，我就是在这个时候应聘到了省商业厅和省供销社所属的很多公司为这些青年干部上课。因为是外聘授课加之省商业厅省供销社又是层次比较高的机关，所以上课的课时费是相当不菲的。刚开始的时候我是给四川省食品公司和四川省日杂公司的青年干部上课，后来因为教学效果出奇的好，使我成了省商业厅和省供销社下属公司争聘的对象，既然出现卖方市场不用我开口买主们自然会竞相提价，所以我上课的课时费节节升高，特别是到了期末考试的时候，省商业厅和省供销社下属公司的几乎所有的电大班级，都要请我去篡讲一次应付考试，这种特殊的聘请课时费自然是很高的。这一年给这些学生的上课可以说是一举改变了家庭的经济状况，经济的宽裕让我相继购入了当年还很时髦的彩电和冰箱，而比收入更加重要的是通过上课认识了一大批省商业厅省供销社的青年干部，他们中的不少人在文化程度得到提升之后都相继走上了这些部门的领导岗位，这对于后来90年代我进入市场经济时对有些工作是很有帮助的。

说到了这80年代大学毕业后通过校外兼职授课有了收入购买了彩电冰箱，就想顺便在这里插一段文字记叙一下当年使用家用电器的情况。国内家用电器的使用是1978年改革开放开始之后才逐步进入老百姓家庭的，在这之前传统的时髦的能表明身份的至多是机械的，比如60年代70年代的"老三件"是手表自行车缝纫机。我读大学那年也就是1978年有台湾产的单卡录音机流到了国内，虽然很简陋功能也很单调但已经让当时是大学生的我们十分惊讶了。我用的第一件电器就是一台双卡录音机，个头比较大音响效果也很好，价格相当不菲300多元一台，我是为了我两个刚出生的双胞胎能够在婴儿时期就有音乐可听，用当时我仅有的600多元存款的一半买下了它。后来在大学快要毕业的时候因为孩子们每天要洗涤的东西太多，买了一台半自动洗衣机，这是我使用的第2件家用电器。然后就是1984年春节前后，先是在春节前先买了一台21英寸的彩色电视机看上了当年的春节联欢晚会，最后是在给省商业厅省供销社的学生上课之后，在1984年夏天到来之前购置了一台有200多升的松下原装电冰箱，这种日本原装的电冰箱当年市面上是买不到的，是我上课的四川省五金公司的同学们知道我想购买之后，他们用他们的办法其实也就是某种权利帮我买到的。

1984年我参加了一个很重要的学术会议，那就是通过撰写论文投稿《金融研究》后并受邀参加了在河北承德避暑山庄召开的当年货币发行量讨论，我所撰写论文的情况以及会议的情况，特别是会议之后全国在国庆节前后出现的抢购风证实了我在讨论会上的当年货币发行超量的发言很客观正确的情况，我在前边的回忆录中多有记叙。比较有意思的是当年那么一个高级别的货币发行量讨论会，与会的15位中除我是西南财经大学一位名不见经传的小助教外，其余的都是当年金融界的泰山北斗，但这些带有权威性的专家他们在讨论会上的发言都是一味的讲形势大好货币量恰当，只有我不睬冒昧的不环顾左右讲了货币发行超量的老实话。会议结束之后的情况让学者们十分难堪，两个月后即发生了全国性的第一次抢购风，显然当年的货币发行确实发多了，这个情况不幸被我所言中。我一点也不为自己在那次会议上言中此事沾沾自喜，我其实是第一次参加这种社会科学的研讨会，会后给我带来的印象和感觉特别的不好，主要是那么多位专家们为什么都会口径一致的为正在执行中的东西叫好，我觉得这缺乏一点科学研究的味道。也许是当年人年轻太血气方刚了一点，若干年后我还是明白了这就是中国的学者中国的知识分子，当年好像只是在社会科学方面有这种情况发生，现在好像即便是自然科学，学者们也就是知识分子们似乎也是这样人云亦云了。

前不久也就是 2023 年国庆节前，我所在的西南财经大学的学院为庆祝国庆节组织我们退休教师聚会了一次，当然这是去年底新冠疫情防疫放开之后的学院首次为退休教师举办的聚会，表现了对我们退休教师的尊重和关心。在聚会中偶然听到的一个信息使我想记叙下边一段文字，就是从 1984 年开始的西南财经大学经济信息管理系的筹备和组建，在退休教师聚会中听到的信息是好像在 2025 年到来之际学院准备要出一些纪念册之类的纪念品，学院领导在退休教师聚会上约请退休教师们积极撰稿。这个信息触发了我想把当年的情况回忆一下的念头，因为严格的说我是当年组建西南财经大学经济信息管理系比较核心的几位老师之一，因为一些特殊的原因我对当年组建过程中的不少问题乃至矛盾都知道的比较多。

1984 年秋季学期开学后，四川财经学院准备要组建经济信息管理系，这是当年几乎所有比较有一定规模的财经院校办学的趋势，那一年四川财经学院已基本确定要改名为西南财经大学，所以增加一些新的比较前沿的学科与专业就更迫切了。当年中国人民大学已经成立得有经济信息管理系，设有经济信息管理和经济数学两个专业，所以这边四川财经学院也在紧锣密鼓地抓紧筹备，当时对筹办这个新专业很积极并且也基本得到学院认同的人选是我们基础部数学教研室的明老师，因为各种原因我和数学教研室的其他几位老师一直和明老师有比较好的关系和密切的联系，所以当明老师开始筹备经济信息管理系时便首先告诉我并希望我给予支持和协助，事实上从 1984 年下半年开始到 1985 年经济信息管理系正式挂牌成立，我一直和明老师一起在做筹备经济信息管理系的工作，当时明老师主要负责和学院领导及外界的联系，我主要做了些筹备工作中的具体工作，比如计划设立的经济信息管理和经济数学两个专业的设立必须上报的人才培养方案就是由我执笔完成的。

按当年设立经济信息管理专业的思路，它应当是计算机科学、数学和经济管理学的交叉学科，所以原来的基础部计算机教研室所有老师，以及我们原来基础部数学教研室的一部分老师，都是筹备中的经济信息管理系主体教师，因为是建办一个新的专业大家的热情都很高也很积极，申办的工作一直在有条不紊地进行并且富有成效。进入 1985 年筹备工作更加紧锣密鼓的进入实质性阶段了，更名为西南财经大学的学校领导，已经在开始考虑成立后的经济信息管理系的领导班子，因为筹备工作一直是明老师领着大家在进行，所以说无论是他自己还是老师们都认为他应该是顺理成章的系领导，确实明老师也是学校最终确定的系领导之一，只是有一点小插曲的是学校又安排了原在工业经济系的曾老师与明老师一起搭建经济信息管理系领导班子，从学科的角度这其实也很正常，经济信息管理系确实需要一些经济管理专业的老师来加强。问题的矛盾是拟议中的经济信息管理系领导班子由学校的庞副校长兼任系主任，曾老师和明老师都是副系主任，这个似乎也没有啥大家都觉得应该是这样，问题在于学校最后需要明确一个经济信息管理系两名副主任中谁负主要责任，学校最后的意思是由曾老师负主要责任。

这一点首先是明老师就很为难了，除了按照学科分类经济信息管理系应该是理工科专业外，事实上明老师筹备这个系花费了很多精力和时间并且做了大量的工作，所以学校的这个安排就难免产生一些不是十分和谐的因素，明老师当时对这个安排还是有些情绪的。他也对我表示了这些情绪，我当然除了好言安慰之外也没有更多的话可说，其实这个事本身就没有我的发言权说了也不起作用。但个人真实的观点其实对这个所谓负不负主要责任并不十分介意，我觉得如果由明老师负主要责任固然很好，但学校要安排曾老师负主要责任也可以理解和接受，我其实向明老师表达了这种观点，并且劝慰过他退后一步自然宽，不必为这个事情心生介缔甚至产生矛盾，比较遗憾的是，似乎明老师并不这样想，所以后边的事情就比较麻烦，也使我们这些当老师的很为难了。

新来的系领导曾老师原来我不认识，来了之后有了交往交流，从我的角度来看感觉还可以，性格上显然是个比较耿直的人快言快语，第一次见面他就给我讲了他很明白在经济信息管理系数学和计算机这两个专业的重要性，他明确的说恰恰这两方面是他的短板，他希望得到我包括系上所有理工科老师们的支持和帮助。从专业理解的角度讲，因为我自从到了四川财经学院之后所做的科研工作都是用数学方法来处理经济管理中的各类问题，过程中我深知如果不了解你所研究那个经济管理问题的定性背景，再好的数学方法也派不上用场，所以从专业上我对曾老师还是比较认同，对学校关于系领导班子的安排还是觉得比较合适的。但正因为曾老师和明老师两个人都是那种性格，所以在经济信息管理系正式成立之后两个人的工作矛盾逐渐表现出来并且日益加深，这使得我们老师比较为难感到很不好处，我那个时候已经和江老师一起在负责经济信息管理系的经济数学教研室，作为一个系的二级机构和基础的教学单位的负责人就感到更为难更不好处。因为系领导之间的矛盾所带来的不和谐持续了一年多，最后的结果显然是不言而喻的，学校最后把两位系领导都调离了经济信息管理系，另起炉灶建立了新的领导班子。

其实在这个过程中我多次劝过明老师，谁负主要责任无所谓的，可能这是我一贯处事的态度，我确实很不愿意为一些职位上的东西很认真，只要工作环境自由度大就行了，但可能明老师不是这样想的，我也很能理解明老师的想法，经济信息管理系是一个理工科专业应该由有理工科背景的人来主导这一点我也认同，但是学校既然做了这样的安排我还是觉得就退而求次之不必太较真。我主张他们两位领导和为贵还有一个很重要的因素是，曾老师除了表示了他自己非理工专业的短板外，也多次向我表达了愿意和明老师一起共同办好经济信息系的愿望，当然也不排除因为他知道我和明老师关系密切情感上可能会倾向于明老师一些才刻意这样说的，但他既然说了就在明处表达他应该这样做。我其实还是把曾老师这个意思转达给了明老师，当然初衷还是希望两个人的矛盾和纷争就此打住，但最终事与愿违出现了大家都不愿意看到对哪一方都没有好处的结果。

说到这位曾老师的耿直还可以提到一件事，这件事就是前边记叙到我到学校图书馆借阅图书时认识到的一位后来成为我们教研室同事的刘老师，因为经济信息管理系成立不久，有一天曾老师专门找到我问我这位刘老师可不可以到我们系上来讲授数学？其实当初在基础部数学教研室时，对于当时否定了这位刘老师来上数学课我就有些不以为然，一则是"数理不分家"，四川大学物理系的毕业生数学基础不会差，再则就是我们是财经院校所要讲授的经济数学课程难度是不大的，所以我给曾老师说应该是可以的，其实我们教研室的其他老师特别是江老师也是这个观点，拿来说刘老师就可以顺理成章的到经济信息管理系来了。但还是有点时间了没有动静，后来曾老师又一次找到了我问我能不能够在调动报告上以教研室负责人的身份签个意见，这使我感到很诧异，因为这个意见按惯例应该是由江老师签的，我其实以为是早就签了，但后来曾老师告诉我对刘老师调入我们教研室江老师是没有意见的，只是在签字事宜上江老师向他建议由我来签字为好。我对江老师的秉性和习惯因为我们两人关系极好所以十分了解，以他行事的惯有风格这个字他一定会让我来签的，江老师是个好人但一般不愿意承担过多的事，既然事情都是这样了我也能理解江老师的意思，我也就毫不犹豫的把字签了。

经济信息管理系成立之后那几年我在教学科研上成绩都很显着，教学上因为经济信息管理系的数学老师人数还是偏多，仅仅本系的课程是不够安排的，所以我们与基础部数学教研室协调好了除了也是数学基础要求较高的统计系的数学课程由我们上之外，又让我们上外语系法学系这些纯粹的文科班的经济数学课程，这实际上增大了教学的难度。基于很多原因这类课程多数都是由我与去讲授的，特别是后来学校又专门招了几届西藏班，数学课程的教学难度就更大了，这种难度很大的课程基本上都是由江老师和我去承担的。当然中间也发生过一些意外的事，我们安排去给统计系上课的老师，不知道什么原因师生之间关系没有协调好学生反应较大。统计系的教学秘书朱老师是我的邻居，有一天他突然在阳台上叫住我说，许老师你给我们安排的什么老师来上课哦，学生反应很大你快调整一下吧。我很惊诧的去听了一下课，在我看来通过改进也是可以的，但为了对今后工作不至于产生影响，我还是主动调整自己去统计系上课了。也就是在这几年，我给学校的研究生开出了好几门公共基础课，有《模糊数学在经济管理中的应用》、《经济管理的不确定性及其数学处理方法》、《自然语言的数学描述》、《目标规划》以及《经济管理中的数学规划方法》等课程，受到了研究生们的欢迎和好评。

科研上继完成中国人民银行货币司的国家级课题《货币流通必要发行量发行的数学模型》后，我又承担了保险总公司的国家级课题《保险业研究》的子课题《保险总准备金适度规模研究》，在完成子课题的基础上，撰写了专著《保险费计算的理论和应用》。同时完成并出版了《模糊数学及其在经济管理中的应用》、《经济管理中的数学规划最优化方法》、《目标管理与目标规划》等专著，还担任主编编写并出版了好几套财经院校不同层次学生的经济数学教材，包括财经院校一般本科专业和专科教材各一套，财经院校理工科专业本科教材一套。这些教材一套都有四至五册，覆盖了经济数学中《数学分析》、《微积分》、《高等代数》、《线性代数》、《运筹学》、《线性规划》及《概率能及数理统计》的内容，同时还在《金融研究》、《经济预测科学》、《财经科学》等期刊上发表了不少论文。

在全力以赴的完成这些教学科研成果时，那几年中发生的一些事情也让我的人生价值观念逐渐展示和表现了出来，其中比较重要和典型的有两件事。一件事是西南财经大学在1988年秋季学期举行的一次破格提拔副教授的打擂活动。当年的西南财经大学有一个很重要的特点，它不同于象四川大学那种学校有比较好的教学科研梯队，在西南财经大学当年的教学科研主力就是我们这批或者是毕业留校或者是从外校分来的七七、七八级老师，如同我在上边上叙的一样我们这批老师们在学校的教学科研上成绩都很突出，但论资排辈的观念以及按部就班评职称的程序，使这批实质上是学校教学科研主力的老师们与高级职称无缘。学校领导也很了解这种情况。为了调动大家的积极性决定拿出四个副教授名额让这批青年教师们打擂破格选拔，我因为教学科研成绩突出和卓越，自然众望所瞩的让大家觉得我应该是这四个名额中的一位，但最后的结果却很戏剧性的开了个玩笑，我和后来担任了西南财经大学副校长的一位经济系的教学科研也很优秀的青年教师以并列排名第五的名次与那四个指标无缘，这使大家很意外我也很失望，当时打擂所制定的程序所导致的结果是不可改变的，校方似乎也感觉到了这一点，庚即任命我在学校科研处和那位老师在经济系担任了处级职务，这种多少有点弥补味道的委婉做法我虽然能理解也能接受，但在心中多多少少还是有一点想法的。正好几乎是在我们打擂的同时，我在成都七中的好友来邀约我到他大学学弟的公司中兼职做经济顾问，这最终导致了我在二年之后辞掉了科研处的处级职务，做了西南财经大学专职教师和校外一些民营公司兼职管理者，用当年比较时髦的话来说我是有一半下海了。

事后多年我曾经回头来认真思考过，如果当年没有打擂的偶然使我被评上了副教授，往后我会怎么样选择和发展呢？我仔细的审视了自己，我认为即便当年我评上了高级职称，我也不会安分守己的不受当年特别诱人的外界诱惑。当80年代末90年代初市场经济开始发展时，我一定会以这种或者那种形式参与进去，因为在我的骨子里就是一个在精神层面喜欢挑战性的人，同时在物质方面我又是一个很现实的人，这两点决定了不管当年那场打擂活动的结果如何我都会走向市场经济一试深浅的。客观的说当年如果中规中矩的在西南财经大学发展，以当年我在教学科研的工作成就和其他多种因素，最终做到西南财经大学的副校长是有可能的，但这好像不是我想要的，更是我那颗追求自由的心不需要的，精神层面物质层面以及个人价值取向。都会推动我走向我自己认为该走的方向。

在上世纪80年代还发生的一件事情也从另一个角度表现出我的人生价值取向。上世纪80年代思想解放很活跃的，反映在政治上很多东西都很开明也很宽泛，比如说对民主党派和无党派人士，统一战线的工作是做得特别的好特别的到家，当然做好统一战线工作也是一贯的政策。西南财经大学应该说是一个培养和向政坛输送人才的地方，无论是共产党内还是民主党派都有很多西南财经大学的校友从政，大约是1987年上半年，学校一个民主党派的几位领导专程到我家中来"拜访"我，中心意思是希望我能够加入他们民主党派。因为我历来追崇潇洒自由，无论是民主党派还是共产党我都比较远距离交往，不是说距离产生美嘛，所以从党派的角度我与他们还是不太熟悉，当然从工作上同事和校友的角度大家是很熟悉的，这样我对他们突然建议我加入他们党派很诧异，更没有思想准备感到很茫然。民主党派的人对政治问题的表达比较直率，他们直截了当的给我说，他们党派要在西南财经大学推荐一位满足条件的老师到省上某一个厅任副厅长，当然要推荐的这个老师有关方面是有基本要求的，比如性别年龄文化程度特别是教学科研成就，当然也有政治态度是否坚持四项基本原则这些基本的东西。

几位学校民主党派的领导们把我的情况对号入座，觉得在很多条条框框上比方说年龄教学科研成果上我都很合适，他们开玩笑的说就好像是为我量身定做的一样，所以建议我加入他们党派以便推荐。当这番话一讲完我就知道我面临着一个重大的选择，重大到是人生价值和方向的选择，我这个人平常与人打交道时还是比较委婉的，不是性格上那种直来直去的人，偏偏那天这个需要我作出重大选择的问题使我有点急了，因为听懂了他们的意思后我的第一个感觉就是这好像不是我想要的，马上又想到这个对我不是很适合。因为我对自我还是有评价的，我潇洒自由惯了，天性不喜欢人管我当然也不愿意管别人，为政从官就既要受人管又要管别人，这好像我不太喜欢，这就是虽然我平时与人打交道很委婉但却很真实，我不会演戏般的扮演在上级面前是羊在下级面前是狼的角色，所以说到的那个岗位对我好像也不太合适。当时我一反平时表达比较委婉的习惯，居然没有考虑到别人的感受就直接拒绝了，拒绝的语言还是很委婉的，毕竟大家都是交往很深很熟悉的知识分子嘛，不过事后我还是有些后悔，别人好心好意的来找到你，多少不要当面拒绝嘛，就说要考虑一下隔两天回话多好呢，好在大家都是平时交往很密切的校友和同事，所以也没有出现什么尴尬的局面。

后来这个党派推荐了他们党派中另一位老师，这位老师先是去做了一下这个副厅长，最后一步一步做到了副省长，从副省长岗位退下来后，还先后担任了人大常委会副主任和政协副主席，前几年我还因为工作的原因向他汇报请示过，也就是有几次沟通交流和交往。这个事情说明了如同我不愿意在西南财经大学从政一样，也不愿意通过其他渠道从政，除了有上面已经谈到的我不喜欢我不适合的原因外，后来回过头来审视自己也许还有更重要的因素，首先还是人生价值和实现这个价值的取向，现在已经年过古稀，我还是觉得我这几十年选择的人生道路是正确的，我觉得我现在工作经历比较复杂见识也比较多，相对比较满意，收入上在较大程度和比较宽泛的方面上实现了财务自由，家庭特别是三个子女教育与发展得很好，如果当年选择了从政的道路，不管做到哪一个级别，我觉得自我的满意度不会比我现在状况的满意度好。

这是一个正常发展的说法，其实客观的审视自己，如果选择了从政的道路，存在的风险是很大的，因为我自己评估过自己，我其实首先是那种比较物质的人，当然也追求精神层面上比如自由潇洒。对自己这种对物质有比较现实需求的人来讲，我不敢讲自己有绝对的自我控制能力保证我不在官场中走错路，如果一旦走歪了路那将是万劫不复，西南财经大学从政的校友不少，但最后身陷囹圄也不少。我现在这个状况自己是很满意的，工作经历和成就以及家庭状况满意就不说了，就是实现较大程度和比较宽泛的财务自由我也觉得很坦然，从来没有为过官也就没有权利当然谈不上什么贪腐，虽然下海在市场经济中办个企业，但也中规中矩企业也办的不大，没有那种规模很大的企业家们经常说到的原罪。如果从政为官后不能把持自己路走歪了，以我自我审视的结果走歪路的概率是比较大的，那整个人生结局就完全面目全非了，那个结局一定是十分悲惨的。当然从各个层面说了很多，其实我很明白我最终在从政为官上有比较通畅的途径但没有选择走这条路，最根本的原因还是源于我个人人生价值的取向，我觉得一个人还是活得自由潇洒快乐为好。

第五章 游弋自由

市场经济游弋中的自由与充实自知

1988年底我在成都七中好友的推荐介绍下，进入到他的大学学弟所建办的一家当时还应该叫集体所有制的公司担任经济顾问，而在当年已经进行十年之久的改革开放的大背景下，这种挂着集体所有制牌子的公司本质上就是一个私营企业也就是现在的民营企业。在这个公司担任经济顾问的不到半年的时间中，我的所思所为包括最后的去留结果都表现出我的性情习惯以及行事风格。当年到了公司后知道我的成都七中校友为他的大学学弟组建的顾问团有五个人，包括法律顾问军事顾问私人顾问和经济顾问，我的成都七中好友担任顾问团总顾问。

到公司时大家正在紧锣密鼓的筹备召开公司的年终总结大会，公司总经理和顾问团总顾问确定年终总结大会的主要内容有两个，一个是总经理做工作报告，另一个是总顾问做修改公司章程的报告，当然也告诉我要安排一下公司的经营业务工作。内心深处对这种过于务虚的会议不是很重视所以有点不以为然，既然是公司嘛当然应该以业务经营为主，而对于我这个经济顾问来讲首先要搞清楚的是公司的资产负债和现金流状况，因为只有弄清楚了这些，我才能根据公司的实际情况做好经济顾问该有的服务工作。

于是我向总经理提出了对全公司进行清产核资的建议，并且毛遂自荐的说这项清产核资工作由我来主持，总经理当然很高兴也很支持，于是我在参加筹备年终工作会议的同时开始了全公司的清产核资工作。提出要进行清产核资工好像有点唐突，但这是我的办事风格和习惯，这项工作完成后使我对如何为公司服务有了个基本的概念，而这一点对我很重要。这个公司资产不少负债也较多，两者基本平衡，净资产不多，如果考虑到有些资产的变现性和不良性，也许净资产可能为负，另外就是现金流不太好，需要加强业务项目的经营管理增加现金流和净资产。后来公司召开了将近三天的年终总结大会，总经理做了洋洋飒飒的工作报告，总顾问也做了精彩绝伦的修改公司章程的报告，这两项工作耗费了几乎全部的会议时间，在会议行将结束的时候，给我留了半个小时让我对公司第二年的业务工作做了安排。

这种会议程序的安排，以及后来公司管理层与顾问团把很多精力和时间都耗在务虚上，使我感到需要想办法花大力气把公司拖到以业务经营管理为主的轨道上来才行。过完春节后不久公司就有了资金流不畅的问题出现，主要是有一家银行的几十万贷款到期了需要归还，因为与银行的关系特别好银行承诺归还后可以再行贷出给公司使用这笔资金，但按照银行工作的惯例其实是规定应该是先还后贷，而公司当时的实际情况是根本调配不出这笔资金来先还贷。比较戏剧性的是。到了应该归还贷款的那一天，公司的管理高层和顾问团多数成员大家聚在一起，对如何解决这个问题都面面相觑，这项与银行具体打交道的事情本来应该是总经理副总经理们的事，我这个刚来不久的经济顾问按说出出主意就行不必也不应该自己去操作。但当时的局面似乎没有人愿意出头到银行去解决这个问题，大家都坐在那里而时间一点点的在过去，万般无奈之下我看时间已接近下午四点，这个问题总得解决了才成，于是便主动提出我去吧，因为银行和公司所在地相距不远，我大概用了一个多小时便去银行解决了这个问题，当然解决的办法也是没有办法的办法。因为我和这家银行的高层关系也较好，最终在委婉的告知还贷资金一时组织没有到位后，与银行一起采取以贷还贷的一种其实不是很妥当规范的方法解决了这个问题。说万般奈何是指当时的局面确实很尴尬，一项公司很具体的工作居然没有人愿意出面去解决，我当时这种似乎也有点唐突的作法再次表现出我那种遇事比较有担当也比较喜欢去做一些有挑战性的工作的兴趣。

这个公司的老总自己是不太精于业务的，他的过人之处或许说是他的人格魅力是自己不精于业务却能聚集起一大批在业务上很在行的同学朋友邻居共事，我在接触中感到这些人是很务实的，就是想做生意抓业务赚钱。春节后发生的一件事情很出人意外也使各方面都很尴尬，就是公司的多数员工提出顾问团务虚太多对公司的经营发展帮助不大，开始是有些意见后来就干脆提出请顾问团离开公司，客随主便这也是一个奈何之事，所以大家也同意顾问团退出公司，但同时这些员工又提出我这个经济顾问许老师不能走，因为他们觉得我对公司的发展是能够其实已经起到一些作用了。这就使我很为难了，我是随着成都七中校友来到公司的，他都走了我留下来似乎不是很合适，最后的结果我还是留下来了，除了是公司员工也包括老总的盛情挽留外，我自己的决定是主要的原因，这个决定也表现出来我在性格上的一些处事风格，仅管与校友的关系很好从情感的角度我应该和他一致离开，但实际中如何处理确实是我个人的事，我自己有自己做人做事的思维，不应该被情感所牵制。

后来才得知公司员工是从我刚来时要清产核资，在年终会议上的公司工作安排讲话又很务实，特别是主动到银行去解决还贷问题，这些事让老总和员工们觉得要尽力的留下我帮助公司发展。后来的情况说明我当时决定留下来是正确的，因为在这个公司中我结识了一批比较务实的业务朋友，因为各种原因这些朋友后来又办了很多公司，他们后来所办的公司无一例外的都希望我能去帮他们管管财务以及与工商税务银行的联系。即便是1992年小平同志南巡后政策放宽我也办了公司，但这些人一直是我很好的朋友，我也一直在尽心尽力的帮他们公司做事，事实上整个90年代我的下海活动，所做的具体业务工作与这批朋友联系是很紧密的。

上世纪90年代说起来我是下海经商了，但我自己的理念和目标都很清晰，那就是挣点钱而已，从没有想过把公司办大发展事业，也没有想过要挣很多很多的钱，能实现自己在一定程度上的财务自由就满足了，所以当时有两件事情处理得很坚定一点也不犹豫。一是很坚定的留在了西南财经大学没有去辞职，做自己喜欢的事使我觉得经商不会是长期的，做一名高校教师一直是我所想做和追求的，所以当年是很坚定的留在了体制内，不管各方面的事情有多忙，我一定要按照规定完成西南财经大学的教学工作任务。事实上所谓的下海做生意搞了年两三之后我就兴趣不大了，特别是有了一定的收入和积累之后更是兴趣索然，正是因为坚定的留在了体制内，所以我才有机会和条件在进入21世纪的时候在西南财经大学再一次去享受自己所喜欢的高校教师自由生活。

另一件事是很坚定的把子女的教育放在了首位，进入90年代后我的那对双胞胎儿子也念中学了，从初中开始我和夫人就身体力行的在数学和英语上对他们进行超前教育，无论其他的工作有多忙，赚钱的事情有多吸引人，对他们的教育是不能耽搁的，当然也收到了很好的效果，他们高中时考入的分别是成都七中和树德中学，高考时分别考入了北京大学和北京航空航天大学。如果说在90年代下海经商时还要坚持回西南财经大学上课是自己的兴趣使然，那在这几年中始终把孩子教育放在首位便是一种理念和责任了，当然最终出现的使人特别满意的结果也让人特别欣慰和骄傲。

在下海中有一件事情应该说也比较精彩，它从很大的方面表现出我个人的很多特点，那就是在相当长的时间内我一直充当着一些企业和银行之间沟通交流的角色。那个时候的银行刚开始对中小民营企业发放贷款，很多原因更多的是银行对企业的不了解不放心，双方的沟通和交流更多是通过我来实现的。一方面我和银行等金融机构与人员很熟，有的就是校友和学生，而在西南财经大学的教学科研又使我对银行的实务特别是它的工作流程比较熟悉，关于企业的情况银行的管理者们更愿意听我的介绍。而当年民营企业的老板们多数都很不会对外展示和宣传自己，也期盼和指望着我去银行沟通。这个在银行和企业之间充当沟通交流角色的工作，展示了我的自信和担当，更表现了自己的魄力与睿智，因为做好这种工作还是有相当大的难度的，所以更表现了我喜欢挑战性工作的兴趣。

事情难度越大我似乎就更愿意去面对，并且很容易产生一种做事的激情，1998年我的一位西财校友所办的公司寻求到一个比较好的项目，就是去整体兼并其实也就是购买当时一个已经停产了的成都市装潢印刷厂，校友知道我是一个长于做这种事的操盘手，于是来与我商量如何操作，我的答复是先让我初步了解一下情况再说。当我把这个厂的情况也主要是它的资产负责弄清楚后，意识到这是一个比较难啃的骨头，操作它要付出相当大的精力并且要承担比较大的风险，尽管情况如此但骨子里边那种喜欢挑战性工作的欲望，促使我最后和校友一起商量后决定启动这个项目并由我来做具体的操作。我带着公司一支很精干的队伍进驻到厂中开始了方方面面的工作，兼并工作的细节我在前面的回忆录中记叙得很详细，现在想要记叙的是兼并工作中几件有难度有风险但在我看来却很有乐趣的趣事。

一件事是债务处理，因为这个工厂在计划经济体制时发展状况是很好的，所以他的经济往来关系比较多也比较复杂牵涉面也很广，也就是债权债务都很多。债权嘛我们在做兼并核算的时候是没有把它纳入资产或者说兼并收入范畴的，指导思想就是肯定要尽力的去收，收到了就等于是净利润，收得不顺利也不影响兼并核算的大局。至于债务肯定必须谨慎的处理好，因为它肯定是兼并成本或者叫支出的一部分，在核算兼并收益的时候计划上是以实际债务的50%为支付底线的，也就是说在处理这些债务时实际支出的金额在债务金额的一半以内兼并就是正常和顺利的。当时有一种想法和说法就是债务嘛能赖就赖不理它就是了，但我们是通过很正规的法律途径进行兼并的，如果扮演成那种赖账的混混不仅对各方面不好交代，对自己来讲也不是个好事，总不能兼并后时时都面临着一个债权人讨债的问题。

所以在工作开始的时候我一直很重视这个债务问题，没有正式决定要兼并前我分别约谈了那些债权人，当时很多人不管是工厂里边的干部甚至我们公司自己的员工都有些不理解，债主躲都躲不赢许老师咋个还要去主动找他交流呢。他们不明白实际上我是在对这项挑战性很大的工作进行摸底，通过摸底交流判断处理好公司债务需要花多大的成本。正是这种兼并前的沟通交流使我相信能够在50%的底线以内解决所有的债务问题，同时也通过约见确定债务数额避免今后节外生枝。兼并工作开展实施后，我开始主动出击邀请债务单位来协商债务解决问题，这项挑战性很大的工作使我极有兴趣也给我带来了相当的乐趣，有一种乐在其中的极好感觉。

债权单位其实不少有二十多家，通过沟通交流协商都处理的比较理想，当然这首先得益于正式决定兼并之前我与他们的沟通交流，因为在那次沟通交流中，我对于这些债权单位想收回债务的心态有所了解和掌握，当然我比较得体的沟通交流谈判技巧和技术，以及自己那种西南财经大学教授的身份，也促使了协调比较顺利。与每家债权单位沟通时的氛围都很好，我也很有耐心的慢慢的交流，有的时候一个单位的债务处理要交流好几次才有结果。因为氛围比较好，最终是一个双赢的局面，对我们来讲处理每一个单位的债务都控制在实际偿还在50%的底线以内，而对他们来讲毕竟还是收到了一定数额的现金，这在当年三角债很严重很混乱的情况下还是不错的。特别是沟通交流中他们对我这个西南财经大学的教授方方面面都感觉很好，不少客户在协调谈判之后离开时都对我有发自很内心的感谢，这让我们公司的员工们自己都觉得很搞笑，说少拿了那么多钱还要谢谢许老师，这种得了便宜还放乖的好事只有我们许老师能够操作的出来。

其实这种看似平淡简单的交流，它的挑战性是很强的。因为双方都有一个利益最大化问题，他想多收我想少给这是一个基本的矛盾，解决这个矛盾的关键是要找到一个平衡点，也就是最后谈妥的金额双方都能接受。要找到这种平衡点涉及的因素很多，对方的体制以及相关涉事人的心态乃至习性，沟通交流的方式节奏乃至语言都会影响到协调的结果，当然对于一贯喜欢做这种比较细致的挑战性工作的我，不仅会很好的发挥自己敢于交流善于交流的长处，更能在发挥中享受到那一份难得的乐趣。

也有最终没有协调好的，虽然只有一家，从我的角度看，没有协调好的原因主要是来与我具体交谈的那个人性格上的某种因素之所致，这一家最终是通过在青羊区法院的司法程序解决的，要走司法程序不是对方的主意反而是我鼓励或怂恿他这样做的。因为这位债权人一接触我就感到，他的心性是那种心高气傲的人，自信心特别强言语和行动中处处显示出天下没有他办不好的事，所以沟通交流几次之后我就鼓励他大家走司法程序解决吧，之所以这样是我判断他这种自傲的人对打官司走法律程序极有可能是个门外汉。果然他很快的聘请了律师依据管辖权在青羊区法院起诉了我们，尽管我也有水平也很高的律师朋友帮我打了不少官司，但这个比较简单最终的判决结果也在预料之中的案子，我就没有去麻烦律师朋友了，在收到他的起诉书法院的开庭通知后决定开庭那天自己去应诉就行了。

开庭那天他和他的律师洋洋洒洒的来了，我带上了公司办公室的一位员工，在法庭见面后还没有开庭我就知道他一定被他的律师忽悠了，因为这是一桩起诉方必胜的官司，而这之前他的律师居然没有给他讨论过胜诉之后的执行问题，而我这边早已做好了各种准备，有被执行的资产给他但其实际价值还不如协调时我给他提出的现金偿还金额。一开庭他就被我抓住了一个软肋，他和他的律师居然没有给法庭办理委托律师的手续，所以一开庭我就要求法庭取消了律师的发言权。接下来的过程就有些搞笑了，他作为起诉方当事人自己在法庭上诉说，毕竟打官司是一桩专业的事，自然他的语言有很多都极不得体，坐在一旁他的律师几次在他讲出这种不得体的话的时候想申辩几句，律师一开口我立刻申请法庭制止律师发言。当然我也知道这是一个起诉方必胜的官司，除了仍然坚持按我在协调时提出的金额和解外，毕竟欠债还钱是天经地义的事，也就没有过多的辩解和纠缠。不过当时我们双方的表现让当庭的法官在闭庭后都开玩笑的对他们的说，有事没事不要和西南财经大学的教授打这种经济官司。

法庭下的判决很快，他们胜诉后就应该进入执行环节，我真不知道他的那位律师是怎样给他打保票的，说不定就是他那种自信自傲的天性让律师觉得他其实很好忽悠。所以在实际执行时除了我愿意主动给他的一台已经用了三四年的五匹分体空调柜机稍值点钱外，其它他能够收到的达到法院判决金额的所谓资产在我们这边就都是一些对我们来讲几乎没有价值的东西了，而就是这些东西还得我们主动的给他，因为他的律师没有给他申请任何保全诉讼。更搞笑的是他申请执行需要向法院交 1000 元的执行费，这是需要现金支付的，他感到很委屈不愿意给法院交，主审案子的法官可能对他也产生了一点侧隐心，因为在这个案子开庭的前前后后法官与我也打了不少交道，法官就给我打电话说，许老师你们公司把这个 1000 元的执行费帮他出了吧，法官都讲是帮他出了吧显然从法律上来讲就不该我们出，但考虑到地方上方方面面的因素我还是很爽快的立马就点头答应了并很快替他向法院支付了这 1000 元执行费。

在兼并这个工厂的工作过程中，还认识了不少工厂的工人与职工，其中有一位罗姓的员工可能在工厂方看来应该是个"刺头"，这个人讲话声音很大，说什么事情都有一个理在他那边的理直气壮味道。在兼并工作中工厂领导就提醒过我们这个人比较麻烦，但在实际工作中我还是和他打过几次交道，公司的员工对他还是有些在意向我建议最好避避他，但我觉得什么事总得打打交道交流交流也许更有乐趣。有一天一大早，我还没有到公司和工厂中去，公司的员工就给我打电话说工厂中来了 100 多名工人员工场面显得有点混乱，因为当时与工厂各方面的交道基本上都是我在做，所以这些员工虽说是请示性的问我怎么办但实际想法是希望我快点去控制局面。我当时就急急忙忙赶去工厂了，与工人们一接触才知道他们确实对兼并有意见但不是针对我们的，主要是针对工厂原来的领导，而 100 多人中最为激动估计也是领头的就是那位罗姓员工。我按照我一贯的工作风格，没有回避这些工人，反而主动的到他们中去与他们摆龙门阵，特别是很耐心的与那位罗姓职工交流了很久，其实也就是听听他和其他工人们的倾诉。我其实也很理解大家，工作了几十年的工厂说没有了就没有了，难受的心情需要发泄一下也是可以理解的。最有趣的是这位罗姓员工，在 2000 年我已经回到西南财经大学上课后，他居然应聘到当时西南财经大学从光华校区到柳林校区的外包运输公司做驾驶员，有好几次我坐他的车时还在车上与他畅谈，他确实是个爽快人，我们畅谈的氛围就像是多年的老朋友似的。

兼并成都市装潢印刷厂这个事情除了利益结果和工作过程使人自慰和欣喜外，其实有另一个方面的客观现实却很使人黯然情伤，那就是通过兼并这个工厂后所目睹到的工厂这两三百工人的失落和茫然，看到了上世纪 90 年代在由计划经济向市场经济转轨的过程中，一代，不，应该是两三代国人成了当年所称的"下岗工人"所付出的代价。所谓的下岗工人中，有五六十年代就参加国家建设的老工人，也有与我年龄相近的同龄人，还有刚参加工作的年轻人。他们都在计划经济体制中为当年国家的建设和发展做出了特殊的贡献，现在他们的单位也就是一大批中小国营企业和集体所有制企业，因为在计划经济中时间太久跟不上市场经济的步伐不得不停产变卖，曾经的企业主人成了下岗工人其实也就是失业者，他们需要在新的市场环境中重新起步，就像刘欢先生那首《从头再来》一样开始自己人生新的启程，他们的实际情况当然不会像歌曲所唱到的那样轻松，他们将在开启自己新的人生历程中经受洗礼和磨难。

兼并工作结束后已经是当年年末，春节之后一上班便有职工向我汇报原来工厂的一位老工人因年老体弱病逝了，尽管兼并协议中确定了我们同原工厂的两三百职工在经济上已经没有任何关系，但从人员隶属关系上看理论上他们还应该算做我们的职工，所以过逝老工人的家属来公司向我们报备一下。得知这个消息后那种黯然情伤的情绪让我思绪万千，于是我带着几位公司参加兼并工作的员工，专程前往逝者家中吊唁，并代表公司赠予了一笔在社保福利之外的抚恤金，在我看来这是自己一次极为平常的举动也是情理之中的事，但没有想到这在工厂的职工中引起了极大的反响，因为我是公司的总经理有此举动，工厂的工人员工们都十分欣慰和感怀，加之西南财经大学教授的另一身份，工人们对我们的盛赞溢于言表。

上世纪 90 年代在市场经济中游弋时有一个事情也让人颇有感触，就是当年所结交的严格的说是与生意有关的方方面面人士，无论从结交和交往的过程来看，还是从最终当我退出商海清理债权的结果来看，他们都是重信用可交往的朋友，这从另一个侧面坚定了我"众生皆平等且需自由"的信念。当年想结束生意时，要收回来的债权有千万之多，最终收回的结果很好，虽然也有 100 多万成了坏账最终没有收回约占 10%，但这 10%没有收回的债务很多都是情有可原，多数是在经营过程中失败破产，而收回的那绝大多数债权很多细节都颇有意思，其中有不少是在债务人实际上在清算结束自己生意时主动归还的。这些人文化程度不同生意背景各异个体差异极大，但大家相处在一个平等的市场环境中，共同的期盼着在市场经济中自由游泳，这种平等自由的环境是造就诚信做人的基础。

现在回过头去看那十年的商旅生活相对还是很满意很自知充实的，这其中主要是依照了自己自由潇洒的天性，没有更多被市场环境所束缚做太多自己不是很有乐趣的事，这主要得益于自由的天性使我一直把生意的目标定位得很实际，就是挣点钱尽可能的实现多方面财务自由而已，目的就是想改善一下自己作为高等学校教师太清苦至少是不宽裕的生活，并为今后回学校再做高等学校教师时奠定比较好的经济基础。所以年过古稀之后有时总是在想，当年依照自己天性追求自由潇洒的生活，它其实最终带来的不仅是精神层次上的满足，在物质层次上也正好恰如其分的终有所得地实现财务上的多方面自由。

第六章 自由翱翔

新世纪再执教鞭翱翔着自由

进入新世纪个人的生活似乎发生了一个质的变化，这就是人生的自由度有了大幅度提升，好像提升应该是一个量的变化，我为什么说他是一个质的变化呢？这是因为进入新世纪后因为各方面的条件和基础比较好了，所以对人身自由的追求更多的是以主观而为之，相比起已经过去的几个年代来看确实是一种质的飞跃。上世纪70年代背负着解决家中老弟小妹回城留城问题的担当，80年代在高等学校教师的新环境中有创立基础的负担，90年代商海游弋有尽快增加收入的欲望，这些都使我在期盼和追求自由中不能事实上也没有过分的主动，是很被动的顺应着环境去争取和实现自己人生的自由化。进入新千年一切都变化了，好像没有什么能束缚我的主观了，环境上回到了本来自由度就很高的高等学校教师生涯，经济上有比较良好的基础实现了很多方面的财务自由，家庭上两个儿子考入名校并在毕业后顺利的成家立业，所有这些似乎都在告诉我你可以自由自在的去做自己想做的事高兴的事了。

孔夫子说"五十而知天命"，我对这个知天命的理解是自己应该知道自己想做什么能做什么，并且能够根据自己的所想所能自由潇洒的去做什么，所以我确实在知天命的十年中，把自由自在的生活发挥得很极致很张扬，通过更多的去践行那些有挑战性的事而使自己精神层面的充足达到一个新的高度。这之中大致有三个方面的事，一个是工作上在接收了难度较大的《概率论及数理统计》课程后又积极承担了对自己而言是全新的《科学技术史》课程，第二是策划和践行了让女儿缩短小学学习时间让她仅用了四年就完成小学课程学习在10岁多一点就迈入初中，第三是随心所欲的不仅是醉心于更是身体力行的参与进行到房屋的装饰修建而乐在其中。

当初回到西南财经大学接受其他老师所讲授的《概率论及数理统计》这个难度比较大的课程，除了有当时情形的无可奈何因素外，其实自我的那种喜欢做挑战性工作的心态也在潜意识的起作用。这门课十多年了前后两位老师在上，教与学的师生关系总是跌跌碰碰的不是很协调，所以内心深处还是想去探个究竟也就是说自己想去试一试。当然把复杂难上的课直观化简捷化是我教学的一贯长处，所以把这门课上得四平八稳师生教与学之间协调平衡对我并不难，客观上的实际情况确实如此，我接手这门课后学生就没有什么换老师的意见和要求了。本来事情也可以这样平稳度过，但我那种内心深处的那种想挑战自我的激情在起作用，它让我不是满足于现状而是要去探求矛盾实现自我，当分析到考研那个占有15考分之多的《概率论及数理统计》压轴题是需要解决好微积分中含参变量的重积分问题时，我没有回避这个本来可以回避的难点，而是迎头而上和学生们一起去攻克它解决它，从而在无论是在过程还是在结果中都取得理想的目的和境界，完成了自我挑战的欲望。

《科学技术史》这门对我全新的课程肯定是在接受挑战性工作的心态中承担的，在要不了几年就要退休的时候去承担这门课程，显然应该有中青年人的激情才行，当年我的情况确实如此，只是令人没有想到的是，由于课程组几位老师很特殊的情况，最终这门课的课程负责人居然只有只能落在我头上，而仅就课程而言我应该是个新人。不过担任课程组这个意外却让我收获颇丰，因为从课程组负责人的角度我需要更多的和其他几位老师沟通，而四川大学和四川省社科院几位资深的科学技术史专家，在沟通交流中给予我的指点和提升经常使我茅塞顿开受益匪浅，他们帮助我更深的从哲学的深度和高度探讨自然科学的产生和发展，这对于我这个理工科出身背景的人来讲无疑是在思维中开了一个天窗，这让我从另一个角度感悟到敢于承担也会带来预料不到的受益。

《大学物理》这门课的几年中其实我一直在探索，最后无疾而终的局面也使我很遗憾，因为状况是可以改变的，而更重要的是几年的教学中使我认识到给经济管理类的学生在高等数学背景下讲讲牛顿力学，讲讲麦克斯韦电磁学和爱因斯坦相对论其实很有必要。至于学生们高等数学基础的问题我也找到了解决的办法，把课程调整到大一下学期学习便可解决导数的问题，至于麦克斯韦方程组所需要的偏微分方程知识和爱因斯坦相对论需要的黎曼几何知识，是完全可以在教学中处理得很得体让学生受益匪浅。遗憾的是当年愿意从事这门课教学的老师太少，除我之外的另一位青年教师他其实是一位物理学光学博士，是在我动员后参加了这门课的教学，但从他个人发展的角度来讲，我不能老拖着他来上这门通识课程。所以这门课程后来在西南财经大学里被取消，其实最根本的原因不是表面上的教学程序问题，还是缺乏老师的问题。

亚里士多德曾说到科学产生的三个基本条件是惊异、闲暇和自由，这个说法好像与我在新世纪的第一个十年中去探索与践行女儿的小学教育的情况有点耦合，当然主要是后二点闲暇与自由，至于惊异嘛可能有一点但不是主要的。当年的我确实既闲暇又自由，使我有充分的精力时间和条件去考虑中国的小学教育学制问题，虽然很多年前我就依稀感觉到似乎六年的时间太长，也依稀觉得也许用四年的时间就可以完成现行的小学教育内容，但因为忙一直没有静下心来认真的思考和研究过。现在好了，闲暇使我时间很多，自由又可以让我的思维无拘无束，打开了思路的我静心的探讨了能不能只用四年的时间就学习到现行小学教育体制中的主要内容。这个分析的技术性很强，虽然很多学科都涉及到，但主要是语文和数学，需要从技术的角度分析语文和数学让一个小学生必须掌握的内容有哪些？还得要下决心对有些过程性的内容作坚定的扬弃，这些问题的具体分析我在前边的回忆录中谈的很多也很仔细，这些思考和研究的结果也让我决心在女儿身上予以践行。

这里想回头再说说我的孩子们，他们一直是我引为自豪的人生骄傲。我们这一代我的同龄人中，基于当年十分特殊的国策绝大多数都是独生子女，我因为一些偶然有三个孩子，他们的教育、成长和发展无论过程与结果都使我很欣慰和骄傲。我的那一对双胞胎儿子，就其本性来讲还是很顽皮的，贪玩这个人之皆有的惰性在他们身上表现的尤为突出，以我对他们青少年时的观察，小学和初中在学业上的努力和尽心至多有七八成吧，高中时好点大概有九成。不过因为天分较好状态和结果还相对可以，所以在读完成都七中和树德中学后也不负众望的考入了北京大学和北京航天航空大学。参加工作后也不错，当然使我最安心和欣慰的是他们不折腾，几乎没有什么想入非非异想天开的来搅乱大家安静的生活，这一点也许承袭了我这个父亲的人生天性，当然还有人生观价值观上的不少东西，比如对各类组织都不是很亲近密切，可能也是相信距离产生美吧，另外对家庭的责任心和担当感也很令人肯定和放心。

不过在我看来美中不足的是这两个小子自信心似乎太强了点，当然作为男人不可能没有自信心，但我总感到他们有些时候自信心还是过头了点。在这一点上我的小女儿比起她的两个哥哥来讲强多了，从小到大我似乎还没有见过她听过她哪怕是一丁点自我骄傲的表现，她似乎对要做的所有事都十分谨慎十分谦虚，其实她在很多方面以我这个父亲的角度看来是很优秀的，比如在小学学习上她十分配合也很努力的在我们的指导下用四年的时间学完了小学课程，在不到 11 岁的时候就升入初中。她似乎承袭了她母亲的长处与优势，在语言学习上的天赋让我这个说起来学了三门外语实际状况却特别糟糕的父亲十分吃惊，女儿在十五岁高中二年级时为出国读书就考上了雅思 6.5，到了英国读本科之后自我不太满意又再次去考了个雅思 7.0。在英国和欧洲呆了 5 年后英语应该是很好了，她又因为喜欢日本又开始去学习日语，半年的时间就考上了进入日本工作的门槛日语 N2，后来也是去日本后重新考上了日语 N1。能在不到 22 岁取得英国卡迪夫大学和西班牙巴塞罗那大学两个硕士学位，在掌握日语和英语的基础上在日本工作，应该是她不懈努力的结果。

当然女儿能在不到 22 岁时就取得两个海外硕士学位的关键，是她自身很积极努力的在我们相助下仅用了四年的时间就学完小学课程升入初中，对她来讲是听话加努力，而对我们特别是我来讲就是亚里士多德说到的休假和自由了。因为 20 世纪第一个十年我有充裕的时间来思考和探讨这些问题，而在决定一桩事情上可以不受束缚的跳出圈子的自由随时都在我身边，这种自由不仅是客观上的，更是思想和精神层面上的。没有那么充裕的时间，我不可能对小学课程中语文和数学需要学习的内容去做深入了解和分析，数学尚好因为是我的专业，而对小学语文我是花了大量的时间去分析它的课程结构的，至于要敢于扬弃语文中的语法部分和数学中的"奥林"内容，肯定是在思想上有了不为被束缚的自由才有可能去想到继而去做到。休假和自由让我为女儿设计出一个理想而又可行的方案，在她的努力下仅用四年时间就完成了小学学习，这无疑是她在后来的学习历程中极为重要也是极为关键的一个环节。

在房屋装饰修建上的学习和参与，与其说是人生自由的一种行为，还不如说是我在享受自我的人生自由，因为从小开始我就比较喜欢一些技术性劳作，比如学习和践行做菜做饭这些烹饪。所以在新世纪的第一个十年闲来无事时通过向一批结识的电工泥工朋友学习操作技能，一直被我视为是一项极有乐趣的事，这些在很多人看来可以通过花钱去买来的劳动大可不必自己动手，而在我看来是自己参与动手之后有着无穷尽的兴趣和满足。因为这些自己通过学习和参与就能完成的技术活，花钱换来的仅仅是自己的休息和旁观，少有参与过程的乐趣和看见劳作成果之后的满足。我认为只有自己心灵上真正自由了，才有机会有可能放飞自己去做这些想做的事，这从某种角度来讲是一种对自我自由的享受，身体的自由多数情况下可以自己操纵，而心灵的自由却时时刻刻在受着束缚，中国不是有"不以规矩不成以方圆"那句话吗，能够在身体和心灵上都能享受的自由不是经常都有的，所以如果有就一定要尽力去享受。

新世纪第一个十年我有那种自由和闲暇，表面上看好像是上世纪90年代的下海奠定了一定的经济基础，其实本质上不是这样的。下海的历程确实有收入和积累，但绝对数值也并不是很大，我是按照自我以及家庭的消费水平和需求来决定什么时候结束商海生涯回到西南财经大学的，应该是那句话"钱不在多够用即好"。真正使得经济上比较宽裕能享受相当方面财务自由的，是新世纪第一个十年因为中国加入了世界经济大家庭，经济的飞跃发展使得资产的价值在提升，而我在上世纪90年代的收入和积累又正好摆在了一些良性资产上，资产价值的升值使得自我和家庭的经济基础更好，所以能有休闲和自由要拜谢这十年中国加入世界经济大家庭后国家和社会经济的飞跃发展，要拜谢于经济的全球化。

写这段文字的时候是2023年的11月上旬，前几天王外长赴美国访问会见了布林肯国务卿，人民日报这两天发表了钟声的《必须将破坏中美关系的人绳之以法》和《推动中美关系真正稳下来好起来》署名文章，这使人再次想起了四十多年前的1979年邓先生的名言："回头看看这几十年来，凡是和美国搞好关系的国家都富起来了"，更有最近几年来习总书记反复强调的"我们有一千条理由把中美关系搞好，没有一条理由把中美关系搞坏"，政治家们的高瞻远瞩我们始终都要牢记和践行。事实上回忆改革开放40多年来，我们在前20年也就是上个世纪80 90年代国家的经济发展虽有成效但步伐不是很大，真正使得民富国强的是2001年加入了世界贸易组织，而得以加入世界贸易组织的关键是2000年与美国成功的双边谈判，加入世界贸易组织使我们进入到世界经济大家庭，在全球大家庭的经济分享中我们得到了飞跃的发展。

所以这里边仍然有一个如何看美国的问题。关于美国我在前面的回忆录中曾多次议及，这里就不再赘述，比较关心的是我们确实需要和美国搞好关系，在世界经济大家庭中同美国以及更多的国家共享经济繁荣，那种要脱钩的想法和说法十分幼稚和荒唐的。当然近年来情况也有些变化，好像美国以及一些国家也不怎么样待见我们了，好像也有一些想和我们脱钩的迹象和趋势，美国和其他西方民主国家的政治制度决定了要想和我们脱钩不会立马那么快的，我们自己绝不能有这种脱钩的想法和做法。因为真脱钩了美国和西方一些国家他们是经得起折腾的，而我们却不行，所以我们要尽最大的努力去修补与美国和西方的关系，大家在世界经济大家庭中互惠互利共同发展，分享世界经济大家庭的红利。

现在有两种说法想在这里讨论一下，一个是我们强大了美国衰败了甚至要崩溃了。我们在改革开放 40 多年来确实强大了，但国家富强到什么程度还需要仔细研究和分析，至于美国是不是衰败了甚至要崩溃了，需要看看历史。我们在儿时和青少年时，就不断的有人给我们讲资本主义的经济危机必然导致他的衰败和灭亡，又给我们讲帝国主义是腐朽的垂死的资本主义，那时候就好像在说美国要衰败了崩溃了，现在我们已经年过古稀，老美帝好像仍然扮演着世界警察的角色四处耀武扬威行使它的长臂管辖。当年我们曾经激情四射的深信那种在十五年之内超过英国赶上美国的宣传，到现在算算至少有四个十五年了吧，除了 GDP 总量成了世界老二外，人均 GDP 还排在世界各国末后端。所以我们最好不要去管别人如何，它是不是要衰败了崩溃了不是我们说了能算的，我们最好是先管好自己，摸着石头过河更好的学习他人，尽快尽好的把自己发展起来才是正道，而要做到这一点离不开世界经济大家庭。

还有一种说法是美帝和西方世界亡我之心不死，这个话好像也讲了 70 多年了，我们已经从儿时进入了古稀，但国家仍然健在更没有被灭亡。是的我们曾经和他较量过两次，一次是明着在朝鲜我们与以它为代表为主力的联合国军打了几年，再就是在越南。我们实际上是暗地里又和他打了几年。但想要提醒大家注意的是，正是在这两次较量之后，伟大领袖亲自决策要和美国关系正常化，这个两国关系正常化在上个世纪 70 年代初就实现了，并且进一步 70 年代末两国建立了正式外交关系。这个亡我之心不死的说法多少有点伪命题的味道，因为这个说法被津津乐道的讲了几代人，但国家的现状似乎没有多大的改变，我们仍然是东方大国。

如果只是说到亡我之心的话应该还是有些道理，在美国以及其他西方国家闹哄哄乱糟糟的政治体制下，有各种各样的想法和说法并不奇怪，何况美国和其他西方国家的媒体都是自由独立的，他们想说些什么能说些什么是他们的自由，国家不好也不能干预，所以把我们视为异端要予以灭亡的说法在它们那里有也不足为奇。美国和其他西方国家政治体制上是三权分立，作为立法机构的议会有一些要打击我们灭亡我们的议案被通过似乎也很正常。美国的总统或者其他一些西方国家的首脑们虽然权力不大只有行政权，但不管怎样具体的操作在这些总统和首脑门手中，恰恰是这批人特别是美国总统曾多次在多种场合表示，他们尊重中国的国家主权不干涉中国内政，不谋求改变中国的国家体制和政治制度。

如果从意识形态分歧的角度，这个忘我之心不死倒有点是真实的味道了，因为美国和其他一些民主国家，信奉和尊崇的普世价值倡导三权分离民主宪政，权力中心人选包括行政和立法都是一人一票民选，这一点和我们社会主义的举国一致体制有很大差异，这也许是两种不同的甚至是根本对立的立国之道。在相互不干涉他国内政的前提下，有这种价值观的分歧也很正常，东西方人生活在不同的文化背景和政治经济环境中，有这种不同的价值观甚至引发讨论和争议也不是坏事。因为各自不同的价值观以及由此而产生的政治体制，没有绝对的优劣之分，好坏更无从谈起，对不同的价值观以及在这些价值观基础之上建立起来的政治体制，从多方面去评估和讨论他们各自的优势与缺陷也并非坏事，特别是作为知识分子学者式的讨论和研究就更有必要了。

既然已经说到了对不同的价值观以及在这些价值观基础之上建立起来的政治体制，从多方面去评估和讨论他们各自的优势与缺陷也并非坏事，特别是作为知识分子学者式的讨论和研究就更有必要了，那我也就这个问题说说看法。关于我们举国一致的社会主义机制，它的特点和优势大家的体会和认识都很多很深，所以主要说说对西方三权分立的政治机制的看法。

客观的讲西方普世价值观下的三权分立政治体制，它的优点还是很多的，当然它也有它勿用讳言的弊端，我们分别来看看。首先是三权分立的架构在相互制约相互独立上设计是比较客观和合理的。这个架构最大的合理性在于立法权行政权司法权没有哪一枝独大，是相互独立相互关连相互制约，形成一个有机的系统。三权分立政治体制的基础是民选，特别是行使行政权的政府首脑也就是总统首相等和行使立法权的议员是一人一票的民选，这种一人一票的民选使得三权分离的政治体制更有民意基础，更能表达选民的意志。

在这种三权分立和一人一票的民选制度下，形成了执政党和在野党的党派竞争特别是党派轮换。而在实际操作中一人一票的民选经常产生在野党掌握议会的情况，使得三权分离的特点和优势更为明显。这就使得在野党可以发挥在议会中的立法权，有效的对执政党的行政权进行监督。在实际的西方政治中，参政的党派与政治主张有一致的地方，但也有很多不一致甚至相互对立的政见，这就给了选民很大范围的选择，这些政党为了成为执政党在竞选中都要公布他们的政治主张，怎样选可以根据自己的见解来决定投哪一个党派的票。

这样在客观实际中又很容易的产生了两个特点，一个是政党轮换，执政党干了一届或者两届，如果选民对执政党的执政不满意，极有可能在换届选举中把在野党推上台，这就是政党轮换。另一个是任期制度，一般一个政府首脑最多只能干两届，也就是说你这个党执政两届后，现任的政府首脑就不能再政担任政党的候选人了，即便执政党在换届中胜出继续执政，但政府首脑也必须换人。这两个特点使得机制的纠错能力能够很好的表现出来，使得在台上执政的党派与领导不仅要受到在野党的监督，有可能在实际的过程中发现和纠正错误。

说到监督与纠错又有一个新闻媒体的问题，在三权分立的社会中，新闻媒体的监督作用是发挥的很极致的，新闻传媒机构都是独立的，不受三权中任何一个部门掌控，有的国家比如美国法律规定政府不能办媒体。这种新闻媒体的独立性对三权中的任何一个机构特别是行攻机构"盯"得很紧，使得三权中的任何一个机构在行使自己权利时，不管是主动还是被动都要考虑到新闻媒体的监督，特别是对一些有影响力的媒体更是谨慎，这在客观上约束权力的烂用是有相当积极的意义和作用的。

这种民选的机制一个比较显着的特点是候选人都要千方百计的讨好选民争取选票，这从另一个角度来讲，选民在日常生活中的自由度相对较高。人们在社会生活中能自由自在的发挥自我，人性的创造力会得到很大的发挥，这也许是在很多高科技领域中，也包括在创建和发展各类事业中，西方发达国家容易出人才出成果很重要的一个原因，没有人为束缚的自由是人类创造力能得到充分发挥的基础。

这种普世价值下的三权分立中的立法与司法的基点与重心，更多的是基于要限制或者制约政府的权力，选民们也就是老百姓肯定是需要守法的，但政府更应该守法。在三权分立的立法和司法的基本思维和操行中，是认为政府更容易违法更想违法，所以司法和立法的重心是防范政府的违法，这个违法既包括政府是不是做了法律不允许他做的事，更包括政府是不是做了法律没有让他去做的事，至于政府在做法律允许他做的事情中是否恪守了法律那是最基本的了。

在三权分立的立法和司法的直接思维中，政府违法成本最低危害最大，权力和欲望使政府几乎随时都想超越自己的职责范围去做违反法律的事，所以在立法和司法中除了明确政府不能做的事之外，更明确法律没有让政府做的事，也就是法律没有让政府做政府就不能做。否则政府用自己的权利，成本很低的去做违法的事，给社会和选民带来的危害会特别的大，所以三权分立的立法和司法的重心是防范和约束政府违法，也就是把政府的权力关进笼子中去。三权分立的司法是独立的，它不受任何机构和部门干涉与影响，至于政党无论是执政党还是在野党均不能干涉独立司法。

当然这种三权分立也有它的毛病和弊端，过分的独立和相互制约会使得一些西方国家想办一些事情很难很难，完全没有我们举国一致的气魄与能力。特别是两个有代表性的美国英国，议会日日争吵十分有趣，两党在很多问题上长期达不成一致，使得一些该做的事情难于推进。应该说这种相互制约在两党纷争的情况下，还是比较容易演变成为党派恶斗的。

另外一个问题就是所谓的羊群效应。一人一票的民选，有时会在某些情况下产生意外结果，比如南非这个国家，在经过多年的奋争独立后，选民对为国家独立作出殊荣贡献的民族英雄曼德拉万分崇敬，选举他作为总统。但民族英雄不一定什么都懂什么都在行，比如经济上如何治国发展，对民族英雄往往是一场考验乃至考试，遗憾的是曼德拉没能通过考试，他和他的夫人把一个好端端经济上富裕的国家弄得每况愈下，最后落为一个贫穷的国家。而曼德拉和他的夫人就是在选民们的万众簇拥下，被一张张一人一票的选票选出来的。

更有甚者是把专制独裁与民选宪政搅在一起，在民选的旗号下实现专制和独裁，民主宪政史上这种情况并不少见，比如曾经有过的阿根廷的庇隆、委内瑞拉的查韦斯，那是实实在在的在民选中被选民们的选票真真实实的选出来的，这些人一任职便是终身制直至死亡，而怪就怪在这些人确确实实是一件一件被选民们选出来的，选民们自觉自愿的一届一届的选这些专制独裁者来统治领导自己，现今的俄罗斯普京不是也已经任总统20多年了吗？

第七章 自由随心

古稀之年的从心所欲与不逾矩

新世纪第二个十年我应该是活得更自由潇洒一些了，除了经济上因为我的资产主要是在房产上而这一个十年又是中国房产极速增值时期使得基础较好外，还有一些其他的因素也让我更能无拘无束的自由生活。首先是我从体制内的西南财经大学退休了，退休所带来的自由度就更大了，再有就是几个子女十分不错，两个儿子成家立业，而女儿也顺利进入高中，后来便是出国读书了，于是这个十年我有点天马行空的味道在人生的海洋中自由遨游了。

当然这一个十年的主基调是我进入了民办高校再次工作，先是很优雅的做了一年多教师，后来阴差阳错的前后在三个民办高校担任院长。这个院长的身份是不会束缚我自由生活的理念的，因为我很明白民办高校的院长比较本质的东西，所以主观上不会为这个身份所约束，客观上我在公办院校和民营企业都有工作经历的经验使我既能够协调好与投资方的关系，同时尽可能的维护学校师生员工的基本利益。

这十年中还比较有趣可以记叙的是我的投资理财故事，无论是房市还是股市都有些趣事可记，除了十年中两次房市大幅涨价我正好在节点上进入外，股市上令我自己都有点惊讶的打新股过程和结果也会让人唏嘘不已。而其中使我自己都觉得特别有意思的是为了购房资格我与夫人的一次"离婚"过程与结果，这除了这种事在当年是凤毛麟角之外，再就是这种事情的发生和发展也与我历来信奉和追求的自由相关。

十年的时间虽长其间肯定会有很多事情发生，但很多令人难以忘怀的事情我已经在前面的回忆录中记了不少，当然也有很多事情会继续在这里记叙。这十年的最后一年开始遭遇到了新冠病毒的侵袭，十分艰难的三年抗疫历程让世人不堪回首，但我的这份现在已经有六七十万字的回忆录，也是在新冠病毒侵扰的时候因为客观环境待在家中的时间太多才开始撰写的，所以这段回忆录也将记叙到这一个十年跨过之后最近这两三年的一些事。

先说一桩简单但比较令人愉悦的事，那就是我在股市上打新股，虽然在上个世纪90年代我就进入了沪深股市算是资深老股民了，但我很少在二级市场上买进卖出，主要的在一级市场打新股。进入新世界的第二个十年后。沪深股市打新股的政策又有所改变，说是又有改变，是因为之前打新股的政策调整了多次，最早就是根据资金的多少打新股，有多少钱打多少股，申购后资金冻结，中签后扣除所打中新股的资金，未中签或者扣除中签资金后多余的资金解冻退回。后来为了鼓励资金进入二级市场，有一段时间新股采取按照二级市场市值配售，也就是按照你在二级市场股票的市值配号，这个方法一直沿用了多年，包括现在使用的打新股方法仍然是这个政策。但在进入2000年第二个十年后，政策有所调整，改成了市值和资金两者兼而有之，也就是说你每天能够打的新股的数量，既要按二级市场股票市值配号，同时又要用账户上的资金进行申购。

这个新政策对我是一个机会，因为相对来讲我在这两个方面都占有一定的优势。市值一直比较大那是客观存在在那里了不需要我过多考虑和准备，资金嘛就是自己的调动了，当时我调动了和我的市值相匹配的足够的资金进入一级市场打新股。那段时间发行的比较多的还是中小板和创业板上的新股，因为这些新股的盘子都比较小，所以有时候一天可申购的股票有好几只，这对我来讲确实是一个提高中签率的极好机会。因为市值本身就比较大加之资金也比较充足，每次申购时我都要同时申购好几只，并且多数股票都是顶格申购，也就是按照市值的上限进行申购。申购的基础状况很好导致了中签率也比较理想，很长一段时间中我几乎每周都有新股中签，有时甚至是中两三只。中签打到新股了就等于是赚钱了而且几乎没有什么风险，因为那个时候新股出现破发的情况几乎没有发生。这一轮打新股我比较有心的做了一个登记记载，算了一下中签后把它卖出去的获利数额，有些事情做着的时候不觉得怎样，真要统计计算一下，还是很惊人的，计算下来这一轮我打新股的收益是在百万以上了，所以我说这是一桩令人愉悦的事。

这个新股我现在还在继续打，但目前的政策又有了改变，也就是他不需要资金了，完全是按市值配售但需要自己申购。但现在打新股也不敢太随意了，因为行情不好破发的股票不仅时而有之有些时候还比较多，对那些价格比较高市盈率也比较高的新股最好不要去问津，好在现在我的市值也不是太多了，加之也不需要配套资金，中签后调配资金去交款就行了，所以现在很少中签并且偶尔一旦中了都不敢持有太久，多数都是在上市后尽快卖出。

接下来记叙一下房市上的事，这一轮十年中国的房产有两轮高涨，我都赶上了并且节奏也配合得也比较好，也有很多有趣的故事。刚进入这一个十年，因为从2008年世界金融危机开始后我们有四万亿资金救市，首当其冲的就是房地产，所以进入这个十年之后房价高涨的趋势便显露出来了，国家也进行了及时的调控主要是限购。因为限购政策出台的很突然，等我刚准备好要入手时便被限购了，当然还比较好的是那一轮的限购也只是出台的时候节制了一下房价可能有点疯涨，最终没有影响到那一轮房价的上涨，恰恰在这个时候我因为应对还比较得体恰到好处的有所受益。

我最终在那一轮中买进了三套房产，限购了资格从何而来呢？有一套是用我母亲的名义购买，另外两套就是按照当时限购的政策我与夫人进行了一次"离婚"，"净身出户"的我按当时的政策获得了两套房的购房资格。现在成都为了购房或者其他一些事情年轻人们办一下所谓的"离婚"已不少见，而我们那个时候的这种"离婚"还真的很少。当时对离婚可能有的具体程序都很陌生和茫然，我也是在得知限购后没有购房资格时偶然看到上海为取得购房资格的离婚报导后才想到是否可以尝试一下。说是尝试一下其实障碍特别是自我方面的障碍还是有的，因为决定要去做这个事情的时候我已经年过六十，这个年龄去做一回这个事还是需要很解放一下思想的，好在历来就有的追求和享受自由的理念使我很快的和夫人一起决定了要去操作一下这个事情。

不过真去操作了才发现实际过程很简单，十分方便并且成本低到令人难以想象，特别是民政局婚姻登记处和房管局产权交易中心以及税务局的工作人员和义务工作者表现出十分的热心和细致，使得事情在操作阶段可以说是十分的顺利。先是在婚姻登记处，当得知我们是要来办理离婚时，工作人员似乎知道我们这个离婚会有其他的目的，所以在指导我们填写一个格式化的离婚协议时，很明确的多次提醒我们一定要在财产分配那一栏把转移到夫人名下的所有住宅房产详细写清楚，当然后来到房管局产权交易中心办理房产过户时才知道如果不是特别的清楚会有些障碍和影响的，在婚姻登记处花费的费用是9元人民币的离婚证工本费。

接着去了房管局产权交易中心把家庭中所有的房产都要过户在夫人名下，这样我才能成为无房户取得购房资格。过户之前被告知要先到税务局去缴纳相关税费，我们立即来到了设在产权交易中心的税务局稽征点交纳税费，去了之后才知道这种办理离婚产权过户还需要签署一个税务局的格式文件。正在和税务局干部交流的时候，过来了一个年龄和我差不多的长者，十分热情主动的说跟我来吧，走了几步到了一个桌子前，他拿出了一份资料让我填写，当然填写的过程中得到了他详尽的指导，事毕他说要收取点费用，多少呢？人民币一元，他解释说他们是志愿者，这是这份资料的工本费，并且笑呵呵的像自嘲似的说好像多了点。使人意想不到的是再次去税务局稽征柜台上去时，就凭这份资料办好了所有手续，而应该交纳的税费居然是零。

拿着税务局稽征部门出具的税费已交了的手续再次去了产权交易中心过户，因为各种该有的前置文件都有了，在这个地方仅仅是需要验明我们夫妻两人的正身，在确定无误后告诉我们三天后来拿过户后的产权证，并给我们开具了一份缴费通知书，让取证前去收费处交费，看了一下单子费用多少呢？一套房一个产权证工本费 80 元，当然因为套数比较多，合起来也是好几百元，三天后也就顺利的拿到了过户到我夫人名下的所有房产的产权证。重要的不是这些过程，重要的是这些程序走完之后，在产权交易中心的自助房信息机前去查询我名下的房产，除了有一些非住宅房产还在我名下外，我的住宅持有数为零，按照新政我就有了两套房的购房资格。

接下来当然是购房了，应该说那次离婚操作所购买的房子都极有价值，一套是我们现在住着的位于青羊新城的住宅，当年它是现在很繁华的青羊新城刚开发时为数不多的几个楼盘之一，虽然成都市当年房价上涨的趋势已经形成，但因为是新区开发价格还相当的好性价比较高。要在这里买一套房是我早就确定了的，因为我们的女儿这时在这个新区中的树德中学光华校区读高中，我们很早就去对这个楼盘进行了了解，甚至确定了想买哪一个单元的哪一套房，这是因为我们在那个楼盘附近闲逛时，发现青羊新区虽然当时刚进行开发，但在这个楼盘的斜对门却已经建成了一个小公园绿化做得很好，我们中意的那套房间正好可以看到小公园的全景。因为当年房价要上涨的趋势已经形成，加之按惯有的越调控越涨，性价比比较好使要买这个楼盘的人很多，形成了要按照在售楼部登记的顺序选房的局面，虽然我们在售楼部登记的顺序还是比较前边，能买到房是肯定的但能不能买到我们中意的那一套就很难说了。好在我们当时就住在那附近因此经常去售楼部闲逛，与负责我们购房的一位售楼部小姐小王姑娘混得很熟，她十分清楚我们想买哪一套房，选房那一天如果按正常的顺序，我们极有可能选不到中意的那套房，但在小王姑娘的帮助下我们最终还是买到了那套房，那套房的位置现在住着从各方面来讲都觉得很舒适满意。

在城中心人民公园附近买的那两套房就有点戏剧性了，那个楼盘是建在金河宾馆的对面，两个楼盘隔蜀都大道相望，因为位置在少城区域，规划上少城区域能建的楼盘都不高，比较奇怪的是恰恰这个楼盘有 30 多层在那个片区很显眼。一天下午我正好开车进城，沿着蜀都大道远远的就看见这栋已经短水的高楼从顶上挂了一副特别大的广告，特别大的字写着明日开盘起价每平方 6900，市中区的房子有这个价格是很惊艳的，所以我干脆开着车拐进了楼盘的售楼部，问了一下情况说是确实是明天早上 9:00 开盘，排班一个人可以选一套房，于是就决定在这里买吧。

第二天早上我去得比较早，去的时候人还不多前面排了十多二十个人吧，于是我和前来帮我的兄弟也就排进了购房队列。9:00 钟开盘了，要不了多少时间就轮到我们进场了，我们进场后也很快的就选定了两套房，一套房前面已经说过是用我母亲的购房资格买的，还有一套房就是用我的购房资格买的，因为按当年的政策无房户可以购两套住宅，我的购房资格正好买了这套房和青羊新区那套房。这套房当年买的价格确实和它的广告一样，大概是 7000 多一点一个平方，买的两套房面积都是将近 80 个平方，一套房总价大约 55 万人民币。买房的时候大家都没有觉得有什么特殊，后来房子交付使用了大家才发现这是一个学区房，紧邻在它旁边的胜利西路小学已经是当年青羊区屈指可数的重点名小学之一，因为是学区房后来价格就不断飞涨，前两年最高时曾经冲到

4万一平方左右，这个情节既偶然也富有戏剧性。

看起来似乎买了两处比较好的房，性价比不错后来房子升值也很可观，但其实当年的购房经历说明我夫人的眼光比我更好。当年已经取得我的两套购房资格后，我们曾经看了很多房子，当然主要集中在两个区域，一个是西门再就是南门。当年南门的大源新川板块都是刚开始开发，我们也用了很多时间在那一片看房，也看中了不少中意的楼盘。夫人的意见是主张在南门买的，但我却倾向于西门，一个很重要的原因就是价格，尽管我们看中的房子价格相差都不大，但以我的观念来看，老觉得大源新川距离中心城区太远，加之女儿当年也在西边树德中学读书，所以最终还是把房子买在了西门。但从后来成都房价的增长趋势来看南门的房子升值潜力更大，所以我说夫人的眼光比我更强些，这可能和我们两人各自的圈子有关，传统的说法是南富西贵，我在体制内的西南财经大学工作多年，所以总觉得住在西门应是首选，而夫人多年在外企工作，圈子中的朋友们都看好南门，现在看来当初如果在南门买房升值的潜力更大更高。

这一轮买房是以我们"离婚"作为平台的，所以购房完成之后我们很快又到婚姻登记处办理复婚手读，程序当然就更简便了，再次缴纳了9元钱的工本费后我们又成了合法夫妻，算了一下为了购房所进行的这些操作总的费用19元。在这个过程中凡是了解到我们这个操作的友人都是比较惊讶的，其实在我看来这很平常，自由嘛应包括了所有方面，我应该是在自由之心的驱使下十分自然的做了这个事。友人们关心这种操作会不会有些意外变故，至少在我的思维概念中这个问题是不是问题的问题，当然这牵涉到一个我们夫妻基本操行的问题，而在这一点上可以说我们的相互基础是十分的坚实的。

这一个十年中第二个购房高潮我感觉上很早就对限购有所警惕和防范，所购买的房屋都是在限购前抓紧购入的。在那段时间中我经历了两次房屋的拆迁收到了两笔不菲的拆迁款，加之当年在股市上打新股的逾百万的收入，所以比较早的就在考虑购房之事。当年我所工作的四川长江职业学院的老板当然也是朋友是特别推荐我去香港购房的，他也确实在我去香港时推荐了具体楼盘让我去看，香港的房子当然很不错，但性价比与我的实际需求很不匹配。我手中握有的那些现金在香港只能买到一套40来平方的房子，当然香港的房子是套内面积没有公摊，40多个平方也是一套二。我最终没有在香港购房，而是赶在限购前在国内分别购入了桓大开发的四套精装房和绿地开发的三套清水房以及保利的一套精装房。

这里说到了一个房屋拆迁的事，在这一个十年中我一共经历了三次拆迁，有两次是我自己的房子，另有一次是母亲的住房，现在事后回想起来也是很有趣的。在具体的记叙拆迁故事之前先说一下我所认识到和体会到的拆迁架构，这是一个十分奇特的介质，它充分体现了市场经济和计划经济并行的双轨制特点。因为自从土地开始拍卖之后，应该说拆迁的主体就是政府了，事实上也确实是如此，因为拆迁的资金以及拆迁出来之后土地的管理使用都是政府的相关机构在运作。但另一方面拆迁的执行机构或者说是操作机构，无论从机构与人员组成还是它的具体操作手法确实很市场化的，包括最关键的拆迁赔偿金额的讨价还价，这就使任何一个具体的拆迁标的物无论是从拆迁的过程和结果，还是从拆迁和被拆迁者之间的沟通交流和对话对峙都表现得十分微妙当然也就有趣了。

第一次遭遇的拆迁是我母亲所居住的当年计划经济体制下国营企业单位分配安排给她的家庭住房，由于很特殊的原因这个房子没有产权证明，不仅我母亲没有，就是当年管理分配房子的国营企业单位也没有。这种情况在当年计划经济体制下不仅很多单位都存在甚至比较普遍，所以在具体的拆迁政策上，政府或者说相关的拆迁执行单位对产权证明的要求不是很严格，只要有各方面的资料证明你在政策规定的时间内是实际居住这个房子，你就是能够享受到拆迁赔偿的被拆迁人。这些资料包括拆迁方能够很轻松调查了解到的户籍登记情况以及房子居住现状和向地方上比如居委会的调查。这个问题你不用担心，拆迁方是把一切基础情况弄清楚明白之后，确定了你是被拆迁人才通知你进行拆迁沟通交流的，进而进行具体的拆迁磋商。

我们就是在这种情况下被通知去拆迁办公室所在地交流沟通拆迁事宜的，拆迁时我母亲已80多岁所以是由我和兄弟两个人代表她去的。见面寒暄认识后各自做了自我介绍，对方的身份听起来就是政府，是代表政府这个项目的拆迁办与我们沟通交流，并且表现得也很坦诚直率。他们拿出一张写有各种数据的纸，显然是有备而来按照拆迁政策算好了我母亲应该得到的拆迁赔偿款，然后一笔一笔的解读给我们听，表现得很阳光透明，金额也不少有60多万。我兄弟听了显然很高兴很满意有点喜形于色，后来出门后就按捺不住给我说可以哦可以，我其实当时也是相对比较满意至少不是不满意的，但一直以需要向老母亲汇报交流为由不露声色。因为我需要进一步的判断实际情况和可能有的发展趋势，需要时间对各种情况特别是一起需要拆迁的邻居们的情况做进一步的了解。了解邻居们的情况是我兄弟的长处，他很快就给我反馈过来邻居们各家各户的拆迁情况包括拆迁补偿相互之间有差异有的甚至差异很大的情况，这使我觉得拆迁这个事水很深，确定了我们不着急慢慢走看看逐步提出补偿条件的态度。

其实从综合的情况来看，成都的拆迁总体是做的比较好的，一直提出的口号就是"阳光拆迁"，应该说从大的方面确实是这样的，政策呀程序呀各个拆迁环节都会公示，表现出相当的公开公正阳亮度。但在具体的拆迁操作上还是有不少使人疑虑的地方，比如具体负责拆迁的机构和人员，对外讲都是政府部门的这个拆迁项目的工作人员，如果不仔细观察和了解会真认为是如此，但通过接触沟通交流后就发现他们是接受了这个项目拆迁任务的一个机构，具体的拆迁由他们全面负责但他们不是政府工作人员。除了交流言谈中表现出来外，关键是在拆迁补偿上金额的讨论使人觉得可操作性很大，这些机构和人员在不同沟通交流阶段说到的拆迁补偿金额差异还是很大。

当我对他们第一次见面时提出的拆迁补偿金额提出异议的时候，他们一方面对我提出的问题进行解释，但另一方面又表示可以尽量的向领导争取提高补偿金额，而且几乎就是在同时，根据我提出房屋的现状与补偿金额不很符合的地方，他们庚即进行了修正把补偿金额提高到了70多万，与第一次的拆迁补偿金额相差将近10万。当然后来又进行了多次沟通交流，我当然每次都会提出一些新问题请他们研究和回答，随着每一次的讨论补偿金额都会有所提高，从70多万逐渐到80多万最后上了90万，说内心话和真心话我自己对这种变化都感到很惊诧，心里边老是在嘀咕第一次那个60多万是根据什么标准计算出来的呢？

当双方讨论到拆迁补偿上了90万之后局面就有点胶着起来，这时我也感觉到可能这个金额比较接近他们的上限了，所以我也不着急与他们进行沟通交流。他们来找了我几次我虽然没有很明确的提出要求但都让他们感觉到对拆迁补偿金额我们还是不是很满意，这样使得在每次交流中他们都比较主动的找到一些可以增加一点补偿金额的理由一两万两三万的增加了一些金额。如果过分贪婪一些本来还是可以在熬熬价，但这时他们也通过我母亲的单位管退休人员的机构与我联系了一下，考虑到方方面面的综合因素，我最终也在拆迁补偿金额谈成97万时同意签订拆迁合同，这个金额相比起第一次提出的金额相差了足足30万。

也正是这个长达一两个月的拆迁补偿金额的讨论磋商过程，特别是过程中金额的不断变动使我感到政府负责拆迁项目的机构是把拆迁工作外包出去了的，具体负责拆迁工作操作的是一个有利益收入的机构，因为具体每次沟通交流的过程中都有很多比较有趣的细节，这些细节很明显的表现出来这个有利益收入的机构和人员的想法和做法。在沟通交流过程中他们大概有四五个人参与，好像负主要责任的是其中的两三个人，各种原因我们每次的沟通交流都是比较好的，不考虑双方利益的因素在某种意义上可以称为朋友，他们这些人中也表现出来各方面的差异，比如性格啦言谈啦等等，看得出来他们对我的感觉也是比较好的。最为有趣的是一切尘埃落地之后又过了一年多，这些拆迁工作人员中的一个人居然应聘到我担任院长的四川天一学院的外包交通车队担任驾驶员，这个人就是我拆迁当时觉得性格和言谈都比较更好一点的人，他在与我的摆谈交流中说到当初拆迁的事情时印证了我对拆迁机构的分析和判断。

第二个拆迁是在现在的成都东站附近，1992年成都市第一个开发的市场就是它，大家通常叫他西部市场。当年这个市场是按照5万元一套售出的，大约有40个平方，一楼一底两层，底层是营业用房，楼上是住宿或者办公用房均可，带有卫生间上下水也很健全，应该说品质和性价比都不错。比较遗憾的是当年一袭而上成都市就东南西北四面开花建了很多类似的市场，西部市场虽然是首创的第一家，但也没有逃脱形不成真正市场的厄运，房子建成交付后市场一直没有真正形成，放在那里一放就是十多年，前几年根本没有办法租出去使用，后来有一些做加工业的人租来使用但租金很低，我那套房后来就租给一个做切面的人在使用。

十多年过去了市场所占用的那块土地因为成都东站的逐渐形成要拆迁使用了，于是我又一次面临着拆迁补偿谈判。操作拆迁的工作人员一见面，我就感觉到和第一次拆迁的情况是一样的，只不过这一次的情况应该说是比较简单透明一些，因为当时市场所建而现在要拆迁的房子都是那种户型和格式，只是每户之间略有点面积差异而已，所以是比较透明的公布了一个拆迁补偿计算方法。如果没有后来表现出来的一个异常问题出现，拆迁应该是不麻烦比较顺利的。出现了个什么异常情况呢？就是当时成都东站那一片开发已比较好了，在被拆迁房屋的估价上拆迁方和被拆迁方有差异和矛盾，就是被拆迁方内部在看法上差异也很大，这样就形成了被拆迁方中多数人因为补偿金额问题而拒绝签订拆迁合同，当然房子也迟迟不能拆迁。

在这种状态和背景下，拆迁方工作人员中就有了一些不太好的作法，也许是为了尽快的完成拆迁任务而过于急迫，一些不太好的手段他们也开始使用，当时市场被拆迁户中盛传不少人受到威胁，也好像似乎有一两户拆迁合同还没有签就被破门而入了，这样使得双方矛盾更大被拆迁户们也开始相互串联团结起来拒绝拆迁。我其实一开始就对拆迁补偿没有多大的意见，因为政策是公开透明的我想这应该是政府的意见，其实当初5万元买的房子计算下来的赔偿款将近70万，应该是很不错的了，但因为被拆迁方大家在串联号召团结，去签了拆迁合同的人很少，并且其中多数都是外地人，成都市本地的人基本没有去签，为了不拂众意我也就成了观望派。

其实我明白最终这个拆迁合同还是要签的，不是我一个人其实大家最终都只有去签，除非你是坚决的要当钉子户拒绝拆迁。因为这个拆迁补偿的政策是政府相关部门出台的，与这些具体执行和操作拆迁的工作人员无关，如果嫌补偿金额低了需要找政府有关部门反映和协调，这在当时应该是一件不太好办的事。但既然大家都没有去签合同，我自然也没有去搭理这些拆迁工作人员。这种双方僵持着的局面使拆迁操作机构的工作人员十分着急，所以凡是能够使用的方法和手段他们都用上了，我就遇到了很搞笑的一幕。

那段时间中双方主要是电话联系，很多时候电话通了之后我都找一些理由来推脱，也许是他们万般无奈有一天就上门来了。他们在门外敲门我明确识别到他们是拆迁方工作人员后，也打开了门但没有让他们进入房中。就在门口我与他们交谈，他们来的是一男一女两个人，女孩还比较年轻，因为一直以来沟通的氛围都比较好，所以虽然是站在门口谈事情气氛也还是很不错，我也如实相告我对赔偿金额没有多大意见，只是现在多数被拆迁户都没有去签合同所以我也想等等看看，至少和大家统一步伐，我还开玩笑的告诉他们如果今后签合同的人多了，让他们直接通知我，那时我也会去签的。

正在气氛很好的交流之中，突然从门道侧边一个隐藏之处闪出来一个戴着墨色眼镜的人，一言不发的矗立在他们两人背后，给人一种感觉就是他好像是黑社会的打手。这种局面一出现我立马就很不高兴了，我问他们这是什么意思，先来的一男一女急忙解释这是他们的驾驶员，后进来的那个人也赶忙把墨色眼镜取了，起眼一看应该是一个不很懂事的年轻人。我很严肃的告诉他们，我是西南财经大学的教授，知理懂法的高级知识分子是不会被这种手段和伎俩所吓到的。本来已经说好如果签合同的人比较多了他们通知我，我就会到他们拆迁办公室去签合同的，既然现在出现了这种使人不愉快的现象，我就告诉他们签合同的时候地方要改一改，到时候让他们到西南财经大学温江柳林校区我上课的地方我上课的那一天来找我签合同。

后来整个拆迁进程发展的也快，因为政府相关部门确定的大政策轻易是不会有所改变的，加之 5 万投入得到 70 万左右的补偿本来也很不错了，并且政府的拆迁资金很到位，几乎是在签拆迁合同的当天就能打款第二天就能到账，所以被撤迁户们逐渐在明白事理之后也就先先后后陆陆续续的去签了拆迁合同。我这边因为有之前那戏剧性的一幕，最后他们真的是开着车到温江我上课那一天在西南财经大学柳林校区等到我下课后才签的合同。这几位工作人员可能文化程度也比较低，他们之前还真没有到大学里边逛过，这次因为要在教学楼外等着我签合同，还真领略了一下大学的校园风光和先生们上课的情景，合同签完之后他们颇有点感触的说，许老师给了我们一次到大学参观学习的机会。

后来大家在很和谐的氛围中交流的时候，我半开玩笑半认真的问他们交流中间戴着墨色眼镜突然闪进来一个人是安排好的吗？想达到什么目？他们很腼腆很不好意思的说，工作任务太紧就难免会有这种类似情况出现，其实我们是很正规的肯定不是黑社会，只是有些时候还是能够起点作用，目的还是想推动一下拆迁工作，他们在说我在听大家都笑了。后来发生的一桩事情也确实说明这些拆迁机构是正规的，只是在工作进程中会使用一些不太规范的方法和手段。那是在我的拆迁合同签了并且补偿款也拿到之后大约有半年多时间，他们中的一位人员突然打电话给我，告诉我政府又出了个西部市场拆迁补偿新政策，我这套房按新政策还要再补给我十一二万元，让我尽快的去补签一个合同并取得已经为我在银行中存好的这十一二万尤的存单，由此可见拆迁在大的方面确实是很正规很透明很阳光的。

经历了这两次拆迁之后，有时我时不时也在思考，应该说这些由政府相关部门主导的拆迁确实是很正规也很透明的，宣传成阳光拆迁也很客观也不过分。但使人有点不解的是，为什么具体操作拆迁的机构显然不是由政府的人所组成，而在操作中为了推进工作他们所采取的一些不是很好的方法和手段，不排除政府相关部门也不是不知道，为了推进拆迁工作按既定时间计划完成，政府相关部门也就睁一只眼睛闭一只眼睛了。另外从具体拆迁补偿金额的最终确定可以看到弹性很大，就不排除政府相关部门制定得有奖励政策鼓励这些机构和人员积极努力的工作。当然在这之外是不是还有其他一些东西在起作用也就不得而知了，而且也不太想去过度思考，因为这大多是我们市场经济中的双轨制所至，在我们现实的社会生活中的很多方面都能看到他的痕迹。

第三次拆迁是我在茶店子所购买的一套房子，这套房子是1991年我所购买的第一套商品房，当时基于各方面的原因购买的时候还是用我母亲的名义买的。这套房位于茶店子那个岛形区域，也就是在茶店子东街西街正街与金牛大道之间的那一块面积很大的区域，现在那一片区域完全拆迁了被改造修建成很漂亮的公园。这套房子的拆迁对双方来讲都很简单都不麻烦，一个原因是这套房子的品质较高，一栋小洋楼只有4层8套房子，所以政府有关方面给出的拆迁补偿也比同地区的其他7层的多层建筑要高一些，我当初买一套房的时候花了13万元，拆迁补偿款将近150万元。另外我当时在一所民办高校担任院长的工作也确实比较忙，加之拆迁时也很明确的说到拆迁之后不是进行房地产开发而是市政建设修公园，所以电话沟通了几次之后我就让他们到学校中来签了拆迁合同。事情都已经完了两年之后也是接到一个电话，说是当时区域中还有一些公建一起拆除后也有拆迁补偿，分摊到我名下的还有1万元，让我去签字后很快款就打到了当初拆迁时所开设的银行账户了。

记叙了这一个十年中我在股市和房市上的一些投资理财故事后，想说一说对这两个国内主要的投资渠道的一些观感。A股嘛是一个最好能不去就不要去的地方，尽管我这20多年来在股市上也小有收获，并且著书立说在商务印书馆出版了拙著《股海三部曲》，中央电视台经济频道《投资者说》也为我做过专题采访，但我还是要真心的告诫大家，这个A股千万千万不要去涉猎。前不久美国一家很有名的机构把我们的A股定位为欺诈市场，虽然有些过分但也足见外部世界的评价是很差的。我们这个A股问题太多太多，细数起来从顶层设计到监督管理，从机构投资到泱泱小散似乎方方面面都有不妥不当之处，在我看来A股最大的最根本的问题是它成了博弈的赌场，只有投机性没有成长性，所有在其中的各方面都抱着冲进去赌一把的想法，把一个股市弄成了除了1999、2007、2015少有的几个年份短暂的牛市高点外，长年在3000点附近徘徊，这样的股市能去敢去参与吗？

至于房地产市场现在好像也到了一个特别关键的时刻，在我记叙这段文字时的前两三个月，已经出台了很多要激活房地产市场的政策大招，但到今天看来好像收效甚微，关键的症结是激不起人们购房的欲望更不要说激情了。因为经济状况特别是经济状况发展的趋势不太好，人们的预期收入有很大降低，所以缺钱或者说没有钱的刚需不敢也不愿举债购房，而有资金购房的中产阶级中的富有者已经很不看好房地产的投资价值，这样在面对那么多有史以来那么好的救市政策房价仍然有下降的趋势。我在回忆录的前边很多地方都说过，房价下跌是与房地产相关的方方面面包括政府银行房地产开发企业和购房者都不能承受之重，所以如何保持房价的正常状态至少不要让它大幅下跌是问题的关键。

最近关于房价是要上涨还是下跌，或者说是如何保持它平衡平稳的状态，专家们或很多自媒体都众说纷纭，我也在努力的思考如何才能保持房价稳中有升，这好像有点自不量力杞人忧天的味道，

634

你一个小老百姓能思考出来个啥，就算思考出个道道来又能做啥。但无论是作为一个多年从事数量经济研究和实务的学者，还是作为其实已经比较深度进入房地产市场的普通老百姓，思考思考研究研究应当还是可以的，至于能不能够起作用那就不去管他了，因为本身就没有抱着一己的看法会起什么作用，唯一有点企望的就是自己的思考研究结果会不会和今后房地产事态的发展过程和结果相契合。

我思考和研究的结论是什么呢？我其实思考的是如何才能使中国房地产市场的房价保持稳定不要下降，得到的结论是人民币的大幅度贬值，理论上的东西不大容易说得清楚明白让人易懂，我就举例来说明吧。我们把例子举得特殊一点，比如在预计的二三年三五年时间内，让货币贬值一倍，这个时候人们的平均收入也就翻了一倍吧，比如由原来的月收入 1 万变成了月收入 2 万，因为前提是货币要贬值一倍，所以这个 2 万月收入的购买力和原先 1 万月收入是相同的，在这种情况下，房价不说翻一番就说涨个 50% 以上，原来均价每平方 1 万变成了一万五六一万六七，表面上看起来房价是涨了，但到那时你把房子变现之后它的购买力和现在仍然是一样的。

个人认为这个结果对各个方面来讲，应该是的最好的多赢的，首先房子的价格稳住了，表面上看还有大幅度的提升，作为房屋持有者的老百姓是高兴的满意的。再就是房地产开发商因为房子价格上升了，他所持有的土地和没有售出去的房子作为资产是升值了。银行嘛不必太担心断供的人增加，房子作为资产已经升值了，工资也已翻倍增长了，谁还愿意为当年欠下的算起来并不太多的房贷断供呢，退一万步讲就是断供了作为抵押物的房产价值也是大幅度增长了。至于政府嘛，土地应该是可以用比较高的价格拍卖出让出去了，而现在欠下的城投债也因为货币贬值被稀释了。而更为重要的是，这种大幅度的货币贬值实际上就是剧烈的通货膨胀，到哪个时候可能谁也不敢持有货币了，还是尽快的把它转化成为资产吧。国内的投资理财渠道不多，能够看得见摸得着的资产其实仍然是房产，到那时各种人等包括刚需的改善的投资的在中国人传统的买涨不买跌的心态下都积极入市买房了，房市一活跃当然就是各方面皆大欢喜了。

其实我描述的这种情况并不是什么新东西，这十年中两次房价的飞涨本质上就是这样的。大家回忆一下 2008 年世界金融危机的时候你的工资是多少当时物价是多少，当四万亿出来后进入这一个十年，在 2011 年前后工资和物价是不是都有大幅度的提高。同样的在 2015 年的货币棚改化前后，你的收入和物价是不是又有大幅度的提高了呢，所以我说这种描述不是什么新东西。当然这一个十年中两次房价的飞涨使得修建的商品房越来越多，它是不是已经形成了泡沫，以及下一步再重复这个过程会不会使泡沫变得无以人复加，这个我就没有能力和条件去思考和分析研究了，泡沫的问题专家们说了不算政策说了也不算，只有那只看不见的手说了才算。

记叙了太多的房市股市这些投资理财的话题，不管怎样这些与财产有关的话题总会使人感到沉闷，我们换一个话题说说旅游，这应该是一个轻松愉快的话题。国内旅游就不多说了，说说海外旅游，从 2009 年在体制内的西南财经大学退休后，尽管后来又有 10 年在民办高等院校工作，即便工作也比较繁忙，但毕竟是退休人士了，所以也先后去了不少国家旅游。关于我的海外旅游，我在回忆录中专门有一个篇节有详细的记叙，那个章节是《读万卷书不如行万里路——我的海外旅游》，那些文字记叙的是我在海外旅游中的具体旅游过程和细节，下边想要记叙的是在海外旅游过程中，见到的遇见的人与事，以及在旅游过程中随兴而有的欢感。

先来说几件在海外旅游中遭遇的好像也能说明西方发达国家社会秩序和安宁或多或少有些问题的事。如果把去了四次欧洲和一次美国算在一起是对西方发达国家的旅游，那么在这五次旅游中，我就直接遇到了三次偷盗事件。最小的无关大雅更无大碍的一次发生在 2019 年 1 月去西班牙的旅游，我和夫人是从落地的法国巴黎待了两天后，又在法国里昂待了三天，然后坐火车去的西班牙巴塞罗那。就在我们从巴塞罗那火车站出站的路途上，遭遇了一次小偷行窃，那是在我们刚刚出了火车站，夫人突然发现我背在背上的背包上的一个不太大的小口袋的拉链被人拉开了，里面的东西都不见了。当即我们就知道是在出站人多的时候，被小偷拉开了拉链并偷走了里边的东西，好在那个袋很小也只装了些不值钱的东西，算是虚惊了一场吧，不过刚到西班牙就领略了小偷的猖獗，算是给自己上了一堂课吧。

另一次发生在 2019 年 10 月在东欧和中欧的旅游中，我们当时参加的是在欧洲旅游比较盛行和方便的由旅行社组织的环游，这种环游一般是由你自己根据行程来选择，可以在他环游线上的任何一个城市参团和离团。那次大概是在东欧某个国家的一个城市吧，具体记不大清楚了，那天我们乘坐的旅游大巴车停在了这个城市的一个地方，导游给了大家一个小时的自由活动时间，当约定时间已到大多数客人都回到车上时，却有一组客人大概有三四个人没有回来，大家正在等待时这几个人很匆忙的回来了，好像后边还有人在追赶，再就是警察也来了。后来弄明白了这一组客人在游玩时碰到了偷窃者，这些偷窃者人数较多有点既偷也抢，所以发生了追赶他们的一幕，当然好像警察也发现了这些偷窃者也就尾随而来了。不过最后警察也没有做什么，把偷窃者驱赶走了就算了，这应该是一桩不是自己所遇到的偷抢但距自己很近的一次偷盗和抢劫事件。

如果说这两件事情表现出欧洲社会治安和环境的一些不安定，那在美国旧金山碰到的一桩事情就比较厉害了。我们租赁的汽车到达旧金山在游玩了一些景点后，把车停在了所定的汽车旅馆的停车场。第 2 天一早因为我有早起的习惯，便在早起后顺着街区走了一圈。途中还误入了一条黑人和流浪者比较多的街，气氛虽然紧张了一些但还是有惊无险。我回到住宿处发现有一辆车后窗玻璃被砸了，正在纳闷庚即就反映过来这不是我们租用的车吗？果然是我们的车被砸了，砸车的砖头还在车旁，车上一些虽然不多不贵的物品被盗窃了，当然后来就是报警换车，在美国那个商业化社会中报警和换车都比较顺当有关方面处理的也很得体，但这个事情确实给我们留下了美国社会治安还是有相当问题的感受。

后来看到了很多信息以及车上导游的讲解，知道在欧美这种自由度和开放度比较大的国家，对这种流浪汉式的偷窃者包容度还是比较大的。那些年中国人富裕了，到欧美旅游的人多了，是不是因为"这里的人钱多人傻"使得这些欧美国家的偷窃者专门针对中国游客的偷窃甚至抢劫是比较多的。五次旅游中就有三次遭遇到这种情况，还是觉得事发的概率大了一点，相比起国内似乎要差一些，国内的大城市中这种明偷暗抢的情况虽有但很少，为什么欧美这种情况要多一些，深究起来应该因素较多也比较复杂，可能也不是三言两语几个文字就能说清楚的。

除了这感受和感觉不太好的方面外，也有不少感受和感觉特别不错的，比如在欧美乘地铁，虽然他们的地铁因为修建时间比较久远因而十分陈旧，有的地方甚至可以用破烂来形容，但有两点感觉特别好。一个是管理的人性化，欧美的地铁没有我们国内这种安检之类的说法和做法，因为对国内地铁的安检不是特别明确它的标的和内容，加之安检过程也比较不是特别的方便也有些不是特别的理解，所以对欧美那种进出地铁很人性化的没有人管理的状况反而特别赞扬，确实大家都是普普通通的老百姓，乘个地铁弄得那么森严的安全检查，是否真有必要还是可以讨论的。当然与欧美地铁进出很自由化相匹配的是乘客的自觉性，起眼看去这没有人管的地铁中，大家都是很守规则的自觉购票过入，应该没有逃票之类的事情发生，这种管理情况如果照搬到国内，可能类似于逃票之类的情况就不仅是时有发生，弄得不好也许就是经常发生了。

在美国旅游的多数时间都是驾车，当儿子开着车行驶在东海岸一号高速公路上时，我观察到了在高速公路上开车时美国人和国人的一个极大的差异，那就是美国人开车行驶在高速公路上很少有变道的情况，更少有变道超车的情况。1号公路很宽可以并行多个车道，大家都在各自的车道上前行，不像我们在国内开车在高速公路上也不断的变道超车，好像美国人开车的车速大家都是那个速度，所以大家都不紧不慢的在自己车道上行驶。回想起在国内开车的情况，几乎是多数人都有变道超车的习惯，当然这里边也有一个问题就是在国内的高速公路上，还是有一些车速特别慢的车子在行驶，如果像美国人那样一辆车子跟着一辆车子在后边走，假如前边车子的车速只有七八十甚至五六十跟着走也确实够呛。这种在高速公路上开车行驶的风格，也算是东西方一种差异吧。

在加州1号公路上我们还看到了很多房车，这些房车很多都不是自己在行驶，而是被一些拖把鞋汽车甚至轿车拖着在行驶，沿着一号公路有很多海滩我们也经常停下来游玩，发现这些海滩基本上都有比较多的泊车的地方，十分方便房车在这里长期停留供游客玩耍，车子在这里停留是不需要付费的。这个情况也说明了东西方人在旅游休闲上的差异，好像东方人特别是我们中国人爱好的一是打卡二是照相，旅游就是累得不得了的想走很多更多的地方，而西方人却愿意静下来在一个地方住下来休息游玩，据了解这些停在海边的房车，停在这里就住下来休息游玩，少则两三天多则三五天十天半月也有。

在一个开放自由的环境中每个人潜在的创造力总是可以得到尽量的发掘和发挥，这一点在我在四川天一学院担任院长的那三年中使用和任命干部时得到充分的印证。当年很多人在工作中的表现和成就，不仅使我这个发掘她们的"伯乐"震惊，可能连她们自己这匹"千里马"多少都有些惊诧，这从另一个角度说明自由开放的环境对人才培养和出现的重要。写这段文字的前几天也就是2023年11月7日的OpenAI首次发布者大会所传递出来的信息，让我们更加明白自由开放对人的创造力发挥的重要性，当然这个重要性早已经被比尔盖茨乔布斯马斯克以及更多的高科技新技术的开创者所证实，他们的成就都是在自由度极高的地方产生的，自由和开放赋予了他们创造的本能。

当年我接手四川天一学院院长的时候，学院处于一个极其艰难的时刻，症结在于干部和员工走了很多。我接手院长的2012年6月份距9月份开学只有三个月的时间了，我需要全力以赴的为当时预计会超过1万名学生在9月份开学的时候准备好上课的老师。矛盾尤为突出的是由于民办高校招生的市场化，这1万学生中可能会有一半以上的学生都集中在工程造价和会计两个专业，而这两个专业当时的基本情况是专任教师多数都离开了学院，兼职教师的聘请难度也不是一般化的大。我解决这个问题的办法就是大胆启用一批我熟悉的年轻教师，给她们提供自由开放的环境，让她们发挥创造力和我一起共同做好这项工作。

在确定接手担任四川天一学院院长时，我其实已经在天一学院从事行政工作将近三个月了，先是2012年4月1号担任了占在校学生人数一半以上的经济管理系主任，一个月后的5月1号又兼任了房地产系系主任，再有一个月之后的6月1号担任了管教学的副院长并兼任商务系系主任。所以这个时候天一学院的状态如何该怎样往下走，我心里是很清醒明白的，首要的问题就是解决系一级的干部问题，简单的说这几个系都得有人来担担子，凭我一个人就是有三头六臂也做不好事。"千里马"在哪里呢？就在我的眼前，她们是和我一起上课的青年教师们。

先说那个当年报名人数特多的工程造价专业，它在我担任系主任的房地产系，来给我做系主任助理是当年和我在一个办公室上课的龚老师，大概是双方太了解各自的为人了吧，我和她交流请他来做我的系主任助理前后时间只用了三分钟便搞定，这段趣闻我在回忆录的前面曾有详细记载。其实从她开始担任系主任助理后，这个系的日常工作我就再也没有管过，都是龚老师在一手一脚在料理。当年在一个办公室上课时，她那时担任着一个教研室的负责人，日常表现得很潇洒，在办公室中没有上课时多数时间是带着一副耳机看电脑中的视频。但凭当时我们仅有的一些交流，我完全是知道她能胜任这份工作的，事实上她的工作状况是不负我的评价和期望的。

在准备当年9月份上课的老师们的时候，工程造价专业的压力可以讲是大得难以言状，学生人数爆发式的急增与这个专业历来的教师就较少形成极大的反差。在这个时候我和龚老师都明白需要从头开始培养年轻的新教师。我们开始在各个理工科院校招聘青年教师，特殊的原因使得根本招不到研究生，于是只好破格招优秀的本科生，新招聘的同学们几乎没有教学经验，于是龚老师办了一个新教师培训班，集中给这些老师进行9月1号上岗前的教学培训。应该说这项工作是很有成效的，招聘和培训工作不仅解决了当年9月开学时工程造价专业学生的任课教师，这些培训出来的教师后来逐渐成为了教学骨干，为后来建办建筑工程系做了大量的工作和贡献。

龚老师做这些工作时，除了招聘学生的时候我和他一起去把把关外，其他的事都是她自己在做了。以我对她的了解，完成和做好培训新教师这件事对她来讲基本上不算是个事，当然从另一个角度来讲我这样放大水耙子一方面是把工作压力交给了她，另一方面也是给了她一个自由宽松的环境任她发挥和发展。开学不久我就把原来的房地产系更名为建筑工程系，当然也就顺理成章的请龚老师担任了系主任，自然名义上是主持工作的副系主任，当时表面上还请了一位公办高校教授做挂名的系主任，这个时候建筑工程系在校学生已经超过4000，成了四川天一学院学生最多的一个大系。

4000学生的规模几乎相当于一个学生人数不多的学院，一个系主任也就相当于一个院长了，龚老师仍然以她惯有的风格把它管理得有条不紊。这个时候我们都有点惊诧了，我惊诧的是学生规模达到如此数量龚老师仍然驾熟就轻把工作顺利的往前推进，她惊诧的应该是回过头来看看自己当年在办公室中戴耳机看视频的一介任课教师居然能以一己之力管理这么多的学生和老师，这应该是她的一次骄傲的自我审视。事情发展到这一步，如果要分析一下一个人会有多大的潜力能有多大的潜力被挖掘和发挥，那就把她放到一个自由开放的环境之中，除掉了外界不必要约束的自由环境，一个人所能被发掘出来的所有潜力和能力有时连自己也不敢相信。

事情还在进一步发展，到了2013年秋季学期，我们已经全部到了远离城区的金堂，这时学校的党委书记因为工作地点距城区太远辞职了，也恰好在这个时候省教育厅确定四川天一学院在这一年进行党的群众路线教育工作，这是当年各行各业包括高等院校都要进行的一项重要工作。因为我不是共产党员，从组织程序上来讲不能由我负责这项工作，于是我向各方面包括省教育厅和主办方推荐了龚老师，建议龚老师以代理党委书记的名义主持这项工作。这项工作在教育厅的直接领导下进行了一年，龚老师把这项工作组织和完成得很完美，工作的过程和结果得到省教育厅的肯定和表扬。在这一年的工作过程中，为了给龚老师更大的工作空间和平台，我与学院主办方磋商后任命龚老师担任了学院副院长，于是龚老师以党委书记副院长的身份兼任建筑工程系主任，担负管理4000多师生的工作，这一点在一年多前我请她出来担任系主任助理时是完全没有想到的。

另一位是后来以党委副书记院长助理身份兼任会计系主任的杨老师，因为我从到四川天一学院起就与她在同一个教练室上会计课程，使得我们日常的接触比龚老师多得多，当然因此对她的了解也更多一些。会计专业也是当年十分热门的专业，报考招生的学生人数仅次于工程造价专业，所以在我接手副院长管理天一学院全院的教学时，便把她从正在休产假的家中拖到了学校。同样也是教师的奇缺使我不得不这样做，我同样希望她能够像龚老师一样培训和组织起一支能在9月份上课的教师队伍。我们从西南财经大学招聘了一批研三的会计学研究生，也是由杨老师主持对她们进行了上岗前的培训，效果不是一般化的好，不仅解决了当年的教学需要，这批研究生后来也成为会计专业的骨干教师。

当年会计系的在校学生人数也接近4000，杨老师管理起来游刃有余，她的工作风格和龚老师炯然不同，龚老师雷厉风行风风火火，而她"温良恭俭让"的带着一批研究生小妹妹完成着繁重的教学任务。会计专业是所有经济管理专业中比较特殊的一个专业，就是当年做会计需要持证上岗，也就是学生毕业之后从业必须要有会计证，这就使得会计系在教学中不仅要完成让学生懂得会计并能实操做账的技能，还要让学生在校期间至少考上会计证，最好能有助理会计师的职称。为了达到这个目标杨老师在这方面做了大量的工作，当然我也参与了不少，使得当年会计系的学生都能取得会计证，不少优秀学生还考取了助理会计师职称。

让学生参加职业技能竞赛是当年高职高专培养学生很重要的一个途径和工作，而会计专业所举办的各种职业技能大赛无论从规模上还是层次上都很高。杨老师以自己会计专业研究生科班出生对专业的熟悉，身体力行的作为指导教师带队参赛，连续几年都获得了最高级别的全国会计职业技能大赛的冠军，为四川天一学院捧回了多枚金牌，需要特别指出的是这个竞赛的含金量是很高的，各个学校参赛的学生团队都是在电脑上进行企业实操比赛，要取得冠军还是需要付出很多心血的。

在进行党的群众路线教育工作中，杨老师配合龚老师做了大量的工作，作为院长助理她也完成了不少会计系之外的工作。客观的说当初我请他出来主持会计系工作的时候，以我对她能力的了解我是知道是完全能胜任的，主要是后来会计系的规模如此之大，学生将近4000是我始料未及的，好在杨老师不负众望的几年之中把会计系工作组织和安排的井井有条。这再一次从另一个侧面说明只要有好的环境好的平台，在一个自由开放的环境中每一个人所具有的可挖掘发挥的潜能是不可估量的，这些潜能也许自己不完全知晓。

龚老师和杨老师是和我一起在办公室中待了两年多的上课教师，所以我对她们是比较了解的，其实应该是充分了解的。而当年在天一学院还有其他几位年轻干部和教师，虽然我对她们了解不是很多，但后来的工作状况说明只要把担子压上去并给予她们自由宽松开放的环境，她们都能展示出自我的能力把各自岗位上的工作做的很好。比如当年商务系的王老师。是从教学科长走上主持商务性日常工作岗位的，当时工作的急迫性需要我作出在两位人选中确定一位，尽管另一位老师其实也很优秀，但从当时工作的内容和范围上看，我在与这位王老师一接触交流之后便判断她是可以胜任这项工作的，后来的工作实际状况验证了我的这个判断的正确性。当年商务系虽然学生不多，不到1000的学生分散在十多个专业中，教师的组织和聘任工作难度其实也很大，王老师在很短的时间内落实了9月份要上课的任课教师，保证了教学秩序的正常运行。

后来学院要推进本科的自学考试和职业证书工作，在组建成人教育处之前我就确认王老师能够很好的胜任这项工作，尽管在这之前王老师对自考本科和职业证书考试工作了解还不是很多。在我把她安排到成人教育处作为处长负责这两项工作时，工作推进的良好状况使我很暗自吃惊，王老师以自己熟悉教学工作的特点，与学院各系沟通配合得特别好，使得当年天一学院的职业资格证书培训和考试有遍地开花的成就。更为难能可贵其实也是难为王老师的是，当年在天一学院的工作中我与那位陶校老大姐是配合得是相当默契的，相互的关系也十分和谐良好，这使得学院的中层机构和中层干部没有面临什么矛盾等难堪的事，但王老师这个位置却使得她不得不面对我和这位老大姐之间的相互忽悠，她就像一个轴心一样的夹在中间在我和陶校的讨价还价中艰难生存。王老师后来在工作中表现出来的方方面面的优秀使我也许也使她自己感到吃惊，这再一次说明只要解除对人的束缚，给人一个自由宽松的工作环境，每个人都有把自己的创造力发挥到让众人也包括自己都惊诧的程度。

还有一位张老师，英语专业的她本来是天一学院英语系的系主任，我就任院长的前任院长撤销了这个系，她也就成了专职任教师。我就任院长后为了天一学院的发展，当然有一个很现实的目的是扩大招生，把天一学院从我接手时的七个扩张到了十五个系，不仅恢复了英语系更名为语言文学系，还组建了旅游系和社会体育系，三个系有八九个专业，我请出了这位张老师担任三个系的系主任。三个系虽然学生不多。只有一千多一点，但八九个专业的分散管理难度可见一般，张老师可能从前就有担任系主任的经验。所以她游刃有余的有条不紊地处理着三个系的工作。

当年每年一次的人才培养方案制定和调整工作便是最考验她的工作能力和才干的时候，有三四千人的大系人学生人数虽多但专业不多，制定三四份人才培养方案就行了，而学生总人数虽然只有1000多点的这三个小系，却需要制定多达八九份的人才培养方案，她总是能在教务部门规定的时间中组织老师们完成这些人才培养方案的制定和调整。这个系也如同会计系一样的，有着不少的职业技能竞赛，这八九个专业中凡是有职业技能竞赛的专业，她都组织学生踊跃参与并取得了良好的成绩。

比较遗憾的是2015年上边提到的龚老师杨老师王老师以及下边要提到的冯老师这些我在四川天一学院中的骨干，都和我一起离开了距成都市城区较远的在德阳市绵竹的天一学院，到了距成都市城区很近的四川长江职业学院工作，但因为一个很偶然的小插曲，张老师没有同我们同行。她其实家就在成都市城区，完全应该和我们一起去的，四川长江职业学院的韩董事长曾两次要我向她转达欢迎她来长江学院工作，遗憾的是那个偶然的原因最终使她没有和我们聚在一起，从后来情况的发展来看，这应该是特别使人在无奈中很遗憾和惋惜的。

还有两位是一直在教务处工作的尹老师和冯老师，当年我接手天一学院担任院长后，因为主办方希望教育集团强大的招生能力，以及我在学院专业设置上的紧密配合，学生人数飞速增长翻了一倍，从我刚担任院长时的不到8000人增加到15,000人，教学正常秩序的维护和运行工作量激增。两位老师后来一位担任了主管教学的副院长，另一位担任了教务处长，为那几年天一学院教学的正常运行做了大量的工作。先说说尹老师吧，我在担任天一学院实际上主持工作的副院长时，她已经是教务处的副处长了，那当时教务处没有处长也就是她在主持工作，应当说当年我在临危受命担任天一学院院长后，尹老师所做的大量工作为当时学院的稳定起到了十分积极的作用。我当时的主要精力是放在天回校区这边两个学生人数最多的专业也就是工程造价专业和会计专业上，学生人数的激增需要我和龚老师杨老师一起全力以赴的配置好九月开课的老师。尽管这两个专业的学生人数已经占全院学生人数的70%以上，但毕竟分散在二十多个专业中的学生还有不少，组织和聘请为他们上课的老师因为专业的分散工作难度也很大，这部分学生当时都在龙泉校区，应该说是尹老师和王老师冯老师在一起作出极大的努力，把为这些学生准备9月开课老师的工作完成得十分好，尹老师在其中发挥了她对学院特别是师资情况十分了解的优势。

尹老师和龚老师杨老师的情况不同，龚老师和杨老师是我从教师之中发掘出来把她们推向工作十分艰难的行政岗位上的，尹老师一直在从事行政工作，对她来讲我需要给她提供的不是工作岗位，而是宽松自由的工作平台和环境，以我当时对她的观察和了解，只要有自由开放的平台和环境她的工作创造力和潜力便会得到难以想象的发挥。

四川天一学院有一个特别好的在很多民办高校中都没有的工作传统，就是每年都要调整和制定当年的人才培养方案，这应该是我的前任陶院长建立和保持下来的极好的工作风格。我担任院长后在处理当时特别繁杂的内外部工作外，多年在高等院校从事教学工作的习惯和基础，让我很深入的思考和研究了这种层次较低的民办高职高专人才培养的方向和途径，就是要加强教学中的职业技能养成，全力以赴花大精神大力气让学生懂得和掌握"做什么"和"怎样做"，至于"是什么"和"为什么"在有时间有条件的前提下可以努力，如果时间和条件不具备也就只有忍痛割爱了。这个思路肯定要在人才培养方案中体现出来，所以在全校公共课的设置上增加了市场营销等课程，对各个系各个专业都要求沿着职业技能的养成来设置课程体系。当年我只是在人才培养方案中提出了这种思想和希望达到的目标，在召开会议向中层干部们表达了这种意愿后就放手了，具体的人才培养方案的调整和编制工作，就由尹老师在冯老师的配合下与各系联系沟通，最终完成了那几年人才培养方案的编制。

还有一桩很搞笑的事情我曾经在前面的回忆录中详细叙述过，就是 2012 年接近年底的时候主办方希望教育集团要在金堂新校区中设置各个专业的实训室，当时主办方从其他学校挖了一位来天一学院担任管教学的副院长，这份新校区的实训室设置和建设计划当然应由他来制定。搞笑的过程和结果是几天之后他递上来的不是实训室设置方案而是他的辞职报告，这使得主办方负责这项工作的陶校十分着急。于是在我的提示和引导下，尹老师全面的承担了这项工作，她也不负众望的在冯老师配合下，与各系各专业密切协调，完成了新校区实训室包括图书馆及办公用房的设置方案，在主办方抓紧购买实训设备的支持下，为第二年 9 月全院师生入驻金堂校区的工作提供了基础的必要的办学条件。

这件事情说大不大说小不小，尹老师能够把它完成得很好有两个很重要的因素，一个是多年的教务管理工作使她对各个专业的实训要求比较熟悉，再就是得益于她与当时各系的负责人和任课的老师们有密切的联系和良好的关系，情况熟悉加上沟通顺畅促成了这项工作的完成，这是客观的条件。其实还应该有一个更重要的原因，就是当年无论是我还是那位陶校，都给了她极好的工作平台和空间，使她能够充分的发挥自己的优势和长处，无拘无束的发挥自己的创造力，所以还是那句话：自由开放的环境对于人的潜力的挖掘和发挥有种令人难以估计的力量。

除了工作外当年尹老师对我工作最大的支持和帮助是尽快的熟悉和认识天一学院很多老师和干部，当年天一学院分为龙泉和天汇两个校区，我到天一学院上课后一直在天回校区，对天回校区的各方面情况和人员都比较熟悉。但因为当年学院的行政中心在龙泉校区，更多的老师和干部我都不是很熟悉和了解，尹老师在天一学院待的时间较长，教务部门的工作岗位使她对学院各方面特别是老师和干部的情况都比较了解，在我担任院长后，尹老师给我介绍了不少天一学院的来世今生与教师干部的基本情况，对于我做好院长工作支持和帮助是极为重要的。

另一位尹老师在教务处的搭档冯老师在我担任院长之前与她还更熟悉些，主要是那个时候每周去龙泉校区时，总是更容易碰到冯老师些，也许是缘分吧。在我担任天一学院院长的三年中，整个学院的教务上的很多事情，冯老师具体操作得也许还要多一些，比如上边说到的每年都有的人才培养方案的调整和制定，具体的操作环节中更多的是冯老师在执行，每个专业的人才培养方案她都有很多细节需要审定，这实际上是一个工作量比较大的也比较繁琐的事，冯老师以当初我担任院长前就观察和感觉到的天性，总是很耐心和沉稳的把这些工作做得很完美。

关于人才培养方案从教学管理的角度我是特别重视的，也很清楚专业人才方案在制定过程中各个环节的工作细节，这可以回索到上个世纪 80 年代，当年西南财经大学经济信息管理系在申报组建的时候两个新办专业的人才培养方案就是以我为主制定的。从某种意义上来讲大学里边的专业人才培养方案在教学的全面工作中可以视作是一部"宪法"，它统帅和管理了大学中人才培养的方方面面工作，我后来在其他一些学校看到哪种对人才培养方案的调整和制定不重视的情况时，是觉得很遗憾和惋惜的。

因为我充分了解冯老师当年在天一学院负责各个专业人才培养方案的检查和汇总时工作状况，所以后来 2015 年我们都到了四川长江职业学院后，当年的 11 月份我因为去香港与香港的学校交流时需要准备两三份课程设计方案备用，在时间比较紧迫的情况下，我是请冯老师帮我做了这项工作的准备的。其实冯老师当时的工作岗位和分工这项工作并不是她的份内事，冯老师所准备的这些材料最后在我与香港学校的交流中起到了极好的工作推进作用，让我们很快的和香港一些大学建立了教学上的互助互动关系。冯老师后来在四川天一学院被我任命为教务处处长，她和尹老师一起为当年天一学院的正常教学运行做了大量的工作，也取得了极好的成效。

当年把这些年轻老师提拔到天一学院院系领导工作岗位上时，还是有来自各方面的疑问甚至诟言，当时内外环境的状况以及我的个人思考和观点我在前边的回忆录中曾做过详细的记叙，现在想要说的是，如果仅从年龄和资历上来讲，这么迅速的把这批年轻老师推到院系处领导岗位似乎有些匆促，但从后来她们在各自岗位上的实际状况和工作结果来看，又说明了客观世界中很重要的一个基本事实，那就是任何一个人，不管资质和天分如何，只要有了自由宽松的环境，只要不去束缚她的天性，她的创造力是可以得到最大限度的发挥的。当年这批年轻老师在她们后来各自的岗位上，都是独立自主的一人担当全面的工作责任，我没有给她们安排副职，也极少干预她们日常的具体工作，恰恰是在给予了她们宽松自由的工作环境中，她们的工作潜力和创造力得到了极大的挖掘和发挥，创造了工作上极好的成绩。

想要再一次从另一个角度来说说 2014 年 8 月我们接受主办方希望教育集团的要求动员 3000 多成教学生到绵竹报到上课的事，这个事情我已在前面的回忆录中好几个地方讲到过，所谓另一个角度仍然是自由度对发挥人的工作潜力的重要性。可以这样说，如果没有我们当时所具有的上上下下工作上那种高度的自由度，要把这些在招生中作为优势宣传并在录取通知书中被告之到金堂校区报到上课的 3000 多学生动员到绵竹校区去上课是不可能的。第一个自由度是希望教育集团高层给我们的，具体的就是那位我在担任院长的三年中极好的朋友和搭档陶校，当我和她谈妥由我们全面承担这项工作时，她不仅答应了我主办方希望教育集团的高管们不要插手此事形成干扰，她自己也就再也没有细问过此事，用她的话来说就是"许院长答应了这个事就行了"。至于我的工作安排工作步骤工作方法她一概不问我，就是我安排这项工作的几次会议，她也一如既往的没有来参加。希望教育集团高层和陶校这种对我们高度的信任，这种极度宽松的工作自由度，让我和我的团队极好的发挥了自己的创造力，正是这种创造力最终把这项工作完成得十分完美。

一句老话说的是"关心则乱"，也许希望教育集团高层和陶校在和我三年的共事中，通过对我工作的了解悟明白了这个道理，所以他们在具体的工作中坚持了不参与不干预。讲真的他们如果真的参与进来了，也许事情还会更复杂以至达不到预期的效果，比如当时工作已经那么艰巨繁杂了，我却提出要为这批成教学生制定2014各个专业的人才培养方案，并把这项工作安排给了接受学生的各个系和教务处。以他们的认知和对工作的关心，如果参与进来了一定会劝阻我人才培养方案的制定就算了吧，全力以赴把3000多学生动员到绵竹报到上课就行了，他们不可能理解我安排制定这批学生的人才培养方案在整项工作中的重要性。而事实上在后来的实际工作中，因为向学生和家长们展示了我们为他们制定的人才培养方案，使学生和家长们的自信心和自尊心大增，从而对今后将要和他们朝夕相处的老师们有了极大的认同感，听从了老师们的建议到绵竹校区报到学习和生活。

第二个自由度是我给我自己的，决定接受这项工作时我已经在天一学院担任了两年多的院长，从当初的"受命于危难之中"，到经过两年多的工作天一学院已经走入十分正常的运行轨道，这个时候接受这项工作任务的我思想中其实很明白我在天一学院工作的时间不多了。其实当初同意担任天一学院院长时我思想上就很放松没有什么约束，一是在公办院校工作多年并且担任过处级干部的我不认为这个院长是多大的事，再就是上世纪90年代在商海中的混迹游弋也早已使我在很多方面财务自由，我是出于对当时天一学院的师生负责任以及自己喜欢挑战性工作出发去担任这个院长的，接手的时候我就很明白自己不会在这个学院工作很长时间的。现在学校治理得比较运行正常了，我也一直知道主办方希望教育集团不少高管出自于他们的私欲一直在高层面前攻击和诋毁我，所以我也很明白也许我把这项难度很大的工作完成之后，我在天一学院谢幕的日子也就不远了。

还有一个很重要的原因是在天一学院绵竹校区建设过程中，我多次由成都往返于绵竹之间，其中有一个工作目的就是想探索能否像在金堂校区一样每天开设班车让老师与员工们回家。对情况了解和分析之后我确认在成都和绵竹之间每天开着班车接送老师们上下班既不现实也不可能，其中主要的症结是不能保证正常的开课时间，因此我已经和陶校达成一种默契提供尽量好的住宿条件让老师们住在绵竹校区学校工作，但这实际上增加了家在成都的众多教职员工工作和生活的困难，我是一个已经退休的老人了住在学校没有什么问题，但那么多家在成都的中青年教师还是需要尽量天天都能回到成都的，这个判断和决定使我在潜意识深处已经感到在绵竹校区的工作是难以坚持下去的了。

因为这些原因使我在接受这项很艰巨的工作任务之时，就更加的内心自由心无旁骛了，也就是自己给了自己极大的思想解放，思想一自由一开放工作的思路就十分的放得开了，所以当时我确定的三条线工作方法十分轻松自然的就出来了，并且在后来的工作中取得相当好的成效。当然当时我个人还是很介意有两件事的，一件是我想通过这次完成这个艰巨的工作任务，检查和考验一下这两年多来我所建设的天一学院工作团队实际的和真正的工作能力，当然最后的结果是很令人欣慰的，我的工作团队异乎寻常的工作创造力十分圆满的完成了这项工作。

另一件事是答应这项工作的一个很重要的目的，当时作为工作的条件与主办方共同确立在2015年3月前制定天一学院行政人员调整工资的方案并执行，我自己计划在天一学院工作的时间应该可以坚持到2015年春季学期工作完成也就是放暑假时，但实际情况和结果却令人很惋惜和遗憾。或许是2014年8月我们十分圆满的完成了这项动员3000学生从金堂改到绵竹上课的工作，天一学院团队的工作魄力和能力，使主办方众多的高管加快了对我们的攻击步伐和手段，加之我们在入住绵竹校区后工作团队多数成员都感到离成都太远撤退之心油然而起，所以我在2014年联系了朋友和校友的四川长江职业学院韩董事长，包括我在内的整个工作团队多数成员都在2015年寒假前后离开了四川天一学院，当然拟议中的为四川天一学院行政员工在2015年3月开学时调整工资的事也因为我的离开而无疾而终。

第三个自由度是我给我的工作团队的。接受这项工作任务的时候，我就很明白他的艰巨性，更深知如果没有全校干部老师充分发挥出他们的创造力，要完成这项工作任务就是一句空话。所以我在制定出来工作方案并在召开了工作会议让大家明白各自的工作任务后，就几乎没有参与和干预各个职能部门干部们的具体工作，给她们提供了充足的自由发挥的空间，让他们在宽松的工作环境中充分发挥自己的创造力，把各自的工作努力做好。我这边只是给在第一线动员学生到绵竹报到的各系提供了一项支持，就是告诉他们在十分困难的情况下把矛盾上交，就是把那些不愿意去绵竹而还在工作现场情绪又比较激动的学生和家长指引到院长办公室来，让我面对面的和这些比较刺头的学生和家长交流，目的是不要让他们在工作现场影响到正常的工作秩序，把其它学生和家长们的情绪影响到不好的方向上去。

应该说这种充分放手让大家自主自由工作的氛围和环境，极大的调动了工作团队干部们的积极性，发挥出极大的创造性把各自的工作做得锦上添花。当年到金堂校区来报到的学生有3000多人，加上送他们前来的家长，有超过1万的工作对象需要她们去沟通交流，她们在学生和家长们满怀希望的到金堂校区报到上学的时候，要委婉的告诉他们我们在绵竹校区为同学们准备了优质的硬软件学习条件，向他们宣传和展示绵竹校区学习条件的优势，动员同学和家长们至少先到绵竹校区去看一看。我们的老师和干部们就这样苦口婆心的满腔热忱的工作着，把1万多名学生和家长们动员去了绵竹校区看看，去了绵竹校区的同学和家长们绝大多数在看到良好的学习条件后，都十分高兴和满意的留在绵竹校区学习了，当然这也包括在金堂校区他们感受到了老师们的热情诚挚。

去绵竹校区看一看的同学们绝大多数最后都留在绵竹报到上课了，除了他们在金堂校区老师们热情而坦诚的介绍使他们感受到了学院的诚意外，绵竹校区迎接他们的实际情况也使他们流涟忘返，学院迎接新同学的各项工作使他们感受到了这是他们学习生活的好地方。绵竹校区的欢迎新同学的工作是由尹老师和冯老师组织的，因为金堂校区工作的压力很大，学院绝大多数干部和老师们都去了金堂校区，留在绵竹校区的都是新招聘的员工才来到学院没有几天，金堂校区工作任务的严峻性也使我无暇顾及到绵竹校区接待同学们的工作，只是给尹老师和冯老师交代了工作的目标是让同学们到了绵竹校区就不要再返回金堂校区了，至于她们怎样做就请他们自由的发挥了。正是这种一方面把工作担子压在她们肩上同时又给予了极大的工作自由空间，使得两位老师尽情的发挥了他们的创造力，把绵竹校区的迎新工作做得锦上添花般的十分完美，让同学们去了就不想走了。

当全部工作在几天后大功告成后，工作的成果让我再回头看全校干部老师的工作状况时，最大的一个感悟是自由是每一个人释放自己的潜能和创造力的基础，如果一个团队中每一个人都能有充分的自由度，它的工作效率和结果会使自己都感到很吃惊。当年那桩动员3000多学生从金堂到绵竹报到上课的事工作难度确实难以想向，但我们最终完成了，其相当重要的因素是我和我的团队大家都有一个宽松自由的工作环境，这是工作成功的基本保障。

我的一生中经历了很多很多事情，其中有三件事情是在我个人有充分自由的前提下把自我展示得十分完美并颇有点引为自豪的，这三件事分别一是1976年把我兄弟从农村乡下召回成都工作和为妹子办理免下手续，二是1998年对成都市装潢印刷厂的兼并，三是2014年3000多学生由金堂校区动员到绵竹校区的报到上课。这一生那么多事情中对这三件事那么记忆犹新甚至铭肯刻心，除掉过程结果等等因素外，在完成这三件事中我能够享受到充分的自由是很重要的原因。

做第一件事情时，因为完全是我单枪匹马一个人做的，所以做什么怎样做自己决定就行了，自己享有绝对的自由。做第二件事情也就是兼并成都市装潢印刷厂时，是由我带着公司一个精干的工作团队进行的，因为兼并工作的复杂性以及成败的严峻性，几乎所有的工作决定包括细节都是由我自主决定的，团队的成员都是按照我的工作指令在操作，所以在这件事上我也享有充分的自由。至于第三件把3000学生动员到绵竹报到上课的事，虽然是一个庞大的系统工程，天一学院的老师们在各自的岗位上优秀的完成了工作任务，但整项工作的设计和安排是由我独立完成的，老师们都是按照我的要求在进行工作，这让我在这项系统工程中享有了相当大的自由。

在这一个篇章行将结束的时候，想再一次说起自由这个话题，我在这一个篇章回忆到的很多事情，都涉及到了自由，记叙中把自由作为人性解放和创造力发挥的前提和基础。其实在这些文字中说到的自由，还是一个小众的概念，因为在我这几十年的人生经历中，所能够得到的仅仅是因为一些偶然和自我比较特殊的一些能力所有的一种工作自由，而不是我所追求和推崇的解放人性释放自我的更广泛意义下的自由。这种广泛意义下的自由，才是我们所应该追求和努力的目标，只有这种广泛意义下自由才能解放人性张扬自我，让每一个人都能走到自己的极致。

最近偶然读到了一篇文章，颇有感触而把它辑录如下，它是从孩子的教育谈起的，辑录的原因是我十分赞同文章的观点，这实际上说到了教育特别是教育机制，因为在我的回忆录继续撰写的过程中，按计划会有一个《我的教育观点》篇章，作为一个教育工作者我会在那个篇章中比较详细的积蓄到对教育的认识和感悟。这篇文章全文如下：

我把儿子送到美国

当我把九岁的儿子带到美国，送他进那所离公寓不远的美国小学的时候，我就像是把自己最心爱的东西交给了一个我并不信任的人去保管，终日忧心忡忡。

这是一种什么样的学校啊！学生可以在课堂上放声大笑，每天至少让学生玩二个小时，下午不到三点就放学回家，最让我大开眼界的是没有教科书。那个金发碧眼的美国女教师看见了我儿子带去的中国小学四年级课本后，温文尔雅地说："我可以告诉你，六年级以前，他的数学不用学了！"面对她充满善意的笑脸，我就像挨了一闷棍；一时间，真怀疑把儿子带到美国来是不是干了一生最蠢的一件事。

日子一天一天过去，看着儿子每天背着空空的书包兴高采烈的去上学，我的心就止不住一片哀伤。在中国，他从小学一年级开始，书包就满满的、沉沉的，从一年级到四年级换了三个书包，一个比一个大，让人感到"知识"的重量在增加。而在美国，他没了负担，这能叫上学吗？

一个学期过去了，我把儿子叫到面前，问他美国学校给他最深的印象是什么，他笑着给我一句美国英语："自由！"这两个字像砖头一样拍在我的脑门上。此时，我真是一片深情怀念中国教育，似乎更加深刻地理解了为什么中国孩子老是能在国际上拿奥林匹克学习竞赛的金牌。

不过，事已致此，也只能听天由命。不知不觉一年过去了，儿子的英语长进不少，放学之后也不直接回家了，而是常去图书馆，不时就背回一大书包的书来。问他一次借这么多书干什么，他一边看着借来的书一边打着电脑，头也不抬地说："作业。"

这叫作业吗？一看孩子打在电脑萤幕上的标题，我真有些哭笑不得——《中国的昨天和今天》，这样大的题目，即使是博士，敢去做吗？于是我严声厉色地问是谁的主意，儿子坦然相告：老师说美国是移民国家，让每个同学写一篇介绍自己祖先生活的国度的文章。要求概括这个国家的历史、地理、文化，分析它与美国的不同，说明自己的看法。"我听了，连叹息的力气也没有了，我真不知道让一个十岁的孩子去做这样一个连成年人也未必能做的工程，会是一种什么结果；只觉得一个十岁的孩子如果被教育得不知天高地厚，以后恐怕是连吃饭的本事也没有了。

过了几天，儿子就完成了这篇作业。没想到，打印出来的是一本二十多页的小册子。从九曲黄河到象形文字，从丝路到五星红旗……整整齐齐、热热闹闹。我没赞成，也没批评，因为我自己有点发愣，一是因为我看见儿子把这篇文章分出了章与节，二是在文章最后列出了参考书目。我想，这是我读研究生之后才运用的写作方式，那时，我三十岁。

不久，儿子的另一篇作文又出来了，这次是《我怎么看人类文化》。如果说上次的作业还有范围可循，这次真可谓不着边际了。儿子真诚地问我："饺子是文化吗？"为了不耽误后代，我只好和儿子一起查阅权威的工具书。费了一番气力，我们完成了从抽象到具体又从具体到抽象的反反复覆，儿子又是几个晚上坐在电脑前煞有介事地作文章。我看他那专心致志的样子，不禁心中苦笑，一个小学生，怎么去理解"文化"这个内涵无限丰富而外延又无法确定的概念呢？但愿对"吃"兴趣无穷的儿子别在饺子、包子上大作文章。

在美国教育中已经变得无拘无束的儿子无疑是把文章作出来了，这次打印出来的是十页，又是自己的封面，文章后面又列着一本本的参考书。他洋洋得意地对我说："你说什么是文化？其实超简单——就是人创造出来让人享受的一切。"那自信的样子，似乎发现了别人没能发现的真理。

后来，孩子把老师看过的作业带回来，上面有老师的批语："我安排本次作业的初衷是让孩子们开阔眼界、活跃思维，而读他们作业的结果，往往是我进入了我希望孩子们进入的境界。"我问儿子这批语是什么意思。儿子说，老师没为我们感到骄傲，但是她为我们感到震惊。"是不是？"儿子问我。我无言以对，我觉得这孩子怎么一下子懂了这么多事？再一想，也难怪，连文章题目都敢作的孩子，还有什么不敢断言的事吗？

儿子六年级快结束时，老师留给他们的作业是一串关于"二次世界大战"的问题。"你认为谁对这场战争负有责任？""你认为纳粹德国失败的原因是什么？""如果你是杜鲁门总统的高级顾问，你将对美国投原子弹持什么态度？""你是否认为当时只有投放原子弹一个办法去结束战争？""你认为今天避免战争的最好办法是什么？"如果是两年前，见到这种问题，我肯定会抱怨：这哪是作业，分明是竞选参议员的前期训练！而此时，我已经能平心静气地循思其中的道理了。

就以这段辑录的文章作为这一篇章的结束语吧！

第十五篇

海阔凭鱼跃 天空任鸟飞

我的教育观念

表达自己的教育观念一直是我的宿愿，不仅仅是自己终身从事的都是教育事业，更多的是目睹现在教育的现状，种种弊端如梗在喉使人不吐不快。都说教育是国家和民族的基石，但恰恰就是在这个基石上，我们的现状让人心忧，我们的教育不是简单的在某些方面走入误区，而是在教育的目的和目标这个根本问题上，需要拨乱返正正本清源走到正确的轨道上来。

先说说学前教育，也就是现在孩子们两三岁就要进去的幼儿园。我们的幼儿园无论是公办的还是民办的，有一个共同的教育培养点就是先要教会小朋友守规矩，这大概是源于我们的老祖宗一句"不以规矩，不得以成方圆"吧。规矩是些什么呢？应该是幼儿园老师们所确定的管理小朋友们的一些规定和方法，比如"坐有坐相，站有站相"，排队要一溜直距离是把双手伸出刚好接近前边小朋友的双肩，坐嘛比较重要的规定是两双小手要背在身后，当然还有发言要先举手不要争先恐后。我不能说这些规定不好，从小养成一些好的习惯也是不错的，但我总觉得这里边什么地方有些不妥，好像有点刻意的束缚了孩子们与生俱来的天真活泼率性与好奇，其实也就是小朋友们的个性，日常之事可不可以让小朋友们从小就随和自然一些呢？

这一点应该是几乎所有的我们的幼儿园都在主动为之的，还有一点应该是竞争之中不得不被动为之的，那就是在可能的情况下尽量的让小朋友们学一些知识。比如识字，比如计数和计算等等，这也不能说是不好，在学前教育中学习一些简单的基础知识也不是坏事，同样是还是有些感到不妥，似乎让孩子们认识自我和自然在我看来，比学习这些知识更重要些。我说它是被动而为之，是因为要学习这些也许不是幼儿园的初衷，但在外界特别是家长们的压力下，为了竞争他们不得不把这些内容引入到幼儿园中作为一种日常课程。

说到学前教育幼儿园中这些情况，也并非有批评之意，毕竟是对小朋友的教育嘛，怎么样做都有它自身的道理。我只是想说明的一点是，在对小朋友进行学前教育时，指导思想和引导方向是很重要的，个人认为如果能够从小就鼓励他们张扬个性，少一些约束不要让他们被规矩所束缚也许更好些。至于知识的学习嘛，与其提早的去学习那些该在小学中去学的东西，还不如多一些对小朋友们好奇心的引导和激发，让他们有关心或了解大自然和自我的欲望也许更好些。

当然在我们这样的大环境下，幼儿园的主办方和老师们所进行的管理和教育孩子们的做法也在情理之中。何况在"不要让孩子输在起跑线上"这个有点莫名其妙的命题之下，孩子们的家长其实是疯狂的，她们望子成龙的迫切在怀孕和胎教中就有了，更不用说在学前教育中会对幼儿园提出这样或者那样的希望与要求，在家长们的迫切下我们的幼儿园当然也就只能这样了。

进入基础教育的小学阶段，不太好的情况便逐渐显现出来了，除了仍然有学前教育幼儿园那些问题外，还有一个重要的问题是在少年们成长阶段中知识传授和智力开发两者如何妥善处理。漫漫六年的小学学制虽说时间不算短，但需要向学生传授的知识都也不少，以两门主课语文和数学来说吧，首先是老祖宗给我们留下的象形字得一个一个字的去认识，两三千的汉字要耗费不少时间让老师们教会学生认识，这也是无可奈何之事。问题是现行的教育和教材体系又弄出了词义和语法的概念，词汇有名词动词形容词副词之分，句子有主谓宾定状各种成分，这让小学生们学习自己母语的难度增大了。

我们的老师们似乎很遵循传统的教学模式和方法，这也许是儒家"师者传道授业解惑也"的影响吧，其实把传道授业解惑三者兼而有之也很不错，但我们的老师们似乎把授业做得更好些，传道嘛好像很抽象，至于解惑似乎忙于接受知识的学生们有点顾不上提出问题。小学数学的学习这种知识的传授上就更为明显，老师们要让学生们认识数，要弄清楚整数分数和小数的意义，更要一步步的学会整数的加减乘除四则运算，以及难度更大一些的分数和小数的四则运算。

面对这种比较紧重的知识讲授，对少年们进行智力开发的事也许要让一让路，何况知识的讲授也是智力开发也蕴含着开发智力的内容。要说在现行的整个小学教育机制中没有专注过少年们的智力开发也并不符合客观事实，在我们小学数学中有一种叫做奥数的内容，全称叫奥林匹克数学，不仅有讲授与学习还有竞赛，据说奥林匹克数学的初衷就是要开发小学生们的智力，不过这种说法作为数学专业老师的我是不敢也不能苟同的。因为纵观小学奥林匹克数学的很多内容，很多都是如果少年们今后学习了代数之后就比较容易解决的应用问题，却要让孩子们用小学数学的思维和方法去解决。

曾经见到过一道小学三年级的奥林匹克数学题目："一盘饺子爸爸自己吃剩 10 个，妈妈自己吃剩 15 个，小李自己吃剩 21 个，三个人一块吃正好吃完，这盘饺子一共多少个？"这个题目用小学数学来解决是要分析出三个人各吃了三盘饺子剩下 10+15+21=46 个，因为三个人一起吃正好吃完，那么这剩下的 46 个饺子应该是三盘减去一盘也就是二盘，所以 46÷2=23 是一盘饺子的数量。看起来这个分析解题的过程还是挺不错的，也许对开发小学三年级学生的智力也不是没有好处。但是这个问题用代数方法来解决就是一个小儿科问题：设一盘饺子有 x 个，那爸爸就吃了 x-10 个，妈妈吃了 x-15 个，小雨吃了 x-21 个。三个人一起吃正好吃完一盘，那就有（x-10）+（x-15）+（x-21）=x，解之 x=23，也就是一盘饺子是 23 个。考虑到小学三年级的小朋友们上初中一年级后就会学习一元一次方程，这种当然也能起到一定智力开发作用的奥林匹克数学训练的效果就需要探讨了。

当然说到的这些还仅仅是现行小学教育体系的一些表象，还不能说这之中有什么很大的问题，有些本来就是无可奈何之事，比如那两三千个汉字需要老师一个一个的教孩子的们认识。虽然没有构成太大的问题，但有些地方是不是也可以考虑改进一下，比如语文学习中不要太去强调词汇的词性和句子成分，汉语是少年们的母语，特别重要的还是需要培养他们阅读和写作的能力，而不是去分辨清楚不同词性的词汇在句子中是什么成分。又如数学中的这部分奥林匹克内容，虽然也不否认它有一定的智力开发作用，但让小学生们从三年级到六年级不断的用小学数学的思维和方法去解决那些用代数能很容易解决的繁难问题，可能也有一个是否必要或者至少有一个"度"的问题。

已经说到的这些情况还真不是小学基础教育中的问题，真正的问题还是在那根升学指挥棒下的种种混乱与缺失。虽然我们现行的小学升初中按照规定是没有考试的，但这只是明处的规定，暗地里各种各样的择校考试至少是择校考核是比较普遍的，正是这种小升初的择校考试或考核才催生了小学品质的分化，当然也进而催生了优质小学的高价学区房概念。

众所周知的"不要让孩子输在起跑线上"其实主要指的是小学而不是学前教育，升入一个好的中学要从小学开始使得家长们为让孩子读一个好的小学疯狂这种疯狂不仅是表现在入学之初的学校选择上，更是持久的表现在对孩子就读的小学校教学内容和方法的敲打和推进上，近乎疯狂的家长们在进行学校间的比较与攀比时，会明里暗里有形无形的向孩子就读的小学校提出各种教学要求。在家长们的要求下当然也有学校自己在校与校竞争中的拼搏因素，我们的小学教育便更在知识的讲授学习上更下功夫更注重了，因为在小升初的考试或考核中，孩子们之间能够拉开差距的便是知识的成绩也就是分数。

在这种背景之下我们的小学基础教育逐渐的成为了知识讲授和学习的场所，让少年朋友们学习和掌握更多更好的知识以参加小升初的考试或考核，去取得一个好成绩变成了我们小学的工作努力方向，于是我们小学基础教育的初衷被淡莫了，智力开发在知识讲授面前显得格外的苍白无力。我好像在文字中说了很多家长的疯狂以及学校的无奈，其实真正的始作俑者是我们这个教育机制，也就是我们的教育主管部门的导向，这种导向让我们的小学基础教育走上了本不该走的迷途与歧路。

教育主管部门对小学基础教育导向上一个极大的缺位是对小升初的监而不管或者管而不力，至使升学这根指挥棒把小学基础教育引向迷途与歧路。因为小升初事实上的择校还存在，就使得各路小学校不得不在提高升学率的道路上狂奔。因为能否升入一个好的初中学校，最终在考试或者考核中比较客观和实际的学科主要是语文与数学的成绩，于是在家长们近乎疯狂的希望和要求下，小学的基础教育便不得不走上了以讲授知识为主的途径上去了。

不过还比较好的是小学基础教育没有像幼儿园与中学那样被市场化，这得益于教育主管部门明确规定社会资本不能介入义务教育，小学是九年义务教育的主要部分使得社会资本不能介入，这还真算是一个大好事，很难想象如果小学基础教育市场化后会是一个怎样的状态与局面。小学基础教育没有市场化使得公办小学是一支主流，这保障了学校间虽有竞争但还是比较有序。只是不太明白的是同样是义务教育，为何初中教育的市场化却十分严峻，这一点是我们后边要谈到的。

小学基础教育虽然也有条无形的小升初指挥棒，但各个优质中学对择校学生的考试或考核毕竟不是国家教育主管部门组织的，它虽然也在相当大的程度上引导了小学的应试教育，但还不是严重到了不可收拾的程度。何况我们前面也谈到了，小学六年基础教育中，语文中的那 3000 个汉字和数学中的各类数的四则运算还是小学生们需要学习和掌握的。当然影响不是十分严重的应试教育，还是使我们几乎所有的小学教育的重点还是放在知识的讲授学习上，对小学生智力开发以及能力培养不得不退而求其次。

进入基础教育的中学阶段，那种只注重知识灌输的倾向便比较严重了，因为在这个阶段的学习中有中考和高考两个敲门砖，而中考和高考特别是高考是由国家教育主管部门组织的，它的目的就是选拔人才，这样就极其严重的催生了中学的应试教育，这种应试教育把中国的青少年培养成特别会做题应付考试但却比较缺乏能力特别是创造力的学生。造成这种状况的还有一个很重要的因素，那就是中学教育的市场化，从某种意义上来讲中学基础教育的市场化是中国应试教育产生的罪魁祸首。教育主管部门对这种市场化是缺乏引导和管理的，这之中特别使人感到迷惑的是，按照国家相关法律政策的规定社会资本是不能进入义务教育的，但事实上客观的情况是义务教育阶段的初中也同高中一样被社会资本大规模的介入并在某种程度上被掌控。

不能很武断的说中考和高考这种教育制度的设计不对，因为从教育公平和透明的角度上看，中考和高考制度的设计是十分必要的，它也许是寒门弟子跃入龙门很主要甚至是唯一的途径，这使人想起始于东汉在唐宋发展最后在明清走到极至的科举考试制度。封建社会中的科举制度在特定的历史条件下在人才选拔上是有一定积极作用的，读书入仕也鼓励和引导了读书学习的风气，当然鼎盛时期出现的八股文风也是这种考试制度是一大弊病，它把读书人引向了一个不该有的方向和途径。

但不得不指出的是这种中考和高考制度，如同科举制度要出现八股文弊端一样，它也把我们中学的基础教育亦步亦趋的引向应试教育。因为既然是考试它就得有试题，尽好的完成试题并且取得好成绩是参加考试的目标，为了达到这个目标各种应试的方法和举措便应运而生了。这种应试教育的恶果在某种意义上比科举考试更严重，具体表现就是我们的试题中有了客观题的发明和发展，而科举考试中只是有八股文的范文而已，这应该是现代人比古人更聪慧的表现吧。说恶果更严重是科举考试仅是限定了八股文风，但考试内容的应用实务方向还是不错的，比如一是考"策论"二是考"诗赋"，而高考中考中的客观题却彻底把我们的中学学习带向了应试教育。

因为有中考和高考这两根指挥棒，我们现在初中和高中的基础教育教学完全是围着中考和高考而设计与进行的，完全成了知识点其实也就是考点的灌输，能力的发掘创造力的激发都在中考高考这两根指挥棒面前沉默了。因为成了应试教育，知识的学习也逐渐零碎了起来成了考点的强调，知识本身的逻辑关系被剖割，通过知识的讲授和学习可以并且应该进行的逻辑学知识教育逐渐缺位，更谈不上系统的逻辑学学习了，因为在我们中学乃至今后到了大学的课程体系中是没有逻辑学这门课程的。有了主观题这种中考高考题型后，这些情况就更严重了。

前面说到在某种意义上中学基础教育的市场化是中国应试教育产生的罪魁祸首，是因为中学基础教育市场化后，大量的社会资本涌入并逐步在一定程度上掌控了中学基础教育市场。社会资本惯用的市场竞争手段在他们涌入并逐步掌控中学基础教育后得到极致发挥，以不规范的市场竞争手段通过中考高考的升学率来赢得市场。不得不指出的是，这些社会资本本身就缺乏该有的教学理念和人才培养方向，更不用说社会资本进入中学基础教育领域的初衷就像进入市场经济的任何一个领域一样是为了赢利。

其实客观的讲中学基础教育并没有被社会资本一统天下，我们很多优秀的公办中学比如成都的四七九中仍然是中学基础教育的佼佼者。但在教育市场化的一碗浑水中，要想洁身自好困难很大，要想保持住优质公办中学的优势，公办中学也不得不在中考高考两条指挥棒下走上应试教育的道路，所以在这种情况下应试教育是一统天下了，这种状况的发生是特别令人揪心的。

我们的中学基础教育应该是培养出来了一大批特别会做题的学生，这之中当然有取得各科奥林匹克竞赛优异成绩的优秀学子们，但更有一大批虽然会做题但其实连各个学科全面的知识逻辑并不十分了解的学生，更谈不上这些学生的综合素质综合能力乃至创造力了。因为从功利的角度讲，这些综合素质综合能力创造力在中考高考中很难以得到展示，最好的途径还是应试教育的做题，因为考试就是做题。

升学考试的指挥棒完全支配了我们基础教育的方向和目标，孩子们12年的基础教育几乎都是围绕着完成题目在努力和奋斗，目的就是在中考高考中取得一个好成绩考上一个好学校。至于我们本该在基础教育中有的能力特别是创造力的培养和养成，在相当大的程度上被忽略和忽视了，即便有些有识之士提出基础教育的初衷，但在漫天的"不能输在起跑线上"汹涌浪潮下，有识之士们的一些见解和建议根本得不到机会和时间去践行。

说到"不要输在起跑线上"这个没有一点科学性的伪命题，就不能不看到我们青少年家长们的疯狂，如果是政府教育主管部门在基础教育导向和引导上有缺位的话，我们孩子的家长们便是基础教育走上应试道路的积极推动和推进者了。中国的家长有一种超乎寻常的望子成龙欲望，自己这一代在接受好的教育方面似乎很不如意很不理想，便把希望寄托在子女身上，认准了考试分数第一的家长们，从某一个意义上来讲是把中小学逼上应试教育的不可推卸责任者，他们的执着和疯狂使我们的中小学不得不以提高学生们在升学考试中的成绩也就是分数为教学目标。

中国的青少年孩子们是辛苦的，为了在高考中考中有一个好成绩好分数，他们拼上了自己的一切包括最基础的身体健康。12年的苦读使我们的青少年学生们几近筋疲力尽，"内卷"的竞争炽热燃尽了绝大多数青少年学生的求知欲望，无边无际的题海耗尽了他们的精力和时间，对他们中的多数人来讲求知已经不是一种享受而是一种磨难，这种磨难使他们中的不少人在拼命考上大学之后选择了在大学中"躺平"。

笔者从事高等教育几十年，见过了不少这样在大学中选择"躺平"的大学生，为了考上大学他们苦读了12年，不仅耗尽了他们的聪明才智，更为使人遗憾的是他们追求知识的欲望也几乎淡漠。他们太累了，除了需要休息一下之外，他们已经少有青年人本来应该是与生俱有的探索世界的好奇心，十二年学习生涯除了使他们增长了不少做题的能力和本事外，也给他们带来了"难道读书和学习就是这样吗？"的疑问。

从知识传授的角度来看我们的高等教育在这方面做的还是不错的。首先是知识体系的架构设计比较全面完备，这表现在大学中每个专业的人才培养方案制定上，在传授专业的知识和技能方面，仅管在先进性前沿性上有所不足，但课程的设计应该说是几乎没有什么可挑剔的，至少是可挑剔的东西不多。其次从课程的讲授来看，我们的大学先生们对知识或者技能的讲解与传授是十分负责和努力的，多数老师们对课程内容的讲授应有尽有面面俱到，有一种把我们已经成年的大学生视作中小学生来传授知识与技能的味道。所有这些都展示了我们大学教育在知识传授上的优势和丰采。

但是从培养学生们的能力特别是创造力的方面，我们的高等教育便不很如人意了，客观的情况应该是与国外很多优秀学校相比差距是很大的。首先表现在制定人才培养方案时，总体的设计思想就缺少这一块，我们的人才培养方案通过课程体系和架构的设计把知识的传授做得很好，但在宗旨和初衷上没有表现出来要以培养大学生们的能力特别是创造力构思，甚至是在设计和制作时就没有这方面的理念，至少是没有把这一理念放在重要的位置上。

其次在每一门课程的讲授中，我们的老师们几乎所有的注重力都放在如何更好的把课程的知识内容清晰透彻的向学生讲授上，在"是什么"上下了很多功夫，但在"为什么"特别是未来"会怎样"涉猎不多。这也许有教与学两方面的原因，老师们自己在接受这些课程的学习教育的时候，自己的老师就是这样讲解传授知识的，所以在我们很多大学先生们的思维与意识深处始终把要把课程内容和知识向学生讲解清楚放在首位。不是说放在首位不对，而是因为太强调这一点了而对其他的很多东西有所忽视。从学生方面我们的大学生在接受了中小学十二年老师们手把手的基础教育后，已经习惯了吸收老师们这种哺乳式的教学，他们理所当然的也希望大学的先生们也能像中学老师一样为他们讲授课程。

这样我们的高等教育在培养同学们的能力特别是创造力方面是有明显的不足的，与发达国家的高等教育相比差距还比较大。这实际上是我们国家和民族在高等教育上的一条软肋，这条软肋不是高等教育才有的，我们的学生们从基础教育开始便是这样了。君不见我们的学生不管是大学生还是中学生在国际多种知识学科竞赛总是得心应手，对付起比赛的考试总是游刃有余名列前茅，但在离开了知识考试的其他场所与环境，特别是那些需要表现综合能力和创造力的地方，便显得有点力不从心难以展示自己了。

除了上边谈到的具体的人才培养细节外，真正更严重更大的问题是我们兴办大学的目的与宗旨，也就是我们办大学最根本的目的是为了什么。大学是做什么事的？笔者很赞同古希腊先哲那句"解放思想张扬人性"的至理名言，西方古希腊德尔斐神庙的大门上有一句神圣的箴言："认识你自己！"，卢梭说这句话"比伦理学家们的一切巨著都更为重要更为深奥"，大学是为了学生们通过解放思想张扬个性认识自己而兴办的。古希腊先哲们的这种教育思想，实际上是对所有教育包括基础教育和高等教育都是十分重要的。

关于人性历来有性善性恶之说之辩之争，对此我不在这里多说，但我想指出的是无论性善性恶对人性发展的引导是十分重要的，引导关乎每一个人人性的发展。如果我们用"不以规矩不成方圆"去束缚学生的个性，他们的创造性的发展必然有所阻碍，这种教育只会使他们变成循规蹈矩。只有在教育中始终坚持"解放思想张扬人性"，个性得到充分释放的学生思想得到解放，能力特别是创造力才会得到充分释放和发挥，才能真正认识自我。

这也许是东西方两种文化中一个极大的差异，很遗憾的是我们东方文化中的教育思想选择和走上了注重知识传授的道路，西方教育思想从古希腊开始，便主张和身体力行的坚持走解放思想张扬个性的道路，这使得他们在很多方面特别是是发挥人的创造性上领先于我们。我不是全盘否定我们东方教育中的那种知识传授，知识的传授其实也是十分重要和必要的，但是因为要强调知识的传授而忽略了对青少年学生的解放思想张扬个性的开发，应该说这是十分令人遗憾和惋惜的。

当然东西方两种不同的教育思想各有优势，关于他们的讨论也一直在进行，从理论上来讲很难说哪一种教育思想更好些，但有一个不争的事实是众多的科学技术发明创造都是出自西方。从蒸汽机开始到现在的 AI 大数据，数百年中成千上万的发明创造都在西方，即便是近几十年有一些斩获的日本，他们虽然处于东方但是其教育思想有着十分浓厚的西方色彩。当然科学技术的发明创造绝大多数来源于西方它的因素是多方面的，但不得不指出西方的教育思想在其中起着至关重要的推进作用，从客观实际的结果上看我们不得不正视我们的教育思想是不是有需要努力改进的地方。

需要认真分析一下我们这种教育思想形成的多种因素。首先是传统的文化意识吧，春秋战国时期曾经有百家争鸣百花齐放的盛况，当时除了有孔孟的儒家教育思想外，也有其他的诸子百家各种各样的教育思想与其争鸣，其中也不乏有像古希腊先哲那种主张教育是解放思想张扬人性的圣人。但后来从汉武帝开始的"罢黜百家独尊儒术"使得孔孟儒家成了正统，当然孔孟的教育思想也就必须遵从和执行了，2000 多年来"不以规矩不得方圆"与"传道授业解惑"的孔孟教育思想以正统的面目示人，至今还在影响着我们包括基础教育和高等教育在内的教育。

再就是几千年来的社会政治制度，帝王政治是需要顺民作为基础的，而要让老百姓作顺民最简单最好的方法就是使其愚昧，所以就有了秦始皇"焚书坑儒"，更有了后来的愚民教育。孔孟的儒家教育思想能够几千年处于正统，正是因为他们所宣扬所执行正好是帝王们所需要的。中国社会这种使人愚昧的教育持续了 2000 多年，好像仅仅在"五·四"前后的民国时期稍有改变。

这种愚民强国的教育思想在秦始皇"焚书坑儒"之前便早有确立，先秦时期的《商君书》就提出与论述了"强国弱民"的治国方略。《商君书》认为能够战胜强敌称霸天下的国家，必须控制本国的人民，使之成为"弱民"。商鞅认为国家的强势和人民的强势是对立的，只有使人民顺从朴实忠厚，人民才不易结成强大的力量来对抗国家和君主，这样国家才会容易治理，君主的地位才会牢固。我国几千年来的社会政治制度的愚民教育由此可见一斑。

在我们的社会历史发展进程中，没有像西方起源于意大利的文艺复兴等那样的思想解放运动，缺少资产阶级革命和资本主义社会阶段，因此很缺乏人权至上的观念。这种状况反映在教育上，就是重知识传授忽略能力的开发，缺少解放思想张扬个性的教育。不可否认西方从中世纪末开始的思想解放运动对后来西方科学技术的发展起着极其重要的先锋作用，正是思想的解放使人们的个性得到充分的发挥，科学也就在人性和创造力的发挥中产生与发展。

教育是科学发展的基础，这种教育当然包括知识的传授，但更重要的是教育需要去激发人的创造力，科学的任何一次发现和发展都是人的创造力得到发挥的结果。西方从古希腊开始就注重在对大自然的探索中对人的创造性的发掘，通过近代人权至上的思想解放运动，对人的能力特别是创造力的发挥更是重视，反对和破除宗教神权对人的思想的束缚，使西方人的人性得到充分解放。这种西方人能够得到的思想解放个性张扬的教育，使得西方的科学技术在人的创造力下迅猛发展不断攀登高峰，而缺乏这个重要历史发展阶段的我们，教育只能因循守旧的局限在一代一代传授知识的过程中，这种教育对激发个人能力特别是创造力显然难以达到很好的效果。

我们教育的状况确实需要改变，尽管改变起来很难，因为形成这种状况有着很多根深蒂固的因素，要想在朝夕之间改变它不是那么容易的。但改变势在必行，因为教育的这种被动局面对社会和民族影响极为深刻，它使我们一代一代的青年创造力日益减弱最终会被湮没，所以必须全力以赴的去改变这种状况。从教育的阶段性来讲，好像学前教育乃至高等教育改变比基础教育难度要小些，基础教育特别是受中考高考导向和指挥的中学教育难度要大些。

当然不管是哪个教育阶段，教育思想的改变是首要的，需要有一个根本的变革。我们不能再循着"不以规矩不得成方圆"思维走下去，也不能长期满足于专注"传道授业解惑"，我们要回到教育的初衷和宗旨上来，教育是什么？教育就是解放思想张扬人性，就是唤醒和培养人们个性中的创造力，让人们在思想解放的自由环境中不被束缚的发展。要做到这一点需要去坚决的扬弃受到几千年封建政治制度保护的儒家教育思想，把我们的教育立足于解放思想张扬个性，发掘和培育人的创造力基础上，让我们的教育为人才培养开辟出一个能自由翱翔的天空。

观念的改变是艰难的，人们长期习惯于一个思维之下要让他有所突破需要下大力气，但这是首要的和必须的，所以再难也得坚持住下去。我们曾经有过很好的思想解放的破冰之旅，上世纪1978年在《实践是检验真理的唯一标准》讨论中，我们冲破了将近三十年的思想桎梏和牢笼，在破除"两个凡是"的迷信中解放了思想，从而迎来了80年代最为开放的思想解放年代，为我们的改革开放奠定了基础开辟了道路。

具体的先说说学前教育，这应该是变革起来难度最小的一个教育阶段，之所以这样说是因为我们当前的学前教育，虽然有很多不尽如人意的地方，但也并没有形成一种制度性的不理想约束与规范，只要我们的老师和家长们改变了幼儿教育的思想观念，明确我们幼儿教育的初衷和宗旨，让幼儿教育走上一个正途并不是很难的。这之中除了我们幼儿园的举办者和老师们要首先改变儿童的教育理念外，另一个很重要的问题是家长们的观点改变，家长们千万不要在"输在起跑线"的误导下向幼儿园老师们要求"早教"，要求对孩子进行更多的超前知识教育，大家都抱有平常心，让幼儿的学前教育回归平常回归自然回归孩子们的自我。

大学的高等教育应该说变革的难度比起基础教育要好一些，因为大学中的高等教育几乎是一个自身的问题，不像学前教育和基础教育受着学生家长的诉求的影响和干扰。当然，我这里说的几乎是一个自身的问题不是说大学是封闭的与外部环境无关，恰恰相反，从更大的方面来讲高等教育与社会方方面面关系更为紧密，比如人才培养的社会需求，学生毕业后的就业状况等等。我这里所说的几乎是一个自身的问题是指在对大学教育的改革上它不像中小学乃至幼儿园一样要受到学生家长各种诉求的影响和干扰。

大学高等教肖的改革首先需要明确为什么要举办大学也就是办大学的目的。当然，就一个专业来讲让学生学习和掌握这个专业的知识和技能是必要和必须的，但更需要让学生学习和培养的是综合能力，包括自我学习专业知识的能力，而解放思张扬个性更是我们举办大学的初衷与宗旨。我们要让青年们在大学中创造力能得到充分的释放与发挥，为进入社会一展鸿图作好准备。只要有了这样的办大学的理念，我们的高等教育该如何进行和发展便明晰了。

比较麻烦的是中小学的基础教育，这是一个教育误区上的重灾区。说起基础教有就离不开高考中考特别是高考这两根指挥棒，基础教育几乎所有的状况和问题都是由此而起的。其实对高考中考需要有一个客观的评价，仅仅就公平公正来讲，它们是必需的和必要的，从某个意义上来讲目前还找不到更好的升学办法能保证学生入学的公平与公正。所以，仅管高考中考多年来饱受诟病，但它们却跌跌撞撞一路走来直到如今，有一种最普通最坦白最直率的说法是：如果没有高考穷人的孩子就很难能上大学了，应该讲这个说法是很客观的。

仅管如此，但也不得不指出的是高考中考这两根指挥棒让我们的中小学基础教育走上了迷途。因为要升学要考试，基础教育便应试化了：学制上现在的初中三年高中三年，但在实际中各个学校的课程内容教学时间都只有前两年，最后一年是用来考试复习冲刺的，特别是高中最后一年各校都是卯足了劲冲刺高考。把三年的课程内容压缩到用两年时间完成，结果怎样是不难想象的，除了能很好的取得高考中考的好成绩外，其它的会怎样便可想而知了，这应该是典型的应试教育。

最近听到一则消息说教育部有改革中小学基础教育学制的没想，把十二年的学制改成九年，小学五年中学四年，这应当是一个改革的好消息。小学六年学制太长一直是我的观点，四年至多五年即可，我曾身体力行的协助女儿用四年时间完成小学阶段学习开入初中，关于这一点在我前边的回忆录中曾多次忆及，特别是在"我的子女教育"中有详细叙述。至于中学既然现行的各个学校都把最后一年作为冲刺中高夸的时间，干脆把学制由六年改成四年也许更好些，当然这也可能是一个因噎废食的笨拙举措，是一个没有办法的办法。

因为高考中考就是完成考试题目，于是在实际的教与学中始终是围绕着做题的。以做题目为中心的教学，使学生们的课程知识学习面目全非，说一句不太客气的过话，那就是该学习的没有学而不用太费大力气去学的学了太多。比如初等数学的学习本来是一科能很好培养学生逻辑思维的学科，但在实际的教与学中除了致力于解题外，该有的逻辑思维综合素质培养是缺位的。

又如语文，汉语言作为母语在学习上的重点是什么？个人认为就是阅读和写作：能够很好的阅读他人的作品，更能很好的用文字表达自己的思维。但是在我们实际的教育学中，在很费劲的认识到两三千象形汉字并明白它们的字义后，便有了词汇的性质也就是名词动词形容词副词分辩的教与学，然后是这些词汇在句子中的成分也就是主谓宾定状的教与学，在下来就是从句的教与学。不是说这些语法的学习不重要，但花了很多的时间把这些语法学得很细很细，其实也就是为了高考中考中完成考试题目得到好的分数。在这方面占据的教与学的时间太多，当然会对阅读与写作有一点影响的。

一个有趣的段子很有意思：分析两句话，一句是"中国乒乓球队谁也胜不了"，另一句是"中国男子足球队谁也胜不了"。这两句话中字面完全相同的"谁也胜不了"表达的是完全不同的两个意思，汉语作为母语的中国人阅读这两句话应当是从语境中读得很清楚明白的，这似乎很简单直接不需要去做什么过多的语法分析。但让一个学中文的外国人去读这两句话，句子成分语法分析就很重要了，外国人得靠语法分析才能分辨出这两句话的不同意思："谁"在前一句话是主语，表达了任何人也胜不了中国乒乓球队的意思；"谁"在后一句话是宾语，表达了中国男子足球队胜不了任何人的意思。这个段子恰好说明，语法分析对于一个外国人学中文很重要更很必要，但对一个中国人好像没有那么重要和必要，当然把这两个句子作为中考高考题目要求去分析句子成分，那就是应试教育的另外一回事了。

应试教育把我们的中小学基础教育学习已经弄得面目全非了，至于该怎么样去变革还真难理出一个好的清晰的头绪。最简单的方法是取消高考中考，前面已经说过从社会公平公正的角度这是不可能的确实也不太好，而且从操作性上来讲也确实不可能。但是只要高考中考特别是高考存在，在这样的指挥棒下各种各样的因素凑合在一起，中学的基础教育确实就只能是应试教育了。这里说到的各种因素既有教育主管部门的也有中学学校的，还有学生特别是他们的家长。特别是我们多数学生的家长，自己受教育程度不高，望子成龙他们把希望都寄托在子女身上，他们会对学校提出各种各样的要求和期望，表现出来的状态近乎疯狂，君不见近年来有报道在高考那天家长们会在考场学校周围筑起人墙阻断交通就是为了让自己孩子有一个良好的考试环境。

这确实是一个怪圈，从公平公正公开透明的角度高考中考肯定是不能取消的，但有了这种考试我们中学的基础教育成为应试教育肯定是一种必然，人是趋利的动物肯定希望在这条独木桥的竞争中占据先机取得好成绩。从1977年恢复高考以来已经四十多年了这个制度依然存在，并且从实际的情况看来它还得长期的存在下去。对此，教育主管部门也做了很多努力，试图改变这种应试教育的局面，但总的架构是这样的使得各种变革方法收效甚微。近年来在高等教育上出现了一种趋势，就是接受了高等教育的大学毕业生找工作越来越难了，即便参加了工作但收入也不尽如人意，直言之就是家庭培养大学生的性价比在降低，这种趋势也许会逐渐淡化读大学这种千军万马过独木桥的心态，让国人在对待高考上报以平常心。

我们国家和社会的特色让我们借鉴国外发达国家大学的教育机制似乎也有相当困难，比如国外很多大学虽然也有类似于我们的高考这种考试制度，但他们在实际录取学生时并不是以考试的分数作为唯一标准，他们更多的是看重想要升入大学的学生在考试分数之外的其他一些素质和特点，这表现在国外的大学比较看重学生向学校提出的入学申请书上，那上面会有很多关于学生的特点和社会实践的介绍，这是校方在录取学生时很重要的一种参考。如果把这种大学录取方式引荐到我们国内来，因为我们这种人情社会的特点，以及学生和家长们那种并不十分坦诚的行事风格，这种录取方法是行不通的，如果非要推行其后果与取消高考失掉公平性无异。我们的有些特色总是使我们颜面无光。

很多发达国家的双轨制的受教育机制似乎我们也很难借鉴。比如多数发达国家它的公办学校，不管是基础教育还是高等教育，首先是政府投入公办学校，保障绝大多数普通公民的子女免费接受教育。然后也有一大批私立学校质地很优秀，对富人来讲它的收费很昂贵，但这种学校也要提供可观的奖学金让不富裕家庭的子女也能进这种优质私立学校读书。这一点我们的国情也难以借鉴，我们的中小学基础教育，除了有社会资金的私立学校对教育秩序和环境有所影响外，就是义务教育的公办学校优质学校和一般学校的差异都很大，高考中考的指挥棒让所有的学校都在为提高升学率在办学，学生和家人们也都一门心思的希望通过考试进入优质学校。至于高等教育，我们和国外发达国家恰恰相反，优质的高校都是公办的，民办高校普遍要差一大截，所以学生和家长们都是希望在高考中取得一个好成绩有机会上这种优质的公办高校。

不得不看到在我们的教育中学生以及家长的功利性都太强，读好学校就是希望毕业后有一个好的收入高的工作，这也许是几千年来"学而优则仕"的影响。其实发达国家的教育特别是高等教育很早就不是精英教育了，国民接受高等教育更多的着眼于自身的提高，接受高等教育与一份收入好的工作关联性不是很大很强。他们的高等教育分为两大类，一类是研究型的，另一类是技术型的，学生很早也就是在基础教育阶段就开始分流。而我们大学中的高等教育，虽然也从上个世纪末就告别精英教育，但学生和家长们读大学的功利性仍然是一如既往的为一份好工作。

当然也有一些好的改革的步伐与措施，近年来各方面不断强调职业教育的重要性，不少层次较低的高校特别是民办高校都逐渐选择了职业教育的路径，中学的基础教育也很强调学生分流，鼓励学生们就读职业高中。这些改革虽然有相当成效，有的甚至切中了教育的本质，但要真正落实下来还需要社会大环境的配合，如果社会的倾向性舆论和认识仍然把读好大学和找好工作紧密的联系在一起，这些好的改革措施是难以见到良好的成效的。比较让人欣慰的是在前面我已经谈到了，近年来大学生毕业的就业状况不太好，从大学生就业的角度来看这不是好事情，但从教育的彻底变革上来看这还不见得是坏事。如果有一天发展到整个社会都不把读好大学和找好工作联系在一起，甚至花费了较多的教育投入与大学毕业生的收入从性价比的角度来看并不理想，当有那一天社会舆论开始转向的时候，我们教育改革的发展应该就比较顺利了。

说到社会大环境应当配合教育的改革，具体说来除了上边说到的社会舆论的转向外，还应该有哪些内容呢？首当其冲的是教育的投入，要有足够的财政投入去真正实现全民免费教育，这个免费教育既包括基础教育也包括高等教育。基础教育的情况要好得多，这么多年教育的投入使我们建设了很多中小学，只要下决心规避掉有些优质中小学还比较高的所谓建校费，实现基础教育的全民真正免费。难度不是太大。

至于高等教育要想实现全民免费需要在财政投入上下达决心。我国现有高等学校的数量己基本上能满足读大学的适龄学生需求 但这几千所大学中，社会投资的民办高校还占据着将近一半的份额，这些民办高校，由于国家没有财政投入，无论是学校的建设还是教学的营运，收入来源除了举办方的早期投入外主要是向学生收取比较高的学费。中国的民办高校和国外的私立大学不同，国外的名校都是私立大学，他们的办学资金也很充盈，私立大学的董事会办学的目的也不是为了盈利，我们国内的民办高校虽然办学层次不高，但举办者当初都是冲着去教育领域盈利而投资的，办大学赚钱应该是他们的目标。如果让这占据着高等教育半壁江山的民办高校维持现有的体制，要在高等教育领域实现全民免费就是一句空话。所谓要下大决心是国家要有充分的财政投入去转变这些民办高校的体制，或者让社会资金退出高等教育领域，或者教育和引导当然更包括在法律法规上让这些民办高校改变投资理念成为免费的大学高等教育。

我曾经在前面的回忆录中谈到把医疗教育养老住房这四大民生问题市场化的弊病和恶果，相比而言教育的市场化比医疗好一些，这使得要解决实现全民教育比实现全民医疗的难度要低一些。两者之间最大的差异在于教育的市场化还没有把教育的主体也就是我们的老师们以及学校都被卷入市场化很深，我们教育的主体也就是老师和学校特别是高等教育的主体还没有像医疗那样医生和医院都被深深的市场化了，具体表现就是医生和医院的收入多少与向病人收取的医疗费用相关，我们的教育中老师和学校的收入还没有很直接的与学生的学费挂钩。这一点特别重要，是能否顺利进行全民免费教育改革的重要前提。

除了教育投入外，社会大环境对教育改革的配合的又一点是观念的改变。观念的改变是方方面面的，既有教育主管部门，也有学校和老师，更有学生和他们的家长，这之中学校和老师是比较被动的夹在中间的。作为办学的主体学校和老师，他们未尝不明白教育的初衷和宗旨，只是上有教育主管部门经常在发布各种各样他们必须执行的指令，这些指令中有不少是前后矛盾甚至是朝令夕改的，而下边则有学生特别是学生疯狂的家长们所醉心的所谓社会舆论，推动着他们一步步的走向使他们自己扼腕叹息的方向。

如同很多政府管理部门一样，我们的教育主管部门履行自己的职能总是很不尽如人意，教育出现如今的局面他们有不可推卸的责任，只是如何让他们改变理念尽到自己的职责，这是一个话题很大的问题，加之一介草民说了也算不了数，估且就不在这里议论吧。想就学生特别是他们疯狂的家长们说说自己的一管之见，作为一个从事了几十年教育工作的老师，仅管也助力孩子们让他们接受了很好的基础教育和高等教育 但还是要建议家长们把孩子的成长看得深远些。能就读一些优秀的学校固然是好事，但对孩子的教育和培养绝不是去适应应试教育取得一个好的高考中考成绩。其实高考中考这些入门的考试，一经考过进入学校后对孩子的全面能力特别是创造力是没有多大促进作用的，有的时候还会产生一些反向的副作用。望子成龙可以理解 但不要认为成才就只有上好学校这一架独木桥，比起上一所好学校，重视孩子的全面发展才是更重要的，千万千万不要忘却了教育的初衷和宗旨，一味的社会跟风而耽搁了孩子的全面成长和发展。

教育是国家和民族发展的基础，东方的文化传统使所有中国人都很关注子女的成长与发展，我们期望社会和国家能够担当起责任，也希望各种舆论导向能积极引导，把我们的教育事业推向正常发展的轨道。

第十六篇

油盐柴米酱醋茶

我的衣食住行

我的回忆录从新冠疫情开始的 2020 年起动笔，至今已撰写了四年，不知不觉就写了七八十万字。撰写的过程现在回忆起来还颇有些意思。最初应该是一时起意，新冠疫情开始前一年也就是 2019 年末我从最后一个工作岗位成都信息工程大学银杏酒店管理学院院长二次退休下来，应该是闲着无事加之新冠疫情开始后各方面都强调和要求老年人少外出，于是便萌生了记叙一点几十年过往人生的念头。

第一章 记叙回顾

回忆录的记叙撰写让笔者心旷神怡

最初想要写的就是几十年来的学习和工作生活，于是在 2020 年春节前后以《三人行必有我师焉——我的学习生活》与《吾有所思吾有所为吾有所乐——我的工作生涯》为篇章名动笔记叙回忆，因为所撰写的都是当年的学习工作生活实际情况，过往之事如历历在目，所以很快这两个篇章的 10 多万字就完成了。文字完成的较快有两个原因，一是得益于几十年来我对文字的喜好，虽然自己的专业是理科数学，但从中小学起就有一种对写作的兴趣，读书时喜欢写作文，工作后对用文字表达思想一直情有独钟。二是刚开始写回忆录时比较随意，思想深处认为不过是随便写写而已，当然这也落下了这两个篇章虽然内容很丰富但文笔却粗糙得自己也相当不满意遗憾。

也许确实是对文字的喜好吧，这两个篇章完成后。便萌发出多写一点的想法，于是很快的便有了在《愿他们在海阔天空自由翱翔—我的子女教育》和《天下熙熙皆为利来，天下攘攘皆为利往——我的理财》篇章名下的两段内容，这样已经成文的回忆录便有了将近20万字。比较有趣的是这些文字面世后，基本上是属于自己的自娱自乐，除了其中的有些内容给一些大学和中学的同学看看算是共同回忆当年的学习生活外，多数内容都好似尘封一样没有替它们想过是不是让它们见见天日。

大概也就是我开始动笔写回忆录的前后，我们大学班上建立了一个《78621班网》，也几乎是在这段时间新冠病毒对人类的侵犯与肆虐愈加猖獗，全球旅游都突然停止下来。而我正好在新冠疫情发作前的几年中去了一次美国和几次欧洲旅游，彼情彼况让人颇有感怀，于是想把我这几次海外旅游回忆回忆，在确定篇章名为《读万卷书不如行万里路——我的海外旅游》后，我便开始撰写这几次欧美旅游。在大学班上同学的建议下，回忆录中的这一部分欧美旅游内容也就逐天开始在我们的大学班网上发表，也同时把在大学班网上发表的这部分回忆录内容在同学和朋友中传递。

我的这五次欧美海外游对我来讲是很省心省事的，美国东西海岸游是由儿子在组织，而四次欧洲游都是夫人在安排，我只需要跟着走即兴游玩即可。观念上我是一个典型的打卡旅游人，所以这五次欧美海外游去的地方打卡的景点特别多，现在要动笔把它形成文字应该还是比较浩繁的工程。我前后用了将近两个多月的时间每天笔耕不止，最终完成了这有好几万字的游记。撰写的过程无异于是再次进行了深度的欧美旅游，对去过的这些旅游胜地和景点，无论是对它的山水美景还是人文历史的了解都比当年实际旅游时深刻。

因为个人是属于医疗上的讳疾避就医者，所以几十年来身体上有什么病痛毛病都很少及时就诊，说来也特别奇怪，当年身体有病痛时多数时候都是能拖就拖，但有些身体病痛随着时间的推移后来也就没有了，其中有些还是比较严重的症状。既然是撰写回忆录，我也就想把身体病痛记录一下，于是便在《体为心声 体由心生——我的身体健康》篇章名下写成了一段关于我自己身体健康状况的文字，当然在这段文字中也抒发和表达了我对医疗特别是对中西医的一些理解与看法。

回忆录行文至此不知不觉中已是有二十好几万字，内容的主干就是当年实际生活的写照，表现在文字上确实有些率性和随意，也就是在这个时候我对回忆录的撰写在认识上有了一些升华。最初认为写回忆录就是如实记录自己的人生往事，比较强调客观少有主观的议论抒发，但写到这个时候便觉得不能只是简单的回忆往事了，其实在几十年的人生经历中，经历的每一件事认识的每一个人都会有自己主观的感悟，这些感悟如果不把它很好的表达出来也许是一个遗憾。另外，作为一个高级知识分子，对很多社会问题无论是政治的经济的文化的都有自己的认知，比如对医疗教育住房养老等民生问题的市场化便一直有自己的见解，也觉得可以把这些认知和见解在回忆录中表达一下。有了这种想法后，回忆录要撰写的思路和内容便被很大的拓宽了。

于是有了接下来想要撰写的《欢乐与成功同在，遗憾与教训同行——我工作与生活中的"得失"》、《胸无大志随意而行——我的人生自描》和《充实自知自信自明——我的人生追求》等内容。这几部分内容在撰写上仍然以记实为线条，但在记叙人与事的过程中有了很多自我对人生的主观认识内容，表达了在几十年中个人对人生价值主观的认知和感悟。当然这几部分内容对已经完成了撰写的回忆录中我的学习和工作生活记叙是一个宽度和深度的补充，既希望能撰写回忆更多的几十年人生中的过往世事，也希望向外界展示一个几十年人生中的栩栩如生的自我。

这几部分内容通过对人与事的记叙表达了我个人的人生价值取向，也就是个人应该怎样活着才是有意义才算有价值。几十年过去了已过古稀之年，回过头看才发现能有平凡心做平凡人才是人生真啼，其实我们每一个人都是极其平凡的庸人，能够真正做到几十年中把自己的平凡人做好那是相当不容易的，真做到了做好了那也是相当幸福和满足的。做好一个平凡的庸人，这是当我认真回过头总结自己的时候，发现这才是自己几十年人生价值的取向，正是这种价值取向让我这一辈子人生过得是相对满足聊有成效的。

回忆录记叙到这个阶段，基本上是围绕着我个人几十年生活历程而撰写的，基本上没有涉及到个人之外的各种社会问题。但人不是独立生活在封闭的自我空间中的，每一个人在更多的时候都是一个社会的人，生活在社会中的人，总会对各种各样的社会问题有自己的见解和认识，我也同样如此，特别是几十年来个人的生活经历比较曲折复杂，作为社会的人扮演的角色也颇多，对各种各样的社会问题肯定是有感悟的。于是我便萌生了通过对自己个人人生经历的回忆，抒发和表达一下自己对一些社会问题的认识与感悟，这便是接下来撰写的《子在川上曰 逝者如斯夫——我的七个年代回眸》。在这部分内容中，我记叙了从上个世纪50年代开始的每一个十年中，我在社会和国家的发展历程中的个人经历与感悟。我们这一代已经年逾古稀的过来人，既有以阶级斗争为纲的头三十年的不堪回首，也有后四十年的改革开放发展，应该说是共和国七十多年历史的见证人。我们几乎和共和国同时诞生，在和他共同经历共同成长的历程中见证了历史，当然自己也从孩提到青年直至现在的古稀老人，所以这一部分的内容应该还是相当丰富的。

作为高等学校的一位学者，在经历了计划经济向市场经济的过渡之后，对一些在改革开放进程中本来不应该出现的问题还是比较关注的，其中包括在市场经济市场化进程中不应该被市场化了的医疗教育养老住房等几个民生问题。无论是从一个学者的研究角度还是从见证这几个民生问题如何被市场化的角度，我都为这几个社会民生问题被市场化感到惋惜和遗憾，总是希望有关方面能够改弦易辙去总结这几个民生问题的市场化结果。于是我很刻意的撰写了《医疗教育养老住房的市场化——我的民生观点》篇章，既是从一个学者的研究角度，也是从当事者的实务角度，回顾了这几个民生问题如何在这二三十年中被市场化的过程，分析了它们产生和发展的背景和原因，也提出了要尽力改变这种状况的呼吁，以及如何解决这些问题的一点建议和管见。

在这两部分回忆录内容相继完成之间，我的两位大学同学向我建议把我在西南财经大学讲授《科学技术史》课程内容编辑一下，作为科普文章在班网上发表，于是我动撰写了篇章名为《教学相长 学在教中——我的教学心得与感悟》。因为课程教学毕竟是我的工作经历，所以最后也把它作为了回忆录的一部分。

其实关于科学技术史这部分内容我决定把它作为回忆录来撰写，有一个很重要的想法，就是想在回忆录中表达一下自己的科学技术历史观，以及阐发一下自己对于现代科学技术发生发展的基础与条件的见解。尽管这部分内容它的大的架构与当年在西南财经大学讲授这门课程相关，但在撰写中我还是刻意的设计了一些内容，比如 2000 多年前东西方两个思想中心中的古希腊古印度以及古代中国在科学研究上的差异，以及刻意重笔介绍了 14 世纪到 16 世纪欧洲的文艺复兴运动宗教改革运动和环球航海，特别是强调了他们对于近代科学技术发生发展的重大影响。当然因为总体的架构与当年在西南财经大学的教学有关，有些内容的撰写还是有所遗憾的，比如古代中国在四大河流文明中的地位，以及宋元时期中国科学技术发展的叙述等等

回忆录写到这个阶段，作为笔者的我已经逐渐进入角色，文字创作的愉悦经常使我情不自禁。但也就是在这个时候，一个困惑挡在了我继续记叙的面前，使我迟迟不能动手下笔。在已经完成的回忆录内容中，主要是以记事为主的，记人的内容涉及不多，按照最早的回忆录的撰写计划，我会在一个篇章中集中的记叙我的同学朋友同事。到真要动笔完成这些记人的内容时，我却有些忧虑和忐忑了，在一个篇章中集中的一位一位的记叙我的同学和友人，无论从哪个角度看都好像有些不是十分得体，我总想找到一个比较合适的载体，把这部分记人的内容记叙出来。

这个时候一个突如其来的思绪闯进了我的思维，那就是想去描述和记叙一下具体的抽象的有形的无形的"大学"。产生这种想法最初是源于对我自己同学友人的认识与感悟，几十年来在与他们相处中，我很深切地感受到如果把自己置身于一所社会大学之中，他们都是自己很好的老师。他们从各个不同的方面给予我帮助和教育，让我能在人生的大学中顺利前行，我有必要在这所社会大学中记叙他们。当然自己这几十年生涯中一直和大学联系紧密，自己最后也是一名高等学校的老师，这也是我想去描述和记叙大学很重要的缘由之一。于是在《书山有径 学海无涯——我的"大学"》的篇章名下，我记叙自己的学习生活，更多的是回忆我在这所"大学"中的老师们也就是我的友人。

完成这篇主要是以记人为线条的内容后，我是非常的兴奋甚至有些自我感觉良好，毕竟对同学朋友的回忆应该是很愉悦的，这使得我回忆录的撰写渐入佳境。因为有了这一以记人为主线条的篇

章，便触发出集中撰写一段以记事为主线条的篇章的想法，主要是想把自己在过住几十年感触颇深的一些事情予以记叙，于是以《江山易改 秉性难移——我的"城南纪事"》为篇章名的回忆录内容开始了撰写。

其实这段文字中记叙的不少事情，已经在回忆录中有过描述，当然也增加了很多新的内容。把这些事情拿来做集中叙述，有一个很重要的原因是当我在回过头来回忆总结人生几十年中我所经历的很多事情时，有一点认识和感悟很深，那就是无论是我自己在做一些事情时，还是我同其他的人一起做一些事情时，环境的宽松也就是做事的自由度大小十分重要和关键。越是环境宽松自由度越大的事，做事人包括我自己做事积极性和创造力就越大，事情也就会做得更好更完美，我其实是想在记事中表达出我的这一见解和观点。

当完成我的"大学"和我的"城南记事"这两部分内容时，四年前动笔开始的《路漫漫 吾当上下求索——我的人生回忆》已经撰写了七八十万字。四年中我撰写回忆录的目的也在升华，由开始的不经意的随意而行，到后来的认真思考和组织内容，而在现在我已经认为我在二次退休后古稀之年所撰写的这部回忆录，也许是我这一生中最有亮点也最有成效的收获，心中不禁油然泛起一种自得与自豪之感让人充实自知，也让人产生了一种多写点回忆文字的想法。

这个时候回过头来看，我确实在几十年中经历了跌宕复杂人生，所经历的事情跨度和反差都很大，所以有成都七中高中校友夸张的称我为"传奇许"。从人生成就和收获来看，我似乎也相对自得至少是自我满意，其中犹为自慰的是三个子女的教育与成长。三个子女在受教育阶段我给予了他们翱翔的空间和助力，在他们成家立业的时候也给予了经济与财富的支持，但这个时候我突然感觉到能给他们留下更多的回忆文字，也许是我这个父亲对他们最好的馈与。

于是后续想要记叙的文字与内容涌然而至，包括许多人生细节与习惯，比如这一篇章想要记叙的几十年来我的衣食住行生活习惯。当然事实上不止是衣食住行这四个方面，它包括了我一介凡人与庸人生活和生存的方方面面，我把它取名为《油盐柴米酱醋茶——我的衣食住行》。我想这种文字的记叙应当是很有趣并且令人愉悦的，当然撰写的难度也不会太大，因为这又回到了写实的起点。这一次的写实不会像刚开始撰写回忆录时仅是叙事，它自然会有一些对这些有意思的写实抒发自己或者是当时就有或者是现在提升后的认识和感悟。

第二章 食在味中

"民以食为先"是人生的真谛和乐趣

先从食开始吧，不是说"民以食为先"吗？我把自己定位为一名"食者"，在我个人的认识和理念中"食客"好像更高级一点，所以我不敢高攀自诩为"食客"，说自己是"食者"除去能食之外，还有自己也喜欢和乐于烹饪。其实把自己说成是"食者"我还是觉得抬高了些，我其实就是一个能吃能做之人，但我不能把自己说成是吃货，因为我食量虽较大但还不至于狼吞虎咽里吃东西。儿时曾经听到一种依所吃食物把人分成上中下三等之说，就是"上等之人色香味，中等之人稀粑甜，下等之人肥多大"，我真不知道该依这句话把自己归入哪一类人，客观的说我是认为自己是三者兼而有之。

先说肥多大，这恐怕与食量有关。我的食量从来都是比较大的，改革开放前三十年计划经济时期的状况就不多说了，哪个时候人们因为物质匮乏在条件可能的情况下食量都比较大。改革开放后生活条件改善了，人们在饮食上逐渐习惯少食，不少自己觉得肥胖之人还经常致力于节食减肥，但我一直在饮食上食量偏大。即便是现在已入古稀之年，我与孩子们在一起聚餐，女儿就不说了，两个儿子正置壮年，但他们在餐桌上所吃的食物比我还少，还不是少一点其实是少的多，由此可见我的食量。因为食量偏大，所以首先是喜欢吃肉特别是肥肉，并且喜欢大块赶口，于是这肥多大当然应该与我挂上钩了，算是一个下等之人吧。

但是稀粑甜似乎也与我特别有缘，我从小就喜欢甜食，糖的甜味是我第一美好的口感，虽然胃口很好食量偏大但都喜欢食用粑合的东西，尤其喜欢吃哪种蒸煮得很稀粑的肉食，所以这个稀粑甜之至爱让我有幸也可以列为中等之人。甜食包括的东西就较多了，除了肉食外还有糕点饮料，凡是有糖味道甜的食物我都很喜欢，至今仍然记得儿时父母亲带我去耀华餐厅享用甜食糕点及一种被称为"泗瓜泗"的加糖欲料的美味，更是不能忘却中秋节在那里选购苏式月饼的甜美享受。

至于色香味，与其说是我品食的时候有这个关注，还不如说是我在烹饪的时候关心它是否影响我的手艺。但不管怎么样，对饮食的色香味我是有特别的概念的，所以也因此能算是跻身上等之人吧。这样如果按食物的等级分类，我就似乎与上中下三等人皆有缘了。不过喜食之人对等级之分并不十分介意，他关心的是食品，至于色香味稀粑甜肥多大都来者不拒十分喜欢。

饮食中我特别喜欢的是肉食，主要是猪肉，不是我不喜欢牛羊肉或者狗肉，从小在食用这些肉食时，总易引起我上火，吃的时候虽然舒服，但后来上火后却很难受，这大概与我的体质有关吧，猪肉应该算是温性，没有吃后引起上火的状况发生。猪肉中最喜欢的首先是传统的平常人家三道菜，那就是回锅肉、红烧肉和凉拌白肉。喜欢这三样菜一个原因是它们吃起来赶口过瘾，在食肉的吃相上我没有南方人特别是江浙人那种细嚼慢咽的韵味，反而有北方人那种大块朵颐之相，比较欣赏水泊梁山那种"大碗喝酒大块吃肉"。再有就是这三样菜是传统的四川家庭的家常菜，大家都会作，烹饪起来也不难，只要作料配齐即可，我自然也是制作这三样川菜的熟手甚可以说是老手。

还有另外三种川菜我也是特别喜欢的，那就是甜烧白咸烧白粉蒸肉。这三种菜制作起来程序比较繁琐，要想做出好的味道配料也要求较高，属于一般平常家庭很少自己制作的菜。但这毕竟是极为通俗的三样川菜，所以任何一家川菜馆乃至机关单位学校的食堂都能做出品相和味道很好的这三种菜品。我特别记得当年到四川天一学院时，在天回校区食堂中售卖的咸烧白，小小一份只有几片肉。师傅的手艺极好，做出的那个味道就不摆了。

还有一道菜也是我的至爱，那就是炖膀，这是平常人家通俗的称呼，正式的名字叫清炖肘子。这道菜中最好吃的有几个部位，首先是肘子的皮炖耙后入口即化，吃起来十分解馋过瘾。再就是皮和拐子肉之间那种不是肥肉但却比肥肉味道更好的部位，也是入口即化吃起来让人十分惬意。最后是每只肘子上都会有的但数量不多的筋，炖耙了的筋入口即感受得到它的韧性，但因为耙和又很能舒服的食之。这道菜一般都在家自我制作味道极佳，川菜馆中虽有清炖肘子这道菜或者是与它相似的清蒸肘子，但真正的味道不如在家中自己烹饪的炖肘子味道鲜美。

炒菜中也有几样拿手的，一般的家常菜什么甜椒肉丝韭黄肉丝酱肉丝这些就不说了，说一下白油肝片和鱼香肉丝。我这里想说的不是如何去品尝他们，而是具体怎样去制作与烹饪。白油肝片的手艺当年是在石羊供销社做伙食团长时向称为"么爸儿"的老炊事员师傅学的，我在回忆录开始写的时候曾经记叙过清晨到供错社屠宰场去买两副刚宰杀出来的鲜猪肝与一笼猪网油，由"么爸儿"炒成白油肝片大家分享，那个美味特别是又嫩又鲜的肝片食后让人终身难忘。炒白油肝片的关键就在于既要保持肝片鲜嫩又要入味，这一点火候是关键，当年我还是得到了老师傅一点真传的。

至于鱼香肉丝，那确实是一个显示手艺的技术活。"鱼香"这个味道为什么叫鱼香，它是鱼的香味吗？有一个多半大家都看过的段子讲一位四川人专门请一个老外吃鱼香肉丝，并且很费劲的用英文告诉老外这道菜的味道就是鱼的香，菜上桌后老外仔细看了半天，在品尝了美味之后很狐疑问主人，怎么没有在菜中看到鱼呢？其实鱼香味是以姜葱蒜末为主体，配以白糖、醋和酱油，并在炒肉时先放入郫县豆瓣，最后一气呵成的，这之中这些佐料的搭配以及入锅时的火候十分关键。

除了猪肉外肉类中再就是鸡肉，比较喜欢吃鸡肉也多少与自己的烹饪有点关系。比较拿手的有两样菜，一个是凉拌鸡片，再就是红烧鸡块，这两样菜不仅我喜欢吃，家中夫人以及孩子们都比较喜欢。我做的凉拌鸡不同于川菜中的传统的凉拌鸡块，首先是把鸡肉切块时我要剔除鸡骨，用的都是鸡肉，这样食用时十分赶口入味，这种做法当然也是因为我自己就不喜欢去啃骨头带来的。在做法上我传承了传统的川菜凉拌鸡的两大特色麻与辣，但口味上适度特别是不要太辣，再综合江浙菜中的有一定的甜味，辅之以四川特有的蒜末并勾适量的醋，这样出来的味道是相当可以的。红烧鸡块我不是以川菜中的红烧以辣为主，而是江浙菜的白味为主，佐料中花椒是主角，不用酱油用精盐并以适量的糖予以提味，也是一道很受欢迎的佳肴。

鱼肉本来是很好的营养品，食用它也没有像牛羊肉那种上火的禁忌，但我是吃大块肉习惯了的人，对那种细嚼慢咽的品鱼我实在感到不过瘾。不过因为夫人爱去做鱼，经常买来各种各样的鱼清蒸，吃的次数多了还是觉得有些味道，特别是鱼头吃起来还真有些别有风味，感受到了为什么上海人江浙人广东人食鱼头比吃鱼肉更感兴趣。

尽管也喜欢吃鸡肉和鱼肉，但我食用的肉类主要仍然是猪肉，并且特别喜欢吃肥肉，口感上就不怕肥腻觉得肥肉比瘦肉好吃。现在不少人都比较忌口肥腻，更怕引发三高，我多年来对肥肉是情有独钟，也不忌惮什么胆固醇之类的。不过身体的实际状况倒也争气，血压血脂血糖都很正常，没有什么高血压高血脂糖尿病之类的毛病，这也许是让我有口福的保障吧，如果真有些要忌油腻的毛病，就不能大快朵颐一饱口福了。

与食肉分不开的一定是喝酒。烟酒这两样东西烟我是从来不沾的，主要是从小就有先天性支气管扩张，一直医生们都叮嘱忌烟酒。烟这个东西我从来没有体会到抽它的乐趣与美妙，所以不沾它也就很正常和自然了。至于酒就不可能一点不沾了，因为从年轻的时候就一直饮酒，早就体验到饮酒的美妙和乐趣，所以尽管有医生的叮嘱，我也只是少饮而已不可能一点不沾。至于酒量嘛，既然是喜欢饮酒自然还是有一定量的，我曾经在前边的回忆录中记叙过当年我们兼并了成都市装磺印刷厂后，在与青羊区工业局支持我们工作的干部在花水湾聚会时，对方在我的公司下属们的有意误导下频频向我敬酒意欲放到我，结果我以一己之力放到了对方若干干部，这在当年成为了一段佳话。

至于喝酒我是有点历史的，当然在参加工作有工资收入前是没有喝酒的，1971年从大塘公社招工回城工作后，因为有收入了，而且当年各方面的情况聚合在一起，使我的经济还比较宽裕，于是就开始饮酒了。我当年饮的都是好酒，也就是那个时候称为的瓶装酒，当年便宜的老白干是要凭证供应的，一个人一个月二两酒是八角钱一斤，但高档的瓶装酒却不要票敞开供应，可能是因为它们的价格较高问津的人不多吧。当年这些瓶装酒的价格说是较高其实和现在比起来是相当便宜的，五粮液瓶装酒一瓶三元五角四分，现在的剑南春那个时候叫绵竹大曲，现在的水井坊当年叫成都大曲，都是一块多钱一瓶，当然其实也不便宜，因为当时人们的工资普遍都是30多元多一点，花这个价格去买瓶装酒来饮的人确实不多。

我当年作为经典的单身汉，各种原因导致当年日常开支花费不多，所以表现出经济上比较宽裕，这样我自己私下品酒的时候都是喝这种瓶装酒，当然五粮液不是经常的饮，平时喝的较多的是绵竹大曲和成都大曲，但时不时高兴时也要喝五粮液高消费一下。当年的这些瓶装酒，那是真正的淳正好酒，一开瓶便香气四溢，入口那个美味就不摆了。因为酒的价格太贵，所以喝瓶装酒时都是独自饮用，舍不得花较高的价钱请人喝酒是原因之一，但更多的是怕传出去影响太坏。我当年自斟自酌饮酒时最喜欢的配菜就是卤猪头肉，时至今日对猪头肉配美酒仍然是情有独钟。

与烟酒并列的还有茶，我历来有饮茶的习惯，按现在的养生保健的说法这应该是一个好习惯。尽管饮茶的历史很悠久，但我最多把它说成是饮茶其实是喝茶，绝不敢说我能够品茶。我除了在饮茶时能够闻道和尝到茶的香味外，其他的就体会和分辨不到什么了。可能是年轻的时候养成的习惯吧，在茶的品种上我对茉莉花茶情有独钟，饮用茉莉花茶时它的香味十分诱人，至于其他的茶比如绿茶包括龙井茶之类的，我都觉得他们味道太淡不是十分喜欢，但对铁观音和普洱茶。还是比较喜爱的。

一种说法是四川的男人会做菜，这确实不假。上世纪七八十年代，大家经济都比较紧张，物资也不太丰富，所以逢年过节请家人和朋友聚会都是在各自家庭中进行的，不像现在多是到外边酒楼饭店请客。家中这种聚会是当年几乎每个家庭中的大事一桩，每个家庭准备都很充分，而那一桌菜都是由各个家庭的男主人在掌勺，这大概是四川男人会做菜说法的由来吧。我当年自然也是这种角色之一，现在情况发生很大变化了，聚会都是在外边酒楼去吃，仔细回想起来还是当年在家中亲自动手做上一桌菜更有韵味。

说了很多吃肉的事，还是来说说蔬菜和水果吧。可能是当年供应不丰富时"大路菜"遗留下来的惯性，至今在食用蔬菜上仍然对冬瓜、莲花白、萝卜、花菜及蒜苗就是传统的老品种蔬菜十分喜爱，而对一些新的蔬菜品种比如西兰花西芹等难以接受。水果也是如此，习惯了苹果橙子橘子西瓜等老品种，对火龙果等这类新品种也不容易提起兴趣。

说对新的饮食品种不易适应更难喜欢，但有一桩事情确实很例外，那就是对西餐特别是对简易的汉堡的喜爱。自从肯德基麦当劳把汉堡这种西式便当食物舶来中国后，我很快就接受了它并且产生了少有的喜好感。多数国人都是偶然吃吃汉堡调剂一下口味，我却不然，对这种西式的便当食物很能接受，虽然能陪着一起去吃这种汉堡的人不多，但我也总可以自己创造机会去享用汉堡这种在我看来的美味。有一桩事情足以说明我对汉堡的喜爱，就是我在数次的美国及欧洲旅游中，每次都要去专门寻找当地的肯德基麦当劳汉堡王，去享用当地的正宗汉堡。

都已经说到西餐了，那就中餐西餐都说说吧。中餐的色香味型四大要素应该是它的灵魂和精髓，一盘精致的大菜上桌，造型和色泽便会教人不忍下筷。国人所了解的西餐多是煎牛排披萨汉堡意面之类，这些实际上是西餐中制作和食用都比较方便的饮食，类似于中餐的面条饺子包子锅盔。西餐很典雅的大餐也极有特色，我在2019年初那次欧洲游时，曾享受过二次大餐，一次在巴黎享用经典的法国大餐，另一次是在巴塞罗那享用的西班牙大餐，都很有特色与风格。西式大餐的节奏很优雅缓慢，菜是一道一道的上上来，主客一起大家一道一道菜地品尝，这一点好像比我们中餐开餐不久菜肴便堆砌了一桌不同，相比较我还是觉得西餐的那种方式和风格更好些。

西式大餐的礼仪感也很隆重和讲究，在巴黎吃的法国大餐，好像都吃的差不多了，桌面也似乎收拾了，这时服务员端来了一份甜点，径直的送到我夫人面前，在座的其他五六个人好像都没有，正当我有些狐疑时主人很客气委婉的说，法国大餐中最后一道甜点只有女士享有，表示各方面对女性的尊重。

说到中餐西餐有一点不是我刻意贬低中餐，那就是食用方式。西餐无论是便当还是大餐，都是采用的分食制，这应该是很科学和先进的需要效仿与推广。但中餐那种色香味型四大要素好像是推广分食制的一个障碍，当然现在提倡的是公筷公勺，算是一个进步吧。我曾经在宜宾五粮液集团享用过一次真正意义上的分食，在一个偌大的可以坐几十个人的大圆桌上，各种中式菜肴都是分食的，一小碟一小盘送来，但这样好像中餐的那个灵魂和精髓色香味型也就无影无踪了。

说到五粮液集团的那次中餐分食，使人想起了四川小吃，这是因为现在的龙抄手酒楼有四川小吃套餐，一个套餐把四川几十个小吃都品尝到了，服务员送餐来的情况就和那次五粮液集团的中餐分食相似。四川小吃品种繁多，龙抄手钟水饺赖汤圆担担面糖油果子三大炮叶儿粑三合泥肥肠粉酸辣粉牛肉煎饼军屯锅盔，还有夫妻肺片川北凉粉钵钵鸡串串香麻婆豆腐天主堂鸡片。儿时就在皇城埧戏玩的我对这些小吃一点也不陌生，也是我的至爱，从小到大也品尝了不少，小吃嘛价格不高比较便宜，特别是皇城坝上的小吃更是价廉物美，也饱了不少口福。

第三章 淡雅衣着

清爽衣着让人时时都轻快与惬意

说了食再来说下衣，也就是我的穿着。男人嘛衣着本是通俗平常好象没有太多可记叙的，但我在这方面到还有几点可以回忆。首先要回忆到的是我的母亲，她除了有一手江浙味的烹饪手艺对我影响颇深外，她识毛衣的专长也让我在衣着上有所特点。也是应该是从我外婆做老妈子的罗家学到的，我母亲竟然有一手织毛衣的好技术，手工织毛衣在解放前后是家境稍许好点家庭女主人一种女红特征，我母就雇农出生的女儿能有这种手艺显然是从罗家学到的。以母亲的精明能干她把这项手艺学得很精很好，这使得我这个家中的老大从小在衣着上就享受着当年通常家庭不容易有的手织毛线衣裤。

其实不只是毛衣毛裤，母亲的手工针织毛线用品可以说精湛到应有具有，毛衣就不摆了，母亲织出的毛衣有多种多样的款式，另外就是毛裤样式也不少，再就是毛线识的帽子手套袜子，可以说应有俱有，所以我从小就享受着各种毛线织品的包裹。母亲是把织毛线作为一种探索和享受的，她的毛线织品经常在翻新，也就是一件毛衣毛裤最多穿个两三年她会拆了重新编织，当然重新识的都是一些新款式新花样。我就是成家后也一直穿着她织的毛衣毛裤，现在家中还有她当年识的不少毛裤，前些年都还一直在穿着，便人想起那句"慈母手中线，游子身上衣"的名句。

衣着上的又一个特点就是我喜欢着浅色甚至是白色的服装，这一点同我不太讲究卫生的陋习形成积极大的反差，夫人就曾经多次叨叨说"又不爱干净又爱穿浅色衣服"。我的色调观偏于冷调，白色兰色以及浅灰色都是我比较喜欢的一桌颜色。当然冬天穿的衣服以及比较正式的西装还是有深色的，但即便是暖调色的服饰，也喜欢有一些浅色线条融合于中。现在到了古稀之年，反而觉得这种喜欢浅色的服饰色调观念，对张扬老年人开放的心性有所补益，

衣着上的又一个特点是比较偏好于西式服装，当然这里也主要说的是西服。1978年改革开放开始时我进入大学读书，四年后大学毕业正值80年代思想大解放时候，那个时候西服逐渐进入中国社会。我记忆犹新的是我的第一件西服上装是1983年我到广州参加一个学术会议的时候买的，因为当时经济状况尚不宽裕，我是花了很多精神在当时广州有名的越秀街用18元买了一件西服上装，严格的说它就是一件西服便装，后来经济状况有所改变，又买了西服套装。从那时候起日常着西服成了我衣着很重要的习惯，也就是说这几十年来我都偏爱于着西服套装，当然在不是很正规的场合，我多数时候还是着的西服便装，也就是说即便是着便装也还是青睐西式而对中式服装不是很感兴趣。

几十年来以穿西服为主虽然确实是我个人的喜好，但也有一些环境上的客观原因。上世纪80年代末和90年代，我都是在市场经济环境中工作，先是为一些公司进行管理，后来自己也办了公司，公司的氛围还是以穿西服为主的。再就是我在第二次退休前的十年中，在民办高校担任院长，这个工作环境也使我穿西服时候居多，至少是西服便装。在四川天一学院工作那几年，学院的投

资方表现出较强的企业色彩，虽然没有明确规定，但还是表示出希望能着正装表现出该有的文化氛围。

有一个事情说起来也可能是中国特色吧，就是在国内的公办高校中，教职员工特别是老师们的着装都很随意，着西服正装的人极少。本来以为高等学校嘛高级知识分子们可能会更青睐西式服装，但实际情况却恰恰相反，先生们着装都很随意，这可能有点中国知识分子的特色。上个世纪80年代和这个世纪头一个10年，我主要是在西南财经大学工作的，虽然多数老师们着装都很随意，我可能是因为习惯和喜好吧，绝大多数时候还是着西装至少是西服便装。当然要说明一点，所谓喜欢着西装，也主要是在外边，在家中我自己还是穿着比较随意休闲的。

第四章 居在宁静

乡村般的安宁是居家环境的首选

男人的穿着确实没有多少可说的，来说说住吧，先说一个既是客观事实也是我的居住偏好，那就是几十年来，除了儿时住在城中心皇城坝边光华街有十年多一点外，后来就一直居住在清静但多少有点偏远的"城郊"，这个所谓的城郊，也伴随着几十年城市的建设和发展，逐步逐步向外扩展的。1958年我搬到了四川大学，住进了培根路上的川大十四宿舍，这个位置在今天的一环路旁应是中心城区了，但在当年他确实是城郊，甚至可以说他是郊区。从九眼桥到三瓦窑有一条路叫九三公路，当年这路过了川大十四宿舍靠近十二中的后门那个路口后，公路两边都是农田一直辗延到三瓦窑。路边的农田中小春多数都种的是油菜，所以一到春天油菜花开了之后景色这边独好。因为确实是郊区，除了十四宿舍依凭川大雨水管道自成体系外，九三公路当年没有雨水管道设施，夏天一下大雨便淹成小河，儿时在那里用木板作船在水中戏玩十分愉快。

在那之后一直到1968年有将近十年左右的时间都居住在哪一片，有时住在四川大学有时住在成都工学院，更远一点是住在与望江楼对面隔河相望的三官堂，那个地方离今天的二环路已经不太远了。三官堂那个地方当年其实也是郊区，因为那附近有蓝光机械厂成都纺织厂等大型国有企业，房屋建设上倒还不像郊区，周围也没有多少大片的农田。但有一点足以证明它是农村，就是我们居住的地方没有自来水，吃的用的水当年都是从锦江中挑回来的。当年的生态环境确实很好，锦江中的水清澈干净，挑回家就直接用来烧水煮饭了，当然这个时间应该是1963年前。

从1969年到1970年这两年，我辗转在安县、新都、郫县最后在蒲江当知识青年，那就是地地道道的生活在农村了。1971年被成都市金牛区商业局招工回来之后，工作和生活的地方是绕城一圈的当年的大金牛区，除了茶店子土桥天回镇龙潭寺这些人民公社所在地的场镇外，其他的都是农村农田种满了庄稼。我在这几乎也是农村的地方居住了将近 8 年，加上在农村当知青的那两年，有 10 年之多的时间，我是实打实的生活在农村中，那是一片空气清新的地方。

在金牛区茶店子居住的那几年中，我本来也是可以回到父母亲的家中住的，因为多种原因主要是为了方便，我一直住在茶店子商业局中。住在单位上除了自己上下班工作方便外，当然对单位上的工作也是一个很大的支持，那些年处于"阶级斗争为纲"的年代，方方面面包括工作上的弦是绷得很紧的，作为金牛区商业局这样一个单位还是希望下班时间也有人能够处理工作事务，而我正好扮演了这样的角色，这使得各方面相对都比较满意。而我在这几年中积累下了很多其实我自己也说不清楚的方方面面的资源，这些资源帮助和支持我在 1976 年把在农村乡下呆了五年的知青兄弟招回城工作，并为赖在城中不敢下乡的妹子办理了正规的免下乡手续。

1978 年我考上了成都工学院读大学，因为后来有了孩子便没有住在学校，还是又搬回了三官堂。这时的三官堂已经不是十多年前的状况了，自来水自然是有的了，当然这时锦江中的水也浑浊不堪，洗东西都不行更不用说食用了。尽管有了街道建设以及城市化的设施，但三官堂那个位置还是应该是城郊，因为离它不远的现在的二环路是 1992 年才建成的，向中心城区更靠近的一环路也是 1986 年才正式建成。一环路经过了九眼桥，而三官堂距离九眼桥还是比较远的，所以 1978 年到 1982 年我居住的三官堂应该还是郊区，最多是城郊。

读大学的那几年还是很辛苦的。我们七七级七八级的大学生是十分珍惜来之不易的读大学机会的，也抱负着学好科学知识报效社会的雄心，而那时我已经 30 多岁，并且有了一对双胞胎儿子。带薪读书的工资很低，没有孩子尚可，有了孩子就很捉襟见肘了。经济和学习时间的压力，让我每天奔波于学校和家庭之间，努力坚持着学好大学的学业，同时让两个襁褓中的孩子逐渐长大。

1982 年我大学毕业了，那一年我 35 岁，一对可爱的双胞胎男孩也二岁多了。在这之前的 30 多年中，我基本上是傍依着父母多数时候都居住在城郊，城郊的空气清新和不喧哗使我形成了住家还是离中心城区远一点好些的观念。事实上后来的三四十年中我多次搬家，但都一直情有独钟的居住在城郊的原因，即便后来多次搬家都是购置的新商品房，但我都是刻意地选择距中心城区较远的地方购买，选择了比较清静的非中心城区居住。

大学毕业后分配到了当年的四川财经学院也就是今天的西南财经大学，位置在今天的二环路外的光华村街，前面已经说过二环路是 1992 年形成的，所以当年的四川财经学院确实是在郊区严格地说就是在农村。虽离城区偏远但却是一个美丽漂亮的宜居之地，除了围绕校区一圈的都是农田，长年庄稼绿色葱葱，特别是春季油菜花开时一片金黄映入眼底让人目不暇接外，四川财经学院的校内美景更是让人美不胜夸。

四川财经学院当时的学生不多，教职员工也不多，校园的环境相当美好，因为人数不多建筑也不太多，主要是很多花草植物烘托着校园的美景。特别是校园中有大量的栀子花，数量之多如果是在中心城区根本不可能看得到，我到学校不久栀子花就盛开了，可以说是满园花香使人陶醉其中。也是因为教职员工人数不多，即便像我们这种刚分配到学校的青年教师，学校也分配住房，这样我一家人都搬到了四川财经学院居住，当然离中心城区是比较远的。

分配到四川财经学院去的时候，四川财经学院已经划归中国人民银行总行直接管理，财大气粗的人民银行拨出款项让四川财经学院加强基础设施的建设，当然其中一个重头就是教职员工宿舍。分配到学校才半年多一点，学院新建的教职员工宿舍就落成了，我分到了一套二居室的套房，用当时在四川大学成都工学院和四川师范大学的同行讲，我当年分配到的那套房子在这些学校恐怕要教授级别的人才分得到，在我们住进这批房子的青年教师，当年在四川财经学院都是助教。

更令人惊喜的是，这套新分的房子住了才一年多不到两年，学校又有一批新的教工宿舍落成了，按照当时学校住房分配的政策，我们这批青年教师中的多数又一次分到了新房。新房也是一套二的，比原来哪个一套二的大几个平方，原来那个大家通称它为小一套二，这个新分的称它为大一套二。就为了这个多几个平方，我们又搬了一次家又住了一次新房，好在当年那个时候住进新房都没有装修的习惯，所以第一次住进去的那个小一套二没有装修，因此也没有什么惋惜之处，这个新搬进去的大一套二大家也没有装修，我只是买了一些很便宜的塑料地板胶铺在地上。

这个新居使人最惬意的是视野很好，坐在家里饭厅中，一眼望去便是农田，那个时候西南财经大学还没有扩建，教工宿舍就建在围墙边，围墙外便是农民的农田，一年四季都是绿悠悠的庄稼，每年3月份油菜花开的时候，一眼望去真是美不胜收。大春栽种的秧田水稻，灌溉用的小河沟常年水流不断，肉眼可见很多鱼虾在其中戏游，这是两个七八岁的儿子和他们更小一点的表弟们玩耍的好地方。当然出行不是十分的方便，从住家的地方去乘公交车，要么要走到光华村街上，要么要走到当年也叫清江路的公路上去。

在西南财经大学这个当时应该真正叫郊区的地方住了十年，这十年应当是我年轻力壮奋斗的十年。首先是要尽快摆脱经济上的困境，尽管大学毕业后拿到了行政22级也就是工人5级工的工资，比读书时的二级工工资一下子涨了三级，但也只能是缓解了一下困境而已，经济上仍然很紧张。好在作为大学老师之后已经有了教书的一技之能，除了在西南财经大学多上课多一些课时费外，从1983年在省商业厅省供销社的电大班中的辅导课收入让我很快改变了家中经济紧张的局面，同时也认识了那两个省级单位很多年轻的干部。

工作上首先要打开局面，高等学校嘛老师的工作就是教学与科研，教学上比较好办，30多岁了年龄上比那些真正的20多岁的年轻教师大了10岁左右，教书育人的表达能力和工作方法肯定要强一些。专业上以我学的数学专业知识去讲授层次较低的经济数学应该是游刃有余，加之四川财经学院的贵人前辈吴怀教授的指导，所以教学上我很快在学院获得了很好的声望，教学效果相当的好得到各方面的好评，而为了达到这一点我所付出的还不是太多太难。

在科研上要出成果就需要努力了，好在有一个"天时地利人和"的条件，使我很快的展示出自我的科研能力，以及在这种能力上的勤奋努力的科研成果。什么叫"天时地利人和"呢？大学毕业分配到四川财经学院后，国家加快了改革开放的步伐，把国民经济搞上去成了全社会的工作重点，需要对社会经济问题进行定量分析，这为我这个数学专业在财经院校任教的老师开辟了广阔的科研天地，此乃天时。四川财经学院当年经济管理各个专业基础很好发展的势头也很强，经济管理每个领域都是科研课题的平台，为我施展用数学定量分析经济问题提供了极好的条件，此乃地利。人和嘛有点不好意思，好像我们分配到四川财经学院的非财经专业老师，所要进行的科学研究内容能够参与的老师并不多，因为它毕竟需要相当的数学基础，这成了我得天独厚的良好条件，当然正面的说老教授吴怀先生对我的支持是我极大的人和条件。

所以我很快就出成果了，从1983年到1988年，六年中我的科研成果斐然，成了西南财经大学引人注目的青年教师。除了发表了若干论文和组织编写出版了若干套经济数学教材外，我在这几年中承担了两个国家级项目的研究，一个是1984年承担的中国人民银行总行《货币发行量的适度规模》研究。这个项目的研究结果当年在人民银行引起巨大的震动，因为我的研究结论所指出的当年货币发行偏多为几个月之后爆发的建国之后第一次抢购风潮所印证。另一个项目是保险总公司的《保险业研究》的子课题《保险总准备金的适度规模》，研究结果为保险业发展中的保险总准备金问题提供了数量依据，并发表了论文和出版了专著。

1992年我的家搬到了茶店子街上，在那里我买了第一套商品房。这套商品房的品质是相当不错的，虽然只有90多个平方，但却是很标准的3房2厅，房间很大两个厅也很大，厨房和卫生间也很宽敞。它位于茶店子西街金牛区政府干部的宿舍片区中，是一幢独立的只有四层的小洋房，那个时候的金牛区还没有像现在划成了五个城区，仍然是环围着东城区西城区是成都市郊区。这幢小洋楼本来是为当年的金牛区委八大常委修建的，面积和建设品质都按当年有关规定执行，但房子即将建成的时候，国家的政策有了改变，常委们的居住面积有所增大，所以修建房屋的区统建办就把它拿出来当商品房卖了。

这套房子修建的品质是比较高的，除了一栋小洋楼只有4层之外，虽然不是精装修，但应该也是按照当年的装修习惯简单装修了的。除三间卧室外整套房都是用当年标准比较高的水磨地面，厨房卫生间都是用瓷砖铺设好了的，还配有浴缸。修建标准高当然售价也高，当年一个平方1300元，在同一个区域的其他房子每平方都是900~1000元之间。这套房子住了5年，后来就一直出租，在2015年左右政府出资把它拆了改建成现在很壮观美丽的花园，因为房子的品质较高，我收到的拆迁赔偿款有150多万，而当年购进这套房子仅花了不到13万人民币。

严格的说因为茶店子是金牛区政府的所在地，整个金牛区都是郊区它似乎也应是郊区。只不过那个时候二环路即将建成，茶店子到西城区的距离也很近，因为是区政府所在地所以交通也很方便，住在这里倒是没有什么郊区甚至农村的感觉，与我十多年前住在这里的情况差异是很大的了。当年住在这里也是因为孩子要读初中，这个地方离他们学校比较近，方便他们上学读书。

在茶店子居住的这几年我的工作与生活都很紧张，这个时候我已经辞去了西南财经大学科研处的处级行政职务，"下海"到了市场经济中游弋，目标是实现自己多方面的财务自由。同时两个读初中的双胞胎也是学业上的关键时刻需要付出相当的精力和时间，虽然辞去了西南财经大学处级行政岗位职务，但仍然是西南财经大学的教师需要履行教师的工作职责。这些多方面的状况，都需要付出我的精力和时间，所以这段时间我的工作和生活是比较紧张的，当然同时也是很充实的。

虽然很紧张好像还有点辛苦，但这几年方方面面的收效还是比较大的。两个双胞胎的儿子，在我们的助学之下高中分别考上了成都七中和树德中学，为他们高中毕业后考上北京大学和北京航空航天大学奠定了基础。西南财经大学教师的岗位职责我履行得很好，是完全按照当时学校对教师的基本要求来完成的，这使我进入二十一世纪后全身心在西南财大任教授课做了很好的准备。当然这几年在市场经济中也颇有收获，我没有去追求把公司做得多大，比较实打实的就是挣几个钱实现多方面财务自由，应该说这个目标实现得很好，特别是比较机缘巧合的把当年赚的一点钱放在了比较好的投资理财上，这应该是当年的意外收获。

在两个双胞胎孩子初中毕业分别考上成都七中和树德中学后的1997年初我就再一次搬家了，这一次搬到了石人小区，看起来离中心城区近了一点，因为它在二环路以内，我购买的商品房位置在一环与二环路之间，但是相比之下它比茶店子似乎更像城郊一些。那个时候虽然二环路已经建成，但二环路以内还有很多土地没有开发，我所购买的商品房楼盘直到二环路，都是大片的待开发土地，不少土地农民仍然在上面种蔬菜种庄稼。我买的这套房子是一个跃层，在七跃八的八层上有一个较大的露天晒台，站在上边往外边看就是一大片待开发的土地，在那里住了几年看着这些土地上修起了一栋一栋的商品房，这是一桩我特别感兴趣的事情。

到购买这套房子时，新房都有了装修的概念，买的房叫清水房是必须要装修才能入住的，这也是我第一次装修住房。因为在那里一共买了两套房，都是一百三四十平方，一套在底楼是个家带店，是我的母亲和小保姆在住，另一套七楼的跃层是我们在住。我们住的这套房子连同当初开发商赠送的面积以及开发商特意修建的不在规划内的一间房，就有一百七八十平方了，装修虽然很不错，但人少了住着显得很空荡，它使我们感受到了住大房子的烦恼。但这套房子的位置仍然在城郊的城乡结合部，出门便可以看到周围农民种植的绿悠悠的庄稼和蔬菜，很符合我对居住地的喜爱和偏好，倒也使我感到十分惬意和高兴。

在搬到石人小区居住后，我有了一段相对比较不是特别繁忙的时间，一方面自己生意上的事我在逐渐收缩，而西南财经大学学校的事我还没有全方位全身心的进入。两个儿子上了高中，成都七中和树德中学在学习上的安排很紧，让我们不需要也不可能像他们读初中那样强度较大的安排超前学习。而小女儿尚小，先在家中由小保姆带了两三年，三岁后就去了幼儿园，所以相比较起来比前几年要轻闲多了。加之到这个时间阶段，当年比较多的需要我去帮他们进行财务管理的公司，因为各种各样的原因，有的歇业了有的甚至解体了，留下的公司已不多不需要像前几年那样繁忙，所以这段时间我待在家中的时间还是比较多的。

这段时间中我做了两件看起来比较休闲的事情。一件是步行，主要是为了增加身体活动量加强锻炼，步行的范围还比较宽，有时是从家中出发向城内走，穿过白果林小区到一环路，再顺着一环路或者走到抚琴东路或者走到清江东路再折返回家中。有时是向城外走到二环路，再顺着二环路或者走到抚琴西路或者走到清江中路折返回家中。住在石人小区的那段时间做的另一件事情是个长知识的事，就是在家中七跃八的八楼露天平台上观看近在咫尺的不远处砖混结构房子的修建，正在修建的那个楼盘紧邻着我们这个楼盘，站在八楼的露台上工人们正在修建砖混结构的房子尽收眼底。

现在的建筑中已经不再修这种砖混结构的房子了，现在即便是修六七层的洋房都是框架结构，而当年修的七层以下的商品房都是砖混结构。从修建的程序上来讲，砖混结构的房子质量是要差一些，它的每一层修建大约需要十天左右，有这样一些建筑工序：先是作立柱钢筋框架，也就是在已经盖好的下边那一层上把这一层的立柱钢筋扎起来。然后开始砌砖墙，这些砖墙都砌在已经扎好钢筋立柱之间。砖砌好了之后把每个钢筋立柱和他旁边的部分砖墙用隔板包围好，然后往上面浇筑搅拌好的水泥石头河沙混泥土。混凝土凝固之后拆开隔板，在沿着这一层已经砌好的墙体扎圈梁钢筋，扎好之后也用隔板围好浇灌混凝土。最后圈梁混凝土凝固之后盖上预制好的被称作预制板的这一层的顶，也是上面一层的地面。全部工程分别由钢筋工泥工木工完成，建成一层约十天左右。

在石人小区居住的那套房子有两点感触很深。使人满意和惬意的是那套房子在七跃八的八层上有一个面积大概有三十个平方的露台，休息的时候在露台上泡杯茶，听听音乐看看书还真是一种难得的享受，阳光灿烂的日子坐在露台上，仰望着蔚蓝色的天空沐浴着阳光真是神仙过的日子。另一个感觉就不太好了，房子太大有将近二百个平方，两个儿子读高中时我们五个人住着还觉得可以，1999年两个儿子考起大学后，我们三个人住那么大的一套房子，六七个房间加上两个很大的厅，空荡荡的确实显得比较冷清。

在石人小区居住了六七年后，我在2003年第三次搬家，这一次搬到了西南财经大学光华校区的对面。这个时候我已经收拾好了在商海中的各项生意，全身心的回到了西南财经大学做我喜欢的教学与科研。这次住的房子是一个小高层电梯房，也是在九跃十的十层，也有一个面积更大有将近六十个平方的露天平台，不含这个露天平台的面积有200多一点平方，所以住起来还是显得很空旷，不过那个将近六十个平方的露台十分宽敞，在上面可以进行各种各样的活动。这套房子在装修时我刻意没有把房间弄得的太多，200多个平方装修成了四间房三个厅，所以每一间房子都很宽敞，最大的那个厅面积有将近五十个平方，在里面住着还是比较舒适和满意的。

住在这套房子中对我是最方便的，因为西南财经大学就在街的对面，步行几分钟就过去了，所以除了上课外我们也时不时去光顾学校的食堂，我的车也没有停在自己的楼盘下边，是停在学校停车场里面的，十分宽敞和方便。在这里住了两三年后，西南财经大学在温江的柳林校区建成，从2004年开始新生就在那边行课，四年后也就是2007年全部学生都到了柳林小区。当时不像现在有地铁四号线把光华校区和柳林校区两个校区连在一条地铁线上，是学校的校车往返于两个校区，所以住在这里到温江去上课也很方便。

我在从西南财经大学第一次退休前的十年中所完成的教学科研工作，除了上课要到温江柳林校区去之外，备课呀准备教案呀撰写学术论文和专著呀都是在这个家中完成的，家中有一间我专用的书房供我使用。教学上《概率论及数理统计》是我的专业，轻车熟路只要努力认真的处理好如何深入浅出的向学生讲授课程即可。而另一门课《科学技术史》对我来讲应该是一门新课程，它需要查询的资料很多，准备课程的过程也有一定的难度，好在那个时候外面的事情已经不多，精力和时间完全能够保障准备好这门新课程。

住家在这里最安逸的是游泳了，西南财大的游泳池每年从5月1号就开始了，一直要开到国庆节后的十月底。而过了十月份进入十一月份，学校的冬泳队就接管了游泳池，所谓接管就是只对冬泳队的成员开放了，一直到第二年的四月底。因为我是冬泳会的成员，所以从理论上来讲全年我都可以到学校游泳池游泳，当然冬天最冷的那几个月得根据自己身体状况来决定，我一般是能坚持在学校露天游泳池游泳到每年的11月中旬，过了这个时候水太冷也就只有到较远一点的恒温游泳池去了。西南财经大学的很多体育锻炼设施都对教职员工免费开放，包括体育馆中的羽毛球乒乓球以及网球场的网球，但我这个人从小对体育锻炼就不是很积极，唯一的就是游泳很喜欢，所以住在这里的几年中虽然离学校很近，但能够享用到的也就是游泳。

搬到这个宽敞的家后的那几年，每年的除夕一大家人都是到我家中来吃年夜饭守年夜的，也确实因为房子很大，厅大房间也大还有一个大的露天平台，所以十多个人在这里热闹过年也很舒适。当然年夜饭都采用了自助餐的方法，现炒现煎的菜不多，主要是凉拌菜卤菜和烧炖的菜，全家人在一起热热闹闹也很快活。

搬到这里住家两年后，两个儿子也大学毕业了，分别在成都有了比较满意的工作。有个事情在当然还是很忐忑矛盾的，他们毕业了是先工作还是继续提升学历读研究生，这在当时确实还是一个比较重要和关键的决定和选择。现在回过头来看，当年选择了工作的决定还是很及时和正确的，因为他们毕业那几年各类工作岗位对学历的要求正在发生变化，他们刚毕业时本科生的学历还是很吃香的，加之他们北京大学北京航空航天大学的品牌，让他们找到满意的工作很快的走上了社会实践。但他们工作没有几年之后，随着大学扩大招生特别是硕士研究生扩大招生，研究生多了很多用人单位提高了门槛，硕士研究生找工作的难度也增大了，所以早一点工作把握机会把位置占住还是一个比较明智的选择。

儿子毕业后我也分别给他们购置了各自居住的房子，这也是他们大学毕业工作后各自的第一套房。当然他们刚毕业经验也不足，所以房子的装修还是以我为主来弄的，这个时候我已经经历了好几套房子的装修，房屋装修的经验也比较丰富了，加之时间和精力都比较充沛，所以这个事情做起来还是比较顺手的。

住在这里还有一个比较大的事就是对女儿的小学学习进行了规划和安排，我们准备让她用四年的时间学完小学课程提前两年升入初中。在学习读书上女儿确实很优秀，她在学校要完成学校的课程教育，放学回家后我们就给他安排超前的学习。女儿在小学校中就是优秀学生的典范，老师们都会喜欢她，除了课程学习之外还参加了很多活动，其中绘画尤为突出，小学学校受金沙遗址的邀请绘制一幅大型壁画，就是女儿为主创带领一批同学集体完成的。

按照我们的计划和安排，女儿用四年的时间学完了小学全部课程，这时需要考虑如何让她升入初中。有时候缘分和机会是完全出人意外的，刚搬到这个地方时，闲暇时间我也经常在附近步行逛街，权当是锻炼身体吧。逛的时候发现在附近有一所中学校，占地很大修的也很辉宏，叫"四川师范大学附属实验外国语学校"，校园管理很严轻易不让进去，后来找了个理由进去仔细看了一下，发现这是一所很不错的中学校。那个时候还没有什么感觉，因为儿女儿刚上小学一年级，还没有考虑到那么多，到了这个时候这所学校就成了我要让女儿进去读初中的理想目标。

这确实是一所很不错的学校，它的教育和学习重点是外语，通常一般中学校一周大约只有4~6节英语课，多数学校是4节，而这个学校一周安排有8节英语课，还不包括那些辅助性质的课程比如外教的口语课，仅这一点就很符合我们和女儿的情况与期望了。体制上这是一所民办学校，这一点其实是很重要的，因为小学和初中属于九年制义务教育阶段，从法规和管理的角度，要让女儿从小学四年级就升初中，有一个小学六年的义务教育阶段完成与否问题，招收她读初中的中学自然也要考虑到这一点。公办院校从管理特别是思想解放的方面，显然要想进去读初中难度要大得多，体制内的人所惯有的思维使这件事是几乎是不可能的，而民办学校无论从哪方面讲实现的可能性都大得多。

到了女儿四年级完成的那个暑假，我便开始为女儿上这所学校做准备，暑假开始不久学校就招生了，我便去了这所学校。学校有一个招生接待组对外接待学生家长，确实是缘分和机会，我去的那天上午，接待组办公室没有其他的家长在咨询，接待组所有老师都听取了我对女儿的情况介绍。除了强调女儿通过我们的超前学习安排和辅导已经达到小学毕业水准外，特别强调了女儿的英语基础，同时也顺便介绍了一下我的西南财经大学教授而女儿妈妈是外企高管的家庭背景，当然这里还撒了一个小谎说女儿已经是小学五年级了。

听了我这一番介绍，招生组的老师们都很感兴趣，他们庚即向负责招生的校长做了汇报，最后招生组负责人陪着我去校长办公室与校长做了进一步的沟通和交流。校长对女儿的情况也很感兴趣，特别是对于她有一定的英语基础很是重视，于是决定第二天对女儿进行面试，并且组成了一个以语文、数学和英语老师为主的考核组对我女儿进行测试。第二天的面试进行得很顺利，因为女儿的个子较高，所有的老师都不怀疑她是五年级的学生，通过对语文数学英语的测验，得出的结论是女儿具有小学毕业生的水准，并且有初中二年级的英语水平。学校决定录取我女儿到四川师范大学附属外国语学校读初中，这里边就有个九年制义务教育的学籍问题了，学校承诺由他们负责到青羊区教育局去解决女儿的初中学籍问题，但女儿在石人小学没有完成的义务教育得由我自己去协调。

这样女儿在这所四川师范大学实验外国语学校上了三年初中，女儿的表现也很优秀，跳级两年但也很顺利的跟上了初中课程的学习，各科成绩在班上都名列前茅，特别是英语一直稳居前三。因为年龄比同班同学们小两岁，老师和同学们都很喜欢她，她与大家也相处的十分融洽和友好。我们的住家离这所学校很近，步行不到十分钟就走到了，女儿在这所很漂亮的学校很愉快的学习了三年，完成了初中学业，毕业后考上了树德中学读高中。

女儿高中就读的是树德中学光华校区，于是在女儿上高中后我们又再次搬家。这次的新居是现在的青羊新城中最早开发的楼盘，位置在三环路外，我购买和入住的时候那一片多是待开发的土地，农民还在那上面种着绿悠悠的庄稼。为了购买这个房子我和夫人还上演了一场离婚闹剧，因为当年的限购我们没有了购房资格，我们进行了一次离婚才有了买房的资格，这个过程我在前边的回忆录中有详细的记叙。这套房无论是品质还是性价比都比较满意，这多亏我们当时在售楼部认识的那位售楼小姐小王，在她的帮助下我们选到了这套理想的房子。

这套房子已经住了十多年了，是我所有房子中住的最长的一套，好像还要继续在这里住下去，因为这个片区作为青羊区重点打造的区域，目前看来还是很不错的。除了区域的配套日臻完善外，它的商业和交通都很不错，大型超市中有盒马与鹏瑞利，青羊万达也在区域的边缘上，好几处综合体比如万和与新西城入住的商家特别是餐饮都很不错。交通目前地铁虽然只有 4 号线一条线路，但地铁站就在我们小区旁十分方便。小区配套的公园大大小小有好几个，最大的大公园无论面积景观和绿化都很不错。我们住的这个楼盘一是低层最高的只有 18 层，并且其中有不少是跃层，所以小区的人口密度很低。二是小区楼盘楼栋下没有商业，十分安静适合居住。三是小区的绿化一直都比较好，进入小区就像进入一个小公园一样，这里有这么多的优点看来似乎还要住下去。

因为目前国内的房地产市场已经形成一个很胶灼的局面了，总的社会经济形势也让人没有再另外购置一套房子住的打算，加之如果还要搬一次的话，房子买多大的，小了似乎不像是改善了，加之小房子目前还没有购房资格，但大房子我们又只有两个人好像也用不着。再等等看看吧，看看除成都外有没有更好的居住地方，比如泰国普吉岛，或者是其他气候比较好的地方。

回过头来看住家的这些地方，还是觉得挺有意思的。国人有传统的讲风水的说法，以我的习俗观念和专业背景我是不大相信和讲究风水一说的，但有一点我还是很信服和尊重的，就是大家经常讲的"天时地利人和"，而居家应该是"地利"很重要的一点吧。从小有成就方面来看，上世纪 80 年代大学毕业以后，分配到四川财经学院也就是后来的西南财经大学，就一直居住在学校中。当年的重点是做好教学科研，所以住在学校里面各方面条件都很好，学校的图书馆是我在教学科研上做出一定成绩的依靠。当年不像现在信息很流畅一部手机就可以找到你需要的东西，当年教学科研上要做一些成果出来真还离不开那个图书馆，除了藏书之外更重要的是阅览室中的学术期刊，很多科研信息都是从那里得到的。

住在高等学府中最大的特点就是清静，远离城市安安静静的没有闹市的喧哗与干扰。80 年代的那几年，我完成的文字相当多，除了一些学术论文外，个人写的专著有七八本，应该有 100 多万字。加上当年主编的好几套教材，应该有好大几百万字是需要我编撰的，其中有不少的文字是我撰写。住在学校良好的工作条件是我能完成这些工作的基础，当年不像现在在电脑甚至手机上就可撰写文字，当年是一支笔一张纸一个一个字爬格子才能完成的。

上世纪 90 年代是一个我需要兼顾各方面的时间段，主要精力是下海去挣点钱实现多方面财务自由，但也不愿舍弃体制内的西南财经大学，两个儿子读中学了需要鼓励和支持他们上好的大学。这段时间我正好住在茶店子，那是一个能兼顾到多方面的好地方。首先是下海经商，我和我的朋友们的企业都办在西门金牛区这一片，金牛区的不少政府机关就在茶店子，当年主要要跑的一条线就是从茶店子到蜀都大厦，住在茶店子既有郊区的清静又有交通的便利。

再就是到西南财经大学履行教师的工作职责，茶店子到当时的西南财经大学所在地光华村都是西边这个方向，所以应该是很方便的。至于两个儿子当年选择的十八中距离茶店子也很近。所以你要想兼顾到方方面面吧，就正好有这个地方正中下怀，所以说茶店子这个地方占到了"地利"也不为过，它确实为我方方面面的需要带来了方便。

进入新世纪我全身心的回到西南财经大学重置教鞭，所以搬到了学校街对面的楼盘中居住，到学校去进行各方面的工作，包括生活都是很方便的。即便是后来校区迁徙到了温江柳林，但学校设置的往返班车起始点都在西南财经大学光华校区，所以也特别方便。那段时间我集中在改造装修交大花园的一些房子出租，出租房的所在地离我的居住地也很近，交通的方便为我节省出不少都市人经常要耗费在往返路途中的时间。

更为重要的是也许是偶然但更多的是缘分，居然后来女儿读初中的那所"四川师范大学附属实验外国语学校"就在住家不远，我先是在沿街溜达的时候发现了它，进一步的了解便觉得它很适合我女儿就读。其实很重要的是它的民办学校身份，使我找到了机会突破九年制义务教育让女儿顺利入学，这一点在当时尤为重要。如果没有学校能接纳女儿，所有的努力都得付诸一江春水。所有这些都应该说这一次居住的地方还是占到"地利"了的。

现在住家的地方前七、八年我都在三个民办高校担任院长工作，住家这个地方在三环路外不远，很方便的交通使我到这三个学校都很方便，至今还记得当年一早开着车子听着音乐奔赴学校的情景。有一个比较巧的事情要说一说，当年这些民办高校都很缺有经验的教授学者给予支持，我需要广泛的联络各个公办高等学校的老师，当年双方约谈的最佳地点居然是西南财经大学光华校区的校友之家，那是一个不仅交通方便更是会让人感到温馨适合知识分子沟通交流的好地方。

当然新冠这几年，应该说五城区中青羊区表现是最好的，我们虽然有过几次惊险，但掀起的波涛好像不大，感觉中住家所在地青羊区的干部还是很人性务实的。另外这几年作为青羊区重点打造的新区，它的基础设施和商业配套方方面面都很成熟了，所以待在家中的这几年也感到各方面都很方便，算是为自己二次退休之后的休闲生活找了个好地方吧。可能正是因为这样，我和夫人都没有另外再搬一个新家的打算和安排。

第五章 行有随意

最好的出行方式应该是适合自己的

在住家这一块上说了不少的话，现在来说说"行"吧。行应该有多种方式，走路步行单车骑行开车自驾肯定都在其中，至于公共交通逻辑上好像它不属于自我的"行"的范畴，但回忆录嘛不必那么拘泥，所以也把乘车乘船乘飞机的趣事录于其中。首先说步行，那是儿时我最喜欢的一种活动，说它是活动因为当年的那种步行，已经超越了从一个地方到另一个地方的目的，而更多的是一种探索，一种儿时老弄不明白但又很想把它弄明白的想往。

当年的步行有这么几条主要路径，一条是每天中午从光华街家中到东衙街人民商场去给父亲送午饭，虽说路径并不算太长，经过梨花街染房街两个路口也就到了，但对一个六、七岁的儿提这还是不算短的。再就是从陕西街小学校出发去探索当年金河旁街道的走向以及金河的流向，因为当年金河两边修有很多居家住宅，交通和行走的不便使得想要探索和了解的东西始终未能如愿。当然当年皇城坝的热闹对这种探索也是一种干扰，不少的时间是走着走着就走到皇城坝中去了。

但最令人向往并且一次次行走的路线是从光华街沿当年还有的城墙以及锦江走到四川大学去。使人痴迷的一是当年虽有城墙但并没有路，当然也许是有路但我不知晓，二是锦江距九眼桥和四川大学不远处安顺桥边的二江合流也就是今天的合江亭也一直在儿时心中是个地理上的谜。当年从城中光华街到四川大学去是我每周末必须要进行的，这也给我提供了充沛的时间来探索这些。沿着城墙和河流走就会使得路途更远去，但好奇心和一定想要弄明白的决心使我乐此不疲。

步行给人带来最大的乐趣是可以沿途看到很多社会市井现象，比如在城墙上以及两边可以看到很多农民在耕作蔬菜，在锦江边九眼桥头可以看到纤夫拉船及钓者钓鱼的壮观。当年离东街人民商场不远的上东大街有一家叫三义园的牛肉煎饼店，品质特别好的牛肉煎饼4分钱一个，这个价格在当年吃食中还是比较奢侈的了，但购买它的人络绎不绝需要排队。商家的店面不大，制作烧饼的摊点临街放置，无论是排队购买的人还是像我这样喜欢看人做吃食的人都可以很方便的观看，观看不仅让你全面了解到了牛肉煎饼制作的全过程，更让你在观看和等待的时间中吃瘾大发，急欲想吃到刚出锅的热腾腾香喷喷的牛肉煎饼美味。

儿时的成都市沿街的茶铺很多，除了喝茶之外几乎每个茶铺都有一个讲评书的摊子，所以沿街步行走着走着就在一个茶铺门前驻足了，当然是为了听说书人讲评书，《水浒传》、《封神榜》、《三侠五义》这些历史和小说都是儿时在茶铺中听到的，虽然只听到一些只零片段，但却激发出想要尽快一睹原书的兴趣。

上小学住在川大十四宿舍，到望江楼小学几乎要穿过整个四川大学，每天的步行上下学总有很多乐趣。上学的时候可以看到从宿舍和食堂涌出的大学生人流，背着书包夹着讲义流向各个教学大楼。放学的沿途上又可以看到很多大学生在进行着各种活动，有体育的比如足球篮球排球竞赛，也有艺术的比如唱歌跳舞排练节目，更有在编排黑板报墙报的，展示着大学生们的才华和风采。

我想当年晃荡在四川大学校园中的步行生涯，对于我的早期文化启蒙是有着不可估量的积极作用的。

读初中时本来就近报考的是在川大十四宿舍旁边的成都二十九中，结果入学不到一年就搬家去了三官堂街。这样上学去路程就比较远啰，当然是步行也很有乐趣，去学校多数时候都是涉水渡过锦江，穿过望江公园和四川大学去学校，沿途的公园和学校景色还是不错的。望江公园历来游人就不多，四川大学虽然人很多但面积更大，所以沿途除景色之外路人也不多，我想后来我那种喜欢郊区田园风光与安静和这几年的步行上学应该有一些不解的因缘。

下午从学校放学回家就走的九眼桥顺江路了，除了时间上不急外，当年有不少时候是和班上的同学结伴在九眼桥游玩，这个时候九眼桥已经没有装粪的大船了，但桥头上钓鱼的人和观看钓鱼的人还是很多，仍然可以看到甩白杆钓鱼的激动人心的景象。从九眼桥到三官堂，中间有很长的一段路有两个路径，一是沿河顺着河岸走，另一条是走里边的有着不少商业网点的路，当年闲暇时还是时不时刻意去走里面这条要长一些的路，因为在这条路上可以看到不少包括饭店一类的商店，尽管当时因为处于三年自然灾害时期，商店里经营很冷清，卖的东西也不多。

下午回家的路上，除了从学校到九眼桥有很多同学同路外，从九眼桥到三官堂就经常是我一个人独行了。因为居家在三官堂那一片的人，读初中有一个更近的就在锦江旁的成都十九中，它的另一个名字叫田家炳中学。一人独行虽然孤单，但最大的好处是可以我行我素，想怎样走就怎样走，想怎样看就怎样看，这种无人管束的无拘无束从某个意义上来讲还是很难得的，它有时很能让人体会到自由对一个人的绝对重要性。

到成都七中读高中时，我的家又搬回了成都工学院，住在红瓦寺原来的老四川商校校舍中，不过这个时候它已经成为了成都工学院的教工宿舍。这个位置离成都七中较近，距四川大学十四宿舍以及我的初中母校成都二十九中也很近，这样很自然的我也就成了成都七中的走读生。正是在走读生天天回家的路上，我与高中同班的同学陈大沛成为了后来交往了多年的好友，当年陈大沛家住在四川大学绿阳村，他回家需要穿过成都工学院，这样从成都七中下午放学出来后我们就有相当一段路同行。就是在这段不长的回家路途上，我和陈大沛成为了无话不谈的好友。

其实我们读高中的那三年，政治背景和政治氛围还是很复杂的，从反右开始的一系列运动已经把国人变得谨小慎为了，即便十六七岁的高中学生大家日常交流都很谨慎。至于当年为何我与陈大沛能够敞开心扉无话不谈，用今天大家在微信群中常用的一种说法就是"三观相同"，犹如今天在微信群中即便不见面也可以辨别出来某君能不能成为你可以交谈的朋友一样。我当年与陈大沛就是处于这种情况。从成都七中出来回家同路步行最多有10多20分钟，但就是这不到20分钟的真诚交流，可以使人成为终身的至交。

真正的步行应该是在下乡当了知识青年之后，因为下乡之后动步的距离都不会近，就是在生产队劳动，因为确实生产队都比较大，行走的距离当然也比较长。寂寞的知青生活中赶场是大家的一桩乐事，所以不管距离有多远，大家都是要步行前住的，我下乡的地方都有些奇特，就是他们都处于与邻县的地方。第一次下乡到安县宝林公社时，所在的生产队既是公社的边缘当然也是安县的边缘，它与德阳罗江毗邻，从生产队往返成都是坐火车在宝成线上的罗江车站上下车，要步行二十多里才是生产队。第二次下乡的蒲江县大塘公社，所在的生产队实际上是一个三县交界的地方，也就是蒲江邛崃宝兴三县的交界，生产队的这种位置使得我赶场的地方除了自己所在的公社场镇，还有其他县城的场镇。

在蒲江县大塘公社下乡时，除了去大塘镇赶场外，去的比较多的是邛崃县平乐镇，大塘镇和平乐镇是我们生产队那一片区域比较繁华的大场镇。大塘镇在成都至西昌的国道上，往来车辆和人员都很多，它的川菜很有名，味道正宗并且便宜，很多过往车辆都会选择在这里吃午饭。当年我与公社书记的那种友谊让我几乎每周都要去大唐镇一次，除了与郑书记聊天摆龙门阵外，到街上川菜馆吃一份小炒也是让人很期望的事。平乐镇是历史上有名的古镇，在县城的场镇中它算是比较大的，从我所在的生产队去平乐镇赶场要走 20 多里的丘陵小路，我基本上是每半个月就要去一次，主要是去领略一下大场镇那种人来人往的繁华。

从蒲江县招工回城工作后，交通工具发生了变化，由步行变成了骑自行车，除了上世纪 70 年代起自行车已经逐步进入寻常家庭外，我工作的地方和环境也让我必须以自行车代步。我最初是分配在石羊场供销社，去上班肯定是要骑自行车才行，所以家中的那辆自行车很自然的就专属我用了。后来到了金牛区商业局，我便有了享受"公车"的待遇，此"公车"非现在的彼"公车"，现在的公车都讲的是单位上的公用汽车，而那个年代所说的公车就是由单位为你配备一辆自行车由你专用，在那个年代自行车还是属于贵重交通工具，公车不是多数的人都能享受的，一般说来应该是机关单位的人才有这种待遇。

这种公车其实很有风味，说起来是单位上为你配备的，但它其实是一辆没有牌子的拼凑车。什么意思呢？按照当年的财经政策规定，像自行车这样比较贵重的交通工具，当时还是列入固定资产范畴的，一个单位如果要购买，需要按照规定向上级打报告得到批准才能购买，而在一般情况下得到这种批准几乎是没有多大可能。上有政策下有对策，在财经政策规定中自行车整车不能随意购买，但用于维修的零部件在购买上是不受限制的，所以单位上可以把一辆自行车所有的零部件一件一件的购买，然后自己把它组装成为一辆自行车，所以这是一个没有牌子的拼凑车。

说起来真的很可笑，当年我管着金牛区所有的永久凤凰高档自行车，但自己却骑着一辆拼凑车四处奔波，在今天一定会被当作廉洁的典型，而当年的实际情况是要骑这种高档自行车得自己花钱买，而配备给我的拼凑车是单位花钱的。虽然是一个拼凑车但质量确实特别的好，因为买的各种零部件都是质量上乘的，这辆车子我骑了大约有五年，跑遍了当年环绕东城区西城区的金牛区的二十个人民公社所在的场镇，直到1978年我考入成都工学院读大学才按照有关规定把车子退回了金牛区商业局。

大学四年天天都要往返于学校和三官堂的家中，骑着自行车距离就不算太远了，但因为当年经济比较紧张，代着两个双胞胎儿子早上起来要张罗的事情不少，得把他们洗漱完毕吃了早饭之后让白天带他们的退休老人带走，这时我得匆匆忙忙的算着时间赶到学校上课，所以距离虽不远但骑着自行车像奔命一般。大学四年基本上就是这样骑着自行车，从家中到学校再由学校返回家中来去匆匆的。尽管那个时候每天都要经过九眼桥头，九眼桥头的钓鱼人一如既往络绎不绝，但我却不可能像儿时那样驻足观览了。

就这样骑着骑着自行车，大学四年也就一天天的过来了，两个双胞胎儿子也由婴儿一天天长大了。在自行车的伴随下我完成了学业。毕业后仍然骑着那辆自行车，带着两个双胞胎儿子到了四川财经学院，开始了我在高等学府任教的几十年工作生涯，那辆自行车也成为了大学毕业参加工作后好几年中，我从处于郊区的四川财经学院往返于城区的主要代步工具，包括当年到城区给省商业厅省供销社系统的青年干部上课。

到了80年代后几年，一种用蓄电池作为能源的电动自行车车逐步进入寻常百姓。刚开始的这种电动车它的蓄电池还不是固态的，用固态的蓄电池作动力好像成本高了一点，为了降低成本是一种液态的蓄电池，这使得车身较重。电动车虽然在逐步进入寻常百姓家，但也不像现在这样普及，还是要经济状况好一点的才去考虑购买这种电动自行车，那个时候我的经济状况相对已经很不错了，于是也购买了一辆这种电动车代步。

这种电动车有一个比较大的问题就是充电，因为车身比较重，车就只能停在楼下，停车的地方没有电源可充电，于是只好从楼上家中拖了一根长长的电线去给电动车充电。虽有这种充电的麻烦，但骑电瓶车显然比骑自行车方便，主要是它跑得快省力，当年骑着它也跑了不少地方，给工作和生活的帮助和支持都很大。不过这辆电瓶车没有骑多久，因为后来我开始给一些民营企业作顾问，企业是有车来接送的，我给企业讲其实我骑电瓶车往来很方便，但老板说这不是我的问题是企业形象的问题，所以我也只好抛弃电动车享受企业车接车送的待遇。

因为到了企业，自己驾驶车辆成为一种需要和可能，我大概上世纪90年代初便加入了自己开车的行列。有了这个想法之后，首先是要学会开车，兄弟是省糖酒公司的老驾驶员，他开了一辆丰田面包车到西南财大来教我。讲解完毕要领开始启动驾驶，才发现如兄弟所说学开汽车确实比学骑自行车容易，因为它有四个轮子停在地面上不会倒，只是把握住足加油的轻重与手握住方向盘不要乱动即可。当然话虽这样说，其实手足并用控制起来还是不太好掌握的，仅仅学会在西南财大没有人的大操场上开动不难，但真要驾驶汽车一看到前面有人或其他障碍物就特别紧张，不敢轰油前行了，但不管怎样说理论上是会开车了。

真正让我敢于在道路上行驶的是我下边一个公司的驾驶员小胡，这个小胡其实还是个娃娃，就十八九岁的样子，也正是因为这个年龄他对我完全没有设防，他才不管你什么许老师董事长总经理，上车就坐在我旁边副驾驶一本正经的指挥。应该说开车最重要的一句话是他教给我的，他说：你自己走在自己的道上，不要去变道也不要管其他人，才学开车也不要去超车，开得慢后边的汽车驾驶员按喇叭你也不要管他，别人要超车等他超。我们是花了一天的时间，由他选择各种不同路况的道路让我实践，记得当时是主要在温江和郫县的温郫公路来来回回的开了不少时间。

这样算是会开车了，当然得有一个车练手，一个企业给我送来了一辆拉达轿车，我就开始开着它上路了。当然有一个驾驶执照的问题，上世纪90年代初这方面的管理还不健全，当然那个时候在成都市驾驶执照的管理已经很规范了，要取得驾驶执照必须要去驾校学习主要是必须经过严格的考试。好在专县上管理还不严，知道我会开车后很快就有公司为我在甘孜州康定县办了一个驾驶执照，我就拿着这个驾驶执照开着拉达车开始了我的自驾车生涯。但是这个驾驶执照一年后搞忘了去年检，由于当年的康定交通还不方便，于是又有其他公司在德阳市为我和夫人各办了一个驾驶执照，当然没有去学习也没有去参加考试，这应该是当年下海附带的益处吧。

自己开车上路没有几天，就出了第一桩我负全责的行车事故。那是排在一环路西三环上等西门车站的红绿灯，我这种没有经过规范学习的在驾驶上肯定有很多不符合规定的坏习惯，等红绿灯我就把脚踩在刹车上，这对于经验丰富的驾驶员当然是没有什么危险的。但我这种刚上路的菜鸟，等着等着不知道怎么搞的踩刹车的脚松了一下，车一下子就冲出去撞在前面车的车尾上了，前边是一个长安小货车车，它倒没伤到多少就是把尾灯给它撞坏了，我这边把整个引擎盖都撞来卷起了。好在车还能开，马上给长安小货车赔礼道歉，并且赔偿了撞坏的尾灯款后，也就继续各走各的路了。正好离西门车站不远有一个我管着的汽修厂，就直接把撞坏的拉达车开到厂里面去修理了。

吃一堑长一智，出了这个事故之后，我后来开车的30多年中，停在道上等红绿灯时，我从来都离前车距离较远，即便后来开的是自动挡车，理论上来讲是不容易出那种手动挡的行车事故的，但毕竟那是自己刚上路的时候的第一次交通事故，所以一直铭刻在心养成了离前车远一点的习惯。当然有了这个事故的教训，几十年来我开车都比较慢，应该说开车的胆子还是比较小，驾驶还是比较谨慎，所以后来虽然也出了一些交通事故，都是些车辆的相互擦挂，但主要的责任都不在我。

我开这辆拉达车的时候是1990年，那个时候的进口车还都是前苏联的，除了拉达这个品牌之外，还有个波罗尔兹品牌，而这一年正好是进口车发生大变化的时候。进入上世纪 90 年代之后日系进口车开始进军中国市场，主要的品牌是本田，而原来占据市场的拉达和波罗尔兹等前苏联的进口车，随着苏联的解体逐步退出了中国市场。这辆拉达车我开了几个月，我服务的几个企业老板都说许老师你都开了几个月车了，技术应该比较熟练了可以换个新车了。当时重庆的长安厂上市的新车是长安面包，我觉得这个车比较适合我，各位老板说我的技术可以了那是吹捧我，因为我给他们提供的服务物有所值所以作为回报都争着想给我换一辆新车，我自己有几碗水自己是知道的，长安面包当时价值 5 万，我觉得这个价位的车既是新的但价位也不高适合我进一步提升驾驶技术。

于是几家企业都争着为我提供了一辆长安面包车，我在前面的回忆录中曾经说到过这个事，都说要给我配一个车，我如果拒绝了一些企业，他们会产生一些误会，主要是担心我为他们提供的服务是否有他们认为足够的含金量，所以汽车虽然实际上只买了一辆，但几个企业都提供了购车的资金，都认为许老师现在开的这个车是他们提供的，这样于大家都好，因为大家也就都很放心了。这个长安面包车我开得有一年左右，这个时候进口的日系车在成都市逐渐多了起来，来源是两条渠道，一条是外商独资企业或者中外合资企业按当时政策配备的免税进口车，另一条就是从海南广东那边走私过来的走私车。于是在 1990 年底左右，我换了一辆从广东那边走私过来的本田 2.0 原装进口车，因为也是往来的企业朋友弄过来的，价格还比较合适，大概就是二十二、三万。

这个原装 2.0 的本田进口车是手动挡的，开着它对进一步提升我的驾驶技术是有所帮助的，这辆车我开了将近两年，毕竟是原装的进口车感觉很不错。这个时候日本的本田车几乎占据了成都的市场，当年各个企业老板们的标配都是本田轿车，市场上日系车的供给也比较多了。大约是 1994 年吧当年三台县一位私营丝厂的老板，与我有比较密切的业务关系，交往中他看中了我开的那辆车，希望我能转让给他，当然一个本田原装车在当年的三台县还是比较风光的，于是我把这辆车转让给了他，还赚了几万块钱，用卖车的将近 30 万，又添了 10 多万买了一辆原装进口的本田雅阁的 2.2 车。

这个本田雅阁的原装车的是自动挡的，开起来当然很省心也很舒服，公司的驾驶员开了这个车后告诉我，他觉得这辆车的性能特别好。其实在这辆本田雅阁 2.2 原装车购买之前，我所举办的中外合资企业得到了外经委一个原装车的配额，这个时候给外资企业配备免税进口车已进入末班车阶段，因为与外经委的关系特别好，他们赶在末班车的时候给我分配了一个免税车配额。指标手续全部办好之后，车需要到广州去提，于是花了 6000 元人民币请了一位专职的驾驶员去广州把车提了回来。这次我购买的是一辆丰田大霸王，是一种商务车，当年那个时候日本的丰田三菱原装车都逐渐进入了成都的市场，而这种丰田大霸王是比较受到青睐的，因为它车身较大，人在车上坐着很宽敞舒服。不过这辆丰田大霸王我没有开多久，除了是后来又买了本田 2.2 雅阁车外，有一位很要好的朋友很想买这个本田大霸王车，于是我把这个车转让给了他。

这辆本田雅阁 2.2 的日本进口原装车我前前后后一共开了十多年，确实如公司驾驶员所讲车的性能很好，开起来确实很舒服，自动挡确实比手动挡方便，但开了几年之后再去开手动挡的车就没得那么麻利了。在开这辆车的同时，从 1999 年初到 2001 年中，有两年多的时间中我同时又开了一辆丰田大霸王的车，这辆丰田大霸王是我们当时所兼并的成都市装潢印刷厂的，这个厂当年也办了一个与港商合资的中外合资企业，这辆车就是这个合资厂的配额买的免税车。这两年时间中我多数时候开的就是这辆丰田大霸王，因为丰田大霸王开起来确实很舒服座的人也很舒服。

几年前我自己的合资企业也曾经得到配额买过一辆免税的丰田大霸王车，但那是辆新车我又刚学会开车不久，所以车在我这里虽然有几个月但开的很少，现在开这辆丰田大霸王就有点随心所欲了。开起来确实方便舒服，自动挡不说，手刹就在方向盘旁车的底盘也较高。最主要的是车身比较宽大，车厢显得很宽敞，开这辆车时我的小女儿正好三岁左右，坐这辆车她特别快乐，因为可以在车厢内跑来跑去十分自由。这也许是我所开的车身最大的车了，当然因为开了两年左右的这辆车，我的驾驶技术应该也提高了不少。

后来结束了市场经济中的所有活动回到西南财经大学，用车和开车的时间都少了，我也一直开着我那辆原装本田 2.2 雅阁车，其实当初买这个车主要还是为了做生意摆场面扎场子，现在退出商海了必要性就不大了，不过作为西南财经大学的教授开着这辆车还是挺配的。这辆车一直开到 2008 年有十五、六年了，要到了一年进行两次年检的时候了，最后我以 47,000 的价格把它出卖了，买车用车肯定是要亏损的，当初买成 40 多万只回收了 10% 多一点。

卖了那辆开了 10 多年的日本本田雅阁 2.2 的原装车后，有一年左右的时间我也没有买车，到了 2009 年买了现在开的日产尼桑天籁 2.5 轿车，这个车是六缸的排量 2.5，但价格比当年并驾齐驱的丰田本田日系四缸车没有高多少，这个车日产尼桑也仅仅在 2009 年出了唯一的一批被称作至尊版。买这个车的时候，我已经到四川天一学院工作，不是去当院长就是去上上课而已，学校在天回镇植物园旁，虽然买了车但也不敢开车去，因为当年川陕路三环到绕城正进行大改造，自己开车去要迟到躭过上课，坐学校的班车去反而很舒服很方便，所买的这个日产尼桑天籁车开的也很少。

后来川陕路修好了，这个车就派出用场了，特别有些时候学生的课排在晚上上课，当然也就自己开着车去学校上课了。到了 2012 年刚收购了四川天一学院的希望教育集团聘请我作院长，董事长汪辉武先生十分礼贤下士，我告诉他我自己有车代步，但他一定买一辆更高档的车让我开，强调这是对院长教授的尊重，结果由他给我买了一辆奥迪 A6，我在天一学院作院长的那三年中就一直开他给我配备的这辆院长专车。这辆车从性能上来讲是我开的所有车中最好的，当年工作上需要跑金堂绵竹和龙泉驿三个校区，应该说这辆高性能的车也发挥了不少作用。

汽车我也驾驶了30多年了，各种各样的车也开了不少，但从兴趣上来讲我对开车兴趣不大，至少没有那种有些朋友喜欢甚至热衷于开车的感觉。现在退休了多数时候都在家中，用车的时候就很少了，加之成都公共交通特别是地铁很方便，外出特别是到城区去的时候，都是坐公共交通去，很少开车。现在开的这辆尼桑车已经跑了有15年了，里程才跑了不到9万公里，所以现在这辆跑了15年的日产尼桑至尊版的2.5天籁车性能仍然很好。

记了很多步行、骑自行车、骑电瓶车和开汽车的故事，再来说说乘坐公共交通车吧，我乘坐过的公共交通有汽车、火车、轮船、飞机和地铁。先从地铁说起，成都的地铁是很不错的，用四通八达来形容也不为过，三环城区内应该说想到什么地方都可以找得到地铁乘坐，最多配合着坐一点公交。远一点的延伸，北到新都南到双流西到郫县东到龙泉驿以及简阳天府国际机场都有地铁到达，可以说是十分方便的了，这也是我近年来基本上不开车的重要原因。

成都地铁当然乃至全国地铁建设上都很高大尚，欧美国家那些老旧的地铁根本不能与之相比。不过据说地铁一直在亏损，这确实也难免，建设得这么高大尚，资金多数都是从银行借贷来的，借款利息应该是最大的一笔费用。另外地铁的各类人员都比较多，特别是很重视很强调的安保检查，一个地铁站没有20个人倒班做安全检查是不行的，人头费的开支肯定也是一笔比较大的费用。这和欧美地铁站相比差异很大，欧美地铁站工作人员很少，也没有什么安保检查。关于这个进站的安全保卫检查，感觉到似乎对象不是很明确，也就是说这个安保检查主要是为了防范什么东西，给地铁设施带来安全的坏人，还是给地铁乘客带来安全隐患的人，也许是两者兼而有之。

不过乘坐地铁确实是最好的公共交通工具，坐上去感觉到很舒服悠闲，因为是定时定点发车，所以只要自己计划好时间，绝对不会耽误事情，没有自驾车那种堵车或者找不到地方停车的困惑，上车就只管休息或者看手机，到站下车去办事就行了。至于乘坐公交车，除了耗费的时间较长外，它也受到道路交通状况的影响，所以乘坐它去办事，要把时间计划上多留一些。当然公交车的优点是现在一般它都不拥挤，对我们这种老年人上车后一般都有位子可坐，这是乘坐地铁不能相比的。

坐火车的历史是让人难以遗忘的。第一次坐火车应该是儿时七、八岁吧，那是父亲他们棉布店工会组织的一次到新都郊游的活动，我跟着父亲去了，那次去新都坐的是火车，在当时唯一的成都火车北站上车，经过天回镇就到了新都。虽然只有两站，加上在天回镇车站停的时间较久，在火车上也呆了大约有20多分钟，这20多分钟里我始终处于一种兴奋之中，火车开动时看着窗外的树呀房呀快速的往后退，不明事理的我感到十分惊讶。因为选择郊游的时间是8月中秋后左右，新都桂湖公园中的满园桂花香气袭人，这种美好的感受让我对第一次乘坐火车在相当长的时间中都难以忘怀。

再坐火车是在 1958 到 1960 年，那时我的父亲因为犯了右倾思想的错误被下放到青白江新建的成都钢铁厂工作，有段时间我的兄弟也跟随着父亲在青白江成都钢铁厂，这使得我要去看他们时也需要乘坐火车，因为成都钢铁厂就建在铁道线边，所以坐火车比较方便。青白江火车站在新都车站下边，距成都三个车站，一趟车大概半个多小时就到了，往来还是比较方便，那也是我独自乘坐火车的开始，这对于一个只有十岁多一点的孩子来讲也应该算是一段经历吧。

乘坐火车距离较远的是已经是进入文化大革命的 1966 年，那一年的 9 月 13 号，我登上了当时的成都电讯工程学院奔赴北京的专列，与满车的成都电讯工程学院到北京串联的大学生一起，在经过两天一夜的快车后到达北京。在火车上感悟最深的是大学生哥哥姐姐们对我们几个中学生的关爱，尽管他们也比我们大不了多少，但一路上方方面面的关心让我们体悟到了人间温情。

乘坐火车最乱的是在 1966 年下半年的大串联中，说它乱首先是火车的行进就乱，因为进行大串联的学生太多，人多车少车满为患使火车在每个车站的停留都要耗费不少时间，这就彻底打乱了火车的运行计划，火车经常是走走停停缓慢行驶。再就是车上也很乱，人太多车厢严重超员，座位下边的地上头上的放行李的架上都躺着人，这种事情只有当年天不怕地不怕的红卫兵才做得出来。我们一行几个同学先是由成都到北京，然后从北京南下在经过南京后到了上海，从上海到杭州呆了几天后再一路南下到了广州，最后由广州经过柳州到贵阳，在贵阳车站停留了稍长时间后到了重庆，最后由重庆回到成都，算是走了大半个南中国了。

扒火车的经历是在下乡当了知识青年后，当年第一次下乡在安县，那时安县并不通火车，但我所在的生产队距德阳罗江很近，所以从生产队往返成都家中都是坐火车。那个时候知识青年是没有多余的钱买车票乘坐火车的，但那时火车的管理也逐渐规范，不可像当年的红卫兵那样威风凛凛的免费，这样扒乘货车便成为我们乘免费火车的常有的勾当，从某个意义上来讲爬车还是很有乐趣的。

大学毕业到四川财经学院任教后，第一次乘坐火车是 1983 年到北京，当年到北京需要两天一夜，在火车上邂逅了经济系校友杨老师。那些年正是西方各个流派的经济学说涌入国内的时候，杨老师在这方面的研究中显然很有体会，他乡遇校友他把火车卧铺作为课堂向我普及了凯恩斯主义及其它一些西方经济学学派，让我受益匪浅。当年在西南财经大学做教学科研，出差的时候很多，基于后边要谈到的一个原因我出差基本上都坐的是火车，先后到过西安烟台青岛上海杭州大连广州多地，北京更是去了多次，长途乘坐火车成了家常便饭。

那些年乘坐的火车现在我们叫它绿皮火车，即便是特快，同现在的高铁动车相比还是慢得多，即便到西安也需要将近 20 个小时，现在的动车和高铁真的是很方便了，但我现在需要外出也不多了。回想起来，在火车上一呆少则也是一天一夜以上，好在当年人年轻，也不觉得特别的怎样，但如果当年也有高铁动车就好了，这样出一次差，至少可以免去来回长时间坐火车的疲惫。不过绿皮火车有一个动车和高铁没有的优点，就是它可以在行车的时候悠闲的观看窗外景色，特别是乘坐慢车，我在几次欧洲旅游中，就乘坐了好几次这种慢车，旅游嘛本身就很悠闲，慢慢的走着慢慢的观看景色也是别有风味。

公共交通中轮船只坐过一次，上世纪 80 年代到大连出差，返程的时候是乘坐的从大连到烟台的海轮，当时是带着儿子许鲲一起去的。大连到烟台也就是穿过渤海湾，距离应该不是太远但居然行驶了一天一夜，给人感觉还是太慢，不知道其他的轮船是不是这样。因为行驶在海洋上，空荡荡的几乎没有什么参照物，它的行驶速度好像也感觉不出来，最大的感受就是随便一起眼，看见的就是一望无涯的海洋，对没有见过海洋的人一开始还是十分好奇和有趣，时间稍长一点也就觉得没有什么多大意思了。关于坐船旅游现在有一种心思是想坐一次邮轮，比如从广州深圳香港出海到上海青岛乃自东京。

最后说到坐飞机了。先自我坦白一下我其实是有比较严重的恐飞情绪，对乘坐航班有一种天生的抗拒。第一次乘坐飞机是 1983 年从成都到广州出差，当年航班还主要是苏联的伊尔 18，那次出差就是坐的它。第一次坐飞机除了有点躁动不安外到还没有什么特殊的感觉，上世纪 80 年代也有乘飞机到北京出差的记录。但后来不知怎么的，逐渐对乘坐飞机产生了一些排斥感，就是不大愿意坐飞机了，当年经常有出差，本来是可以坐飞机的，但我却经常刻意的选择坐火车，原因也很简单，就是从骨子里边不大愿意坐飞机。

进入 90 年代这种对飞机的排斥感别显得更为明确了，有几个事情可以说明这一点。一是当年我工作的公司环境中，有一件比较重要的工作是需要我到海南海口去处理一下，就是因为不愿意坐飞机，最后是让海口那边的工作人员把相关资料带到成都，由我在成都处理的，其实当年海南岛是新开放的区域，想去的人还是不少的。再就是我的生意环境中，杭州应该是一个很重要的需要去的地方，但在几年的生意中，我居然因为不大愿意坐飞机而一次都没有去过。更有意思的是上世纪 90 年代，所谓的新马泰旅游很风靡，我所服务的很多公司都曾经向我表示过请我去游一趟，但我居然因为对坐飞机有排斥而婉言拒绝了。

虽说对坐飞机有排斥，但有时候也不得不座，比如去美国去欧洲甚至去泰国普吉岛清迈，这种境外旅游是肯定只有坐飞机的，当然坐多了排斥感也不起作用了，但说实在话对到欧美那种较长间的飞行，心里边还是很忐忑的。都说人性是有弱点的，不同的人弱点不同，可能怕坐飞机是我这个人的一种人性弱点吧。当然虽说是心中有排斥，但该坐还是要坐的，比如今年就计划要到日本一次泰国一次澳大利亚一次还想去台湾一次，想去的欲望一定是强过那种对坐飞机的排斥情绪的。

第十七篇

赤橙黄绿青蓝紫

我生活中的繁琐小事

前边用了相当的篇幅来叙述我的衣食住行，现在该说点其他的一些琐事了。上边那个篇章开初把副标题取为我的衣食住行"琐事"，一位校友曾调侃地给我说：衣食住行不是琐事呵，这句话讲得很对，衣食住行是人生的主要事项绝非琐事。这个副标题加了引号的所谓"锁事"，其实是想在这个篇章中还记叙一些我这几十年人生中其他一些比较琐碎的事情，比如下边要写到的关于我读书学习的思维方法，它其实也不是琐事，只是内容比较零碎，所以把它归在这一个篇章之中。现在有校友调侃"衣食住行不是琐事"，加之后边要记到的这类琐事可能内容还会比较多，于是我干脆把这类琐事独立一个篇章，命名为"赤橙黄绿青蓝紫——我生活中的繁琐小事"予以记叙，这算是撰写过程中与校友的一个互动产生的变化吧。

第一章 书的缘分

书中自有黄金屋　书中自有颜如玉

从读书学习的角度来讲，我确实是一个优秀学生，小学过得很恍惚也很不错就不多说了。在成都二十九中读初中，因为当年正处在饭都不太吃得饱的困难年代，同学中认真努力读书的本身就不是很多，所以说我在初中的学业应该是出类拔萃了，我应该是以很优秀的成绩参加中考进入成都七中的。在成都七中这个自由氛围很浓厚的学校中，因为有很优秀的良师益友的教诲和鼓励，我的学业一直是很优秀的，众望所瞩的被大家认为会在1966年的高考中考入清华北大北航中的一所。当然30多岁才有机会读上大学，对这种机会的珍惜使我学习十分努力，即便有当时带着两个双胞胎孩子的压力和经济上的窘迫，我的大学各科学业是学得十分优秀的，为我后来在西南财经大学的教学科研奠定下良好的基础。

但是从学习方法来讲，用今天的话来讲我确实有点"另类"，可以说是极不规范极没有章法，用四个字来形容那就是随心所欲，用另外四个字天马行空来形容也不为过，用一种贬义的说法就是走到哪里黑就在哪里歇。从基础教育到高等教育各科学业的成绩优秀，更多的是来源于自己那种有点漫不经心的悟性，当然也要感谢当年我的先生们对我那种因材施教的教诲方法，比如初中的班主任赵泽书老师，高中的数学谢晋超先生藏葆华老师和语文白敦仁先生，大学中的康世焜先生王荫清先生。与我高中时候的同班同学张昭特别优秀的学习方法相比，我在学习方法上的所作所为就简直不堪一提，好在我的悟性还能让我在学业上与她比肩，但我自己是清楚明白的，在很多知识点的严谨和细化上，我和张昭同学的差距其实是很大的。

我的学习方法中一个最大的陋习是随时都是按照自己的喜好和即时兴趣行事，这种对喜好和兴趣之外的事不管不顾也让我会很快的进入角色，这也许是我这种陋习最大的优点吧。习惯上不管是在学校课堂上还是在家中，只要脑海中产生了一个问题，我便会不舍不弃的深究下去，直到让那个问题得到我自我比较满意的解决。在大学一年级学习立体解析几何时，有一天课程要结束的时候任课教师卢先生布置了一道习题，布置的时候随口说了一句这个题目比较难，同学们如果觉得有难度也不一定非要完成它。当天回到家中后卢先生这句话一直使我挂怀，我居然花了大半夜时间去钻研这个题目，一口气弄出七八种解法才心满意足地入睡。

读书的时候有一种习惯说不上是优点还是缺点，那就是我不喜欢记忆而喜欢推理。对这个说不上是优点还是缺点的习惯，我经常自我调侃的说是自己的记性不好，这种说法其实还是有点站不住脚的。当年在成都七中时语文白敦仁先生曾要求我们背诵类似于鲁迅先生的《纪念刘和珍君》这样的大块头文章，我其实也很好的完成了背诵，所以不能说是记性不好就不想去记东西。但不知道怎的在习惯上用就是不愿意去记忆东西。比较典型的是对数学公式和数字的记忆，简单的像30度45度60度这几个特殊角的三角函数值，我从没有刻意的去记忆过，都是每当要用时或者在纸上画出一个特殊角三角形，甚至在脑海中浮现出这样一个三角图形，然后去即时推断他们的三角函数值是多少。稍复杂一点的例如三角诱导公式倍角半角公式乃至和差化积积化和差公式，我都没有去强行记忆过，至少没有刻意的准确记忆过，也就是说我在使用的时候都要去推导一下，记忆中的仅仅是一个印象是个参考。为什么会这样呢？是因为我在观念深处认为一个人的大脑不可能存储那么多东西，有些东西不需要去记忆而能够通过推理推导得到，那就不要强行把它存储在大脑中了。

在读书学习时我还有一个很奇特的怪习惯，那就是喜欢在比较喧哗的环境中看书或者是做习题，比较典型的就是喜欢听着当年比较普遍的收音机广播边听边做功课，而这种听不是一种音乐或者歌曲，更多的就是广播内容。这个怪习惯说好听点叫"闹中取静"，说夸张点叫"一心两用"，这些褒义的说法是不能抹杀这个习惯的怪癖的，这个怪癖的习惯当年是如何养成的现在也理不出头绪了，只是记忆中自从家中购置了一台电子管收音机后，我就是一边听收音机一边完成功课了。

这种学习习惯上的凌乱和不规范在有些特定的情况下还是能表现出他的优点，那就是可以让我锲而不舍的把一个问题钻研的比较深透。记得当年在成都科技大学大四快要毕业时，系主任王荫清教授把我引进了模糊数学之门，等我拿着王荫清先生给我的模糊数学的资料时立刻就着了迷，是连续的用了将近一个多星期的时间认真攻读，很快便进入了角色。模糊数学的基础是模糊集合，与所有的传统数学都建立在普通集合基础上一样，所有的模糊数学都建立在模糊集合之上，也就是说传统数学的所有分枝，都可以在模糊集合的基础上拓展出相对应的模糊数学分支。进入了角色的我就是凭着习惯所养成的那种韧性，很深入的进入了模糊数学各个领域，这对于我毕业分配到四川财经学院也就是后来西南财经大学在教学科研上做出相应成绩是至关重要的。

作为一个高级知识分子应该和"书"有不解之缘，也来说说与它有关的一些琐碎之事。说到"书"，它应该有几层意思，首先是阅读书，再就是撰写书，最后是收藏书。阅读书籍是我从小的爱好，这与有一些文化的父亲带给我的方方面面有关。但幼年的时候能找到的书很少，印象很深刻的是两本书反复读了多次，一本是长篇小说《保卫延安》，是作家杜鹏程撰写的，反复读了多次的这本书让我对当年也就是我出生那一年国共两党在延安的战斗印象和记忆特别深刻。另一本是有很多开国的将军所写的文章和编成集的，书名叫《红旗飘飘》，这本书记叙了很多将军们在抗日战争和解放战争中的战斗生涯，是将军们的回忆录合集。当年阅读这两本书主要是在周末，父亲会把我带到免费的位于提督街的工人文化宫，他看报纸我读书静静的度过祥和的周末。

11岁的时候转学来到了望江校小学，当我看到那些川大工学院的教授家庭同学家中有那么多书时，是既惊讶又羡慕，特别是那些同学家中都为他们订得有适合小学生读的杂志，这让我增添了很多知识，当然同学们也借阅给我看，让我领略了知识的浩瀚海洋。

进入初中之后开始读小说，首先是四大名著《西游记》《封神榜》《水浒》和《红楼梦》，四大名著中《西游记》和《水浒》是读得比较入迷的，现在回过头来看是因为这两本书的故事情节比较紧凑和连贯，至于《封神榜》与《红楼梦》虽然也是有故事情节的小说，但好像对我来说可读性差了一点，特别是《红楼梦》中故事情节是家族中的事，好像也不是很紧凑和精彩，对少年的我吸引力不是很强，基本上是草草的浏览了一下。除了这四大名著之外，还读了《醒事恒言》《二十年目睹之怪现状》和《聊斋》，那本《二十年目睹之怪现状》可能因为写的是社会现象吧，读起来很让人印象深刻。

上了成都七中之后，应该是因为功课的原因，读的书内容窄一些了，但好像也读得更精一些了，那段时间读的比较多的是鲁迅先生和毛大爷的文章。说到在成都七中上高中的阅读要忆及一下给我们上了三年语文课的白敦仁先生，现在回想起当年白先生的语文教学，我觉得好像重点就是阅读和写作，似乎白先生很少跟我们讲到中文的语法。他首先很强调阅读，除了鼓励我们尽可能多的去读各类文章之外，更强调和要求我们背诵所阅读的文章，不仅是短小精干的好文章让我们去背诵，就是有些精彩的长文章比如鲁迅先生的《纪念刘和珍君》、毛大爷的《别了，司徒雷登》以及《师说》、《岳阳楼记》这些比较长的古文，他都要求我们背诵。

白先生教学中也很强调写作，他很鼓励我们在完成他的命题作文的时候要放开思路敞开思想来写，不要被命题所局限，到了后来高二高三他甚至让我们自己命题作文。我当年对完成这些阅读和写作是很投入的，当年我在谢晋超先生的引导与教诲下对数学情有独钟，对所喜好的数学投入了很多精力和时间，但同样在白敦仁先生教育与指引下对阅读和写作也投入了很多情力时间，虽然说不上是喜好中文。近几年我撰写了七八十万字的回忆录，有同学谬赞我的文笔好文字可读性强，文笔好不好是仁者见仁智者见智的事，但能写出这么多文字应该是当年在成都七中读高中时先生们所给的功底。

高中那三年所阅读的书主要是鲁迅全集和毛泽东选集。鲁迅先生的文章浏览过不少，他的不少文章都认真精读过，感悟鲁迅先生对社会和人性是看得一针见血入木十分的，他用犀利的文字鞭笞着社会和人性的阴暗。至于毛大爷的文章，很感悟他在平淡的叙事中所表达出来的深意，比如早期的《中国社会各阶级的分析》、《湖南农民运动考察报告》以及后来的《反对党八股》、《在延安文艺座谈会上的讲话》和胜利进城之际的《别了，司徒雷登》读起来从文笔和文采的角度觉得特别有意思。

在成都七中读高中的那三年中，有一种读书让人记忆深刻，那就是周末到春熙路上当年最大的新华书店站着读数学参考书的景况。当年对数学的酷爱让我很想读到更多的数学参考书籍，对中学生的我这类数学参考书的最好也最方便来源是新华书店。当年春熙路上那个新华书店对自然科学书籍是开架销售的，读者可以在书架上选择要购买的书籍，但我没有更多的零用钱买书，于是就经常在书店站着阅读这些数学参考书，也许是站着阅读吧总觉得这个时候读的那些内容印象特别深刻。

外国名著我读的比较少，读的时间是在金牛区商业局工作期间，那几年因为没有人管我的日常工作我其实很闲暇，像《红与黑》、《约翰·克里斯托弗》、《安娜·卡列尼娜》、《战争与和平》都是在哪个时间阶段阅读的。当然那个阶段阅读这些书籍是有风险不能公开的，好在我的工作生活环境起到了很好的掩饰和保护作用。四大名著中的《红楼梦》也是在那个时间重新认真精读的，但我始终没有进入到大家所说的阅读这本书的境界。

在阅读上我感到最通畅的是经济管理类书籍，在文化大革命当逍遥派时对隔壁邻居卓老师家中那本《简明政治经济学》我是把它精读了的，这从后来我在胜利公社给那些政治夜校教员们讲生产力和生产关系、经济基础和上层建筑时的信手拈来可以见到当初阅读的功底。大学毕业之后分配到四川财经学院时泛读的很多经济管理类教材和专著感觉上读起来十分流畅，也许我是从理工科专业的角度在读这些文科书籍，对它们有点泛泛读之没有真正的入门，甚至在很多时候阅读它们时产生了它们好像不是科学或者至少是科学的"味道"不足的感觉。

说了一些对书的阅读的有趣之事，接下来说说我自己撰写书籍的事。我编写的书都是学术上的，第一本书是大学毕业分配到西南财经大学任教后，把模糊数学应用于经济管理领域中的专著，书名为《模糊数学在经济管理中的应用》，1987年由西南财经大学出版社出版。这本书在撰写上比较顺利，因为他的内容除了介绍模糊数学在经济管理中可以使用的数学方法外，主要是收录了我用模糊数学方法研究和解决经济管理中实务问题的案例，其中有不少是在各类学术期刊上发表的论文。

比较有趣的事发生在这本书的出版上，当年西南财经大学出版社决定出版我这本专著时刚刚组建成立，我这本书是它出版的第11本书，也是它出版的第1本数学类书籍。首先是编辑，正好出版社刚新进了一位理工科专业的硕士研究生，便由他担任了我这本书的责任编辑，其实他也是出版社中唯一能够编辑理工科书籍的老师。毕竟模糊数学是问世不久的前沿性学科，所以在审核上还是比较麻烦，在责任编辑努力下三审也终于完成了。

书稿发到了当年的国营大厂新华印刷厂排版印刷，有一两个月了工厂也没有反馈回什么信息，于是我和当时出版社的办公室主任李老师商量着一起到工厂去看看。李老师是英语老师，曾和我一起在基础部工作过所以很熟悉，他是一个摩托车骑行者十分喜好摩托车，于是我就搭乘他的摩托车从城西的学校穿城而过到城东北边的新华印刷厂，摩托车穿行在机动车道上，周围都是快速行驶的汽车令人有些心惊但也别有风味。到了工厂一看，我的书排了有10多个页版放在车间的一个角落边，上面已经蒙了不少灰尘，显然有一点时间没有开工了，找到排版车间领导询问了解情况，才知道的是数学书籍排版难度太大，很多数学符号手工排版使工人无法往下进行。

这要说一下当年的印刷，上世纪80年代我们的印刷厂还是采用手工字钉排版，书稿的所有文字包括数学符号都得一个一个字钉由工人一页一页的排版。数学书籍特别是我那本关于模糊数学的书，它所使用的数学符号有很多上下角标，工人的排班难度很大所以进展缓慢。进展缓慢也得慢慢的往下排呀？在我们的追问下车间领导才委婉告诉我们因为排版太难，已经没有工人愿意接手往下排这本书。怎么办呢？李老师是一位很有魄力的人，他果断的决定拉走已经排了 10 多页的那些书版，回学校印刷厂自己排版。接下来我有将近两个月的时间是窝在学校印刷厂，与工厂的排字工人一起进行我那本书的排版，因为确实模糊数学的数学符号不仅较多并且难度也很大，我得和工人一起商量着如何选择字钉排版，经过努力书稿终于排版完毕并付印成书。

第一本学术专著出版后，就在上世纪 80 年代后几年中，我先后出版了好几本专著，其中有由四川科学技术出版社出版的《经济管理中的数学规划最优化方法》与《目标管理与目标规划》，有由西南财经大学出版社出版的《保险费计算的理论和方法》，这几本书的内容都是数学方法在经济管理中的应用，是我在数量经济学中研究的成果，主要与我的数学专业方向也就是模糊数学和运筹学相关。出版的最后一本专著是由成都电子科技大学出版社出版的《企业财务管理信息系统的设计与分析》，这是一种很实用的财务管理软件的系统设计著述，它的撰写与出版与我在上世纪 90 年代在市场经济中的游弋有密切的关联。

在编写和出版书方面教材就比较多了，先后由我主编的数学教材有五套二十余本，主要是财经院校不同层次的经济数学教材，包括一般经济管理类专业专科的本科的，以及经济信息管理专业理工科的，这些教材分别由四川科学技术出版社和成都科学技术大学出版社出版。在这些教材的编写和出版过程中，既结识了一批财经院校的数学老师，也结交了罗江印刷厂领导和不少工人师傅，在出版学生们开学要用的教材目标下，大家其乐融融的在一起工作着。在新世纪的第二个十年我担任几个民办高校的院长时，还在西南财经大学出版了一套会计专业教材，全套一共有十本囊括了高职高专会计学专业的主要课程。

新世纪第二个十年初，应商务印书馆的约请我撰写了《股海三部曲》一套三册，包括《新手炒股入门》、《从零开始学看盘》和《股票买卖技巧与实战操作》，这套书最后由商务印书馆的龙门书局出版。这套书中自我比较欣赏的是第三册《股票买卖技巧和实战操作》，在那里我比较详细的描述了各式各样炒股心态，强调切忌浮燥是作者多年实战的经验宝典，不追涨杀跌是作者多年实战的格守信条，"操作就是战胜自我" 是作者多年实战的内涵修养。我告诫每一位入市的炒股者，如果你能把进入股市像闲庭信步一样悠然自得，有所为有所不为，那你就成功了一半；如果你漫步股市能轻松自如心境宽阔，尤如在自家花园中散步一样，众人皆醉我独醒，那你就完全成功了。

我现在正在撰写的回忆录，应该也算是一部自己的著作吧，从 2020 年上半年开始动笔，到现在五个年头过去了，已经完成了将近八十万文字，按照我现在的撰写兴趣以及计划，最终有一百万字左右应该是没有问题的，这对我来讲应该是多年的书籍撰写中的一部"巨著"了。但现在手头仅仅是完成的回忆录文字的电子文稿，不少朋友问我是否有出书的打算与计划安排，我想我把它制成纸质书籍应该是肯定的，至少肯定要把它印刷出来，当然更想有出版社正式出版，只是这个事情涉及到方方面面，有些具体问题还需要仔细斟酌，但要出书是一定的，这应该是一部我这个高级知识分子的封笔之作吧。

接下来说说我的所谓"藏书"，用到藏书这个词确实有点底气不足，我只能说收集了不少的书，完全不能说是藏书，冒昧的用的这个词是与儿时受到的震撼有关。我在前面的回忆录中已经讲到过孩提时候关于书与知识对我极其震撼的二件事。一件是十岁多一点吧，一天我正在四川大学图书馆前边那个很大很漂亮的荷花池嬉戏，因为是在水中玩耍光着脚衣服上还有少许泥点，这时早先就认识到的一位四川大学图书馆的长者招呼住了我，让我上岸跟他到图书馆去看看。我就这样打着赤足跟着长者进入了四川大学图书馆，他把我领进了一排当时就让我目瞪口呆的房间，后来知道那是四川大学图书馆的馆藏书库，一排排高矗到屋顶的书架上十分整齐的放满了对儿时的我来讲是数不清的书，我被眼前的景象镇住了，仿佛在那一刻才知道书与知识的凝重。另一件是有一天放学后，同桌的张峡同学带着我到了绿阳村他的家，当进入他父亲的书房时，满屋的藏书也让我惊呆了，这时我才知道除了图书馆外，教授先生们家中也常有很多很多的书。这两件事给我带来的震撼让"藏书"这个词在我心中种下了根。

大学毕业分配到四川财经学院后，我便有意识的集成自己的书，当时学校分到了一个一套二的房间，我刻意的把一间房子弄成了书房，除了购置了几个书柜之外，当然还有一个沙发床。首批陈列上书柜的是我从中学到大学读书时的教材和参考书，随着经济条件的好转，我也开始有意识的购买国内自己需要的书籍。最后能够使书柜充盈的机会是四川财经学院图书馆处理了一批理工科书籍，当年四川财经学院藏书太多但能够储存的地方十分不足，有相当大一批多年闲置的书被打包放在行政楼的空闲办公室中，随着学校招生人数的增加，行政人员也在增加这些办公室就需要启用了。最后学校决定把这批主要是理工科的书籍低价应该说是廉价处理给教职员工，这批书中有相当一部分对我来讲是很珍贵的，因为它们是当年很不容易寻得到的数学专业的很多书，其中主要是上世纪50 60年代翻译过来的前苏联的数学专业教材，我在这次学校廉价处理这批书的过程中收集到了不少书籍。

当时的过程也很有趣和搞笑。这批书从行政楼办公室中搬出来后，就放在行政楼的入门大厅中，也没有人管理，是自己到图书馆中去问，才知道是要处理给老师们的，欢迎老师们去自我选购。选购的人并不多，估计因为它主要是理工科的书籍，当时四川财经学院的教职员工中理工科老师并不多，所以问津这批书的人很少。这批书对我太实用太需要了，我便去挑选了不少，挑好了之后书放在行政楼入门大厅中，便去图书馆交款，这时被告知要到学校财务处去交。去了财务处才知道他们对情况也不是很清楚，只是知道这批书有老师要买可以到财务处交款，财务处的老师问我买了多少书要交多少钱，我也感到很茫然，因为是处理的书该交多少钱我也不知道。然后又回到图书馆去问，得到的回答就很搞笑了，她们说你觉得要交多少该交多少你就交多少嘛，于是又只好去到财务处，几经往返真的是自报金额交了款然后把书拿回家了。后来搞明白了，这批书学校的原意就是哪些老师需要就拿去用，本来可以赠送给老师们的，但毕竟是学校的国有资产，所以也不好大张旗鼓的对外讲，所以图书馆财务处这些学校部门也只需要老师们象征性的给点钱就行了，因为最后没有被老师们挑上的书都当作废纸处理了。

整个上世他80年代中，伴随着经济条件的迅速好转，我购置了很多书，除了一些经济管理和数学上的专业书籍外，也购置了很多其他书籍，有点要藏书的味道。上世纪80年代是思想很解放很活跃的年代，在向市场经济迈进的过程中，出版界也很开放出版了很多一套一套的书，比如各类世界名著，金庸古龙梁羽生等的武侠小说，以及各种各类词典等工具书。在销售上也很方便，各大书店甚至是出版社自己经常把书送到学校中来摆摊销售，并且价格十分便宜，那段时间为了充盈书柜我买了不少书。看着房间中五六个书柜整整齐齐归类摆放的书籍，很有一种充实的感觉，严然就以为自己是一个藏有书籍的知识分子了。

后来搬了几次家，先是由西南财经大学搬到茶店子，几年之后又由茶店子搬到石人小区，又过了几年由石人小区搬到西南财大光华校区对面的光华园，也是几年后又由光华园搬到女儿在树德中学光华校区读高中时的一个过渡房中，住了不久最后搬到现在住的地方青羊新城。几次搬家丢弃了很多包括家具小家电在内的物品，唯独这些书一直是辗转随行的，比较有趣的是每次搬家时都要受到搬家工人的嬉戏，他们一看到要搬的物品便叹口气说"又遇到孔夫子了"，为了安抚和鼓励他们我肯定是立马告诉工人们搬吧搬吧，搬完了我会给奖励的。确实搬这些书很辛苦，书的体积不大但很重，特别是从茶店子搬到石人小区以及后来从石人小区搬到光华园，因为石人小区的房子在顶楼七层又没有电梯，工人们用笋筐背着这些书上下楼确实很费力很辛苦，我能够做的就是在搬完之后多给他们点奖金吧。

一次次地搬家，书是有增无减，骨子深处总是觉得自己也算是一介知识分子了，总得有这些书籍作为自己的陪伴，确实每次在书房中望着这些书内心还是有点自豪感的。从光华园搬到女儿读高中的过渡房的时候已经是新世纪的第二个十年，我那个时候已经从西南财经大学退休在民办高校四川天一学院工作，我预感到随着时间的推移，这些书籍最终也不大可能永远陪伴在我身边，于是在搬家前我精心挑选了一部分书，其中有我自己撰写的书，也有一批我十分喜爱觉得要珍藏的书，包括大概是1966年上半年或者1967年初我所记载的成都七中1966年6月开始的几个月文化大革命大事纪笔记本，把它们很好的封藏到了光华园那套房中九跃十的楼梯下边。

最后一次由女儿读高中的过渡房到我现在居住的青羊新区时，各方面多种多样的原因让我决定要最终处理掉这些书籍，这个想法在从光华园中搬出时可能就有点潜意识的存在了，所以那个时候选择了一部分要珍藏的书籍予以封存。多种多样的原因中首先是这些书籍的实用性，这批书跟随和伴倍了我多年，对当年的工作和学习起到了很好的作用，进入 2000 年后一方面工作和学习的内容己不大可能在这批书中得到支持，另一方面资料的查找也更多的是在网上找电子版，所以它们的实用性就很小了。再有就是观念上当年有这么多书籍一直让自己沉浸在"卿本一介书生"中，现在退休了年龄增长了，这种自得的心态也在逐渐淡漠。当然最主要的原因是新搬的家中再也没有位置放下这么多书柜摆放它们了，所以这批书籍在我搬入现在居住的房子中时被我忍痛处理掉了，珍藏了二三十年，说是忍痛处理掉还真有那么一份情感。

还是回过头来说说生活中的一类"锁事"吧，它也多少与要读书和应该读书的学生有关，也与我有稍多一点的出租房有关。说到了出租房子稍多，有一个有意思的趣事觉得可以记叙一下，我在上世纪 90 年代购有了一些房子，当年的房子都是砖混结构的多层，进入新千年后这些房子的环境和交通有了改善，比较适合当年刚毕业的大学生租用。正好那个时候我从商海回到了西南财经大学教书，高校教师不坐班空闲的时间很多，于是我便开始改造这些房子用于向大学刚毕业的学生们出租。其实最早的想法源于有二三套大房子，面积都在 130 以上，最大的一套将近 170 个平方，整套租出去的可能性不大，于是我就想着把它改造一下，改造成一间一间的单间出租。

首先改造的是一套在 7 楼的跃层房子，这个房子在七跃八，面积 130 多平方但却是三室二厅二卫，要命的是因为是老式的砖混结构房子，不少在顶楼的业主己在反映屋顶漏雨水问题，我的房子虽然还没有漏雨水，但也应防患于未然。我想到的最好的防雨水漏水的方法，就是把整个屋顶都盖上让雨水不在屋顶上停留，屋顶上都没有水了自然也就不存在着漏的问题了，正好那个时候小区不少在顶楼的业主都在楼顶上搭建房屋，我也就加入了这个行列。这种搭建后来特别是现在是不行的，叫做违章搭建是要被拆除的，但当时管的并不严，法不治众有关方面也就听之任之了。

最后是在这套房子的顶上搭建了三间房子外加一个卫生间，然后把这套房子赠送的一个花园式露台也搭建成一间房子。七楼把一个比较大的厅改造成两间房子，把饭厅也改造成一间房子，这样七楼就有了 4 间房子，七跃八的八楼把一间很大的房子改成二间，这样八楼也就有了 4 间房子。这样完工之后这套房子居然有 11 个房间可以对外出租，当年的大学毕业生都是 80 后，毕业后想留在成都的人较多，对住房也不挑剔只要便宜就行，所以这十一间房间很快的就租出去了，房租一间在 300 元到 400 元之间包水电气物管等费用，价廉物美一度供不应求。

于是我又加紧进行其他房间的改造，一套在五楼的大房子原来就有 4 个房间和一个比较大的客厅与一个饭厅，也把客厅改成两个房间饭厅改成房间，加上最后的一点改变，这套房子就有了 8 间房可以出租。另外一套也是七跃八在顶楼的 160 多平方的房子，也改造为有 8 间住房可以出租。另外在西南财经大学住房改革中所购买的一套在城区的一套二房子把厅改造为房间，也一共有三间房子可以出租。这样这几套房子一共有 30 间房子可供那些刚毕业的学生租用。

最大最集中的改造是把一层楼的四套房子进行搭建，这四套房也都在顶楼。先是把原有的厅改造成两个房间，加上原有的房间，这样原有的一套三的房子改造成有5个房间可以出租，一套二的房子改造成有4个房间可以出租。然后在每一套屋的屋顶进行了搭建，一共搭建出10个房间，加上原来房间中的单间改造，一共有28个房间可以出租。改造工程全部完成后，加上购买的几间本来就是单间的房子，一共有60余个单间出租。

这里就有几个问题了。一个是这么多能租出去吗？这个完全不用担心。我紧锣密鼓的改造这些房子，完全是被要租房子的同学们追着要租的情况下进行的。当年80后的大学毕业生，奋斗精神很强也不挑剔物质条件，只要房租便宜有利他们很好的留在成都奋斗，至于居住条件稍差点他们并不十分在意。另外就是我这边也有一些支持他们的措施，主要是房租是一个月一个月的付，减轻一些经济条件并不十分好的同学的经济压力，这样使得来租这些房子的刚毕业的同学们络绎不绝，颇有一点供不应求的味道。

再就是怎样租出去？当年的出租房市场很开放方便，除了有门店的中介在支持出租外，网络上出租房屋的平台也很多，把房源往出租平台上一发出，很快就会有同学打电话找你联系。除了这两个渠道之外，当年同学们还口口相传互相推荐，我的联系电话在很多高校同学们中都有。同学们在相互传递介绍中，对房子的位置交通价格等都要做详细的推荐，特别强调房东是西南财经大学的老师，房租一个月一付，大家尽管可以放心的去租来使用。

更使人感到满意的是住进这些房子的同学们形成了比较良好的自我管理习惯，集体地居住在一套房子中，虽然各住一间，但相互之间的联系沟通交流都很好，一套房子的公共环境方方面面特别是卫生，都自我管理自我维护得较好，就给我减少了很多管理上的麻烦。不少房子都有同学自告奋勇的为我的房间出租提供服务，有新同学来看房时，他们会主动的带新同学看房子作介绍，同学们的这种自我管理精神和能力，使我这个大学老师感到十分欣慰。

最后的问题是房租的收取，为了方便出租也是支持同学们，这些房子都是一个月付一次房租，同学们对老师的支持十分感谢，到该付房租的时候他们都会主动的把房租通过银行转账到我提供的银行账户中去。当年在收取房租上还是比较忙碌的，60多间房子，每间都是一个月付一次，一个月要收60多笔款项，平均每天至少两笔，也就是说在那几年中平均每天我都会收到六、七百块钱的房租，这还是一笔不菲的收入。

这些房子这样租了好几年，后来基于很多原因，在新世纪的第二个十年开始的时候，卖掉了其中的五套房子，这样出租单间减少了一半多。卖房的主要目的还是想吧这种比较陈旧的砖混结构房子置换一下，卖房的资金在2012年左右置换成了三套城区的电梯房，两套在城中心人民公园附近，是毗邻的胜西小学的学区房，一套是青羊区打造的青羊新城中品质很好的小高层电梯房，这几套房子购进的时候正在比较好的价格点位，购买后已经翻倍升值。当然还余有一部分资金去买了六套公寓房，虽然购买价格不高，但到现在升值也不大，这应该是初次介入成都市的公寓房不太了解行情所致。

剩下的房子在进入新世纪的第二个十年后，出租就没有那么好了，一是后来的大学毕业生对住房的品质要求提高了，改造出来的群租房无论房间本身还是小区环境都不太好，特别是没有电梯，慢慢的就不被青睐了。二是很重要的一个出租渠道也就是网站上的租房网，随着时间的推移众多的小网站自生自灭，最后就只剩下几家有影响力的大网站，使得在网上发布房屋信息不是那么通畅成本也增加了并且效果并不是太好。这个时候来了一大批出租房包租公司，在房东手中大量收房做二房东，到后来我也把逐渐出租得不是很好的几套房子交给了一家叫蛋壳公司的包租公司。

这个蛋壳公司是在美国上市的一家上市公司，经营和管理实际上是很规范的，只是后来因为规模扩张得太快，加之从2020年起又受新冠疫情的影响，导致最后资金链出了些问题。我有两套房子交给了它，交给它的时候出租状况已经不太好了，位于青羊小区的那套已闲置有相当时间没有人来租了，在交大花园武侯小区那一套也有较长的时间没有租满。主要是要想租的比较好必须要对房子进行升级改造，从我的角度考虑因为出租前景的不确定性就不大愿意投资，房子就这样不死不活的拖着。蛋壳公司包租了这两套实际上已经很破旧的房子后，进行了彻底的大规模升级改造，重新装修了房屋并配置了家俱和空调洗衣机冰箱等家用电器及大门与房间门的密码锁，加之他们公司良好的在网上推荐出租房的渠道，房屋出租状况是很好的。

问题是规模扩长得太快，加之新冠疫情影响到了租客和出租收入，蛋壳公司在2020年下半年资金链断裂了，比较规模性的不能给原房东支付租金，最后蛋壳公司选择了终止与房东的租赁合同。我的两套房子全部退还给了我，房间的装修和配置的空调等设施都转给了我，房子交给我的时候其实每个房间都住有房客，当然蛋壳公司收取的每间房子的房租较高，因为他们联合网贷公司对房客提供了租房贷款。我在接受下这些房客后降低了一点房租，加之房子又升级改造了增添了空调等家具家电，便得这两套房子到现在仍然对外出租的较好。

其实蛋壳公司是属于那种正当经营的公司，它同也在2020年七八月份跑路的骗子公司不同，它是在经营中出现了失误，主要是扩展规模太快资金跟不上，加之新冠疫情的影响使资金链断裂，它处理问题的善后还是很好很规范的，不是一跑了之。我的那二套房子没有收到房租的时间最多两三个月，在我的积极介入与原有的租客沟通交流，并在蛋壳公司的主动配合下，原有租客很快解除了与网贷公司的租房贷款合同，在我降低了房租的情况下开始向我付房租，问题和矛盾也就很顺利的解决了。把整个账算一下，虽然我有两三个月没有收到房租，但房屋的装修和家具家电等设施实际上已经数倍的弥补了我没有收到的那点房租的损失。

说到 2020 年七八月份有一批骗子公司也在成都广为收出租房二手包租，这些公司一来进入运作就是骗钱跑路的套数。他们先是高价向房东收房，然后低价出租给租房人，关键的要害是租房人要付 9 个月的房租，运作到某个时候便卷款跑路，引发出 2020 年下半年受害的租房者集体向政府有关部门投诉乃至报警。当年我也拿出了好几套房子出租给了这些骗子公司，我是出租给他们的时候，就知道他们是骗子公司的，只是当年新冠疫情下房子本身也租不出去，我想打一个时间差能收到半年的房租也不错。果然在房子付了两个季度的房租后骗子公司就跑路了，我和被骗的租房人采用各自损失一半的方法解决了矛盾，并最后挽留下这批租房人继续租用我的房子，在当年那个新冠疫情环境背景下能有这种结果应该还是比较满意的了。

那一次大规模的骗子公司在房屋租赁市场上行骗，被骗的租房者在好几个月的时间中不断的集中向政府上访投诉报警，也批评政府有关部门的不作为。经过那次风波促进了政府有关部门首先是住建局对住房租赁市场的管理，主要是对这种包租公司加强了收取房租资金的管理，凡是租房的人一次性向包租公司交了三个月以上的房租，包租公司所收取房租的资金住建局都直接监管，确保资金能够支付房东的房租。所以到现在成都的包租公司应该都是正常经营的，基本杜绝了那种卷款跑人的现象，我现在也有几套房子交给这些正常经营的包租公司，应该说状况还正常吧。如果说到风险，那也是经营风险了，也就是说包租公司承租了我们这些房东的房子，但如果整个住房租赁市场并不活跃，它包租到手的房子受市场环境的影响不能按计划租赁出去，如果真出现这种情况，那也是无可奈何之事了。

说了很多租房的"琐事"，虽然繁琐但不知怎的我做起来还是觉得有趣，也许我本身就是一个琐碎之人吧。接下来想要记叙之事，把它说成是"锁事"似乎不太妥当，但对于我这个琐碎之人来讲，也许它确实就是"锁事"，这个事就是高等学校的管理架构，这好象也与读书教书有关。我在西南财经大学任教 30 余年，对国内的公办院校的管理架构有些观察和见解，说实在话对公办高等院校的管理架构实在不敢恭维，简言之就是行政化，把一个好端端的教育机构弄得像衙门似的官员化，不仅是书记校长这些管理人员，就是老师的职称教授副教授讲师都在用厅级处级来匹配，真有点令人笑掉大牙的味道。不过有一点还是万变不离其宗值得肯定的，那就是教师的教学以及教师与学生的师生关系，不管公办高校行政化有多严重多离谱的使教师失去了办学的主体地位，教师在教学以及在师生关系上还是起着主导的作用。

对公办院校管理架构和管理机制上的诟病实在不想赘言，因为说了也无用。我从体制内公办高校退休后在民办高等院校工作了十年，先后在三所民办高等学校担任院长，是比较身体力行的对民办高校的管理机制和管理架构进行了研究与实务。其实高等学校的管理架构，走在前面的发达国家已经探索出成功的管理机制，国外无论是私有的还是公办的高校，管理架构中校一级管理班子都很小，工作的重心都放在相对比较独立的学校下边的学院中，这应该是一个已被实践证明了的行之有效的管理架构。国内的公办高等院校承袭政府的行政化就不说了，居然国内的民办院校，不少学校仍然有庞大的校级管理班子。

我在民办高等院校担任院长的十年中，比较坚持校级领导班子不要庞大的管理架构，几个学校中在四川天一学院实施得比较完善。当年四川天一学院校级班子中虽然成员也不少，但更多的成员是在系上第一线，在学校这个层面上只有我和一个管教学的副院长。比如当年有 4000 多学生的建筑工程系，就是由党委书记兼副院长龚老师在担任系主任，她的主要工作责任和精力都在系上，有 3000 多学生的会计系也是由党委副书记兼院长助理杨老师在担任系主任。按照我的管理架构的设想，四川天一学院最后将在学校下边设几个学院，我会让这些学院的院长也像龚老师杨老师一样，一方面是校级领导班子的成员，但主要的工作重心是在下边的学院，只是后来我们离开了四川天一学院，这个设想没有来得及实施。

第二章 琢磨喜好

痴迷琢磨事而不想琢磨人是天性使然

"锁事"中有一类不知道是来自于我的好奇心还是固执的习性，就是我很痴迷于去琢磨一些其实不是很重要的事情，当然也不是说去琢磨的事情不重要，客观上它们还是日常生活中需要解决的问题。因为比较特殊的原因我住的和需要管理的房子较多，会时不时遇到一些水电问题，房子中的水电出了问题，当然是找水电工去维修。但个人对这些水电问题也很感兴趣，有工人来维修时我总是在旁边看得很认真仔细，有一种把出问题的原因彻底弄明白的欲望，这也许是对琐碎之事的一种特别挂念吧。

先从前不久家中发生的一件事情说起，大约两个月前吧，家中橱柜的洗碗槽有点漏水了，虽然漏得不多不大但还是使人比较烦心。因为兴趣我花了比较长的时间去仔细观察它，这是我历来都有的习惯，也就是先要自己看看是什么原因，一般是弄清楚原因后再决定是请人来修还是自己动手。为了弄清原因我还特意去买了一个新的水龙头，仔细分析了洗碗槽水龙头的结构，经过检查分析漏水的地方应该是那个冷热水龙头，并且判断出水是沿着进水的热水管漏下来的。只是漏水的情况有点奇怪，就是用热水的时候漏得不凶，反而是用冷水的时候水就比较厉害的沿着热水管漏下来了，再就是不用水的时候是不漏的，但从道理上来讲不用水的时候冷热水管和龙头中是有水的，因为二根冷热水管的阀门是打开的，水是可以流入两根水管和水龙头的。

看到这个情况我就开始琢磨了，到底漏点在哪里，为什么不用水的时候不漏而用水它就漏，并且用冷水时比用热水时漏得凶得多。试验观察了多次之后感觉上认为是水龙头有问题，而不是进水的两根水管有问题，于是找机会去请教了一下水电工，得到的指点是漏点一会有三处：一是进水管坏了漏水，二是水龙头坏了漏水，还有一种情况就是进水管和水龙头的结合部漏水。在这种指点下，我又进行了仔细的观察，首先排除了两根进水管坏了漏水，因为漏的水不是从两根进水管上直接漏出来的，而是从进水管和水龙头的结合部开始顺着热水管流下来的。水龙头坏了的可能性也不大，因为没有用水时水龙头和进水管中是充满了水的，如果水龙头坏了不用水也会漏出来的。最后觉得还是漏水的那根热水进水管与水龙头的结合部出了问题，果然把这个结合部进行了处理后漏水问题就解决了。

这个事情写起来过程很简单，其实琢磨它我还是花了个把月的时间，当然不是这一个把月天天都在琢磨这个事情，因为水漏的不是很凶，暂时用一个盆子在下边接着漏水，这一个多月中就断断续续的边观察边思考。这个事情最简单最常用的方法就是发现漏水了去找水电工来检查，但依我有过的多次经验，水电工来检查的时候也是挺麻烦的，他得根据现场情况和他的经验找出漏点。如果他的经验丰富和运气好会很快就找着漏点，但更多的时候是你得陪着他折腾大半天，最终如果能够找出漏点还好，但很多时候最终他会告诉你换一个新的吧，其实你去请水电工的时候一般他都会建议你换一个新的。当然换一个新的也不是什么太大的问题花钱也不多，只是个人的性态决定了遇到这种问题你会怎么办，我的心性就是始终有一个想自己把问题搞清楚弄明白的念头，因为最终把一个事情的来龙去脉搞清楚弄明白之后会有不少的乐趣和享受感的。

这种有点奇怪甚至过程有点自虐的心态应该是我从孩提时候就产生和形成的，记得当初每个周末就从城中的光华街步行到四川大学，在沿着锦江和当年还有的城墙朝九眼桥方向走的时候，当年的实际过程就让我形成了这种心态。其实当年走这段路程的时候，我年龄也就是9岁左右吧，沿着锦江走的那段没有多大问题，因为还基本有路并且方向也很明确。但走当年被称作垮城墙的那段的时候就比较麻烦了，除了知道应该往沿着城墙往前走的大方向外，城墙内外基本没有路或者是有路我不知道。这段路程最后走通不是一气呵成的，前前后后我走了多次，每一次都是走到一定位置的时候我心中没有多大把握往前走了，怕找不到方向迷了路然后又折返回来选择其他的路径去四川大学，然后下一周再去探索。当然每一次都是走得离九眼桥越来越近，当最后那次彻底走通的时候，作为一个孩子我的自我成功的感觉达到了顶点，当然也由此带来了乐趣和享受感，这大概是我这种奇怪心态的由来吧。

这种情况其实在我的日常生活中经常发生，大事小事都有。说一件大一点的事吧？这个事就是我在前面的回忆录中多次记叙到的 1998 年我带队去兼并成都市装璜印刷厂时的一个细节。当年说到要由我带队操盘去收购这个厂，首先送到我手中的是这个厂的财务报表，我粗粗的看了一下不置可否，因为从一个财务报表上是看不出什么名堂的，财务报表上很多财务概念与实际的情况差异是较大的。比如资产负债表上的资产就需要仔细分析，固定资产和存货首先要确定是否账实相符，因为会有不少是账上有实际无，应收账款和预付账款需要去判断能收到的比率有多大，至于其它应收款基本上会是一个空数字。又如负债中应付账款与预收账款也有一个判断需要实际付出多少的问题。这些都需要实际去考案。

财务报表中还有不少虽然与兼并收购关系不太大的财务数据，它们的财务概念与实际中的情况也有不少差异。比如利润表中有一个待摊费用，它在实际中的情况与报表所反映出来的差异是很大的。很多这种财务专业的实务知识在我这里都是因为喜欢并且很执着的去研究去琢磨问题才在工作实践中逐步增长的。当初从西南财经大学进入市场经济游弋时，对这些财务报表上的财务概念，我是很坚决的是要弄清楚弄明白它们在实务中的意义的，也确实花了些时间花了些精力才把它们琢磨透彻搞明白的。搞明白的琢磨过程中似乎也很迷茫，但弄清楚明白它们对实际工作是有很大帮助的。

因为有这些实际的财务工作知识与经验，对我在决定对成都市装潢印刷厂的兼并收购工作程序与方法有极大的补益，让我在兼并收购中能够游刃有余的处理好方方面面的事宜，最终很得体的实现了兼并收购的目标。有这种弄得很清楚明白的财务实际知识对个人的支持与帮助是很明显的，我在前面回忆录中曾经详细叙述过去一个公司去做经济顾问时，去了后我什么都没有做就是提出要清产核资，主要是要弄清公司的家底才能更好的做好这个经济顾问，没有想到这个务实的行为得到了公司员工的肯定与赞许，后来在发生一些变故公司员工要"清君侧"请顾问团撤离时，出现了员工们提出"许老师不能走"的要求，除了有其他一些原因外，我这个一去就要清产核资的做法，是在员工们心目中留下了很深刻的许老师是干实际工作的映像，这是他们不愿意让我离开公司很重要的一个原因。

在房屋装修中电工的活路也是我一直在研究的事。比如在线路设计中，进房的那个开关位置，无论是自己装修房子还是买的开发商精装房，我都发现安装得有多个多门的开关，但这些开关的多个按键中有相当甚至有时多达一半是不起作用的，就是一个摆没，比如我买的几套恒大精装房，进门的时候有两组开关五个按键，但起作用的只有三个。因为我自己装修的房子较多，经验告诉我电工进场的时候他都要给你说进房后厅中的灯要分别开关，征求你的意见是不是要多布几组线，一般说来都会觉得他讲的有道理也就点头了，于是你可以看见在进门的开关上布了很多组线，但最后工程完成之后有很多都是没有用到的。后来弄明白了电工他的收入在结算的时候是按照布的线的长度来计算的，所以就出现了开始他说的需要很多但后来实际上又没有用的情况，当然嘛这个情况也可以理解，作为业主不过是稍稍多花了点没有作用的钱。

但电工师傅的有一种技术和手艺，我是一直在琢磨希望把它搞明白，但最终时至今日也没有弄清楚。就是在我的不少房子中，特别是90年代买的那些多层砖混结构房子中，曾经发生过一些线路障碍也就是线路不通没有电了，因为有不少很熟悉的电工朋友，请他们来看后讲是地线没有了。因为是朋友他们也很尽心，每一次遇到这个情况，我看他们都是费尽心思的在想办法如何搭设一根地线，看他们很费心的样子我知道这个问题的解决难度还是比较大的，就一直想把它弄明白，但因为电工师傅们解决的时候都是试着在这里搭搭那里弄弄，有时候要反反复复的弄多次才突然弄好了，所以我跟在他们后边虽然很想弄明白这个问题但最终也没有搞清楚。

上世纪80年代在组织一些学校集体编写经济数学教材的事情上，不少工作的细节还是很让人琢磨的。比如第一套教材刚开始时为了赶上教材在9月1日开学前送到各个学校，对教材出版的各个环节我都关心的很仔细，先是书稿的三审环节怕耽误了时间，定稿后的书稿送到印刷厂后，怕在排版印刷上出问题，便带着老师到了罗江印刷厂，果然发现工人们初次排版数学书籍效率不高，便和工人们一起反复切磋保证了书稿的尽快排版成功。

第一套教材顺利出版之后，由于很深入的琢磨了整个出版环节，使我感到这里边还有很多机会，事实上从第二套教材开始，我就在计划与实施自己承担出版核算的工作，这之中也有很多细节需要深入研究也就是说要去琢磨。比如如何从出版社取得书号，这个问题在当年还不像现在那样可以成为明面上的事情，需要处理好很多环节上的细节。在整个出版发行的过程中如何节省开支保障教材低成本高质量出版更是一个涉及到方方面面的事情，这需要弄清楚整个出版印刷发行过程中各个环节的费用情况。当然特别重要的是在和印刷厂厂长们的交流中了解到在淡季预先购入印刷纸张能较大的降低出版成本，使得在整个实际操作中不仅使教材顺利的出版了让各方面都很满意，出版核算的结果还产生了相当的利润，并且为后来顺利出版了多套教材提供了在运作和事实施上的经验。

我对琢磨事很感兴趣，但对琢磨人却很漠然，在与人的交往上我比较随意，不是很在意对方的性态呀心思呀，一般就是按照自己的方式自己的本来面目去交往。我在前面的回忆录中曾经用较多的文字记叙过我在蒲江县大塘公社当知青时遇见的贵人郑书记，在当年都想回城的环境中，郑书记在我完全不知晓的情况之下，在我在大塘公社插队落户刚满一年的情况下让我回成都参加了工作。其实在与郑书记的交往中，我还真没有仔细琢磨过他这个人，更没有因为与他比较熟悉提出过什么要求，我其实到最后都没有搞清楚他为什么那么喜欢和我摆龙门阵，更没有弄清楚他为什么会很理解我而帮我去处理好那次打贫下中农的狗的事情。我与他虽然交往至深但确实是君子之交，古话说君子之交淡如水，我和他之间除了公社打牙祭他带话让我去吃饭之外，我这方面是连一杯茶水都没有请他喝过。我这边能够做到的就是每次与他交往的时候，只要他提到感兴趣的话题，我都是尽我所知以我本来的心性侃侃而谈，没有什么去刻意的迎合他的意思，我想也许是在当年那种特殊的环境下，他对能够有我这样坦诚坦然坦率的交流交往之人而感到欣慰吧。

这种情况在我这里发生的还是比较多的，我这一生中特别是中青年时期关系比较密切的"领导"还是比较多的，应该说这些"领导"或多或少或深或浅的都给予了我很多支持和帮助，特别是对我的理解和包容。但说真的，我虽然和他们的关系都特别好，但在当年实际的相处中，我确实没有去刻意的去琢磨过他们的性情，更没有那种揣摩他们心思的举动。我是把我这个人的本来面目毫无保留的展示在他们面前，并且按照自己的方式在和他们交往交流，也许正是因为是这样做的，才能使我和他们有比较坦诚坦率的关系吧。记得 70 年代在金牛区商业局工作时，从区委书记副书记到财政部部长以及商业局局长们，因为工作上的原因我和他们打的交道都比较多比较深，和他们也有很良好的不仅仅是工作上的关系，我这里说的关系是大家都作为普通人的一种私交。记得当年金牛区管财贸的副书记，其实我和他打交道的时候不多，毕竟他是书记我不可能有事没事的去找别人聊天，但就是那些不多的交往中，我感觉到他是十分信任我喜欢我甚至可以说是欣赏我的，在不多的工作交往中他对我工作中的支持还是很多的。比如当年到火车北站去请他在转让土地的报告上签字，如果没有自认为和他有那种坦诚但确实是真诚的关系，以我一个普通干部的身份可能是不大敢到火车站去找领导签字的。

另外就是那位财贸部的部长，因为来往的比较密切，我倒是经常跑到他办公室去与他聊天，当然之所以来往密切有一个原因就是商业局的局长们都认为有些工作好像由我去给部长汇报还要顺畅些。我觉得我每次去找他聊天的时候，他其实都是很高兴的，以至于给我造成了一种他特别喜欢与我聊天的感觉。因为不少时候去与他聊天的时候，我都会有一些目的和任务，也就是说希望他能够同意商业局的一些工作上的事情，尽管这些目的和任务说起来有些功利，但我在与他聊天的过程中内心还是很真诚坦白的，我就是我，我就是这个样子的，我知道的事情包括我的看法，我都很坦然的跟你讲了，至于你要怎么想怎么做以至于怎样看我那就是你的事了。可能正是因为这样我和他双方都没有当年普遍存在的人与人之间的戒备心，在相互信任的基础上交往和交流都很顺畅了。

最有趣的是商业局那位第 5 把手副局长，农民出身的干部确实很直接，与他打交道在某些方面来讲还真是一种享受。比如在他经济紧张的时候，他会直截了当的喊着我，跟我说"小许你去财贸部帮我催一下补助的事嘛"。关于帮助当年石羊供销社一位姑娘调离金牛区的事情，他会直截了当的跟我说，就是不要让她离开金牛区，她离开了金牛区你就没得戏了。当然这种坦诚的关系还是来自于双方的真诚，记得 1975 年三月商业局要开商业工作会议，居然没有人起草会议的工作报告，他专程跑到胜利公社，先是按程序向工作队的领导也就是区委副书记和财务部部长汇报希望能够由我来起草，虽然没有得到明确同意但至少得到了让他自己来找我商量的意见。他找到我说明了情况，我虽然知道工作队两位领导是不大愿意给我额外增加不该我做的工作的，但一看到他那种直接诚恳的样子我也就爽快答应了。当然诚恳是会有回报的，第二年在出让苏坡桥任家碾那块地的事情上，尽管他中间扯了些拐，但整个全过程他对我是完全信任完全支持的，他扯的那次拐实际上间接的给予了我很大的帮助。

以自己的本来面目示人与人打交道在我身上是比较多的，比如在西南财经大学一直有一种我与一位副校长关系密切私交很好的说法，其实从头到尾我与他都是一种工作和专业上的联系。特别是大家对数量经济的共同学术爱好使我们在工作上交往比较密切，我这方面积极的筹建了四川省数量经济学会，他对我进行的各种数量经济包括经济数学的工作也给予了很多支持。又如在第二次退休前的十年中，我在三个民办高校担任院长，民办高校的投资方本质上就是我的老板，但我从不刻意的去琢磨他们，我就是按照我的工作方式管理学校，至于他们可能会有什么想法我不是十分关注的。其实从最后的情况和结果来看，我这种不过分的去揣摩和迎合他们的心思反而得到了他们的尊重，使得我能和他们即便是我已经离开学校后也能建立起很良好的朋友关系。

为什么很愿意去琢磨事而不愿意去琢磨人呢？这个我也不太能够说得很明白，只是觉得去琢磨事是很有意义的，因为一个事情就是客观的摆在那里，通过自己的努力去把它弄明白搞清楚不仅过程很充实很有意义，搞清楚搞明白了的那种乐趣的享受感是很令人神往的。至于人嘛本身变动就大，今天这样明天那样并且都具有多面性，去琢磨这些与自己关系不大的他人的性态确实没有多大意思当然也就更没有兴趣。还有一个很重要的原因，就是我总认为自己的事情要依靠自己去办，很少会对他人提出一些诉求，对他人无诉无求交往起来自然就坦率坦诚得多了。

其实尽量少对与自己有交往的人提出要求帮忙的诉求，是我自己处理朋友关系的基础理念，很多事情特别是一些不太好办的事情。求助于他人是会使别人很为难的。比如当年把我在农村呆了5年的兄弟调回城工作和给妹子办免下乡手续，这在当年是个天大的事情，我即便开口求助于他人，即便他人有帮忙的心意，但在实际中操作起来难度还是很大的，所以当年在金牛区商业局工作了多年，与各方面关系都特别好，但我从来没有开口向他人提过这个事。是到了机会来临的时候，借助于各方面也就是他人的帮助，主要靠自己的努力解决了这些事。当然现在年逾古稀，回过头来看才感悟到无欲无求真的是人生该有的境界。

第三章 感悟 A 股

股市是一个寻常人不要轻易去涉猎的地方

突然产生了想记叙一下A股中我经历的锁事的念头，可能是受A股在龙年春节前大跌而在春节前后在各方面特别是监管部门的努力下上扬到3000点以上的影响吧，回忆记叙一下除了有自我的回顾之外，还有就是一如继往的想表示一种建议最好少涉足一点A股的观点。我从A股沪深股市开市起就比较密切的关注它，到1998年初便开设A股账户参与，二十多年来也经历了1999年、2007年和2015年的三次牛市，当然也经历了除这几次牛市外的漫漫熊市。仅管因为我比较特殊的A股操作方式以及运气吧，二十多年来我确实在A股市场有所收益，也确实在2017年9月由中央电视台二套经济频道《投资者说》专栏作过价值投资的节日，并为商务印书馆撰写了一套三册《股市操练三部曲》专著由龙门书局出版，包括《新手炒股入门》、《从零开始学看盘》和《股票买卖技巧与实战操作》，但我还是要慎重的呼吁A股还是少参与一些为好。

想要回忆记叙这二十多年在A股上的锁事，是想把如果您要参与或者己经参与了A股应当具备的心态作一个提醒与介绍，A股市场运作中各种各样的心态，在我上边提到的《股市操练三部曲》中的第三册《股票买卖技巧与实战操作》有所著述。我在为商务印书馆龙门书局出版这套书的编辑推荐中曾经写道："炒股切忌浮燥是作者多年实战的经验宝典，不追涨杀跌是作者多年实战的格守信条，'操作就是战胜自我'是作者多年实战的内涵修养。每一位入市的炒股者，如果你能把进入股市像闲庭信步一样悠然自得，有所为有所不为，那你就成功了一半；如果你漫步股市能轻松自如心境宽阔，尤如在自家花园中散步一样，众人皆醉我独醒，那你就完全成功了。"我实际上是想把这种我认为如果想在或者已在A股中的朋友都需要具有的心态推荐给大家。

我关注股市的时间很早，也就是沪深股市在上世纪90年代初开市起始，我就开始关注它了，只是那个时候生意上的事情比较忙，我没有开户参与。那个时候我的公司在蜀都大厦，距离当年的红庙子市场很近，所以对当年红庙子市场的鼎盛和热闹比较清楚，因为离公司近也去红庙子市场逛过几次，对它的交易情况也很了解。我自己没有在红庙子市场买过现金交易的"股票"，但我公司的一位员工曾经在那里买过15,000股四川省信托的原始股，这支股票当时在红庙子通称为"小长江"。因为各种原因这15,000股"小长江"最后转到了我的手上，后来它居然真的在深交所上市了，是一只封闭式基金当时叫基金安久，我这15,000股"小长江"在上市的时候折合成基金安久50909份额，我一直持有它到转为开放式基金华安策略优选A，由封闭式基金转为开放式基金时已经变成将近13万份额。

后来到了1998年初，我在生意上的事情在逐渐收缩，也有了一部分资金积累，于是便在沪深股市上开了户，选择的营业部是位于当时的省展览馆也就是现在的四川科技馆的成都证券。进入A股的时候它正处在漫漫熊市之中，试着买了几只股票但觉得操作起来难度很大。因为当时参与的资金还是比较充足的，于是我没有去买进卖出二级市场上的股票了，干脆就在一级市场上专注打新股。进场不久正好当年集中发行了一大批股票型封闭式基金，因为是初次发行认识到它的价值的人不多，所以申购的人不多中签率也比较高，我在那个时候申购到好几十万这种封闭式基金，当然也中签了一些新股。1998 年发行的这批封闭式基金，正好赶上了 1999 年 519 行情，使这种股票型封闭基金很赚了一笔，在 2000 年和 2001 年的分红中我所收到的分红金额已经超过了当初的投入，中签的一些新股也获利不菲。这种赚钱效应让我确定了日后在 A 股上主要就是打新股的策略，参与二级市场的买卖都不多。

当时出入 A 股市场的时候还是很有趣的，那个时候网络还没有普及，所以炒股都还得到营业部去，都是后来逐渐有了局部的网络，也就是证券公司有一个可以远程发送股市交易信息的设备后，给资金量达到一定标准的客户配置远程接收交易信息的设备，才可以在家中炒股，当然后来互联网普及了，在任何地点都可以在网上炒股了。当年我入市后就去了成都证券在展览管理营业部，因为有一定的资金量被安排在中户室，也就是一间不大的房子中有大约七八个座位七八台电脑，配备了一个客户经理为大家服务，主要是指导大家买进卖出。

我去的那天来的客户人不多就两三个人，几个人中有另一位客户也是和我一样是刚来的，客户经理很热情给我们详细介绍了方方面面的情况。和我同去的那位客户与我完全不同，我是心中无数很茫然不知道该从何处下手，他好像是有备而来也很健谈，在滔滔不绝地说了一番生产资料的钢铁股煤炭股很有投资价值后，立即下手买入了确实当时很热门的好几只钢铁股票。当然后来的情况就比较麻烦了，因为钢铁股的盘子都很大，他买入的初衷是做短线的，但两个星期快过去了，买入的钢铁股仍然不死不活的停在买入价位上，在坚持了三个星期之后他也就把它们卖掉换股了，好在没有什么大的损失，就是亏了点印花税手续费，当然也赔上了不少时间。

热情的客户经理也给我们推荐股票，他推荐了好几支，盛情难却但主要是我自己也很茫然，所以在他推荐的股票中也试着买了两支，一直是青岛啤酒另一支是三毛股份。三毛股份当时是热门股一直在缓慢推高，我买后持有了一点时间也就获利卖出了，利润当然很微薄。那只青岛啤酒就很有趣了，买入之后先是像那位客户买的钢铁股一样横排了一段时间，然后就掉头向下也就是被套住了。按照我买卖 A 股的理念和方法，套住我就不管它了，当然到了 1999 年 519 行情的时候就解套了，我也没有管它仍然持有，又到了 2007 年第二次牛市它已经冲高到 40 多元，但我一直持有直到前两年冲上 100 元后。我大约在 110 元的价位卖掉了它。

参与 A 股的第二年就撞上了 1999 年的 519 行情，虽然牛市的时间不长，但股价疯狂增长的势头还是使参与者们都很吃惊。当然短暂的牛市疯狂过去之后，迎来的便是漫漫的熊市，熬过了好几年后才有了 2007 年大行情。那一年的沪市从年初突破 3000 点后一路升至 6000 点，并在 10 月 16 日触及 6124.04 点成就 A 股最高峰。因为我手中持有的二级市场股票不多，所以在这轮牛市中股票交易虽有收益但不是很显著，到是持有的那些股票型封闭式基金又乘着牛市赚了一笔分红也很可观。2007年的牛市过后，又是漫漫七八年的熊市，直到2015年才迎来了A股的第三次牛市。

从2015年至今现在又八、九年了，A股市场一直不死不活的，长期在3000点左右徘徊，去年下半年开始突破了人们长期说到的政策底3000点，然后一直下挫2900点、2800点，到今年春节前才刹住，现在又在3000点徘徊了。我虽然说起来参加A股市场的时间较长，从成果上来看也算是一个小小的赢家，也就是说我在A股市场上是获利赚钱了的，但以我的认知和感受，我还是觉得A股市场不是一个建议大家都去玩玩的地方。A股市场有两个致命的弱点，一个是上市公司的圈钱，A股的上海深圳交易所开市时的初衷就是为上市公司当时主要是国企融资，这一点也没有错的地方，全球所有的股市一个重要的功能就是融资。问题是逐渐逐渐的就变味了，在A股市场上市的公司不少都不是简单的融资而是圈钱。不少上市公司除了造假上市外，更多的公司是融到资金后不是用于公司发展，而是找机会把自己持有的股份变现圈钱，至于公司的成长性哦发展哦是没有认真考虑的，这样使A股市场成为了一个没有成长性的场所。一个正常的证券市场应该是上市公司融到了发展的资金，公司便逐步成长发展，股民也就是公司股东的投资随着公司估值的增长在增长，形成了一个多赢的良好局面，但我们的A股市场不是这样的而是反其道而行之。

A股市场的另一个问题是它的大多数参与者都是抱着赌一把的投机心理入市的，就是在行情好的时候冲进来希望能赚点钱，缺乏投资理念所以少有价值投资长期持有。其实这种赌博的投资心态最终又害了参与者，因为人性的弱点使他们很难在A股市场中把握住自己，最终成了一茬一茬的被割韭菜者。A股市场的这种散户股东的投机心态，与上市公司的圈钱行为融合在一起，便使A股市场成了现在这种只有投机性没有成长性的局面。既然如此，所以我多次劝诫友人们不要轻易去涉猎A股，能不进去就不要进去，那里确实不是一个一般人可以试着去玩玩的地方。当然如果是已经进去了，那能够退出来自然是好事，A股市场30多年来实际上一代一代的股民一拨一拨的退出来的也不少，如果没有退出来，那就一定要有一个良好的心态了。

在拙著《股市操练三部曲》的第三册《股票买卖技巧与实战操作》中有相当一部分内容分析了涉足A股应该具有的良好心态，简单讲一句话就是"操作就是战胜自我"，只有你具备了能够战胜自我的良好心态，你才能在A股中站得住脚有所发展有所收获。这部分内容在这册书中的第八章，我把他的目录罗列如下：

  第八章 操作就是战胜自我

    8.1 贪婪与恐惧

      一. 在贪婪中恐惧

二. 在恐惧中贪婪

三. 众人皆醉我独醒

8.2 贪婪与恐惧实战操盘案例

一. 贪婪与恐惧实战操盘案例1：（002135）东南网架

二. 贪婪与恐惧实战操盘案例2：（000878）云南铜业

三. 贪婪与恐惧实战操盘案例3：（600843）上工申贝

四. 贪婪与恐惧实战操盘案例4：（601857）中国石油

五. 贪婪与恐惧实战操盘案例5：（300022）吉峰农机

8.3 有所为有所不为

一. 股市中的无为之治

二. 股市中的有所为

三. 股市中的有所不为

8.4 有所为有所不为实战操盘案例

一. 有所为有所不为实战操盘案例1：（002436）兴森科技

二. 有所为有所不为实战操盘案例2：（002177）御银股份

三. 有所为有所不为实战操盘案例3：（600086）东方金钰

四. 有所为有所不为实战操盘案例4：（600801）华新水泥

五. 有所为有所不为实战操盘案例5：（600485）中创信测

8.5 得失之间

一. 股市中的塞翁失马

二. 患得患失股市大戒

三. 最可贵平常心

8.6 得失之间实战操盘案例

一. 得失之间实战操盘案例1：紫鑫药业（002118）

二. 得失之间实战操盘案例2：坚瑞消防（300116）

三. 得失之间实战操盘案例3：涪陵榨菜（002507）

四. 得失之间实战操盘案例4：哈高科（600095）

五. 得失之间实战操盘案例5：中海油服（601808）

下边是拙著正文中的关于介入A股该有的心态的具体文字描述，主要是对各种心态的解说，略去了各种心态的实战举例：

散户投资者炒股是一个人的战斗，你的战友是你自己，你的敌人也是你自己。这个敌人就是你心中的鬼魅，是你的贪婪，你的恐惧，你的操作欲，你的得失心。当你战胜这些自我敌人后，你也就无私无畏，一切自如了。

8.1 贪婪与恐惧

贪婪与恐惧是投资者炒股大忌，但也是投资者炒股通病。人非圣贤，更非神仙，进入股市，嫣能不贪，嫣能不惧。贪可以，无利不早行，但贪婪不行，贪婪不是一般的贪。惧也可以，无惧不成人，但恐惧不行，恐惧不是一般的惧。因此，进入股市，投资者要至始至终医治贪婪与恐惧这二大顽疾，当贪婪与恐惧远离了你，你在股市中也就真正成功了。

贪婪与恐惧是一对双胞胎，常结伴而行，贪婪寓于恐惧之中，恐惧存于贪婪之际，贪婪之极是恐惧，恐惧之极是贪婪。炒股中，要在贪婪中恐惧，在恐惧中贪婪。

一. 在贪婪中恐惧

贪婪中恐惧是在贪图更大最大利润的企望中，要有惧怕心理。要清醒地认识到，追求更大最大利润的同时，也在追求更大最大风险，风险与利益随时相伴，仅有一步之隔。在贪婪中恐惧是随时告诫你，见好就收，适可而止，有了恐惧，你的贪婪就能得以实现了。在股票卖买操作上，在贪婪中恐惧是提醒你当卖则卖，能卖就卖，不要登上此山岗，还望它山顶更高。当你在贪婪中有真正的恐惧,你对股市的认识也就深化了,也就会买卖操作自如了。

二. 在恐惧中贪婪

恐惧中贪婪是在惧怕股价有更大下跌的恐惧中,要有一点贪心之念,要有一念贪婪之心。要清醒地认识到,天明之前最黑暗,天亮之际有曙光,你在承担更大风险的同时,也在追求最大利润。在恐惧中贪婪是随时告诫你,天明在即,曙光已现,有点贪婪,你的恐惧也就随之释放。在股票卖买操作上,在恐惧中贪婪是提醒你当买则买,能买就买,不必等到最低,也没有最低。当你真正在恐惧中有了真正的贪婪,你对股市的认识也就升华了。

三. 众人皆醉我独醒

《楚辞·渔父》中一句"举世皆浊我独清,众人皆醉我独醒",显示出大诗人屈原忠君爱国的崇高品质。这句屈原放逐后和渔父的对话,浅释了屈原被放逐原因:大家都污浊,只有我一个人清廉;大家都沉醉,只有我一个人清醒。"众人皆醉我独醒",听起来似乎很离奇。仔细一想,还真是亘古不易的真理,放在股市操作中,还真是一句至理名言。冷眼看市,牛市到顶中众人皆狂,熊市到底中众人都跑,如唯有你一人清醒,牛市顶中卖票,熊市底中买票,会是什么结果,众人皆醉中的我也会十分明白了。

8.2 贪婪与恐惧实战操盘案例

实战操盘中,不乏有战胜恐惧克服贪婪最终赢得圆满结果的成功案例,也有一些因为贪婪因为恐惧,错失良机最终痛吞苦酒的失败案例。股票涨涨跌跌,不断诱惑贪婪,添加恐惧,产生贪婪产生恐惧,也在情理之中。说自己不贪婪,说自己不恐惧不是真话,肯定有恐惧有贪婪才是实情,重要的是如何克服它们战胜它们。总结出些许贪婪与恐惧的案例,但愿对你有所帮助。

8.3 有所为有所不为

"有所为有所不为"最早见于《孟子》,孟子曰:"人有不为也,而后有所为",意思是说现在的不作为正是为从后的有作为,一些事情不作为,才会在另一些事情上有所作为。近代冰心老人的祖父谢子修集古人名言的自勉联"知足知不足,有为有弗为",下联也是有所为有所不为的意思。

"有所为有所不为"由原版经后人提炼,仅七个字,内涵无限深广,朗朗上口易于流传,应用亦无限深广,充分反映我们民族智慧的博大。有所作为与有所不为是辩证统一的,不作为并不是无所作为,而是正确理解规则基础上的有所不为,是为了更好地有所作为。这是做人做事的至高境界。炒股也同做人做事一样,要有所为有所不为。

一. 股市中的无为之治

"无为之治"始于西汉初年，特点是管得宽松，管得自然，管若未管，不管而管。"无为之治"是最高层次的政治学和管理学，古今中外没有任何其他的管理模式能够与之媲美。

股市中的无为之治，其实说的是投资者的心境与心态。投资炒股赚钱，当然是一回事，白花花的银子投进去，难道还不是一回事？但是，是一回事并不意味着张弓拉弦处处紧张。从大处讲，投资炒股是你人生历程中经历的一件事，如同穿衣吃饭、读书工作一样，是一桩该怎么样就怎么样的事，不必看得过于紧张，过于重要。心境要放松，心态要平和，不要太把它看成一件事，该管的事要管，该做的事要做，管要管得轻松，做要做得自然，不要去无事找事，更不要无中生些事端。管事要得体，做事要得法，管似同未管，做似同未做，管寓于未管之中，做隐匿在未做之际。换言之，炒股是一桩事，它又不是一桩事，有了这样的心境与心态进入股市，你就稳操胜券了。

具体的说，股市中的无为之治，是让你宽松一些，舒坦一些，不必天天看着盘面，不必时时盯住涨跌，股票该涨就涨，该跌就跌，你的股票，该买就买，该卖就卖，一切顺其自然，不必过分矫揉造作，放松一些，有张有弛，也许你就赚钱了。

二. 股市中的有所为

"有所为有所不为"中，首先是要有所为。股市中哪些是必为之事呢？一是大势分析与判断，二是个股研究与选择。这是大事，不得不做，必须要做。

大势分析与判断是宏观环境、政策面、基本面、技术面对大盘或个股走向趋势的分析，是决定你下一阶段是以积极参与的态势介入股市，还是以谨慎的态势缓缓介入甚至暂时局外观察的关键。大势是向上的趋势，当然要积极参与，及时买票建仓；大势是向下的趋势，当然要审慎小心，必要时适度减仓。向上趋势行将到顶，要作好清仓退场准备，向下趋势行将到底，要作好进场买票准备，这之中，作好牛熊思维转换是特别重要的事。大势认清了，你该怎样做就好办了。

个股研究与选择在某个意义上讲，更为重要。因为你进入股市，最终总是要买票，买票卖票才能赚钱。那么，你买哪类票、具体是哪只、何时买、买多少、怎样买，都是需要预先确定作出计划的大事，不能走到哪里黑就在哪里歇。作出这些决定，要对你钟意的股票作全面分析，基本面特别是财务指标、经营业绩、分配状况，技术面各项指标，都要心中有数，只有这样，才能选择到好股票。所以，进入股市，首先是有所为的大事等你去做的！

三. 股市中的有所不为

"有所为有所不为"中，接着是有所不为。股市中哪些是不为之事呢？大事确定之后，一些小事可以有所不为。比如，买票之后要坦然些，不要天天盯住盘面关注时时刻刻的涨涨跌跌，股票总是要涨跌的，天天如此，会弄坏你的心绪的。再如，千万不要心血来潮，去做追涨杀跌的蠢事。

8.4 有所为有所不为实战操盘案例

股市中,有不为之事,也有该为之事,有不为事之时,也有该为事之时,关键是要分清主从轻重,当为时努力为之,不当为时便不为之。

8.5 得失之间

"塞翁失马"出自《淮南子·人间训》中的一个典故,大意是说:在北方边塞有一个善于推测人事吉凶祸福的人,大家都叫他塞翁。有一天,塞翁的马从马厩里逃跑了,越过边境一路跑进了胡人居住的地方,邻居们知道后都赶来慰问,劝塞翁不要太难过。塞翁一点都不难过,反而笑笑说:"我的马虽然走失了,但这说不定是件好事呢?"。过了几个月,这匹马跑回来了,而且还跟来了一匹胡人的骏马,邻居们又纷纷跑到塞翁家来道贺,塞翁反而皱起眉头对大家说:"白白得来这匹骏马恐怕不是什么好事喔!"。塞翁有个儿子很喜欢骑马,有一天骑这匹胡人的骏马,一不小心从马背上摔了下来跌断了腿,邻居们又赶来塞翁家慰问,劝他不要太伤心,没想到塞翁并不怎么太难过,反而淡淡的对大家说:"我的儿子虽然摔断了腿,但是说不定是件好事呢!"。邻居们都莫名其妙,认为塞翁是伤心过头,脑筋糊涂。过了不久,胡人大举入侵,所有的青年男子都征调去当兵,胡人非常的剽悍,大部分的年轻男子都战死沙场,塞翁的儿子因为摔断了腿不能当兵,反而保全了性命,这个时候邻居们才体悟到,当初塞翁所说的那些话里头所隐含的智慧。

这个故事在世代相传的过程中,渐渐地浓缩成了一句成语:"塞翁失马,焉知非福",它说明人世间的好事与坏事都不是绝对的,在一定的条件下,坏事可以引出好的结果,好事也可能会引出坏的结果,好与坏在一定条件或情况下会相互转换。"祸兮福之倚,福兮祸之伏",人世间事事如此,股市投资自然也当如此。

一. 股市中的塞翁失马

股市中也有塞翁失马之事。君不见,股价即将见顶时,你却误判在上涨中途,还有较大上升空间,你急于抢进买票,却因阴差阳错未能如愿,正当你懊丧万分之时,股价到顶大跌,你躲过一场顶部错买被套之灾,焉知没买到票是福是祸?!同样,股价即将见底时,你却误判在下跌中途,还有较大下跌空间,你急于抛票清仓,也因阴差阳错未能如愿,正当你后悔万分之时,股价到底回升,你躲过一场底部错卖之灾,焉知票没买出是福是祸?!这种阴差阳错祸兮福兮之事,股市中并不少见,股市塞翁失马也就时有发生了。

股市中的塞翁失马不是说炒股是误打误撞,阴差阳错毫无规律,它是要提醒投资者,股市买卖交易应有一个良好的心态,宽敞的心境,操作细节上不以成败论英雄,谁也不是神仙,谁也不是圣贤,谁也不能不犯错误,就是神仙圣贤也要犯错误,何况凡人?因此,票没抢进,票没抛出,都未见得是福是祸，也就不必后悔懊丧。因为后悔懊丧带坏了你的心境心态，问题就真有可能要发生了，变坏的心境心态会引导你无错犯错，或者错上加错。

二. 患得患失股市大戒

股市买卖交易操作中，切忌患得患失。做人要大气，"君子坦荡荡，小人长戚戚"，君子胸怀宽广，可以容忍别人，容纳各种事件，不计个人利害得失，小人心胸狭窄，与人为难、与己为难，时常忧愁，局促不安。做人如此，炒股也如此。炒股应从大处着眼，小处着手，大的方向大的事情决定了，就应心胸坦荡，不必为具体操作上一些环节过分纠结，更不要因为具体操作上一些失误失措而患得患失。股市瞬息万变，操作上出现一些问题十分正常自然，都是情理之中，犯不着责难自己，更不用抱怨他人。你在股市上常因票买早了利润薄了，票卖迟了利润少了而经常责人责己，试想你还有好心情看清大势明了方向吗？蝇头小利不要过分计较，点滴收益不要患得患失，才是进入股市应有的心态。

患得患失股市大戒还不仅是蝇头小利点滴收益，更为重要的是患得患失会使你犹豫不决举棋不定，买票吧担心被套，卖票吧担心踏空，整天在买与不买，卖与不卖上纠结忐忑，你就会失去大将风范，难以在股市战场上取胜了。

三. 最可贵平常心

平常心是人们在日常生活中经常会出现的对于周围所发生的事情的一种心态，是既积极主动，要尽力而为，又顺其自然，不苛求事事完美，有从容淡定的自信心，做好每天要做的事情，享受生活，享受做好每一件事情所带来的快乐，就会有足够的力量承担一旦到来的挫折和痛苦。平常心应该是人们的"常态"，是具备一定修养才可经常持有的，是一种维系终身的"处世哲学"。

股市淘金，最可贵的就是平常心。决定投资进入股市，应该说是家庭或是个人的一桩大事，不能等闲视之。但大事并非异常事、突发事，不必过分惊觉，过分紧张，仍应抱有平常心。如果你能把炒股真正视为你一天日常生活的一件平常事，如同上课上班工作休息吃饭穿衣一样，那你就十有八九会在股市稳操胜券了。因为你的心态平和正常，会带给你清醒的头脑，准确的分析判断能力，不至于把炒股一事看得过重而有失偏颇，甚至举止行为失措失态，那你对股市的分析决策合乎实际现状的可能性就大大增加了。

如果你不以平常心进入股市，把炒股赚钱看得太重，成天挂在心上，朝思夜想日日盘算，甚至寝食难安，那就有些危险了。因为你心情太沉重，难免会对股市中各种情况的发生举止失衡，判断过于偏颇，对股市中错综复杂的变化，也难于正确分析正确处理，结果会与你的初衷相反，你越把事情看得重，事情的发展却老是事与愿违，你本想炒股赚钱，结局却是被套亏损。

8.6 得失之间实战操盘案例

上面这些文字都是当年我为商务印书馆撰写这套书时感悟最深的东西，也是我最想让仍然还在股市中操作的友人们知晓的。如果你因为多种多样的原因仍然还在 A 股中浪迹，那就希望你一定一定要有一个良好的心态，如果心态不能够正常化，那还是建议你尽快的离开 A 股吧。30 多年国人在 A 股上的教训太多太多了，这些教训都是被一次次的一茬一茬的被割韭菜之后得到的，说一句不太客气的话，一个本来就不太正常的市场，你还能够指望在这个市场中收获到什么吗？对这种不正常的市场，最好的应对方法就是远远的离开它，越远越好。

有一桩"锁事"也想聊聊，就是一代一代人的消费观念和消费行为，说到消费观念和消费行为应该是我们这一代人也就是 45 后 50 后包括 65 前这 20 年生的人最为说不出味道的事了。曾经看到一个帖子，文章的主要内容是两个知识分子退休夫妻关于自己省吃俭用给儿子儿媳孙子补贴家用开支的感悟，主要是谈到了两代人的消费观。其中有一个细节就是二位退休老人说到逛街口渴饮水，他们很坦率的说口渴了在超市中买一瓶纯净水或者矿泉水，随便一个地方可以坐下饮用解渴就很满足了，但儿子儿媳孙子不是这样，他们一定要拉着老两口进星巴克，喝了星巴克的咖啡或者饮料才满意，星巴克老贵老贵的价格让两位老人一声叹息，这实际上写出了两代人消费观的差异。

两位老人在文章中说道，就是一个解决口渴的问题嘛，有瓶装水喝就已经很不错了，何必非要去进星巴克消费一番呢？这种两代人甚至三代人的消费观念和消费行为的差异，使得我们这一代 45 年到 65 年生的人很尴尬甚至有些窝囊。我不能说在这 20 年中出生的人也就是我们这一代人中都会是这种消费观念和消费行为，我们中也有不少的老人消费观念和消费行为是很超前的，但我可以说我们中的绝大多数人都会是这样。其实我们这一批古稀老人就收入来讲应该不是特别的差，至少不是因为经济原因不能去进行那些儿子孙子们喜欢和习惯的消费，事实上我们中的很多人在经济上对孩子们还有所补贴，形成这样在消费观念和消费行为上极大的差异和反差，基本上来源于我们的生活经历。我们这一代人是经历过艰难困苦的，共和国前 30 年贫穷落后的经济状况打在在我们身上的烙印很深很深，特别是经历了三年自然灾害期间那种天灾人祸的饿饭，贫穷带给了我们这种既尴尬又窝囊的消费观念和消费行为，思前想后确实有些无可奈何。

我的消费观念和消费行为也是和大家一样的，也在这里糗糗实际感受。也说说像那两位老人一样的喝水解渴，我确实和他们观点一样觉得喝一瓶纯净水或者矿泉水就蛮不错了嘛，何必非要坐进咖啡厅去呢，当然有时也觉得饮水档次稍提高一点买瓶可乐或者果汁来喝也不错。但这代老人们的命与运确实不太好，赶上到了老年收入也能让自己可以有所享受的时候，遇上了科技很发达的时代，各种各样关于饮食的说法经常让你退步。你说喝点可乐吧有专家告诉你碳酸饮料喝多了容易造成钙流失，果汁饮料吧专家告诉你那个加了糖的饮料并不解渴是越喝越渴，自己的实际感受也确实觉得它不如纯净水或者矿泉水解渴，何况专家还警告你，那里边有很多防腐剂。所以无奈之下外出解渴的确实就是瓶装水了，如果有时间稍长一点的同学聚会，为了卫生安全往往都是自己带着茶水。

再来说说逛超市，在我的住家附近有两个应该说还是有相当差距的超市，一个是盒马鲜生一个是永辉超市，因为这两个超市都在我家所在的小区附近，所以有事无事作为溜达两个超市我也经常去逛，当然也顺便买点东西。在这两个超市中逛时，购物氛围的感受完全不同，并且购物人群的主体差异也很大。在盒马鲜生购物的主要是年轻人，特别是30多40岁的人，他们往往带着年龄不太大的孩子，客观的说他们在盒马鲜生购物享受氛围的成份多余购物本身，那里有很多现场现制现做的食品供你购买和享用，并且还专门辟得有供你享用食品的地方与桌椅，年轻人们在购物之余买点食品坐在那里享用还是很怡然自得的。而在永辉超市购物的多数都是中老年人，年轻人虽有但不太多，这个超市主打的服务就是购物，经常推出各种优惠活动来吸引顾客，来到超市的人也是奔着价廉物美的商品来的，有备而来往往每次购的物品还是比较多的。这个超市虽然也有熟食品销售，但没有盒马鲜生那种提供即买即食的地方，它卖的熟食品也不是即买即食的而是带回家中食用的。

我在逛两个超市的感受中，当然觉得购物氛围盒马鲜生很不错，让顾客很有一种享受的感觉，所以有不少年轻人带着年龄不大的孩子来逛，购物之余会买些特别是孩子比较喜欢的即食食品享用。客观的讲盒马鲜生销售的商品特别是食品卖相当然也包括品质肯定是不错的，比起永辉超市来讲确实要好一些，但因此在价格上也高了不少，所以在盒马鲜生超市里中老年人顾客不多，特别是像我们这般年龄的老年人很少见。两个超市的购买人群径向分明，逛超市的目的也各异，在永辉超市就是奔着价廉物美而来的，而在盒马鲜生除了购物之外享受氛围也是所求，这实际上表现出两种差异较大的购物观念和购物行为。就我个人来讲，虽然我也很能理解盒马鲜生中那些年轻人购物的价值观念，但更多的还是赞同在永辉超市购物的中老年顾客那种务实的消费观，这也许就是我前面说到的我们这一代人的尴尬窝囊和无奈吧。

其实从道理上来讲，我们这一代老年人心里边还是很明白的，就是要改变自己的很多观念，让自己过得愉悦些潇洒些，表现在消费上不要太物质化，不要老去注意那些物有所值的问题。但话是这样说，真正要在实际中做这种改变其实还是不是很容易的。消费观念和消费行为会表现在各种层次上，包括物质需求上的心理精神上的，在物质需求层面上提升消费观念和消费行为的档次其实要容易一些，毕竟嘛就是一些价格上的差异，我们这一代退休老人中应该都不差这个钱。何况价格高一点的商品无论从哪一方面来说品质确实都会好一些，所以仅从消费的物质需求层面上改变我们的消费观念和消费行为并不难。真正难的是在心理精神层面上的，就是消费观念和消费行为的改变会从心理上乃至精神层面上给我们带来什么影响。就是在我上面说到的那篇文章中，两位退休知识分子老人也说到逛街口渴了，他们也与儿子儿媳孙子一起去星巴克喝了咖啡，其实花的钱也不是很多好像也没有啥，但不知怎的咖啡喝完了心里边总觉得有点别扭，至少是没有儿子他们那种享受的快感，这就是消费心理上总还是过不了那个坎，花了钱但却不能像年轻辈一样尽情享乐。

我觉得这两位退休的知识分子老人，说的就是活脱脱的我们这一代人的群体写照，当年度过的那些年代磨合打造了我们，使得我们无论怎样努力都进入不了年轻后辈的时代。当然两位老人在长长文章结束的时候提出他们将要怎样做的观点我到是很赞同的，他们在对比了自己和儿子儿媳的消费状况后，毅然决然的决定不再省吃俭用为儿子家庭提供之前一直有的日常资助，他们强调要为自己活着而不是为后代存在，我觉得这个观念是很正确的。

第四章 老人自嗨

古稀老人需要夸张乃至高调的自我赞扬

接下来要记叙的"锁事"有点自嗨的味道，也就是有点自我表扬自己，不过我想已经年过古稀，即便有点自我表扬甚至有点自我吹嘘的味道也在情理之中，毕竟老年人嘛多听点好听的还是有好处的，即便是自我表扬自我吹嘘的自嗨。这些事有大有小，有对有错，有得意之作，也有唏嘘之事，有年轻时激动之为，也有年长后的慎重行事，算是对几十年过往作为的美好回忆吧。

在记叙具体的事情之前，想对自我作一个自描与自评：如同有不少友人在看了我的回忆录文字后，还是谬赞我是一个能干人，自我审视了走过的几十年后，我也不否定这个说法。从做事的角度我确实可以算住一个能干人，我所经历我所完成的很多事情无论从过程还是结果上来讲，确实能够展示我能干的一面。但是想要强调指出的是，自己认为我的这种能干是相当局部性的或者说是微观上的，我确实能够把一桩很具体的事情尽量的做得很完美很好，有的时候这种好和完美的程度让我自己都很惊讶。但自我审视和评价自己，我认为我不是一个能做大事的人，当然首先就是我没有做大事的志向和愿望，也就是说我的目光还是很短浅的，碌碌而为没有想过去做有高远志向的事。

说自己是一个不能做大事的人，我确实是这样认为的，事实上在过去的几十年中，我还是在有些时候处于能做大事的阶段和位置上，但即便是在能做大事的位置上，我思维和行为的侧重点还是放在把一个具体的事情做好做完美的角度上，因为我的兴趣就在于喜欢做具体事。比如上世纪90年代下海，也办了公司当了老板，应该说是在一个可以做并且能够做大事的位置上了，但我津津乐道的仍然是一些具体事情，至于是不是要让公司有发展好像没有深入想过，当然有一个目标是很明确的，就是挣点钱实现多方面的财务自由。

特别是我在民办高校工作那十年，前后担任了三个学院的院长，道理上说这些学校该如何办怎样发展这些大事应该是我当院长的考虑的，我也确实去考虑了去做了。但更多的精力和心思还是放在很多看起来比较具体的事情上，比如如何更好的去维护教职员工与学生的基本利益，再具体点就是如何给教职员工涨工资，如何让学生在学校中尽量费用少点知识和技能多学点。尽管我也思考和身体力行了让学生"学什么""怎样学"的大问题，但这些大问题最终也是落脚在系部办学的具体事务中。

当然在操作一项很具体的事情时，我的个人魄力和才干确实会得到很好的展示，这种魄力和才干会表现在两个问题上。首先是"敢做吗"，这是一个魄力的问题，再就是"怎样做"，这是一个才干的问题，在完成和做好一个具体事情上，我确实是一个有胆识有魄力有才干有能力的人。先讲一点在成都二十九中读初中的故事吧，当时学习成绩很优异的我，不知道什么原因承担了学校比较多的学生工作，在我的印象中我已经记不清楚我是不是担任过学校的团委会学生会的什么职务了，但要负责的工作是记得很清楚明确的。

记得当时每周要出一大板黑板报，每一期内容的构思稿件的组织都需要我去完成，当初学校的团队专职干部彭老师给我说要做这件事的时候，不知道什么原因我就总觉得我是能完成的，也就毫不犹豫的承担下来了。事实上工作还是有难度的，每一期内容的构思就得要我结合形势和学校的状况来提出，向同学们组稿也比较困难，不少时候都是我自己在捉刀代笔。但不管怎样，这个每星期一板的黑板报总是按时推出的，这个过程和结果说明了我是具有做好这个事情的能力的。当然当年的同学后来多年的好友洪时明兄在工作中给予了我很大的帮助和支持，他在黑板报组版和文字的才干让我从来没有过这一期黑板报能否按时推出的担忧。这个事情虽然不大，但从事情的过程和结果上看，我对做好这类事情还是很有胆魄和能力的，至少是心中有数的。

在成都七中读书时有二件事我已经在前面的回忆录中提到过，一件事情是在谢晋超先生为我们组织的数学兴趣小组上，谢先生提出要我们办一份《数学小报》，其实他提出这个事情的时候只是表达了一种想法，具体怎样操作他没有多说。但不知怎的慢慢的这个事情就成了我和张昭的事情了，当然其中有一个原因是谢先生当年给我们班上的课比较多，沟通交流比较方便。但我现在回想起来也应该与我个人的因素有关，因为在潜意识深处我是觉得我是能够做好这件事的，的以也就去承担了，当然张昭那一手隽秀的钢板刻字也是这项工作最终落到了我和她身上的一个重要因素。

其实办一张小报也不是那么容易的，它的过程也有艰难之处。记得有一次谢先生在数学兴趣小组上解了一个高次方程，然后告诉我们这类方程叫对称方程，然后就说这一期的数学小报就重点介绍一下对称方程。这个意思就是说这一期的数学小报要有一篇关于对称方程解法以及引出来很多数学知识的文章，并且说了一句这篇文章大家有时间都写写。到了接近该出这期数学小报的时间了也没有收到稿子，于是我就只好捉刀代笔了。当然当时的实际情况也不是只好，我自己还是心中有数的觉得可以写出一篇较好的介绍文章，在经过一番努力之后写出了初稿，请谢先生浏览了一下他还是比较满意，这一期数学小报的主版文章总算是得到了解决。

还有就是我曾经说到的在高二暑假谢先生让我为他解答一份建国以来到1965年的高考试题，他跟我说这个事情的时候，其实我是知道这个事情的难度的，高三的课程内容我还没有学，要做出这份试题解必须要自学高三的课程。但在我的潜意识深处，我是认为我是能够完成这些的，当然需要付出更多的努力，所以当时稍有犹虑我也就答应了。拿到试题一看，才发现解放初期那两年各个大学自行命题考试时，清华、复旦的试题中还有行列式的计算，而行列式计算在当年是大学一年级的内容，于是我在那个暑假中先是自学这些没有学过的内容，然后进行高考试题的解答。尽管整个过程难度是相当大的，但最终在我的努力之下还是完成了谢先生嘱咐的这项工作。

这几件事都发生在中学时代，当年尚且年青，做这些事情的时候应该还谈不上什么魄力和才干，老师的嘱托嘛作为学生当然想尽力完成。只是这几件事在当时看来，作为学生的我要去完成还是有一定难度的，而当年敢于接受这些任务并尽力去完成，还是表现出年轻的我在判断一件事情的完成难度上以及自我克服这些难处是有一定能力的，否则也不敢贸然去接受老师交下的任务。这几件事有一个共同点就是，它们能否完成或怎样完成主要涉及到我自己个人，与此关联的其他人几乎没有，也就是说我只要对自己能不能完成这些事做出判断就行了。而有些事情不是一个人就能完成的，需要一些人甚至比较多的人一起去完成，这就有一个需要对工作团队作出判断并且组织这个团队大家共同去完成的问题了，在这方面往往更能展示自己的能力与才干。

在回忆成都七中1966年6月到8月文化大革命初期三个月的情况时，我曾经提到过三件大事：一是六月十日左右成都七中第一张到矛头指向当权派的大字报，二是六月二十四日要求撤走工作组，三是八月十八日三楼阅览室大辩论。这三件大事都与我密切相关，头两件大事我扮演了主角的角色。成都七中第一份把斗争矛头指向当权派的大字报是由我起草并组织一批同学制作的，制作这一份长达将近二十页的大字报，是在大字报贴出的前一天下午，我和十分密切的好友刘仁清就当时学校文化大革命的局面和情况交换了意见，对当时出现的把斗争矛头指向老师们的倾向提出质疑：如果这么多老师都是牛鬼蛇神，那我们成都七中党支部这么多年在干什么呢？加上受当时左倾思潮的影响，认为在全国教育战线上资产阶级和修正主义的教育路线统治了17年，成都七中肯定不可能例外，于是决定写一份大字报表达我们的这个观点。我和刘仁清分手回家的时候天色已经较晚,我给他说我去看看情况,看能不能在今天赶出一份大字报来,我给他说这句话的时候不是指的大字报内容的撰写,这个好像我在与刘仁清交谈的过程中已经比较心中有数,主要是大字报的抄写制作,这么晚了我要看回家去看看能不能组织得起一批同学连夜赶制。

我之所以这样给刘仁清说要回去看看,是因为时间已经较晚,我得去看看能不能够把各方面的人手组织起来,所以我没有给刘仁清说肯定的话,等我心里边感觉到这个事情不会有多大问题。后来事情的发展确实展示了我在组织完成一项具体工作上的能力,我在回家的路上就召集到了一批同学,有我们高六六级的吴伯贤周光熔同学以及高 68.1 班的好几位同学。大家都聚集到了我家中,我给大家讲了下午我与刘仁清交换意见的情况,说到我们决定出一份大字报表示我们的观点,我希望大家今天晚上辛苦一下熬个夜,争取把大字报制作出来明天贴出去。

大家都表示没有什么意见,于是立即就分工动手,首发是我立即开始起草大字报的内容,其他同学分别去准备笔墨纸张,我让大家二个小时之后再次在我家中会合,我告诉大家,那个时候我会起草出大字报内容的一半,她们可以开始抄写,同时我起草大字报内容的另一半。两个小时后大家再次汇合时已过了午夜十二点,我的大字报内容的上半部分已经起草并审定完毕,几位同学便分头把这部分内容分开进行抄写,这个时候我开始抓紧继续起草大字报的后半部分。

大约在凌晨 3:00 左右,我的大字报起草完毕,她们所抄写的大字报前半部分内容也接近完成,大家让我去休息一下,她们确保能在天亮前抄写完大字报。早上 6 点当我醒来时,同学们已经把抄好并检查过的大字报卷好放在桌子上了,草草的用过早饭之后我带上大字报去了学校。当时学校已经停课,和我们观点接近的一批同学大约有二十多人都住在行政楼三楼阅览室中,我上楼找到了刘仁清龙向东等同学,大家一起阅读检查了大字报都表示认同,最后由刘仁清龙向东刘正富和我以"敢闯霹雳向东烈"的名字代表大家签署。应该是说大家对于这么快我就能够把这份大字报组织制作出来还是有些意外的,当时刘仁清说了一句"许胖子,你还搞得快哦,都搞出来了就签名吧",这份成都七中第一篇把斗争矛头指向当权派的大字报就这样贴出去了。

把一件很具体的事处理和解决好还是需要一定的技术或者说是艺术的。1967 年 2 月 17 日后,四川杀气腾腾的"二月镇反"开始了,当天从直升飞机上铺天盖地撒下来的传单可见来头不小。当时"七毛"去静坐成都军区的同学们都撤回了学校,大家都在静观事态的发展。第二天与我们毗邻的空指 7237 部队来了一位李参谋,说要找红卫兵组织的负责人弄清楚去成都军区静坐绝食的情况。因为当时已经出现了部队在工人造反派中抓人的情况,为避免意外在我提议下由我出面应付,因为我有两个极好的身份,一是我是红卫兵成都部队的,二是我没有去成都军区静坐。

不过这个身份如何向李参谋所代表的 7237 部队表明需要一定的技巧,在与这位李参谋见面前我心中很明白如果一碰面就直白这两个身份,可能产生的效果不会太好,至少不会有利于后边由我出面去与部队协调相关事宜，我觉得我应当在合适的时候用比较艺术的语言让他关注我重视我。我和他一见面，李参谋就很严肃的板着脸给我讲静坐成都军区是很严重的反革命事件，按部队的统一安排他们 7237 部队负责弄清楚成都七中红卫兵去成都军区静坐的情况，我很安静的面对微笑的听他讲述，并且时不时的点头表示赞同，这样他的情绪逐渐有所缓和，语言也不再那么急促严肃了。在我觉得我应当并且氛围也可以开口讲话的时候，我对他讲述的第一句话是"李参谋说的对，我已经批评他们了"，在讲出这句话的一瞬间我看到了李参谋闪过了一丝惊异的目光，他停住了讲话望着我，显然是想听我进一步的解释。于是我告诉他我虽然在"七毛"负责，但我的观点是红成的，而且我没有去成都军区静坐。我看他还有听我继续讲的意思，便开始了自我批评。

我给他讲我们是中学生，比对门成都工学院的大学生年龄要小得多，我是同学们中年龄最大的了，也才 19 岁不到 20 岁，我们最小的同学还有 13 岁不到 14 岁的。所以我们考虑不慎，听信了揪出了西南局省市委的走资派后要继续揪成都军区的走资派的宣传，就有同学到成都军区去静坐了。现在同学们都回到学校中来了，我已经很严厉的批评了他们，让他们总结这几天在成都军区静坐的情况，做好自我批评和自我反省。李参谋听过讲了这些，情绪发生了很大的变化，一直板着的脸有一点微笑了，他跟我讲弄清楚在成都军区静坐的情况是部队的基本要求，他希望我能配合他尽快的把情况弄清楚。我连忙点头表示一定密切配合，把同学们在成都军区静坐的情况在这一两天内弄清楚后向他汇报，并且带着他在学校里逛了一圈，特别刻意的带他去看了一下初一的小同学。因为有这一个比较好的第一次见面的过程，后边的事情也就逐渐不麻烦了，伴随着整体形势的逐步缓和，最后 7237 部队在弄清楚成都军区静坐情况后也没有再提出其他问题，甚至对"七毛"的一些宣传器材如红旗锣鼓广播设施都没有像其他学校那样予以封存乃至收缴。

如果一件事情需要组织一个团队去完成，我个人的观点是这个团队一定要短小精干，人不要太多，每个人都要有该有的岗位明确的工作任务，并且要让他明白自己在这个岗位上为了完成工作任务该做的事。也是在 1967 年，应该是 4 月之后"二月镇反"已被否定吧，我带着"七毛"几位成员到人民南路百货大楼顶楼上建了一个广播站，主要是宣传粉碎"二月逆流"，我们这个广播站就很精干，大概就五六个人吧。一位是管广播器材的，这个岗位很重要技术性也很强，记忆中是"七毛"中一位姓杨的初三同学，他是身体力行的独立担纲把这个岗位的工作任务做得好上加好。当时使用的广播器材都是用的电子管，电子管烧久了就会发烫影响广播效果，有时甚至会卡住断电终断广播，他凭着他精湛的技术自始至终都保证了我们广播的顺利播出。

其他几位是我根据广播时段的需要选定的，他们就像正式的广播电台一样各自分配了一个时段，他不仅在那个时段要广播，而且要负责去组织编辑他所广播的内容。至于我是担纲了每天下午七点左右黄金时间的粉碎"二月逆流"的专题广播，主要内容是播送和宣讲"北京来电"消息。当年我们这个广播站在市中心影响很大，当时城区产业军的势力还比较大，我们像一颗钉子似的插在其中，驻足在人民南路广场上百货大楼楼下的听众络绎不绝，特别是我所广播的那个时间，楼下是人山人海黑压压地一片。我在广播中虽然也要宣讲，但我刻意不把宣讲内容讲得很深很透，在播送了当天北京传来的粉碎"二月逆流"来电内容后，我更多的是在很多很关键的地方做重复广播强调重点，引导听众们去自我思考，这样达到的效果很好，这也是这个时段听众最多的原因。

上边说到的在1967年2月到4月我所做的这两件事，在我看来是很好的展示了哪个年龄的我已经具有了相当的做好这些事情的才干，其实当初做这些事情的时候，兴趣之处也就是想实践一下自己处理一些比较难办的事情的能力，是完全没有其他的功利上的目的的。"七毛"是成都七中的八二六派红卫兵组织，而我是一个红成的人，长远的看这些事情做得怎样，最终的结果都与我无关。事实上当年的过程也是这样的，当"二月镇反"的恶浪稍许有些平静时，"七毛"内部就传出对我去应付7237部队的质疑，也正是因为这个原因，我才主动避开了那个环境，带着几位同学去了人民南路百货大楼建立广播站。当两派联合起来共同打击产业军即将完胜之时，还是有"七毛"中的同学对我领导和负责这个广播站提出质疑，我知道两派再次分裂对抗亦不可避免，由我这个红成派的执管"七毛"这个广播站确实不妥，所以便提出主动离开。尽管好友刘仁清从学校赶到百货大楼挽留我，我虽然也很感谢他的好意，但也明白两派的分裂在即，以他的一己之力是不可能让我继续掌管"七毛"在城区很有影响力的这个广播站的。而且事实上我继续留下来是给自己出难题，两派分裂之后这个广播站必然要成为两派纷争的宣传喉舌，一定会成为八二六攻击红成的桥头堡，我留下来岂不是使自己为难吗？

上边谈到的两件事是1967年上半年的前几个月中我作为红卫兵成都部队成员在八二六派的"七毛"中做的我自认为颇能展示自己在做具体事情上的才能，同样的情况在我为红卫兵成都部队工作时也出现过。1967年6月，我和在成都七中同班的一位刘姓同学前住北京与成都电汛工程学院的一位大学生组成红成驻北京联络站，由于当时形势发展的急迫性，按照联络站的意见由我专程回成都向红成总部汇报不要提出"打倒刘张"的意见和建议。

我回成都后形势已经又有了更大的发展，事实上"打倒刘张"的口号已不可收回，但红成总部还是安排了很认真的听取我们汇报的会议，记忆中武陵江石福全都参加了会议，不知道为什么蔡文姬没有参加。因为我们北京联络组的思路是很清晰的，所以我给总部的汇报应该也很完美，我感觉几位头头也很满意，只不过于事无济，不是箭在弦上不得不发，事实上已经是开弓没有回头箭了。汇报会上总部的头头们议了下一步区域的发展趋势，当时成都市区多数区域已被八二六派控制，所以很强调控制南边的西昌地区以及通往西昌的雅安石棉两地的重要性。会后几位头头决定我参加红成总部对外联络部的工作，主要负责与红成总部与专县上的联络。

我当时的工作是每天晚上 7:00 之后到位于将军衙门的四川省委组织部去打上几个小时的长途电话，了解红成派在各个专县的状况。当时两派的纷争十分激烈，经常出现一种情况是专县上的红成派不仅是汇报情况，有时出现紧急情况需要总部明确表态。遇到这种情况如果还不十分紧急，我会告诉他们第二天这个时候我会来向他们传达总部对他们工作的指示意见，因为第二天白天我会找到红成总部的相关人员，向他们汇报这个专县的情况并得到相应的指示意见。但也有好几次遇到了很紧迫的情况，我就不得不在电话上以我对红成总部头头们关于区域发展的意见给他们作出引导性的下一步工作意见，而要做好这一点是需要自己有一定的魄力和才干的。

记得当时有两个大方向的工作印象很深刻。一个是当时川北与川南红成派的力量比较薄弱，特别是川南宜宾一片犹为明显。他们有时在电话上讲到形势太严峻了，希望总部能同意他们向成都靠拢。每当遇到这种情况，我都要根据我对总部大的发展意图的理解，引导他们不要致力于向西与成都靠拢，而是要想办法向东与重庆靠拢，除了重庆地区与红成同一观点的八一五派几乎占据了整个重庆对立面砸派的力量很弱之外，向东与重庆靠拢所付出的代价会比向西与成都靠拢所付出的代价小得多。另一个方向就是经雅安石棉到西昌，在与他们联络的时候，经常要反复强调一定要保障雅安石棉到西昌的通道以及西昌地区红成派的大势力，为了这个目标要不惜一切代价。这些事情现在回忆记叙起来好像是轻飘飘的，而我当年其实还没有满 20 岁，在哪个年龄要担当这一份工作并且要把它做好，应当对我还是一种考验，当然也是尚且年轻的我的一种魄力和才干的展示。

还有一件事情是在 1968 年三·一五之后。上面说道在 1967 年的六七月份，我在红成总部承担与专县上的联络工作，但这个事情也没有做到多长时间大约有一个月左右吧，起因是当时有"红毛七"的同学到红成总部反映，说我与八二六派的"七毛"过往甚密，特别是与"七毛"的几个头头私交甚好，他们说在 1967 年上半年的二三四几个月，我为八二六派的"七毛"做了不少事，包括在人民南路百货大楼上建办了那个很有影响力的广播站。总部听到这些反映后也很为难，他们告诉了我这个情况，我很坦然的告诉他们"红毛七"的同学来反映的确是事实，为了不使总部的大学生哥哥姐姐为难，我主动提出退出在红成总部的工作。

从那个时候开始到 1968 年春节前夕，我实实在在的在家中当了真正的逍遥派，其实我退出红成总部的工作也不是被动和无奈，我早已经有了一些离去之意。因为当时两派的纷争愈演愈烈，我认为为这种兄弟之争去耗费精力和时间没有多大意思，所以有"红毛七"同学去反映我也正好就"借驴下坡"了却此事。在家中当逍遥派的这半年中，成都七中发生了"8.10"工学院十·一战团攻打并火烧成都七中行政楼的事件，以及"1.20"七毛的同学攻回成都七中的事件，我当时目睹了这些令人痛心的事件，看到"七毛"和"红毛七"两派同学都有伤亡，从内心深处感到十分惋惜和难过。

1968年春节后，我回到成都七中参加了"红毛七"的一些工作，主要是负责广播宣传的组稿工作。当时的广播宣传不是只在成都七中，在这一片区中包括成都工学院四川医学院科分院等当然也有成都七中在广播上已经连成一个局域网，每天的广播是由这几个学校轮流负责组织。也就是成都七中"红毛七"隔几天就需要组织稿件负责某一天的区域广播，我记得当时"红毛七"播音人员中有余世杰敖以莎等。刚开始的情况还很正常，播音稿的组织也没有什么太大的难处，后来就遇到了"三·一五"。比较巧的是区域广播网这一天的广播正好轮流到了"红毛七"负责，整个大的形势和局面是如此，该广播些什么内容呢？我记得当时余世杰敖以莎找到我，问我今天晚上播送什么内容？

其实从当天下午传来中央"三·一五"会议的消息后，我就想到了他们可能会来向我问的这个问题，这确实是一个很头痛很难办的问题。肯定不能再像以前那样广播"打倒刘张"的内容了，因为中央的会议已经明确表态刘张不能打倒。肯定也不能像两派纷争时广播指责攻击八二六派的内容了，因为中央的会议上反复强调两派要团结起来尽快组建四川省革命委员会。但也不能够到时候不广播呵，因为每天这个时候的区域联播已经有好几个月了，如果今天没有广播的话方方面面特别是我们红卫兵成都部队内部都会感到遗憾的。到底当天晚上的广播以什么内容为好呢？

最后我告诉几位广播员，今晚的例行区域联播时间中，我们反复播送中共中央1966年的《五·一六》通知和八届十一中全会通过的《关于无产阶级文化大革命的决定》即十六条。我作出反复播送这两个文件是经过慎重考虑后自己认为是最合适最得体的。第一，我们当晚的区有联播没有中断正常进行，说明我们红卫兵成都部队大家的心态很正常的，我们该做什么就在做什么。第二，这两份文件在当年是毛大爷发起文化大革命的纲领性文件，它在某个意义上肯定了红卫兵小将在文化大革命中的历史功勋。红卫兵成都部队作为成都地区的老造反派红卫兵，有着这些该有的殊荣，我们当前虽然有了一些挫折和坡坎，但仍然不失老造反派红卫兵的风范。我想当年能够做出广播这些内容的考虑，也应该是自己个人魄力和才干的一种表现，也是自己在面对某些挫折的时候荣辱不惊的一种定力。

有些事情的完成不仅需要魄力和才干，有时更需要的是担当，不过我这里所说的担当不只是那种勇夫式的仅去承担，更是一种睿智，也就是一种有把握能够解决问题的魄力。想再次从这一个角度说我在前面的回忆录中已经说了不少的发生在我在大塘公社当知青的时候的所谓"打贫下中农狗"的事情。事情发生的那天下午，当那位被他姐姐托咐我照顾的楞小子背着打死的狗兴高采烈地走到我的住处的时候，我立刻就意识到事情糟了，特别是看到与他同行的另一位他的同队知青的神态，便知道事情已经很严重了。我一边和他们一起烹饪狗肉，一边就在琢磨这个事情的可能发展走向以及我的应对方法。我知道这个事情早晚会败露的，也知道事情败露后如果由那个楞小子去承担责任，会使得事情一发不可收拾，潜意识中便萌生可能得由我出面去承担责任也许稍好些的想法，因为由我这个表现很好的知识青年承认是打错了狗而又愿意赔偿，问题的解决也许会好些。我有这些想法确实不是匹夫之勇，除了有觉得事情扯到公社去后那位郑书记一定会对我高高举起狠狠批评但又会轻轻放下使问题得到实质性的解决外，更是因为我所知道当地农民养狗的一种习俗，当地农民养狗习惯上就像养鸡养鸭养猪养羊一样，是一种生活上的经营方式，他们养狗的目的看家护院不是主要目的，主要是到了冬天人们需要狗肉进补的时候去卖狗肉获取收入。

幸好在炖狗的过程中我一边与几位知青队友交流，一边有着这些虽然凌乱但后来却表现得十分重要的思考，因为当我们的狗还没有炖耙但已经香气四溢的时候，我所住的这座大院落的后门响起了敲门声。我住的这座院落很大房间很多，是生产队一位郑姓中农的，他给我住的房间中除了有住的床等家具之外还有煮饭的锅灶，这间房子外边就是这个院落的后门。其实那位楞小子兄弟与他的队友背着狗到我这里不久，狗的主人家就来到了小门外边，一直静静的在门外蹲守着，等到我们狗肉的香味出来的时候，别人就敲门了，不是说的一句话叫"捉贼捉脏"吗？别人要找到你打狗的证据。

我听到敲门声就知道事情发了，因为这个小门平常除了我进出之外，郑家的人住在大院落的另一个方向，进出都不走这个门。我打开门就看到楞小子兄弟生产队的两位贫下中农了，因为当年我在整个生产大队和公社还是有一个优秀知识青年的名声，他们也好像认识我因此双方都比较客气。我看事情已经是这样了，还没有等他们开口，我就笑呵呵的说"来得早不如来得巧，我们刚才打了一只野狗正在炖，马上就要好了，进来尝尝吧"。这几句话一开口，先是把房间中的另外三位知青队友说楞了，不过他们马上反应过来了也就顺着我的话请他们进来吃狗肉。这个时候那二位贫下中农开口了，他们说"啥子野狗呵，就是我们家的狗"。

听到这话我只好像演戏一样故作惊讶的说，"是你们家的狗啊，还以为是哪个地方跑来的野狗"，并且马上表示对不起，打错了狗我们愿意照价赔偿。但他们不依不饶的一定要到大队去解决，因为他们说那个楞小子兄弟是认得到这条狗的，后来才知道楞小子兄弟和他的队友就住在这家贫下中农家中，与那条狗平时还十分热啰。事已至此我当然不能改口，坚持说我们认为是野狗打错了，也同意他们到大队上去解决。到了大队，各方面的原因大队书记和队长都说最好到公社去解决，这之中很重要的是他们看到我参与了这件事，觉得到公社解决要好一些，当然我刻意的引导也是原因之一。后来问题的解决情况我在前边的回忆录中已经记叙得很详细了，就不在这里赘述了。

现在年逾古稀，回忆起这件事来，还是颇有感悟。除了对当年那位姐姐是我成都七中同学的楞小子兄弟为什么要去打那条狗十分不解外，当然还有的就是要自我表扬当年还应该算年轻的我吧。事发的那年我大概有24岁吧，当然也不算很年轻了，首先要给自己点赞的还是那份担当，事情发生的第一时间我就想到了可能由我承担要好些，尽管之中有一点楞小子兄弟姐姐托嘱的因素，更多的还是自我担当感的驱使。我既然已身在事情之中，审势度时的通盘考虑还是决定站出来为好，几十年过去了现在回过头来看，还是要为这份担当首肯，为能在年轻的时候就有这份担当而自誉自慰。

再就是处理事情的技巧性，事发实在太突然，如果没有当时随机应变的把事情坚决的说成是打了一只野狗，在当年那种政治背景下被说成是知识青年有意打了贫下中农的狗，那事情的发展和解决恐怕不是很容易的。当然一方面坚持是说打错了但同时又始终表态要赔偿，这也是抓住了农民的物质第一的心态，农民最大的特点就是实际，这一点我是看准了的，所以当到了公社接受了郑书记的高调批评后，我庚即表态按市价两倍赔偿，这种让贫下中农正中下怀的最后的一把火是事情得以解决的关键。好像有点把自己表扬的过分了，但都这把年龄了，回忆起年轻之事还是想听听这些好话。

接下来想自我表扬自我陶醉的是我已经记叙过多次的事，不过以往是记叙事情过程与结果为主，现在想从个人能力方面说说。这件事是我列为这几十年中做得最精彩也是最得意的三件事之一，就是1976年把兄弟从农村弄回城和给妹子办免下农村手续。现在回过头来看，还真有点欣赏自己当年的才干，特别是睿智坚韧和敏锐。当年那个事情也算是机缘巧合，算是上天给了我们兄妹三人一个机会吧，商业部要在那年弄一个流动冷库，四川省食品公司就选中了金牛区商业局在苏坡桥的那块地，而我就在那一年在金牛区商业局办公室独自负责各种零碎杂事，这算第一个巧合吧。这个事情当年商业都很急，接受任务具体操作的四川省食品公司更急，时间也很急，春节后开始的工作要在酷夏到来之前的六月底完成，都急编偏地方上金牛区不急，这个事在管着二十个人民公社几十万农民的金牛区甚至不能算个事，在急与不急之间，我的作用便凸显出来了，这是第二个巧合。其它细节上的巧合就更多了，比如四川省食品公司拿到的招收什邡县知识青年的指标不仅有甚至有两个，那个与我关系甚好的商业局第五把手副局长居然会在会议上发彪从而帮了我的忙，也就不一一赘述了。

将近50年过去了，现在回过头来看当年最值得自己自我欣赏的是我的敏锐。记得那天是省食品公司来了两个干部，到了商业局后，很快就有人把他们指点到我的办公室中，因为在大家看来这种有点乱七八糟莫名其妙没有专人管的事情最好推到小许那个地方去。我接待了他们，坐下来一谈我立即就感到这件事似乎有点什么机会，因为他们在交流中说到了这是一个新建单位，他们有招工指标从知识青年中招工。不过当天来的两个省食品公司的干部对我这个金牛区商业局的年轻干部并不在意，只是催着要求见局领导，于是我领着他们去见了一下当天在家里的局长，对这种不着边际看起来有些麻烦的事局长最后给他们说的是后边的事还是找小许联系。

接下来是我要把他们的基本情况搞清楚了，其实最关键的就是有没有到什邡招工的指标，这个事情因为他们很急，所以很快的我就把基本情况摸清楚了。虽然当我弄清楚他们在什邡有招工指标后便决定全力以赴的促成此事，但我知道我不能太着急，我得让他们逐渐认识清楚在这个事情上我能够起到的关键作用，这一点确实表现出来当年我的魄力和才干，因为能够沉得住气这不是每一个人都做得到的。一直到他们已经十分着急的时候，我才告诉他们我们这种块块上的机构事情杂多，且不说区委区政府管看20个人民公社，就是我们区商业局也管着20个供销社，直到他们憋不住了问我该怎样办时，我才告诉他们也许我可以起点作用。当时最重要最关键的一个环节就是向区领导汇报，我跟他们说我去试试，在他们将信将疑的等待了一天后，我带给他们的消息是区委区政府和区财贸部领导都同意了，可以往下进行具体事宜了。

事情之所以这么快其实是在这之前还在胶灼着的时候，我已经提前做了不少工作，比如给区财贸部杨部长的汇报，我已经在一次聊天中给他说了。也算是运气好我居然在有另一件事情要找分管财贸的区委副书记时也顺便把这个事情给他说了一下，其实也就算是汇报了。这件事后边的过程我在前面的回忆录中记叙得比较详细，当然最精彩的插曲是那位第5把手副局长在联席会上的扯拐需要我去协调和我到火车北站找书记签字，有了那两个事情后，省食品公司已经把工作推进的希望全部放在我身上了。现在来回忆这些事情，心里边还是很自我欣赏甚至有点自嗨的，因为前边的回忆录说到的，尽管到什邡县去招我兄弟回城出现了很多意想不到的坡坎，但投桃报李省食品公司因为我对他们工作的大力支持和促进，是做出了极大的努力最后把我兄弟从什邡农村招工回城了的。

回忆记叙了一些年轻时候展示自己魄力和才干的事情，对年逾古稀的老人来讲应该是十分愉悦的，毕竟自己年轻的时候还能够并且做了那些使自己才华得到表现的事。那个时候确实年轻所以更值得回忆，至于后来参加工作了读了大学了，大学毕业又分到高等学校当老师了，这之后也有很多很精彩的人生桥段，但毕竟那个时候已经比较成熟了，与年轻的时候相比似乎觉得能做出什么精彩的事情也不奇怪了。我这一生中前30年经历的是"阶级斗争为纲"年代，后40多年是改革开放的时代，这40多年中我既在体制内的高等学校任教，也在体制外的市场经济中的游弋，现在回过头来看还是觉得年轻的时候那些所作所为是特别的有意思，回忆起来特别令人愉悦。

第五章 文如其人

文字是一个人方方面面最形象最客观的写照

接下来想说说我的"文字",这也是有点自我飘扬的内容,前面已经说了不少自我表扬的"锁事"让老年人很高兴,既然能高兴那就多说点吧,老年人还是要自己去找一些能让自己高兴的事。关于一个人的文字,有一句话说的是"文如其人",说的是一个人的文字是如象这个人一样,好像更多的说的是一个人撰写的文字就像这个人一样,这里说的是撰写文字的过程。我把它再加上四个字"文似其人",想要强调的是一个人的文字特别是它的风格是与这个人很相似的,更多的说的是一个人已经形成的文字与他其实是很相似的,这里说的是所写成文字的结果。当然这两句话说的内容是很接近容易混淆的,不过仔细体会它还是有各自的侧重。

对文字撰写的喜爱可以追溯到少年,当年有一点文化的父亲会多会少起了一些作用,我记得引起老师和同学们关注和表扬的大概是小学二年级我写的一篇作文。那篇老师的命题作文的标题已经记不起来了,内容是对在成都市人民体育场内国庆节放熘花的记叙。当年放熘花不像后来更不像现在那样从地面射向天空起爆,而是把各种类型的鞭炮之类的熘花捆绑在一个架子上进行燃放,这个架子被称为"熘花架",那个时候的人们特别是孩子们都用通俗的成都话把看燃放熘花说去看"烟火架"。

解放初期的最早的烟火架是在皇城坝燃放的,捆绑烟花的架子就架在皇城坝上老皇城的正大门前,市民都拥挤在皇城坝上看放熘花。1953年占地面积90000m²的成都人民体育场建成,它有观众席位25000个,场内有400米跑道10条及足球场一个,是成都市主要体育活动中心。1953年的四川省第一届人民体育运动大会就是在这里举行的,有近3万人参加各地选拔,1200多名选手到大会参赛,观众达48万人次。成都市人民体育场建成后,1954年国庆节燃放烟花的"烟火架"就由皇城坝迁移到了这里,"烟火架"是架在足球场中的,观看的市民都坐在看台上观看。

我那篇作文就是描述和记叙的当年燃放熘花的情况,绝大多数同学在完成老师的命题作文时,都把重点放在熘花的然放上。我的得到老师肯定和表扬的那篇作文,写作的重点不是熘花的燃放,而是对熘花燃放前熙熙攘攘的人群在等待焰火燃放时的众生莹莹像上,主要是描述和记叙了观看熘花的人们熙熙攘攘拥拥挤挤的情况,特别是人们在等待燃放熘花的时候那种欢喜但又略有焦灼的心情。老师把我这篇作文在向全班同学阅读时,重点表扬了我对熘花燃放前先是人声鼎沸,待第一炮熘花燃爆时全场瞬间安静下来的那段文字。我现在还依稀记得当时用了很长一段的排比句来描述看台上人们的熙攘声,诸如"男人的吼叫声、女人的尖叫声、小孩的哭闹声、大小的呵斥声"等等,然后是听到砰的一声后全场迅疾的安静,人们很快就进入了观看熘花的角色。作文被老师在全班同学面前阅读宣讲,这种在幼年时候就得到的殊荣应该说是开启了我对文字撰写的喜好之心。

对自己文字能力有所提高的是在成都二十九中读初中时承担的一份编黑板报的社会工作,当然这份工作是由好友洪时明兄与我合作承担的，我负责每期黑板报的组稿和编辑工作。最大的锻炼是要独立构思出每一期黑板报的中心思想，当然也包括为展示这一中心思想的一篇核心文章。正是这份社会工作让我明白了如何用文字表达自己的思维，更是让我享受到了能用文字恰当的得体的表达自己思想的乐趣，当自己所想所思成为文字摆在自己面前的时候，一种满意和自得油然而生。做这份工作时当年和洪兄为了赶急有时就迫不由己由我口述文章洪兄抄写，因为不是用粉笔在写而是用毛笔彩粉在写，所以我口述的文章应尽量不出需要修改的文字错误，这一点客观上对我的文字表达是一个很大的锻炼。

其实更大的锻炼是黑板报的编辑和组稿工作。每一期黑板报都得有一个中心思想，当年虽然是处于"以阶级斗争为纲"的年代，但比较好的是校方没有任何人向我们提出要宣传阶级和阶级斗争。其实真要宣传"以阶级斗争为纲"，中心思想和主题反而容易确定了，因为没有这种政治色彩上的东西，使我在确定每期的主题和中心思想的时候还是要下点心思和功夫的。当时首先着眼于功课学习上，为此我和很多科任老师都建立了比较密切的联系，听取他们的指导和意见。再有就是关于音体美文艺方面的一些内容，在这方面我很弱，但洪兄起到了很好的帮助作用，他时不时的点拨和建议也会让我确定这方面的一些宣传主题和中心内容，当然也会有一些日常生活方面的常识呀甚至注意事项呀成为主题和中心思想。

后来读高中了读大学了工作了，回过头来看这份确定每期黑板报主题和中心思想的工作也许是我漫漫人生很重要的一个起步点。一个十四五岁的少年每周都有这么一项事情需要去思维去思考，最终由自己去决定一个东西，这样的锻炼机会事实上是不多的，至少对多数的初中学生来讲是不容易得到这样的锻炼机会的。后来几十年的工作生涯中，自我总结我对每一份工作都是安排得井井有序，特别是对工作的轻重缓急总是考虑的比较仔细和到家，这恐怕和少年时代的这种锻炼分不开的。

每期黑板报确定了主题和中心思想后，便是组织稿件的工作，说一句当时工作的实际情况的心里话，就是向同学们去组织稿件困难之大还不如我自己去写。首先当年是出于大家饭都不大吃得饱的年代，很多同学对于读书都感到没有多大兴趣，谁还愿意来写这种黑板报稿件。再就是对于每期的主题和中心内容，我得要去物色和选择比较适合写相应文章的同学，说一句不得体的夸张话，就有点像导演去找演员一样，找到了那位同学除了苦口婆心希望他能撰写稿件外，还得像导演说戏一样给他讲明这期板报的主题和中心思想，他这篇压轴的文章怎样写写成怎样对我们黑板报很重要。有时甚至想干脆像老师的命题作文一样给他出个题目让他写，但客观的现实显然这样是很不好的。还得让黑板报文章的作者们有比较广泛的代表性，当然事实上和客观上当年我自己捉刀撰写的文章也不少，但这更多的是无奈之举。所以更多的时候是在想还不如我自己动笔写了还省事些，但这显然是不行的，还得刻意的尽量的找一些各个班的同学来写稿。

这项组织稿件的工作对我的锻炼也是很大的，让我在几十年的工作中受益匪浅。在我后来的工作中，无论是上世纪70年代在金牛区商业局工作，还是80年代在西南财经大学工作特别是承担组建四川省数量经济学会和组织全国高校一大批老师编写数学教材，以及90年代下海经商既要自己公司经营还要帮助很多朋友管理公司，特别是新世纪的第二个10年我担任了几个民办高校的院长工作，所有我的工作所涉及到的人，包括领导和同事、工作的对象和工作的团队，都认为我这个人最大的一个特点就是善于沟通。很多事情特别是有些看似很难的工作，在沟通交流的过程中大家似乎都明白了事情的由来和发展，特别是很明白我的思维和思考，使得各项工作都得到了很好的完成。我想这应该是尚是少年的我在当年就得到了这种与同学作深度沟通交流机会的结果吧。

在这段时间中我所撰写的文字在风格上出现了一个比较显着的特点，就是它的逻辑性在加强，似乎也有一点追求哲理性的倾向，这恐怕与我从初中时就开始在数学等理科课程上表现出来的喜好有关。在初中阶段我对于数学物理化学甚至包括生物这些理科课程，我逐渐表现出一种挚爱与喜好，尽管对语文课程还是很喜欢，特别是考入成都七中后，这种对数学的偏爱就更为明显。数学严密的逻辑思维不知怎的有点逐渐进入了我的文章风格之中。记得当年由我执笔所写出的成都七中第一篇把矛头指向当权派的大字报，有心的同学在读了之后与我交流的时候半开玩笑的说到，许胖子你这篇大字写得就像在做一道大的数学题，在提出论点之后尽力的在用各种证据一层一层的在推理，希望用论据去证明结论的合理性。这句话确实一语中的，当年我在与好友刘仁清交流了大字报的主题和中心内容后，文章的架构包括论点与论据一直在我头脑中盘旋，我始终在寻求论点和论据的和谐与统一，重点想要说明的就是"是什么"与"为什么"，所以当晚一气呵成的这篇大字报确实是很致力于逻辑性的。

这种逻辑性偏强的文字风格，给我后来的很多文字工作起到了很大的支撑作用。上世纪70年代我在成都市金牛区商业局办公室从事文字秘书工作，尽管当年的工作量以及实际的工作成绩都是比较大的，但我应付起来是似乎驾熟就轻比较得心应手。其实在那个"阶级斗争为纲"的年代中，几乎所有上得了台面的文字都是"当代八股"，架构都是千篇一律只能那样写，我不是说八股文就逻辑性强，但八股文是比较适合我这种比较喜好逻辑思维的人去写的，至少写起来不是很费劲。当年我主持了金牛区商业局的工作《情况简报》几乎每周都要出一期，还要负责每年一度的商业工作会议的局长工作报告起草，也就是在那几年中我还在《成都晚报》上发了几十篇通讯稿，有的通讯稿还有相当的影响，但这些工作做起来至少我自己没有感到多大的压力和难度。当然在外部的人特别是领导们看来工作量和工作成绩都是很显着的，这为我争取到了那几年我的工作是处于一个没有人安排和管理的特殊状况，实现了工作时间的自由。

这之中还有一件当年很奇特也很有趣的事。1975年按照金牛区机关干部工作安排的惯例我是在胜利公社参加基本路线教育工作队，大概是3月底4月初吧，一天金牛区商业局第5把手的副局长来工作队找到我，给我说局里边要在4月中旬召开商业工作会议，现在有个棘手和麻烦的事是没有人起草商业工作会议上最重要的局长工作报告。我感觉很奇怪，因为局里边能做这项工作的就两个人，除了我之外还有一位就是办公室主任，今年他是在局里面工作的呵。这位副局长委婉的告诉我，办公室主任以他去年也就是1974年没有在局里边工作，不了解去年的工作状况为由表示起草不了这份局长工作报告，所以他只好到胜利公社来找到我，很客气的跟我说看我能不能起草这份局长工作报告。他并且告诉我，找我之前他向工作的领导也就是区委副书记财贸部部长请示汇报过这个事，两位领导没有表示同意还是不同意，让他自己来找我商量，由我决定是否愿意帮商业局做这项工作，这个"帮"字也表示了领导们认为这项工作不是我的份内工作。

这样我就明白这件事情的前因后果和内在联系了。先说说那位办公室主任为什么不愿意做这份工作？当年凡是能够做一点舞文弄墨工作的人都知道任何文字都是八股，不存在了不了解情况的问题。因为这位办公室主任既是我的顶头上司，与我个人的私交也甚好。我完全明白他的心思，他是在回避当时比较尖锐的一个矛盾问题。1974年在批林批孔的旗号下，是那些被整了两三年的造反派向当权派反攻倒算的一年，1975年初小平同志重新出山后提出要整顿，而3月份的时候形势还不太明朗。这位办公室主任显然不愿意掺和到这个比较麻烦的事中去，所以找理由推脱不愿意起草局长工作报告，因为工作报告中有相当一部分内容是对去年也就是1974年工作的总结，在形势不明朗的情况之下最理想的就是回避。

至于工作队两位领导的表态我也很明白他们的心思，首先他们认为这不是我的工作，因此也不愿意加重我的日常工作负担。但为什么他们又不一口拒绝了呢？这里边也隐藏着一份他们对我的关心，他们对我的情况都比较了解，也明白我毕竟是商业局的干部，做不做这个事情由我自己来决定对我是最好的。如果我不答应去做，他们已经有言在先这不是我的工作，会为我拒绝做这项工作承担领导责任的，如果我答应去做，他们也许从更深的考虑会觉得这样对我还有其它更多的好处，也不会阻止我为商业局起草这份局长工作报告。当时我在做了一定的考虑之后，略微客套的推托了一下也就答应了那位副局长的要求，那位农民出身的副局长确实很爽直，他在听到我答应之后真的是长长的松了一口气。

其实要起草这份局长工作报告对我真不是太大的难事，就是一份官样的八股文章嘛，只不过需要花一点时间，因为当年不像现在文字工作条件很好有手机电脑，当年是需要一个一个字爬格子写出来的。我答应做这件事了其实后来得到了不少的益处，首先是解决了商业局里边的工作难处，更直接的是与那位农民出身的副局长建立了更加良好的关系，这在第二年也就是1976年为把兄弟招回城出让苏坡桥那块土地时便显现想出来。再就是在区委副书记和财务部长心目中，对我的感觉和印象更好了，除了让他们感觉到商业局好像离了小许这根红萝卜就做不成席外，他们也为我这么爽快的答应做这个事认为表现了我的单纯与质朴。

我的这种逻辑性和哲理性偏强的文风在上世纪 80 年代我从成都科技大学毕业以后分配到四川财经学院也就是今天的西南财经大学工作得到了很好的应用发挥。因为当年的文字上的工作主要就是写论文专著或编写教材，这两份工作特别是撰写论文专著本身就需要文章有逻辑性，如果在深度上有一定的哲理性更能表现出文章的风采，所以我的这种比较务实的文风让我撰写出来的文字让人好读易懂。记得 1984 年暑假我参加了中国人民银行货币司和金融研究所组织的一个在河北承德避暑山庄举行的一个只有 15 个人参加的小型研讨会，主要是闭门研讨一下当年货币发行的情况是否正常。参加这个会议是以征文的方式，也就是以金融研究所在国家一级刊物《金融研究》上发起论文征集，让希望和愿意参加这个会议的研究人员向《金融研究》提交对当年货币发行量发行是否正常的论文，然后根据论文的情况确定是否请你参加会议。

我在当年就以《货币发行量适度规模的模糊数学模型》为题撰写了论文报名，后来被选中通知我去河北承德避暑山庄参加了会议。我那篇论文实际上是从理科数学的角度建立模糊数学模型去实务测算当年货币发行量是否正常，当年《金融研究》的编辑老师多数都是金融财政等经济管理专业的，他们后来告诉我，在初次读到我的论文的时候其实是没有完全读得很明白的，因为他们毕竟是文科类专业的老师。但是他们说因为我的论文逻辑性很强，也有相当的哲理，他们虽然没有完全读明白我的论文，但从大的方面是完全明白我的论文里架构和所想要表达的意思，他们觉得很有新意，所以就通知我参加会议了。这也许是一个偶然中的必然吧，至少说明了我的逻辑性较强的文风在合适的时间合适的地点对最合适的人还是能起到较好的作用的。

在西南财经大学从事教学科研的这些年中，除了撰写论文外我还撰写出版了好几本专著，文字总数大约接近 100 万吧，另外由我主编的各类教材，总字数大约有五、六百万，除了我自己执笔撰写的内容约有一百万字左右外，这五、六百万字作为主编我都需要全部编审修改，应该说这么多文字的工作量还是比较大的。在我的感受中文风的逻辑性较强确实是对我的工作很大的一个支撑，有的时候在执笔撰写或者修改文字的时候，常有一种思绪涌涌一气呵成的感觉，更多的是能够得到一种文字撰写的享受，而不是通常意义下作为一份工作有一种承受压力的感受。

上世纪 90 年代在商海游弋的时候文字工作做得最多的是《项目报告书》和《可行性报告分析》，除了因为当时要进行的各种项目涉及到的政府相关部门和银行都要求提供这两个材料外，其实自己也需要对项目进行客观的实际的分析，因为这毕竟是实打实的在做具体事情，需要把项目可能的情况方方面面都弄清楚明白。这两个材料中最核心的部分也是最重要的部分就是项目的财务核算，也就是收入成本毛利费用纯利是多少，他们的计算依据是什么，他们的风险是什么有多大，这部分内容的分析撰写与我的思维与文风是很适应的，所以写出的材料最大的特点是清晰明白。

当年很多相关部门读到我这些材料的时候，都感觉到很直观很明白很清爽，特别是没有多余的没有用的话。当年这种材料写得较多，是因为不仅我自己的公司要经常撰写，我替朋友们管理的公司也因为项目较多这种材料也写的比较多。朋友们的公司把这些材料送给有关部门后，有的部门还问这些个材料是哪位写的完全是教授级的，朋友们回答人家本身就是教授嘛。

在撰写文字材料方面，我从来的习惯都是喜欢自己动手，不大喜欢让人代笔，特别是在我给几个民办高校担任院长期间，需要我自己去讲话的发言稿，我从来不让办公室写，都是我自己在亲笔撰写，其中包括每个学期开学时关于上个学期工作总结和本学期工作安排的在学校全体职工大会上讲话稿，以及每年一次的六月学生毕业典礼致词和九月的新生开学典礼致辞等。我自己动笔撰写这些文稿，想法也很简单，这些重要的会议或者是典礼上，既然我要讲话肯定就是要讲自己想讲的话，如果让学校办公室文秘们代笔，不管他们怎样和我沟通交流，也无论我怎么样用语言向他们表达我想要讲的东西，最终他们可能写出来的东西，一定离我想要讲的东西还是有很大的差距的，与其如此还不如我自己动笔写好一些，想说什么我就写什么，这其实是一件很愉快并且很令人享受的事。

当然自己动手写这些讲话稿还是有些趣味与意思的，也有不同的难易程度。比如同学们的开学典礼和毕业典礼的致辞，撰写的难度显然要大得多，因为这两个材料在典礼上致词的时候，基本上是一气呵成的，不太可能有临场脱稿发挥的情况发生，所以讲话稿也很连贯也是一气呵成的，并且要相当注意致辞的文彩，毕竟是在几千学生入学或者是毕业的时候给他们的致辞，其中应该有学校当然也包括我这个院长对他们的希望和要求。而相对而言在全院教职工大会上的讲话，它的临场发挥的情况是比较多的，不需要形成一个一气呵成的文稿到时照本宣科，在那样的大会上照本宣科读稿子效果是很不好的，加之这种大会都是在室内举行的，有多媒体做支撑需要撰写的发言稿实际上是一组PPT，所以在撰写的时候形成的不是一个word文档，而是一页一页的PPT，这样可以临场发挥的发言稿撰写的难度显然要低点。

在个人的人生观念上我有两个比较显然的思维特点。一个是比较善于从不同的角度看问题，当然主要指的是看人或看事，经常发生的情况是我对一个问题有自己的理解和看法，尽管我肯定认为自己的理解和看法是正确的，但对于其他的理解和看法，不管与我的理解和看法有差异甚至差异很大，但我总有一个观念是认为这些其他的理解和看法，尽管我经过思维和考虑之后不会接受，但我始终认为从某种角度来讲，这些其他的理解和看法还是有他自身的道理的。所以在听到或者看到这些其他的理解和看法的时候，我都会很平静认为这很正常很自然，我把这一点归纳为是我个人的包容性比较强。二是比较容易接受客观现实，比如对某个问题提出某种诉求，肯定最初的诉求是比较理想化的，但只要接触和进入到实际，一旦我感到客观实际情况并非我想象那样的时候，我会比较平静的调整也就是降低自己的诉求，也就是有进有退退而求其次嘛。我认为我的这两个思维特点是我这一辈子生活比较顺利比较愉悦的基础，当然也是我取得某些成功的基础，最大的优点是它们使我在日常生活中的情绪很平静恬淡，不偏执更不去折腾，"天要下雨，娘要改嫁，随他去吧"使我在接受现实中生活得比较快乐自在。

我的文笔把我这两个人生观念中的比较显着的思维特点表现得很栩栩如生。现在我回过头来看自己撰写的回忆录，文字之中确实充分表现了我的思维特点，比如"他们有这种想法也能理解"，"这样做也无可厚非"，"做不到也在情理之中"，"无可奈何之下，只有退而求其次了"，这些语言在回忆录中经常可以见到，真的是很充分的表达了我的思维特点。就是在分析一些重大问题时，我也经常表现出这种思维特点，比如关于医疗教育养老住房这些重大民生问题，出现市场化的偏差主要责任在于政府，就是政府把不该市场化的东西推给了市场，是政府在推卸自己该尽的责任。但我在分析中还是比较客观的谈到了方方面面都是促成这种状况的因素，好像方方面面都有一点责任，这不仅是文字上是这样表述的，我个人确实也是这样来看的，这些现实问题的。

其实在思维和心态上我还有一个更重要的处事之道，那就是对自己所遇到的所有的事都不大以成败论英雄，也就是说无论出现什么样的结果，都不太容易让我的情绪出现一种高昂和偏激的情况，好事好的结果不会使我过分的高兴，不太好的事不太好的结果也不会使我过分沮丧。最主要是我内心深处很相信那个典故"塞翁失马，焉知非福"。现在年逾古稀了回过头来看这一辈子所经历的很多事情，确实颇有点"福祸相依"味道，也就是不少事情的结果它到底是好是孬还真不容易说得清楚。在成都七中读高中的三年中，在高二上学期末的时候因为一些很偶然的因素，我突然从学校团委委员和预定的学生会主席岗位上结束了学生社会工作，看起来好像这不是个好事情，在当年那个政治氛围下似乎有点落魄的味道。没有想到的是这在学业上给了我很大的机会，使我能将近两年的时间潜心钻研学科学问，也就是在这之后稍晚一点的时候，谢晋超先生让我在高二暑假中给他完成一份历年高考试题解，这对我的学业发展至关重大，从时间上来看我不知道这是不是一种巧合，更不知道如果当年我还有那么繁重的学生社会工作，谢先生会不会让我做这件事。

后来成都七中的文化大革命中，我和刘仁清龙向东刘正富都是成都七中第一张有影响的大字报的签名人，用当年那个历史背景来看就应该是老资格造反派了。后来阴差阳错的因为方方面面的很多因素，他们三位分别成了两派红卫兵的负责人，而我却成了资格的逍遥派，尽管做逍遥派是自己所求，但毕竟在当年的环境下我还是显得有些落寞，至少会有他人的不能理解甚至有各种言语。但谁又知道后来历史情况的变化确实是多样的，后来相当一段时间的生活中，我这个落寞的逍遥派从来没有因为文化大革命中的事有过被难为之处，但那几位校友却多多少少有一些不愉快之事，当然还好在没有太严重的影响。所以有些时候看起来不如意的事，但它也有意想不到的一些好处，所以人世间阴差阳错的事情经常很多。

但这个老造反派红卫兵的背景有时也会起到意想不到的作用，上世纪70年代我在金牛区商业局工作，因为很多原因被广泛的认为我是局长接班人，至少大家都认为各方面是在有意培养我。1974年批林批孔的时候，地方上的造反派就是为了权力而来的，像我这种潜在的所谓接班人本来应该是他们关注乃至攻击的目标。没有想到的是他们到去了解了一下我的前世今生，才知道我是成都七中老资格的老造反派红卫兵，用他们自嘲的话来说就是，我们还在街上工人斗学生的时候，小许你就高举"造反有理"的大旗了，于是他们对我就分外客气起来，也就提供了交流的气氛让我告诉他们我无意也不可能去谋取他们想要争夺的东西。历史的反反复复的轮回有时似乎很搞笑。

上世纪80年代在西南财经大学工作，从工作的角度来讲我是教学科研工作成果特别优秀的老师，所以来向我做工作希望我靠拢共产党组织的友人还是不少，有校系领导也有共事的老师，这个事情还是搞得有点使人为难的，大家把话说了那么多我总得有点态度嘛。所以尽管我内心深处不大愿意受任何组织的管理和约束，但也向系上的党总支交了入党申请书，没有想到阴差阳错的这份入党申请书会被身为书记的朋友老康在家中放谜了找不到了，在南下干部老康极其复杂的方方面面的心态之下，居然帮我拖过了那两年，让我最终没有加入组织受到管束。我真的很难想象当年如果加入了组织，我的后几十年会怎么样，可能最大的可能就是我会按照组织的指引和安排走上从政的路，这个我确实不太喜欢，并且按照我的情况来看也很危险。

从政这个事情肯定不适合我，首先是它不适合我的习性会让我生活得很不自在很不愉悦。更重要的是我这个人的多面性，善于适应的特性和状况会让我走到相当的位置，但同时我又是个很物质的人，所以自我估计真走到那一步其实对我是很危险的。我曾经多次想过，如果当年真的是去从政为官了，我的后来路程一定会走得很坎坷，对物质的过分追求会让我走上歧路，那到了现在的古稀之年，一切就不会像现在一样很潇洒自如了。但当年不走从政为官之路，不仅有朋友感到惋惜，有时自己也难免有过惆怅，但最终看来不去选择那个看起来比较风光的路径，才是比较典型的"塞翁失马，焉知非福"。

我这一生过得比较顺利，客观的说我还是同意很多朋友对我的评价，不少友人认为我这个人能力是比较强的，尽管面对这种评价我有谦虚之举，但从客观上来看我还是不否认这一点的。学习阶段就不多说了，从初中高中到大学我都是学业上的佼佼者，特别是在成都七中读高中更是突出，想要强调的是不仅仅是各科学业优秀，更重要的是我在学习阶段学到了很多自我学习自我成长的方法，这些方法是我这一辈子都能处于终身学习的状态的保障。至于工作上，从上世纪70年代开始到本世纪第2个十年，这五个十年中我基本上是在五种不同的层面工作，每一个阶段都显示出了个人在工作方面的比较强的能力，我确实借助于比较强的工作能力，把工作做得比较理想和到位，而我最大的收获就是以工作优势实现了自我在环境和时间上的自由。

先说说通过终身学习不断的充实自己，让工作在自己通过充电之后的能力面前能比较得心应手去解决与完成，始终都要铭刻在心的还是成都七中高中那三年在恩师们的指导下让我掌握到的自我学习方法。自我学习一个很重要的手段就是读书，书该怎样去读？当年谢晋超先生有一个很形象的很精辟的说法，他说"先要把书读厚然后再去把它读薄"。他具体的解释是你去读一本不厚不薄的书的时候，先要顺着它的内容把书读厚，这个厚是在你心目中头脑中，也就是你读了这本书后你所悟出的东西远比这本书的内容丰富，书中提到的问题你有更多于书中的回答。当你觉得这本书在你心目中头脑中已经很厚的时候，你再去把他读薄，薄到书在你心目中头脑中只有几页纸，上边时这本书的全部精髓。你要用到这本书的东西时，记忆中的内容就是这几页纸，能够引伸展开的内容就是你读厚了的那本书。

这种把书读厚又读薄的方法对我的指导和帮助是很大的，通常的学习和知识更新把这种方法用得很娴熟，在实际工作中也尝到了这种学习方法的甜头。第一次用这个方法是 1967 年我在当逍遥派时读隔壁邻居卓老师书架上那本《简明政治经济学》，这本讲马克思主义政治经济学的书从某个角度来讲还是比较难读的，好在当年逍遥派时间充裕，我反复读了多次让这本书在我的心中厚了起来。然后我开始精练它，当时在脑海中印象很深刻的一些基本概念是：商品的价值和使用价值，劳动创造剩余价值，生产力和生产关系，经济基础和上层建筑，这样书在我的心目中又读薄了。特别是关于生产力和生产关系经济基础和上层建筑的概念在我头脑中十分清晰，这在后来上世纪 70 年代我在金牛区工作的时候，以及 80 年代初分配到四川财经学院进行教学科研的时候，这些比较清晰的政治经济学概念对我的工作起到了很好的帮助和促进作用。

还有一个比较典型的事例是我在进入四川财经学院之后，广泛浏览了经济管理各个专业的书籍，因为读的书比较多时间也比较紧张，所以在读的时候首先是让它们尽快膨胀，把一本书迅速的读得厚起来，然后把它读薄到一本书就是几页纸留在脑海中。这种读书方法在我后来的科研中起到了很好的作用，当年我完成的两个国家级科研项目，涉及到很重要的两个经济概念，一个是货币流通必要量，一个是保险总准备金，因为对这两个经济概念它的内涵和外延有比较深刻的理解，再用模糊数学予以量化，提出了"适度货币流通必要量"和"保险总准备金适度规模"的数量化概念，使这两个科研课题有了比较好的实务效果。

上世纪 90 年代我在进行自己的公司和朋友的公司的管理中，特别强调财务管理，能做到这一点也是用这种读书的方法学习与掌握会计与财务管理知识的结果。当年涉及到的基本读的比较深入的书是《商业会计》、《工业会计》、《成本会计》与《财务管理》，还有一本很务实的《企业财务报表阅读与分析》。我用谢先生所教诲的方法泛读和精读了这些书，使我在企业管理中确认了财务管理是管理的核心的理念和观点，始终坚持以财务管理为主线进行企业全方位的管理，这在实际中起到了十分良好的作用，也有明显的效果。在进入 2000 年我回到西南财经大学重执教鞭后，还结合当年企业管理中的实际情况撰写和出版了《企业财务管理信息系统的设计和分析》专著。

学习到的使工作能力比较强除了上边说到的先生们所教诲的读书方法外，还有就是逻辑思维习惯和能力的培养，这之中首先还是要感谢成都七中谢晋超先生等一批数理化教师，是他们在教学中潜移默化的培养了我们成都七中学子当然也包括我的逻辑思维习惯和能力。当然我也要庆幸自己酷爱数学学科，数学本身就是建立在逻辑思维的基础上的，对数学的执着和酷爱使我在学习数学知识的同时培养起了逻辑思维的好习惯。在我的记忆中，从结束了在成都七中知识学习的开始，比较好的逻辑思维习惯就使我要做的事总是经常显得井井有条，包括在文化大革命那两三年中的思考和摸索，在农村当知识青年接受贫下中农再教育的艰难磨练，以及在走上工作岗位后的工作表现和成绩，所有这一切中都有逻辑思维的习惯和能力在伴陪着我与我同行。

几十年工作的顺利和小有成就还要感谢在中学阶段特别是在成都七中先生们的教诲中所赋予我的文字能力，特别是成都七中的白敦仁先生。说来也奇怪，我是一个典型的理工科学生，对数理化特别是数学有着理工科学生的执着与酷爱，多数情况下理工科学生多少有点对文科偏科，我却不竟然是这样。除了对历史地理这些知识性的东西比较喜爱阅读外，语文中的阅读和写作特别是写作一直是我中学时候的一种特殊的爱好，我喜欢撰写文字，如同前面我已经说到过的一样，我的文字能力也颇有数学的逻辑思维特点。我其实自己也知道我的文字并不具有多好的文采，但它比较朴实耐读也就是具有一定的可读性。这种文字上的特点对我后来几十年的工作帮助是十分大的，因为工作中需要的更多的是一些实际实用的应用文，我的那种并不华丽没有多少文采的文风，因为它的朴实和简单使得我在工作所需要的应用文撰写中受益匪浅。

再说说上一世化 70 年代在成都市金牛区商业局工作的情况吧，当年大的政治环境和我个人的特殊情况，本来是应该使我谨小慎为举步维艰的，结果实际情况却完全相反。我的所学让我在复杂的环境中如鱼得水游刃有余，不仅很好的完成了让各方面都很满意的日常工作，并且在最后有条件和机会的时候，完成了对当年一个普通家庭太凝重太艰难的大事，那就是把在农村呆了五六年的兄弟招回成都工作和为妹子办了免下农村的手续。当年我在金牛区商业局的工作岗位是局办公室，虽然说起来好像办公室的人员有六个人，但其中包括一名打字员一名炊事员和一名烧开水打扫卫生的工人，办公室中的处理日常事务的工作人员只有三个人，一位办公室主任，一位主要是管公章的内务老大姐，然后就是我。按照当年金牛区的工作习惯，各个机关的工作人员也就是干部都要轮流参加区委组织的基本路线工作队到人民公社去驻点工作一年，我和那位办公室主任几乎是轮流着每隔一年就要去一次，所以办公室中真要处理各种事宜特别是文字工作的人，要么是那位办公室主任，要么就是我这个一般工作人员。

记得我到了商业局办公室工作后没有多久，那位管内勤的老大姐有一天突然跟我说，小许，我把办公室放公章的铁盒钥匙给你一把，把放这个铁盒的保险柜密码也告诉你，主要是我不在特别是晚上要用公章的时候你方便处理，因为那个时候我晚上是住在商业局里面的。这个事情后来想起来还是很慎重的，但过程却有点奇怪，也没有领导出面给我讲点什么，就是这位大姐自己就安排了，当然从她的角度工作上是轻松了一些，因为当年那种环境与情况下，时不时确实晚上要用公章，我有了钥匙和密码她就用不着晚上来商业局了。但公章在当年确实是很重要的，这个事情这样子安排好像有点怪怪的，不过我思考了一下还是接受了这种安排，因为我想这种安排这位大姐不可能不向领导汇报，这毕竟还是一种比较重大的事情，我相信这位共产党员的大姐在当年那个政治氛围下是不可能自行其事的。

当年在金牛区的工作中，我文字上的能力对我工作的支持与帮助是极大的，当然比较好的逻辑思维分析能力也起到了极大的作用。当年的金牛区因为历史的原因，它的干部多数都是本地的，农民出身的背景使他们的文化程度都不太高，我这点成都七中高中六六级的墨水，在金牛区商业局就有点凤毛麟角算是文化程度最高的了。可以说当年我是用这点高中毕业的文墨，让众人包括领导们都惊诧的看到在他们看来令人难以相信的我的工作成果，从而使他们认为我已经做到的工作，已经远远超过了我应该做的工作，因此没有必要再去管理和安排我的日常工作。当年我主要是完成了几件在当时众人眼中十分重要而又困难的几项文字工作，首先是每年召开全区商业工作会议时局长要宣读的年度工作报名，当然也包括参加金牛区每年一度的全区工作会议的工作报名的起草工作，主要是提供其中内容不多的财贸主要是商业工作的基础资料。

其次是编发商业局日常工作的《情况简报》，这份日常工作简报在我去之前就有，不过状况很一般，一年发不了几期，上上下下方方面面影响都不大，我去了之后局面大为改观。一是数量上我是按照一周一份在作工作努力的，一年要编发四十期左右，另外就是它上报下发范围有了较大的扩大，上报到市委财贸部区委办公室市第三商业局等部门，这样影响也增大了，受到各方面好评。第三项工作有点偶然，在当年那种复杂的政治环境下应该算是我的运气比较好，这项工作就是我成了当年的《成都晚报》的通讯员，在那些年中前前后后在《成都晚报》上发表了几十份新闻稿，这在当时影响还是比较大的，因为不仅是金牛区商业局就是整个金牛区当年还是一种农村农民的文化范畴，能有这么些文章在党的机关报上发表，一个比较直接的结果就是众人对我的刮目相看。

当年我在金牛区商业局工作确实很自由，我几乎没有直接领导，没有人来安排管理我的工作，我每天要到什么地方去去做什么事都是自己在安排，最多是给办公室那位老大姐说一下，让有人到办公室来找我的时候，她可以告诉他我今天到哪里去了。一个比较有趣的现象是，来找我的人不管是领导还是其他什么人，听到我不在是到其他地方去了，都会认为很正常甚至是很必要，都会告诉老大姐说没有什么特别的事，只是让老大姐给我转达他来找过我就行了，当然在听到老大姐转达之后，我会根据事情的轻重缓急尽快地和他联系。所以真的要感谢母校成都七中培养我的那点文墨，让我在当年那种严谨的政治环境下能得到时间和工作上的无比宽松的自由。

再有就是当年敢于去管那些没有人愿意管敢管的事，其实也绝对不是一种莽撞和妄为，更不是一时的冲动，其实对这些事情的来龙去脉，以及与这些事情可能相关的一些人的状况与心思，我是比较认真客观的思考分析过的，思路其实是很清晰的。当年一位与我同在金牛区商业局工作相处的老辈子曾经给人讲过，他说许仁忠这个人最大的特点就是能够看到一些事情的本质，更能观察到与这些事情相关的一些人他们心里边想的是什么，这句话就是到了今天我也确实也是认为他说对了。当年的情况就是如此，那些事情是客观的摆在那里的，虽然当年的政治环境让绝大多数人都在想尽办法的远离那些麻烦的事，但作为一个机关这些事情最终还是要解决才行。而在和这些事情相关的一些人特别是领导的相处中，我其实心中很明白他们是希望我去管管这些事的，但这个希望在当年的情况下谁也不能也不敢明说，那就只有我自己去有所为了。

后来当我主动积极大胆的承担了这些麻烦事的工作后，出现的情况和结果与我的思维和分析是一致的，我因为去承担这些事情除了解决了工作本身外，还取得了方方面面的很多隐性的好处，比如商业局的上级部门金牛区委财贸部和成都市第三商业局的认同。这些上级部门的相关人员当时有一种潜在的观念，就是要想把一项比较急的工作在金牛区商业局尽快尽好的实现和完成，在办事之前与商业局办公室的小许沟通交流一下会有好处的。所以确实很感谢母校成都七中的一批数理化老师特别是谢晋超先生在教给我知识的同时，让我学习掌握了极为重要的逻辑思维方法，因为能有那位长辈所评价的能力，完全得益于个人学习到的逻辑思维。

在商业局工作的那几年中，比较动荡和混乱们1974年，办公室主任下乡了，机关办公室中就只有我和那位老大姐负责办公室的各项工作。说那一年比较动荡和混乱，是因为那一年政治上的中心运动是"批林批孔"，那个时候林彪已经折戈温都尔汗两三年了，孔夫子也被批判了若干年了，所以"批林批孔"不过是一种说法而已，"项庄舞剑意在沛公"运动的核心是被压制了好几年的造反派要再次夺权。其实不仅仅是被压制，实际上在前两年的"清理阶级队伍"和"一打三反"运动中，不少造反派因为身上多少有点劣迹屁股上有粑粑受到了打击，现在大的形势对他们很有利了，所以他们要反攻要夺回在前两年失去的权利。而另一方面，当年的情况己不像文化大革命初期的1966年下半年1967年初，不可能以牺牲国民经济比较正常运转的代价再来一次，也就是国民经济的各行各业还要正常运转，不能让它再次乱起来甚至停产停课。这样处在负责当年环城一周的大金牛区几十万人口的农业生产资料和日常生活物资供应的金牛区商业局便面临着十分错综复杂的局面。在政治上造反派们的猛烈攻击下，有着文化大革命前车之鉴的当权派也就是局长们，全部精力都在应付政治运动，避免不要重蹈文化大革命的覆辙，根本无暇顾及经济上的日常业务工作，但商业局的日常工作还得推进下去。

整个 1974 年的大半年中，局面都很胶灼也很混沌，当年的造反派们在各个层面来势汹涌，紧逼当权派的目的当然是要分享权力。机关干部们都人心惶惶，似乎都在考虑如何站队或者躲避站队。金牛区商业局也是如此，造反派们把当权派弄到会议室日复一日的"批林批孔"、"斗私批修"，局里的工作没有人领导更没有人负责，日常业务工作就任其自行进行。我在这时的观点却与众人极不相同，也许是双方争斗的局外人要看得清楚些，当然更是当年经历的一左一右的文化大命让我明白此一时彼一时，"三十年河西三十年河东"，所以我没有躲避纷争的漩涡，反而身在其中为他们服务，甚至开出了一个在会议白热化时进去卖烟的玩笑。我的目的和用意是提醒造反派们悠着点不要逼人太甚，给自己留条后路多少是有好处的，当然私下里我也给与我关系较好也听得进去我的话人讲，适可而止不要把局面弄得太僵。

其实这个事情从最简单的角度来看是最清楚不过的，如果当时最高领袖要坚决的支持造反派们重新全面掌权，就不会在 1969 年实现全国山河一片红团结胜利的九大召开之后，又连续两三年展开了清理阶级队伍和一打三反运动，所以这是一个一左一右的轮回。站在局外的我还是希望尽量调和金牛区商业系统造反派和当权派之间的矛盾，希望他们不要相互打压得太厉害太凶狠，让大家最终都没有退路，应该说我的一些想法和做法，当年还是收到了一定的成效的。能有这些分析和看法，与当年我所经历的文化大革命最初两三年的历程有关，当年就看到了作为伟大舵手的毛先生，他掌舵的文化大革命大船一直就是一左一右的言不由衷的航行着，想来伟大领袖面对左右两派也是无可奈何，只能发挥领袖和导师的权威，一左一右的协调着左右两派，看来伟人也是人不是神，他也有凡人也就是平常人与生俱有的苦恼和烦劳。

在成都七中学习和掌握到的文字能力与逻辑思维能力，在上世纪 80 年代我大学毕业分配到西南财经大学专注教学科研的时候也发挥了极其重要的作用。那几年中我自己撰写的文字超过百万，需要我编撰的文字，更是有好几百万，好在是我的文字功底能力使我应付这些工作游刃有余。当然无论是完成国家级科研项目还是撰写专著教材，逻辑思维能力至关重要，而这一点一直是我的一个长处，文字和思维的逻辑性保障了我在这么大的工作量面前，能够心中有数从容不配的完成所有工作任务。

第六章 靠谱做人

靠谱是一个人取得信任和支持的基础

关于评价一个人特别是评价自我，是一个仁者见仁智者见智的问题，如果要最客观的评价自己，我更愿意说自己仅仅只是一个靠谱的人，仅此而已。所谓靠谱的人有两层意思，一个是自我希望自己做一个靠谱的人，就像佛门所说"出家人不打诳语"一样，另一个是自己周围的人认为自己靠谱，别人认为自己讲的话靠得住。我把自己说成是一个靠谱的人，或者至少是做一个想靠谱的人，可能和自己的日常生活习性有关，也就是跟性格有些关系。日常中我不是那种比较张扬的人，对外的表现比较收敛，也就是言语中把自己看得比较一般和平庸，其实不仅是言语中实际上在思维上就不认为自己能怎么样，碰到要做的事往往更多的是认为自己不太行，能完成能做好的把握不大，甚至出现绕开些不要去做的想法与做法。

这种小心谨慎也许是我们家族的一个特点，从老一辈人的影响来看，我父亲在前三十年中一直处于"老运动员"的状况，低头做人小心说话一直是他的常态，就是这种小心谨慎的状态也使他多年都遭遇厄运，所以他能够传承给我们的不可能让自己自视其高做人做事有信心。至于我的母亲表面上看起来似乎是一个"女强人"，但她的那种剑拔弩张是一种色厉内荏，这从她为了争取到自己的一些利益不得不经常耍弄一些小聪明可以看出。我自己做人的谨小慎为后面会谈到很多，就是我的两个儿子一个女儿，他们似乎也传承了这种谨慎与低调。两个儿子其实学业上很优秀，高中就读成都七中和树德中学，大学考上北京大学和北京航空航天大学，但他们读书的过程和理想很难让人想向和理解。比如由初中升高中他们好像从来没得一种自我的欲望与志向，在我向他们建议是不是要考一下重点中学的时候，他们居然问我"为什么要读四七九"，报考大学也是如此，读书时好像没有什么大的志向要考清华北大北航，都是高考成绩出来之后看到分数可以报北大北航才去填报的这些好学校。

我那件小棉袄更是如此。她小学四年级就跳级两年上了初中，中考是考了比较好的成绩考上了成都树德中学，她居然反复给我们说，考上那个比较好的分数是侥幸。因为希望去日本，2019年五、六月我在成都给她筛选了几家日语培训机构的学校，这些培训机构办日语班的目标就是考上日语等级考试N2。报名的时候她还在西班牙读第二个硕士学位，我告诉了她筛选培训班的情况并告诉她这些班都是在当年12月初要参加日语等级考试N2，她居然给我回的一句话是"您把考N2说的那么容易嗦"。结果进了培训班先是成了学习的典型，任课老师经常用她的学习状况来引导和鼓励同学们，然后是12月初参加日语等级考试后考上了N2。

至于我自己是从来很少高看自己的，做人做事总是首先是考虑到和看到自己的不足，尽管有很多同学同事和朋友评价我是比较能干的人，但我自己却不是这样看的。当年在成都七中文化大革命中当造反派红卫兵时，作为一个老资格的老造反派红卫兵，我居然随着时间的推移，在文化大革命由文斗转入武斗的1967年七、八月成了彻底的真资格的逍遥派。它的具体表现是我没有在两派红卫兵群众组织中担任负责人的职务，从资格上来讲我应该是红卫兵组织的勤务组成员的，成都七中第一篇大字报署名的四个人中，除我之外的其他三人都分别是二派群众组织勤务组成员。造成这种情况的原因很多，其中有一个原因就是我自己认为我不适合在哪一个群众组织中负责，本质上也就是自我认为自己的能力不够不具备作勤务员这种资格。

记得当初在金牛区商业局工作那几年，外界方方面面的人还是很看好我的，有文化能写文章，说我是秘书呀接班人呀，其实我自己是很缺乏自信心的，表现在从来没有一个什么想法和规划。当时和各级领导关系确实很好，好到难以形容的地步，但我居然从来没向他们提出过任何诉求，当然原因很多，但其中很重要的一条就是我不认为我自己是一个所谓的人才。外界罩在我身上的光环在我看来那是虚无缥缈的，是一种想象一种神话，我就是我我就是一个很简单的俗人庸人。这实际上从一个侧面说明了我对自己的评价是很低的，那个时候只要对自己有稍稍高一点的评价，也许后来的发展就是另一回事了，但当时的我确实自我评价很低。

其实说起来真有点矛盾，我一方面用自己出众的工作能力把工作完成的十分优秀，以至于达到各方面都十分满意而不安排不管理我的工作状况的程度，为我争取到了在当时其实十分宝贵的工作自由，这在当时其实还是很惊人的。但另一方面我又对自我评价十分的低，从来没有想象过自己可能怎么样应该怎么样，然后就昏昏戳戳的在享有工作时间自由的情况下混日子，而没有利用这种好条件好机会去开拓自己的前程。仔细想来这真是一个矛盾体，我当然指的是我这个个体，一方面能够驾熟就轻的用当时外人看得特别强的能力，去处理好在外人看来根本办不好甚至办不到的事情，但另一方面自己又特别缺乏自信力，缺乏的程度甚至达到了自卑的状况和境界，真的是矛盾之至。

这种性格上的谨小慎微表现在行为上就是谨言慎行，当然它的好的一面就是做事比较靠谱，也就是不讲大话不包打天下。我自己就认为对所有我要去做的事情我都是比较靠谱的，如果一个事情自己觉得自己做不了，我是绝不会去招揽它的。经常出现的情况是，这个事情我有百分之九十好几，甚至 100% 的可能性能把它做好，但我内心始终把它想成最多有百分之八九十的把握，对外讲就往往说成有百分之六七十的把握吧。比较与说话行事形成反差的是，往往由我操办的很多事情，在实际完成的时候都是按照我的思路我的做法最终有十分良好的结果，这些情况又使外界形成了认为我是一个极为靠谱的人的感觉和说法。

1976年四川省食品公司领下了商业部建设流动冷库的任务，他们上上下下心急如焚，算着一天天过去的时间但却无法推动工作，因为他们到金牛区商业局来时，能够找得到见得到的人就是我。我也积极的向局长们汇报过，但局长们不是不愿意见他们，而是根本没有这种时间，并且他们本身就认为这个事情由我来处理就行了。事情发展到一定的时间阶段，万般无奈的省食品公司的干部们也意识到，只有靠我来帮他们把这件事情弄好了，我虽然也知道这个事情最终是能够弄好的，但因为说话做事太靠谱，我从来没有向他们表示过这个事情我能弄好的意思。随着戏剧般的一桩桩事情的进展，他们最后也好像看出了这个事情的一些门道，也逐渐把这个事情能不能办好办成完全挂在我身上了，因为最终他们认为我是个靠谱的人，只要我还在推进这个事情，这个事情就一定能成功。当然这个事情最终圆满实现后，他们回顾到整个过程中我从来没有向他们说过一句让他们放心宽心的话，但问题最终解决特别是几个很关键的环节，比如商业局领导之间的协调比如到车站上去找书记签字，都是由我一手具体办成的，这让他们形成了一种我是特别靠谱的人的良好感觉。

1986年我开始组织全国经济院校的数学老师们编写数学教材，前后编写了五六套教材，因为这些教材都需要组织各个财经院校的老师们参加编写，所以协调工作尤为重要。这么多套教材的编写中，第一套教材编写的组织工作更是关键，除了要取得编写中各个环节工作的经验外，参与学校的各方面老师对于我来组织编写也有他们自我的判断，第一次嘛建立信任很重要。我的这种靠谱的天性在这第一次的编写组织中起到了极其重要的作用。工作是由1986年暑假开始的，当时我到大连去参加了一个全国经济院校数学学会的年会，联系到了大约有十所左右的学校来参加教材编写，并确定开学后的九月份在成都召开教材编写会议。正是9月份召开的这一次教材编写会议，让参会的绝大多数院校，都认同了我的学术业务能力和工作组织能力，用他们的话来说就是"许老师办事很靠谱"，纷纷表示要按照会议所取得的一致意见完成这套教材的编写出版工作，这为今后编写多次教材打下了良好的基础。

所谓靠谱，当时表现在两个方面。首先是教材编写大纲，我从大连参加会议回成都后，便抓紧时间形成了所要编写的基本教材的编写大纲，因为对教材编写中很多重要关键环节的处理很得体，使得参加会议的各个学校老师们很快就取得了一致意见，确定在经过大家修改增添意见后的我所提出的那份编写大纲的基础上撰写教材。因为编写大纲意见统一得快，便腾出了很多时间让参加会议的老师们在成都游玩，老师们中有很多都是第一次来成都，我运用在西南财经大学和茶店子旅馆的良好条件，把老师们的旅游活动组织的很好。同时也利用当时成都物价特别低的优势，发挥我当年在茶店子旅馆那些同伴们的友谊作用，把教材编写会议的会务组织工作主要是伙食与回馈给老师们的礼品做得尽量的完善完美，让参加会议的各个学校老师们取得了对我的认同与信任。这之中我的基本表现就是做靠谱的事做靠谱的人，正是这种没有夸张的靠谱，使得不仅这第一次教材编写取得了完美的成果，并为后来好几套教材的编写取得了经验打下了良好的基础。

其实做一个靠谱的人做靠谱的事，最终得益最大的是自己，因为这大大的降低了自己运行的成本，这一点我是有很深的感悟和体会的。上世纪90年代我在市场经济的游弋过程中，需要我承担的各方面的工作可以用难以想象来形容，首先我不愿意脱离西南财经大学这个体制内的机构，所以得到学校去履行一个高校教师的工作职责。然后要承担两个双胞胎儿子中学学习的管理和指导，并且要身体力行的为他们进行超前学习，这需要相当的精力和时间。而作为当时增加收入也就是挣钱的主渠道是公司经营与管理，除了自己的公司需要相当的精力和时间外，我还为朋友们管理着好几家公司的财务。这些事情都是需要大量的时间和精力的，如果在沟通和交流上去耗费很多无效的付出，根本不可能同时去完成这么多的工作事务。而正是我这与大家包括上上下下的人等交住的过程中，许老师是靠谱的人做靠谱的事得到了他们的认同和肯定，所以沟通交流的成本很低，很多事情不需要我做更多的解释，一件事只要得到我的点头或者是相反的拒绝，相关的人都会按照我的意思共同朝一个方向努力，使所要办的事和问题得到理想的圆满解决。

进入新世纪后我回到西南财经大学，在西南大财经大学开展的通识课程教学改革中，我担任了《科学技术史》和《大学物理》两门自然科学课程的负责人，其实这个过程也是很搞笑的。除了当时没有老师愿意承头负责外，我当时也向相关方面说明从专业的角度我不是最好的人选，特别是《科学技术史》我事实上是一个专业上的新人，但学校的相关各方面硬是坚决的把我推上了阵。除了当时确实找不到人来承头外，一个很重要的原因就是各方面认定我是一个靠谱的人，他们认为像我这样靠谱的人既然愿意参与这些课程，就说明我一定会很好努力把这些课程组织好，承担起一个课程负责人该有的工作和职责。当然我事实上确实也不负众望，把课程负责人的工作尽力的组织得很好，从接收工作一直干到我退休后还坚持了两三年，直到后来我担任了民办高校的院长后，工作实在太繁忙才脱离了这些课程的，当然也顺势把课程负责人的工作交出去了。

新世纪的第二个十年，我担任了好几个民办高校的院长工作，在这几个民办高校的工作应该是我职业生涯中最辉煌的顶峰。在这几个民办高校的工作中，我都用自己特有的工作方式从不同角度完成了让自己也叹为观止的工作，除了这个时候工作经验丰富，也就是具有在体制内的西南财经大学和在市场经济中游弋的体验积累，更多的是在这几所院校的工作中，得到了一大批教职员工的认同和肯定，而这种认同和肯定是以大家认为我是一个靠谱的人做靠谱的事为基础的。当年我接手的几个民办院校，院长的工作还是很艰巨的，尽管我自信自己是有能力有胆识做好这份院长工作，下边中层干部和教职员工的支持，也是我在这几个院校做好院长工作的有力支撑和保障。

记得在四川天一学院，先是面临着一个教职员工大量流失的严峻局面，稍许把工作理顺之后举办方又提出了很多难度比较大的工作希望我们能完成。无论是前者还是后者，我是深深感到天一学院广大的教职员工是我工作的坚强后盾。比如在我刚接受学院的院长工作后，教职员工批量流失的情况居然暂停下来了，这使得我能够把工作的精力完全放在补充已经离开天一学院的老师们留下的工作岗位上，在短短的两三个星期内就保证了9月1号开学时教师的满员。后来得知教职员工们批量流失的势头暂时止下来，其实是员工们对我的一种认同，他们认为许院长在天一上课这段时间，明显就是一个做靠谱事情的靠谱人。他们愿意留下来看一看，看许院长能不能和投资方沟通交流，保持住高等院校教师作为主流力量的传统，让天一学院的老师们能够有尽可能大的自主办学的条件。我是真没有想到，这个一个人靠不靠谱的观察与评价，会带来这么大的力量，让老师们愿意留下来看看，看看你是不是一个可以风雨同舟的人。

后来天一学院发生的更多的事情，更说明了认为你靠谱的力量。度过了天一学院最艰难的时刻后，我们面临着一个要保护师生员工自身利益的局面，而这之中教职员工的紧密团结是至关重要的，居面稍有稳定稍有好转，举办方的高管们便又迫不及待的想插进来，在这批人中绝大多数都是好大喜功但能力平平，最要命的是这些人基本上不懂高等教育。如果只凭我一个人的一己之力，是抵挡不住这些善于钻营的高管们的，让人惊讶更让人宽慰的是，天一学院的教职员工们从上到下形成了一种让这些高管们无能为力的局面。当时的实际情况是，这些高管们不仅是不可能在天一学院做一些自己想向上表功的事情，就是领到了投资方最高层的一些工作想法，他们也根本不可能进入到学院去推行，简单的说就是学院的系部处室没有人去理睬他们。他们只有先到我这里来与我沟通，这就形成了后来众口一词的"在天一学院要办成一件事没有同许院长沟通是不行的"的局面。当然这种局面对于投资方来讲其实也有很多优点，他们想要在学院中进行的很多工作，不管工作难度有多大，只要得到了我们的认同，是完全可以办得特别好的，比如当年把学院从金堂整体搬迁到绵竹，这种难度高得在他们的高管看来几乎是不可能办成的事情，却由由天一学院的教职员工圆圆满满的完成了。

今天是 2024 年的母亲节，在前边的回忆录中曾经说到我母亲的娘家在郫县三道堰，也就是今天的成都自来水六厂所在地，儿时以及 1970 年"赖"在成都没下乡的那段时间常去那里玩耍，现在年过古稀回顾起来还是特别有趣。那个时候作为"成都府"的人，根本不知道也不了解乡村农民生活艰苦的具体情况，仅管母亲也打过招呼，让到舅舅家玩耍时要随着他们的习惯，但毕竟城乡两地生活方式和状态相差太大，所以有一些事情现在回忆起来多少有点抱歉。

我母亲是兄妹三人，因为我外公太过贫苦，解放初期被评为雇农成份，这个阶级成份比贫农还"好"，因为他更穷更无财产，是实实在在我们党坚定的依靠对象。也正是因为贫苦，我外婆才上"成都府"给资本阶级的罗家当老妈子，我母亲也跟随我外婆经常住在罗家玩耍，荣幸的被罗家三兄妹称为"惠姐"，因为我母亲姓张名字为惠兰。我想"惠姐"这个昵称肯定不是我那从未读过书解放前目不识丁的母亲自己取的，一定是成份为资本家但实际上是知识分子的罗家长者让自己几个孩子这样称呼的。当然，也是这位资本家的罗姓长者，把从抗日战争初期从安徽逃难到四川的孤苦伶仃的我的父亲收为学徒，最后牵线让我母亲嫁给了我的父亲，从而有了许姓一家人的。

话稍许说远了点，还是回到我母亲的娘家说吧，我爷爷因为太穷，据说是为了讨生活挣钱早年涉水过河时不幸丧身，我母亲有一个大哥也因为家境贫穷去世也早。我母亲有一位小弟，解放初期刚好成年就参加了中国人民志愿军到朝鲜去抗美援朝作战，停战后回国了也就基本独自生活没有家，不知整的他后来神经有点轻微错乱，喜欢大声高歌但所唱又不成曲调，所以按四川人的习惯被众人称为"老讽"。因为这些原因我母亲亲哥亲弟也就是我的亲舅舅与我们几兄妹都没有太多的往来和联系，反而是我母亲的几位表哥也就是我的几位表舅与我们几兄妹的联系比较多，在几位表舅中二舅与么舅来往要多些些。

从小我就喜欢到舅舅家门去玩，特别对农田中种植的各种农作物感兴趣，住在舅舅家中也觉得环境很适合我，当然也由此学到了很多关于农村庄稼种植的知识，这对于我后来下乡当知识青年时很有帮助。经常住的地方是么舅家，他家子女很多也就是我的表兄妹很多，舅妈前后生了十个子女，除了最后一个老十确实因为营养不足是被饿死的外，其余9个表兄妹都很不错。因为很喜欢舅舅家中，有几年就是过春节也是在那里过的，当年农村过春节一个传统的程序就是吃完早饭当然也就是汤圆后，大家都要到三道堰街上去逛耍。每年到了这个时候么舅家就很繁忙了，舅母在这一年中为每一个表兄妹都准备有一套新衣服，特别要说明的是这些衣服都是舅妈购买的棉花自己纺纱织布缝纫而成，虽然不及所谓的洋布细腻丝滑，被称为土布的这些衣服在我看来还是很漂亮的，因为还有一些比较小的表弟表妹，舅妈要逐个给他们穿着，所以当大家出门的时候也就比较晚了。

到了三道堰街上，可以说是人挤人水泄不通，应该说大年初一一大早周围的农民都涌到街上来了，我这个城里人对这种乡村的大年初一还是颇感兴趣的。街上也有很多卖小零食小玩具的，表兄妹们用他们平时节攒下来的钱也要买点东西享用，毕竟是过年嘛。么舅对我这个城里人是很看重的，他会带着我去街上的茶铺去喝茶，哪个场合是农村中人际关系的一个最好的展示，当然了那里都是男人一家之主，每当有一个新客迈进茶铺的时候，几乎所有的老茶客都要站起来争着为他给茶钱。开始我不大明白为什么要这样，后来逐渐明白了这是农村中社交关系很重要的一个环节，能有多少人为你给茶钱以及哪些人能接受你的茶钱，能充分展示出你在农村这种男人社会中的地位和份量。这之中比较重要的人是茶铺的堂官，也就是那个给茶客们掺茶倒水的伙计，他得察言观色审时度势的在每一位新客进茶铺大家都争着给钱的时候，确定是哪一位老茶客为这位新茶客买茶，因为在众多的人争抢着要给新客茶钱的时候，最终是由他决定收下哪一位老茶客的茶钱。

在舅舅家玩耍有几件事使我很兴奋，一是每天中午舅妈要煮饭时，她要考虑和决定今天中午吃什么菜，然后让大表哥到自留地中去砍或者收这种菜，这个时候我一定会蹦蹦跳跳的跟着大表哥到地中去看他如何采摘这些新鲜蔬菜。再有一个事情就是看么舅耕田，生产队有一只耕牛是分配给我么舅家饲养和使用，在春耕开始的时候么舅会扛着犁头或者耕耙去耕田。当年农民对土地的养护是很重视的，小春除了要种麦子油菜外，大约有1/3的田是种上苔菜，这种苔菜除了少量食用外，都是到了春耕的时候通过犁田把它翻入田中，然后放水后用耕耙把它完全的割碎作为田中绿肥。么舅耕田时我总要跟随其后站在田坎上看他操作，他会威风凛凛的吆喝着庞大的耕牛在田中穿梭自如，这个时候在我心目中么舅的形象是很无比高大的。

当然还有一件事是我和几个表哥表弟在夏天暑假的时候，每天中午饭后到就在家旁边的小河中游泳。这条小河实际上是农田的灌溉渠，水的源头实际上是都江堰分流下来的，当年的水可以说是十分的清澈干净，农村人把游泳称为洗澡，与我不同的是我多少总还要穿着一条游泳裤下水，表哥表弟们就没有那么讲究了，都是一道河边就脱光身上的所有衣服光着屁股就下河了。表哥表弟们游泳时也不讲什么姿势，他们都是清一色的用所谓的狗刨沙方式，好像这个姿势也还是有一个专有名词叫"刨泳"。

其实当年舅舅们的家虽然在被称为"金温江银郫县"的郫县三道堰，其实农村的生活还是很贫穷的，而少不更事的我当年确实年龄太小，是不能体会到农村的艰苦的。记得有一天下午我和表兄妹们在房子的林盘中玩耍，突然觉得有点饿了，正好么舅迎面走过来我就给他说舅舅我饿了。舅舅就领着我去了厨房，亲自用面粉给我烙了一个放有糖的煎饼，舅舅是当地比较有名的厨师，在家中都是舅妈下厨他是不会做饭的，但他这次就为我下厨烙了一张很好吃的饼。其实和我一起玩耍的那些表兄妹们一定也很饿了，但舅舅带我进厨房的时候，他们没有一个人跟进来而是去做各人的事情了，当年我还奇怪他们为什么不一起来吃烙饼，多年之后我才明白因为贫穷表兄妹们都不会来的，他们既是饿了也只有坚持。

当年农村中的这种贫穷，有两件事情足以见得。一件事是是我的舅妈生了10个孩子，我其实当时很不理解为什么要生这么多，舅妈生孩子都是在家中她自己分娩，不仅不上医院甚至没有请一个人帮忙。当然后来通过了解才逐步知道，这和当年农村人的分配政策有关，当年一个生产队生产的粮食，扣除上缴的公粮之后，余下的就被称为口粮，口粮的分配政策是生产队先确定一个基本口粮的数量，它其实占了口粮的很大的比例，基本口粮是按照人头来分配的，基本口粮分配之后余下的才按照劳动情况也就是你挣的工分来分配。这种粮食的分配办法让农民会多生孩子，因为刚出生的一个小孩子他所分配的基本口粮和成人是一样的，可见政策才是促使人们多生还是少生的关键。

还有一个情况就是我的二舅家，有一个我们称为二姐的表姐，二姐每年春节一过完，就要到城里我们家中住上两三个月，到春耕大忙时才回去挣工分。我们是很喜欢二姐到家中来的，因为每次他来几乎包揽了家中的所有家务事，不仅很听我母亲的话，就是我们这些弟妹们有什么要求她也是有求必应。但是后来我才慢慢知道了，她每次到城里来住上两三个月，其实是家里边没有口粮了，二舅家的家境不如么舅家，每年春节一过就到了青黄不接的日子，二姐这个时候跑到城里边住在孃孃也就是我母亲家，也就是为了有一口饱饭吃。这一点对我们生长生活在城里边的人是不可想象的，当然这足以见得当年农村的贫苦，二姐的家还在富裕的郫县，那些更远的更贫穷的山区，农民的生活状况就一定更艰难了。

当年去玩耍的最频繁的时候应该是 7000 人大会之后，农村中还是有相当大的变化的，一个是自留地被确定下来了由农民自主耕种，再有就是能饲养的家畜家禽被放宽了，特别是养猪。在这种比较宽松的情况下，各个家庭经济状况如何确实就要看自己的经营和管理了。么舅这一家子女很多，但么舅母很会管理，她除了让孩子们分担家庭的劳务之外，也鼓励我那些表哥表姐表弟表妹自己饲养些兔子之类的小家畜，所以整个家庭表现的经济活力很强。其他的几位舅舅家总有这样那样的一些的弱点，使得家庭经济状况还是不是特别的顺利，比如二姐所在的二舅家，二舅母管理上就比么舅母差远了，所以每年春节一过到小春麦子收获之前，家中甚至会出现粮食短缺的情况，使得二姐不得不跑到城中嬢嬢家来，这样可以为自己的家节省点口粮。

当年在农村舅舅家中门玩耍时，还有一件十分巧合的事，现在回想起来真的是十分有趣。那是在 1970 年，我当时在成都市当"赖青"，就是已经下了乡，但是户口又没有落到生产队去，但户口虽在手中又上不回城市户口，暂时性的让你每个月凭户口迁移证到粮站去领那个月的粮票。大概是上半年三四月份，我和情况和我相仿的两位七中校友徐光祝和何万勋相约去了三道堰我么舅家中耍两天。一天我们三人正在农村的乡间小道上溜达，这种农村乡间小道大概也就最多是一米宽，主要是保障当时农村用得很普遍的鸡公车通过，当然更多的是行人行走和当时还不太多的自行车通过。

我们在路上漫步，突然看到前边有一个 20 岁左右的年轻人骑着一辆自行车歪歪斜斜的向我们驶来，到了我们面前因为我们三个人站在路上，他也就不由自主的停下车来，一停下他的自行车龙头就在打转转。这时徐光祝就给他说，你这个自行车的龙头上有一个轴承上反了，他也赶忙说就是有毛病我就是准备要到街上去修。徐光祝顺手就在自己腰带上取下一个钥匙串，上边有一个不大不小的活动扳手，他就用这个扳手先把龙头从车身上取下来，然后把龙头上的那个轴承重新调转了方向，当再把龙头安上自行车的时候，一切就很正常了。这个年轻人千恩万谢的走了，庚即这个事情就传遍这一片乡村，都说我么舅家的这几个成都客人真是神人，两三分钟就把他们乡村人无可奈何的自行车修好了，让他们既省事又省钱。

当年在舅舅家中玩耍时，附近的几个场镇是经常要去赶的，我么舅家的位置在三道堰、马街、唐昌这三个乡镇围起来的一个三角形的中央，所以这三个场镇当年都经常去逛。今天这几个场镇已经被改造建设成为古镇。特别是三道堰，完全被修的面目全非，现在面积很大街道很多，十分十分的商业化，唯一就是没有自己儿时所感受到的那种乡村场镇的味道。当年的三道堰最核心的主体是那一座几乎是全木制的大桥，无论从哪一个方面来讲这座大桥都是无与伦比的。从郫县北门出来的一条大道，大约有十多里后便进入三道堰场镇，一条不是很宽的长长的小街走完后便到了这座木桥前，穿过这座大桥后便走出了三道堰这个乡镇，出桥后它就有三条路分别通向马街、唐昌和团结三个乡镇，当时是三个人民公社的所在地。看到今天建成的三道堰古镇，颇有点若有所思若有所叹的味道

第七章 天性悠悠

慢慢来悠着点等等看好像是人生一剂良药

我在性格或者说是性情上不是那种风风火火的急性子人，在微观上也就是具体事情有时我也表现出急切或者急迫的性情，但在宏观上也就是大的事情上我绝对是一个慢性子人，信奉的格言是"等等看不招急"，这种性格或者说是性情对我几十年过往生涯中的很多事情起到积极的良好作用。记得上世纪80年代中叶，应该是1984年下半年到1985年上半年吧，因为我在西南财经大学比较突出的教学科研成绩，让我成为了党委的培养对象，当年我的成都七中的校友贾秀兰的先生也姓贾，因为七七、七八年高考时我们在一起复习功课成了考友就很熟，他在1985年上半年作为教育厅的一个工作组成员在西南财经大学待了一两个月。他后来跟我说老许你真成了西南财大的青年教师典型，党委无论在汇报哪一项工作中你都是典型例子。确实当时来找我交流希望我向组织靠拢的人很多，但我这个人可以把工作做得很好，但组织纪律性极差更不愿意受到组织约束，所以一直没有向党组织提交申请书。这其中有一个小插曲就是我天性不急，尽管上上下下有很多人来找我交流谈话，做各种各样的动员，但我也是慢妥妥的没有把这个事情提到日程上去，当然当时我手中的教学科研工作确实也比较多。

其实如果我在1985年比较及时积极的向党组织递交了申请书，情况的发展可能就不会出现后来的那种意外了。1985年上半年我还在基础部数学教研室，当时经济信息管理系还没有成立，而基础部的党总支书记是一个风风火火的急性子人。另外基础部没有学生，总支书记很重要的一份工作就是在教师中培养党的积极分子，我与这位书记没有过密的私交，他一定会按照学校党委的指示抓紧时间积极培养发展我的。我当时拖拖拉拉的就没有及时向组织提交申请书，一直拖到1985年下半年经济信息工程系成立，我也就到了经济信息工程系，经济信息工程系的党总支书记是一位南下干部，这位我称得上长者的书记生性豁达开朗，当然也有点把什么事都不以为然的僻好，更重要的是我与他私交甚密甚好。我都慢踏踏的拖到了1985年末，因为来谈话交流的人太多，

才写了一份申请书交给了他。

没有想到一交给了他，就有一年多没有人来找我谈这个事情了，我当然也不在意。后来得知是因为新成立的经济信息工程系，第一届招的学生中工作很多需要党总支去做，另外当时经济工信息工程系又招了20多个新的青年教师，党组织做好学生和教师工作的压力很大。更为搞笑的是，这位作为好友的党总支书记，因为听人家说我的文笔很好，便把我的申请书带回家中去想仔细看一下，没有想到家中太凌乱居然一下子放谜找不到了。这对我来讲简直是一个太好的事情了，因为天性我不喜欢有任何人和任何组织来约束我，虽然我很热爱和拥护共产党，但也没有成为其中一员的真正意愿，现在好了，总支书记老康把我的申请书放谜了，因为太忙他也没有及时与我交流和处理这个事情，都是一年多之后他可能要调离去其它岗位才跟我说了这个事。

看来这个拖拖沓沓的"等等看不招急"的天性或者说是习惯起到了很重要的作用了，如果在经济信息工程系成立之前我就递交了这份申请书，也许机缘巧合我就会很快的加入组织了，一旦加入也极有可能从政了。现在年逾古稀在奔八的路上回过头来看这个事，还真有点庆幸不已，因为如果我一旦从政，人生的路途便不会是现在这种比较满意的状况了，也许会很坎坷麻烦。因为我的自知之明告诉我，如果从政我可以把工作做得很好甚至做到极致，但我也知道自己在物欲上的贪婪，物欲贪婪人皆有之但最要命的是我自我的克制力不高，能力和贪婪会把我送到一个很糟糕的地方去的。所以当年那种拖沓的习性让我走上了另一条人生途径，既做了一辈子自己喜欢做的事，也得到了自己希望得到的人生结果。

这种慢悠悠的天性让我在不少事情上有所补益，比如撰写这部回忆录。五年前的2019年，我从成都信息工程大学银杏酒店管理学院院长岗位上退休，闲下来没有多久就遇上了新冠疫情，这使得人们当然也包括我的活动空间大为缩小。空间缩小时间却在拉长，这几年的漫漫岁月中，总还是有些事要遇上，有些问题要处理，这个时候那种"等等看不招急"的性态起到了良好的作用。首先是它使我能够静下心来，安排悠悠漫漫岁月中的日常生活，开始做的第一件事情便是撰写这部回忆录。记得应该是2020年春节过后吧，突如其来的新冠疫情把大家都封闭在家中了，虽然不是说不能出门，但方方面面都在高调提醒多在家少出门，特别是对我们这种老年人更是这样，其实不仅是外部要求，面对当时那种状况自己也觉得还是少动为好。

待在家里做什么呢？很自然的就想到记录一下自己几十年来的学习与工作生涯，最初确实就是想记录一下，没有想到这是写回忆录这个事情，也只确定了写两个篇章，一篇是记录自己读书学习的情况，一边是记录自己工作的情况。后来读到我的这些资料的友人都谬赞我记性好，说这么几十年前的事情我都记得很清楚，我的感受不是我记性好，而是一旦决定了要动笔写写过往的事情，那些记忆中的片段便会很自然的涌入你的脑海之中，成为你文字记录最美妙的原始资料。事实上确实如此，因为这两个篇章记录的都是当年经历过的实实在在的事情，所以写起来也特别顺利，大约就是一两个月吧，十多万字的两个篇章就完成了，我给它们取了两个标题《三人行必有我师——我的学习生活》和《吾有所思，吾有所为，吾有所得——我的工作生涯》。

这种写实的记录性文字完成起来是比较轻松也比较容易的，因为当年经历的事情就是那样，不过据实把它记载下来就行了，不需要什么文字的修饰文笔的描写。当完成这两个主要记录自己几十年学习和生活的文字后，才发现有点是写回忆录的味道，因为自己在子女的教育和子女他们自身的成长上还是有些故事和感悟，所以我又顺势写了《愿他们在广阔的天空中自由翱翔——我的子女教育》这一个也是写实的篇章。既然是写实其实内容是很多的，因为年逾古稀七八十年走过来的历程中相关的人与事还是很多的，比如在理财方面我还是小有点成就和感悟，算是一种小结式的回顾吧，我又接着写了《天下熙熙皆为财来，天下攘攘皆为财往——我的理财》。还有一个比较可笑的事情是，我这个人从来就很懒惰，并且有讳疾忌医的不好习惯，加之青少年时家中经济状况不是很好，成年自己独立之后又忙于工作的琐碎事情之中，所以我这一生中其实发生了很多身体上的不适也就是生病了。有的病症状还很严重，但我经常是拖拖拉拉疲疲沓沓不是及时去诊断就医，这大概是最经典的"等等看"吧，结果身体上曾经发生的很多病症就在这种拖拖沓沓的过程中居然又被拖过去了。潜意识深处有一种想法是人身体的病状应该多数都是可以自愈的，但需要探讨它能够自愈的机理和原因，所以我又完成了一段记叙我从小到大身体状况的文字，篇章名为《体为心声 体为心生——我的身体健康》，想留下身体资料供人参考。

写上面这些文字的时候，都是新冠病毒已在世界范围内危害人类的时候了，局面上一个最大的特点是世界旅游完全被停止了，因为当时连出门都被提醒要小心注意。比较庆幸的是在新冠暴发前几年，我陆陆续续在欧洲和美国旅游了多次，特别是进行了四次欧洲游，加之当时我们大学同学的班网开辟了一个旅游专栏，邀请大家撰文投稿，于是我便以《读万卷书不如行万里路——我的旅游》为篇章名写下了我的欧洲旅游与美国旅游的记实文章。不过这段文章的撰写过程难度就大多了，虽然也是记实，但在比较集中的也就是不是很长的时间中集中的跑了很多旅游景点，回忆和撰写起来还是有相当难度的，我足足花了两三个月的时间才完成了这篇文字的记叙与撰写。不过这篇文字完成的时候，我内心还是很高兴和满意的，甚至颇有点自得之心，这应该是对当年集中的打卡式旅游是一个极其完美的补充，我自己把它视成是欧美的二次旅游。

都到了这个时候，我才真正有点撰写回忆录的想法了，这个时候整个文字大概已经有了20万左右。除了自我写作意识的升华外，还有一个比较重要的原因是从欧美旅游的文字在我们大学班网上发表后，其他篇章已经完成的文字也在大学班网上刊出了，并且在一定的友人范围内传看，应该说是看了我的文字的朋友们对我鼓励性的肯定，让我有了要认认真真写一下回忆录的想法，不过这个时候已经到了2020年的末，新冠病毒对人类的威胁已经是日复一日了。既然有了撰写回忆录的明确想法，首先要做的是审视前边已经写成了文字，仔细阅读了自己所写的文字后，才发现最主干的内容也就是我的学习生活和工作生涯，因为当初不是特别有想法，所以文字记录得还是比较的粗糙，当然客观现实的率真性还是有的，文字既反映了我个人的生活，也表现出了在不同的历史条件下比较客观真实的社会背景。

这个当然要想办法弥补一下了，在有了认真写一部回忆录的想法下，更多的篇章内容的设计进入了我的脑海。后来出现的三个篇章《欢乐与成功同在，遗憾与教训同行——我工作与生活中的"得失"》、《胸无大志 随意而行——我的人生自描》和《充实自知自信自明——我的人生追求》，除了他们各自有自己的内容重点外，在记叙和撰写过程中也格外注意了一下对最前面二个篇章内容的补充与修饰。到这个时候70多年人生中的相关的事情记叙得不少了，但对人的回忆和描写都不太多，除了像对谢晋超先生、赵泽书老师、毕吉祥老师、大塘公社郑书记等这些我的贵人有所提及和记叙外，对我这一辈子所结交的很多同学、朋友及至亲人都很少提及，一部回忆录是不能仅仅是只有事而没有人的，所以比较详细的记叙和撰写一下这些友人和亲人很自然的进入了我撰写回忆录的内容设计中。

也几乎是在同时，一种想把我个人的人生经历与社会发展融合在一起来回忆记叙撰写的想法也油然而生，这对我们这一代中华人民共和国成立前后出生的后来被称为"老三届"的共和国的同龄人来讲是极其自然的。人生的经历和社会的发展从来就是紧密连在一起的，社会造就了我们的人生，七个"十年"使我们从孩提进入古稀，刻骨铭心的前三十年"以阶级斗争为纲"和改革开放的后四十年，让我们经历了翻天覆地的社会变迁，于是一个以《子在川上曰 逝者如斯夫——我的七个"年代"回眸》篇章开始作为回忆录的重头内容记叙撰写。七个"十年"的回忆把我们带回了童年、少年、青年、壮年及至老年，除了那些个年代的个人经历外，还有那些令人难以忘怀的社会发展和变迁的历史进程。

这段文字完成在2022年，那一年新冠病毒的横行已经使人类的活动空间大为缩小，防疫中出现的很多虽然是迫不得已但确实有些难以想象和接受的举措，使得人们更多的时间是待在家里，有些时候有的情况下是被封闭在小区和家中。估计这是一个重要的因素吧，我形成的这段七个"年代"回眸的文字，在传递的过程中阅读的人比较多起来，当然每一个时段所记叙到的社会状况现实也引起了不同年龄段的共鸣，从而也得到了一定程度上的首肯和表扬，甚至有不恰当的"许老师版《人世间》"的比喻，以及太夸张一些了的"白天读许老师回忆录，晚上看电视剧《人世间》"的不很得体的形容。尽管表扬得过分了一些，但这对鼓励我把回忆录尽力写好却是至关重要的。

当然也是在2022年，我完成了又一段文字内容，那就是以我在西南财经大学任教时所讲授的《科学技术史》课程为基础，在有一定新意下为我们大学班网撰写了有一定科普味道的文章。将近十万字的文字除了讲述科学技术历史外，更多的还是想着墨讨论"为什么现代科学技术发生发展在欧洲"这一李约瑟之问，当然也研究分析了这对东西方各自发展的影响和后果。近日有文字报道讲顶级数学家邱成侗先生说中国现今数学还没有达到美国20世纪40年代的水平，中国数学落后世界80年，个人认为邱先生虽然讲得比较极致，但落后并且差距很大是不争的事实。我在写的这篇科普文章中，从不同的角度讨论了我们科学技术严重落后的事实与原因。这段文字后来被我以《教学相长 学在教中——我的教学心得与感悟》收进了回忆录中，主要原因是它的基础是我在西南财经大学讲授的课程《科学技术史》，而这门课程我在西南财经大学讲授了8年。

也是在2022年，我完成了回忆录中几乎完全是务虚的内容，那就是以《医疗教育养老住房的市场化——我的民生观点》为篇章名的文字。奋力完成的这个篇章，是我多年来观察了解分析研究这几大民生问题的结果，表达了我对这几大民生问题的市场化批评，明确地表示虽然形成这几大民生问题的目前极其混乱和严峻状况的成因很多，但政府把这些不该市场化的民生问题推给了市场是最基本和最主要的原因，除了没有资金支持全民医疗全民教育全民养老外，对这几个民生领域的导向错误它也有难疚其责的缺位与过失。在这一年写出这段文章从回忆录撰写的角度上来讲因素很多，当然主要的原因是上面说到的研究和分析的过程与结果，但当时我的回忆录一直想进入关于对人的记叙，但真要的动笔写人的时候才知道它远比记事难度大的多，所以回忆记录人的内容的延迟与推后使得这段关于民生问题的内容较早动笔。

关于几个民生问题市场化问题讨论的文字完成后，已经到了2022年的年末，从2020年初开始的新冠病毒防疫工作已经进行了三年，三年的漫长过程确实有点一言难尽的味道，不过到了2022年的最后一个月，却发生了戏剧般的变化，就在这一个月上旬严防死守了三年的封闭控制简称封控突然毫无征兆的放开了，当然最主要或者说最根本的原因是封控不住了。其实早在2021年底就有不少国家和地区放开了封控，这是因为新冠病毒的多次变异使得它的传染性加强，相应变异后的病毒的毒性在降低，因为传染加快造成了无法封控的局面，既然无法封控毒性又在降低那就放开吧。但我们在2022年迎来了最坚定的清零封控，现在回过头来看当时也应该是无奈之举。到了2022年十二月，病毒的强传染性终于使我们也坚持不住封控了，客观的事实是也封控不住了，所以就毫无征兆的放开了。

放开之后新冠病毒感染就大面积的普遍化了，几乎所有的人都有一个"阳了"的过程，有的人还不止一次。我在放开后一个星期左右就被感染了，主要的原因是在那一个星期我因为各种复杂的因由连续去了三次医院，在医院中中招的概率是很大的。其实最终我是不是被感染了或者说是"阳了"并没有医学上的根据，我是自我判断我感染了，依据就是身体出现的状态。从开始发烧起发病的症状是很严重的，在我的记忆中是我几十年人生生涯中生病最严重的一次，我几乎是在床上躺了一个星期，当时提到的新冠病毒感染后的几乎所有症状我都来过一次。发烧持续了几天，虽然温度不高但一天几次周期性的发烧使得全身软绵绵的起不了床，然后就是恶心呕吐和腹泻，最严重的时候还有短暂的失禁情况出现。我没有去医院进行核酸检查确诊，也没有到医院去诊断，就是按照平时自己的习惯吃了一些抗生素类药，虽然当时强调抗生素类药对新冠病毒无效，但自己的身体我是感觉到我有炎症的，所以也就服了抗生素的药了，在床上躺了几天之后，慢慢的身体也恢复了。

关于新冠病毒的防疫三年是有很多可以回忆记载的文字的，我准备在后边比较详细的记叙，这里还是回到我回忆录的写着上来吧。新冠病毒"阳了"并且症状也正常之后，已经进入了2023年，我仍然是按照计划按部就班的撰写回忆录。这个时候怎样在回忆录中记叙撰写几十年人生经历的人特别是友人的思路也逐渐清晰起来，回顾几十年漫漫人生道路上，除了有很多贵人帮助与支持，还有更多的友人相伴同行，如果把人生看作是一所社会大学，这些贵人和友人都是我的老师。加之我几十年人生都与实际中的大学紧密相连，于是萌生出在《书山有径 学海无涯——我的"大学"》篇章名下继续回忆录的撰写，其中更多的也是很主要的内容就是记叙几十年来在社会大学中结识的人们，他们都是我的大学老师。这个篇章的撰写耗时是比较多的，我的记叙也比较投入，过程也十分愉悦，毕竟所回忆所记叙的都是几十年来与我密切相处的友人。

十分愉悦完成了《我的"大学"》以记人为主的篇章的撰写，美妙的心情使我想从另一个角度把记事的回忆录撰写展示一下，尽管在整个回忆录中记叙的事情已经不少了。所谓另一个角度就是记叙这一辈子的学习、工作和生活中一些印象深刻令人难以忘却的事，这些事"既包括令人沾沾自喜乃至忘形的得意之事，也包括令人沮丧乃至叹息的唏嘘之事，当然也有虽然平淡但自己认为该记叙一下的有趣之事"。于是在进入2023年没有新冠病毒的骚扰以及为了"清零"的封控后，拟就了《江山易改 秉性难移——我的"城南纪事"》篇章名，继续着我的回忆录的愉悦记叙撰写。

在这一篇章回忆录的记叙撰写中间，我和家人们去了一趟泰国普吉岛，这是新冠病毒封控解除之后我的第一次境外游，前后在普吉岛游了十天，其间正好撞上了泰国泼水节。因为是第二次游普吉岛，我在这十天的旅游中写下了每日一篇的游记《安达曼海的明珠—再游普吉》，作为我的回忆录中海外旅游的一部分内容。十天的再游普吉岛结束后，我继续以十分愉悦的心情完成了《我的"城南记事"》的记叙撰写。

《我的"大学"》与《我的"城南记事"》这两个回忆录篇章的撰写过程充满着愉悦，出了新冠痛毒三年的骚扰所造成的阴霾心情一扫而去外，所回忆的人与事也确实让人心情特好。正如在《我的"城南记事"》开篇文字中写到的"年过古稀，一个花甲的七十余载中，与众多的同学朋友同事一样，经历了很多事件，从某个意义上来讲，人的一生就是由这许多事件以及与在上一篇中记载过的很多人的交往所构成的，所以能把这一生中所经历的自己觉得应该记载下来的事情做记叙回忆，既是一桩快乐的事，也是我写这部回忆录的初衷。"

完成这两个充满愉悦心情的回忆录篇章后，开始了又一个我一直计划动笔撰写的内容，这是一个沉重的话题，那就是关于中国的教育。尽管几十年中我曾经涉猎过多项职业范畴，但自己从内心深处还是认为自己是教育者，是一名职业教师。正是从职业教育者的角度上我对中国教育目前盛行的机制多有诟言，我认为这就是一个失败的机制，应当尽力让他彻底改变。于是在《海阔凭鱼跃 天高任鸟飞——我的教育观念》篇章名下，我畅所欲言地写下了这段文字，这应该是一个职业教育工作者的肺腑之言，我们的教育机制不能再这样混下去了，它需要有一个彻底的变革。

完成这个沉重话题的篇章后，我进入了两个话题比较轻松的内容撰写，轻松使得这两个话题的记叙过程肯定是愉悦的，我甚至在文章的写作起意和撰写过程中刻意的为我这个年过古稀的老人找乐子。这二段文字一段篇章名取为《柴米油盐酱醋茶——我的衣食住行》，它比较详细的回顾记叙了我的吃穿、居住与行动，客观的说因为这几十年个人的生活状态还是比较好的，个人的物质化倾向也让我比较注重这些东西，所以这些回忆总结记叙撰写让人心情十分轻快，愉悦也随之而来。另一段文字篇章名为《赤橙黄绿青蓝紫——我生活中的繁琐小事》，也就是现在正在写着的内容，这应该是我的回忆录的收篇吧，除了还有一个《成也萧何 败也萧何——我的市场经济面面观》的篇章计划外，这个篇章的标题使我可以在今后还想记叙点什么东西的时候，都可以把它归入这个篇章之中慢慢回忆撰写。

这样我的回忆录一共十八个篇章，如果以平均每个篇章 5~6 万子计数，这部回忆录字数应该在 90~100 万之间。我把这 18 个篇章的篇章名辑录如下：

  第一篇 三人行 必有吾师焉——我的学习生活

  第二篇 吾有所思吾有所为吾有所乐——我的工作生涯

  第三篇 愿他们在海阔天空中自由翱翔——我的子女教育

  第四篇 天下熙熙皆为利来 天下攘攘皆为利往——我的理财

  第五篇 读万卷书不如行万里路——我的海外旅游

  第六篇 体为心声 体由心生——我的身体健康

  第七篇 欢乐与成功同在 遗憾与教训同行——我工作与生活中的"得失"

  第八篇 胸无大志 随意而行——我的人生自描

  第九篇 充实自知自信自明——我的人生追求

第十篇　　子在川上日　逝者如斯夫——我所经历的七个年代回眸

第十篇　　教学相长　学在教中——我的教学心得与感悟

第十二篇　医疗教育养老住房的市场化——我的民生观点

第十三篇　书山有径　学海无涯——我的"大学"

第十四篇　江山易改　秉性难移——我的"城南纪事"

第十五篇　海阔凭鱼跃　天高任鸟飞——我的教育观念

第十六篇　柴米油盐酱醋茶——我的衣食住行.

第十七篇　赤橙黄绿青蓝紫——我生活中的繁琐小事

第十八篇　成也萧何　败也萧何——我的市场经济面面观

回忆录主要是在三年新冠病毒防疫期间撰写的，也是我二次退休之后几年中做成的很重要的一个事情，虽然不能说现在已经完成了，因为我还在缓缓的回忆着记叙着撰写着，而且将近百万字的初稿还需要校正修改乃至提升。已经有不少的友人在询问成书之事，我当然明白他们关心的是出版，但这个事情可能还不是我能够决定的，它能否出版发行牵涉到方方面面，但最终要它形成一本印刷体应该是没有问题的。这几年中经历的又一种大事便是新冠病毒的三年防疫，如同所有的国人都有过的经历一样，它留给我们的也是刻骨铭心的，我肯定也在其中不会例外，所以作为回忆录的一部分还是想用心媲美把它留在我的文字中。

第八章 新冠之虐

让人难以忘怀乃至刻骨铭心的"口罩"三年

我是 2019 年下半年从最后的工作岗位上退休下来的，当时计划还是蛮好的，首先是想继续进行海外旅游，当然也顺便进行一下海外资产的考察，所以在 2019 年最后一个月，我和我的一个儿子去了泰国普吉岛。应该几乎是我们待在普吉岛的相同时间，在武汉发现了新冠病毒，不幸过世的吹哨人李文亮先生以医生的敏锐最先向各方面发出警示，遗憾的是非但没有引起各方面的重视，有关方面以传统的思维与做法对他进行了传唤警告。当然回过头来看，如果当时对李文亮先生的警示能够充分重视并有相应的措施，武汉乃至全国的后来的局面会好一些。在羞羞答答的掩盖中度过了 2020 年春节后，武汉的新冠病毒疫情迅速的一发不可收拾，它最终导致了武汉的匆忙封城，封城准备的不充分使得百万武汉人赏尽了生活的苦楚，当然同时也诞生了备受争议和责难的记录这些苦楚的《方方日记》。

匆忙的武汉封城并没有阻止住新冠病毒的迅速传播，很快全国各地都拉响了警报。因为对新冠病毒没有特效的治疗药品，在整个 2020 年中人们摸索出来的经验就是隔离，也就是全力以赴的切断新冠病毒的传播。确诊病人肯定是要送到医院去隔离治疗的，比较重点的工作是在密切接触人的排查上，密切接触人肯定是需要隔离的，隔离方式有很多种，比如居家隔离强制隔离集中隔离硬隔离等等。为了使工作更有效对密切接触人的接触者也需要排查，称为次密切接触人，后来还衍生出 n 次密切接触人的概念。除了对人的隔离外，还有就是管控，包括单元楼栋小区和区域的管控，它的顶级形式就是封闭。所有这些工作都是冲着的一个终极目标"清零"，包括动态清零、社会面清零、社会面动态清零、社会面基本清零、总体社会面清零等。

应该说 2020 年这些管控措施既是当年没有更多更好办法的无可奈何之举，从效果上你还是收到了积极的成效。刚开始的管控中，除了武汉来得特别仓促有些被动外，很多地方出现新冠病毒传播时，比较有节制的管控措施大家都还是能接受，事实上当年这些管控举措在很多地方施行时，对人们的生活乃至经济的运行虽有影响但还没有特别大的妨碍。人们对这种管控还没有特别大的异议，比较有趣的是当年进行了美国总统的选举，一个远隔万里的大洋彼岸国家领导人的选举，牵动了成千上万无数中国人的思绪，无疑也分散了国人的精力。

到了 2021 年情况就比较严峻起来了，除了世界范围以内新冠病毒传播日益严重外，国内的情况也日趋严峻，防疫的各种各样的管控措施都在完善与加强。于是，核酸检测普遍化了，健康码出现了，隔离和封闭的设计与实施都在提高与提升。这些对民众人的日常生活特别是经济的运行的影响与妨碍在加强，一些基层比较过头的执行举措也使大家时有诟言。除了校酸检测外，新冠病毒的多种疫苗也相继问世，应该说几乎是所有人至少是绝大多数人都自觉主动或不自觉不主动的打了疫苗。到了 2021 年下半年特别是年底，国外科学界和医学界关于新冠病毒变种传播性加强病毒减弱的研究与实操，让世界喘了一口气，但我们的反应因为习惯性的惯性使得各种管控更为加强，直至出现了 2022 年上半年作为东方魔珠的上海也出现了封城。整个 2022 年的新冠防疫是十分严谨和到位，很多科技的东西进入到防疫领城，比如核酸检测就有单采、混采、双采、单检、混检、预防性全员核酸检测、应检尽检、愿检尽检、常态化核酸的提法与举措，至于健康码管理就有绿码、黄码、红码、灰码、场所码、行程码等等。

前边我已经说过了，到了 2022 年最后一个月，变异了的新冠病毒传播速度加快，想要用隔离封控这些传统的"清零"手段显然不行了，于是封控这没有任何预兆和告之的情况下放开了，当然这种急匆匆的放开，也迎来了大面积的感染。因为放开的太突然太仓促，方方面面包括医院和个人都没有做好准备，所以从 2022 年 12 月份开始，到 2023 年元旦春节前后，所有的医院都是人满为患。我在前边的记叙中已经说了我在 2022 年 12 月放开不久就中招"阳了"的情况，因为我个人习惯性的对就医的堕性，生病了就在家中休息，按自己的方式吃点药，基本上是挺过去的，没去医院就医也就没有进行核酸检测，说自己"阳了"也是自我推测。而更多的人习惯上不是这样的，有病了就要到医院去就医，还那段时间大批的人都迅速中招"阳了"，大家都涌入医院求医问药，使得几乎所有的医院都是一床难求。

2023 年元旦春节前后的两三个月中，最为困难的是老年人，我的母亲当年 95 岁了，放开不久后也很快感染，送到四川省第五人民医院之后，仅管医院庚即就下了病危通知书，但仍然住不了院。好在我那个执着的兄弟，他也是快 70 岁的老人了，没日没夜的守在第五医院门诊部，最后死乞百赖的在门诊弄了一个临时床位治疗，当时母亲的肺部 CT 显示已经 2/3 白肺了。医生们对这种九十高龄的老人都认为几乎没有什么希望了，但老母亲的顽强坚持居然让她挺了过来，在经历了门诊临时病床的十来天治疗后，最后五医院为母亲在骨科安排了一个床位。为什么是在骨科呢？因为那段时间全部都是新冠病人，医院里所有的科室都成了"呼吸科"，在医院与母亲及家人的共同努力下，她终于逐渐好转了，我们庆幸和祝愿今年已经迈入九十七岁的母亲健康长寿。

在新冠"口罩"这几年中，成都特别是我所在的青羊区还是比较幸运的，成都虽然每年都还是有几次拉响警报，但几乎每次都是有惊无险化解得比较快。特别是我所在的青羊区，一直是比较安全的区域，成都市的成华区、锦江区、武候区、龙泉驿区和金牛区都曾经是一个重灾区，而青羊区虽然也有过惊险，但给人感觉影响都不是很大，所以在我的感觉中，那种封闭隔离好像离我们还是比较遥远。至于我个人，因为习惯性的讳疾避医以及"等等看不招急"的思维，几年中除了很听话的尽量减少外出外，其他的事情好像都没有发生过。比如核酸检测，头两年我是从来没去做过的，潜意识深处我在想就是检测出来阳了又怎么呢？都是到了 2022 年，因为各方面的要求日益加强，比如乘坐地铁等公共交通都要查验健康码是否绿码，我才比较积极主动的去做核酸检测。至于新冠疫苗，我就一直没有去打，不是对新冠疫苗有什么想法，而是我从来就没有自觉主动的打疫苗的思维和习惯。这使我成了少有没有打新冠疫苗的老人，这两年说新冠疫苗副作用的多了，当然我私下里还是很为自己没有去打疫苗而庆幸的。

遭遇新冠病毒防疫应该是我二次退休以来所经历的一个人生桥段，当然它是很被动的，完全被新冠病毒以及由此而引发的防疫所安排所支配，比较庆幸的是我的运气还比较好，方方面面的因素当然也包括自我的一些因素还没有使我在这个令人不堪回首的人生桥段中太难过。撰写回忆录和遭遇新冠病毒防疫，是这几年相辅相成结伴而行的兄弟，回忆录的主体部分都是在三年"口罩"期间完成的，新冠病毒的防疫让回忆录的撰写有了时间和空间上的保障，而愉悦的回忆录的记叙撰写使得这三年的生活还不至于太枯燥无味单调简陋。恶梦般的"口罩"三年好像已经逝去，除了经济有些怪异令人难以捉摸外，世界旅游好像也恢复了正常。新冠防疫结束后的第一年也就是 2023 年只尝试性去了一趟泰国普吉岛，今年就是 2024 年想多去点地方，除了 3 月份已经去了日本之外，今年计划中还有一次月左右泰国曼谷和普吉岛之行，年底这边进入冬季的时候还想到温暖的澳大利亚一游。

除了撰写回忆录与新冠病毒防瘦外，这几年中还想记叙的第三件事便是朋友的交流，严格的说是同学的聚会，这些聚会中尤以中学同学特别是成都七中校友的聚会更令人难以忘怀。退休老人的朋友交流，本来应该是很广泛的，工作了几十年单位同事之间应该交流是比较多的，但因为多种多样的原因，现在退休老人的朋友聚会其实能够常态化的就是同学的聚会。由于我们这一代人大学 77、78 级的特点，大学同学有比较大的年龄差距，加之大学同学毕业后聚集在一个地方的不多，所以同学聚会中更多的是中学同学的聚会。由于历史的原因，成都七中的老三届校友大家在一起相处的时间特别长，最长的甚至有十七、八年，短的也有五、六年，时间跨度从 1960 年到 1977 年。也就是 1960 年从初一开始，6 年的中学学习到 1966 年，然后又是文化大革命到 1968 年底，最后下乡当知识青年，有的甚至是 197 7、7 8 年高考开始时才考入大学，所以前前后后最大的时间跨度有 10 多年。

这里所说的长达十七、八年的相处当然是一个很极端的特殊情况，但确实是可能存在的。几位同学如果在 1960 年上初一时就进入成都七中，初中三年中考后又继续在成都七中读高中到 1966 年，后来进行了两年多的文化大革命到 1968 年底，1969 年初下乡当知青时大家又集体下乡在一起，中途没有被招工，直到 1977 年或 1978 年才考入大学，这样这些同学确实就在成都七中的名义下相处了十七、八年。我在成都七中和同学相处的时间没有这么长，我初中不是成都七中的，到 1963 年 9 月才进入成都七中读高中，后来文化大革命一直到 1968 年底，下乡我没有随着成都七中集体到西昌冕宁县，这样与其中校友们相处的时间是五年多。

尽管相处的时间不是特别的长，但特殊的原因使我在成都七中结交的同学朋友不少。首先是读高中那三年，一方面我因为学习成绩好受到大家关注，另一方面曾经担任过校团委的宣教委员也使我与不少同学有广泛交往。文化大革命初期的前三个月，我先是执笔写出了那份在学校引起争议的大字报，继而在驱赶工作组的活动中又发挥了及其重要的作用，这些行为引发了同学们对我的关注也进而结交了很多朋友。两派分裂后，一方面作为红卫兵成都部队观点的我，在"红毛七"中有很多观点一致的战友，但另一方面因为老造反派红卫兵的身份，我又与八·二六派的"七毛"中的不少同学交往甚密，并且几度在"七毛"中发挥一定作用。所有这些，使我在五、六年的时间中结识和交往了成都七中相当一批同学。

在我的印象中，成都七中老三届同学开始有一定规模的聚会，始于 1996 年，那一年是我们高六六级毕业 30 年，先是校友会组织在成都七中林荫街校区内活动了一次，然后又有一批同学发起组织，先后在龙泉驿与都江堰青城山等地有几次较大规模的聚会，那年大家都年近五十了吧，年岁的增长让同学相聚的意念日益扩展，几次聚会来的同学都不多，几次大的聚会后各种形式的较小规模的聚会便有点常态化了。比如我们高六六二班就在那段时间举行了多次班级聚会，跨班级的聚会也不少，我就曾经和刘仁清等同学一起到高六六六班李改珍和杨丽家中去聚会过，去的同学还不少有十来位吧。麻将这个东西是当年同学们聚会一个比较合适的平台，我记得当年在城西门那一片工作的同学，其中有李荣华皮天祥龙向东等不少同学大家虽然在上班，中午大家都从不同地方聚集在卧牛巷高六六一班孙晓涛经营的一家火锅兼棋牌店中打麻将聚会。

进入新世纪后的第一个十年，我已经结束了在商海中的游弋回到西南财经大学任教，较为宽裕的时间让我在这段时间中与大家相聚的比较多。有两个地方是常去的，一个地方是在合江亭边的一座酒店中，常去的有王守知、李荣华、皮天祥、龙向东和我，有时我们班上的万志强也来凑趣。当年王守知所在的公用局客管处了一个关于成都市交通规划的研究课题，与日本有关方面合作研究并由日本方面提供经费，这个课题是由王守知在主持，他们在这个酒店包了一间房作为办公地点，这间房内设有机麻，就成了我们经常聚会打麻将的地方。另外一个就是每周末大家都要相约到郊区的农家乐去游玩兼打麻将，常一同前往的有龙向东童乐军夫妇、李荣华吴文华夫妇、王守知张爱华夫妇，以及我与皮天祥，还有一位高二的校友夫妇。那个时候我的女儿还不大，她妈妈也带着她与我们一起到农家乐玩耍。

后来在 2000 年的第二个十年中，我因为在几个民办高校中先后担任院长，工作的繁忙使我在这十年中参加七中同学聚会很少，当年一年一度的"春天有约"聚会活动，我只参加了为数极少的几次，有两次还是在下午从工作地方的民办高校赶过去的，现在回想起来还是很抱歉和遗憾的。因为那个时候老三届的多数同学都已年过六十，惬意的退休生活让大家多有聚会，而我在这个时候却仍然担负着比在公办院校还有更多的工作，当然那也是无可奈何之事，很多情况确实有点身不由己的味道。所以好不容易坚持到了 2019 年，那个时候已经年逾古稀，我才利用一些机会向作为朋友的老板辞掉了院长工作，实现了二次退休。

本以为这下有时间和同学们相聚了，没有想到遭遇了新冠疫情，所以"口罩"那几年大家的聚会还是受到一定的影响。好在成都的疫情几年中都没有十分的严重过，有关方面的管控也还比较适度，所以成都七中同学们的聚会还是比较经常的在进行。同学聚会有一个费用问题，比较通行也是比较好的方法就是 AA 制，无论从哪个方面来讲，特别是对参加聚会同学的尊重，我也很赞同这种方法，并且从内心深处认为这种方法确实不错。只是这种方法在操作上给聚会的组织者会产生不少难处，在聚会的前期沟通组织中会有很多不确定性，大概也正是因为这种原因，这种 AA

制的同学聚会组织的频率在逐渐降低，反而是那种以打麻将为主的同学聚会还比较闹热，其中有一条很重要的原因是它的AA制形成机制溶于了打麻将的规则之中，组织起来相对容易得多。

我想尝试一些新的同学聚会组织方式，于是在2021年重阳节，在张昭同学的帮助和组织下，邀请了我们高六六二班上20多位同学聚会，我考虑的形式就是由我支付聚会费用，同学们自由参加。当然一开始没有把这一点说得很明确，加之又是张昭在出面张罗这个事情，所以还是有同学到会后提出是不是还是AA制的问题，不过我也趁机明确了是我请客邀请大家聚会。那次聚会选择在红杏酒家光华店的那个大包间中，它的一张大桌子最多能坐26人，我们也有26人参加坐满了包间，只是比较遗憾的是组织者张昭没有能够来跟大家聚餐，她是午饭后过一点时间来跟大家见面的。班上的同学来了20多位，在成都能来的几乎都来了，另外还邀请了李荣华和皮天祥参加，包括有几位同学当年在农家乐打麻将的夫人们，重阳节那个好日子中大家聚会得十分愉悦。

高中班上同学这一次聚会的组织方式让我认识和体会到，校友聚会的方式可以多元化一点，AA制有它的优点和长处，其他的方式也不妨可以试试。第二年也就是2022年的1月18日，在这个汉语言比较吉利的"1.18"日子中，在好友吕帖、李荣华特别是王俊频的具体协助下，我又邀请了一批同学在红杏酒楼光华店聚会，这一次年级的范围宽泛了很多，老三届六个年级都有，当然从人员的熟悉程度上来讲主要是当年红成那一拨人，这次聚会上龙向东李祥生皮天祥王守知都来参加了聚会，人数也正好坐满了那个大包间的26人。在高兴愉悦的聚会环境中，好友李荣华又开了个玩笑，他说"老许，初一的一拨小妹妹还说你欠他们一顿饭呢"，虽说是玩笑之语但高兴之余我也就顺势说把这一顿欠饭还了嘛，于是又有了2022年5月中旬的那一次人数更多一点的聚会。

这一次聚会好友李荣华跟我说就不要在酒楼中搞了，换一个环境比较宽松的地方，最后确定在杜甫草堂旁的一家川菜酒家，时间3022年的5月28日。参加的人数有30多人，既有原来红成的那一拨老友当然也包括让我补她们一顿饭的初一小妹妹们，也有我们高中班上的几位同学，还有就是一直和我比较熟悉的几位高六六级校友的夫人。在这个地方用餐的优势在于隔壁就是杜甫草堂公园，老年人免费自由进入，所以大家在餐后都去了杜甫草堂公园，有的喝茶有的逛耍确实很不错。从这一次聚会开始，笔名为"山河美"的初一校友刘彩芬开始为聚会制作视频和美篇，使得聚会的闹热和风采得以在群中和线上拓展，把同学聚会的氛围进一步推向高潮。

制作视频和美篇确实是让同学聚会更加精彩的极好形式，好友李荣华说，本来也就是一次普普通通的同学聚会，大家参加了也不觉得它有什么独到之处，结果把大家的照片和现场视频做成一个同学聚会的专题视频，然后又把它在美篇上拓展，这样聚会的效果就大不一样了。确实是如此，大家有机会在聚会后数日内通过观看和讨论专题视频和美篇，让聚会的愉悦氛围得以延续，更可以留下很多照片保存，这对我们这些老年人确实十分重要和必要。当然辛苦了的是现场拍摄人和视频制作人，在整个聚会活动过程中，她们要耗费很多精力和时间获取现场的第一手珍贵资料。

因为 2022 年底新冠防疫的放开，在度过了紧张忙乱的元旦春节前后二、三个月后，似乎也逐渐正常起来了，于是因为新冠防疫停办了几年的成都七中老三届"春天有约"活动在 2023 年 4 月恢复举行。其实在没有举办比较大型集中的"春天有约"活动的这几年中，一直有一个春秋二季每月一次的小规模老三届校友聚会举行，它主要是颜泽鲁等校友操办的，地点定在望江公园，每次都有二三十位同学参加。这是一个很不错的聚会活动，它最大的特点是包容性，一直使得因为有红成八二六那段过往在交流上的某种不熟悉，在这个聚会上被完全溶合了，来的校友各年级的都有，当年"毛七"与"七毛"的同学都有，更有不少当年居住在川大工学院的教工子弟，追溯远一点还有当年"望江楼小学"同学的背景。

2023 年的"春天有约"成都七中老三届聚会，来了有 300 个同学，据说这是这个活动开始以来人数最多的一次。举办的地点在望江公园，新冠疫情结束后的第一次，同学们年岁渐高又多年未见，望江公园这个开阔交通又方便的举办地，可能都是这一届来的同学创新高的原因。当然因为望江公园是一个开放性的公众游览场地，所以举办的形式不像从前在农家乐度假村，仪式性的活动十分简捷，更多的时间留给了校友们自由攀谈交流，应该说效果还是特别好的。因为紧跟着的 2024 年成都七中老三届"春天有约"仍在望江公园举行，来的同学比前一年还多，300 多校友再一次创造新高，当然活动的组织者也付出了辛劳的工作。

我们高中班也就是高六六二这一次来的同学不是很多，特别是女同学来得不多，于是我萌生了请班上同学聚一聚的想法，就像 2021 年重阳节一样邀请同学们聚会。其实在 2024 年成都七中老三届"春天有约"的前一周，应该是 4 月 18 日吧，我已经邀请我们成都二十九中初中六三二班上的同学在红杏酒家光华店聚会了一次，我们初中班上当初考高中时分流得很好，有不少同学都去读了中专，上普高的成都七中就我一个，另外还有几位同学在十二中十六中十七中。初中毕业之后我们班上的同学聚得不是很多，后来大家退休后有不少聚会活动我也因为忙参加得不多，所以这次特意的邀请能够请得到的初中同学聚了一下。一共来了 16 位同学，大家说这已经是近年来初中同学聚会中人数最多的一次了，大家多年未见相聚在一起是十分高兴和愉悦的，聚会使大家联系得更紧密了。

这次聚会一个意外的收获是班上一直很活跃的李广武同学来了，他是一个摄影摄像爱好者，做视频是他的爱好和专长。他这次来仍然和前几次的聚会一样，带来了摄像和拍照的专业设备，在聚会后给大家制作了十分美丽漂亮让人留恋的视频。更为重要的是，他还保存着三十多年前也就是 1993 年我们正值壮年时候，在成都市人民公园聚会的摄像和照片资料，趁着这次再次聚会的兴趣，他把 1993 年人民公园的聚会也制作了视频，让大家看到了 30 多年前正值壮年的自我。他还带来了他所保存的我们1963年毕业时的很多照片资料，这让大家看到了六十多年前我们十五、六岁时青涩而纯洁质朴的少年像。

因为以前多次的校友聚会都是在城中进行的，这次班上的聚会萌发了一种想在农家乐度假村活动的想法，一是环境宽松人多了散得开，二是也想尝尝乡村菜的味道。这里得有一个前提条件，就是交通要方便，大家都年岁大了，最方便的交通是地铁，聚会点应当距离地铁站很较近才行。班上王守知跟我说，他住家的温江凤凰大街地铁站附近，有很多就在光华大道两边的农家乐，距地铁站只有几百米远，环境都很不错。经过实际考察了解后，最后选取了一家叫"福苑农家乐"的地方在2024年5月14日聚会。当天参加聚会的同学除了我们高六六二的十六位校友外，还邀请了李荣华皮天祥吕帖三位成都七中其它班的校友参加，以及一位七中初六三级的校友梁虹一起聚会。

应该说选择的这个地方确实不错，地点很大很宽敞，绿化与设施也不错，空气很清新，树荫下大家喝喝茶聊聊天很是惬意。这次班上来的女同学很多，能够来的都来了，弥补了上一次在望江公园聚会时候女同学来的少的遗憾，比较巧的是来的女同学基本上都是在七中读了初中再上高中的校友，这也是上面说到以的邀请了一位七中初六三级梁虹同学的原因之一。男同学中殷昭泉在安徽老家待了好几年后今年初回到了成都，所以也就把这次同学聚会增添了一个为班上这位年龄最小同学接风的内容。比较遗憾的是龙向东因为身体有些不适没有到会，不过这个遗憾在半个月后我邀请的另一次同学聚会中得到了弥补。

这家农家乐吃的东西选择比较多，肯定有品种繁多的川菜，它的特色是柴火鸡与排骨鸡汤锅，我们确定了选择先品尝一下排骨鸡汤锅，同时点了几个川菜。我给要喝酒的男同学们准备了一瓶起码有储存期15年以上的白酒，除了饮料之外还有啤酒，品尝之后大家觉得菜品还不错。在农家乐耍有一个很大的优点就是茶水机麻免费，午饭后女同学们大家继续聊天，几位瘾比较大的男同学就开始他们的麻将大战了。请几位外班来的同学参加，有一个目的是要请他们看看这个地方行不行，因为计划中还会有两三拨成都七中校友聚会，想听听他们的意见在这个地方举行如何？因为环境确实比较好，交通也比较方便，这个地方也得到大家的肯定。有一个比较遗憾的事是虽然拍了很多照片，但最终没有能做成聚会视频，这与后来做了视频的校友聚会相比确确实实多多少少算是一个遗憾，

我在聚会中提出了一个2027年重阳节大家八十大寿的时候再聚，并且表示仍然由我做东请大家，目的就是想让大家都努力往前奔，奔八路上活好自我。其实这个提议我在初中同学四月份的聚会中就提出过，希望大家在2027年满八十时，重阳节一个也不能少的由我做东聚会。这个受到大家欢迎和拥护的建议我在五月底和六月中旬举行的另外两次校友聚会中再次提起。我把它作为一

个小目标，时间不长不短，太长了说个五年八年没有实际意义，太短了一两年又不能说成是个什么目标，三年后的 2027 年重阳节应该是一个有象征意义的好日子，衷心祝愿到那个时候所有的同学都能来相聚。

2024 年 5 月 30 日仍然在福苑农家乐举行的成都七中老三届校友聚会有二十多人参加，主要是原来红成那拨我熟悉的校友。这个聚会组织起来比较轻车熟路，上次没有参加我们班聚会的龙向东也来了，特别邀请的还有一位高六六五班的胡家明同学，我其实本来与他不是特别的熟悉，因为在微信群中的交流感到大家还是比较投契，所以也邀请了他见面一叙。来的同学中高六六四班的陈观中，是全幅正规装备骑着越野自行车来的，他是一位骑着自行车几乎游遍全国的骑游爱好者，他的这种来参加聚会的方式引起了同学们的惊叹乃自欢呼。这一拨来参加聚会的同学对选择这个地方作校友聚会都予以了肯定，这一次我们午餐选择的是柴火鸡，当然也另外配达了几个川菜。

我在聚会中向同学们敬酒的时候再次提到了 2027 年重阳节再聚的小目标，得到大家的赞同。更巧的是得知陈观中的生日正好是重阳节，所以我们 2027 年重阳节祝贺大家八十大寿时那天也正好是他的生日。这次聚会更大的一个拓展是制作了聚会视频，现场的拍摄是邢庭和等校友，视频包括后来的美篇是由刘彩芬制作的，聚会视频的制作把聚会推向了一个更高的境界，从某个意义上来讲刘彩芬邢庭和制作的视频对校友聚会的作用，远高于我邀请大家搭建了一个聚会平台的效果，所以在这个地方要再次感谢刘彩芬他们这些校友。

接下来是筹备和组织下一个聚会，参加人员主要是原来"七毛"中我熟悉的校友。因为历史的原因，在成都七中的校友中，无论是红卫兵成都部队观点的"毛七"，还是八二六观点的"七毛"，我都有一批交往甚密关系也特别好的校友，所以我也准备在今年邀请一批原来"七毛"校友聚会。因为很多比较特殊的原因，我把这次聚会地点确定在红杏酒家光华店，仍然是那个能坐 26 个人的豪华大包间。比较费心思的是人员的邀请，也同样是因为历史的原因，我与"七毛"中熟悉的校友要更多些，也是因为历史的原因，我在邀请那些同学参加的时候还得要考虑到方方面面的因素。在拉出一个大约三十人的大名单后，仍然是麻烦刘彩芬制作了邀请函，顺便说到每次我邀请校友聚会时，都是请刘彩芬制作的邀请函，精美漂亮的邀请函为校友聚会增添色不少。

邀请函发出后，反馈回来各种各样的信息，共同的特点是都对校友聚表示肯定和赞同，多数校友都表示要来参加聚会，他们中有高六六一班的刘正富、我们高六六二班的路建平，高六六三班的兰炳元与夫人曹王虹、顾彦先、张等旭，高六六四班的何章亮、高六六五班的冯学礼、张应平、皮天祥、张灿中与夫人张学明、李兴仁、李建兴、赵正伦等，其他几位同学有刘荣富、曾华成、尹毛龙、刘乃琦、王文浩、罗昌明、曾华蓉、宁沛、谢显宁、梨庆平等。有不少校友因为时间冲突来不了，包括高三一班的张翠平高三五班黄树凯及其它年级的李天华、颜泽鲁、毛心等校友。

特别要提到的是这些未能前来参加聚会的校友，包括在海外的郑大琛、徐光祝同学都向校友聚会表示祝贺，祝参加聚会的同学们快乐愉悦。发出的邀请中，给刘仁清的邀请函是托请刘正富转送，刘正富后来告诉我刘仁清去日本看女儿了，再就是周光熔的邀请函也是托同学转送的，回复的信息虽表示了不能前来参加聚会，但对同学们的校友聚会表示衷心的祝福。

聚会的时间定在 2024 年 6 月 13 日，临近聚会的前两天，原已确定要应邀而来参加聚会的曾华成、冯学礼、宁沛、顾彦先、刘彩芬五位校友因有一些突发客观原因不能前来，很抱歉的告之了我并表示遗憾。那一天来参加聚会的校友们都相聚甚欢，我在聚会会餐前刻意的向到来的校友们通报了邀请情况，特别是说明了那些当天不能前来参加聚会的校友的具体情况，并转达了他们对聚会同学们的美好祝福。因为有对刘荣富同学在近 30 多年中把一个几近破产的街道工业小组带成一个上市公司的敬佩，特别是对解决了很多七中校友的就业的敬重，我在聚餐前向客人的敬酒致词中，第一杯酒是祝贺大家在此相聚，第二杯酒是提出 2027 年重阳节大家奔八路上再次相聚的小目标，第三杯酒是隆重的请刘荣富给大家讲几句话。

愉悦欢快的聚会中大家畅所交流，言语中洋溢着同学友谊。刘正富同学向我赠送了他的大作《花蕊夫人传奇》并即席讲话，参加聚会的刘乃琦几年前与我一样同时都在担任民办高校的院长，他在四川托普计算机学院，我在四川天一学院，当年办学时就有不少交流，几年后相见甚是感慨。聚会也使我了解到更多的校友状况和情谊，高三 5 班的李建新在聚会中一直和刘荣富交流甚欢，后来得知是在当年彩虹集团发展过程中，他们之间有着密切的银企关系所以联系甚密。聚会中罗昌明同学拍摄了很多照片，不少同学也录制了很多视频，最后仍然请原定当天参加聚会的刘彩芬制作了精美的聚会视频和美篇，让大家的聚会丰彩得以拓展，也让大家留下了宝贵的图象资料。

从 4 月中旬开始的今年邀请同学聚会的活动，在 6 月 18 号这个很好的日子中以一个小型聚会的形式结束。那一天我仍然在温江福苑农家乐请了几位同学聚会，他们中有三位也就是杜懋陆、盛祖强与胡令是我原计划在 6 月 13 日邀请参加在红杏酒楼光华店聚会的，计划了这一个聚会后也就没有邀请他们参加那天的聚会了。一位老大哥张旭已经收到了那天聚会的邀请函，后来改为没有去那边而是参加了这边聚会，还有一位陈康生也是多年十分熟悉的校友，再有就是这次聚会的主角我的高中同班同学陈大沛。温江福苑农家乐确实一个聊天聚会的好地方，那天我们七个人从上午十点聊天到下午四点半，午餐是吃的农家乐的乡村川菜，的确味道还很不错。仍然感到比较荣幸的是，我们随手照的几张照片发到群中后，刘彩芬同学看见了把它们收入了 6 月 13 号那次校友聚会的美篇之中，让我们有了可以保存的珍贵图像资料。

比起两年前的 2022 年，今年邀请的同学聚会要多一些，前前后后一共邀请了五批同学聚会。现在出了一个巧合，就是我在每次校友聚会中都给大家提出了一个 2027 年重阳节八十大寿聚会的目标，真到了那一天是不可能在几个地方分别举行的，所以我现在的计划是到时找一个宽敞当然必须是交通方便的地方，大家就聚在一起欢度自己的八十大寿或者是奔八路上的愉悦吧。发自内心的希望所有的同学都要都能来参加聚会，一个也不能少，祝贺了八十大寿或者奔八之后，我们继续提出"活好当下"的目标，在合适的时间再次聚会。

第九章 人以群分

微信群友的分分合合看来会是一个长久的趋势

回忆撰写了从2019年我二次退休以来到现在为止的将近五年时间中所做和所经历的主要的三件事，那就是撰写回忆录、参与新冠防疫以及参加同学聚会。其实这五年多中可以记叙的事情还是很多的，比如这几年大家在微信和微信群中的交流还是有很多比较有意思的事情的。用微信有十多年了，二次退休之前主要是用于工作交流，最初的工作交流大家都用QQ，有了微信之后好像觉得微信更方便点便改用了微信。2019年下半年二次退休之后，开始加入各种各样的微信群，当然主要是同学群。除了成都七中几个同学群之外，也加了大学校友群。记忆中好像是2019年上半年吧，加入了一个四川大学校友群的很大的群，这个群据说是2018年学校校庆的时候回学校的校友们建立的，因为四川大学是由三所一本重点大学即老四川大学、成都科学技术大学和华西医科大学合并组建的，所以他的校友群也是一个庞大的群体。

我进群没有几天，还没有搞清楚群的基本情况，才发现群里面的氛围突然很紧张了，我虽然刚进群但也意识到之前群里边已经发生了比较严重的争论乃至争吵。因为我看到的氛围紧张已经不是争论的具体内容，而是已经提高了的一些原则问题，不少校友的语言很咄咄逼人。也还是我还没有太反应的过来，群主就突然在群中宣布决定解散这个群。这个很大的校友群解散后，很快就产生了很多新的群，我大学班上的同学也把我拉进了这些新组建的群中，这些新的群有些是以学校划分的，比如成都科大群华西医大群，有些好像是以见解或者说观点建立的，也就是进入这个群的大家的观点都是相近至少是相似的。有了群大家都可以在群中发表自己的见解和观点，这对于同学之间的相互交流相互沟通无疑是很好的。

每个群都有自己的风格和特点，有的群包容性很强，海纳百川对不同观点都能容纳，虽然群中也有很多争论，但不同见解的人都可以在群中发表自己的看法。但更多的群不是这样，几乎都是不太容易容纳得下观点相异的，经常会发生激烈的争论争吵。现代社会热点问题层出不穷，所以这种争论争吵也不时在转换着内容，比如 2020 年美国大选，在支持川普还是拜登上，一些原本观念相同的群，突然分裂成二派争吵不休。说来也很奇怪，美国人选个自己的总统，别人自己也许还不是这么关心，你看每次选举的时候都有不少美国人都不去投票，就说明他们认为这个事没有多大意思，但恰恰是我们这些不是美国人的人的群中，对别人总统的选举格外上心，发表着自己不同的见解。

记得当初的讨论争吵情况也很搞笑，刚开始还比较正常，支持川普还是支持拜登的人都能在群中比较正常的发表自己的看法和见解，其中主要的是对两位候选人的思政方针的评价，大家比较平心近和的讨论，就是有争论激烈的程度也不大。慢慢的随着选举进程的发展，二拨人的争论便逐渐激烈起来变成争吵，特别是到后来投票前后更是激烈，投票之后又出现了一个选举是否有作弊的问题，这又成了一个争吵的焦点。因为很多原因当时支持川普的同学在群中逐渐占了上风，情绪最偏激的时候群中几乎看不到除支持川普外的不同意见了。

新冠"口罩"三年中，对国人的社会生活特别是社会经济状况影响较大，很严谨的防疫措施是以封控为基调的，时不时要封闭楼幢小区一个片区乃至全城，封控之后经济活动是要受到严重影响的。原来以为放开之后一切都会逐步恢复正常，现在看来情况还不是如此，封控放开也有一年多了，但好像经济发展还没有缓过气来。一个表现是外部，好像来中国的外国人在新冠之后少多了，可能是欧美西方人崇尚自由开放的性态让他们对当年严谨的封控心有余悸吧。今年 3 月份我去了一趟日本，去的时候在北京回来的时候在南京转机，包括在成都天府机场看到的游客都很少，特别是外国人更少，完全没有了新冠之前机场人头转动的情况。5 月份去了一趟香港，情况也基本如此，人来得少对外部经济肯定还是有些影响的。

再就是内部，也就是我们经常说的内需，好像状况也不太好，新冠之后国人在消费上显然更谨慎了，直截了当的说就是不大愿意花钱了。我住家所在的青羊新区，小区附近有很多商业特别是饮食的经营点，我在日常溜达的过程中看到客人明显的减少了，很多的饮食服务点客人都很少，显然是因为经营上的原因不少饮食店铺都经营时间不长便关闭了。旅游上好像国人也有所收缩，往年在旅游旺季到成都旅游的人还是不少的，但现在明显的感觉到来旅游的人减少了。当然经济上一个最大的情况是楼市股市都不太好，A 股就不说了，近来二十年一直很旺盛的楼市，这一年多出了很多刺激购买的政策，但好像作用都不大，房子供大于求这个矛盾好像一时还得不到缓解，这对我们的经济还是一个致命的问题。因为在产业结构一直没有得到很好调整的前提下，房地产作为支柱产业老是这样一蹶不振，对国内经济发展还真不是一个好事情。

都已经说到了当前的经济问题了，那就再稍稍深入讨论分析一下吧。从表象上来看，状况确实不是很好，当然从个人的角度也只能谈谈对这些表象的感受。前面已经说到过了，个人能够观察得到的是外部环境与内部消费都有些趋势不太好的变化，现在外部环境发生变化的主导因素好像不在我们了，好像主要的发达国家包括欧美的和大洋洲与亚洲的，似乎都比较主动的在远离我们，他们要与我们脱钩的说法不绝于耳，这不是一个好现象和好兆头。改革开放40多年来我们经济的发展，主要还是新世纪我们加入了世界贸易组织进入了世界大家庭后才有了飞速发展的，在全球经济一体化的今天，脱钩或者即便是远离对我们经济的发展都不是好事情。当然这也不是我们一厢情愿的事，还得看整体形势的发展，现在看来好像情况不是很好，多种多样的原因使得外部世界好像都在逐渐远离我们。

至于内需也就是国内消费，预期收入的降低降级，不仅表现在房市一直一蹶不振，就是日常的生活消费也明显地表现出十分疲软，这种通货紧缩的信号和现象需要警惕，不要出现需求减少企业艰难就业不易收入降低的恶性循环。现在比较麻烦的还是房市，因为前二十多年的超速发展，毋庸讳言房子是修多了，它早已经大大的超过了需求了，前几轮的房价高涨是因为传统的中国人的理财观念也就是置地买房，这让国人争相购买和储存房子。现在因为多种多样的原因，大家不抢购房子了，这就带来了方方面面十分严峻的问题，我在前边回忆录的很多地方都说过，房价下跌是方方面面都不能承受之重。政府不行银行不行开发商不行老百姓也不行，所以即便现在房子早已大大的供过于求了，但还得千方百计把房地产弄上去，把楼市托住也就是不能让房价大跌乃至崩盘，这很难但又不得不做。

我曾经在前面的回忆录中说到了一个如何保住房价的个人见解，那就是让人民币大幅度的"贬值"，这种所谓的贬值是表现在收入上的，举例说你现在每月工资1万，房价一平方米3万，你买一套80平方的房子要不吃不喝20年，如果你的每月工资增加到2万，那么这套房子只需要10年就行了，当然还是必须不吃不喝。这个时候一些刚需可能会入市买房了，而房价至少没有大跌。在开放式的自由经济金融体系中，这种保房价的方法会有汇率崩溃的风险，但好像我们在这方面还有点优势，因为我们的人民币没有实现自由兑换，人民币大幅贬值之后多出来的钱只会推进通货膨胀。这之中还得有一个前提，就是房子不能再修了，把现在已经严重供过于求的房子处理好，让它实现某种意义上的良性循环，如果再去大势修房子那就会是事情最终不能收拾了。

当然还是有不少问题的，但这对化解眼前的燃眉之急还是有不少好处的。除了保住房价外，就是稀释了债务，这个债务不仅是有政府的城投债，也有购房者的按揭还款，同样的还款金额在月收入1万时会有相当压力，但在月收入2万的情况下应是好多了。问题中有一个是通货膨胀后日常生活品物价高了国人的承受能力，这个问题根据这三、四十工资上涨的情况看好像也能逐步适应，毕竟日常生活用品所占消费支出的比例不是很大。其实从上世纪八十年代工资几十元到九十年代的一、二百元，进入新世纪后更有大幅提高，生活用品价格也大幅提高了，但好像也适应过来了。

真正要让经济发展的基础是增加国人收入及减轻国人负担。如果收入增加了而国人的医疗教育养老特别是医疗实现真正的全民免费了，国人就敢于积极消费提高生活品质了。消费必然刺激生产刺激就业刺激分配最终结果是增加收入，这样就形成了良性循环。这实际上是凯恩斯主义的模式，只不过凯恩斯主义是在西方经济大危机时提出的，它刺激消费的主要手段是政府增加财政赤字去扩大投资和刺激消费，这一点好像对我们不是十分适合。我们现在不是需要什么投资来启动消费，是要让国人手中实实在在的有钱，而且要没有什么民生问题的后顾之忧，其中最主要的就是医疗。如果医疗有了真真实实的全民免费保障，教育有更多的免费福利刺激，养老有切实的社会保障，那么大家一定会把手中的钱消费出去的。

怎样才能让老百姓增加收入？主要还是增加就业提升工资，当然也有专家提到了政府给老百姓发钱，这当然是一个不错的主意，但发钱之前要解决好全民免费医疗问题，包括全民免费教育和全民免费养老，这是一个至关重要的前提。要想我们这个社会进入良性消费状态，除了政府还有很多事需要做之外，还有对民众价值观消费观的引导，前者是解决民众后顾之忧从而敢于消费，后者是解决观点与理念从而愿意消费。说到民众价值观消费观的引导，有一个客观实际的问题，也就是要对国内投资理财这种"消费"作一个分析，国内投资理财品种不多，房市股市是主要的两种，品种不多对国人未见得不是好事，品种多了让人眼花缭乱，以国人惯有的性态是不大容易弄好的。

先来说一下我一直在告诫朋友们最好不要去涉及的股市，前面的回忆录中我已经讲了很多了，现在再重点的说一下。A股从设立开始定位就有很大的偏差，尽管在当时因为客观的情况是不得已而为之，但后来的情况表明，当时目光短浅的短暂收获比起后来的剧烈损失完全是丢了西瓜捡了芝麻。由于中国最终没有实现完全的自由市场经济，被各方面刻意为之的双轨制，使得A股在30多年的过程中被弄得面目全非。中国股民的赌博心态，使基础本来就十分糟糕的A股更是雪上加霜。现在的A股只有投机性没有投资性更没有成长性，各方面包括机构和个人用赌博的心态和方式参与其中，最终是自食恶果相互成了韭菜。今年有把A股市场定义为诈骗，这个说法似乎过了一些，但不要去A股当韭菜倒是天真地义的。

至于房市国人可以把它当作投资理财的一个蓄水池，但要适可而止，千万不要有解放前地主老财买田置地越多越好的欲望和念头。怎么讲呢？就是首先得有至少一套自住房，条件允许可以有两套甚至三套，但要注意都是为了自住，当然作为资产它自然有沉淀资金也就是保值的作用。条件比较好时可以有一点用于出租赚取收入的房产，但也一定要适度，有一点即好即可。千万不能有投资买房赚钱的想法，从这一个角度说"房住不炒"确实是有道理的，现在国内房子的实际情况已经是严重的供过于求，价格也基本上处于高位了，所以想靠投资房产赚钱这种效应已经不复存在了。

A股不能去，房市适可而止，在社会和国家提供了医疗教育养老保障之后，中国人也应该解放思想像西方人那样不仅是"活在当下"应当是"活好当下"了。也就是说收入增加了之后手中有钱了，还是该潇潇洒洒让自己生活的更愉悦些，也就是把钱花在自己喜欢做的事情上去了，去做那些可能是实现自我的愉悦事。当然这么多文字是描述了一种理想美妙的图像，现实中我们面临的问题还很严重，这些严重的问题有日复一日日趋恶化的可能。多年来沉积的问题太多，冰冻三尺非一日之寒，这些问题不是一日一时能够解决的，仅就那个横亘在人们面前的全民免费医疗问题，就很难看到有解决的希望。它不是一个简单的政府从财政上拿钱出来的问题，它涉及到已经病入膏肓的方方面面的状态，当然首要的问题还是需要先决定财政要拿出钱来事情才可能起步。

经济发展的三驾马车，前面我已经说过了投资从现实的角度也不太能够操作，确实如有些专家所言，再去投资建造型钢筋水泥基础设施还不如把钱直接发给民众。至于外贸出口，多种多样的原因也使国际上要与我们脱钩的说法甚嚣其上，这也是无可奈何之事，本来经济就是一个竞争性很强的事情，加之诸多的非经济因素的影响，使得外贸出口的预后相当不好。所以三驾马车中只有靠消费了，消费我们是可以自主的，是可以自己努力的，但前提是要有前面已经谈到了很多的民众的收入增加，而且还要有很多诸如医疗等问题的民生保障，以及正确的价值观和消费观，才能使消费有效的进行和增长。而从目前的现实情况看来，它还很任重而道远，还需要各方多加努力，让这架马车能够真正很好的跑起来。

这段时间在成都市第三人民医院诊断与治疗老年白内障，当然主要是手术治疗植入一个人造晶体，成熟的老年白内障手术十分简单大约20分钟左右就完成了，但为此进行的前期诊断过程还不少。先是门诊，校友宁沛推荐三医院眼科专家刘主任，在她那里先是进行了一些简单的现场检验，确认是老年白内障后进行了更深入的门诊检查，完事后由刘主任开了预入院治疗通知，到眼科检测中心去办理。去了之后护士妹妹告诉我不能办理，是因为我的血常规检验中白血球偏高不达标，让我去先治疗炎症让白血球达标。这当然也是我的一个疏忽，我的慢阻肺实际上肺部是长期炎症，加之这一年多又在服激素，白血球不达标是常事。于是只好回来吃了一个多星期的头孢抗生素，顺便也停了一个多星期的激素，拿到了当地卫生院的血常规检验合格报告后，然后是第2次去了三医院办理预入院手续。

原以为办理预入院手续很简单，结果比第一次还麻烦，因为还要进行一系列的入院检查，我因为觉得简单就去的比较迟，上午10:00才到三医院，结果一系列检查下来已经接近中午，而且为了检查还给我放大了瞳孔。当然这一次检查一切合格，护士妹妹通知我6月28日手术，虽然手术确定是在下午，但上午一早就要去进行空腹血液检验，同时护士妹妹也给我办理了到社区申请白内障补助的相关手续。因为社区离市三医院也不远，尽管被放大了瞳孔，但我也在视力状况不是特别好的情况下离开三医院去了社区。

这天办理白内障手术的预入院手续最后这一个检查项目放大瞳孔，这使我想起了六十年前的一件事，也在这里回忆回忆记叙记叙一下。什么事情呢？是六十年前的1964年三、四月份吧，空军某部队到成都七中招飞行员，我作为学校的推荐对象进入了身体检查。飞行员的身体检查很严格，前后进行了好几天将近一周，地点就设在当今太古里旁的大慈寺里，那个时候大慈寺作为城区少有的寺庙没有对外开放。我们一批被推荐的同学每天一大早就去到了大慈寺，进行各种各样的身体检查，每天都有同学因为某项身体条件不合格被淘汰，所以越到后来参加体检的同学就越少，我是进行了好几天体检后余下的少有的几名进行到对眼睛进行深度检查的成都七中学生。

那天进行眼睛深度检查时，边检查便有同学被告知终止检查，检查的军队医生讲眼睛是能否做飞行员的特别重要的身体指标，我一直走到了眼睛检查的最后阶段，这个时候医生给我两只眼滴了像今天滴的药水一样的液体，然后被告知这是在放大我的瞳孔以便进行深度检查。呆了二十分钟左右，我自己感觉到眼睛不大看得清楚了，人走路也有点晃晃悠悠的味道。这时医生让我进去检查了，因为余下的同学已经很少了，所以医生检查得特别仔细，在仪器上很仔细的观察了许久后，这位医生又去请了大约三、四位医生进来，轮流的在仪器上看了较长时间。最后医生们在商讨了之后，很遗憾的告诉我，说我的右眼有一条黄标，时不时的在眼球晶体中穿梭，他们告诉我飞行员在高空飞行时，这种黄标会对视力有比较严重的影响，所以在这一条标准前面，我也就不符合飞行员的合格体检条件了，对我的飞行员体检也就只能终止了。

那个时候年龄还没有到17岁，懵懵懂懂的好像也不感觉到有什么遗憾，只是瞳孔放大了之后看什么都不太清楚，走路更是晃晃荡荡的。但我还是急着要赶回学校上课，就像今天瞳孔放大之后已经是中午12:00过了，我还要赶着去社区和街道办事处交白内障手术的补贴申请表。尽管部队的医生们建议我在大慈寺休息一下再走，但听到他们说要彻底恢复需要将近两个小时左右时间的时候，我就没有休息，在眼睛模模糊糊身体晃晃悠悠的情况走上了回学校的路。好在大慈寺距成都七中不是很远，小心谨慎的走了将近一个小时也就回到了学校，坐在教室里听先生讲课眼睛其实是模模糊糊的看不大清楚黑板上的板书。

今天的情况也像60年前一样，瞳孔被放大进行深度检查后，市第三人民医院给我办理了预入院手续，同时给我填了申请老年白内障手术补贴的申请表，医院盖章后让我回到社区向街道办事处提交申请。同样的也是不愿意在医院中静等两个小时左右，另外需提交申请报告的地方在桂花巷，离市第三人民医院也不远，所以我也就像60年前一样摸摸索索的上路了，当然很特别的小心谨慎，因为我知道我已经不再年轻，已经是年逾花甲奔八的老人了。

市第三人民医院在羊市街，穿过东城根街后便依次是商业街、多子巷、仁厚街、斌升街，最后到了桂花巷，我要提交申请的政府机关就在这里。经过这些街口的时候，突然想起了30多年前在这一片地方经历了将近两年的生涯，那是 1988 年底到 1990 年中，我在这片区域为一家现在称为民营企业的集体所有制公司服务工作了将近两年。1988 年底还在体制内的西南财经大学担任处级行政职务当然也是高校教师的我，在成都七中一位校友的推荐和带领下，到了一家集体所有制公司担任经济顾问，当年还没有公司法，那种挂着集体所有制招牌的企业实际上就是现在的民营企业。这家注册在甘孜州康定县的企业，主要的经营活动其实都在成都，公司日常经营活动地址在多子巷，是一处有一幢二层楼房子的大院落，环境宽敞安静。

我前后为这个公司服务了将近五个年头，其中有将近两年是在这个地方工作的。这个地方位于少城片区，今天走过的很多街道都在公司所在地的附近，因为每天要解决外出吃中午饭的问题，结果把这一个片区走得十分熟悉了。少城片区夹在东起东城根街西至同仁路南临蜀都大道北傍羊市街西延线也就东门街槐树街的这片区域内，当然人民公园那一片也是少城片区的一部门，人民公园最早就是叫少城公园。这一片如果把长顺街看成中轴线的话，它两边有很多小街道，东边有后商业街、商业街、多子巷、仁厚街、桂花巷、斌升街、东胜街、将军街，西边有吉祥街、奎星楼街、小通巷、栅子街、实业街、泡通树街、支矶石街、宽巷子、窄巷子、井巷子、西胜街，诸多大大小小的街道巷落上有很多精美的食品店和餐饮店。

上世纪 80 年代末 90 年代初这一个片区还没有旧城改造，更没有形成像现在这样的宽窄巷子旅游景点，整条长顺街就是一个综合的农贸市场，市场也扩展延伸长顺街两边的小巷中，各种各样丰富的食品很多很多。在这一个片区工作的将近两年中，很多时间都要在这一个片区吃中午饭，应该说那真是一个价廉物美的地方，各类吃食应有尽有，味道那是不摆了，价格也相当合适。更有乐趣的是他的很多吃食都是当街制作，这让喜欢观看食品制作的我经常在吃了午饭后会在这里遛涟一点时间，像儿时在皇城坝一样观看精致的食品的制作。那段时间中有时如果待在公司有点闷工作又不是很紧张时，我会走出公司在那个热热闹闹的综合农贸大市场中走走看看。今天走在这一个片区中，感觉到了城市建设的巨大力量，当年的那些农贸市场热闹场面荡然无存，取而代之的都是整齐规范的钢筋水泥建筑，到是十分整洁干净了，但那种熙熙攘攘让人留恋的人烟气息也没有了。

上个世纪 90 年代末我也在这个少城片区的小通巷呆了两三年，那个时候我的一个西财校友的公司在这里，从 1998 年到 2000 年这段时间我在这里为朋友的公司担任总经理。那个时候少城片区随着 90 年代上半叶府南河旧城改造的完成，这个片区的面目已经完全改观了，长顺街的综合农贸市场撤掉了，宽窄巷子的旅游景点正在规划建设。当年长顺街头的那些摊点，包括很多有名的吃食，按照规划似乎都要在宽窄巷子旅游景点建成后迁入到那里去，我们今天看到的宽窄巷子旅游景点的状况，也许就是当年规划建设时想象和计划中的模样。

在去了二次市三医院后，第三次去是 6 月 28 日的手术，一大早就空腹去了医院查血，原以为会在医院等上一个上午，没有想到手术前的各种安排还是很多的，当然主要是告诉老人们手术中手术后有哪些事情要注意，根据个人眼睛的不同情况选择晶体也是一个很重要的内容。我的右眼有一块黄斑，估计就是六十年前考飞行员时医生们说的那个黄标的发展，这个眼睛的基础条件使我只能选择单焦晶体，所以对我来讲晶体的选择就很简单了。单焦晶体只有两种，一种是国产的一种是美国进口的，医生讲无论价格和质量两者差异都不大，我也就选了一个美国进口的。这个事情对我来讲还是比较遗憾的，我一直比较钟情于双焦或者多焦，因为单焦只能解决近视问题，而双焦或者多焦可以解决远视也就是戴老花镜的问题，但眼睛基础条件如此也是无可奈何之事。

下午的手术总的说来是比较顺利的，手术的时间其实也就是十多分钟，但我进去大概有半个小时，主要是手术有一个禁忌就是咳嗽，要求在手术期间不要咳嗽。这对对我这个慢阻肺病人来讲，还是个需要努力的事情，特别是进入手术室后空调的温差，使我突然咳嗽起来，好在关于咳嗽的经验我比较丰富，用了几分钟集中的咳嗽之后，做了这种准备使得后来的手术十多分钟还是坚持住了没有咳嗽。手术后第 2 天是第四次去市三医院，当然说是所谓的撤线而主要是护士妹妹讲解接下来复查前一周中多种眼药水的使用注意事项。

最后一次去三医院是一周后的复查，这应当是一个例行事项，这样我这个老年白内障手术便前前后后去了五次市第三人民医院，也是这五次在医院里边前前后后多处的奔波检查，突然使我触景生情的回忆到上世纪九十年代商海游弋的一些事。触到了什么景生了什么情呢？原来现在的市第三人民医院面积是比较大的了，除了原来在八宝街上的那两栋比较高的门诊楼住院部之外，在后来的城区改造中原来市政府办公区靠着羊市街这一大片，都被市第三人民医院使用了。原来市政府办公区中很多楼层不高的办公楼，都成了市第三人民医院门诊就医的处所，因为市政府办公区的楼幢都不大，使得市第三人民医院门诊诊断和检查的地方也比较分散，这也导致了我去做的几次眼科检查来来去去的在医院转了多趟。因为除了在临八宝街的门诊大楼有眼科门诊外，眼科的检查以及眼科的测评中心都是设在原来市政府办公区的那些小楼和平房中的。

这个市政府原来的办公区，上个世纪 90 年代我在市场经济中游弋的时候去的是比较多的，主要是当时的成都市对外经济联络委员会也就是市外经委的办公地址在这里，从羊市街市政府大门进去右转有一幢临街的三层楼房便是当年它的办公楼。尽管通过城市改造当年的状况有点面目全非的味道，但最后我还是判断出来从地铁 4 号线骡马站 A 口出来走不了多远便是那栋小楼，它现在是市三医院的一个康复门诊部。上个世纪 90 年代小平先生南巡后，改革开放的步伐加快加大，一些外资当年首先是港澳台资金来到国内投资，当时合作的平台是外商投资企业，也就是外商独资企业和中外合资企业。在成都市举办的这些企业，在办理工商营业执照的时候，前置文件主要就是成都市外经委的同意成立批文。当年我经手办了好几个中外合资企业，除了我自己经营丝绸的公司外，其他好几位朋友的合资企业也是由我在办理注册登记手续，所以当年成都市政府办公区内的成都市对外经济联络委员会便是我多次去的地方了。

当年小平先生南巡前后，一个下海潮正在形成，小平先生1992年南巡讲话传达后，兴办公司成为了一种下海人的趋势。我其实在1988年底便以兼职的形式在商海中游弋了，所谓兼职就是一方面还是西南财经大学的高校教师，教学之余便出来从事一些市场经济活动，当时主要是为一些朋友管理公司进行生产经营销售。小平先生南巡后，我也办了自己的公司，也帮一起从西南财大出来的老师办了公司，当时《公司法》还没有颁布，要办公司名义上还是集体所有制的，特别是需要有一个政府机关作为你的主管部门。当时的金牛区区委书记陈佐国是我在金牛区商业局工作时就认识的领导，与他比较熟悉打过不少交道，他对我很了解和信任，于是我去找了他由他指定了金牛区对外经济联络委员会也就是区外经委作为我所办的公司的主管部门，另一位西财校友的公司是金牛区乡镇企业局作为主管部门。

小平先生南巡讲话后，改革使市场经济发展很快，开放让很多海外投资者来到中国，其中很多是港澳台同胞，我这边也接待了台湾与香港的投资者共建中外合资企业，这就是当年我到市政府办公区市外经委去得比较多的缘由。申办一个中外合资企业，首先要取得市外经委的批文，也就是向市外经委递交举办申请，其中最主要的是立项报告与可行性分折报告，这两份材料是向中方企业所在地的区外经委报告由他们批复同意后，出具区外经委给市外经委的同意批复报告，最后由市外经委发出同意举办设立中外合资企业的批复。

有了这个批复，便可向成都市工商局申请中外合资企业的营业执照了，届时需要提供的主要材料是合同与章程，也就是中方企业与外方企业关于举办合资企业的合同以及企业章程。有一个很重要的环节是举办中外合资企业在验资上与举办内资企业不同，申请举办内资企业需要先验资，即要先把注册资金打入验资账户由具有资质的会计师事务所出具验资报告，而申请举办中外合资企业则不需要先验资，是发给了营业执照后再验资。所以在申办注册外商投资企业的时候，取得成都市外经委的批复是十分重要的，这也是当年我跑成都市政府也就是现在成都市第三人民医院所在的比较多的原因，几十年过去了，现在想起来还是挺有意思的。

上世纪90年代我在商海中游弋的时候，做得比较多也比较游刃有余的事情，主要的还不是很具体的生意业务，生意业务有具体的朋友在跑，我做的很多就是这种与政府机关部门有关的事，再一个就是银行和非银行金融机构。与政府机关打交道是要取得他们的经营许可，当年处于由计划经济向市场经济过渡中，政府机关部门的权利还是很大的，包括成立注册公司，不像后来公司法颁布之后独立的自然人就可以申请注册，而是必须要得到一个政府机关部门的同意，挂靠在它下边成立一个集体所有制企业，尽管是挂着集体的羊头卖的是私营的狗肉，但办事的程序就是如此。至于同银行与非银行金融机构打交道，那是为了取得经营资金，有了钱才好进行各种业务项目的推进。恰恰是在与政府机关和银行打交道中，我有着自己得天独厚的优势，上世纪70年代我就在政府机关中工作过好几年，对政府机关的工作习惯和流程比较熟悉，交流语言也很通畅，而西南财经大学教授的背景，使我在同银行与非银行金融机构打交通时有着得天独厚的方便和优势。

当年在市场经济活动中很偶尔的结识了与我同年的台湾著名歌星高凌风先生，他在台湾的艺名叫"青蛙王子"，他在台北注册的公司就叫"青蛙王子有限公司"，这个公司就是后来我办的中外合资企业的外资方。以我的观感，高凌风先生是一位人品和格调都很不错的人，当年两岸交流刚开始不久，他祖籍成都人，讲一口地道的成都话，他的朋友陈彼得先生告诉他成都音乐市场很大，他就来看一看。以某个意义上来讲，我给他做了一两年的免费的经纪人，而能够做这个事情主要还是借助了我对政府机关工作程序比较熟悉的条件，他想在成都就像陈彼得先生那样能开音乐会，我用我可能的关系联系了四川省文化厅成都市文化局，让他去拜访交流。虽然地方上的文化官员们很热情，但当年要在成都开上一个港澳台明星的音乐会，需要文化部批准，所以这个事情最终没有弄成，尽管我也去跑过北京文化部，但多种多样的原因还是无功而返。

当年企业要正常运营，涉及到政府的事情还不少，比如工商税务等等都需要去协调，所以我自己的企业以及朋友们办的企业，有这些方面的事情都借助于我与地方政府各职能部门的关系，以及我在政府机关工作过的经验由我在处理。在由计划经济向市场经济转轨的过程中，地方政府已经有了初步的招商引资概念，当年不像现在有GPD数据来统计业绩，但有一个辖区内工业生产企业的产值统计作为地方政府的一个很重要的考核，所以地方政府对引进企业特别是生产性企业还是很积极的。为了招商引资地方政府都争相出得有优惠政策，主要是工商税务上的优惠，所以处理好企业运营的这些问题只要方法得体难度也不是很大。

比较麻烦的是与银行打交道，因为当年大家办了很多企业，基本上都没有自有资金都是负债经营，所以从银行或者非银行金融机构取得资金支持是企业运营很重要的环节。我在西南财经大学做教授的背景，在与金融机构打交道中优势便显现出来了，很多金融机构中有不少都是当年教过的学生，老师的概念在学生们心目中是很深刻的，所以他有着特殊的信用价值。再就是在西南财经大学所学习和掌握到的那些金融知识，把它与实际工作与结合也显现出很特殊的作用。比如当年人民银行管理商业银行的信贷规模，就是一条叫存贷比的规定，它虽然是动态的但也具有相对的固定性，如果企业能够配合银行做好月末季末年末的存款，银行对企业的感觉是比较好的，所以在我的企业和我的朋友们管理企业中，我都很注意月末季末半年末年末的企业存款。

因为很多很特殊的原因，我不仅是在企业与银行之间作交流沟通协调，后来实际上也和银行与非银行金融机构的朋友们融合在一起，共同为银行之间的资金融通做方方面面的工作。比如银行与非银行金融机构之间，有一个比较重要和频繁的业务叫同业拆借，就是金融机构之间相互借钱，同业拆借的利率按人民银行的规定是一个动态的区间，这之中也有一些比较有意思的事情。一般说来借出货币的金融机构都希望利率高一点，当然去拆借货币的银行希望利率低一点，这之中就有一个沟通交流协调的问题，而且它也表现出来了相当的业务技术性。如果对这些业务的技术性很熟悉，加上良好的沟通交流，银行和非银行金融机构之间的同业拆借会实现一个对双方都很有利的双赢局面。当年我就籍助于与金融机构人缘比较熟悉的背景，加之对这些技术性业务的了解，帮助和支持不少银行和非银行金融机构实现了双赢的同业拆借业务，当然也通过这种工作让企业也得到银行的支持。

这些有一定技术含量的事，做起来觉得有兴趣些，比起纯粹的做生意卖进卖出有意思得多。中国的商业环境很差，国人的信用观念也很差，严重缺乏契约精神，这就使得生意做起来很无趣。比方说是先款后货还是先货后款，这个问题在实际处理中就很令人烦恼，让客户先款后货吧他不放心，商家这边先货后款吧自己不放心，这个事情操作起来就很难了也特别乏味，因为更多的时候还是买方市场，只有把货先发出去等待收款，等待的过程中实际上是一种煎熬，这种事情日复一日的做着就没有多大意思了。

中国版的市场经济会出现这种情况，以我自己的观察其中蕴含着很多人性的因素，其实在成功的贸易往来中，款货最后都是双清了的，真正出了问题的情况是不多的，但这种没有游戏规则也就是没有法律保障的商业贸易，让人始终心悬一线确实没有多大意思。说到商业活动中的人性，当年一起共事的友人中，情况的差异确实很大，比如当年银企关系，在有一段不算短的时期中，更多的还是对人的信任，后来形成规则的抵押担保在最初其实是一种形式，而不同的人在这个问题上表现出截然相反的性态。有的人很重视信誉，受人滴水之恩亦当涌泉相报，我在回忆我在成都信息工程大学银杏酒店学院作院长时，说到学院的投资方亦是当年的朋友，这位老板便是那种在我看来心性极好的人，其为人做事都展示了人性中应当赞扬的一面。

应该说当年交往的商界朋友中，这种人还是占着多数，我当年和他们有着比较深入密切的经济往来，但无论是在过程中还是最终的结果上，我们相互之间都表现出那种该有的人性追求。但在交往的人中，也确有人让人不耻与不屑，正儿八经的生意没有做成几桩，更谈不上从生意中去积累财富，而是一门心思都是放在不很正当的渠道上，用各种毁掉做人信誉的方法，去积累着资产和财富。而更为让人感到不屑的是，这种人把他所做的那些不耻的事，从内心深处是当作自己的本事，毫不羞愧做着各种各样极不妥当地勾当，让人很难与他面对。

当然人性是个很复杂的东西，且不说不同的人有不同的性态，就是同一个人在不同的环境下，他的心性也会发生变化。写这段文字的时候，恰逢美国四年一度的总统选举，这是一个全世界都很关注而它本身也很热闹的一个事情。今年的美国总统选举原来是现任总统拜登与前任总统特朗普两个80岁左右的老人角逐，没想到在六月份的一次辩论后，多种原因现任总统拜登退出了总统竞选，现在前任总统特朗普很有可能是与现任副总统哈里斯竞争。上次2020年拜登和特朗普竞选总统时，基于很多原因我是支持特朗普的，他后来落选了我还十分遗憾，但这次他出来竞选下任美国总统，其他的事特别是美国国内的事情我们搞不清楚，但他的对外政策中有两点确实让人大跌眼镜，让我对他甚至有点反感。

一点是对俄乌战争，特朗普宣称他当选后可以在24小时内结束这场战争，后来得知他结束这场战争的方法就是不继续提供军援压乌克兰以土地换和平，也就是割让国土给俄罗斯换取和平。这之中就完全没有了正义和是非的观念，这是一场俄罗斯向一个主权国家发起侵略的战争，怎么能够让被侵略的主权国家以土地换取和平呢？如果这样正义何在，特朗普这种不问是非不分清侵略与被侵略表现出他人性上极大的一个缺陷。如果他上台按他的方式解决俄乌战争，那今后世界就会乱了套，大国强国持强凌弱欺负小国弱国便有了先例。另外特朗普在关于台湾的问题上也很奇特，他首先考虑到的是要让台湾增加军费，还要让台湾向美国交保护费，真不知道他是怎样想的。

第十章 心路历程

心路历程是自我人性在不同历史阶段的表现

这实际上表现出特朗普人性上的缺陷，他也许是一个成功的商人，在商业那个环境中他表现得很自如很成功，但他如果以商人的思维来从政，从商人是以谋取具体的物质利益为目标的行为方式来处理国际问题，把政治上所有的国际问题都当作可以交换的商品，把所有的国际事务都赋予商业的价值，然后按照商业的运作进行利益交换，这充分地表现出他在政治上人性的一个巨大缺陷。当然也说明了人性这个东西在不同的环境中他可能表现出不同的状况，特朗普这个人可能在商业上他的人性很健全，但环境变成了政治同样的人心性就发生变化了。其实不仅是不同的空间环境，一个人在不同的时间他的心性也会有不同的表现。我已经渡过了古稀之年，正在向耋寿迈进，已经走过的70多年中，经历了不同的历史时期，其实在每一个特定的时期中，作为一个人我都有自己客观的心路历程，我把这种心路历程看作是自我人性在不同历史阶段的表现。走过的几十年现在回头来看，感觉这些心路历程还是有记录回忆的必要，从某个意义上来讲，可以看作是一种人生反省吧。

回忆自己几十年来的心路历程，这个话题在某个意义上来讲还是比较大的，人生几何会经历不少的事交往不少的人，在同人与事的交往中，不管客观上是怎样表现出来的，但最终总是自己的思想在起作用，这在某个意义上来讲也应该算是自己人性的一种展示吧，从这一点上来说这个话题还是比较沉重的。其实这个比较大也比较沉重的话题，本来也是可以独立成篇作为我的回忆录的一个篇章的，我把它放在这个篇章中，是因为我的回忆录撰写已接近尾声，想要写该要写的内容已经不多，这个篇章我把它命名为《赤橙黄绿青蓝紫——我生活中的繁琐小事》，也有在接近尾声的回忆录的撰写中，把各种零零碎碎觉得还可以记叙一下的过往人生中的往事，都放在这个篇章中来记叙来回忆来撰写的目的和意思。

先从主要是童年时期的 1958 年之前记叙起吧，我用明媚和愉悦这两个词来形容和刻画它，仅管没有《童年》那首名曲中的诗情画意，但客观的说，在城中心皇城坝旁度过的这十年中，我确实是过得阳光明媚心情愉悦的。从自我个体的角度来讲，当年人还小真的是童年，天真无邪童心纯洁，接触到的都认为是美好的。从大的范围来讲，那个阶段的社会氛围总的说来还不是很糟糕，特别是 50 年代的头几年，被苏联老大哥斯大林忽悠到朝鲜半岛去与联合国军的战斗，成为"抗美援朝保家卫国"，举国一致的战斗决心使得社会氛围特别的好。尽管后来有三反五反及对农业、手工业和资本主义工商业的社会主义教育与改造，但都是对事不对人，以思想教育和改造为主，基本没有涉及到对人的打击。毛泽东在 1956 年发表了《关于正确处理人民内部矛盾问题》重要文章，定调了当年几乎所有的问题都是人民内部矛盾，包括1957 年里反右斗争。

童年过的愉悦还有一些环境因素。当年我的家庭用现在的话来讲也许勉强可以算做一个中产阶级，父亲因为对丝绸和棉布业务的熟悉，无论是早期的为老板做事，还是公私合营后成为棉布店的公方经理，收入是稳定偏好的，能干的母亲在参加工作前就自产自销拖帕弥补家用，参加工作后他们就成了 50 年代不多的双职工家庭。再有就是那个罗家，除了被称作资本家其实是高级知识分子的罗家长者的善良敦厚外，罗家三位小哥哥小姐姐始终是我童年生涯中欢乐的主曲调，与他们在一起有一种幸福和愉悦的美好感觉，特别是通过他们让我认识到了大学。

还有就是当年在九眼桥头看到的纤夫拖船逆水上行，以及钓者在桥头甩白杆钓鱼的激动人心的场面，让开始进入少年的我有了一种社会认识其实是一种社会震动，那应该是一种劳动的伟大吧。这种伟大激励着我让我得以在思想上和这种劳动同步，年龄和不谙世事使我只看到了劳动的伟大，而不可能知晓纤夫和钓者劳作的目的是为了生活与生存，这是他们为了在社会上能够立足而不得不为之的工作。当然在这种心境之下，一切都是美好的，美好能够带来的当然是阳光明媚和心情愉悦了。

尽管 1957 年的反右斗争使我接触到了些许阴暗，但年龄尚幼也体会不到那场敲断中国知识分子脊梁运动的严酷，特别是父亲也在反右运动中受到了批判的磨难，但因为他毕竟出身工人最终没有被划成右派分子，这使得我的家庭虽有些风波但也没有掀起大浪。加之在这个时候我开始逐步走入我所喜爱的大学，在大学中能看到的一切似乎更多的是惊讶与惊喜，这种惊讶与惊喜也能驱散那些阴暗，至少使这些许的阴暗不至于影响到明媚与愉悦的心情。

接下来从1958年到1963年的这五六年间，应该算是我的少年时期吧，伴随着国家大环境的急剧变动，我在这几年中也经历了亢奋焦灼担忧甚至忧郁但总体还是积极向上的心路历程，虽有一些压抑但总体还是不错的。50年代的最后两年特别是1958年，全国人民都处于一种亢奋之中，我自然也不会例外，社会主义总路线的宣传，多快好省的建设社会主义中比较具体实际的一个目标是在十五年内超英赶美，这确实很激奋人心。超英赶美一个典型的街头活报剧是《英雄赶派克》，主要是表现我们的英雄钢笔超过了美国的派克钢笔，这个活报剧我是由城中心的皇城埧起一直看到了郊区的四川大学。因为1958年的上半年我还住在城中心的光华街，在陕西街小学读书，到了下半年就搬到了郊区的四川大学教工十四宿舍，到望江楼小学也就是川大附小读书了。

与社会主义总路线宣传紧密相连的是大跃进，而少年的我能够感受到的就是大炼钢铁，为了完成1958年钢产量达到1080万的目标，全国各地都在兴建小高炉炼钢，这是一个壮观。同时还有的就是关于人民公社的宣传，一句"共产主义是天堂，人民公社是桥梁"让少年的我对人民公社吃饭不要钱的大食堂十分崇拜欣赏，而对于亩产几十万斤的水稻卫星更是深信不疑。总路线大跃进人民公社这三面红旗鼓舞激励着全国人民，让全国人民当然也包括我都处于一种极度的兴奋其实是亢奋之中。毛泽东那句"世间一切事物中，人是第一个可宝贵的。在共产党领导下，只要有了人，什么人间奇迹也可以造出来"使我们对所有的一切都深信不疑，都亢奋的盼望着未来的好日子。

但情况发展变化的很快，还没有等到迈入60年代，从1959年起开始的物资供应特别是主副食品供应的短缺很快让人处于一种焦灼和担忧之中，因为这是很现实的，人的肚皮吃没有吃饱它是不骗人的。60年代的前几年都是在一种饥肠辘辘状态中渡过的，饥饿的感觉始终与你形影不离，其实当年主食还是吃的不少的，中学生一个月的粮食定量是32斤，一天吃一斤的大米饭在今天是完全不可想象的。虽然有些担心和焦灼，但我积极向上的心境还是不错的，一是经常性的涉河过锦江穿过望江公园和四川大学到成都二十九中上课，使我儿时就有的那种对路径的探索精神有了更大的满足，当然我那能干的母亲时不时能搞到成都罐头厂的清真猪肉罐头也使日常饥肠辘辘的全家人能一饱口福。

如果说在那几年的环境中我的心境还能积极向上，主要还是我在成都二十九中读书的学业状况。从进入成都二十九中读初中起，我的学习便十分优秀，这表现在功课的方方面面，不仅有我所喜爱的数学物理化学生物等理科学科，就是历史地理特别是语文我也表现出学习上的优秀。学生以学为主，学习成绩的优秀自然要得到各方面的赞扬，自己内心深处肯定是沾沾自喜的。因为功课的优秀使我有比较大的精力和比较多的时间投入学生社会工作，在得到锻炼的同时自然也有一些意想不到的好处。比如在那几年每年6月1日我都会从团队专职干部彭老师处得到一张儿童节音乐会票，这是四川音乐学院每年都要为成都市的少年儿童举办的节日音乐会。

从1963年秋天到1969年初，我都是在成都七中待过的，长达七个年头的跨度是因为有三年的时间在那里读高中，另外有两年多是1966年高考取消大学梦破灭后在那里渡过了文化大革命也就是十年浩劫的头两年，这七年是我人生中极为重要和宝贵的青年时光。在青年这个人生观世界观价值观逐步形成的这几年中，我经历了人生历程中自信自豪乃至骄傲但同时又有忧郁怀疑乃至沮丧的极端状态。从个人成长的角度我还是认为这个历史阶段是我人生旅途中极为辉煌时段，是我在方方面面的客观表现超越了一个二十岁左右的青年人该有和可能有的情况和状态的时期。

说起自信自豪和骄傲，首先得从我进入成都七中读高中说起，那就是学业上的突飞猛进。成都七中一直是四川乃至全国都有名的省级重点中学，当年并不完全以高考成绩为标准评价中学优秀程度，这让成都七中成为能让各方面人才都能在学校中得到发展的典范。除了在学生社会工作上我先后担任了班级团支部书记与学校团委委员外，能够引为自豪骄傲的是我的各科学业，进入成都七中后我沿袭了在成都二十九中读初中的学业优势，一方面在我酷爱的数理化特别是数学上发展极好，成为了各科专任老师青睐和重视的尖子生，同时在语文这个学科上主要是阅读和写作上发展也不错。我从5年前开始撰写的这部回忆录现在已成文九十多万字，从某个意义上来讲，它真的是得益于我在成都七中读高中时所接受的文字教育和锻炼，是成都七中母校给了我写出这么长这么多文字的基础和能力。

进入1966年后，学业上的优异使我感觉到大学在向我招手，北大清华北航好像近在咫尺，我像天之骄子一样在自信自豪和骄傲中飘飘然几近忘形，没有想到高考前一个月的政治变动让我当然也包括我的同学们的大学梦破灭。其实这也不是没有预兆的，将近三年的高中学习生活中，一方面有着学业优秀的兴奋自信自豪乃至骄傲，但同时也有着因为当时一天比一天提得紧迫的"千万不要忘记阶级斗争"给我们青年学子当然也包括我带来的压抑疑虑不解乃至忧郁。从1963年底毛泽东在八届十中全会上提出"千万不要忘记阶级斗争"后，阶级斗争就成了年年讲月月讲天天讲的话题，这个话题反映在对我们青年学生的教育中，提出了一个"有成分论不唯成分论重在政治表现"伪命题，这个反科学的伪命题压得当年的青年学子自然也包括我有点喘不过气来。

我们一方面在对这个"阶级成分论"疑虑和不解，但同时又在全力以赴的学习它落实它，这种学习和落实给我们这些刚成年的青年学子形成了极大的压抑和忧郁，面面俱到的"有成分论不唯成分论重在政治表现"使任何一个客观现实的青年人谁也不能逃脱它的说教，当然我们也在这个说教过程中逐渐的接受了极左的社会思维与思潮。这个接受了极左的社会思维与思潮最典型但同时也是最搞笑的是，当1966年6月开始停课闹革命并且相继暂停和终止高考时，我们当然也包括我竟然一点也不为自己的大学梦破灭而失望与惋惜，而是一门心思的积极投入了伟大领袖所倡导所发动的文化大革命运动中，都是两年多后我们被打发下乡接受贫下中农再教育时，才知道我们已经痛失人生中最好的发展机会。

接下来的在成都七中两年多的时间都是参加所谓的文化大革命，我在这两年多的时间中，有过狂热乃至偏激，有过自得乃至骄傲，有过疑惑乃至动摇，也有过失落乃至沮丧。有一种说法是，每个人在年轻的时候都"左"过，要成年甚至成熟之后他会逐渐"右"起来，这句话委实不错，我自然也是如此，而且我有着几乎所有那个时代的青少年都有过的传统教育熏陶。文化大革命开始的时候，经过之前好几年的政治教育，学生们也就是后来成为红卫兵小将的群体，满脑袋都是左倾偏激的观念，所以只要伟大领袖一挥手，成为红卫兵小将的学生们便义无反顾地冲到了第一线。我在1966年6月份，先是执笔写出了最后由成都七中4位同学署名的成都七中第一份把斗争矛头指向当权派的大字报，进而又身先士卒的带领一批同学与成都市委宣传部的领导交锋，要求撤走成都七中文化大革命工作组。

客观的说，无论是第一份把斗争矛头指向当权派的大字报，还是驱赶文化大革命工作组，所持有的依据也就是论据并不是很充分，有着很多左倾偏激的观点，这是当年青年学生的一种共性，正是这种偏激的个性，让成为红卫兵的青年学生，成了一场政治斗争的棋子和牺牲品。但是从另一个角度来看，当年还不到20岁的我，和其他与我同龄的同学们一起，能够在复杂的政治环境中，具有一种观察分析客观事物的洞察能力，做出了在今天看来也让人叹为观止的举动，也充分彰显了一种能力，一种让人自得乃至骄傲的能力，这种先知先觉的能力对青年是难为可贵的，从这一点上来说我还是为当年这种能力的表现而自豪。

那两年多的文化大革命，在伟大领袖的指引下忽左忽右，今天这样明天那样，使身在其中的我逐渐产生疑虑，在今天年过古稀的我看来，当年的那些许疑虑更是难能可贵。对那么一场伟大的运动产生怀疑与顾虑，因为这些怀疑和顾虑进而产生了动摇，而这场运动是由伟大领袖发动和领导的，在这个背景下来看这种疑虑和动摇便更是表现出一种在人云亦云的喧哗中的清醒与明智。当然在当年那个大环境下，这种疑虑和动摇是不能也不敢表现出来的，但这种疑虑和动摇使我最终从一个老造反派红卫兵变成了一个纯粹的逍遥派，而这种过程和结果恰恰又为我日后的生涯带来了福音。

不可一世的红卫兵特别是中学红卫兵最终的去向是很搞笑的，应该是一种凄凉的无可奈何吧。先是经历了工人毛泽东思想宣传队迈着工人阶级的雄伟步伐，浩浩荡荡的开进大中学校，实现了工人阶级领导一切。在中学生们沉默并回到教室中开始思考自己未来的时候，迷茫的中学生们才知道自己的最终归宿是到农村去，去上山下乡接受贫下中农的再教育。这个时候当年心高气傲的中学红卫兵们，才真正知道其实自己什么都不是，成年了但却不能养活自己，还得靠父母补贴着到农村当知青，去接受贫下中农的再教育。作为其中的一员，我同大家一样很是失落很是沮丧，不知道自己的未来在哪里，更不知道哪里是自己的归宿。

当然回过头来看，客观的说文化大革命中红卫兵小将的作为，包括在乡下所谓接受贫下中农的再教育，对当年老三届六个年级的中学生，还是一个值得珍惜的锻炼机会。后来的77、78届大学生，在方方面面都很崭露头角，这批大学生老三届中的成员不少，他们能做出令人瞩目的成绩，除了接受了高等教育之外，当年在文化大革命中和上山下乡当知青的锻炼也是极其重要的一个因素。我个人后来在体制内的西南财经大学，以及在市场经济中游弋有所一定成就，个人感悟是同年轻的时候各种各样锻炼机会分不开的，当年在客观环境中的磨练，让我有了认识事物解决问题的能力和手段。

把在乡下当知青也当作工作，那从1969年到1978年这十年是我读大学前的第一个工作阶段，这十年中我的心路历程在前好几年是在成熟明事淡泊宁静甚至有点玩世不恭中磨过的，后两年是在希望的鞭笞和鼓舞下充满自我的奋进与拼搏。那十年中有多年是在"以阶级斗争为纲"的运动，我因为特殊的情况表现得格外淡泊宁静，经过1966年到1968年的疾风暴雨，我好像重新认识了自我变得成熟了。因为各种原因我变得颇有点无欲无求，但无欲无求却又自视其高，这主要是下乡招工回城后被安排在成都市金牛区商业局工作，我那点成都七中高六六级的墨水居然成了单位上最高的文化水平。当然无欲无求的心态让我似乎是与世无争，于是我便十分自如的做着在当年人们看来有点奇怪的工作，有点玩世不恭的味道管着很多不该我管好像也不能由我管的事。

所谓自视其高，现在回顾起来有这么一些东西：一是文化主要是文字表达能力，我确实把当年我手中的文字工作做到了极致，让上上下下方方面面的人等都对我刮目相视甚至惊讶。二是做了一些在当时的人们看来都是能躲就躲能跑就跑的工作，其实也不能叫工作，因为它本身就不是我的事，包括经济上去管高档自行车及高档烟的分配，政治上去管那些造反派和当权派的纷争，甚至在他们斗争白热化的时候为缓解气氛去卖烟。三是同领导也就是当时人们称为当权派的官员，有让人意想不到的良好关系，这些关系没有权力的交换，我本身就是一介白丁，完全是建立在相互信任的聊天基础上的，大家都很奇怪为什么这么多的当权派都愿意和喜欢与小许聊天。这些事情表现是客观的，但我的自视其高却是主观的，我是通过那些客观的表现看到了我主观上的自我，所以时不时有一种沾沾自喜的味道。

无欲无求是我当年能够淡泊宁静的基础，因为没有欲望没有要求，于是在某个意义上我自由了，想做的事能做的事都是我自己愿意做的高兴做的，没有功利的观念，更没有物质的牵挂和制肘。当年在蒲江县大塘公社与那位贵人郑书记聊天时，真的没有想过通过他为我办点诸如回城的事，他提起什么聊天话题想听点什么，我就毫无保留的侃侃而谈，绝没有出现过顾左右而言其他的敷衍状况。在金牛区商业局工作去管那些闲事，完全是个人兴趣所致，首先是自己高兴，同时判断自己也能把它管好，于是也就挺身而出的去管了。这个年代过去了，我经历了上世纪 80 年代及 90 年代，因为有了物质的欲望，人反而变得没有自由没有自我，都是进入本世纪后，我已经享受到了多方面的财务自由，才能在那个时候特是第二个十年管理民办高等学校中再一次无欲无求天马行空般的有所作为。

我第一个十年工作阶段中的后两年多，实际上是改革开放的孕育与初始阶段，说"我是在希望的鞭笞和鼓舞下充满自我的奋进与拼搏"确实不假，从 1966 年 10 月"四人帮"被粉碎开始，人生的希望就伴随着我鼓舞着我。这里有两点原因，一个是宏观上政治大的变化让人对这种希望有了期盼，当然微观上解决了家里边兄弟和妹子上山下山的问题也让我有所解脱，不再是无欲无求而是对个人进退有所考虑。

"四人帮"粉碎不到半年，邓小平先生便再次出山，他主动要求分管教育科技，并且决定在 1977 年恢复高考。解决了家庭中后顾之忧的我，从得到恢复高考的消息到最后 1978 年 9 月，我的全部身心都投入到了高考之中，这是一种人生希望，改变人生的途径集结于此。经过多番磨难并参加了两次高考之后，我于 1978 年 10 月迈入了成都科学技术大学，它当时还叫成都工学院，后来并入了四川大学。这一两年中还特别关注的是那场"实践是检验真理的唯一标准"大讨论，"两个凡是"的被推翻，让我们迎来了思想大解放的春天，进入大学的我不仅再是被希望所鞭笞所鼓舞，而是身体力行进行着自我该有的奋斗与拼搏。

从 1978 年九月进入大学读书到 1988 年十月这一个十年中，是经历了四年大学求学分配到今天的西南财经大学任教的十年。前四年的大学读书可以用"累并快乐着"来形容，我虽然是带薪读书，但在添了一对双胞胎儿子后，便徒感亚力山大。首先是在经济上，二级工的收入是不堪开支的，用我早年工作时的积储支撑到毕业时，我已是一贫如洗。再就是累，带着两个婴儿，白天上课后回到家先得料理孩子的事，孩子入睡后才能说到温习功课，累是难以言表的。仅管是累，但却是特别快乐，除了有读大学并且是自己喜欢的专业这个难得的机会外，还有一种企盼鼓舞着我，那就是大学毕业参加工作后工资收入会连升三级，当然两个儿子的可爱也增添了这种快乐。

我其实一直是在体制内西南财经大学工作到退休，为什么把这一段的回忆时间上是仅到 1988 年十月呢？这是因为从 1982 年 6 月分配到西南财经大学后，到 1988 年 10 月这六年，我都是特别专注的在西南财经大学从事高校教师的教学科研工作。而从1988年10月开始到1998年这一个十年，我除了在西南财经大学作高校教师外，也到市场经济中一些民营公司作兼职管理并最后办了自己的公司，从工作的内容和范围上来看，还是有相当差异的。在那段时间中，刚从大学毕业的我，对生活充满着希望和信心，不过首先要解决在我面前的问题，仍然是经济压力问题，虽然大学毕业工资连升了三级，只能说是稍许改变了一些窘迫的状况，家庭的经济负担因为一对双胞胎还是挺大的。这个问题解决的很快，显示了知识改变现状的力量，仅用了一年多的时间，我便迅速脱贫，至少从家庭日常生活方面已经没有什么经济压力了。

在这一段时间中，我很明显地表现出一种努力做好高校教师教学科研工作的信心与毅力，进入西南财经大学当时还叫四川财经学院不久，我便在教学科研各方面崭露头角。除了优秀的教学使得学生特别满意外，科研上在几年的实践中先后承担了两个国家级研究课题，撰写和发表了不少论文，编写和出版了多套教材。在上世纪80年代经济体制改革摸索前进的过程中，我无论在哪一方面都践行了自己所确定的脚踏实地努力向前的人生设计，在这段时间中我的心态在平静中充满着努力与奋进，我努力用自己工作的成绩在方方面面提升着人生的价值，争取着自己最好的人生收获。还想说的是在这一个时间阶段中，我除了生活得很努力充实外，还有就是对未来发展似乎十分清楚明白，我把自己定位在一个纯粹的知识分子位置上，对来自其他方面的诱惑表现出漫不经心的随意状况。对"生活充满着希望和信心"的我，在这几年中确实在"平静中充满着努力与奋进"，取得了一个中青年知识分子优异的教学科研成绩。

到了1988年第四季度，一个很偶然的原因使我从大学走向了社会，走进了蓬蓬勃勃的市场经济中，用当年很时髦的话来讲就是"下海"了。首先想要说明的是，从这个时候开始的又一个十年中，身在商海中游弋的我，目标是十分明确的，那就是挣一些钱去改变高校教师比较清苦的状况。如同在西南财经大学全身心做教学科研不愿意从政一样，我把在市场经济中下海经商也看是一个短暂的挣钱机会，一个很明显的标志是我没有像其他从高校中下海的老师一样辞去高校公职，而是始终保持着西南财经大学体制内高校教师的身份。这一段时间肯定是愉悦快乐的，因为有钱挣有收入当然很高兴，但这绝不是生活的全部，它也有着因为所从事的商业活动层次太低所带来的烦恼和无奈。

不过这一个十年中我的收获是满满的，除了经济收入实现了相当大程度的财务自由外，我也体会到了成熟男人的自由与成功。早年在成都市金牛区商业局政府机构工作的经历和积累，后来在西南财经大学在经济管理学上做教学科研的成果和经验，让我充分的展示在了我在市场经济游弋的方方面面，使人有一种自知自信自觉自明的感觉。这一个十年也是我那一对双胞胎小子完成基础教育的重要和关键，在他们自身的努力和我们的帮助下，在二十世纪末的1999年，他们分别从就读的成都七中和成都树德中学，考入了北京大学和北京航空航天大学，从某个意义上来讲，我认为这一点比能实现多方面的财务自由更令人高兴和欣慰。

如果说到心路历程中的个人思维，除了前边已经说到的"愉悦快乐烦恼无奈"和"自知自信自觉自明"外，这一个十年如同上一个十年一样，我很清楚明白的明确了自己的定位，我下海不是要去当什么企业家，就是挣点钱实现多方面的财务自由。除了挣的钱差不多够用了就赶忙撤退出商海外，还有一个很重要的标志是，我不像其他那些有志把企业做大做强的老板，喜欢招兵买马也就是把自己的同学家人朋友都动员出来到公司来工作，我虽然也办了公司但没有招咦过自己任何一位亲戚朋友家人同学一起到公司共同发展，因为我自己都觉得我是一个短期的行为，又何必把亲戚朋友家人同学拉下水呢？这一点其实很重要，当我最后要从商海撤退的时候，我没有这些亲戚朋友家人同学需要善后，一直是独来独往的没有他人需要牵挂，把债权债务处理好公司注销了就行了，这一点也是使我很欣慰的。

处理好商海的事务回到西南财经大学时，已经是进入新世纪了，我已经走过了"知天命"的五十岁，行走在"耳顺"的奔六十的岁中，从这个时候起到2009年九月，这一个十年中我的主要工作是在西南财经大学任教，高等学校教师工作的自由度和自我方方面面的财务自由，让我真的是在天马行空随心所欲做着自己喜欢的事。这十年我的心情可以用惬意随心自由愉悦来表达，没有丝毫一点紧迫感。西南财大吧你只要去完成了教学工作任务就没有任何人任何事来管理你，而上一个世纪80年代的教学科研积累，让我在这个时候完成我的教学科研任务真的是小菜一碟。上个世纪90年代商海中的游弋所得，加上把这种所得正好放在了合适的理财项目上，使在经济上我各方面的财务自由度相对比较大，于是我就是相对的随性而为了，也就是十年中我是很有选择性的做着自己高兴想做的事。

做的事情中，有参加西南财经大学《科学技术史》通识课程的教学，这是一桩当时我就兴趣比较大，后来看来对我的知识结构甚至包括世界观都有所补益的惬意事，它还让我结识了一批科学技史学科上的权威学者朋友。另一件还是我十分洋洋自得的事，是践行了缩短我女儿基础教育学制时间的事，让我女儿用四年时间完成了小学学习，不到11岁就上了中学，16岁多点就完成全部基础教育后来到国外读书，22岁不到就获得了两个海外硕士学位。再有就是身体力行的去进行房屋的改造装修，这项工作的良好结果，除了增加了收益之外，还让我享受到很多实践工人的技术工作的乐趣。当然还得提及一个在那个十年里国人普遍都享受到的财富增值的快乐，加入世界贸易组织我们进入了世界经济大家庭，使国人们有了一个坐享财富增长的机会，而我因为有上个世纪90年代较好的收入，以及把这种收入放在比较好的地方，这种坐享财富增长的愉悦还是让人很高兴的。

这一个十年我过得很悠闲，日常的生活过得很悠哉悠哉的有点无所事事的样子，状况有点像上世纪 70 年代我第一个工作阶段一样，没有压力过得很随意。两个阶段都是因为内心的无欲无求而十分放松，不同的是上一个阶段我是凭着自己超凡的工作能力和工作努力，特别优秀的工作状况让我取得工作上的自由，而这一个阶段似乎一切都很驾熟就轻，什么事情做起来都好像比较简单，我想这也许就是成熟的标志吧。这种悠闲自得的日子一直过到 2009 年 9 月，这一年按照我的法定年龄我从体制内的西南财经大学退休了，一个很偶然的原因让我开始了在一个新环境中的再次工作，这个新的也是最后一个十年工作阶段，在我个人看来是我人生工作经历中最为辉煌最有感悟最能让人留念的。

2009 年 9 月我到了四川天一学院这个民办高校教书上课，由此开始了一直到 2019 年 9 月的一个在民办高校工作的十年。上面说到了自我认为这十年在民办高校的工作"是我人生工作经历中最为辉煌最有感悟最能让人留念的"人生阶段，而在这十年中我的心路历程是最为放任最为自由最为兴奋因而也是最为愉悦的。如果没有这些放任自由兴奋和愉悦，我不会在四川天一学院上了两年的课后，去担任一个民办高校的院长职务，更不会后来又连续在四川长江职业学院和成都信息工程大学银杏酒店管理学院担任院长。从我自己决定要去担任四川天一学院院长时，我就以放任自由的心态确定了我这个院长的工作定位，首先是要维护天一学院教工学生的权益，尽量让他们在一个高等学校应该有的环境中工作学习，其次确定了要以我个人的阅历和天赋在当时相互关系已经比较紧张的举办方与学院教职员工之间作出应有的协调。

当时由于举办方比较过分和出格的企业管理文化，已经使得天一学院教职员工处于人心涣散，人员大量离职的状况也使举办方感到很焦灼。我用自己体制内西南财经大学教授对高等教育的经验，迅速的解决了当时已经很紧迫的当年 9 月开学时学生的师资配备问题，在举办方高层松下一口气的时候，我也用自己在市场经济中做生意的语言，直言地告诉他们，大学还是要老师们这种知识分子来管的，他的高管们不要把学院的具体事情管得很深。在我担任四川天一学院院长的将近三年中，一方面是这种真挚的告诫在起作用，当然我也用我的方法实现了那几年四川天一学院的相对比较独立的教职员工自主管理。

我当时在四川天一学院的作为，很多已经离职的老天一员工特别是院级高层还是很不理解的，在他们的潜意识深处认为学院既然已经被投资方搞得这样糟了，那就没有必要为他们收拾烂摊子，看最后投资方怎样整。但我不是这样认为的，大家都撒手不管了，举办方在学院的高管既没有这个能力更没有这个责任心，几千学生怎么办，一时还没有走的教职员工怎么办，艰难时刻总得有人站出来收拾局面。一走了之是最简单的也是最轻松的，真正最难做的事情是，如何在投资方的高管们不懂高等教育的情况下，让他们少插手学校的具体事务，让学校的知识分子老师们和教职员工们，有尽量宽松的环境自主的管理学校，我想当年我是做到了这一点的。

能够做到这一点，除了工作能力和工作手段外，最重要的因素就是我的心态，那就是放任和自由，没有什么人能束缚我的思维，更没有什么事能让我放不下。在我的观念深处，民办高校的院长就是投资方聘请的一个民营企业的总经理，他不能和公办院校的院校长们相提并论，其实对已经完全行政化了的公办院校院校长管理机制，我也是很不以为然也不认同的。我记得当年师兄梁成华教授从四川天一学院管理系主任的岗位上退休时，曾来问过我愿不愿意去做管理系的主任，我是以自己的本能认识拒绝了的，当然令人匪夷所思的是师兄离职半年之后，我居然抗不住几个年轻人的真诚和软拖硬磨无可奈何的答应了她们担任此职。既没有认为这是一个当权的领导，经济上虽然投资方给出的院长薪酬也不菲，但用我一个儿子的话来说就是这个薪酬对我来讲"边际收入效益太低"，所以在当院长的这些年中，我确实就很放任自由的放飞自我了。

我不认为这个民办高校的院长是一个什么领导，对举办方给出的院长薪酬也抱可有可无的态度，于是再一次出现了无欲无求的状态，自我就很放任自由了。除了我和天一学院众多的教职员工都能接受的那位陶校外，举办方其他的高管想要进入天一做点事表点功，都被我和我的教职员工们很有礼貌很客气的拒之门外，方式也十分简单就是不搭理他们。我可以为受到不公平公正待遇的天一学院的教职员工用可能有的办法正名正利，比如聘请被要求离开工作岗位的员工为院长秘书，甚至为受到委屈的二位我从教师岗位上请出来主持两个大系工作的老师与举办方派驻学院的陶校大吵大闹，如此等等。能够这样做，全在于我的内心深处没有什么顾虑没有什么不能放下的，正是这种良好的心态，让我和我的教职员工们在那两三年的时间中，比较好地实现了让天一学院的教职员工们自主办学的局面。

我在前边说到这一个十年是我的工作生涯中"最为辉煌最有感悟最能让人留念的"，确实如此。在"六十而耳顺"的这十年中，我积在体制内公办学校西南财经大学长期工作的经验，用在市场经济游弋时的工作方法，在无欲无求没有后顾之忧的心态下，在老师们的支持和帮助下，把工作做到了极致，无论是工作过程还是工作成果，都是我几十年工作经历中最为辉煌的十年。而让我最有感悟的是，十年的民办高校工作让我结识了一批教职员工朋友，特别是青年教师朋友，与这些年轻人在一起工作，无论心态还是身体我自己也觉得年轻了。这些辉煌而令人感悟的民办高校十年工作怎么能不被留念呢，事实上它比我任何一个阶段的工作都让我难以忘却。

今天是 2024 年 8 月 10 日，从 2019 年 9 月我从成都信息工程学院银杏酒店管理学院院长岗位上二次退休刚好整整五年，这是"七十随心所欲"的五年，实际的情况也有点这个味道。五年中有三年的时间都是新冠病毒防疫，虽说当时常有封闭隔离、核酸检测、疫苗接种、健康绿码等诸种事项发生，不过我还好受到的干扰的影响不大，算是运气比较好吧，可能最大的原因是居住在成都市青羊区，这是一个相对波澜不惊的福地。也就是在这五年中，我比较随心所欲的撰写了自己70 多年人生的回忆录，在今天向八十耋寿迈进的日子，回过头来看自己 70 多年的生涯，觉得最有意义的还是这部将近有 100 万字的回忆录，它不仅记录下了我七十多年的人生过往，其实更多的是记叙了我这几十年的人生感悟，我觉得这是留给我自己当然也是留给亲人朋友们最为珍贵的一件记念礼物。

第十一章 评价自我

自我评价是主观地描述自己的至高境界

记叙了这几十年人生经历中的心路历程后，突然有一种感悟，就是想在我的回忆录即将完成的时候，比较客观比较全面的对自我做一个评价。这是一个比较大的话题，首先在自我评价上就应该有两个重要的内容，一个是客观上对我这一辈子走过的路做过的事做评价，如果说比较全面应该包括过程和结果。另一个是主观上对我这个人的自我评价，既有我的优点长处当然也应该有我的弱点短板。除了内容决定了这个话题比较大之外，还有就是他的撰写难度，上面我已经说过我在近百万字的回忆录已接近撰写尾声，说真的从撰写难度上来讲，我现在才是真正的感到是有相当难度的。之前有朋友谬赞我文笔好，我还要客气谦虚几句，其实在客气谦虚背后我还是有几分自得的，因为这近百万字的回忆录，在这几年的撰写过程中，虽然也有感到有一定难度的时候和地方，但总的来说我还是感到撰写是比较顺畅的，现在到了要写自我评价的内容的时候，我还是真的感到有难度甚至有点压力了。因为自我评价不同于回忆记叙，回忆记叙把事情按照实际情况客观地写下来就行了，而自我评价是主观地描述自己，这种主观因素自然会有很多压力了。

先从 70 多年中做的事情的所为所得说起吧，从做事的角度我真的是个杂家，所做的事情名目繁多涉及面很广。当过教授做过院长也任过董事长总经理，做过"什么事也管不了什么事都在管"的机关小办事员，做学生从幼儿园小学中学到大学，在学校中接受教育读书的时间跨度很长，大学毕业时已经 35 岁，做过不可一世的红卫兵，也当知青接受贫下中农再教育，完成过国家级科研课题撰写论文编写教材，也身体力行的深入过建筑装修甚至学习和践行过电工泥工，认真的为两个儿子一个女儿的教育助力，也对做一手美味菜肴十分上心，在房市股市上有相当的收益，也开过顺风车做过民宿。说好听一点是"上得了厅堂进得了厨房"，说客观点就是一盒万金油，治不了大病但哪个地方不舒服都可以去抹一点，但自己对这种广泛的涉猎扮演多种角色还是颇为自得的，它们表现了我是个俗人的真实。

对几十年来经历和做过的这许多事，我是很满意的甚至有点沾沾自喜。从过程上看不少事情堪称圆满，比如在极其艰难复杂的环境中为兄妹回城留城的努力，多次组织全国各地高校的数学老师到成都召开学科会议，独自操盘完成对成都市装潢印刷厂的兼并，支持和帮助两个儿子考上优秀大学，引导和帮助女儿四年完成小学基础教育，组织实现天一学院整体搬迁绵竹，完成近百万字的回忆录撰写，不少这些类似事情完成之后我自己都感到十分惊讶。对青少年时代不少似乎有些超出年龄局限所为的事情自我也是很欣赏的，比如儿时多次步行探索由城中心光华街到九眼桥及四川大学的路径，读高中时完成谢先生交代的历年高考试题解答，1966年6月起草第一份矛头指向当权派的大字报及率众驱赶工作组，这些青少年时代的行为在今天看来也让我为之瞩目。

当然从这些事情的结果上来看我就更是自我满意了，经济上通过下海经商与理财得到了恰如其份的财务自由，子女培养上两个儿子上的北京大学和北京航空航天大学，女儿不到22岁就获得英国卡迪夫大学和西班牙巴塞罗那大学两个硕士学位。作为一名学者，除了完成两个国家级课题和撰写主编了几百万字的专著论文与教材外，还专题研究了国内医疗教育养老住房的市场化问题，以及中国市场经济体制改革中"双轨制"的缺陷与弊端。当然，没有去从政也没有去深陷商海，使我获得了极大的自由度，这种自由度对于自然人是优为重要性。

对于几十年的人生轨迹，我还是比较自主自由的行驶在自我的轨道上，特别是因为选择了高校教师这个自由职业，加上自己比较特殊的一些工作能力，使得几十年来我的人生主基调都是自主的更是自由的，实现了自我"既不愿被人管，更不愿去管人"的人生目标，当然自主自由是微观的相对的。这个微观范围中自主自由的人生主基调使我几十年来人生能有一定成就的基础，现在回过头去看无论是工作还是个人成就，能够有比较满意的结果，很主要的原因就是几十年来各个人生阶段，我都是在自主自由的环境条件下做人做事，这种没有来自其它方面管理甚至束缚是我能在很多方面取得成效的基础更是主要的原因。

做事是这样的，做人呢？个人认为在做人上还是基本保持了自己人性方面的本来面目的，当然这仍然指的是微观的局部的具体的。因为各种各样多种的缘由吧，我似乎从小就认为自己是个平常人普通人，表现在少年时期几乎没有过什么理想呀人生目标呀的概念，经过躁动的青年时期到成年后，更是把自己定位在一个很普通的平常人上，有些时候因为惰性我甚至认为自己是个庸人，做一个平常的普通人成了我做人的信条，也是自我人性的本来面目。我没有做大事情的冲动与欲望，更没有出人头地的人生目标，就是想做一个普通人平常人甚至庸人，在如何做人上我是完完全全的恪守了自己人生信条，保持了自己人性的本来面目。

现在回过头去看过往，我似乎在不少人生阶段都有着通常人们所说的发展机会，但我从没有去主动抓紧过，甚至有的时候还在有意无意的地避开它。比如从政，自从我担任了一届机关处级职务后就意识和觉得自己不谙此道，至少这不是我想要的，因为它太不自由，所以当为官的机会到来的时候，我便跑开躲得远远的去了。当然我还是有自知之明的，我在前面的回忆录中已经说过，我如果走上从政的道路，自我人性上缺乏克服贪婪的自制力，最终会有一个肯定是十分悲惨的结局的，这是大家包括我自己和我的亲人们所不愿意看到的。

至于下海经商，我当时确实面临着比很多创业者都好的多的条件，比如地方政府一把手与我相互信任的关系不需要去人为培养，取得创业资金的金融和非银行金融机构也与我有好的关系，但我的定位很低，就是挣点钱实现多方面的财务自由，至于把企业和公司做大做强我压根就没想过。因为对中国商业的游戏不感兴趣，所以觉得差不多的时候就赶紧收缩回到西南财经大学再执教鞭。也正是因为定位很低，我下海经商没有辞掉西南财经大学公职，办的公司也没有招来亲朋好友同学，所以撤退的时候也很清爽方便，处理好公司的债权债务就行了。也许是运气好吧，退出商海的时候把挣的钱多数都放在了房产上，而那个时候的房产价位是比较低的，这也算是一个抓住机会吧。

保持自己的人性真实，显示自己人性真实面目是我认为做人的基础，少一点伪装多一点真实会使自己活得轻松愉快。我是这样想的，也是这样做的，因此现在回过头去看走过的几十年，我确实是生活得比较自在愉悦的。几十年的生活历程中我就这样漫无目标的走着，特别是在一些重要的关头，我没有违背自己的心愿去刻意的追求一些东西，我不知道我想要的是什么东西，但我却知道自己不想要的是什么东西，自己不想要的东西千万不要去努力。某个东西好不好不是舆论说了算而是自己说了算，我很庆幸在很多时候我都没有顺着人云亦云的舆论去做自己不想做的事情，更没有去追逐舆论认为是好的东西，这样在今天年逾古稀的时候才发现活的真实是人生最美好的愿景。

使人感到欣慰的是这种过平凡人普通人生活的理念在孩子们那里也在继续。在我看来两个儿子一个女儿从小就在一个良好正常的环境中，无论是家庭还是学校带给他们的都是一个普通人过平凡生活的观念，所以仅管他们的学习与生活情况都很优秀，但在过程中始终表现出一种平淡安然与祥和。他们都接受了成都优质中学的基础教育，并进入了优秀的大学接受高等教育，但在过程中始终没有人为的设定目标，这也许是一种家庭传承吧。

说了不少大的宏观方面的自我认识与评价，还是说点微观上的具体自我观感吧，这也许会很零碎甚至烦琐。首先我认为自己在与外界沟通交流上是比较通畅的，其实善于与他人聊天一直是我的特点与长处。在语言上我不是那种话多的人，更不具有滔滔不绝的语言天赋，但在与人沟通交流聊天的时候，我有一种特别好的判断对方想聊什么与怎样聊的能力，这使得他人与我聊天时会产生一种兴趣甚至好奇，因而能使沟通交流能很顺利流畅的进行。回忆起来这种善于聊天与人沟通的能力应是起于中学阶段，在成都二十九中读初中时，每到临近考试时就会有一群同学围着我听我考前讲解，这时对我最重要的是要去与他们聊天判断这些同学们的基础情况，从而讲出他们能听懂并且考试有用的课程基础知识，不然就是对他们说了一通废话，这对我聊天本事的锻炼是极其重要和关键的。

后来在成都七中读高中，学业上与先生和同学们的沟通集中在数理化特别是数学课程上，这些课程的逻辑性都很强，沟通时的聊天表现在语言上，而更深刻的是在思维中。这种逻辑性偏强的沟通交流在语言和思维同步上让我得到很大的学习和锻炼，应该说这为今后的更为广泛的话题的聊天沟通打下了很好的基础。在成都七中还经历了文化大革命，那个时候20岁左右，错综复杂的政治局面使得与人沟通交流时除了积极思维很重要外，还得审时度势的判断与人沟通交流时聊天对方所传递出来的语言信息，这无疑对我也是一个很大的提升。

有了读书期间关于聊天交流的锻炼，为我日后在与外界的沟通交流中提供了很大的帮助。我这一生中与人沟通交流聊天的对象中有两个群体，这两个群体实际上处于两个极端，一个是有一定地位的或者说就是领导吧，另一个就是在我工作环境中一些所谓"小人物"，我用不同的情感和方式与这两类人交流，都能获得聊天的愉悦。与居于一定的领导地位也就是有权人的聊天，始于我在蒲江县大塘公社插队当知青时公社党委郑书记，与他的聊天是开始于1971年七月我和他一起参加的蒲江县学习毛主席著作积极分子大会，一天枯燥的会议结束之后，他会以当地人的身份带着我在蒲江县城溜达，肯定是当时边走边聊的对话引起了他对我的兴趣，会议结束之后他居然让我今后有空就多到公社去找他聊天。从那个时候开始到1972年一月他把我推荐招工回城的半年中，记忆中我确实只要有空就到公社去与他聊天，有时居然一聊就是半天。话题主要是北京成都的当年文化大革命历史情况，而这一方面确实是我的长处，因为我太了解它们了。我确认和他是通过聊天达到了"君子之交"缘分的，这从他后来在我完全不知情的情况之下让我在仅仅在农村呆了严格的说还不到一年的状况中，确实是运用他的权力把我招工"弄"回了成都。

后来与领导们的交往主要是上世纪70年代和80年代。在上世纪70年代那个扭曲的环境中，我同一批包括金牛区委常委书记在内的领导有了特别信任的良好关系，这种关系的多数都是通过聊天建立起来的，当然也有是因为我特别出众的工作能力和工作状况造成的。与他们的聊天话题很广泛，不过主要还是围绕着当年金牛区财贸商业系统工作环境的情况和状态的来进行的，能够把聊天持久有趣的进行下去，很重要的一个原因就是聊天中我确实很清楚他们心中想的是什么。上世纪80年代我在西南财经大学工作时，应该说和当时的书记校长们都有比较良好的关系，除了还是因为工作能力和状况外，聊天也是建立良好关系很重要的一种促进。

与这些领导的聊天或者说建立起来的良好关系，在我这一方面绝对没有什么功利的观点和需求，也正是因为这样才能有良好的聊天基础，当年的政治环境很复杂，没有这种基础那些居于领导岗位上的人是不可能与我聊天到如此之深的，他们正是知道我是无欲无求的，也就没有什么更多的顾虑了。其实在和这些领导们聊天的过程中，我在潜意识深处真的是认为我与他们是平等的，只不过他们处于领导的岗位上而已。人与人从本质上来讲是平等的观念我觉得是刻入了我骨子里的，如果说要寻求它的发生发展的萌芽阶段，应该归咎到儿时与那个罗家特别是罗家三位哥哥姐姐的相处。当年实际的情况是罗家是富裕之家，无论是罗家长者还是三位小哥哥小姐姐都是极有教养值得人敬仰之人，但他们对我当然也包括我的母亲没有一点点的另眼，对我这个小弟弟特别的关爱，还有就是一口一个"惠姐"的称呼我母亲，应该是从哪个时候开始，人与人之间平等关系的理念就在我心里生根发芽了。

人与人是相互平等的这种理念在我内心是根深蒂固的，这也是这么多年来我一直有很多草根朋友可以聊天交往的基础，从某个意义上来讲在与草根朋友的聊天交往过程中能够带给我的愉悦，比与领导们聊天交往时要多一些自然一些。所谓的草根朋友其实有着他们在外人看来不易发现的优点其实是优势，他们一般都比较低调，甚至有一种拒人于门外的味道，但你真与他们达到无话不说的状态，你会发觉他们其实是很有趣也很值得交往的。成都七中读高中时以及上世纪 70 年代在金牛区工作时，都有着这样很好的朋友，他们在当年那个特殊的政治环境中能够带给你的慰藉与愉悦是十分难得和难能可贵的。我想只要有一个平等待人之心，人世间是有着很多可以聊天可以交流之人的，仅管从表象上来看他们好像不很出众，好像与你有一定甚至相当的差异，但他们都能成为你真挚的朋友。

这些所谓的草根朋友，用"草根"来表示其实是不大妥当的，我并不是说他们就是通常意义下大家所理解大家所认为的草根，只是想说这些朋友他们在与我相处为朋友时，与我彼时的情况有些相异，他们中的多数人还是颇有层次的，或者颇有些一技之长。在我生活和工作的不同阶段中，他们甚至是一个不大不小的群体，在不同的时间阶段中给了我各方面的支持与帮助。比如上个世纪 70 年代我在金牛区商业局工作时，因为很多特殊的或具体的原因，我晚上是住在局机关的所在地茶店子的，那个枯燥的年代时间还是不容易打发的，而我也是因为很多特殊的原因晚上几乎无事可做，这个时候局机关中几位打扫卫生烧开水及煮饭的炊事员工人师傅，还有就是当时工业品经理部组装自行车的一些工人师傅，都成了我极好的朋友。他们也是晚上不回家的，我们除了在一起聊天外，就是打一种叫"乱戳"的长牌，这种古老的中国式"扑克牌"玩起来它还有一定的技艺性，个人觉得它比现在我们大家打的血战到底的麻将牌要更有技术性些因而也更有趣些。

也是在上世纪 70 年代，因为我有两位至好的朋友在国营茶店子旅馆工作，一位是经理，另一位是客房服务员，所以我也经常在那里玩耍，有些时候也是工作。这个国营茶店子旅馆是新组建的单位，主要是为金牛区政府各种会议服务，管理上隶属于金牛区商业局，组建的时候由商业局发出通知，让所管辖的二十个供销社各推荐出一位优秀职工到茶店子旅馆工作。商业局低估了各供销社主任的自私性，被推荐出来的员工优秀倒是优秀，但都是一些不太好领导的刺头，这些人后来都成了我的朋友。十多年后上世纪80年代我组织了不少全国财经高校的老师来成都召开各种学术业务会议，这个茶店子旅馆就成为了我的据点，因为从经理到员工都是我当年的朋友，所以什么事情都好商量好解决。首先需要解决的最主要问题是会议经费问题，当年那个特殊的财务管理背景，要想组织出一个高质量的会议费用上总是捉襟见肘的，我和我的经理朋友以及具体操作的员工朋友把这个问题解决的很好，让与会的老师们都感到特别满意。

当然还有就是会务服务的问题，当年无论会议的规模有多大，参加会议的老师们发现好像只有我一个人在操持。刚来的时候大家都感到很惊奇，后来老师们才发现这个旅馆的几十名员工，从领导到客房服务员到餐厅炊事员，都是我的会务组工作人员，他们在会议中需要解决的任何问题，整个旅馆的任何一个员工都会在第一时间给他们解决的很满意。这种全方位高水平的服务，加上解决得很好的会议经费问题，使得我所组织的这些会议都取得了圆满成功。因为会议的成功增加了老师们对我的信任度，会议要解决的业务工作问题也得到很好的推进，这让我感受到了十多年前这批草根朋友的友谊对我工作的支持与帮助。

这种工作中的群体朋友还有好几个。比如上世纪90年代，我在下海经商的时候就结交了一大拨这样的朋友，那几年也就是在与这帮朋友的交流中渡过的，当然无论过程和结果都有点在商言商的味道，做生意嘛当然是各取所需了。这拨朋友中有相当一部分是从当年成都七中一位校友的大学同学所创建的一个公司中分离出来的，我认识他们的时候他们都在那个公司工作，后来便分道扬镳各自办了自己的公司，我一直和他们相伴了多年，当然也有这批朋友所带来的一批新朋友。这些人说起来都是生意人，但他们在各自的某些方面也颇有造诣，与他们聊起天来还是感到特别有趣，当然在聊天的过程中也增进了相互的了解，从而也促进了各自生意的发展。

比较遗憾的是这些朋友创立建办的公司，在当年那种不算特别健全的市场经济环境下，虽然都有过自己发展的辉煌期，但最终都因为各种各样的原因，当然主要是市场环境的原因，导致他们最终也创业失败，多数都在不太好的市场环境中无疾而终。这不能说这些朋友欠缺经商的经验和才能，他们其实在各自的经营范畴内都是行业的行家里手，只是当年市场经济竞争的环境太过严酷激烈，他们创办的公司都比较小，在惨烈的市场竞争下自然也就多数都无疾而终了。有一个不是很准确的统计数据，讲中国的民营中小企业平均生存时间只有两年，由此可见市场的环境确实很严峻。

另一个朋友群体便真有点下里巴人的草根味道了，那是本世纪第一个10年我所结交的一批装修工人，有木工电工漆工主要是泥工。认识他们主要还是自己装修房子的需要，不是自己住的房子，是改建的一批出租房。他们中的不少人是在桥头装修工人劳务市场上认识的，当然也有他们相互推荐之后认识的，所以一开始是雇佣的劳务关系，但在过程中他们的实在直爽和我的众生平等理念，让我们最终成为了特别聊得起来的朋友，有的还成了我技术上的师傅。我和他们的关系是真正建立在相互尊重的平等基础上的，这些有着特殊技术的手艺人，其实有着各自的人生经历，与他们的交流交往可以窥视到社会底层民众的喜怒哀乐。把他们作为一个群体来看，这批劳力者有着质朴实在的天性，他们有着像农民一样的"你的就是你的，我的就是我的"十分纯洁和基础的私有观念，其实他们本身就来自农村就是农民。

在这种大家都共同遵守的"你的就是你的，我的就是我的"私有财产理念下，我和他们相处得十分友好，这也是他们会相互推荐给我介绍更多的装修工人的主要原因，当然他们也认为像许老师这样的西南财经大学教授能与他们这样平等的交流交往也是重要原因之一。我与他们的交流包括共同商量我那些房子如何改造修建装修，因为有不少的装修方案都是由他们建立出来的，所以双方在劳动报酬上经常都是洽谈的十分合情合理，所谓合情合理就是他们得到了他们想要的该要的，我也是恰如其分地付出了我该付出的，这种过程和结果往往使得我们双方都很愉悦。当然交流中也有他们各自的生活，在力所能及的情况下我也尽量的帮他们解决，比如我曾经帮助一位泥工解决了他的女儿在驻家附近上小学的问题，这个问题在他看来很难办，如果办不了要交好几千元的费用，而在我这边却是举手之劳的事情，所以我帮他解决了这个问题之后，他们一家人是千恩万谢的向我表示感谢。

交流中还有一个很重要的问题就是我向他们学习，我一直对这种劳力的技术工作比较感兴趣，刚开始的时候是我给他们打打下手，起初他们还不大好意思使唤我，后来发现许老师特别的平易近人，并且对他们所做的技术活也特别感兴趣，于是在打下手的过程中有点边做边教的味道了。当然从我这边来讲，要想学得一点东西就得有学生的味道，所以对有些关键的技术问题我也是不耻下问，这些师傅们看我如此认真，也就不吝赐教了。与这批民工朋友打交道最爽的感觉是说话做事不必太转弯抹角，他们质朴的天性最喜欢你直来直往，这同我打交道的另外几批知识分子朋友是有很大差异的，与他们的交往中我也得到了自己十分想往和追求的那种朴实的欢乐。

与这批下里巴人般的民工打交道的同时，我在西南财经大学的教学中还有一帮阳春白雪的教授学者朋友，二个极端不同的交往交流感受让人享受着不同的乐趣。在西南财经大学任教几十年，老师或者说老师群体朋友其实是不少的，包括教研室的老师系上的老师学院的老师，不同学院的老师朋友也很多，为何单独提到这个教授学者群体呢？因为这个教授学者群体来自于四川大学四川省社科院不同的教学科研单位，大家为了西南财经大学 2006 年开始的通识教育课程《科学技术史》从不同地方聚集在一起，大家都是教授学者地位的高级知识分子，为了一门课程集合在一起自然另有一份乐趣。我当时因为各种很特殊的原因，成了这门课程的负责人，所以与大家沟通交流的机会相对就多了一些。

与这些教授学者朋友交往的时间，正好和那批装修工人朋友交往的时间平行，两个反差极大的朋友群体无论是交流内容还是沟通方式都表现出各自不同的特点，客观的说是有相当的层次差异，而我在同这两个极端的群体交往中享受着难能得到的不同乐趣。有一个共同点是这两个群体中的朋友在某个意义上来讲都是我的老师，装修工师傅们成为我技术上的指点人前面已经说到，至于这批教授学者朋友，他们在《科学技术史》这门课程某些内容上是我的先生。讲授《科学技术史》在自然科学的内容与史实上我有着优势，因为我的专业是数学，"数理不分家"让我对这些自然科学的内容和史实在讲授上有自我的特点。

但《科学技术史》还有很重要的一部分的内容是哲学，物理学最早就被称为自然哲学，牛顿的那部物理学巨著就叫《自然哲学的数学原理》。在自然科学的哲学原理的方面，我这个数学老师还是有相当的欠缺的，而这些专长哲学研究的教授学者朋友，很自然的就成了我经常要请教的先生，所以也很感谢这门课程，它让我在知识结构的完善和补充上有这么好的机会，能够在共同教学的时候有这么一批良师益友。这门课程从2006年开始，我一直担任课程负责人到2012年，长达六、七年的时间中，我们这批大家都是教授学者的高级知识分子，在交往中的聊天沟通交流不仅让人感到十分有趣，更是让人感到身心愉悦。

想要说到的另一批知识分子群体朋友，是我在民办高校担任院长的十年中所结交的老师朋友们，她们实际上是我在那十年工作中对我支持和帮助极大的中坚。这批教师群体朋友，尽管我们的交流沟通十分通畅，但其实相互之间的差异还是极大的。首先是年龄，这是我的一批年轻朋友，我与她们交往的时候她们大致在三十岁到四十岁之间，年龄几乎小了我一半，是我事实上的忘年交朋友，在与她们的沟通交流聊天中，我最大的享受是好像我也年轻了。虽然有年龄上的如此差异，但我与她们的聊天交流丝毫也感受不到这种差异，当然这其中有一个很重要的原因是，我和她们都有一个共同的工作目标，就是把我们所在的民办高等学校办好，让民办高校的学子们能在条件并不算特别好的学校中学到更多更好的知识。

除了年龄之外，我与她们之间的更大的差异在于各自的身份，我其实是她们的领导并且是最高领导，作为民办高校院长的我，在民办高校那种机制中，对她们这些老师下属们几乎有着绝对的管理权利。比较庆幸的是这种身份上的极大差异，并没有影响到我与她们的沟通交流，这种沟通交流不是上下级之间的，而是朋友之间的。民办高等院校的工作环境并不是很好，从某个意义上来讲甚至可以说是比较差，也正是因为这一点，使我和她们的沟通有了良好的坚实基础，当年我和她们的聊天中，更多的话题是如何共同努力去改善这种不算太好的办学条件，让我们的学生们能够尽量地学习到更多更好的知识和技能。

关于聊天的事情写了那么多文字，自己归纳总结起来，我与朋友们的聊天有这么一些特点。一是针对性，我比较善于在聊天的过程中发现或者说捕捉到对方所思所想，这使得我们聊天的话题与范围既广泛又集中，这样聊天的氛围对双方来讲都是愉悦的，进行下去也比较容易。当然能做到这一点也不是容易的事情，个人还是不谦虚的说这也许是我的一种天赋吧，但在聊天交流中集中精力注意聆听对方的讲话，从他的语言中分析思考到他的所思所想也是很必要和重要的。二是聊天对象的广泛性，我聊天对象的范围很广，最主要是观念上有"人皆平等"的理念，这个理念除了让我没有对聊天对象有刻意的选择外，它也使我能在聊天的时候和各种身份各种背景的朋友都能很坦率真挚。聊天对象中既有教授学者高级知识分子，也有劳力的装修工清洁工炊事员，有身居一定位置掌握相当权力的领导，也有与我一样无欲无求的布衣。

聊天是沟通交流很重要的介质与手段，我这辈子在一些方面小有成就，从方法的角度来讲我认为善于聊天是我有一定收获和成绩的基础和保障，所以用了相当的篇幅记叙了我的聊天的特点。其实能够取得这些收获和成就，我自己认为还有一条很重要的因素，那就是我不是一个只动口不动手的人，我很身体力行的喜欢做具体的事情，对去做并且做好一件具体的事情，我有一种发自内心的追求和欲望。对每一桩具体的事情，它肯定有该有的功利的所得在驱使我去努力和争取，但它更有那种完成一桩具体事情的过程美妙在吸引我投入和践行。在回顾自己几十年人生经历的时候，甚至觉得自己能够取得一些收获和成就，除了有一些大的宏观的审时度势因素外，更多的还跟自己喜欢去做具体事情密切相关。

喜欢身体力行的做具体事情有两个层面上的意思，一个是我个人自己就喜欢去做那些很具体的事情，也就是个人自己动手去做。另一个是我会组织和带着一批人大家一起去完成一件具体的事情，我肯定要参与其中而不是只动口不动手。喜欢做具体的事情带有执着的味道，自从为了省掉过锦江那一分钱的船费开始探索如何从光华街走路到九眼桥，儿时的我在这条道上不知往返了多少趟，乐此不疲的少年对这一桩具体的事情始终有一种追求般的兴趣，直到最后把这条道走得畅通无阻。这种儿时就开始的自己动手动脚完成一项具体事情的习惯与兴趣，后来贯穿了我这一辈的几十年，有很多事情就是兴趣造成的习惯让我主动去做的。记得当年谢晋超先生让我们数学课外小组办一份《数学小报》，他是从来没有点过张昭与我的名让我们承担的，一半原因是因为他给我们班上的课多一点与我们联系多一点，另一半原因至少从我这个角度上来讲多多少少有一些主动性吧，可能张昭同学当年也和我一样有此之心。

喜欢自己动手去做一些具体的事情，可能有一个不太好的原因就是个人太相信自己，潜意识深处好像总是觉得只有自己才能把这个事情做好，直接了当的说就是不太相信他人。记得当年在成都七中起草那份第一张把矛头指向当权派的大字报时，我与好友刘仁清就成都七中当时的事态充分的交换了意见，说到了要有一种方式表达一下我们这种观点，但如何表达确是我自己在思索和考虑了，我主动要去起草和完成这份大字报，除了我身边有像吴伯贤周光熔那样的坚强后盾可以助力外，潜意识深处可能是我认为我自己来起草这份大字报，才能把我和刘仁清所交换的意见表达得更清晰准确些。其实从文章丰采的角度刘仁清的文笔远在我之上很多，但我潜意识深处肯定自己觉得从思维的逻辑性来讲，也许我这个喜好理科特别是数学的人来写会更好些。

包括那一次 6 月 24 日在成都七中驱赶文化大革命工作组，仅管开始不久后刘仁清就到了现场，但他一直在教室门外听我与肖菊仁的对话，长达五六个小时的时间没有进入会场。尽管这五六个小时中我多次出去一趟一趟地与他交换意见，也提到过请他一起到教室中来与肖菊仁对话，但在他很坚定很执意的拒绝下我也没有强求，除掉当时也许他有一些更全面的想法外，我自己对参与一些具体事情的兴趣与欲望也是我没有坚决的请他进教室的因素之一。我想出现这种局面最主要的原因可能还是我的潜意识深处就完成一桩具体事情有着自我的一种难以摆脱的求索，我希望自己也相信自己能够在当时错综复杂的局面中努力完成好这件事，而这种努力恰恰是我的兴趣所在。

后来有很多事情其实也是我的主动所致，比如在"二月镇反"开始七毛回到成都七中后，并不是刘仁清刘正富希望和要求我去应付 7237 部队的官兵的，当时出现了一些比较严峻的问题，以刘仁清刘正富的人品和人格，他们是不会开口让我出面去应付他们不方便应付的那些问题的。当时的情况恰恰是我自己主动站出来的，7237 部队的那位李参谋已经到了学校，已经很严肃地说明要弄清楚七毛在成都军区静坐绝食情况，我当时确实是自己认为也许我挺身而出事情会方便些，于是告知了他们一下便出去见那位李参谋了。到人民南路百货大楼去建广播站情况也与这很类似，是我自己提出并与刘仁清商量后就带着一拨人去了。

所有这些都表现出青年时代的我有一种去参与和完成具体事情的兴趣与欲望，我其实并没有对做这些事情于大局有些什么重要性作过深思熟虑，更多的其实是源于我对做一个具体事情的兴趣与追求。我总是觉得做一个具体的事情很有趣，过程中需要去努力，这本身就蕴涵在我看来是无穷无尽的乐趣，而通过努力实现的事情的结果会使人更感到满意和欣慰。对一些有挑战性的事情，似乎更能激发出我积极努力参与和完成的兴趣与激情，当年在大唐公社当知青时，那位愣小子也就是我成都七中同学的兄弟稀里糊涂把农民家的狗打了烹食时，我挺身站出来把打狗责任拉扯扯到自己身上，除了客观上当时己无可奈何我只能这样做之外，主观上对这个事情的后续发展还是有一种来自本能的参与欲望。

从 1972 年到 1976 年那几年中我在金牛区商业局做了很多事情是很奇葩的，综合当时的社会大环境我个人的小环境做这些事情都是令人感到匪夷所思的，而我居然就去做了，当然过程和结果都有点玩世不恭的味道。有一种事情是必须要做的，那就是 1976 年我把兄妹的事情完成了，但就是在做那桩不得不做必须要完成的事情中，在充满着戏剧性的过程中，也把自我那种对参与和完成一个具体事情的兴趣和欲望表现得淋漓尽致。也许就是那桩事情的复杂性，九曲一湾的变化，难以想象的意外和接踵而来的坎坷，激起了我去挑战一件看起来难以完成的事情的激情，让我不顾一切的用自己可能用的方法，投身于完成这个事情之中去，最终让与这个事有关的方方面面，都得到了各自想要的美好结果，当然我自己也完成了让兄妹回城留城的重任。

除了这一件家庭十分重要的事情外，当年在金牛区商业局所做的其他很多事情真的是因为参与和完成做具体事情的兴趣所至，因为这些事情完全没有必要由我出面去做，更没有什么人要求我去做。我当年在工作单位上已经完全取得了工作时间和工作安排上的自由，这些事情在各方面看来绝对不是我该做的事，但我却去做了并表现出一定的主动与积极，主要的原因确实就是对做这些具体事情的兴趣所致了。比如去管那些高档自行车缝纫机的安排与分配，去给把会议开得很沉闷的当权派与造反派卖烟，去区财贸部甚至区委汇报一些我完全可以不管并且也不该由我去汇报的工作，这些事情我都很坦然很积极很主动的去做了，当然也享受了做这些事情的乐趣与自我满足。有些事情我也未必不知道它有毛病，比如局长们都不方便去财贸部汇报并得到解决的工作，由我去汇报并得到解决了，心胸坦荡开阔的领导也许会认为是利用了小许的工作，但如果心胸狭窄一些的领导，她其实还是很介意这种工作程序的。

其实一个人单枪匹马的去做自己喜欢做的事，从某个意义上来讲还是比较简单容易的，因为做什么怎样做的行为方式都是由你自己在指挥在操作，随心所欲的做自己喜欢的事情，无论过程还是结果效果都应该是很好的。如果一个具体事情需要一批人去做，就有个协调的问题了，协调首先是思想的协调，你得把参与这个具体事情的人的思想统一起来，让大家明白这件事情是在做什么该怎样做，思想先统一起来行为的协调就好办了。上世纪 80 年代我组织了不少全国财经院校高校老师的工作会议，除了我已经说到的那个茶店子旅馆的经理和员工都是我的会务工作人员外，其实还有很多工作需要我们教研室的其他老师大家来承担，这对我来讲就有一个协调组织的问题了，因为老师们一般说来对这种会议的服务工作都不是很熟悉的，当然也就不是很在行了，需要加强组织安排工作。

按当年举办会议的实际情况和需要，有一项很重要的工作就是要为参加会议的老师们买到返程的飞机票或者火车票，这个在现在看来完全不是问题的问题，在当年却是能否把会议举办成功的重中之重，当然与这项工作相关的就是到机场或火车站接送参加会议的老师们。另外就是要去组织参加会议的老师们在会议期间外出旅游，这就牵涉到旅游大巴车的租用以及陪伴旅游，当年这方面还不像现在那么商业化，是需要组织专门的人员的。最比较重要的是会议结束的时候一定要请到西南财经大学的校领导给会议代表们见见面，因为领导的工作很忙务必要提前约好。这些工作都是由我们教研室的老师们分头承担的，我在会议那几天中完全是要蹲在茶店子旅馆，与参加会议的其他学校老师们做好很多沟通交流，所以我得在会议召开前给教研室各位老师明确好工作任务，让大家明白自己的会议期间该做什么事，好在老师们都是高级知识分子，在强调工作的重要性统一思想方面到还不需要我花更多的时间和精力。

上世纪90年代我在市场经济中游弋的时候，由于很特殊的原因事情是比较多的，主要是涉及到要管理的公司较多，除了我自己的公司外，还有好几个朋友办的公司我也在参与管理。我为朋友们管理的公司主要是管理它的财务，这涉及到工商税务特别是银行，与银行相关的实际上就是公司的资金使用与调度，这些事还是比较繁杂的，特别是有的时候突发性很强，如果是我一个人在处理，那就是有三头六臂可能也忙不过来。我当时的主要办法就是在这些公司中直接由我配备了财务人员，有些公司的财务人员实际上就是我培养出来的，她们在日常工作中起到了很重要的作用。这些财务人员她在心思上是与我完全相通的，她们很能明白在我看来事情的轻重缓急，她们虽然不能直接去决定什么事情，但却能够随时与我一样站在工作的角度去面临公司遇到的问题，尽量的保证公司的正常运转。

举一个简单的例子，比如一个公司在银行有一笔贷款，在临近需要归还贷款重新贷出的时候，我需要调剂和储存资金，这个事情这些财务人员们心里边也很明白这是重中之重，因为这牵涉到企业在银行心目中的地位和状况。有时候会出现这种情况，需要归还贷款的资金筹集够了，但业务上也急着要用钱，这个时候孰先孰后技术性就很强了，如果业务先把钱用了，没有钱归还银行的到期贷款，虽然最后我也会出面尽量去协调好与银行的关系，但费时费劲效果也不是很好。这个时候公司的财务人员一定会头脑很清醒的把好这个关，把这笔资金先用去还了到期银行贷款，然后抓紧在银行贷出新的贷款后，再让业务上用，这样公司的日常工作就显得有条不紊地十分有序了，而外界特别是银行对企业的观感也很不错。

这些具体事情不管是我自己一个人去独立的去做，还是要组织更多的人去参与和完成，有一个很重要的特点就是我的兴趣，我确实对很多具体事情经常会产生十分浓厚的兴趣，有些时候事情很小会让一些旁人认为我何以会有这种兴趣。比如房屋装修中的电工泥工木工漆工各个工序，我是特别感兴趣的，除了对装修中的工序之外，对每个工作的细节我也很感兴趣，只要有机会便拜工人为师傅自己主动的身体力行的去参与。二十一世纪的前十年，我改建和装修了很多房子，对每一处房子里改建装修我都很有兴趣的参加的很仔细，所以可以不谦虚的说，就装修房子这个事情来说，我当好一个包工头是绰绰有余的。

在有很浓厚的兴趣去做具体事情的时候，因为是兴趣所至，我还会经常对做这个具体事情的过程和结果进行拔高提升。比较典型的事例是十年前也就是2014年8月，我在承担四川天一学院举办方要求把招生时通知在金堂上课的3000多名成人高考学生，在学生和送他们来的家长已经到金堂报到时动员他们到绵竹新校区学习这项工作。这个事情在举办方看来很难，因为他那么多高管没人敢承担这个事情，而在我看来虽然有相当的难度，但我和我的团队一定能够办成这个事。

在与举办方的讨价还价达到了提高天一学院教职员工福利待遇目的后，我在设计工作方案以及给工作团队布置工作的时候，又按照自己的兴趣给工作加了码，其实严格的说来也不完全是个人的兴趣，从工作的角度所加的这个码对天一学院的发展，特别是对即将入学的学生们还是很重要的。

当时这3000多的成教学生其实不属于我这个院长管，从分工的角度我这个院长只管统招，也就是参加一年一度高考被天一学院录取的学生，至于参加成人高考的这3000多学生，举办方有一个专门的成人教育学院在负责。因为举办方的高管对高等教育不是很熟悉更缺乏经验，他们常年从事的是中等职业教育，这3000多学生报考大专的学生，还有在这之前招收的成人教育学院的大专学生，在接受高等教育的时候居然没有高等学校应该有的人才培养方案，学习的课程是"走到哪里黑就在哪里息"，随意性很强，这对学生是很不好的也是不对的。我在接受动员这3000多学生从金堂到绵竹去上课的时候，在做工作方案和向团队布置工作的时候，提出了要赶在开学前为这3000多各个专业的学生制定人才培养方案，并且与举办方协调好撤销成人教育学院，把成教学生归入到天一学院的各个系部中，由天一学院的各个系部负责教学与管理。

这件事情我其实是可以不做的，正如后来事实上所表现出来的，我和我的团队很成功的在2014年8月，用了三天的时间把本应该在金堂报到学习的这三千学生动员去了绵竹报道，这就是我与举办方达成的工作意向，能够这样举办方就十分满意了。而我提出要为这批学生制定人才培养方案，是锦上添花的让这批学生能更好地接受高等教育。当然我提出要做制定人才培养方案这项工作，也不是茫然的心中无数的，当时天一学院经过两三年我和教职员工的共同努力，团队的建设已经达到相当好的程度，老师们是肯定能够很好的完成我所提出的这项工作设想的。事实上所制定出来的这3000多学生的人才培养方案，对推动四川天一学院的发展，对让通过成人高考进入高等学校的学生，都有着不可估量的积极的重大作用，对这些学生来讲也是天大的福音。

对做一项具体事情的兴趣，在我这边还是很执着的，也就是说这个事情我一旦决定要参与要完成，一般来说我是不会轻易放弃的。比如我给女儿设计和践行四年完成小学学习，从有了想法开始计划起，便做了长达四、五年的时间，因为这个过程得伴随着女儿一年一年读小学的时间缓慢进行，在四、五年的时间中几乎每天都会有事情要做，这是需要一定的执着才能坚持的。另外这桩事情的知识性技术性也很强，小学的两门主要课程语文数学中，语文在操作上难度还稍稍小一点，我只要下定决心放弃了让女儿不去注重学习汉语语法，不去花功夫费时间的弄清楚明白句子的主谓宾定状等小学汉语语法，而专注于阅读和写作就行了。而数学则麻烦的多，我是用了大学数学专业老师的优势，加上自己对初等数学有较好的认识和体会，才设计出一套在四、五年的时间中的方案。

对做具体事情感兴趣很多时候正是来自于这些技术性知识性，事情的知识性高技术性经常让我痴迷于其中而乐此不疲。上边说到的为我女儿设计和践行四年完成小学初等教育，前前后后花费了将近五年的时间，从女儿还没有进入小学就开始，一直到她读完小学四年级进入初中学习。当然能够设计出这样的方案并具体操作，也给我女儿的情况相关，她确实特别听话并且悟性较高，因为在这长达四年的读小学的时间中，每天都要完成一定数量的数学新课程，所谓数学新课程就是完全脱离了她在学校中的数学学习程序与节奏，完全执行我这边设计出来的一整套内容。

不少友人在读到我关于女儿小学学习阶段的回忆录内容时，都表示出极大的兴趣希望有更多的了解，其实关于女儿这四年学习状况特别是具体的操作方案，我在前边的回忆录《愿他们在广阔的天空中自由翱翔——我的子女教育》中有很详尽的记叙，包括四年数学教育的具体内容。应该说这个事本身还是值得神往的，毕竟能够为一个女孩省出两年的时间完成基础教育，它的实际效果对于女孩自身是特别有益的，事实上我的女儿在还没有满 22 岁时就获得两个海外硕士学位还是很令人欣慰的。但这个事情的可操作性需要慎重，特别是需要孩子的配合，因为这毕竟是一个需要四年时间来长期进行的事，家长和孩子双方的韧性都是会面临一番考验的。

说到这里，确实想再次为中国的教育机制提点建议，或者说是再次为中国的教育体制发点感慨吧，所谓再次是因为我已经在回忆录的多处地方谈到了中国的教育，并且还有专门的讨论和记叙中国教育问题的篇章《海阔凭鱼跃 天空任鸟飞——我的教育观念》。作为一个资深的工作了几十年的教育工作者，也有三个子女接受了较好的基础教育和高等教育，我在这里想说到的仍然是中国孩子们的基础教育特别是小学教育：中国长达六年的小学教育学制实在是太长了，而它以束缚和灌输为主的教育方式实在是需要彻底改变了。我认为小学教育的学制四年就够了，或者是把它与中学教育合在一起形成义务教育的十年一贯制。要想缩短学制首先得精简内容，我们需要全面审视小学六年孩子们被灌输的内容，主要当然是语文和数学，需要去鉴别这两门主要学科中哪些内容是可以扬弃的。

在这一点上，我认为我的发言权还是比较充分的，我已经在上面的记叙中说到，我在我的女儿身上成功的实现了小学四年完成学业的。这里要特别再强调一下，我的女儿在由小学四年级升入初中时，接收她的四川师范大学成都实验外国语学校曾经组织了一个考核班子对孩子进行了全面考察，当然主要是语文数学和外语，结论是具有小学毕业生的基础水准，可以升入初中学习。当年对我女儿进行的这一个全面考察，四川师范大学成都实验外国语学校还是特别慎重和负责的，整个考察是全封闭的，来自语文数学外语的几位老师既有试题笔试，也有交流式的语言面试，他们得出的对我女儿小学学业状况的评价还是很有依据的。

我再一次强调我的观点，作为母语没有必要把汉语语法弄得那么严肃那么慎重，必须认得二、三千个汉字对中国孩子来讲已经是无可奈何之事，至于词汇的分类句子的成分就不要弄得太细太细了吧，强调阅读和写作，有很多东西是会在阅读和写作中不教自明的。只要语文教学中扬弃了汉语语法的学习内容，始终专注于阅读和写作，那么整个教与学的方法也会有根本的质的改观，孩子们会成为语文学习的主体，他们在自我的阅读和写作中，会发现外部的宏观世界很多特别有趣的事情，也能审视到人的微观自我需要怎样去观察大自然。

说数学这个事情对我来讲有点尴尬，因为我是数学专业的专业人士，终身从事的都是数学教学。但小学数学中到底有哪些内容是我们的孩子们必须要学的，这个问题确实需要做深层次的研究和探讨。我想指出一个事实是，我们现在的成年人中，不管受教育的层次怎样，汉语言的学习是使我们终身受益的，我们一生都必须用自己的母语进行语言和文字的表达，所以耗费了一定的时间去学习汉语言特别是阅读和写作，应该是很必须的并且是有益的。但数学怎么样呢？我们现在的成年人中，又有多少人还能记得住小学数学学习中的一些内容呢，比如分数在实际中的意义，比如分数的加减乘除四则运算，这些小时候学得很认真的知识现在还记得清吗，或者更直接一点就是你现在还在用它们吗。

我不是说要去否定小学数学教学中那些很基础的内容，我在完成我女儿的四年数学教育中，对整数分数小数的实际意义，以及他们的加减乘除四则运算，都是很严格严谨的让她学习了的，毕竟我是数学专业的知道那些数学知识是必须的。但小学数学教学的很多内容过于繁琐过于细化，不仅因此占用了很多孩子们的学习时间，更重要的是这种繁琐和细化的教学内容，会背离数学教育很重要的一个使命，那就是对孩子们进行初级的逻辑思维教育，让孩子们从小就能够理性的观察和分析事件与自我。一个让人觉得很悲哀和遗憾的事情是，我们现在进行数学教育的很多先生，由于极为特殊的原因，自身就没有接受过逻辑学的系统学习，所以要指望由这些老师们对我们的孩子进行逻辑思维的启蒙教学几乎是不可能的，至少是难度很大的。

前两年曾经听到过新任教育部部长关于改革基础教育，实行中小学九年或者十年一贯制的学制变革，我还曾经为之一震，觉得高层既然有人管这个事了，基础教育学制缩短的事情也许会逐渐提到工作日程上去。但当时说了一下，现在也没有什么消息更没有什么动静了，仔细想来这确实也是一个很难的事情。一个事情已经几十年这样进行了，不仅让人们形成了习惯，更重要的是在时间的推移中还会形成一些利益分割，岂是一个新任教育部长说要改想要改就能改的事情吗。也许新任教育部长有这样很好的想法，但牵一发而动全身，有好的想法并不一定就能很好的推进下去，所以关于基础教育学制缩短的建议也许也只能说说而已。

我现在正在撰写的回忆录，前前后后已经写了将近四年，也表现出我对做一件具体事情的痴谜和执着。刚开始写的时候是很随意的，2020年初新冠病毒的疫情提倡老人尽量不要外出，闲着无事后萌生了写点文字回忆几十年学习与工作生活的想法，几个记实的篇章《三人行必有我师焉——

我的学习生活》、《吾有所思吾有所为吾有所乐——我的工作生活》、《愿他们在海阔天空中自由翱翔——我的子女教育》、《天下熙熙皆为利来 天下攘攘皆为利往——我的理财》、《体为心声 体由心生——我的身体健康》完成得很快，过程和结果让我体会到回忆撰写的愉悦，也让我逐渐入迷，这种迷就是对做这样一件具体事情的感悟和兴奋。

接下来完成的《读万卷书不如行万里路——我的海外旅游》，仅管有较长的篇幅较多的文字，因为内容毕竟是写实的，所以文字虽然不是旅游的即时创作，但撰写起来也很顺畅。到这个时候，完成的回忆录已经有30多万字，而我做这个事情的兴趣已经完全被激发了出来，想把这个事认真做好的愿望让我回头仔细阅读这30多万文字，因为当初开始的时候就没有很多目的性，也没有做特别的计划与安排，所以这30多万文字虽然内容和记叙也很不错，但自己还是不是特别的满意。这时我已经进入了很好的撰写一部回忆录的佳境，对回忆录想要回忆想要表达的东西已经有了比较清晰的目标。比较大的一个思维突破就是回忆录不必全部是写实的，一个人一生中的对外部世界和自我的认识与思考，也是他人生重要的组成部分，也是撰写回忆录需要记叙的。

于是接下来有了一些篇章，包括《欢乐与成功同在 遗憾与教训同行——我工作与生活中的"得失"》、《胸无大志 随意而行——我的人生自描》、《充实自知自信自明——我的人生追求》，这些篇章在回忆我的人生过往的客观时，还有不少个人主观上对过往人生的认识与思考，包括对自己的一些总结与评价。在一个主要写人的《书山有径 学海无涯——我的"大学"》和另一个主要记事的《江山易改 秉性难移——我的"城南纪事"》的篇章中，记叙下自己人生一辈子许多难忘的人和难忘的事，算是对前面比较匆忙完成的回忆录很多内容的补充与完善吧。还有一个篇章它的写作起意很深刻，那就是把自己在七个年代中与共和国同步走过的历史予以回忆记叙，这个篇章是《子在川上曰 逝者如斯夫——我所经历的七个年代回眸》，它回顾撰写了我们这代人走过的七个十年。

在写这个七个十年的过程中，一个想法萌然而生跃然涌动，那就是表达一下自己对很多社会问题的认识，除了七个十年中本身就有很多看法和思考外，作为高级知识分子在理论上对很多问题也有自己的分析和研究。于是在回忆录中有了好几个比较趋于务虚的篇章，包括《医疗教育养老住房的市场化 ——我的民生观点》、《海阔凭鱼跃 天空任鸟飞——我的教育观念》、《成也萧何 败也萧何——我的市场经济面面观》，在这些篇章中我对现实中很多实际问题进行了研究和分析，表达了自己对市场经济变革中一些过分市场化的行为的不安和担忧。因为这些社会问题与老百姓的日常生活密切相关，按目前这种完全市场化的状况发展下去是前景堪忧的。

有一个篇章的内容进入回忆录有些偶然，也有些唐突并且似乎稍有不妥，那就是由我在西南财经大学所讲授的《科学技术史》课程拓展而来的《教学相长 学在教中——我的教学心得与感悟》，它其实讨论了几千年人类文明史上的很多有趣问题，不少友人在读后感到很有意思。在回忆录的撰写逐渐进入尾声的时候，我的思路也变得比较直接和零碎起来，所以也就有了《油盐柴米酱醋茶——我的衣食住行》和《赤橙黄绿青蓝紫——我生活中的繁琐小事》这两个篇章，前者很如实的记叙了我的日常生活，至于后者也就是现在正在写作的这些文字，更多的是为了把想要回忆记叙的方方面面的内容，都归入这个回忆录的收官篇章吧。

这部回忆录的撰写前后耗时将近四个年头，目前文字已经超过 90 万字，说实在话我自己也没有想到这四年中会写了这么多，这应该算是最典型的我个人喜欢做具体事情的代表吧。我想我如果没有那种喜欢做具体事情的执着，是不会饶有兴趣的在这个四个年头中几乎每天都乐此不疲的。尽管我已经说到我的回忆录撰写已经接近尾声，但这并不意味着我会就此搁笔，只要自己觉得还有可以回忆记载的人生过往，我会继续往下写的，何况生活本身还在行进，会有更多的内容值得自己去记叙的。

对自己做评价的文字好像冗长了点，好像需要回顾一下：先是写到了对自己做事做人比较宏观的评价，接着在比较细微的微观也已经写到了两点：一是我比较善于与人通过聊天沟通交流，二是我对身体力行的做具体的事颇有兴趣。接下来还想还会说到的内容有这么一些：在人生目标上我比较随和，无论宏观还是微观都比较随缘，其实也就是比较善于修改目标；在人生步伐上不太追求热点，更不愿意随波逐流；尊重他人是自尊的基础与前提，也是相互尊重的基础与前提，相互尊重才能才会有相互信任。

随缘这一自我评价中包含的意思比较广泛，既有不太为自己设计人生轨道的意思，也有努力争取的事一旦不太如意似乎也不必特别介意，至少不是特别的认真的意思。这里边有点宿命的味道，但作为一个少年时代就酷爱自然科学的理工科人，好像方方面面都比较唯物，当然我也不是说宿命就是唯心，但从大的方面来讲，从事了一辈子理工科工作特别是教学的我，对于天道命运归宿等等似乎也并不太相信。虽然自认为自己是唯物主义者，但对于许多传统的说法，比如"命里有时终须有，命里无时莫强求"，还有"生死在天，富贵在命"、"缘分天定"这些说法其实好像我还是相信的，至少潜意识深处还是认为说的还是比较有道理的。

道理不用说那么多，至少不用说到基本的信念观念上去，但有一点是很实在具体的，那就是如果你相信或者有了随缘的观念，其实你会过得比较愉悦和自由的，至少不会自己给自己制造一些不必要的烦恼。我记得在成都七中读高中时，前三个学期我承担了很多学生社会工作，第一学期是班上的团支部书记，第二学期和第三学期担任了成都七中的团委委员，学校还确定从第四学期起我去担任成都七中的学生会主席，校方已经给我谈了话，我也和前任学生会主席进行了沟通交流。这个时候出现的一个偶然情况让担任学生工作的事嘎然而止，我从喧闹的学生社会工作中退了下来，让从第四学期开始的后三个学期全身心的投入了学业之中。要说当时没有一点情绪那也不是真话，但我很快的就认识这好像是缘分，所以很快的调整了心理状况，投入了后来看来是真正很重要很关键的功课学习中去了。

在成都七中参加文化大革命中，我有着很辉煌的老造反派红卫兵的光环，起草了成都七中第一篇把斗争矛头指向当权派的大字报，带领了几十个同学与市委宣传部肖菊仁部长讨论撤走工作组的问题，实际上就是要驱赶工作组。因为这些异类的表现，我和刘仁清等几位同学被内定为反革命右派学生。后来在得到解放之后学校也就进入了群众组织纷纷诞生的时候，这个时候我和刘仁清等几位同学组织了一个叫《东方红公社》的红卫兵组织，虽然能干的骨干同学不少，但总的人数不多。这种情况下我居然提出了一个"我们需要一个雷打不动的少数，而不需要一个乌合之众的多数"的口号，最后的结局可想而知。万般无奈下我只有同意刘仁清几位同学的意见，让《东方红公社》与"七毛"合并，其实是被兼并了。我好像也很随缘，看到在成都七中活动的场所和机会不大，便一股脑儿扎到成都电讯工程学院，与那些大学生哥哥姐姐红卫兵一起投入了两派日复一日争夺《四川日报》和《成都晚报》的斗争。

要随缘的事情其实很多，比如在成都市金牛区商业局工作时，好像我一定要加入共产党组织似乎也不是不可能，我把自己的工作做得很好，与各级领导的关系也特别好，但对这个事情似乎就特别随缘，从来没有提起过。当年经过了两次高考，才在1978年进入了当时的成都工学院读大学，以自己在成都七中读书的基础与状态，似乎应该考一个更好一点的大学，但当时的环境和状况就是那样，我也就很随缘的两次都是报考的成都工学院。1988年四季度西南财经大学刚任命了我担任科研处的处级职务，成都七中的好友刘仁清便来邀请我参加他为他的四川师范大学的学弟的公司组织的顾问团，尽管当时我在西南财经大学无论是从事教学科研还是从政都有很好的基础和前景，但我也很随缘的走向了社会，用当年时髦的话来讲就是下海了，开始了长达十年的在市场经济中的游弋。

我理解的随缘也就是做人做事的随和，随和这个词说起来容易，真要做起来还是比较难的，因为任何一个人多少总有点自己的个性的。但做人做事随和一点确实很重要，这里强调的是人与人之间不要过分的去纷争，中国有句老话"上前一步眼前窄，退后一步自然宽"讲出了进退宽窄的至理，至于南京"六尺巷"典故中"千里修书只为墙，退它三尺又何妨，万里长城今犹在，不见当年秦始皇"的尚书回信，更是深刻地说明了纷争的毫无意义。纷争其实是因为利益所至，人们在做蛋糕的时候还是很齐心合力的，蛋糕一旦做成如何分配便成了纷争的根源。有人把做蛋糕说成是经济把分蛋糕说成是政治，虽然有点过分通俗但也不是毫无道理。如何在分蛋糕的时候尽量随和一点，对于多数的人来讲还是很难的，至于我自己因为比较相信"是你的终归是你的"，在这一点上做的还比较将就，当然实际的情况和结果还是说明了随和一点最终你还是很不错的。

说到人生旅途上的热点，我与大家一样也经历了不少，只是在这方面我比较淡漠或者是反应迟缓，当然就更谈不上随波逐流了。我觉得个人的人生的后几十年会是这样，是年轻的时候经历的一桩事情让我有所顿悟，这件事就是在1966年中到1968年底，我所经历所参加的文化大革命。当年确实是怀抱一片虔诚的信仰，义无反顾地投入到了那场革命中去，当上了伟大统帅的红卫兵。我基本上是按照伟大舵手所指点的路途，写出了成都七中第一篇把斗争矛头指向当权派的字报，也引领了驱赶文化大革命工作组的活动，更是积极的投入了"炮轰西南局，火烧省市委"的斗争。但也是在运动的发展过程中，我逐渐感到好像还是有些不对头，我们这些偏激的学生，不过是伟大领袖的下一盘大棋中的一个棋子，当不可一世的红卫兵被舵手指引着上山下乡接受贫下中农再教育时，才敏悟过来政治热点不过是过眼云烟。

好像从此之后就有了对热点不怎么样感兴趣的意识，认为热点就是他人所制造出来让你去追逐的迷障，一旦散去一切都会烟飞云散。对从政经商我都经历过这样的热点，当年虽然是非党人士我已经被西南财经大学任命为处级干部，虽然这任命西南财经大学就可以作出，但按照当时的程序还是需要到省委组织部去备案的。当后来这个从政的途径与下海创造收入有矛盾时，我便毫不犹豫的辞掉了这个职务，这让当年很多倾心走这一条仕途的人感到十分可惜，知道这个情况的人要么在背后议论纷纷，有的更是直接在我面前表示惋惜，因为我拒绝和丢失了一条上升发展的通道。至于我自己想的很简单，从政为官既然不是我想要的，我又何必人云亦云的去追逐呢。

下海经商也是如此，大家对此越是亦步亦趋，我倒反而有了一些防备之心，所以无论在商海中陷得有多深，也不论在商海中游得如何如鱼似水，我都始终没有辞掉西南财经大学高校教师的公职。虽然大家把海说得很闹热，"外面的世界很精彩"，但我始终确定了一种挣一点钱差不多见好就收的观念，不仅在经商的同时坚持完成高校公职教师的工作任务，而且也特别重视子女教育这个大事。当然当年下海之势确实像澎湃海潮汹涌而来，但它也像海潮退去一样消失得也很快，我能够在商海中坚持十年之久缓缓游弋，虽没有去追逐下海的热潮，但能够坚持的时间还是很不错的。

在理财上我也是不去追逐热点的，比较典型的就是A股市场去炒股。我虽然进入A股市场较早，也确实在A股市场赚了钱，但那是一种偶然。在每一次A股市场高潮来临的时候，我都很不以为然，不仅警惕自己不要在这个时候去投入资金，也要招呼孩子告诫朋友不要随波逐流人云亦云。在很多地方我都在提醒大家，像A股市场这种你杀我我杀你相互博弈的投机地方，千万不要进去千万不要介入。当然现在是更多的人都认识到了A股市场确实是不要不能轻易进入的，但过去的二三十年中，一波一波的热点人群的涌进涌出，让A股市场成了最大的韭菜基地。至于买房投资，很多的时候我都是在行情不太好的时候低价买入的，所以现在不管房价怎样跌，它无论如何是跌不到我当初买入的价格的。

做一件事情的兴趣或者激情最多两三年的毛病，几乎贯穿了我人生的几十年。当然成也萧何败也萧何，这个毛病对我的一生还是起着很重要的支配作用，所以我虽然说它是一个毛病，但也并不是认为它一无是处。从不好的方面来说，这个毛病使我整个人生能够执着的成就很少，比如说做学问，作为一个高等院校的高级知识分子，我虽然也小有成果，但最终也是昙花一现。我在前边的回忆录中说到了我的至交洪时明先生，称他为"科学研究上真正的学者，而我不过是一个过客而已"，洪兄还谦虚的向我表示对他过奖了而对自己太过贬了，但那是我的真心话。在我看来我们成都七中的校友中，在学术上有建树的学者还不少，比如洪兄的高中同班同学我的小学同学杜懋牧先生也是一个典范。我一生做过很多事情，不少事情也小有成就，但我自己看来我就是一盒万金油至多是一片四环素，是做不了也成不了大事的。

当然这种兴趣和激情不能持久的毛病，也使我的人生比较丰富，涉猎的人生范畴经过的人生历程内容和过程都较多，从这个角度看这个毛病它也有一些好处。历数这几十年来前前后后做了很多事，如果没有这个毛病做什么事都从一而终，可能我的人生也就比较单调了，从这一点上来说，这个毛病还不能全然说是坏事。还有一点就是因为不是挚着单一的去做一件事事，所以在做的这一件事情在想结束的时候比较容易脱身，因为做的时间不长久，它牵涉的方方面面不会特别的深，至少不会是深陷其中难以脱身。感触比较深的就是当年下海做生意，在那种环境下又不是生意做不起走了公司垮了要被动的脱身，而是主动的想在公司还在正常经营的时候结束生意回到学校，如果不是因为对生意并不太痴迷而使各方面的牵扯不多，要想结束生意还不是那么容易的。

我在前面的回忆路中曾经说到自己的包容性比较强，那是把它作为自己的一个优点或者优势来说的，其实从另一个侧面来看这也是我的一个弱点或者说是缺点。有些事情过犹不及，过头了好事就变成了坏事，我的这个包容性强，现在自我检讨起来，就常有过犹不及的毛病，有些事情该说的时候还是应该说，但我这边的实际情况是经常不去说，不少的时候还是会有很多负面影响。比如当年在人民南路百货大楼办的那个广播站，一直效果很好收听人群很多，后来两派纷争即将开始的时候，七毛中有同学说这个广播站不应该由我这个红成这个人来掌管，我听了之后也很随和的就退出了这个广播站一走了之，让七毛中有意见的同学来接管了。但因为来接管的七毛同学两派争斗的偏激性太强很快让广播站成了两派争斗的喉舌，十分偏激的广播内容使得这个广播站很快的就失去了听众群体而无疾而终了，其实当初给各方面讲讲我个人对广播站该如何办的意见，也许情况会稍许好一些。

包容性强一个很重要的基础是我认为任何一个人他的看法和见解即便是错误的但也不是完全没有道理的，所以在很多的时候都很愿意尊重他人的意见和想法。每个人的看发和见解意见和想法肯定有他的道理，但有道理的东西并不一定就是正确的，所以有的时候该需要坚持还是要去坚持。当年在商海中游弋的时候，有一位朋友很执着的想去做他认为很理想的事情，事情其实也很简单，就是头年在资金规模不大的情况下，他赚了一笔钱，以此类比他想资金规模如果扩大若干倍，便能够赚若干倍这样的钱，我知道他这种想法是不妥当的，也曾经建议式的规劝过他不能这样类比，但因为我劝说的态度不很坚决，他最终还是按照他自己的想法去做了。最后的情况是比较糟糕的，因为在资金规模比较小的时候他个人的能力掌控得很好，因而很成功的赚了不少钱，但资金规模扩大若干倍后，已经超过了他能够掌控的能力，使得事与愿违后来出现的情况与结果都很狼狈，如果当初我劝阻他的态度坚决点也许情况要好些。

我的回忆录写的这一篇，撰写的文字已经将近有一百万，自己也感到想回忆想记叙的内容也差不多了，所以主观上想把回忆录撰写到这一篇为止，之所以说是主观上是因为这是自己的想法，如果今后在实际中有了还想记叙还想回忆的内容，是不会因为曾经主观上有了这个想法而不去撰写的，一切随缘嘛。但既然主观上有了这种想法，就还是想把这将近百万字的回忆录的内容归纳一下，已经完成的回忆录一共有18个篇章，它们大至可以分析归纳为四种文字写作状况，这四种状况是写实、夹叙夹议、叙中记实和议论。

写实的内容和文字主要是前几个篇章，包括《第一篇 三人行必有吾师焉——我的学习生活》、《第二篇 吾有所思吾有所为吾有所乐——我的工作生活》、《第三篇 愿他们在海阔天空中自由翱翔——我的子女教育》、《第四篇 天下熙熙皆为利来 天下攘攘皆为利往——我的理财》《第五篇 读万卷书不如行万里路——我的海外旅游》和《第六篇 体为心声 体由心生——我的身体健康》。这部分内容它的优点和长处是文字简洁干净，基本上就是如实记叙了我的几十年人生经历，就事论事的记录了我人生中工作学习等等方面的过程，几乎没有自己作为笔者的看法与见解。当然美中不足的是这部分文字当初撰写时比较匆忙，思路和文笔都比较随意，因而严格地说无论内容还是文字还是比较粗糙的，这应该是因为当初动笔记叙它们的时候还没有意识到更没有做好准备是在撰写个人的回忆录。

夹叙夹议的内容有《第七篇 欢乐与成功同在 遗憾与教训同行——我工作与生活中的"得失"》、《第八篇 胸无大志随意而行——我的人生自描》、《第九篇 充实自知自信自明——我的人生追求》、《第十篇 子在川上曰逝者如斯夫——我所经历的七个年代回眸》和《第十一篇 教学相长学在教中——我的教学心得与感悟》。撰写这几个篇章的时候，已经不像刚开始的时候那样随意了，无论思路还是文字上都有了是在撰写自己人生回忆的准备，所以形成了这种夹叙夹议的文字。当然这一部分内容包括后边的一些内容在撰写上是有弥补一下前边写实内容较为匆忙和随意因而有粗糙之嫌的意思的，事实上在内容和文字上确实是这样的。

叙中记实的内容有《第十三篇 书山有径学海无涯——我的"大学"》、《第十四篇 江山易改 秉性难移——我的"城南纪事"》、《第十六篇 柴米油盐酱醋茶——我的衣食住行》和《第十七篇 赤橙黄绿青蓝紫——我生活中的繁琐小事》。其中《我的"大学"》是以我在实体大学和社会大学中度过的几十年为载体，记叙了我的很多同学朋友同事以及我的老师与贵人。《我的"城南纪事"》则是以几十年中我工作学习生活的环境为载体，记叙了当年发生在我或者我们身上的很多事，这里的记事正好与上边的记人相互倍仗。至于《我的衣食住行》是实实在在的记叙了几十年来我的客观生活状况，人的一生说到底其实也就是一个衣食住行的问题。最后那个《我生活中的繁琐小事》是在我的回忆录进入了收尾阶段后，把我那些可以记叙想要记叙的零碎小事都归入了这个篇章，当然也是为了我的回忆录撰写能够更好的收尾。

议论的篇章有《第十二篇 医疗教育养老住房的市场化——我的民生观点》、《第十五篇 海阔凭鱼跃天空任鸟飞——我的教育观念》、《第十八篇 成也萧何败也萧何——我的市场经济面面观》。这几篇政论性文字，采取以分析客观现实的实际情况为主线条，阐发了我在这些问题上的基本观点，这之中除了客观事实的描述之外，更多的还有作为一个学者对这些问题的发生发展的思考。所涉及到的几个问题，都是事关民生的重要问题，作为一个学者又是事情的当事者，还是颇有一些不吐不快的感觉。

我的回忆录的撰写好像已经进入了应该封笔的时候，当然不是说今后就不再写了，如果有还应该撰写可以撰写的内容，我还是会继续写下去的。但是现在主要的精力我会放在整理这已经形成了将近百万字的文稿上面，这里面好像还有很多工作需要去做，首先是校正，接着就是编辑，不少友人问到我是否有印刷出版的打算，答案应该是肯定的，我会在完成校正和编辑之后，以积极向前向上的态势，争取让这百万之作能够得到出版和印刷。文字的最后我要感谢这几年一直伴随着我和我的回忆录的家人与朋友，你们的肯定支持和表扬，是我在这几年中能坚持笔耕的主要原因，我要在这里发自内心真诚的说一句"谢谢"！

第十八篇

成也萧何 败也萧何

我的市场经济面面观

确定要写这个篇章的时候，总体的心情不是很好的，作为一名同国人一样在市场经济获得了既得利益的人，在要讨论和记叙我的市场经济面面观的时候，回顾过去面对现实展望将来，严格的说是比较悲观甚至悲悯的，这让人心情不太好。作为一个在国家改革开放中享受了市场经济红利的人，在研究和总结市场经济的方方面面时，虽然也有肯定和赞扬的一面，但不乏更多的是批评和置疑的一面，让人感到十分尴尬，其实尴尬的不是自我，而是尴尬我们的市场经济道路为何走得如此艰难，它又是怎样走到了如此难以言状的境态。

想要讨论和记叙的内容有：（一）四十多年市场经济发展的历程；（二）前进与成果不可否认；（三）情况与现状让人触目惊心；（四）或许是起步的先天不足；（五）政府的思维似乎错位；（六）自我与底线已不存在；（七）走向何方？

第一章 四十多年市场经济发展的历程

作为共和国的同龄人，我们在走完艰难困苦的前三十年后，经历了四十多年改革开放中市场经济发展的全过程。

市场经济的发端可以从放开管制让人们自由从事一些买卖和服务开始算起，这个时间应该是在1980年前后，具体的表现是放弃了"投机倒把"的概念，允许人们做一些规模不大的买进卖出的商业活动，以及开门店提供抄手面条饺子汤圆等的服务。虽然经济规范很小但却是真正的市场经济，除了它的供给需求是由市场决定的之外，最重要的是商品价格是由市场决定的而不是计划。

当初从事这种初级市场经济的人有二种，一是大批从农村中涌回城市的知识青年，人虽然回城了但社会不能给他们提供工作，另外是因为各种原因失去工作的人，包括犯了错误的刑满释放人员。思想的保守使更多的人不会也不敢去从事这种经济活动。

规模虽小但活力充沛，第一批"万元户"就是从这些人中产生的，经济收入的效果让更多的人审视计划经济体制内铁饭碗的收入，铁饭碗收入中的人"万元户"永久与他们无缘。我从1971年初到1978年十月考入成都工学院读大学，一个没有负担的单身汉，在工作环境较好的条件下8年的积蓄是600元人民币，因为当年的年收入就是400多一点。赚钱效应使人们越来越多的走向市场经济自由买卖的道路，一个很主要的渠道是到广州进货赚差价，先是有了青年路夜市的兴旺，后来又有了草市街时装店的林立，饮食也逐渐由面条抄手等小食私人门店步入到川菜火锅。进入了思想解放的80年代后，人们开始寻找各种各样能赚钱的从业渠道，有不少敢于吃第一只螃蟹的人扔掉铁饭碗加入了市场经济自谋职业的赚钱行列。

不过严格的说这还不能算是市场经济，当年的主流还是计划，几乎所有的经济活动都是按计划在进行，产品产量供给销售特别是价格都是由计划确定的，但这种自由贸易所表现出来的市场活力对计划经济体制或大或小或多或少的形成了一种影响和冲击。也是在这个时候，一批经营不好的中小国营企业主要是工厂逐渐举步维艰，在万般无奈的情况下开始仿照农村的"包产到户"开始推行"承包责任制"，"一包就灵"的效果让人们看到了计划经济的弊端，认识到即便只有局部的自由人们也可以激发出活力创造出在"计划"下完全不可思议的成就。

农村的家庭联产承包制、城市中的小型商业活动，一些中小国营企业中承包的成功，带来的社会效应是极好的，主要的表现是农产品特别是主副食品，以及轻工业日用品仿佛一夜之间就物质丰富了，城市居民告别了票证，有钱就可以买到自己需要的商品了。而这个时候30多年来的计划经济体制，正在给国家经济特别是财政带来极大的困惑和问题，计划经济的包产包销以及产品的定价所带来巨大的财政补贴让国家经济难以重负，更不用说国民经济的发展了。多种多样各方面的经验和教训让经济学者在解放了思想之后开始讨论经济体制问题，实务的国内政府经济管理机构也在反思经济政策的调整。

这些理论和实务上的探讨与研究反过来又推进了现实经济活动中的自由倾向，特别是政府相关各种经济管理机构对城乡居民个人自由的商业贸易活动一步步放开，促使了城乡经济活动的进一步发展。最大最好的表现是各类商品日趋富裕，计划经济体制下物质匮乏的情况一去不复返了，这让人们更进一步看到了计划经济体制的弊端。财政补贴所带来的财政负担日益加重使国家主要的经济管理部门逐渐在思考改革，让商品遵循价值规律让社会经济逐步走向市场已经成为一种主流的思想和倾向，最终催生了1984年10月20日中国共产党第十二届中央委员会第三次全体会议通过了《中共中央关于经济体制改革的决定》。

《中共中央关于经济体制改革的决定》指出，我国的经济体制改革首先在农村取得了巨大成就。这几年以城市为重点的整个经济体制改革也已经进行了许多试验和探索，取得了显着成效和重要经验。但是城市改革还只是初步的，城市经济体制中严重妨碍生产力发展的种种弊端还没有从根本上消除。只有坚决地系统地进行改革，城市经济才能兴旺繁荣，才能推动整个国民经济更好更快地发展。《决定》认为改革计划体制，首先要突破把计划经济同商品经济对立起来的传统观念，明确认识社会主义计划经济必须自觉依据和运用价值规律，是在公有制基础上的有计划的商品经济。商品经济的充分发展，是社会经济发展的不可逾越的阶段，是实现我国经济现代化的必要条件。只有充分发展商品经济，才能把经济真正搞活，促使各个企业提高效率，灵活经营，灵敏地适应复杂多变的社会需求，而这是单纯依靠行政手段和指令性计划所不能做到的。

《决定》有十个重要内容：一、改革是当前我国形势发展的迫切需要；二、改革是为了建立充满生机的社会主义经济体制；三、增强企业活力是经济体制改革的中心环节；四、建立自觉运用价值规律的计划体制，发展社会主义商品经济；五、建立合理的价格体系，充分重视经济杠杆的作用；六、实行政企职责分开，正确发挥政府机构管理经济的职能；七、建立多种形式的经济责任制，认真贯彻按劳分配原则；八、积极发展多种经济形式，进一步扩大对外的和国内的经济技术交流；九、起用一代新人，造就一支社会主义经济管理干部的宏大队伍；十、加强党的领导，保证改革的顺利进行。

这是上世纪80年代以来极为重要的思想统一，事实上确定了要进行经济体制改革的几个重要事项：建立充满生机的社会主义经济体制；增强企业活力是经济体制改革的中心环节；建立自觉运用价值规律的计划体制发展社会主义商品经济；建立合理的价格体系充分重视经济杠杆的作用；实行政企职责分开正确发挥政府机构管理经济的职能；建立多种形式的经济责任制认真贯彻按劳分配原则；积极发展多种经济形式，进一步扩大对外的和国内的经济技术交流。思想的统一使得上世纪80年代后半页市场经济发展步伐明显加快，已经出现了个人投资工业和商业活动的企业，只是这种实质上的私人企业在名义上还挂着集体所有制的招牌，这种所谓的集体所有制企业已经完全脱离了计划的轨道，完全是按照市场经济的轨道在进行运行。

与此同时，一些中小型国营企业以及真正的集体企业也在逐步脱离计划的指导，逐渐按照市场规律在组织自己的生产和销售。在这个过程中，虽然也有不少企业水土不服，很难建立好自己的市场经济机制，但也有不少企业在融入市场经济机制后，如鱼得水般的得到了良好的发展。这一大批中小企业的运行机制改革，都不约而同遇到了一个发展的瓶颈，那就是产品或者说是商品的价格管制，或者说是价格的计划定价。产品和商品的定价机制必须改革，它不应该由计划定价而应该由市场控制，也就是说应由市场经济的价值规律和供求关系定价。这一个迈向市场经济机到至关重要的问题，《中共中央关于经济体制改革的决定》是明确提到了的：要建立合理的价格体系，充分重视经济杠杆的作用。上世纪80年代的后几年中，曾经进行过放开价格的尝试，遗憾的是这个门槛或者说是瓶颈在80年代没有被迈过。

在《中共中央关于经济体制改革的决定》的指引与鼓舞下，经济体制逐渐在由计划经济向市场经济过渡，当然这个过程是缓慢的也是痛苦的。但从社会宏观面上来看，市场经济的发展却很迅猛，一大批有先知先觉的人丢开了铁饭碗开始涌入市场经济中淘金，虽然人数不是很多投入的资金也不会是很大，但这是市场经济发展过程中一股很重要的力量，它推动着经济体制逐步脱离计划迈向市场，这是因为这批人这批资金本身就不在计划之内，他们拥有的唯有市场。从1985年开始的过后几年中，除大家电之外的日常生活用品，以及除粮食以外的主副食品，都逐渐脱离了计划的轨道，由市场在决定它们的产供销，尽管价格还没有被计划放开，但价格管制相对很放松了，很多日常生活用品都是按照价值规律和供求关系由市场随行就市的确定价格。

也是在同时，被计划经济机制所造成的各种财政补贴，因为不堪重负而在逐渐减少乃至取消。比如对城市中蔬菜的供应，计划经济体制下是有一个国营的蔬菜公司在财政的补贴下保障着城市居民的蔬菜供应，这一个看似有点荒唐的财政补贴，随着城乡蔬菜的自由交易，财政补贴逐年减少后被取消，蔬菜公司也不复存在。在减少财政补贴方面政府相关部门是很有积极性的，这对于推动经济体制由计划经济向市场经济的转轨无疑是一个很重要的因素。

也几乎是同时，一批中小国营企业与真正的集体所有制企业，在市场逐渐活跃的情况下也在逐步脱离计划，或者说计划正在抛弃它们，因为在有市场自由经济存在的前提下，计划也很难统帅和带领它们了。这批原来在计划经济体制下生存的企业在逐步脱离计划之后，也开始在游泳中学会游泳在市场经济中游弋了，如前面所述它们有的很快很好的融入了市场之中得到发展，当然也有不少企业在没有了计划的青睐之后饱受着市场的煎熬。

上世纪80年代的后半页，社会经济体制被这些因素推动着逐步由计划经济向市场经济过渡，人们所经历的多种多样经济活动，正在逐步脱离计划的轨道向市场靠拢。应该说当年的这些情况它所产生的社会效应是好的积极的至少是正常的，它的表现就是社会产品特别是生活必需品在一天天丰富起来。人们在日益丰富的物资供应下很平静但同时也是很愉快的生活着，这种效应向各方面展示了市场经济的优越性，当然也从一个角度剖析了计划经济的弊端，明里暗里的向人们昭示着计划经济应该早迟被抛弃而由市场经济取化。

尽管在由计划经济向市场经济过渡的进程很正常很顺利，但最终那个瓶颈问题也就是价格的放开，在上世纪80年代始终没有突破，在试图放开价格的过程中，还引发了城乡居民的物资抢购风潮。

第一次抢购风潮发生在1984年国庆前后，应该说那一次抢购风潮主要的起因是当年货币发行超量。其实在抢购风潮产生之前虽有在计划经济向市场经济过渡中的价格放开的研究与讨论，但无论是言论还是行动都是很谨慎的，当年货币发行超量再加上居民的购物偏向，引发了这一次规模虽然不是很大但影响却很深刻的抢购风，因为这是建国以来发生的第一次物资抢购风潮。

我在那一年7月暑假中曾经去河北承德避暑山庄参加了一个由中国人民银行的货币司委托金融研究所召开的一次规模很小很精干的货币发行的研讨会，对当年货币发行是否正常进行了讨论。研讨会召开在第一次抢购风前夕，但却没有对政府机构也就是中国人民银行的工作提出正确的指导性意见，这是十分遗憾的。这个事情我在前边的回忆录中曾经做过多次回忆，对于学界某些学者的缺乏科学性的不实话实说的风气感到十分的失望和遗憾。

《中共中央关于经济体制改革的决定》通过和发表在1984年10月20日的十二届三中全会，这个时间节点说明仅管出现了第一次抢购风潮，但高层要坚定地进行经济体制改革的决心和信心还是很大的。之后的几年中经济体制改革的进展是卓有成效的，在很多方面迈出了较大的步子取得了较好的成就。比如，社会主义商品经济在价值规律和供需关系的基础上逐步建立，与人们日常生活关系密切的社会商品的生产和销售不再是由计划指令，而是逐步由市场决定，越来越多的社会资本和人力进入到商品经济的领域中。

又如，建立多种形式的经济责任制认真贯彻按劳分配原则普遍在各类企业中得以实施，人们的所得和个人的劳动更加紧密的联系在一起，极大极好的促进了企业的发展。多种形式的经济责任制让企业的活力增长，与人民群众日常生活密切相关各类日用品大量大批的涌现了出来，充分改变和提升了人民群众的生活质量和水平。应该说这种改革和进步虽然是生产关系总和中很重要的一部分，但它在经济体制改革上仅仅是一个侧面，但就这一个侧面的改革对生产力的提高与促进所产生的积极效果，也足以看到进行经济体制改革的重要性和必要性。

再如，在实行政企分开正确发挥政府机构管理经济的职能方面也有很好的进展，不少政府机构在改变观念之后不再是企业的婆婆，企业的日常生产销售经营管理更多的由企业自己做主，逐步实现了政企分开，这种调整极大地调动了企业的自主经营的积极性，得到了企业能够良性发展的结果。更进一步这种政企分开的践行触动了对政治体制改革的思考，其中一个比较显着的问题就是如何摆正企业中党委在日常生产经营中的位置问题，有不少企业党委不再参与日常的经营管理，企业的日常生产销售由厂长经理等业务班子负责。

但是，经济体制改革中的瓶颈问题在上世纪80年代没有得到解决，它成了横梗在计划经济向市场经济过渡中的大难题，这就是价格体系的改革问题。从某个意义上来讲，价格能否从计划下放开由市场来决定，是经济体制改革中的关键和重中之重。价格由计划决定违背了市场的价值规律，扭曲了价格的本来面目，也让财政不堪重负，当年自来水定价为四分钱一吨便是一个典型。80年代下半页，也曾经有几次逐步放开价格的尝试，步伐迈得较大一点的是1988年，得到的反馈和结果是第二次抢购风潮。

1988年的第二次抢购风潮，无论从哪个角度，哪个方面来讲都远强于第二次抢购风潮，它实际上让很多其实是很好的价格体制改革的方案搁浅。国人在价格放开让市场定价上的承受力之低让人难以想象，在疯狂的抢购风面前，所有良好的甚至是优秀的价格改革方案都只能暂时束之高阁。第二年六月的政治风波，在国际国内大环境的影响下，使得经济体制改革不得不放缓，这使得价格体系的改革不得不往后推。令人惊讶和欣喜的是这个80年代的瓶颈问题，居然在小平同志南巡讲话之后掀起的改革开放高潮中，出人意外地得到了顺利解决。

当小平同志南巡讲话像东风劲吹一样掀起90年代改革开放高潮的时候，祖国大地的经济体制改革有了迅猛的发展。首先是各种社会资金投入到市场中，众多的本质上的私营企业雨后春笋般地建立，这些公司当初建立的时候《公司法》还没有颁布，它们还得挂着集体所有制的招牌挂靠在某个政府机关下边，我在当年也注册了自己的公司进行经营。再就更多的人投向了商海，在当年掀起了一股"下海潮"，当年有关方面出台了鼓励和支持公职人员走向社会的政策，主要是留职停薪，也有不少的人抛弃了铁饭碗辞职下海经商。

80年代难以逾越的那个放开物价的瓶颈问题，在这个的时候很自然随和的得到了解决，首先是经济搞活了，人们的收入增加了，当物价逐步放开的时候，收入的增加让人们对物价放开后的增长在慢慢的适应。同时，人们手中比较多的资金，如果投向市场经济经营它的收益在当年的经济环境中还是不菲的，这使得一些比较激进的资金持有者把资金投向了市场。谨慎一点的资金持有者在当物物价涨幅较大国家出台的"保值储蓄"中稳定了资金。所以当市场价格放开后，富余资金得到了分流没有形成抢购风潮。80年代那个瓶颈问题就这样在市场经济的机制中很正常顺利的得到了解决，这为下一步拓展市场经济机制建立良好的市场经济秩序打下了基础。

上世纪90年代的改革开放进行得轰轰烈烈如火如荼，市场机制逐步建成，表现在企业的生产和销售不再是计划的指令，而是由市场的需求在决定，产品或者说商品的价格也不是由计划确定了，是由价值规律和供求关系在决定，一个有序的市场经济机制正在形成。这里想要回过头看看上世纪90年代虽然没有公开宣称但却是事实上进行的"局部休克疗法"，这是在邓小平先生九二南巡讲话后由前国务院总理朱镕基全力推进行的，这位声称"准备好100口棺材"进行决战的前右派分子，在任职副总理和总理的十年中，大刀阔斧地对中国经济体制进行了秘而不宣的"局部休克疗法"。

主要的做法和建树有：放开物价，先是在担任副总理的1993就放开消费品的物价，虽然有一定程度的物价高扬，但兼任人民银行行长的他推出"保值储蓄"最终让消费品物价的放开平稳实现，当然接踵而来的就是部分生产资料价格的放开。让银行向商业化转型，商业银行要有自己的商业性，不再按照计划给一些长期亏损的僵尸企业供给资金，商业银行要有自己的经营与核算。精简臃肿的机构，首先从国务院做起，到 1998 年底，国务院减肥一半，从 3.3 万人降到 1.6 万人。外贸自由化，通过艰苦的谈判特别是与美国的谈判，我们在 2001 年加入了世界贸易组织，外贸脱离了计划实现了对外贸易的自由化。当然也有对企业的改革，那就是让部分国有企业私有化，这个过程代价还是很惨痛的。

当然这些变革中也有磨难和阵痛，那就是一大批国营或者集体企业在从计划向市场过渡的过程中，不可避免地产生了上世纪 90 年代的"下岗工人"。这批多年来依赖于计划经济体制的国营企业和集体企业，多种多样的原因使得他们在市场经济的游弋中难以适应，减产乃至停产使他们不得不大量减员，一种"买断工龄"的方法让大批员工失业成了"下岗工人"。

想就"下岗工人"话题多说几句，在前边的回忆录中我曾经多次说到了"下岗工人"，言辞之中更多的是抱憾和敬重，多处提到的刘欢先生那首《回头再来》，一方面强调下岗工人们的再就业或者创业不是像歌中唱的那么轻松简单的，另一方面也想以歌曲中的豪情壮志表达自身难以言状的一种心情。多处关于下岗工人的记叙中，没有更深的去分析当年方方面面的历史背景，更没有去讨论当年的得失成败，我当年是比较深度的处于下岗工人的社会环境状态中，也用自己一己之力做了一些力所能及的事情聊以自慰。到今天 20 多年将近 30 年过去了，当年最年轻的下岗工人也已接近退休，时间的推移也许能抚平当年当事者们心中的悲憾与创伤，但却不能不让我们去分析当年的种种，不去检讨当年的某些失误。

在我看来当年潮水般出现的"下岗工人"现象，如果我们涉事的方方面面能够做得稍好一点的话，情况和结果也许会比当年的实际状况好得多，至少会好一些。首先是事情将要发生或者说正在发生时，我们各方面的思维与情绪过分紧张了些，因而使得行为也就匆促了些。首当其冲的是政府机关特别是我们的企业主管部门，他们在计划经济向市场经济转轨的过程中，一方面思想准备很不充分使得行动上相当迟缓，另一方面尝到了转轨市场经济给他们带来至少是工作压力减轻的好处和甜头后又很急于求成，恨不得一天之内就把所有企业都推向市场。当然我们的行政机制也使他们很无可奈何，因为我们的很多工作要求和安排都是一纸红头文件自上而下来到的，这使他们能够很主动地把工作安排得更好一些使局面更好一些还是有一些难为之处。

再就是我们的企业当然主要是企业领导人，在市场经济汹涌潮流到来之际，面对市场经济的浩瀚海洋表现出不该有的惊慌失措，没有很好的去认识企业多年来在生产设备固定投资和生产研发技术等方面的优势，当然缺乏责任心担当感乃至其他一些不好的原因使他们做出了不是很妥当的决定。不少国有企业在改制的过程中都采取了把企业有形资产和无形资产转让的形式取得一笔资金，然后用这笔资金买断了职工们的工龄，失去了企业的职工无可奈何的成为了"下岗工人"。

当然我们工人自身思想准备和适应力也确实不够，讲了几十年"工人阶级是主人公"，但我们的工人师傅确实还缺乏一些主人公的气势和魄力，既然是企业的主人那就应该当仁不让，也许和企业同生死共命运还能走出"柳暗花明又一村"。另外在适应市场经济方面，我们的下岗工人们也许几十年被计划经济宠坏了，其实市场经济从上世纪 80 年代起就在高歌猛进如火如荼了，师傅们应该对市场经济有自我的认识和体会。适应市场是经济体制改革中所有国人不得不面临的社会大问题，即便真成了下岗工人也应该像群体中的不少人一样，像刘欢先生所讴歌的一样《回头再来》，在创业和再就业上一展工人阶级的风采。

其实在炽热而激烈的 90 年代过去后，我们在进入新世纪的时候加入了世界贸易组织，加入世界经济大家庭使我们的市场经济得到了很大很好的发展，我们很多国有企业以及企业的主管部门和领导，如果能够再坚持一下，也许会迎来企业更好的发展机遇。"如果冬天已经来临，难道春天还会更远吗？"，雪莱的名句也许太诗意化了一点，但他也确实讲出了如果能坚持度过冬天，春天终究会来临的这个客观事实。

上世纪 90 年代我是在商海中游弋，见证到了很多企业很多工人困境中的无奈，说是无奈确实如此，当年我在商海游弋中对企业和员工们这种无奈是感受身同的，所以在各种商业活动中除了争取实现自己更多方面的财务自由之外，在力所能及的时间与地点也尽力给这种企业和他们的工人施以援手。除了自己的公司和帮助的朋友管理的公司尽量招收下岗工人再就业，以及长期租赁一些企业加工生产外，当年在决定是否要去兼并那个成都市装潢印刷厂时，在调查分析阶段是心知肚明的知道兼并的风险还是比较大的，但当知道兼并能为工厂两三百员工一次性解决社会保险问题，便义无反顾地全身心投入兼并工作中，尽力的规避了风险实现了多方面的多赢。

除了"事情将要发生或者说正在发生时，我们各方面的思维与情绪过分紧张了些"外，当年出现那么多大批量的下岗工人，从结果的事实角度说明我们各方面的准备工作还是差了一些。一个很重要的准备不足的问题是，在这批要离开自己十分熟悉的干了多年的工作岗位的工人们在下岗前，对他们的职业素质和再就业技能的培训似乎缺位了。在帮助他们认识市场经济的特点尽快适应市场经济上更是几乎没有做什么工作，这使得我们下岗工人中有相当多的人在相当长的时间中成了"喝点小酒酒打点小麻将"典型成都休闲人。当然这从某个角度来讲也并不是坏事，特别是对即将退休的工人来讲早点休息也好，既然已经"无可奈何花落去"，也不一定非要"柳暗花明又一村"。

与"下岗工人"同时存在的还有一个国有企业改制的问题，这是一个比较敏感而又有争议的问题，至今20多年过去了，那个"国有资产流失"的话题始终存在。"国有资产流失"话题太重太大，但当年在转制过程中公正和透明确实有所欠缺，一个普遍的现象是企业基层的员工是无法也不可能自己也不愿意去问津这些事情的。众多的基层员工处于被"买断工龄"位置，也许他们更关心的是工龄出卖之后自己能够得到多少，事实上在当年"下岗工人"潮水般涌来的时候，工人师傅们能够关心到的或者说也能争取到的也就只能是这些了。

不过尽管有诸多的不尽如人意，上世纪90年代还是比较顺利的建立起了市场经济的初步架构，计划逐步让位于市场，其中很主要的一个成就是价格的放开。价格不再是计划的囊中之物，而是市场新生的宠儿，它由价值规律和市场供求关系决定，反过来又对市场经济特别是供求关系起着积极和良好的调节作用。上世纪90年代计划经济逐步让位于市场经济，很重要的标志是1998年把成立于1952年的"国家计划委员会"更名为"国家发展计划委员会"，而到了2003年又更名为"国家发展和改革委员会"，"计划"二字自此完全从中国政府的部门中剔除，这个时候"国家计划委员会"在中国的经济岗位上已经履职了半个世纪。

在计划经济让位于市场经济的同时，几件事关民生问题的大事也被推向了市场，首当其冲是住房和医疗，当然也包括教育与养老。经过比较长时间的探讨与研究并在先期试点之后，国务院在1998年7月3日发出国发〔1998〕23号《关于进一步深化城镇住房制度改革加快住房建设的通知》，拉开了全面改革住房制度的帷幕，它的核心内容是结束了计划经济体制下的住房福利分配，改革为市场经济下的商品房购买。应当说把个人住房由有计划经济体制下的福利分配改革为市场经济体制下的商品房购买，这个大的方向还是很正确的，更何况当年的经济背景无论是财政还是企业都已经承担不了向职工福利分房的重任。问题的症结是事情后来的走向是始料未及的，20多年来房地产业逐步形成国家的支柱产业，造成了如今各方面都难以面对的结果。

关于住房的市场化进程以及它产生的诸方面因素和很不理想的结果，我在回忆录第十三篇《医疗教育养老住房的市场化——我的民生观念》中有比较多的讨论与记叙，就不在这里赘述了。在中国由计划经济向市场经济转轨的过程中，一个其实是很好的改革方案居然最后会发展到如此状况，这也许是中国的特色吧。

除了住房以外，被推向市场其后果更为严峻的是医疗，几乎是在住房制度改革的同时，城镇职工的医疗制度也开始了改革。同样是在进行了相当长时间的探索和研究并在部分地区试点后，1998年12月4日，国务院发布了《关于建立城镇职工基本医疗保险制度的决定》，告别了计划经济体制下的公费医疗制度，把城镇职工的医疗引入到了市场经济轨道。也是同住房制度改革一样，医疗制度的这种改革在当时也面临着一个财政与企业在计划经济公费医疗制度下包袱很重难以负担的苦衷，也同住房制度改革一样医疗制度的改革最初的出发点和初衷也是很不错的，确实是谁也没有想到它后来会走到全面市场化不堪境状。

现在看病难求医难已经成了一个很严重的社会问题，医疗被推向市场之后所引发出来的各种问题同样让人始料未及。关于医疗市场化的发展过程以及它带来的很不好的后果，我也同样在前面的回忆录中有过详细的分析与记叙。与住房市场化使房子成为了商品不同的是，个人住房的商品属性带给国人的各种效应虽然也很严峻但大家尚能无论是主动还是被动地勉力承受，而医疗的市场化带给病人及其家庭的却使大家难以承担与忍受，使治病求医难成为了一个极大的社会问题。在全民免费医疗在全世界绝大多数国家都实现了的今天，国人期望尽快实现我们东方大国的全民免费医疗的呼声也日益迫切。

教育也在上世纪90年代向市场化迈进。在基础教育中，大量的社会资本进入到这个领域中，当然是中学，因为按照有关法律法规社会资本是不能进入义务教育阶段的，但有一点还是使人很疑惑的是，初中也是属于义务教育阶段，但同高中兴办了很多民办中学一样，初中也同样新办了很多民办学校。这种进入中学阶段的社会资本，以他们稔熟的竞争手段，很快的不仅站稳了脚跟，甚至能够和优质的公办中学比肩，比如成都的实验外国语学校、嘉祥外国语学校等也能和成都的四七九一争高下。也正是因为他们的竞争，使得我们公办中学发生了分化，有一些学校最终败下阵来走向被淘汰，而质地特别优秀的公办中学也不得不随波逐流卷入基础教育的市场化。

高等教育逐步脱离计划走向市场的标志有二个，一是在1997年起开始向学生收取学费，金额数千元不等，这在当时还是一笔不小的数目。二是从1998年起，高等学校不再对毕业学生包分配，而在这以前所有的高校毕业生都是进入国家的计划进行统一分配的。这两点特别是后一点是高等教育开始市场化的重要标志，当然比较好的是高等学校没有被完全推向市场，这里说到的是公办高等学校，至于民办高等学校是从一开始就市场化了的。公办高等学校没有被完全市场化的重要标志是直到今天国家财政仍然在向高等学校拨款，比如生均拨款，在四川省执行的是每个学生每年财政生均拨款一万二千元人民币，也正是因为这个生均拨款，才使公办高校向学生收取的学费远远的低于民办高校。

至于养老在上世纪90年代还谈不上什么由计划向市场过渡的问题，因为那个时候关于养老的问题似乎不像现在这么严峻，虽然也有公办的养老院，但并没有承诺全责承担下老人的养老，而在东方道德"养儿防老"和"赡养老人尽孝"的观念下，就是到现在不少老人和老人的子女们都把老人养老看着是自己的事情和责任，更不要说上世纪90年代了。要指出的是尽管规模不大，但上世纪90年代，也有社会资本在逐渐进入养老领域，一些民办的养老院也在逐步的兴办。所以从某个角度上来讲，住房医疗教育养老这四大民生问题在上世纪90年代构建市场经济架构逐步由计划经济转向市场经济的过程中，也实现了由计划向市场的转轨。从某种意义上来讲当年这四大民生问题的转轨实现得比其他问题还快还彻底，这之中有一个强有力的推动来自于政府管理部门，这些问题在计划经济时候是由政府主要是由财政来承担，这其实是一个很沉重的包袱，包袱能甩出去又何乐而不为呢？

尽管有这样或者那样的不尽如人意，但上世纪 90 年代的改革还是卓有成效的，它表现在由计划经济向市场经济转轨中，一个基础的市场经济框架还是建立起来，而更为重要的是人们的思想得到一个极大的解放，国人几乎是普遍的认同了市场经济的框架，大家对计划不再依靠和留恋。这一点同上世纪 80 年代的思想解放有着迥然的差异。上世纪 80 年代的思想解放是多元的，政治的思想的文化的方方面面缤纷色彩，唯独在经济上似乎没有放开，而 90 年代一枝独秀迈开了由计划向市场转轨的大步子，仿佛在一夜之间人们终于明白了我们的社会经济生活大方向是走向市场。应该说这为进入新世纪之后我们的经济腾飞奠定了一个很好的基础，尽管事实上我们还不是完全的市场经济，计划放开的仅仅是它愿意放开的那一部分，至于它不愿意放开的东西它还是紧紧抓在手中的，但不管怎么样我们有一个市场经济的架构了，这是我们通过加入世界贸易组织融入世界经济大家庭出发点。

进入新世纪我们在与美国通过艰巨的谈判达成协议之后，加入了世界贸易组织，迎来了经济大发展的美好时光。首先涌进来的是加工贸易，我们很快的就成了各种日常生活用品的世界工厂，当然生产的产品是低端的，至多是中档的，慢慢的我们逐渐加入了高端产品的供应链。这些东西的价值看起来不是很高，但它首先给国人带来大量的就业机会，人们的收入和生活水平确实提高了，民众也逐渐富裕起来了。另一方面这种加工产品出口后创造了外汇收入，国家的外汇储币在飞速增长。从经济体制的架构上讲，这些外向型经济实际上开创和巩固了市场经济基础，大量应运而生的民营企业自不用说它与生俱来就是市场经济的运作，即便是国营企业在在完成这些外向型经济生产任务时，也必须并且只能遵循市场经济的运作模式，加入世界经济大家庭使我们的市场经济架构得到飞速的完善和发展。

而更引人注目的是对外开放，国门一旦敞开外资便蜂拥而至鱼贯而入，无论数量和规模都比上世纪 90 年代更上了一个台阶。上一世纪 90 年代的外商投资有两个特点，一个是投资主体主要是港澳台的同胞，二是投资的规模都不太大。封闭了三四十年，西方发达国家当时对中国都不太了解，来的人就不多，而更多的是看看情况。现在加入了世界贸易组织，在他们看来就成了世界经济大家庭中的一员，加之中国既是一个劳动力市场，10 多亿人口又是一个很大的消费市场，所以各国各种类型的大规模投资便接踵而来了，很快无论是国家还是国人，都享受到这种外商投资所带来的富强。

也就是加入世界大家庭后改革开放的大踏步发展，让我们的市场经济机制逐步在与国际接轨，新世纪第一个十年中，计划经济的机制特别是它的内容还在进一步的收缩，市场经济的范畴在逐步的扩大。当然还不能说我们已经是完全的自由的市场经济了，我们其实还是双轨制在运行，计划经济还是在很多方面起着作用，但不管怎样加入了世界贸易组织使得市场经济的发展更迅速更完善了。发展中肯定会出现各种各样问题的，比如我们的外汇储备以难以想象的速度增长，这自然是国家强大了老百姓富起来了的好事，但也出现了一些不可避免的问题。比如因为出口创汇增多，以及大量的外商投资资金进入境内，使得我们的外汇飞速增长。我们的外汇管理机制是进入到中国境内的外汇，不管来源和用途怎样都要结算为人民币在境内使用，这种换汇的结算制度使得我们不得不大量的发行人民币。

为了保证出口创汇企业和外商投资企业的外汇换成人民币在国内使用，这个时候我们发行的人民币激增起来。众所周知如果人民币超量发行是要引发通货膨胀的，因此必须要给这些增发的人民币找到一个出口。这个出口就像一个大的蓄水池一样，能够把增发的人民币关进这个蓄水池中，不让它无序的流入到市场中去。因为各种各样的因素耦合，被寻找到的蓄水池就是在近二、三十年中迅猛发展的房地产业和房地产市场。房地产市场确实是一个极理想的蓄水池，发挥了极其好的作用把超发的人民币都收容起来了，但同时也带来了经济上的极大问题，那就是房地产市场的泡沫。

进入新千年后，我们的外汇储备飞速增长，这带来了人民币超量的增发，也正好在这个时候我们的房地产业也在提速发展，这是因为我们的住房改革制度全面的推开了。如同医疗制度的改革一样，让住房从福利房向商品房过渡本来也是一个很好的改革，但在这个过程中也许是一种巧合吧，在这 20 多年中出现了很多情况，造成中国房地产市场目前十分尴尬的局面。我在前边的回忆录《医疗教育养老房产的市场化——我的民生观点》同样也很详细的记叙了这个过程，也分析了他产生的原因。政府的土地财政政策、银行的贷款的风险规避、民众的购房理财观念，在房地产开发企业的积极推动下，既让我们的城市建设发展了，也让老百姓逐步富裕起来的货币收入变成了房产。这种情况的造成至少在当时有一个良好的局面，那就是我们超发的人民币都进入了房地产市场，没有造成经济上的通货膨胀。

房地产泡沫在逐渐形成，新世纪的第一个 10 年还算正常，进入第二个 10 年后，迎来了房价两次高涨，最终使我们的经济面临着不得不以房地产为支柱产业的局面，而事实上的房地产泡沫已经形成。在经历了两次房价高涨之后，2018 年美国对我们掀起了贸易战，加上接踵而来的新冠疫情世界大爆发，让我们的经济发展面临着困难的局面。几年的新冠疫情世界再难终于熬过了，又撞上了美联储进行入了加息周期，有人说这是美国对我们的金融战，是不是一场金融战争我们姑且不去深究它，但它客观上不仅使我们也使世界上很多国家陷入了经济发展的困境。更令人烦心的是新冠疫情结束后，以美国为代表的西方似乎出现了一股与我们脱钩的思潮和行为，具体表现一是我们的对外贸易发展的势头在降低，二是外商对我们的投资出现了撤离的情况。

当市场经济发展遭遇到外部困难的时候，我们自己在二三十年高速发展中所积累下来的问题也在逐步发生与出现，这些问题有大的比如经济结构与机制问题，也有看起来好像不大但却对经济发展十分致命的问题，那就是在几十年市场经济发展过程中的各种负面问题。其中包括社会贫富差距拉大，富人的社会担当缺位，普遍的商业道德沦陷，更有在不完全市场经济下的制度性贪腐，等等。所有这些在市场经济机制建立和发展过程中产生的问题，其根源都在于国人的价值观的扭曲，几乎所有的国人都把赚钱盈利当作唯一的终极目标，除了赚钱之外其他的所有都不再考虑之列。这些在不完全市场经济机制下引发和产生的问题，客观上在破坏和阻挠市场经济机到的发展，特别是极其严重的妨碍着我们向完全的利伯维尔场经济迈进步伐。

第二章 前进与成果不可否认

尽管存在着这样或者那样的问题，有些问题在个人看来还是十分严重的，但不容置否的是三、四十年市场经济机制建立和发展过程中，前进和成果是卓有成效有目共睹的。最大的成果是无论从理论上还是从实践上我们都抛弃了几乎让国民经济崩溃的计划经济体制，走向了市场经济体制建立和发展的道路，仅此一点便是经济体制改革中最大最大的前进和成果。

从前苏联那里学习和模仿而来的计划经济体制统治了我们 30 年，如果没有 1978 年那场"实践是检验真理的唯一标准"大讨论，没有对"两个凡是"的彻底否定，我们是不可能有后来那种思想解放对计划经济体制提出质疑的。没有那场思想解放大讨论，我们会思想固滞在社会主义与计划经济的牢笼中，固步自封的一条道走到黑，一直像前苏联那样在计划经济体制中走向国民经济的崩溃。那场"实践是检验真理的唯一标准"大讨论，开启了我们对计划经济的质疑，迎来了向市场经济过渡的经济体制改革，避免了国民经济的崩溃。

这种前进或者说是进步的意义是重大的，已经过去的前 30 年，我们一直在批判资本主义的市场经济，在"以阶级斗争为纲"的年代里，但凡有一点市场味道的东西都会被批判被禁止，比如农民多养点鸡鸭鹅兔小家禽畜供应城市会被割资本主义尾巴，集市贸易上的交易经常被视为投机倒把而予以打击。这些小事情现在都被正名了，市场经济机制的建立被提到日程上来了，而要建立市场经济机制就必须要让计划经济进行大步后退，所以只要确定要建立市场经济机制，那就是迈进了一大步，就是进步。

事实上这三、四十年市场经济机制的建立过程中成果历历在目。产供销脱离了计划，企业的生产销售不再被计划所指令，生产销售什么生产销售多少都是由市场供求关系在决定。价格不再由计划所决定，产品和商品的价格按照价值规律由市场所决定，当然同时也与市场的供给和需求息息相关。收入放开了，人们的收入不再受计划所制定的工资级别所限制，多劳即能多得成了事实上的可能。对外贸易自由了，进出口不再要向计划申请配额，只要有外贸出口需求就能生产就能创汇。更为重要的是金融体制也在逐步市场化，银行与企业的关系逐渐脱离计划，商业银行要按照企业的实际经营状况决定自己的投向。而所有这些一个最直接最明显的结果是，国家的外汇储备增加了，老百姓的腰包也鼓起来了。

前 30 年的计划经济体制和后 40 年的市场经济体制所造就的客观实际状况的差异是很大的，前 30 年我们基本就在温饱的边缘上徘徊，当然这不完全是计划经济所致，也有"以阶级斗争为纲"路线与政策的重要因素。至于后 40 年方方面面我们都在大踏步的前进，城市的建设日新月异使得不少欧美发达国家的城市望尘莫及，以持有房产为标志的城市中产阶级队伍在日益扩大。我们的市场经济虽然还不是完全的自由的，还有着不少的计划经济痕迹是一个事实上的双轨制，但即便是这样改革开放所带来的市场经济机制的建立与发展，所带来国家的强大老百姓的富裕仍然是我们在发展过程中一道靓丽的风景线。

如果没有改革开放没有经济体制改革所带来的市场经济机制的建立和发展，没有市场机制的建立和发展让我们融入世界经济大家庭，很难设想像前三十年闭关锁国的计划经济机制会把国民经济引向何方，能不能解决亿万人口的温饱问题。所以改革开放功莫大焉，经济体制改革功莫大焉，市场经济机制功莫大焉。

前进与成果虽然很大，但市场经济带来的各种各样问题也不容小觑，从某种意义上来说，这些问题还是相当严重，它像蛀虫一样腐蚀着市场经济的基础，可以毫不掩饰的说，这些问题如果不能很好的解决，它将使我们卓有成效的市场经济机制建立所带来的种种成效荡然无存。

第三章 情况与现状让人触目惊心

在看到市场经济机制建立的进步和成绩的同时，严峻的情况使我们不得不正视在这个市场经济机制中出现的种种问题，包括贫富差距日益增大，制度性贪腐的普遍与扩大，市场经济自我的陷阱，价值观的金钱化，精神与文化的堕落，社会公信力的塌方，等等，其中尤以公信力的塌方给社会带来的严重后果是无法估量的。

贫富差距的日益扩大是一个不争的事实，前总理克强先生曾经说到中国月收入在1000元的人有6亿之多，那还是我们在经过几年精准脱贫努力之后的2020年，如果倒回去几年，这个数据肯定还要大得多。这种贫富差距的日益扩大还在加剧，并且在加速的向两极分化，也就是富人们的资产累计在以几何级数增长，而贫穷的人则以更快的速度奔向赤贫。

一种错误的观念认为贫富差距就是中产阶级比普通收入者的差距，产生这种错误观念是把收入片面化了，因为中产阶级们的直接收入从表面上看来还是比较高的，与普通收入者形成了很大的反差，所以很多人就认为贫富差距就是这两者的差距。中国很特殊的产业结构使国人多陷入了房地产业中，犹以中产阶级更为严重和突出，这使得中国的中产阶级在有比较体面收入的同时，其实也背负着数量不等的负债，其中主要是购买房产的按揭贷款负债。如果把这种长达二三十年的负债摊销一下，我们便可以看到所谓的贫富差距绝不是中产阶级和普通收入者的差距。

纠正这个错误的观念很重要，因为需要我们努力去做的缩小贫富差距绝不是更不应该是向中产阶级均贫富，我们希望的是有更多的中产阶级，包括像现在的普通收入者也能尽快地跻身于中产阶级行列。我们所说的贫富差距指的是资产的极不均衡的分布，极少数的人掌握和控制了大量的资产财富，资产财富的这种集中性导致了大量的人们持有的社会资产数额极低。

"让一部分人先富起来"确实是改革开放之初邓先生提出来的，虽然这在当时是很正确也很必要的，但可能邓先生当时是绝对没有预料到在中国先富起来的一部分人会如此作为，使得贫富差距如此的尖锐和扩大。现在能不能用"为富不仁"去形容和刻画这批先富起来的人也许尚有争议，但这部分先富起来的人没有尽到他们应该尽的社会责任确是不争的事实。也许从邓公开始就始料未及吧，我们的市场经济没有产生出像发达国家完全的市场经济那样的旨在缩小贫富差距的机制，唯一有的个人所得税征收多年其实更多的是指向中产阶级的。收入较高的中产阶级当然应该交较高的个人所得税，但对更多的控制和聚敛多数社会财富的群体似乎还没有更多的办法和措施来缩小社会的贫富差距。

现在问题的严峻性不仅在于有这种贫富差距，而是这种贫富差距在日益扩大，除了日益明显的社会资产越来越集中在少数人中外，中产阶级队伍不增反减也是一个很重要的标志，这是需要认真对待的。致力扩大中产阶级队伍是缩小贫富差距的重要措施，也只有中产阶级队伍扩大了，社会的稳定和和谐才有良好的基础，社会的发展与进步才会有动力，这一点需要引起方方面面特别是我们的政策制定者的高度重视。

医疗教育养老的市场化是造成贫富差距很重要的因素，如果解决了这些本身不该市场化的问题，不仅可以大大的缩小贫富差距，对保持中产阶级队伍也有很实际的积极意义，君不见时不时就有一场疾病摧毁一个中产阶级的消息见诸媒体吗？不过当前保持中产阶级队伍最关键的问题还是房产问题，中产阶级都不同程度的持有房产，风险爱好较大的中产阶级背负着较大的杠杆持有较多的房产。目前的情况还是比较麻烦的，如果不能让房价保持在一个好的水平，由此带来的麻烦会使中产阶级的队伍会以人们意想不到的速度锐减。

中国的贪官不仅多，贪腐的金额也很巨大，时不时有巨额贪腐的贪官金钱堆集如山的报道见诸媒体。之所以说中国的贪腐是制度性贪腐，是因为这是由经济体制转轨的时候的双轨制的特殊产物。著名经济学家许小年在一次演讲中这样说到："一个国家，半管制半市场的状态，是很多贪污腐败分子最喜欢的状态。"为什么呢？他说："完全计划经济，无法变现；完全市场经济，无法寻租，而半管制半市场经济，则可以寻租变现。" 许先生一语中的说透了中国制度性贪腐的根源。前30年的计划经济中，虽然也有贪污腐化分子，但贪腐的金额完全不能和现在的贪腐分子相比，当年国家很穷老百姓也很穷，计划经济下一汪清水，所以贪腐分子无论是数量还是贪腐金额都没有现在那么大。就是许先生说的计划经济官员权力很大肯定可以寻租，但寻租了贪污了没有市场经济来变现。如果我们的经济体制是完全的自由的市场经济，变现倒是很方便的但寻租不通畅，事实上贪腐分子无租可寻，因为他没有寻租的权利。

我们现在的市场经济体制不是完全的自由的市场经济，就是许小年先生所说的半管制半市场的经济，也就是双轨制。仅管有些完全不应该市场化的民生问题比如医疗教育养老等，政府像甩包袱一样的把这些本来该由社会和国家承担的责任推给了市场，但有一些完全该市场化的东西政府却抓得很紧，仍然是在计划经济的模式下运行，这就形成了事实上的双轨制。只要有计划就有权利就能寻租，贪腐就会在权利寻租下产生，市场不完全不自由当然得向权利低头，贪腐自然会产生。并且半管制半市场的双轨制中，由于有市场存在贪腐能很容易的变现，两者的结合使得现在的贪腐人数之多规模之大令人咂舌，形成了一种双轨制下制度性贪腐，只要这个机制还存在，无论怎么样的反腐败都无法彻底终结腐败。

这种制度性腐败已经在中国社会产生了严重的恶劣影响和后果，社会和民众对贪腐深切痛恨。贪腐不仅侵蚀着我们经济基础使国家的财富受损，更是败坏了社会风气，影响了民众对社会和谐的期望，让社会弥漫着失望的气氛，需要我们切实加强反腐的力度和措施。而更为重要的是改造腐败产生的土壤和基础，阻断腐败产生的路径，还社会一个公道和正义。

在我们的市场经济机制发生过程中，出现了一种令人遗憾的情况，那就是一些事关民生重大问题的领域，本来是不应该被市场化的，结果不仅被迅速的市场化了，而且产生的后果还十分严重，这就是医疗教育养老也包括住房这几个民生问题的市场化，我把它称作为市场化的自我陷阱。关于这几个问题的市场化，在我前面的回忆录中曾专门有一个篇章记叙过，在那里我很详细的讨论了这几个民生问题被市场化的过程，分析了它们被市场化的原因，揭示了这些民生问题被市场化之后的恶劣后果。不得不说这些民生问题被市场化是令人十分遗憾的,医疗教育养老特别是医疗,全球没有实现免费的国家和地区已经不多,而作为世界第二经济体的我们,仍然在用市场化的手段解决这些问题,仍然给民众带来极大的困惑。

这些不该市场化的民生问题被市场化了,方方面面的情况和现状让人扼腕叹息,不少有识之士对这个问题已经讲了很多,我也说了不少。其实这些问题特别是医疗的市场化已经病入膏肓,需要有关方面特别特别重视的去解决,作为一介草民也只能大声呼吁而已,希望把这些困扰众多民众多年的问题尽快的解决。

还有一个在市场经济机制建立和发展过程中十分严峻的问题,那就是国人的价值观。毋庸讳言,几十年的市场经济进程中中国人的价值观念已经彻底的被物化,也就是彻底的金钱化了。比较普遍的是评价人的标准,现在大家看一个人怎么样,首要的和最重要的标准就是挣到钱没有,人们口中经常说到的成功人士,主要指的就是他很能干够挣到钱。当然以能不能够挣到钱为标准来评价一个人也没有什么不对的地方,市场经济嘛确实要讲经济效益的,一个人能够挣得到钱显然他也有他的本事和能耐。只是个人认为如果仅仅以这一点来看人,似乎总有一点有失偏颇,能挣到钱的人固然不错,但挣钱不是很多的人其实他也有很多优秀方面,只是在我们太强调挣钱的时候被忽略了,评价一个人其实是有很多因素的。不过这样评价人仅仅是一个观念而已,还不至于对社会和他人有所影响,但价值观的金钱化一些更为典型更为恶劣的表现给社会的生活带来的不良影响就很严重了。

在价值观的金钱化中以追逐利润为目标的假冒伪劣产品的泛滥最为典型和恶劣,而其中最令人痛恨的是食品中的伪劣产品。中国食品的安全性在全球中是较低的,不仅是假冒伪劣食品,食品有毒有害的情况也不少,降低成本追逐利润获取金钱是不少食品从业者的经营目标,食品安全的底线也就是做人的底线在他们那里荡然无存。为了赚钱形同蒙财害命一样的有毒有害食品他们都能毫无愧疚的去制造去生产去销售,使我们的社会和国家成为食品最不安全的地方。这些人丧失了做人的基本底线,他们在制作各种有毒有害或者是假冒伪品的食品的时候,从来没有想到过祸害的是自己的同胞,只要自己的腰包能够鼓圆他们什么也敢做,所有这些都是为了金钱,价值观的金钱化使国人不能自拔。

损害同胞的事屡屡在国人中发生,人贩子贩卖的是自己同胞,这种丧尽天良之事他们说起来毫不眨眼。向同胞进行包括电信诈骗的国内诈骗,毫无底线的在国人漫延,为了取得金钱他们发挥得淋漓至尽。更令人齿寒的是,骗取和贩卖同胞的身体器官中,他们使用了无所不及的各种各样卑劣和下劣的手段。可以看到,在金钱面前人性彻底的崩溃,国人毫不廉耻地丧尽天良的做作各种各样可以取得金钱的事。

国人陷入了金钱的泥潭之中，众人都成了唯利是图之人。说这个众人并非危言耸听，普通老百姓一般的生意人我们姑且不说，就是中国的很多经济大佬，他们不仅成了先富起来的人，并且聚敛了相当的财富，但这些巨富们发财了之后在干什么呢，这个毋庸我多说，我们几乎没有看见过这些大佬们在掌握了大量的社会财富后对社会进行回馈，而是利用已经控制的资本更加疯狂的敛财。巨富们的这些作为，没有推动社会的进步发展，没有推动国家的科学技术发展，反而是为国人们做出了一个唯金钱为价值观的不好榜样，推动了众多的国人的价值观的金钱化，使我们的社会在物化的价值观驱使下得不到该有的进步和发展。

价值观金钱化更多的社会表现我就不在这里赘述了，相信大家从很多地方都能感受到这一点，价值观金钱化的扭曲给社会带来的影响和危害是很大的，特别是对精神和文化的影响是摧毁式的，所造成的恶果使我们的社会文明进入了一个难以想象的倒退阶段。我们中华民族传统的优秀道德观念正在逐步崩溃，那句法官的"你没有撞到她那为什么要去扶她"的功利之问使国人乐于助人的人设全面塌陷，让跌倒在街头的需要帮助之人得不到应有的帮助成为一个普遍的社会现象。

不得不正视与面对的是我们社会的精神和文化在金钱化的价值观面前全面后退塌方了，没有利益的事不会有人去做，有可能损害自己利益的事就更没有人去做。人们的行为准则都以利益也就是金钱为标准，几千年来的中华文明没有了，现代文明在扭曲了的金钱化价值观面前却步。在"千万不要输在起跑线上"的伪命题下，我们的青少年千军万马在一条独木桥上竞争，失去了人生快乐和人性自我的他们，被高考中考这两条指挥棒驱使着耗尽了他们热情，使得多数的青年一旦考入大学便选择了"躺平"。

在市场经济机制的种种问题中，尤以公信力的塌方给社会带来的严重后果是无法估量的，公信力的塌方是全方位的，大的到政府与社会，小的到集体和个人。"说了的话可以不算数"其实还不算最严重的事，更为严重的是"话可以随便说乱说"，只要能达到目的那是不管信用不信用的。这个情况现在是越来越严重，特别是涉及到做生意上有利益的事，不少人都是睁着眼睛说瞎话，大家去看一看那些生意人做广告的小视频，有些情况真的是令人很可笑比如在它的广告小视频中，他狠狠的批评其他同行，说其他同行的广告小视频说假话，说有业务的报价结果你看不到，吹嘘说只要点自己这个广告小视频的右下角，就可以看到自己业务的报价。如果你真的点进去了，同样是看不到的，他只是骗你逛到你的电话而已，假话说到这样的程度，真的是有点令人哭笑不得。

生意人的这种睁眼说瞎话毕竟还是局部的，当然也不可小看这种局部，多个局部汇集在一起就成了整体了，但不管怎样单个的影响还是个体的。而现在我们整个社会包括政府似乎也病了，社会的很多承诺政府的不少言语说了到不了位，讲了不去办办不到的情况在日益增多，这个就比较严重了。因为这是一种社会公信，如果我们的社会公信力淡薄了，严重的可能会影响到社会的正常运转，而我们现在看到的是公众对于社会和政府的信任在淡化，这是很危险的。那个放羊小孩"狼来了"的故事说明，只要人们对你的信任崩塌了，你的说的话没有人再相信，情况就一定会麻烦和严重起来，甚至走到一发不可收拾的地步。

公信力是一个社会正常运行的很重要的基础，个人与个人之间，个人与集体之间，个人和集体与社会之间，相互之间的基本关系应该建立在信任的基础上，这就是社会公信力。如果一个社会因为这样或者那样的原因，使得社会公信力逐渐降低与淡薄，这个社会的运行一定是不稳定的，至少不是顺当的或者会使社会运行的成本增大。市场经济机制建立几十年后，我们现在正面临着社会公信力有相当大的降低的尴尬局面，从某个意义上来讲，我们正面临着个人、群体与社会相互都很不信任的局面，这不是一个好现象好事情。正常的全面的市场经济不应该有这种令人尴尬的局面，我们需要正视这些问题，找到一个能够增加相互之间的信任，提升社会公信力的好方法。

现有的市场经济机制存在着诸多的问题，这一点勿用笔者赘述，相信我们每一个人都会在现实中感同身受，笔者所能看到所能叙述的仅仅是冰山一角。现在的问题是如何很好的解决这些问题，改变这种不利于市场经济体制深入发展的状况。需要特别注意和警惕的是那种对市场经济机制抹黑的情况，利用市场经济机制在快速发展过程中把有些矛盾和问题扩大和加深，是这种情况惯用的伎俩。君不见一些本来不应该市场化的民生问题，被迅速的推向市场，造成了现在不堪收拾的尴尬局面吗？所以我们要花大力气认真面对这些问题，把这些问题逐步解决好，以推进市场经济机制健康的发展，而要解决好这些问题，需要对这些问题产生的原因总认真的分析。

第四章 或许是起步的先天不足

先天不足也许是中国特色市场经济最大的起步劣势，虽然一直在强调"摸着石头过河"，但三四十年间我们迈向市场经济的步伐还是较大的较快的，这使得我们在向市场经济体制迈进的时候可能准备还不够。1976年随着"四人帮"的被粉碎，十年动乱结束了，这时国民经济也几乎到了崩溃的边缘，我们太穷了，国家穷老百姓也穷，经过"实践是检验真理的唯一标准"的大讨论，我们在十一届三中全会上宣布结束"以阶级斗争为纲"，把工作的重点转移到发展国民经济上来。在改革开放的方针指导下，我们开始了经济体制改革向市场经济出发，穷怕了的国人在进入市场经济后，很快接受了金钱第一的观念，当年极为时髦的"时间就是生命,效率就是金钱"极为生动形象的表现了这一点，人们不顾一切的向金钱狂奔，其他的所有都被抛在了脑后。

我们甚至来不及思考什么是市场经济，市场经济的终结目标是什么，便被紧锣密鼓地带进了市场经济机制，在市场经济这个大舞台上，还没有想清楚问题的国人们大显身手，你方唱罢我上台。君不见上世纪80年代时.当体制内的人看见"万元户"涌现时那么羡慕嫉妒爱，但铁饭碗又让他们欲罢不能只好扼腕叹息，内心对万元般的财富翘首以盼。到了90年代便纷纷下海试水，潮水般的"离职"或者"留职停薪"到市场经济中去游弋，尽管最终是绝大多数的人都不识水性纷纷上岸。但众人在还没有认清楚弄明白何为市场经济的时候便有此勇气，足以见得国人在迎接市场经济高潮的时候还是准备不足，这实际上是我们的先天不足。我们用二三十年的时间走完了发达国家用两三百年时间走过的过程，虽他们的经验可以学习和借鉴，但毕竟还是显得匆忙了一些。

其实先天不足不仅在于匆忙上阵思想准备不够，其实更多的是来源于我们的发展历史，我们结束了2000多年的王朝更替之后，尽管有上世纪"五·四"前后的短暂的思想解放过程，但将近30年的战争让民众的思想还停留在对王权的顶礼膜拜上。我们基本上还是小农经济农耕文化的时候，新中国的建立使我们很快地进入了社会主义革命阶段，计划经济的模式导致了我们极度的贫困，在历经了30年"以阶级斗争为纲"之后，我们带着一种实际上很不合时宜的思想观念进入到了市场经济。

这是一种极为深刻的先天不足，这种先天不足使得我们在建设市场经济机制中各种各样的怪现象络绎不绝。我们在接受双轨制的前提下却又尽力把一些不该市场化的民生问题推向了市场，在没有使大家都富裕起来的前提下却对金钱万能崇拜不已，在明知兑现不了承诺的时候偏偏许下很多大话使得社会公信力极度降低。

这种先天不足还表现在我们的上层建筑在适应经济基础的变革的时候的一种惰性，仅管也有计划委员会更名为发展改革委员会，也有人民银行从财政部独立出来成为中央银行，但更多的还是不能适应市场经济的迅猛发展。大政府的状态始终存在，一些权力部门始终不愿意放弃计划，这使得我们的市场经济既是双轨的更是非自由的。于是也要产生一些让人不可思议的怪现象，比如国人在经济上吃亏了受骗了，他们不去总结自己在市场经济中的经验教训，反而动辄维权到政府部门，把个人在市场经济中的失误归咎为政府的不作为。

一哄而上的所谓抢占商机应该是国人对市场经济认识先天不足的又一征兆，几十年来的市场经济发展过程中，一个比较普通的现象是但凡有一个新的经营项目，总会引发一轮一哄而上的热潮。投资者众使得项目的最终结果多数是在恶性竞争中无疾而终，这是国人对市场经济认识和准备不足所至，现在这种情况有了一个新的称谓叫住"内卷"。其实任何一个商业项目，它在市场经济中都要遵循二个市场规律，一个是供求关系，一个是价值规律，供大于求的项目最终是不会有好的发展趋势的，至于项目核算收入成本利润会依价值规律决定成败。几十年商业实践过程告诉我们，多数国人对此并不是十分明了的。

其实这种"内卷"也不仅仅是中小企业投资者才是这样，很多大的电商平台在商业项目上也常是烧钱拼搏。比如从摩拜开始的共享单车，十年左右的时间中涌入了不少大企业，大家都想拼垮他人占有市场，但事实上却很难如愿。在烧掉一大笔钱后即便拼死了一些竞争对手，但新的投资者仍在进入，结局嘛无非像一度盛极一时的"小黄车"一样因资金链断裂而无疾而终，或者是大家相互僵持没有胜者。这种情况说明，即便是大的集团企业，他们也有着进入市场经济时那种先天不足。

不仅企业，政府也一样，各类经济开发区在招商引资的大旗中曾雨后春笋般在各地冒出，能真正出成绩有效益的只占极少数。当然这之中不仅有一个对市场经济认识不够的先天不足问题，我们的官僚管理机制也许是更重要的原因。投入的是纳税人而不是自己的钱，得到的是官员晋升不可缺的"政绩"又何乐而不为呢？政府做这些事往往手笔大，它可能带来的后果也是很严重的。

第五章 政府的思维似乎错位

乱象中的种种弊端跟政府的思维似乎错位有很大关系，汹涌澎湃的市场经济浪潮到来了，政府相关方面似乎更多的是从自身方面的进退得失来思考的，这造成了思维的错位，比如抛包袱思维就很典型。三十年的计划经济使财政在包括价格在内的各项补贴上不堪重负，所以当有市场可以承担这种重负的时候，首先选择要做的事是抛包袱。有些包袱该甩也甩对了，比如对城市中市民的蔬菜供应的财政补贴和自来水补贴，几分钱一斤的鲜活蔬菜和四分钱一吨的自来水在一个城市耗费甚多，城市还要扩大，这种荒唐的财政补贴当然是该甩的包袱。但把有些事关民生的重要事情当作包袱来甩就不太妥当了。

比如医疗，在让公费医疗报销压得苦不堪言的情况下，应该去设计和建立的是一套行之有效的全民医疗保障制度，而不是匆匆忙忙的把老百姓的看病问题推向市场。在让社会资本进入医疗领域并让他们进行市场化营运上，有关方面无论从思维上还是行动上都有很大偏颇，带来的恶果不仅是民营医院也包括公办医院都走上了盈利化的经营道路，而老百姓最终面临的是看病问题。住房也有类似的问题，让住房商品化私有化并没有错，自有住房市场化也没有错，但没有节制的鼓励民众他们购买商品房作为投资理财的主要手段，最终的结果是导致了房地产泡沫的积累使方方面面都面临着目前十分尴尬而痛苦的状况。

在最不应该推向市场的重大民生问题上，有关方面是迫不及待的甩包袱式的手法把它们推向了市场。推向市场了，又不进行有效的市场监管，比如教育特别是基础教育，开闸放水式的让社会资本毫无节制的涌入，并且任由他用恶性竞争的手段进行市场运作，其后果可想而知。尽管中国人才培养上始终迈不开高考中考这条指挥棒，但基础教育中社会资本的民办学校在其中是起着及其重要的推波助澜作用的。当然好在教育的自身的一些机制和特点，使得教育产业化市场化还不至于造成像医疗那样全民看病难就医难的窘迫状况。

错位除了急于甩包袱外，还有的便是甩包袱的反面，那就是该抓住想抓住的始终抓住不放。该放不放的东西可以说是数不胜数，君不见从改革开放初期一直到现在都被诟言的申请一桩事情要盖多少个红皮图章的事吗。盖章仅仅是一种权利批准，还不是真金实银的资源分配，凡是有价值的能够彰显权力和交换利益的，有关方面有关部门一直是紧紧抓住不放的。改革开放初期还要稍好一点，政府相关部门想抓住的更多的还是着眼于权力，但是随着事态的发展，慢慢的就引入了经济利益的交换了，这是人性使然经不起推敲和考验，所以由贪婪最后发展到贪腐的不在少数，当寻租已经成为一种普遍的现象时，该放的东西就更不容易放手了。

更有意思的是还在事情的发展过程中不断的构建新的权力机构，比如在中国A股市场的发展历史上，企业上市便是登了龙门，在A股设立之初或者是发展趋势很好时，不去建立和培养市场化的注册制新股发行机制，而是弄出一个新股发行的审批制。一家公司能否上市是由一个叫"发审委"的机构决定的，在这种权力机构下各种各样的怪事都出现了，最终出现了二、三十年来不少的上市公司上市前后面貌大变，让A股最终成为了一个圈钱的基地。老的该放开的没能放开，这种新的权力机构还在不断派生，这实际上是某些人尝到了权力可以寻租的甜头之后，不可避免地要出现的情况，还是那句话，这是人性使然。

市场经济特别是完全自由的市场经济是提倡大社会小政府的，经济运行是社会的事，政府能不去管就尽量不要去管。但我们不行，我们的政府管理机构十分庞大，好像什么事情都想去管一下，事实上他们确实在管着各种各样其实不一定需要他们管的事。比较强势的大政府也给民众造成一种错觉，也就是对于社会经济运行中该自己有判断力该自己承担责任的事，民众也经常在指望着政府，这自然也给政府带来了不少麻烦。君不见时不时有在社会经济活动中被骗了钱有了损失的老百姓，他们往往第一反应是找政府，认为政府出面为他们挽回损失是天经地义的事，即便最后多数情况下政府也无能为力，但他们却经常乐此不疲。

如果说在中国社会经济生活中无论发生怎么样的情况都不会找政府的，那就是中国的A股市场了。30多年来，一批一执的韭菜涌进A股，从50后60后70后80后乃至90后，一代一代抱着投资A股的心态进入股市，最后被收割后都是默默无闻的没有怨言的自行离开，没有人觉得应该去找政府去挽回他们的损失，这确实是一个独特的现象。这也许和证券市场它的进入机制和运行方式有关吧，拿着真金实银白花花的银子，无需任何部门任何人的批准，即可畅通无阻的进入A股市场，买哪只买多少什么时候买什么时候卖，全部由自己全权决定，没有任何干扰更没有任何指挥，这种情况下被割了韭菜，肯定是没有怨言的，更不会去找政府有关部门挽回损失。

政府不愿意放下本来应该放下的计划经济中的某些东西，这就形成了事实上我们所谓市场经济的双轨制，客观的说四十年经济体制改革中，我们从来没有实现过真正的市场经济，一直都是市场和计划并行也就是所谓的双轨制。需要强调的是那些没有放开的计划经济中的东西，恰恰是权力寻租的基础和源泉，而并行中的双轨制，更是愈演愈烈的贪腐得以越来越大规模发生的基础和源泉，贪腐分子最喜欢的就是这个双轨制，诚如许小年先生指出的，只有双轨制才既可以寻租又可以变现。运行中的双轨制是出现制度性贪腐的基础，只要这个机制还在运行，无论怎样力度强大的反腐都无济于事，事实上近年来贪腐分子数量增多贪腐金额增大便能说明这个客观事实。

贫富差距的问题其实也与这个双轨制紧密相关。我已经说过了不能把贫富差距视作为是中产阶级和低收入者的差距，我们不能以缩小贫富差距为借口去挤压中产阶级，中国现在不是中产阶级多了，而是中产阶级少了，要让更多的人跨进中产阶级的行列。贫富差距不是低收入者和白领中产阶级在收入上的差距，而是贫穷者其实也包括中产阶级与某些特殊群体在分配上的差距。且不说一些特殊行业特殊人群高得令人惊诧的所得，就从几年前要求大型国有企业退出房地产市场，以及今年要求大型国有企业退出金融市场，就足以见得在行业中分配问题的严峻性，大型国有企业能在这些领域可获取暴利时进入，这些行业这些人群在分配上可能摄取到什么是不言而喻的。

现实的情况是我们仍然是一个大政府，大到令人难以想象，数据表明我们的行政支出占税收收入的比例高达四分之一以上，是世界各国平均占比的 5 倍，8,000 万左右的吃财政饭的人数确实是一个让人惊诧的数字。我们在医疗上的投入与这个数字相比就让人太难堪了，如果把在行政支出上的这么庞大的数字缩减一部分，我们全民免费医疗的资金应该是绰绰有余了。多年来每一届政府都在高喊精简机构，但机构确实越减越多，这其实暴露出最基本的一个问题是政府想管的事情太多了，所以他需要有那么多机构那么多人员。

这么多机构这么多人员在管理上其实效率并不高，该管的很多事情都没有管，比如伪劣甚至有害食品一直没有得到很好的控制，其实也就暴露或表现出了相关部门的失职。这类该管没有管或者没有管好的事情是比较多的，甚至还有过很多笑话，比如在 A 股市场曾经有一个短命熔断机制，就是由证券管理机构弄出的一个笑话。2016 年 1 月 1 日有关方面宣布在 A 股两个市场实行熔断机制也就是自动停盘机制，但在实施之日的第一个和第四个交易日发生四次熔断，股市血流成河，在第四次熔断后，实施仅 7 天的熔断制度被制定者叫停。这种该管不管或者不管好，甚至闹出笑话的事情多了，慢慢的政府的公信力变逐渐减弱了，它其实最终严重的损害了社会公信力。

第六章 自我与底线已不复存在

在我们这个双轨制的市场经济中，参与其中的方方面面，都丧失了自我与底线，其中既有政府和机构人员，也有市场从业者民众。唯金钱与利益为目标，人们在逐利中奔波，几乎所有参与者，既丢掉了自我，也没有了做人的底线，在他们那里自我与底线已不复存在。最令人厌恶和憎恨的是那些政府和机构中面目狰狞的贪腐者，他们手握计划经济的各种大权包括"官帽"，用市场经济的手段与方法运作这些权利谋利，说他们已经丧失了自我和底线是他抬举了他们，因为他们事实上已经不是人了，或者他们本来就不是人。从多年来国家反腐机构所公布的资料上看，贪腐分子人数之众，贪腐金钱数量之多，令人惊叹这个制度性贪腐怎么如此了得，反腐怎么越反越多。

特别要指出的是这些贪腐金额巨大的高官，绝大多数都是"裸官"，就是除自己一人在国内为官贪污腐败外，家人都已移民海外，并且带走了从纳税人中榨取的不义之财，这实际上是使国家和人民的资产沦落海外。官员的贪腐是双轨制的直接产物，正是因为双轨制的既能寻租又能变现使得这些政府和机构中权力甚大的官员们成为最坚定的双轨制的捍卫者，他们身体力行的在市场经济的运行中玩弄着计划经济的权力于股掌，做着疯狂的见不得人的勾当。

除了贪腐者之外，政府和机构中还有一批迷恋权力的人，他们虽然已经进入了市场经济范畴，但思想和思维还深陷于计划经济之中，在他们那里唯有计划才是万能才是经典。他们掌握着制定市场游戏规则的大权，但却无时无处的用着计划经济的桎梏在制定市场经济游戏规则，这很自然的使得那些不该放开的社会民生问题比如医疗教育养老住房问题被迅速的产业化市场化，而该放开的应该由市场来决定的问题却迟迟不能得到解决。这是一批计划经济体制中遗留下来的技术官僚，他们深谙计划经济体制中的门门道道，更是精通如何让这些门门道道在市场经济中运行，让双轨制得以在三、四十年的经济体制改革中畅通无阻，在他们那里底线早已荡然无存。

还有就是我们的专家，老百姓称他们为"砖家"。作为专家的高级知识分子，他们经常给出的政策建议很难想象是出自于这些所谓有专业知识的学者。最早的把医疗教育养老等社会民生问题推向市场的建议，就是有一批专家极力鼓噪的，他们很早就提出了教育医疗养老产业化市场化的政策导向分析，为权力部门把这些问题推向市场鸣锣开道。当然作为中国的知识分子，他们也是令人可以理解的，几千年来中国就没有真正的知识分子，有的只是权力附庸，就像传统儒家的孔孟之道一样，这是中国的悲哀。所以专家们所做的事，都是视权力的意图，在事前事中和事后进行各种各样的解释，他们做人的自我和底线全然没有，更不要说知识和真理的坚持。当然我们也有能够坚持自我的有真知灼见的知识分子，但更多的情况是他们的意见很难得到尊重更不要说采纳，时光流逝的磨蹭，会使他们最终沉默。

中国其实是很需要真正的知识分子发言的，特别是中产阶级中的知识分子，我曾经在前面的回忆录中很详细的分析过中国知识分子的客观状态，我把他们归纳成为几类进行过较为详尽的讨论和分析。中国市场经济的发展如果没有真正的知识分子予以建言，是很难以达到彼岸的，如同现在双轨制的市场经济一样。创造让有真知灼见的知识分子讲话的氛围，是方方面面包括知识分子自身都应该努力的，只有让真正懂得和了解市场经济的知识分子敢于和愿意讲话了，中国的市场经济才有可能在正确的路径上发展，而不至于出现目前这种状况。

在市场经济中最全面最底层的是中国的老百姓，但就是在这个数量最大的人群层面中，出现的各种各样的事情令人匪夷所思。以危害最大的食品中的伪劣为例，其实制假者多是基层民众，当各种各样他们自己不吃的伪劣食品被他们制作出来时，他们已经完全没得了自我，更没有做人的底线，有的只是赚钱。问题的严重性在于，在这些制假人面前造假赚钱已经是天经地义的事，没有道德没有人性没有底线，只要能赚得到钱什么样的假话都可以说，什么样的混账事都可以做。至于那些更大更严重的坏事，比如电信诈骗比如器官贩卖比如人口拐卖乃至杀人越货，都是国人在对自己的同胞下手，并且下手之精准狠毒让人难以明目。

我们这个双轨制的市场经济中，参与者已少有少见干净之人，多数人都在一片混沌中以谋利为目标自行其事，在金钱面前人沦道德都得退让其后，丧失了自我的人们在双轨制的市场中抛弃了做人的底线，做着各种各样损害他人和自我损害的事。最近关于油罐车混装食用油与煤油等工业用油的报道见之媒体，引起举国上下震惊，载了煤油等工业油的油罐车居然不经清洗就直接装载菜油等食用油，主要是为了节省每次几百元的清洗费用，这让国人情何以堪。更令人震惊的是，随着报导和揭露的深入，才知道这个事情在 20 年前的 2005 年，以及 10 年前的 2015 年都曾被媒体披露过，有关方面竟然掩盖和纵容了二十年不闻不问，让人不得不质疑相关各方做人的底线到哪里去了，你们还是人吗？

我们现在来认真剖析一下这个油罐车混装事情，看看人伦道德在我们的现实中已经堕落到了如何地步。我们首先来看看这个油罐车的驾驶员，这里有一个油罐车与驾驶员的资产关系问题，按照目前国内驾驶行业运行的机制和惯例，应该有两种关系。一种比较简单，就是油罐车是机构也就是公司的，驾驶员仅仅是被雇佣来开油罐车，他的收入也可能出现两种情况，一种是固定工资制，另一种就是承包制，他的收入被捆绑在油灌车运行的包括费用在内的营运核算中。而更多的情况是油罐车具有驾驶员私人所有的性质，要么车就是他私人购买的，要么就是某个机构比如公司购买但按照租赁的方式让他驾驶，他有在租赁合同期间偿付车款的责任，实际中更多的情况是后者。现在问题来了，据披露出来的信息讲，因为清洗一次油罐车费用好几大百，驾驶员承担起来困难很大甚至完全不能承担，所以不清洗油罐车成了业内的潜规则，也就是说这是一个公开的秘密大家都知道，因为大家都是这样做的。

对这些驾驶员个体来讲，因为油罐车清洗费用较高不能或者不愿承担，它是出于一个什么样的动机和目的。也只有两种可能，要么就是整体营运核算算不过来，驾驶员耗费了这笔清洗油罐车的费用便所剩无几，也就是通常生意人所说的做不出来。还有一种可能性就是贪婪，油罐车清洗费用本身是合理的，驾驶员仅仅出自个人想多收入些多赚些便不清理油罐车把这笔费用变成了自己的收入。如果是后者，足以见得我们当前的社会经济活动的运行，参与者是多么没有做人的底线，仅仅为了增加几百元的收入，便把运过煤油等工业油的油罐车不加清洗便直接灌装运输食用油。一个处于社会劳力层次的驾驶员群体，为了自己收入上的利益，竟然置社会食品安全于脑后，毫不羞耻毫不后悔的做着这种既损人事实上也损已的勾当，因为他自己也得要吃食用油的啊。

如果是前者，也就是油罐车运输的经济核算责任与利益全在驾驶员身上，而实际的客观运行也就是驾驶油罐车的收入成本费用，核算下来是那种做不出来的情况，必须要不清洗油罐车省下这笔费用才能有所收入。那我们就要问，是什么原因造成了这种情况，是什么背景时代驾驶员们不得不省下清洗油罐车的费用，才能使自己有所收入有所得。联系到油罐车的权属关系更多的是公司购买后让驾驶员租赁驾驶，驾驶员需要在合约规定的时间内清偿油罐车的购买费用，那我们只能说是公司这种机构制定了一个极其糟糕的游戏规则，让驾驶员个体无可奈何的精细打算省去清洗油罐车的费用以聊补收入。这种情况应该是一种机构也就是公司的人伦道德的集体堕落了，这实际上是制定出一条游戏规则让驾驶员们不去清洗油罐车，这种集体性的没有做人底线的堕落让人更为可怕。

再来说到潜规则也就是行业惯例，披露出来的信息讲不清洗油罐车让食用油和工业油混装的情况，是行业一个公开的秘密，大家都知道大家都是这样做的，但就是没有人出来讲这无异于杀人谋命的事是不能这样做的。特别是联想到披露出来的信息讲，至少 20 年前媒体就揭露过这个事情，长达 20 多年的时间中这个事情就在这样一个行业范围内畅行无阻，没有人抵制没有人说不行大家都在参与，仔细想来这是一个多么恐怖的事情啊。细思极恐，我们可以看到我们的社会经济运行已经病到如此状况了，一个行业内的方方面面的人等，所制定的游戏规则，所参与的各种活动，是这样的没有做人的底线，这还有救吗？

再进一步分析下去，说说我们现行的双轨制的市场经济机制中，那些该对这个事情直接承担责任的机构和人，他们在做什么？这次媒体披露出这个事件后，相关的机构单位先是保持沉默，然后在网络舆论日益激烈的情况之下，发了一个不痛不痒的面面俱到的申明，对事情是否存在不置可否，更不会有如何处置这个事件的内容，仅仅是说他们会进行调查，如经查实一定严肃处理。这个行业内已经潜行了二十年的大家都知道的秘密，还需要认真调查吗？媒体已经披露的十分详细具体，按媒体指引的路径去调查一下需要多少时间吗？这个申明实际上是双轨制经济中很多职能部门和机构惯用的拖沓掩盖大事化小小事化了的手法。

在实在拖不下去更不能大事化小小事化了的情况下，相关各个部门便开始甩锅，因为涉事的机构部门太多，所以大家都来证明这个事与我无关，食用油销售部门把责任推给储存部门，储存部门把责任推给运输部门，运输部门说他们的业务是外包的，所以这些机构部门都没有责任，需要理清楚运输的外包公司的责任，至于外包公司强调他们有严格的运输合同，言下之意责任在于驾驶员个体。我们前面已经说过了，当然不排除驾驶员个体丢失自我失掉做人底线去谋取额外收入和利益的可能，但行业内一个能够进行20多年的潜规则，它的形成和执行机制非一日之寒，决不是一句驾驶员个人行为就能解释的了的。

再来看相关政府监管部门，应该讲跟这个事情相关的政府监管部门还是比较多的，首先是食品卫生部门，还有就是食用油销售储存部门，当然也有交通运输部门，这么多的政府监管部门这么多年在做什么呢？是他们不知道这个情况吗？但是媒体言之凿凿的讲早在2005年继而在2015年都披露过这个事情，有关政府监管部门当年是没有看到这些披露而不知情吗？一件如此损害老百姓身体健康的缺德事能平安顺利的执行20多年，还真的佩服这些政府监管部门的耐心，是知道情况心知肚明的睁一只眼睛闭一只眼睛，还是更有不大说得清楚的利益陷于其中不得自拔。

当然还有我们的媒体也就是舆论监管，首先得感谢《新京报》和那位记者韩福涛，是他们先是进行调查进而披露了这个可耻的事情，没有他们这个被掩盖了20多年的事情不可能见之于社会成为一个公众问题。感谢之余。我们还得发一声问，这20多年来我们的媒体监督到哪里去了？这种涉及到民生，涉及到民众身体健康的大事，20多年的时间中多数媒体关心过关注过吗？是从来没有想去了解一下这些情况，还是已经了解到了但也只能随波逐流无可奈何。多年来媒体的沉默和哑言，让人不得不正视一个很严肃的问题，我们的媒体除了要宣传我们的成绩我们的功劳之外，是不是也应该对一些阴暗角落中的不好现象进行调查和披露呢。

这个事情涉及到的方方面面太多，要深究探讨下去涉及到的方方面面也太多，事情没有被披露出来时，好像一切都是岁月静好，众人都彼此相安无事。而当事情一旦被揭露出来，众人才发现事情原来如此，大家都生活在一个极不安全的食品环境之中。问题是这种极不安全的食品环境，都是由参与其中的人制造出来的，那么参与其中的人们他的自我在哪里，他做人的底线又在哪里，这是一个细思极恐的问题。大家都在毫无做人底线的做着那些不该做的事，而该做的事又没有人去做，我们这个社会怎么了？我们这个族群怎么了？众人到底是以什么样的一个生态存在于这个社会之中，而这个社会中这种恶性事件日复一日一桩一桩的发生着，这让人们情何以堪。

我用上面很多文字一层一层抽丝剥茧地说到了这个罐装车混装油事件的方方面面时，说到的问题重心是装过煤油等工业用油的油罐车未经清洗便直接装载运输食用油。"未经清洗"似乎成了核心词，其实这是一个伪命题，装载过工业油的油罐车是不是经过清洗后再去装食用油就可以了呢就安全了呢？这个概念是完全错误的。事实上食品油是应该由专用的车来装载运输的，产生这种混装油罐车本身就是一个错误，而不是它是不是经过清洗的问题。现在的问题来了：我们在食品油的装载运输上有这种专用的油罐车吗？几十年来这种车有吗？那么当把问题说到这种程度的时候，一切之一切便严峻的不能再严峻了，我们本身该有法律法规规定的食用油该用专用的油罐车运输，但现在的实际情况是油罐车混装工业油和食用油失持续了数十年，这个在国人食品安全上的严重缺位又该怎样触及到做人的底线以及他们还有没有自我呢？

油罐车混装食品油和工业用油之所以掀起了轩然大波，是因为媒体揭露了它，并且网络上的舆论铺天盖地，所以成为了一个大问题一个严重的问题。其实类似的问题是太多太多，我们事实上是处于一个食品极不安全的环境之中，各类食品安全问题是很多的，产生这些问题的根本原因，就是参与其中的方方面面的各种人等，都丧失了自我都没有了做人的底线。在食品安全问题上，处于各个环节上的人，无论是生产者销售者运输者管理者监督者都应该有一个基本的做人底线，也就是应当明确哪些事是绝对不能做的，遗憾的是这个底线没有了。缺乏做人底线不是一个个别的问题，它实际上是一个普遍的问题，这使我们要深思要思索我们的社会怎么了，怎么大家都这样没有做人底线了呢？我们怎样才能改变这种让人失望和惊心的局面呢。

第七章 路在何方

从上世纪 70 年代末 80 年代初开始的改革开放，让我们开始告别计划经济走上了市场经济的历程，让人始料未及的是经过 40 多年改革开放所建立起来的市场经济机制，却给我们的经济生活带来这么多这样大的问题。有人把这些问题的产生都归咎于市场经济，认为不搞市场经济这些社会丑恶现象都没有，他们认为是因为市场经济机制才带来了这样那样的严峻问题，这种看法是完全错误的。40 多年前全面的计划经济已经把国民经济带到行将崩溃的边缘，前 30 年闭关锁国的计划经济带给国家和民众的除了贫穷还是贫穷，正是因为改革开放构建了市场经济机制，更是因为加入世界贸易组织使我们融入了世界经济大家庭，我们的国家和民众才有了今天的富强，那种把所发生的社会弊端以及各种丑恶的社会现象归结于市场经济，那是颠倒是非混淆黑白。

那么问题的症结在哪里呢？市场经济体制是指以市场机制作为配置社会资源基本手段的一种经济体制。它是高度发达的、与社会化大生产相联系的大商品经济，其最基本的特征是经济资源商品化、经济关系货币化、市场价格自由化和经济系统开放化。市场经济体制下的政府只能作为经济运行的调节者，对经济运行所起的作用只是宏观调控。

市场经济体制建立在高度发达的商品经济基础上。在市场经济体制下，资源分配受消费者主权的约束，生产什么取决于消费者的需求，生产多少取决于消费者的支付能力的需求水平；经济决策是分散的，作为决策主体的消费者和生产者在经济和法律上的地位是平等的，不存在人身依附和超经济强制关系；信息是按照买者和卖者之间的横向渠道传递的。经济动力来自于对物质利益的追求，分散的决策主体在谋求各自的利益中彼此展开竞争，决策的协调主要是在事后通过市场来进行。整个资源配置过程是以市场机制为基础的。

这是市场经济基本的和主要的特点，以此来观察我们现在的市场经济机制，它是不完整和不健全的，我们现在实行的不是一个全面的自由的市场经济机制，双轨制的长期存在使它已经面目全非。最为典型的表现就是社会资源的配置不是在市场机制下实现的，在某种意义下比较多的尤其是重要的社会资源在双轨制下更多的是由政府在支配，这是目前社会经济的运行中出现不少问题的根本原因。

关于双轨制一直有学者在为他寻找理论依据，特别是从西方经济学理论中寻求支撑，他们提得最多的是凯恩斯主义，这是对西方经济学理论的一种曲解。西方经济学理论有三个学派：一是倡导市场经济的古典经济学；二是主张国家干预的凯恩斯主义；三是融合与调和古典经济学理论与凯恩斯主义的新古典综合派。

古典经济学派，以亚当·斯密为代表，主张自由放任的经济政策，强调市场机制在资源配置中的决定性作用。他们认为，通过"看不见的手"即市场自发调节，可以实现资源的最优配置和社会福利的最大化。古典经济学派反对政府过度干预经济，提倡自由贸易和竞争，为后来的市场经济理论奠定了基础。

面对20世纪30年代的大萧条，凯恩斯主义应运而生，成为政府干预经济的理论旗帜。约翰·凯恩斯主张，在经济衰退时期，政府应通过增加支出、降低税率等手段刺激需求，以恢复经济平衡。凯恩斯主义强调财政政策和货币政策在调节经济中的作用，对二战后西方国家的经济政策产生了深远影响。

随着经济学理论和世界各国经济的不断发展，新古典综合派应运而生，它试图融合古典经济学的市场理念与凯恩斯主义的国家干预思想。新古典综合派强调市场机制与政府干预的有机结合，既重视市场机制在资源配置中的基础作用，又认识到在某些情况下政府干预的必要性。这一流派的出现，体现了西方经济学在理论与实践中的不断探索与调和。

从这三个主要的经济学流派的理论中，我们丝毫找不到双轨制的理论依据。古典经济学派就不用说了，它一直强调的就是大社会小政府。至于解决了上世纪30年代世界经济危机并最终促进了各国经济发展的凯恩斯主义，他所强调的国家干预主要是货币政策和财政政策的宏观调控，而不是国家控制社会资源。新古典综合派其实首先强调的还是资源的市场配置，然后才是需要的情况下政府的适度干预，这种干预显然是宏观的政策调控。

我们现在进行中的双轨制是最为奇特的，往往是政府认为最麻烦最不好弄的事情推给了市场，而资源配置的权利仍然掌握在政府手中。以我们现行的医疗制度为例，一方面医疗几乎已经完全市场化，医院完全是按照市场机制在运行，另一方面病人的就医却没有人兜底，医疗社会保障无论是政策主要是病人的报销政策，还是具体的医疗与药品价格，还是政府在定价。这种典型的双轨制导致了现在饱受诟病的看病难就医难，当然需要指出的是我不是主张政府退出医疗管理，恰恰相反我是主张医疗完全不能走市场化道路，这一点我在前面的回忆录中有详细的叙述。

现在问题的症结就是我们市场经济机制中的双轨制，这个双轨制不仅在我们四十多年的一直存在，并且近年来还有逐渐加强逾来逾烈的现象。四十多年来经济体制改革中出现的种种弊端应该说都与这个双轨制有关，双轨制是产生市场经济机制运行中各种弊端的罪魁祸首。所以研究讨论经济体制改革如何解决这些弊端的出路，还是得对症下药，也就是逐步规范这种双轨制，让双轨制逐渐退出我们的市场经济机制，这就是我们经济体制改革的出路。

要想让双轨制退出当前的市场经济运行机制，一个十分重要的措施是要尽力实现小政府大社会，不能有这种机构臃肿的各种各样的政府机关和机构。且不说人性贪婪的驱使会让握有权利的人为满足利益上的私欲，会千方百计的让权力掌握在自己手中，也就是去实行双轨制。就算是一些纯正廉洁的人聚在一起，他们也会无事找事般的制定出各种各样的制度去推进双规制，以表现自己的存在，表现自己在努力工作。

当然这是一种理想的状态，客观的实际情况并不那么简单。回过头看在几十年的改革开放中，精简机构的说法和做法也有多次，但最后都没有达到预想中的效果。这是一个比较深刻广泛的牵涉到很多方面的问题，不是那容易解决的。但这个问题必须要得到解决，只有它得到解决了，双轨制的问题才能得到真正的解决，由双轨制引起的各种弊端才能真正得到规避，我们的市场经济才能真正在正常的轨道上得到发展。

我们的经济体制改革已经进行了四十多年，我们已经建立了相对比较完善的市场经济。运行了四十多年的市场经济机制，在有双轨制存在的情况下，仍然取得了长足的发展，国家和老百姓都在这种发展中有了富足。那种把市场经济运行中产生的各种社会弊端归咎于市场经济是完全错误的，我们应该在逐步缩小减少双轨制影响的前提下，进一步加强经济体制改革的力度，进一步扩大市场经济的功能，逐步减少和规避目前社会上存在的各种弊端，让国家的经济得到进一步发展，让老百姓的钱包进一步鼓起来，这就是我们的期望与愿景。

后记

尽管不是肯定的说我的回忆录已经封笔，但确实想要写可能写的内容已经不多了，所以在进入校正整理回忆录文稿之际，写下了这篇后记，算是对这将近百万文字的一个总结与归宿吧。

多数文稿的后记都会记叙到文稿的撰写过程，以及对文稿的内容做一个归纳，但这种表述在我的回忆录撰写过程中，已经在不少的地方有过描写，所以我的这部回忆录的后记中这些内容也就不会是主要的了，我更多的想说的是我在撰写回忆录过程中的心态和心境，以及见到自己文字成果后的感想与感悟。

我的几十年人生经历虽较复杂但总体比较顺利，人生收获和结果也比较满意，无论是个人工作成果还是子女教育，以及家庭生活包括财务自由都有较好成效。特别是在做事方面，确也完成了不少有时连自己也叹为观止的工作，但在这部将近百万文字的回忆录基本完成的时候，我才极其深刻的感悟到，其实我这几十年所做的所有事情中，最有意义的是撰写了这部回忆录。如果要对几十年中所做过的事用价值来衡量一下，从纯粹自己个人的角度来看，这部百万文字的回忆录是最有价值的。

现在回过头来看我所走过的这几十年，尽管社会经历了前三十年的"以阶级斗争为纲"和后四十年的改革开放，社会可以说是有剧烈变化，但我个人的生涯可以用平稳平静和平衡来描述，似乎颇有点风平浪静的味道，这一点恰好是在我这几年撰写回忆录的时候深刻认识和感悟到的。总的说来应该是我的运气和机会比较好吧，得到师长和朋友们的帮助也较多，无论是前三十年还是后四十年，我都走得比较平顺平淡和波涛不惊，我想这正好是我这个庸人所想要的。

说到回忆录的价值，正好和几十年人生经历的平稳平静和平衡相互映衬，几十年人生一晃而过彼时似乎少有感触，而此时回忆录的撰写，感觉到几年文字记叙过程中的人生感悟似乎比几十年还多。正是这些在文字撰写中的人生感悟，让我不仅如实记录下来了自己的人生经历，更是让我若有所感的写下了很多记人记事乃至抒发自己感知的篇章，也使我的回忆录成为了我自己认为最有价值的收获和成果。

其实这几年回忆录撰写中的人生感悟，最大的和最重要的是对自己几十年人生经历的自我肯定。几十年人生经历中很多事我都匆匆忙忙的那样去做了，有时甚至来不及仔细思量，我曾经在回忆录中说过也许你不知道不明白不清楚自己想要的是什么，但你不想要什么应该是很直观的直接的。几十年来我都是按照自己不想要的就不要去接受更不要去努力来待人接物的，对自己想要什么的事从来没有过认真地去思考过，当然有时候是事情已经来临而来不及去深度认真思考。在撰写回忆录的过程中我最终很深刻的感悟到，当年那样去说的话做的事，虽然是很直接直观甚至有些简单粗糙，但现在细思和慎悟起来确实是很有道理的，因为当年出现的那些过程和结果，在现在看来确实是我这个人所想要的。

还是诠释一下上面我所说到的几十年人生经历中的平稳平静平衡平顺平淡，因为就如同我在回忆录中多处说到的一样，我就是一个平常的俗人也就是平庸之人，所以有这些平稳平静平衡平顺平淡也就在情理之中了。首先是自己这几十年过得很平稳，有点风平浪静的味道就让我走过了几十年人生，好像几十年中和方方面面既包括我的领导们也包括我的同学同事们，大家都相处得十分平稳，几乎没有什么龌龊发生。再就是平静，我这里想要强调的是自我的感觉，无论是人生的哪一个时期，我觉得自己都过得安安静静也就是很平静，没有什么惊涛骇浪的事情让我兴奋惊喜或者惊骇与不安。至于平衡嘛，我这里更多的指的是我与外界特别是与他人相处的都相对十分平衡，因为我自己很明白当然与我相处的很多他人也很明白只有多替他人着想才能互惠互利相处长久。平顺嘛应该是在生活平稳的前提下，几十年日子过得比较顺利，时间似水人生似梦，一晃眼就顺顺当地进入了古稀之年。

要单独用一段文字来说一下平淡，好像这个平淡就是我几十年人生目标所追求的。从天性的角度我不喜欢闹热，当然也有一条好像从小就树立起来的"不喜欢他人管我，更不喜欢去管他人"的生活信条在随时引导着我。我觉得平淡是最好的，平淡中有真诚有愉悦，当你把你的人生设计得很平淡的时候，你既不会对自己苛求更不会对他人奢求，所以这时对人对己皆有很多真诚。因为人生目标很平淡，淡然的生活期望必不会太高，这时你便能经常体会到平淡中的愉悦，当年几个孩子我从来没有给他们设定要读什么名大学，但他们后来给我的却是意外的惊喜，这份愉悦一定是发自内心的。还有就是当年下海，也没有什么大的目标，所以后来很偶然的挣到了比我期望多的钱，除了愉悦之外便是寻找机会见好就收了。这种情况在我几十年人生中应该是有很多的，因为追求平淡，所以平淡了就很愉悦。

前边说到我这几十年所做的所有事情中，最有意义最有价值的是撰写了这部回忆录，除了已经说到的回忆录的撰写让我有了更多更深刻的人生感悟之外，还有一条很重要的是回忆录的撰写让我的人生升华了。当现在这部百万字的回忆录进入文字整理校正的时候，我自己读着这些文章都感到十分惊讶，几十年人生忙忙碌碌匆匆而过，忙碌与物欲使当时来不及思忖人生其实很重要的至理，或者说当时也想不到这些吧。几年过去了，当我读着自己文字的时候，我才很惊喜的发现，是进入古稀之年的这几年中，因为要撰写这部回忆录，文字记叙所引发出来的对人生哲理的思考，

850

让我几十年的人生有了让人意想不到的升华。

最后也当然也需要对这部百万字的回忆录做一个简单的归纳说明。总共回忆录有18个篇章，前边的六个篇章都是很写实的，它们如实的记叙了我几十年的学习与工作生涯，当然也包括我生活中的几个侧面，比如子女教育理财海外旅游等，这些篇章基本上都是记叙当年发生的实际情况，几乎没有什么议论和评价之类的内容。接下来的三个篇章便是有点描述和表达我个人对人生价值取向的一些观念和观点了，尽管也是对当年工作和学习中发生的很多事情的记叙，除了有补充前面文字的粗糙之意外，同时也表达了我对于人生的追求上的一些理念。

第十篇是一个很有意思的东西，读过它的文字内容的友人包括我自己都有一种撼动之情，因为它以自己走过的从上世纪50年代开始到本世纪第二个十年的七个"年代"，记录了我当时能够看到能够感悟到的社会状态，当然其中也有很多我在那些个年代中所触发到的一些往事。这段文字完成并向友人传播的时间恰逢是电视剧《人世间》在播放，有友人读过之后戏称是"许老师版《人世间》"。

第十一篇的内容在撰写时和包括是否把它收入回忆录中我其实是很矛盾的，除了因为这是当年我在西南财经大学讲授的《科学技术史》课程是否有必要收入之外，其中有些内容没有能够坦言也多少有点遗憾。

第十二篇和后来的第十五篇及最后的第十八篇，内容上更多的是作为学者的一种学术研讨，当然我也认为它们涉及到的问题确实也是当前社会发展中很客观实际的问题。从学术研究的角度，我其实是特别认真的探讨了这些社会问题的前前后后方方面面，既有当年客观历史状况发展过程实际情况的叙述，也有作为一个高级知识分子对这些问题的发生发展从理论上到实务上的分析。除有强烈的学术探讨愿望之外，还是有一股拳拳之心即便是作为一介草民也想把自己的观点和观念向各方面作一个汇报。

后来出现的第十三篇第十四篇，自我认为在回忆录的撰写上有点锦上添花的味道了，当然这是个人的自嗨。第十三篇《我的大学》主要是记人，以大学为背景记叙了几十年中我的同学同事朋友特别是年轻时候的对我有莫大帮助的贵人。第十四篇《我的"城南记事"》则是与第十三篇记人相呼应记叙了几十年中更多的"事"。自我认为在撰写这两个篇章的时候我好像都有点超脱与飘然了，无论是在记人还是记事我都突破了文字甚至包括思维的束缚，任由思绪在我的大学和我的城南中飘流，写下了不少让我刻骨铭心的人与事。

最后收尾的第十六篇和第十七篇也许会是一种画蛇添足，第十六篇客观的记叙了我的衣食住行，完全回到了回忆录最初几个篇章的写实，撰写它们是因为我认为这些是自我生活中很重要的几个方面。第十七篇是对我的过往琐事的记录，很多凌乱的觉得该记叙一下的内容我都把它们放在了这里，这使得这一个篇章的文字相当多超过了十万。这两个篇章自我认为我给他们取了两个很美妙的篇章名，一个叫《柴米油盐酱醋茶——我的衣食住行》，一个叫《赤橙黄绿青蓝紫——我生活中的繁琐小事》。

我的这部回忆录从开始撰写到现在行将出版，历时五个年头，九十六万多字伴陪我走过古稀之年的将近二千个日子，包括新冠病毒肆虐人类的三年。回忆录要出版时想要特别表达的，是对这几年中我的同学同事朋友亲人由衷的感谢，感谢您们几年中的始终相伴，没有您们的关心和支持，我是不可能完成这近百万文字的，更不可能让这些文字编辑出版。

首先想要感谢的是我的大学校友，没有这些大学同学的鼓励和鞭策，这九十六万余文字甚至不可能象现在一样见见天日。为什么这样说呢？因为我的回忆录从开始撰写到已经完成将近二十万字时，基本上是一种闭门造车式的自娱自乐，我没有让这些文字对外传播的打算和安排，更没有把这些文字向外传播的能力和手段。恰逢其时我们大学的班网 78621.org.cn 创建，我的回忆录在同学们的引导和帮助下，把当时正在撰写中的第六篇《读万卷书不如走万里路——我的海外旅游》在班网上发表，开始了我把回忆录对外传播之路。这之中特别要感谢同班好友王赤、谢怡刚和黄奕，在我的文字对外传播到最终编辑出版的过程中，他们付出了很多宝贵的时间和精力。

更要感谢的是我们成都七中老三届六个年级的校友，特殊年代的共同经历使我们心灵相通，往事的回眸虽然有些许艰涩，但那些令人难以忘怀的人与事牵动着我们的心，也鼓舞着让我记叙下当年风华正茂的青春岁月，一代同龄人的期待与鼓励是我笔耕不止完成近百万文字的精神和动力源泉，我是怀揣着尽力把我们这代人七十多年中所走过的历程反映和表现出来的心愿，兢兢业业地撰写这些文字的，从某个意义上来讲，这部回忆录是我们大家共同创作的，所以我要在这里由衷的感谢我的中学同学们。

最后要感谢的是我的同事们，因为多年在不同的环境不同的岗位上工作，我的同事群体是比较宽泛的，回忆录在撰写过程中就一直得到同事们的肯定和表扬，有些在我看来是谬赞的溢美之辞比如"许老师版人世间"，但它又同时激励着我用心地展示与同事们的过往，记录下当年其乐融融的工作与生活。在回忆录即将出版之际，我发自内心的感谢所有的同事朋友同学亲人，也祝愿大家身体康健万事如意。

Postscript

Although I cannot yet say with certainty that this memoir has reached its final line, there is little left that I still feel compelled to write. As I now turn to proofreading and organizing the manuscript, I have written this postscript as both a summing-up and a resting place for these nearly one million characters.

Most postscripts describe how a book was written and summarize its contents. In my memoir, however, I have already spoken of the writing process in many places; those matters need no repetition here. What I wish to reflect upon instead are my frame of mind during the years of writing and the thoughts and feelings that have arisen as I now see the work complete, in my own words and hand.

My life, spanning several decades, has been complex in its details but smooth in its course. I am content with what I have achieved—whether in my professional career, in the education of my children, or in family life, which has brought a measure of financial ease. Especially in matters of getting things done, I have indeed accomplished more than I once imagined possible. Yet it was only when this memoir of nearly a million characters approached completion that I felt, with uncommon clarity, that of all I have done over these decades, the most meaningful was writing this book. If I were to measure the value of my life's undertakings purely from a personal perspective, this memoir would stand foremost.

Looking back, the society around me lived through thirty years when "class struggle was the key link," followed by forty years of reform and opening—a period of transformation beyond measure. My own life, by contrast, unfolded with steadiness and calm; one might even call it uneventful. That realization grew clearer as I wrote these past few years. I must have enjoyed both good fortune and good company, for teachers, friends, and opportunities alike have blessed my path. Through both the first thirty years and the subsequent forty, my road was even and untroubled—without great upheavals or reversals. I suppose that is exactly the kind of life an ordinary person like me might hope for.

The memoir's value, I think, lies precisely in that sense of steadiness and balance. The decades themselves seemed to pass without leaving striking impressions; yet during these few years of writing, I have gained more insight into life than perhaps in all the years before. It is through the act of writing that I have not only recorded my experiences faithfully but also reflected upon them, setting down portraits of people and events and the understandings they left behind. For me, these insights and reflections make this memoir my most meaningful harvest.

The greatest realization of all, born from these years of writing, is a deep affirmation of my own life experience. Over the decades I have often acted in haste, with little time for deliberation. In the memoir, I once wrote that one may not always know clearly what one wants, but one almost always knows, instinctively, what one does *not* want. For much of my life I have dealt with people and matters by quietly refusing to accept—or to strive for—what I did not want, seldom pausing to analyze what I truly desired. At times, there was simply no leisure for such reflection. Yet through writing, I came to see that those earlier choices—direct, intuitive, even simple or rough—were in fact quite sound. The processes and outcomes of those years, viewed now with distance, align closely with what I had sought all along.

What, then, do I mean by "steady, calm, balanced, smooth, and plain"? As I note often in the memoir, I am an ordinary person—indeed, a mediocre one—so these qualities come as no surprise. "Steady," first of all: my decades passed in quiet progression; I lived in relative peace, getting along well with leaders, classmates, and colleagues, encountering few conflicts of note. "Calm" speaks to the inner state. In every period of life I remained composed, untroubled, without storms that thrilled or terrified.

"Balanced" refers to my relations with the world, especially with others. I have long understood—and those around me have too—that only by considering others can one sustain relationships that are both enduring and beneficial. "Smoothness" naturally followed from steadiness: over the decades, life moved forward gently; time flowed like water, life like a dream, and before I knew it, I had slipped quietly into my seventies.

A word about "plainness." This, perhaps more than any other, was the goal I pursued throughout my life. By temperament I have little taste for noise or bustle, and early on I adopted a simple creed: *"I do not like to be managed by others, and I like even less to manage others."* I have always believed that plainness is best. There is sincerity, and a quiet joy, in a plain life. When life is set in a modest key, one neither makes harsh demands of oneself nor extravagant demands of others; sincerity grows naturally in such soil. Because my goals were modest, my expectations remained moderate, and so I could often savor the quiet happiness that simplicity affords. I never required my children to attend prestigious universities, yet they have brought me joy nonetheless—joy that arises from the heart. Likewise, when I entered business, I did so without grand ambitions. When I earned more than I expected, I felt content and looked simply for a moment to stop at the right time. Such episodes recurred throughout the years. In seeking plainness, one discovers the joy that lies within the plain.

Earlier I wrote that among all my undertakings, the most meaningful was the writing of this memoir. Beyond the insights it yielded, there was something deeper still: it ennobled my life. Now, as this work of nearly a million characters moves into editing and correction, I read these pages with a sense of wonder. The decades had passed in ceaseless busyness; busyness and material pursuit left little time for reflection—or perhaps I simply lacked the eyes to see. Only now, in my seventies, reading my own words, do I find that the act of writing this memoir—and the reflections it stirred—has quietly elevated my life.

A brief word, too, about the work itself. The memoir comprises eighteen volumes. The first six are largely documentary, recording my years of study and work, together with the more practical dimensions of life—raising children, managing finances, traveling abroad. These chapters recount events faithfully, with little commentary. The next three volumes present my reflections on life's values and orientations. Though they revisit many experiences from work and study, they also articulate the principles that have guided me.

Volume Ten holds a special place. Friends who have read it—and I myself—have found it moving. Beginning in the 1950s and continuing into the second decade of this century, it traces the social scenes I witnessed in each of seven decades, along with the memories they awakened. When the manuscript was finished and shared among friends, the television series *A Lifelong Journey* happened to be airing; some friends jokingly called it "Mr. Xu's own *Lifelong Journey.*"

Volume Eleven gave me pause—both in the writing and in deciding whether to include it—because it draws from my university course, *History of Science and Technology,* at the Southwestern University of Finance and Economics. I hesitated over whether such content belonged in a memoir, and some matters could not be spoken plainly, which remains a small regret.

Volumes Twelve, Fifteen, and Eighteen incline more toward scholarly inquiry. I believe the issues they address are genuine and pressing in today's social development. Writing as an academic, I examined these problems carefully—tracing their historical roots, describing their real conditions, and analyzing their evolution in theory and practice. Beyond scholarly purpose, I also felt a sincere desire—as an ordinary citizen—to contribute my thoughts and perspectives to public discussion.

Volumes Thirteen and Fourteen, written later, may be regarded as a kind of embellishment—perhaps my own small indulgence. *My "University"* (Volume 13) centers on people, using the university as a backdrop to recall classmates, colleagues, and friends, especially the benefactors of my youth who lent me generous help. *My "Chronicles South of the City"* (Volume 14) mirrors it, focusing more on events. In writing these two volumes, I felt a rare lightness and freedom: whether describing people or incidents, I seemed to move beyond the bounds of language and thought, letting my mind wander through the university and the city's southern quarters, recording the many faces and stories that left deep traces on my life.

The final two volumes—Sixteen and Seventeen—may seem, to some readers, unnecessary. Volume Sixteen returns to a purely documentary mode, recording the everyday essentials of food, clothing, housing, and travel, for I have always regarded these as integral to life. Volume Seventeen gathers miscellaneous fragments—many small matters I wished to preserve—forming a long chapter of more than one hundred thousand characters. I believe I gave them apt titles: "Oil, Salt, Firewood, Rice, Soy Sauce, Vinegar, Tea—My Food, Clothing, Housing, and Travel," and "Red, Orange,

Yellow, Green, Blue, Indigo, Violet—The Trifles of My Life."

From the first notes to its imminent publication, this memoir has taken five years—more than 960,000 characters written over nearly two thousand days of my seventies, including the three years when COVID-19 swept the world. As the work now goes to press, my heart is full of gratitude—to my classmates, colleagues, friends, and family. Without your steady companionship, care, and support, I could not possibly have completed, much less edited and published, nearly a million characters.

My first thanks go to my university classmates. Without their encouragement and urging, these pages might never have come to light. Why do I say so? Because when I had written about two hundred thousand characters, I was still working in solitude, writing only for my own amusement. I had neither plan nor means to share the manuscript publicly. Then, by chance, our class website, 78621.org.cn, was launched. With my classmates' guidance and help, I published Volume Six, "Reading Ten Thousand Books Is No Match for Traveling Ten Thousand Miles—My Overseas Travel," and so began to share the memoir with others. I owe particular thanks to my classmates Wang Chi, Xie Yigang, and Huang Yi, who devoted much time and energy to bringing these words from circulation to final editing and publication.

I am even more deeply grateful to alumni from the six grades of Chengdu No. 7 High School's "old three cohorts." Our shared experiences in a special era forged a bond of understanding. Though looking back carries some bitterness, the unforgettable people and events of those years tug at the heart and inspired me to record the vigor and spirit of our youth. The encouragement and expectations of a generation of peers were the wellspring of energy that carried me toward the completion of nearly a million characters. In this sense, the memoir belongs not only to me but also to us all, and I extend my heartfelt thanks to my middle-school classmates.

Finally, I thank my colleagues. Having worked for many years in different institutions and roles, I have known many colleagues and friends. Throughout this long writing process, their recognition and praise have cheered me. Some compliments, I suspect, were kind exaggerations—such as calling this work "Mr. Xu's version of *A Lifelong Journey*"—yet such words spurred me to portray our shared past with even greater care.

As this memoir now reaches completion, I offer my warmest thanks to all my colleagues, friends, classmates, and family, and wish each of you good health and happiness.

www.ingramcontent.com/pod-product-compliance
Lightning Source LLC
Chambersburg PA
CBHW081351290426
44110CB00018B/2344